丽水年鉴

2022

丽水市地方志编纂委员会 编

方志出版社
Publishing House of Local Records

图书在版编目（CIP）数据

丽水年鉴. 2022 / 丽水市地方志编纂委员会编. —
北京 : 方志出版社, 2022.12
ISBN 978-7-5144-5440-6

Ⅰ. ①丽… Ⅱ. ①丽… Ⅲ. ①丽水－2022－年鉴
Ⅳ. ①Z525.53

中国版本图书馆 CIP 数据核字(2022)第 243609 号

责任编辑：刘方圆
责任校对：刘玉霞
责任印制：梅中英
出 版 者：方志出版社
地　　址：北京市朝阳区潘家园东里 9 号（国家方志馆 4 层）
邮　　编：100021
网　　址：http://www.zgfzcb.cn
发　　行：方志出版社图书营销中心（010-67110500）
印　　刷：丽水市旺盛印刷有限公司
开　　本：889 毫米×1194 毫米　1/16
印　　张：29.5
字　　数：1026 千字
版　　次：2022 年 12 月第 1 版
印　　次：2022 年 12 月第 1 次印刷
定　　价：200.00 元

丽水市地方志编纂委员会

《丽水年鉴(2022)》编辑部

各县（市、区）编辑室

莲都区	吕春耀	郑永波
龙泉市		鄢　鸣
青田县	虞向国	赵国新
云和县	张盼星	李成东
庆元县	王丽青	吴传彪
缙云县	卢　飚	叶小妃
遂昌县	肖陈明	华金芽
松阳县	黄金花	李宗训
景宁畲族自治县	何伟东	郑利锋

编辑说明

一、《丽水年鉴》是由丽水市委领导、市政府主持、市地方志部门组织实施的综合性地方年鉴。1996年首卷面世，此后每年编纂出版一卷，《丽水年鉴(2022)》为第27卷。

二、《丽水年鉴(2022)》(以下简称本卷年鉴)以马克思列宁主义、毛泽东思想、邓小平理论、“三个代表”重要思想、科学发展观、习近平新时代中国特色社会主义思想为指导，坚持辩证唯物主义和历史唯物主义的立场、观点和方法，围绕丽水市经济社会发展大局，全面、真实、系统地记述和反映2021年全市政治、经济、文化、社会、生态等方面取得的新成就、新经验，为社会各界了解和研究丽水提供基础资料。

三、本卷年鉴采取分类编辑法，框架结构由卷首、百科、卷尾三个部分组成。除专辑、文选采用综合性文体外，其他类目均采用条目体。百科部分设类目、分目、条目三个层次。

四、本卷年鉴设专辑、大事记、市情概览、中国共产党丽水市委员会、丽水市人民代表大会、丽水市人民政府、政协丽水市委员会、中共丽水市纪律检查委员会 丽水市监察委员会、民主党派 工商联、群众团体、法治、外事 侨务 台务、军事、网络 电信 邮政、农村建设、林业、工业化信息化建设、经济合作交流、丽水经济技术开发区、国内贸易、交通、金融、旅游、对外经济贸易、财政 税务、经济管理、教育、科学技术、文化 广电 体育、媒体、人力资源和社会保障、城建 城管 环保、卫生健康与医疗保障、社会生活、县(市、区)、人物 名录、文选。

五、本卷年鉴记述时限从2021年1月1日至12月31日，凡在文中直书月、日的，均指2021年内的日期。跨年的事物延长至截止日期。文中的“景宁县”指“景宁畲族自治县”。

六、文中数字用法、标点符号用法分别采用国家标准《出版物上数字用法》(GB/T 15835-2011)、《标点符号用法》(GB/T 15834-2011)，计量单位采用国家技术监督局1993年12月发布的《量和单位》系列国家标准，“亩产”等部分约定俗成的单位名称保持原貌。

七、本卷年鉴收入市和县(市、区)机构及负责人名录均系担任实职的副县(处)级(不含高配和内设机构)以上领导干部；收入逝世人物均系担任实职的副市(地)级以上领导干部和原行政十四级以上享受副地(厅)级待遇的离休干部。

八、本卷年鉴由市直单位、县(市、区)和驻丽水国家、省企事业单位提供初稿，经年鉴编辑部编辑后返回原单位复审确认。图片由各撰稿单位提供。主要数据以《丽水统计年鉴(2022)》公布的数据为准。

丽 水 市

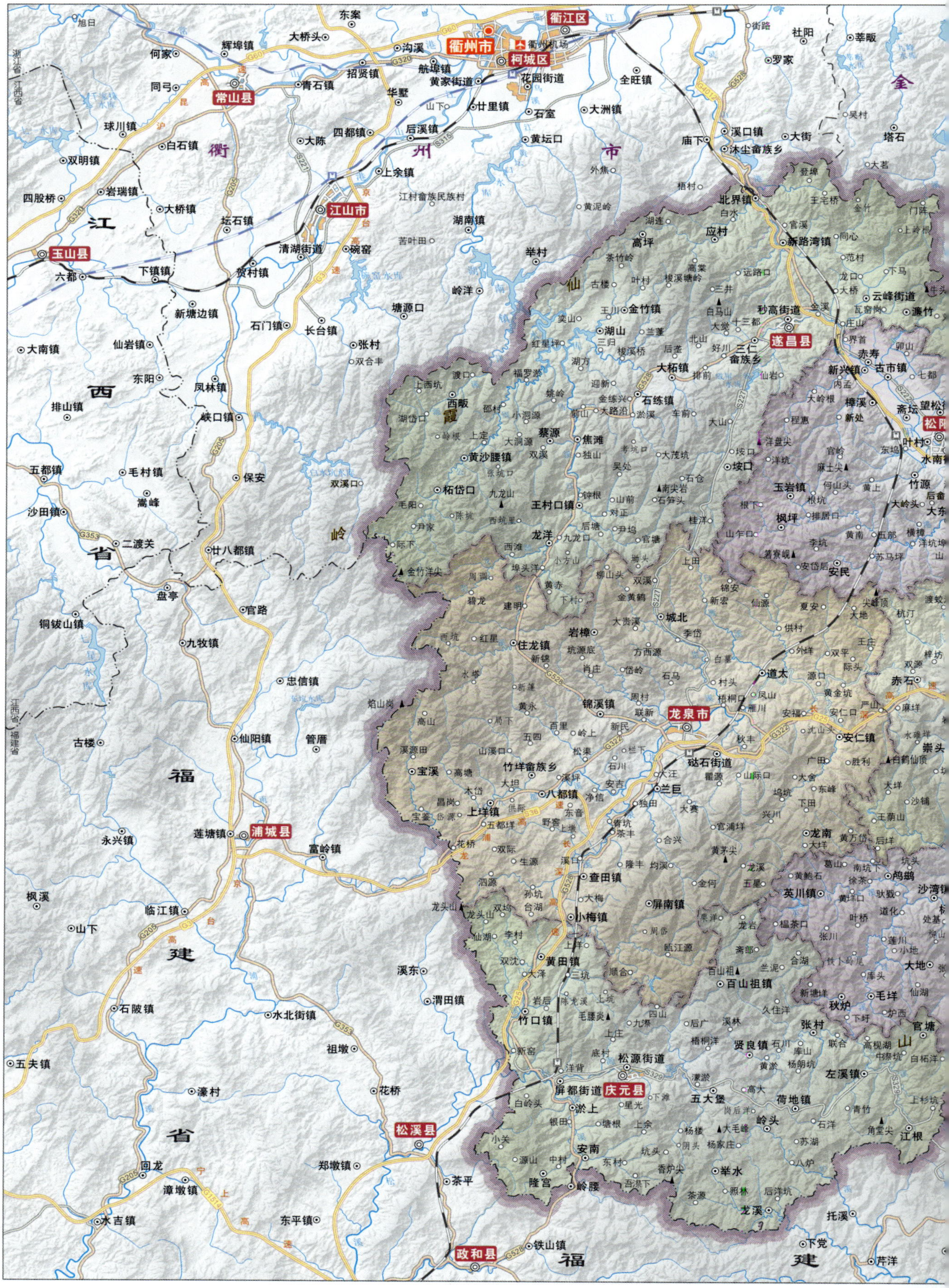

衢州市
衢江区
柯城区
常山县
江山市
玉山县
遂昌县
龙泉市
庆元县
浦城县
松溪县
政和县
衢
州
市
江
西
省
福
建
省
仙
霞
岭
山
福
建
全
东案
大桥头
辉埠镇
何家
同弓
沟溪
招贤镇
航埠镇
黄家街道
青石镇
花园街道
华墅
廿里镇
石室
全旺镇
大洲镇
四都镇
后溪镇
黄坛口
大陈
白石镇
球川镇
双明镇
四股桥
岩瑞镇
大桥镇
上余镇
坛石镇
清湖街道
碗窑
贺村镇
下镇镇
六都
新塘边镇
石门镇
长台镇
张村
塘源口
岭洋
湖南镇
举村
大南镇
仙岩镇
东阳
凤林镇
峡口镇
排山镇
保安
五都镇
毛村镇
嵩峰
沙田镇
二渡关
廿八都镇
盘亭
官路
铜钹山镇
九牧镇
忠信镇
仙阳镇
管厝
古楼
永兴镇
莲塘镇
富岭镇
枫溪
临江镇
山下
石陂镇
水北街道
溪东
渭田镇
五夫镇
濠村
花桥
祖墩
回龙
郑墩镇
水吉镇
漳墩镇
东平镇
茶平
铁山镇
北界镇
应村
高坪
新路湾镇
金竹镇
湖山
秒高街道
大柘镇
石练镇
焦滩
蔡源
黄沙腰镇
王村口镇
龙洋
西畈
柘岱口
住龙镇
岩樟
城北
锦溪镇
道太
竹垟畲族乡
八都镇
宝溪
上垟镇
兰巨
安仁镇
查田镇
小梅镇
屏南镇
黄田镇
竹口镇
百山祖镇
贤良镇
松源街道
屏都街道
五大堡
荷地镇
左溪镇
淤上
安南
隆宫
岭腰
举水
龙溪
岭头
张村
英川镇
龙南
毛垟
秋炉
官塘
江根
托溪
芹洋
下党
溪口镇
大街
沐尘畲族乡
塔石
庙下
云峰街道
濂竹
古市镇
新兴镇
赤寿
樟溪
高坪
望松
玉岩镇
枫坪
安民
竹源
大东
赤石
崇头
沙湾
大地
鸬鹚
水南
垵口
三仁畲族乡
王村口镇
龙头山
黄茅尖
金竹洋尖
焰山岗
白鹤仙顶

政区划图

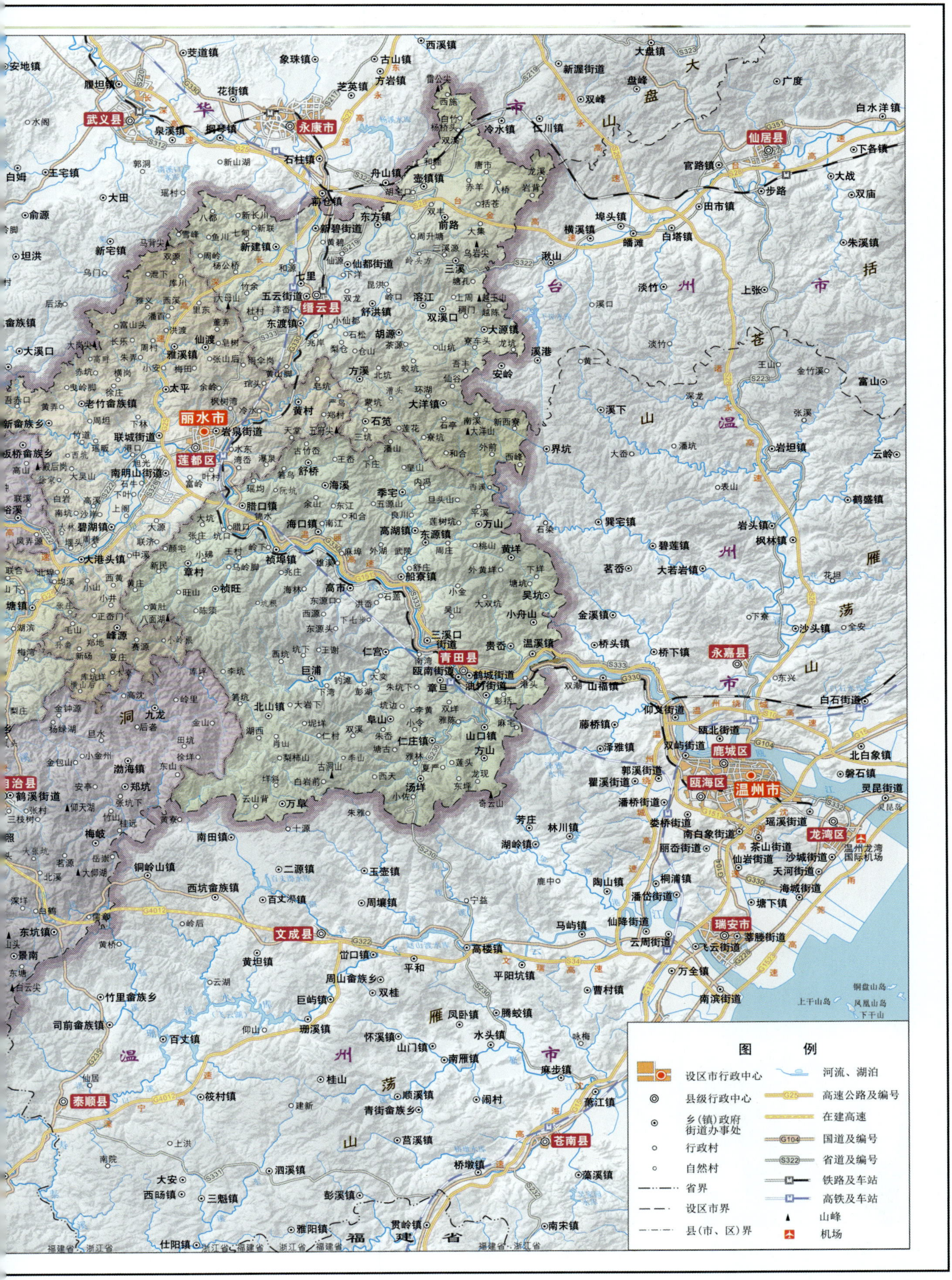

浙江省测绘科学技术研究院 编制 地图审核号：浙丽S（2022）1号

2021年8月25日，省委副书记、省长郑栅洁(右三）到云和县调研木制玩具产业发展情况

（市委办 提供）

2021年4月14日，市委常委班子成员到台州开展党史学习教育 （市委办 提供）

2021年7月30日，中共丽水市委四届十次全体（扩大）会议召开　（市委办 提供）

2021年3月17日，全市党史学习教育动员部署会召开　（市委办 提供）

2021年5月26日，生态产品价值实现机制试点示范座谈会在丽水召开　　（市委办 提供）

2021年6月25日，中国水性生态合成革产业基地在丽水揭牌　　（丽水开发区管委会 提供）

2021年10月31日，第十届"智汇丽水"人才科技峰会召开　　　　（舒　康　提供）

2021年3月16日，丽水"双招双引"会客厅暨人才驿站、人才书房启用仪式举行　（吴鹏鹏　提供）

2021年6月25日，金台铁路通车仪式丽水分会场场景　　（陈扬宁 提供）

2021年9月26日，缙云县潜明水库一期工程下闸蓄水仪式举行　　（市水利局 提供）

2021年12月9日，中国皮划艇协会与丽水市人民政府签订战略合作协议　　（肖冬丽　提供）

2021年5月25日，中华中医药学会与丽水市人民政府签订中医药健康发展战略合作框架协议
（熊雅婷　提供）

2021年11月13日，第四届华侨进口商品博览会暨青田进口葡萄酒交易会、第二届国际咖啡博览会在青田县揭幕 （黄露菲 提供）

2021年6月5日，大型原创民族歌剧《畲山黎明》在景宁县演出 （何彬峰 提供）

2021年6月18日，第二届“大花园·大健康”丽水市健康生活方式养成暨“60%行动”推进计划全民健康活力赛启动仪式举行（潘佳楠 提供）

2021年7月10日，2021中国·松阳首届运动休闲旅游嘉年华举行

（松阳县文广旅体局 提供）

2021年7月10日，2021浙江省足球超级联赛开幕式暨揭幕战在丽水举行　　　（熊雅婷　提供）

2021年6月19日，2021浙西南革命精神论坛在丽水举办　　　（朱映归　提供）

目　录

丽水市人民代表大会

丽水市人民政府

政协丽水市委员会

中共丽水市纪律检查委员会 丽水市监察委员会

民主党派　工商联

群众团体

法 治

外事 侨务 台务

军　事

网络　电信　邮政

农村建设

林业

工业化信息化建设

经济合作交流

丽水经济技术开发区

国内贸易

交　　通

金　　融

旅　　游

对外经济贸易

财政　税务

经济管理

教　　育

科学技术

文化　广电　体育

媒 体

人力资源和社会保障

城建 城管 环保

卫生健康与医疗保障

社会生活

县（市、区）

人物　名录

文　选

索　引

Table of Contents

Lishui Municipal People's Congress

Lishui Municipal People's Government

Lishui Municipal Committee of the CPPCC

Lishui Municipal Committee for Discipline Inspection of the CPC and Lishui Municipal Supervisory Committee

Democratic Parties & Association of Industry and Commerce

Education

Science and Technology

Culture, Broadcast & Television and Sports

Newspaper, Broadcast & Television

Human Resources and Social Security

City Construction, City Management & Environmental Protection

Health & Medical Security

Social Life

County (City, District)

Personage List

Anthology

Index

专　辑

浙西南革命老区振兴发展

丽水是浙江全省唯一所有县(市、区)都是革命老区县的地级市，全域都处在山区26个县范围之内，是全省实现共同富裕任务最重、跨越式高质量发展需求最为迫切的特殊类型地区。2021年，丽水市抢抓重大发展战略机遇，动员全市上下聚焦重点、难点、关键点，着力拓展“绿水青山就是金山银山”转化通道，走好生态产业化和产业生态化协同发展之路，努力把丽水建设成为革命老区共同富裕先行示范区。

一、坚持高位推动，在顶层设计上下好“先手棋”

(一)建立市县专班协同研究机制。立足工作同质性需求，将浙西南革命老区和山区26个县工作同谋划、同部署，实现一个专班双轨运行。在全面承接省级工作任务的基础上，强化市县两级个性任务责任分工，通过1个市级专班上承下达，9个县(市、区)专班、1个丽水经济技术开发区专班齐头并进，1支联络员队伍高效衔接的专班运行模式，切实加强纵向横向统筹联动。

(二)第一时间建立实时会商联动机制。在国办3号文件下发后，为提高政策研究的广度和深度，强化大数据集成应用，“多平台数据集成+大数据实时研判+定期例会会商”，实现市县向上政策争取和内部政策互联高效协同，激发国家、省、市政策“三级互联”驱动效应。推动浙西南革命老区正式纳入中央革命老区财政扶持政策范围，财政部明确通过革命老区转移支付等渠道给予支持。遂昌县获浙西南革命老区首笔中央专项资金支持5000万元。市县两级全面完成跨越式高质量发展五年行动计划编制工作，全面推行五年重点任务责任清单化管理模式。

(三)第一时间建立发展指标研提机制。在系统阅研共同富裕、山区26个县指标体系的基础上，对标福建龙岩、江西赣州等12个三线城市革命老区发展指标，聚焦缩小区域差距、城乡差距和收入差距，深化浙西南革命老区发展指标体系研究，编制完成“一县一策”指标分析表，清单化分析发展短板瓶颈问题。深化“一县一业一策”政策体系研究，争取省发展改革委、省经信厅等重点厅局支持，全面建立“县域政策包”省市县三级联动机制。

二、坚持产业赋能，在特色发展上出好“组合拳”

(一)抓平台产业“提速扩能”。以平台“二次创业”为抓手，打造千亿级规模高能级产业战略平台、百亿级规模产业骨干平台。经开区全年新落地各类项目220个，增长85%，其中工业项目67个、增长86.1%，总投资201.6亿元、增长53.4%。引进亿元项目43个，10亿元项目4个，20亿元项目3个。

(二)抓传统制造业“提质升级”。推动传统产业集群“凤凰涅槃”，深化“双链长制”试点，争创省级产业链上下游企业共同体。形成黑色金属冶炼和压延加工业、通用设备制造业、化学原料和化学制品制造业、电气机械和器材制造业4个规模总量超百亿元的行业。

(三)抓特色生态产业“提量增效”。全面完成特色生态产业平台规划选址工作，加快引育可以形成产业“雁阵效应”的重大战略项目。全年全市新引进大项目186个，同比增长31%，新引进制造业项目129个，同比增长

丽水经济技术开发区夜景　（夏伟义　提供）

53.6%，占引进大项目总数69.4%。

（四）抓农村产业“提标延链”。加快“山字”系品牌集成发展，“丽水山耕”连续多年蝉联中国区域农业形象品牌排行榜榜首；“丽水山居”成为全国首个地级市农家乐民宿区域公用品牌。

三、坚持改革创新，在动能转换上打好“攻坚战”

（一）“双跨融合”打造生态产品价值实现机制示范区。以数字化改革为牵引推动生态产品价值实现机制改革从“先行试点”走向“先验示范”。推进“花园云”数字化平台建设，建成21个4K生态直播及生态数据展示点位，形成9张生态地图。“天眼守望”GEP核算转化应用平台初步实现对全市域生态底数及变量的实时获取和分析管控。

（二）“筑巢引凤”打造双创特区。打造国际化双创人才特区，加快建设浙西南科创产业园、富岭科技城、七百秧科创服务核等科创集聚平台。国家高新技术企业、省级科技型中小企业、产业创新服务综合体、企业研究院新增数量均创新高，实现省级领军型创新创业团队零的突破。

（三）全面推进“一带三区”战略落地。立足市域空间和生产力布局重塑要求，发布实施南城生态工业统筹发展示范区、龙庆经典文创示范区、遂松乡村振兴示范区、云景特色风情示范区建设方案，着力破解山区中心城市能级不高、资源要素利用率偏低等瓶颈问题，系统谋划山区特色新型城镇化格局。

四、坚持借力发展，在开放合作上画好“同心圆”

（一）畅通对外开放通道。布局建设浙西南综合交通枢纽，加快推动丽水交通从全省末梢向区域枢纽转变。金台铁路通车运营，衢丽铁路、丽水机场、景文高速等项目稳步推进，有效强化丽水市与长三角、海西区、珠三角的外部通道衔接。

（二）纵深推进山海协作。全市10个省级山海协作产业园累计投资356.41亿元、引进产业项目619个，新建成科创、产业、消薄飞地40个，新实施山海协作产业类合作项目130个、到位资金225.71亿元。

（三）打造革命老区“发展联盟”。以浙西南革命精神论坛为契机，召开首届浙西南革命老区振兴发展研讨会，国家、省发展改革委相关领导以及浙西南革命老区县代表到会研讨。在第十届“智汇丽水”人才科技峰会上正式发布全国知名高校、科研院所助力革命老区振兴发展宣言。成功筹办全国知名高校、科研院所助力革命老区振兴发展丽水行活动，邀请浙江大学、同济大学、武汉大学等知名高校，以及中国科学院、浙江清华长三角研究院等全国知名科研院所的专家学者共同探讨革命老区振兴发展之策，共同谋划高校、科研院所与革命老区的合作共赢之路。举行中国水科院丽水幸福水研究中心揭牌仪式，签订共建生态产品价值实现机制标准技术委员会合作协议。

（四）实施新时代华侨要素回流工程。不断深化华侨经济文化合作试验区建设，努力争创国家华侨经济双循环试验区，“世界超市”进驻63个城市，举办世界丽水人大会、侨博会、青瓷大会等活动。

（五）央企合作成果初显。央企走进山区26县建设共同富裕示范区系列活动首站在丽水举行，10家央企与丽水市签订能源环保、数字经济等领域的合作协议，总投资达752亿元；庆元、松阳、景宁等5县与国家能源集团、中国交通建设集团等央企建立“一对一”合作关系。　（史瑶靓）

大　事　记

1月

6日至7日　省政协主席葛慧君到丽水调研，深入社区、乡镇、企业开展"三服务"活动。

7日　市委召开常委会会议，传达学习省委常委会会议暨省新冠肺炎疫情防控工作领导小组会议精神，专题研究部署丽水市冬春季新冠肺炎疫情防控工作。

14日　全市抗击新冠肺炎疫情表彰大会在丽水举行，表彰丽水市为抗击新冠肺炎疫情作出突出贡献的先进集体和先进个人。

20日　丽水市与国家开发银行浙江省分行签署丽水市城区海潮河老旧小区改造暨历史街区建设项目、遂昌县生态产品价值实现暨城乡融合建设项目相关合作协议。

21日　省考核组到丽水考核美丽浙江建设和"五水共治"工作。

同日　献礼建党百年•寻访丽水百个"红色地标"大型融媒体报道活动启动。

22日　市委召开经济工作会议，贯彻落实中共十九届五中全会、省委十四届八次全会、市委四届九次全会和中央、省委经济工作会议精神，总结2020年工作，部署2021年任务，以"双招双引"为战略举措，奋力推动加快跨越式发展。

30日　全国首个国家水稻分子育种智能示范基地落户莲都区。

31日　知名浙商助力丽水跨越式发展大会在丽水召开。

1月　云和县被列入浙江省第四批"无违建县(市、区)"，莲都区、缙云县、丽水经济技术开发区被列入浙江省第五批"基本无违建县(市、区)"。至此，全市实现"基本无违建县(市、区)"全覆盖。

1月　丽水市发布全省首个地市级博士后工作站设站指引目录。

2月

1日　市委召开全市领导干部会议，传达学习省十三届人大五次会议精神和省政协十二届四次会议精神。

5日　丽水"两湖"公园开园。"两湖"公园位于丽水市区城东片区，园内有寿元湖和明星湖，总用地面积391912平方米(其中绿化用地面积为167732.11平方米)，主要建设内容为绿化提升、游步道、亲水平台、景观小品、公共服务设施配套等。

6日　丽水首批"双招双引驿站"设立和"双招双引大使"聘任仪式在市政府举行，7家"驿站"开通，14名"大使"受聘。

8日　丽水市获评2020年度法治浙江(法治政府)建设先进单位。

9日　丽水市出台《丽水市免除殡葬基本服务费用实施办法》，规定丽水市户籍居民等三类对象在市域范围内殡仪服务机构结算殡葬服务费用时，直接减免接尸费、火化费、冷藏费、寄存费等四项殡葬基本服务费用，在省内率先实现殡葬基本服务费用减免"全市一盘棋"。

11日　丽水市出台《关于加强基层应急管理体系建设的实施意见》。

18日　遂昌县王村口镇被中共浙江省委统战部确定为首批省级党外知识分子思想教育基地。

22日　丽水学院护理学专业入选国家级一流本科专业建设点。

22日至25日　中国人民政治协商会议第四届丽水市委员会第五次会议召开。

23日至26日　丽水市第四届人民代表大会第六次会议召开。

2月　松阳县摄影四都线、青田县千峡探源美丽乡村精品线、遂昌县"湖光山色"风景线、景宁县溪杉线(青景庆县道)、庆元县龙后线(淤上至安南段)5条线路获评"2020年省级绿化美化精品道路"，其中松阳县摄影四都线、青田县千峡探源美丽乡村精品线同时获评"2020年省级特色精品道路"。

2月　据省统计局2020年度"平

安浙江”群众安全感调查结果显示，丽水市人民群众安全感和平安建设群众参与率分别达 98.37%和 86.44%，排名全省第一位。

2 月 商务部在丽水设立 CIPA 数字经济创新赋能中心。

2 月 丽水市首届“十大法治事件”评选活动启动。

3 月

1 日 市委常委会召开会议，审议《丽水市贯彻落实第二轮中央生态环境保护督察报告反馈问题整改方案》，研究部署丽水市整改工作。

3 日 丽水市出台《关于加快建筑业改革与跨越式高质量发展的实施意见》，于 2021 年 4 月 15 日起在全市范围内实施，有效期为五年。

4 日 全市宣传思想工作会议召开。会议贯彻落实全省宣传思想工作会议、党史学习教育动员会和数字化改革相关会议精神，围绕市委四届九次全会和市“两会”安排的战略任务，研究部署 2021 年工作任务。

4 日至 5 日 省人大常委会副主任赵光君率省平安建设考核抽查组到丽水，对丽水市 2020 年度平安建设工作开展检查考核。

7 日 “缙云爽面”获评国家地理标志证明商标。

8 日 全省首个“地区特色经济林”公益诉讼生态修复基地在松阳挂牌成立。

8 日至 10 日 省政协副主席陈铁雄带领调研组到丽水市开展“扎实推进共同富裕”重点课题调研。

9 日 省绿化与自然保护地委员会认定公布首批 15 个省级“互联网+全民义务植树”基地名单，丽水经济开发区七百秧城市森林公园、丽水市职业技术学院名列其中。

9 日至 12 日 根据市委巡察工作领导小组统一部署，四届市委第十轮巡察派出的 5 个巡察组，分别进驻市政协机关、市民政局、市住房和城乡建设局、市应急管理局、市供销合作社 5 个被巡察单位，召开巡察工作动员会，公布本轮巡察任务安排和工作要求。

10 日 《浙江日报》4 版刊发《丽水市委书记胡海峰代表——书写美丽乡村建设新篇章》一文。

同日 省政府办公厅通报 2020 年度森林浙江建设目标责任制考核结果，丽水市、莲都区、云和县、遂昌县、松阳县 5 个单位获考核优秀。

11 日 国网丽水供电公司在全省率先推出乡村振兴发展电力指数，包括乡村产业电力指数、乡村宜居电力指数、乡村文教电力指数、乡村管理电力指数和乡村居民电力指数。

12 日 市委召开全市领导干部会议，传达学习全国“两会”精神，研究部署全市学习宣传贯彻工作。

同日 长三角一市三省文化和旅游部门共同发布 20 条长三角红色旅游精品线路。其中，丽水浙西南革命根据地纪念馆、松阳安岱后浙西南革命根据地、遂昌王村口镇 3 条旅游线路入选。

17 日 全市党史学习教育动员部署会召开，深入学习贯彻习近平总书记在党史学习教育动员大会上的重要讲话精神，认真贯彻全省党史学习教育动员部署会精神，对全市开展党史学习教育进行全面部署，发出“学党史、悟思想、办实事、开新局”的动员令。

同日 浙江省举行扩大有效投资重大项目集中开工仪式。开工仪式以视频形式召开，丽水市分会场设在市行政中心。市委书记胡海峰在丽水分会场向省主会场报告丽水市标志性开工项目及重大项目开工情况。丽水市本批共有 28 个重大项目集中开工，总投资 151 亿元。

同日 全市数字化改革动员部署会召开，传达学习全省数字化改革大会精神，研究部署丽水市数字化改革工作。

同日 市委常委会召开会议，传达学习中央政治局会议研究巡视工作指示精神和中央第四巡视组巡视浙江省情况反馈会议、省委落实中央巡视组反馈问题整改工作动员部署会精神，研究部署丽水市落实中央巡视反馈问题整改工作。

19 日 市纪委四届六次全会在丽水举行。

20 日 市人力社保局组织的浙江丽水—陕西西安综合型专场招聘会在中国西安人才市场举办，共有来自丽水市的 90 家企业事业单位参加。

24 日 共青团丽水市四届六次全委(扩大)会议暨丽水共青团系统助力“双招双引”动员部署会召开。

24 日至 26 日 省长郑栅洁到丽水市调研。

25 日 丽水市首个新冠疫苗方舱接种点——莲都区新冠疫苗方舱接种点在丽水体育中心“莲花馆”副馆投入使用。

27 日 以“田园松阳 有机茶乡”为主题的第十四届中国(国际)茶商大会•松阳香茶茶叶节在松阳大木山茶园举行。来自全国各地党政机关、社会团体、高校院所、企业市场、新闻媒体等嘉宾及外国驻华使节，茶商、茶农、茶友 300 余人参加。开幕式上，中国茶业购销平台松阳专区、美丽中国茶乡行•“食在茶乡”系列推选、《松阳香茶冲泡技术规程》团体标准编制、淘宝网松阳茶叶类目开通、“壹起来”助残直播平台上线五大活动宣布启动，并进行松阳县乡村振兴战略合作协议签约。

29日 “探秘·真实的大自然——浙江丽水九龙国家湿地公园第一届赏萤季活动”在九龙国家湿地公园举行。

30日 全省建设平安浙江工作暨扫黑除恶专项斗争总结表彰会上，2020年度，丽水市以平安考核总分全省第一的成绩，连续16年被省委、省政府命名为“平安市”，全市9个县(市、区)均被命名为“平安县(市、区)”，其中云和县的平安考核总分获全省县(市、区)第一名。

3月 全国妇联表彰一批全国三八红旗手、全国城乡妇女岗位建功先进个人和先进集体。其中，丽水市浙江东度文化创意有限公司法定代表、技术总监叶芳获“全国三八红旗手”称号；浙江庆元农村商业银行股份有限公司营业部、国网浙江省电力有限公司青田县供电公司城区营业厅、浙江省丽水市不动产登记中心、浙江省丽水市公安局交警支队车管所获“全国巾帼文明岗”称号；莲都区妇联党组书记、主席傅佩珍，缙云县五羊湾果蔬专业合作社理事长李春萌获“全国巾帼建功标兵”称号；丽水市农业农村局获“全国巾帼建功先进集体”称号。

3月 浙江首个以数字化为特色的“京东农场”，也是全市“双招双引”引来的全国首个数字化茭白生产基地落户景宁大漈。

3月 丽水市2021年“百博入百企”和“百博入乡镇”挂职工作启动。

3月 浙江维康药业股份有限公司正高级工程师戴德雄和市中心医院主任医师邵初晓2人享受国务院政府特殊津贴专家。至此，丽水市有享受国务院政府特殊津贴51人。

3月 丽水市印发《丽水市农村地区道路交通安全综合治理三年(2021—2023年)行动实施方案》，进一步预防和减少农村地区道路交通事故的发生，改善农村地区道路交通安全状况。

4月

7日 松阳县、景宁畲族自治县两地入选全省幸福河湖试点县。

8日 浙江卫视专访丽水市委书记胡海峰。

9日 丽水市党史学习教育“百支宣讲团 千名宣讲员 万场报告会”集中宣讲活动启动仪式在市行政中心南门广场举行。

同日 市委党的群团工作会议在丽水召开。

10日 丽水市与湖北大学签订“人才金桥”合作框架协议。

12日 中共丽水市委宣传部、市政府外事办、市文化和广电旅游体育局、中国硬笔书法协会浙江办事处工委共同举办的百年征程——“弘典杯”首届国际硬笔书法大赛启动，面向国内外硬笔书法家及书法爱好者征稿。

12日至14日 省人大常委会党组副书记、副主任李卫宁带队到丽水调研科技创新工作。

13日 丽水发布全国首个红色乡村建设地方标准。

15日 市妇联四届十三次执委(扩大)会议暨“幸福丽水幸福家”动员部署会召开。

16日 “红动浙江 献礼百年”活动首发仪式暨浙西南革命根据地(丽水)红色旅游季启动仪式在丽水举行。

同日 科技部高技术研究发展中心主办的国家重点研发计划“战略性先进电子材料”重点专项科技成果推介会在丽水举行，10个电子材料领域的科技成果进行现场推介。

16日至18日 “乡村振兴·2021中国最美村镇评选暨首届花园乡村主播大会启动仪式”系列活动在丽水举行。

19日 全国首家“共建共享清廉书室”在丽水启用。

同日 人民日报客户端刊发《学习百年党史丨丽水：守好“红色根脉” 用活“红色资源” 浙西南革命精神融入党史学习教育》一文。

21日 在2020浙江文化和旅游总评榜评选中，丽水松阳获评2020浙江文旅融合高质量发展十佳县(市、区)，仙都景区获评2020浙江十大数智景区，丽水遂昌红星坪温泉度假村获评2020浙江十佳度假型酒店，丽水松阳卓庐若家31家民宿获评2020浙江十佳文化遗产民宿，厨娘·牡丹亭、缙云烧饼总部获评2020“诗画浙江·百县千碗”特色体验店，丽水景宁畲族自治县畲族博物馆获评2020浙江十佳影响力博物馆。

24日 缙云县被授予“中国运动旅游休闲目的地”称号。

同日 莲都区教育局与上海均瑶世外教育科技(集团)有限公司签订托管合作办学协议。

25日 在省委法治浙江建设工作会议上，丽水市获评全省首批“法治浙江(法治政府)建设示范市”。同时，莲都区、龙泉市获评“法治浙江(法治政府)建设示范县(市、区)”。

26日 丽水市与中国水利水电科学研究院签订战略合作协议，双方立足各自优势，开展全方位、多层次、多方式的“立体化”合作，共同助力丽水市做好水经济、做大水产业、做活水文化。

同日 《学习时报》整版刊发文章《生态产品价值实现的丽水实践》。

26日至27日 四川省巴中市委

书记、市长何平率党政代表团一行到丽水考察，进一步深化合作交流。

26 日至 27 日 政协全国委员会副秘书长、民建中央专职副主席兼秘书长李世杰带领调研组到丽水就“全面提升小学生素质”重点课题开展专题调研。

28 日 以“学党史·明使命·践忠诚”为主题的全市机关党史知识竞赛决赛在丽水市图书馆举行。最终，丽水清廉卫士队以总分 340 分获冠军，红心向党队、丽医之干全都队分获团体二等奖，龙泉剑瓷先锋队、莲都机关红盾先锋队和天工遂昌队分获团体三等奖。市委办机关党委、市委宣传部机关党委、莲都区机关工委、龙泉市机关工委获优秀组织奖。

29 日 丽水市为侨服务志愿者协会成立，159 名志愿者宣誓加入协会，并开展首次为侨志愿服务。

30 日 全市党史学习教育工作座谈会暨巡回指导动员部署会举行。会议通报《党史学习教育巡回指导组分组方案》《党史学习教育巡回指导工作方案》，对党史学习教育工作进行阶段性梳理，并部署近期重点工作和巡回指导工作具体要求。

同日 丽水市庆祝中国共产党成立 100 周年“五四”主题团日活动在丽水学院举行。

同日 华东药用植物园举行开园仪式。

同日 丽水市召开华侨产业城“双招双引”项目对接会。

5 月

7 日 丽水市花园云（城市大脑）会商会召开，专题会商国家卫生城市巩固工作。

同日 丽水发放全国首笔“普惠·数字生态贷”公益林贷款。

10 日 党史学习教育省委宣讲团报告会在丽水市举行。党史学习教育省委宣讲团成员、省委党校党史党建教研部主任邱巍围绕《学百年党史，守红色根脉》作专题宣讲报告。

11 日 市委书记胡海峰率领市党政军领导到金华永康方岩刘英烈士陵园，通过组织开展军事日活动，深切感悟浙西南革命精神内涵，纪念丽水解放 72 周年，持续推动党史学习教育走深走实。

同日 市人大常委会以视频联网的形式召开全市人大数字化改革工作推进会，全面部署丽水市人大数字化改革工作。

12 日 丽水市第三代社会保障卡（市民卡）发行。

13 日 “先贤翰墨 百年芳华”——老一辈党和国家领导人、老将军、老艺术家书画作品展在丽水市博物馆开展。

13 日至 14 日 中国社会科学院经济研究所所长黄群慧率领中国社科院调研组到丽水调研推进共同富裕工作。

14 日 丽水市启动“幸福家庭心向党·家风家教代代传”主题活动。

同日 全市生态工业发展推进会召开。

同日 全省首个危爆防控民警工作室——“叶磊危爆防控工作室”在丽水挂牌。

16 日 “丽水山泉”全国首家品牌形象店在市区开业。

17 日 “百年航程 赤子侨心”庆祝中国共产党成立 100 周年主题展在北京中国华侨历史博物馆开展，丽水市政府是此次展览的承办单位之一。反映丽水市侨胞和留学人员传播国际共产主义“先声”、参加中国工农红军、投身浙西南革命，全面厉行“丽水之干”，实施“问海借力”工程等共 18 件（套）图片、视频及文物史料、实物入选参展。

18 日 全国政法队伍教育整顿中央第七督导组到丽水市开展下沉调研督导，听取丽水市政法队伍教育整顿工作汇报。

同日 丽水市举办国资国企“双招双引”项目合作签约仪式暨项目推介会。央地合作提级提效、“丽水山泉”高端水产品、“数字城市智慧+”、建设主业补链强链、丽水市海潮河老旧小区改造暨历史街区改造等 34 个项目签约，丽水市国资国企对“津生丽水小镇”、医养综合体、古城岛、浙西南农产品商贸流通综合服务园区、丽水机场光伏、丽水市数字经济平台产业招商 6 个项目进行推介。

同日 全省建设新时代美丽浙江暨中央生态环境保护督察整改工作推进大会在杭州召开。会上，2020 年度全省“五水共治”（河长制）工作优秀市、优秀县（市、区）“大禹鼎”名单揭晓，其中，丽水市二度获“大禹鼎”银鼎，龙泉获“大禹鼎”银鼎，青田、遂昌、景宁获“大禹鼎”。

19 日 丽水市人力资源和社会保障局与兰州资源环境职业技术学院签订“人才金桥”合作框架协议。根据协议内容，校地将从构建人才合作机制、搭建智力合作平台、创建人才培养模式、共建网络互通平台等方面开展深化合作。

20 日 丽水市召开安全风险隐患大排查大整治、“遏重大”暨风险普查工作推进会，学习贯彻全省安全风险隐患大排查大整治专项行动部署会等系列会议精神，就全市“遏重大”整治攻坚、“平安护航建党百年”安全风险隐患大排查大整治专项行动等工作，进行再动员、再部署。

21 日 农业农村部、浙江省政府共同主办的第四届中国国际茶博会在杭州国际博览中心举行。丽水市组织9个县(市、区)43家茶企参加。展会期间，丽水茶叶采购5800人次，销售各类茶叶产品1850公斤，销售额220万元;达成销售意向420余吨，金额8460万元，较2019年第三届茶博会订单金额增长2成。丽水市莲都区莲城雾峰茶、龙泉市地垟红牌龙泉红茶、缙云县缙云黄茶、松阳县松阳银猴茶、景宁畲族自治县金奖惠明茶被评为第四届中国国际茶叶博览会推荐产品。

24日 丽水市与国网浙江省电力有限公司就建设多元融合高弹性电网服务丽水“两高”重要窗口签订战略合作协议。

25日 长寿之乡绿色发展区域合作联盟二届一次会员代表大会暨“长寿之乡与高质量绿色发展”高峰论坛在丽水举行。来自中国人民大学、中国科学院、中国社会科学院等知名院校和科研机构的专家学者，以及全国48个长寿之乡的各界代表360余人参加。会上，联合国人口基金、丽水市人民政府、阿里巴巴(中国)有限公司共同启动“数字化助老丽水样本”行动。

25日至26日 全国生态产品价值实现机制试点示范现场会在丽水召开，来自国家发改委、长江经济带沿线各省(市)发改委，部分重点地区政府、央企，浙江省政府及省内设区市发改委等200余人参加，总结交流生态产品价值实现机制探索的典型经验做法，研究部署下一阶段生态产品价值实现机制试点示范工作。

26日至28日 全球首届世界香具文化大会暨高峰论坛在龙泉市举行。来自泰国、埃及、阿尔及利亚、亚美尼亚等国家驻华使馆代表，国内外香文化领域的专家学者、工艺大师、非遗传承人、行业代表等近200人参加。会上，确定成立北京香文化促进会香具委员会，并宣布在龙泉成立中华香具文化研究中心。

27日 《浙江日报》6版刊发《全国生态产品价值实现机制试点示范现场会召开——5个故事，讲述生态价值实现的丽水实践》一文。

同日 丽水市文明办、丽水市教育局、共青团丽水市委、丽水市妇联、丽水市关工委联合主办的“丽水市第十届未成年人道德文化节”在莲都区大洋路小学教育集团城西校区启动。

同日 丽水市召开经常化创建全国文明城市推进大会。

28日 丽水市咖啡行业协会成立大会暨第一届第一次会员代表大会在市区东方文廷酒店举行。

31日 国家发展改革委联合文化和旅游部、中央宣传部、中央党史和文献研究院发布“建党百年红色旅游百条精品线路”，其中，丽水市浙西南革命根据地旧址群入选“水乡抗战•红色浙江”精品线路。

31日至6月2日 市委副书记、市长吴晓东带队到上海开展“双招双引”工作。

5月 浙江省公布的306家党史学习教育基地名单中，丽水市浙西南革命根据地纪念馆(中共浙江省委机关旧址)、遂昌王村口红军革命纪念建筑群、浙西南革命根据地领导机关旧址等21家党史学习教育基地“入围”，其中省级13家，市级8家。

5月 省委组织部、省财政厅公布百个红色美丽村庄建设名单，其中，龙泉市宝溪乡溪头村、云和县石塘镇小顺村、遂昌县王村口镇桥西村入选中央试点村，莲都区雅溪镇岱后村、龙泉市住龙镇住溪村、青田县祯旺乡吴畲村等8个村入选省级建设村。

6月

1日 丽水市未成年人保护热线开通仪式在市“12345”政务服务中心举行。

同日 市科协召开七届二次全委(扩大)会议，并开展2021年“全国科技工作者日”活动。

2日 市政府与中国银行浙江省分行签署战略合作协议，今后双方将在支持丽水全域基础设施及重点项目建设、经济转型升级、发展更高层次开放型经济等领域开展战略合作，实现互利共赢。

同日 丽水市获批中国(浙江)自由贸易试验区丽水联动创新区。

3日 全市建设平安丽水、平安护航建党百年暨扫黑除恶专项斗争总结表彰会召开。

同日 浙江省暨丽水市纪念2021年“6•5”环境日主题宣传活动在丽水白云国家森林公园举行。

同日 全国首个“碳中和志愿者公益林”建设协议在龙泉市签订。

3日至4日 上海市松江区委书记程向民率松江区党政代表团一行到丽水市考察，交流发展经验，深化合作对接。

6日 浙江婺剧艺术研究院和缙云县委县政府联合创排的新编大型红色婺剧现代戏《括苍山下》在丽水大剧院首演。

同日 国内首个“字节乡村孵化中心”在丽水挂牌成立。

6日至7日 新疆阿克苏地区及新和县党政代表团一行到丽水考察，就进一步做好丽水市对口支援工作进行探讨交流。

9日 全国数字生态创新大赛总决赛暨全国数字生态创新发展峰会在遂昌举行。

10日 丽水市人民政府主办，丽水市发改委长三角招商中心承办的2021年丽水（上海）生命健康专场招商推介会暨丽水市产业招商云图首发仪式在上海张江高科举行。来自长三角的知名生物医药企业代表、生命健康领域知名专家学者，以及丽水市直有关部门、各县（市、区）领导和招商部门负责人等180余人参加。

同日 国务院公布第五批国家级非物质文化遗产代表性项目名录，丽水市景宁畲族彩带编织技艺、传统面食制作技艺（缙云烧饼制作技艺）、农历二十四节气（云和梅源芒种开犁节）榜上有名。至此，全市累计公布国家级、省级、市级非物质文化遗产项目分别为21个、104个、254个，国家级、省级、市级非物质文化遗产代表性传承人分别有16人、138人、340人。全市基本形成健全的国、省、市、县四级非物质文化遗产名录体系。

15日 市委召开全市领导干部会议，传达学习省委十四届九次全体（扩大）会议精神。

同日 省农产品质量安全中心公布浙江省2021年度国家地理标志农产品保护工程项目名单，丽水市“缙云茭白”“遂昌土蜂蜜”入围，每个项目将获中央转移支付资金450万元。至此，丽水市有国家级保护工程项目4个。

18日 景宁畲族自治县大均乡发布《数字化精品研学基地生态产品总值（GEP）核算报告》。这是该乡继发布全国首份乡镇级生态产品价值核算报告后，发布的全国首份针对具体产业项目落地区域的生态产品价值核算报告。

19日 2021年浙西南革命精神论坛在丽水举行。来自北京、福建、江西、陕西等12个省21个市，共计240余名党史、军史、革命史和发改领域的国内专家学者、嘉宾参会，论坛共收到学术论文60余篇。论坛期间，举行戏曲电视剧《红色浙西南》首映仪式、丽水市庆祝中国共产党成立100周年大型文艺歌会、中央级省级各类媒体和网络媒体集中采访、全省百年百名艺术家走进浙西南革命老区创作采风等活动。

同日 浙西南革命根据地纪念馆被中央宣传部命名为“全国爱国主义教育示范基地”。

22日 浙江省发展和改革委员会、丽水市人民政府共同举办的央企走进浙江山区26个县建设共同富裕示范区首站活动在丽水市举行。央企单位、国务院国资委研究中心（央企智库联盟）、央企投资协会相关负责人、省发改委、山区26个县政府领导和发展改革部门负责人等200余人参加。

同日 浙江省庆祝建党百年主题系列新闻发布会丽水专场在遂昌县王村口苏维埃政府旧址举行。

23日至24日 全国人大常委会委员、全国人大民族委员会副主任委员洛桑江村带队到景宁畲族自治县，专题调研巩固拓展民族地区脱贫攻坚成果同乡村振兴衔接情况。

24日 市委全面依法治市委员会第三次会议暨全国法治政府建设示范动员会在丽水召开。会议深入学习贯彻中央全面依法治国工作会议和省委法治浙江建设工作会议精神，研究部署2021年乃至“十四五”时期法治丽水建设的主要任务，动员全市各级各部门立即行动起来，以坚定的信心、奋进的姿态、务实的作风，向着创建“全国法治政府建设示范市”目标全力冲刺。

25日 “生态新革 丽聚全球”中国时尚合成革创新峰会暨2022全球流行趋势发布活动在丽水大修厂文化创意园举行。此次活动分别为“中国水性生态合成革产业基地·丽水”“数字经济创新赋能中心”揭牌，并成立全球生态合成革数字治理联盟，启动全球时尚生态合成革数字改革。

28日至30日 党史学习教育中央第五指导组到丽水调研指导，通过查阅资料、现场察看、观看展览、与党员群众面对面交流等方式，多方位、多角度了解丽水党史学习教育开展情况并提出具体指导意见，推动丽水市党史学习教育深入开展、取得实效。

29日 衢宁铁路浙江段货运开通仪式在松阳火车站举行。

同日 以“数字化改革与高质量发展”为主题的第十一届浙江中西部科技论坛在丽水召开。

30日 四届市委第十一轮巡察动员部署会召开。会议贯彻落实全国巡视工作会议暨十九届中央第七轮巡视动员部署会、十四届省委第十二轮巡视动员部署会暨巡察指导督导工作部署会精神，进一步推进全市巡察工作高质量发展，并对四届市委第十一轮巡察进行动员部署。

6月 《丽水国际摄影名城发展规划（2021—2030年）》发布，这是继2011年丽水出台全国首个摄影专项规划《丽水市摄影发展规划（2011—2020）》后，丽水市针对国际摄影名城建设发展战略制定的新一轮十年规划。

6月 丽水市有四个项目被纳入《浙江省民航发展“十四五”规划》，其中，丽水机场纳入运输机场续建项目，龙泉、遂昌、景宁通用机场新建工程纳入通用机场预备类项目。

6月 省人力社保厅公布第四批省级创业孵化示范基地名单，其中，丽水·莲都电子商务创业创新综合体、丽水绿谷信息产业园·梦想谷创业孵化基地、青田安特小微企业创业孵化园、缙云县河阳电商四合院创业园获评省级创业孵化示范基地。至此，全市认定创业园（创业孵化基地）21 家，其中省级创业孵化基地 9 家，共吸引入驻创业实体近 1200 家，带动就业 7000 余人。

6 月 丽水市代表浙江省申报的《浙江省瓯江源头区域山水林田湖草沙一体化保护和修复工程》入选国家首批山水林田湖草沙一体化保护和修复工程项目。该项目总投资 55.23 亿元，中央资金奖补 20 亿元，是迄今为止丽水市申请金额最大的中央资金支持的单体项目。

7 月

6 日 丽水山耕农业发展研究院成立。

同日 丽水市台胞台属联谊会第八次代表大会召开，汇报市台联七届理事会工作，并选举产生八届理事会组成人员。

7 日 丽水未来建筑总部大楼启用暨首批进驻单位集中揭牌仪式在丽水经济技术开发区举行。

7 日至 10 日 市委书记胡海峰率丽水市党政代表团到泸州考察对接东西部协作工作。

9 日 全市机关“学党史 砺初心 学先进 当标兵”先进事迹宣讲会在丽水市图书馆报告厅举行。

12 日 国台办召开新闻发布会，在已有 79 个海峡两岸交流基地的基础上，新增 2 个海峡两岸交流基地，其中，缙云仙都景区榜上有名。缙云仙都景区是中共中央台办、国务院台办在浙江省批准设立的第 6 家海峡两岸交流基地，也是丽水市首个海峡两岸交流基地。

13 日至 14 日 上海市静安区委书记于勇率党政代表团一行到丽水市景宁畲族自治县考察，进一步深化交流、促进合作，共同推动长三角一体化发展。

27 日 市委常委会举行会议，学习贯彻全省山区 26 个县跨越式高质量发展暨山海协作工程推进会精神，研究分析上半年全市经济运行情况，部署安排下半年经济工作。

28 日 丽水生态文明日主题活动在丽水举行。

29 日 全市高水平推进美丽丽水建设大会暨全域“无废城市”建设工作会议召开。

30 日 市委四届十次全体（扩大）会议在丽水举行。全会坚持以习近平新时代中国特色社会主义思想为指导，高扬“丽水之干”行动奋斗旗帜，努力把丽水建设成为共同富裕美好社会山区样板，为全省建设共同富裕示范区作出重要历史贡献。全会审议通过《丽水加快跨越式高质量发展建设共同富裕示范区行动方案（2021—2025 年）》和《中共丽水市委关于全面推进生态产品价值实现机制示范区建设的决定》。

同日 省十三届人大常委会第三十次会议批准通过《丽水市革命遗址保护条例》，作为省内首部革命遗址保护类地方性法规，于 2021 年 10 月 1 日起施行。

同日 丽水市召开全市信访积案化解百日攻坚专项行动部署会暨征迁安置领域信访事项化解工作推进会，听取县（市、区）和市直相关部门重复信访事项和征迁安置领域信访事项化解情况汇报，研究部署信访积案化解百日攻坚专项行动，构建“党建+信访+群众路线”工作体系等工作。

7 月 丽水玉屏山牌缙云爽面、缙云老土地红薯片、青田石红色文化和地方特色文创系列产品、畲绣香囊挂饰、稻草草和木积积、仙人源“卯山古方”端午茶、绿水青山系列茶杯、“竹韵”陶壶获评第三批浙江省优秀非遗旅游商品。至此，全市有 20 项非遗旅游商品成“省优”。

7 月 丽水市申报的云和县玉溪水库生态治理项目、瓯江源头龙泉市安仁溪水生态修复工程、瓯江源头龙泉市龙泉溪干流（武潭段）水生态修复工程入选中央水污染防治专项资金储备库，预计获中央水污染防治专项资金 1.5 亿余元，入库项目数列全省第一位。

7 月 省数字化改革数字经济组公布第一批行业产业大脑建设试点

2021 年 7 月 7 日，丽水—泸州东西部协作工作联席会在泸州召开

（金伟晓 提供）

"揭榜挂帅"项目名单，丽水经开区申报的"生态合成革产业大脑"项目入选，也是全市唯一一个入选的产业大脑。

8月

2日至3日 2021年全省年中文化和旅游局长座谈会在丽水举行。

3日 市档案局、市档案馆主办的"峥嵘百年——中国共产党在丽水发展历程暨红色档案文献展"在市文化馆（美术馆）开展。

5日 丽水市召开百山祖国家公园创建工作推进会。

6日 龙泉市入选浙江省第一批低碳试点县创建单位。

10日 市文物局揭牌仪式举行，市文化和广电旅游体育局加挂市文物局牌子，标志着全市文物事业步入新的发展阶段，对于文物保护利用、文旅深度融合与高质量发展具有特殊意义。

13日 省委、省政府举行全省高质量发展建设共同富裕示范区重大项目集中开工活动。活动以视频形式举行，市委书记胡海峰在丽水分会场向省主会场汇报丽水市参加此次集中开工活动的情况。丽水市参加本次集中开工项目共45个，总投资323亿元，其中产业项目占47%、民生保障项目占31%、基础设施项目占22%。

17日 丽水市党政主要领导干部经济责任审计暨省市审计工作报告反映问题整改推进会在丽水召开。

17日至19日 省人大常委会党组书记、副主任梁黎明率队到丽水调研县乡人大换届选举、街道和开发区人大、民生实事项目人大代表票决制、数字化改革等工作。

19日 全市党史学习教育巡回指导第二次工作会议举行。会议传达省党史学习教育巡回指导工作交流会议精神，通报《丽水市党史学习教育量化考评办法（试行）》，交流市党史学习教育巡回指导工作的进展情况和经验做法，分析存在问题，并部署下一阶段工作。

24日 召开全省数字化改革推进会，丽水作为唯一设区市典型，现场演示天眼守望助力"两山"转化综合智治应用，着力打造全域可感知、可管控、可评价、可转化的数字化生态服务平台。

24日至26日 省长郑栅洁到丽水调研，深入了解山区县富民强县的落实举措。

25日 丽水滚动功能部件工程师协同创新中心在丽水经济技术开发区挂牌成立。

27日 市委副书记、市长吴晓东在丽水会见法国参议员菲利普•福利奥一行。

31日 市委教育工作领导小组第四次全体（扩大）会议召开，深入学习贯彻习近平总书记关于"双减"工作的重要指示精神，贯彻落实省委关于"双减"工作的会议和文件精神，研究部署丽水市相关工作。

8月 浙江省共富办印发《高质量发展建设共同富裕示范区重点任务清单、突破性 抓手清单、重大改革清单和典型案例清单》的通知，景宁畲族自治县"全力打造'景宁600'开辟山区高质量绿色发展共同富裕新路径"、龙泉市"'益林富农'多跨场景应用，打造生态产品价值实现机制数字化改革的窗口"、丽水市"人才引领技能支撑品牌带动，助力乡村振兴"入选浙江省共同富裕示范区"典型案例清单"。

8月 浙江省政府批复同意筹建丽水技师学院。

8月 丽水"大搬快聚富民安居"工程入选全国脱贫攻坚成果典型案例，成为全省唯一入选的案例。

8月 浙江省卫生健康委和丽水市人民政府联合印发《关于强化委市共建 共同推进浙西南革命老区（丽水）卫生健康事业高质量发展的意见》。

8月 省发展和改革委员会、省自然资源厅联合印发2021年浙江省重大产业项目（第一批）名单，丽水市有4个项目入围名单，其中，浙江晶睿电子晶圆片和外延片制造项目入选省重大产业项目实施类，项目总投资55.59亿元，总用地面积约10公顷；光珀3D图像传感器及芯片项目、珏芯制冷红外光电探测器项目、江丰电子半导体专用高纯金属材料产业化项目入选省重大产业项目预选类，总投资100.5亿元。

8月 丽水市庆元县举水乡月山村、缙云县溶江乡岩山村入选首批"浙江省自然保护地融合发展示范镇（村）"名单。

9月

1日 瓯江源头区域山水林田湖草沙一体化保护和修复工程推进会在丽水召开。

同日 丽水市第一所由名校和政府合办的公办学校——华东师范大学附属丽水学校开学。

7日至8日 省政协主席葛慧君带队到丽水，就助推共同富裕示范区建设等有关情况开展调研。

8日 国家能源局印发《公布整县（市、区）屋顶分布式光伏开发试点名单的通知》，其中，丽水市莲都区、龙泉市、青田县、云和县、庆元县、缙云县、遂昌县、松阳县、景宁县9个县（市、区）入选，为浙江省唯一一个全市各县（市、区）均为试点的地级市。

9日 全市2021年扩大有效投

资暨重大项目百日攻坚大会战动员部署视频会召开。

同日 丽水首个人才驿站启用。

10 日至 11 日 联合国工业发展组织投资和技术促进办公室（中国·北京）主任武雅斌到丽水，就围绕开展“第四次工业革命技术促进产业帮扶与乡村振兴”赋能培训进行前期调研。

16 日至 17 日 党史学习教育省委第五巡回指导组到丽水开展“深入学习习近平总书记‘七一’重要讲话精神 扎实推进‘三为’专题实践活动”专项督导，深入乡镇、村庄、企业实地调研指导，并召开座谈会听取党史学习教育开展情况汇报。

18 日 丽水市与浙江清华长三角研究院举行合作项目签约仪式。

25 日 以“智能化、低碳化、品牌化”为主题的 2021（第二届）中国不锈钢管高峰论坛在松阳举行。

26 日 市工人文化宫启用。总建筑面积 59487 平方米，是集教育、培训、健身、文化交流等于一体的全市综合性职工活动中心，项目总概算 2.7 亿元。

同日 丽水市举办“智聚山海·助力共富”省级专家服务暨丽水市“双百”人才计划推进活动。

27 日 市委全面深化改革委员会第六次会议暨市数字化改革工作领导小组例会在丽水召开。会议审议通过《丽水市全面深化改革“十四五”规划》《丽水市市域治理现代化试点工作推进方案》《关于推进数字化改革加强行政服务中心建设的实施意见》，听取丽水市数字化改革进展情况汇报。

27 日至 28 日 第八届“全球重要农业文化遗产”（中国）工作交流会在青田举行。来自全国 18 个地方的 15 项全球重要农业文化遗产管理者以及相关专家、企业代表共 300 余人参会。

28 日 《学习时报》刊发《GEP 核算是基础，应用是关键》一文，讲述丽水作为全国首个生态产品价值实现机制的试点城市，较早引入生态系统生产总值（GEP）核算体系，大胆探索 GEP 核算和应用，取得很有价值的实践经验。

同日 丽水在全国率先启动长寿之乡标准体系建设。

同日 “之江创客”2021 全球电子商务创业创新大赛农村电商赛区决赛暨颁奖典礼在丽水举行。欢庭·下南山、蟹大人 2 个项目获赛区一等奖。

同日 丽水市出台《丽水市绿道管理办法》，于 2022 年 1 月 1 日起施行。这是浙江省首部规范绿道管理的政府规章。

29 日 浙江省交通集团浙高运公司以“国家级技能大师工作室”为依托，在丽水设立全省首个高速公路技研中心，并在丽水技研基地举行挂牌仪式。

29 日至 30 日 四川省泸州市委副书记、市长余先河率党政代表团到丽水考察，对接交流东西部协作工作。

9 月 市委、市政府印发《丽水加快跨越式高质量发展建设共同富裕示范区行动方案（2021—2025 年）》。

9 月 浙江省首个省级食用菌种质资源库在庆元县建成并通过验收。

9 月 庆元入选 2021 年省级“两业融合”发展试点区域。

9 月 全国农村人居环境整治提升现场会在景宁畲族自治县召开。

9 月 丽水市被省委、省政府授予“2019—2020 年省农村工作指导员工作成绩突出单位”称号，19 名农村工作指导员获“2019—2020 年省农村工作指导员工作成绩突出个人”称号。

9 月 丽水市人民政府与国药控股股份有限公司签订战略合作协议。

10 月

11 日至 15 日 中共丽水市委党史研究室（市地方志研究室）主办的“争做优秀讲解，守好红色根脉”红色讲解员比赛在市委党校举行。

12 日 第三届丽水市瓯江山水诗路暨中华生态诗高峰论坛举行。

14 日 辛丑（2021）年中国仙都祭祀轩辕黄帝大典在丽水市缙云县仙都黄帝祠宇举行。

2021 年 10 月 14 日，辛丑（2021）年中国仙都祭祀轩辕黄帝大典在缙云举行

（潘浩川 提供）

同日 丽水家政学院成立暨丽水市养老护理领域专业技术人才证书首发仪式在丽水职业技术学院举行。

16日至18日 首届乡村振兴与山水花园城市发展国际研讨会在丽水举行。来自中国、日本、韩国、马来西亚的近200名专家、学者参加。

18日 丽水市第五届运动会开幕式在市体育中心体育馆举行。该届市运会参与人数8000余人，采取群众体育和竞技体育融合举办的方式进行，比赛设大众体育项目和竞技体育项目。

同日 丽水市委宣传部(市新闻出版局)获第八届中国国际版权博览会优秀组织奖。

19日 丽水市发布《丽水市绿色低碳示范行动方案》。

同日 第二届城乡联系国际论坛在松阳举行。来自44个国家、19个国际组织的官员、专家学者、媒体、工作者等共计300余人参加。

同日 国家卫生健康委、全国老龄办公布首批992个全国示范性老年友好型社区名单，其中，丽水市莲都区岩泉街道丽阳社区、青田县鹤城街道塔下社区、遂昌县妙高街道叶坦社区、缙云县壶镇镇湖川村、景宁县鹤溪街道百岁社区5个社区(村)榜上有名。

19日至20日 省人大常委会副主任李学忠带队到丽水检查《浙江省生活垃圾管理条例》贯彻实施情况。

22日 长三角红色文化旅游宣传推广活动在丽水启动，浙江携手长三角区域共忆红色革命历史，共谋红色旅游发展。

同日 台州市委书记李跃旗，市委副书记、市长吴海平率台州市党政代表团到丽水考察。

同日 全国山区县域新型城镇化发展论坛在云和县举行。

同日 省政府在缙云县召开山区26个县跨越式高质量发展现场推进会。

25日 十地十年人才科技成果展在市政府一楼大厅开展。展览通过文字、图片、实物等形式，集中展示9个县(市、区)和丽水经开区十年来人才科技发展历程与取得的成果。

同日 丽水市获评“全国社会信用体系建设示范区”。

同日 浙江产权交易所与丽水市产权交易有限公司(筹)签订合作协议，标志着浙江产权交易所丽水分中心成立。

26日 全省首个县级公益性低碳慈善基金在庆元县成立。

27日 市政府与省国贸集团签署战略合作协议。双方将在商贸流通、金融服务、生命健康、先进制造业和数字经济产业等领域展开合作，为丽水跨越式高质量发展赋能增力。

28日 浙江省社科院、中共丽水市委宣传部联合主办的2021年华东六省一市社科院院长论坛在丽水市召开。

28日至30日 第四届世界青瓷大会·第十二届龙泉青瓷龙泉宝剑文化旅游节在龙泉市举办。

29日 全市生活垃圾分类工作推进会召开。

30日 “两山”高端论坛暨碳达峰碳中和丽水论坛举行。论坛现场，中国航天集团中国四维公司与丽水学院签订长江经济带山区城市高质量发展智库联盟协议，中国生态文明研究与促进会授予丽水“‘绿水青山就是金山银山’理念创新实践研究基地”，中国工业经济联合会碳达峰碳中和工作部发布《国网丽水供电公司零碳发展专项报告》。市政府还聘任10位“绿水青山就是金山银山”理念创新实践特聘专家，为丽水发展提供智力支持。

同日 2021“青鸿鹄”中国数字经济创业创新大赛暨人才论坛在丽水举行。

31日 第十届“智汇丽水”人才科技峰会在丽水举行。

同日 “两山”发展论坛暨长江经济带山区城市高质量发展智库联盟研讨会在丽水学院举行。

同日 “一带一路·海内外科技创新资源对接会”在丽水举行。

10月 丽水市出台全省首个地市级金融支持碳达峰碳中和行动方案。

10月 丽水市建筑行业首家省级博士后工作站建成。至此，丽水市有博士后工作站49家，其中国家级博士后工作站5家、省级博士后工作站44家，累计招收博士后人员62人，研究领域涵盖精密制造、健康医药、数字经济、卫生医疗、农林渔业、金属化工、青瓷制作、竹制品加工、建筑等领域。

10月 全市首个以数字化赋能司法救助的“检察智能协同救助”应用系统上线。

11月

1日至2日 省委副书记、代省长王浩到丽水深入企业和农村调研。

4日 全市首届退役军人运动会举行。

同日 《丽水市境内部分高速公路(云景段)ETC小客车差异化收费实施方案》获省政府批复。

5日 2021丽水摄影节“云展厅”开展仪式在丽水摄影博物馆举行。

6日 丽水国际古典工艺影像中心成立仪式暨摄影工艺与媒介特性主题在线研讨会以线上线下联动的方式在丽水摄影博物馆举行。

8 日 丽水市人民检察院、丽水市人力资源和社会保障局、龙泉市公安局交通警察大队、庆元县行政服务中心、国家税务总局景宁畲族自治县税务局5家单位获评全省“建设清廉机关、创建模范机关”先进集体。

同日 丽水市在全省率先成立华侨创业创新服务中心和为侨服务联盟。

同日 丽水超大规模集成电路制造用超高纯钽项目投产。

9 日 迈克尔·莱维特诺贝尔奖工作站在丽水经济开发区挂牌成立。

10日 青田县瓯江干流祯埠绿道和景宁畲乡绿道获评第五届“浙江最美绿道”。

13 日至 15 日 第四届华侨进口商品博览会暨青田进口葡萄酒交易会、第二届国际咖啡博览会在青田举行。此届侨博会、咖博会意向成交额28.6亿元，共签订进口品牌授权代理557个，186家国外酒庄、23家咖啡馆签约人入驻。

16 日 国务院学位委员会下发《国务院学位委员会关于下达2020年审核增列的博士、硕士学位授予单位及其学位授权点名单的通知》，丽水学院获批硕士学位授予单位，并获批教育、农业、护理三个硕士专业学位授权点，标志着丽水学院进入硕士研究生培养层次高校行列。

17 日 第四届国际摄影研讨会暨2021丽水摄影节开幕式在丽水举行。2021丽水摄影节共吸引120余个国家和地区、171家组织机构、8717名摄影师、策展人报名。

同日 市委召开全市领导干部会议，传达学习中共十九届六中全会精神。

17 日至 19 日 省人大常委会副主任史济锡到丽水调研贯彻落实中央人大工作会议精神和县乡人大换届选举、乡村产业发展等工作。

18 日至 19 日 湖州市委书记王纲率湖州市党政代表团到丽水考察，对接山海协作工作。

22 日 缙云茭鸭共生系统入选中国重要农业文化遗产目录。

23 日 丽水经济技术开发区举行丽水市人才科创发展有限公司揭牌暨丽水人才(人力)服务同心园启动仪式。

25 日 丽水市召开中共十九届六中全会精神宣讲动员部署会。

同日 《丽水市自然保护地发展规划(2021—2035)》通过专家评审，丽水成为浙江省首个编制自然保护地发展规划的地级市。

29 日 科技部火炬中心、浙江省科学技术厅、丽水市人民政府共同主办的第六届中国创新挑战赛(浙江)暨2021年浙江省技术需求“揭榜挂帅”大赛新材料行业现场赛在丽水举行。

同日 丽水市召开2022年度全民健康补充医疗保险(浙丽保)参保动员部署会。

同日 丽水市入选全国地下水污染防治试验区，成为浙江首个建设试验区的城市。

11 月 丽水数字化改革应用成果获评第一批“全省最佳”。

11 月 第二批浙江省全域旅游示范县(市、区)名单揭晓，莲都区、龙泉市、青田县、景宁畲族自治县上榜。至此，丽水市有七地入选浙江省全域旅游示范县(市、区)。

11 月 丽水市出台《丽水市民间科普场馆命名与管理办法》。

11 月 第二批浙江省戏曲之乡名单公布，以松阳高腔为特色的松阳县玉岩镇和以菇民戏、木偶戏为特色的景宁畲族自治县英川镇榜上有名。

11 月 全省首个便携式社保卡制卡机在云和运用。

12月

1 日 市委召开全市领导干部会议，传达学习省委十四届十次全会精神。

2 日 新一届县(市、区)领导班子集体谈话会在丽水举行。

4 日 丽水市本级首家法治文化公园——丽水法治文化公园开园。

6 日 全市中共十九届六中全会精神宣讲业务培训会在市图书馆报告厅举行。培训会由市党史学教办、市委党史研究室主办，邀请中共浙江省委党史和文献研究室副主任、一级巡视员王祖强为在场的全市300余名宣讲员作专题辅导。

7 日 市政府召开全市新冠肺炎疫情防控工作电视电话会议，第一时间贯彻落实全国新冠肺炎疫情防控工作电视电话会议精神，就当前丽水市疫情防控工作作出部署。

同日 龙泉市、遂昌县被命名为省大花园示范县。

同日 浙江省文化和旅游厅公布“浙江省第五批省级红色旅游教育基地”名单，松阳县安岱后村名列其中。这是丽水市范围内继遂昌王村口、龙泉住龙之后获评的第三处省级红色旅游教育基地。

9 日 全国皮划艇秋季冠军赛在丽水市水上运动中心——南明湖畔举行。本次大赛为期四天，有包括国家队在内，来自全国各省市22支队伍近500名高水平运动员参加，参赛船艇达700余艘。

10 日 《丽水市促进跨境电子商务发展的实施意见》印发。

13 日 市委召开全市领导干部会议，传达学习中央经济工作会议精神。

15 日 丽水市被命名为平安中

国建设示范市。

同日 丽水市9个县(市、区)全面开展新冠肺炎本土疫情现场处置实战演练。

17日 丽水市人民政府印发《丽水市贯彻落实全省新一轮制造业“腾笼换鸟、凤凰涅槃”攻坚行动实施方案(2021—2023)》。

21日 《浙江日报》专刊报道《用改革金钥匙打开共同富裕的大门——令人向往的丽水温度》一文。

22日 丽水市林业局(丽水市森林碳汇管理局)、钱江源—百山祖国家公园百山祖管理局挂牌成立。

同日 《丽水市扬尘污染防治规定》经省十三届人大常委会第三十三次会议审议,表决通过予以批准,将于2022年3月1日起施行。

同日 市人力社保局、财政局等六部门联合印发《关于做好建设项目工伤保险工作的通知》,在全省首创建设项目“双挂双浮”工伤保险费率确定机制。

23日 丽水市第三次全国国土调查领导小组办公室、丽水市自然资源和规划局、丽水市统计局联合发布《丽水市第三次全国国土调查主要数据公报》,标志着丽水市第三次全国国土调查工作完成,调查数据成果可共享和使用。

24日 浙江省首批城乡风貌样板区试点建设名单公布,丽水有16个试点名列其中:城市风貌样板区试点6个(城市新区类1个、传统风貌区类4个、特色产业区类1个),县域风貌样板区试点10个,丽水9个县(市、区)实现特色类型全覆盖。

24日至30日 为期7天的2021浙江网上农博会首次采取全线上的形式举行,丽水市累计总成交额5398.6万元,其中网上农博平台成交额5278.6万元(批发采购成交额4936.7万元,零售额成交额341.9万元,零售排名全省第三),累计商品销量2.76万单;百个农创集市成交额120万元。同时,丽水市获2021浙江网上农博会金奖产品22个、新产品金奖1个、优质奖产品32个。

28日 丽水市华侨产业城建设指挥部第二批12家“双招双引驿站”授牌,第二批40名“双招双引大使”受聘。

29日 第十六届中国全面小康论坛暨首届中国经济社会高质量发展论坛上,丽水市品质农业强村富民工作获评“2021年度中国民生决策创新典型”。

30日 市委四届十二次全体(扩大)会议在丽水举行。全会坚持以习近平新时代中国特色社会主义思想为指导,深入学习贯彻中共十九届六中全会以及省委十四届十次全会精神,听取市委常委会工作报告,进一步动员全市上下从党的百年奋斗历程中汲取智慧和力量,满怀信心踏上全面建设社会主义现代化的崭新时代征程。

同日 丽水发布全国首个《公交渡口建设与管理规范》市级地方标准。

31日 丽水市四届人大常委会举行第三十五次会议。会议经过审议和表决,决定接受吴晓东辞去丽水市人民政府市长职务;决定任命吴舜泽为丽水市人民政府副市长、代理丽水市人民政府市长职务。

12月 丽水白云山、遂昌九龙山获评全省第二批“名山公园”。

12月 全省首个阿里巴巴“客服县”落户缙云县。

12月 全国首个《网上中介超市服务管理规范》市级地方标准在丽水发布。

12月 省林业局发布通知,命名瑞安市福泉林场等5个国有林场为2021年“浙江省现代国有林场”,丽水市庆元县永青国有林场名列其中,系全市唯一。至此,全市建成省级现代国有林场8家。

12月 丽水被列入国家碳监测评估试点基础城市。

(市地方志研究室)

十大民生实事

一、推进助老济困。为全市60岁以上老年痴呆症患者配置防走失黄手环;为全市60岁以上独居老人住宅增设联网式火灾探测器;完成1000户生活困难老人家庭适老化改造。

完成情况:全市共为符合条件且有意愿的60岁以上老年痴呆症患者(1651人)配置防走失黄手环,为符合条件且有意愿的60岁以上独居老人(34204人)住宅增设联网式火灾探测器;完成1376户生活困难老人家庭适老化改造。

二、加强教育资源供给。新建(改扩建)幼儿园项目9个,新增学位2520个;新建(改扩建)小学项目3个,新增学位7560个;新建(改扩建)初中项目3个,新增学位4300个;新增城乡教育共同体结对学校(校区)32家。

完成情况:全市新建(改扩建)幼儿园项目9个,新增学位2670个;新建(改扩建)小学项目5个,新增学位7560个;新建(改扩建)初中项目3个,新增学位4300个;新增城乡教育共同体结对学校(校区)34家。

三、进一步解决停车难。新增停车位5000个(公共停车位900个),其中市区新增停车位3000个(公共停车位500个);新增主城区“绿色停车位”100个;延长主城区夜间免费停车时长(当日晚8点至次日早9点);优化主城区差异化停车收费政策。

完成情况：全市新增停车位 9382 个（公共停车位 3917 个），其中市区新增停车位 4021 个（公共停车位 1022 个）；全市新增主城区“绿色停车位”100 个，主要集中在市区主城区公厕、菜市场、药店、超市、早餐店等附近 26 处道路上，满足群众在规定时间内免费应急停车的迫切需求，进一步缓解群众因就医、如厕、买药等临时停车难的问题；自 2021 年 3 月 1 日起，延长市区道路智慧停车泊位夜间免费停车时间，即由晚上 9 点至次日上午 8 点延长为晚上 8 点至次日上午 9 点，道路停车泊位每天收费时间由原来 13 小时缩短为 11 小时；自 2021 年 7 月 16 日起，进一步从科学调整区域划分、合理调整收费价格等方面优化市区停车差别化收费政策，并明显降低道路停车泊位收费水平，初步测算每日减少市区道路泊位停车收费 2.08 万元。

四、推进交通安全畅行。建设“四好农村路”，新建和改造提升农村公路 800 千米；建成城市道路 14 条、11 千米，其中主城区完工城市道路 4 条、4.5 千米，打通“断头路”2 条；改造公交站点 35 个、新增新能源公交车 28 辆，在市区优化公交线路 3 条、延时运营公交线路 3 条；完成市区路湾隧道机非隔离、人行道护栏设置及亮化改造。

完成情况：全市新建和改造提升农村公路 1281.79 千米；建成城市道路 19 条、18.39 千米，其中主城区完工城市道路 9 条、8.93 千米，打通“断头路”2 条；改造公交站点 35 个、新增新能源公交车 28 辆，完成市区 3 条公交线路优化、3 条公交线路延时运营；通过对市区城北街延伸线路湾隧道路段（约 1700 米）增设机非隔离护栏、交通标志、交通信号灯及监控等交通安全设施，调整道路横断面施画非机动车道标线，改造隧道内照明设施，完成突出交通安全隐患整治工作，保障市民出行安全。

五、建设“五分钟社会应急救护圈”，在人群密集公共场所、乡镇村卫生院（室）、景区民宿等区域新增配备自动体外除颤器（AED）400 台；完成 1000 名专业应急救护人员培训。

完成情况：全市新增配备自动体外除颤器（AED）405 台；完成 260 名应急救护师资培训取证，完成 7986 名应急救护人员培训。

六、完善城市社区消防安全设施，为全市 204 个高层住宅小区分别安装远程报警监控系统、可视化管理系统和消火栓智慧用水系统。

完成情况：全市 213 个高层住宅小区分别安装远程报警监控系统、可视化管理系统和消火栓智慧用水系统。

七、完成义务教育公办学校食堂“微改造”100 个，实行师生同菜同质同价。

完成情况：全市投入“微改造”资金 4721.84 万元，完成义务教育公办学校食堂“微改造”208 个；287 所供餐义务教育公办学校全部实现师生同菜同质同价，17.98 万名师生同一列队伍排队、同一个窗口打菜、同一张桌子共餐。全市实行学校食堂劳务成本超过 20% 部分由财政统一保障配套政策，并明确不得占用学校公用经费，累计追加财政专项补助 312.4 万元。此外，除市本级将于 2022 年下半年实施外，各地均已实行食堂物资及食材分区域或区片统一招采、统一配送制度，菜品性价比进一步提高。市政府办公室随机抽样并电话访谈全市 1053 名家委会成员，其中 996 名家长知晓丽水义务教育公办学校食堂实行师生同菜同质同价一事，知晓率 94.6%；知晓的家长中满意率达到 99%。

八、关爱健康免费筛查，对全市常住人口中 60 岁以上男性免费开展前列腺癌筛查约 10 万人；对全市有意愿的孕妇免费开展一次胎儿系统超声检查。

完成情况：对全市常住人口中 60 岁以上男性免费开展前列腺癌筛查约 10.32 万人；对全市 2105 名有意愿的孕妇免费开展胎儿系统超声检查。

九、为市民“码上办事”提供便利，新推出花园码“码上办”市域全覆盖应用场景 10 个以上。

完成情况：已实现访客码、码上入住、乡事扫码办等 13 个子场景全市贯通。自 2021 年 5 月 10 日上线运行以来，至年底，累计发码 8051 张，扫码总量达 509.1 万余次。

十、强化食品安全，为全市所有学校及公办幼儿园食堂、养老机构食堂、农批农贸市场、农村家宴放心厨房等统一投保食品安全责任保险。

完成情况：全市 874 家学校及公办幼儿园食堂、养老机构食堂、农批农贸市场和农村家宴放心厨房均已投保食品安全责任保险，实现 4 类主体全覆盖。 （叶建城）

市情概览

自然气候

【地理位置】 丽水市位于浙江省西南浙闽两省接合部。市境位于北纬27°25′—28°57′，东经118°41′—120°26′。东南与温州市接壤，西南与福建省宁德市、南平市毗邻，西北与衢州市相接，北部与金华市交界，东北与台州市相连。中共丽水市委、市人民政府驻地莲都区。距省会杭州292千米，距上海512千米、温州126千米、金华122千米、台州218.7千米、衢州185千米。

【地形地貌】 丽水市位于浙闽隆起区组成部分，山脉属武夷山系，主要有仙霞岭、洞宫山、括苍山，呈西南东北走向，分别延伸西北部、西南部和东北部。海拔1000米以上山峰3573座，1500米以上山峰244座。其中，龙泉市凤阳山黄茅尖海拔1929米，庆元县百山祖海拔1856.7米，分别为江浙第一、第二高峰。地势由西南向东北倾斜，西南部以中山为主，间有低山、丘陵和山间谷地；东北部以低山为主，间有中山及河谷盆地。最低处为青田县温溪镇，海拔7米。

【江溪湖泊】 区域内有瓯江、钱塘江、飞云江、椒江、闽江、赛江，被称为“六江之源”。溪流与山脉走向平行。仙霞岭山脉是瓯江水系与钱塘江水系的分水岭，洞宫山山脉是瓯江水系与闽江、飞云江和赛江的分水岭，括苍山山脉是瓯江水系与椒江水系的分水岭。两岸地形陡峻，江、溪源短流急，河床割切较深，水位受雨水影响暴涨暴落，属山溪性河流。瓯江发源于庆元县、龙泉市交界的洞宫山锅帽尖西北麓，自西向东蜿蜒过境，干流长388千米，境内长316千米，流域面积12985.47平方千米，占全市总面积的78%，是全市第一大江。位于瓯江上游的紧水滩电站水库，也称“仙宫湖”。位于瓯江中游的开潭电站水库——南明湖，面积5.6平方千米，相当于杭州西湖水域面积。2008年4月29日，位于瓯江支流小溪中游河段的浙江省第二大水库——滩坑水库下闸蓄水，这是一项继新安江电站之后全省最大的水电建设项目，拥有库区水面70余平方千米，水库总库容41.5亿立方米。2009年7月10日，滩坑水电站3台发电机组全部投产发电，总装机容量60万千瓦，年发电量10.35亿千瓦时，成为浙江省第二大常规水电站。2010年8月，滩坑水库更名为千峡湖，是全市第一、全省第二大湖泊。 （王　利）

【气候特征】 丽水市在气候区划中隶属于中亚热带季风气候带，在区位上临近东海，受海洋影响较大，具有较明显的亚热带海洋性季风气候特征。地势多中山丘陵地貌，具有较显著的山地立体气候特征。亚热带海洋性季风气候与丘陵山地立体气候的叠加造就丽水优越的气候环境，是“中国气候养生之乡”和首个“中国天然氧吧城市”。丽水气候总体特征为“四季分明、冬暖春早，降水丰沛，雨热同步，垂直气候、类型多样”。全市常年（1981—2010年，下同）的年平均气温为17.9℃，最低的1月平均气温为6.7℃，最高的7月平均气温为28.4℃。各地呈南高北低分布，最高的青田为18.6℃，最低的遂昌为17.1℃。历年极端最高气温为43.2℃（2003年7月31日出现在丽水市区），历年极端最低气温为－10.7℃（1977年1月6日出现在缙云）；全市常年的年平均降雨量为1598.9毫米，一年中有80%的降水出现在3月至9月，其中6月最多为289.1毫米，12月最少仅44.3毫米。各地大致自南向北减少，最多的庆元为1746.8毫米，最少的莲都为1405.8毫米；全市常年的年平均降水日数为166.6天，3月最多为18.3天，12月最少为8.3天。各地来看，南部略多于北部，最多的云和为177.1天，最少的莲都为157.8天；全市常年的年平均日照时数1635.1小时，7月最多为215.6小时，

2月最少仅84.0小时。各地差异不大，最多的庆元为1729.0小时，最少的遂昌为1575.1小时。全市的风速总体都较小且盛行东北偏东风，全市常年的年平均风速为0.8—2.2米/秒，在地区分布上，自东南向西北地区减小。丽水市是气象灾害的多发和频发区，气象灾害的种类多，每年暴雨、台风、寒潮、大雪、低温、大风、冰雹、雷击、高温、干旱等各类气象灾害都会发生，容易引发流域洪涝、小流域山洪、山体滑坡、泥石流、森林火灾等次生或衍生灾害。（周国华）

【自然资源】 丽水市自然资源比较丰富，生态环境优越，被誉为“浙江绿谷”。生态环境质量全省第一、全国前列，生态环境质量公众满意度继续位居全省首位。2004年，全国生态环境质量评价研究报告显示，丽水市9个县（市、区）均为优秀，列全国前50位，被称为华东地区最大的“天然氧吧”“全国生态环境第一市”，其中4个县列前10位，庆元县列第一位，成为“中国生态环境第一县”。2014年7月22日，丽水市成为第一批国家生态文明先行示范区建设地区。2015年，景宁、缙云县分别通过国家级生态县创建技术评估和现场验收。2019年，丽水市生态环境状况指数连续16年全省第一，生态环境公众满意度连续12年全省第一，组织召开世界低碳城市联盟大会暨低碳城市发展论坛，发布丽水（云和）空气质量健康指数，成为全国内地首个政府官方发布环境空气质量健康指数的地区。2020年，丽水市出台“三线一单”生态环境分区管控方案，优先保护区面积位居全省首位，占全市总面积75.7%；在全省率先开展全域生物多样性本底调查，编制浙江省首个市级生物多样性保护与可持续利用发展规划并发现全球两栖动物新物种——百山祖角蟾；在全省首个研发林业碳汇核定技术方法学，并完成全国首笔公共机构会议碳中和交易。2021年，全市生态环境质量持续向好，水、气环境质量创历史最优成绩，丽水成为全国唯一一个空气、地表水均进入全国前十的城市。生态环境状况指数连续18年位居全省第一位。市区空气质量指数（AQI）优良率99.7%，居全省第一位；市区空气质量在全国168个重点排名城市中居第七位。国家地表水考核断面水环境质量状况排名全国第十、全省第一。国控断面Ⅰ—Ⅲ类水比例、跨行政区域河流交接断面水质达标率、县级以上集中式饮用水水源地水质达标率实现“三个100%”。全市国控断面中Ⅰ—Ⅱ类水质比例100%，其中Ⅰ类水质比例同比提高24.6个百分点。

土地资源 根据2020年度国土变更调查显示，全市总面积1727519.55公顷，其中，湿地856.2公顷，耕地120823.65公顷，种植园地82799.88公顷，林地1383879.69公顷，草地5114.84公顷，城镇及工矿用地46508.24公顷，交通运输用地9707.53公顷，水工建筑用地1023.01公顷，水域及水利设施用地39877.13公顷，其他土地36929.38公顷。

森林资源 丽水市素有“浙南林海”之称。2002年开始，实施生态公益林、千里绿色长廊、退耕还林建设。至2021年，全市林业用地面积146.61万公顷，其中森林面积141.15万公顷，活立木总蓄积量10382万立方米，毛竹立竹量4.79亿株。森林覆盖率81.7%。森林资源的特点，以针叶树最多。经过长期的植树造林，已于1994年消灭宜林荒山，1999年实现绿化达标。2010年12月23日，省关注森林组委会正式授予丽水“浙江省森林城市”称号。2012年7月9日，丽水市被全国绿化委员会、国家林业局正式命名为“国家森林城市”。2015年12月31日，国家林业局印发《关于2015年试点国家湿地公园验收情况的通知》批准同意浙江丽水九龙国家湿地公园试点建设正式通过验收，成为丽水市首个国家湿地公园。2017年9月25日，国家林业局授予丽水“全国森林旅游示范市”称号，丽水白云森林公园获“国家级森林公园”称号。2019年12月25日，国家林业和草原局印发《国家林业和草原局关于2019年试点国家湿地公园验收情况的通知》，浙江云和梯田国家湿地公园试点通过国家林业和草原局验收，成为继为丽水九龙国家湿地公园之后丽水市第2个国家级湿地公园。至2021年底，丽水市有省级（含）以上自然保护地32个，总批复面积130172.85公顷，其中，国家级自然保护地11个，面积77637.32公顷；省级自然保护地21个，面积52535.53公顷。

矿产资源 丽水市黑色金属、有色金属、贵金属、稀有金属及冶金辅助原料、化工原料、建材原料、非金属矿产、矿泉水、地热等矿产资源较为丰富。至2020年，探明金（银）、铅锌、钼、稀土、叶蜡石、萤石、沸石、高岭土、珍珠岩、陶瓷黏土、花岗岩、建筑用凝灰岩等矿种57种，其中，金属矿25种，非金属矿30种，水气矿产2种。大型矿床14个，中型矿床35个，小型矿床145个，矿点421个。探明资源储量和开采的矿产26种，潜在经济价值近千亿元，其中金（银）、钼、叶蜡石、高岭土、沸石等储量居全省首位，缙云县沸石矿为全国三大沸石矿之一。

水力资源 丽水水电资源十分丰富，全市可供开发常规水电资源327.8万千瓦，约占浙江省可开发量

的40%。2004年，景宁畲族自治县被水利部授予“中国农村水电之乡”称号。2006年11月，丽水市被水利部命名“中国水电第一市”。至2007年底，小水电（5万千瓦以下）装机总容量122.59万千瓦，成为全省乃至全国首个实现超百万小水电装机的地级市。全市各县（市、区）均实现农村水电电气化。至2012年底，全市建成水电站797座，总装机251万千瓦，发电量71亿千瓦时（其中农村水电794座，总装机153万千瓦，发电量50亿千瓦时）。“丽水水电”成为丽水一张金名片。至2021年底，全市建成水电站803座，总装机容量282.75万千瓦，发电量56.15亿千瓦时（其中农村小水电站799座，总装机173.28万千瓦，发电量38.76亿千瓦时）。2017年至2021年，累计通过绿色水电国家认证总数130座，通过率占全国15%，占全省52%。创建生态水电示范区3个，累计创建共17个占全省27%。2020年11月20日，国际小水电中心在丽水市举行“绿色水电丽水示范区”授牌仪式，丽水市成为国际小水电中心在中国设立的第7个示范基地（区）。

生物资源　2021年，已知种子植物、苔藓植物、蕨类植物和大型真菌等4634种，其中野生及常见栽培维管束植物171科，1196属，3623种。大型真菌14目，51科，176属，716种；苔藓植物58科，132属，295种；蕨类植物46科，101属，358种。已知野生动物有2838种，其中，脊椎动物有38目，145科，725种；昆虫类20目，200科，2113种。国家重点保护野生动植物有野生植物38种，其中，国家一级重点保护植物有百山祖冷杉、伯乐树、长喙毛茛泽泻、中华水韭、莼菜、东方水韭、南方红豆杉7种；国家二级重点保护植物有金毛狗、长柄双花木、香果树、长序榆、白豆杉等31种。百山祖冷杉、九龙山榧、景宁木兰为丽水市独有。野生动物725种，其中，国家一级重点保护动物有黑麂、金雕、白鹳、黄腹角雉、白颈长尾雉、鼋等23种；国家二级重点保护野生动物有藏酋猴、黑熊、中华鬣羚等101种。2005年6月，联合国粮农组织（FAO）批准，有1200多年历史的青田县稻田养鱼系统成为首批五个全球重要农业文化遗产保护项目之一。

旅游资源　2014年，丽水市以“生态•休闲•养生”为主题，以瓯江流域和自然山水为主线，创建“秀山丽水、养生福地、长寿之乡”生态、绿色、养生、休闲旅游品牌，相继被命名为“中国优秀旅游城市”“中国优秀生态旅游城市”“国家卫生城市”“全国文明城市”“美丽山水城市”“国家水生态文明城市”。

丽水市山清水秀，风光秀丽，是长三角地区的一块净土，国家AAAAA级旅游度假区缙云仙都景区、国家全域旅游示范县松阳县、全国农业旅游示范点松阳卯山、全国工业旅游示范点龙泉宝剑厂、省红色旅游经典示范区王村口镇、省首家国家矿山公园遂昌金矿、省五星级农家乐经营点松阳四都寨头摄影休闲园。全市有国家AAAAA级旅游景区1家为缙云仙都景区，国家AAAA级旅游景区24家，分别是莲都东西岩风景区、丽水市古堰画乡景区、龙泉山景区、龙泉青瓷小镇•披云青瓷文化园景区、龙泉宝溪景区、中国青田石雕文化旅游区、青田石门洞、缙云黄龙景区、遂昌南尖岩景区、遂昌金矿国家矿山公园、遂昌县神龙飞瀑景区、遂昌千佛山、中国畲乡之窗景区、景宁云中大漈、云和梯田景区、仙宫景区、庆元百山祖景区、庆元巾子峰景区、松阳箬寮原始林景区、松阳大木山茶园、松阳松阴溪景区、松阳双童山景区、缙云河阳古民居景区、龙泉住龙景区；AAA级景区41家，AA级景区7家；省级旅游度假区6家，分别为浙江丽水瓯江风情旅游度假区、景宁畲族风情省级旅游度假区、云和湖省级旅游度假区、松阳田园风情旅游度假区、遂昌黄金省级旅游度假区、龙泉青瓷文化旅游度假区。2021年，全市有省级以上森林公园13个，其中，国家级森林公园6个，省级森林公园7个；全市获评省级森林康养基地4个，省级特色产业示范县1个，省级森林人家10个，浙江森林氧吧13个。风景区内不仅广布奇峰、异洞、幽谷、流泉，还有众多的摩崖题刻、古建筑群、宗教寺观等人文景观。瓯江流域人工湖泊众多，景观如同天成。仙宫湖，周围有“夏洞天”“八仙洞”“九潭十八湾”等景观；滩坑水库（千峡湖）拥有千峡环湖壮丽景象，给人无限遐想，是丽水又一个风景如画、休闲旅游场所。

丽水9个县（市、区）均为革命老区，全市有红色旅游景点共22处，分别为岱后中共丽水县委旧址、浙西南革命根据地中心区域（松阳）遗址、龙泉市革命烈士陵园、景宁畲族自治县寨山烈士陵园、缙云县革命烈士陵园、中共缙云县第一次代表大会旧址、庆元县革命烈士陵园、缙云雪峰村革命历史展示馆、住溪苏维埃政府旧址廖家祠堂、浙西南革命根据地纪念馆、松阳革命烈士陵园、季步高烈士故居（龙泉）、庆元后坑桥（红军桥）、遂昌王村口红色古镇（中国红军王村口纪念馆）、粟裕墓（遂昌）、周恩来视察纪念碑（云和）、上田战斗纪念馆（龙泉）、万象山革命烈士纪念碑、红军挺进师斋郎战斗指挥部旧址（庆元）、中共南乡区委旧址(丽水老竹)、庆元革命老根据地县纪念碑、景宁中共第一党支部党史陈列馆等。

2006年5月,松阳高腔、青田石雕、龙泉青瓷烧制技艺、龙泉宝剑锻制技艺入选国务院第一批国家级非物质文化遗产名录。2008年6月,刘伯温传说、青田鱼灯舞、木拱桥传统营造技艺、畲族医药(痧症疗法)、畲族三月三、畲族民歌、遂昌昆曲十番被列入第二批国家级非物质文化遗产名录。2009年9月,联合国教科文组织保护非物质文化遗产政府间委员会第四次会议上,龙泉青瓷传统烧制技艺被列入人类非物质文化遗产代表作名录,成为全球第一个且是唯一一个入选人类"非遗"陶瓷类项目;包括庆元在内的浙闽两省联合申报的"中国编梁木拱桥营造技艺"被列入急需保护的非物质文化遗产名录。2011年5月,遂昌班春劝农、缙云张山寨七七会、缙云轩辕祭典、缙云迎罗汉被列入第三批国家级非物质文化遗产名录。2014年12月,丽水鼓词、畲族婚俗、青田百鸟灯舞被列入第四批国家级非物质文化遗产名录。2016年11月,联合国教科文组织将中国申报的包含遂昌班春劝农等在内的"二十四节气——中国人通过观察太阳周年运动而形成的时间知识体系及其实践"列入人类非物质文化遗产代表作名录。至2021年底,全市累计人类非遗项目名录3项,国家级非遗项目名录21项,省级非遗项目名录104项,市级非遗项目名录304项,省非物质文化遗产旅游景区(非遗主题小镇和民俗文化村)19个,市级非遗主题小镇16个,市级民俗文化村18个,市级非遗展示体验点53个。全国重点文物保护单位17处(近200个点),省级文保单位77处,市县级文保单位446处,其他文物保护点8000余处,总量排名全省第四位。

丽水市全国重点文物保护单位有丽水南明山摩崖题刻、莲都通济堰、浙江大学龙泉分校旧址、青田石门洞摩崖题刻、云和银矿遗址、庆元西洋殿、缙云河阳村乡土建筑、遂昌好川遗址、大窑龙泉窑遗址(含上垟窑址)、景宁时思寺、缙云仙都摩崖题记、处州廊桥、松阳延庆寺塔等17处。国家级、省级历史文化名城名镇名村56处。国家级历史文化名城有龙泉市,省级历史文化名城有丽水市、松阳县;国家级历史文化名镇3个,名村5个,街区1个;省级历史文化名镇8个,名村28个,街区8个。中国传统村落257处,浙江省首批省级传统村落198个(不含国家级名单)。古有明御史中丞兼太史令刘基读书处、松阳兄弟进士牌坊、龙泉剑池遗址、缙云独峰书院等人文景观,近有革命遗址遂昌县王村口红军挺进师旧址群、龙泉市水塔村中共浙西南特委驻地、莲都区厦河村中共浙江省委机关旧址、青田县东源镇周恩来题词纪念碑及畲族风情、龙泉登山、仙都攀岩、青田石雕等。丽水摄影和"巴比松"油画独具魅力,连续七届举办国际摄影节,"中国摄影之乡"的称号使丽水成为摄影艺术中一颗耀眼的明珠。全市逐渐形成以畲乡文化、侨乡文化、剑瓷文化、黄帝文化、摄影文化、红色文化为主要载体的特色文化旅游。(王　利)

历史沿革

【概况】 据龙泉市牛门岗、松阳县阴岗山、莲都区后甫及遂昌县好川遗址出土文物鉴定,新石器时代就有人类繁衍生息。

在现丽水市境内,东汉建安四年(199年)始建松阳县,东汉建安二十三年(218年)建置遂昌县两个最早县。

隋开皇九年(589年)建处州,十二年(592年)改为括州,隋大业三年(607年)改为永嘉郡。唐武德四年(621年)复改为括州,唐天宝元年(742年)改为缙云郡,唐乾元元年(758年)复改为括州,唐大历十四年(779年)改为处州。元至元十三年(1276年)改为处州路,元至正十九年(1359年)改为安南府,不久改为处州府。明景泰三年(1452年)起,处州府辖丽水、松阳、缙云、青田、遂昌、龙泉、庆元、宣平、云和、景宁10个县。清宣统三年(1911年)十一月,辛亥革命后成立处州军政分府。民国元年(1912年)撤销处州军政分府,由浙江省都督府直辖县,民国3年(1914年)属瓯海道管辖,民国16年(1927年)撤销瓯海道改省直辖县,民国21年(1932年)6月设第十一、十二县政督察区管辖,民国24年(1935年)6月改为丽水行政督察区,民国25年(1936年)4月改为第九行政督察区,民国37年(1948年)4月改为第六行政督察区,同年7月改为第七行政督察区,辖丽水、松阳、缙云、龙泉、庆元、宣平、景宁、云和8个县。

1949年4月至5月,丽水全境解放。8月,设浙江省人民政府第七专区。10月,改为浙江省丽水专区。1952年1月,撤销丽水专区,各县分别划归温州、金华、衢州专区。1963年5月,恢复丽水专区,辖丽水、青田、缙云、遂昌、云和、龙泉6个县。1968年11月,改为丽水地区。1973年7月,恢复庆元县。1982年1月,恢复松阳县。1984年6月,设立景宁畲族自治县。1986年3月,撤销丽水县,建立丽水市。1990年12月,撤销龙泉县,建立龙泉市。2000年5月,撤销丽水地区,设立地级丽水市,同时撤销县级丽水市,设莲都区;7月18日至19日,莲都区与丽水市先后挂牌。(王　利)

行政区划

【区划地名】 2021年，丽水市下设莲都区，辖青田、缙云、遂昌、松阳、云和、庆元、景宁7个县，代管龙泉市一市。景宁县是全国唯一的畲族自治县。9个县(市、区)均为“革命老根据地县”。全市有88个乡(畲族乡6个)、54个镇（畲族镇1个)、31个街道办事处。 (王巧荣)

2021年丽水市行政区划一览表

表1 单位:个

县(市、区)	街道	镇	乡	社区	行政村	乡镇、街道名称
全　市	31	54	88	128	1890	—
莲都区	6	4	5	35	235	紫金街道、岩泉街道、万象街道、白云街道、南明山街道、联城街道、碧湖镇、大港头镇、老竹畲族镇、雅溪镇、太平乡、仙渡乡、黄村乡、丽新畲族乡、峰源乡
龙泉市	4	8	7	13	236	龙渊街道、西街街道、剑池街道、砝石街道、八都镇、上垟镇、小梅镇、查田镇、屏南镇、安仁镇、锦溪镇、住龙镇、兰巨乡、宝溪乡、龙南乡、道太乡、岩樟乡、城北乡、竹垟畲族乡
青田县	4	10	18	21	363	鹤城街道、瓯南街道、油竹街道、三溪口街道、山口镇、温溪镇、东源镇、船寮镇、北山镇、海口镇、腊口镇、高湖镇、仁庄镇、祯埠镇、章村乡、舒桥乡、贵岙乡、小舟山乡、祯旺乡、万山乡、黄垟乡、季宅乡、海溪乡、高市乡、巨浦乡、万阜乡、汤垟乡、方山乡、吴坑乡、仁宫乡、章旦乡、阜山乡
云和县	4	3	3	15	71	浮云街道、元和街道、白龙山街道、凤凰山街道、崇头镇、石塘镇、紧水滩镇、赤石乡、安溪畲族乡、雾溪畲族乡
庆元县	3	6	10	9	192	濛洲街道、松源街道、屏都街道、竹口镇、荷地镇、黄田镇、左溪镇、贤良镇、百山祖镇、安南乡、隆宫乡、五大堡乡、岭头乡、淤上乡、张村乡、江根乡、官塘乡、龙溪乡、举水乡
缙云县	3	7	8	8	253	五云街道、新碧街道、仙都街道、壶镇镇、新建镇、东渡镇、舒洪镇、东方镇、大洋镇、大源镇、前路乡、三溪乡、双溪口乡、溶江乡、胡源乡、石笕乡、方溪乡、七里乡
遂昌县	2	7	11	8	201	妙高街道、云峰街道、北界镇、王村口镇、大柘镇、石练镇、金竹镇、黄沙腰镇、新路湾镇、焦滩乡、应村乡、湖山乡、濂竹乡、高坪乡、蔡源乡、龙洋乡、柘岱口乡、西畈乡、垵口乡、三仁畲族乡
松阳县	3	5	11	11	203	西屏街道、水南街道、望松街道、古市镇、玉岩镇、大东坝镇、象溪镇、新兴镇、赤寿乡、四都乡、樟溪乡、三都乡、斋坛乡、板桥畲族乡、叶村乡、竹源乡、枫坪乡、裕溪乡、安民乡
景宁县	2	4	15	8	136	红星街道、鹤溪街道、英川镇、渤海镇、东坑镇、沙湾镇、九龙乡、景南乡、澄照乡、毛垟乡、秋炉乡、大地乡、梅岐乡、郑坑乡、大均乡、梧桐乡、大漈乡、标溪乡、家地乡、鸬鹚乡、雁溪乡

人口与民族

【人口】 2021年，全市人口总户数109.69万户，同比增加3115户，总人口数269.97万人，同比减少7711人，人口增长率为-2.85‰，平均每户2.46人，人口总量持续减少。其中，男性138.42万人、女性131.55万人，分别占人口的51.27%和48.72%，性别比105.22(女=100)；总人口数最多的是青田570500人，第二是缙云467883人，第三是莲都423924人。是年，全市城镇人口929162人，乡村人口1770523人，城镇人口占总人口34.41%，乡村人口占总人口65.58%。城镇人口数比上年增加8964人，呈稳步上升趋势。9个县(市、区)中，莲都、青田、缙云城镇人口数位列前三名，分别是19.89万人、16.82万人和15.22万人。全市出生17991人，其中，男性9185人、女性8806人，性别比为104.30(女=100)，同比减少4808人，出生率6.66‰，同比减少1.76个千分点，出生率呈下降趋势。出生率最低的3个县(市、区)为遂昌、景宁、青田，分别是5.41‰、5.57‰和6.16‰；出生率最高的3个县(市、区)为莲都、缙云和松阳，分别是8.61‰、6.80‰和6.75‰。全市死亡人口18154人，其中男性11038人、女性7116人，死亡率6.72‰，同比增加0.36个千分点。全年自然净增人口-163人，人口自然增长率-0.06‰。全市省内、省外共迁入8624人，迁入率3.19‰，同比减少0.15个千分点；迁出16091人，迁出率5.96‰，同比增加0.48个千分点。全年机械减少人口7467人。其中，人口迁入前三名是莲都区4236人、青田县1053人、缙云县892人；人口迁出前三名是青田县2896人、莲都区2313人、缙云县2245人。全市0—17岁50.14万人，占总人口

18.57%，同比减少10408人；18—34岁511147人，占总人口18.93%，同比减少13611人；35—59岁113.01万人，占总人口41.85%，同比增加10268人；60岁及以上55.7万人，同比增加6012人，占总人口20.63%。数据显示，遂昌、缙云、云和60岁以上人口占总人口比例列前三名，分别是24.33%、21.87%和21.60%。（许立红）

【民族】 丽水市有汉族和47个少数民族成分。据公安户籍部门数据显示，全市有少数民族人口10.94万人（畲族人口9.23万人），占丽水市总人口4.05%，有畲族、壮族、维吾尔族、回族、苗族、满族、彝族、土家族、藏族、蒙古族、布依族、侗族、瑶族、白族、哈尼族、朝鲜族、黎族、哈萨克族、傣族、东乡族、傈僳族、仡佬族、拉祜族、水族、佤族、纳西族、羌族、土族、仫佬族、锡伯族、撒拉族、景颇族、达斡尔族、布朗族、毛南族、普米族、阿昌族、怒族、鄂温克族、京族、基诺族、德昂族、俄罗斯族、裕固族、塔吉克族、赫哲族、鄂伦春族。据当年民族部门统计，全市辖有景宁畲族自治县，7个民族乡镇（老竹畲族镇和丽新、竹垟、雾溪、安溪、三仁、板桥6个畲族乡），161个少数民族行政村。少数民族人口在1万人以上的县（市、区）有莲都、龙泉、云和、遂昌、景宁。（叶青峰）

国民经济和社会发展

【综合经济实力】 初步核算，全年地区生产总值（GDP）1710.03亿元，比上年增长8.3%，与2019年相比，两年平均增长5.8%，其中，第一产业增加值107.84亿元，第二产业增加值637.27亿元，第三产业增加值964.92亿元，分别增长2.1%、9.2%和8.4%，两年平均分别增长2.3%、5.1%和6.7%。三次产业增加值结构为6.3:37.3:56.4。人均GDP为68101元（按年平均汇率折算为10556美元），比上年增长7.4%。经最终核实，2020年，全市生产总值现价总量为1527.75亿元，按可比价格计算，比上年增长3.3%，三次产业增加值结构为6.8:36.0:57.2。

2021年，全市实现农林牧渔业总产值159.25亿元，比上年下降1.3%。菌、茶、果、蔬、药、畜牧、笋竹、油茶等九大主导产业产值127.20亿元，下降1.3%。全年农林牧渔业增加值109.12亿元，增长2.2%。全年计建成粮食生产功能区548个，总面积44.98万亩。累计成功申报10个省级现代农业园区、验收4个。累计申报9个特色农业强镇，创成特色农业强镇8个。农业产业化组织1603家，县级以上农业龙头企业403家。年末，有效期内绿色食品达269个。全年新增地理标志农产品2个，累计达19个。年末，建制村全部实现生活垃圾集中收集有效处理。全年创建省级美丽乡村示范县1个、示范乡镇13个、特色精品村28个，累计创建省级美丽乡村示范县5个、示范乡镇68个，特色精品村174个。年末，农家乐民宿3507户，餐位20.26万个，床位4.43万个，从业人数2.9万人。全年农家乐（民宿）共接待游客2660.92万人次，实现营业总收入24.61亿元。“千万农民素质提升工程”培训6.33万人，其中，农村实用人才培训0.81万人。年末金融系统涉农贷款余额1691.59亿元，增长23.6%。其中，农户贷款余额915.34亿元，增长16.3%。年末，全市共有省级特色小镇11个。庆元香菇小镇被命名为省级特色小镇，青田欧洲小镇入选第七批省级特色小镇创建对象名单。

2021年，全市实现工业增加值510.65亿元，比上年增长12.6%，两年平均增长7.4%。规模以上工业增加值364.20亿元，增长15.0%，两年平均增长9.6%。规模以上工业企业销售产值1916.96亿元，增长32.7%，其中出口交货值192.17亿元，增长26.1%。分行业看，在35个行业大类中，29个行业增加值同比增长。其中，通用设备制造业增长22.5%，拉动规上工业增加值增长1.8个百分点；电力、热力生产和供应业增长14.7%，化学原料和化学制品制造业增长23.3%，电气机械和器材制造业增长13.3%，分别拉动规上工业增加值增速1.5个、1.3个、1.2个百分点。全市规模以上工业企业实现利润总额121.01亿元，比上年增长17.0%。全员劳动生产率22.6万元/人，比上年提高2.4万元/人。全市规模以上工业企业投入研发费用52.55亿元，比上年增长31.7%；规模以上工业新产品产值增长26.0%。新产品产值率35.1%。规模以上工业中，高技术制造业、装备制造业、战略性新兴产业、高新技术产业分别增长25.1%、20.7%、23.4%和17.9%，增速均高于规模以上工业10.1个、5.7个、8.4个、2.9个百分点，分别拉动规模以上工业增加值增长1.3个、6.2个、3.6个、7.6个百分点。“八大万亿”产业均保持两位数增长，高端装备、节能环保、健康产品、时尚制造业分别增长21.9%、16.2%、29.1%、13.7%。全年建筑业增加值126.69亿元，占GDP的比重为7.4%。2021年，全市实现服务业增加值964.92亿元，按可比价计算，比上年增长8.4%，服务业占GDP的比重为56.4%。全年实现旅游总收入288.4亿元，按可比口径计算，比上年增长18.2%。其中，国内旅游收入288.4亿元，增长18.2%；旅游外汇收入25.4万美元，下降54.0%。全年交通运输、仓储和邮政业增加值126.69亿元，比上年增长7.4%。

全市公路总里程15892.9千米，其中高速公路418.6千米。公路和水运完成货物周转量91.72亿吨千米，比上年增长9.8%；公路和水运旅客周转量5.72亿人千米，下降12.1%。铁路客运量976.91万人，增长22.4%；货运量319.86万吨，增长34.1%。全年邮政行业业务总量完成20.08亿元，比上年增长17.5%；邮政行业业务收入（不包括邮政储蓄银行直接营业收入）完成16.34亿元，增长9.3%；全市快递业务量完成1.79亿件，增长16.8%。电信业务总量24.7亿元，增长22.9%。年末，移动电话用户275.25万户，比上年增加11.46万户，其中使用3G、4G、5G移动电话用户248.54万户，增加21.89万户。固定互联网宽带（含华数）接入用户110.25万户，增加8.05万户。移动互联网用户259.13万户，增加18.04万户。

【社会消费需求】 2021年，全市社会消费品零售总额772.87亿元，比上年增长13.1%，两年平均增长6.1%。按经营地统计，城镇消费品零售额616.89亿元，增长18.8%；乡村消费品零售额155.98亿元，下降5.0%。按消费类型统计，餐饮收入下降0.6%，商品零售增长15.2%。网络零售额591.1亿元，增长22.8%；居民网络消费298.9亿元，增长8.1%。全年限额以上社会消费品零售总额149.93亿元，比上年增长11.2%。在限额以上企业销售的商品类别中，粮油食品类、服装鞋帽针织品类、日用品类零售额稳定增长，分别增长9.2%、23.6%、29.0%。升级类商品消费需求持续释放，化妆品类、照相器材类、家用电器和音像器材类商品零售额分别增长55.9%、58.1%和29.0%。线上消费持续增长。限额以上批发和零售业单位通过公共网络实现的商品零售额增长27.9%。年末商品交易实体市场106个，全年交易额为289.64亿元，比上年增长3.2%。其中，1亿元以上市场40个，10亿元以上市场8个。

【固定资产投资】 2021年，全市固定资产投资比上年增长15.1%，两年平均增长10.8%。制造业投资、项目投资分别增长20.1%和11.0%，两年平均增长2.8%和3.5%。民间投资、交通投资、生态环保城市更新和水利设施投资、高新技术产业投资均增长，分别增长16.0%、8.8%、0.8%和7.4%。分产业看，第一产业投资下降31.3%，第二产业投资增长13.7%，第三产业投资增长16.3%，占全部投资的比重分别为0.9%、18.7%和80.4%。全年房地产开发投资331.57亿元，比上年增长21.3%，两年平均增长24.0%。其中住宅投资246.37亿元，增长21.6%。商品房销售面积332.06万平方米，增长12.2%，两年平均增长15.2%。商品房销售额498.35亿元，增长24.7%，两年平均增长31.3%。

【进出口总额】 2021年，全市货物进出口总额329.28亿元，比上年下降4.1%。其中，出口287.37亿元，下降4.3%；进口41.91亿元，下降2.4%。其中：流通公司出口94.52亿元，下降38.5%；生产企业出口187.83亿元，增长32.8%，占全市出口总额的65.4%。从出口国别看，对欧洲、北美洲出口分别增长10.0%和19.1%，对美出口82.56亿元，增长19.8%，占全市出口总额的28.7%，对“一带一路”沿线国家出口84.21亿元，下降19.7%。出口商品结构持续优化，机电、高新产品出口比重稳步提升。机电产品出口158.17亿元，增长10.3%，占全市出口总额的55.0%，比重比上年提升7.3个百分点；高新技术产品出口11.09亿元，增长29.9%，占全市出口总额的3.9%，比重比上年提升1.1个百分点。全市新设外资企业46个，比上年增加14个；实际利用外资0.84亿美元，增长40.4%。

【财政金融】 2021年，全市财政总收入270.91亿元，比上年增长12.8%；一般公共预算收入163.97亿元，增长14.0%。其中，税收收入137.85亿元，增长17.2%，占一般公共预算收入的84.1%。一般公共预算支出545.69亿元，增长3.5%，其中民生支出403.90亿元，增长1.4%，占比74.0%。

年末，全部金融机构本外币各项存款余额3972.16亿元，比上年末增长11.9%，其中人民币存款余额3888.37亿元，增长11.9%。住户本外币存款余额2360.33亿元，增长10.0%。金融机构本外币各项贷款余额3291.89亿元，增长18.7%，其中人民币贷款余额3277.70亿元，增长18.6%。年末主要农村合作金融机构人民币贷款余额809.70亿元，比年初增加142.88亿元，增长21.4%。年末A股上市公司5家（主板4家、创业板1家），境外（纳斯达克）上市公司5家，“新三板”挂牌公司18家。全年保险业保费收入63.61亿元，按可比口径计算，比上年增长6.7%。其中，财产险保费收入22.25亿元，增长6.7%；人身险保费收入41.36亿元，增长6.7%。各类赔款及给付23.19亿元，增长18.2%。其中，财产险赔付14.69亿元，人身险赔付8.50亿元。

【文教卫事业】 2021年末，全市有幼儿园418所，在园幼儿7.94万人，比上年增长3.5%。小学196所，招生2.37万人；在校生15.35万人，下降1.9%。初中79所，招生2.77万人；在校生8.36万人，下降0.3%。全市各类中等职业教育学校13所，招生1.02

万人，在校生3.08万人；普通高中25所，招生1.40万人，在校生3.90万人，毕业生1.16万人。全市有普通高校3所（含独立学院及筹建院校）。高考录取率为96.8%，高等教育毛入学率为64.6%。

2021年末，幼儿园专任教师0.57万人，比上年增加304人；幼儿教师学历合格率为100%。义务教育中小学专任教师1.68万人，增长1.3%。中等职业教育专任教师0.22万人，生师比14∶1；专任教师学历合格率为98.1%。双师型教师占专任教师和专业课教师的比例分别为46.9%和87.3%。普通高等学校专任教师中具有硕士以上学位教师比例为44.4%。

2021年末，全市公共图书馆10个，文化馆10个，文化站173个，博物馆20个。县级文化馆和图书馆覆盖率均达100%，乡镇（街道）综合文化站和村（社区）文化服务中心实现全覆盖。年末，全市综合档案馆10个，馆藏各类档案1863个全宗，共计142.04万卷259.10万件，其中已开放1487个全宗，共计50.24万卷。举办全国皮划艇秋季冠军赛、全国航海模型锦标赛等大型赛事活动。全年销售体育彩票6.15亿元，比上年增长28.9%。

2021年末，全市卫生机构1694个（含村卫生室、诊所），其中，医院60个，乡镇卫生院186个，社区卫生服务中心（站）46个，诊所（卫生所、门诊部、医务室）599个，村卫生室762个。卫生技术人员22402人，比上年末增长4.95%，其中，执业（助理）医师9045人，注册护士9623人，分别增长5.5%和8.3%。医疗卫生机构床位数15321张，增长7.2%。医疗机构年诊疗2493万人次，增长14.2%。

2021年，全市新认定高新技术企业148家，累计581家。新培育科技型中小企业436家，累计1832家。全年专利授权量12860件，增长10.8%。其中，发明专利授权量为543件，增长27.5%。财政一般公共预算支出中科技支出13.48亿元，增长17.3%。全年新增“浙江制造”标准10个。全年有104家企业获728张3C证书。法定计量技术机构9个，全年强制检定计量器具35.2万台件。1383家企业获管理体系认证。

【生态环境建设】 2021年，全市新增百万国土绿化造林5560公顷，完成义务植树531万株。建设战略储备林和美丽生态廊道0.8万公顷。其中，战略储备林8.17万亩，美丽生态廊道0.26万公顷。全市森林覆盖率81.7%。全市年平均气温19.2度。市区$PM_{2.5}$浓度平均为21微克/立方米，日空气质量（AQI）优良天数比例为99.7%。全市99个地表水断面Ⅰ—Ⅲ类水质断面占99%，无劣Ⅴ类水质断面。县级以上城市集中式饮用水水源地水质达标率为100%。跨行政区域河流交接断面中，满足水环境功能区目标水质要求断面占100%。全年污水排放量11670.23万立方米，比上年增长5.9%；污水处理量为11466.63万立方米，增长6.2%；污水处理率98.3%，比上年提高0.31个百分点。生活垃圾无害化处理率100%，用水普及率100%，燃气普及率100%。全市建成区绿地面积4489.84公顷，其中公园绿地面积1440.86公顷，建成区绿地率38.1%，人均公园绿地面积13.99平方米。

【人民生活和社保】 2021年，全体及城乡居民人均可支配收入分别为42042元、53259元和26386元，比上年名义增长11.4%、9.7%和11.6%，两年平均增长8.9%、7.1%和9.7%；扣除价格因素实际增长9.4%、7.8%和9.6%，两年平均增长6.9%、5.1%和7.6%。城乡居民人均可支配收入比值为2.02，比上年缩小0.03。全市居民人均生活消费支出30390元，比上年名义增长17.2%，扣除价格因素增长15.1%。其中，城镇常住居民和农村常住居民人均生活消费支出分别为36678元和21613元，增长15.5%和17.9%，扣除价格因素分别增长13.5%和15.8%。年末，城镇常住居民人均住房建筑面积48.5平方米，农村常住居民人均住房建筑面积66.8平方米。年末，每百户城镇居民家用汽车拥有量46.3辆，每百户农村居民家用汽车拥有量25.3辆。全市低收入农户年人均可支配收入14389元，增长16.1%，高出农民收入增速4.5个百分点。

年末，全市参加基本养老保险人数202.98万人，比上年末增加4.08万人。参加企业职工基本养老保险人数90.88万人，增加4.75万人。参加工伤保险人数89.21万人，增加10.82万人。参加失业保险人数33.67万人，增加3.01万人。基本养老保险参保率达到99.1%。参加基本医疗保险人数243.46万人，增加3.83万人。其中，参加职工基本医疗保险人数53.33万人，增加2.79万人；参加城乡居民基本医疗保险人数190.13万人，增加1.05万人。参加生育保险人数35.70万人，增加2.09万人。基本医疗保险参保率达到99.7%。被征地农民基本生活保障参保人数2.08万人。正常缴费企业职工基本养老保险退休人员月人均养老金2544元；城乡居民养老保险基础养老金最低标准225元。

（宋李英）

经济体制改革

【概况】 2021年，全市经济体制改革围绕构建新发展格局，以数字化改革为牵引，在重点领域和关键环节上持续发力，形成一批牵一发而动全身的改革成果，为加快跨越式高质量发展建设共同富裕美好社会山区样板提供动力支撑和机制保障。生态产品价值实现机制改革获2021年浙江省改革突破银奖，“大搬快聚富民安居”工程作为全省唯一典型案例代表入选全国脱贫攻坚成果典型案例。GEP辅助决策应用项目入选第一批数字政府系统“一地创新、全省共享”应用；丽水市“天眼守望”GEP核算转化场景入选省空间治理数字化最佳实践场景。

【生态产品价值实现机制试点】 2021年，丽水市完成首个生态产品价值实现机制国家试点，成果和经验在中央深改委第十八次会议上得到肯定，《关于建立健全生态产品价值实现机制的意见》被中办、国办吸纳，国家发改委在丽水市召开全国试点示范现场会，丽水经验在全国推广，国家发改委支持丽水建设生态产品价值实现机制示范区。编制全国首个地级市《生态产品价值实现“十四五”规划》，重点聚焦生态产品价值产业化、市场化实现路径和机制建设，推动生态产品价值实现机制改革从先行试点走向先验示范。GEP核算与应用体系再获突破，全面参与GEP核算国家标准制定。建设“天眼守望”GEP核算转化及应用平台，初步量化全域生态价值，实现GEP“一键核算”。生态产品市场交易体系探出新路，出台《森林生态产品政府采购和市场交易管理办法》，在全国率先将水源涵养、水土保持等调节服务类生态产品作为交易标的开展交易。加快华东林交所建设落地，推动全国生态产品交易中心建设。全市乡镇级“生态强村公司”实现全覆盖，健全全市“两山银行”市场交易平台。

【大花园最美核心区建设】 2021年，遂昌、龙泉成功命名首批省大花园示范县，11个案例入选省大花园建设优秀典型案例，数量均居全省第一。18个项目被列入省级“耀眼明珠”培育对象，数量居全省第一，松阴溪（含莲都古堰）成功命名首批省大花园“耀眼明珠”，系全省唯一一个人文水脉类耀眼明珠。景宁获省政府大花园建设督查激励。40个项目被列入省大花园建设重大项目清单，数量全省最多，完成投资155亿元，占年度计划投资的136%。全国首创政务、服务、商务“三务合一”花园邻里中心，开工建设试点项目3个，完成投资4.56亿元。全省率先实施“增花添彩”工程，新增种植花卉0.1万公顷，建设美丽林相5.12万公顷，打造规模化彩色成果287个。发布《丽水瓯江山水诗路文化旅游规划（2021—2035年）》，举办2021瓯江山水诗路“非遗购物节•文旅消费季”、丽水瓯江山水诗路暨中华生态诗高峰论坛、丽水摄影节等特色文化活动。

【优化营商环境行动】 2021年，丽水市实施优化营商环境“10+N”便利化行动，事项跑零次率达99.63%。丽水经济技术开发区获评“2021中国经济营商环境十大创新示范区”，“网上中介超市”入选2021年浙江省优化营商环境优秀案例20强，社会公众对政府优化法治化营商环境评价满意度位居全省第一。出台《丽水市鼓励华侨回归创业创新三十条政策措施（试行）》，促进华侨要素回流。印发《2021年丽水市促进消费十件实事工作计划》，促进消费扩容提质。集成告知承诺、容缺受理、串联审批、限时办结，高效运用“政策等企业、净地等项目、拿地即开工、当年落地当年上规”等改革措施，实现一般企业投资项目从赋码备案到竣工验收全过程审批“最多80天”，开工前审批用时从平均186天缩减至“最多50天”。

【信用体系建设】 2021年，丽水市持续擦亮生态信用品牌，高质量推进“信用丽水”建设，创成国家第三批社会信用体系建设示范区。国家城市信用监测排名稳定在全国“第一梯队”，12月，丽水在全国261个地级市中位列第9名，其中11月取得最高成绩第6名。拓展生态信用16类应用、场景60余项，建立涵盖10类1.2万余家主体的生态信用企业“数据池”，评定生态信用村216个。强化“绿谷分”应用场景异地扩面数字化支撑，深化“信游长三角”建设，加快与上海市黄浦区信用共建、共享、共融的步伐，已形成集民宿、餐饮、购物等一体的两地诚信市民互认应用场景近40个。结合党中央国务院和省委、省政府关于社会信用体系建设的决策部署，编制发布《丽水市社会信用体系建设“十四五”规划》。

【要素市场化配置改革】 2021年，丽水市推进农村集体经营性建设用地入市，农村产权抵押贷款稳步推进，至年末，林权、农房、土地流转经营权抵押贷款余额分别为69.59亿元、59.85亿元、11.15亿元。2021年，全市农村产权交易平台上架集体产权187宗，完成交易14宗，成交金额185.76万元。开展低效企业用地整治，全市共整治销号高耗低效企业244家，腾出用能8.43万吨标准煤，腾出用地114.42公顷，均超额完成年度目标。创新推出亩均保金融产品，全市“亩均保”在保企业项目33个，担保金额8680万元。开展百校联千企荐万才等五大“百千万”人才工程，引进高校毕业生44155人。深入实施融资畅通工程升级版，提升融资服务精准度。全市制造业贷款余额530.43亿元，同比增长 18.64%，民营经济贷款余额 1667.49 亿元，同比增长 16.13%。全年新增上市公司 2 家（引进众应互联公司，中北能在美国纳斯达克上市）、新增新三板挂牌企业 1 家（莲都区瓯宝股份）。

【开放合作】 2021 年，丽水市融入长三角持续发力，初步形成研发在上海、基地在丽水模式，与上海名院联合开展科研、教学、诊疗等活动，实现市厅级以上科研立项 4 项，合作举办学术讲座及会议 8 场；新时代山海协作工程迭代升级。全市新签山海协作产业合作项目 155 个，到位资金 233.6 亿元。在大湾区、省级高能级平台设立不少于 1 平方千米的“产业飞地”，实现 9 个县（市、区）“产业飞地”签约全覆盖。首个“科创飞地”杭州丽水数字大厦全年新引进项目 52 个，累计引进企业 107 家，入住率 80.62%，81 个项目实现产业化，项目产业化率 76.4%；统筹建设对外开放平台。推动浙江（青田）华侨经济文化合作试验区建设，全面打造“世界超市、购物天堂”。进口商品城先后建成 4 个市场和 1 个世界红酒中心，全年累计销售额达 20.8 亿元。2021 年，出口贸易额累计达 1088 万美元。

【数字经济平台建设】 2021 年，丽水市制定出台《丽水市数字经济发展“十四五”规划》，明确“十四五”数字经济发展目标任务和产业培育方向，绿谷公司获评国家中小企业公共服务示范平台，绿谷信息产业园、杭州丽水数字大厦分别获评浙江省五星级和四星级小微园。至年末，市数字经济平台“三园一基地”实现营收 65.1 亿元，同比增长 30%；税收 1.7 亿元，同比增长 30.8%。引导企业建设数字化车间、智能工厂和“未来工厂”，创建企业项目达 70 多个，三田汽车入选第一批“未来工厂”试点企业名单，25 个项目入围 2021 年市级企业智能制造和数字化转型试点示范，累计推广应用工业机器人 444 台。金马逊、三辰电器等 6 家企业申报省级首台（套）产品，获评省级企业技术中心 9 个，评定晨龙集团等市级企业技术中心 30 个。丽水生态合成革产业大脑入选全省首批行业产业大脑建设试点“揭榜挂帅”项目。（吴 新）

个体私营（民营）经济

【概况】 2021 年，丽水市市场监管系统以数字化改革为牵引，持续推动商事登记高水平服务，打造最佳营商环境。实施“小微企业三年成长计划”，加强精准服务、特色服务，激发市场主体活力，增强创业创新动能。年末，全市有在册市场主体 307668 户，同比增长 4.94%。其中，在册企业 65167 户，同比增长 14.18%；在册个体工商户 237650 户，同比增长 3.01%。发挥非公党组织实质作用，深入开展小微企业、个体户、专业市场和外卖骑手党建工作，为个体私营经济跨越式发展提供保障。

【优化环境】 2021 年，丽水市市场监管局推进企业开办“一日办结”升级版，继续实施赠送印章和税控盘政策为企业减免开办费用。做好企业注销便利化工作，进一步提升企业注销便利化水平。推广电子营业执照，创新开展数字化餐饮登记场景应用，提升商事登记数字化水平。继续开展“证照分离”改革，优化准入环境。

【深化服务】 2021 年，丽水市市场监管局深入企业开展“三服务”活动，梳理交办企业反映问题 2450 个，办结率 100%。开展创新金融服务，推进融资畅通工程，实施“首贷户”“贷款码”“贷动小生意、服务大民生”等专项行动，建立“一园一行一顾问”金融服务机制。开展科技创新服务，召开“绿色创新第二空间”现场会，完善技术市场服务体系。

【人才培育】 2021 年，丽水市市场监管局开展“百师带千徒育万匠”活动，实施“金蓝领”职业技能提升行动，深化技能人才评价制度改革，全市备案职业技能等级评价机构 33 家，基本实现工种和认定机构市县全覆盖。推送“高、精、尖”培训课程，针对企业在标准化、检验检测、品牌打造、质量管理等方面的需求，采取平台服务、搭线专家、中介推送等方式，解决小微企业在生产、检测、取证等全环节的高质量发展需求难题。

【党建引领】 2021 年，丽水市市场监管局开展小微企业、个体户、专业市场和外卖骑手党建工作，全市建成“小个专”党组织 621 个，选派党建指导员 210 人。从政治引领、组织建设、作风建设、管理教育、监督制约和创新运行等方面入手，推进党支部规范化建设。创新推进外卖骑手党建工作，成立全省第一个外卖骑手实体党支部，建立工作支部 4 个。开展党建引领服务外卖骑手“七个一”活动，提升外卖骑手的归属感和认同感。建成民生药事服务站绿谷先锋驿站 45 个、网络餐饮单位骑手休息点 76 个。成立绿谷先锋骑手志愿服务队 9 支，开展志愿服务23 次。（季颖颖）

精神文明建设

【文明城市创建】 2021 年，市委常委会专题研究经常化创建文明城市工作，出台《全面推进经常化创建全国文明城市工作的实施意见》，先后召开工作推进会、任务交办会、工作协调会、点评会等，高规格表彰“两连冠”先进集体111家、个人442人。市领导联系帮扶社区（城中村）经常化创建文明城市工作，市四套班子领导先后深入创建工作一线指导，协调解决创建工作存在的突出问题。印发《2021年度丽水市经常化创建文明城市工作督查考核办法》，坚持“日巡查、周督查、月小结、季点评”，督促各职能部门及时整改。推进空中缆线序化、老旧小区外立面改造等项目20余个，清除空中缆线废线约22吨，完成外立面改造近2万平方米。组织开展“致敬百年伟业 共创文明城市”环境秩序整治、“迎中秋庆国庆”城市环境综合整治等，开展十项重点难点问题挂牌整治，共享单车乱象整治、噪声扰民问题整治等受到群众广泛好评。

【文明家庭创建】 2021年，市文明委开展以孝老文明星、生态文明星、信用文明星、爱心文明星、文体文明星和致富文明星为主要内容的六星文明户（农村）和以孝老文明家庭、生态文明家庭、爱心文明家庭、家教文明家庭、文体文明家庭、廉洁文明家庭为主要类型的六型文明家庭（城市社区）创建活动。命名表彰董碧霞等市级文明家庭200户，引导广大家庭以德治家、以学兴家、文明立家、忠厚传家、绿色美家，提升家庭幸福感和凝聚力。深化好家风建设，开展立家训、写家书、议家风、传家宝等主题活动，推动家训“挂厅堂、进礼堂、驻心堂”。

【新时代文明实践中心建设】 2021年，市文明委在青田县召开全市新时代文明实践中心建设工作推进会，印发《丽水市2021年新时代文明实践中心建设工作要点》《丽水市新时代文明实践中心建设工作导则》《丽水市新时代文明实践云中心指导手册》等，编印《新时代文明实践在丽水》书籍，集中展示各地亮点活动。建成并上线全省首家新时代文明实践云中心，设9个县级分中心、175个乡镇实践所、375个村级实践站，纳入云中心实现“一网管理”，累计人流量达到321万人次，推动文明实践资源整合共享。累计建成新时代文明实践中心、所、站2021个，覆盖率达93.05%。新增512个实践点，“15分钟文明实践服务圈”建设初具雏形。云和县“牛云云”卡通实践站、景宁县每季度亮牌通报文明实践工作情况、莲都区“小荷说新语”、遂昌县“芝麻绿豆”等一批特色实践项目得到群众认可。

【公民道德建设】 2021年，全市入选中国好人6人、浙江好人32人，入选数量为史上最多；评出市级道德模范10人、道德模范提名奖12人，3人被评为浙江省道德模范，陈金英入选全国道德模范提名奖。缙云县承办丽水市第七届道德模范颁奖典礼暨市第十四届邻居节启动仪式。市领导胡海峰、吴晓东、郎文荣、任淑女、戚永远、卢彩柳、高波等会见慰问道德模范。开展道德模范与身边好人学习宣传。浙西南革命根据地纪念馆入选全国爱国主义教育示范基地，实现零突破。深化“德润处州”道德讲堂总堂活动，全年举办活动9期。

【未成年人思想道德建设】 2021年，莲都区刘英小学等10所学校获评浙江省首届文明校园。“我陪你读”农村留守儿童亲子阅读活动入选2021年全省未成年人十件实事。举办丽水市第四届未成年人思想道德建设创新大赛，莲都区承办“致敬百年伟业 争当新时代好少年”丽水市第十届未成年人道德文化节启动仪式。庆元县率先建成全市首家乡村复兴少年宫。

2021年5月27日，丽水市第十届未成年人道德文化节启动仪式在莲都区城西小学举行
（张馨月　提供）

【全域文明创建】 2021年，市文明委组织开展县城（城市、城区）文明程度指数测评，推动提升县域文明程度。指导缙云县、青田县创建县级全国文明城市，松阳县、遂昌县创建省示范文明县城。开展推广使用“公筷公勺”“反对餐饮浪费”专项行动，组织季度专项测评，围绕“进校园、进村镇、进

机关、进行业、进家庭”，推行制止餐饮浪费宣传教育。开展文明健康绿色环保、文明交通绿色出行、文明旅游、文明上网等主题教育实践活动，培育文明风尚。

【公益广告宣传】 2021年，市文明委策划制作的“文明健康”系列视频公益广告登上“学习强国”平台，其中，“使用公筷公勺”“礼让斑马线”2个主题公益广告入围全国公益广告最高“黄河奖”。推出“丽水好传承”“丽水好味道”“丽水好风光”“丽水好节日”“丽水好春晚”“丽水好人”等富有丽水地方特点和文化特色的公益广告，在公共文化设施、公园广场、景区景点等点位推出融入城市景观风貌的公益景观小品，传播文明理念，实现公益广告抬眼可见、举足即观。举办文明出行宣传月活动，以小品、相声等寓教于乐的文艺节目，引导市民群众特别是快递员、外卖员等重点群体提高文明出行意识。

【志愿服务工作推进】 2021年，市文明委召开市志愿者联合会一届二次理事会，举办丽水“小园丁”志愿服务专题培训班，组织新时代文明实践“小园丁”志愿服务项目大赛，莲都区“让爱前行”陪伴者计划等30个特色项目脱颖而出。全市“小园丁”志愿服务队伍达3261支，注册志愿者人数72.88万人，累计开展志愿服务活动21.7万次，丽水“小园丁”志愿服务品牌不断深入人心。开展文明交通路口劝导志愿服务活动，共计117家单位5000余人次参与。陈爱萍入选全国“学雷锋”志愿服务“四个100”，景宁县百岁社区等5个先进典型入围全省“5个20”最美典型，沈香娟“爱心厨房”暖心故事宣传形成全网刷屏效应。 （张馨月）

“平安丽水”建设

【概况】 2021年，丽水市坚持以习近平新时代中国特色社会主义思想为指导，深学笃行习近平法治思想，弘扬伟大建党精神，坚定厉行“丽水之干”，以浙西南革命精神铸魂赋能立根，始终沿着总书记亲自开创的平安建设道路毅勇前行，为全市“创新实践‘两山’理念、开辟高质量绿色发展新路子”创造更加平安稳定的政治社会环境。在12月15日召开的平安中国建设表彰大会上，丽水市被授牌命名为平安中国建设示范市，市委政法委获评平安中国建设先进集体。丽水市连续17年被省委、省政府命名为“平安市”，9个县（市、区）均实现平安创建满堂红。

【平安中国建设示范市】 2021年，丽水市政法系统以中央成立平安中国建设协调小组为契机，推动市级领导小组成立9个专项小组，完善职能架构。制定出台完善风险闭环管控大平安机制总体方案和平安建设考评办法，落实“日跟踪、周分析、月体检、季点评”和“三色预警”平安报表管理法，夯实属地责任、监管责任、主体责任。全年共组织开展覆盖全市域、各行业明察暗访34次，发现问题隐患4300个，全部落实全程化跟踪问效整改。深化十大行业平安创建工作，共创成平安校园、平安医院、平安工地等658个，以行业平安汇聚全市平安。常态化开展值班备勤、武装巡逻、突出问题专项打击整治等行动，织密社会治安防控网，努力以政法干警辛苦指数换取人民群众幸福指数。全年未发生重大恶性案件、严重群体性事件、网络安全事件和较大以上道路交通事故，命案数、“两抢”、刑事发案数、全口径道路交通死亡人数同比均下降，连续10年保持现发命案全破。推进常态化开展扫黑除恶专项斗争和“打伞破网”，克服疫情影响，从境外押回、规劝5名黑恶逃犯。

【建党100周年安保维稳】 2021年，全市公安系统聚焦影响全市安全稳定的突出风险隐患，构建完善风险闭环管控的大平安机制，落实重大维稳安保活动七大机制，启动安保维稳等级响应275天，加强安全形势分析研判、监测预警，推进重大决策社会风险评估和矛盾纠纷源头化解，确保建党100周年安保维稳万无一失。十九届六中全会、各级“两会”、全国农村人居环境整治提升现场会、中国仙都祭祀轩辕黄帝大典等系列重大会议活动、重要时间节点平稳度过，实现“六个严防、三个确保”工作目标。

【平安稳定百日攻坚行动】 2021年，消防部门共检查大型商业综合体、高层建筑、小微企业等单位1.12万家，督促整改火灾隐患2.45万处，临时查封162家；累计完成对522幢高层建筑消防设施的修复工作，消防设施完好率达到82%；开展合用场所消防安全专项督导3轮次，累计排查小场所58273家，督促整改“三合一”和违规住人场所8099家，实施硬隔离1242家，加装防火门2453家。市场监管部门完成全市21家批发企业100%全覆盖检查；在全市开展16台电站锅炉的安全风险分类评价，落实279台蒸汽锅炉定期水质化验（处理）；开展24个小区液化气瓶组站管道、16公里老旧市政燃气管网专项检查和检验，消除14起超期未检严重隐患和118起一般隐患；对全市15959台电梯和扶梯加装“NFC”芯片。生态环境部门对全市生态环境隐患进行地毯式排查、清单式整改，共排查企业3019家，完成问题隐患交办整改473个。

【“141”基层社会治理体系建设】 2021年，丽水市政法系统坚持和发展新时代“枫桥经验”，以迭代升级“一中心四平台一网格”基层社会治理体系为抓手，完善体制机制、推进重点项目，聚力实现创成全国试点合格城市目标。推进县级矛调中心规范化建设，启动市级标准制定和社会矛盾纠纷多元调处化解立法工作，聚焦“调处化解、事件处置、分析研判”三大功能定位，推动64个行业性、专业性调解组织入驻中心，共接待来访群众4.56万人次，调解各类矛盾纠纷3.57万件，调解成功率99.3%，全市诉前纠纷化解率51.7%，居全省第三，县级矛调中心实质性作用持续放大。以“基层治理四平台”迭代升级为契机，建立完善信息汇总、研判会商、分类处置、督考评价、交流培训、领导轮值等运行机制，为县乡一体整体智治格局夯实基础。探索推进网格员队伍职业化、社会化建设，开展“网格入企、企业入格”工作，创新推广“乡事城办”“红色党建”“组团联村”等服务模式，发挥全科网格底座作用。

【全国首批市域社会治理现代化试点合格城市】 2021年，丽水市政法系统推动以市委办公室、市政府办公室名义制定出台试点创建工作推进方案，搭建完成“1+10+6+X”工作架构，印发包含216项445条具体内容的任务责任清单，推动形成各类机制制度158项，形成全市一盘棋的工作推进体系。开展市域社会治理创新项目培育推广行动，推动45个项目由9个县（市、区）、19家市直单位“揭榜认领”，形成工作合力。与中国经济改革杂志社合作开展试点课题研究并顺利结题，探索形成的人口服务管理新模式入选中央试点工作经验汇编。深化“雪亮工程”建设，在完成中央验收基础上，完成动态人像二期系统建设，完成“一人一档”2800万份。

【绿色发展护航】 2021年，丽水市政法系统树立新发展理念，发挥政法机关职能作用，聚焦市委中心工作，把政法工作融入全市经济社会发展大局。开展优化营商环境专项行动，建立“诉裁调”三位一体商事纠纷快速化解机制，缩短纠纷解决时间、降低纠纷解决成本、优化诉讼程序质量；出台系列保障“双招双引”战略举措，在青田、缙云、松阳设立知识产权巡回审判点，推动杭州知识产权法院在遂昌设立巡回审判庭。部署开展“护红护绿护古”公益诉讼专项监督行动，办理相关公益诉讼案件145件，被《检察日报》整版报道；办理的莲都区某行政公益诉讼案入选全国典型案例。以深入开展“三服务”活动为载体，完善“项目警官制”制度，重拳打击食药环知领域违法犯罪。聚焦疫情全球性流行大背景，推动“丽水警侨驿站”在线服务迭代升级至29个国家39个城市46个站点，上线77项华侨“急难愁盼”的政务服务业务，解决海外华侨“回国难”问题。建立全省首个“监狱地方”法治联合体——市法律援助中心驻之江监狱工作站，把法律援助工作向省属监狱延伸；开展以“让群众打得起官司”为主题的专项实践活动，累计办理法律援助案件2890件，帮助弱势群体挽回经济损失1.03亿元；推行证明事项告知承诺制，实现26项证明材料“无证明化”办理。

【平安建设法治保障】 2021年，丽水市政法系统找准一体推进平安建设、法治建设结合点，发挥法治固根本、稳预期、利长远保障作用，确保平安建设工作始终在法治轨道上运行。启动社会矛盾纠纷多元调处化解立法工作，出台全国首个《自然灾害应急指挥体系建设规范》地方标准，建立完善“点评、交办、晾晒、通报、督察”五大机制，群众对法治建设的满意度连续5年位居全省前列，行政诉讼败诉率3.3%，全省最低，成为全省首批“法治浙江（法治政府）建设示范市”，科学立法、严格执法、公正司法、全民守法格局进一步形成。全市政法机关落实《丽水市构建规范高效司法监督体系实施方案》，建立完善执法监督联席会议制度，推动重大案件办理政治效果、社会效果、法律效果更加统一。

【数字法治系统建设】 2021年，丽水市政法系统把数字法治系统建设作为政法数字化改革着力点和突破口，按照省委、省委政法委部署要求，围绕“1338”工作架构，组建实体化运作专班，出台《丽水市数字法治系统建设工作方案》，建立日会商、周研判、月晾晒等制度，先后召开8次覆盖不同层级、涵盖多种业务工作推进会，并围绕核心业务，梳理重大需求、多跨场景、改革事项“三张清单”，打开数字化改革突破口。推进平安法治“一件事”综合集成改革，16项改革入选全省数字法治“一本账”。围绕农村道路路况复杂，事故数、亡人数占比高等情况，以流程再造、系统重塑、体系重构理念，创新研发农村地区道路交通安全综合治理场景应用（农道安），推动农村道路交通事故数、亡人数同比下降24.6%、24.4%，得到省委常委、政法委书记王昌荣的高度肯定。构建基于检察大数据法律监督体系，研发司法网拍监督治理“一件事”应用，在全省推广。（朱冯梁）

中国共产党丽水市委员会

市委重要会议

【市委全体会议】 2021年7月30日，市委四届十次全体（扩大）会议举行。全会坚持以习近平新时代中国特色社会主义思想为指导，认真贯彻中共十九大和十九届二中、三中、四中、五中全会和省委十四届九次全会精神，动员全市上下进一步高扬“丽水之干”行动奋斗旗帜，在加快跨越式高质量发展扎实推动共同富裕的奋斗新征程中，努力把丽水建设成为共同富裕美好社会山区样板，为全省建设共同富裕示范区做出重要历史贡献。市委常委会主持会议。市委书记胡海峰代表市委常委会作工作报告，并作总结讲话。全会审议通过《丽水加快跨越式高质量发展建设共同富裕示范区行动方案（2021—2025年）》和《中共丽水市委关于全面推进生态产品价值实现机制示范区建设的决定》。胡海峰就行动方案（讨论稿）和决定（讨论稿）向全会作起草说明。

12月30日，市委四届十二次全体（扩大）会议举行。全会坚持以习近平新时代中国特色社会主义思想为指导，深入学习贯彻中共十九届六中全会以及省委十四届十次全会精神，听取市委常委会工作报告，进一步动员全市上下从党的百年奋斗历程中汲取智慧和力量，满怀信心踏上全面建设社会主义现代化的崭新时代征程。市委常委会主持会议。市委书记胡海峰代表市委常委会作工作报告，并作总结讲话。

【市委常委会会议】 2021年1月7日，会议传达学习省委常委会会议暨省新冠肺炎疫情防控工作领导小组会议精神，专题研究部署全市冬春季新冠肺炎疫情防控工作。市委书记胡海峰主持会议并讲话。

2月3日，会议传达学习中央、省委农村工作会议精神，全国宣传部长会议和全省宣传思想工作会议精神，以及全国信访局长会议精神等，研究相关贯彻落实意见。市委书记胡海峰主持会议。

3月1日，会议审议《丽水市贯彻落实第二轮中央生态环境保护督察报告反馈问题整改方案》，研究部署全市整改工作。市委书记胡海峰主持会议并讲话。

3月17日，会议传达学习中央政治局会议研究巡视工作指示精神和中央第四巡视组巡视浙江省情况反馈会议、省委落实中央巡视组反馈问题整改工作动员部署会精神，研究部署全市落实中央巡视反馈问题整改工作。市委书记胡海峰主持会议。

4月1日，会议传达学习省委副书记、省长郑栅洁到丽水调研讲话精神，研究部署全市贯彻落实措施。市委书记胡海峰主持并讲话。

5月28日，会议传达学习中共中央政治局常委、国务院总理李克强在浙江考察调研时重要讲话精神和中共中央政治局常委、全国政协主席汪洋在浙江考察调研时重要讲话精神等，研究贯彻落实意见。市委书记胡海峰主持会议。

6月28日，会议审议《丽水市政法队伍教育整顿工作总结》等。市委书记胡海峰主持会议。

7月2日，会议学习传达习近平总书记在“七一勋章”颁授仪式上的重要讲话精神、在庆祝中国共产党成立100周年大会上的重要讲话精神以及浙江省庆祝中国共产党成立100周年大会精神。市委书记胡海峰主持会议并讲话。

7月27日，会议学习贯彻全省山区26县跨越式高质量发展暨山海协作工程推进会精神，研究分析上半年全市经济运行情况，部署安排下半年经济工作。市委书记胡海峰主持会议。

9月8日，会议传达学习习近平总书记在西藏考察时的重要讲话精神和第八次全国对口支援新疆工作会议精神等，研究贯彻落实意见。市委书记胡海峰主持会议。

9月22日，会议传达学习习近平总书记在中央党校（国家行政学院）中青年干部培训班开班式上的重要讲话精神、在中央政治局第二十五次集体学习时的重要讲话精神等，研究贯彻落实意见。市委书记胡海峰主持会议。

10月27日，会议传达学习习近平总书记致中国质量（杭州）大会贺信精神，习近平总书记致广交会贺信精神等，研究贯彻落实意见。市委书记胡海峰主持会议。

11月22日，会议学习传达习近平总书记和省委书记袁家军关于粮食安全重要批示精神，听取丽水市粮食安全责任制落实情况、涉粮专项整治推进情况的汇报。传达学习全国加强换届风气监督工作电视电话会议精神等，研究贯彻落实意见。市委书记胡海峰主持会议。

12月21日，会议传达学习习近平总书记在第三次"一带一路"建设座谈会上的重要讲话精神，习近平总书记关于注重家庭家教家风建设的重要论述精神和加强家庭家教家风建设工作推进会精神等，研究贯彻落实意见。市委书记胡海峰主持会议。

【全市领导干部会议】 2021年2月1日，会议传达学习省十三届人大五次会议精神和省政协十二届四次会议精神。市委书记胡海峰讲话。市委副书记、市长吴晓东主持。市人大常委会主任虞红鸣、市政协主席陈瑞商分别传达省"两会"精神。市委副书记郎文荣出席会议。

3月12日，会议传达学习全国"两会"精神，研究部署全市学习宣传贯彻工作。全国人大代表、市委书记胡海峰主持会议并讲话。全国人大代表、市长吴晓东和全国政协委员雷后兴分别传达十三届全国人大四次会议、全国政协十三届四次会议精神。市领导李锋、陈瑞商、郎文荣等参加会议。

6月15日，会议传达学习省委十四届九次全体（扩大）会议精神。市委书记胡海峰主持会议并讲话，市委副书记、市长吴晓东传达。

11月17日，会议传达学习党的十九届六中全会精神。市委书记胡海峰主持会议并讲话，市委副书记、市长吴晓东传达。

12月1日，会议传达学习省委十四届十次全会精神。市委书记胡海峰主持会议并讲话，市委副书记、市长吴晓东传达。

【重要会议】 2021年1月14日，全市抗击新冠肺炎疫情表彰大会在丽举行，表彰全市为抗击新冠肺炎疫情作出突出贡献的先进集体和先进个人。市委书记胡海峰出席大会并讲话，强调要把握新时代、履行新使命、完成新任务，坚决贯彻中央和省委的决策部署，统统警醒起来，继续重新绷紧至关重要的当此之时更是十分必要的防控之弦，坚决打好冬春季疫情防控硬仗，切实把抗疫成果转化为砥砺前行的强大动力。市委副书记、市长吴晓东主持会议，市领导虞红鸣、陈瑞商和其他市委常委出席会议。

1月22日，市委召开经济工作会议，认真贯彻落实党的十九届五中全会、省委十四届八次全会、市委四届九次全会和中央、省委经济工作会议精神，总结2020年工作，部署2021年任务，以"双招双引"为战略举措，奋力推动加快跨越式发展。市委书记胡海峰讲话，市委副书记、市长吴晓东主持。

4月19日，市委"三农"工作会议在遂昌召开，市委书记胡海峰出席会议并讲话。会议是继上年召开丽水市生态工业发展大会、全市旅游业发展大会之后，为采取"三管齐下"战略举措、全面贯彻落实丽水市"两山"发展大会精神、系统推进创新实践"两山"理念召开的又一重要会议。会前，还首次以市委、市政府名义在遂昌举办"班春劝农"仪式，以再现400多年前遂昌当地策励春耕、奖掖农桑、劝勤农事的人类非遗经典，以古鉴今广泛动员全市上下推动掀起"重农固农兴农"工作高潮，以厉行"丽水之干"奋力书写丽水全面推进乡村振兴、实现农业农村现代化的崭新篇章。 （胡雪峰）

市委重大活动

【中国共产党成立100周年庆祝活动】 2021年6月18日晚，"再唱山歌给党听"——丽水市庆祝中国共产党成立100周年大型文艺歌会在丽水大剧院举行。胡海峰、吴晓东等市四套班子领导，粟裕大将长孙粟志军，党史学习教育省委第五巡回指导组组长张文华、副组长陆深海，参加浙西南革命精神论坛嘉宾，市直机关负责人，社会各界干部群众等800余人一同观看演出。6月22日，在庆祝中国共产党成立100周年之际，丽水市在浙西南革命根据地纪念馆举行"七一"前新党员集中宣誓活动。市委书记胡海峰，市委副书记、市长吴晓东及其他市委常委出席活动，市委副书记郎文荣主持。7月1日，在庆祝中国共产党百年华诞之际，市委书记胡海峰在丽接见了全市"两优一先"代表。吴晓东、李锋、陈瑞商、郎文荣以及其他市委常委参加接见。7月5日，市委利用一天时间，举行学习习近平总书记在庆祝中国共产党成立100周年大会上的重要讲话精神专题读书班。市委书记、市党史学习教育领导小组组长胡海峰主持并讲话。 （胡雪峰）

浙西南革命精神弘扬践行

【概况】 2021年，市委围绕“以浙西南革命精神为‘丽水之干’铸魂赋能立根”的目标，努力用活“红色资源”，讲好“红色故事”，守护“红色根脉”，为庆祝中国共产党成立100周年、党史学习教育提供丰富的党史素材和创设多彩的活动平台。

【浙西南革命精神理论研究】 2021年6月19日，中央党校报刊社、省委宣传部、省委党校、省委党史和文献研究室、省社科联和丽水市委联合主办2021浙西南革命精神论坛，来自国家发改委、教育部以及北京、福建、江西、陕西等12个省21个市，共240余名党史、军史、革命史和发改领域的国内专家学者、嘉宾参会，论坛共收到学术论文60余篇。首次增设两个研讨会，分别就“红军长征与浙西南革命”“浙西南革命老区振兴发展”两个专题进行研讨，其中赣州、遵义、延安、桂林、阿坝5个红军长征论坛联盟城市专家代表首次参加论坛。论坛规模、层级、内容、精彩程度都有创新突破，受到嘉宾众口赞誉。理论研究推出新成果，浙西南革命精神被纳入“读懂浙江红色精神谱系”丛书，编印《浙西南革命精神研究优秀论文集》，浙西南革命精神重大课题被纳入第三期浙江省文化研究工程，在《学习时报》等中央主流媒体上刊发《浙西南：南方三年游击战争的重要游击区》《粟裕在浙西南革命的光辉足迹》等一批重要研究论文，出版《峥嵘壮歌——浙西南解放战争人物影像档案》等一批红色读物。浙西南红色资源价值转化基地入选浙江省习近平新时代中国特色社会主义思想研究中心首批调研基地。召开浙西南红色文化研究会第一届理事会第二次会议。

【浙西南革命老区红色资源保护转化】 2021年1月，《国务院关于新时代支持革命老区振兴发展的意见》将浙西南革命老区同赣南等原中央苏区和陕甘宁、左右江、大别山、川陕等革命老区一道列入全国12个重点革命老区，纳入国家政策支持范畴。8月，浙江省人民政府发布《关于新时代支持浙西南等革命老区振兴发展的实施意见》，合力推动丽水打造全国革命老区振兴发展的重要窗口。“丽水元素”屡次纳入国家部委支持革命老区振兴发展政策体系。在全省颁布首个革命遗址保护条例，对全市未定级、非文物遗址的认定、保护、管理、利用等方面作细致规定。加强新建改扩建纪念设施报批管理，在全市组织开展纪念设施全面自查自纠工作，开展浙西南革命根据地纪念馆专项核查。编制《浙西南革命文物保护利用规划》，组织浙西南革命文物“金名片”评选活动。发布全国首个红色乡村建设市级地方标准，推进百个红色美丽村庄建设，浙西南革命根据地旧址群纳入全国建党百年红色旅游百条精品线路，浙西南革命根据地纪念馆被命名为全国爱国主义教育示范基地，红军挺进师斋郎战斗旧址入选第十二批省级爱国主义教育基地。

【浙西南革命精神主题教育宣传】 2021年，丽水打造533处革命遗址红色体验点、103条红色研学线路，为党史学习教育提供前沿课堂。市县联动组织开展争当全国革命老区全面振兴示范区“6+X”系列活动。举行丽水市庆祝中国共产党成立100周年大型文艺歌会，举办“建党100周年”红军长征论坛七市（州）“红色地图”摄影联展，组织全省百年百名艺术家走进浙西南革命老区创作采风活动，推出戏曲电视剧《红色浙西南》，大型民族歌剧《畲山黎明》获第六届全国少数民族文艺会演优秀剧目奖和艺术表演奖。主题电影《云霄之上》获浙江电影凤凰奖等6个大奖。组织“弘扬践行革命精神红色宣传联盟”在丽水开展“寻访百年红色精神，重走红色革命地标”建党百年大型融媒采访活动，来自15个省市的30家媒体单位共60余名新闻工作者参加，推出一系列动态报道、专题报道。举办庆祝建党百年新闻发布会，组织“献礼建党百年·寻访丽水百个‘红色地标’”大型融媒体报道活动，开展“迎接建党百年 传承红色基因”大学生短视频大赛。“红色浙西南 绿色新丽水”微博话题总阅读量达49.4亿人次，讨论数超56.1万条，成为宣传丽水的最闪亮金名片。（朱映归）

市委办公室工作

【信息工作】 2021年，市委办信息处以习近平新时代中国特色社会主义思想为指导，弘扬践行浙西南革命精神，围绕大局反映情况、报送信息，当好“千里眼、顺风耳”，发挥信息参谋决策和桥梁纽带作用。深入贯彻落实全省数字化改革精神，通过组建突发快响应用推广群、召开专题培训会、开展实战演练等方式，推动全省数字化改革最佳应用暨突发快响应用省、市、县、乡四级全贯通、全注册、全使用，实现全域所有突发事件信息通过应用上报。全市注册账号3000余个，报送紧急信息200余条，突发事件处置效率明显提升。按照“抓培训、促提升”的要求，采取以会代训、顶岗轮训、专题培训等形式，提高县（市、区）和市直部门信息工作人员的能力和水平，全年共召开全市党委系统信息例会4次，举办第二届全市党委系统信息干部培训班。刊发和上报反映我市重点工作和特色经验信息，发出丽水声音、讲好丽水故事、体现丽水元素。共编发《工作交流》15期，《信息专报》7期，《每日情况报告》249期，本年新增刊物《每周简报》刊发36期。上报省委办公厅信息2000余条（篇），被省委办公厅采用信息300条（篇），其中《工作情况交流》20条（篇），《每日简报》125条（篇），上报《中办信息》143条（篇）、《专报》8条（篇）、《增刊》4条（篇）。经过省委办公厅转报被中央办公厅采用12条（篇）。 （陆江东）

【督查工作】 2021年，市委督查室紧扣中心工作，紧盯领导关注，紧贴群众需求，真督实查、严督细查，较真碰硬、注重效果，较好地服务领导，服务基层，服务群众，较好地完成年度各项工作计划和目标任务。

强化跟踪落实，认真抓好中央和省委、市委重大决策部署的贯彻落实，重点对习近平总书记重要指示批示贯彻落实情况进行督查，四次对全市高铁高速沿线进行往返巡查，实地查看两沿“脏乱差”环境问题，共排摸发现高铁高速沿线“脏乱差”问题点位156个，并已全部完成整改。不折不扣落实批示件办理工作，2021年，办理省委、省政府主要领导批示26件，市委主要领导批示110件。

加强督促检查，制定并印发《全市2021年督查检查考核年度计划》和《2021年市委、市政府重点工作责任分工》，对年度重点工作进行系统分析、梳理。牵头开展“五水共治”、人才科技工作会议精神贯彻落实等专项督查，印发《重要事项交办函》68期，《重要事项督办单》21期。做好浙江卫视《今日聚焦》、丽水电视台《每周聚焦》曝光问题的整改落实。2021年，《今日聚焦》曝光共涉及丽水问题16个，完成整改14个。

推进数字化改革，围绕“七张问题清单”做好督查工作，2021年，全市在“七张问题清单”应用录入全量问题库问题2623个，纳入市县“蓄水池”问题869个，发布市县清单问题360个。完成市县级总览界面开通，上线重点关注问题20个，“两榜”案例22个，重大预警问题10个。 （赖江涵）

【政研工作】 2021年，市委政研室围绕市委中心工作，做好重要文稿起草、政策制定以及课题调研工作，处理好市委财经委员会日常事务。主要完成市委四届十次、十二次全会相关报告材料起草工作，起草《中共丽水市委关于全面推进生态产品价值实现机制示范区建设的决定》《丽水加快跨越式高质量发展建设共同富裕示范区行动方案（2021—2025年）》等文件。起草市委经济工作会议、市委“三农”工作会议等重要讲话文稿30余篇，完成市委财经委员会第四次、第五次会议纪要。认真起草市第五次党代会报告，组织开展多层次课题调研与走访座谈，在广泛调研和认真听取各方意见的基础上，结合上级精神和丽水实际，形成党代会报告征求意见稿。制定《中共丽水市委常委会2021年工作要点》，组织开展市委市政府领导重点调研课题工作，编发《决策与调研》内刊9期，组织开展党政系统优秀调研成果评选。认真完成省委政研室部署的各项工作任务，做好《政策瞭望》《学习与研究》的发行工作。 （黄晓莎）

【保密工作】 2021年，召开市委保密委全体会议，提出6方面15条重点任务。开展定密工作专项检查和调研，编发《定密工作常见问题解答》，开展定密工作在线培训。摸清涉密人员底数，建立相关数据库，探索动态管理模式。规范涉密信息系统运行维护委托服务管理。开展涉密信息系统设备数据采集统计，建立相关数据库。开展2次电子政务内网使用单位保密培训。做好丽水市电子政务内网三期分级保护项目46个远程终端接入节点核查工作。开展微信、钉钉泄密专项整顿行动。部署加强机关单位网络保密管理相关工作，全面深入排查网络保密隐患。开展“保密教育月”活动，采取多种形式依托多个平台深化保密宣教。在市委党校2个主体班次开设保密专题课。在行政中心举办保密专题图片展。组织观看保密教育片。在丽水电视台、各路公交车上循环播放保密宣传教育公益片。依托“保密观”微信公众号平台在全市范围发起保密知识竞赛。编发《丽水保密提醒》10期。组织9个县（市、区）和48家市直单位开展保密安全循环交叉检查。对部分资质单位开展“双随机”抽查。查处9起保密违法违纪案件并通报典型案例。做好国家考试保密安全检查指导。做好“912”工程及其他涉密政府采购工作指导。做好全市涉密项目备案工作。做好保密综合业务网系统数据录入报备工作。做好红机电话系统的运维保障和管理，制定3项相关管理制度。做好涉密资质（资格）企业的保密业务指导并协助省保密局做好现场审查。做好《丽水组织史》《丽水年鉴》等对外提供资料的保密审核。做好国家秘密载体的回收、销毁。 （钟　鸣）

【资料编辑工作】 2021年，市委办资料编辑室坚持正确政治方向，坚守正确舆论导向，按时编发市委机关刊物

《今日丽水》12期，发行刊物7.2万册，把庆祝建党百年、党史学习教育作为贯穿《今日丽水》全年宣传策划的主线，开设重点专题栏目20余个，特别策划推出“奋斗百年路　启航新征程”“百年党史青年说”“建党百年　丽水故事”等典型报道专题，开设“数字化改革”“双招双引”“共同富裕　山区样板”等特色亮点专栏，与时俱进讲好“丽水故事”。上线电子期刊，办好“掌上党刊”，半年度点击阅读量超过2.5万人次，实现纸质杂志、电子期刊“线下线上”同向发力、同频共振。坚持“开放办刊”，扩大党刊交流合作。12月，《今日丽水》获全国党政期刊庆祝建党100周年宣传策划“十佳创新奖”；选送两篇期刊论文荣获一等奖。此外，系统集成“史料库”，全力做好专项档案攻坚，完成市委主要领导日常会议、重要调研等图片、录音、文字收集整理存档，以及市委办内部各类会议、活动的文字图片资料收集整理。（胡雪峰）

组织工作

【调研宣传】 2021年，市委组织部突出中心工作开展调查研究，统筹市县形成24个重点课题成果和18个短平快课题成果；重点抓好缩小人力差距课题调研，组织市委党校等10个市直单位和部机关处室开展专项调研，形成20个子课题和《缩小人力差距助力共同富裕问题研究》总报告。深化推进党的建设制度改革，牵头谋划实施党改项目15个，形成《丽水市关于深入践行新时代党的组织路线优化升级落实〈浙江省组织工作高质量发展规划纲要（2018—2022年）〉的通知》等系列制度成果。聚焦特色亮点推进宣传报道，市县共在中央、省级媒体上刊发《浙江丽水制定公务员考录地方标准》等宣传稿件429篇，其中，央媒纸媒116篇，录用率位列全省第三。加大新媒体宣传工作力度，结合建党百年、县乡换届等重点，推出“党史故事大家读”“干中换、换中干”“人才在浙丽”“绿谷共富”“绿谷红声”等18个专栏，并升级改版“绿谷先锋”微信公众号，全年推送微信1000余条，总阅读量达170万人次，同比增长61.13%。强化舆情监测和处置，紧扣县乡换届等重点，开展“清朗在线”行动，制定《关于从严加强涉组涉干舆情应对处置工作的通知》等制度，实行县市区轮值制，上报舆情3100条，被认定有效318条，位居全省第二。立足参谋辅政开展信息编报，上报信息1330篇，《浙江丽水探索推行“我为群众办实事”公告制》等81条次信息被中组部录用，实现连续五年报录数全国第一；《丽水市换届考察多方位“政治体检”把好干部政治首关》等27条次信息被省委组织部录用。围绕“双招双引”、共同富裕等重点，编发本级简报《组工信息》27期。（范云涛）

【中心工作服务保障】 2021年，市委组织部制定全市组织系统全力服务保障“双招双引”的十条“硬核”举措，重塑高规格、实体化运行的“一部四中心”架构。启动2022年面向世界一流大学引进优秀毕业生暨党政储备人才工作，用好“跨山统筹”金钥匙，市县联动“五统一”招引150名优秀青年人才。

【干部宏观管理】 2021年，市委组织部制定《市管干部日常调配工作原则》，细化“严把政治首关、提升政治能力”等十方面具体操作内容。本着科学规范、简便易行原则，制定《市管职务（职级）上会任免范围》，进一步提高干部任免工作效率。出台加快构建干部心理健康关爱体系的实施意见，依托党校、党群服务中心和医疗机构等，加大干部心理健康关心关爱力度。

【干部工作数字化改革】 2021年，市委组织部探索建设市本级“工作专班管理”应用场景，涵盖“专班审批、组织抽调、运行管理（考核评价）、撤销退出、结果运用”五项核心业务，实现专班管理系统化、协同化、精细化。着眼于加强干部综合管理应用，探索开发“干部智慧系统”，建立包含干部信息资源库、应用支撑平台和干部信息管理系统、领导便携式信息查询系统等功能的“一库一平台多应用”场景。

【干部挂职锻炼】 2021年，市委组织部按照省“千名干部互派交流工程”，选派36名干部到省部属单位、54名干部到经济强县挂职锻炼，做好127名各地市干部人才到丽水挂职和跟班学习工作。持续加大干部帮扶协作力度，选派50名干部人才到西藏、新疆、四川等开展对口支援（协作）工作，实施市委、市政府重点工作“揭榜挂帅”“组团赛马”攻坚机制，先后抽调280余人次干部到共同富裕、数字化改革、百山祖国家公园创建、疫情防控等40个重点工作专班或专项工作一线历练，锻造堪当跨越发展、共同富裕重任的干部队伍。（赵素琴）

【年轻干部培养】 2021年，市委组织部坚持储备一批，结合县（市、区）换届考察和市直单位届末考察，掌握市管优秀年轻干部建议名单1000名左右。坚持培训一批：举办中青年干部培训班、党外中青班、公务员初任培训班等系列主体班次及国有企业优秀年轻经营管理人才培训、侨界新生代英才培训等行业系统年轻干部培训班。市本级累计培训各领域年轻干部500余人次。坚持交流一批：以乡镇换届为契机，进一步统筹全市年轻干部资源，继续加大交流任职力度；组织13名科级年轻干部集中交流，其中4名担任过乡镇党政正职经历的干部到市直单位担任中层正职，5名市直单位中层正职到县（市、区）担任乡镇长，4名90后年轻干部跨县交流任乡镇长。2020年交流的35名科级干部中，有9人提任处级领导干部，形成年轻干部到基层一线去、优秀干部从基层一线来的鲜明导向。

（梅培操　赵素琴）

【干部任免】 2021年，市委组织部把服务好市委常委会人事议题作为重中之重，拟制各类任免文件300余份。开展干部工作信息管理系统提升工程，在原有的干部工作信息化模式的基础上继续研发升级上会系统，提高上会效率。（赵素琴）

【干部立体考核数字化改革】 2021年，市委组织部承担领导班子和领导干部立体考核应用场景研发任务，构建领导班子领导力和领导干部胜任力“两个指数”考核指标体系，实现“人事关联”；多维度集成干部考核数据，形成考核大数据库；建立省市县三级应用界面，打造年度考核、平时考核、专项考核、任期考核“四个子场景”，形成领导班子、领导干部考核“两张成绩单”，推进干部立体考核应用市县贯通，倒逼9个县（市、区）重塑考核机制，形成市本级和9个县（市、区）“1+9”干部立体考核体系。干部立体考核应用场景2021年度浙江省改革突破奖金奖。

【市级领导班子换届】 2021年，市委组织部配合省委换届考察组开展市级领导班子换届工作，对全市14名市级领导班子（含法检“两长”）换届拟新提名人选考察对象、3名市纪委副书记拟新提名人选考察对象、9名县（市、区）委书记拟新提名人选考察对象、10名县（市、区）长拟新提名人选考察对象进行深入考察，开展各类考察谈话1200余人次。

【市直单位届末考察】 2021年，市委组织部聚焦干部工作系统性重塑，组织开展市直单位届末考察，对91个市直单位领导班子、535名市管处级领导干部进行全面体检，全市1929名干部参加谈话调研，3290人参加民主推荐和测评，参与率分别达到95.2%和91%。通过开展实绩追溯考察、口碑考察，向分管市领导、省级部门和县（市、区）书面征求意见等方式，对领导班子和领导干部进行立体考察，提出优秀班子、优秀正副处、需要关注的班子、需要关注的干部、可提任正副处、优秀正副科年轻干部等9份名单，提出领导班子和干部队伍优化改进意见223条。对标选人用人高质量发展指标体系，推进忠诚干净担当的高素质专业化干部队伍建设，全年开展各类干部调配27次，对领导干部岗位调整优化582人次。（商梅宏）

【县级领导班子换届】 2021年，市委组织部对9个县（市、区）299名干部开展全覆盖谈心谈话。完成9个县（市、区）四套班子291名领导干部、107名拟提任人选全面考察。对照“一体系三机制”要求，研究提出县（市、区）换届人事调整6条原则，推进干部队伍系统性重塑，制定人事方案366人次，市县、县县之间交流干部89人，11名表现一般的党政班子成员转岗人大、政协，8人不再继续提名。换届后党政班子平均年龄44.66岁，较上届年轻0.65岁；年轻干部37人占27.4%，女干部22人，党外干部6人；全日制大学以上学历53人占39.26%，较上届提高11.86个百分点，基本达到省里40%要求。人大、政协班子配备党外干部34人，除云和县政协缺配1名外，其他县均符合换届结构要求。

【干部队伍日常管理】 2021年，市委组织部围绕政治建设、担当尽责、作风建设等内容，派出9个考察组对246名领导干部开展年度考核，确定优秀等次人选58名。落实公务员职务职级并行工作，开展县（市、区）市管干部职级晋升54人，其中激励性晋升21人。结合县（市、区）领导班子换届考察，发现和掌握317名优秀年轻干部，为干部队伍梯队建设打好基础。深化法检干部“一统筹三打通”，制定法检干部择优选升把握原则，完成56名法检审计干部调配，其中市县交流4人、同一班子任职满10年干部减少13人，因高配消化、回避等原因免职4人。（翁羽翕）

【干部教育培训】 2021年，全市共举办培训班527个，培训干部5.2万余人次。组织县处级以上领导干部开展党史学习教育、中共十九届六中全会精神等集中学习培训，累计轮训3000余人次。举办“双招双引”、乡村振兴、共同富裕等96个专业化素质提升培训班。聚焦特色品牌，深度融入“长三角”一体化发展“问海借力”，全市到长三角地区开展学习培训65个班次3840余人。探索“一带三区”地域特色办班“组团合力”，举办“组团合力”培训班11个，培训干部1200余人次；举办全链条项目技能提升培训班、国有企业经营管理人员研修班、“交通项目先锋班”等项目技能系列培训班43个，培训干部3300余人次。

【选调生工作】 2021年，市委组织部计划下年度市县两级83个选调生岗位，共吸引923人报名（“双一流”高校399人），报录比为11:1，较前两年呈倍增趋势。开展国情调研报告评选活动，通过县（市、区）审核初评、专家复评和市委组织部审定，共评出优秀国情调研报告15篇、优秀村情综合报告5篇，并探索多渠道、多形式转化调研成果。市本级制定出台《丽水市市直机关行政编制周转管理办法》，建立有1500余个编制的市县编制周转池，为市县统筹、市管县用，破解基层高层次选调生引进难问题提供制度保障。 （梅培操）

【县乡换届护航】 2021年，市委组织部开展换届风气监督“四大专项行动”，确保换届风清气正。严筑思想防线，全市共发放提醒卡20.3万余张、组织观看警示教育片3.17万余人次、签订承诺书1.6万余份，推动换届纪律教育“全覆盖”。严防换届风险，组织开展领导干部问题“大排查”，梳理分析2016年以来信访举报，建立涵盖104名处级、312名科级受处理处分干部信息库，对153名拟列入县（市、区）换届考察对象人选的社会关系、家属经商情况提早排摸，严防“人情风”。严格正风肃纪，落实“12380”举报平台值守制度，建立违反换届纪律问题查核组，全年共受理涉干信访件107件，办结107件。严抓风气督查，市本级、县（市、区）组建“9+34”个换届风气巡回督查组，开展巡回督查4轮。换届期间，全市未发生明显违反“十严禁”纪律情况，在全市换届满意度调查中，对用人导向风气的评价满意度为98.06%、抓换届纪律方面措施的评价满意度为98%。

【巡视巡察问题整改推进】 2021年，市委组织部落实中央巡视反馈问题整改要求，建立“10+4”任务清单，并按期完成整改。推进省委巡视问题整改和立项督查件调查核实，完成立项督查件5件，共问责49人，推动问题整改43个、补齐制度短板27项。加强分析研判，换届期间共叫停或暂缓调配105人。开展“回访”检查，结合换届考察、谈话调研以及巡察整改效果评估检查，对四届市委开展的专项检查整改情况进行全覆盖“回访”检查，巩固巡察成果，推动问题彻底整改。

【日常监督管理】 2021年，市委组织部落实请示报告制度，完成全市1200余名领导干部个人有关事项填报，共查核560人，其中如实报告548人，一致率97.86%，对瞒报或漏报的12人进行相应处理，受理市管干部重大事项321人次。开展“一报告两评议”，结合换届考察，完成党委（党组）书记选人用人检查“全覆盖”，并对9个县（市、区）和88家市直单位开展“一报告两评议”，市委“选人用人工作的总体评价”和“从严管理监督干部情况的评价”首次实现“双百”。 （邓慧莉）

【干部档案管理】 2021年，丽水市委组织部在全省干部档案工作会上，作题为《集中管理，从严审核，提升新时代干部人事档案工作规范化水平》的经验交流。扎实推进干部人事档案专项审核工作，完善《干部人事档案底册》制度，下发《市直单位进点安排表》，制作《企事业单位专项审核登记表》，分批组织单位进点开展档案审核。制定《专项审核表一表通》《审核十八问》《八个是否、八个一律自查要求》《专审表填写十注意》等参考文件，提升档案审核工作质量。建立“互学联查、量化评价”机制，共开展专项检查3轮，抽查干部档案325卷，开具督导通知单3份。完成54689卷干部人事档案专项审核任务。延伸专项审核范围，在完成规定审核任务的基础上，还对全市的事业干部和国有企业人员进行了全覆盖审核，累计延伸审核38611卷。组织力量服务市县换届继续提名人员档案任前审核工作，对240余名县（市、区）领导班子成员干部人事档案审核“回头看”，其中涉及三龄两历等重点问题17个。开展市县换届档案审核业务辅导，全程做好各考察组档案审核业务咨询解答等服务。配合完成乡镇领导班子换届“五类人员”干部人事档案提级“二次把关”工作，分8批次完成189卷档案审核，发现重点问题18个。完成1502卷县（市、区）委管理正科长级领导的数字档案备份工作。接待档案查阅1870批次，查阅档案6200余卷。组织开展《关于在职称评聘中建立干部人事档案审核建立“凡评凡聘必审”机制的思考》调研。 （夏晓青）

【公务员考录和公开遴选（选调）工作】 2021年，市委组织部坚持考试考务和疫情防控“两手抓、两手硬”，聚焦缩小人力差距，努力做大人力增量文章。从严把握计划编报，加强对各地计划编报工作的指引和调度，提升公务员招录的精准性。突出重点抓好笔试、面试等环节，抓好考录工作全流程、各方面。全市各级机关招录公务员554人，市本级公开遴选（选调）优秀公务员45人。完成2022年中央机关公务员招考笔试的组织工作。 （吴益平）

【“大综合一体化”行政执法改革推进】 2021年，市委组织部配合做好省定“1+8”(综合行政执法队+农业农村、生态环境、文化市场、市场监管、交通运输、自然资源、卫生健康、应急管理)行政执法队及市本级能源、民政、劳动保障、水利执法队伍的相关人员划转等工作。按照改革到位、人员身份明确、编制清晰要求，上报市本级农业农村、生态环境、文化市场3支行政执法队伍职位设置方案并完成职级转换前期摸底排查工作。

【面试考官星级管理应用场景】 2021年，市委组织部按照加强考官队伍建设和规范管理的要求，建立面试考官星级管理系统，重点破解面试考官专业水平难评定、系统更新维护不及时、日常管理不到位三大难题。出台《丽水市公务员面试考官星级管理办法(试行)》，会同省标准化研究院制定发布地方标准，即《公务员考试录用管理工作规范第四部分：面试考官》，实现对考官管理的制度重塑，建成市县两级共1000余人的考官库。该项工作在2021年全省公务员工作推进会、全省公务员考录工作高质量发展研讨班上作交流发言。

【公务员职务与职级并行制度巩固深化】 2021年，市委组织部把握公务员职级属性定位，用好激励资源，组织一次回头看，分析公务员职级晋升工作存在的问题，提出改进举措，建立市直单位晋升四级调研员负面清单，明确暂缓晋升情形；提高市直单位科级公务员职级晋升的天花板，激发四级调研员的工作积极性，探索实行积分制，引导职级公务员参与专班工作。使用统筹职数，发挥激励效能，重点关注正科实职任职年限长、年度考核优秀等次多，且单位因职数限制无法晋升四级调研员的公务员群体。 (潘　剑)

【乡镇换届工作】 2021年，市委组织部在全省率先出台《乡镇换届高质量评估指标体系》，用好“一屏看换届”乡镇换届数字化平台，做实两级研判、动态调度、比学赶超。围绕高质量开好乡镇党代会和人代会，组织新一届班子启动大走访、大宣讲、大征集活动，向群众征集“过去五年最满意的十件事、今后五年最期盼的十件事”3500余件。开展全过程指导把关，142个乡镇全部如期召开党代会，选出1001名新一届乡镇党委班子，组织意图得到贯彻。乡镇党委换届后第一时间举办全市乡镇(街道)党(工)委书记全员轮训。

【市党代会筹备和党代表推荐工作】 2021年，市委组织部组织开展市第五次党代会筹备工作，确定市第五次党代会代表名额350人，分为县(市、区)、市直单位、市国资系统、部队、金融系统等五类共13个选举单位。把握政策口径、程序规范、人选质量，对各环节各选举单位进行指导，编发工作指引、政策问答、工作动态等简报20期。各县(市、区)组织动员所有党支部和党员参加推荐，共有7690个党支部(总支)的16万余名党员参与推荐，实现推荐程序到位、结构符合要求、择优导向鲜明、资格审查从严。组织开展党的二十大代表和省第十五次党代会代表推荐工作，加强动态督查指导，各县(市、区)、市直机关工委、市国资委和10余个“条”线单位完成推荐工作。

【庆祝建党100周年系列活动】 2021年，市委组织部结合党史学习教育，推进“三个一百”建设工程，择优遴选确定100个市级红色美丽村庄、100个红色示范阵地、100个党员教育培训基地，基本完成红色美丽村庄3个中央试点村、8个省级建设村、10个市级示范村项目的落地实施，打造成为党史学习教育、支部主题党日、党员教育培训的重要阵地。开展“三个一百”评选活动，市级层面评选表彰100个优秀共产党员、100个优秀党务工作者、100个先进基层党组织，推荐吴克甸、雷晓华、云和县老李帮忙团服务中心党支部入选全国“两优一先”表彰对象；推荐曾志华等22人、缙云县长坑小学党支部等16个基层党组织入选全省“两优一先”表彰对象。对全市11286名党员颁发“光荣在党50年”纪念章，下拨转拨各类慰问党费860万元，对功勋党员、生活困难党员、老党员、因公殉职党员干部家属等进行全覆盖走访慰问。转拨划拨各级党费50万元慰问奋战在全市新冠肺炎疫苗接种点的医务工作者、志愿者和党员、干部。

【村社换届“后半篇”文章】 2021年，市县联动全覆盖抓好村社党组织书记示范培训和村社干部全员轮训，举办领雁擂台赛强化比学赶超。持续开展“领雁学历提升计划”，市本级累计招收学员294人，集中培训21期，示范带动各县(市、区)1423名农村基层干部参与大专及以上学历教育。完善兴村(治社)名师评选管理办法，重新推选认定省市县名师151人(其中省级8人、市级78人、县级65人)，推行导师帮带结对工作，累计结成帮带对子450对，实现新进“一肩挑”人员、后进村和薄弱村书记帮带全覆盖。实行村社党组织书记县级党委备案管理，完善村情村干部信息管理平台，出台村级班子和村干部“十条负面清单”和村干部“铁规十条”。

【发展党员和党员队伍建设工作】 2021年，市委组织部聚焦高质量发展党员，制定年度指导性计划，明确发展农村产业链人才、高知群体等重点对象，全年新发展党员4350人。制定推广《发展党员工作操作手册》，推进浙里根脉红色强基系统的维护使用，会同云和县开发使用发展党员全周期管理系统，完善统计分析功能，2020年党统工作全省排名第二。做实党员联系服务群众制度，构建“村社党组织+党小组+党员+责任区”模式，把全市村社划分为2.5万个党员责任区，发动7.3万名村社党员每人包干联系5—7户群众，探索推行“我为群众办实事”公告制，累计帮助基层和群众办实事好事64.5万余件。深化“爱心农场”“爱心课堂”等“爱心系列”，深化“党员先锋林”建设，开展从“党员在身边、温暖千万家”为主题的百个服务群众好故事征集宣传活动，市县累计宣传晾晒服务群众好故事725个。依托“96345”党员志愿服务中心，建设流动党员营地，县(市、区)轮流开展主题党日活动，推动市区1680余名流动党员实现一体化管理。

【城市基层和行业系统党建】 2021年，市委组织部坚持把城市基层党建工作作为“一把手”工程来抓，建强“四级联动”的党建工作机制，构建“四级书记”一抓到底的工作格局，形成协调推进的责任体系。结合“18+32”城市基层党建高质量指标体系，研究制定《2021年城市基层党建工作高质量评估指标》，开展示范社区创建活动，建设“一社一清单”，确定10%的社区开展示范争创。在莲都区丽阳社区开展离退休干部党建融入城市基层党建试点工作，促进离退休干部党建和城市基层党建深度融合。继续加强城市基层党建信息化建设，优化城市基层党建智治管理平台，引导在职党员进社区报到开展服务，打造“96345”党员志愿服务信息化平台，增加微心愿征集认领、党员志愿服务、党员教育培训等功能模块。加强行业领域党建的分类指导，制定党建重点工作清单，压实“抓行业、行业抓”的责任。

【村集体经济壮大】 2021年，市委组织部搭建村级集体经济“消薄”赛马平台，举办两届“丽水市优秀消薄项目大比拼”，21个具有示范性、带动性的乡镇强村公司优质消薄项目上台竞技，共获得1040万元奖补资金和14300万元授信额度。开展两轮乡镇强村公司经营性收入排名，对前20名和后20名予以通报，举办后进提升培训班。探索建立村干部发展集体经济激励制度和预警惩处机制，明确把村集体经济经营性收入增幅、乡镇强村公司平均利润排名、年经营性收入15万元以上的村占比等集体经济增收情况纳入村干部绩效考核的重要内容。

【党建联建机制】 2021年，市委组织部探索创新多种基层组织共建新模式，推进“跨山多联”党建联建机制，把以往“各自为战”的组织资源整合形成“守望相助”的共建责任体系，以此促进乡村资源整合，实现以强带弱、抱团发展。形成导师帮带、强村公司、边界共管等10类615个联建案例，在推动乡村协同治理、产业协调发展、群众共同富裕等方面的优势日益显现。173个乡镇(街道)全覆盖组建强村公司，以市场化运作模式吸纳每个村零散的资源、资金、资产，单靠这种入股形式，每年为每村带来集体经济增收7.51万元。

【基本保障强化】 2021年，市委组织部专门开展村级办公场所建设项目、中央和省级资金扶持壮大村集体经济项目、村干部基本报酬补助资金、村级组织运转补助经费、社区工作补助经费等五项资金的绩效自查，抓好跟踪督促，确保各类补助资金用好用到位。强化阵地保障，深化推进村级组织活动场所建设提升行动，完成上一年度200个项目扫尾验收工作，推进213个项目建设，开工203个，其中完工161个，验收127个。抓实后进村社整转工作，对107个村社后进党组织落实市委常委挂点联系、县领导包干负责、部门组团帮扶等“七个一”帮扶整转机制，市县联动全覆盖开展组织生活提级调度，县级举办后进整转“蝶变”大比拼擂台赛。 (叶慧娟)

【人才工作】 2021年，市委组织部制订《丽水市人才科技发展“十四五”规划暨产业发展人才科技支撑规划》。建立全市人才工作“比学赶超、跨越发展”推进机制。实施招才引智战略性先导工程，新遴选“绿谷精英”154人，同比增长52%；新引进高校毕业生4.4万余人、博士650人、硕士2417人，分别为上年度的1.8倍、5.5倍、5.3倍；引进优秀高校毕业生50人。制定出台《“绿谷英才”特殊支持计划》科技领军人才、社会建设领军人才、宣传思想文化新秀等系列配套政策，发布《2021—2022年度丽水市紧缺人才导向目录》《丽水市重点产业紧缺人才目录》。落子布局浙西南科创中心，推进浙西南科创产业园等人才科创平台建设。推进杭州丽水数字大厦建设，新建县级特色产业工程师协同创新中心6个，建设一批海外“双招双引”驿站、丽水人才联络站。启动实施甬丽“智汇山海·才助共富”打造共同富裕人才示范联合行动。实施“一体两高”战略，集中力量助力丽水开发区、丽水学院平台建设。丽水学院新增硕士学位授权点3个，柔性引进2位国家级领军人才，引进到院工作博士162人。“绿谷精英”姚力军领衔的丽水超大规模集成电路制造用超高纯钽项目成为国内首个电子级超高纯钽材料产业基地。丽水开发区整体实力跃进国家级经开区前80强，入选2021年中国经济营商环境十大创新区，设立全市首个诺贝尔奖得主工作站。举办第十届“智汇丽水”人才科技峰会，中国科学院院士、科技部原部长徐冠华等27位院士在内的700余位海内外嘉宾齐聚丽水，成功签约中欣晶圆半导体等人才科技项目，发布全球引才形象片《跨越》。举办“好年华•聚丽水”第二届全国大学生双选会（丽水），实施“百博入百企”“百博入乡镇”的“双百”人才计划，组织“院士助力共同富裕丽水行”等活动。构建以“农三师”队伍为主体的乡土人才品牌体系，出台《丽水“绿谷英才”乡土精英选拔评定管理办法》，打通“农三师”晋升通道。加快人才科技市场化进程，成立丽水人才科技公司、人才科创公司，组建4家人才科技银行，为产业园、企业和人才授信41亿元。丽水技师学院开学招生，新建丽水中科技工学校和丽水开放技工学校。迭代优化丽水“人才码”。设立首个人才驿站，推出人才公交专列，建成人才创新创业服务综合体、“人才之家”等实体化服务平台15个。（张　凯）

【两新党建】 2021年，市委组织部组建“党史宣讲服务小分队”，打造党史学习“流动课堂”“车间课堂”，做到1200余个两新党组织，12000余名两新党员党史学习教育全覆盖。实施“千企走访赋能”行动，共走访企业9317家次，收集意见4295条，解决问题3769个。坚持问题导向，针对巡视巡察反馈的具体问题，举一反三，通过边查问题边整改，整转党组织19家，撤销空壳、空挂、空转党组织13个，及时转接“失联、失管、漏管”党员143人。聚焦新业态、新就业群体党建试点工作，打造快递物流行业“党建联盟”集群建设、新就业群体社区“双报到”服务机制、新业态“双重党建指导员”制度等一批党建工作做法，建设424个“绿谷先锋驿站”，出台《关于加强党建引领推进“丽水山递”的指导意见》，打造“丽水山递”两新党建品牌。在新业态领域单独建立党支部41个，建立工作党支部33个，选派两新党建指导员209人、助企服务员155人，指导服务企业314家。创新“三图索骥”工作法，推进“三年创优、整体跃升”工程，在全市打造66个示范两新党组织、11个示范商圈（专业市场）以及10个工业园区，评选出六星党组织78个，五星党组织199个，四星党组织352个，建设成立滚动部件、竹木产业等产业链党建联盟16个，实施发展党员倍增计划，2021年发展党员650人，完成两新党组织书记轮训，组织省市双管两新党组织书记赴温州培训，聘任23名市级讲师组建“两新党建讲师团”，市县两级共选派98名新生代企业家到党政部门挂职锻炼，完成新生代企业家“双传承”应用场景开发。举办“庆建党百年、展两新风采”丽水市第六届两新党建好故事演讲活动，评选表彰“百佳两新党组织”“百佳两新党组织书记”“百佳两新党员”“百佳两新党建好故事”等“四个百佳”。（丁浏凯）

【党员教育中心工作】 2021年，市委组织部围绕“共同富裕示范区建设”“全会精神宣讲”等重点任务，制播各类讲述丽水先锋故事的专题片、宣传片，累计被省委组织部“之江先锋”微信视频号录用31部，播放量近300万次。其中，5部课件被报送中组部参评第十六届全国党员教育电视片观摩交流。开展对党员教育信息化平台迭代升级“先锋云社区”的“交钥匙工程”，为基层组织贯彻落实《中国共产党支部工作条例》做好数字化支撑。打造“远教直通车”应用场景，全市2000余个远教站点全部实现线上管控，全年站点月均活跃度保持在99%以上，位居全省前列。在莲都区碧湖镇与缙云县双溪口乡分别开展“培训+基地”新型远教站点培育试点，带动产业发展的同时开展党员教育，取得显著效果。推进“百城万屏”行动，抓好门户网站丽水先锋网内容建设，打造“党课开讲啦”“党史学习教育”“十九届六中全会精神”等学习辅导专题，网站访问量实现从100万人次到1000万人次的跨越式提升。报送基层党建工作相关经验信息405篇，其中省委组织部时代先锋网录用刊发50篇，中组部共产党员网录用刊发28篇。制播“‘双招双引’进行时”“乡村振兴有我”“乡土人才工作品牌”等专题节目，《丽水先锋行》栏目收视率连续3年位居丽水广播电视总台自办栏目第一。向中央、省级党建栏目报送本市先进党员好故事、党建好做法，全年党建电视录用分数超400分，连续3年列全省第一。连续第10年开展远程教育“春节六送”活动，参与超70万人次，活动先后得到中组部《共产党员》、浙江卫视宣传报道。发动全市各级党员领导干部、党组织书记、党员专家学者、先进模范人物、优秀青年党员等，通过“先锋云社区”进行党课宣讲，累计审核并展播党课视频1114部，吸引98万人次参与学习观看。编排大型情景党课《挺进追梦路 "共富"看"浙丽"》，展示丽水党员干部不忘初心、牢记使命的精神面貌。（汤耀州）

宣传工作

【概况】 2021年，全市宣传思想文化战线在中共丽水市委的坚强领导下，高扬"丽水之干"的行动奋斗旗帜，协同开展重大主题宣传、理论武装、舆论引导、精神文明建设、文化改革发展等重点工作。深入学习宣传贯彻习近平新时代中国特色社会主义思想和中共十九届六中全会精神，开展党史学习教育，推广"学习强国"学习平台。紧扣庆祝中国共产党成立100周年主线，开展"献礼建党百年•寻访丽水百个红色地标"等重大主题宣传，与浙报集团建立融媒共享联盟。开展党史学习教育，发挥浙西南革命老区的红色资源优势，挖掘用活红色资源，开展专题实践活动，全市各级开展理论学习中心组专题学习4.1万场次，为群众办实事20.9万件，帮助企业解难题1.9万个，获得中央和省市领导26次批示肯定。弘扬践行浙西南革命精神，实施"红色基因代代传"工程，浙西南革命老区首次被列入12个全国重点革命老区，纳入国家政策支持范畴，举办2021浙西南革命精神论坛，浙西南革命根据地纪念馆入选首批全国爱国主义教育示范基地。建成文明实践中心、所、站、点4076个，上线新时代文明实践云中心，建立志愿服务队伍3860支，陈金英获评全国道德模范提名奖。线上线下联合举办2021丽水摄影节，世界摄影大会和国际古典工艺影像中心落户丽水，《云霄之上》获北京国际电影节、浙江电影凤凰奖多个奖项，完成《处州文献集成》第一辑《唐宋文献》印制，缙云仙都祭祀轩辕黄帝大典升格为省政府主办的庆典活动。抓住意识形态工作领导权，守好网络意识形态阵地，全年未发生意识形态领域事件、重大舆情事件和网络安全事件。推进宣传文化系统的数字化改革工作，丰富拓展一批特色应用场景。

【习近平新时代中国特色社会主义思想学习贯彻】 2021年，市委宣传部把学习宣传贯彻习近平新时代中国特色社会主义思想摆在最突出位置，纵深推进理论武装和思想政治建设。市委理论学习中心组组织集中学习25次，全市各级开展党史学习教育理论中心组专题学习4.1万场次，举办"处州讲堂"4期。建立"学习强国"学习平台与干部网络学院学分互通机制，全市新增注册学员5166人，学员总数达到15.38万人，供稿录用数居全省前列。围绕百年党史、共同富裕等主题，开展"寻找真理的味道"专题宣讲等活动，各级宣讲团开展线上线下宣讲1.5万余场次，受众达200多万人次，1人入选中宣部"全国基层理论宣讲先进个人"。举办"高质量绿色发展建设共同富裕示范区"等研讨活动，开展《"忠实践行'八八战略' 奋力打造'重要窗口'"研究（丽水市卷）》、全面建成小康社会大记事、《浙江文史记忆丛书》编撰。与中央党校报刊社共建"两山"理念实践调研基地，首批入选3处浙江省习近平新时代中国特色社会主义思想研究中心调研基地。获得国家社科基金项目3项、省部级社科项目18项。

【意识形态主体责任落实】 2021年，市委常委会先后19次研究意识形态领域工作，牵头开展省委意识形态反馈意见整改，建立意识形态工作责任制主要任务清单，改进考核管理办法，把意识形态纳入市委巡察，开展意识形态年度检查、专项巡察和整改落实约谈，压紧压实主体责任。深化丽水学院马院共建，开展"建设共同富裕示范区"宣讲进高校、星级农村文化礼堂评定等活动。建立丽水市互联网联合执法中心，成立联合执法办案点，开展"瓯江净网"行动，查办"浙江银合有限公司虚假交易案"等一批违法案件。全域建成网络生态"瞭望哨"指挥中心，打造哨所1900余个。建立市委、市政府值班室与宣传、网信部门舆情应急机制，启动应急响应135天。召开互联网行业党委全体会议，建立驻企服务员制度，打造"红动绿谷"互联网企业党建市域品牌。

【庆祝中国共产党成立100周年主题宣传】 2021年，市委宣传部围绕庆祝中国共产党成立100周年这条主线，精心策划开展系列主题宣传。开展"寻访百年红色精神，重走红色革命地标""献礼建党百年•寻访丽水百个红色地标""百年瓯江""弘扬践行革命精神红色宣传联盟"等大型融媒采访，组织市县媒体在重要版面、重要时段、首页首屏开设"奋斗百年路 启航新征程"专栏，推出主题报道2.3万篇，在国家和省级媒体刊发报道6530余篇。精心组织"全省建党百年"丽水专场新闻发布会，举办25场"'红绿融合'老区振兴 打造'重要窗口'"等主题新闻发布活动。深入挖掘党史学习教育先进典型，打造"国旗守护者""丽水爱心共享厨房"等多个爆款作品。策划举办丽水市庆祝中国共产党成立100周年大型文艺歌会，组织"我们的中国梦——文化进万家"、百年百名艺术家走进浙西南革命老区、百名优秀党员之风采肖像艺术展、"百家爱国主义教育基地、千家文化礼堂、万家文明实践中心同庆中国共产党成立100周年主题教育”等活动，开展“我心向党”“童心向党”“不忘初心跟党走 青春共筑中国梦”“巾帼向党·奋进新时代”爱国主义教育，激发群众爱党爱国爱社会主义的巨大热情。

【党史学习教育主题宣传】 2021年，市委宣传部在市县媒体重要版面、重要时段、首页首屏统一开设“奋斗百年路 启航新征程”专栏和“学党史 悟思想 办实事 开新局”子栏目，结合重要节点、重大活动加强宣传策划，共推出报道1.1万余篇，在国家和省级媒体共刊发重点报道1495篇。“七一”期间，策划推出“庆祝中国共产党成立100周年”特刊和特别节目，综合运用消息、通讯、评论、图片、直播、H5、短视频等形式全方位报道建党百年系列庆祝活动，重点组织做好庆祝大会宣传报道和习近平总书记在庆祝大会上的重要讲话精神宣传阐释，宣传“两优一先”、“光荣在党50年”纪念章获得者以及“之江楷模”“最美公务员”等先进典型。紧抓6月22日省政府新闻办在遂昌县召开“建党百年主题系列”丽水专场新闻发布会的契机，谋划并邀请“天目新闻”团队拍摄制作以朱宗鹤先进事迹为蓝本的短视频作品《国旗守护者》，作为发布会前暖场片播放，该短视频作品全网阅读量突破5900万人次，在网上形成新一轮点赞朱宗鹤老人事迹、弘扬初心使命的宣传高潮，成为现象级作品。深挖报道“我为群众办实事”实践典型，莲都沈姐志愿服务党支部的“丽水爱心共享厨房”受人民日报客户端关注，人民网开设微博话题冲上热搜榜，阅读1.3亿人次，点赞数3.3万人次。

【浙西南革命精神主题宣传弘扬践行】 2021年，市委宣传部把浙西南革命精神弘扬践行活动作为宣传重点，围绕“庆祝建党百年与推进‘红绿融合’发展”主题，聚焦浙西南革命精神论坛和系列活动，开展新闻传播网络先行、纸媒电视跟进、全媒体铺开的立体化宣传。组织开展“寻访百年红色精神，重走红色革命地标”“献礼建党百年·寻访丽水百个红色地标”大型融媒体报道、“百年瓯江”大型全媒体行动以及“弘扬践行革命精神红色宣传联盟”大型融媒采访活动，分阶段、分批次组织新华社、中央广播电视总台、《光明日报》、中国新闻社、《浙江日报》等主流媒体到丽水开展集中采访活动9次，精心安排16条采访线路，宣传丽水落实《关于新时代支持革命老区振兴发展的意见》《关于建立健全生态产品价值实现机制的意见》，弘扬践行浙西南革命精神，红绿融合助推革命老区共同富裕的实践成效和宝贵经验，推出相关报道1300余篇。

【重大主题宣传】 2021年，市委宣传部围绕市委、市政府重大决策部署及中心工作，聚焦高水平全面建成小康社会、共同富裕示范区、“重要窗口”、“十四五”开局、浙西南革命老区振兴发展、“双招双引”、数字化改革等主题，统筹开展主题宣传、成就宣传、政策宣传、典型宣传。会同市委、市府办建立新闻宣传重点选题通报制度，组织召开轩辕黄帝祭祀、生态产品价值实现机制、共同富裕等重大新闻宣传选题策划会。完善重大主题外宣报道机制，中央、省级主流媒体、境外媒体刊发丽水正面报道6530篇，其中《人民日报》、新华社、央视三大央媒各平台共刊播719篇（条）。“诚信奶奶”陈金英获评2021“最美浙江人·浙江骄傲”。坚持“三情”联动，抓好疫情防控、集中换届等宣传舆论引导。

【数字化改革】 2021年，市委宣传部聚焦数字化改革，通过业务流程再造汇聚数据要素，实现信息互通、系统革新、数据赋能。出台全省首个市级宣传文化领域数字化改革方案，组建数字化改革专班，完成重大任务和核心业务梳理，开发市委宣传部微门户和新时代文明实践中心云平台，推进丽水影像数字中心项目。丽水党史学习教育上线浙政钉，丽水“小园丁”志愿服务平台入驻“浙里办—志愿浙江”板块，“智慧大礼堂”“志愿者和志愿服务”接入“花园云”，“文化丽水”进入浙江省数字政府系统特色跑道，经常化创建文明城市数字平台被纳入全省宣传文化系统重大应用名单。

【第四届国际摄影研讨会暨2021丽水摄影节】 2021年11月17日，由丽水市人民政府和中国摄影家协会共同主办的第四届国际摄影研讨会暨2021丽水摄影节在丽水举办。摄影节以“秀山丽水 美好生活”为主题，组织开展第四届国际摄影研讨会、世界摄影大会工作会议、全国摄影高等院校年会、国际友城展览等主旨活动和丽水摄影节系列活动。开幕式上，进行世界摄影大会举办地常设丽水、国际摄影丽水榜发布，并为首届国际自然环保摄影大展、第八届中国摄影年度排行榜以及2021丽水摄影节系列荣誉获得者颁奖。摄影节共吸引了120余个国家和地区、171家组织机构、8717名摄影师、策展人报名，作品数量和参与人数都超过往届。11月5日，丽水全面启动摄影节线上活动，把

887 个展览整体“搬”上互联网，吸引18 万人次在“云端”观展；召开 3 场线上国际会议，推出 10 余场线上交流互动活动，总阅读量超过 3.8 亿人次。同时，丽水还首次举办国际自然环保摄影大赛，首次推出画廊专区等系列线下活动，丰富摄影节的内容和形式。

【公共文化服务】 2021 年，市委宣传部推进文化丽水建设。开展公共文化服务提升活动，创成 2 个省级公共文化服务体系示范项目，推出文旅公共服务领域“民生一卡通”。推进农村文化礼堂建设，新建文化礼堂 215 家，累计建成 1403 家。开展文化惠民活动，“永远跟党走 革命精神传”红色电影展映观影达 180 万人次。发布全国首个乡村春晚建设市级标准《乡村春晚建设规范》。举办刘基诞辰 710 周年纪念大会、世界青瓷大会、中国国际茶商大会。新增 3 项国家级非物质文化遗产。

【文艺精品创作】 2021 年，市委宣传部推动文艺精品创作。修订《丽水市文艺精品和文艺人才扶持奖励办法》，越剧《绿水青山》等 4 个项目获省艺术基金扶持，话剧《大樟树下》等 20 个优秀项目和文艺精品被列入市级扶持奖励。完成电视剧《春风又绿江南岸》《红色浙西南》，电影《云霄之上》，舞台剧《箬寮风雷》《括苍山下》，音乐戏剧《不要留我一个人在角落》等创作，《云霄之上》获北京国际电影节、浙江电影凤凰奖多个奖项，《畲山黎明》获第六届全国少数民族文艺会演优秀剧目奖和艺术表演奖。完成《处州文献集成》第一辑《唐宋文献》印制，推出《处州郡守研究工程》系列成果。4 部网络文学作品入选红旗颂•建党百年百部精品榜单。

【国际摄影名城建设】 2021 年，市委宣传部推进国际摄影名城建设。发布《丽水国际摄影名城发展规划(2021—2030)》。加快国际数码影像中心、丽水影像数字中心等项目建设，丽水摄影文化中心项目获批 2.5 亿元国家专项债扶持，世界摄影大会和国际古典工艺影像中心落户丽水。线上线下联合举办 2021 丽水摄影节，首次把所有展览“搬”上互联网云展厅，吸引3.8 亿人次观展和参与。创新设立“国际摄影丽水榜”，举办国际自然环保摄影大赛、万象 PHOTO 艺术博览会、丽水摄影节海外展。与雅昌文化、上海国际影视中心达成合作，推动摄影产业化、数字化发展。

【文化产业发展】 2021 年，市委宣传部推动文化产业发展。发布《丽水市文化和旅游发展“十四五”规划》《丽水市文化产业“十四五”发展规划》，编制《龙庆经典文创示范区建设方案》。推进花园路精品酒店、“瓯江文苑”博物馆群、海德(国际)音乐艺术收藏馆等项目，完成文旅项目投资 273 亿元，同比增长 9.1%。举办第三届瓯江山水诗路研讨会、中国最美村镇评选暨首届花园乡村主播大会、“非遗购物节•文旅消费季”等活动，完成瓯江山水诗路沿线微改造试点项目 10 个，创建 A 级景区村 150 个，“丽水山路”入选全国乡村振兴典型案例，“处州游学”品牌入选 2021 全国研学旅行十大案例。评选市级文化产业重点县 3 个、重点文化企业 29 家、艺术助推乡村振兴项目 41 个，新增省级成长型文化企业 6 家。全市文化及相关产业实现增加值 94.86 亿元，占 GDP 比重为 5.5%，占比位居全省第三。

【文化市场监管】 2021 年，市委宣传部加强对文化市场的监管力度，牵头组织开展文化市场各类专项检查活动 30 次。开通出版领域行政许可网上办理通道，实现政务服务“一站式”办结。规范做好全市 223 家印刷企业、236 家发行单位、117 家连续性内部资料编印单位的年审。组织参加第八届中国国际版权博览会(丽水市委宣传部获第八届中国国际版权博览会优秀组织奖，浙江省 11 个地市仅杭州、温州、丽水宣传部获此殊荣)，承办浙江省版权执法培训会，打击侵犯知识产权案件 16 起，推进县(市、区)软件正版化工作。深入开展“扫黄打非”领域专项斗争，全市出动检查721 人次，检查场所 311 家次，查办“扫黄打非”各类案件 138 起，2 起案件被列入全国和省督办案件，1 起案件被列入年度全省十大案件，创建省级“扫黄打非”进基层示范点(标兵)5 家，2021 年丽水“扫黄打非”工作排名全省第八，进步 3 名。开展系列全民阅读活动，累计建成精品农家书屋 171 家，丽水市委宣传部获全省“我是小小书香大使公益短视频活动”最佳组织奖。创建第一批浙江省“最美阅读团队”3 个，丽水居民阅读率位居全省第七名，居民对阅读设施使用满意率、居民参与阅读活动满意率分别居全省第 1 和第 2 位。加强影剧院及各类文化场所疫情防控管理，组织开展“永远跟党走 革命精神传”红色电影展映、“光影重温历史 电影伴我成长”电影进校园等活动。

【网络空间治理】 2021 年，市委宣传部组织建党百年网上宣传报道，创作推送系列专题 38 个，稿件 13 万条，制作短视频 663 个，播放量 8.9 亿次。围绕高质量建设共同富裕示范区，开设网络专题 220 个，集纳新媒体稿件 1.05 万篇。新浪微博话题“红色浙西南绿色新丽水”阅读量达到49.4亿人次，保持同类话题榜单第一位。建立以“丽水发布”为龙头的新媒体发布矩阵。举办第六届网络文化活动季、网络内容生态官培训、网络名博丽水行。发挥丽水辟谣网“捉谣记”功能，发布辟谣信息1.7万余篇。出台《关于加强网络安全整体能力建设的方案》，落实党政机关企事业单位“首席网络安全官”制度。开展护航建党百年网络安全检查和实战化攻防演练，整改网络安全隐患112处。完成网络安全协调指挥平台、403专网系统、舆情导控服务平台升级等项目，防范网络攻击1.22亿例。举办2021年网络安全宣传周活动。

【宣传文化队伍建设】 2021年，市委宣传部加大宣传文化队伍建设工作力度。制定市委宣传部归口领导和代管市级宣传文化单位有关工作机制的意见。出台《丽水市“绿谷英才”宣传思想文化新秀选拔管理办法》，开展市级“四个一批”人才创作项目扶持、国家和省重点人才项目申报。1名新闻工作者获得第14届浙江飘萍奖，14人入选省“五个一批”人才培育项目，“浙丽”网络作家品牌入选全市人才工作引领性、突破性项目清单。（吴立库）

统战工作

【概况】 2021年，市委统战部坚持以习近平新时代中国特色社会主义思想为指导，全面贯彻落实党中央、省委和市委的决策部署，推动《中国共产党统一战线工作条例》（以下简称《条例》）落实，团结带领全市统一战线组织及成员忠实践行“八八战略”，奋力打造“重要窗口”，弘扬践行浙西南革命精神，坚定厉行“丽水之干”，聚焦主题主线，服务发展大局，不断增强统战工作向心力、凝聚力、服务力和影响力，为推动丽水跨越式高质量发展赋能添翼。

【思想政治引领】 2021年，市委统战部开展党史学习教育、“同心向党·六讲六做”十九届六中全会精神活动教育，以庆祝中国共产党成立100周年为契机，组织开展“同心跟党走、奋进新征程”庆祝中国共产党成立100周年文艺会演等系列活动，创成浙西南革命根据地纪念馆暨省委机关旧址、云和县小顺抗战文化建筑群等8个基地为“浙江省社会主义学院现场教学点”，开展民主党派“不忘合作初心、继续携手前进”主题教育，“丽商永远跟党走”主题实践活动、重走“红军路”、“畲乡人民心向党”系列活动，“侨心向党·爱我中华”系列活动，宗教界“学党史、跟党走”“爱党爱国爱社会主义”“红色初心之旅”等活动。引导全市统一战线组织和成员增进对中国共产党和中国特色社会主义制度的政治认同、思想认同、理论认同、情感认同。

【多党合作制度效能提升】 2021年，市委统战部完成6个民主党派市委会和1个民主党派市总支换届工作。支持民主党派和无党派人士围绕加快跨越式高质量发展、建设共同富裕示范区等中心工作，落实专题调研、资政建言。开展“以‘重要窗口’为标准，推进市域治理现代化和加快跨越式高质量发展建设共同富裕示范区”专项民主监督，促成各相关部门监督成果落实转化。深化民主生活会制度，完善“直通车”等机制，从严加强民主党派自身建设。

【民营经济发展】 2021年，市委统战部以市委出台的《关于加强新时代丽水民营经济统战工作的若干意见》为指导，形成“民营企业和民营企业家是我们自己人”氛围，推动建立全流程闭环工作机制，推进“两个健康”发展。组织开展“知名浙商助力丽水跨越式发展”大会，组织全省400余名知名企业家齐聚丽水，助力全市跨越式高质量发展，并签约意向项目38个。召开丽水市清廉民营企业建设工作现场会，抓点示范推进清廉民营

2021年3月31日，知名浙商助力丽水跨越式发展大会在丽水召开

（戴昕律 提供）

企业建设工作。贯彻《关于市、县（市、区）工商联（商会）换届工作的实施意见》精神，推进工商联换届工作。

【民族工作】 2021年，市委统战部以铸牢中华民族共同体意识为主线，在全国率先编制《丽水市民族乡村振兴示范村建设与评价》地市级地方标准，牵头开展《中国少数民族文物图谱•浙江省卷》编纂工作。打造民族乡村交流合作平台，建立丽水市民族乡镇工作例会机制，创成省级民族乡村共同富裕示范带1条、省级民族乡村共同富裕示范点5个、省级民族乡村振兴试点1个。编创浙江省参加第六届全国少数民族文艺会演剧目《畲山黎明》并获得优秀剧目奖、艺术表演奖。推进"石榴红"工程，景宁县人民法院获评"第八批全国民族团结进步示范单位"。全市少数民族农村居民人均可支配收入从2015年的13655元增长到2021年的26257元，增幅连续16年高于全市农民收入增长水平。

【宗教工作】 2021年，市委统战部围绕"一省四区"探索宗教中国化在丽水的生动实践。加强新形势下抵御境外利用宗教进行渗透依法处置工作，作出首次行政处罚。自主创建宗教场所预约平台，建立恢复开放防疫"样板房"试点机制，做好宗教和民间信仰活动场所疫情防控工作。开展基督教私设聚会点治理回头看工作。以"平安护航建党百年"民宗领域安全大检查大整治活动为契机，狠抓民宗领域安全生产，堵塞安全漏洞。创新开展"美丽宗教"活动场所建设、禅（道）茶、素食展评活动，完成试点示范场所19家。

【新时代乡贤工作】 2021年，市委统战部开展新乡贤工作，健全新乡贤联谊组织，莲都、青田、云和、缙云、遂昌、景宁6个县（区）建立县级乡贤联谊组织，174个乡镇（街道）建立乡贤联谊会，成立村级乡贤联谊会1409个，乡贤组织成员达2.77万余人。全市举办新乡贤联谊座谈交流活动497场次，参加10500余人次；新乡贤回归或乡贤推介引进项目92个，投资总额达46亿元；提出意见建议1946条，捐赠公益慈善资金1223余万元，开展公益活动454场次。新乡贤"老娘舅"累计帮助调解矛盾纠纷1618多件次。开展乡贤宣讲390余场次，受众5万余人，发挥乡贤在村民自治和基层治理中的特殊作用。

【海外统战和侨务】 2021年，市委统战部以建设"全球通"为侨服务综合平台为契机，构建"问海借力"多跨协同、综合集成服务机制，推动"最多跑一次"改革向海外侨胞延伸拓展，涉及180余个行政审批事项，办理远程视频公证2212件，为海外侨胞节约费用约5000万元。组建工作专班妥善处置化解青田县华侨征迁工作。反映全市侨胞和留学人员传播国际共产主义"先声"、参加中国工农红军、投身浙西南革命，实施"问海借力"行动、丽水境外疫情防控成为"全国样本"等18件（套）图片、视频及文物史料、实物入选中国华侨博物馆。（陈　灼）

机关党建工作

【机关政治建设】 2021年，市委直属机关工委以市委办文件印发《关于市直机关党组织落实机关党建责任制的实施意见》，从机关工委、部门单位党组（党委）、机关党委、机关党支部四个层面，分别列出各级责任主体抓党建工作的"责任清单"，建立完善考核追责机制。召开全市机关党的工作暨纪检工作会议、市直部门党组（党委）书记抓机关党建述职评议会，推进"知责明责、履责尽责、督责考责"一体贯通。完善市县机关工委联动机制、市直机关党建片组季度例会制度，开展专题调研，推进工作交流和分类指导，确保机关党建各项工作抓到底、抓到人、抓到事。坚持把"清廉机关、模范机关"建设作为机关党建工作"总牵引"，召开全市机关党建数字化改革工作、清廉机关模范机关建设推进会暨市县机关工委联席会议，制发《实施方案》《工作贯标导引》，梳理出四大重点任务，56条具体共性指标，完善政治生态建设动态分析研判、政治监督、清廉机关建设"红黑榜"等制度，构建清廉机关、模范机关建设监测标准体系。开展全市"建设清廉机关、创建模范机关"工作先进集体评选活动，选树全市清廉机关模范机关示范点35家。5家单位被评为全省"建设清廉机关、创建模范机关"工作先进集体。聚力数字赋能、改革赋能，梳理市本级机关党建核心业务22项，建设丽水机关智慧党建平台、清廉机关数字化评价指标体系。

【党史学习教育】 2021年，市委直属机关工委通过强化"三个引领"把学习领悟党史与围绕中心、建设队伍、服务群众有机结合，抓好市直机关党组织和工委机关自身学习教育各项工作，推进市直机关1000余个基层党组织、1.5万名党员参与党史学习教育。抓紧抓实市直单位理论学习中心组学习、"第一议题"制度，通过研讨会、读书会、读书班、组织生活会等形式，深入学习"七一"重要讲话精神。举办2期市直单位基层党组织书记学习党史轮训班、全市机关"红色讲师团"骨干培训班，举行全市机关

"学党史 砺初心 学先进 当标兵"先进事迹宣讲会、市直机关青年理论宣讲暨微型党课比赛、全市机关党史知识竞赛、优秀传统文化进机关暨党史学习教育专题讲座,开展"读党史、忆初心、担使命、守清廉"读书活动,组织党课宣讲1200余场次、"追寻红色浙西南足迹学党史"主题党日活动800余次。

【意识形态工作】 2021年,市委直属机关工委把意识形态工作纳入"清廉机关模范机关"建设工作、述职评议内容。在市直单位党组织中开展"大学习、大宣讲、大落实"工作,吹响机关"六讲六做"大宣讲、"丽水之干"大践行集结号。发挥市直单位党员领导干部示范作用、市直千名基层党组织书记表率作用重点讲,全市机关"红色讲师团"、市直机关红色青年宣讲团引领作用,深入基层一线开展对象化、分众化、互动化宣讲2000余场,以点带面,带动万名机关党员在机关单位、所驻社区、结对企业、帮扶村居等,与职工同事、街坊邻居、企业工人、基层农民等因时、因地开展形式多样的宣讲交流,营造人人学、人人讲、人人践行中共十九届六中全会精神的氛围。利用《丽水机关党建》网站专栏,发布机关党建信息,做大做强网上正面宣传引导,加强对各类网络意识形态阵地的管理。深化"进社区亮身份、联群众优服务""点亮微心愿""共产党员服务一条街"等,引导机关党员志愿服务,开展干部职工"公筷公勺""反对餐饮浪费""垃圾分类"等文明行为实践养成活动,开展常态化文明城市创建活动。

【机关党建服务中心工作】 2021年,市委直属机关工委对标"共同富裕""双招双引""党建统领基层治理"等任务目标,建立机关党建服务发展项目清单、任务清单、责任清单,举办"机关社区"城市基层治理党建工作研讨班,组织市直机关党员走村入户进企开展民生政策宣讲4136余次,破解群众、企业、基层难题33440个,参与社区志愿服务26724人次,主动认领并兑现微心愿9896个。组织市直机关各级党组织和广大党员干部投入疫情防控工作。对接省直机关工委开展系统联动"组团"服务助力共同富裕行动,省直机关工委、省财政厅联合市委直属机关工委等部门在龙泉市开展"三跑三降"为农民服务、"一事一议"为农村服务活动,破解农业融资"难、贵、烦"问题,有关做法获得省长郑栅洁批示肯定。省直机关工委、省发改委、省财政厅等有关省直部门和市委直属机关工委等市直部门在青田县开展系统联动服务青田县跨越式高质量发展助力共同富裕示范区建设活动,对青田县在重大产业申报、能耗指标、山海协作扶持、松材线虫病防治、生态工业跨越式发展、青田石雕数字化应用平台、"侨乡党建+民生药事"、"青田青"区域公共品牌等6个大项23个小项的服务需求,进行现场工作对接,解决其中9项需求,落实帮扶资金487.5万元,青田石雕数字化应用平台被纳入"浙里知识产权在线"应用。坚持党建统领,聚焦"政务服务跨省通办"民生实事,对接福建省南平市机关工委,由两地机关工委、行政服务中心四方共同发起组建"浙闽边界跨省政务服务党建联盟",通过两地党组织联动、行政服务中心互设政务服务办理专窗、机关党员互动服务企业和群众,推进"跨省通办""跨省就近办"。以"浙闽边界跨省政务服务党建联盟"为突破口,与全国在外丽水人集聚城市、在丽外地群众集聚城市相关机关工委、行政服务中心党组织组建党建联盟,实现在省外丽水人和在丽水外地群众就近办理政务服务事项。至年底,丽水已与国内17座城市实现政务服务跨省优质共享,累计实现40余项高频事项"跨省就近办"。

【机关基层组织建设】 2021年,市委直属机关工委实施机关党支部建设提升工程,开展支部星级评定、先锋支部创建、优秀案例征集、"互查互学互比",加强基础工作、基本制度、基本能力建设。坚持把培育党建品牌作为夯实机关党的基层组织建设的一项系统工程、长期工程,开展全市机关党建工作"实招妙招"创新展示擂台赛,从全市机关109个党建创新案例中审核筛选出20个兼具政治性、实践性、创新性、实效性和推广性的案例进行现场展演比拼,评选"十佳优秀案例""优秀创新案例",进行全市推广,以小切口推动大创新,以小平台打造大品牌,为丽水机关党建高质量发展注入活力。

【廉政风险防控】 2021年,市委直属机关工委牵头推进行政执法领域、政府资金管理领域等两个廉政风险防控典型样本深化建设,以点带面推动机关各领域廉政风险防控标准化、规范化。针对市直机关酒驾醉驾问题频发的情况,机关工委、纪检监察工委与驻市公安局纪检监察组协作摸排市区酒驾醉驾情况、制作警示视频,发布《关于机关党员干部和公职人员酒驾醉驾问题的通报》。开展审理案件情况分析、85后年轻党员违纪违法情况分析,研究和把握机关党风廉政建设的短板和特点规律。

【机关党建"暖心工程"】 2021年,市委直属机关工委针对机关党员干部思想状况和工作生活实际困难，走访20家重点单位，召开座谈会80次，发布调查问卷1800份，梳理机关党员需求诉求4个大类、30个大项、80个小项，形成问卷分析、调研报告和四方面19条对策建议，做好关心关爱工作。课题报告《关于新时代机关党员干部关心关爱工作的实践与思考》荣获全省机关党建优秀研究成果二等奖。开展走访慰问，做好“两优一先”、功勋人员、模范人物评选推荐、事迹宣传，举行市直机关“光荣在党50年”纪念章颁发仪式，举办市直机关文化体育周活动，市直机关1500余名干部职工参与9个大项体育比赛项目。开展干部心理健康和压力管理专题讲座、职工书画摄影展、话剧思政课、文化才艺综合展演暨市直机关清廉拉歌等活动，提升机关“含氧量”。（徐潇霞）

机构编制

【概况】 2021年，市委编办紧扣共同富裕示范区建设，高扬“丽水之干”奋斗旗帜，发挥机构编制资源配置战略性基础性作用，保障市委重大战略实施和市域治理现代化。市委编办被评为全省事业单位改革成效突出集体，森林碳汇体制改革、公共卫生应急管理体系建设、跨区域统筹教职工编制工作、机构编制服务保障“双招双引”、社保领域编制核定标准化建设等工作走在全省前列。机构编制统计年报工作连续3年获省委编办通报表扬，中小学教职工编制全面达到国家基本标准。

【重点领域改革】 2021年，市委编办聚焦加快跨越式高质量发展建设共同富裕示范区重大任务，组建市县社会建设委员会，加强社会事业、社会环境、社会文明、社会制度方面的顶层设计和统筹谋划。调整市县扶贫机构设置，在市县农业农村局增挂乡村振兴局牌子，巩固拓展脱贫攻坚成果同乡村振兴有效衔接；在市县文广旅体局增挂文物局牌子，强化文物管理和保护工作职责。深化“大综合一体化”行政执法改革，设立市县综合行政执法指导办，推进行政执法队伍整合和力量下沉，除保留综合执法、市场监管、应急管理等“1+8”支行政执法队外，全市撤销劳动监察、水利、民政、能源等领域执法队伍共计32支。

【林业管理体制创新】 2021年，市委编办践行“绿水青山就是金山银山”理念，调整市本级林业管理体制，单设市林业局，挂牌设置全国首家森林碳汇管理局，创新打造省市两级机构合署办公、综合运行的体制机制，一体推进国家公园创建、林业管理和森林碳汇工作。调整市生态林业发展中心机构规格，增挂市森林碳汇交易服务中心牌子，推动森林碳汇管理与生态产品价值实现机制无缝衔接，为丽水市率先创成碳中和先行区奠定体制机制基础。

【开发区管理体制改革】 2021年，市委编办立足高能级战略平台目标定位，推进开发区管理机构市场化改革，创新构建“党工委（管委会）+产业平台+街道”扁平化管理架构，赋予开发区市级经济管理权限。分片设置四个产业平台，全面承担产业培育、双招双引、项目推进、企业服务职能，统筹管委会机关、产业平台、街道和派驻机构资源力量，推进30%的管委会人员下沉产业平台，18家市直部门集成服务开发区发展，建立灵活用人模式，激发开发区发展活力。调整丽缙园和9个县（市、区）开发区（工业园区）管理机构，构建与地方经济发展相适应的园区管理架构，助推生态工业加快发展。

【服务保障“双招双引”】 2021年，丽水市委编办在全省率先出台《机构编制服务保障“双招双引”八条举措》《机关行政编制周转管理办法》，建立选调生“人才池”，协同构建“双招双引”工作专班架构，调剂周转事业编制专项保障“双招双引”工作人员抽调。搭建院地合作科创平台，对符合条件的公益性科研机构可申请事业单位法人登记。储备200名事业编制专门用于高层次人才和双一流大学毕业生引进；加大力度招引培养选调生，用于加强高层次专业化党政人才源头储备，加强编制使用源头管理。

【助力教育发展】 2021年，市委编办针对教职工编制配备县域、城乡、学段不平衡的问题，在全省率先开展跨区域跨层级统筹教职工编制工作，从市域统筹调剂160名事业编制至人口流入多、教职工编制紧张的莲都、青田、缙云3个县（区），专项用于补充公办中小学专任教师。运用大数据手段科学预测学生人数，推行中小学编制预核制度，给予市属中小学提前一年预核使用编制，为招引师范类院校优秀毕业生抢得先机。助力教育“山海协作”工程，配合北京师范大学来丽办学协议签订，支持引进优质教育资源；鼓励社会力量兴办公益机构，登记设立丽水莲城书院；适应高等教育发展需要，调整优化丽水学院、丽水广播电视大学内部组织结构。指导遂昌县开展公办幼儿园办园体制改革省级试点，创新公办幼儿园办园模式，完善规范教职工人员编制管理，构建劳动合同制教职工正常成长晋升通道。

【疫情防控体系建设】 2021年，市委编办围绕疫情防控暴露的短板弱项，严格落实疾控中心编制配置要求，推进全市疾控中心编制配备实现每万常住人口1.41人，达到省定标准上限。加强基层公共卫生网底建设，强化公立医院编制备案制管理，全市每千人拥有执业（助理）医师3.65人，每千人床位数6.47张，均超过全省平均水平。跳出机构编制抓机构编制，开展公共卫生应急管理体系建设专题调研，制定出台全省首个健全完善公共卫生应急管理体系的规范性文件，明确应急响应指挥、重大疫情防控救治、应急物资保障等六大体系18项具体措施，以体制机制的迭代升级应对疫情的不确定性。 （徐胜男）

信访工作

【概况】 2021年，全市信访呈现"五降五升一好转"良好态势（信访总量、来访、来信、网上信访总量较近三年平均值同比下降，异常访同比下降，初信化解率、初访化解率、网信化解率、县级走访占比、领导接访占比上升，信访生态持续好转）。全市信、访、网总量21251件次（不含意见建议、不含咨询，考核口径）。其中，来信4122件，较前三年平均值同比下降20.65%；走访1987批3727人次，批次同比下降31.58%，人次同比下降36.76%；网上信访总量13402件，较近三年平均值下降17.47%。"12345"热线共接听受理67.91万件，转交办85905件，咨询事项直接答复率为97.52%，按期办结率100%，群众满意率97.35%。市信访局先后被评为市"建设清廉机关、创建模范机关"工作先进集体、市"美丽丽水"建设模范集体。

【市县领导重视信访工作】 2021年，市委常委会先后三次听取信访工作汇报，研究部署全市信访工作。市委书记胡海峰作出构建"党建+信访+群众路线"工作体系的重要指示，强化党建统领作用，压实各县（市、区）信访联席会议和市直部门的相关责任，并先后对信访工作作出7次批示。市委、市政府主要领导亲自带头随机接待群众来访，带队先后赴庆元和龙泉随机接待群众来访，现场办公，示范引领全市各级领导干部开展接访下访活动。全年市、县两级领导接访852批1827人次。市、县领导坚持落实包案机制，34名市领导领衔化解骨头案、钉子案16件。

【信访机制提升质效】 2021年，全市信访系统狠抓矛盾源头防范、初信初访首接首办、重点信访事项督查督办，推动矛盾化解在基层，控制信访增量。规范初信初访工作程序，制定《初信初访办理指引》。建立"一月一研判，一月一通报，一月一督查"工作机制，对办理不及时、工作不到位情况及时通报，督促各地推进各项工作落细落实，通过督查通报倒逼责任单位主动作为。市信访工作联席会议办公室组成督查组对9个县(市、区)和丽水开发区的信访工作进行专项督查，对督查中发现的问题和薄弱环节及时督促相关部门整改。围绕考核化解目标实行挂图作战，把目标任务量化到每月、每周，由市信访工作联席会议办公室每周通报重点指标工作进度，营造"你追我赶"工作氛围。建立市级优秀年轻干部联系化解信访积案锻炼机制，市信访工作联席办联合市委组织部、市委党校出台《丽水市市级优秀年轻干部联系信访案件锻炼机制》，确定一批年轻干部与事权单位走访信访群众，收集信访资料，了解联系信访件，开展会商研判，形成化解建议。

【推进矛调中心建设】 2021年，全市信访系统围绕第一年抓"起步"、第二年抓"巩固"、第三年抓"提升"的总体部署，推动线上线下资源、力量配置的统筹融合。各县（市、区）根据现实需要分类开展矛调分中心建设，对乡镇（街道）矛调中心进行规范化建设，对村级矛调服务站升级改造，为基层群众提供信访、诉讼、调解等服务，同时探索创新矛盾化解机制。龙泉市建立"四个联动"调处机制（分级联动、分类联动、管理联动、机制联动），完善"调解优先、诉讼断后"的递进式矛盾纠纷分层过滤体系；青田县推动服务向海外延伸，已在西班牙、意大利、巴西、葡萄牙、法国、奥地利6个国家8个城市建立海外分中心；庆元县成立"芳林"共享解纷工作室，吸收法院优秀法官、法官助理、调解员，组建起一支解纷工作先锋团队，形成具有庆元辨识度的"在法官指导下的人民调解"模式；景宁县因地制宜强化"一巷四区"县级矛调中心建设，在县域城区范围外按片区在人员聚集的四大集镇设置矛调分中心，实现县、乡两级联动。全市县级矛调中心共接待来访群众61056人次，其中信访接待11507人次，法律咨询接待9423人次，劳动仲裁接待4109人次，劳动监察接待8671人次，心理健康接待咨询1063人次。开展人民调解1346件，警调2333件，委派行业专业性调委会调解6916件，诉前调解18651件，司法确认10022件，法律援助2310件，推动一批群众诉求及时就地解决。

【重复信访和化解积案治理】 2021年7月30日，市长吴晓东主持召开信访积案化解百日攻坚专项行动和“党建+信访+群众路线”工作体系部署会暨全市征迁领域信访事项化解工作推进会，提出在全市集中开展积案化解百日攻坚行动，构建“党建+信访+群众路线”工作体系，部署征迁领域信访事项化解，推进信访积案的化解工作。市、县两级领导以上率下，主动领办积案，实地走访、下访约谈，了解信访积案基本情况和化解症结，与责任单位一同研判案情、制定化解方案，推进积案化解。市联席办把督查督办作为推动积案化解的重要手段，加大对基层的督导力度，督责任落实、督工作进度、督化解质量。全年共化解第一、二批国家级积案化解801件，省级积案413件；第三批积案化解351件。特别是信访积案化解百日攻坚专项行动期间全市共梳理各类积案839件，化解433件，化解率51.6%。

【服务热线整合】 2021年，“12345”热线作为群众与政府沟通交流最直接、最快速、最便捷的渠道，坚持群众利益无小事，通过规范办理流程，提升办理质量，实现工作闭环，群众满意率达95%以上。按照《国务院办公厅关于进一步优化地方政务服务便民热线的指导意见》《浙江省人民政府办公厅关于进一步整合优化政务服务便民热线的通知》文件精神，完成整合15个部门19条热线。通过智慧信访项目建设，实现“12345”业务精细化管理及高效运转，完成与花园云数据专题驾驶舱页面开发与对接，实现信访工作的大数据分析和大屏直观展示。通过对相关的信访事项集中梳理，精准分析，及时向市委、市政府提供信息参考，上报专报、简报等14篇。

【信访自身建设】 2021年，市信访局举办全市信访督查工作培训会、全市复查复核业务工作培训会、全市信访干部能力提升培训班。举办全市信访系统“学党史 比能力 强业务”和“勤学促练、岗位训练、实践历练，比实干精神、比业务水平、比工作绩效”（简称“三练三比”）岗位练兵线上和现场比武。开展全市最美信访干部个人先进集体评选活动，评出10位最美信访干部和4位最美信访员工。联合人劳社保局开展了信访干部立功嘉奖，对3个先进集体和31位信访干部进行了记功和嘉奖。 （张歆雅）

党校工作

【概况】 2021年，市委党校坚持政治立校、改革强校、质量兴校、从严治校，注重发挥干部培训、思想引领、理论建设、决策咨询作用，以“质量提升年”为基调，推进“教学提升、科研提质、服务提效、队伍提能”四大工程。坚持理论教育和党性教育主业主课地位，把学习贯彻习近平新时代中国特色社会主义思想摆在教学最突出位置，推动落实市领导到党校讲课制度，立足“红色浙西南，绿色新丽水”发展实际，打造“红+绿”特色办学模式。优化内设机构设置，教务处、社会文化教研室分别加挂社院工作处、统战教研室。开展市、县党校办学质量创优评估问题整改“回头看”工作，全市各党校通过省级督查组实地督查。结合全省党校系统“十四五”发展规划要求和学校发展实际，制定印发《中共丽水市委党校（丽水行政学院、丽水市社会主义学院）“十四五”发展规划》，为全校工作明确目标方向。

【党史学习教育】 2021年，市委党校以建党百年为主题，开展全市党校系统精品课和优秀教案评比、微型党课比赛、理论研讨会、“百堂党课献礼党的百年华诞”党史宣讲活动等，推出40余门精品宣讲课程，免费送课进基层，开展专题宣讲510余场次。聚焦浙西南革命精神，组织教师参与《浙西南革命精神简明教程》编写，做好2021年浙西南革命精神论坛承办工作，全市8处革命旧址被评为省社会主义学院“浙西南党史教育”现场教学点。党史学习教育相关做法获市委领导批示肯定，中央党校《学习时报》以《党史在身边，课课接地气——浙江省丽水市委党校备好讲好党史学习教育“三堂课”》为题专题报道党校党史教学相关做法，红色宣讲、送温暖办实事等工作被人民网、新华网、“学习强国”浙江学习平台、浙江新闻客户端等省级以上媒体报刊专题报道10余次。

【教育培训】 2021年，市委党校举办主体班次31期，培训学员2550人次，举办对外培训班次62期，培训学员4531人次，其中市外培训班次占比接近40%。聚焦马克思主义、党的最新理论创新成果等加大课程开发力度，以“参与一次调研、听一次课、指导一次年轻教师选题”的“三个一”教研活动为载体，结合丽水实际开发教学新专题21门。选取县级党校获奖精品课程、地方特色课程进主体班次，开发案例教学和情景模拟教学新课程6门，推动互动式教学课程比例提升至26%。编印全市干部党性教育基地手册，用好用活全市40家干部党性教育现场教学基地，提出现场教学基地建设“一个工作团队、一位党校主讲教师、一份现

2021 年 9 月 23 日，丽水市委党校举办秋季主体班开班典礼　　（叶小盟　提供）

场教学课件、一份现场教学方案、一本宣传手册、一套管理制度”的“六个一”要求，以“一基地一特色”为导向推动现场教学基地建设规范化、制度化、科学化，提升党性教育现场教学成效。以宣传展示丽水“红绿融合”发展特色经验为主题，开展对外培训工作，承办陕西省委党校厅级干部班、浙江省委党校中青班等市外班次 21 期，占全年对外培训办班总数 1/3，成为讲好丽水故事、展示丽水经验的重要窗口。

【科研咨政】　2021 年，市委党校在市级以上期刊发表论文 68 篇，其中省级期刊 21 篇，《“碳达峰、碳中和”双约束下生态资源富集地区的发展路径探寻》一文在 C 扩期刊发表。完成省中特理论中心等省级课题结题 13 项、市社科联等市级课题结题 17 项，获得省中特理论中心、省委党校探索山区 26 县共同富裕新路径专项课题等新课题立项 13 项。全年获全省党校系统理论研讨会征文、优秀决策咨询成果评选、教学改革征文、后勤征文等省级科研奖项 10 项。组织教师参与《读懂浙西南革命精神》《生态产品价值实现机制的丽水实践案例集》等编著工作。发挥党校在党委和政府决策中的思想库作用，全年刊发《送阅件》12 期，通过《决策与调研》等其他平台发表咨政成果 9 篇，获市长等市领导批示 7 次。围绕共同富裕、缩小人力差距等重大课题成立专项课题组，刊发专刊 7 期；以专业理论优势联动学员资源优势开展调研，相关调研成果通过《学与思》刊发 14 期，获市领导批示 13 人次。全年在市级以上报刊媒体发表信息 12 篇，在校园门户网站发布信息 683 篇，组织教师围绕重大问题、重大节点等在丽水电视台、《丽水日报》等开展理论阐释 21 人次。

【服务保障】　2021 年，市委党校以校园二期建设和数字化改革为抓手，提升服务保障能力和水平，打造红色校园、智慧校园。推进校园二期建设工程，新校园建设方案以优化功能布局、改善薄弱环节、保障教学需求为建设目标，开展地勘报告编制等前期工作。完成新一轮后勤运营管理服务招标工作，全年完成 1.3 万人次后勤服务保障工作，学员对后勤服务满意率达到 98.6%。严格财经纪律，规范物资采购和固定资产管理，邀请第三方机构对全校财务工作进行审计，并按反馈意见及时整改，提升财务工作规范化水平和风险防控能力。以数字化赋能党校高质量发展，梳理数字化核心业务上线党政机关整体智治综合应用，智慧党校系统适配接入“浙政钉”平台，新版校园门户网站投入试运行。

【队伍建设】　2021 年，坚持人才强校战略，推动高水平师资队伍建设。通过公开招录、选调、面向世界一流大学引进人才等方式，引进工作人员 6 人。组织教师参加全市党校系统师资骨干高级研修班、后勤骨干培训班等各级各类培训近百人次，选派教师到重要部门、重点项目一线实践锻炼 8 人次，提升教师业务水平和解决实际问题能力。创新开展全市党校系统新入职教师能力提升班。探索开展全市党校系统师徒结对工作，首批选取市委党校 8 名骨干教师与全市党校系统 15 名青年教师结对，推动全市党校系统青年教师成长成才。坚持以党建带群建，工会、妇联充当桥梁纽带，推进职工之家建成并投入使用，举办全市党校系统首届教职工运动会。　　（朱　红）

老干部工作

【概况】　2021 年，全市共有离休干部 446 人（不含省部属单位和易地安置的离休干部），比 2020 年减少 62 人，其中 85 岁及以上的 446 人，85 岁以下的 0 人，平均年龄 92.6 岁，生活完全不能自理的 142 人。全市有退休干部 35755 人，离退休干部党支部 571 个，离退休干部党员 18000 名。其中，市本级有离休干部 87 人（不含省部属单位10人，易地安置在丽水市2人)。市本级安置和居住在外的离休干部有15人，主要分布在上海、河北和本省的杭州、温州、绍兴、金华、台州。市本级有退休干部4902人，离退休干部党支部114个，离退休干部党员3530人。全市有担任地(市)级实职以上的离退休干部55人，其中离休6人，退休49人。

2021年，市委老干部局以“庆祝中国共产党成立100周年”为主题开展系列活动，举办百米书画长卷展、“先贤翰墨、百年芳华”书画作品展和“忆党史、颂党恩、跟党走——庆祝中国共产党成立100周年丽水市老年书画联展”。举办丽水老干部庆祝建党100周年大型广场活动、“唱支山歌给党听”快闪活动、“百首红歌百人唱”活动和老干部“红歌联唱”活动，开展“与党旗合影，展支部风采，向党说句心里话”“百年回眸”“百名离休干部贺百年华诞”活动。以“党史学习教育”为主题开展系列活动，100余位市直单位离退休党支部书记参加“学党史、强信念、跟党走”健步走活动，编印全市离休干部《红色印记》展示丽水市离休干部风采。

落实离休干部“一对一”联系机制，开展元旦、春节、妇女节、建党百年和“夏季送清凉、冬季送温暖”走访慰问等工作，市本级全年走访慰问老干部1012人次，慰问住院老干部87人次、慰问逝世离休干部家属16位。开展困难帮扶工作，市本级全年累计帮扶40人次，合计发放补助款4.5万元。开展“政府买单送服务”活动，通过“96345”便民服务中心为离休干部提供服务，发放健康休养费、参观考察费。《丽水市建立离休干部医疗备用金保障制度》等7项服务举措被列入全省老干部服务管理百件大事。

【离退休党建工作】 2021年，市委老干部局举办离退休干部党组织书记培训班，以专题党课、现场教学、业务培训等方式累计培训离退休干部党组织书记、党员700余人次。探索实施离退休干部党组织网格化管理，实行在职党员联络制度，并以季度交流、半年培训和全年比拼的形式，搭建支部学习交流平台。全市推进离退休干部党建融入城市基层党建工作，莲都区作为省级试点探索把“银领党支部”建到社区，引导离退休干部党员参加社区党组织学习和活动，逐步实现对离退休干部党员教育管理、学习活动、发挥作用全覆盖。组织开展“红色基因永相传”主题党日活动，市直百个离退休干部党支部联动，到全市各地的红色教育基地参观学习，开展形式多样的主题党日活动，接受红色教育，赓续红色精神。

【离退休干部思想政治建设】 2021年，市委老干部局组织广大离退休干部以“线上”+“线下”的形式参加党史学习教育，“线上”开展云分享、云讨论、云学习活动，“线下”开展老干部大讲坛、专题学习会等活动，共计5000余人次老干部参与，其中仅网上专题报告会就组织学习7场。组织离退休干部开展如“共忆党史，共话初心”等座谈会和畅谈活动40余场次。以“讲好革命故事、传承红色基因”为主题，开展“百名红色讲师上百堂党史课”红色宣讲活动，组织老干部红色讲师、“五老”报告团成员等，进社区、进企业、进校园、进机关、进老党员驿站等，共计开展红色思政宣讲200余场次。

【老干部服务管理水平提升】 2021年，市委老干部局坚持整体智治、突出重点、分类施策，用好浙江省离退休干部服务管理系统，做好系统数据库整理、收集、更新工作。坚持推进退休干部荣退仪式，增强新退休人员的荣誉感、归属感，全市各地合计举办集体荣退仪式20余次。深化“银尚乐活”，开展寻找“银尚达人”“银尚之家”活动，推出市级“银尚达人”9名和“银尚之家”1家，其中2人入选省局“银尚达人秀”。全市各地开展“携手老同志跨越数字鸿沟”活动，通过老年大学授课、银龄传帮带等途径，帮助老同志掌握智能手机使用技能，方便老同志更好地融入智能生活。

【老干部志愿者助力乡村振兴】 2021年，市委老干部局深化“老干部助力乡村振兴联盟”，以“三助三送”为主题，组织老干部围绕助学助农助企、送政策、送文化、送医疗等开展志愿服务。“学习强国”刊发《“银色力量”汇聚乡村振兴助力共同富裕》，介绍丽水市老干部助力乡村振兴、推进共同富裕的经验做法。联合开展“一针一线织温暖，奶奶爱意暖童心”活动，组织老干部志愿者为新疆、西藏等地的留守儿童编织毛衣、围巾。

【阵地建设】 2021年，市委老干部局拓展“红色阵地”，市本级“两个阵地”分别成立“银领党总支”，依托老干部团体协会和老年大学班级组建“银领党支部”；依托老干部活动中心，建好用好管好“老党员驿站”，全市各级老党员驿站全年提供学习活动服务300余场次。加强智慧校园建设，丽水老年大学全面开展微信线上报名，并联合华数开发老年大学远程课堂，为学员提供更加便捷的线上学习服务。推动“家门口老年大学”建设，丽水老年大学与国网丽水供电公司签订全市合作举办家门口老年大学协议，实现老年教育资源共建共享。（蓝巧玲）

党史工作

【概况】 2021年，全市党史系统聚焦主责主业之职，展现宣教育人担当，发挥资政辅政之责，主动融入，服务大局，多项工作走在全省前列。丽水市委党史研究室被人力资源和社会保障部、中央党史和文献研究院评为“全国党史和文献工作先进部门”。牵头起草的《丽水市革命遗址保护条例》获省人大常委会批准正式实施。《为〈丽水市革命遗址保护条例〉立法尽职尽力》等两个案例获评全省党史资政类工作创新案例。下属事业单位浙西南革命根据地纪念馆被命名为全国爱国主义教育示范基地。

【党史著作编写】 2021年6月，《丽水党史》（二卷）公开出版发行；《党的十八大以来丽水脱贫攻坚口述史》资料征集完成；9月，《中国共产党在丽水百年纪事（1921—2021）》完成编写并提交出版；12月，《浙西南革命人物》完成初稿。同日，举办党史三卷编写专题培训会，完成十一届三中全会以来党史专题编写165个，为后续丽水党史（三卷）编研打下坚实基础。推进缙云党史（一卷）和松阳党史（一卷）出版发行，实现丽水市域党史一卷本全面公开出版；指导完成松阳党史（三卷）、景宁党史（二卷）、莲都党史（二卷）、龙泉党史（二卷）史稿评审和云和党史（三卷）大纲评审。

【浙西南革命精神弘扬践行活动】 2021年2月，浙西南革命老区同赣南等原中央苏区和陕甘宁、左右江、大别山、川陕等革命老区一道被列入12个全国重点革命老区，纳入国家政策支持范畴。4月，开展以“红色浙西南 绿色新丽水”为主题的浙西南革命精神学术论文征集活动，征集到学术论文60余篇。6月19日，如期举办2021浙西南革命精神论坛，并首次在主论坛的基础上增设“红军长征与浙西南革命”“浙西南革命老区振兴发展”两个分论坛。论坛期间，举行戏曲电视剧《红色浙西南》首映仪式、丽水市庆祝中国共产党成立100周年大型文艺歌会、中央和省级各类媒体和网络媒体集中采访、全省百年百名艺术家走进浙西南革命老区创作采风等活动。

【革命遗址立法保护】 2021年5月31日，市四届人大常委会第三十一次会议满票通过《丽水市革命遗址保护条例》草案。7月30日，省十三届人大常委会第三十次会议批准条例，10月1日起施行。《丽水市革命遗址保护条例》共6章38条，条例突出弘扬浙西南革命精神，首创“红色文化名村、名乡（镇）”等内容，成为浙江省首部革命遗址保护类地方性法规。市委党史研究室以《丽水市革命遗址保护条例》为依托，以数字化改革为抓手，谋划推进“红立方——革命遗址数字智治应用”，全力打造革命遗址保护管理的数字化改革“重要窗口”。

【浙西南革命根据地纪念馆建设】 2021年，浙西南革命根据地纪念馆完成提升工程全部施工任务，6月19日浙西南革命精神论坛举办当日，举行开馆仪式。同日，被中宣部命名为全国爱国主义教育示范基地。7月1日，浙西南革命根据地纪念馆正式向公众开放。提升开放后，纪念馆共接待团队588批次，累计讲解230场次，接待参观游客6.53万人次。其中接待包括中央巡回指导组在内的重要团队49批次。纪念馆注重未成年人研学活动，专门面向学生开展讲解或专题讲座48场，参与学生达3130人。举办“小红军”志愿讲解培训实践活动20场，参与学生830人次。3月，线下联合刘英小学、丽水学院、丽水职业技术学院，在万象山革命烈士陵园举办“祭英烈·传承浙西南革命精神主题活动”。4月，线上启动“感恩·2021清明祭英烈”网上祭奠活动，一周时间内超19万人次参与。10月，推出第十届“弘扬社会主义核心价值观、发扬传承爱国

2021年6月19日，浙西南革命根据地纪念馆提升开馆仪式举行

（廖依敏 提供）

主义精神”——浙西南革命历史知识答题抽奖活动，累计1.2万人次参加。

【党史学习教育】 2021年，加印发放《中国共产党浙江丽水不历史》（第一卷）、《浙西南革命遗址》、《浙西南革命故事》等本土特色读本，连同6月出版的《中国共产党浙江丽水历史》（第二卷），累计面向全市190家单位共计发放7409册。全年组织人员帮助市农业农村局、市文广旅体局、市移民办、市妇联等部门和红色文化研究会审查把关史实史料16次、视频近90个。推出“党史干部讲党史”宣讲团，为全市84家单位5773名党员干部送去高质量高标准的党史讲座。编辑4期《丽水史志》期刊，向市直各单位、县级史志部门等印制发放4000册。“丽水史志”网站在史志研究、瓯江儿女、处州史话、丽水风物等栏目更新40余篇文章与信息。5月11日，圆满完成全市党政军领导赴永康方岩凭吊刘英烈士并开展党史学习教育的全市军事日活动。10月11日，在丽水市委党校举办全市首届红色讲解员培训班，63名红色讲解员参加此次为期五天的全封闭培训。12月6日，在丽水市图书馆报告厅举办全市党的十九届六中全会精神宣讲业务培训会，为全市300余名宣讲员作专题辅导。（廖依敏）

档案工作

【概况】 2021年，丽水市档案局、馆以习近平新时代中国特色社会主义思想为指导，贯彻新修订《中华人民共和国档案法》，制订《丽水档案事业发展“十四五”规划》和《丽水市档案馆“十四五”时期发展规划》，以“丽水之干”担纲“丽水之赞”，落实习近平总书记关于档案工作的重要指示批示精神，深化丽水档案事业转型，推进现代化档案建设，市本级二期馆竣工验收合格投入使用，档案综合查阅中心搬迁至一楼等工作，完成各项年度目标任务。全年全市各综合档案馆为社会各界提供档案利用24099人次，159109万卷（件）。其中，市本级馆查阅窗口接待市民群众1175人次，利用档案35355卷（件）。

【机关党的建设】 2021年，市档案馆落实馆理论学习中心组全年学习任务，全年累计开展30余次集中学习，其中馆理论学习中心组学习12次，全馆党员干部学习28次，及时传达重要会议精神、重要政策文件、重要领导讲话，学习贯彻党的十九大及十九届历次全会精神，争做“两个确立”忠诚拥护者、“两个维护”示范引领者。全馆干部开展政治学习，完成领导干部网络学院、公务员云讲坛、“学习强国”等学习要求，组织开展各类知识测试4次，通过浙政钉、微信等工作群，转发各类学习文章70余篇，利用干部业余时间，提高学习成效。按要求组织召开专题组织生活会和民主生活会，严肃党内政治生活。全年召开党风廉政建设季度例会4次，开展典型案例“三讲小课堂”，累计12人次进行交流发言。做好“春节”“清明”等节日期间廉政提醒，通过微信群、浙政钉群及时转发党风廉政建设方面的政策、典型案例通报等30余次。履行全面从严治党主体责任，全年累计新出台规章制度9个。落实领导干部上党课制度，馆领导分别作了《党史中的共同富裕逻辑》《从“两山”理念看档案》《全面推进档案工作数字化改革》专题党课。组织馆党支部主题党日活动，学习实践相结合，全年馆党支部组织党员参观松阳安岱后等红色教育基地3次。3名党龄超过50年的党员获“光荣在党50年”纪念章。

【党史学习教育】 2021年，市档案馆成立党史学习教育领导小组，制订《丽水市档案馆关于开展党史学习教育的实施方案》，组织召开动员部署会全面部署党史学习教育，向全馆党员发放四本必读书籍，将党史学习教育列入2021年馆党支部重点工作，召开会议研究党史学习教育工作，定期检查、小结，推进各项任务。开展“跟着总书记学党史”、“七一”讲话、《习近平在浙江》采访实录等专题学习，通过党史知识测试、知识竞答等巩固党员学习成果。重温习近平总书记关于档案工作“三个走向”重要论述，领会习近平总书记关于档案工作“四个‘好’、两个‘服务’”重要批示精神，指导做好新时代档案工作。组织干部观看《旗帜》《致敬安岱后》等纪录片和《括苍山下》《红船》《再唱山歌给党听》等戏剧、电影、文艺会演，参观安岱后革命遗址、浙西南革命根据地纪念馆、莲都区却金馆等教育基地，开展重温入党誓词、开展“与党旗合影，展支部风采”等活动，丰富教育载体，提升党员干部党性觉悟。开展党史宣讲，邀请讲师开展专题讲座、老党员讲革命故事，为全馆党员上党史党课。选派馆内宣讲团讲师深入各单位宣讲党史，全年累计开展宣讲10余场，受众2000余人。开展“档案里的党史”专题宣传，在丽水档案网站和微信公众号开设“档案里的党史”专栏，宣扬发生在丽水的党史事件和人物，并在《丽水日报》文史版、“学习强国”平台刊发党史文章13篇。以“6•9”国际档案日活动为契机，向市民赠送地方党史书籍300余册。

【全市档案工作会议】 2021年5月26日，全市档案工作会议在丽水召开。会议贯彻落实习近平总书记关于做好新时代档案工作的重要指示精神，总结“十三五”期间全市档案工作成绩，研究谋划“十四五”时期档案工作，部署下步重点任务，推进全市档案事业高质量发展。市委副书记郎文荣出席并讲话。会议听取全市档案工作报告，松阳县、缙云县、景宁畲族自治县和市法院作了交流发言。

【档案事业“十四五”规划制定】 2021年，市档案馆制定出台《丽水市档案事业发展“十四五”规划》。《丽水市档案馆“十四五”时期发展规划》，明确今后5年丽水档案事业发展目标，确定七大主要任务和七大工程，同时还谋划2035年远景目标。

【档案业务监督检查】 2021年，全市档案系统探索档案工作服务农村基层治理特色亮点，市本级加快“1+10+N”档案协同管理系统升级改造，把服务延伸到村级；景宁县档案馆探索“档案快递小哥”，破解山区群众查档难问题；云和县档案馆通过强化考核督查，加大档案工作的推进力度；青田县、缙云县档案馆通过以奖代补模式，激活乡镇、村档案规范化整理等，创新举措契合地方实际，成效明显。组织对全市3个省级试点、6个市级试点进行验收，基本通过初步验收。以推进试点为契机，全市累计开展档案规范化整理乡镇141个、行政村1031个，形成乡镇档案306045卷、898076件，村级档案57893卷、289574件，提升基层档案规范化治理和共享利用。印发《丽水市档案局行政执法信息公示》，认领全部省库监管事项总数38项，完成25项行政监管事项覆盖。开展“双随机、一公开”执法检查，完成执法统计年报的公示，实现抽查计划完成率100%、抽查计划公示率100%、抽查任务完成率100%、抽查任务公示率100%、检查完成率100%、检查结果公示率100%。做好机关企事业单位和省市重点建设项目档案的监管指导工作，制定市直单位、市级国有企业档案监督检查评价标准，对各县（市、区）档案馆安全风险、机关企事业单位、重点建设项目、档案外包服务承揽企业等开展执法检查，完成31家单位的档案监督检查工作。青田、松阳、莲都等县区大力开展档案工作专项检查，累计对154家单位进行档案室建设、档案安全等检查。

2021年8月26日，“峥嵘百年中国共产党在丽水发展历程暨红色档案文献展”在丽水美术馆开展（周 率 提供）

【“两类”档案归集与档案资源建设】 2021年，市档案馆做好脱贫攻坚和疫情防控档案归集。召开全市脱贫攻坚档案和疫情防控档案归集工作部署会，深入各县（市、区）、市直单位，对开展两类档案的收集、整理、统计、归档工作进行部署和指导。完成档案目录和档案数字化成果归集，全市累计归集脱贫攻坚档案目录143978条，档案数量92674件；疫情防控档案目录96145条，档案数量53854件。各级档案馆加大档案接收力度，全年市本级累计接收17家单位移交的档案，共56317卷、124892件。市本级通过接受捐赠、复制、购买等形式，挖掘和征集散存在社会上和个人手中涉及本区的珍贵档案651件、图书资料1780册，其中虞文喜个人捐赠的工作笔记、书画作品、图书等个人档案1100余件（册）。缙云县档案馆开展传统文化口述建档工作，总计完成采访项目共52个，累计采访代表性传承人和传承人56人，视频1850分钟、音频1822分钟、文字数量182279字、照片1122张、文件总容量2540G。龙泉市档案馆把“从戎之剑”赠送仪式活动相关档案资料接收进馆，遂昌县档案馆投入25万元经费抢救民国档案。

【档案文化建设】 2021年，市档案馆筹办“峥嵘百年中国共产党在丽水发展历程暨红色档案文献展”，制作展板70块，展出红色档案文献40余件，参观市民3000余人次；出版《峥嵘壮歌浙西南解放战争人物影像档案》红色主题图书，收录100位参加过解放战争的老干部的肖像与口述文字10万余字；编印《百姓生活看小康》画册，全书分四个单元，分别是《小康说道》《物质生活的变迁》《精神文化新追求》《城市旧貌换新颜》共160页，380多张图片。全书以普通百姓的视角，通过新老照片、数据对比、档案实物、复原场景等形式，展现丽水社会的发展历程，回顾丽水百姓在衣、食、住、行、用等方面的变迁。松阳县档案馆编辑出版《松阳英烈》图书并举办首发仪式；青田县档案馆举办“志载千秋 世界青田”主题展；景宁县档案馆制作40余块展板、500张图片呈现畲乡发展史等，庆祝建党百年华诞。市档案馆编研的《抗战时期浙江省铁工厂档案汇编》、明成化《处州府志》（点校本）获全省档案系统优秀编研成果二等奖；莲都区档案馆拍摄的《燕归巢》获第八届丽水微电影大赛三等奖；景宁县档案馆编辑出版《水运文化之瓯江小溪》《山村记忆》《丹碧畲乡》等书籍；庆元县档案馆重版《庆元革命丰碑》一书；松阳县、莲都区、庆元县档案馆等协助浙江电视台、浙江省档案馆拍摄《跟着档案去旅行》栏目专题片6期。

【档案协同应用场景】 2021年，市档案馆依托丽水市“1+10+N”档案管理系统，统一全市各部门各单位电子文件归档、移交、接收等核心业务的操作规范和评价体系，并将档案系统功能延伸到村级档案室，实现市、县、乡、村四级档案信息资源的共建共享和互联互通，在全省率先建成区域档案统一管理平台。按照“业务数字化、数字业务化”理念，对档案工作依法治理、档案资源、开放利用、基层基础等进行提升和重塑构建，拓展多业务跨部门典型应用场景。建成档案数据驾驶舱和点亮党政机关整体智治门户网站，通过可视化方式推进档案工作指数化、精细化管理；适配浙政钉用户体系，上架试运行档案协同查档钉应用和民生查档一网通平台，实现开放电子档案和民生档案查询服务掌上办。发挥参与国家标准《党政机关电子公文归档规范》起草的优势，完成开发的“党政机关电子公文归档公共组件”，加入省级公共组件应用服务超市，供全省免费使用。与北京市海淀区档案馆签订民生档案跨馆利用服务协议，方便利用者就近查询利用民生档案。

【电子档案单套管理试点验收通过】 2021年，市档案馆推进丽水档案馆电子文件单套管理试点工作，并通过国家档案局、国务院办公厅电子政务办公室、国家电子文件管理部际联席会议办公室联合组织的验收。推动“1+10+N”档案协同管理系统应用，推进存量档案数字化和增量档案电子化，实现区域内各部门电子档案共建共享。在全市范围内推广电子文件单套归档和电子档案单套管理，拓展应用范围，为推动电子档案规范化管理提供可靠支撑。申报的《OFD格式封装行政审批电子档案的可靠性研究与实践》科研课题荣获2021年度国家档案局档案科技优秀成果二等奖。

【践行为人民服务】 2021年，市档案馆完成市本级查阅大厅搬迁工作，投入220余万元将原一楼展厅改造成近400平方米的查档大厅，把分散在市档案馆、市城建档案馆、莲都区档案馆等部门的10余个服务事项，集中到新查档大厅，方便民众查阅档案。全年接待现场、电话、网络查档1005人次，出具材料6780张。开展“包村走村”送服务，馆党支部组织人员深入联系村青田县腊口镇瑶均村指导帮扶文化礼堂建设、新农村经济发展、巩固脱贫攻坚成果，对该村引进的投资金额达三千万元的文化企业青田县坐忘阁旅游文化发展有限公司进行文化专题指导。15名在职党员，通过党员“微心愿”等筹得经费6000元，购买一批办公用品赠送给青田县腊口镇瑶均村村委，用于改善村级组织工作环境。

【丽水档案馆二期项目竣工验收】 2021年7月，丽水档案馆二期项目通过竣工验收。该项目是重点建设项目，为一类公共建筑，位于城北路和北苑路交叉口、市档案馆东侧。建筑地下1层、地上8层，总建筑面积6705.92平方米，主体建筑使用年限设计为50年，项目总投资5500余万元，于2018年12月动工。（李岘闻）

关心下一代工作

【概况】 2021年，丽水市关心下一代工作委员会（简称市关工委）深入贯彻落实习近平总书记对关心下一代工作重要指示精神，坚持立德树人，坚持关爱服务，以市关工委成立30周年为契机，进一步弘扬五老精神，着力加强青少年思想道德建设，坚持不懈为广大青少年办实事、做好事、解难事，团结教育广大青少年听党话、跟党走。联合市文明办、市教育局等部门选树2021年丽水市“新时代好少年”100人；联合市文明办、市委老干部局选树命名丽水市关心下一代“最美五老”100人，丽水市“五好”基层关工委20家，“丽水市关心下一代教育基地”20家。

【青少年思想道德建设】 2021年，市关工委开展青少年"学百年党史、讲红色故事"活动，开展宣讲活动140余场。市关工委联合市委宣传部、市教育局等部门开展"为中华之复兴而读书"丽水市中小学生庆祝建党百年百场主题宣讲大赛。组织拍摄"遂昌王村口红色文化基地体验专题片"；组织青少年线上参加全省红色文化基地线上体验活动；线下组织全市20家"丽水市关心下一代教育基地"向未成年人免费开展社会主义核心价值观践行活动，受益7万人次。联合市委宣传部等部门在莲都区刘英小学开展关心下一代爱心行走进丽水公益活动，组织学生现场观看在丽水多地取景拍摄的青少年优秀励志影片——《歌带你回家》，对青少年开展励志教育的同时还宣传丽水的美丽风光；联合市广播电视总台开展"童心向党"青少年暑期研学活动。

【爱心助学】 2021年，全市关工委系统发动社会爱心人士（企业）结对丽水市家庭经济困难学生2922人、资金738.9万元，其中，大学新生509人、资金464.7万元，中小学生2413人、资金274.2万元。开展"温暖来敲门"暖冬关爱行动、"针心针意·浙丽关爱"等活动，向困难学子送上慰问。联合《钱江晚报》、《都市快报》、《南湖晚报》（嘉兴）、《处州晚报》等媒体，对丽水市家庭经济困难准大学生中的优秀代表进行宣传报道，发动社会爱心人士（企业）结对资助。

【"双百"工作成效提升】 2021年，全市关工委"双百"活动被纳入《丽水市高质量推进新时代党建带群建工作任务清单》工作内容。市关工委在莲都区召开全市关工委"双百"活动工作会议，对全市"双百"活动骨干进行专业培训。全市参与"双百"活动的老科技专家101人，联系基地（示范户、龙头企业）130个，广大老科技专家在"双百"活动中开展调研指导、送科技送服务，帮助结对基地（示范户、企业）实现增产增收，为丽水市乡村振兴工作贡献关工委五老力量。

2021年12月28日，"针心针意　浙丽关爱"公益活动在松阳县大东坝中心学校举行

（陈　菲　提供）

【护航青少年健康成长】 2021年，市关工委持续在各中小学、企业、社区深入开展"关爱明天、普法先行"青少年普法教育活动，宣传新修订的《中华人民共和国未成年人保护法》。运用"少儿之家"等阵地，组织青少年开展各类暑期活动。动员各级关工委"五老"担任所在村（社区）学生安全协管员，开展暑期劝导教育学生防溺水工作。定期组织市区关工委"五老"志愿者在城区开展未成年乞讨人员巡查工作。全市各级关工委联合相关部门，以"五老结对关爱未成年人"为抓手，开展留守儿童、困境儿童的各类关爱保护活动，全市参与结对的"五老"有4000余人，结对关爱农村未成年人2.1万人。

【党建带关建】 2021年，根据《中共丽水市委机构编制委员会关于丽水市关心下一代工作委员会机关机构编制有关事项的通知》，市关工委重新印发《丽水市关工委关于调整市关心下一代工作委员会成员的通知》。市委、市政府分管领导兼任市关工委名誉主任，对市关工委主任常务会议成员进行明确，全年召开主任常务会议3次。9个县（市、区）关工委主任兼任丽水市关工委副主任，7名关工委"五老"骨干代表兼任市关工委委员。市关工委机关全体干部职工结合贯彻落实省关工委《关于进一步推进党史学习教育的通知》精神，推动党史学习教育走深走实。举办全市关心下一代工作暨市关工委成立30周年会议，中国关工委办公室为会议发来贺信，省关工委主任徐宏俊到会讲话，市委书记胡海峰在讲话中对全市各级关工委和广大"五老"30年来所做的工作给予肯定，真正做到"学党史、悟思想、办实事、开新局"。（陈　菲）

丽水市人民代表大会

综　　述

【概况】 2021年，市人大常委会召开常委会会议7次、主任会议16次，听取和审议"一府一委两院"工作报告14个，制定地方性法规2部，作出决议决定2项，审议视察评议意见34个，任免国家机关工作人员131人次，完成市四届人大六次会议确定的各项任务。市人大常委会贯彻省、市委决策部署，依法行使重大事项决定权和人事任免权，及时作出年度财政决算、预算调整、政府债务安排等决议决定。坚持重大问题、重大事项、重大活动及时向市委请示报告，全年报告重要事项25次。全年组织开展集中学习研讨、"六讲六做"大宣讲、"重走红军路"等党史学习教育53场，组织开展全市人大主题党日、悦读人大"讲好党史故事　悟透理论道理"演说系列活动。学习贯彻中央人大工作会议精神。第一时间召开会议进行研究、作出部署，要求各级人大深入学习领会习近平总书记的重要讲话精神，认真落实市委贯彻意见，以高度的政治自觉推动会议和文件精神在丽水落地见效。

【法治丽水建设推进】 2021年，市人大常委会发挥人大在推动宪法实施和弘扬宪法精神中的引领作用，听取和审议"七五"普法情况报告，作出"八五"普法决议。组织国家宪法日活动，推动法治公园开园，"八五"普法启动。落实宪法宣誓制度，营造人人尊崇宪法，维护宪法权威，弘扬宪法精神的良好氛围。出台全省首部革命遗址保护类地方性法规《丽水市革命遗址保护条例》，制定《丽水市扬尘污染防治规定》，对《丽水市居家养老服务条例》进行初审。对《丽水市饮用水水源保护条例》开展立法后评估。加强立法理论研究，国家公园立法、完善基层立法联系点和立法辩论机制等研究成果分别获省、市优秀论文表彰；以高质量立法成果赓续红色基因经验做法在省人大刊物刊登交流。对丽水市贯彻实施《浙江省劳动保障监察条例》情况开展执法检查；首次听取和审议市监委关于开展整治群众身边不正之风和腐败问题的专项工作报告；对丽水市宗教团体管理情况、社区建设情况、综合行政执法规范化情况开展专题调研。紧扣法治建设，听取和审议2020年度法治政府建设情况的报告、全市公益诉讼检察工作情况的报告。听取和审议市人大常委会任命的市生态环境局局长等7名市政府工作部门主要负责人依法履职情况的报告，并进行满意度测评。拓展规范性文件审查范围，首次对市法院、市检察院报送的规范性文件进行审查，全年审查报送备案的规范性文件38件。

【打好人大监督"组合拳"】 2021年，市人大常委会开展预决算审查和债务管理监督，重点审查市发改委、市公安局、市人防办及丽水经济技术开发区2020年决算，听取和审议全市和市本级国有资产管理情况综合报告。听取和审议审计工作报告、审计查出问题整改情况报告，督促问题整改。加强对"十四五"规划和二〇三五年远景目标纲要草案审查和执行监督，听取和审议市本级政府重大投资项目2020年计划执行情况及2021年计划草案的报告、市政府上半年经济社会发展情况的报告。听取丽水市国土空间总体规划（2020—2035年）编制进展情况的报告；落实环境状况和环境保护目标完成情况报告制度；对松材线虫病防治执法检查审议意见办理落实情况开展"回头看"。开展《浙江省民营企业发展促进条例》执法检查；对农业龙头企业发展、全域旅游示范县创建和华侨创业创新平台建设情况开展专题调研；听取和审议丽水市浙西南科创体系建设情况的报告，组织代表视察中医药发展情况。听取和审议2021年全市十方面民生实事项目征集初选工作情况、实施进展情况和完成情况的报告，并就完成情况开展满意度测评。听取和审议丽水市“大搬快聚富民安居工程”实施情况专项报告。组织代表视察滩坑引水工程建设、畲族文化保护与传承等情况。开展《浙江省粮食安全保障条例》《浙江省生活垃圾管理条例》《浙江省学前教育条例》执法检查，就学前教育审议意见落实情况进行持续监督，开展专题询问。全年依法受理群众来信来访148件次。

【发挥人大代表主体作用】 2021年，市人大常委会贯彻新修订的选举法，落实中央及省、市委换届选举工作部署，成立县乡人大换届选举工作联席会议，加强对换届选举的调研指导，做好换届选举试点经验推广，完善代表资格审查机制，优化代表比例结构，严把代表“入口关”。严明换届纪律，推动选举风清气正，确保新一届代表素质优良、结构合理、群众认可。组织各级代表走访服务选民，开展助推高水平创新型省份建设和“双招双引”战略性先导工程代表主题活动。邀请代表列席常委会会议，组织代表参与常委会立法和监督活动。执行代表向原选区和原选举单位述职制度，10名省人大代表向市人大常委会述职。完善代表服务管理机制，健全市人大代表履职登记通报制度。推动各承办单位落实代表建议办理“一把手”责任制，通过领导领衔承办督办、约谈部门负责人等方式，增强建议办理实效，市四届人大六次会议282件代表建议全部办理完毕。落实主任会议成员、人大常委会委员直接联系代表制度，专工委对口联系代表机制，“一府一委两院”与代表日常联络和情况通报制度。全面完成规范化代表联络站建设三年行动计划，全市173个代表联络站实现“门常开、人常在、话常听、事常办”目标。深化以乡镇为重点的民生实事项目票决制工作，全年各县（市、区）乡镇街道共安排专项资金7500万元，用于符合当地实际、解决群众身边的“关键小事”。

【“四个机关”建设】 2021年，市人大常委会加强常委会及机关政治建设，把落实全面从严治党、党风廉政建设、推动巡察整改、意识形态工作责任与人大工作同研究、同部署。严格落实主体责任，持续深化作风建设，营造良好政治生态。推进媒体融合宣传，做好微信公众号推送，办好《人大关注》《人大聚焦》专题专栏和《丽水人大》刊物；举行《丽水市革命遗址保护条例》颁布实施新闻发布和宣传，切实将党建融入日常，统领全局。贯彻省、市委数字化改革部署，坚持“平台、区域、服务、力量、责任”五大统筹一体化全方位推进，与党政机关整体智治精准对接，选民登记等系统全面使用，公共数据平台构建完成，市人大人事任免系统、遂昌人大重大项目监督系统、松阳人大松智汇系统在省人大数字化改革工作推进会上作典型介绍。向人大常委会任免干部、从人大常委会离任领导颁发履职纪念牌，举行离退休老干部代表“光荣在党50年”纪念章颁发、老干部对年轻干部寄语、传承交旗等仪式，组织党员与党旗合影、过政治生日。在办公区域展示国徽、宪法宣誓誓词、人民代表大会制度横幅，营造讲政治、讲担当，讲情义、讲情怀的干事氛围。对标对表省人大办文办会办事规程，修订党组会议、常委会会议、主任会议议事规则，提升办会规范化水平。举行“学习先进树典型·实干奋进开新局”全市人大工作会议，总结五年工作、交流履职经验、宣传实干典型，引导全市人大干部以人大作为践行“丽水之干”。

2021年6月30日，市人大常委会机关离退休老干部“光荣在党50年”纪念章颁发仪式举行

（姚　嫣　提供）

市人民代表大会、常务委员会及各类工作会议

【丽水市第四届人民代表大会第六次会议】 2021年2月22日至26日，丽水市第四届人民代表大会第六次会议在丽水召开，325名市人大代表出席会议，181名人员列席。大会通过

市四届人大监察和司法委员会组成人员名单、教育科技文化卫生委员会组成人员名单，通过关于政府工作报告的决议、关于丽水市国民经济和社会发展第十四个五年规划和二〇三五年远景目标纲要的决议、关于丽水市2020年国民经济和社会发展计划执行情况及2021年国民经济和社会发展计划的决议、关于丽水市2020年全市和市本级预算执行情况及2021年全市和市本级预算的决议、关于丽水市人民代表大会常务委员会工作报告的决议、关于丽水市中级人民法院工作报告的决议、关于丽水市人民检察院工作报告的决议。大会以无记名投票方式，选举李锋为市第四届人民代表大会常务委员会主任，选举上官国明为市第四届人民代表大会常务委员会秘书长，选举叶水源、李志伟、李俊杰、何丽明、夏海国为市第四届人民代表大会常务委员会委员，并票决出丽水市2021年全市十方面民生实事项目。

【丽水市人大常委会会议】 2021年，丽水市人大常委会举行会议7次。

1月18日，市四届人大常委会举行第二十九次会议。会议审议通过《丽水市人大常委会关于召开丽水市第四届人民代表大会第六次会议的决定》；提出《丽水市第四届人民代表大会第六次会议议程（草案）》，提请市四届人大六次会议预备会议通过。

2月5日，市四届人大常委会举行第三十次会议。会议表决通过《丽水市第四届人民代表大会第六次会议列席人员名单》《关于丽水市第四届人民代表大会部分补选代表的代表资格审查及代表变动情况的报告》；提出《丽水市第四届人民代表大会第六次会议主席团和秘书长名单（草案）》，提请市四届人大六次会议预备会议选举；审议通过《丽水市人民代表大会常务委员会工作报告（审议稿）》，提请市四届人大六次会议审查；表决通过有关人事任免事项。会议还征求对市人民政府、市中级人民法院、市人民检察院工作报告稿及“十四五”规划和二〇三五年远景目标纲要的意见。

5月31日，市四届人大常委会举行第三十一次会议。会议听取和审议市政府关于浙西南区域科创体系建设情况的报告；市政府关于《浙江省民营企业发展促进条例》《浙江省劳动保障监察条例》实施情况的报告，及市人大各执法检查组的执法检查报告；市检察院关于公益诉讼检察工作情况的报告。审议通过《丽水市革命遗址保护条例》和有关人事任免事项。

7月28日至29日，市四届人大常委会举行第三十二次会议。会议审议《丽水市扬尘污染防治规定（草案）》、市政府关于丽水市2021年上半年国民经济和社会发展计划执行情况的报告；听取和审议市政府关于丽水市2021年上半年预算执行情况的报告、市政府关于2020年度市本级预算执行和全市其他财政收支的审计工作报告；听取和审查市政府关于丽水市2020年度全市和市本级财政决算草案的报告，审查市发改委、市公安局、市人防办及丽水开发区2020年决算草案报告；听取市人大财经委关于丽水市2020年度市本级财政决算草案审查结果的报告，批准丽水市2020年度市本级财政决算；通过有关人事任免事项。

9月30日，市四届人大常委会举行第三十三次会议。会议听取和审议市政府关于2020年度全市和市本级国有资产管理情况的综合报告、市政府关于“七五”普法工作情况、丽水市“大搬快聚富民安居”工程实施情况、丽水市实施松材线虫病防治条例执法检查审议意见办理落实情况的报告；听取和审议市科技局、市生态环境局、市农业农村局、市应急管理局、市医保局、市综合执法局、市大数据局局长的履职工作报告，并进行满意度测评；听取部分省人大代表述职报告；表决通过关于开展第八个五年法治宣传教育的决议。

11月25日至26日，市四届人大常委会举行第三十四次会议。会议听取和审议市政府关于《浙江省学前教育条例》审议意见落实情况的报告和市人大常委会执法检查组的跟踪检查报告，并开展专题询问；听取和审议市政府关于提请审查和批准2021年市本级新增地方政府债务预算调整方案（草案）的议案及说明，批准丽水市2021年市本级新增地方政府债务预算调整方案；听取和审议市政府关于2020年度市本级预算执行和全市其他财政收支审计查出问题整改情况的报告、市政府关于市四届人大六次会议代表建议、批评和意见办理情况的报告，及代表与选任工委相关督办工作情况的报告；法工委关于本届备案审查工作情况的报告。会议还听取市政府关于《丽水市国土空间总体规划（2020—2035年）》编制进展情况的报告；审议关于开展《丽水市饮用水水源保护条例》立法后评估的报告；表决通过有关人事任免事项。

12月31日，市四届人大常委会举行第三十五次会议。会议听取和审议市政府《关于2021年度全市十方面民生实事项目实施情况的报告》，并进行满意度测评。进行省十三届人大代表补选。根据《丽水市人大常委会任免国家机关工作人员办法》有关规定，表决通过有关人事事项。

【各类工作会议】 2021年3月18日，市四届人大常委会党组召开（扩大）会议，学习贯彻习近平总书记重要讲话精神和全国两会精神、《习近平在浙江》采访实录以及全市党史学习教育动员部署会精神，研究通过《丽水市人大常委会及机关关于开展党史学习教育的实施工作方案》等有关事项。市人大常委会党组书记、主任李锋主持会议并讲话。

3月19日，市人大常委会及机关召开党史学习教育动员部署会，深入学习贯彻习近平总书记在党史学习教育动员大会上的重要讲话精神，贯彻落实中央部署要求和省、市党史教育动员大会精神，动员全体党员干部高扬“丽水之干”的行动奋斗旗帜，围绕学党史、悟思想、办实事、开新局，为奋力开启全面建设社会主义现代化新征程贡献更多的人大力量。市人大常委会党组书记、主任李锋出席会议并作动员讲话。

3月26日，市人大代表与选任工作座谈会在龙泉市召开。会议深入学习贯彻习近平总书记关于坚持和完善人民代表大会制度的重要思想，学习贯彻全国两会及省、市有关会议精神，总结交流2020年亮点工作，研究部署2021年工作重点。市人大常委会副主任郑力平出席会议并讲话。

4月1日，市人大常委会党组书记、主任李锋主持召开市人大常委会及机关2021年党风廉政建设工作部署会，强调要全面对标对表十九届中纪委五次全会、省纪委十四届六次全会、市纪委四届六次全会精神，按照市委常委会的部署要求，进一步高扬“丽水之干”行动奋斗旗帜，大力弘扬践行浙西南革命精神，以“更全面更从严”治党行动取得更优异新成效，为促进丽水市人大工作再上新台阶创造良好条件、提供坚强政治保障。

4月22日，市人大常委会召开《丽水市革命遗址保护条例（草案）》专家论证会，市人大常委会立法专家库有关成员应邀参加本次论证会。市人大常委会副主任沈根花，市人大法制委员会、常委会法工委相关负责人参加会议。会上，来自法律、历史文化、语言文字、城建等领域的10余名专家，发挥专业特长，围绕法规草案修改稿中有关条款的合法性和可行性问题，进行立法论证，对草案中的重点、难点问题进行专题讨论研究。重点围绕条例（草案）中涉及的革命遗址范围、各部门职责、财政经费保障、非国有革命遗址所有人和使用人的权利义务、原址保护、迁移及重建等问题进行讨论。

5月11日，市人大常委会以视频联网形式召开全市人大数字化改革工作推进会，全面部署丽水市人大数字化改革工作。9个县（市、区）人大常委会主要负责人就数字化改革工作推进情况作交流发言。市人大常委会党组书记、主任李锋出席会议并讲话。

6月1日，市人大常委会召开列席市四届人大常委会第三十一次会议的市人大代表座谈会。市人大常委会党组书记、主任李锋出席会议并讲话。

6月16日，市人大常委会及机关举行党史学习教育专题交流会。市人大常委会党组书记、主任李锋参加会议。

7月2日，市人大常委会党组召开（扩大）会议，专题学习习近平总书记在庆祝中国共产党成立100周年大会上的重要讲话精神、浙江省庆祝中国共产党成立100周年大会精神。市人大常委会党组书记、主任李锋主持会议并讲话。

7月19日至20日，市人大常委会及机关举办学习习近平总书记“七一”重要讲话精神专题读书班，深入学习党的百年历史，不断坚定理想信念、强化初心使命、发扬斗争精神、凝聚奋进力量，奋力谱写新时代人大工作的绚丽篇章。市人大常委会主任李锋参加读书班并讲话。市人大常委会副主任陈建波、朱继坤、戚永远、沈根花、杜光旻、邹培书、郑力平及秘书长上官国明作交流发言，党史学习教育市委第三巡回指导组相关成员到会指导。中共浙江省委党校政治学（科学社会主义）教研部副教授仲帅博士作专题辅导。

8月5日，全市人大数字化改革工作座谈会召开，深入贯彻全省人大数字化改革视频推进会精神，有序推进全市人大数字化改革工作。

11月30日，市人大常委会机关开展“全民健康·你我同行”主题党日活动。活动邀请市政协副主席、市中心医院院长韦铁民作《心血管疾病危险因素具体危害》的健康讲座，市中心医院党委书记邵初晓作《从丽水市中心医院的发展看公立医院的作为与担当》的专题讲座，并组织机关干部参观市中心医院部分院区。

决定重大事项和人事任免

【全市十方面民生实事】 2021年2月26日，经丽水市第四届人民代表大会第六次会议代表投票表决，确定丽水市2021年全市十方面民生实事项目：推进助老济困；加强教育资源供给；进一步解决停车难；推进交通安全畅行；建设“五分钟社会应急救护圈”;完善城市社区消防安全设施;完成义务教育公办学校食堂“微改造”;关爱健康免费筛查;为市民“码上办事”提供便利;强化食品安全。

【第八个五年法治宣传教育的决议】2021年9月30日,市四届人大常委会举行第三十三次会议。表决通过《关于开展第八个五年法治宣传教育的决议》。《关于开展第八个五年法治宣传教育的决议》针对丽水经济社会发展的特点和要求,注重突出丽水实际,推进法治宣传教育工作,为丽水市“八五”法治宣传教育工作提供坚实保障。

【依法行使任免权】 2021年,市人大常委会坚持党管干部与人大依法任免有机结合,进一步完善任免工作程序,落实好任前法律知识考试、表态发言、颁发任命书、宪法宣誓等工作制度,全年任免国家机关工作人员131人次,完成市委重要人事安排。对提请人大常委会任命的审判人员、检察人员通过人大媒体进行公示,引发关注。继续开展对人大任命的政府工作部门负责人的履职评议,对市生态环境局等7个政府工作部门负责人进行履职工作评议。继续指导宪法宣誓制度在全市的贯彻落实,在市本级实职副处级干部全覆盖的基础上,重点推进县级各部门国家工作人员的宣誓工作。及时做好市人大代表的补选、辞职、终止代表职务等工作。

国民经济和社会发展计划、预算执行情况监督

【审议计划、财政相关报告】 2021年,市人大常委会听取和审议市政府关于2021年上半年全市经济社会发展情况和下半年政府工作的报告、市本级政府重大投资项目2020年计划执行情况及2021年计划草案的报告、丽水市2021年上半年预算执行情况的报告,审议上半年计划执行情况报告。

【审议决算、审计工作报告】 2021年,市人大常委会听取和审议市政府关于丽水市2020年度全市和市本级财政决算草案的报告,重点审查市发改委、市公安局、市人防办及丽水开发区2020年决算;听取和审议市政府关于2020年度市本级财政预算执行和其他财政收支情况的审计工作报告;批准2021年市本级新增地方政府债务预算调整方案和丽水市2020年度全市和市本级财政决算草案。

2021年12月4日,丽水市宪法宣誓仪式举行 (姚 嫣 提供)

“一府一委两院”专项监督

【市政府关于2020年度法治政府建设情况报告】 2021年,根据市人大常委会监督工作计划,市人大常委会听取和审议市政府2020年度法治政府建设情况的报告。市人大常委会监察和司法工委到市府办、市司法局等相关部门开展专项调研,征求和收集意见建议。3月,市人大常委会第60次主任会议听取2020年度法治政府建设情况报告,对法治政府建设工作开展情况予以充分肯定,并就下一步争创全国法治政府建设示范市目标任务的实现提出意见建议。

【听取和审议市检察院关于全市检察机关公益诉讼工作情况报告】 2021年,根据年度监督工作计划,市人大常委会监察和司法工委成立调研组,对丽水市检察机关公益诉讼检察工作的开展情况进行调研。调研组先后听取松阳县、遂昌县和市检察院以及市直有关单位的情况汇报;征求部分市、县人大代表、律师代表和监察司法专家咨询组成员的意见建议。5月31日,市四届人大常委会第三十一次会议听取和审议市检察院关于公益诉讼检察工作情况的报告。会议肯定市检察院开展公益诉讼取得的成效,就存在的问题和薄弱环节,提出提高思想认识、加强队伍建设,依法全面履职、加大监督力度,加强协作配合、营造良好氛围等审议意见,有力地推动全市检察机关公益诉讼检察工作的深入开展。

【听取和审议市监委专项工作报告】 2021年，根据省人大统一部署，市人大常委会将听取和审议市监委专项工作报告列入2021年度监督计划。市人大常委会监察和司法工委成立调研组，先后到遂昌县、松阳县开展调研，并就报告的程序、内容等多次同市监委进行沟通。7月28日至29日，市四届人大常委会第三十二次会议听取和审议市监委关于开展整治群众身边不正之风和腐败问题工作情况的报告。会议认为，市监委开展整治群众身边不正之风和腐败问题，重点突出、措施有力、成效显著，但当前侵害群众利益的不正之风和腐败问题还时有发生，需要持续加大监察力度，突出问题导向，不断提升整治实效。进一步支持监察机关依法规范独立行使监察权，推进监察工作规范化、法治化，取得良好的政治效果、法治效果和社会效果。

【听取市政府关于2021年度政府民生实事项目实施进展情况报告】 2021年，经市四届人大六次会议代表投票表决出的2021年全市十方面民生实事项目，在全市上下共同努力，十方面民生实事项目27项内容均已完成。12月31日，市四届人大常委会第三十五次会议听取和审议关于2021年度全市十方面民生实事项目实施情况的报告，并进行满意度测评。会议认为，市政府和各实施单位高度重视，本着“由民作主、为民负责”的态度，订方案、抓实施、重实效，十方面由市四届人大六次会议上票决出的民生实事项目年内全面完成，交出一份高分答卷。建议市政府下一步要抓紧做好2022年度的项目初选工作，更加注重丽水实际、更多体现广泛民意、更好为民办成实事。

【听取和审议市政府关于丽水市“大搬快聚富民安居”工程实施情况的专项报告】 2021年，根据市人大常委会监督工作计划，自7月开始，市人大常委会组织“大搬快聚富民安居”工程实施情况专题调研组，先后到庆元县、遂昌县、青田县等地开展专题调研。通过考察、召开座谈会、听取市政府及相关部门专题汇报，深入了解丽水市“大搬快聚富民安居”工程基本情况、取得成效、存在问题。9月30日，市四届人大常委会第三十三次会议听取和审议市政府关于丽水市“大搬快聚富民安居”工程实施情况的工作报告。会议认为，自2019年以来，全市各级政府高度重视实施大搬快聚富民安居工程，通过出台政策、专班运作、协同推进、改革探索、加大扶持等手段推动大搬快聚富民安居工程顺利实施，但工作过程中依然存在着推进不平衡、全面完成搬迁任务有难度、“富民安居”有短板等问题。建议要通过组织开展中期评估、及时发现问题、总结经验做法、做好面上指导，加快大搬快聚富民安居工程实施进度。推动解决搬迁群众的就业、教育、医疗等配套保障，帮助搬迁群众下得来、稳得住、富得起。

【听取和审议市政府关于“七五”普法工作情况的报告】 2021年，根据年度监督工作计划，市人大常委会监察司法工委成立调研组，对全市“七五”普法工作情况进行调研。调研组听取市政府及市直有关单位的情况汇报，到云和县开展走访并召开调研座谈会，全面了解全市“七五”普法工作的开展情况。9月30日，市四届人大常委会第三十三次会议听取和审议市政府关于“七五”普法工作情况，按照市委和市人大常委会的要求，认真做好《开展第八个五年法治宣传教育的决议》起草工作。研究“八五”法治宣传教育规划，在全面调研、充分吸取各方面意见建议的基础上，形成决议草案，为丽水市“八五”法治宣传教育工作提供坚实保障。

【听取和审议学前教育审议意见办理落实情况的报告并开展专题询问】 根据年度监督工作计划，2021年9月至10月，市人大常委会成立执法检查组，对《浙江省学前教育条例》执法检查情况报告的审议意见落实情况开展跟踪检查，先后到开发区和缙云、青田、龙泉、莲都等地，走访幼儿园19所，召开现场检查情况反馈交流会。2021年11月25日至26日，市四届人大常委会第三十四次会议听取和审议市人大常委会执法检查组关于跟踪检查《浙江省学前教育条例》审议意见落实情况的报告，并开展专题询问。会议认为，市政府及相关部门对落实《浙江省学前教育条例》审议意见高度重视、积极整改、成效明显，落实整改措施效果持续显现，但还存在规划建设、师资待遇、经费保障、保教质量等方面的不足，距离国家学前教育普惠县标准还存在一定差距。建议市政府要继续保持一抓到底的态势，积极回应群众关切，进一步解决审议意见中提出的问题，在共同富裕美好社会山区样板建设中切实补好学前教育这块短板。

【听取和审议松材线虫病防治执法检查审议意见办理落实情况的报告】 2021年，根据年度监督计划安排，市人大常委会对2019年《浙江省松材线虫病防治条例》执法检查开展“回头看”。7月以来，市人大常委会成立调研组，就《关于检查〈浙江省松材线虫病防治条例〉在我市实施情况的审议意见》办理落实情况开展调研。调研组到景宁县、莲都区、松阳县、市本级，查看松材线虫病除治山场、疫木处置厂等点位，召开座谈会听取政府及部门办理落实审议意见情况汇报；委托其他6个县（市、区）人大常委会调研审议意见办理落实情况，并参考松材线虫病防治督查等材料。9月30日，市四届人大常委会第三十三次会议听取和审议市政府关于丽水市实施松材线虫病防治条例执法检查审议意见办理落实情况的报告。常委会充分肯定市政府及部门较好办理落实执法检查审议意见，针对不足和问题，提出要全面强化防治共识和合力、全面严格依法履行防治职责、全面提高防治措施实际效果、全面强化防治保障体系建设等意见建议。

【听取和审议市四届人大六次会议代表建议、批评和意见办理情况、督办情况的报告】 2021年，在市四届人大六次会议上，市人大代表共提出建议、批评和意见282件，其中政府部门承办260件，党群系统承办22件。涉及主办单位45个，会办单位67个。经过各方努力，所有建议均已办结。11月25日至26日，市四届人大常委会第三十四次会议听取和审议市政府关于市四届人大六次会议代表建议、批评和意见办理情况的报告。会议认为，市政府办理代表建议措施有力、程序规范，但建议办理工作中也存在“重答复、轻解决”“重程序、轻落实”现象。建议要进一步压实责任，落实好建议办理“一把手”责任制；要进一步提高代表的参与度，加大建议的办理力度，推进代表建议办理工作再上新台阶。

【《浙江省劳动保障监察条例》实施情况执法检查】 2021年，根据市人大常委会监督工作计划，市人大常委会成立执法检查组，3月至4月，执法检查组对《浙江省劳动保障监察条例》在丽水市贯彻实施情况进行检查。执法检查以市、县联动形式开展，检查突出问题导向、效果导向。通过编印执法检查资料汇编，邀请专家参与检查，专题研讨条例及劳动保障工作情况，到缙云、青田、云和进行检查和听取汇报，在市本级召开座谈会等方式，全面了解条例在丽水市的贯彻实施情况。2021年5月31日，市四届人大常委会第三十一次会议听取和审议市政府关于《浙江省劳动保障监察条例》实施情况的报告。通过执法检查发现，丽水市劳动就业领域在法制意识、力量保障、凝聚合力、工作效果等方面还存在不足。提出要加强学习宣传、紧盯薄弱环节、强化基层基础、深化工作机制等意见建议，进一步提升丽水市劳动就业领域的法治化水平。

【《浙江省民营企业发展促进条例》实施情况执法检查】 2021年3月下旬至4月中旬，根据市人大常委会监督工作计划，对丽水市贯彻实施条例情况进行检查。执法检查组先后到缙云县、莲都区、遂昌县和丽水开发区检查，召开座谈会6次，听取当地政府及有关部门负责人情况汇报，以及部分人大代表、企业负责人的意见建议，走访民营企业12家。4月7日，召开市政府及经信局等11个部门负责人座谈会，听取有关情况汇报。书面听取市公检法以及其他县（市、区）自查情况汇报，对全市237家民营企业开展问卷调查。5月31日，市四届人大常委会第三十一次会议听取和审议市政府关于《浙江省民营企业发展促进条例》实施情况的报告。会议认为，条例实施情况总体较好，但也存在部分企业不了解条例、招投标不够平等、创新平台和载体较少、中介收费偏高、企业信用更新不及时等问题。针对存在的问题，建议要进一步推动政府全面实施条例，更有力促进民营企业发展。

【听取和审议市政府关于浙西南区域科创体系建设工作情况的报告】 2021年，根据省人大常委会统一部署，市人大常委会将听取和审议市政府关于丽水市浙西南区域科创体系建设情况的报告。市人大常委会成立调研组，围绕丽水市“十四五”科技相关规划编制及出台重大科技创新政策、推进创新策源地建设等方面重点，先后到青田、景宁、庆元、缙云，丽水职技院、丽水农林科研院调研，听取有关情况介绍和意见建议。5月31日，市四届人大常委会第三十一次会议听取和审议市政府关于浙西南科创体系建设情况的报告。会议认为，全市科技工作充分运用市委提出的“创新引领”金钥匙，以建设浙西南科创中心为核心，科学谋划“七子连珠”，聚焦科创产业园、富岭科技城、七百秧科创服务核等科创集聚平台建设，推进科创飞地建设、双招双引、人才新政等重点工作。

【《浙江省粮食安全保障条例》执行情况执法检查】 2021年，根据省人大常委会统一安排和市人大常委会监督工作计划，5月上旬至6月下旬，市人大常委会成立执法检查组，由常委会主要领导担任组长，对《浙江省粮食安全保障条例》实施情况开展检查。本次执法检查以省、市、县三级联动形式开展。通过“三不一直”现场检查，到莲都区、青田县、松阳县、云和县检查和听取汇报，在市本级召开专题汇报会等形式，全面了解条例在丽水市的贯彻落实情况，书面听取其他县（市、区)自查情况汇报。7月15日,市人大常委会第66次主任会议听取市人大常委会执法检查组关于丽水市贯彻执行《浙江省粮食安全保障条例》情况的检查报告。从检查的情况看,条例贯彻中还存在着保障粮食安全的氛围不够浓厚、粮食生产能力总体偏弱、粮食生产扶持力度有待加强、粮食应急运输和加工能力不够等方面的问题。建议要进一步营造粮食安全保障氛围、积极稳妥推进粮食功能区"非粮化"整改、加大粮食生产的扶持力度、提高应急保障能力等意见建议。

专题视察和调研活动

【农业龙头企业发展情况专题调研】 2021年,为推进农业产业化发展,促进农民增收,推动丽水市农业龙头企业健康发展。根据年度监督工作计划,市人大常委会组织丽水市农业龙头企业发展情况专题调研组,先后到莲都、缙云、龙泉等县(市、区)开展调研,并召开市直有关单位座谈会,进一步听取市政府和市农业农村局、市发改委、市自然资源和规划局、市税务局、市场监管局等有关部门工作情况和意见建议。5月21日,市四届人大常委会第62次主任会议听取农业农村工委关于丽水市农业龙头企业发展情况的调研报告,并在会后将调研报告送交市政府研究处理。调研组针对问题提出重视农业龙头企业发展、优化农业龙头企业的扶持政策、完善工作机制等意见建议。

【宗教团体管理工作情况专题调研】 2021年,为推进丽水市深入实施《宗教事务条例》和《宗教团体管理办法》,促进宗教团体健康发展,提高宗教工作法治化水平。根据年度监督工作计划,3月至4月,民宗侨外工委组织专题调研组,先后到庆元、缙云、青田、龙泉等地,走访市、县两级部分宗教团体和宗教活动场所,听取有关方面的意见建议,了解丽水市宗教团体管理工作。5月21日,市四届人大常委会第62次主任会议听取民宗侨外工委关于丽水市宗教团体管理工作情况的调研报告,并在会后将调研报告送交市政府研究处理。通过专题调研,发现条例落实不到位的地方,提出改进意见;开展民间信仰事务管理情况专题调研,关注场所登记管理、疫情防控及发挥积极作用等方面工作;开展宗教团体管理情况专题调研,督促有关部门贯彻实施《宗教团体管理办法》,促进宗教团体健康发展,推进宗教事务规范化、法治化进程,助推丽水市基层社会治理,维护宗教关系和谐与社会稳定。

【综合行政执法规范化情况专题调研】 2021年,为推进丽水市综合行政执法规范化建设工作,提升公平公正文明执法水平。根据年度监督工作计划,3月至5月,市人大常委会就丽水市综合行政执法规范化情况开展专题调研。调研组到云和、龙泉、市本级,查看基层执法队和摊贩疏导、环境整治等点位,观看非现场执法系统演示,查阅制度、台账、案卷等资料。在云和、龙泉、市本级分别召开座谈会,听取云和县、龙泉市政府、丽水市综合行政执法局综合行政执法规范化情况汇报,以及2个县(市)和市级法院、检察院、司法、建设、生态环境、自然资源、市场监管部门负责人和部分人大代表提出的意见建议。5月21日,市四届人大常委会第62次主任会议听取社会建设工委关于丽水市综合行政执法规范化情况的调研报告,并在会后将调研报告送交市政府研究处理。

【畲族文化保护与传承工作情况视察】 2021年,为深入学习贯彻习近平总书记关于弘扬中华优秀传统文化、铸牢中华民族共同体意识的重要论述精神,落实丽水市第四次民族团结进步大会部署要求,助推云景特色风情区块建设,促进民族文化繁荣发展。根据年度监督工作计划,7月13日至14日,市人大常委会组织部分市人大代表视察丽水市畲族文化保护与传承工作。视察人员先后赴景宁县、遂昌县、云和县等地调研考察,查看渤海镇安亭村、山哈宫建设现场和中国畲族博物馆,了解各地开展畲族文化保护与传承工作的情况并召开座谈会。座谈会上,市政府及景宁县政府汇报有关工作情况,市人大代表、专家咨询组成员等发表意见建议。8月20日,市四届人大常委会第67次主任会议听取民宗侨外工委关于丽水市畲族文化保护与传承工作情况的视察意见汇报,并在会后将视察意见送交市政府研究处理。提出挖掘畲族文化基因、弘扬中华优秀传统文化、注重活态保护传承、加强立法保障等意见。同时依托丽水电视台《人大关注》栏目制作《助力畲族文化保护与传承人大在行动》专题节目,宣传中华民族共同体理念,扩大人大监督工作的社会影响。

【中医药发展情况视察】 2021年,为贯彻落实中医药法、中共中央国务院关于促进中医药传承创新发展的意见、中共浙江省委、省人民政府关于促进中医药传承创新发展的实施意见等法律法规政策。根据年度监督工作计划,6月15日,市人大常委会组织开展中医药发展情况代表视察活动，视察龙泉市的国镜药业有限公司、唯珍堂石斛种植基地、中医院迁建项目、双益菇业有限公司。7月15日，市四届人大常委会第66次主任会议听取教科文卫工委关于丽水市中医药发展情况的视察意见汇报，并在会后将视察意见送交市政府研究处理。从调研和视察情况看，在新（改扩）建中医机构、完善中医服务网络、加强中医医疗智联互通等方面取得积极成效。但在全市统筹协调、配套政策支持、人才队伍建设、中药材提质等方面还存在不足。今后要在完善扶持政策、提升服务能力、推进中药材产业高质量发展、加强中医人才队伍建设等方面加大力度。

【社区建设情况专题调研】 2021年，为切实推动丽水市社区自治能力作用进一步发挥，布局功能进一步完善，便民服务质量进一步提高，运行保障机制进一步优化，使社区能够承接传统“单位”中的公共服务和利益协调功能，成为基层社会治理的重要载体和机制。根据年度监督工作计划，6月至7月，市人大常委会就丽水市城市社区建设情况开展专题调研。调研组对社区有关法律法规和丽水市社区建设现状进行分析研究。到深圳、珠海学习考察先进经验，到莲都、龙泉、景宁调研本地有效做法和存在问题，形成问题清单。召开市直部门座谈会，听取市政府关于社区工作情况汇报，就问题清单与参会单位进行研究讨论。8月20日，市四届人大常委会第67次主任会议听取社会建设工委关于丽水市社区建设情况的调研报告，并在会后将调研报告送交市政府研究处理。通过调研，形成必须切实加强党建引领、必须坚持以人民为中心、必须提升治理能力水平、必须完善保障体系建设等意见建议。推动丽水市社区自治能力作用进一步发挥，布局功能进一步完善，便民服务质量进一步提高，运行保障机制进一步优化。

【全域旅游示范区创建工作情况专题调研】 开展全域旅游示范区创建工作，是党中央国务院、省委、省政府和市委、市政府的重大决策部署，是推动丽水市经济社会发展的重要抓手。根据年度工作安排，2021年8月11日至13日，市人大常委会组织开展专题调研。调研工作围绕“到2025年丽水市达到国家全域旅游示范区标准”的目标任务，对照国家和省级全域旅游示范区验收认定标准，聚焦4个方面重点开展调研。调研组深入松阳、庆元、云和、缙云等地，走访部分旅游景区、文旅建设项目、产业融合体、旅游商品购物点、旅游大数据中心等现场15个，召开座谈会3次，广泛听取当地政府及有关部门、旅游景区及旅行社负责人、人大代表等各方面人员的意见建议；召开市直部门座谈会，听取市政府及有关部门汇报。9月28日，市四届人大常委会第68次主任会议听取教科文卫工委关于丽水市全域旅游示范区创建工作情况的调研报告，并在会后将调研报告送交市政府研究处理。从调研情况看，在打造区域旅游品牌、加强旅游产品建设、培育旅游新业态等方面取得积极成效。但对照创建标准和目标，在优化发展环境、推进产品提质增效、促进融合融入、创新体制机制等方面还存在不足。今后要在理顺管理体制、创新宣传模式、完善规划体系、创新政策制度、完善配套设施、加快融合融入等方面加大力度。

【滩坑引水工程建设情况视察】 2021年，为全面了解省重点项目滩坑引水工程建设情况，督促加快进度，助推丽水市重点项目“百日攻坚”行动。根据年度监督工作计划，11月10日，市人大常委会组织开展滩坑引水工程建设情况代表视察活动。视察组视察景宁县下塘村取水口、底坑支洞、南明山街道山根村出水口。听取市政府及有关部门汇报，同时听取基层干部和市、县人大代表的意见建议。12月16日，市四届人大常委会第72次主任会议听取农业农村工委关于丽水市滩坑引水工程建设情况的视察意见的汇报，并在会后将视察意见送交市政府研究处理。针对视察中发现存在着项目建设进度滞后、洞渣未及时清运对工程进度造成影响、景宁段进水口征地等问题，视察组提出视察意见，要提高认识、增强责任；要正视问题、主动化解；要加快进度、加强安全。

【华侨创新创业平台建设情况专题调研】 2021年，为跟踪监督市人大常委会关于《浙江省华侨权益保护条例》执法检查有关审议意见的落实情况，助力丽水市实施新时代华侨要素回流工程，助推华侨回归创业创新工作，根据年度监督工作计划，9月至10月，市人大常委会民宗侨外工委组织专题调研组，先后到青田县、莲都区和开发区等地开展调研。通过走访部分创业创新平台和侨资企业、召开座谈会听取部门汇报、组织华侨和侨商集体研讨等方式，了解丽水市华侨创业创新平台建设情况，听取有关方面对于鼓励和支持华侨回归创业创新工作的意见建议。11月15日，市四届人大常委会第70次主任会议听取民宗侨外工委关于丽水市华侨创业创新平台建设情况的调研报告，并在会后将调研报告送交市政府研究处理。

服务代表履职及代表中心组活动

【代表建议办理】 2021年，市人大常委会按照省委提出的“内容高质量、办理高质量”的要求，“提好、办好”代表建议。体现“民有所呼、我有所应”。为代表创造知情知政、密切联系群众、依法开展履职的良好条件。引导代表围绕中心和大局，加强对热点难点问题的研究，加强对代表建议的交流探讨，请政府部门参与进来。处理好数量和质量的关系，从实际出发努力提出好的建议。全面推进市委出台的“一把手责任制”文件精神在各市直承办单位的贯彻落实，要求“一把手”必须领办一件建议、召开班子会议听取一次办理工作汇报；督促承办单位落实责任，建立机制，加强全过程沟通；围绕代表建议涉及的问题，深入基层调研，面对面听取代表意见，提高建议办理“面商率”；坚持实效导向，追求提高所提问题解决率。

【代表主题活动】 2021年，市人大常委会加强活动主题的谋划和载体的设计。按照省人大的通知要求，组织全省各级代表开展“聚民情、汇民智，助力‘十四五’开新局，喜迎建党百年”走访服务选民活动和“助推高水平创新型省份建设”主题活动。结合丽水实际，同步部署围绕“双招双引”工作开展代表主题活动。主题活动部署后，各级代表踊跃参与各种形式的活动，认真负责提出意见建议，推动相关问题解决。

【围绕中心大局主题活动】 2021年，市人大加强活动主题的谋划和载体的设计。按照省人大的通知要求，组织全省各级代表开展“聚民情、汇民智，助力‘十四五’开新局，喜迎建党百年”走访服务选民活动和“助推高水平创新型省份建设”主题活动。结合丽水实际，同步部署围绕“双招双引”工作开展代表主题活动。主题活动部署后，各级代表踊跃参与各种形式的活动，认真负责提出意见建议，推动相关问题解决。

【代表述职活动】 根据省人大的部署，2019起，市人大全面安排省市县乡四级代表开展述职活动。县乡两级代表到代表联络站开展述职活动，每个联络站每年安排不少于总数的五分之一开展述职，届内完成一遍。市代表向县级人大常委会开展述职，省代表向市人大常委会开展述职，方式分为口头述职和书面述职。至2021年底，四级代表已开展述职的比例接近80%。

县（市、区）人民代表大会会议

【莲都区第十六届人民代表大会第五次会议】 2021年2月28日至3月3日，莲都区第十六届人民代表大会第五次会议在莲都召开。会议听取和审查莲都区人民政府、区人大常委会、区人民法院、区人民检察院的工作报告，审查批准莲都区国民经济和社会发展第十四个五年规划和二〇三五年远景目标纲要、莲都区2020年国民经济和社会发展计划执行情况的报告及2021年国民经济和社会发展计划、莲都区2020年财政预算执行情况的报告和2021年财政预算，审查莲都区2020年国民经济和社会发展计划执行情况及2021年国民经济和社会发展计划草案的报告、莲都区2020年财政预算执行情况和2021年财政预算草案的报告，审议莲都区2020年环境状况和环境保护目标完成情况的报告，决定2021年莲都区十方面民生实事项目。会议表决通过议案审查委员会的议案审查报告；通过关于国民经济和社会发展第十四个五年规划和二〇三五年远景目标纲要的决议、关于区人民政府工作报告的决议、关于区2020年国民经济和社会发展计划执行情况与2021年国民经济和社会发展计划的决议、关于区2020年财政预算执行情况及2021年财政预算的决议、关于区人大常委会工作报告的决议、关于区人民法院工作报告的决议、关于区人民检察院工作报告的决议。依法选举王忠宝为丽水市莲都区人民政府区长，通过莲都区第十六届人民代表大会法制（监察和司法）委员会部分组成人员人选名单。

【龙泉市第十六届人民代表大会第五次会议】 2021年3月8日至11日，龙泉市第十六届人民代表大会第五次会议在龙泉召开。会议听取和审查市人民政府、市人大常委会、市人民法院、市人民检察院的工作报告，审查龙泉市2020年国民经济和社会发展计划执行情况及2021年国民经济和社会发展计划草案的报告、龙泉市2020年预算执行情况及2021年预算草案的报告，审查批准龙泉市国民经济和社会发展第十四个五年规划和2035年远景目标纲要、龙泉市2020年国民经济和社会发展计划执行情况的报告及2021年国民经济和社会发展计划、龙泉市2020年预算执行情况的报告及2021年预算，审议龙泉市2020年环境状况和环境保护目标完成情况报告。大会以举手表决的方式，通过龙泉市第十六届人民代表大会监察和法制（内务司法）委员会、社会建设委员会部分组成人员人选名单，通过关于龙泉市人民政府工作报告的决议、关于龙泉市国民经济和社会发展第十四个五年规划和二〇三五年远景目标纲要的决议、关于龙泉市2020年国民经济和社会发展计划执行情况及2021年国民经济和社会发展计划的决议、关于龙泉市2020年预算执行情况和2021年预算的决议、关于龙泉市2020年环境状况和环境保护目标完成情况报告的决议、关于龙泉市人大常委会工作报告的决议、关于龙泉市人民法院工作报告的决议、关于龙泉市人民检察院工作报告的决议。票决2021年龙泉市十方面民生实事项目。依法选举翁志鸿为龙泉市人民政府市长，张长山为龙泉市十六届人大常委会副主任，刘道华为龙泉市监察委员会主任，叶爱英为龙泉市人民法院院长。

【青田县第十六届人民代表大会第五次会议】 2021年3月9日至12日，青田县第十六届人民代表大会第五次会议在青田召开。会议听取和审查县人民政府、县人大常委会、县人民法院、县人民检察院的工作报告，审查青田县2020年国民经济和社会发展计划执行情况及2021年国民经济和社会发展计划草案的报告、青田县2020年预算执行情况及2021年预算草案的报告，审查批准青田县国民经济和社会发展第十四个五年规划和2035年远景目标纲要、青田县2020年国民经济和社会发展计划执行情况的报告及2021年国民经济和社会发展计划、青田县2020年预算执行情况的报告及2021年预算，审议青田县2020年环境状况和环境保护目标完成情况报告。大会通过关于政府工作报告的决议、关于青田县国民经济和社会发展第十四个五年规划和二〇三五年远景目标纲要的决议、关于青田县2020年国民经济和社会发展计划执行情况及2021年国民经济和社会发展计划的决议、关于青田县2020年财政预算执行情况和2021年财政预算的决议、关于青田县人民代表大会常务委员会工作报告的决议、关于青田县人民法院工作报告的决议、关于青田县人民检察院工作报告的决议，并对2021年青田县政府十方面民生实事进行票决。根据大会选举办法，会议以无记名投票的方式，选举潘伟为青田县人民政府县长，赖军政为青田县人大常委会副主任，曹莉芳为青田县人民检察院检察长，陈宝友、郑涛、郑广军为青田县第十六届人民代表大会常务委员会委员，并举行宪法宣誓仪式。

【云和县第十六届人民代表大会第六次会议】 2021年4月26日至29日，云和县第十六届人民代表大会第六次会议在云和召开。会议听取和审查县人民政府、县人大常委会、县人民法院、县人民检察院的工作报告，审查云和县2020年国民经济和社会发展计划执行情况及2021年国民经济和社会发展计划草案的报告、云和县2020年预算执行情况及2021年预算草案的报告，审查批准云和县国民经济和社会发展第十四个五年规划和2035年远景目标纲要、云和县2020年国民经济和社会发展计划执行情况的报告及2021年国民经济和社会发展计划、云和县2020年预算执行情况的报告及2021年预算，审议云和县2020年环境状况和环境保护目标完成情况报告。大会通过云和县第十六届人民代表大会法制和监察司法委员会组成人员人选名单，通过关于政府工作报告的决议、关于县第十四个五年规划和二〇三五年远景目标纲要的决议、关于计划报告和预算报告的决议、关于县人大常委会工作报告的决议、关于县人民法院工作报告的决议、关于县人民检察院工作报告的决议，并对2021年云和县政府十方面民生实事进行票决。大会采用无记名投票方式，选举李忠伟为云和县人民政府县长，郭俊为云和县人民法院院长。

【庆元县第十六届人民代表大会第五次会议】 2021年3月5日至8日，庆元县第十六届人民代表大会第五次会议在庆元召开。会议听取和审查县人民政府、县人大常委会、县人民法院、县人民检察院的工作报告，审查和批准庆元县国民经济和社会发展第十四个五年规划和二〇三五年远景目标纲要、庆元县2020年国民经济和社会发展计划执行情况的报告及2021年国民经济和社会发展计划，审查庆元县2020年财政预算执行情况的报告及2021年财政预算草案，批准庆元县2020年财政预算执行情况的报告和2021年财政预算，审议庆元县2020年环境状况和环境保护目标完成情况报告，对2020年庆元县人民政府民生实事项目满意度测评，票决2021年庆元县政府十方面民生实事项目，表决通过县政府工作报告等决议。依法选举黄明为县法院院长。

【缙云县第十七届人民代表大会第五次会议】 2021年3月15日至19日，缙云县第十七届人民代表大会第五次会议在缙云召开。会议听取和审查县人民政府、县人大常委会、县人民法院、县人民检察院的工作报告，审查和批准缙云县国民经济和社会发展第十四个五年规划和二〇三五年远景目标纲要、缙云县2020年国民经济和社会发展计划执行情况的报告及2021年国民经济和社会发展计划，审查缙云县2020年财政预算执行情况的报告及2021年财政预算草案，批准缙云县2020年财政预算执行情况的报告和2021年财政预算，审议缙云县2020年环境状况和环境保护目标完成情况报告，对2020年缙云县政府民生实事项目满意度测评，票决2021年缙云县政府十方面民生实事项目，表决通过县政府工作报告等决议。依法选举柯国华为缙云县第十七届人民代表大会常务委员会副主任。

【遂昌县第十六届人民代表大会第五次会议】 2021年2月28日至3月2日，遂昌县第十六届人民代表大会第五次会议在遂昌召开。会议听取和审查县人民政府、县人大常委会、县人民法院、县人民检察院的工作报告，审查和批准遂昌县国民经济和社会发展第十四个五年规划和二〇三五年远景目标纲要、遂昌县2020年国民经济和社会发展计划执行情况的报告及2021年国民经济和社会发展计划，审查遂昌县2020年财政预算执行情况的报告及2021年财政预算草案，批准遂昌县2020年财政预算执行情况的报告和2021年财政预算，审议遂昌县2020年环境状况和环境保护目标完成情况报告，票决2021年遂昌县政府十方面民生实事项目，表决通过县政府工作报告等决议，通过县第十六届人民代表大会专门委员会组成人员名单，选举易远明为县人民检察院检察长。

【松阳县第十二届人民代表大会第五次会议】 2021年3月9日至12日，松阳县第十二届人民代表大会第五次会议在松阳召开。会议听取和审查县人民政府、县人大常委会、县人民法院、县人民检察院的工作报告，审查和批准松阳县国民经济和社会发展第十四个五年规划和二〇三五年远景目标纲要、松阳县2020年国民经济和社会发展计划执行情况的报告及2021年国民经济和社会发展计划，审查松阳县2020年财政预算执行情况的报告及2021年财政预算草案，批准松阳县2020年财政预算执行情况的报告和2021年财政预算，审议松阳县2020年环境状况和环境保护目标完成情况报告，会议表决通过县第十二届人民代表大会专门委员会有关组成人员人选名单，通过关于县政府工作报告的决议、县国民经济和社会发展第十四个五年规划和二〇三五年远景目标纲要的决议、县2020年国民经济和社会发展计划执行情况及2021年国民经济和社会发展计划报告的决议、县2020年财政预算执行情况和2021年财政预算报告的决议、县人大常委会工作报告的决议、县人民法院工作报告的决议、县人民检察院工作报告的决议。依法选举莫靓为松阳县人民政府县长，阙晓明、刘金理为县第十二届人民代表大会常务委员会副主任，叶海霞为县监察委员会主任，票决2020年松阳县十件民生实事项目。

【景宁畲族自治县第九届人民代表大会第五次会议】 2021年3月15日至19日，景宁畲族自治县第九届人民代表大会第五次会议在景宁召开。大会以举手表决的方式，通过景宁畲族自治县人民代表大会关于修改《浙江省景宁畲族自治县自治条例》的决定、景宁畲族自治县人民代表大会关于修改《景宁畲族自治县水资源管理条例》的决定；通过景宁畲族自治县荣誉市民条例、政府工作报告的决议、国民经济和社会发展第十四个五年规划和二〇三五年远景目标纲要的决议、2020年国民经济和社会发展计划执行情况及2021年国民经济和社会发展计划的决议、2020年财政预算执行情况和2021年财政预算的决议；通过县人大常委会工作报告、县人民法院工作报告、县人民检察院工作报告的决议。 （王习宇）

丽水市人民政府

综　　述

【概况】 2021年,全市以"丽水之干"扎实推进高质量绿色发展,区域综合竞争力在跨越赶超中明显增强。全市生产总值1710.03亿元,增长8.3%,与2019年相比,两年平均增长5.8%;一般公共预算收入163.97亿元,增长14.0%;财政民生支出403.90亿元,增长1.4%。全年全体及城乡居民人均可支配收入分别为42042元、53259元和26386元,增长11.4%、9.7%和11.6%,其中农村居民收入增幅连续13年位居全省第一,低收入农户收入增幅连续6年位居全省第一。开展全省首批高质量发展建设共同富裕示范区试点,实现全国首个生态产品价值实现机制改革试点到示范的迭代升级,首次成为全国唯一水、气环境质量排名同时进入前十的地级市,年初提出的预期发展目标均达到或超额完成,十方面民生实事全面完成。

【"双招双引"】 2021年,丽水市新引进大项目186个,到位资金210亿元、增长9.2%,其中亿元以上制造业项目占69.4%,制造业投资增长20.1%,德国肖特集团医药系统亚洲总部落户缙云。举办央企走进浙江山区26个县首站丽水行活动,签约央企百亿元级项目6个。丽水经济技术开发区获评中国经济营商环境十大创新示范区,新落地央企、五百强、上市公司项目16个,以18亿元产业基金撬动228亿元金融资本跟投。浙西南科创中心核心平台落子布局,遂昌"天工之城"引进数字经济头部企业20家,国家级科技企业孵化器、诺贝尔奖得主专家工作站实现"零突破"。启动新一轮科技企业"双倍增"行动,新增国家高新技术企业148家、省级科技型中小企业436家。人才科技峰会签约项目再创新高,新引进高校毕业生4.4万人。

【产业发展】 2021年,丽水市深化精准服务企业"365"专项行动,企业诉求办结率95%,为企业减负72亿元,民营经济、普惠型小微企业、制造业中长期贷款分别增长16.1%、28.2%、39%,新设企业增速全省位居第二。同创超高纯钽、晶睿电子、航天科工3D增材制造浙南中心等项目投产投运,航迅直升机、中车动力谷、普崎数码打印产业园等项目开工,未来建筑总部大楼启用。争创国家级、省级工业和信息化领域示范试点114项,入选省级重点技术改造示范项目34个。合成革产业集群成为首批省级新智造产业集群、入选省首批产业大脑,龙泉三田公司率先试点"未来工厂"。累计落地水经济项目40个、完成投资97亿元。发起成立全球重要农业文化遗产(中国)保护与发展联盟。成为全省旅游业"微改造、精提升"行动试点市,新增省级全域旅游示范县4个,莲都区入选首批长三角地区高铁旅游小城。

【改革先行】 2021年,国家发改委在丽水市召开全国生态产品价值实现机制试点示范现场会,丽水市改革成果获全省改革突破奖银奖。天眼守望助力"两山"转化成为全省数字化改革首批最佳应用,16项特色应用入选数字化改革成果展。在全国率先挂牌成立森林碳汇管理局,成为国家碳监测评估试点基础城市。一举创成全国社会信用体系示范区。实施山海协作产业项目155个、到位资金234亿元。成立华侨创业创新服务中心,出台鼓励华侨回归创业创新措施30条。持续推进大通道互联,瓯江航道整治工程完工,金台铁路建成通车,温武吉铁路完成预可研编制,义龙庆高速公路遂昌至龙泉段被列入省级主导实施类项目。

【美丽城乡建设】 2021年,丽水市加快花园城市建设,桐岭路通车缓解南北城交通压力,腊口污水处理厂投入运行，城市中央公园二期、花园中心、邻里中心、“活水进城”等项目开工，城市立体花墙等10个微改造示范项目完工，“城市体检”工作初步完成。实施县(市)城市品质提升“五个一”工程项目20个、完成投资103亿元，入选省级创建试点城乡风貌样板区16个、未来社区项目8个。建成花园乡村208个，莲都堰头村、遂昌红星坪村入选中国美丽休闲乡村，云和赤石村创成全国乡村旅游重点村，松阳象溪村获评省“千年古村落”地名文化遗产。承办全国农村人居环境整治提升现场会。

【民生保障提质增效】 2021年，“浙丽保”成为全省共同富裕重大改革项目，报销额在10万元、50万元以上的重大疾病综合保障率分别提高34%、41%。年家庭人均收入9000元以下现象全面消除。集体经济年经营性收入15万元以上行政村新增399个，50万元以上行政村新增68个。“双减”政策落地见效。建成投用学校30所，新增中小学、幼儿园学位1.85万个。287所供餐义务教育公办学校全部实现师生同菜同质同价。丽水学院获批成为硕士学位授予单位。二级以上公立医院医学检查检验结果实现省市县互认共享，市中心医院获评首批省十佳医院，市中医院创成省三甲中医院。新冠肺炎疫情防控成果持续巩固，疫苗全程接种覆盖率超过94%。完成生活困难老人家庭适老化改造1376户。发放公租房租赁补贴2177户，棚改开工1455套、交付500套。

【表彰奖励】 2021年1月，市政府对在仙都景区创建国家AAAAA级旅游景区工作中表现突出的缙云县人民政府等3个集体和柯国华等8名个人给予行政奖励。6月，市政府对全市在扫黑除恶专项斗争工作中表现突出的丽水市公安局莲都区分局等49个集体和施国平等148名个人给予行政奖励；市政府对莲都区、市直相关单位在推进市区城中村改造工作中表现突出的莲都区人民政府等20个集体和张栋等150名个人给予行政奖励。7月，市政府给予陈海港、陈益波、季建敏、刘显华、潘敏、章友标6名见义勇为先进人物二等功奖励。 (夏文敏)

市政府重要会议

【市政府常务会议】 2021年，市政府召开常务会议16次。

1月15日，市政府召开第73次常务会议，传达学习全国疫情防控工作电视电话会议精神、省委书记袁家军在省委全面深化改革委员会第十二次会议上的讲话精神、省委常委会研究安全生产工作精神和听取2020年全市应急管理工作主要指标完成情况汇报，审议关于进一步加强和完善矿产资源开发利用管理工作、关于推进老年宜居环境建设的实施意见，听取关于纳爱斯集团新一轮扶持政策的情况汇报、2021年市县拟评比表彰通报表扬行政奖励项目申报审核工作汇报，书面传达学习全省“城市大脑”推进大会主要精神及听取贯彻意见汇报。

2月2日，市政府召开第74次常务会议，传达学习省“两会”精神，听取关于政府工作报告(征求意见稿)起草情况的汇报、关于2021年全市十方面民生实事项目征集初选工作情况的汇报、2021年市本级财政预算编制情况的汇报、丽水市2020年生态环境质量状况分析情况汇报，审议丽水市国民经济和社会发展第十四个五年规划和二〇三五年远景目标纲要(草案)、2021年市本级政府投资项目计划、丽水市免除殡葬基本服务费用实施办法、关于加快建筑业改革与跨越式高质量发展实施意见、书面审议关于丽水市2020年国民经济和社会发展计划执行情况及2021年国民经济和社会发展计划草案的报告和关于丽水市2020年全市和市本级预算执行情况及2021年全市和市本级预算草案的报告、丽水市国企改革三年行动实施方案(2020—2022)，书面学习中央、省委农村工作会议精神及丽水市贯彻落实意见。

2月28日，市政府召开第75次常务会议，传达学习习近平总书记在党史学习教育动员大会上的重要讲话精神、中央、省纪委全会精神、省长三角会议精神及听取丽水市贯彻落实意见汇报、省对口工作领导小组会议精神及听取丽水市贯彻落实意见汇报，审议万地集团现代商贸中心配套用房项目有关问题专题会议纪要、市本级开发区(园区)整合提升实施方案、群众“i丽水”有奖报料管理办法草案，听取全市近年巡视、审计中发现普遍性、重复性问题汇总及下一步整改工作建议汇报、“防范较大·杜绝重大”生产安全事故攻坚行动实施方案和全市森林防灭火工作情况汇报、第十五届丽水市自然科学优秀论文评选情况工作汇报、听取关于2020年全市消防安全工作情况的汇报。

3月18日，市政府召开第76次常务会议，审议丽水市GEP综合考评办法，听取2021年1月至2月全市经济运行情况分析，书面审议2021年度重大行政决策事项目录。

4月2日，市政府召开第77次常务会议，传达学习省长郑栅洁在丽水调研指示精神，审议关于丽水市机制砂行业管理的实施意见、关于加强行政服务中心建设的实施意见、关于加快生态工业和数字经济高质量发展若干政策的意见、加快推进“大综合一体化”行政执法改革实施方案、2021年度征收集体所有土地房屋公寓式住宅安置房廉购价、优惠价标准，听取市区征收安置房有关情况汇报，书面传达学习省推进“一带一路”建设工作领导小组第四次（扩大）会议和中国（浙江）自由贸易试验区工作领导小组第八次会议精神及听取丽水市贯彻落实意见，书面听取丽水市儿童青少年近视综合防控工作汇报。

4月25日，市政府召开第78次常务会议，听取省、市政府工作报告重点工作责任清单和省、市民生实事任务清单制定情况汇报、丽水承办长寿之乡绿色发展区域合作联盟二届一次会员代表大会等有关事宜汇报、2021年一季度全市经济运行情况分析，书面听取关于2020年度法治政府建设情况的汇报。

5月14日，市政府召开第79次常务会议，传达学习省委书记袁家军《关于以“丽水之干”担纲“丽水之赞”三年工作自评总结的报告》批示精神和《关于锲而不舍落实中央八项规定精神治“四风”树新风的工作意见》文件精神、中办、国办《关于建立健全生态产品价值实现机制的意见》文件精神和国家发改委《关于建立健全生态产品价值实现机制的意见》贯彻落实视频会议精神及听取丽水市贯彻落实意见汇报，审议瓯江山水诗路文化旅游规划，听取关于支持丽水口腔医院项目有关事宜汇报、华东林交所股权收购工作情况汇报、关于给予丽水市全国文明城市创建“两连冠”工作表现突出的集体和个人行政奖励汇报，书面学习传达海洋强省工作专班召开第二次例会精神及丽水市贯彻落实意见、浙江省数字经济促进条例、全省金融工作座谈会精神。

6月16日，市政府召开第80次常务会议，传达学习省委十四届九次全会精神、全省碳达峰工作通气会议暨能源双控工作部署会议精神、全省“中央巡视反馈违建别墅问题整改暨无违建创建工作部署”电视电话会议精神及中央、省委关于安全生产重要指示精神，听取“平安护航建党百年”安全隐患大排查大整治专项行动推进情况汇报，审议丽水市扬尘污染防治规定、丽水市人民政府质量奖评审管理办法，听取丽水市重大项目推进情况汇报、关于民用航空发展研究推进情况汇报、关于给予丽水市区城中村改造工作表现突出的集体和个人行政奖励汇报，书面听取2021年上半年全市公安工作情况汇报，书面学习传达习近平总书记关于社会信用体系建设论述摘编及相关重要文件精神，书面听取关于给予丽水市扫黑除恶专项斗争工作表现突出的集体和个人行政奖励的汇报，书面审议关于修改和废止部分行政规范性文件的通知。

6月30日，市政府召开第81次常务会议，观看学习《生命重于泰山——学习习近平总书记关于安全生产重要论述》电视专题片，传达学习中华人民共和国乡村振兴促进法及听取丽水市贯彻落实意见汇报，审议关于全面推进乡村振兴战略打造以人为核心的农业农村现代化山区样板的意见、丽水市市区房屋征收货币补偿奖励标准，听取丽水文物安全工作情况汇报、丽水市实验学校丽阳校区学区划分和主城区公办义务教育学校学位保障及录取政策调整工作汇报，书面学习关于高质量全面落实意识形态工作责任制的意见。

7月21日，市政府召开第82次常务会议，传达学习习近平总书记关于统计工作的重要指示精神、省长郑栅洁在关于丽水市招商引资推进情况报告上的批示精神，审议关于废止丽水市本级行政事业单位公款竞争性存放管理暂行办法的决定、关于推进乡村产业高质量绿色发展的实施意见，听取丽水市进一步做好国家统计督察准备工作的报告、听取关于给予陈海港等6名见义勇为人员行政奖励记个人二等功的汇报，书面审议关于深化体教融合加强竞技体育后备人才培养的若干意见，书面学习浙江省地方金融条例。

8月17日，市政府召开第83次常务会议，传达学习省政府第九次全体（扩大）会议和市委四届十次全体（扩大）会议精神、浙江省山区26个县跨越式高质量发展实施方案（2021—2025年）及新时代支持浙西南等革命老区振兴发展的实施意见精神、全省城乡风貌整治提升暨未来社区建设工作现场会精神及丽水市贯彻落实意见建议，审议新时代丽水市铁路战略和规划研究、关于公布丽水市市级重要水域名录的公告、关于进一步加强卫生健康人才队伍建设的实施意见、关于丽水开发区集团公司拟受让讯唯数字文化广场资产的请示、丽水市人民政府—中国药科大学战略合作协议书，书面审议丽水市基于司法大数据的2020年浙江经济社会运行情况评估报告的分析报告。

9月17日，市政府召开第84次常务会议，邀请专家开展行政处罚法专题讲座，审议丽水市居家养老服务条例草案、2021—2025年立法规划项目、全市最低工资标准调整方案、丽水市绿道管理办法，听取关于丽水市教育“双减”工作和高考录取情况的汇报、关于丽水市绿色低碳示范行动方案的汇报、关于加快城投市场化高质量跨越发展的汇报，书面听取国务院安全生产委员会关于2020年度省级政府安全生产和消防工作考核巡查情况的通报专题研究部署落实情况、全市妇女儿童发展指数评价情况汇报，书面学习防范和惩治统计造假弄虚作假重要文件选编。

10月13日，市政府召开第85次常务会议，审议丽水市跨越式高质量发展五年行动计划（2021—2025年）、丽水市金融业发展“十四五”规划、第十届“智汇丽水”人才科技峰会实施方案、关于市区安置房分配工作情况汇报、丽水水东医院（丽水康复中心）招商方案、丽水国际医学中心项目招商方案、宇雷路与丽阳街交叉口东北侧地块商业街项目招商方案、浙江丽水中欣晶圆半导体科技有限公司（筹）8—12英寸外延片项目政府产业基金支持的有关情况，听取关于丽水市党政主要领导干部经济责任审计报告和自然资源资产任中审计意见整改情况汇报、关于丽水市配合国家统计督察工作汇报，书面传达学习习近平总书记在中央政治局第二十五次集体学习时的重要讲话精神、在2021年中国国际服务贸易交易会全球服务贸易峰会上发表的视频致辞精神。

11月10日，市政府召开第86次常务会议，传达学习代省长王浩在丽水调研指示精神，审议关于加快推进分布式光伏规模化开发的实施意见、花园云（城市大脑）每日会商工作规则2.0版、关于全面推行林长制 打造共同富裕和谐新林区的实施意见、关于调整全市最低生活保障标准的通知、市区公共租赁住房管理办法、丽水市“对标欧盟 肥药双控”新三年行动计划（2021—2023年）、“丽水山耕”品牌提升建设实施方案（2021—2025年）、丽水市全面做实基本医疗保险市级统筹实施方案，书面学习习近平总书记扎实推动共同富裕重要文章精神、浙江省突发公共卫生事件应急办法、中央、省委关于粮食安全重要指示批示精神及听取丽水市粮食安全、涉粮专项整治推进情况汇报，书面听取城市花园中心加油站安置情况汇报。

12月3日，市政府召开第87次常务会议，听取1月至10月经济形势分析，审议丽水机场净空保护区范围和控制要求的公告、丽水市生活垃圾治理全面决胜攻坚行动方案、促进跨境电子商务发展的实施意见、农村饮用水保障行动计划（2022—2024年）、市区被征地农民基本生活保障遗留问题处置方案，听取关于市属企业改革发展有关问题汇报、丽水举办世界摄影大会、组织发布国际摄影丽水榜有关事宜的汇报、关于调整丽水市建设项目工伤保险政策有关情况的汇报、关于2021年丽水市城乡居民养老保险基础养老金调整方案的汇报，书面学习省海洋强省建设专班第三次例会和推进会精神及丽水市贯彻落实意见，书面审议百山祖国家公园全域联动发展规划（2021—2025年）、丽水市区加快发展保障性租赁住房实施意见、丽水市全面深化“大综合一体化”行政执法改革工作方案（送审稿）及丽水市综合行政执法事项划转方案（地方扩展目录）、2021年市政府部门（含相关机构、企事业单位）重点工作责任清单（送审稿），书面听取2021年全市“五水共治”工作开展情况汇报。

12月14日，市政府召开第88次常务会议，审议丽水市第三次全国国土调查主要数据公报、丽水市贯彻落实全省新一轮制造业“腾笼换鸟、凤凰涅槃”攻坚行动实施方案、丽水市户口迁移规定、市区征收集体所有土地房屋补偿管理办法修订草案、丽水市加快农民增收的十五条意见、丽水市公共视频监控建设管理办法，听取关于丽水市两个共同富裕省级试点进展情况的汇报、关于进一步整合优化政务服务便民热线实施方案的汇报、关于收购某上市公司控制权项目的情况汇报，书面审议丽水市深化农村公路管理养护体制改革实施意见。 （罗　耿）

【全国生态产品价值实现机制试点示范现场会】 2021年5月25日至26日，全国生态产品价值实现机制试点示范现场会在丽水召开。国家发改委党组成员、副主任胡祖才出席会议并讲话，浙江省副省长徐文光出席会议并致辞。全国部分省（自治区、直辖市）发展改革委和有关中央企业、金融机构负责人参加会议。与会人员调研丽水市“两山”银行、纳爱斯集团、大花园瓯江绿道、生态产品价值实现机制实践展示馆，考察学习丽水市生态产品价值实现机制探索的经验做法。会上观看丽水市生态产品价值实现机制宣传片，浙江丽水、江西抚州、湖南岳阳、福建南平、陕西安康负责人作经验交流发言，丽水重点介绍在推进生态产品价值实现机制过程中的亮点特色、经验成果。5月26日下午，生态产品价值实现机制专家研讨会在丽水召开，国际国内知名专家学者、政府部门、央企有关领导等汇聚一堂，总结交流国内外生态产品价值实现机制探索的典型经验做法，研究分析生态产品价值实现机制的创新方向。

【全市对口工作领导小组会议】 2021年6月9日，全市对口工作领导小组会议在丽水召开，市委书记、领导小组组长胡海峰主持会议并讲话，市委副书记、市长、领导小组常务副组长吴晓东，市委常委、常务副市长、领导小组副组长杜兴林，市政协副主席、市委组织部常务副部长何卫宁，市政协副主席、市发改委（市对口办）主任饶鸿来出席会议，市领导小组成员单位主要负责人，各县（市、区）分管负责人参加会议。

【全市数字社会系统建设推进会】 2021年8月3日，全市数字社会系统建设推进会在丽水召开。市委常委、常务副市长杜兴林指出，要聚焦目标节点，强化统筹推进；聚焦需求场景，强化谋划推进；聚焦服务治理，强化建设质量；力争在数字社会系统建设跑道上跑出丽水加速度，“数”出丽水元素，“改”出丽水特色。市委改革办、市发改委等23个部门，各县（市、区）政府、丽水开发区分管领导参会。

【“百日攻坚”大会战动员部署会】 2021年9月10日，全市扩大有效投资暨重大项目“百日攻坚”大会战动员部署会在丽水召开，市长吴晓东讲话，常务副市长杜兴林作重点工作动员部署。会议贯彻落实市委“双招双引”战略部署和市委四届十次会议精神，加快浙西南革命老区建设，奋力推动丽水跨越式高质量发展，不断以重大项目建设推动共同富裕美好社会山区样板建设。市委、市政府决定，结合全省投资“赛马”激励机制开展，在全市范围开展2021年扩大有效投资暨重大项目“百日攻坚”大会战。

【宁波—丽水山海协作“云端会商”视频会议】 2021年12月21日，宁波—丽水山海协作“云端会商”视频会议举行，省委常委、宁波市委书记彭佳学，市委书记胡海峰出席并讲话。会上签订《宁波市人民政府丽水市人民政府实施新时代山海协作合作协议》。市委副书记、市长吴晓东，市委常委、常务副市长杜兴林，市委常委、组织部部长戴平辉，市政协副主席、市发改委主任饶鸿来参加。

【嘉兴—丽水山海协作工作视频会议】 2021年12月22日，嘉兴—丽水山海协作工作视频会议召开，会上签订《嘉兴市人民政府丽水市人民政府2021年山海协作工程合作协议》。嘉兴市委副书记、代市长李军，市委常委、常务副市长杜兴林出席会议并讲话，市政协副主席、市发改委主任饶鸿来参加会议。

【国家统计局第二督察组与丽水市委、市政府主要负责人对接沟通会】 2021年9月7日，国家统计局第二督察组与丽水市委、市政府主要负责人对接沟通会在丽水召开，市委书记胡海峰参加，市委副书记、市长吴晓东主持。对接沟通会上，市委书记胡海峰介绍丽水市贯彻落实习近平总书记关于统计工作重要讲话指示批示精神有关情况。督察组副组长、国家统计局北京调查总队副总队长卞晶通报统计督察事宜，提出工作要求。

【瓯江源头区域山水林田湖草沙一体化保护和修复工程推进会】 2021年9月1日，瓯江源头区域山水林田湖草沙一体化保护和修复工程推进会在丽水召开，市委书记胡海峰出席并讲话，市委副书记、市长吴晓东主持。省自然资源厅厅长黄志平、省财政厅总会计师倪学军、省生态环境厅副厅长单锦炎出席并讲话。会上，市政府与项目实施主管单位、属地政府主要负责人签订项目建设责任书。

【百山祖国家公园创建工作推进会】 2021年8月5日，百山祖国家公园创建工作推进会在丽水召开。市创建办汇报上半年创建工作推进情况及下步工作建议，龙泉市、庆元县、景宁畲族自治县、市自然资源局、市农业农村局、市国资委围绕2021年创建工作任务清单责任分工汇报下步举措。市委副书记、市长吴晓东在会上强调，要按照中央、省、市关于创建国家公园的各项要求，建立完善新阶段创建工作体系，落细落实新阶段各项创建任务，努力以深化国家公园创建的标志性成果，助力丽水加快跨越式高质量发展、建设共同富裕美好社会山区样板。（朱柳舟）

【长寿之乡绿色发展区域合作联盟二届一次会员代表大会暨“长寿之乡与高质量绿色发展”高峰论坛】 2021年5月24日至26日，长寿之乡绿色发展区域合作联盟二届一次会员代表大会暨“长寿之乡与高质量绿色发展”高峰论坛在丽水举办。此次活动由长寿之乡绿色发展区域合作联盟主办，丽水市人民政府、浙江省卫生健康委共同承办。全国政协人口资源环境委员会副主任王培安，联合国人口基金驻华代表处代表贾国平博士，中国老年学和老年医学学会会长刘维林，浙江省卫生健康委一级巡视员苏长聪，以及中国计划生育协会、中国老龄产业协会、中华中医药学会等社团，中国人民大学、中国科学院、中国社科院等知名院校和科研机构的专家学者，浙江省政府有关部门领导，来自全国48个长寿之乡的政府分管领导、主管部门负责人，联盟专家委员会、企业家委员会的有关专家、企业家共360余人参加活动。会上发布长寿之乡“绿水青山”指数和中国长寿之乡特色服务业示范城市、康养示范基地、乡情体验基地、乡贤人物、养生名优产品认定团体标准，推进丽水市与中华中医药学会合作协议的落地。

【全省年中文化和旅游局长座谈会】 2021年8月2日至3日，全省年中文化和旅游局长座谈会在丽水举行。浙江省文化和旅游厅党组书记、厅长褚子育出席会议并讲话，丽水市委副书记、市长吴晓东出席会议并致辞。此次全省局长座谈会在丽水举办，既体现省文旅厅对丽水的肯定，更是丽水推动文化和旅游业跨越式高质量发展的重要契机。会议期间，与会人员聚焦下半年的重点工作，围绕文旅助推共同富裕、加快26个县发展等主题进行分组讨论。（熊雅婷）

【全市“对标欧盟·肥药双控”新三年行动计划(2021—2023年)有关情况汇报会】 2021年6月25日，全市“对标欧盟·肥药双控”新三年行动计划(2021—2023年)有关情况汇报会在丽水召开。市委副书记、市长吴晓东出席并讲话，副市长杨秀清主持。秘书长沈世山，副秘书长曹永跃，市农业农村局、市自然资源局、市生态环境局、市市场监管局、市大数据局、市农林科院、市供销社、市农投公司主要负责人参加。农业农村局汇报全市“对标欧盟·肥药双控”新三年行动计划相关情况，参会人员作交流发言。

【全面实施乡村振兴战略、建设共同富裕美好社会山区样板工作汇报会】 2021年9月28日，全面实施乡村振兴战略、建设共同富裕美好社会山区样板工作汇报会在丽水召开。市委副书记、市长吴晓东出席并讲话，副市长杨秀清主持。秘书长沈世山，副秘书长、办公室主任周劲松，副秘书长曹永跃、霍光，市农业农村局、市科技局、市民政局、市人力社保局、市水利局、市农投公司主要负责人参加。会上，市农业农村局汇报全面实施乡村振兴战略、建设共同富裕美好社会山区样板工作情况，以及百万农民大培训和科技强农、机械强农“双强行动”、促进农民就业增收等专项工作情况；市人力社保局汇报农村劳动力就业综合指数编制以及应用该成果构建农民就业保障体系工作情况；市科技局汇报科技强农专项工作情况。

【全国农村人居环境整治提升现场会】 2021年9月22日至25日，全国农村人居环境整治提升现场会在景宁县召开。中共中央政治局委员、国务院副总理胡春华出席并讲话。胡春华强调，要认真贯彻习近平总书记重要指示精神，按照党中央、国务院决策部署，完善政策举措，强化责任落实，确保新发展阶段农村人居环境整治提升开好局、起好步。省委书记袁家军在会上致辞并介绍浙江省农村人居环境整治提升情况。中央农办主任、农业农村部部长唐仁健主持。省委副书记、省长郑栅洁，中央和国家有关部门负责人郭玮、朱忠明、邱启文、张小宏、王正谱、王建军出席。中央和国家有关部门领导，各省、市、自治区有关负责人等参加。省领导黄建发、陈奕君、徐文光参加。丽水市委书记胡海峰，市委副书记、市长吴晓东参加。会后，胡春华考察景宁农村人居环境整治工作。（梅王洁）

【中国(丽水)人力资源服务业高质量发展大会】 2021年10月30日，中国(丽水)人力资源服务业高质量发展大会在丽水举行。此次大会以“智汇丽水·协同创新·产才融合”为主题，来自全国人力资源服务行业领域最顶尖的领导专家、知名学者围绕人力资源服务业高质量发展的重点问题、创新路径、未来趋势等，从不同角度进行深入探讨，同时，还举行中国人才交流协会人力资源专家服务丽水产业发展活动启动仪式和项目、资源对接活动，并发布“丽水人力资源服务产业园云平台”。中国人才交流协会会长王建华、浙江省人力资源和社会保障厅副厅长陈中、丽水市人民政府副市长戴邦和出席大会并致辞。（刘　涛）

市政府重大活动

【央企走进浙江山区26个县建设共同富裕示范区首站活动】 2021年6月22日，浙江省发展和改革委员会、丽水市人民政府共同举办的央企走进浙江山区26个县建设共同富裕示范区首站活动在丽水举行。市委书记胡海峰出席并致辞，市委副书记、市长吴晓东作丽水城市推介，省发改委副主任李军主持。央企单位、国务院国资委研究中心(央企智库联盟)、央企投资协会相关负责人、省发改委、山区26个县政府领导和发展改革部门负责人等200余人参加活动。会议举行央地合作重大项目签约仪式，共组织安排签约项目28个，总投资额1123.67亿元，项目涵盖能源环保、文化旅游、基础设施、数字经济等多个领域。

【丽水市党政代表团到四川泸州考察】 2021年7月7日，丽水市委书记胡海峰率丽水市党政代表团到四川泸州考察对接东西部协作工作，并召开丽水—泸州东西部协作工作联席会，双方签署《深化东西部协作和交流合作框架协议》，丽水市捐助泸州市乡村振兴资金200万元，向泸州市赠送市礼“浙西南革命精神青瓷盘”。丽水市委常委、常务副市长杜兴林，市政协副主席、组织部常务副部长何卫宁，市政协副主席、发改委主任饶鸿来及市级相关单位主要负责人一同参加。

【华东药用植物园开园】 2021年4月30日，华东药用植物园开园仪式暨国家药用植物园体系产业联盟成立大会在华东药用植物园举行。市委书记胡海峰宣布开园，市委副书记、市长吴晓东，绿地集团副总裁吴卫东致辞。中国医学科学院药用植物研究所所长孙晓波宣布国家药用植物园体系产业联盟成立。中国工程院院士肖培根致视频贺词。市领导李锋、陈瑞商出席仪式。市委常委、常务副市长杜兴林主持仪式。（朱柳舟）

【辛丑(2021)年中国仙都祭祀轩辕黄帝大典】 2021年10月14日，辛丑(2021)年中国仙都祭祀轩辕黄帝大典在缙云黄帝祠宇举行，是浙江省首次以省政府名义主办，丽水市人民政府、缙云县人民政府承办。全国政协副主席刘奇葆，中共浙江省委书记、省人大常委会主任袁家军，浙江省政协主席葛慧君，中共浙江省委副书记、统战部部长黄建发，中国侨联党组成员、副主席程学源，中共浙江省委常委、宣传部部长朱国贤，中共浙江省委常委、省委秘书长陈奕君，青海省人大常委会副主任刘同德，吉林省政协副主席兰宏良，四川省政协副主席林书成，浙江省人大常委会副主任熊建平、李卫宁，浙江省政协副主席吴晶，中共丽水市委书记胡海峰，中共丽水市委副书记、市长吴晓东，丽水市人大常委会主任李锋，丽水市政协主席陈瑞商，中央统战部九局副局长张建民，文化和旅游部非遗司副司长李晓松，中共缙云县委书记李一波，对口支援省区市代表，友好县市区代表，全国劳动模范、文化、教育、科技、体育、农村、学生等领域优秀代表，台湾同胞、华人华侨和归国留学人员代表，浙江省、丽水市、缙云县各界代表等400余名嘉宾参加现场活动。活动以“四海同心祭始祖，共同富裕启华章”为主题，以线上线下相结合方式举办，全球华人可通过“中国仙都祭祀轩辕黄帝大典”网上祭祀平台参与网上献花、祈福等活动。线上海内外受众超3亿人次。祭祀大典后，还举办黄帝文化学术研讨活动、“庆丰收”系列活动、海峡两岸交流系列活动等。

【第四届国际摄影研讨会暨2021丽水摄影节】 2021年11月17日，第四届国际摄影研讨会暨2021丽水摄影节在丽水举办。第十三届全国政协常委、中国文联副主席李前光，省委常委、宣传部部长朱国贤，国际摄影基金会执行主席鲁杰罗•迪•贝内代托通过视频致辞。市委书记胡海峰出席会议并致辞，市委副书记、市长吴晓东主持。中国摄影家协会主席李舸宣布开幕。2021丽水摄影节共吸引120余个国家和地区、171家组织机构、8717名摄影师、策展人报名，作品数量和参与人数都超过往届。开幕式上，国际摄联主席卡尔多•布西宣布：从2022年开始，丽水将与国际摄影艺术联合会共同主办世界摄影大会。大会每两年举办一届，每届会期为10天，举办点将常设在丽水市，并设立国际摄联展览中心。同时，开幕式还为首届国际自然环保摄影大展、第八届中国摄影年度排行榜获奖人员颁奖，以及举办世界摄影大会国际会议、国际古典工艺影像中心成立仪式暨国际手工影像主题研讨会、2021万象PHOTO艺术博览会等40多场摄影专业交流活动、项目合作活动和文旅体验活动。

【长三角红色文化旅游宣传推广活动暨2021瓯江山水诗路“非遗购物节·文旅消费季”活动】 2021年10月22日，长三角红色文化旅游宣传推广活动暨2021瓯江山水诗路“非遗购物节•文旅消费季”活动在丽水启动。浙江省文化和旅游厅党组成员、副厅长、一级巡视员许澎，丽水市人民政府副市长卢彩柳出席并致辞。该活动还举行长三角红色景区“手拉手”战略合作签约，对浙江十大红色旅游资源打卡地进行连线，向长三角自驾游协会、旅游达人、媒体等打卡体验团授旗，同时发布处州游学品牌及丽水红色研学旅游精品线路。

【2021浙江省足球超级联赛开幕式暨揭幕战】 7月10日，2021浙江省足球超级联赛开幕式暨揭幕战在丽水市体育中心举行。赛事由浙江省体育局、丽水市人民政府主办，浙江省足球协会为执行单位，丽水市体育发展服务中心承办，丽水市足球协会协办。2021浙江省足球超级联赛开幕式和揭幕战，开幕式展演人员达到800余人，现场观众达6000余人，大型文体活动为丽水市民和足球爱好者献上一场精彩纷呈的文化体育盛宴。

【丽水市第五届运动会】 2021年10月18日，丽水市第五届运动会(简称市运会)开幕式在丽水市体育中心举行，由丽水市人民政府主办，市文广旅体局、市体育发展中心承办，各县(市、区)人民政府协办，是丽水市参赛人数最多、参与面最广、规模最大的综合性运动会，参赛人数8000余人。赛事于7月至11月在全市范围举办。比赛分为大众体育部和竞技体育部，经过公平竞争、激烈角逐，产生24个大项、414个小项共814块金牌，其中18人次破市运会纪录。市运会期间，举办全市群先代表会见、体育成果展、体育摄影大赛等活动。此次市运会全面检阅丽水市竞技体育水平，促进全民健身活动蓬勃发展，全面展示新时期丽水市体育事业发展的新成就和经济发展、社会进步的新成果，展现全市人民群众凝心聚力、昂扬向上的精神风貌，取得比赛成绩和精神文明双丰收。

【全国航海模型锦标赛】 2021年10月14日至19日，全国航海模型锦标赛在丽水市“南明湖”和“两湖公园”举办。赛事由国家体育总局航空无线电模型运动管理中心、中国航海模型运动协会、浙江省体育局、丽水市人民政府主办，浙江省智力运动管理中心、丽水市文化和广电旅游体育局、丽水市体育发展服务中心承办。来自全国17个省、市27支代表队共400余名航模运动员参赛，决出5类35项个人项目、3项团体项目的航海模型项目的奖牌。开幕式上，中国航海模型运动协会赠予丽水市中国极地科考“雪龙”号模型，国家体育总局航空无线电模型运动管理中心授牌丽水市“全国科技体育航海模型项目基地”。赛事的举办不仅有利于促进浙江省航海模型运动的发展，给丽水市航海模型运动的发展带来新的契机，同时有利于进一步提高丽水航海模型运动水平，并促进丽水市“体育+生态”“体育+文化”“体育+旅游”产业的发展。

【2021全国皮划艇秋季冠军赛】 12月9日至12日，2021全国皮划艇秋季冠军赛在丽水南明湖举办，赛事由中国皮划艇协会、浙江省体育局、丽水市人民政府联合主办，浙江省水上运动管理中心、丽水市文化和广电旅游体育局、丽水市体育发展服务中心承办。来自北京、上海、浙江、广东等省队以及国家集训队共21支队伍参赛，共计559名运动员教练员。比赛分三个组别开展男女划艇、皮艇、陆上赛艇、铁人两项、混合接力、竞赛龙舟、单人桨板等40余个项目的竞赛。参加各类项目的总舟艇数达到927条舟艇（其中静水类、激流类项目为739条艇，龙舟、桨板类项目188条艇）。经济效益整体达到870万元。大赛开幕式上举行授牌仪式，“浙江省体育局水上运动训练基地”落户市水上运动中心；中国皮划艇协会与丽水市签署战略合作协议，全国最高级别皮划艇赛事将连续在丽水市举办五年。国家体育总局社体中心协同浙江省体育局、中国龙舟协会、中国皮划艇协会也进行杭州亚运会龙舟项目备战合作框架协议的签约仪式。 （熊雅婷）

2021年12月9日，全国皮划艇秋季冠军赛在丽水举办 （熊雅婷 提供）

【庆祝2021中国农民丰收节活动暨第八届全球重要农业文化遗产（中国）工作交流会、全球重要农业文化遗产（中国）保护与发展联盟成立仪式】 2021年9月26日至28日，庆祝2021中国农民丰收节活动暨第八届全球重要农业文化遗产（中国）工作交流会、全球重要农业文化遗产（中国）保护与发展联盟成立仪式在青田举行。由农业农村部国际合作司、农业农村部国际交流服务中心、浙江省农业农村厅、浙江省丽水市人民政府共同主办，主题为“共生•共同•共富裕”。农业农村部国际合作司司长隋鹏飞，省农业农村厅党组副书记、副厅长陈利江，丽水市副市长杨秀清，青田县委书记周和平出席开幕式并致辞。开幕式由农业农村部国际交流服务中心副主任蔺惠芳主持。农业农村部GIAHS专家委员会主任委员、中科院地理科学与资源研究所研究员闵庆文作农业农村部GIAHS专家委员会工作汇报；农业农村部GIAHS专家委员会副主任委员、华南农业大学教授骆世明，农业农村部GIAHS专家委员会副主任委员、中国农科院农业经济与发展研究所研究员李先德，腾讯可持续社会价值事业部总监李程远、青田侨乡农业发展有限公司董事长潘锋波，先后作主旨演讲。青田县委常委陈海民、江西万年、云南红河州、贵州从江、云南普洱、内蒙古敖汉等也分别作遗产地工作交流。

【第十届“智汇丽水”人才科技峰会】 2021年10月30日至11月1日，第十届“智汇丽水”人才科技峰会在丽水举行。峰会以“人才引领振兴发展科技驱动共同富裕”为年度主题语，由中共丽水市委、丽水市人民政府、浦江创新论坛、之江实验室、浙江清华长三角研究院共同主办。丽水市委书记胡海峰，中国科学院院士、科技部原部长、浦江创新论坛主席徐冠华，中国科学院院士、浙江大学校长吴朝晖等出席开幕式并致辞，丽水市委副书记、市长吴晓东主持。开幕式上，表彰省级以上人才计划入选者等优秀人才近50人，签约北师大丽水附属学校项目等22个人才科技项目，播放丽水全球引才形象片《跨越》，发布ZTSOCTM高温燃料电池等人才科技产品4个，展示天眼守望助力“两山”转化综合智治应用。此外，还发布面向全球“双招双引”需求，农业、生态工业、文旅和服务业专项；举行全国知名高校和科研院所发表助力革命老区振兴发展宣言发布仪式、丽水市人才科技发展有限公司和4家丽水人才银行授牌授信仪式、甬丽“山海协作 共同富裕”人才科技联合行动启动等仪式。其间，院士、高层次人才以及各领域专家学者齐聚丽水，围绕人才科技主题，聚焦共同富裕，共商创新创业大计，共话丽水未来发展。除开幕式外，还有14项子活动、6项预热活动、10场分会场活动贯穿峰会。

【第四届华侨进口商品博览会暨青田进口葡萄酒交易会、第二届国际咖啡博览会】 2021年11月13日至15日，第四届华侨进口商品博览会暨青田进口葡萄酒交易会、第二届国际咖啡博览会（简称侨博会、咖博会）在青田举办，由浙江省商务厅、浙江省侨联、丽水市人民政府共同主办。副省长朱从玖，省政协副主席吴晶，丽水市委副书记、市长吴晓东，省侨联主席连小敏等出席开幕式并致辞。侨博会继续以“青田洋货、世界超市”为主题，分为主展区和市场展示区等八大展区，展示展销面积9万平方米，共设1800个展位，邀请600余家国内外进口葡萄酒企业、100余家咖啡类进口商企业、100余家健康生活方式类进口企业、500余家其他类进口商品企业参展，汇集来自欧洲、亚洲、非洲、美洲、大洋洲等近70个国家和地区的7万余种商品；还增设中东欧国家馆、欧洲健康生活方式展区、西班牙“哈蒙”火腿体验专区，并与丽水市区内外联动，举办丽水咖啡（西餐）文化节。同时，举办以“世界咖啡、你我共享”为主题的第二届国际咖啡博览会，展会邀请多家国际顶级名牌企业与20个咖啡豆生产国、近100家国内外咖啡类企业，涵盖咖啡全产业链各类产品。此届侨博会、咖博会意向成交额28.6亿元，共签订进口品牌授权代理557个，186家国外酒庄、23家咖啡馆签约人入驻。西班牙火腿“哈蒙”、咖啡交易逆势增长，交易额分别增长356.9%、117.5%。 （梅王洁）

【第十一届浙江中西部科技论坛】 2021年6月29日，浙江省科学技术协会、丽水市人民政府主办的第十一届浙江中西部科技论坛在丽水举行。本次论坛以“数字化改革与高质量发展”为主题，探讨通过以数字化变革催生和创造发展新动能、实现高质量发展的路径，尝试借助科技经济融合力量，进一步释放数字对浙江中西部地区经济发展的放大、叠加、倍增作用，从而最大限度发挥数字化改革的牵引作用、乘数效应，实现数字赋能，以此作为中国共产党成立100周年献礼。浙江省科学技术协会一级巡视员姜长才、丽水市人民政府副市长戴邦和参加活动并致辞，浙江省大数据发展管理局副局长蒋汝忠、复旦大学教授郑磊参加主论坛并作主旨报告。 （刘　涛）

【2021“青鸿鹄”中国数字经济创业创新大赛暨人才论坛】 2021年9月至10月，中国信息通信研究院、共青团浙江省委、浙江清华长三角研究院、浙江日报报业集团、丽水市人民政府共同主办的2021“青鸿鹄”中国数字经济创业创新大赛暨人才论坛在丽水举行，活动吸引全国70余个优质项目参与，线上线下400余万人次关注，为丽水与全国创业创新人才搭建深度交流场景，吸引更多数字经济领域优秀人才和项目到丽水落地发展。论坛现场还举行“青鸿鹄”中国数字经济创业创新大赛颁奖仪式和意向签约仪式，日本工程院、上海交通大学区块链研究中心、共青团浙江省委、浙江清华长三角研究院、中共丽水市委相关领导为获奖项目颁发奖杯，其中6个获奖项目同本地招商单位进行意向落地签约，进一步洽谈落地合作。 （周晨欢）

市政府合作签约

【与中国水利水电科学研究院签订战略合作协议】 2021年4月26日，丽水市人政府与中国水利水电科学研究院签署战略合作协议。市委副书记、市长吴晓东，中国水利水电科学研究院院长匡尚富出席签约仪式并致辞。市委常委、常务副市长杜兴林，市政协副主席饶鸿来，中国水利水电科学研究院副院长汪小刚代表双方签约。

【与中国三峡建工（集团）有限公司签订战略合作协议】 2021年6月22日，丽水市人民政府与中国三峡建工（集团）有限公司签订战略合作协议。双方同意，按照“依法合规、平等互利、优势互补、长期合作、共同发展”的基本原则，合作开展丽水市境内抽水蓄能项目前期工作，共同推动丽水抽水蓄能项目纳入国家抽水蓄能专项规划。中国三峡建工(集团)有限公司将参与丽水市太阳能、风能等新能源项目及水电站、生态环保等基础设施项目投资。

【与国网新源控股有限公司签订战略合作框架协议】 2021年6月22日，丽水市人民政府与国网新源控股有限公司签订战略合作框架协议。丽水市政府支持新源公司参与丽水市抽水蓄能电站项目的开发建设。双方将严格按照国家抽水蓄能电站专项规划，科学、有序地开发建设丽水市境内的抽水蓄能电站。新源公司为丽水市政府就抽水蓄能电站项目前期工作提供业务上的指导和支持，双方共同推动丽水抽水蓄能项目纳入国家抽水蓄能专项规划。

【与中国水电工程顾问集团有限公司签订战略合作协议】 2021年6月22日，丽水市人民政府与中国水电工程顾问集团有限公司签订战略合作协议。双方同意，按照“优势互补、市场主导、互利共赢”的基本原则，结成战略合作关系。在参与投资智慧引水工程、高附加值水产业；加强抽水蓄能等储能前期研究，共同推动抽水蓄能电站项目前期工作；共同推动探索丽水境内产业园增量配电网改革试点；推进湖库联通等大型水利项目投资及综合开发，合作探索生态产业融合发展等方面加强合作。

【与国家电投集团浙江分公司签订战略合作协议】 2021年6月22日，丽水市人民政府与国家电投集团浙江分公司签订战略合作协议。双方同意，按照“优势互补、市场主导、互利共赢”的基本原则，建立战略合作关系。在清洁能源研究、光伏风电等清洁能源开发、综合智慧能源试点及推广、能源及关联产业发展等方面加强合作研究。

【丽水市“百名华侨”结对泸州市“千名学子”签约】 2021年7月9日，丽水市“百名华侨”结对泸州市“千名学子”签约仪式在泸州古蔺县金兰高中举行。丽水市委书记胡海峰，市委常委、常务副市长杜兴林，市委常委、统战部部长王小荣，市政协副主席、组织部常务副部长何卫宁，市政协副主席、发改委主任饶鸿来等市领导出席。双方协议：丽水市与泸州市新一轮东西部协作工作期间，丽水“百名华侨”结对叙永县、古蔺县两县“千名困难学子”，每年资助每名学生2000元助学金，时间从2021年到2025年。（朱柳舟）

【与中华中医药学会签订中医药健康发展战略合作框架协议】 2021年5月25日，丽水市人民政府与中华中医药学会签订中医药健康发展战略合作协议，并设立丽水市中华中医药学会中医药健康产业服务站，推动丽水中医药区域医疗中心和优势学科建设，发展中医药健康产业，打造“丽水山药”品牌，提高中医药核心竞争力和中医药健康产业影响力，把丽水打造成长三角地区中医药高质量发展高地。

【与三生(中国)健康产业有限公司签订战略合作协议】 2021年9月7日，丽水市政府与三生（中国）健康产业有限公司签订南明未来康养生态城项目战略合作协议，双方拟依托南明山周边现有土地资源，以健康养生、文旅休闲、旅游演艺等产业为合作方向，打造彰显丽水生态底色、体现文化特色、契合消费趋势的创新项目，扎实推动丽水跨越式高质量发展，为丽水建设共同富裕美好社会山区样板贡献更多文旅元素。

【与浙江中医药大学签订战略合作框架协议】 2021年9月29日，在磐安召开的浙江省中药产业发展大会，副市长卢彩柳代表丽水市人民政府、校长陈忠代表浙江中医药大学共同签订《丽水市人民政府与浙江中医药大学深化战略合作框架协议》。该协议旨在全面深化丽水市与浙江中医药大学合作，打造浙西南中医药教育、医疗、科技高地，明确建立全面合作关系、提升丽水市中医院综合实力、共建浙江中医药大学丽水研究院、推动中医药材全产业链发展、推进中医药康养产业发展等五个方面合作内容。

【与北京师范大学签订合作办学框架协议】 2021年10月31日，在第十届“智汇丽水”人才科技峰会开幕式上，副市长卢彩柳代表丽水市人民政府、副校长周作宇代表北京师范大学共同签订《北京师范大学丽水市人民政府合作办学框架协议书》。该协议旨在充分发挥北京师范大学在基础教育、人才培养、教师培训方面的优势，全面提高丽水市教育质量，以北师大丽水实验学校为切入点，双方将在各级各类教师、校长等教学管理人员培训等方面积极开展合作。力争共同将北师大丽水实验学校打造成具有北师大育人特色的高质量学校，提高丽水市教育发展水平和质量。

【与国药控股股份有限公司签订战略合作框架协议】 2021年9月17日，丽水市人民政府与国药控股股份有限公司签订战略合作框架协议，将在丽水开发区设立区域总部和业务项目公司、药品和医疗器械分销、医药零售及应急医药物资保障网络建设、医疗器械智能制造、药械创新服务等八大领域开展深度合作。这是丽水市在健康医药产业领域融入长三角一体化发展、深化“央地合作”的又一重要举措。

【与国际摄影艺术联合会签订合作协议】 2021年11月5日，副市长卢彩柳代表丽水市人民政府与国际摄联主席卡尔多·布西共同签订为期10年的《丽水市人民政府与国际摄影艺术联合会合作协议》，自2022年开始国际摄联与丽水市人民政府共同合作，举办世界摄影大会，每两年举办一届，会议地点常设丽水。大会旨在加快推进“重要窗口”建设和新时代文化浙江工程，打造新时代文化高地，高质量发展建设共同富裕示范区美好社会山区样板，创建多元、友好、发展、促进的国际文化交流平台，进一步扩大丽水城市的国际知名度和美誉度。

【与中国皮划艇协会签订战略合作协议】 2021年12月9日，在2021年全国皮划艇秋季冠军赛开幕式上，丽水市人民政府与中国皮划艇协会签署战略合作协议，全国最高级别皮划艇赛事将落户丽水五年。该协议的签订为丽水市推广皮划艇运动项目，发展水上运动，争创国家级水上运动训练基地，打造户外运动天堂提供有效的发展平台。 （熊雅婷）

【与北京字节跳动科技有限公司签订共同实施字节乡村计划合作框架协议】 2021年2月7日，丽水市人民政府与北京字节跳动科技有限公司签订共同实施字节乡村计划合作框架协议。双方合作探索建立丽水市乡村振兴人才培养体系、推动丽水市乡村特色产业品牌推广、提升丽水市乡村特色产业数字化水平、发展和聚集丽水市新媒体相关产业、联合举办乡村振兴领域高端行业会议、共同开展丽水市乡村振兴工作数据研究项目，充分发挥新媒体平台和大数据优势在“信息赋能乡村”中的作用，促进丽水数字乡村建设，合力打造“新媒体+乡村振兴”新模式。

【与中国农业科学院茶叶研究所签订合作共建协议】 2021年9月13日，“浙江省茶树种质资源圃”揭牌、“中国农业科学院茶叶研究所长三角创新中心”签约仪式在松阳县举行。丽水市人民政府、中国农业科学院茶叶研究所、松阳县人民政府三方代表就合作共建“中国农业科学院茶叶研究所长三角创新中心”进行签约，三方将凭借资源圃现有的种质资源优势，全力建设省部级重点实验室（技术中心）、国家种质杭州茶树圃分圃、全国先进的智慧农业示范样板。 （梅王洁）

【与国家电网浙江省电力有限公司签署战略合作协议】 2021年5月24日，丽水市人民政府与国家电网浙江省电力有限公司签署建设多元融合高弹性电网服务丽水“两高”重要窗口战略合作框架协议。今后一个时期，国网浙江省电力有限公司将全力支持丽水建设多元融合高弹性电网，全力打造丽水能源大数据中心，推进乡村振兴·电力先行工程，大力支持丽水打造全国“碳中和”示范区、建设智慧城市，进一步提升全域营商环境水平，为助力丽水更好担纲“丽水之赞”，推动丽水经济社会高质量发展做出新的更大贡献。市委副书记、市长吴晓东，国网浙江省电力有限公司董事长、党委书记尹积军出席签约仪式并讲话。副市长戴邦和，国网浙江省电力有限公司副总经理、党委委员吴国诚代表双方签约。

【与中国银行浙江省分行签署战略合作协议】 2021年6月2日，丽水市人民政府与中国银行浙江省分行签署战略合作协议。双方将在支持丽水全域基础设施及重点项目建设、经济转型升级、发展更高层次开放型经济等领域开展战略合作，实现互利共赢。市委副书记、市长吴晓东，中国银行浙江省分行行长吴敏出席签约仪式并致辞。副市长戴邦和、中国银行浙江省分行副行长袁龙代表双方签约。 （刘　涛）

市府办工作

【政务督查】 2021年，丽水市政府政务督查工作围绕市委、市政府的中心工作，以“丽水之干”担纲“丽水之赞”，为打造“高质量发展建设共同富裕示范区”作出应有的努力。按照项目化、清单化管理要求，细化督查管理颗粒度，会同办公室综合处组织制定2021年省政府工作报告重点工作丽水市跟进落实责任分工163个大项、683个小项和丽水市政府工作报告重点工作责任清单499个大项、1647个小项，并按季跟踪清单事项进度。年初对2021年省政府十方面民生实事丽水37项具体任务和市政府十方面民生实事27项具体任务，逐一分解落实。同时，要求市民生实事的市直牵头部门同步提供相应民生实事的考核验收标准，与责任分解同步下发，供县（市、区）执行落实。12月，由市政府相关副秘书长带队，相关市直单位参加，分成5个督查组到各县（市、区）、丽水开发区开展民生实事督查调研。至年底，省十方面民生实事项目37项指标任务，市十方面民生实事项目27项指标任务均已完成。其中，义务教育公办学校师生“同菜同质同价”和食堂“微改造”掀起食堂改革，已创造性全面打通义务教育公办学校师生食堂，286所供餐义务教育公办学校全部实现师生同菜同质同价，全市18.4万名师生同一个窗口打菜、同一列队伍排队，学生们与在校校长、老师同桌共餐，11月16日，《浙江日报》整版深度报道。按时办结省人大代表建议主办件2件，会办件3件；省政协提案会办件2件。密切与市人大、政协相关工作机构的沟通协作，制定260件市人大代表建议，231件市政协提案的分办、交办和督办工作清单。同时，对政府系统承办的建议提案进行全程跟踪督办落实。按照目标、举措、项目、标准、亮点“五个模块”，编制政府部门重点工作责任清单，纳入市委、市政府年度综合考核。共编制40个政府部门、8个事业单位、7家国有企业、5家临时机构的重点工作责任清单，并对每项工作进行赋分。年底对完成情况进行评估考核。市府办成立“重大督查问题”工作专班，并建立市、县各部门重大督查问题清单工作联络员名单，建立发现、生成、交办、整改、评估、预防工作机制。11月，完成“重大督查问题清单”省市县贯通工作。至年底，录入市级“重大督查问题清单”全量问题库2435项（其中，“七张问题清单”系统135项，“浙里督”平台2300项），问题蓄水池65项，发布事项29项。做好省委巡视尚未整改到位问题督办工作，对尚未整改到位的3个问题明确责任单位，定期报送整改落实情况、存在的问题和下步工作举措。组织开展省政府主要领导到丽水调研指示清单督促办理。2021年，分别对省政府主要领导2020年11月、2021年3月、2021年8月到丽水调研相关指示进行分解，共梳理涉及具体事项338项，按照表格化清单式工作要求抓好清单闭环、销号管理。树立落实意识，做好专项工作督查。督查室参与做好新冠肺炎疫情防控、高铁沿线“脏乱差”、“三多”清理、“五水共治”、审计整改、重大项目、全市生态工业发展大会交办事项等专项督查确保相关工作按照规范落实落地。（叶建城）

【政务信息】 2021年，丽水政务信息围绕市委、市政府中心工作，把握为各级领导科学决策服务的宗旨，加强信息报送，狠抓信息质量，不断提高信息的时效性、针对性和有效性。全年编发信息405期，其中，《政务信息（要情）》89期，《政务信息（专报）》114期，《政务信息（上报）》202期；市领导批示37条；省政府采用231条，省政府领导批示24条；被国办录用信息63条，国务院领导批示14条。（杨俊龙）

【信息公开】 2021年，全市公开地方性法规3个、规章2个，政策文件10629个（其中规范性文件524个），政府常务会议信息156条，人大代表建议和政协提案办理结果1826件，发布《丽水市人民政府公报》12期。围绕重大政策落地实施，做好发布解读，在解读形式上推动线上线下多形式开展，全市举办新闻发布会41场。通过“丽水发布”微信公众号公布政务信息4215条。依法履行决策事项向社会公开征求意见程序，全市通过政府网站等渠道向社会公布1270个行政决策的草案、起草依据、意见征集及采纳情况等。（谢轶斌）

地方志

【概况】 2021年，丽水市地方志聚焦资政辅政，把服务中心作为地方志工作的出发点和落脚点，贡献方志力量。承接完成丽水市“纪录小康工程”大事记项目，收集整理大事记5019条、30万字，获市委领导肯定。评审通过《处州历史文脉项目》和《公务员考录管理规范·第四部分面试考官丽水市地方标准》，深度参与编制《浙西南革命精神弘扬和红色资源价值转化规划》。10月1日，《丽水市革命遗址保护条例》施行。成为全国第14部、浙江省首部革命遗址保护的地方性法规，成为丽水市红色资源保护、红绿融合发展、革命老区振兴强大的法治保障。用好一刊一网，《丽水史志》期刊品质再提升，《丽水史志网》网站内容更丰富。协办完成市“两会”提案建议3件，其中人大建议1件，政协提案2件。推荐的《青田年鉴(2020)》《松阳年鉴(2020)》获评浙江省精品年鉴。7月，青田方志馆开馆，实现丽水市方志馆零的突破。

【市县两级编纂成果】 2021年，《丽水市志（重修）》综合各县（市、区）人民政府、市直部门以及省、市专家的审读意见与建议，采用分部类送审、边审边校边改的办法，做好总纂把关、修改验收、统稿排版，完成二次总纂修改，提交方志出版社排版。县级层面，《云和县志》《松阳县志》出版发行。此外，莲都出版《档话莲都百年》画册；青田出版精编版《古话青田》，编写完成《红动侨乡——青田红事故事汇》；云和出版《抗战时期浙江省铁工厂档案汇编》；庆元编写《菇乡喜迎绿巨人——衢宁铁路庆元段项目建设纪实》；遂昌编印《党报看遂昌(1979—2012)》；景宁发行《瓯江小溪》。

【《丽水年鉴(2021)》编纂出版】 2021年12月，《丽水年鉴(2021)》由方志出版社出版发行。《丽水年鉴(2021)》是由中共丽水市委、丽水市人民政府主办，丽水市地方志编纂委员会及其办公室负责编纂的综合性地方年鉴。自1996年创刊以来每年出版一卷，至年底，连续出版第26卷。全书设类目38个，分目250个，条目1508个，图片134张，记述时限从2020年1月1日至12月31日，计102.3万字。年鉴全面、系统地记载2020年丽水市政治、经济、文化、社会、生态和党建等方面基本情况及重大活动、重要成果，为社会各界读者了解和研究丽水提供信息资料。2021年，《丽水年鉴(2020)》获第八届全国地方志优秀成果(年鉴类)二等奖。 (马菊花)

机关后勤服务

【概况】 2021年，市机关事务服务中心进一步推进机关后勤服务社会化，完成市行政中心物业服务、机关食堂劳务外包服务、室内绿化租摆服务的新一轮招投标工作。以“健康食堂、清廉食堂”建设为载体，提升餐饮服务水平。依托“食采云”平台和食材智能验收系统，实现食材采购全程闭环管理和验收可视化记录。开展特色菜肴进机关和高山优质农产品进机关活动，全年服务就餐527355人次，满意率95%。完成行政中心会议保障5727场，服务参会人数146698人次。公务出行“一张网”市本级平台共提供车辆保障13330次，安全行驶278万千米；全市提供助企直通车服务3038次。加强基础设施建设。先后投入650万余元，实施行政中心130报告厅音视频改造、行政大楼幕墙检测、大厅遮阳设施改造、安防系统升级改造等项目。人防、技防和物防相结合，抓好行政中心区域的安保、消防和日常维稳工作。

【安防管理】 2021年，市行政大楼全年核验出入人员83.45万人次，外来办事人员登记5.67万人次。共来访310批次、1510人次，及时配合公安和信访部门做好劝访和信息收集工作，引导重点人员825人次，引导率100%。做好行政中心区域停车秩序管理，对非机动车辆停车棚进行更新改造，增加非机动车停车容量近100辆，对东停车场车位进行重新规划，增加车位40个，有效缓解行政中心停车难问题。做好中心系统人员疫情排查、疫苗接种、出省报备和防疫消毒等工作，确保各项疫情防控措施落到实处。

【公务用车集中统一管理】 2021年，市机关事务服务中心以规范化管理示范建设为推手，持续深化公务用车集中统一管理。制定《丽水市党政机关公务用车规范管理使用程序》《丽水市党政机关公务用车特殊情况的处置办法》，规范车辆处置、采购、变更等流程。联合市纪委、财政等部门开展全市违规配备使用公车问题专项督查，抽查市直和各县(市、区)“四套班子”20个、党政机关61个、事业单位37个以及各级公务用车服务中心平台10个，进一步深化全市公务用车使用管理规范化、信息化、透明化。通过政采云平台审批处置车辆16辆、更新车辆15辆、划拨3辆。

【机关事务数字化改革】 2021年，市机关事务服务中心根据省市数字化改革工作要求，结合机关事务工作实际，制订《丽水市机关事务数字化改革实施方案》，明确工作目标和重点任务，成立工作专班，建立推进机制，做到综合统筹、深化引领、扎实推进全市机关事务系统数字化改革相关工作。坚持目标导向、需求导向和任务导向，聚焦采购管理、资产管理、办公用房管理、公务用车管理、服务保障等重点，以“云上后勤”综合服务平台建设为带动，全面推进机关事务核心业务数字化，实现服务保障制度重塑和流程再造，至年底，平台已完成开发建设，进入试运行阶段。加快服务保障示范应用开发，推进市中心“线上商城”平台、遂昌县中心物业服务应用、景宁县中心后勤服务“一卡通”数字建设3个省局数字化改革挂牌试点工作，项目取得预期建设成果。开展办公用房管理系统、公务用车管理系统省市县三级贯通有关工作，全年完成市本级97家党政机关单位、63座院落、80余栋楼宇用房信息的录入工作，完成公务用车“两网”并“一网”及车辆基本信息录入工作。持续提升安防智能化水平，投入260万元实施市行政中心安防系统改造项目，建立安防统一管理平台，对视频监控系统进行全面升级，新建防冲撞系统、道闸系统和访客管理系统，实现人脸识别门禁系统与健康码的有效融合。按照省、市相关工作要求，完成党政机关整体智治专题门户上线点亮工作和浙江省一体化数字资源系统信息关联，实施机关事务中心门户网站向政务新媒体、融媒体输出同源服务工作，并按要求推进“七张问题清单”应用梳理。

【节约型机关建设】 2021年，市机关事务服务中心践行习近平总书记对制止餐饮浪费行为的重要指示精神，持续深入开展“制止餐饮浪费进机关”活动。利用电子屏、温馨提示、张贴标语等形式多渠道宣传爱粮节粮意识，倡导“光盘行动”，开展制止餐饮浪费劝导活动，“节约光荣，浪费可耻”的氛围逐步形成。将节约理念落实到机关食堂食材采购、做餐配餐等各环节当中，并根据就餐人数动态调整出菜数量，推出小份菜、拼盘菜，有效减少食材浪费。每天可节省菜品50份，全年节约原材料费用近4.3万元。牵头制定《丽水市制止餐饮浪费进机关活动实施细则》，将节约措施经常化、制度化、规范化，形成长效机制。印发《丽水市党政机关生活垃圾分类工作规范》《关于推进党政机关垃圾分类工作的通知》。加强检查指导，8月，组织对市直70余家单位的垃圾分类工作进行现场检查，并针对存在问题进行督促整改。开展党政机关生活垃圾分类示范单位创建工作，确保完成党政机关生活垃圾分类示范单位创建率达到35%的目标。强化培训宣传，组织开展县（市、区）机关事务保障中心垃圾分类工作培训2期，利用微信公众号、网站、电子屏等形式开展垃圾分类宣传，到文明创建联系村开展垃圾分类集中宣传1次。按照国管局和省局有关要求，完成市、县两级行政机关和参公事业单位的运行成本分析统计，为提高经费使用绩效和控制运行成本提供基础数据。

2021年9月23日，市机关事务中心与景宁县机关事务保障中心联合保障服务全国农村人居环境整治提升现场会 （王阳明 提供）

【重要公务活动接待与保障】 2021年，市机关事务服务中心坚持接待是“第一形象、第一名片、第一窗口”，以“文化+接待”理念，不断提升丽水市接待服务水平，完成四套班子、外事、国家及省市重大会议（活动）等各项接待保障任务。坚持副厅级以上和重要来宾报告制度，完成接待任务328批次6727人次，保障服务全国、省、市重要活动12项、专项工作组8个、市党政代表团赴地外学习考察2批次，完成生态产品价值实现机制现场会、浙西南革命精神论坛、全国农村人居环境整治提升现场会、辛丑（2021）年中国仙都祭祀轩辕黄帝大典、第十届“智汇丽水”人才科技峰会等重大会议活动的后勤服务保障工作。

【党政机关办公用房管理】 2021年，市机关事务服务中心完成各单位办公用房智能图形日常维护管理工作，实现市本级及下属行政事业单位301家单位办公用房信息化统一管理。至年底，共有37家市级单位通过办公用房智能图形管理系统上报、更新办公用房使用情况。完成15家单位办公用房调剂审核等工作，调剂办公室21间，调剂办公用房总使用面积4797.66平方米。完成市工人文化宫富余用房调剂分配工作，共有7家单位与市总工会签订合作协议，调剂富余用房建筑面积19447平方米。根据浙江省机关事务管理局《关于做好全省党政机关办公用房信息统计报告工作的通知》精神，完成全市办公用房信息更新汇总工作，同时完成全国党政机关办公用房数据库报送工作。开展全市办公用房使用管理专项检查2次，抽查单位176家，测量办公室844间。 （王阳明）

驻外办事处

【丽水市人民政府驻北京联络处】 2021年，丽水市人民政府驻北京联络处加强与国家发改委、自然资源部等国家部委的沟通协调，配合做好机场、铁路建设等事关丽水发展的重大项目工作。针对国家发改委等部门印发的《“十四五”支持革命老区巩固拓展脱贫攻坚成果衔接推进乡村振兴实施方案》，梳理五大类39项对接清单。走访中国钢研集团、字节跳动等在北京企业86家，邀请到中国铁物、云科领创等9家企业到丽水考察项目，招引落地项目7个，促成建立丽水国家专精特新“小巨人”培育基地。利用北京高校丽水人才工作联络站，搭建“丽水—北京高层次人才”工作对接服务平台，邀请到院士徐冠华、教授杨家海等在京高层次人才参加第十届“智汇丽水”人才科技峰会。同时，组织20名清华大学创新领军工程博士组团参加峰会，协助举办人才科技峰会清华大学创新领军工程博士论坛。强化对外联络服务。以“侨乡青瓷 海丝见证”为主题，多方联系协调龙泉收藏家无偿向中国华侨历史博物馆捐赠22个品类85件龙泉青瓷。促成丽水市5件青瓷作品被中国政协文史馆永久收藏，努力让更多丽水元素成为“文化交流使者”，为传承浙江文化、建设文化强国、促进中外友好交流做出贡献。协助在北京召开第四届国际摄影研讨会暨2021丽水摄影节新闻发布会，扩大丽水走向世界的影响力。加大与国家部委对接干部学习锻炼工作力度，为丽水市争取到11个名额赴文化和旅游部、住建部等国家部委学习锻炼（挂职）机会。广泛搜集中央及驻地的重大政务、政策及经济社会发展等方面信息，为丽水经济社会发展提供决策参考。

【丽水市人民政府驻上海办事处】 2021年，丽水市人民政府驻上海办事处加强与上海市相关部门、央企、高校和商会社团的联络交流，推进政务平台交流和友好结对工作。先后走访上海市政府合作交流办、文旅局、上海证交所、新华社金融信息中心等30余家单位，加强与上海交通大学、同济大学等名牌高校以及瑞金医院、华山医院等知名医院的走访联络，为沪丽两地政务互访和合作交流打好基础。加强与各省市驻沪单位的互联互动，走访山西省政府沪办、湖南省政府沪办、江苏省政府沪办、江西省政府沪办等单位，邀请对丽水“专精特新”企业、龙泉青瓷文化等进行考察调研，宣传推介丽水。广泛收集上海及其长三角地区在经济社会、民生事业发展等方面的新思路、新政策、新举措，为政府领导科学决策提供参考服务。以会议、座谈、走访、联谊等多种形式，参与和支持全市各县市商会、校友会开展活动20余次，进一步激发广大丽水籍在沪人士的爱乡、反哺家乡的热情。推进“双招双引”项目落地。通过协调对接，上海红星美凯龙集团参与缙云县醉石城文旅项目开发，相关合作项目有序推进；会同丽水开发区上海招商部争取上海月煊科技有限公司北斗+精密雷达系统项目落地丽水，有关项目进展顺利；引荐上海民生证券有限公司投资部一行到丽水对接市城投公司城市债券发行工作。推动建立丽水籍高级专家联谊会，为丽水市深度接轨上海、高质量融入长三角出谋划策。

【丽水市人民政府驻杭州办事处】 2021年，丽水市人民政府驻杭州办事处助推“双招双引”取得新成效。先后组织中国建筑第三工程局有限公司、浙江吉李投资公司、杭州盘石集团等企业到丽水考察，牵线服务“丽水灵康杏福康旅小镇”、奇雅集团中欧小镇等重大投资项目，促成市政府与融创中国、网易公司就丽水未来城项目开发达成战略合作协议，以数字文旅为产业核心，致力将丽水未来城打造成为省重大产业项目。促成杭州电子科技大学与丽水经济开发区达成合作，在开发区成立杭州电子科技大学丽水研究院。邀请浙江工业大学理学院院长、教授、省政协委员林强等参加第十届“智汇丽水”人才科技峰会，促成林强团队获得的2020年度浙江省技术发明一等奖“冷原子干涉重力仪”成果在丽水转化达成合作意向。发挥在杭丽水人才凝心聚力、智囊团的作用，建设杭州丽水“人才之家”生态数字云平台，该建设方案得到市委组织部部长戴平辉批示肯定。做好与省委、省政府和省直、杭州有关单位的联络工作，向市委、市政府和市级有关部门报送有价值的政务信息700余条。做好市领导和市级有关部门到杭州参加公务活动的服务保障工作。（黄　平）

行政审批

【概况】 2021年，市行政服务中心以数字化改革为牵引，坚持改革破题、创新开路、务实担当，全力推动丽水政务服务各项改革工作向纵深发展，形成一批可复制推广的多跨场景应用，打造一批之于全省具有普遍意义的改革创新案例，为丽水建设共同富裕美好社会山区样板贡献政务服务力量。市行政服务中心完善大厅建设，改造智能导服区、网上办理专区、24小时自助办区、综合收件区等主体功能区块，制定实施全省首个《行政服务中心政务服务礼仪规范》地方标准，软硬件结合评选“花园政务大厅”，提升企业群众办事体验，服务评价满意率99.9%。在原有政府投资项目免费代办的基础上，拓宽代办服务范围，打造投资项目按需代办、便民服务全程代办、特殊人群免费预约代办的“全程帮办”品牌。至年底，代办投资项目1026个，涉及金额1110.89亿元；代办政务服务事项2213项，代办乡镇村服务事项59.13万件。制定实施《网上中介超市服务规范》地方标准，常态化做好网上中介超市运维管理，至年底，网上中介超市成交项目6.93万个，成交金额46.45亿元，为项目业主节约资金近11.6亿元，节约率22.66%。

【政务服务2.0平台应用推广】 2021年，市行政服务中心做好政务服务2.0平台上线事项的应用推广，全市85%以上依申请政务服务事项实现“一网通办”。推进“一网通办”窗口端向乡镇延伸，全市173个乡镇（街道）完成政务服务2.0平台全覆盖。至年底，全市各乡镇政务服务2.0平台收件总数2.5万件。完成全市政务服务综合自助终端标准化、集约化、智能化建设，实现93项高频事项全程自助办理。完成“乡事扫码办”应用场景开发工作，农村居民住宅用地审核、流动人口婚育证明等15项乡镇特有事项，纳入政务一体化平台，开辟农村百姓特色事项办理绿色通道。

【政务服务均等化项目省级试点】 2021年，市行政服务中心抓改革试点，针对丽水山多、村广、交通不便实际，实施政务服务均等化项目省级试点，融通政银网络系统，抓人员培训，新增基层政务服务网点236个、政务服务专员464人，形成以“乡镇便民服务中心+农商行政务服务专窗为主，上门办、掌上办及村代办为兜底，自助办为补充”的乡村基层政务服务体系，有效破解全市1354个村（社区）、783个偏远山村群众办事难问题，至年底，完成办件48043件。相关做法及经验被新华社、人民网、《金融时报》、浙江新闻客户端等媒体宣传报道。

【跨省政务服务“党建联建”改革】 2021年，市行政服务中心携手市直机关工委，创新建设跨省政务服务“党建联盟”，与全国13个省24座城市及8个商会开展合作，梳理事项2868项，为20万名在外丽水人和2.4万名在丽水外地人，提供就近办政务服务1.5万余次。实践做法入选浙江省党史学习教育“百法百例”，得到省直机关工委常务副书记郑才法批示肯定，人民网、新华网、《浙江日报》、学习强国等全国多家主流媒体宣传报道。

【助力“双招双引”】 2021年，市行政服务中心完成丽水华侨产业城建设“六个一”工程之一——丽水市华侨创新创业中心建设，推动政务服务向华侨群体延伸拓展，促进华侨要素回流，助推“双招双引”。至年底，累计接待华侨463人次，服务华侨洽谈对接项目30余个，投资预算总额31.1亿元。省侨联主席连小敏称丽水华侨双创中心为“我省为侨服务皇冠上的明珠”。

（徐　剑）

公共资源交易

【概况】 2021年，丽水市公共资源交易中心组织实施进场交易项目1247个（批、次、宗），成交额147.057亿元，节约资金8.23亿元，节约率5.27%；增收资金0.043亿元，增长率5.78%，节支增收共8.273亿元。其中，建设工程222个，审定价138.14亿元，成交额131.56亿元，节约资金6.58亿元；政府采购368个，预算金额13.49亿元，成交额12.19亿元，节约资金1.3亿元；国有产权资源交易496宗，起拍价总和0.744亿元，成交额0.787亿元，增收资金0.043亿元；其他交易161个，预算金额2.87亿元，成交额2.52亿元，节约资金0.35亿元。丽水市公共资源交易中心通过全面推进“电子交易、掌上交易、不见面开标、金服平台、电子档案、交易监管”六大“市县一体化”公共资源交易数字化应用场景，服务企业基本实现“交易进场零门槛、交易过程零次跑、交易环节零障碍、交易服务零距离、专家抽取零泄密、交易文件零成本”六个“零成效”。丽水市公共资源交易中心被评为2021年度全国十佳公共资源交易中心（市级）；“市县一体化”建设工程不见面开标应用获2021年度全国公共资源交易科技成果大赛一等奖；“市县一体化”建设工程不见面开标系统先后获浙江省数字经济系统应用场景大赛三等奖、浙江数据开放创新应用大赛（丽水市分赛区）优秀奖、丽水市数字化改革场景应用（第一批）现场路演评比优胜奖等殊荣。丽水市公共资源交易中心主任蓝叶培被评为2021年度全国公共资源交易先锋人物。

【政采云管理模式创新】 2021年3月，丽水市公共资源交易中心出台全省首个《丽水市“政采云”平台网上超市违规供应商预警谈话制度（试行）》，商品审核、规则管理、违规处理、谈话教育等方面加强网上超市管理，只要供应商的诚信分达45分、同类违规行为达4次、商品单价超过市场均价50%等8种情形的就被预警谈话，从而不断规范网上超市交易行为，为打造公平的政府采购环境提供制度保障。2021年，开展网上超市价格动态巡检12次，监测供应商1607家、商品7014件，发现违规供应商68家、违约商品82件，29家违规供应商被扣减诚信分或暂停网超资格处理，1家违规供应商被预警谈话。

【电子交易平台2.0迭代升级】 2021年，丽水市公共资源交易中心通过电子交易平台2.0迭代升级，进一步完善整合建设工程交易、服务、监督系统功能，强调市县一体化交易数据融合，推广优化远程不见面开标，使得不见面开标应用更加广泛和高效，同时增加代理机构考核、交易现场见证、场地管理、电子门牌等功能模块，充分提升改造原有的公共资源电子化系统，推进公共资源交易电子化、阳光化和监管智慧化。

【“远程异地多点评标”试点】 2021年，省发展改革委联合杭州市、温州市、义乌市、南浔区、景宁县等省市县三级公共资源交易中心联合开展“远程异地多点评标”试点，在景宁畲族自治县行政服务中心已作为省级“远程异地多点评标”应用项目示范试点单位的基础上，丽水市公共资源交易中心争取将全市纳入“远程异地多点评标”工作试点。9月，进行试点部署工作；10月，完成全市硬件采购、机位建设。11月24日，配合省发改委完成全省首个采取远程异地多点评标方式的工程建设招标项目评审。

【全省首个“市县一体化”公共资源交易电子档案管理系统建设】 2021年，丽水市公共资源交易中心为解决建设工程公共资源交易招投标档案存放及电子化项目档案资料管理等难题，投入建设丽水市公共资源交易“市县一体化”电子档案管理系统，可以将全流程电子化交易数据进行电子形式归档，并对后续档案查阅、统计等实行数字化管理，实现电子化项目档案数据自动归集、档案归档借阅管理、档案统计等功能。该系统于2021年年底建成，丽水成为全省首个实现市县一体化公共资源交易管理档案电子化的地市。

【政府采购不见面开标】 2021年，丽水市公共资源交易中心推进政府采购“不见面开标”工作。经过多个模拟项目测试和单一来源采购项目的测试，基本能具备远程不见面开评功能。8月24日，在市本级公共资源交易中心完成全市首个政采云不见面开标。后续市本级集中采购项目全部采用政采云“不见面开标”系统进行不见面开评标，共有28个政府采购项目（涉密项目除外）采用远程不见面开标流程和远程不见面监管要求组织实施采购，项目金额4.1亿元。

【“市县一体化”建设工程远程不见面开标】 2021年，远程不见面开标成为工程地建设类项目开标的“主旋律”，除房建市政施工项目外，推进监理项目远程不见面开标工作，并于6月实施。完成交通、水利项目远程不见面开标上线。全年全市实施工程类远程不见面开标项目总数322个，项目金额80.63亿元，投标企业37094家次，据估算免去企业来回奔波7.4万余次，累计为企业节约时间约62万小时，为投标企业节约资金4461万元。

【金融服务平台】 2021年，运用“公共资源交易+互联网+金融服务”理念和科技手段，丽水市公共资源交易金融服务平台为中小微企业提供投标电子保函、完工履约保函、农民工工资支付履约保证保函、中标贷、投标贷等金融服务。全年有690家企业向平台提出申请11397个，通过10315个，通过率90.51%，为企业盘活周转金额27.82亿元。 （缪秀珍）

住房公积金管理

【概况】 2021年，丽水市住房公积金管理中心抓紧抓实党史学习教育，加强住房公积金改革创新力度，在提高制度覆盖、引导合理住房消费、推进数字化改革、防范化解重大风险等方面取得较好成绩。落实既有住宅加装电梯提取政策，助力城镇老旧小区改造，2021年，支持老旧小区改造提取人数为33人、提取金额189.5万元。常态化开展扫黑除恶专项斗争，持续打击骗提、骗贷及侵害缴存职工合法权益的行为，全市查处骗提14起，骗提住房公积金的14名缴存职工被列入全市住房公积金系统严重失信行为黑名单，予以失信惩戒。

【住房公积金归集扩面】 2021年，全市新开户单位11966家，净增单位496家；新开户职工2.89万人，净增职工1.54万人；实缴单位7228家，实缴职工23.34万人，缴存额55.85亿元，分别同比增长7.4%、7.1%、8.0%。2021年末，缴存总额432.65亿元，比上年末增加14.8%；缴存余额130.64亿元，同比增长7.8%。受委托办理住房公积金缴存业务银行6家。

【住房公积金贷款和提取】 2021年，丽水市住房公积金管理中心发放个人住房贷款0.52万笔18.79亿元，同比分别增长4.7%、3.4%，其中发放异地贷款139笔4199万元。2021年，回收个人住房贷款15.34亿元。2021年，支持职工购建房59.39万平方米（含公转商贴息贷款），年末个人住房贷款市场占有率（含公转商贴息贷款）为19.5%。2021年末，累计发放个人住房贷款8.71万笔、277.88亿元，贷款余额130.59亿元，分别比上年末增长6.3%、7.2%、2.7%，其中发放异地贷款总额26009万元，异地贷款余额20383万元。个人住房贷款余额占缴存余额的100.0%，比上年末减少4.9个百分点。受委托办理住房公积金个人住房贷款业务的银行10家。至年底，累计发放公转商贴息贷款345笔14598万元，累计贴息131万元。全市11.85万名缴存职工提取住房公积金共计46.37亿元，同比增长8.7%；提取额占2021年缴存额的83.0%，比上年增加0.5个百分点。至年底，提取总额302.00亿元，比2020年末增加18.1%。

【公积金业务收支及资金存储】 2021年，丽水市住房公积金管理中心业务收入46554万元（剔除系统内调剂利息收支前业务收入47428万元），同比增长1.6%。业务支出24652万元（剔除系统内调剂利息收支前业务支出25526万元），同比下降5.0%，其中，支付职工住房公积金利息19185万元，归集手续费1万元，委托贷款手续费939万元，其他4527万元。2021年，丽水市住房公积金存款7.43亿元，其中，活期0.28亿元，1年（含）以下定期1.72亿元，1年以上定期0亿元，其他（协定、通知存款等）5.43亿元。

【公积金增值收益及分配】 2021年，丽水公积金增值收益21902万元，同比增长10.2%；增值收益率1.74%，比上年增加0.04个百分点。全年提取贷款风险准备金13141万元，提取管理费用3868万元，提取城市廉租住房（公共租赁住房）建设补充资金4893万元。2021年，上缴财政管理费用3898万元，上缴财政城市廉租住房（公共租赁住房）建设补充资金4059万元。至年底，贷款风险准备金余额127241万元，累计提取城市廉租住房（公共租赁住房）建设补充资金36441万元。

【住房贷款资产风险及状况】 2021年，丽水住房公积金管理中心加大对不良贷款处置力度，及时通过法院诉讼及其他法律手段回收贷款本息，全市处置不良贷款4笔，涉及金额148.38万元。至年底，个人住房贷款逾期额46.54万元，逾期率0.036‰；个人贷款风险准备金余额127241万元。全年无使用个人贷款风险准备金核销呆坏账。

【住房公积金政策调整】 2021年1月1日起，市场租赁自住住房提取住房公积金限额由每人每月800元调整为1000元。7月2日，丽水市区2021年度住房公积金基数调整工作开始，缴存基数下限按当地最低月工资标准确定为1660元，缴存基数上限按当地统计局提供的2020年丽水市职工月平均工资的3倍确定为30120元。

【公积金服务改进】 2021年，市住房公积金系统推进住房公积金服务“跨省通办”，设立“跨省通办”服务窗口，运用全国住房公积金监管服务平台、长三角“一网通办”、浙江政务服务等平台，通过全程网办、代收代办、两地联办等方式，推进住房公积金服务“跨省通办”和住房公积金长三角政务服务一体化工作。2021年，住房公积金单位登记开户、购房提取住房公积金等5项服务事项纳入“跨省通办”范畴，出具贷款职工住房公积金缴存使用证明等8个服务事项实现“跨省通办”。加快系统智能服务改造，提升数据赋能质量，以数据高效共享实现办事事项零材料申报，租房提取等业务实现“智能秒办”。接入“全国住房公积金小程序”，住房公积金异地转移接续业务实现无感智办。深化住房公积金“一件事”集成改革，持续推动机关事业单位人员职业生涯全周期管理、住房公积金提前还贷（结清）一件事、企业开户一件事应用等业务场景迭代升级、智能办理。推动住房公积金业务线上“能办”向“好办”“易办”转变，持续提升服务效能和办事体验。

【“互联网＋住房公积金”建设】 2021年，丽水市住房公积金管理中心完成住房公积金综合业务系统升级和部署云端改造工作，有效提升业务系统的工作效率和可靠性；建立住房公积金高风险业务核查模型，实现高风险业务事后追踪核验“数智”功能；完成公积金综合业务系统计算机等级保护三级备案，切实提升中心网络信息安全防护水平；完成住房公积金档案存储系统升级“双活”服务部署，有效提升档案系统运行效率及档案数据安全性。设立首席数据官和数据专员工作机制，完善制定《公积金业务数据安全管理制度》《公积金个人隐私保护制度》。参照《住房公积金数据标准》要求，通过业务和技术手段对公积金基础数据进行数据质量检测。对不符合数据质量检核标准的历史数据，分级分类处理，确保历史数据完整、准确。借助住房公积金监管平台和电子检查工具，提升数据治理的深度；与其他业务部门建立数据质量反馈机制，打通数据治理横向通道，使数据提供方与使用方之间的沟通更便捷，确保共享数据的一致性、准确性和完整性。推进对中心业务风险数据的常态化监管，定期对风险业务进行检核排查。（谢丽莎）

政协丽水市委员会

综　述

【概况】 2021年，丽水市政协履行政治协商、民主监督、参政议政职能。全年召开各类协商会28次，完成调研视察课题18个，组织重大民主监督活动3项，向市委、市政府报送重点调研视察报告、民主监督建议书15份，协商纪要、提案、大会发言、社情民意信息等各类意见建议675件，委员参与履职活动4600人次，市委、市政府领导参加政协各类协商会9人次，对委员履职成果批示43件次。

在市政协四届五次会议期间，举行“社会治理领域‘最多跑一地’改革”界别协商会，提出加强丽水市“最多跑一地”数字化建设；建立县级社会矛盾调处中心干部激励机制；发挥行政争议调解中心作用3个方面意见建议。举行“教育提质行动计划落实情况”界别协商会，提出教师提质、教育软环境优化、教育经费保障、教育专业化、家校联动5个方面意见建议。举行“促进丽水人超市经济健康发展”界别协商会，提出打造区域公共品牌、挖掘数字价值、培训专业人才、传统商超转型4个方面意见建议。

开展“深入推进大花园建设，加快建设美丽中国先行示范区”市县政协联动专项集体民主监督。提出进一步抓好整改落实，对照问题清单，建立长效机制等意见建议。

开展市领导领办督办和民主评议、提案集中办理等工作，办理委员提案278件。向党委、政府报送反映社情民意信息180期，编播《委员视点》电视专栏25期，组织委员送卫生、科技、教育、法律、文化“五下乡”活动。举办民祭轩辕黄帝大典等联谊活动。开展《卫生印记》《初心·使命·挺进》《丽水生态诗选》文史资料征集工作，举办以“庆祝中国共产党成立100周年”为主题的全市政协系统第十五次书画作品联展。

开展以“围绕构建政协协商民主体系”为主题的理论文章征集活动，获省政协二等奖文章1篇；表彰全市政协系统2020年度优秀论文和调研成果35篇。举办常委会学习会3次和委员培训班2期。参与巩固全国文明城市创建成果活动，市政协机关干部上街文明劝导和包干路段巡查。

【市委领导领办提案】 2021年，市委书记胡海峰领办《关于我市乡村振兴“补短板”，推进共同富裕的建议》提案，市委副书记郎文荣领办《巩固拓展脱贫攻坚成果要抓住五年窗口期》提案，市委常委、宣传部部长任淑女领办《关于补齐后疫情时代我市传统文化产业高质量发展四大短板的建议》提案，市委常委、市纪委书记方文军领办《关于加快落实侵害未成年人案件强制报告制度的建议》提案，市委常委、统战部部长王小荣领办《抢抓机遇打造成新生代海外人才集聚高地》提案，市委常委、莲都区委书记徐光文领办《关于市区合力全面推进垃圾分类工作的建议》提案。

【市政府领导领办提案】 2021年，市委副书记、市长吴晓东领办《壮大产业集群，提升发展动能推进跨越发展》提案，市委常委、常务副市长杜兴林领办《关于切实贯彻“双招双引”战略举措，实现丽水跨越式发展的建议》提案，副市长卢彩柳领办《关于丽水瓯江山水诗路建设的建议》提案，副市长杨秀清领办《扶持电商产业，助力乡村振兴》提案，副市长毛建国领办《关于打造最优法治化营商环境的建议》提案，副市长戴邦和领办《关于加快丽水数字经济发展的建议》提案，副市长楼志坚领办《关于提高我市园林绿化质量的建议》提案。

【市政协领导督办提案】 2021年，市政协四届五十七次主席会议确定市政协主席、副主席督办四届五次会议重点提案10件。市政协主席陈瑞商督办《关于建立我市乡镇居家养老服务中心有效运行机制的建议》提案，副主席韦铁民督办《规范农房建设，打造美丽乡村新标杆》提案，副主席金爱武督办《关于促进我市中职教育提质发展的建议》提案，副主席汤家友督办《关于科技创新与产业融合发展的建议》提案，副主席丁岳清督办《多元赋能提升丽水制造业核心竞争力》提案，副主席高波督办《关于推进内外资招引工作的专业化和一体化全面提高招商引资能力的建议》提案，副主席王顺发督办《关于加大对松阳高腔传承保护的建议》提案，副主席郑利剑督办《开展生态疏浚，提升河道治理水平的建议》提案，副主席何卫宁督办《关于建立全市统一的中小学校长人才培养管理机制的建议》提案，副主席饶鸿来督办《关于加大农村金融改革力度，支持乡村振兴的几点建议》提案。

【专门委员会工作】 2021年，提案委员会在市政协四届五次会议期间，收到政协委员和政协各参加单位以提案形式提出的意见建议321件，经提案委员会审查，立案286件，并案处理后263件。23件提案被列为重点提案，由市委市政府领导领办、主席副主席督办，实行"清单式交办、清单式办理和清单式公开"。提案在规定时间内全部办复，其中采纳136件，部分采纳或列入计划采纳124件，占比98.86%，评选优秀提案14件、四届丽水市政协十佳提案10件。推进"请你来协商"工作，全市市、县两级政协共开展"6"请你来协商59次，"X"请你来协商28次，评选四届丽水市政协"请你来协商"十佳活动案例10个，向省政协报送《丽水市"请你来协商"创新推进养老人才培养》《打造"云景特色风情聚落区块"跨县域联合系列协商》活动案例2个，政协协商向基层延伸(民生议事堂)案例3个。

7月、10月，委员工作委员会分别在合肥、赣州举办市政协委员(干部)培训班2期，培训学员108人。举办"加强中小学校长人才培养管理""共同富裕示范区建设"主题委员论坛。发动市、县两级委员参与省政协组织的"高质量发展建设共同富裕示范区"网上主题议政活动、"千名委员话共富讲担当"网上专题学习、"同心向党——学决议强自信跟党走""万名委员上线"网上学习会活动及市政协组织的为期11天的网络议政、民主监督和读书活动。6月、7月在市、县两级委员中开展界别活动月暨"千名政协委员联系帮扶千户低收入农户"行动，全市委员为514个村、1809户困难户带去慰问金115万余元，为村集体筹集资金71万元，提供帮扶项目188个，帮助村民就业944人次，开展各类服务受益群众5688人次，开展红色教育、党史教育126场次。深化政协委员会客厅(工作室)工作。7月，市县政协主席、党员副主席走进10家委员会客厅，开展专题宣讲。7至8月，各委员会客厅开展"我与示范区建设"恳谈活动，10个会客厅参与恳谈人数227人，提出建议54条。开展市政协系统"十佳委员会客厅(委员工作室)"活动案例评选活动及第一届、第二届"最美政协人"评选相关工作。10月培训全市10个委员会客厅的参与团队成员，市县政协主要领导、分管领导、工作人员。加强制度管理，规范各项工作。修订《丽水市政协委员履职情况量化评价办法》。会同驻市政协机关纪检监察组及市政协办公室有关处室人员专项监督检查21个界别活动组活动经费使用情况，牵头制定《丽水市政协委员活动经费使用注意事项》。

经济委员会开展"促进'丽水人超市'经济健康发展"界别协商会。会前听取市直相关部门、相关县(市、区)的情况通报，到贵州贵阳、安顺和遵义走访"丽水人超市"，实地了解掌握"丽水人超市"发展现状、存在的困难问题和相关建议举措。协商会围绕"健全组织架构、完善金融政策、深化整体智治、强化行业培训、突出平台作用"五大方面建言献策，相关意见建议纳入8月发布的《丽水市超市业态(创业创新)发展分析报告》中。开展"引入保险机制，提高风险化解能力"常委会会议专题议政。4月，召开专题座谈会，听取市银保监局、市金融办等9个部门以及人保财险、中国人寿等3家保险机构的情况通报，到青田、景宁、松阳和遂昌实地调研，开展专题协商议政，提出"强化系统谋划、突出服务创新、完善产品功能、加大政策支持"四方面对策建议。8月，到云和、龙泉、庆元、缙云、丽水经开区实地调查，走访相关企业30余家，深入掌握相关产业发展情况、存在的困难问题和意见建议。同时到福建省宁德市考察，学习当地在产业集群发展方面的先进经验和典型做法。9月底的请你来协商活动中，提出三大方面9条意见建议，得到市长吴晓东的充分肯定。

农业和农村委员会开展"乡村振兴'补短板'推进共同富裕"调研协商。4月，通过调研撰写完成提案。6月，市政协调研组召开部门情况通报会，到缙云、云和、松阳、遂昌等地乡镇农村调研，与相关部门、乡镇干部、农业经营主体及农民群众座谈交流，开展网络议政借鉴委员的建设性意见，根据调研情况梳理撰写调研报告和委员补充发言。10月28日，开展"请你来协商"活动，市委书记胡海峰高度肯定本次调研协商工作，认为政协机关和各位委员工作干得"实打实"，大家的意见建议言之有理、言之有物、言之有据，富有建设性，有力展现出中国特色协商民主的强大生命力。开展“加强‘三位一体’为农服务”专项视察。11月，视察生产、供销、信用“三位一体”为农服务体系建设情况。配合省政协开展“扎实推进共同富裕”调研和委员网上主题议政活动，形成《关于“实现山区跨越式发展，推进共同富裕”的建议》。参加“完善政协协商成果采纳、落实、反馈机制”调研，参与撰写相关材料，并形成《完善政协协商成果采纳、落实、反馈机制研究》报省政协。参与“深入推进大花园建设，加快建设美丽中国先行示范区”市县政协联动专项集体民主监督。5月，到遂昌县北界镇“送科技下乡”为农服务，开展农技培训专题讲座、赠送农技书籍资料、现场考察指导、召开果蔬产业高质量发展座谈会等。积极开展“双千行动”，到遂昌县北界镇王坞村开展低收入农户帮扶活动，仔细了解农户困难和需求，为农户增收出谋划策、提供帮助，为低收入农户13人捐款7800元。到景宁县东坑镇北溪村开展低收入农户帮扶，为低收入农户8人捐款4000元。

人口资源和环境委员会开展“深入推进大花园建设，加快建设美丽中国先行示范区”三级政协联动专项集体民主监督，主动向省政协副主席周国辉专题汇报监督报告。开展“创新引领，深化中国气候养生之乡建设”请你来协商活动，联动省直部门，到遂昌、松阳、缙云等地实地调研考察避暑、观星、观云等基地，召开各层次座谈会9次，了解丽水市气候养生之乡建设和推进国家气象公园试点建设的情况。围绕“推进碳达峰碳中和”和“提升生物多样性保护水平”，对接省政协人资环委联合开展调研。围绕“抓实无废城市创建，努力把丽水建设成卓越美丽的大花园”开展调研。开展“网络议政”以及“结对帮扶、扶贫济困”等活动。

教育科技卫生体育委员会召开“落实教育提质行动计划”界别协商会。围绕2019年市委教育大会精神落实情况及《丽水市教育提质行动计划(2019—2022年)》文件执行情况在市内外开展调研，提出要促进教师提质、优化教育软环境、保障教育经费、推进教育专业化、推进家校联动等方面意见建议。开展“促进创新链与产业链融合发展 请你来协商”活动。5月，到开发区、松阳县、缙云县及安徽省合肥市等地调研，了解丽水市重点产业集群发展及创新链布局现状、相关科技政策及落实情况，梳理科技创新与产业融合方面存在的短板和问题，与相关部门互动协商。4月，到松阳县望松街道开展“送教育下乡”活动。邀请优秀骨干教师为城北小学、城北幼儿园送教示范课，其间联合市关工委举行“点亮梦想•关爱行动”主题助学金发放活动，为城北小学和培智学校困难中小学生50人发放慰问金。开展“送卫生下乡”活动。7月，医药卫生界别委员和医疗专家到莲都区大港头镇开展“送卫生下乡”活动，开展义诊及健康咨询，并向村民免费提供药品。开展“双千行动”。6月，到龙泉市兰巨乡大赛村开展界别活动月暨“千名政协委员联系帮扶千户低收入农户”行动，看望慰问大赛村部分低收入农户。

社会法制和民族宗教委员会主办“唱响山歌报党恩 砥砺奋进新征程”三月三歌会，包括百年党史知识竞赛、畲族山歌对唱和凤凰旗袍秀等节目。开展帮扶活动。2月，发动丽水民建会员企业浙江浩腾电子科技股份有限公司为景宁县大均乡新庄村捐赠安装太阳能路灯，价值10万元。7月，到景宁畲族自治县新庄村开展“双千行动”，给村民送去油、米等生活必需品和慰问金。召开“社会治理领域‘最多跑一地’改革”界别协商会。举办“数字化改革推进市域治理现代化”常委会会议协商。开展“深入推进大花园建设，加快建设美丽中国先行示范区”市县政协联动专项集体民主监督调研。参加《丽水市革命遗址保护条例》《丽水市扬尘污染防治规定》立法协商会，助推本地法规落地实施。举办送法下乡。6月，到龙泉市住龙镇开展“送法下乡”活动，举办《民法典》等法律知识专题讲座，现场解答各类涉法问题，为村民提供法律援助。走访调研景宁敕木山惠明寺，莲都南明山仁寿寺、白云山白云寺等宗教场所，促进宗教和睦社会和谐发展。

港澳台侨和外事委员会举行“我的中国心——海外华人华侨‘侨心向党’”主题系列活动5项。组织委员(列席代表)现场参加、网络收看直播庆祝中国共产党成立100周年大会，召开习近平重要讲话精神和党史学习教育主题座谈会；通过网络视频等形式，5次邀请在国(境)外的列席代表就疫情背景下中国外贸形势发展提出建议，并联合青田公共外交协会开展“越洋学史华侨课堂”活动；约请委员(列席代表)36人参加“写一句心语，抒一腔真情”活动，在丽水政协微信公众号编报委员(列席代表)心声2期27人；5月、6月，在青田和莲都开展“红色浙西南、绿色新丽水”瞻仰学习座谈活动和“侨心向党、同心筑梦”党史学习教育；联合丽水市华侨华人摄影协会等社团，用100幅图片再现中国共产党成立100周年的辉煌成就。开展“涉外婚姻家庭”专题协商调研。3月，开展“做好涉外婚姻工作”课题调研，6月底，举行“请你来协商”活动，提出建议17条，全部被采纳落实，受到国家、省外事部门充分肯定。开展“深入推进大花园建设，努力打造美丽中国先行示范区”三级政协联动专项集体民主监督活动，助推美丽大花园建设高质量发展。开展贫困帮扶活动。委员（列席代表）为涉外婚姻困难家庭送爱心慰问金 2.2 万元，列席代表摄影家为部分家庭拍全家福；为景宁、松阳、缙云等县贫困家庭 30 余户送去温暖；委员（列席代表）参与助学活动，结对贫困学子 400 余人。线上线下拓展团结联谊。以线上方式参加巴西中国商会、巴塞罗那丽水总商会等侨团的就职仪式，接待港澳台和华人华侨社团来访 26 批次；走访看望委员（列席代表）53 人次，召开座谈会 7 个。参与筹备华侨创业创新服务中心，成立为侨服务联盟，并通过微信群、电话等渠道和侨博会、公共外交等平台，广泛联系各界人士。

文化文史和学习委员会系统推出线上、线下、讲坛、讲座等多形式融合的“括苍学堂•书香政协”委员读书活动。在线上开展第一、二期专题学习会，在市博物馆开展“括苍讲坛”专题讲座和“括苍沙龙”等线下读书活动。做好文史资料征编工作。做好市政协文史资料丛书第十六辑及其他专辑的校对和编辑出版，完成专辑《卫生印记》《初心•使命•挺进》《丽水生态诗选》征编出版。完成丽水市“中国共产党成立 100 周年”文史资料征集，完成省文史馆关于首届“人文之美”研讨会论文征集，报送 4 篇。推出《丽水政协》杂志文史长廊和《丽水日报》文史专栏板块，定期编审发送文史资料稿件。发表《石雕邮票铸丰碑》《丽水老街区——刘祠堂背》《彭孝儒将军率团保卫丽水城记事》等文史资料。开展“充分发挥文物的传承作用，促进文旅融合发展”专题调研、历史文化街区改造和“未来社区”建设委员视察活动、宗祠文化与家风家训专题视察。开展送文化下乡活动。10 月，在龙泉市宝溪乡开展以“传承浙西南红色革命精神”为主题的市政协送文化下乡活动，打造一台充满革命浪漫主义情怀、田园风格的主题音乐会。举办书画作品联展。6 月，在莲都区举办以“翰墨飘香咏百年，丹青溢彩颂辉煌——庆祝中国共产党成立 100 周年”为主题的全市政协系统第十五次书画作品联展。组织委员工作室活动，在文保单位万象山洞天楼开展主题不一的笔会交流活动，让文物真正地“活起来”。

政协全体会议及常务委员会会议

【政协第四届丽水市委员会第五次会议】 2021 年 2 月 22 日至 25 日，政协第四届丽水市委员会第五次会议在丽水举行。应到委员 331 人，实到 313 人。会议听取和审议政协第四届丽水市委员会常务委员会工作报告和关于市政协四届四次会议以来提案工作情况的报告，听取并讨论政府工作报告及其他有关报告。市政协主席陈瑞商代表政协第四届丽水市委员会常务委员会向大会报告常委会工作。受政协第四届丽水市委员会常务委员会委托，市政协副主席丁岳清作提案工作情况的报告。市政协四届四次会议以来，广大政协委员和政协参加单位、专委会、界别组、县（市、区）联络组，提出提案 354 件。经审查，立案 307 件，并案处理后 278 件。提案送交 78 个承办单位办理，都在规定时间内办复。

会议期间，广大政协委员和政协各参加单位认真履行职责，运用提案建言献策。大会收到以提案形式提出的意见建议 317 件。经审查，立案 282 件，并案处理后交办 259 件。其中，集体提案 38 件，委员个人提案 221 件；涉及经济建设方面 80 件，政治建设方面 24 件，文化建设方面 50 件，社会建设方面 87 件，生态文明建设方面 18 件。

大会有 12 位委员作口头发言，22 位委员作书面发言。《全力争取国家城乡融合发展试验区，打造乡村由美到旺丽水样本》《开展生态疏浚提升河道治理新水平》《多元赋能提升丽水制造业核心竞争力》《创建华东绿色能源基地的建议》《垃圾分类：不要企求毕其功于一役》等发言，围绕我市经济、政治、文化、社会和生态建设，提出很多富有建设性的意见建议。

全会期间分别举行“社会治理领域‘最多跑一地’改革”“教育提质行动计划落实情况”“促进丽水人超市经济健康发展”界别协商会。政协委员和旁听代表结合各自调研和工作情况，围绕加强丽水市“最多跑一地”数字化建设、建立县级矛调中心干部激励机制、发挥行政争议调解中心作用；教师提质、教育软环境优化、教育经费保障、教育专业化、家校联动；丽水人超市存在的问题等方面，从不同角度和层面积极建言献策。市相关部门单位负责人回应委员们和市民代表提出的问题和建议，双方深入探讨推动社会治理领域“最多跑一地”改革、落实教育提质行动计划、促进丽水人超市经济健康发展，共谋解决之道。

闭幕会上，市委书记胡海峰充分肯定四届市政协和广大政协委员一年来所取得的成绩，并提出殷切期望。陈瑞商作工作要求讲话。表彰 2019—2020 年度市政协先进委员小组 9 个和优秀委员 33 人，市政协四届四次会议以来的优秀提案 15 件，2020 年度全市政协反映社情民意信息工作先进单位13家和先进个人16人，市政协四届五次会议优秀大会发言17篇，全市政协系统2020年度优秀调研成果和优秀论文32篇。通过政协第四届丽水市委员会第五次会议提案初审情况的报告、政协第四届丽水市委员会第五次会议决议。

【政协第四届丽水市委员会常务委员会第二十二次会议】 2021年2月4日，政协第四届丽水市委员会常务委员会第二十二次会议在丽水召开。会议审议通过市政协常务委员会工作报告、提案工作报告，围绕“一府两院”工作报告（讨论稿）进行协商讨论，并书面讨论《丽水市国民经济和社会发展第十四个五年规划纲要及二〇三五年远景目标纲要（草案）》。会议还审议通过政协第四届丽水市委员会第五次会议秘书长、副秘书长名单和有关人事事项，研究决定政协第四届丽水市委员会第五次会议有关事宜，表彰丽水市政协系统“最美政协人”。

【政协第四届丽水市委员会常务委员会第二十三次会议】 2021年2月24日，政协第四届丽水市委员会常务委员会第二十三次会议在丽水召开。会议审议通过政协第四届丽水市委员会第五次会议选举办法（草案）；审议通过人事事项（草案）；审议通过大会选举总监票人、监票人名单（草案）；审议通过政协第四届丽水市委员会提案委员会关于市政协四届五次会议提案初审情况的报告（草案）；审议通过政协第四届丽水市委员会第五次会议决议（草案）。

【政协第四届丽水市委员会常务委员会第二十四次会议】 2021年5月31日，政协第四届丽水市委员会常务委员会第二十四次会议在丽水召开。会议听取市退役军人事务局关于“全国双拥模范城市建设”情况通报、莲都区政府关于“碧湖新城建设”情况通报、市发改委关于《中办国办关于建立健全生态产品价值实现机制的意见》解读；审议通过《政协丽水市委员会关于加强和促进人民政协凝聚共识工作的实施意见》以及有关人事事项。

【政协第四届丽水市委员会常务委员会第二十五次会议】 2021年7月27日，政协第四届丽水市委员会常务委员会第二十五次会议在丽水召开。会议举行“引入保险机制，提高风险化解能力”协商讨论会，并形成建议案；举行经济形势报告会，由市政府主要领导通报上半年全市经济形势和下半年政府工作打算；市发改委书面通报关于提升中心城市规模和能级的情况。

【政协第四届丽水市委员会常务委员会第二十六次会议】 2021年9月22日，政协第四届丽水市委员会常务委员会第二十六次会议在丽水召开。会议举行“以数字化改革推进市域社会治理现代化”协商讨论会；听取市发改委关于“丽水机场、铁路建设”情况通报、市人力社保局关于“强化就业优先政策”落实情况通报、市农业农村局书面通报推进农业转移人口市民化情况。

【政协第四届丽水市委员会常务委员会第二十七次会议】 2021年12月20日，政协第四届丽水市委员会常务委员会第二十七次会议在丽水市召开。会议听取市中级人民法院工作情况通报、市人民检察院工作情况通报，听取市委、市政府关于市政协四届五次会议以来提案办理情况通报，听取市政府关于市政协“引入保险机制，提高风险化解能力”建议案办理情况通报，听取市教育局关于“丽水高等教育发展”情况通报。会议审议通过《关于授权主席会议审议政协第五届丽水市委员会第一次会议有关事宜的决定》（全会议程、日程、召开时间等）、《中国人民政治协商会议丽水市委员会协商工作规则》。会议还听取市政协各专委会四届工作总结汇报（书面）；审议通过有关人事事项。

调研活动和重要会议

【全市政协主席读书会】 2021年8月23日至24日，全市政协主席读书会在丽水召开。市政协主席陈瑞商强调，要全力推进数字政协建设，跑出政协加速度。按照省政协的统一部署，结合丽水的实际情况，实事求是制定方案，扎实有序推进工作，紧扣重要时间节点，在掌上履职、掌上主题议政、掌上办公等平台建设上及时跟进，在“建、用、管”三个环节主动作为，认真抓好党政机关整体智治综合应用系统“政协综合应用”的建设，用活用好省市县三级政协协同履职应用。就做好下阶段政协工作，陈瑞商要求，要厉行“丽水之干”，干出政协新样子。坚持政治高站位，学习贯彻好全省政协主席暑期读书会暨宣传思想工作会议精神，谋深做实全市政协宣传思想工作；坚持问题导向、效果导向，在“悟”和“干”上下功夫，高质量推进党史学习教育走深走实；坚持高标准、严要求，善始善终完成“请你来协商”、委员会客厅、重点课题调研、提案办理等年度重点工作；坚持初心使命，重视抓好政协系统党的建设和党风廉政建设，稳妥有序开展好政协换届工作；坚持严防死守、树立表率，做好委员企业、界别群众的宣传引导工作，毫不松懈抓实新冠疫情防控工作。

【上级重要会议精神传达学习】 2021年11月18日，市政协召开党组扩大会议传达学习贯彻党的十九届六中全会精神和省委、市委部署要求。会议强调，要在学习中提高思想政治站位。要全面、系统、准确地学习领会全会精神实质；要更加坚定党对政协工作的全面领导；要把学习贯彻全会精神与深化党史学习教育、践行丽水之干、开展政协委员读书活动等结合起来，真正做到学深悟透、笃信笃行。

7月2日，市政协召开党组(扩大)会议学习贯彻习近平总书记“七一”重要讲话精神。会议强调，要把学习贯彻习近平总书记“七一”重要讲话精神作为当前首要政治任务，带着对党绝对忠诚、绝对负责的态度，做到学深悟透、笃信笃行。

4月9日，市政协党组和机关党组理论学习中心组召开“跟着总书记学党史”专题学习会。市政协党组书记、主席陈瑞商主持会议并讲话。会议强调，要做到学而明理、学而聚力、学而笃行，为丽水市打造“高水平建设和高质量发展的重要窗口”作出应有贡献。

2月2日，市政协召开四届五十二次主席会议暨市政协党组(扩大)会议，专题传达学习贯彻省两会精神。市政协党组书记、主席陈瑞商主持会议并讲话。会议强调，要深刻领会“两会”精神实质，加强学习、加深理解，切实把思想和行动统一到省两会部署要求上来，把“两会”部署融入履职工作，高质量开好市政协全会。

6月16日，市政协召开四届五十九次主席会议暨市政协党组(扩大)会议，传达学习贯彻省委十四届九次全会精神。会议强调，反映民意要锚定“持续缩小基础设施差距、持续缩小产业发展差距、持续缩小公共服务差距”，民主监督要更加务实，发挥政协民主监督钉钉子、抓落实的重要一锤作用，找准示范区建设中牵一发而动全身的“切口”问题，寓服务于监督之中。会议要求，建言资政要更加精准。要把履职思路放到高质量发展建设共同富裕示范区的大场景中去思考谋划，对照八个方面重点任务，加强课题研究，开展协商议政。

7月30日，市政协召开党组(扩大)会议，专题传达学习市委四届十次全体(扩大)会议精神。会议强调，要当好宣传员，学深悟透习近平总书记关于“共同富裕”重要论述精神，认真贯彻落实市委的决策部署，要在服务大局上当好实干家，要在履职为民上当好暖心人，要在自身建设上当好示范者。会议还就当前的疫情防控工作进行再部署再落实。会议要求，要时刻绷紧疫情防控这根弦，保持清醒头脑，坚决克服松懈麻痹思想。

9月10日下午，市政协召开四届六十二次主席会议暨市政协党组(扩大)会议，会议传达学习省政协主席葛慧君到丽水调研讲话精神。会议强调，要把共同富裕示范区建设作为政协履职锚定的靶心，更好释放政协作为专门协商机构的优势作用，要依托各类履职平台优势，发挥委员主体作用，要坚持目标导向、问题导向，提高建言资政质量，要聚焦牵一发而动全身的小切口，对标落实目标，提高民主监督实效，在推动共同富裕示范区建设中贡献政协智慧力量。

1月22日，市政协召开党组(扩大)会议，传达学习贯彻市委经济工作会议精神。会议强调，要学深悟透市委经济工作会议的精神实质，跟进市委决策部署，广泛凝聚共识，汇聚发展合力，在招商引资、招才引智等工作中发挥政协作用，彰显政协作为。会议指出，市委书记胡海峰在市委经济工作会议上的重要讲话，提出“双招双引”的战略举措和“以干得助”的工作要求，为全市经济社会发展和政协工作厘清思路、指明方向、提供遵循。

【“请你来协商”活动】 2021年10月28日，市政协通过“请你来协商”平台，围绕“乡村振兴‘补短板’推进共同富裕”主题，开展专题协商。市委书

2021年10月26日，市政协开展“请你来协商——乡村振兴‘补短板’推进共同富裕”活动场景
(李伟立　提供)

记胡海峰与部分市政协委员、农业经营户和业界代表一起座谈协商，面对面听取大家的意见建议。胡海峰充分肯定提案办理前期工作，认为从全面推进乡村振兴的要求上来讲，“补短板”不是可做可不做的选择题，而是必须要做并且要做好的必答题。对于乡村振兴“补短板”来说，最大的短板是人才，一方面，要抓好基层干部队伍建设；另一方面，要抓好本土能人队伍建设。对于乡村振兴“补短板”来说，要推动基层乡镇（街道）干部增强主动学习的意识，提高运用政策的能力；市县两级要下更大功夫，为基层乡镇（街道）干部提供更多学习机会和舞台，更加有效地推动乡村振兴政策在基层开花结果。

9月27日，市政协通过“请你来协商”平台，围绕“壮大产业集群，提升发展动能，推进跨越发展”主题开展专题协商。市政协主席陈瑞商主持会议并讲话，市委副书记、市长吴晓东应邀参会。协商会上，吴晓东强调，要围绕打造标志性产业链，全面加强与央企、大型国企、五百强企业、行业领军企业合作，加快构建“头部企业+中小微企业+服务+环境”的产业集群生态圈。要加快推动制造业数字化绿色化服务化转型，突出抓好“产业大脑+未来工厂”建设。要立足产业端实施传统产业改造提升工程，立足企业端构建创新型中小企业、隐形冠军和“小巨人”企业、单项冠军企业、高市值上市企业、行业领军企业“五企”培育体系。陈瑞商指出，要深刻领会，提高丽水产业集群发展重要性的认识高度，贯彻落实好本次会议精神，围绕丽水产业集群的壮大、发展动能的提升深化研究，围绕丽水“重要窗口”建设、发展大局积极有为，为丽水奋力打造“高水平建设和高质量发展重要窗口”贡献更多智慧和力量。

6月28日，市政协通过“请你来协商”平台，围绕“做好涉外婚姻工作”主题，开展专题协商。市政协主席陈瑞商主持会议并讲话，副市长戴邦和应邀参会。协商会上，市政府外事办介绍丽水市涉外婚姻工作情况，市政协调研组负责人作综述发言，市政协委员、港澳台侨列席代表以及从事涉外婚姻工作的基层干部分别就加强涉外婚姻法律宣传、帮扶困难涉外婚姻家庭、建立长效管理制度等方面提出意见建议，市医保局、市司法局、市教育局、市妇联、市人力社保局、市民政局、市公安局等部门按照各自职责进行回应。陈瑞商强调，要统一思想，提高政治站位，坚持依法办事，提升服务管理质效。要加强服务，锐意改革创新，积极探索外籍新娘在就医、就业、社保等方面的服务举措，完善“六个一”的管理服务机制。要规范管理，维护社会稳定，加强各部门协调对接和配合联动，多管齐下集中解决重点难点问题，努力打造涉外婚姻工作的丽水模式。

8月27日，市政协通过“请你来协商”平台，围绕“居家养老服务的丽水策略”主题开展专题协商。市政协主席陈瑞商主持会议并讲话，副市长杨秀清应邀参会。协商会上，市政协课题调研组结合调研情况，指出丽水居家养老服务现状和存在的主要问题，市政协委员、业界代表和专家分别就居家养老服务的设施布局与建设、设施运营与效益、补贴制度与普惠等方面提出意见建议。市民政局、市财政局、市自然资源局、市卫健委等相关部门按照各自职责进行协商发言。市政协副主席郑利剑代表调研组作总结发言。陈瑞商强调，要充分认识到美好生活老年人不能缺位，必须重视共同富裕中的老年人，不断优化居家养老服务的制度供给，聚焦养老服务设施规划、托养服务规定、相关补助办法等关键问题长效推进，要通过开展“回头看”，对政协五年来的养老课题再调研、再视察、再协商。杨秀清提出，下一步要聚焦养老工作中的堵点痛点狠抓落实，在具体工作中合力推动我市养老事业迈上新台阶。

9月3日，市政协通过“请你来协商”平台，围绕“促进创新链与产业链融合发展”主题开展专题协商。市政协主席陈瑞商主持会议并讲话，副市长戴邦和应邀参会。协商活动上，市政协调研组介绍此次课题调研基本情况。市科技局就全市创新链与产业链融合发展现状进行情况通报。各位调研组成员结合调研情况，指出全市“双链”融合中存在的主要问题，并分别从优化人才招引措施、推进创新平台建设、引入科创研发机构、推动科研成果转化以及强化体制机制创新等方面提出意见建议。市科技局、市经信局、市财政局、市委组织部等相关部门负责人结合各自部门职责进行协商发言。市政协副主席汤家友从产业链与人才链、资金链、政策链相互融合的角度代表调研组作总结发言，详细阐述建立健全链长负责制的重要性。陈瑞商强调，要深刻认识到“两链”融合发展对于推动我市加快跨越式高质量发展的重要意义，顺势而为、精准发力、形成氛围抓“两链”融合，将财力、物力、人力集中在关键重点，在供需两端上下功夫，在真情服务上动脑筋。戴邦和提出，下一步将把促进“两链”融合发展摆在重要位置，聚焦“规划、政策、路径”三大融合导向，狠抓五大重点工作，持续推进“两链”深入融合发展。

10月18日，市政协通过“请你来协商”平台，围绕“创新引领 深化中国气候养生之乡建设”主题开展专题协商。市政协主席陈瑞商主持会议并讲话，副市长杨秀清应邀参会。协商会上，市气象局通报丽水市开展气候养生之乡建设、国家气象公园试点创建等相关工作情况。中国气象服务协会常务副会长孙健通过视频连线，对丽水如何创建好国家气象公园提出观点和希望。市政协课题调研组和场外市民代表结合调研情况和丽水实际，指出气候养生之乡建设存在的短板，并就气候资源的生态价值转化、中国气候之乡品牌打造、项目建设规划等方面提出意见建议。市气象局、市委宣传部、市发改委、市文广旅体局、市国资委按照各自职责进行协商发言。市政协副主席丁岳清代表调研组作调研综述发言。陈瑞商指出，气候资源是丽水的最大财富，要清晰地认识到气候资源的宝贵之处，增强"气候自信"。就深化气候养生之乡建设、国家气象公园试点创建等工作，陈瑞商强调，各相关部门要树立保护是为了更好发展的理念，把保护放在首位，擦亮"国际休闲养生城市"的金字招牌，加大宣传力度，进行全面的科普宣传和气候优势宣传，加大利用力度，聚集和锚定几个产业和产业链，集中配置要素、人力和物力，研究操作性办法。杨秀清表示，下步各相关部门要认识到气候资源开发利用工作的重要意义，聚焦资源统筹，推动价值转化，合力抓好落实，高效推进气候资源开发利用工作。

【省政协在丽开展"扎实推进共同富裕"重点课题调研】 2021年3月8日至10日，省政协副主席陈铁雄带领调研组到丽水市开展"扎实推进共同富裕"重点课题调研。调研组到景宁畲族自治县、莲都区开展实地走访调研，并召开座谈会。在3月10日举行的座谈会上，陈铁雄听取丽水市"扎实推进共同富裕"的工作情况汇报。陈铁雄要求，要加快探索构建实现共同富裕的目标体系、产业体系、政策体系，进一步提高目标定位，坚持生态优先，不断推动高质量发展，切实从各方面提高共同富裕水平。陈铁雄强调，要坚定推进创业富民工作，激活创业主体的活力，推进产业融合，做大"蛋糕"，加大基础设施投入，加强公共服务保障，分好"蛋糕"，以科技发展产业，以产业吸引人才，以人才助力发展，进一步提升发展内生动力。

【党史学习教育动员部署会】 2021年3月19日，市政协召开党史学习教育动员部署会，学习贯彻习近平总书记在党史学习教育动员大会上的重要讲话精神。会议传达学习全市党史学习教育动员部署会精神，讨论研究市政协开展党史学习教育的实施方案、市政协做好《习近平在浙江》学习宣传工作的实施意见。会议强调，要提高政治站位，力求党史学习教育入脑入心，把学习教育与深入学习领悟习近平新时代中国特色社会主义思想、《习近平在浙江》采访实录、浙西南革命精神贯通结合起来，以党史学习教育成果指导政协工作实践。会议要求，要确保党史学习教育走深走实，围绕市委"双招双引""数字化改革"等重点工作加强调查研究，在学习教育中深入开展"我为群众办实事、我为企业解难题、我为基层减负担"实践活动，把学习教育成效转化为政协履职的强大动力，不断推动我市政协工作提质增效。

【党风廉政建设专题会议】 2021年5月7日，市政协机关召开党风廉政建设专题会议。会议传达市保密委相关文件精神，秘办领导、各专委会主任汇报2020年以来履行党风廉政建设"一岗双责"情况，签订市政协机关2021年度党风廉政建设责任书，部署市政协机关2021年度落实全面从严治党，加强党风廉政建设和意识形态建设等相关工作，并组织学习党委（党组）意识形态工作责任制的相关文件。市政协副主席郑利剑强调，要始终把政治建设摆在首位，主动依靠、自觉接受党对政协工作的全面领导，严格执行党章党纪和党内法规制度，认真贯彻执行《党委（党组）落实全面从严治党主体责任规定》和党委（党组）意识形态工作责任制相关文件要求，把工作纪律、作风建设各项规定往深里抓、实里做，强化党性锤炼，进一步将意识形态工作与深入学习习近平新时代中国特色社会主义思想和党史学习教育结合起来。

【"深入推进大花园建设，加快建设美丽中国先行示范区"市县政协联动专项集体民主监督】 2021年5月18日，市政协召开市县政协联动专项集体民主监督工作部署会。"深入推进大花园建设，加快建设美丽中国先行示范区"市县政协联动专项集体民主监督是2021年全省政协系统唯一一次三级政协联动专项集体民主监督。会上，市政协人资环委主任吴洵麒就相关分工、聚焦重点、监督要求等进行解读和部署。市政协副主席丁岳清要求，要强化政治担当、发挥政协优势、融入党史教育，用心用情全力服务助推，坚持围绕问题导向、效果导向、目标导向，上下联动、双线融合、点面互促，促进民主监督成果效应最大化，增强民主监督的开放性和有效性。6月15日，组织到景宁畲族自治县开展"深入推进大花园建设，加快建设美丽中国先行示范区"市县政协联动专项集体民主监督调研，围绕"护绿为基、点绿成金、革绿出新"三大方面，提出“进一步抓好整改落实，对照问题清单，建立长效机制”“进一步加强市县两级政协联动开展民主监督，形成合力”“充分发挥委员主体作用，把小组督查和发挥委员作用结合起来”的意见建议。

【“充分发挥文物的传承作用，促进文旅融合发展”专题调研】 2021年5月26日至27日，市政协副主席王顺发到青田、云和、景宁开展“充分发挥文物的传承作用，促进文旅融合发展”专题调研。调研组实地走访青田的陈诚故居、老城墙、老街区，云和的黄绍竑公馆、王家祠堂，景宁的惠明寺、孔庙、老城区，深入了解文物保护传承和创新文旅融合发展的相关措施，以及文物保护与历史文化、旅游发展相互之间存在的问题和困难。

【居家养老服务调研】 2021年6月29日至30日，市政协副主席、秘书长郑利剑带队到遂昌县开展居家养老服务调研。调研组实地调研遂昌县妙高街道居家养老服务中心、县颐养中心、应村乡居家养老服务中心、新路湾镇居家养老服务中心，详细了解床位数、入住率、投入资金总量、社会化运营、消防、食品安全等情况，重点了解乡镇（街道）居家养老服务中心运行情况、养老服务补贴对象服务需求和享受情况。调研组认为遂昌县利用村集体用房改造成具有一定收住床位量的乡镇养老服务中心，有效解决农村独居高龄老人的养老需求，保障机构有常态运营收入，增加村级集体收入。

【习近平总书记“七一”重要讲话精神专题读书班】 2021年7月6日，市政协机关举办学习习近平总书记在庆祝中国共产党成立100周年大会上的重要讲话精神专题读书班。会上，市政协副主席、秘书长郑利剑传达中共中央办公厅有关通知精神。会议要求，要深学笃行，不断提高政治自觉和思想自觉，勇于担当作为，把学习成效转化为政协履职新成效。机关县处级领导干部围绕“七一”重要讲话，结合百年党史进行交流发言。

【“引入保险机制，提高风险化解能力”专题协商】 2021年7月27日，市政协召开四届二十五次常委会会议，市委副书记、市长吴晓东应邀到会通报2021年上半年全市经济社会发展情况和下半年政府工作打算。会议就“引入保险机制，提高风险化解能力”进行专题协商，并审议通过建议案。

【传承保护松阳高腔专题调研】 8月12日下午，市政协副主席王顺发带领调研组到松阳县开展《关于加大对松阳高腔传承保护的建议》重点提案调研。调研组考察非遗主题特色街区，在松阳县非遗馆现场观看高腔折子戏演出。调研组指出，松阳高腔传承保护和发展要落实高腔排练和演出场地，为高腔的传承和发扬提供基础和保障，通过“引进来，走出去”方式探索借助院团的优质资源助力松阳高腔人才培养。要促进民间剧团自主成立，搭建平台宣传推广，常态化组织进文化礼堂、进校园、进剧场展演活动。要鼓励传承人带徒授艺，培养后继人才。要争取非遗传承保护经费，申请专项资金用于松阳高腔的演出、创编、补助、宣传等。

【“同心向党聚合力、丽水之干争一流”大宣讲活动动员部署会】 2021年12月2日，市政协召开党组（扩大）会议暨“同心向党聚合力、丽水之干争一流”大宣讲活动动员部署会。会议传达学习省委十四届十次全体（扩大）会议精神和市委贯彻落实意见，并以“同心向党聚合力、丽水之干争一流”为主题，动员部署在全市政协系统开展党的十九届六中全会精神大宣讲活动。会议强调，要以更强的责任担当准确把握人民政协的历史使命，进一步强化政协统一战线组织功能，充分发挥人民政协作为社会主义协商民主重要渠道的作用，擦亮“请你来协商”、委员会客厅品牌，探索“民生议事堂”创建，发挥人民政协作为专门协商机构在国家治理体系中的重要作用。

县（市、区）政协工作

【县（市、区）政协全体会议】 2021年3月2日，政协第十五届丽水市莲都区委员会第五次会议召开。应到委员201人，实到委员195人，提交提案建议196件，立案166件，大会发言27人。补选政协第十五届丽水市莲都区委员会副主席1人，常务委员1人。

2月27日，政协第九届遂昌县委员会第五次会议召开。应到委员169人，实到委员165人。提交提案建议127件，立案121件，并案后为102件。大会发言21篇，其中口头发言9人，书面发言4人，即席发言8人。

3月4日，政协第九届庆元县委员会第五次会议召开。应到委员162人，实到委员156人，提交提案建议213件，立案205件，选举政协第九届庆元县委员会副主席1人，常务委员5人。

3月8日，政协第九届龙泉市委员会第五次会议召开。应到委员175人，实到委员166人，提交提案建议

176件，立案165件，大会发言26篇，其中口头发言8人。

3月8日，政协第九届松阳县委员会第五次会议召开。应到委员178人，实到委员177人。提交提案建议260件，立案212件，并案后交办121件，大会发言36篇，其中上台发言和即席发言23人，选举政协第九届松阳县委员会主席1人，常务委员2人。

3月9日，政协第十届青田县委员会第五次会议召开。应到委员230人，实到委员226人。提交提案183件，立案137件，大会发言22人。选举政协第十届青田县委员会常务委员2人。

3月15日，政协第九届缙云县委员会第五次会议召开，应到委员214人，实到204人。提交提案建议204件，立案170件。上台发言12人，即席发言5人。选举政协第九届缙云县委员会常务委员4人。

3月15日，政协第九届景宁畲族自治县委员会第五次会议召开。应到委员159人，实到委员142人。提交提案建议149件，立案140件，并案8件，大会发言18人。

4月26日，政协第九届云和县委员会第五次会议召开。应到委员148人，实到142人，提交提案建议173件，立案156件，口头发言8人，书面交流17人。选举政协第九届云和县委员会常务委员2人。

【县(市、区)政协常委会工作】 2021年，莲都区政协常委会组成人员36人。召开常委会会议3次、主席会议10次、专题协商会议19次，组织调研视察和评议活动25次，向区委、区政府递交政协建议案或政协建议17件。

龙泉市政协常委会组成人员34人。召开常委会会议8次，主席会议11次，专题协商会7次，对口协商8次，提案办理协商16次，参加单位会议1次，组织各类监督活动20余次，向市委、市政府报送建议案12件，专题调研报告7篇。

青田县政协常委会组成人员42人。召开常委会会议9次、主席会议10次，组织视察活动18次、民主评议活动3次，“请你来协商”专题会议6次，委员会客厅活动6次，向县委、县政府报送建议案和专题调研报告8篇。

云和县政协常委会组成人员29人，召开常委会会议6次、主席会议13次、专题协商会议10次，开展调研视察30余次，向县委、县政府报送协商纪要8件、调研报告5篇。

庆元县政协常委会组成人员33人，召开常委会会议5次、主席会议8次、“请你来协商”专题活动6次，组织视察和评议活动16次，向县委县政府报送重点课题建议案1件，协商建议5件，专题调研报告8篇。

缙云县政协常委会组成人员36人。召开常委会会议4次、主席会议12次、“请你来协商”专题会议6次，组织视察和评议活动50次，向县委、县政府报送《协商纪要》9期、专题报告7篇。

遂昌县政协常委会组成人员35人。召开常委会会议6次、主席会议9次、专题协商会议3次、对口协商4次、重点提案办理协商会7次，举办“请你来协商”活动9次，召开县政协读书会1次，举办“同心学党史 委员唱红歌”遂昌县政协系统庆祝中国共产党成立100周年联谊活动1次，举办“民生议事堂”活动1次，举办“遂昌农村电商委员会客厅”活动4次，组织视察、调研和民主监督活动60余次，向县委、县政府报送专题报告14篇、协商纪要13期。举办“请你来协商——相信·看见——天工之城·开源遂昌”政协论坛1次。

松阳县政协常委会组成人员35人。召开常委会会议7次、主席会议7次、专题协商会议16次，组织视察和专项民主监督20次，向县委、县政府报送建议案、协商纪要16份，调研报告6篇。

景宁畲族自治县政协常委会组成人员31人。召开常委会会议6次、主席会议10次，专题协商会6次，组织视察12次、评议活动3次，提案办理电视追踪5次，向县委县政府报送建议案6件、专题报告15篇。

【各地政协特色工作】 2021年，莲都区政协探索跨区域“请你来协商”活动模式。围绕“供应链赋能”深入义乌、莲都两地走访调研，组织“义乌好货”“莲都山超”搭桥会，安排莲都、义乌两地政协委员、部门负责人和企业代表“面对面”协商，形成《关于对接“义乌好货”优化“莲都山超”供应链的协商纪要》，助力莲都、义乌两地“山海协作”；围绕“畲族乡镇乡村振兴”调研老竹、柳城、丽新、板桥建设情况，广邀金华市武义县、丽水市松阳县和莲都区“两市三县”领导、政协委员、乡镇主要负责人，开展“竹柳新桥”畲族乡镇乡村振兴示范区建设“请你来协商”活动，形成《关于建立“竹柳新桥”畲族乡镇乡村振兴示范区的建议》，被省政协副主席批示肯定。

龙泉市政协全面加强协商工作，进一步突出各类协商平台作用。全年围绕市委、市政府中心工作和群众关切问题开展协商10余场。10月，龙泉市政协与嘉兴市秀洲区政协合作开展的“发展飞地经济、促进共同富裕”“请你来协商”活动得到省政协葛慧君主席充分肯定，相关做法被《联谊报》、学习强国等媒体广泛报道。龙泉市政协全年新建“民生议事堂”2家，开展“民生议事堂·请你来协商”活动2场，有效助力推动政协参与基层社会治理。积极探索形成较完整的成果转化反馈机制，积极尝试借助和联合党政监督、舆论监督、社会监督的力量，切实提升协商实效。以“请你来协商”平台为主轴，全会协商、常委会协商、主席会议协商为重点，专题协商、对口协商、界别协商为常态的协商议政新格局全面形成。

青田侨乡政协委员会客厅开展华侨助力家乡“共同富裕示范区”建设讨论活动。青田侨乡政协委员会客厅是省政协第十二届第十三次主席会议通过第二批五个委员会客厅之一，也是当时唯一设在县里的委员会客厅。11月13日，会客厅就华侨助力家乡的“共同富裕示范区”建设主题开展讨论，省政协副主席吴晶参加讨论。大家围绕华侨进出口贸易、参与新农村建设、海外华侨反分裂等方面，结合自身感受，畅谈所想、献计献策。吴晶指出青田华侨作为青田经济发展的重要助力，要充分发挥纽带作用，积极谋划投资，推动家乡建设。

云和县政协积极探索协商实践新路径。与景宁县政协共同就“云景古道建设”“景宁籍新云和人服务管理”等主题开展系列联合协商，与宁波市北仑区政协联合开展“加强山海协作，共谋高质量跨越发展”线上协商。

庆元县政协高质量推进“民生议事堂”平台建设。制定《庆元县“请你来协商·民生议事堂”平台建设工作实施办法(试行)》，从征题、选题、定题、调研、协商议事到成果转化、考核评价各环节都作出规范，先后举办“城乡生活垃圾分类处理”“数字赋能乡村振兴”等多场活动。“民生议事堂”作为“请你来协商”平台的重要组成部分，庆元政协率先在黄田镇、濛洲街道、五大堡乡试点建设，推动协商工作的触角向乡镇(街道)延伸。8月，在全省政协主席暑期读书会作“积极推动‘请你来协商’向基层延伸”主题发言，介绍履职思路和工作举措；9月，省政协主席葛慧君到庆元实地调研“民生议事堂”建设情况并予以充分肯定。

缙云县政协紧盯黄帝文化一件大事持续23年广泛呼吁。编印《黄帝祠宇祭典》文史资料，邀请各界嘉宾参加祭祀活动，扩大参祭人员的覆盖面。围绕重阳公祭，助力提升祭典规格，《进一步加快缙云“南方黄帝两个中心”建设的建议》《组织“全球华人共祭”轩辕黄帝的建议》《关于浙江省政府主办“中国·仙都祭祀轩辕黄帝大典”的建议》等一批提案得到持续办理。县政协党组副书记、副主席担任缙云县黄帝文化研究会会长，多次带队前往国家文旅部汇报祭典升格工作，前往陕西黄陵、河南新郑等地考察学习，全力助推祭典升格。安排系列寻根问祖、考察乡风民俗、开展经济文化交流合作等活动。

遂昌县政协举办“请你来协商——相信·看见——天工之城·开源遂昌”政协论坛。县党政领导与县政协领导及政协委员、相关部门负责人、部分乡镇(街道)主要负责人参加论坛。政协委员6人紧扣相信·看见——天工之城·开源遂昌这一主题，分别从全局谋划、科创、文创、农创、生态、治理六个方面畅所欲言、各抒己见。会后，县政协将委员发言内容整理形成《天工之城·开源遂昌调研报告》报县委、县政府决策参考，该报告被市政协评为2021年度优秀调研报告二等奖以及四届丽水市政协十佳“请你来协商”案例。

松阳县政协坚持与时俱进，做到党建与廉政两手抓两手硬，对标对表习近平总书记关于加强和改进人民政协工作重要思想所提出的新目标、新定位、新要求，肩负新使命、新任务、新担当，贯彻落实新时代党的建设总要求，从组织架构、党建文化、党建品牌三方面扎实提升政协系统党建工作。与丽水市机关先锋党建工作室开展深度合作，探索打造“三味政协”党建工作品牌，有效地将政协元素与党建文化深度结合，探索构建集系统性、规范性、创新性、有效性、科学性于一体的党建工作新模式，致力于打造“四心向党”的新时代县级政协党建工作松阳样板。与县委组织部、统战部一道将按照委员推荐准入标准，根据“合理配置、突出重点、总量控制、分块统筹”的要求，组建一支规模400余人的后备人才队伍，让政协委员的产生更加科学、合理、优化。

景宁政协推出“现场解决”下单式协商。在推动“请你来协商”向基层延伸中，打破以往“一张桌子”协商的传统模式，把协商搬到现场，利用政协渠道广、资源多优势，结合协商课题带着农业订单、技术专家到现场边协商边解决。分别在家地乡、雁溪乡开展中蜂产业推广、中药材产业振兴现场协商活动，现场落实企业订单、安排专家指导中药材种植技术。到景南乡开展“上山头千亩杜鹃——请你来保护”协商活动，现场签订协议，落实省农科院专家3人开展技术指导和产品推广。　(汤道笑)

中共丽水市纪律检查委员会 丽水市监察委员会

综　　述

【概况】 2021年，丽水市纪委市监委按照十九届中央纪委五次全会、省纪委十四届六次全会和市委四届九次全会部署要求，增强"四个意识"、坚定"四个自信"、做到"两个维护"，弘扬践行浙西南革命精神，一体推进不敢腐、不能腐、不想腐，发挥监督保障执行、促进完善发展作用，纪检监察工作高质量发展取得新成效，为打造共同富裕美好社会山区样板提供有力保障。紧扣常态化疫情防控、规范村庄撤并、长三角一体化等重大决策部署，紧盯十大战略举措、"双招双引"战略性先导工程、县乡换届等重点任务，做细做实日常监督，推动重大政治任务高效落实。加强对各级领导干部管党治党政治责任落实情况的监督检查，全市共对151起落实"两个责任"不力问题进行责任追究，32个党组织、168名党员干部受到党内问责。把握"严"的主基调，推进"打虎""拍蝇""猎狐"，全市共立案1235件，党纪政务处分1169人，移送司法机关70人。

【市纪委四届六次全会】 2021年3月19日，中国共产党丽水市第四届纪律检查委员会第六次全体会议在丽水举行。会议传达学习十九届中央纪委五次全会和省纪委十四届六次全会精神，回顾总结2020年丽水市纪律检查工作，部署2021年任务。全会审议通过市委常委、市纪委书记、市监委主任方文军代表市纪委常委会所作的《深化"三化"建设　推动高质量发展　为我市开启高水平全面建设社会主义现代化新征程提供坚强保障》的工作报告。市委书记胡海峰出席全会并作重要讲话，市委常委和有关市领导出席会议，有关方面负责人参加会议。

【清廉丽水建设】 2021年，市纪委市监委协助市委制定出台《关于进一步抓好清廉丽水建设的通知》，督促指导八大清廉单元牵头部门制定完善三年行动计划和年度重点任务清单。建立健全定期会商、专项督查、通报交流等工作机制，实行项目化全流程管理，推动各项任务落实落地。强化标杆示范引领作用，各单元分别制定建设标准，全市打造清廉建设示范点499个，初步形成清廉单元建设"丽水标准""丽水样板"。把清廉丽水建设纳入政治生态评估，深化全市乡镇(街道)政治生态排行榜评选工作，分系统分单元深化廉政风险防控典型样本建设。把数字化改革融入清廉单元建设，建设专项领域大数据监督应用场景。注重发挥清廉文化浸润作用，先后举办清廉文化作品创作大赛、清廉文化进"村晚"、清廉丽水建设三周年成果展等活动，清廉价值理念深入人心。

【体制改革】 2021年，市纪委市监委以深化派驻机构改革为重点，分层分类推进全市开发区(园区)纪检监察体制改革，把自然资源和规划、生态环境2家垂直管理单位纳入综合派驻监督，市本级派驻机构立案查办科级及以下干部案件数同比上升21.1%。制定"室组地"(监督检查室、纪检监察组、地方纪委监委)联合办案工作暂行规定，建立健全市县两级纪检监察派驻机构"组组联动"机制，推动"四项监督"统筹衔接提档升级。完善巡回监督机制，开展政府购买服务、国有企业出租出借房产、市区公有住房出租、教育领域工程项目等4轮巡回监督，发现并整改问题98个。推动制度创新，出台乡镇(街道)纪检监察组织适用简易程序办理案件实施办法，制定职务犯罪案件指定管辖衔接工作办法。市监委首次向市人大常委会专项报告整治群众身边不正之风和腐败问题工作情况。开展基层监督"提质增效年"活动，推进基层监督数字化改革，建成小微权力全流程在线审批应用和"监督一点通"应用，打造全市贯通、高度集成的"智慧纪检监察"业务平台。

党风廉政建设

【政治监督】 2021年，市纪委市监委强化政治监督，把"两个维护"作为政治监督的首要任务，围绕习近平总书记重要指示批示精神落实情况、贯彻中共十九届五中全会精神情况等七方面内容，细化政治监督"四清单"，推动政治监督更加立体、更可评估、更富成效。组织开展党史学习教育，弘扬践行浙西南革命精神，创新开展"上百堂课、纳千家言、读万卷书、行万里路"系列活动。做好中央巡视反馈问题整改，在全省首批完成中巡组移交件"清零"任务。做好第二轮中央生态环保督察整改工作，调查长江经济带生态环境警示片曝光问题，发现问题项目332个，严肃问责领导干部17人。常态化开展"打伞破网"工作，全市共查处涉黑涉恶腐败和"保护伞"案件3起，处理3人。

【重拳反腐】 2021年，市纪委市监委把握"严"的主基调，发挥审查调查一体化作用，保持惩治腐败压倒性力量常在、强大势能常在，针对性开展政法、金融、国企、交通、开发区（园区）、供销系统、粮食、拆迁拆违等重点领域腐败问题整治。紧盯群众"急难愁盼"问题，开展漠视侵害群众利益问题专项治理，全市开展督导检查361次，处理党员干部和公职人员127人，党纪政务处分83人。打好"侨乡牌"，织密天网，追逃防逃工作得到省委反腐败协调小组追逃追赃和跨境腐败治理工作办公室的肯定。推进政法队伍教育整顿监督执纪执法工作，全市收到涉及政法系统干部问题线索177件，办结169件，党纪政务处分32人，留置3人，移送司法4人。注重纪法情理贯通融合，运用"四种形态"处置2841人，其中第一、二种形态处置人数占85.8%。在高压震慑和政策感召的叠加效应下，全市有58人向纪检监察机关主动投案，同比增加61.1%。巩固深化信访举报"三清三提升"活动，全市信访举报量、检举控告量、初次举报量、重复举报量实现"四年四连降"。

【作风建设】 2021年，市纪委市监委落实中央八项规定及其实施细则精神，紧盯省纪委部署九类重点问题和全市突出问题，推进"一月一主题、一月一亮剑"的正风肃纪"月亮"行动，部署开展夜餐费发放问题、廉政账户规范管理、茶叶领域背后"四风"问题、严防餐饮浪费、严治违规吃喝等系列专项检查。全市查处违反中央八项规定精神问题311起，处理411人，党纪政务处分227人。突出对形式主义、官僚主义问题的整治，把基层减负、十方面民生实事落实情况纳入年度监督清单，全市查处形式主义、官僚主义问题158个，处理215人，党纪政务处分102人。对106起典型案例进行通报曝光，形成震慑。坚持破立并举、标本兼治，培树新时代新风正气，细化市管干部操办婚丧喜庆事宜纪律要求，引导领导干部自觉弘扬良好家风，以上率下推动移风易俗。坚持"三个区分开来"，推动澄清正名制度化，全市共为受到不实举报的38名党员干部澄清正名。

【巡察工作】 2021年，市委巡察办在省委、省委巡视工作领导小组的领导下，坚守政治巡察定位，坚持稳中求进总基调，推进政治巡察，发挥巡察在全面从严治党、建设清廉丽水中的作用。把常规巡察、专项巡察、"机动式"巡察和巡察"回头看"贯通起来、穿插使用，打好巡察"组合拳"。完成四届市委第十轮巡察和第十一轮巡察，对15家市直单位党组织开展常规巡察，对4家市直单位党组织开展巡察"回头看"，对1家党组织开展"机动式"巡察，完成巡察全覆盖任务。推动巡察工作向村（社区）延伸，各地运用巡乡带村延伸巡、分片分区集中巡、重点领域专题巡等方式，实现村（社区）巡察全覆盖。强化市县巡察联动，组织开展县（市、区）供销系统提级（交叉）巡察"回头看"、涉粮问题专项巡察，巡察工作的质量和效果显现。建立巡察整改"多方会审"、问题线索跟踪督办等机制，实行动态式、全过程、常态化监督督促。做好市县巡察"七张问题清单"应用系统建设和运用，提升市县巡察信息化水平。建立健全《丽水市巡察成果运用实施办法》《中共丽水市委巡察组工作规则》等20余项制度，推动巡察工作规范化建设。（徐楚楚）

民主党派　工商联

综　述

【概况】 2021年，丽水市有民革、民盟、民建、民进、农工党、九三学社6个民主党派市级委员会，致公党丽水市总支部1个，下属7个县级委员会，6个基层委员会，7个基层总支，121个基层支部。全市有民主党派成员2963人，平均年龄52.5岁。其中，民革党员462人、民盟盟员770人、民建会员396人、民进会员628人、农工党党员327人、致公党党员72人、九三学社社员308人。成员分布较为集中在高等院校、科研院所、基础教育、科技卫生、文化艺术、社会团体、新的社会阶层、国有企事业单位及政府部门等领域（女性1317人，占44.4%；大学本科以上文化程度2214人，占74.7%）。其中，硕士研究生、博士研究生有305人，占总数的10.3%；中高级以上技术职称的2160人，占72.9%。全年发展民主党派新成员137人，发展率4.6%。

【多党合作制度效能提升】 2021年，制定政党协商实施意见和2021年度政党协商计划，召开情况通报会、民主协商会、征求意见会、暑期读书会等9次，引导各民主党派、无党派人士代表建诤言、献良策、出实招。召开民主党派新成员履职能力提升会议，加强履职能力建设，提升协商建言水平。深入开展"以'重要窗口'为标准，高水平推进市域治理现代化和加快跨越式高质量发展建设共同富裕示范区"重点调研课题和专项民主监督工作。围绕庆祝中国共产党成立100周年，引导支持各民主党派、无党派人士开展多种形式的中共党史学习教育，开展庆祝中国共产党成立100周年系列活动，参加全市统一战线庆祝中国共产党成立100周年文艺会演，组织各民主党派、无党派人士撰写中共十九届六中全会精神学习体会。

【民主党派市级组织换届】 2021年，完成6个民主党派市委会与致公党丽水市总支部换届工作。各民主党派市级组织选出政治坚定、代表性强、结构合理的新一届领导班子，政治交接平稳有序，领导班子和委员会的年龄结构、学历职称层次、党派主体界别等进一步优化。

【党外干部队伍建设】 2021年，开展党外干部走访调研，梳理分析党外干部配备情况，做好党外干部配备前期基础工作。完成市政协四届五次全会人事调整、组织工作。注重从各条战线、各个领域、各个行业、各个层面发现优秀党外干部，做好省民主党派业务工作研讨、省党外代表人士能力素质提升、省职教社社员代表培训、省党外知识分子工作研讨、省无党派人士培训班、省归国留学人员培训班等系列培训研讨班的学员推荐，举办2021年党外中青年干部培训班。规范完善无党派人士认定登记程序，有序向中共和民主党派输送人才。（钟卫锋）

民革丽水市委会

【概况】 2021年，中国国民党革命委员会丽水市委员会（简称民革市委会）下辖民革莲都区委员会、民革青田县委员会，市直支部7个、县（区）支部7个、松阳县支部1个，设专委会6个和监督委员会。有党员462人，平均年龄51.26岁，其中女性215人，占46.53%；退休人员88人，占19.05%；具有大学以上学历357人，占77.27%。

民革市委会注重理论学习，全年召开中心组学习会9次。围绕中共党史学习，深入学习习近平总书记在庆祝中国共产党成立一百周年大会上的重要讲话和十九届六中全会精神，注重与学习中国共产党新中国史、改革开放史、社会主义发展史、多党合作史、民革历史紧密结合，市委委员和各支部撰写体会文章35篇。发动党员讲中共党史，通过"线上+线下"

方式，5人开展线下讲党史，49人线上讲党史。组织党员参与民革中央举办的“庆祝中国共产党成立100周年网络知识竞赛”。充分发挥民革文化社团作用，用艺术形式讴歌中国共产党的光辉业绩，黄丽群、周瑜莹代表民革市委会参加“一帆沧海再起航——省委会庆祝中国共产党成立100周年文艺汇演”，丽舸筝社、丽舸舞蹈组织排演《我的祖国》《我们的生活充满阳光》节目参加市委统战部庆祝中国共产党成立100周年文艺会演。

民革市委会领导参加党委、政府和有关部门召开的各类协商会、座谈会、情况通报会8次。提交省政协提案1件、市人大代表提交个人建议12件，民革市委会提交市政协大会口头发言2篇、书面发言2篇，团体提案6件，民革市政协委员提交个人提案22件，民革市人大代表提交建议11件。大会发言获市委书记胡海峰批示3条、其他领导批示4条。其中，朱泽霞主笔的《关于加快发展现代冷链物流的建议》被省委会提交省政协团体提案，获常务副省长陈金彪领办，省政协党组副书记、副主席孙景淼协办；王奕、叶华伟主笔的《巩固拓展脱贫攻坚成果要抓住五年窗口期》、周贤华主笔的《让村规民约成为基层自治“好帮手”》、汪智影主笔的《红色资源保护与开发莫走入误区》、叶伟兰主笔的《打造国家传统村落公园凸显乡村振兴丽水元素》4篇发言被评为优秀大会发言。朱国强、商振球获评2019—2020年度市政协优秀委员，汪智影主笔的《关于涉农补贴发放要精准施策的建议》获评丽水市政协四届四次会议以来优秀提案。2篇提案被确定为重点提案，分获市委副书记、市政协副主席领（督）办。

上报各类社情民意信息97篇，获省民革、市政协录用27篇次，其中获民革中央采用2篇、省政协2篇。获省领导批示1篇，获市领导批示3篇。民革市委会获2020年度全市政协反映社情民意信息工作二等奖、2019年度民革全省社情民意信息工作先进集体一等奖，汪智影、舒勤芬获2020年度全市政协反映社情民意信息工作先进个人，叶华伟获2019年度民革全省社情民意信息先进工作个人，胡兵、舒勤芬、阙沛军获2019年度民革全省优秀信息员三等奖。莫干山会议投稿11篇，其中蓝良松、李菁《建设高素质人才队伍，推动山区实现共同富裕》等7篇入选，入选篇数再创新高。民革中央副主席冯巩来松阳开展“建立国家传统村落公园制度，构建乡村振兴新平台”专题调研。桂林民革、贵州民革先后到丽水开展生态产品价值实现机制调研、农村集体经济发展调研。

在2020年民革市委会帮扶贵州纳雍董地乡中学“远程教育，牵线与纳雍董地开展线上教学资源共享”项目的基础上，牵线青田伯温中学，通过远程连线举办“期末复习提分策略”分享会。走访民革市委会结对村缙云县田洋村，落实帮扶资金1.7万元。民革青田县委会、民革松阳县支部被授予“民革助力脱贫攻坚工作先进集体”荣誉称号；陈银方被授予“民革助力脱贫攻坚工作先进个人”荣誉称号。民革省委会主办、青田县委会承办的“博爱•牵手”公益医疗服务活动在青田县东源镇开展，来自浙一医院等大型医疗机构党员医疗专家现场为群众提供免费诊断和健康咨询服务300余人，送出免费药品6.7万元。城中支部联合县中医院在北山镇开展“博爱•牵手、关爱健康”送医、送药下乡服务，接待群众260余人，发放慢病用药及常用药3.3万元。民革青田县委会携手县图书馆、县妇联、意尔康有限公司，在温溪镇开展“聚缘千里　华夏同心”小候鸟公益学教活动。松阳支部牵线省委会教育服务团到松阳县三都乡中心小学开展“博爱•牵手　暖冬行”助学活动，给学生们送上羽绒服、保温杯。莲都一支部走访三岩寺小学，开展教学帮扶，捐赠小学阶段必读书目200余册。青田县委会连续第9年开展祖孙三天乐活动，老年居民及其孙辈少儿15户31人共同参加“祖孙同乐、喜迎华诞”主题活动。松阳支部成立“博爱”联谊服务队。青田民革城东支部第10年开展“‘5•20’用爱托起折翼天使的翅膀”活动。

民革市委会与市台联会、缙云县

2021年9月20日，民革市委会开展“月圆中秋——两岸情一家亲”联谊交流活动

（李　静　提供）

台联会共同举行“月圆中秋——两岸情一家亲”联谊交流活动，参观缙台交流展览馆、旅台乡亲纪念林等。医卫支部、人民医院支部连续第三年到唯康怡福家园开展联合义诊活动，现场开展义诊、健康咨询等30余人次，发放健康宣传手册100余份。青田县委会在香港文化中心举行第四届“艺海同源”书画篆刻暨青田石展，展出香港、青田、台北及澳门艺术家作品110幅，获《香港商报》报道。松阳支部与县台办共同走访在松部分台胞台属，开展“博爱•牵手 暖冬行”关爱抗战老兵活动。

推进“民革e家”、民革网站、微信公众号、《丽水民革》多元合一的宣传平台建设。“丽水民革”微信公众号全年发布文章126篇，其中获团结网采用2篇、《联谊报》4篇、《丽水日报》4篇，获省民革微信公众号推送19篇。阙沛军《丽水老街区刘祠堂背》获学习强国采用。

【组织机关建设】 2021年，推进示范支部创建，根据民革中央、省委会相关要求，调整支部年度考核标准，促进支部工作更加规范，全市15个支部继续巩固达标支部建设成果，城中支部获评全国示范支部，莲都二支部党员之家获评全国优秀党员之家。重视发展有特色、有代表性、高素质新党员，新发展党员25人，其中特色党员达18人，占比72%，全市党员总数462人。坚持开展“五个一”新党员入党仪式，增强新党员的归属感、自豪感和荣誉感。加强骨干党员教育培训，组织党员15人参加丽水民主党派领导班子暨骨干党员培训班，推荐党员6人参加省委会骨干党员培训班。完成青田民革届中调整。叶伟兰获“民革全国组织工作先进个人”称号。党员2人获副处级领导提名。积极打造“六型”机关，全市民革机关干部参加全省机关干部培训班，干部多人参加省委会、市政协、市委统战部举办的各类培训班。开展机关工作“零差错”活动，全面查找办文、办会、办事过程中容易出错的环节，杜绝失误发生。

【民革丽水市第五次代表大会】 2021年9月26日至27日，中国国民党革命委员会丽水市第五次代表大会在丽水召开。全市民革党员代表100人参加会议。大会组织学习贯彻习近平总书记“七一”重要讲话精神及中共浙江省委十四届九次全会、中共丽水市委四届十次全会精神，审议民革丽水市第四届委员会工作报告，通过大会决议选举产生民革丽水市第五届委员会潘碧武、王奕、虞海雄、叶伟兰、张如一、朱国强、李欣、叶华伟、朱泉涌、周新木、周文宏、李小军、潘春霞。在民革丽水市第五届委员会第一次全会上，潘碧武当选民革丽水市第五届委员会主任委员，王奕、虞海雄、叶伟兰、张如一当选副主任委员，任命叶华伟为秘书长。

【作风建设年活动】 民革市委会将2021年确定为作风建设年，从端正思想作风、改进工作作风、严格纪律作风、加强机关建设四个方面具体推进。推进廉政建设，开展廉政风险防控监督检查的整改，两次召开机关工作会议研究整改情况，对单位整体廉政风险防控机制回头看，机关在编工作人员排查个人岗位廉政风险；制定《民革机关办公会议制度》，明确会议研究决策事项和召开时间、方式、纪律要求等；对廉政风险进行重新排查和定级，查找风险点13个；监督委员会审查2021年党员发展对象资格条件以及考察情况，确保党员发展环节规范有序；审查2021年民革市委会、支部资金使用情况和民革市委会资金预决算，做到经费使用公开透明、符合财务制度等相关规定。

【专项民主监督】 根据中共丽水市委安排，民革市委会开展“推进数字乡村建设，增强乡村发展活力”专项民主监督。民革界别政协委员和相关专业人员到遂昌县实地走访阿里云创中心、上江村花园数字乡村公共服务中心、新路湾镇蕉川村，调研监督电子商务进农村、县乡村三级物流体系、电商公共服务以及未来乡村第二空间建设等情况；与市农业农村局、市大数据局座谈，了解全市数字乡村建设情况，形成监督报告，有针对性地剖析4个方面问题，相应提出建议意见。到莲都区开展“深入推进大花园建设，加快建设美丽中国先行示范区”专项集体民主监督。（罗斯尹）

民盟丽水市委会

【概况】 2021年，中国民主同盟丽水市委员会（简称民盟市委会）下辖莲都区委员会（下设4个支部）、龙泉市基层委员会（下设5个支部）、云和县基层委员会（下设4个支部）、松阳县基层委员会（下设7个支部）、丽水学院总支部委员会（下设3个支部）和市直丽职院支部、丽中支部、丽职高支部、科技支部、城建支部、经济支部、医卫支部、文化支部、丽水二中支部、庆元县支部、中心医院支部等11个支部。至年底，全市有盟员770人，平均年龄52.79岁，其中重点分工领域人数375人，占比48.7%；女盟员341人；在职盟员612人，占79.5%；大学以上文化程度636人，占82.6%；中、高级职称642人，占83.4%；中上层人士682人，占比88.6%。

2021年，民盟市委会利用“一刊一网一号”报道参政履职工作亮点、代表人士和盟员事迹。全年丽水民盟的重大活动或盟员信息被民盟省委会微信公众推送25篇，被《联谊报》录用5篇，省政协同心苑录用2篇，《浙江日报》录用1篇，中新网录用2篇，民盟中央录用2篇。完成参政党理论研究课题《浙大龙泉分校民盟先贤的精神内核探析》《新时代民主党派开展社会服务工作的实践与探索》，被市政协评为2021年度优秀论文和调研成果三等奖。组织盟员到盟内传统教育基地——金华市陈望道故居和吴晗故居开展现场教学。开展五星级盟员之家创建活动，云和盟员之家、松阳盟员之家被民盟省委会评为五星级盟员之家。盟员李莉被民盟中央评为“民盟思想政治建设和宣传工作先进个人”。民盟市委会被民盟省委会评为2021年度市级组织盟务工作先进单位。盟员立足本职建功立业，郑茹茹《七微克蔚蓝》、蒋离子《老妈有喜》入选“红旗颂 建党百年 百家网站 百部精品”榜单，邹蓓蓓被评为浙江省中小学教坛新秀，刘蓉、郑爱芬、吴春红、章学毅被评为丽水市首届教学名家。

按照民盟中央组织发展目标，保质保量发展新盟员，全年发展盟员27人。召开组织工作会议，及时研判、定期督促组织发展情况，压实组织发展任务。实施“传帮带”“导师制”等培训方式，对新盟员、基层组织主委、中青年干部、履职骨干分门别类进行“量身定制”，推荐盟员18人参加民盟省委会、市委统战部、市社会主义学院举办的培训班。强化主题日活动，深化“3•19”建盟日、“4•30”五一口号发布日等组织生活，规范基层组织生活会。开展“双十佳”基层组织创建活动，云和基层委被评为“十佳示范基层组织”，城建支部被评为“十佳特色基层组织”。

参加中国共产党领导的政治协商，全年参与省政协、市委、市政府、市法检两院、市委统战部、市纪委(监委)举办的专题协商、政府工作报告征求意见座谈会、法检两院工作报告意见座谈会、专项民主监督专题协商座谈会、廉政工作通报协商会10余次。就“双招双引”工作、加快区域协调发展、打造五大百亿产业、加强青少年法治教育等提出意见建议40余条，多项建议被相关部门纳入决策。在市政协四届五次会议上，民盟市委会作口头发言1个，提交大会书面发言2篇，集体提案5件。其中，口头发言《我市招才引智三大藩篱急需打破》和书面发言《丽水中药材发展要在产业链上发力》被评为优秀大会发言。集体提案《关于科技创新与产业融合发展的建议》，吴敏、吕驾宇提交的个人提案《关于建立全市统一的中小学校长人才管理机制的建议》被列为重点提案和优秀提案。开展专项民主监督调研，完成调研报告《加强科创平台和人才队伍建设，促进创新链与产业链融合发展》供部门决策参考。完成民盟省委会立项调研课题2项，其中《关于公共文化服务深度融入乡村振兴的主要问题及对策》被民盟省委会作为民盟界别组提案提交省政协大会。推行参政议政“导师制”，建立信息员队伍，邀请专家作社情民意信息专题讲座。全年社情民意信息被民盟省委会录用121篇，市政协录用16篇，省政协录用1篇，全国政协单篇录用1篇。《新冠疫苗接种SaaS系统存在“三功能”缺失，“一放两完善”实现数据全信息化》被省政协录用。组织盟员参加民盟省委会、民盟中央举办的相关论坛和研讨会，《建设嵌入式小型介护养老机构，加快失能、半失能老人护理的建议》获评民盟省委会民生法制论坛优秀论文，《争当高质量发展建设共同富裕示范区排头兵 加快推动浙西南革命老区振兴发展》获评民盟中央第七届经济论坛优秀论文。

依托4个“民盟•同心社会服务站”平台，持续推进同心系列品牌和特色社会服务品牌活动。市直中心医院支部、云和基层委开展“急救知识进校园”，市直医卫支部、庆元县支部开展“丽盟健康行”送医下乡活动，云和基层委开展“墨香迎新春 送福送春联”活动，龙泉基层委发起“大手牵小手 点亮微心愿”认领活动。民盟市委会结对帮扶云和县杭汀村，落实帮扶资金1.7万元。

全面加强机关廉政建设，定期召开机关廉政建设分析会，落实“一岗双责”，严格遵守《中国民主同盟盟内监督工作条例》《中国民主同盟纪律处分办法(试行)》等规定，保障盟内监督依规而行。召开监督委员会工作会议，加强盟内监督，明确盟内监督重点、监督方式、监督结果应用，提高监督能力和水平。开展机关干部平时考核，加强日常管理，全面准确评价工作实绩，激励机关干部担当作为。

【中国共产党成立100周年、中国民主同盟成立80周年系列庆祝活动】 2021年，民盟市委会举办庆祝中国共产党成立100周年、中国民主同盟成立80周年大会系列活动。联合民盟金华市委会举办献礼建党百年盟员书画艺术作品展，展出两地盟员书画作品100件；选送节目《每一个人都了不起》参加民盟省委会“歌声飘扬同心向党——见证•初心歌咏汇”暨浙江民盟榜样人物颁奖典礼会演；选送节目《南湖红船》参加市委统战部庆祝中国共产党成立100周年“同心跟党走、奋进新征程”文艺晚会;拍摄短视频3期,在民盟省委会微信视频号“时代新人说——我与民盟共成长”栏目作推送。全市各级民盟开展各类专题学习会57场次。

【民盟丽水市第五次代表大会】 2021年9月24日,中国民主同盟丽水市第五次代表大会在丽水召开。大会选举产生由王祖飞、叶向东、吕驾宇、庄承玲、汤家友、阮秀春、吴敏、吴积雷、吴维宏、何海龙、陈岑、范庆伟、周贤华、胡伟俭、傅石林、阙水兰、廖旭青17人组成的民盟丽水市第五届委员会。在民盟丽水市委会五届一次全体会议上,汤家友当选主任委员,周贤华、吴敏、廖旭青、范庆伟当选副主任委员,吴敏兼任秘书长。

【乡村振兴行动助推】 2021年,民盟市委会把共同富裕课题作为参政议政工作重点,助推乡村振兴,到庆元、龙泉开展调查研究2次,形成调研成果以提案、社情民意信息等形式向有关部门建言。社情民意信息被民盟省委会录用20余篇,其中《提升衢宁铁路互联互通优势,加快推进“闽东北、浙西南”革命老区实现共同富裕》被全国政协办公厅单篇采用。以民盟省委会名义提交省政协十二届四次会议的提案《关于加快我省区域协调发展,推进共同富裕的建议》被确定为省政协重点提案,由省委书记袁家军领办,省政协主席葛慧君协办。整合全市民盟资源,构建“112N”帮扶体系,设立龙泉市八都镇安田村等民盟助力乡村振兴实践基地5个。引导盟员参与消费帮扶,全市盟员及盟员企业帮扶消费农副产品金额241387元。廖旭青被评为民盟中央脱贫攻坚先进个人。 (吴起伟)

2021年3月3日,民盟市委会调研组到庆元县开展共同富裕课题调研 (吴起伟 提供)

民建丽水市委会

【概况】 2021年,中国民主建国会丽水市委员会(简称民建市委会)辖莲都区委会、13个直属支部及缙云县支部;设参政议政、企业、妇女工作、老龄、理论研究与宣传工作等5个专门委员会和1个社会团体组织丽水市民建社会服务志愿者协会。2021年末,有会员396人,平均年龄49.7岁。其中,女会员156人,占总数的39.4%;经济界人士330人,占总数的83.3%。

2021年,民建市委会在中共丽水市委和民建浙江省委会的领导,中共丽水市委统战部的指导下,坚持以习近平新时代中国特色社会主义思想为指导,深入学习贯彻中共十九届六中全会精神,锚定新时代参政党市级组织的历史方位和职责使命,不断加强“五大建设”,着力建设政治坚定、组织坚实、履职有力、作风优良、制度健全的新时代中国特色社会主义参政党市级组织,为推动丽水市跨越式高质量发展贡献力量,各项工作取得新成效新业绩。民建市委会荣获省委会为全面建成小康社会做贡献成绩突出先进集体、对外新闻宣传先进集体三等奖,市政协反映社情民意信息工作先进单位三等奖;民建界别活动组被市政协评为先进委员小组。会员汤朝龙、金逸瑞分别荣获“民建中央2021年度反映社情民意信息工作先进个人”“2021浙江民建爱岗敬业年度人物”称号,均为丽水会员首获殊荣。

【思想政治建设】 2021年,民建市委会出台《开展中共党史学习教育,深化“坚持进步性、实践进步性”活动的实施方案》。综合运用线上与线下、组织引领集中学与会员个人自主学、专题讲座与现场教学等形式,全面、系统地学习中共党史、习近平新时代中国特色社会主义思想、中共十九届六中全会精神、庆祝中国共产党成立100周年大会精神、习近平总书记重要讲话精神和《中国新型政党制度》白皮书,学习中共中央、省委、市委和民建中央、省委会重要会议精神,参政党意识不断增强。线上组织常态化学习,推送“中共党史微课堂”71期;组织会员交流体会,推送“学思践悟”体会文章17篇。线下组织庆祝中国共产党成立100周年主题征文征集和“一起来读史”活动;编印《丽水民建会员手册》；编排情景朗诵节目“历史佳话‘窑洞对’”参加统战系统文艺汇演；到红色爱国主义教育基地寻访初心；举办民建大讲堂，邀请浙江大学教授余逊达作《百年变局与中国改革开放的深化》专题讲座。全年理论学习中心组专题学习8次，各级开展集体学习30余次。围绕“民建在新发展阶段进一步凝聚共识的体制机制研究”等主题，向省委会申报理论研究课题4个，立项2个并顺利结项。编印《丽水民建》杂志5期，发布公众号宣传信息179条，被省政协同心苑、浙江统战等网站、杂志、公众号转载报道116篇次。

【参政履职】 2021年，民建市委会在市政协四届五次会议上提交大会发言3篇，团体提案4件。大会发言均获时任市长吴晓东批示；2篇大会发言被评为优秀大会发言；1篇团体提案被选为重点提案，获评四届市政协十佳提案。在各类协商会上，提出的“提升制造业核心竞争力”“加强丽水城市品牌建设和宣传”“做强中心城区”“建设清廉民企”等建议，得到市委、市政府领导肯定。以“我市打造山海协作升级版中存在的问题与建议”为重点开展专项民主监督，形成民主监督调研报告，在市委专项民主监督协商座谈会发言，提出针对性建议。发动各级组织、参政议政专委会申报课题28个，择优立项课题18个，其中5个得到省委会立项。课题《“山海”同心“协作共赢”全力打造“山海协作”升级版助力共同富裕》，被省委会选为专题议政常委会口头发言，并转化为省政协委员提案《创新建设“山海特别协作区”加快推进山区26县跨越式高质量发展》。参与的2个课题分获省委会参政议政优秀成果一等奖、二等奖。

民建市委会出台实施履职能力建设年方案，用好专家支持机制，召开经济形势分析会，开展“组团赛马”，举办“萤火虫沙龙”，组织骨干会员业务培训与经验交流，编印参政议政与理论研究五年成果集。全年报送各类社情民意信息81篇，被全国政协录用2篇，民建中央录用6篇，省政协录用2篇，省委统战部录用2篇，省委会录用34篇，市政协录用14篇。会员4人被评为市优秀政协委员，会员1人获全市政协反映社情民意信息工作先进个人。

【“双招双引”服务】 2021年，民建市委会深入贯彻市委经济工作会议精神，出台《助推“双招双引”工作的实施方案》，先后到杭州、宁波为“双招双引”牵线搭桥。向丽水经开区、遂昌县、松阳县、景宁畲族自治县及有关部门推荐多家高校研究机构和优秀企业，杭州高新（滨江）区民建企业家组团到松阳考察。

【助推共同富裕】 2021年，民建市委会制定落实《助力跨越式高质量发展建设共同富裕示范区的实施意见》和《绿谷·思源工程实施方案》，在市慈善总会设立专项基金，收到会员企业家捐款25.5万元。实施助力乡村振兴行动，到莲都区黄村乡调研座谈，开展助力共同富裕服务基地试点创建工作；发动会员企业向景宁畲族自治县大均乡新庄村捐赠价值10万元的光能灯；帮助云和县赤石乡杭汀村解决村集体经济发展资金1.7万元；慰问莲都区雅溪镇、太平乡，景宁畲族自治县大均乡等地低收入农户32户，发放慰问金（品）3万余元。积极助推东西部扶贫协作，发动广大会员踊跃购买扶贫农特产品64.2万余元，向爱心超市捐赠物资3.41万余元。开展捐资助学，争取社会资金15万元，资助贫困大学新生30人；会员企业家踊跃结对“绿谷·思源工程”首批资助的丽水学院在校生8人。4人获省委会为全面建成小康社会做贡献成绩突出先进个人荣誉称号。

2021年3月29日，市政协副主席、民建市委会主委高波（右二）带队到杭州走访杭州民建会员企业，并推介丽水“双招双引”举措　（姚志华　提供）

【民建丽水市第五次代表大会】 2021年9月28日，民建丽水市第五次代表大会召开。会议组织学习习近平总书记在庆祝中国共产党成立100周年大会上的重要讲话精神、中共丽水市委四届十次全体(扩大)会议精神,审议通过民建丽水市第四届委员会工作报告及相应决议,选举产生由卢永钢、叶红梅、任文红、刘坤、杜战、李浩、李海振、陈晓东、金贤松、金逸瑞、俞豪锋、高波、童良军、蓝叶培、蓝雪华15人组成的民建丽水市第五届委员会。在民建丽水市第五届委员会第一次全体会议上,高波当选主任委员,任文红、李浩、俞豪锋、刘坤当选副主任委员,任命俞豪锋为秘书长(兼)。五届一次全会还表决通过民建丽水市第五届委员会监督委员会组成人员名单,刘坤兼任监督委员会主任。

【会员发展】 2021年,民建市委会积极争取丽水经开区党工委、丽水学院党委统战部对组织发展的支持,主要领导出席新会员集体面谈会,带队走访优秀企业,努力发展政府部门优秀年轻骨干、专家学者、企业界代表人士。全年发展会员27人,其中省"151"人才、市政府专家顾问1人;县级人大代表、政协委员各1人;高级职称7人;多位企业规模大、代表性强、在各类行业协会担任会长(副会长)的企业家入会,企业家队伍力量明显增强。

【基层组织规范化建设】 2021年,民建丽水经济技术开发区支部成立;完成丽水学院支部会员调整、班子优化。落实市委委员联系基层组织宣讲党史会史、解读党委政府中心工作机制,基层组织活动的政治性更加突出。民建市委会指导基层组织制定全年活动计划,开展主题突出、内容丰富、形式多样的活动。

【作风建设】 2021年,民建市委会认真学习《各民主党派中央关于加强内部监督工作座谈会纪要》《中国民主建国会内部监督工作条例》,领导班子定期看望慰问老领导、老会员、贫病会员,广泛听取意见建议。成立监督委员会,加强会内监督。组织新一届领导集体和监督委员会成员、机关干部开展专题廉政学习教育。

深入开展"三服务"和"助企开门红"活动,走访会员企业,反映企业家建议呼声,提供经济形势分析、法律咨询、政策解读等服务;帮助会员企业家1人联系落实外省民建律师界会员,解决知识产权纠纷2起。带领会员企业家外出考察,创设举办"氧吧茶叙"5期,促进会员企业家间相互交流、拓宽视野、更新理念,助力民营经济"两个健康"。 (姚志华)

民进丽水市委会

【概况】 2021年,中国民主促进会丽水市委员会(简称民进市委会)下辖莲都区委员会、缙云县、遂昌县两个基层委员会和景宁县总支部及市直11个支部(总支部),基层组织30个。有会员628人,其中莲都区委员会90人、缙云县基层委员会117人、遂昌县基层委员会124人、景宁县总支部33人、市直各支部264人。会员平均年龄54.9岁。其中女性295人,占47%;离退休人员190人,占30.3%,会员中大学文化程度以上451人,占71.8%;中高级职称499人,占81.5%。高等教育界47人,占7.5%,普通教育界218人,占34.7%;文化艺术界46人,占7.3%;出版传媒界14人,占2.2%;医药卫生界120人,占19.1%;科学技术界32人,占5.1%;经济界38人,占6.1%;新的社会阶层17人,占2.7%,政府机关73人,占11.6%,其他(人大政协机关、司法机关、社会团体和党派机关)23人, 占3.7%。会员中省、市、县人大代表7人,省、市、县政协委员83人。

民进市委会深化"不忘合作初心,继续携手前进"主题教育,以市委会换届为契机,做好政治交接,全面加强自身建设,巩固参政履职建设年工作成果,发挥特色优势,积极参政议政。专题召开党史会史学习教育动员会,开展"明道笃行"庆祝中国共产党成立100周年暨民进丽水市委会成立20周年会员书画作品展。采取文艺会演、宣讲、诵读、微视频、走访先贤故地、撰写体会文章等形式开展党史会史教育。由民进市委会选送、遂昌县基委会组织排演的情景诗朗诵《红铁》参加市委统战部"同心跟党走、奋进新征程"文艺会演。

召开民进丽水市第五次代表大会。指导景宁总支、遂昌基委会、莲都

2021年9月26日,中国民主促进会丽水市第五次代表大会召开 (蓝武杰 提供)

区委会完成换届工作。开展市级组织换届工作、制度执行情况的专项会内监督，继续开展会内警示教育。调研基层组织建设，走访市内两所高校民进组织和市直、县、区部分会员单位和会员企业。按照2021年度发展规划，全年发展新会员27人。举办2021年度骨干会员培训班和2019年度、2020年度新会员座谈会，骨干15人参加市各民主党派市委会联合举办的履职能力提升培训班，推荐会员5人参加省委会培训3期。参与统战系统数字化改革工作，在浙统云平台完善会员库、组织库。民进市委会获省级年度组织建设工作先进单位称号，遂昌基委会获年度优秀基层组织称号，钭伟峰获年度优秀基层组织负责人称号。推进会史教育基地建设，到景宁就湘湖师范旧址暨金海观先生旧居（沙湾镇道化村）教育基地开展调研和召开教育基地建设推进会3次，省委会副主委张宝珍专题到景宁开展调研和召开推进会。

【参政议政】 2021年“两会”期间，民进市委会向市政协四届五次会议提交《浓墨重彩绘就丽水瓯江山水诗路》《大力推进未来村庄建设》《疾病控制资源亟须跨山统筹》大会发言3篇和集体提案5件。委员提交个人提案26件。市委书记胡海峰、市长吴晓东等4位市领导对发言作出批示。《浓墨重彩绘就丽水瓯江山水诗路》评为优秀大会发言，并被市政协确定为市政府领导领办提案。市政协四届四次会议提交的《关于创建浙西南革命文化公园的建议》《关于打造“丽水山路”区域公共品牌的建议》被评为优秀提案。县区组织在县区“两会”上提交集体提案41件，个人提案26件，大会发言7件。开展政党协商和专题调研监督活动，就市委全会、“一府两院”报告提出党派意见建议，就丽水市加强法治乡村建设相关情况进行调研并开展监督活动。开展课题调研31个，其中《关于加强法治乡村建设的建议》被省委会立项。响应民进中央“清零行动”，组建反映社情民意信息工作专委会和培训辅导队。全年上报信息65篇，全国政协综合采用《基层文保人才断档现象形势严峻，亟须出台引导政策纾困地方文保建设》等4篇，中央办公厅采用《测量标志点保护工作相对缺失亟须加强管理助力国家地理建设》1篇，会中央采用9篇，省政协2篇，省委会15篇，市政协16篇。民进市委会、遂昌县基委会获民进全国反映社情民意信息工作先进集体称号，孟景建会员获民进全国反映社情民意信息工作先进个人称号。

【社会服务】 2021年，民进市委会落实结对帮扶村云和县杭汀村的帮扶资金，协助民进省委会对口结对帮扶民族村云和雾溪畲族乡坪垟岗村文旅融合相关项目完建落地。市政协民进界别委员组到青田北山镇湖东村和莲都丽新畲族乡马村开展“双千”帮困活动。部分开明画院书画家到温州市龙湾区宁村举行助力乡村振兴文化惠民活动。开展服务下乡惠民活动，会员企业积极参与爱心捐助和消费帮扶，逐渐形成“春联万家”“民进书院”“民进医疗专家工作站”“民进公益学校”“民进‘青莲青’禁毒志愿宣讲团”“救援知识进校园”等社会服务品牌。全市各级组织开展各类社会服务10场次，投入资金3.25万元，消费帮扶4.1万元。遂昌基委会被评为民进全国社会服务暨脱贫攻坚工作先进集体，吕挺、周伟胜被评为民进全国社会服务暨脱贫攻坚工作先进集体先进个人。援疆会员季红薇被评为市巾帼建功标兵。

【民进丽水市第五次代表大会】 2021年9月26日，民进丽水市第五次代表大会召开，代表160人出席大会。大会听取并审议民进丽水市第四届委员会工作报告，选举产生民进丽水市第五届委员会和出席民进浙江省第十一次代表大会代表，通过大会决议。大会选举产生王昌雄、王黎丽、卢彩柳、叶庆游、叶春晓、李潘良、邱旭平、范蕾、周伟胜、郑丽丹、胡晓红、徐海峰、董漫雪、蓝利明、蓝璟璟、潘竹贤、潘堂根17人组成民进丽水市第五届委员会。民进丽水市第五届委员会第一次全体会议选举卢彩柳为民进丽水市第五届委员会主任委员，邱旭平、胡晓红、叶春晓、郑丽丹为副主任委员，任命蓝璟璟为秘书长。大会选举王拥军、叶春晓、李潘良、郑丽丹、项浩、胡晓红、蓝利明、雷永军、谭雪梅、潘堂根10人为丽水市出席民进浙江省第十一次代表大会代表。（蓝武杰）

农工党丽水市委会

【概况】 2021年，中国农工民主党丽水市委员会（简称农工党市委会）下辖莲都区委会、龙泉市支部、松阳县小组和10个市直支部，有党员327人，其中女性166人，退休党员94人，平均年龄52.3岁。大学以上文化程度237人，占72.48%。发展青年党员12人，平均年龄37.7岁。

2021年，农工党市委会坚持以习近平新时代中国特色社会主义思想为指导，认真学习贯彻十九届六中全会、党史学习教育动员会精神及《习近平在浙江》采访实录等，开展重要时事和会议精神专题学习7次；立足丽水实际，积极开展庆祝中国共产党成立100周年活动，推动中共党史学习教育走深走实；以执政党为师，风清气正完成政治交接，选举产生农工党丽水市第五届委员会；首次成立监督委员会，加强党内监督；设立新基层组织2个，全面推进组织建设；农工党市委会、莲都区委会获省委会“庆祝中国共产党成立100周年活动先进集体”称号，龙泉市支部、市综合二支部获省委会“2021年度组织工作先进集体”称号，吴杭轩、洪毅、梁丽萍获省委会“2021年度宣传工作个人”称号。

发挥界别特色，履行职能彰显责任担当。引导各基层组织申报课题、开展调研，完成调研课题成果12篇；7次就政府工作报告、立法协商等向相关界别党员征集建议30多条，筛选后交农工党市委会领导在各类协商活动中提交。农工党市委会领导参加市委、市政府各类通报会、协商会、征求意见会10余次，听取相关情况通报，参加政党协商。围绕“提高农村饮用水管理水平”监督主题，到庆元县、龙泉市偏远乡村开展监督调研，实地调研村级供水站情况，形成监督调研报告。在市政协四届五次会议上，农工党市委会提交大会发言4篇，团体提案6篇；委员提交个人提案9篇。毛伟华代表农工党市委会作《丽水“十四五”发展要加大人口城镇化力度》的大会口头发言，得到市委书记胡海峰批示；《开展生态疏浚提升河道治理新水平》得到市长吴晓东，副市长杨秀清、楼志坚批示；《用好丽水优质气象旅游资源的建议》得到副市长杨秀清批示。6篇集体提案中，3篇被选为重点提案。其中，《关于我市乡村振兴“补短板”推进共同富裕的建议》被市委书记胡海峰领办，是农工党市委会首个被市委书记领办的提案。农工党界别活动组被评为“2019—2020年度市政协先进委员小组”，毛伟华、沈绍春被评为“2019—2020年度市政协优秀委员”。注重经验总结和宣传，积极反映社情民意。总结梳理“草心社”工作事迹并入选第四届丽水市政协“十佳创新案例”，社情民意2篇入选第四届丽水市政协“十佳社情民意信息”。全年报送社情民意30余篇，采用24篇，其中全国政协单篇采用1篇，获得省领导批示1篇，市主要领导批示1篇。农工党市委会获全市政协系统2020年度反映社情民意先进单位特等奖称号，获省委会2020年度反映社情民意工作先进集体二等奖。毛伟华、沈绍春获评全市政协系统“最美政协人”。陈可乐、沈绍春、陈晓英被评为2020年度全市政协系统反映社情民意工作先进个人。8人被省委会评为2020年度反映社情民意工作先进个人。

开展结对帮扶，致力共同富裕。继续与民革市委会、九三学社市委会联合结对缙云县溶江乡田洋村，提供资金1.7万元。协助省委会结对莲都区富山头村帮扶工作，协助建设油茶基地12.35公顷。开展庆祝中国共产党成立100周年暨2021年“环境与健康宣传周”等社会服务活动。各基层组织开展社会服务16次，受益群众2000余人次，参与服务党员90余人次。农工党市委会和莲都区委会被农工党中央授予农工党脱贫攻坚工作先进集体称号，沈绍春、吴志鹏被农工党中央授予农工党脱贫攻坚工作先进个人称号。

【庆祝中国共产党成立100周年活动】 2021年，农工党市委会开展庆祝中国共产党成立100周年活动，推动中共党史学习教育走深走实。召开庆祝中国共产党成立100周年活动部署会和中共党史学习教育暨深入学习贯彻《中国共产党统一战线工作条例》动员部署会，主委带头作《多党合作制度的历史发展与重大成果》宣讲报告，集中学习和现场教学相结合，凝聚思想共识，推动中共党史学习教育入脑入心；积极创新载体、丰富形式，开展“学四史、讲多党合作史”、“同心同行”经典传唱、“同心同行 礼赞百年”微视频、“照片里的故事”和理论党史征文征集等“同心同行——庆祝中国共产党成立100周年系列活动”。制作微视频5条、经典传唱2份，撰写照片里的故事3篇和理论征文8篇，开辟专栏刊发中共党史24

2021年9月30日，中国农工民主党丽水市第五次代表大会召开 （蔡丰蔚 提供）

期、农工党党史 3 期，报道学习信息 13 篇，发布视频照片材料 10 篇。

【农工党丽水市第五次代表大会】 2021 年 9 月 30 日，中国农工民主党丽水市第五次代表大会召开，代表 90 人参加会议。大会深入学习习近平总书记在庆祝中国共产党成立 100 周年大会上的重要讲话精神以及中共丽水市委四届十次全会（扩大）会议精神，听取并审议农工党丽水市第四届委员会工作报告，选举产生由丁岳清、毛伟华、刘伟淞、杨春旋、吴杭轩、沈绍春、张永蕾、陈晓英、季巧英、徐兼明、郭巧燕、程晓燕、曾锋、雷李美 14 人组成的农工党丽水市第五届委员会，审议通过授权第五届委员会全体会议选举出席农工党浙江省第十三次代表大会代表的决定，审议通过大会决议。在农工党丽水市五届一次全会上，丁岳清当选主任委员，徐兼明、郭巧燕、毛伟华、季巧英当选副主任委员，任命毛伟华为秘书长（兼）；表决通过第五届监督委员会组成人员名单，毛伟华兼任监督委员会主任。

【农工党松阳县小组成立】 2021 年 6 月 11 日，中国农工民主党松阳县小组成立大会在松阳召开，丽水市政协副主席、农工党丽水市委会主委丁岳清出席会议，农工党松阳县小组成员 3 人（叶向阳、张依、诸葛宁）参加会议。会议宣读农工党丽水市委会关于设立农工党松阳县小组的决定；选举产生张依为农工党松阳县小组组长，丁岳清向张依授予小组印章。

【农工党丽职院支部成立】 2021 年 6 月 15 日，中国农工民主党丽水职业技术学院支部委员会成立大会在丽水职业技术学院召开，丽水市政协副主席、农工党丽水市委会主委丁岳清出席会议，农工党丽水职业技术学院支部党员 8 人参加会议。会议通报支部成立的筹备工作情况，宣读农工党丽水市委会关于设立农工党丽水职业技术学院支部（简称农工党丽职院支部）的决定；选举产生张永蕾为农工党丽水职业技术学院支部第一届委员会主任委员，丁岳清向张永蕾授予支部印章。

【书籍编印】 2021 年，农工党市委会全面梳理地方组织史沿革，广泛收集档案资料，编印完成《农工党丽水市简史》。简史共 4 篇 15 章 97 节，约 23 万字，内容涵盖组织沿革、自身建设、履行职能、荣誉表彰等四方面，时间跨度从 1984 年 7 月建立中国农工民主党丽水地区小组至 2021 年 6 月 30 日。全面总结四届委员会工作成果，编辑印发《参政议政成果集（一）》《参政议政成果集（二）》《精彩回眸》画册和《春耕集》。 （蔡丰蔚）

九三学社丽水市委会

【概况】 2021 年，九三学社丽水市委员会（简称九三学社市委会）下辖社莲都区委、缙云县基层委和 9 个市直支社，其中社莲都区委、缙云县基层委分别下属 3 个支社。全年新发展社员 15 人，其中高级职称 6 人，在单位担任中层以上干部的 6 人，平均年龄 41.3 岁。现有社员 308 人，其中全国政协委员 1 人，省政协委员 1 人，市政协委员 14 人，市人大代表 2 人。县（市、区）人大代表或政协委员 22 人。社员中高层次人才占 96.4%，其中高级职称 198 人，正高二级岗 3 人、三级岗 10 人，国务院政府特殊津贴专家 2 人，浙江省突出贡献中青年专家 2 人，浙江省 151 人才 7 人，丽水市 138 人才 24 人。担任副处以上领导实职 11 人。

据不完全统计，全市社员中，有 103 人次在自身岗位上获国家、省、市等各级表彰或担任重要学术兼职。其中，韦铁民获国家卫生健康委脑卒中防治工程委员会授予的“脑卒中防治杰出担当奖”；徐礼琼带领团队成功将丽水市国土空间规划支撑“绿水青山就是金山银山”转化实践列入浙江省规划试点；何登伟、张宁分别为 2021 年丽水市事业单位专业技术二、三级岗位聘任人选；徐荣华、吕玲春、徐丽英、黄旭芳、倪京丽、周秀娟、崔淑芬分别新担任国际或全国学术团体相关职务。陈敏华、崔淑芬、雷震洲、王野、毛亮亮、邱耀峰、吴其进等人分别在全国性赛事或评比中获奖。

37 项各类科研项目获省部级、市厅级立项。其中，何登伟的《肌肉骨骼系统疾病诊治新技术研究—经腰大肌前方入路的胸腰椎骨折微创前路重建技术的建立和优化及其临床应用研究》被省科技厅立项；崔淑芬的《县域碳达峰关键技术集成与产业化示范研究》被省科技厅列入“尖兵”“领雁”研发攻关计划，《互联网金融智慧课程项目》项目被立为教育部产学研协同育人项目；兰菊萍的《生态资源资本化：演化逻辑、实践探索与战略取向》被省哲学社会科学规划办立项。富静、潘红英、张隽瑜、陈敏华、吕玲春主持的 6 个研究项目获省医药卫生项目立项；雷后兴获省中医药科学研究项目；谭啸的研究项目被省文旅厅立项；兰菊萍的研究项目被省市场监督管理局立项；陈昕的项目被列入浙江省高校课程思政教学研究项目，一门课程获评省线上一流课程。倪京丽、雷后兴的研究项目分别被列为市重点研发计划项目。

28篇论文或著作获得奖项。其中，何登伟、黄旭芳、倪京丽、韦铁民、王伟影、张伟梅、梅益斌、吕玲春、黄淑明、富静的论文获丽水市第十五届自然科学优秀论文奖项；雷后兴、韦铁民、钟洪伟、罗涛、李震的著作获丽水市2019—2020年社会科学优秀成果奖项，其中，一、二等奖著作分别有3部；黄旭芳获2021年中国医师协会介入医师年会介入围手术护理论文一等奖；富静获第五届国际专科护士大会优秀论文奖；麻巍巍获丽水市三优论文评比一等奖。

62篇学术论文在二级以上刊物发表。其中被SCI收录22篇；韦铁民、艾伟武、涂朝勇分别出版相关著作。

【政治理论学习】 2021年3月，九三学社市委会以深入开展党史学习教育为契机，召开学党史、学社史、学多党合作史动员部署会，将学习党史社史、重温多党合作光辉历程列入2021年度重要工作。印发《〈九三学社丽水市委员会关于开展学党史、学社史、学多党合作史活动的实施方案〉的通知》，将学习教育贯穿全年。制定九三学社丽水市委员会理论学习中心组学习制度。

【庆祝中国共产党成立100周年活动】 2021年，九三学社市委会在社内举办庆祝中国共产党成立100周年征文活动，收到社员征文作品17篇，经评审委员会审读评选，获奖13篇，向社省委推荐报送4篇。召开会议传达学习习近平总书记在庆祝中国共产党成立100周年大会上重要讲话精神、中共十九届六中全会精神等内容。

【组织建设】 2021年9月29日，九三学社丽水市第五次代表大会召开，全市79名代表参加会议。会议选举产生了由王野、李颖、何登伟、应炜、应刚秋、张宁、张向东、张颖洁、张德勇、周宏伟、徐礼琼、葛永金、谢熔辉、谭啸、瞿宗囡等15人组成的九三学社丽水市第五届委员会；在九三学社丽水市第五届委员会第一次全体会议上，张颖洁当选主任委员，张向东、何登伟、张德勇、徐礼琼当选副主任委员。在九三学社丽水市第五届委员会第一次主委会议上，任命张德勇为秘书长。新一届市委委员15人中，有高级职称9人，博士4人。完成科技支社、丽职院支社、综合支社、开发区支社4个市直属基层组织以及社莲都区委的换届工作。升格缙云县支社，成立九三学社缙云县基层委员会，下辖支社3个。完成7个专委会和2个文化组织的人员调整。

【参政议政】 2021年，丽水九三学社社员提交全国政协提案4篇，提交省政协提案2篇，在市政协四届五次会议上大会发言4篇、团体提案5篇、政协委员提交提案16篇。其中获优秀大会发言2篇，重点提案1篇。全年上报社情民意133篇，其中省政协采用1篇次，社省委采用8篇次，团结报采用6篇次，中共浙江省委办公厅每日简报采用1篇次，市政协采用12篇次。崔淑芬被社中央授予“2018—2020年参政议政先进个人”称号，张颖洁被省政协授予“2020—2021年度省政协履职成绩突出委员”称号，张向东被社省委授予“2021年度参政议政先进个人”称号，何登伟被授予“2020年度全市政协反映社情民意信息工作先进个人”称号。此外，社市委参与的省、市联合调研成果——《关于“一肩挑”“三改五”换届后村社治理问题的调研报告》获省委书记袁家军，省委常委、组织部部长黄建发，省委常委、纪委书记许罗德等领导批示；《建立健全面向需求的共同富裕政策支撑体系》获得省委书记袁家军，省委副书记、统战部部长黄建发的批示。

【民主监督】 开展以“落实‘增花添彩’行动计划、打造丽水浪漫花都金名片”的专项民主监督，通过实地走访、个人访谈、召开“增花添彩”专项民主监督座谈会等形式了解行动计划开展情况，总结梳理存在的问题，提出对策建议，监督工作落实。

【内部监督】 2021年，九三学社丽水市第五届委员会监督委员会成立，制定完善《九三学社丽水市委员会关于加强内部监督工作的实施办法》《九三学社丽水市委员会内部控制评价与监督制度》等制度和管理办法，召开九三学社丽水市委员会监督委员会专题工作会议，制订监督委员会工作计划，将内部监督工作纳入重要议事日程。

【社会服务】 2021年，九三学社界别市政协委员和社员帮扶缙云县七里乡型坑村、溶江乡田洋村，为结对村购买金桂百余株，并向村集体提供帮扶资金10余万元。多次协助社省委到结对村——松阳县象溪镇金钟村落实“两不愁三保障”推进工作。连续16年协助社省委对接的老竹镇民族学校开展助教、助学教育帮扶活动。组织医药卫生、农业、科技、法律方面的业务专家组到景宁、缙云等县（市、区）为群众义诊、提供科技服务、开展普法活动。全年开展义诊、科技服务、科普讲座等社会服务活动49场，参与专家70余人次，服务群众4190人次。邀请九三学社院士专家葛均波、严俊走进丽水莲都，为听众600余人

2021 年 3 月 30 日至 31 日，“莲都论坛”——九三学社中央院士专家科普行（莲都站）讲座举办　　（季琳敏　提供）

作题为《拥有健康心脏　享受美好人生》和《中国天眼（FAST）的前世今生与未来》的专题讲座；在丽水大剧院举办“一带一路”经典萨克斯风音乐会暨 2021 年度文化艺术沙龙活动；组建“九三博士团”参加市委统战部组织的庆祝中国共产党成立 100 周年在市本级、龙泉、缙云三地的文艺巡演。　（季琳敏）

丽水市工商业联合会（总商会）

【概况】 2021 年，丽水市工商业联合会（总商会）（简称市工商联）坚持以习近平新时代中国特色社会主义思想为指导，落实市委市政府、省工商联各项决策部署，开展非公有制经济人士教育实践活动 64 场，参加活动 6574 人次；举办各类非公有制经济人士培训班 31 期，参加培训 2574 人次；开展“三服务”活动走访企业 853 家，收集问题建议 164 个。至年末，全市工商联有会员 19652 人；商会 200 家，其中异地商会 155 家，直属和行业商会 25 家，基层商会 20 家。

【非公有制经济人士理想信念教育实践活动】 2021 年，市工商联继续开展民营经济人士理想信念教育活动。以庆祝中国共产党成立 100 周年，“浙商永远跟党走”为主题，发动商会组织、会员企业开展各类党史学习教育。组织全国异地商会、丽水长三角招商中心等 160 余名代表召开“庆祝中国共产党成立 100 周年活动暨党史主题学习会”，前往上海中共一大纪念馆开展现场学习，中共丽水市委常委、统战部部长王小荣参加活动，并带领全体党员重温入党誓词。召开“浙商永远跟党走”党史学习教育主题宣讲会，丽水职业技术学院党委书记梁忆南主讲，企业家近 200 人到会听讲。组织新生代企业家 50 余人到常熟开展“学党史、悟思想、办实事、开新局”活动，参观沙家浜革命历史纪念馆，接受红色教育。组织优秀丽商代表 20 余人到贵州遵义开展党史学习教育专题实践活动。推荐浙西南革命根据地纪念馆为第二批“浙江省民营经济人士理想信念教育基地”。全年开展“浙商永远跟党走”专题活动 5 场次，参与民营经济人士 500 余人次。

【企业家培训】 2021 年 10 月 11日至 15 日，市工商联举办 2021 年品质丽商提升工程暨新生代企业家培训班，全市新生代企业家 50 人到上海参加培训。举办丽水商会会长培训班，商会会长和商会党支部书记 50 人到上海参加学习培训。企业家 50 人参加贯彻习近平总书记关于共同富裕重要论述精神培训班。市县两级工商联 11 人参加全国民营企业调查点暨亲清直通车工作培训班，推荐优秀企业家 3 人参加由省联组织的金融专业能力提升培训班。持续实施“丽商青蓝接力工程”，择优选派优秀新生代企业家 10 人参与本年度市本级新生代企业家“两百双传承”挂职锻炼。推荐丽水企业 30 家获评省工商联“抗击新冠肺炎疫情先进浙商企业”称号。

【民营企业帮扶】 2021 年，市工商联持续深化“三服务”活动，开展“新春走企慰问”专项行动，走访会员企业、商会组织 111 家，召开企业家座谈交流会 6 场，收集问题建议 56 条。继续打造“亲清直通车，政企恳谈会”工作品牌，联合科技部门举办“科技自立自强促发展”政企恳谈会，联合税务部门举办“便民办税春风行动”政企恳谈会，市县两级举办政企恳谈会 20 场，收集企业问题诉求 148 个。同时建立“亲清直通车”基层站点 5 家。实施联动助企解困，开展“万家民企评营商环境、评银行、评工商联”系列活动，开展“百地千名行长进民企送服务”和“千所联千会”专项行动。成立丽水市中小微企业委员会，推荐委员 8 人（其中副主任委员 1 人）进入省联中小微企业工作委员会。协助构建和谐劳动关系，联合市人力社保局、市总工会下发《关于实施劳动关系“和谐同行”

三年行动计划 打造和谐劳动关系示范区的通知》《丽水市打造金牌劳动人事争议调解组织实施方案》《关于开展以“健全产业工人薪酬激励机制”为主要内容的集体协商要约行动的通知》，组织商会和会员企业参与国家2021年“和谐同行”千户企业培育共同行动工作部署和培训。开展全联民企问卷调查(4次)、2020年度劳动关系监测调查、2020年度万家民企评银行、2020年度浙江省民营企业社会责任调研、全国上规模民企(500强)调研、民营企业绿色低碳发展基础和成效等调研。

【参政议政】 2021年，市工商联在市政协四届五次会议大会发言《“十四五”丽水传统制造业创链强链的发力点在哪》被评为优秀大会发言并获得市委书记胡海峰、市长吴晓东批示。团体提案《纾困民营企业，持续推动我市经济健康发展》被评为市政协四届四次会议优秀提案，获省联优秀调研成果参政议政成果类二等奖。调研课题《发挥商会等社会团体作用推进市域治理现代化的思考与建议》获全市政协系统2020年度优秀论文和调研成果三等奖、省联优秀调研成果调研报告类二等奖。工商联界别政协委员唐建光、薛和有被评为2019—2020年度市政协优秀委员。

【商会组织建设】 2021年，市工商联开展商会规范建设，继续落实《丽水市工商联商会规范化建设实施意见》，制定《丽水市工商联商会规范化建设管理办法》。推荐杭州市丽水商会、上海市丽水商会、丽水市台州商会、温州市丽水商会、丽水市新生代企业家联合会5家商会获评全国“四好”商会。创建丽水市新生代企业家联合会、丽水市温州总商会、缙云县壶镇商会3家商会为省工商联“百家示范商会”。推进商会党建工作，成立丽水市总商会党委，张奇任党委书记。成立丽水市温州总商会和丽水市新生代企业家联合会党支部。新建商会3家：黑龙江省浙江丽水商会，叶旭耿任会长；深圳市丽水商会，姚玲燕任会长；太原市丽水商会，雷诗淇任会长。完成商会换届3家：杭州市丽水商会，徐荣培任第四届商会会长；丽水市商贸联合会，杨锡龙任第四届商会会长；丽水市温州总商会，郑金林任第四届商会会长。推进商会功能对接、协同发展，着手筹建丽水市区域性商会联盟。

【双招双引】 2021年，市工商联继续开展商会家乡行活动，组织承办“天下浙商家乡行”北京浙商企业家代表团走进丽水投资考察交流活动、温州丽水商会走进龙泉考察活动、杭州市诸暨商会企业家走进丽水水街基金产业园考察活动等商会家乡行活动。依托异地商会在西安、成都、兰州等3个人才密集城市建立丽水人才联络站。

【浙商助力丽水跨越式高质量发展专项行动】 2021年，根据省工商联《关于充分发挥工商联职能优势助力26县跨越式发展专项行动方案》，市工商联承办知名浙商助力丽水跨越式发展大会，省委统战部副部长、省工商联党组书记陈浩主持会议，中共丽水市委书记胡海峰为大会致辞，丽水市市长吴晓东作产业招商推介，企业家代表494人应邀参会。会后成立工作专班，多次深入走访知名浙商企业开展项目推介与对接服务。全年全市与企业达成投资意向40余个。其中，丽水市政府与浙江盘石信息技术股份有限公司签订合作协议，建设丽水市数字经济产业园；德力西集团有限公司超高强度刨花板自动化生产线项目签约落地松阳，计划总投资3.3亿元；杭州锅炉集团与缙云企业签订投资协议，着力在丽缙园打造新型高温燃料电池研发生产基地。

【换届工作】 2021年12月30日，市工商联第六次代表大会在丽水大剧院召开。大会选举产生执委243人，常委97人，副会长15人，副主席19人，专职副主席(副会长)2人，常务副主席(副会长)1人，主席(会长)1人。陈频任市工商联第六届理事会主席(会长)。 (丁 怡)

群众团体

丽水市总工会

【概况】 2021年，丽水市基层工会4297家，独立建会4144家，联合工会153家。至年底，全市有18家区域性、行业性工会联合会，分别是市级3家(其中，家政行业工会联合会和民宿农家乐行业工会联合会为全省首家)、莲都区1家、龙泉市5家、青田县2家、缙云县4家、丽水经济技术开发区3家。全市企事业单位全部实行厂务公开制度，公开率100%。同时，根据《丽水市基层工会"推优入党"工作实施办法(试行)》，全年全市有181名优秀职工被组织上列为考察对象或入党积极分子。持续开展工会组织和工会会员实名录入工作，助力"零次跑"和网上工会建设。至年底，全市实名制数据库有工会组织4017家，工会会员28.35万人，入库率84.3%。

【新业态新领域工会组建】 2021年，市总工会贯彻落实习近平总书记关于"八大员"群体工会组建的重要指示批示精神，推进新领域新群体工会组建，出台《丽水市新领域新群体建会入会三年行动方案》。遂昌县成立全市首家村级联合工会——遂昌县东姑村联合工会，莲都区成立全国首家地级市"饿了么"网约送餐员工会、网约车司机工会、莲都青领带新业态联合工会、缙云成立烧饼行业联合工会，市本级成立全市民宿业工会联合会、家庭服务业工会联合会。至年底，全市新建工会195家，发展会员1.52万人；其中新建新业态新就业群体工会67家，发展会员9662人。

【"中国梦·劳动美"宣教品牌建设】 2021年，市总工会开展"咱们工人有力量"声画展播和"劳动创造幸福"劳模工匠风采展，大力弘扬劳模精神、劳动精神、工匠精神。市工人文化宫发挥公共文化职能，举办全市职工文艺展演、全市职工书法大赛和市直职工公益培训。至年底，全市各级工会组织举办各类体育赛事98场，参加职工2.2万人；举办文化活动201场，参加职工5.6万人。

【弘扬劳模工匠精神】 2021年，市总工会推荐评选全国"五一劳动奖章"3人，全国工人先锋号3个，选树新时代浙江工匠16人。发动浙江工匠、各级劳模和技术骨干参与"名师带徒"活动，推进新时代浙江工匠培育工程，全年共结成300对"师徒"。"七一"前夕，组织开展"工会进万家"活动，走访慰问吴克甸等7名70周岁以上全国劳模，传递党对劳动者的关心和爱护。组织开展"百名劳模讲党史""弘扬劳模精神、工匠精神"等为主要内容的"我心向党"主题系列宣讲。至年底，全市开展"四进"主题宣讲活动237场，覆盖职工3.6万人。举办"奋进新征程、追梦共奔跑"党史知识定向赛、"心中的歌儿献给党"合唱大赛，承办全省"我心向党"职工演讲比赛总决赛。

【职工技能竞赛】 2021年，市总工会围绕"当好主人翁、建功新时代"主题开展劳动和技能竞赛，提升职工素质。全年联合市人力社保局、市民政

2021年10月，丽水市总工会举办第一届丽水技能大赛颁奖典礼（杨周莹　提供）

局、市农业农村局等部门，累计开展职工技能竞赛项目共计180余个。推进农民工学历学位“双提升”工程，全年全市为农民工提供学历补贴216人、能力提升补贴26人，补贴金额共计16.9万元。

【职工困难帮扶】 2021年，市总工会重点关注因病致贫职工，特别是受疫情影响生活相对困难的职工家庭，围绕就业、就医、子女就学开展持续帮扶，至年底，走访企业188家，慰问对象3300余人次，发放款物总计109万元。在疫情防控常态化条件下开展转岗、再就业职工就业技能培训，全市完成技能培训26场次，惠及824名职工，其中培训后实现转岗、再就业职工419人。2021年，市本级职工医疗互助保障参保人数共计3.2万人，收取保障金444.9万元，提高职工家庭抗风险能力；面向全市一线优秀职工组织免费疗休养活动，市县工会共投入经费122.42万元，惠及619名一线职工；做好夏季高温慰问，市县两级工会累计慰问职工共计1.7万人。

【职工权益维护】 2021年，全市11支法律服务队深入乡镇（街道）、工业园区、建筑工地等场所，开展“尊法守法·携手筑梦”法律服务活动57次，受理劳动争议案件8件，办理法律援助案件15件，援助农民工862人次，帮助挽回经济损失125.4万元。市职工服务中心累计受理职工群众来访案168次，接听职工维权热线来电156起，职工网上信访47起，办结率100%。

【对口援建工作】 2021年4月，市总工会贯彻落实新一轮对口帮扶工作要求，率莲都区、松阳县总工会主席一行前往西藏林芝、那曲等地对接考察疗休养工作、慰问丽水籍援藏干部，筹集5万余元物资为浙江援建那曲市指挥部改善办公和生活条件。加大对四川省泸州市叙永、古蔺两县消费帮扶力度，在原有消费帮扶基础上，全市各基层工会可按每人每年不超过500元（不占用年度节假日慰问额度）用于购买两县农特产品。据统计，全市助力四川泸州两县消费帮扶共计4388.6万余元。（董　方）

共青团丽水市委员会

【概况】 2021年，全市有团员110057人，基层团委（包括团工委数）432个，团总支109个，团支部（包括学校）6802个，少先队员179074个。全市共青团系统获国家级先进集体10个、先进个人4个，省级先进集体33个、先进个人134人。

【青少年思想政治引领】 2021年，团市委深入开展党史学习教育，共举办专题主题团日2794场、开展党团知识竞赛97场。组织开展庆祝中国共产党成立100周年系列五四主题团日活动500余场，覆盖青少年15万人次。打造80、90、00“丽水青年说”理论宣讲品牌，“六进”基层开展青年理论宣讲1226场次，覆盖团员青年13万人次。推进“青年大学习”“浙里潮音”“红领巾爱学习”，全市357.7万人次参与学习。制作《浙丽青年话党史》和《党史少年说》等原创学习教育“潮品”131个，累计阅读量80万人次。实施“真善美”种子工程，加强“青马工程”“青苗学堂”建设，培养4892人次。

【青年人才工作】 2021年，团市委实施大学生“青聚浙丽　创梦丽水”行动，围绕青年人才“引、留、培、用”，建立丽籍在外青年人才数据库，在上海、西安、武汉、哈尔滨等重点城市建立大学生招引联络站25个，聘请大学生招引联络员249人。推出科技创新、乡村振兴、文旅融合、社会治理等实习岗位2000个，推出大学生社会实践项目36个、“红绿融合”研学路线15条，吸引全国68所高校、485支实践团队5012名大学生到丽水实习、实践、研学。举办“青鸿鹄”中国数字经济创业创新大赛暨人才论坛，吸引北京、深圳、上海等地70余个优质项目参赛，推动8个获奖项目达成落地

2021年6月24日，青年宣讲员李清文（左二）在碧湖平原开展党史宣讲，将党的声音传到田间地头（王　静　提供）

意向。举办省青企协走进丽水活动，开展产业考察、招商推介。

【农村电商工作】 2021年，团市委聚焦人才培养，启动视频（直播）电商青年人才培养计划。培育本地讲师47人，开发189堂具有鲜明丽水辨识度的本土培训课程体系，分层分类开展视频电商培训班205个，培训9693人次。开展农村电商技能赛等活动，联合市人力社保局开展互联网营销师职业技能等级认定，选育1000余名优秀农村电商青年专业技术人才；聚焦平台搭建，成立全国首家“字节乡村孵化中心”。与北京字节跳动公司开展全方位合作，实施丽水“字节乡村计划”，启动“山里DOU是好风光•丽水”项目，推动50个传统村落建立抖音线上博物馆并开展POI资源传播，有效推进村落数字化保护开发和产业链接。聚焦产业发展，推动农文旅产业视频电商化。推出抖音平台“家乡年味在丽水”“丽水宝藏古村”话题，播放量41亿余次。联动100余家景区和农业供应链企业开展“万粉达人免费游丽水”话题活动，举办产业资源对接会，传播量1.4亿次，助力农文旅产品上行。

【青年创业创新】 2021年，团市委持续培育乡村振兴新青年，举办乡村振兴新农人训练营活动3场，培育省级示范性青创农场9家、市级青创农场12家。选树一批青年回村创业典型，1人入围浙江省乡村振兴“青牛奖”10强，1人入围全国乡村振兴青年先锋。举办2021“共富浙丽乡村”视频电商论坛，组建丽水青春主播团，发布丽水市视频电商“青春伙伴”计划，建立12家青年视频电商创业创新基地。开展山海协作年货文化节、山海旅游合作推广等活动，组建5个青联服务团帮扶结对村，从电商助农、科技兴农等方面开展专项帮扶。

【助力社会治理】 2021年，团市委深化“小园丁”青年志愿服务行动。开展“青春助力双减 志愿走进校园”专项活动，招募志愿者315人，推出课程44门，服务学生3307人。开展“流动青少年宫助力双减‘5+2’”活动，面向全市中小学校、社区，全时段、点单式提供红领巾公益课堂、红色游戏嘉年华、托管等服务。开展“助力垃圾分类团员青年向社区报到”，依托“志愿汇”App常态化发布开展垃圾分类志愿服务项目。推动“调小青”队伍参与矛调中心建设。开展“青春河小二”“微笑丽水”志愿服务广场、法律援助、心理咨询等各类志愿服务7800场次，6.5万人次参与。组织1.2万名青年志愿者服务全市各类大型赛会活动。

【服务青年成长】 2021年，团市委发布《丽水市青年发展“十四五”规划》，以建设青年发展型城市为目标，不断优化青年成长环境。依托“亲青恋”平台，解决青年婚恋交友需求，常态化、专业化、分众化举办交友活动32场，服务单身青年2000余人。开展“我把丽水寄给你”“百名团干结对小哥”等关心关爱新业态、新就业群体青年服务活动，邮寄心意礼包1320个，覆盖31个省。依托“亲青帮”平台，面向农村留守儿童较为集中的学校，“线上+线下”开展防诈骗、防欺凌等各类法治宣教活动400余场。结对帮扶重点青少年1.2万余人次，关爱青少年健康成长。持续实施“希望工程”圆梦大学项目，筹资56.5万元，帮扶113名大学生。举办“丽水市青少年模拟政协提案”“共青团与人大代表、政协委员面对面”活动30场，提交议案、提案15篇。

【共青团改革攻坚】 2021年，团市委推进“智慧团建”“网上少先队”“志愿汇”“数字少年宫”等团属数字化平台一体化运行。深入推进遂昌、松阳县域共青团基层组织改革全国试点，在改革团干部管理机制、探索县域团的组织设置和活动方式创新等方面率先取得成果。指导成立机关青年工作委员会3家，新建“两新”组织团组织121家，快递、外卖行业团组织26家。全面深化青联、学联学生会改革，市县两级100%规范成立教育团工委，加强中学团校规范化建设。推进“全团带队”职责，落实《中共中央关于全面加强新时代少先队工作的意见》，100%成立学校少工委，100%分批入队。实施团干部作风建设三年行动，开展“新时代团干部的新形象”大讨论，查摆问题清单55项，细化整改措施94条。（王 静）

丽水市妇女联合会

【妇女思想引领】 2021年，市妇联开展党史学习教育，创新推出“三个一百”活动，获中国妇女报、学习强国等国家级宣传平台专题报道。全市妇联思想引领等党史学习教育十大案例入选中央巡回指导组到丽水指导重要参阅材料。贯彻中共十九届六中全会精神，组织全市妇联系统，开展“六讲六做”大宣讲、“丽水之干”大践行和“千个巾帼文明岗长”宣讲等活动。举办“传承红色基因 迎接建党百年 厉行‘丽水之干’浙西南女儿奋进曲暨‘三八’国际妇女节111周年主题活动”“幸福家庭心向党 家教家风代代传”等系列重大庆祝建党百年活动，“浙西南女儿”宣讲团线上线下开展宣讲2200余场次，覆盖群众11万人次。

2021 年 5 月 15 日，丽水市妇联举办“幸福家庭心向党　家风家教代代传”活动

（市妇联　提供）

召开市妇联常委（扩大）会议暨共同富裕创新项目交流会，组织“永远跟党走”浙西南女儿宣讲比赛、“致敬建党百年　巾帼建功新征程”主题教育、红色家书展播等活动，激励全市妇女和家庭投身“红绿融合”发展。

【妇女儿童权益维护】 2021 年，市妇联开展婚姻家庭纠纷调解标准化、品牌化建设，制定出台《“平安丽姐”品牌建设工作方案》《丽水市妇女儿童权益侵害事件预防处置“10 步法”》，开展“平安丽姐”工作室及调解员维权专业素养和调解能力培训，全市共推选省级家庭纠纷化解品牌工作室 5 个、市级“平安丽姐”品牌工作室 15 个。《打响“平安丽姐”品牌，全面助力市域治理现代化》项目入选 2021 年度市域社会治理创新培育项目。《浙江信息》刊发《丽水市打造“平安丽姐”助力基层社会治理》。创新推出“丽姐在身边　每月 8 日妇女儿童权益日”活动，市县联动共开展 5 期，为妇女群众提供法律、心理、家庭矛盾纠纷等咨询 23 次。全年全市化解婚姻家庭矛盾纠纷 1868 起，化解率 99.3%。举办“反对家暴　你我同行”三八维权宣传主题活动以及“法治新征程　平安进万家”普法宣传、“4·15”全民国家安全教育日宣传等活动，开展《中华人民共和国反家庭暴力法》《中华人民共和国未成年人保护法》等法律法规的宣传教育，发放普法资料 2300 余份，宣传品 1700 余份，提高妇女群众的法律意识和维权意识。

【家庭工作】 2021 年，市妇联完成“十三五”妇女儿童规划终期评估和妇女儿童发展监测指标全面监测统计工作。召开丽水市政府妇儿工委全体（扩大）会议，完成妇女儿童“十四五”规划审议并发布。市妇联获“省实施妇女儿童发展规划成绩突出集体”称号。编制完成《丽水市家庭教育“十四五”规划》。深入学习贯彻《习近平关于注重家庭家教家风建设论述摘编》精神和市委党的群团工作会议精神，出台《关于“幸福丽水幸福家”工程实施方案》并召开全市推进会。10 月，省妇联在丽水市召开家庭家教家风工作推进会。开展“幸福丽水幸福家”家庭教育，助力“双减”，推出“幸福丽水”线上直播课 22 期，“家教之声”15 期，线下讲座 280 场次，惠及 60 余名万家长。各县（市、区）成立家庭教育讲师团，共有 190 名讲师、163 名家庭教育志愿者参与志愿服务。开展“制止餐饮浪费”、“使用公筷公勺”、母亲科学人文素养倍增三年行动计划等活动。全市选树各类家庭 425 户，其中 2 户家庭获评全国最美家庭。开展“亲情家书”“焕新乐园”“圆梦助学”等公益项目，帮扶贫困学子 320 人。创建“小园丁妈妈”巾帼志愿服务品牌，联合印发《丽水市“小园丁妈妈”志愿服务活动实施方案》，为全市孤残儿童提供助学、关爱、陪伴等服务。全市累计募集资金 50 万余元，举办“小园丁妈妈”等各类关爱服务 805 场次，结对帮扶留守孤困儿童 503 人，受益家长儿童 12519 人次。推进“全市女性健康关爱”“关爱妇女心理健康百场公益讲座”活动，组建两癌患病妇女互助会，开展健康科普咨询 2471 人次。

【妇女创业创新】 2021 年，市妇联助力双招双引工作，选派干部参加首批双招双引专班。部署全市妇联走访双招双引巾帼乡贤家庭共计 3044 人次。与市委人才办联合举办“爱在党旗下　家在丽水城”高层次人才集体婚礼。与科协对接筹建市级女科技工作者协会。实施“来料加工进百镇千村”工程，全年全市发放来料加工费 27.91 亿元，增长 8.65%，培育来料加工经纪人 2577 人，吸纳解决就业 23.03 万余人。举办丽水市“妈妈的味道”端午粽子大赛。参加省第五届“妈妈的味道”活动，获巧手美食奖。举办丽水市“致敬百年　绽巾帼芳华”数字赋能妇女创业创新活动，组建村播丽姐联盟，开设“村播丽姐”培训班。参加浙江省首届巾帼村播大赛，丽水市 2 名巾帼“村播”分别获二等奖、三等奖。参加 27 届义博会，创新运用直播互动，成交订单业务 575 项，金额 2191 万元，丽水村播丽姐联盟与金华市巾

2021 年 6 月 3 日，丽水市“妈妈的味道‘粽’望所归”端午粽子大赛在遂昌县举行

（市妇联　提供）

帼云创联盟建立全面战略合作关系。发动全市 1.5 万名巾帼志愿者参与“垃圾分类攻坚战”，开展 21 天垃圾分类习惯养成活动、进村社区开展垃圾分类宣传。举办花园庭院创建培训班。全市创建花园庭院 1.93 万户，花园庭院样板村 30 个，花园庭院样板户 300 个，创建省级绿色家庭 8 户，市级绿色家庭 200 户。

【妇联组织建设】 2021 年，市妇联加强基层妇联组织建设，建立绿谷信息小镇联合妇联、昌彤物流妇联、云和网协会妇联等新业态妇联组织，完成龙泉青瓷良工妇联、百山祖生物科技有限公司妇联等市级“四新”领域示范妇联组织创建。全市已建立快递物流行业及互联网企业妇联 13 家，其他新领域妇联组织 75 家。强化市直机关事业单位妇联组织的覆盖面和规范化，成立国资系统妇联组织，指导市公安局、市人力社保局等市直单位完成妇联换届。2021 年，申报全国巾帼文明岗 4 个、全国巾帼建功先进集体 1 个，全国巾帼建功标兵 2 人，创建市巾帼文明岗 52 个。加强校地妇联合作，联合丽水学院幼儿师范学院成立丽水市学前教育重点研究基地。开展“我为群众办实事五必访”活动，组织全市 1.6 万的妇联干部、妇联执委走访达 5.2 万余人次，走访家庭（企业）14.4 万户（次），共帮助解决问题纠纷3426 件次，全市“五必访”工作被《浙江日报》专刊报道。严肃规范市妇联机关党内政治生活，打响“丽水妇联”品牌，激发妇联干部担当作为干事创业。深化“破难行动”，加强县（市、区）妇联挂兼职副主席队伍。开展市妇联机关大学习与全市妇联系统干部（执委）素养提升、数字化能力等培训。开展共同富裕创新项目交流会。来料加工一张图接入丽水市花园云（城市大脑）数字驾驶舱。（潘江浩）

丽水市科学技术协会

【概况】 2021 年，丽水市科学技术协会（简称市科协）下辖县（市、区）科协 9 个，乡镇（街道）科协 172 家，2020 个村（社）科普组织；有园区科协 7 家，企业科协 76 家（其中 2021 年企业科协新建 20 家）；高校科协 2 家，实现丽水高校全覆盖。全市乡镇（街道）科协吸纳“三长一员”1231 人，其中，医院院长 386 人，学校校长 405 人，农技站长或相关组织专业人员440 人。全年乡镇（街道）科协、村（社）科普组织开展科普活动 3937 次。

【“引智”建设】 2021 年，市科协坚持“一盘棋”联动谋划、“一体化”联动推进，持续加强“画乡莲都·院士之家”“缙云仙都·院士之家”建设，进家院士有 38 人，丽水“院士之家”落户水街基金园，至年底，正在申报“浙江院士之家”。诺贝尔奖获得者迈克尔·莱维特在丽水经济开发区建立专家工作站。在缙云天喜厨电公司新建 1 家“市级院士工作站”。先后邀请院士 50 人次到丽服务丽水市高质量发展，开展“院士进校园”“院士进企业”“院士助力共同富裕丽水行” 等活动；第十届“智汇丽水”人才科技峰会，在新一轮疫情暴发中和两院院士大会召开的情况下，邀请到 17 位中外院士参会，并首次设立“院士林”，为院士发放“林权证”，把院士关爱留在丽水，受到参会领导和专家的肯定。联合办好“长寿之乡与高质量绿色发展”高峰论坛，中国工程院院士、国医大师王琦等专家作视频主旨演讲。组织开展第十五届自然科学优秀论文评选，评选出一等奖 20 篇、二等奖 59 篇、三等奖 163 篇。

【“共享”创新】 2021 年，市科协争取技术发达地区创新策源地的资源优势，由丽水市政府提交申请，在省科协支持下，为丽水专门出台《关于全力支持丽水市共同富裕示范区建设的意见》，提出支持丽水引入创新资源、集聚院士专家资源等 10 个方面政策措施，得到市政府领导肯定；丽水市缙云县被列入 2021“科创中国”浙江省级试点县（市、区）。同宁波市科协、嘉兴市科协共同打造“山海协作升级版”，双方在人力资源共享、科普设施共用共享、人才培养、推动两地县级科协合作等方面开展合作。

【第十一届浙江省中西部科技论坛】2021年，市科协以“数字化改革与高质量发展”为主题，第十一届浙江省中西部科技论坛在丽水绿谷信息产业园举办，邀请浙江省大数据发展管理局副局长蒋汝忠、复旦大学教授郑磊、浙江省数字经济联合体副会长兼秘书长章丰、京东科技集团副总裁周炯、阿里云研究院战略总监刘建强5位专家参会。共设1个主论坛、17个分论坛，涉及工业、农林水利、环保、气象等行业的数字经济领域。市直“152”体系部门和金丽衢三地280余名科技工作者和专家参与，共同探讨数字化改革，共谋高质量发展。论坛受到社会各界的关注，视频网络直播平台实时点击量14.96万人次。

【“百名专家连百村”助力发展】2021年，市科协打造乡村振兴服务品牌。推动科技资源上山下乡，启动第二轮“百名专家连百村 科技服务乡村振兴”活动，完善考核评价办法，落实工作交流、动态管理、述职评议等制度规定，入库服务专家增至195人，实现9个县（市、区）全面覆盖，新增结对51对，调整结对15对，建立示范基地40个，开展结对服务项目184项，线上线下累计开展指导1万余人次，深受基层农户好评。突出乡村人才振兴，承担浙江省农函大茶叶和直播带货等实用技术培训2次，组织全市180余名农村

2021年6月29日，第十一届浙江中西部科技论坛举办　（陈昊同　提供）

带头人参加“乡村振兴科普惠农带头人”培训班，培训人数位居全省第一，一批乡村产业发展带头人脱颖而出。

【学会企业联合体联合构建】2021年，市科协争取全国学会、省级学会落地丽水，组织开展“一县一业一学会”智汇山区赋能行动，推动中华中医药学会与丽水市人民政府签署《中医药健康发展战略合作框架协议》，在丽水设立中医药“丽水健康产业服务站”，浙江省中医药学会设立“丽水生命健康产业服务站”，共同打造“丽水山药”品牌。中国科协生态环境产学联合体、中国地质学会等4家全国学会同丽水市就开展高端学术交流、地质勘探等达成合作意向；省天文学会、省电力学会、省预防医学会等8家省级学会与丽水市有关县（市、区）签订战略合作协议。

【系列科普活动】2021年，市科协开展系列科普活动，联合市教育局等7个部门联合开展“银龄跨越数字鸿沟”科普专项行动，破解老年人智能手机应用民生难题，被列入市党史学习教育为民办实事典型案例。通过线上线下开展各类教学活动，并同步把金融防诈骗知识列入学习内容，累计培训8万余人次。凝聚社会各界力量服务青少年教育“减负提质”，实施“百家基地拓研学、百名专家进校园”助力“双减”科普专项行动，市委副书记郎文荣参加启动仪式。整合社会科普资源，发布涵盖近百家基地的“丽水市科普场馆地图”；3家科普场馆与3所学校签署馆校合作协议；首批聘任33名专家组成“双减”服务队；提高“双减”队伍能力，举办科技辅导员和科普专干培训班，参加人数150余人；来自医院、学校、民间科普馆等单位的20余位专家入选全省科协系统“双千”助力“双减”服务专家、10个科普场所入选全省科协系统首批“双千”助力“双减”服务专家和服务基地，逐步形成“中科院老科学家+丽水本土科普宣讲师+学校科技辅导员”三支助力“双减”服务队伍。调动多方力量，发展以2381名科研人员、高校教师、市级学会会员为主体的科普传播团队，建有科普志愿者队伍112支，注册科普志愿者1478人，让“科学家”也成为“科普家”。不断优化丽水市科普宣讲团成员，由34名科普人员组成的科普宣讲队伍活跃在乡村社区，开展科普宣讲93场次。

【科技人才服务】2021年，市科协举办“5·30”全国科技工作者日系列活

动，对2020年以来获得省级以上荣誉称号的科技工作者进行表彰，并首次发布《科技工作者风采》一书。通过举办“全国科技工作者日”、科技工作者专访、科普报告会、院士进校园、科普基地研学等，弘扬科学家精神。邀请院士进校园，被《浙江日报》作为浙江省各群团组织助力“双减”的典型予以报道；4名科技工作者先进事迹登上学习强国平台。

【科普场馆建设】 2021年，丽水市科技公园工程建设推进，确定选址城东两湖区块，作为城市中央公园子项目一并建设，总占地规模13.4公顷。其中，市综合科技馆规划建筑面积18039平方米。至年底，建筑设计方案由中国工程院院士崔凯及其团队负责，项目建议书及可研报告已批复。开展国家级、省级、市级科普教育基地认定，复审通过市级25家、新认定21家，申报省级10家、国家级3家，中国农技协科普教育基地1家。

【青少年科技活动举办】 2021年，市科协打造“科学JIA”青少年科技教育品牌，组织参加第七届全国青年科普创新实验暨作品大赛，获一等奖1个、二等奖1个、三等奖4个；组织参加第17届青少年电脑机器人竞赛，丽水实验学校等5所学校获一等奖、4名学生获总分第一，代表团获33个奖项，取得历史性突破，丽水市科协获优秀组织单位。举办第35届丽水市青少年科技创新大赛，参赛作品255件，评选出科技创新成果获奖作品80件、科技实践活动获奖作品25件、科技辅导员创新成果获奖作品22件。丽水市、嘉兴市两地携手举办“山海连线”海洋科幻画竞赛，丽水参赛作品239件，获一等奖4人、二等奖6人、三等奖10人。 （陈昊同）

丽水市文学艺术界联合会

【概况】 2021年，丽水市文学艺术界联合会（简称市文联）围绕省、市宣传思想工作会议精神和“举旗帜、聚民心、育新人、兴文化、展形象”的使命任务，努力打造“高水平建设和高质量发展重要窗口”，突出庆祝中国共产党成立100周年主线，不断提升文化软实力，引领社会新风尚，营造促团结、出精品、育人才的好环境，推动文艺高质量发展，促进文化强市建设。全年全市新组建乡镇文联2个，分别为缙云县新建镇文联和莲都区丽新畲乡文联。市文联下属11个文艺家协会，共有国家级会员534人，省级会员1916人，市级会员5138人。全市新入选“新峰”“新松”“新荷”“新雨”省级青年文艺人才培养计划14人，入选丽水市文艺精品和文艺人才扶持奖励13个。诗集《春雷与败酱草》获第十一届丁玲文学奖作品奖，歌剧《畲山黎明》获第六届全国少数民族会演圆梦奖、优秀剧目奖及艺术表演奖，影片《云霄之上》获北京国际电影节“天坛奖”最佳摄影、最佳男主角，《马房招亲》《同心向党》获第八届浙江民间文艺“映山红奖”，《网红桥》获评第十二届全国小戏小品曲艺大展小戏类最佳剧目、最佳人气节目，1人入围第三届全国综合材料绘画双年展，3人获“陆维钊奖”第九届浙江省中青年书法展优秀作品奖，1人获第三届浙江摄影金像奖终身成就奖，9人入选中国第18届国际摄影艺术展览，1人获第四届茅盾新人奖·网络文学奖提名奖，4部网络文学作品《玉堂留故》《七微克蔚蓝》《春雷1979》《老妈有喜》入选红旗颂·建党百年·百家网站·百部精品榜单。

【主题创作采风活动】 2021年，市文联组织文艺骨干，深入浙西南老区开展“学党史、传精神、跟党走”艺术创作采风，为打造“重要窗口”和建设共同富裕示范区提供文艺作品支撑。5月22日至23日，市文联、市作协组织全市70余名作家，到龙泉深入开展“学党史、传精神、跟党走”艺术助推乡村振兴文艺志愿服务和创作采

2021年6月22日，参加全省百年百名艺术家走进“浙西南革命老区”创作采风活动的人员在中国庆元廊桥博物馆前合影 （尹建光 提供）

风，深入红色根据地，寻找红色元素，创作出一批红色文学作品，并在《丽水文学》专刊集中刊出。6 月 20 日至 24 日，组织开展全省百年百名艺术家“走进浙西南革命老区”创作采风活动。全省各地美术、书法、摄影、文学写作等领域的百名艺术家代表深入浙西南革命老区，进行创作采风，共创作出主题采风作品 150 件。9 月 16 日至 18 日，在中国农民丰收节前夕，市文联组织文艺志愿者深入龙泉开展“庆丰收”全市文艺骨干集中创作采风活动，来自文学、摄影、舞蹈、美术、戏曲等各领域 50 余名文艺骨干紧扣乡村振兴、走进百山祖国家公园，深入基层开展创作采风和文艺志愿服务活动。市直各协会也纷纷围绕“学党史、传精神、跟党走”庆祝建党百年开展系列主题创作采风活动，创作出 1300 余件文艺作品，为庆祝建党百年和建设共同富裕示范区鼓劲加油。

【系列文艺展赛活动】 2021 年，市文联举办“庆祝中国共产党成立 100 周年全省‘百年百名艺术家’走进浙西南革命老区”创作展，共展出美术、书法、摄影主题采风作品 150 件。以人物肖像为创作主题，在庆祝中国共产党成立 100 周年之际，组织开展“庆祝中国共产党成立 100 周年百名优秀党员肖像艺术展”，这是丽水市首次以人物肖像为创作主题的艺术展，共展出百名优秀党员绘画肖像作品 100 件和摄影肖像作品 100 件，展出期间，市委直属机关工委结合党史学习教育要求，分批次组织全市各系统机关党员开展观展活动，取得广泛的好评，并于 7 月 30 日在市美术馆举行作品赠送仪式，市直和莲都区优秀党员及家属代表与美术、摄影作者 50 余人一同参加，赠送仪式结束后，100 件绘画作品和 100 件摄影作品，全部赠予优秀党员本人收藏。与北京海淀区联合开展“2021 年丽水书画作品展”，展出本土作品 120 件和北京海淀区作品 31 件。举办 2021 年丽水文学创作大赛暨庆祝中国共产党成立 100 周年征文大赛（小说、纪实专题），共征集中长篇小说 36 篇，短篇小说 50 篇，纪实类 201 篇，作品择优在《丽水文学》刊出。结合第五届“红军长征论坛”，组织开展“中国共产党成立 100 周年红军长征论坛七市（州）‘红色地图’摄影联展”，于 2021 年丽水摄影节期间共展出七市（州）代表性主题摄影作品 70 件。组织本地书法美术艺术骨干创作代表浙江丽水、新疆新和两地情谊主题文艺精品 30 件，参展新和县举办的庆祝中国共产党成立 100 周年文润新和首届艺术联展。举办“百年追梦·全面小康”丽水市民间艺术大展。6 月 30 日至 7 月 12 日，“百年追梦·全面小康”丽水市民间艺术大展在丽水市美术馆展出，展出丽水市民协 100 名艺术家的 100 余件作品，包括青瓷、宝剑、石雕、根艺、剪纸、书法、绘画等艺术门类，为献礼“七一”建党节奉上的民间艺术大餐。此外，还组织开展“庆祝中国共产党成立 100 周年‘李阳冰奖’丽水市书法大展”“艺心向党·庆祝中国共产党百年华诞——百人创作百米书法长卷活动”等。

【第三届丽水市瓯江山水诗路暨中华生态诗高峰论坛】 2021 年 10 月 11 日至 14 日，第三届丽水市瓯江山水诗路暨中华生态诗高峰论坛在丽水举行。来自省内外近 100 名专家、学者和诗人参加，围绕丽水瓯江山水诗路、瓯江诗派、中华生态诗，诗词文化与当代旅游等主题进行交流探讨。活动期间，与会人员还将对丽水瓯江山水诗路文化带建设，瓯江诗派与生态诗创作情况等开展实地调研。该论坛为两年一届的全国性生态调研活动。

【文艺志愿服务活动】 2021 年，市文联组织艺术家深入基层开展“学党史、传精神、跟党走”艺术助推乡村振兴文艺志愿服务走进文化礼堂活动。结合“我们的中国梦”——文化进万家文艺志愿品牌活动，围绕主题精心创作《重走长征路》《三担米》《丰收乐》《新农村》《山歌好比春江水》《绿水青山我的家》《疫情防控要做好》《丰收时节》《红旗飘飘》等歌曲、戏剧、小品文艺节目 20 余项，深入 9 个县（市）区农村文化礼堂、社区、结对联系村、乡镇文联、驻丽部队、重点企业等地，开展文艺志愿慰问演出 20 余场次，市县联动写书法 12 场、送摄影 20 场，受益群众 10 余万人次。（尹建光）

丽水市残疾人联合会

【概况】 2021 年，全市持证残疾人 98235 人，其中，视力残疾 9683 人，听力残疾 22936 人，言语残疾 1074 人，肢体残疾 42973 人，智力残疾 7831 人，精神残疾 8136 人，多重残疾 5602 人。市残联制定出台《丽水市残疾人事业发展“十四五”规划》，在聚焦残疾人急难愁盼，持续加强改善民生，促进社会公平公正等方面提出“十项行动计划”，承办第三届长三角残疾人事业一体化发展协作会。开展“我为群众办实事”“走转改、三服务”等实践活动，解决一批事关改革发展和残疾人切身利益的问题。做好残疾人服务机构疫情防控，做到风险防控、流程把控、重点严控，全面服务复工复产，帮助有效纾困，全市残疾人及服务机构未发生人员受感染和安全事故。

【兜底保障帮扶】 2021年，全市享受困难残疾人生活补贴和重度残疾人护理补贴68850人次，发放资金1.7亿元。12月20日，市残联将市本级残疾人“两项补贴”的发放与管理工作移交给市民政局。全市所有的劳动年龄段持证残疾人的城乡居民养老保险，所有持证残疾人的城乡居民医疗保险和意外伤害保险实现全覆盖。开展“馨爱助残•家庭康护”试点，为100名残疾儿童和“三瘫一截”重度残疾人提供“一对一”上门康护服务。运用残疾人信息基础数据库精准核查残疾人信息，各项补贴发放无疑错无遗漏。畅通与民政部门的信息化系统渠道，全面完成残疾人“两项补贴”移交准备。完成困难残疾人家庭危旧住房改造109户，其中为91户争取省慈善危房改造专项救助资金164.478万元。开展节假日困难残疾人慰问活动，惠及残疾人2550人，累计发放慰问金、慰问品价值146.6万元。启动新一轮东西部帮扶结对，与泸州市残联签订协作框架协议，双方在10月、12月就残疾人就业、康复、托养等方面开展实地交流，向泸州市残联捐赠价值11.5万元的洗护用品和电动轮椅。

【残疾人民生实事】 2021年，全市24家“残疾人之家”和6家残疾儿童康复机构的提升建设工作全面完成并通过省残联验收，完成进度均位居全省第一。全市三星级以上“残疾人之家”85家，占比90.4%。其中，莲都区岩泉街道管家、黄畈“残疾人之家”通过五星级“残疾人之家”预验收。落实《浙江省残疾儿童定点康复服务机构管理办法》，县级残联分别与康复机构签订规范化管理协议，康复机构管理进一步强化鼓励社会力量兴办“残疾人之家”，加大对服务优、口碑好的机构扶持力度，落实补助资金2327万元。

【残疾人就业创业】 2021年11月，市残联与市财政局、市税务局联合制定下发《市本级超比例安排残疾人就业企业奖励政策(试行)》。市卫生监督所、市养老服务中心参照公务员管理岗位实行残疾人单招单考，2名残疾人录取就业。51名应届毕业残疾大学生实现全部就业。市本级每季度举办线上残疾人专场招聘会1场，市区联动共同举办现场招聘会2场，提供就业岗位3000余个，达成就业意向150余人。全年全市新增残疾人就业1164人，完成年度任务的194%，其中新增城镇就业181人，完成年度任务的120%。加大技能培训力度，先后举办全市首届残疾人直播带货、“非遗项目”缙云烧饼制作技艺、盲人按摩等培训班，全市1697名残疾人参加培训，完成年度任务的113%。培育行业能手，3名盲人获中级医疗从业资格，2名残疾人康复工作者获“2021年浙江省特教园丁奖”，3名残联工作者获省残联手语大赛二、三等奖，2名残疾人获全省网络直播大赛二等奖。龙泉市首位盲人叶景芬考上北京联合大学硕士研究生。盲人保健推拿被列入丽水市首届技能大赛项目，28名盲人参与竞技，获发二级职业技能等级证书，并给予最高2万元的奖金，此项工作领跑全省，获省级点赞。推进基地建设，景宁县创成市级残疾人就业创业基地。盲人按摩机构纳入丽水市工会“疗养云”平台，盲人按摩行业的服务范围有效拓宽。

【康复服务】 2021年，全市残疾人儿童康复服务740人，完成年度任务的165%。开展线上辅具评估2945人次。辅具实物配发2738人次，货币补贴610人次，完成髋关节置换手术22例、白内障复明41例，完成年度任务的130%。发放大额辅具3156件，完成年度任务的156%。发放小额辅具810件，完成年度任务的161%。完成关节置换术32例，开展盲人定向行走训练57人次。创新开展轮椅社区免费借用服务，残障人士可免费就近借用。精神残疾人免费服药政策惠及精神残疾人7392人。家庭医生签约服务81411人，签约率84.46%。通过微信公众号、视频讲座、知识册等多种形式，加大残疾预防和康复知识宣教普及。组织开展第六次全国残疾预防日宣传教育活动，增强市残联康复医院为残疾人心理康复预防干预服务能力。

【基本公共服务】 2021年，市残联加快推动基础设施建设，市本级残疾人托养中心完成社会化运营方案，精神专区建设进入消防验收，创成四星级“残疾人之家”。松阳、缙云残疾人托养中心已投入运营；云和残疾人托养中心基本完成建设；遂昌、青田残疾人托养中心开工建设；景宁残疾人托养中心完成立项。落实残疾人及残疾人子女助学资金523万元。督促推进莲都区培智学校建设。市残疾人托养中心、市残联康复医院被列入2022年杭州亚残运会展示点。丽水市运动健儿在第十一届全国残运会上获金牌6枚、银牌7枚、铜牌7枚，代表浙江省参加全国第八届特奥会羽毛球比赛项目获金牌2枚、银牌3枚、铜牌1枚。青田籍运动员虞小伟参加2021东京残奥会皮划艇项目获第七名。莲都区象棋选手梅兴宙获全国第十一届残疾人运动会暨第八届特殊奥林匹克运动会象棋比赛第二名。完成浙江省第九届残疾人艺术会演选送节目筛选及录制，举办丽水市第三届残疾人艺术会演。听障儿童雷政骆参加第三届全国听障朗诵大赛获第

2021 年 10 月，丽水市吴诚炫（左三）、叶佳颖（左四）在全国第十一届残疾人运动会暨第八届特殊奥林匹克运动会中获羽毛球比赛 16—21 混双 C 组金牌　（李盛楠　提供）

二名。参加省残联“喜看新变化 我心永向党”主题征文、书画摄影创作和微视频演讲大赛获得佳绩。组织残疾人参加“冰雪季”各项运动竞技。落实市图书馆购买聋人手语书籍入馆借阅助残工作。

【无障碍环境创建】 2021 年，市残联全域推进无障碍环境创建，制定实施《丽水市残疾人联合会 2021 年无障碍环境建设“示范引领、全域推进”工作实施方案》，9 个省级无障碍社区、9 个无障碍村、5 个无障碍景区完成创建，实施残疾人家庭无障碍改造 240 户，完成年度任务 160%。编制并实施浙江省地方标准《居家无障碍设施改造技术规范》、丽水市地方标准《乡村景区无障碍环境建设指南》和《丽水市无障碍环境建设导则》，以上三项与农行丽水分行营业部无障碍环境建设实例被住建部、中国残联评为全国无障碍环境建设优秀成果向全国推广，获市委书记胡海峰、市长吴晓东及市委宣传部部长任淑女、副市长杨秀清等领导批示肯定，并在中国残联《奋斗践行无障爱》专题活动和无障碍环境建设培训班上作专题推介。举办全市公共服务行业、建设行业从业人员无障碍环境培训，深化知识导入，并参与项目规划评审，开展实地督查，加强源头管理。将无障碍环境建设纳入常态化创建文明城市考核中，提升全社会无障碍环境建设意识。

【权益保障】 2021 年，全市建立残疾人法律救助工作站 10 家，完成“12345”政务服务便民热线整合工作，信访办结率 100%。落实各县（市、区）残联 1+AB 岗信访专员机制，打通中残联网上信访渠道，并指导信访专员开展信访接件规范化处理。全年妥善处理信访事件 97 件。印发《助残政策服务一本通》，邀请专业律师开展《中华人民共和国民法典》的专题讲座。稳步推进专门协会建设，成立市残联残疾人专门协会工作党支部和市孤独症人士及亲友协会。开展无障碍观影活动，建立无障碍观影志愿服务队伍 10 支，举办无障碍观影 156 场次，1.22 万名视障人士免费观看红色系列电影。开展“千个支部万名党员”助残志愿服务，全市“残疾人之家”结对党支部 138 个，开展志愿服务 2850 人次。对市本级开发区 18 户有服务需求的残疾人家庭开展困难慰问、康复指导、教育疏导等上门服务。做好全国爱耳日、世界自闭症日、残疾预防日等节日活动和“拥军优属”双拥工作，落实慰问资金 6 万余元。

【组织建设】 2021 年，乡镇（街道）残联理事长全部配备到位，乡镇（街道）残疾人工作专职委员配备全覆盖并基本参照乡镇（街道）其他同类用工落实待遇。村（社区）残疾人专职委员配备基本全覆盖。10 月，举办全市乡镇（街道）残联理事长、残疾人专职委员培训班，全面提高基层残疾人工作者的工作能力和业务水平。参加浙江省首届残疾人工作专职委员知识竞赛获团体三等奖。8 月，全面推进数字化改革，残疾人证、残疾人按比例就业“跨省通办”“省内通办”启动，异地办证实现无障碍。数字社会服务端、治理端建设基本完成，城市大脑数字驾驶舱完成建设优化，机关政务门户点亮。完成“智慧残联”二期建设投运。选树先锋典型，莲都区人民政府残疾人工作委员会获“全国十三五先进残疾人工作单位”称号，市残联二级调研员谢丽福获“全国十三五先进残疾人工作者”称号。市民政局、市残联康复医院、松阳县残工委 3 家单位获“十三五”期间浙江省残疾人工作突出集体称号，5 名残疾人工作者获突出个人称号。选树优秀残疾人共同富裕好故事 9 个和助推残疾人工作共同富裕好案例 10 个。8 名残疾人道德楷模、行业先锋、艺术大师、运动健儿入选“浙江省自强励志馆”。1 名残疾人工作者被授予“丽水好人”称号。　（叶　菁）

丽水市归国华侨联合会

【概况】 2021 年，丽水市归国华侨联合会（简称市侨联）带领全市侨界干部群众，以“带领者、推动者、垦荒者、传播者、夯实者”的身姿，为丽水全域打造成“东海岸艺术浪漫侨乡”和“中国华侨名城”的目标贡献力量、展现担当。丽水市侨联下属协会成立，成立为侨服务志愿者协会、丽水市华侨公益事业促进会、丽水市中关村华侨投融资协会。市侨联编制《丽水华侨百事通》手册，印制实体手册5000份。全市侨联系统开展“我为侨企解难题”活动，共走访侨资企业80余家。市侨联下属协会市侨界妇女协会举办爱心助学活动，向10名青中学子捐赠5万元助学金。举办留学生沙龙和2021年度丽水“双招双引”科技人才高峰论坛活动。市侨联联合有关部门开展丽水侨界“百名华侨”结对“百名（千名）贫困学子”活动，全市有530名华侨报名结对1271名困难学子，连续资助5年，每人每年2000元。省侨联开展“千个侨团扶千村”，为丽水市送来物资140万元。全市各级侨联开展新春走访慰问、庆“六一”等活动，为困难侨界群众、留守儿童送去慰问品折合人民币20万余元。市侨联2021年度被市委、市政府授予“丽水之干”模范集体、“浙江省侨联系统先进集体”称号，获全省侨联工作综合考评一等奖、市委市政府市直单位综合考核优秀、丽水市招商引资工作考核优秀、全市东西部协作工作考核优秀等荣誉。

【思想政治引领】 2021年，市侨联机关印发《党史学习教育实施工作方案》，采取2种模式（学习提能“悟思想”、调研走访“办实事”）+3举措工作法（学习教育多载体、学思践悟多结合、办好实事多方法），开展专题学习26次。侨联公众号开辟“侨心向党·百年风华”系列专题报道89篇，讲述丽水市海外侨胞在救亡图存中对中国共产党的历史选择。市侨联选送18件涉侨史料，在中国华侨历史博物馆“百年航程，赤子侨心——庆祝中国共产党成立100周年主题展”上展出。市侨联承办省侨联“侨心向党再出发”初心之旅丽水站活动，组织侨界代表30余人重走浙西南革命红色之路。举办以“红色基因，侨心向党”为主题的第四届“游子情”摄影艺术展，通过摄影宣传传承红色基因。邀请侨界人士参加市委统战部组织的庆祝中国共产党成立100周年文艺巡演。组织市、县、乡三级侨联领导+侨界专家学者员+侨团代表员+海外青年宣讲员组成百人“大宣讲团”，开展中共十九届六中全会精神宣讲，60余个国家的100余个侨（社）团参加学习。

【招商引资】 2021年，市侨联联合市华侨产业城建设指挥部、丽水华侨学院开展“丽水侨胞回乡发展意向调查”工作，采取网络调查、电话调查、深度访谈相结合的方式，收回有效样本4660份，选取20余名具有代表性的侨商、侨领、留学人士进行深度访谈，了解丽水籍侨胞中侨商和高精尖人才的现状和回乡发展意愿。形成《丽水市侨胞回乡发展调查报告》，为引导华侨回流创业，参与“丽水华侨产业城建设”提供科学依据。调研反馈出丽水籍华侨华人估算总资产可达万亿元以上，高学历、高精尖华侨保守估计万人以上，且回国返乡意愿强烈，有31.12%的华侨愿意回丽水发展。意愿回国发展人群中，有52.52%表示愿意入驻华侨总部大楼，32.07%表示还在观望，15.41%表示不愿意入驻。1月，推动出台《丽水市鼓励华侨回归创业创新三十条政策措施》。市侨联与市华侨产业城建设指挥部牵头，设立第一和第二批“海外双招双引驿站”共19个，并聘请“双招双引大使”57人。编制《涉侨招商项目库》，梳理侨资项目20个，开展涉侨领域“双招双引”推介会36次，对接海外企业、央企国企80余家。组织丽水籍中东欧17国华侨代表13人在宁波召开座谈会，市长吴晓东，市委统战部部长王小荣参加座谈，并听取举办中东欧国家博览会丽水分会等意见建议。启动“双招双引”侨团周，已视频连线波黑、巴西、意大利等国25场。参与举办第四届青田侨博会和第二届国际咖啡博览会活动，意向成交金额28.6亿元。通过匈牙利华侨柯海啸牵线搭桥，丽水开发区与东旭集团签约高端装备制造基地和光电显示材料研究院项目，一期投资额达15亿元；斯洛伐克归侨、丽翔教育集团董事长叶芬投资5.8亿元，建设用地约8公顷的青田县华侨国际学校项目，项目于2022年底前开工建设。全年全市涉侨项目落地38个，投资金额95.34亿元，实际到位资金13.99亿元；在谈项目54个，投资金额366亿元。

【侨联文化传播】 2021年，丽水市侨联与青田县侨联联合开展“亲情中华·为你讲故事”网上夏令营活动，共举办6期8个班级338名华裔青少年参加学习。市侨联撰写编发2020年度丽水侨联系统最美“白忙官”、丽籍侨胞赴京参加建党百年华诞等人物访谈71篇。召开《见证侨爱——2020丽水侨界抗疫公益纪实》新书首发仪式，印发书籍3000册。市侨联以《这个支点，让我们舞动全球》为题参加全市机关先进事迹宣讲会。市侨联公众号发布信息130余条，上报侨情专报20余篇，侨情专报《谱写山海深情助力东西协作 浙江丽水百名华侨结对四川泸州千名乌蒙山区学子》获中国侨联副主席程学源批示肯定。协助举办《丽水华侨政策三十条》政策解读新闻发布会，海内外实时观看人数达72.7万人次。全市侨联界别委员提交提案和建议共78件，其中涉侨提议案12件，主办提案2件，会办提案4件。全市完成28家基层侨联组织统一社会信用代码赋码，2家被评为浙江省华侨国际文化交流基地。

【全省首家华侨创业创新服务中心和为侨服务联盟成立】 2021年11月8日，华侨创业创新服务中心和为侨服务联盟在丽水成立。浙江省侨联党组书记、主席连小敏，丽水市委副书记、市长吴晓东为丽水市华侨创业创新服务中心和浙江省侨联“助侨服务、侨助共富”实践创新基地揭牌。丽水市华侨创业创新服务中心（华侨双创服务中心）专门招聘专干8人，建立为侨服务联盟单位36家，确定联盟服务专员72人，招募200余名为侨服务志愿者。至年底，累计现场接待华侨及侨眷来访684人次，接受线上咨询246人次，共办结政务服务事项158件。（陈玥蓉）

丽水市红十字会

【概况】 2021年，市红十字会对交通、消防等领域重点开展应急救护培训，全市救援队员完成应急救护培训全覆盖，推动应急救护培训纳入学校素质教育重点内容，落实高职学生持“双证”毕业模式，开展景区红十字救护站、服务站建设和人员培训。全市红十字系统共完成救护员培训10647人，完成率130%；完成救护知识普及培训97404人，完成率120.9%。开展造血干细胞捐献、人体器官（遗体、组织）捐献和无偿献血宣传动员工作。全市新增造干血样入库286例，完成率114.4%，实现造干捐献6例。规范开展人体器官捐献工作，加强协调员队伍建设，健全捐献者困难家庭关爱机制，全市新增人体器官捐献登记1702人，完成率154.6%。全市实现人体器官捐献9例、遗体捐献2例。

【“千百万”服务活动】 2021年，市红十字会组织开展以“千家企业员工应急救护技能大提升、百个博爱公益项目送关爱、万场志愿服务在基层”为主要内容的“千百万”服务活动。开展千家企业员工应急救护技能大提升完成144家，完成率144%，百个博爱公益项目送关爱创建16个，万场志愿服务在基层完成592场服务率146.2%。

【五分钟社会应急救护圈】 2021年，市红十字会探索社会应急救护与医疗院前院内急救的资源再融合，加强院前医疗急救体系标准化、规范化建设，提高院前医疗急救服务能力。将红十字会的前端社会应急救护资源管理网与卫健部门的“120”指挥中心和医院院前院内一网通急救网络全链接，建成应急救护资源管理网。该项工作纳入丽水市2021年民生实事，在人群密集的公共区域、“丽水山居”四钻精品民宿、AAAA景区配备安装AED设备，全年全市实现新增AED设备405台。

【红色根脉爱相随】 2021年6月，市红十字会发起“红色根脉爱相随”项目，组织发动全市红十字系统为“红色根脉爱相随”项目捐赠资金。“红色根脉爱相随”项目资金主要用于红十字博爱家园、应急救护站（点）建设等。至年底，“红色根脉爱相随”活动，吸引丽水220余家爱心企业、9000余名爱心人士参与捐献，共募集项目资金1133.74万元，其中市本级动员135家爱心企业参与捐赠，募集资金849万元。（李晨希）

2021年10月25日，丽水市红十字会举行“红色根脉爱相随”项目捐赠仪式
（李晨希 提供）

法　治

推进地方立法

【立法工作机制】 2021年，市人大常委会继续贯彻落实《中共丽水市委关于加强党领导立法工作的实施意见》等市委文件，明确党领导立法的要求、程序机制和保障措施。市人大法委、常委会法工委增强坚持党对立法工作领导的思想自觉和行动自觉，做到每部法规审议修改基本成熟以及立法工作中遇到重大问题时，均向市人大常委会党组请示汇报。市人大常委会党组向市委常委会汇报《丽水市革命遗址保护条例》和《丽水市扬尘污染防治规定》2部法规的立法工作开展情况。坚持人大对立法的主导。继续贯彻落实以制定地方性法规条例为核心，涉及法规立项、起草、立法后评估、基层立法联系点、立法专家库、代表参与立法等10项制度相配套的制度体系，规范立法工作程序。坚持在立法总体思路上统筹谋划，在立法具体环节上组织协调，在法规条款决策上，发挥人大在法规立项、起草、审议等环节上的主导作用。2021年，已经制定和正在制定的3部地方性法规，均实行由市人大常委会领导和市政府领导担任组长的"双组长"立法制度，在提出法规议案、组织法规起草、参与修改调研等方面，听取和依托政府及其部门的意见。

【立法工作质量提升】 2021年，市人大常委会做好重点法规的审议修改工作。按照年度立法计划，修改审议《丽水市革命遗址保护条例》《丽水市扬尘污染防治规定》这2部法规。其中《丽水市革命遗址保护条例》系全省首部革命遗址保护类法规，为全市加强党史学习教育、传承革命文化、弘扬践行浙西南革命精神、促进红色文化融合绿色发展提供法治保障。《丽水市扬尘污染防治规定》采用"小快灵"立法模式，选取小切口，从群众反映强烈的问题、意见集中的问题、矛盾突出的问题入手，深挖根源、找准症结、对症下药。以法律制度保障打好污染防治攻坚战、确保全市生态环境显著优势。提前介入法规草案起草。与起草单位沟通联系，了解并指导《丽水市居家养老服务条例(草案)》的起草，尤其就重点问题提前进行研究，厘清立法要解决的主要问题，明确法规草案的主要内容和立法方向，提高法规草案起草质量。督促推进立法调研项目。根据年度立法计划安排，通过调研走访重点部门等方式，督促市委政法委、市公安局、市司法局、市人力社保局、市市场监管局等单位组织开展2021年度立法计划中《丽水市社会矛盾纠纷多元化解条例》《丽水市居住出租房屋安全管理规定》《丽水市无偿施救规定》《丽水市菜市场管理规定》等调研项目的立法调研工作，并形成立法调研报告，为编制2022年立法计划打好基础。

【公民参与立法途径拓宽】 2021年，市人大常委会探索动静结合的基层立法联系点制度。根据具体法规规制内容动态设置立法联系点，提升征求基层意见的针对性。在2021年的《革命遗址保护条例》立法中，确立基层立法联系点5家，基层立法联系点根据自身实际，开展立法信息收集、普法宣传等工作，帮助立法机关掌握革命遗址保护情况的第一手资料，为法规的立项、调研、起草、审议修改和法规实施等工作提供服务，发挥沟通联系作用。开展立法协商。坚持每部法规均开展由各民主党派和政协委员参加的立法协商，30余名市人大代表分专业有重点参与立法工作，搭建收集人大代表、政协委员、党外人士和人民群众意见建议的互动平台，体现民情、汇聚民意、集中民智。落实专家论证机制。沿袭立法专家库制度，每部法规均征求专家意见并召开论证会，听取法律、语言文字以及法规所涉及特定行业的专业建议。

【规范性文件备案审查】 2021年，市人大常委会坚持有件必备。向省人大常委会报送备案地方性法规1件、有关决议决定1件。依法接收各个制定机关报送备案的规范性文件共27件，其中，市政府规章1件，市政府及其办公室的规范性文件18件，9个县(市、区)人大及其常委会的决议决定4件，市法院的规范性文件2件，市检察院的规范性文件2件。2021年起，市中级人民法院、市人民检察院规范性文件纳入备案审查范围。坚持有备必审。做好分送审查工作，对接收备案的规范性文件，按照职责分工分送有关专(工)委审查。做好有重点的主动审查工作，法工委坚持每年联合专(工)委对社会关注度高与广大人民群众利益关系密切的5件左右规范性文件开展有重点的主动审查。坚持有错必纠。对审查中发现的问题，加强与制定机关的沟通协调。针对市政府办公室《关于深化制造业企业资源要素优化配置改革的实施意见》存在的无上位法依据“限制法人权利、增加法人义务”问题，与制定机关进行沟通协调，市政府办公室对该实施意见进行修改并于2021年初重新报备。加强备案审查制度和能力建设。继续落实《市人大常委会规范性文件备案审查办法》，11月，市人大常委会听取和审议备案审查工作报告。针对备案审查力量不足，继续组织9个县(市、区)的法工委研究审查重点规范性文件，实现专业力量整合和实战练兵的双赢效果。(王习宇)

政法委和综治

【概况】 2021年，丽水市政法系统在市委、市政府的坚强领导下，坚定扛起“丽水之干”的政法担当，以加强政法系统党的政治建设为引领，围绕建党百年安保维稳、全国市域社会治理现代化试点、数字法治系统建设、常态化开展扫黑除恶、政法队伍教育整顿等重点工作，推进更高质量、更高水平的平安丽水、法治丽水建设，以平安考核全省第二的成绩夺取省级“平安市”17连冠，创成全省首批“法治浙江(法治政府)建设示范市”，为全市打造“高水平建设和高质量发展重要窗口”“建设共同富裕美好社会山区样板”提供政法保障。12月15日，在平安中国建设表彰大会上，丽水市被授牌命名为平安中国建设示范市，市委政法委获评平安中国建设先进集体。

2021年，丽水市委召开市委政法工作会议、全市政法队伍教育整顿动员部署会、全市建设平安丽水工作会议等，部署年度重点工作。持续贯彻《中国共产党政法工作条例》，落实请示报告制度。用好政法委员会制度，全年召开全体会议4次，研究协调解决政法工作重点难点问题。市委政法委制定出台《丽水市政法系统政治督察工作制度(试行)》，成为加强党的领导的标志性制度成果。市中级人民法院部署开展“强党建、正作风，提干劲、勇担当”专项活动，延续政法队伍教育整顿，做好“后半篇”文章。市检察院贯彻落实中央《关于加强新时代检察机关法律监督工作的意见》，推动市委召开专题会议进行部署，为全市检察和法律监督工作实现高质量发展打下坚实基础。部署开展市公安局推进“三能”主题教育实践活动，使“三能”成为浙江公安的鲜明特质。市司法局聚焦高水平推进法治丽水建设，建立“点评、交办、亮晒、通报、督查”五项制度，明确“六大工作抓手”、实施“八大专项行动”，为丽水市创成全省首批“法治浙江(法治政府)建设示范市”做出贡献。

【政法领域改革】 2021年，市委政法委会同市法院等部门推进基层“共享法庭”建设，出台《关于建立“共享法庭”助推基层社会治理现代化的意见》，通过共享解纷资源、法官裁判智慧和优质诉讼服务等方式，推动形成更加完善的“四治”融合城乡基层治理体系，在全省推广，并入选最高人民法院《司法改革案例选编》，全市实现乡镇(街道)“共享法庭”全覆盖。完成森林警察支队转隶入列、高速公路公安交通管理体制调整工作，优化职能架构。围绕“枫桥式”司法所创建目标，对照六大任务和28条实施细则，推进司法所综合改革和规范化建设。

【执法司法制约监督体系】 2021年，全市政法系统围绕政法机关侦查、检察、审判、执行各项主责主业，构建规范高效的制约监督体系，推动政法机关履职更加精准、服务更加高效。坚持把学习贯彻习近平法治思想同落实《中国共产党政法工作条例》、同党史学习教育、同政法队伍教育整顿有机融合、一体推进，贯穿政法工作各领域、全环节，提升政法机关依法履职能力水平。邀请教授李林走进处州讲堂，围绕学习贯彻习近平法治思想做专题讲座，推动各级领导干部增强崇尚法治、厉行法治的思想和行动自觉。制订出台《丽水市构建规范高效司法监督体系实施方案》，推动执法司法制约监督机制更加完善；推进政法一体化协同办案系统建设，推动系统向二审再审、换押协同、减刑假释领域覆盖，并打通涉纪检监察案件监委协同通道。部署开展司法公正感受度提升工程，指标体系，构建量化的群众满意度评估指标体系；推广“司法公正码”，随案生成一案一码，实现当事人案件“码”上投诉、“码”上评价、“码”上反馈，把监督评判“表决器”交到群众手中。持续加强刑事审判监督力度，创新“九步法”多重审查机制，刑事抗诉经验被最高人民检察院转发推广；研发“数字智能监督”系统，对虚假司法确认开展审判程序监督。集中开展行政非诉执行专项监督活动，对行政复议被纠错案件实行问责制度，一审行政诉讼败诉率为全省最低。

【常态化开展扫黑除恶专项斗争】 2021年，丽水市扫黑办深入贯彻落实习近平总书记重要指示精神和中央、省委决策部署，围绕常态化扫黑除恶“十件实事”，上下齐心、全力以赴，推动各地各部门政治站位更为提升、高压态势更为彰显、行业整治更为协同、综合治理更为高效，人民群众获得感、幸福感、安全感进一步提升。下发《2021 年全市常态化开展扫黑除恶斗争工作要点》，保持组织架构和成员数量“双不变”，全面压实属地主体责任、办案部门直接责任和行业主管部门监管责任。实施“清单式”推进，将常态化扫黑除恶专项斗争工作纳入市委十方面重点问题清单和市政府月度工作例会专项议题，每月评估、逐项研判。坚持“建库管理+线索排摸+打早打小”同频共振，建立“黑恶人员名单库”，实行分级分类动态管控，深入开展“钱潮”、重点区域涉毒大排查、涉黄涉赌违法犯罪集中打击、新闻舆论“打假治敲”等专项行动。市纪委市监委、市委政法委联发《关于规范纪检监察机关与政法机关工作衔接机制的意见（试行）》，坚持扫黑除恶与“打伞破网”同向发力，狠抓村级队伍建设，推进后进村整转，落实后进党组织滚动整转提升机制，通过后进村党组织生活提级调度、市县举行整转“蝶变”擂台比拼等提升整转实效，切实防止“村霸”滋生蔓延和宗族势力干扰侵蚀。全面开启信息网络、交通运输、建设工程自然资源等四大行业“立体式”整治，成效明显。

【法学研究】 2021 年，市委政法委推进政法理论实践调查研究，《突发公共卫生事件背景下基层刑事执法司法应对机制研究》论文获法治浙江建设十五周年理论研讨会一等奖。以市法学领导机构换届为新起点，发挥繁荣法学研究、推动法治实践生力军作用，全年获国家级、省级重大活动优秀组织奖各 1 项，在国家级、省级论坛征文活动中分别获奖 3 篇、29 篇。开展基层法学会工作提升年活动，青田县《“枫桥经验”海外版研究》、缙云县《乡镇合伙企业破产重整难点与司法对策研究》被省法学会确定为年度重点课题。

【政法队伍教育整顿】 2021 年，全市政法机关开展政法队伍教育整顿，围绕“绝对忠诚、绝对纯洁、绝对可靠”根本要求，制定实施六大专题活动，推进“四项任务”、一体贯通“三个环节”，为全市政法工作和政法队伍建设发展打下基础。市委重视政法队伍教育整顿工作，并作为重大政治任务，加强责任担当、履行政治责任。全市政法系统配合中央两轮下沉督导和省委指导组全程驻点指导，补短板、堵漏洞、强弱项。把学习教育作为政法队伍教育整顿的关键一环，把党史教育、政治教育、警示教育、英模教育与弘扬践行浙西南革命精神融合。注重发挥关键少数“头雁”作用，推动各级党委书记、纪委书记及政法单位“一把手”带头上专题党课、廉政课126 场。开展全警政治轮训活动 630批次，创新推出“三问三思三反省”“四学四比四提升”等系列学习活动，实地参观廉政教育基地、红色教育基地 750 批次、9500 人次。举办全市政法系统青年理论宣讲大赛等活动，凝心聚力、形成合力。围绕政法系统深层次、多发性突出问题，坚持“当下治”与“长久立”相结合，会同纪检部门出台纪法衔接意见，重点对问题线索移送、案件查办、日常监督等作出明确规定，既对违纪违法干警形成震慑，又成为担当作为干部的“护身符”，在全省推广。

【全市政法系统“学先进、比先进、赶先进”事迹报告会】 2021 年 3 月 31日，全市政法系统“学先进、比先进、赶先进”事迹报告会在丽水召开，市、县两级党政领导、政法系统班子成员及中层干部等参加人数 1800 余人。报告会由 5 名先进集体代表和 5 名先进个人作先进事迹报告。会议要求全市政法系统掀起“学先进、比先进、赶先进”的热潮，学习先进典型对党忠诚、信念坚定的政治品格，不忘初心、真情为民的公仆情怀，与时俱进、敢闯敢干的创新精神，公道正派、廉洁奉公的凛然正气，对标先进、见贤思齐，弘扬英模精神，提升忠诚履职、为民服务、担当作为的能力和水平，为全市政法工作高质量发展作出贡献。　（朱冯梁）

公　安

【概况】 2021 年，全市公安机关实施新时代丽水公安“135”战略布局，履行防风险、保安全、护稳定各项职责，助力获评“平安中国建设示范市”。社会治安大局持续保持高质量平安稳定，刑事案件破案数、治安案件查处数、重点案件打处数同比上升，现发命案、致人死亡交通肇事逃逸案件全破，未发生重大恶性案件、严重群体性事件、网络安全事件和较大以上道路交通事故，接报警情数、刑事发案数，命案、电诈、“两抢一盗”等重点案件发案数，全口径道路交通亡人数，群众信访量同比下降。聚焦庆祝中国共产党成立100周年安保，开展“利剑护航建党百年”专项行动。迭代升级疫情精密智控机制。完成丽水公安发展“十四五”、丽水公安大数据智能化建设“十四五”规划，策应省公安厅“公安大脑”建设，构建全市公安机关数字化改革工作体系。开展“三能”主题教育实践活动，市公安局教育整顿评估成绩位列全市政法系统第一，市、县两级公安机关教育整顿工作均被市委政法委评为优秀。完成森林警察支队转隶入列和丽水高速公路公安交通管理体制调整工作。全年1名民警立一等功，9个集体和20名民警立二等功，36个集体、150人立三等功。1个集体和1人被公安部评为全国公安机关扫黑除恶专项斗争成绩突出集体和成绩突出个人；1人被公安部评为全国公安机关庆祝中国共产党成立100周年安保维稳工作成绩突出个人；1人被公安部评为全国公安机关情报信息工作成绩突出个人；1人被公安部、中华全国总工会评为全国公安机关成绩突出个人；1个集体和1人被公安部评为全国公安机关“我为群众办实事”成绩突出集体和成绩突出个人；1个集体被公安部评为全国公安机关教育训练工作成绩突出集体；7个集体、15人被省委宣传部、省公安厅评为2021年度“最美浙警”。1个集体和2人被市委、市政府评为“美丽丽水”建设工作模范集体和先进个人。

【公安安保维稳工作】 2021年，全市公安机关树立“大政治安全”理念，推进中国共产党成立100周年安保维稳工作。全年市公安局政保支队牵头召开安保专项会议15次，收集上报情报信息700余期，确保全市政治领域绝对安全。全年排查走访重点部位3.38万次，清查收缴各类非法物品2300余件，化解基层矛盾纠纷1012起，推动各项安保措施落实落细落具体，助力实现“六个严防、三个确保”目标。以“清雷2021”“千警进万家”活动为载体，常态化开展矛盾纠纷及涉稳风险隐患清底式排查化解工作。全市未发生群体性事件、治安重点人、重性精神障碍患者等管控不到位情况，社会秩序积极良好。

【常态化疫情防控管理】 2021年，丽水市公安局迭代升级疫情精密智控机制，常态化运行市局疫情防控指挥部，制定全市公安机关疫情防控工作导则，配套建立健全一体化的流调溯源机制、协同化的整体管控机制、精准化的防境外输入机制、统筹化的应急保障机制、规范化的内部管理机制，明确溯源流调“快响激活”标准，确保实现上下贯通、扁平高效。全年收受、处理疫情指令单1691条，处置各类涉疫警情1700余起，部署紧急拦截核查红黄码人员4起、9人次，配合到丽人员轨迹回溯及密接人员排查，研判下发境外到丽人员1.1万余人次、国内中高风险地区到丽人员2.4万余人次，其中，排查密接人员404人、次密接2464人，接收研判境外到丽人员11672人，风险地区到丽人员24831人，做到核查不漏一人、风险清仓见底，全部落实管控或推送属地落实管控。

【扫黑除恶专项斗争】 2021年，全市公安机关对黑恶势力犯罪保持高压严打态势。全年侦办九类涉恶犯罪322起，打掉恶势力团伙3个，从境外抓获黑恶目标逃犯5人。7月9日，根据公安部部署，开展追捕“漏网之鱼”行动，至年底，缉捕到案目标逃犯3人；开展社会面突出违法犯罪的线索排摸，全年组织3次“钱潮”集中统一收网行动，刑侦部门查处犯罪团伙10个，抓获65人，涉及案件43起。市公安局扫黑办获评全国公安机关扫黑除恶专项斗争成绩突出集体称号并被省公安厅记二等功，景宁县公安局被省政府评为2020年度全省扫黑除恶专项斗争突出集体，市公安局刑侦支队、莲都区公安分局被丽水市人民政府记二等功。

【公安数字化改革】 2021年，丽水市公安局统筹运用数字技术、数字化思维、数字化认知，构建全市公安机关数字化改革“1+3+5+N”工作体系，取得实质性成效。2月，创新研发“农道安”场景应用，运用该系统加强农村道路交通安全综合治理。8月26日，市公安局召开“丽水公安推进数字化改革工作专题新闻发布会”，发布“农道安”“银龄卫士”“矛调精灵”等10余项硬核改革成果，被《浙江日报》整版报道以及《法治日报》、新华社、《人民公安报》等20余家媒体报道，获得群众点赞好评。9月，获评全省数字法治好应用。10月，获丽水市数字化改革场景应用（第一批）现场路演评比优秀奖。11月，获全省公安数改典型案例特等奖；获评丽水市党史学习教育专题实践活动最佳实践案例。“农道安”改革成果获省领导批示肯定。4月，创新研发“矛调精灵”场景应用，8月，获浙江省公安机关第四届信息化实战应用模型创新大赛银奖。11月，获评全省公安数改典型案例优秀应用。“外籍新娘管理云平台”获国家移民管理局首届基层科技创新应用大赛三等奖。10月28日，组织开展全市公安机关实战化数据建模创新大

2021 年 10 月 28 日，丽水市公安机关第一届实战化数据建模创新大赛决赛举行
（陈璐珊 提供）

赛，“智慧寻车”“廉政码”“龙剑链”“一证一码一端”娱乐场所数智管理等一批特色场景应用投入实战应用。加强“云上公安、智慧警务”大数据应用，7 月，完成“雪亮工程”项目现场评估，完成动态人像二期系统、新一代公安信息网项目一期、全市网安大数据平台建设及视频图像数据治理工作，市公安局数据中心获评国家绿色数据中心。

【侦破大要案】 2021 年，全市公安机关开展大要案攻坚战。全年破获命案积案 6 起，其中，本地 1 起，外地 5 起(其中 1 名嫌疑人为公安部 B 级命案逃犯)，现发命案实现连续第 10 年全破。侦破“11•3”特大跨境电信网络诈骗案，捣毁犯罪窝点 15 个，抓获犯罪嫌疑人 60 人，惩治境外回流电诈犯罪团伙 2 个，其中以诈骗罪移送起诉 23 人，返还赃款 700 余万元，冻结赃款 80 余万元、房产 12 处，带破全国案件 31 起(其中百万元案件 5 起)，涉案金额 5000 余万元，实现从境外到境内、从“诈骗窝点”到“洗钱团伙”的全要素、全环节、全链条惩治，并发起 1 起集群惩治，受到公安部贺电表扬，该案侦办经验在公安部刑侦小课堂专题向全国刑侦民警传授。

【传统盗抢骗犯罪惩治】 2021 年，全市公安机关移送起诉盗窃案件 825 人，完成省厅考核任务的 128.71%。3 月 5 日，龙泉市公安局组织统一收网行动，抓获犯罪嫌疑人 8 人，查获大量青瓷残片、青瓷残品若干，破获盗掘国家古文化遗址案。在公安部关于全国惩治文物犯罪专项行动工作通报中被点名表扬，此案经后续发力，共抓获犯罪嫌疑人近 20 人，并破获省厅督办的林某某盗掘国家古文化遗址案。

【涉网新型犯罪打防】 2021 年 4 月 20 日，丽水市委常委会专题听取并研究惩治治理电信网络诈骗犯罪工作。会后，丽水市公安局推进此项工作，将其纳入市委、市政府综合考核。市纪委把打防治理电信网络新型违法犯罪工作列入漠视侵害群众利益问题专项治理工作清单，形成“党委领导、政府牵头、行业监管、公安主导、部门协同、全民参与”的全社会反诈格局。全年受理案件 4924 起、同比下降 13.28%；共破获电诈案件 1582 起(包括破外省案件)，其中，47 起重点案件全破，抓获 2137 人。“11•3”特大跨境电信网络诈骗案实现全链条惩治，受到公安部贺电表扬。针对电信网络诈骗案件窝点南移东南亚国家以及境外逃犯的特点，抓获或劝投涉黑恶逃犯 4 人，其他逃犯 9 人。

【刑事技术水平提升】 2021 年，全市公安机关推进全时空全要素动态勘查工作机制，共勘查电信网络诈骗等涉网新型案件 3586 起。声纹技术发挥侦查破案增长点作用，破获案件 3 起。12 月 6 日，指纹智能比对系统项目上线运行，发挥技术突破作用，至年底，累计比中案件 70 起，其中命积案现场指纹 1 起。渗透技术手段突破新型案件服务器及后台数据库 115 个(支队 50 个，基层 65 个)，获取预警线索 231650 条，其中精准推送省内预警信息 44734 条，为提升预警能力降低新型案件的发案率发挥重要作用。推进 DNA 数据库、指纹系统建设，指纹现案比中率全省第三，现场手印、足迹提取率全省第四，DNA提取率全省第七。

【经济犯罪惩治】 2021 年，全市公安机关坚持以情报导侦为核心，加大对非法支付结算平台、金融领域、涉税犯罪、侵犯企业利益犯罪的惩治力度；以“云端”打击为主战模式，创新“集群打击”“会战打击”。全年受理各类经济犯罪案件 333 起，同比下降 23.8%；立案 225 起，同比下降 35.63%；涉案总价值 101.89 亿元，同比上升 3448.88%；破案 135 起(含年前案件 37 起)，同比上升 37.76%；移送起诉案件 117 起，同比上升 20.62%。其中，市本级受理各类经济犯罪案件 7

起，立案7起，破案8起；涉案总价值100.01亿元，共刑事拘留37人，逮捕17人，取保候审78人；移送起诉案件5起。

【“猎狐2021”专项行动】 2021年，全市公安机关加强基础信息排查，强化情报信息收集研判，加大劝返力度。全年从西班牙、阿联酋、缅甸等国家和地区抓获境外逃犯7人，缉捕率50%，追回赃款1208万元，在全省“猎狐”专项行动绩效考核居三类地区第一名。市公安局经侦支队被丽水市委反腐败协调小组追逃追赃和跨境腐败治理工作办公室、丽水市人力资源和社会保障局评为先进集体，2人获评先进个人。

【“云端2021”专项行动】 2021年，全市公安机关根据公安部、省公安厅部署，开展“云端2021”专项行动。坚持情报导侦，组织经侦、税务骨干力量集中开展信息研判，捕捉经济犯罪案件小线索经营大案件。通过案件线索经营，上报省公安厅、公安部金融证券、涉税、烟草等犯罪活动“云端”线索17起，公安部经侦局最终认定批准在全国发起集群案件14起，完成省厅下达的“云端”专项行动任务。

【“护航2021”专项行动】 2021年，全市公安机关协调开展“护航2021”惩治侵企经济犯罪服务企业优化营商环境专项行动。组织民警走访企业，了解企业困难和诉求，全年累计走访本地企业300余次，收集企业意见、建议100余件，为企业做好指导帮扶。加强娱乐场所行业改革，提升管控效能，创新“身份证可信认证+微信二维码+手机App智慧临检”新娱乐场所管理系统，减轻企业负担，提升治安管控力。惩治侵企经济犯罪，至年底，提请起诉涉企经济犯罪案件151件，涉及犯罪嫌疑人113人，同比上升44.9%，挽回经济损失6000余万元，追赃挽损20%以上。

【网络犯罪惩治】 2021年，全市公安机关以“追源头、摧平台、断链条”为目标，惩治黑客攻击破坏、网络侵犯公民个人信息、网络赌博、网络传播淫秽色情等各类案件全链条、全环节，切断黑灰产业的网络渠道，铲除相关利益链条。全年侦破黑客类案件10起，抓获犯罪嫌疑人41人；侦破“四断”(黑卡、黑号、黑线路、黑设备)类案件38起，抓获犯罪嫌疑人187人；侦破侵犯公民个人信息案件4起，抓获犯罪嫌疑人67人；侦破违法支付推广类案件22起，抓获犯罪嫌疑人49人；侦破网络水军类案件2起，抓获犯罪嫌疑人24人；侦破涉枪爆毒案件9起，抓获犯罪嫌疑人18人。其中，省督“1•25”侵犯公民个人信息案于12月16日在全省“净网2021”新闻发布会上作为3起典型案件之一进行发布；松阳县公安局网安大队侦破公安部督办“11•26”特大侵犯著作权案，缴获50TB涉案电子数据，该案入选全省侵犯知识产权十大案例。

【互联网安全监管】 2021年，全市公安机关分类定向开展网络安全执法检查，压实企事业单位网络安全主体责任，全年下发责令整改159次，查处行政案件84起。组织开展公安机关网络安全执法、涉疫情防控数据安全、互联网安全、网络危险物品、人脸识别技术App应用服务、电子政务领域等专项整治工作，发现并督促整改安全隐患356个，发现存在泄露风险数据总量2亿条。5月17日至19日，联合市委网信办开展“两山卫士”“护网2021”网络攻防演练，发现整改党政机关网站、政务服务等150家目标单位164个网络和系统安全隐患112个，演练结束后在市政府召开总结会，总结隐患整改清零情况，并对获前三名的攻击团队进行颁奖。

【涉毒违法犯罪惩治】 2021年，全市公安机关发挥“吴增民禁毒工作室”的引领作用，利用“集群打零”“路地融合”“接力打击”等方法，多警种作战模式，构建与毒情形势相适应的缉毒惩治体系。全年起诉毒品犯罪嫌疑人100余人，查获吸毒人员90余人次；破获非法种植毒品原植物案件88起、铲除毒品原植物10000余株，侦破“4•13”涉滇涉缅跨境走私贩毒案专案、“2021—59”等省毒品目标案件，公安部禁毒局发来贺电祝贺、省公安厅主要领导批示肯定。

【社区戒毒(康复)管控】 2021年，全市公安机关加强社区戒毒(康复)管控。至年底，共有在册吸毒人员8007人，新增吸毒人员50余人，同比下降35.56%；责令社区戒毒数20余人，同比下降62.5%，责令社区康复数40余人，同比下降61.67%；本市籍戒断3年以上未复吸人员同比提升13.3%。

【食药环知犯罪专项行动惩治】 2021年，全市公安机关开展“昆仑2021”专项行动，对食品、药品、环境、知识产权领域违法犯罪开展专项惩治。全年侦破食药环知刑事案件218起，采取刑事强制措施365人，涉案金额1904万余元。6月27日，市公安局成立“5•8”专案组，打掉青田县的1个伪劣卷烟仓库，现场查获各类伪劣卷烟33449.8条，价值1022.38万元。移送起诉犯罪嫌疑人13人，涉案价值4000余万元，被省公安厅列为“省标”案件。建强“两山”警务机动队，5月20日，丽水市公安局印发《全市公安机关开展打击砂石资源领域违法犯罪百日攻坚专项行动实施方案》，部署专项行动，至年底，破获涉砂石资源刑事案件10起，采取刑事强制措施31人。10月22日，市公安局制定下发《关于全面建立“景区警长制”的实施意见》，加强景区交通、治安秩序整治。

【“枫桥式公安派出所”创建】 2021年，全市公安机关持续开展“枫桥式公安派出所”创建活动。5月，丽水市公安局出台《加强新时代公安派出所能力建设责任清单》《市局机关服务争创“枫桥式公安派出所”十项举措》，制定配套督查清单。6月、7月、11月先后组织召开全市第三次派出所所长工作座谈会、“枫桥式公安派出所”创建亮晒评比会、派出所工作“五优”基层基础工作技战法亮晒评比活动等。莲都区分局白云派出所、遂昌县局北界派出所、龙泉市局安仁派出所、云和县石塘派出所被确定为2021年度省级争创派出所，全市5个派出所被评为公安部一级派出所。

【场所行业管理】 2021年，全市公安机关创新以“身份证可信认证+微信二维码+手机App智慧临检”为核心构建的新娱乐场所管理系统，并通过政府采购运维服务实现全市娱乐场所涉企“零收费”。全年全市涉娱乐场所警情同比下降18%，涉娱乐场所打架斗殴类案件数同比下降22%，场所信息采集和从业人员管控率同比上升28%。5月27日，被《法治日报》、《人民公安报》、人民网、中国新闻网、法治网、中国警察网、《平安时报》、北高峰客户端、浙江公安今日头条号、平安时报微信公众号报道。优化旅馆业登记场景，夯实旅馆业治安管控，研发旅馆业“花园码”扫码入住模块，在不涉及任何设备采购和收费的前提下完成全市旅馆业扫码入住功能，8月11日，被中国新闻网、人民网、《浙江法治报》、《平安时报》、浙江新闻客户端、浙江之声客户端、北高峰App、钱江晚报客户端、指尖丽水客户端报道。护航民宿农家乐产业全域发展，共有带有住宿功能民宿（农家乐）2289家，旅客登记系统安装率100%，办理特种行业许可证2234家，办证率97.6%，培训业主及前台工作人员4200余人，签订旅馆业严管告知书和承诺书3500余份次；共发送旅客住宿信息244万余人次，同比增长9%，比对可疑人员信息320余人次，通过系统抓获上网逃犯6人，实战成效显著。

【危险物品管理】 2021年4月至10月，省公安厅“危险物品智控平台”管制刀具业务模块在龙泉试点，11月23日，通过省公安厅科信局初验合格。至12月10日，全市组织系统培训3场，推动从业单位注册账号172家，生成追踪标识1115个，形成刀刀赋码、实名购销、扫码溯源的闭环管控。龙泉管制刀具治理服务经验获《人民公安报》刊载宣传。开展惩治枪支爆炸物违法犯罪，铲除涉危安全隐患，累计清查收缴枪支108支，缴获涉案火药枪23支。5月14日，组建全省第一个危爆防控民警工作室——“叶磊危爆防控工作室”。推动《丽水市烟花爆竹经营燃放管理规定》地方性法规有效实施，9个县（市、区）完成立法配套的规范性文件制定任务，全市各地规范划分、管理禁放和许可区域，提升全市环境空气质量。

【监所管理】 2021年，全市公安机关监管场所收押10004人，其中，看守所4484人，拘留所5520人；投送监狱1456人。根据省公安厅监管总队统一部署，按照“监所防疫标准高于社会面”的总要求，严守封闭管理、核酸检测、轨迹核查、过渡隔离“四条底线”，保证“疫情零输入、安全零事故”。8月10日起，执行“7+7”AB班封闭式勤务模式，至9月13日，恢复常态化疫情防控勤务模式。12月13日至2022年2月18日，因省内周边地区疫情发生变化，市看守所再次提高防疫等级调整为AB班封闭式勤务模式。

【交通管理】 2021年，全市公安交通管理部门以事故预防“减量控大”为中心任务，加强农村地区道路交通安全综合治理。至年底，全市驾驶人89.45万人，机动车保有量67.97万辆（其中汽车49.17万辆）。共发生全口径道路交通事故1008起，死亡256人，减少17人，同比下降6.23%，未发生较大及以上事故，完成以中国共产党成立100周年、中共十九届六中全会、全国文明城市复评、仙都祭祀轩辕黄帝大典、全国农村人居环境整治提升现场会安保为重点的交通安保工作任务。

【农村地区道路交通安全综合治理】 2021年，丽水市公安局交警支队以市政府“七张问题清单”为牵引，推动市府办出台《丽水市农村地区道路交通安全综合治理三年行动实施方案》，以“道安办”实体化运作形式，抽调工作专班围绕《全市农村地区道路交通安全综合治理重点项目清单》的6个大项、33个小项任务，制订下发配套方案26份，细化市委政法委、宣传部、公安、交通等11家牵头部门职责，联合推动事故隐患点位整治、“马路市场”

治理、变型拖拉机淘汰等各项重点工作，形成多级联动、部门协同、齐抓共管的治理格局。全年农村地区道路交通死亡174人，同比减少55人，下降24.02%，占全部事故亡人数比重比由2020年的83.88%下降至67.97%。

【优化车驾管服务措施】 2021年，丽水市公安局持续推进窗口"一窗通办""一网通办""送证到手"等业务集成，科学设置"全科+专科"窗口，升级车管所、行政审批中心等交管窗口，市本级累计办理"浙里办"1780笔、政务"2.0"办件2.6万笔。提升机动车上牌"通道式"集成服务效能，推动"我为群众办实事"12项公安交管便民利企措施。制定《车辆检测"一件事"集成改革任务清单》，实行项目化、清单式推进，推动全市12家检测站一次性通过车检"一件事"集成改革验收，把检测时间压缩至原来的三分之一。

【绿色停车位和路湾隧道机非隔离改造两项市级民生实事】 2021年，丽水市公安局交警支队在市区主城区公厕、菜市场、药店等附近26处道路上，完成新增"绿色停车位"100个，实现群众在规定时间内免费应急停车的需求，缓解群众就医、买药等临时性停车难问题；通过对市区城北街延伸线路湾隧道路段（约1700米）增设机非隔离护栏、交通标志、交通信号灯及监控等交通安全设施，调整道路横断面施画非机动车道标线，改造隧道内照明设施，完成突出交通安全隐患整治工作。

【高速公路交通管理】 2021年，丽水市公安局高速交警支队紧盯"减量控大"目标，加强"两客一危"重点车辆管理，采取现场检查、发函通报、约谈警示的方式，完善联合执法、违法事故抄告、高频通行车辆管理等长效严管机制。全年发生全口径道路交通事故死亡9人，未发生一次死亡2人以上交通事故；未发生"两客一危"车辆伤亡事故，重点车辆事故数同比下降97%。人均查处"减量控大"重点违法120起，名列全省高速交警支队首位。查处停车类违法1100起，同比上升53%。依托科技系统，数据警务与精确查处相结合，构建主动型精确惩治勤务，全年查处超员违法1759起，同比上升42%。研判发布涉牌涉证、非法营运、严重超速、涉嫌疲劳驾驶等《查控令》目标车辆516辆，共查获423辆，查控率82%。

【出入境管理】 2021年，丽水市公安出入境部门签发中国公民因私出国（境）证件12069人次，居留许可、签证2224人次，登记临时入境境外人员6356人次，法定不准出境人员报备数据22051条、国家工作人员报备数据17088条。推进"净海行动"，共查处"三非"案件203人，查获"三非"外国人207人，其中，非法入境人员41人，遣送出境32人，破获妨害国（边）境管理犯罪案件59起，抓获犯罪嫌疑人142人，劝投境外逃犯3人。侦办"4•2"组织他人偷越国（边）境案、缙云"4•22"案件、青田"11•3"省督案件。其中，市公安局出入境管理局侦办的"4•2"组织他人偷越国（边）境案获评"全市十大优质案件"。

【重点工程建设】 2021年5月，丽水市看守所监控与技术用房项目开工建设，该项目总投资1031.83万余元。10月19日，项目一期工程（女子监区）完成改造并投入使用，实现高清监控全覆盖、视频智能分析、点对点视频教育等数字化改革。12月9日，丽水市公安局执法办案管理中心等综合项目开工建设，该项目被列入市政府重点建设项目和市人大监督重点项目，总用地4.09万平方米，总建筑面积67605平方米，工程总概算4.09亿元，其中施工建安费用2.99亿元，建设工期是1095天，设4个区块业务独立用房，共5幢楼，机动车停车位426个，非机动车停车位1110个。

【固定资产管理】 2021年1月12日至4月14日，丽水市公安局警务保障处开展固定资产清查工作，整合清理应急物资库、防疫物资库、报废资产仓库、闲置资产中转库。其间，共清查资产12319项4.07亿元，按规定报废固定资产421项1028万元。在原"警务保障管理平台"基础上，升级固定资产管理模块，并新增"浙政钉"手机端入口，打造从需求—预算—采购—使用—报废的资产全生命周期线上管理。1月，入选2021年度全国公安警务保障工作资产管理联系点。7月，资产管理现场教学基地获全省现代警务保障机制现场教学基地资格。

【执法质量提升】 2021年，全市公安机关常态化落实12张执法管理报表、8项执法流程专项管控以及每日网上巡查、每月重点检查、每季案件评查、每月执法管理委员会会议通报等监督管理模式，加强司法监督管理。加强与行政复议机关、法院的行政争议调解，全年全市行政复议案件69起，无一败诉。按照"系统统一建设，信息统一采集，数据统一管理，业务统一应用"的原则，在莲都区分局试点建设全过程执法视音频系统采集站模块应用系统，实现现场执法（不包括警情视频）、讯（询）问同步录音录像、办案区人员轨迹等视音频与案件的上传、关联、调取等管理。至年底，该系统在全市范围内上线运行。加强公安“互联网+监管”改革，构建公安信用体系，推进监管工作标准化、规范化、智能化，实现向事中事后监管的转变。推广应用省行政执法监管系统，全市公安机关掌上执法率、省定双随机事项全覆盖均为100%。

【警(保)卫工作】 2021年，全市公安机关完成市两会、省委换届考察组到丽水、第四届国际摄影研讨会暨2021丽水摄影节、2021浙西南革命精神论坛等市委、市政府交办的各类保卫任务65批次。

【“平安进校园”安全教育开】 2021年，丽水市公安局组建教官团队，对学校专职保卫干部和保安员组织培训。至年底，集中培训6批次，受训保卫干部和保安员1300余人；在中小学幼儿园开展安全防范意识提升课堂，对在校师生开展互动式、体验式的培训，有7所学校、600余名师生接受培训；推动教育系统建立反诈宣讲员制度，在各学校确定专职宣讲员并组织培训，扩大反诈宣传团队。

【“110”报警】 2021年，丽水市“110”报警台共接报警情564107起，同比下降1.97%。其中，有效警情239685起，同比上升12.26%。刑事警情9752起，同比下降7.84%，治安类警情36130起，同比上升6.11%，交通类警情103449起，同比上升20.36%。求助类警情37095起，同比上升18.54%。

【现代“110”勤务机制改革】 2021年1月，丽水市公安局联合市委政法委、市应急管理局下发《丽水市社会应急联动工作监督检查考核机制(试行)》，落实落细周核、月查、季考，报告直送市委、市政府及各县市区主要领导，应急联动工作提升，首次实现全年平安考核应急联动“零失分”。8月27日，组织全市“110”接处警优秀案例(技战法)比武，提升勤务能力水平。规范警情采集，加强警情质量监管，全市接警早释率0.42%(省厅要求控制1%以下)，持续开展重复报警压降，全年下降11.3%(省厅要求下降8%)。

2021年8月27日，市公安局组织开展“平安进校园”系列安全教育活动

(许菡颖　提供)

【“情指勤舆”一体化改革】 2021年，丽水市公安局结合“公安大脑”建设，采取运行专班化、应用场景化、舆情一体化措施。建成情指勤舆合成作战中心9个，派出所综合指挥室17个，依托“浙政钉”建立运行“信息传递”等线上专班，12月，完成省公安厅情指勤舆一体化建设验收。优化常态、应急、安保、专项四类合成作战中心运行模式，搭建丽水内部“110”模块体系作战。全年收到基层和警种请求服务360余次。3月，出台全市情指勤舆一体化实战化闭环常态运行标准，把舆情引导全流程介入重大案件的处置。推进智慧“110”建设，完成“110警情一张图”场景应用建设，推进“融合指挥”“智慧感知”等系统的建设和实战应用，服务全警实用。

【信访积案攻坚化解】 2021年，丽水市公安机关落实领导包案实行专班实体化运作、积案清单化管理，推进积案化解工作。国家和省信访局交办重复信访件6件全部化解；公安部交办疑难信访案件共56件，化解48件，化解率85.71%；省厅交办疑难信访案件共167件，化解159件，化解率95.21%；市委政法委交办信访积案56件，化解56件，化解率100%。

【视频图像数据治理】 2021年，丽水市公安局对全市35017路一类点位视频图像、8804个车辆卡口、10435个人像卡口实现“一机一档”，统一编码、数据集中归集。补充采集重点点位采集区域重点字段数据，为实现行业、领域等个性化业务分组打下基础。

【重装防暴小队】 2021年，丽水市公安局根据省公安厅《关于加强公安特警防暴小队建设的指导意见》，在警力构成、战术队形、装备标准等方面，探索建立维稳防暴最小作战单元队伍，是应对形势变化、提升维稳处突能力的新模式。5月27日，市局特警支队组建完成1支重装防暴小队并通过验收，被省公安厅巡特警总队授予"四星"级防暴小队。

【院警合作机制】 2021年，丽水市公安局特警支队通过跟班教学、送教基层、合编教材等多种合作方式，推进与浙江警察学院"院警合作"战略机制，在实战中发挥作用。2月23日、8月9日，运用破拆突入技术，快速处置2起自杀事件，解救轻生女子2人。9月9日，在浙江警察学院现场展示"突入破拆战术"实战综合协同处置动作等院警合作成果，得到副省长、公安厅厅长王成国的肯定批示。

【主题新闻宣传】 2021年，丽水市公安机关聚焦护航建党百年安保、疫情防控、惩治整治、警务改革、基层治理等工作和党史学习教育、队伍教育整顿、"三能"主题教育实践活动等，组织新闻采访、开展宣传报道。其中，2月28日《法治日报》、4月15日《人民公安报》刊发《丽水："135"战略激活高质量发展新引擎》；7月1日，《法治日报》刊发《丽水公安交出教育整顿高分答卷》；8月26日《法治日报》、9月6日《人民公安报》、9月15日《浙江日报》刊发《丽水："数字画笔"描绘共同富裕"平安底色"》；10月20日，《平安时报》头版头条刊发《丽水公安：党建联盟激活共同富裕"绿色引擎"》；4月12日，中新网刊发《浙江丽水：人才战略驱动警务现代化高质量发展》；5月12日，《浙江法制报》整版刊发《教育整顿助丽水公安铁军战力倍增》。此外，《人民日报》《法治日报》《人民公安报》等媒体报道丽水公安缉捕黑恶目标逃犯、惩治治理跨境赌博、惩治治理电诈、推进数字化改革研发上线"农道安""廉政码""矛调精灵"等特色场景应用。

【"最美浙警"推选宣传活动】 2021年11月至12月，丽水市公安局开展"最美浙警"推选宣传活动。在新媒体平台及《处州晚报·瓯江警讯》开设专栏，邀请媒体采访典型事迹，刊发报道110余篇，推出市公安局特警支队、科信研发团队等先进典型。共推选出"最美浙警"22个，其中"最美警察"5个、"最美辅警"5个、"最美警嫂"5个、"最美警队"7个。

【禁毒预防宣传教育】 2021年，全市公安机关打造"一县一品"禁毒预防宣传品牌，聘请世界围棋冠军柯洁、国家级青瓷大师徐朝兴、国家级非遗传承人蓝陈启等人担任本地禁毒形象大使。云和县推出全国首部由禁毒民警撰文并出版的禁毒书籍《二胖说毒》，并入选省档案馆永久收藏；青田县的"禁毒之窗"参评全省"一市一品一特色"项目展示，景宁县的"畲之凤禁毒宣传队"、莲都区的"青莲青禁毒志愿宣讲团"、松阳县的"民宿禁毒联盟"、遂昌县的"五老禁毒宣讲团"等地方特色禁毒宣传模式也得到上级禁毒部门的肯定。组织开展禁毒"流动课堂"、文艺巡演、传唱童谣、手抄报大赛、知识问答、直播"带货"等系列禁毒宣传活动。

【教育训练】 2021年，丽水市公安局教育训练处依托警院共同体建设，整合全省优秀师资，优化课程安排。全年对接承办市本级及省厅业务警种培训班、辅警培训班54期、31994人次(天)培训。3月22日至4月2日举办"学党史、讲忠诚、树警魂——献礼建党百年"全警政治轮训，涵盖政治教育、英模教育、党史教育、警示教育等内容，市公安局机关及经济开发区分局全体在职在编580余名民警均纳入政治轮训。完成宁波、衢州、金华、湖州、丽水5个市、114名新警培训。完成6期750名民警警衔晋升训练。4月、11月，分别组织综合警种、警务技能实战类教官到浙江警察学院开展教官培训。7月，组织全市心理辅导骨干参加全省心理辅导技能提高培训班。举办全市公安机关场所特业管理、高速交警交通事故现场勘查比武、一体化合成督查练兵比武、全市涉林领域技战法比武等29个警种赛事。9月，因工作成绩突出，被公安部授予"全国公安机关教育训练工作成绩突出集体"称号。

【"砺警2021"全警实战大练兵】 2021年，丽水市公安局教育训练处自主研发集理论科目点单式学习、测试成绩系统建档、训练培训线上预约等功能于一体的丽水市公安局大练兵平台。创新推出全警综合体能练兵码。通过整合6项综合体能科目的测试成绩数据，建立数字化档案，为每位民警进行"绿、黄、红"三色赋码，实现全警实战大练兵系统性分析的动态监测。在全省率先采取"3+2"测试模式，即3次集中抽测、2次实地抽测开展全警基础练兵。全年完成各类培训班80期，共38019人次参加，在全省大练兵微视频评选活动中(专业类)全省第三，全面工作(综合类)全省第六，提升全警职业素养、警种专业水平、队伍体系作战能力。全警引体向上、2000米等弱项的合格率同比提升近10个百分点，体能练兵成效明显。定期督导县级机关及市局警种部门练兵进展情况。组建全市强"三能"红蓝对抗实战练兵"蓝警"队伍，推动"红蓝对抗"演练分警种、分层级常态化开展。举办全市公安机关信息化小教员培训班，分层分级分类开展信息化练兵培训和测试。牵头组织市局情指（合成作战中心）、科信等9个主责主业部门完成合成作战、数据建模、网络攻防等13个小项的信息化比武。统筹推进比武备战，9个警种团体项目、12个个人科目进全省前六名。

【办公效能提升】 2021年，丽水市公安局办公室围绕市局党委中心工作，增强参谋辅政整体质效，推动综合履职效能提升，实现信息调研成果丰富、办文办会精简高效、参谋作用充分发挥、综合协调极力保障。信息调研《关于推进农村地区道路交通安全综合治理工作情况的报告》《丽水市"三个坚持"推进农村地区道路交通综合治理显成效》《创新模式推进娱乐场所治安数字化管理成效显著》获省领导批示肯定。开展综合文字岗位全警实战大练兵，投稿"平安浙江"论坛并录用8篇。6月至9月，开展档案安全专项治理工作，组织视频专项培训1次，对全市44个派出所检查督导，基层派出所档案管理更加规范、有序。10月始，公安网OA系统上线开通纸质文件管理系统，实现借阅记录、在借文件、超期文件查询提醒功能，全局文件流转速度的效率明显提高。实施季度收文办理情况的通报制度，收文办理效率在市直单位文件办理效率位列第三、办文总效率位列第五。建立统计联席会议制度，开展防范统计数据造假专项行动，精准核实数据36万条，未发生统计事故。

【审计工作】 2021年，丽水市公安局审计处加强对领导干部经济责任、执法活动财物管理、项目审计、内部管理、政企脱钩等审计监督。全年完成各类审计项目113个，审计金额26253.12万元，出具审计报告90份，发现问题408个，督促整改问题405个，挽回经济损失505.2万元。

【党建工作】 2021年，丽水市公安局机关党委开展党史学习教育、队伍教育整顿等重点工作，推进全市公安机关基层党支部"四化"建设。全年组织召开党委理论学习中心组（扩大）学习会29次、专题研讨5次；组织开展政治轮训43批次、578人次，组织专题学习研讨活动466场，为全警购买《论中国共产党历史》等学习书目9400余册；组建县处级以上领导干部和"8090"新时代理论宣讲团，开展党史学习教育和十九届六中全会精神宣讲活动74场次；依托丽水本土红色资源，组织党员民警开展"六个一"主题教育48次，创新开展丽警青年"思享"系列活动、党建工作擂台赛、党史知识竞赛、党务干部专题培训等系列活动20余次。把好党员发展入口关，坚持把政治标准放在首位，培养入党积极分子17人、预备党员17人，确定发展对象13人。8月9日，市政法系统机关党建现场会在市公安局召开，市局机关党委被市委授予"丽水市先进基层党组织"和"全市机关党建工作'实招妙招'创新展示擂台赛"优秀组织奖等称号；机关党委民警撰写的论文《关于新时代公安"智慧党建"工作的实践与思考》获2021年全市机关党建优秀课题研究成果二等奖。

【公安队伍教育整顿工作】 2021年3月12日，丽水市公安局机关党委印发《丽水公安队伍教育整顿实施方案》，督促引导全警坚持刀刃向内，开展"向组织说说心里话"意见征求活动，共收集意见1231份。开展两轮谈心谈话和两轮自查自纠，排查梳理问题隐患6000余个，全市共有100人主动向组织说明问题。推广使用丽水公安"廉政码"，实现队伍风险"预知预警"和精细化管理。推行市县两级每日联络、问题线索跟踪督办、责任单位销号整改等一系列举措，深挖案件线索，核查涉黑恶案件、信访件等案件5566件（条），化解涉法涉诉信访件46件、疑难信访件144件；开展八大顽瘴痼疾专项整治，排查各类问题1037个。市局教育整顿评估成绩政法系统第一，市、县两级公安机关教育整顿工作均获评优秀，得到中央、省指导组的肯定。

【市局团委、妇委换届选举】 2021年5月26日，共青团丽水市公安局委员会第四次团员大会召开。会议审议通过上一届委员会工作报告，选举产生共青团丽水市公安局第四届委员会，由9名委员组成。年内，开展"百年大党风华正茂 青春力量同向同行"宣讲分享会暨丽水公安"七一"主题团日等活动11次。5月27日，丽水市公安局召开妇委会换届选举大会。会议审议通过第三届妇委会工作报告，选举产生丽水市公安局第四届妇委会，由7名委员组成。年内，开展"礼赞百年 共庆生日"主题活动、"践三能 强履职"进企宣法送服务活动和迎春"送温暖"活动。交警支队车管所被评为全国巾帼文明岗。 （许立红）

检　察

【概况】 2021年是中国共产党成立100周年，是"十四五"规划开局之年，也是开启全面建设社会主义现代化新征程的起步之年。全市检察机关坚持以习近平新时代中国特色社会主义思想为指导，坚决贯彻中央、省委、市委和上级检察机关重大决策部署，围绕丽水市“奋力加快跨越式高质量发展建设共同富裕美好社会山区样板”目标要求，高扬“丽水之干”奋斗旗帜，弘扬践行浙西南革命精神，忠实履行法律监督职责，各项工作取得新进展。87个集体和个人获省级以上荣誉，得到中央、省、市领导批示肯定27次，28个案件被上级检察机关评为典型、精品案例。市检察院获全国检察机关“扫黑除恶专项斗争优秀集体”，作为全省唯一的地级市检察院被评为全省“建设清廉机关、创建模范机关”工作先进集体，并被评为省级文明单位。

【依法惩治犯罪】 2021年，丽水检察机关惩治“盗抢骗”“黄赌毒”等严重危害人民群众安全感的各类刑事犯罪，共批准逮捕各类犯罪嫌疑人1354人，提起公诉3862人。惩治电信网络诈骗犯罪，批准逮捕59人，提起公诉103人。依法办理某侨企被诈骗案等一批涉案金额巨大、被害对象涉及面广的电信网络诈骗案，斩断伸向群众“钱袋子”的“黑手”。查处危害食药安全犯罪，提起公诉47人，震慑有关犯罪，维护群众舌尖上的安全。

【常态推进扫黑除恶】 2021年，丽水检察机关出台全省首个扫黑除恶长效机制，持续推进扫黑除恶制度化、规范化、常态化。起诉涉黑涉恶犯罪嫌疑人32人。部署开展涉黑恶案件检察建议“回头看”专项活动，推动行业领域深层整治。景宁县检察院针对涉恶团伙借用理财公司等经营高利贷的问题向景宁县市场监督管理局发送检察建议，推动加强行业监管，从源头上铲除黑恶犯罪滋生土壤。

【市域治理推进】 2021年，丽水检察机关贯彻“少捕慎诉慎押”司法理念，依法不批捕853人，不起诉1078人，最大限度减少对抗，促进和谐。加强公开听证，邀请代表委员等参加公开听证88次，让公平正义可感可触可及。青田县、缙云县检察院办理的2起案件（案例涉密，不适宜公开）被最高人民检察院评为简易公开听证典型案例。守护群众“脚底下的安全”，莲都区检察院推动市区17万个窨井盖治理监管实现数字化，并作为全国唯一一个基层院在全国检察机关推动落实“四号检察建议”暨维护公共安全论坛上作经验介绍。

【弱势群体保护工作】 2021年，丽水检察机关加强因案致贫返贫司法救助，给89名贫困涉案对象发放救助金137万余元。开展信访积案化解，市、县两级院检察长亲自接访，包案化解，打开当事人的心结，化解1起长达30年的信访积案。加强未成年人综合司法保护，对侵害未成年人犯罪嫌疑人批准逮捕63人，提起公诉76人。对涉罪未成年人精准适用不批捕、不起诉等措施，最大限度帮助其回归社会，有6名涉罪未成年人经帮教后考上大学。依法惩处恶意欠薪犯罪，帮助124名农民工追回拖欠工资217万元，让农民工不再“忧酬烦薪”。

【公益诉讼检察】 2021年，丽水检察机关部署开展“护红护绿护古”公益诉讼专项监督行动，传承红色基因、服务绿色发展，办理案件160余件，工作成效被《检察日报》整版报道。莲都区检察院督促保护原生态樟树群行政公益诉讼案入选生物多样性公益诉讼全国典型案例。遂昌县检察院督促保护仙侠湖流域生态环境案获最高人民检察院肯定，并入选全省社会公众参与检察公益诉讼典型案例。在全市部署开展守护“红色军事史迹”公益诉讼专项监督行动，助力传承弘扬践行浙西南革命精神，办理有关案件50件，推动市人大出台《丽水市革命遗址保护条例》。云和县检察院针对大搬快聚富民安居工程过程中革命遗址面临灭失的情况，联合县档案馆、县文物保护中心、县党史办、县大搬快聚办公室开展保留、保护、修缮工作，实现“富民”“护红”一体推进。遂昌县检察院召开门阵国共和谈纪念碑亭保护案件听证会，以公开听证促红色文物保护。加强公益人士、公益律师、公益诉讼检察官“三公”公益保护新模式，与团市委联合招募公益诉讼志愿观察员，形成公益保护合力。松阳县检察院办理的1起刑事附带民事公益诉讼十倍惩罚性赔偿案，系全省唯一入选最高人民检察院“3·15”食品药品安全消费者权益保护检察公益诉讼的典型案例。

【检察服务生态经济】 2021年，丽水检察机关持续贯彻落实中央“六稳”“六保”决策部署，出台服务保障丽水加快跨越式高质量发展建设共同富裕示范区的意见，得到省检察院、市委主要领导批示肯定，并被省检察院转发至全省检察机关学习借鉴。服务保障全市“双招双引”战略性先导工程的实施，依法惩治侵害企业合法权益犯罪，批捕80人，起诉92人。组织涉民营企业刑事诉讼“挂案”清理等系列专项行动，清结案件15件。发布丽水市检察机关服务保障民营经济白皮书，研发“检企一码通”，市检察院检察长和市中级人民法院院长共同出庭办理知识产权案件，助力营造法治化营商环境。青田县检察院在办理1起侨资企业被诈骗案中，精准惩治、积极挽损，被省检察院评为服务保障民营企业十大精品案例。龙泉市检察院针对食用菌产业发展与阔叶林资源保护冲突的问题，通过审慎办案、推动龙泉市农业农村局原料研发替代、提高种植补贴等方式，实现菇农生存发展与生态保护“双赢”。

【法律监督工作】 2021年，丽水检察机关贯彻落实《中共中央关于加强新时代检察机关法律监督工作的意见》，自觉坚持党对检察工作的绝对领导，接受人大监督。市委及9个县（市、区）党委均召开加强新时代检察机关法律监督工作会议，实现全覆盖。市人大常委会在全省地级市层面率先召开加强新时代检察机关法律监督工作会议。加强协作配合，走访市公安局、市中级人民法院，就统一执法司法理念和办案标准尺度，出台纪要文件，共促执法司法公正。联合公安出台提前介入刑事案件侦查活动的规定，推进提前介入实质化。落实认罪认罚从宽制度，确定刑量刑建议提出率和采纳率分别为99.3%、99.1%。加强刑事审判监督，创新“九步法”多重审查机制，刑事抗诉经验材料被最高人民检察院推广。加强刑事执行监督，推动当地检察机关立案侦查涉嫌渎职犯罪2人。景宁县等召开“一府两院”区域合作联席会议，合力推进行政争议实质性化解，防止“程序空转”，助力法治政府示范市建设。协同推进清廉丽水建设，查办司法工作人员相关职务犯罪8人。在全国首创法律监督年度报告制度，被最高人民检察院写入第十五次全国检察工作会议报告和“十四五”时期检察工作发展规划，并在全国检察机关推广。青田县检察院延伸监督触角，保护华侨权益的“检侨之家”涉侨检察工作被写入最高人民检察院工作报告，系丽水检察首次，并获最高人民检察院检察长张军、中国侨联主席万立骏批示肯定。

【数字检察工作】 2021年，丽水检察机关召开数字化改革工作推进会、两级院检察长参加的全市数字检察培训会，成立以检察长为组长的数字检察工作领导小组，项目化体系化推进数字检察工作。自主研发的“丽检云平台”等6个数字检察项目获省级以上荣誉。松阳县检察院研发的司法网拍智能审查系统，助推司法网络拍卖领域规范有序，得到省委政法委书记王昌荣肯定，该项目获评2021年度全省检察机关创新成果。遂昌县检察院数字卷宗质量核查系统设计方案获评全省政法一体化创新项目。莲都区检察院检察智能协同救助机制项目入选省委政法委数字法治最佳实践培育项目。

【检察履职能力建设】 2021年，丽水检察机关坚持把政治建设摆在首位，持续学习贯彻习近平新时代中国特色社会主义思想，开展党史学习教育和政法队伍教育整顿，组织全院干警到南京大学开展政治轮训，并在侵华日军南京大屠杀遇难同胞纪念馆实地开展爱国主义实践教育，引导全体检察人员坚定理想信念、铸牢政治忠诚、不忘初心使命。组织实施“六大顽瘴痼疾”和“九大专项问题”集中整治，促成29名检察干警主动向组织说明问题。全市共建立完善党建队建、执法司法等各项规章制度94项，推动教育整顿成果常治长效。组织开展民法典精品微课评比、青年论辩赛、理论研究专班培训等，以赛促学、锤炼本领。加强检校合作，与丽水学院签订生态环境领域合作共建协议，该工作经验在全省检校合作挂职专家座谈会上交流发言。以“消薄争先”为契机，建立互帮互助、“山海协作”等制度6个，得到省检察院检察长贾宇批示肯定。全年全市有18名干警在省级以上业务竞赛中获标兵、能手称号，高于全省平均数。其中，市检察院干警杨黎平在首届全国检察机关公益诉讼勘验取证业务竞赛上获勘验取证标兵称号，系全省唯一、丽水首次。李培作为丽水政法系统唯一代表参加全省政法队伍英模事迹巡回宣讲。邹利伟受聘成为国家检察官学院检察教官，系丽水检察首位。抓实内部监督，建立日常检查、案件评查、检务督察、廉情核查“四查合一”工作机制，创设“基层一院巡察，系统联动整改”的巡察整改新模式，执行“三个规定”，全市填报623件，同比增长80%，“凡问必录”成为全市检察干警的自觉行动。

【自觉接受监督】 2021年，丽水检察机关自觉接受人大监督和政协民主监督。针对政协委员“两会”期间提出的意见建议，建立任务、责任、时限3张清单，逐条逐项落实整改。邀请代表委员参加检察公开听证、司法救助、检察建议公开宣告、检察开放日等检察活动，听取代表委员意见建议，改进提升检察工作质效。（邱婷婷）

法　院

【概况】 2021年，全市法院新收各类案件73502件、结案73463件，同比分别上升9.64%和5.95%，其中市中级人民法院收案3675件、办结3441件，同比分别上升25.47%和13.41%。全市一线法官人均结案231件，主要办案质量、效率、效果指标保持良好态势。开展司法公正感受度提升工程，坚定不移做“两个确立”忠诚拥护者、“两个维护”示范引领者，得到丽水市委和浙江省高级人民法院的肯定和支持，市委专门召开法院工作会议，在全国率先从党委层面专题部署司法公正感受度提升工作。弘扬践行浙西南革命精神，激励干警坚定厉行“丽水之干”，涌现出全国先进集体3个、省级先进集体9个，全国先进个人2人、省级先进个人9人。立足司法审判工作实际，参与承担最高人民法院司法研究重大课题1项、条线专项课题2项，省级重点调研课题18项，1篇案例入选最高人民法院第27批指导性案例，1项改革经验入选最高人民法院《人民法院司法改革案例选编（十一）》，2项改革经验入选最高人民法院《司法改革动态》。

【司法公正感受度提升工程】 2021年，市中级人民法院践行“努力让人民群众在每一个司法案件中感受到公平正义”工作目标，在全市法院部署开展司法公正感受度提升工程，制定《开展司法公正感受度提升工程的实施意见》，从提升工作理念、服务水平、案件质量、监督效能等方面改进工作。前端，加强人民法院与矛调中心融合发展，一体推进人民法庭和“共享法庭”建设，全市新增人民法庭5家，让更多的司法资源进乡村、进社区、进网格，把更多纠纷化解在诉前，诉前纠纷化解率51.7%，居全省第三。松阳法院古市人民法庭获“全国法院先进集体”称号。中端，牢固树立质量第一的办案理念，构建案件质量管控体系。开展“立审执破”一件事、人民法庭“一件事”、调解“一件事”等系列小切口改革；联合市司法局、丽水仲裁委员会建立“诉裁调”一体商事纠纷快速化解机制，促进纠纷实质性、一次性解决。后端，秉持“案要办公、钱要拿到”理念，推进“执行难”综合源头治理，建立全流程自动履行督促机制，构建市域一体不动产处置“一件事”协作机制，完善公检法联合惩处拒执犯罪机制，生效裁判自动履行率同比上升25%。开展“先礼后兵”专项执行行动，通过共享法庭对2099名被执行人集中宣讲拒执案例，促使938件、3957.39万元主动履行。

【刑事审判工作】 2021年，全市法院审结一审刑事案件2462件，共判处罪犯3778人，促进更高水平平安丽水建设。持续巩固加强扫黑除恶专项斗争成果，受理一审黑恶案件9件、32人，均审结，判处五年以上有期徒刑10人。保持惩治腐败高压态势，审结贪污、贿赂等职务犯罪案件61件、67人。加大电信网络诈骗犯罪惩治力度，审结341件、735人，涉案金额1.08亿元，追缴2407万元。维护防疫秩序，青田法院的1篇妨害传染病防治罪有关案例入选《刑法修正案（十一）新规则案例适用》。加强妇女儿童权益保护，严惩侵害妇女儿童犯罪，审结368件414人，发出人身安全保护令74份，市中级人民法院获评“全国维护妇女儿童权益先进集体”。

【民商事审判工作】 2021年，全市法院审结一审民商事案27758件。准确适用《中华人民共和国民法典》，审结婚姻、继承、扶养、赡养等家事纠纷4148件，市中级人民法院联合市妇联开展“平安丽姐”进法庭活动，合力化解家事纠纷，共同为妇女儿童撑起“法治蓝天”。审结涉人身损害、交通事故、医疗责任等涉人身权益纠纷案件1961件。审结拖欠农民工工资等劳动争议案件97件，对3名拒不支付劳动报酬的被告人追究刑事责任。开展优化营商环境专项行动，审结涉企纠纷8365件；审结破产案件45件，化解金融不良债权3.1亿元，盘活厂房10.4万平方米。加大司法救助力度，为当事人缓、减、免诉讼费82.19万元，发放救助金177.82万元，防止因案致贫、返贫。

【行政审判工作】 2021年，全市法院审结一审行政案件427件，行政机关一审败诉率3.5%，正向排名全省第一。助推全市创建“全国法治政府建设示范市”，加强行政争议预防化解，推动行政争议调解中心建设全覆盖，协调化解行政争议139件。在市委领导下和省高级人民法院支持下，共同化解历时7年的景宁7家企业行政赔偿信访系列案，得到市委书记胡海峰等领导批示肯定。加强司法与行政良性互动，常态化召开府院联席会议、开展“旁听百场庭审”活动、推动行政机关负责人“出庭发声”，促进行政机关依法行政，引导群众依法维权。发布行政审判白皮书5份，发送司法建议13份，推动召开府院联席会议9次，促进提升依法行政水平。

【环境资源审判工作】 2021年，全市法院实行环境资源“三合一”审判，审结案件333件。加强环资审判力度，保护生态环境。1个案例入选全省十大环境资源典型案例；某企业非法倾倒废渣，造成1700余立方米土壤污染，市中级人民法院考虑环境损害修复的紧迫性，联合检察机关以调解方式高效结案，142.36万元生态修复费用到位，入选最高人民法院十大固体废物污染环境典型案例；青田法院审结马某等11名被告人跨行政区域倾倒危险废物污染环境案，4名主犯被判处三年以上有期徒刑，11名被告人共承担生态环境损害赔偿金、惩罚性赔偿金158万余元。出台《关于服务保障生态产品价值实现机制示范区创建工作的意见》，推动生态颜值向经济价值跨越。

【执行工作】 2021年，全市法院执结案件29167件、自动履行率49.73%，同比分别上升5.66%、5.89%。8月，全市法院部署开展调解结案申请执行案件专项行动，针对调解案件进入执行程序比例过高问题开展专项治理。民事调解自动履行率同比上升6.64个百分点，调解案件进入执行数量同比下降11.6%。加强执行强制性，制定《丽水法院执行强制措施操作指引》《关于执行阶段移送涉嫌拒不执行判决、裁定刑事案件操作指引》，完善公检法联合惩处拒执犯罪机制，向公安机关移送128件，判处拒执罪96人，同比分别上升28.3%和57.4%。坚持善意文明执行，市中级人民法院协调暂缓拍卖某上市公司股票，助力企业融资并清偿近10亿元债务；遂昌法院促成35名债权人与债务人达成按比例清偿方案，一揽子解决43笔、300余万元债务纠纷，入选最高人民法院涉执信访实质性化解典型案例。

【服务保障建设共同富裕示范区】 2021年，市中级人民法院出台《关于为丽水加快跨越式高质量发展建设共同富裕示范区提供有力司法服务和保障的意见》，向市委、市政府报送经济社会运行司法指数情况，助推经济社会发展、护航美好幸福生活。服务营商环境更加精准。强服务、优程序，“浙里营商”无感监测显示，丽水解决商业纠纷时间指标居全省第二、收回债务所需时间指标居全省第一。助力创新驱动发展，市中级人民法院联合市委组织部制定人才科技司法服务保障意见。与杭州中院、温州中院建立知识产权司法协作机制，新增青田、缙云、松阳知识产权巡回审判点，市法检“两长”同庭办理侵犯知识产权刑事案件1起。打造“共享法庭”普法主阵地，开展普法宣传223次，让“全民普法”深入机关、走进校园、落实到基层。云和法院建立“法官进网格”“法官一联六”机制，当好基层法治宣传员、乡村振兴服务员。落实家庭教育促进法，发出“家庭教育指导令”10份。

【全域数字法院改革推进】 2021年，市中级人民法院推广“司法公正在线”应用，一案一码，把评判的“表决器”交到人民群众手中，被列入2022年全省数字法治系统谋划推进项目。应用上线运行5个月以来，共对3.1万余件案件赋码，收到各方测评2279条，收到意见223条，并在3日内反馈，全市法院来信来访同比减少38.3%、环比减少67.2%。针对人民群众通过“司法公正在线”应用反映的共性问题，提炼“规范司法礼仪”“强化执行沟通”等提升司法公正感受度10项微举措。加强“共享法庭”建设，全市设立2156个乡镇（街道）综治中心、矛调分中心覆盖率100%，村社覆盖率95.6%。市中级人民法院联合市委政法委等单位出台《关于建立“共享法庭”助推基层社会治理现代化的意见》，并上升为省级改革经验；联合市司法局制定《关于依托“共享法庭”加强指导人民调解工作的实施方案》，180名法官与542名专职调解员建立“一对N”对接机制，指导调解1636次，调解成功1149件。实施行政案件全域智治集成改革，创新运用跨山统筹“金钥匙”，推动当事人自主选择管辖法院、政府法院线上实时互动、行政审判力量聚合重塑，促进从源头上预防和化解行政争议。

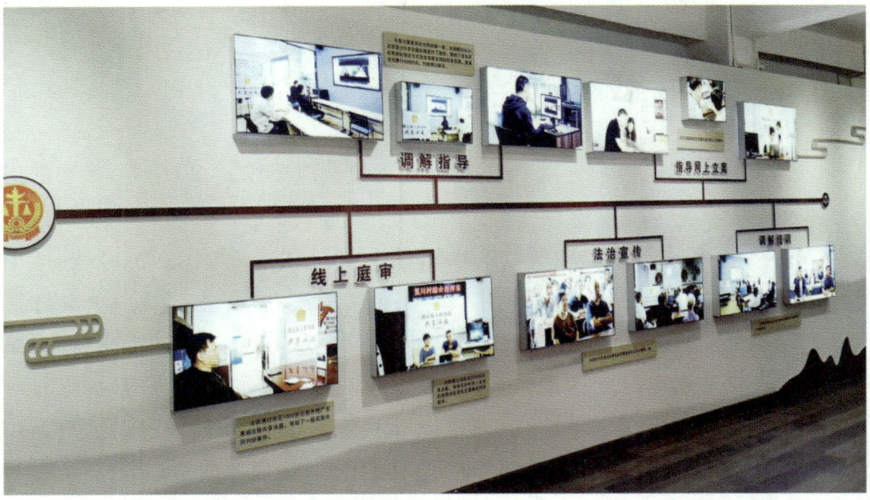

2021年，丽水市缙云县笕川村共享法庭点位　　（庄　啸　提供）

【法院党史学习教育和政法队伍教育整顿】 2021年，市中级人民法院围绕百年党史主题主线，结合“六讲六做”大宣讲、“丽水之干”大践行活动，通过“强党建、正作风，提干劲、勇担当”专项活动、党组书记“新春第一课”、基层院长“一季度一夜学”、“卓越丽法讲堂”、红色“司法档案”专栏等载体，激励干警在党的百年奋斗历程中汲取智慧力量。坚持以党建带队建促审判，通过“党组压实、支部做实、党员落实”，引导干警不断提升“政治三力”。按照“支部建在庭上”要求，优化调整党支部设置，建立市中级人民法院班子成员联系基层法院党支部和人民法庭机制，夯实基层战斗堡垒。坚持开门整顿，

召开人大代表、政协委员等参加的座谈会30余场，收集意见建议400余条，做到查摆到位、处理到位、整改到位。（陈艺尹）

司法行政

【概况】 2021年，丽水市司法行政机关围绕深化改革、法治丽水建设、平安丽水建设，推进司法行政各项工作。全年收到行政复议案件459件，结案率90.38%；一审行政诉讼败诉率从2019年的11.07%降至2021年的3.3%，全省最低，4个县（市）（龙泉、庆元、云和、松阳）零败诉，790件非诉执行案件全部销号，全市经复议后的行政诉讼败诉案件为零，列全省第一；各级人民调解组织调解纠纷21903件，调解成功率99.77%；全年全市律师人数699人，同比增长18.7%，“律师万人比”上升至万分之2.78；全市办理公证21723件，办理司法鉴定案件5945件，法援案件7616件；被评为“2016—2020年全国普法工作先进单位”；法治浙江（法治政府）建设考核获评优秀。

2021年，市司法局出台《关于防止发生“三个违规”事项的通知》等9项制度，公务员平时考核工作被市委组织部列为市级示范点在全市推广，教育整顿活动被市委政法委评定为“优秀”等次，市司法局获评全市“建设清廉机关、创建模范机关”工作先进集体。

【法治政府示范创建工作】 2021年，市司法局牵头出台《法治丽水建设规划（2021—2025年）》《关于在全市开展法治宣传教育的第八个五年规划（2021—2025）》，推进法治丽水建设六大抓手和八大专项行动，开展习近平法治思想“六进”、丽水市首届“十大法治事件”评选等系列活动。群众满意度连续5年位居全省前三。市委全面依法治市委员会第三次会议暨创建全国法治政府建设示范市动员会在丽水市召开，实行法治政府建设督察全覆盖，全市10个重点领域行政执法评议实现全覆盖。出台全省首个一般程序行政处罚案卷评查标准和浙江省首部规范绿道管理的政府规章——《丽水市绿道管理办法》。全年市领导召开点评会5次，市本级出台亮晒通报50期，约谈1次，督察2批次。丽水一举创成首批法治浙江（法治政府）建设示范市，入选创建全国法治政府建设示范市综合候选地区。

【依法行政工作】 2021年，市司法局聚焦重大行政决策全周期管理，突出制度健全、运行规范和效果提升，部署开展重大行政决策规范化提升专项行动，在全省率先完备重大行政决策9个配套制度，实现重大行政决策目录化管理100%有效覆盖，法定程序100%有效执行，决策制度100%有效落实。同时，把好行政规范性文件、行政机关合同的法律审查关，全年审核市政府拟发行政规范性文件38件，审核行政机关合同35件。参与各类涉法事务协调处理，全年参加全市重大项目、重点工程、重要政策、重要事项等专题协调会、意见会、讨论会等57次，完成市政府会议纪要、抄告单等法律审核41件，提出法律意见134条，完成市领导批示件和其他交办事项59件，参谋助手作用发挥充分，确保政府依法决策、依法行政。

【乡镇（街道）法治化综合改革试点工作】 2021年，市司法局构建“10+50”指标体系（聚焦基层法治建设的“难点”“堵点”，制定的10个方面50项可操作、可量化指标清单），统筹民族乡、城区街道、中心镇3个区域主体，系统梳理“枫桥式”站所、民主法治村建设等较好法治创建成果，挖掘“信用村”创建等基层依法治理的典型经验，形成“一张清单、一县一品、一体推进”工作格局。此外，市县两级凝聚“一体推进”工作合力，同步建立工作专班，构建全域谋划、分类指导、统筹推进的工作机制，在不断探索和实践的过程中，推动乡镇（街道）法治建设全方位、系统性、重塑性变革。全年被确定为乡镇（街道）合法性审查省级试点的9个乡镇（街道）《改革试点方案》均全部提交依法治县（市、区）委员会审议通过，全市乡镇（街道）合法性审查标准化建设实现100%覆盖，打通基层依法治理“最后一公里”。

【公共法律服务体系建设】 2021年，市司法局与之江监狱联合下发《关于加快构建法治联合体助推监地融合发展的通知》，并在全省率先印发《丽水市监地“法治联合体”行动目标任务清单》，建立市法律援助中心驻之江监狱工作站和驻监企业纠纷调解工作室，组建“法治阳光”法律服务团40人，探索“线上+线下”结合的服务模式，常态化对监狱开展法治宣传、法律咨询、法律援助、司法鉴定、公证等公共法律服务，该做法得到省司法厅厅长马柏伟肯定。

【行政裁决工作】 2021年，市司法局开展“行政裁决质效提升”专项行动，探索通过裁决+法律援助、裁决+矛调中心、裁决+数字化、裁决+公共法律服务中心，实现多业务、多平台、多系统融合发展。龙泉市《积极探索行政裁决综合试点工作》、松阳县《打造山林纠纷行政裁决丽水模式》2个项目列入全省行政裁决“最佳实践”培育试点单位。3月,《规范制度优先调解联合协作——丽水市加强行政裁决工作化解矛盾纠纷的主要做法》被《浙江政务信息》(专报)第215期刊发,并得到副省长刘小涛批示肯定。

【行政争议实质性化解工作】 2021年,市司法局开展行政争议实质性化解专项行动,以“控增量、去存量、防变量”为目标,通过从源头规范行政行为、全过程构建解纷机制、常态化落实研判督查等举措,推动行政争议实质性化解。召开点评分析研判会2次;诉中交办败诉风险案件93件,化解71件,化解率76%;全年全市新收一审行政诉讼案件421件,较2019年至2020年同期平均值下降10.41%,败诉率3.3%,全省最低。2019年至2020年积存的790件行政非诉案件全部整改销号。《丽水市行政诉讼发案量败诉率实现“双下降”》典型经验被《法治浙江简报》刊发。

【普法宣传】 2021年12月4日(第八个国家宪法日),以宪法、民法典为主题的丽水市首个市本级法治文化公园项目开园,开园当天举行“八五”普法启动和宪法宣誓仪式。丽水法治文化公园是市本级首家法治文化公园,选址好溪堰一期景观带,占地面积6万平方米,总投资400万元,以“秀山丽水 法润处州”为主题,打造“法治之杆、宪法广场、先贤法治、地方法规、法典护航”五大靓丽板块,展现和汇聚新时代法治宣传要素和丽水特色法治文化,是法治丽水建设的重要阵地和重要窗口。市司法局推进浙闽边界法治乡村走廊试点工作,为跨区域司法协作、法治建设助力乡村振兴提供沟通、交流的样板。2021年,市司法局被评为“2016—2020年全国普法工作先进单位”。

【社区矫正】 2021年,市司法局出台《丽水市社区矫正机构推进“矫务公开”十大工作机制》,把公开主体、对象、内容等信息绘制在一条工作时间轴上,一轴到底进行全流程管理,构建制度完善、框架明晰、权责规范、渠道丰富的“矫务公开”工作体系。司法部主管杂志《司法所工作》总第91期、《法治浙江》总第24期刊登丽水市借助数字化引擎,深入推进“矫务公开”的做法,该经验成效得到省厅领导肯定,并在全省推进“矫务公开”会议、全省社区矫正培训会上交流推广。至年底,全市在册社区矫正对象2223人,无再犯罪,无脱漏管;帮教率和安置率均为100%。（郭　晨）

仲　裁

【概况】 2021年,丽水仲裁委员会围绕社会经济发展、民生改善、法治建设及市政府中心工作,依法处理一系列历史遗留问题及各类民事纠纷。共受理仲裁案件1277件,标的额120403.59万元。审理案件986件,其中,调解裁定517件,裁决案件444件,快速结案896件,自动履行952件,无不予执行案件和被撤销案件。对受疫情或防控措施影响的民营企业,减免缓交仲裁费用25.95万元。对涉及行政事业单位和国资公司的民商事仲裁案件,根据市政府要求,组织专家开展专题研究并提出参考意见,同时建立案情报送机制。

【丽水仲裁完善内部运行机制】 2021年,丽水仲裁委员会完善内部运行机制。健全仲裁管理制度。修订《丽水仲裁委员会章程》,规范仲裁委员会换届工作;制定《丽水仲裁委员会互联网在线仲裁规则》,公正、快速解决互联网民商事纠纷,保护当事人的合法权益。加强人员队伍建设,增聘交通事故赔偿纠纷专职仲裁员、网络仲裁员和办案秘书;评选“2020年度优秀仲裁员”15人,并予以表彰;开展干部队伍教育整顿活动。

【服务社会能力提升】 2021年,丽水仲裁委员会提升服务社会能力。落实省委政法委《关于加强诉源治理工作的意见》,与市交警支队、市保险行业协会等机构协作,开展交通事故赔偿纠纷仲裁调解。落实中央两办文件要求,推进仲裁信息化建设,开展互联网仲裁。按照省委、市委部署要求,与市法院、市司法局联合制定《关于建立“诉裁调”三位一体商事纠纷快速化解机制的意见》,促进商事纠纷多元化解,持续优化法治化营商环境。

【宣传与到访接待】 2021年,丽水仲裁委员会升级改版“丽水仲裁”网站,借助“丽水仲裁”微信公众号等新媒体开展仲裁宣传,提升社会认知度和公信力。做好副市长毛建国法治政府建设示范市创建工作调研,以及市两代表一委员、法治监督员“法治开放周”到访参观的接待工作。（王　乐）

外事　侨务　台务

外事工作

【概况】 2021 年，全市外事系统坚持党管外事，落实全面从严治党，逐级压实“两个责任”。规范机关党建工作，严格落实党支部“三会一课”、主题党日等制度。开展党史学习教育。成立党史学习教育领导小组，制定实施方案和任务清单，坚持集中学、自主学、实地学相结合，注重方式方法创新，设立党史阅读专区，开展“每周一课”“每天一学”活动，开设“党史百年天天读”公众号专栏，严把时间节点，分阶段持续推进。举办“我心向党”党史知识竞赛，吸引 4600 余人次参与；举办百年征程——“弘典杯”首届国际硬笔书法大赛，组织 20 名在丽水留学生开展“踏红色之旅，游美丽乡村”等活动，扩大党史学习教育影响力。立足外事职能开展“三为”（为群众办实事、为企业解难题、为基层减负担）实践活动，其中，“打造外籍新娘管理服务丽水样板”入选丽水市“三为”专题最佳实践案例。开展“双拥”工作。组织开展“八一”建军节退役军人大走访活动，走访慰问市外办退役军人。7 月 27 日，联合市委统战部、市台办、市金融办、市红十字会、中国人寿保险丽水分公司等单位到部队开展“八一”拥军慰问，与部队官兵代表座谈交流。做好遂昌县龙祥村联系帮扶工作。加强指导结对村基层党组织建设，联合开展主题党日活动。深入了解结对村群众急难愁盼，推动“一村万树”项目落地。提供帮扶发展资金 9 万元，用于修缮茶叶厂房，预计今后每年可为结对村增收 1 万余元。开展市外办党员一对一“微心愿”结对活动和春节慰问活动，走访慰问困难群众 24 人次，累计捐款共计 11000 元。因受全球新冠疫情影响，全年办理因公出国（境）审核审批 10 人。

【涉外新冠病毒疫情防控】 2021 年，市外办牵头做好外国人到华入丽水“快捷通道”工作，协助缙云肖特集团完成 64 名外籍专家入境到丽水转运、闭环管理服务。全面排摸在丽水外籍人士新冠疫苗接种意愿，协同卫健部门，统筹安排外籍人士新冠疫苗有序接种，累计开设外籍人士接种专场 10 场次，完成 4454 人第一针接种，4309 人两针剂接种，为筑牢丽水健康免疫防线和抗疫国际合作统一战线提供助力。有序推动“浙外防”体系建设，完善纵横联络报告机制，在科学指导境外企业做好疫情防控相关工作的同时，及时掌握并报告境外丽水企业疫情防控措施落实情况。全年完成 60 家企业基础信息录入，主动走访境外企业国内主体 50 余次，主动帮助解答各类咨询和协调解决各类问题 15 个。

【领事保护工作】 2021 年，市外办拓展完善领事保护服务网络，增设第二批“一带一路”沿线国家海外领事保护服务站 30 个，在各县（市、区）内延伸建立国内领事保护联络站 63 个，推进外事领域治理体系和治理能力建设。9 月，市外办副主任刘光利带领外事处干部到龙泉、青田、云和、缙云等县（市、区）开展外事“三服务”活动，听取各地领事保护工作开展情况介绍，重点了解领事保护联络站组织机构、制度建设、作用发挥、领保宣传方面情况。全年协助处理各类领事保护和涉外案（事）件 9 起，有效保障丽水市公民及机构在外安全。加大领事保护知识和理念宣传力度。确定每年 7 月为领事保护宣传月，累计开展领保宣传 15 场次，发放宣传手册 1500 余份；9 月 28 日，邀请省外办领事处二级调研员吴鸿炜面向市委党校主体班次作《海外安全与中国领事保护》专题辅导。

【外籍新娘管理服务】 2021 年，市外办根据丽水外籍新娘人数众多的现状，统筹协调各方力量，创推外籍新娘管理与服务“庆元模式”［建立一人一档的涉外家庭档案、实行每季度一次的涉外家庭走访工作机制、召开每季度一次的联络员会议、成立一个以行政村或划片为单位的外籍新娘帮扶小组、组建一个外籍新娘案(事)件应急处置工作组、建立一个外籍新娘翻译库以及积分制考核等],较好实现“底数清、情况明、管得住、服务好”的管理目标。3月至6月,借力市政协“请你来协商”——涉外婚姻专题座谈会,调研走访外籍新娘群体9次,制定《外事工作(涉外婚姻)联席会议制度》,提高外籍新娘群体关注度。7月14日至16日,承办全国(部分省市)外事系统调研活动,外籍新娘管理与服务“丽水经验”受到外交部肯定并在全国推广。

2021年7月15日,全国(部分省市)“外籍新娘”管理工作研讨会在丽水举行

(王伟丽　提供)

【统筹资源扩大对外交流】　2021年,市外办统筹全市外事资源,推动对外开放。立足特色推进文旅国际化。2月,龙泉市举办“听瓷语·观世界”龙泉青瓷线上互动体验活动,88万名海外网友在线互动观看;3月6日,景宁县与意大利巴迪亚市召开友好交流视频会议,景宁县常务副县长王乐与意大利巴迪亚市市长爱马努埃尔·安塞尔米(Emanuele Anselmi)签订《景宁与巴迪亚建立友好缔结关系意向书》《景宁与莱西尼亚民族文化友好交流协议》《景宁“畲乡智库”成员聘请协议书》,涉及民族交流、文化创意、旅游合作、人才互访等领域6项内容;3月27日,松阳县举办“第十四届中国(国际)茶商大会·松阳香茶茶叶节”,匈牙利驻华大使馆金融事务公使拉斯洛·哈瓦斯等使馆官员应邀出席;5月27日,龙泉市举办“首届世界香具文化节”,泰国驻华大使阿塔育·习萨目、埃及使馆参赞乌麦伊娃·迦尼姆等4个国家外宾应邀出席;8月27日,邀请法国参议院菲利普·福利奥到丽水访问,丽水市委副书记、市长吴晓东会见并座谈交流;10月16日,协助丽水市政府举办中国·丽水首届乡村振兴与山水花园城市发展国际研讨会;10月27日,组织参加中国驻加拿大蒙特利尔总领事馆举办的第二届中魁文化旅游论坛,丽水市政府副秘书长王凡作丽水市情和生态环境及高质量绿色发展主旨发言;11月,举办丽水市国际友城摄影作品联展,收到16个国家31个友好城市投稿;11月14日,青田县举办第四届侨博会暨第二届咖博会,斯洛伐克驻上海总领事馆总领事伊凡娜·瓦拉·玛格托娃等国外嘉宾出席开幕式;12月5日,与日本三岛市共同举办“第四届友好城市中文演讲大赛”,18名三岛市中学生、大学生和市民参加比赛,特设丽水市长奖;12月18日,缙云县与塞尔维亚共和国贝尔格莱德兹韦兹达拉市召开友好交流视频会议,缙云县县长王益与兹韦兹达拉市市长Vlada Jeremic签订建立友好交流关系协议书。数字赋能推进教育国际化。3月16日,组织丽水学院附属高级中学与日本静冈县三岛南高中开展学生线上交流会,分3个会场交流“疫情下的学校生活”“动漫人物”“传统文化”等话题;5月6日,景宁中学与日本三岛市山田中学校召开视频会议,开展线上交流。丽水市外办、三岛市地域协动安全课、三岛市国际交流室、景宁县外办负责人出席会议并致辞;9月17日,景宁中学与日本三岛市山田中学开展师生交流视频会,分享校园生活和乐趣,互动表演畲族舞蹈、乐器演奏、魔术戏法、剑玉表演、传统吹奏等才艺节目;12月13日,莲都外国语学校与姊妹学校美国威斯康星州北松中学开展线上教学研讨活动。

【外办助力“双招双引”】　2021年2月至3月,市外办主任、市友协常务副会长刘崇民带领友协理事代表先后走访艾莱依集团、云和玩具行业协会、新云木业集团、和信玩具集团、景宁宇海幼教木玩产业园等友协理事单位,详细了解企业面临疫情的挑战、市场销售及国际合作等情况;4月1日,组织友协理事代表到龙泉市考察,为当地发展乡村文旅项目和民宿投资出谋划策;4月27日,组织部分友协理事代表到嘉兴学习考察外资外企工作，主动联系对接发达地区的产业溢出项目；9月27日，到丽水职业技术学院调研指导，双方就推进教育国际化、办好东亚四国乡村振兴友好交流活动等进行深入探讨。加强与使领馆之间联系联谊，融入长三角一体化发展。5月11日至12日，市外办主任刘崇民一行拜访瑞士、柬埔寨、越南等国驻上海总领馆，为招引外资外企和海外创业团队搭建平台，帮助柬埔寨驻沪总领馆协调运送2辆救护车到柬埔寨，为友城暹粒市提供价值10万元的医疗物资援助；对接丽水长三角招商中心、莱蒙国际招商上海总部等商务机构，为企业国际交流合作送资源、送服务；9月18日，市外办副主任徐文杰出席新加坡领馆56周年国庆日招待会，与阿根廷、越南等国家总领事及新加坡南洋理工大学中国办事处、丽水长三角招商中心等机构负责人进行座谈交流，推动资源共享，深化务实合作；12月2日至3日，韩国驻上海总领事馆首席领事千成焕访问丽水，探寻两地在人文、经贸等领域的互惠合作。12月，分别在日本、德国、智利等国家的重点城市特聘6名友城“双招双引”联络员，发挥“民间外交官”优势，打通友城“招引”渠道。

【推进外事领域数字化改革】 2021年，市外办推进全省“因公出国（境）一件事系统”上线运行，包含因公出国、因公赴港澳、邀请外国人来华、因公APEC卡办理等系统，全面实行“一网通办”，提升政务服务便利度。助力“干部提质”，市外办主任刘崇民为市委党校中青班学员作《以瑞士经验为范本，建设共同富裕美好社会山区样板》专题辅导。发挥考核导向作用，将外事工作纳入2021年度市委、市政府对县（市、区）的综合考核。制定公务员平时考核实施办法，落实常态化考核评价和激励机制。助力全国文明城市复评工作，组织开展志愿活动32次。统筹抓好平安建设、市域社会治理现代化等工作。

【市友协第四届常务理事会第一次会议召开】 2021年2月7日，市友协组织召开第四届常务理事会第一次会议暨海外常务理事视频会议，共同探讨如何发挥理事桥梁纽带作用，聚焦生态经济、科技创新、华侨要素回流、双招双引等重点工作，推进丽水后疫情时代全方位国际合作。会议汇报市友协第四届理事会会议召开情况及2013年以来工作成绩；传达市委书记胡海峰在第四届友协换届大会上的讲话精神；详细了解海外理事驻在国疫情防控进展情况，表达对海外广大华人华侨的关心和问候；市友协常务副会长艾莱依集团董事长陈频、国和控股集团董事长陈乃科及与会常务理事依次作分享发言，共同探讨下一步友协工作方向。会议强调，要深刻领会市委书记胡海峰重要讲话精神，充分利用资源，继续为丽水对外交流穿针引线，努力开创丽水友协工作的新局面。海外理事做好自身防护的同时要继续发扬勇于担当、甘于奉献的精神，为广大海外华人华侨排忧解难，安抚侨心，维护华人华侨的合法权益与安全，向世界展示中华民族团结互助的良好形象。

【全市涉外婚姻工作现场会召开】 2021年5月13日至14日，全市涉外婚姻工作现场会在庆元县召开，市外办和各县（市、区）外办负责人参会。庆元县委常委黄立飞介绍庆元县涉外婚姻管理服务工作经验做法，各县（市、区）外办交流汇报本地外籍新娘的主要情况和工作建议，就如何进一步加强涉外婚姻管理服务工作进行沟通与探讨。与会人员走访吴青花来料加工孵化基地、“洋媳妇娘家”服务管理中心、五都小学等地，详细了解涉外婚姻家庭生活情况、就业状况及其子女的上学情况。

2021年7月14日，全国（部分省市）外事系统调研组一行到庆元考察“洋媳妇娘家”服务管理中心

（王伟丽 提供）

2021年主要到访团组一览表

表2

到访时间	到访团组主要代表	到访地点
1月11日	省外办副主任陈江风	市本级
3月18日至19日	省外办副主任彭波	庆元县
3月27日	匈牙利驻华大使馆金融事务公使拉斯洛·哈瓦斯	松阳县
5月27日	泰国驻华大使阿塔育·习萨目、埃及使馆参赞乌麦伊娃·迦尼姆	龙泉市
7月14日至16日	外交部领事司副司长童德发 省外办副主任彭波	市本级、庆元县、莲都区、缙云县
8月23日至24日	省外办副主任陈江风	市本级、莲都区、经济开发区、缙云县
8月27日	法国参议院菲利普·福利奥	市本级
9月15日至16日	省外办二级巡视员余亦平、葛志宇	市本级、莲都区、松阳县
11月14日	斯洛伐克驻上海总领事馆总领事伊凡娜·瓦拉·玛格托娃	青田县
12月2日至3日	韩国驻上海总领事馆首席领事千成焕	市本级

【“浙外防”体系工作座谈会召开】 2021年6月25日，市外办组织召开“浙外防”体系工作座谈会，各县(市、区)外办参加会议，汇报“浙外防”系统自2021年1月上线以来工作情况及下一步工作打算。会议强调，“浙外防”是构建境外项目疫情精密智控的指标体系，为全省企业“走出去”发展，提供疫情防控保障服务。各单位要指导境外企业用好“浙江境外服务码”，主动走访境外企业国内主体，了解境外企业的真实情况，及时帮助解决困难问题；要充分利用“浙外防”体系，了解境外企业的真实情况，协助解决疫情防控等方面的困难问题。

【全国(部分省市)外事系统调研活动】 2021年7月14日至16日，全国(部分省市)外事系统调研活动在丽水举行。调研活动由外交部领事司主办，浙江省人民政府外事办公室、丽水市人民政府承办，外交部领事司副司长童德发、浙江省外办副主任彭波、丽水市人民政府副市长戴邦和出席会议，公安部刑事侦查局、民政部社会事务司、国家移民局外国人管理司有关领导，河北、安徽、福建、江西、河南、湖南、广西、重庆、云南、陕西等省市外办，部分省直部门以及浙江省各市外办共80余人参加调研活动。活动期间，召开涉外婚姻管理工作专题研讨会，浙江省外办副主任彭波致辞，丽水市人民政府副市长戴邦和介绍丽水市涉外婚姻管理工作经验，庆元县分享涉外婚姻小故事，各省外办和民政部、公安部、国家移民局做发言。与会人员考察庆元县“洋媳妇娘家”服务管理中心、同心社区警务室、五都小学、吴青花来料加工孵化基地等直接面向涉外婚姻家庭的一线部门和企事业单位，肯定丽水市外籍新娘管理服务的“六个一”、积分制考核等创新做法。外交部领事司副司长童德发要求各地结合实际，开展外籍新娘管理服务探索，构建更加平稳有序的对外工作格局。与会人员还参观莲都区星湖社区领事保护联络站，与丽水市海外领事保护联络站的部分代表进行视频连线，了解联络站工作开展情况和当前海外疫情形势。7月16日，外交部领事司副司长童德发、省外办副主任彭波一行走访肖特玻管(浙江)有限公司，了解企业复工复产和“快捷通道”运行情况，要求相关部门要进一步做好服务，切实解决企业所急所需。

【“聚力示范区建设、推动‘十四五’开局”外事工作座谈会召开】 2021年9月15日，根据省外办开展“聚力示范区建设、推动‘十四五’开局”外事工作调研活动要求，组织召开外事工

2021年9月16日，省外办到丽水开展“聚力示范区建设、推动‘十四五’开局”外事工作调研 (王伟丽 提供)

作座谈会，丽水市外办和莲都区、龙泉市、青田县、缙云县外办负责人汇报外事工作开展情况，为推动外事工作开好局、起好步，高标准实现“两个转化”提出意见建议。省外办二级巡视员余亦平、葛志宇及亚非处、欧洲处、出国管理处、领事处干部参加座谈会，并考察涉外企业纳爱斯集团、丽水市兰迪鞋业制造有限公司和松阳县世亚特材有限公司，详细听取企业情况介绍，征集涉外领域需省外办帮助解决的困难和问题。（王伟丽）

华侨事务

【概况】 2021年，全市侨务系统以习近平新时代中国特色社会主义思想为指导，深入学习宣传贯彻伟大建党精神及中共十九届六中全会精神，厉行“丽水之干”，以侨为媒夯实思想政治根基，以侨架桥助力双招双引，以人为本优化为侨服务，为丽水实现跨越式高质量发展贡献侨力量。1月至2月，做好元旦、春节期间慰问困难归侨侨眷工作；3月，牵头组织召开青年侨商创业创新分享会；4月，制定为侨服务“全球通”项目建设初步方案和V字模型业务梳理；常态化做好欧悦城项目联系和工程进度督促工作，协助做好商业业态招商工作；8月，起草国际化双创人才特区华侨华人人才政策，拟定双创人才特区操作细则；9月，组织召开市政协四届五次会议104号提案“三见面”协商会议；10月至12月，调研谋划做好为侨服务综合平台建设。

【数字惠侨】 2021年，丽水为侨服务“全球通”平台办理远程视频公证2212件，其中丽水点1118件、青田点1094件，得到海外侨胞的普遍赞誉。根据省委统战部部署，自2021年9月丽水市委统战部被列为全省统战系统重点培育应用场景首批培育单位以来，市侨办负责做好为侨服务“全球通”应用为侨服务综合平台子场景建设工作。梳理V字模型，先后参加数字社会系统建设工作汇报6次、数字政府应用场景会商3次。开展部门协调，上门沟通协商，争取协同部门支持与配合。

【助力双招双引】 2021年，协助华侨产业城制定发布《丽水市鼓励华侨回归创业创新三十条政策措施（试行）》，协助起草国际化双创人才特区华侨华人人才政策，拟定双创人才特区操作细则。协助华侨产业城设立“双招双引驿站”19家，聘任57名“双招双引大使”。牵线搭桥华侨洽谈涉侨招商项目30余个，总投资65亿元，实际到资7.57亿元。以市华侨创业创新服务中心为平台，坚持引进来、走出去，服务指导侨胞回乡兴业、创业创新。发挥海外侨团、侨商会、海联会等平台优势，通过视频连线，解读招商政策，推介招商项目，宣传推介丽水，鼓励和支持华侨参与“一带一路”建设。

【涉侨公共服务】 2021年，全市各级侨办共办理涉侨审批事项1175件，其中高考“三侨生”加分审核377份、“三侨生”中考加分审核488份、归侨证审核15份、华侨身份认定251份、侨眷身份认定37份、华侨回国定居证7份。做好困难归侨侨眷和侨界代表人士慰问工作。2021年春节，共慰问困难归侨侨眷25人，发放慰问金2.5万元。开展“今年中秋不回家 侨干代您看家人”活动，市县联动，组织侨务干部上门探望侨胞眷属，及时向海外侨胞的家人送去关心关怀。推进落实华侨子女教育政策。协调教育部门，将回国就读的华侨华人子女全部纳入各地教育部门统筹安排，积极宣传华侨（港澳）生联考政策。

【侨务文宣】 2021年，市委统战部（侨办）参加中国华侨历史博物馆举办“百年航程 赤子侨心——庆祝中国共产党成立100周年特展”活动。组织召开涉侨史料征集工作部署会和座谈会，发动各县（市、区）开展涉侨史料征集工作，先后到莲都区、青田县征集挑选相关展品，对接中国华侨历史博物馆做好展品选送工作。牵头丽水日报社制作涉侨史料宣传视频在特展活动期间播放。反映丽水市侨胞和留学人员传播国际共产主义“先声”、参加中国工农红军、投身浙西南革命、全面厉行“丽水之干”、实施“问海借力”行动、丽水境外疫情防控成为“全国样本”等共18件（套）图片、视频及文物史料实物入选参展，为扩大丽水“中国侨乡”美誉度、宣传推介丽水发挥积极作用。（张晨茗）

台湾事务

【概况】 2021年，市台办坚定践行“丽水之干”，围绕服务中央对台工作大政方针和全市经济社会发展两个大局，落实市委“双招双引”战略性先导工程，全年邀请知名台企台商到丽水考察洽谈20批120人次，新增台资企业2家，引进台湾人才和台湾青年到丽水就业创业14人，签订投资协议2个，总投资约27亿元，其中龙泉市政府与敏实控股有限公司签订“推动共同富裕全域合作龙泉投资项目”合作协议，总投资近25亿元。

【缙云仙都景区创成国家级海峡两岸交流基地】 2021年7月，中央台办、国台办批复同意在丽水市缙云仙都景区设立海峡两岸交流基地，为中国仙都祭祀轩辕黄帝大典升格打开通路、奠定基础。10月13日至15日，举办辛丑（2021）年中国仙都祭祀轩辕黄帝大典。全国政协副主席刘奇葆，省委书记袁家军、省政协主席葛慧君等领导出席大典，中央台办副主任龙明彪、省委副书记黄建发出席海峡两岸交流基地授牌仪式，参祭的省部级领导有20余人。活动以“四海同心祭始祖，共同富裕启华章”为主题，以线上线下相结合方式举办，邀请社会各界人士代表400人参加，其中台胞台商代表48人，开展海峡两岸交流基地授牌仪式、缙台民俗文化风情节、“缙”在咫尺“云”架两岸相约缙云交流会等涉台活动。

【对台交流交往】 2021年，全市台办系统开展两岸同胞共庆“三月三”、云台民宿好故事大赛、“放飞梦想　正青春”松台青少年交流、“青春激扬　乐聚青田”青年交流、“家园共建　乡村振兴”遂台生活垃圾分类线上交流、庆元“两岸同心、青春同行”等活动20场次，邀请台胞800余人次，其中线下交流近300人次。

【对台联谊宣传】 2021年，市台联会完成换届工作，成立市台联会妇女委员会。全市各级台联会和台胞台属向在台亲属寄送口罩等防疫物资。加强仙都祭祀轩辕黄帝大典等重大活动宣传，全年完成宣传入岛稿件90余篇，市级以上媒体刊发丽水对台工作信息210余条，其中新华社、《人民日报》、中央广电总台、中新社等国家级媒体报道60条。

【全市对台工作会议召开】 2021年6月17日，全市对台工作会议召开，贯彻落实中央和全省对台工作会议精神，总结丽水市2020年对台工作，研究部署2021年对台工作任务。缙云县、松阳县、龙泉市、庆元县党委和丽水经济开发区管委会、市农业农村局等单位作交流发言。会议指出，2021年全市上下认真贯彻落实中央和省委对台工作的决策部署，统筹抓好涉台疫情防控和对台重点工作，克难前行，创新求变，担当实干，对台工作取得明显成效。2021年，全市上下要深入学习贯彻习近平总书记关于对台工作的重要论述，坚持政治引领、服务大局，坚持系统观念、创新思维，坚持唯实惟先、善作善成，坚持重点突破、整体推进，厉行“丽水之干”，奋力推动全市对台工作实现新跨越，为推进两岸关系和平发展和祖国统一贡献丽水力量。要深化对台经贸合作，推动丽台融合发展取得更大成果。加大对台“双招双引”力度，吸引更多优质台资项目、优秀台湾人才落地丽水，促进丽台产业深度融合。落细惠台政策，鼓励和支持台资企业在主动融入新发展格局中做大做强、实现高质量发展。持续推进丽台文化、青年、基层等各领域交流交往，加大对台宣传力度，增进丽台两地的同胞情感。要强化系统思维，推动对台工作提质增效。各地各部门要始终坚持党委对台工作的集中统一领导，严明对台工作纪律，努力打造一支对党忠诚、业务专精、纪律严明的高素质对台工作队伍。（郑剑巍）

2021年10月14日，海峡两岸交流基地授牌仪式举行　（郑剑巍　提供）

军　事

思想政治建设

【概况】 2021年，丽水军分区坚持以习近平新时代中国特色社会主义思想和习近平强军思想为指导，坚定举旗铸魂、服务练兵备战、聚力正风肃纪、狠抓工作落实，为奋力打造新时代国防动员系统“重要窗口”提供坚强保证。积极组织所属民兵参与山林灭火、防抗台风、疫情防控等任务，作用发挥明显。民兵编组质量整体提升，在全省检查考评中位列第四。完成兵役征集任务，征兵“五率”全省排名第二。推进区域保障中心建设，发挥地方应急、大数据等职能部门资源优势，推进“智慧动员”信息系统建设，一期项目交付使用。持续打好疫情防控持久战，全年协调召开丽水军分区疫情防控工作领导小组会议4次，与丽水市疫情防控指挥部建立联络机制，动态掌握驻地防控措施，完成军分区本级全员疫苗接种任务。

【政治教育】 2021年，丽水军分区落实每周一学、每月2天“理论学习日”等制度，跟进学习习近平总书记重要讲话精神，围绕《习近平在浙江》采访实录开展学习讨论。开展党史学习教育，定期组织党史系列专题讲座，举办“学党史、颂党恩、强党责”党史知识竞赛，选送评书《急先锋》参加浙江省军区庆祝中国共产党成立100周年文艺演出，邀请老党员、老红军在斋郎战斗遗址等10个红色基地授课。开展喜迎中国共产党成立百年活动，专题学习讨论“七一”重要讲话精神，到浙西南革命根据地纪念馆重温入党誓词并组织参观，走访慰问“两优”人员67人、困难党员11人。开展“挂英模画像、学英雄事迹、读强军书籍”主题活动，学习“新时代卫国戍边英雄群体”，并向基层武装部、民兵营连和各级各类学校延伸。10月，开展“抗美援朝精神永放光芒，丽水革命军人永争一流”红色观影等“七个一”活动。

【廉洁征兵监督员岗前培训】 2021年1月14日，丽水市召开廉洁征兵监督员培训会，市征兵办领导、市级廉洁征兵监督员、9个县（市、区）人民武装部纪委书记以及县级廉洁征兵监督员代表参加会议。廉洁征兵监督员组成人员有退休老首长、人大代表、政协委员、学校教职员工、民兵连长、应征青年家长等。每名监督员上岗前都经过政治审查和培训考核，确保让政治过硬、敢于负责、清正廉洁的人员进入监督员队伍中。会议组织廉洁征兵监督员业务培训，发放《丽水市廉洁征兵监督员指导手册》，并为廉洁征兵监督员颁发聘书，8名市级监督员当日上岗，监督全市廉洁征兵工作。

国防动员和后备力量建设

【全市武装工作会议暨市国动委第23次全会】 2021年8月27日，全市党管武装工作会议暨市国动委第23次全会在丽水市召开。会议讲评部署国防动员和党管武装工作任务，人武部党委第一书记和国动委主任作工作述职。市委书记、军分区党委第一书记、市国动委第一主任胡海峰出席会议并发表重要讲话。市委副书记、市长、市国动委主任吴晓东主持会议。市委常委、市国动委常务副主任、军分区大校司令员赵存志以《汲取党史军史智慧力量，立起党管武装时代标尺，在新起点上奋力开创丽水国防动员事业新局面》为题作发言。市委常委、军分区机关处长以上领导、市国动委成员单位主要负责人、各县（市、区）党政主要负责人、人武部主官等出席会议。

【市委议军会】 2021年12月20日，2021年度丽水市委议军会在莲都区峰源乡大山峰某部召开，围绕加强党管武装意识、落实党管武装制度、解决部队矛盾困难等内容展开。市委书记胡海峰主持并作讲话，军分区党委书记、政治委员徐海宁汇报2020年市委议军会以来军分区全面建设情况和下步重点工作安排，市委政研室汇报驻丽水部队需求解决情况。

【岗位练兵比武竞赛】 2021年7月，丽水军分区组织开展第四届岗位练兵比武暨军事体育竞赛活动，现役干部、文职人员、专武干部、民兵等队四类人员参加。比武竞赛以《国防动员单位军事训练大纲》《民兵军事训练大纲》《军事体育训练大纲》为依据，聚焦“国防动员应战能力检验”主题，紧贴动员方案和年度训练任务设置比武课题，突出两级首长机关基本技能、体能和成建制任务分队保障行动红红对抗，以比促备，以比促训，推动国防动员准备工作落地落实，持续掀起群众性练兵比武热潮，提高国防动员备战打仗水平。

【专武干部集训】 2021年3月18日至30日，丽水军分区组织全市专武干部暨民兵骨干集训。集训以《民兵军事训练与考核大纲(专武干部分册)》为依据，采取“三年一轮回，一年两批次”的模式组织实施。突出“一年两征、民兵调整改革、基层规范化建设、军事教学法、应对行动动员准备、任务行动组织指挥”6个方面业务知识学习和指挥技能训练。在组训方法上，采取“集中辅导、技能竞赛、战术作业、案例分析、观摩见学、座谈交流”等形式组织实施，发挥集训的综合效益。

【民兵调整改革】 2021年，浙江省军区党委提出打赢全国排名考评“联冠仗”目标，省军区动员局采取集中培训、视频会议等形式组织动员部署。市政府、军分区领导重视，联合召开民兵整组工作任务部署会、联合下发《关于做好2021年深化民兵调整改革工作的通知》，全市统一组织民兵调整改革潜力调查、业务培训、方案会审等，并部署市民兵应急营建设。9个县(市、区)采取灵活方式开展潜力调查、方案拟制、业务培训等工作。

【秋季征兵宣传】 2021年7月，全市开展全民国防教育和兵役法规宣传，加强舆论引导和政策解读，举办“传统+特色”“线上+线下”等征兵宣传月活动。7月6日，9个县(市、区)同步组织“奔向军营健康跑”活动，发放征兵宣传手册，对征兵政策答疑解惑。7月9日至31日，围绕“当兵无上光荣、军营锻炼成才”主题，由市征兵办公室牵头组成征兵巡回宣讲团，对9个县(市、区)开展征兵宣讲活动。7月下旬开始，围绕“携笔从戎丽水兵”主题，市征兵办公室指导9个县(市、区)制作征兵宣传片。通过开展“征兵宣传月”活动，加大全市征兵宣传力度。

【“从戎之剑”赠剑仪式】 2021年9月17日，以龙泉市为主会场、其他县(市、区)异地同步组织的主题为“仗剑从戎、强国有我”的秋季入伍新兵赠送“从戎之剑”活动在丽水市举办，通过以龙泉宝剑为媒，把剑之威严、剑之荣誉、剑之力量赋予入伍青年，激发当代青年报国之志。

【后装领域国防动员】 2021年，军分区动员处依据国防动员后装保障任务，利用民兵组织整顿时机，修订完善方案预案，精准对接人员编组、保障行动、物资调配，提高方案预案的实用性和可操作性。加强后装备战理论研究攻关，形成《民兵后装勤务保障分队训练备勤使用中存在的问题分析及对策建议》研究成果。

【基层规范化建设】 2021年，全市召开军分区基层建设会议，开展基层武装部评星挂牌工作，协调专项经费600余万元，启动新一轮后备力量基层规范化建设，组织学习嘉兴市南湖区民兵应急连先进事迹，在缙云县壶镇举行集中点验授旗仪式，形成大抓基层的态势。制定为基层办实事计划和清单，协调解决干部家属事业编安置3人，随军家属工作调动2人，军人子女入学35人。

【基层武装部规范化建设推进会】 2021年10月13日，丽水市基层武装部规范化建设推进会在丽水白云山民兵训练基地举行。丽水军分区借鉴省军区的成功经验，结合杭州市富阳区富春街道武装部试点规范成果，推进全市乡镇(街道)武装部和民兵营(连)规范化建设。在推进会上，军分区邀请技术专家，为基层武装部搭建民兵智能信息化器材库管理系统培训服务平台，探索运用大数据智能规范管理“三库一室”，提升基层武装部建设的信息化水平。同时，军分区以规范化建设为契机，边建设边迎检，为迎接军委国防动员部民兵调整改革检查打下基础。

【后装领域安全管理】 2021年，军分区保障处狠抓落实后装领域的安全稳定工作，协调落实安全训练，3月，邀请丽水市人民医院专家指导心肺复苏、外伤救治等战场救护科目训练，提高安全自救能力。组织驾驶员安全技能教育训练，3月，协调邀请丽水市交警支队警官讲授最新交规知识和传授驾驶经验。定期检修更换营区水电、消防设施，定期组织人员对停偿回收的空余房产进行巡查。组织民兵武器装备仓库人员修订各类应急方案预案，开展应急处突演练，提高应急处突能力，与地方公安部门保持互动，调整补充安防设施，夯实民兵武器装备仓库安全管理基础。

【国防双拥宣传】 2021年，军分区依托各级媒体，报道国防、双拥工作，全年发表新闻报道230余篇；开展先进典型选树活动，景宁籍现役军人家庭苏珍兰家获评全国“最美家庭”；50多年如一日给驻地官兵免费送菜送米送油的叶美英，获“全国爱国拥军模范”称号，并当选2020年度“浙江骄傲”十大人物，入选2021年度“中国好人榜”。

【双拥工作】 2021年8月1日前后，军分区与驻地党政机关和相关单位开展军政军民走访慰问工作，为丽水籍现役军人制作光荣榜，增强荣誉感、获得感。9月22日，军分区与市妇联共同组织“爱在党旗下，情系处州城，共铸强军梦”军地联谊活动，架起军地友谊桥梁。

【结对扶贫工作】 2021年，全市对9个人武部帮扶的11个村进行核查，配合做好省军区对军分区本级帮扶2个村的核查，全年军分区及人武部协调地方共投入1000万余元用于结对帮扶，帮扶成效明显。遴选推荐青田县稻鱼米和长豇豆干、云和县山兰黑木耳3项扶贫产品，作为省军区推荐的军队消费帮扶线上平台试点销售农副产品。

全民国防教育

【国防教育主题活动】 2021年，结合党史学习教育、庆祝中国共产党成立100周年，全市各级单位采取主题宣讲、红色讲解员大赛、红色研学等形式开展“永远跟党走”国防教育主题活动，推进党史学习教育、爱国主义教育、国防教育深度融合。全市39所高中阶段学校组织2.39万名学生军训；全市中小学生开展“献礼八一，致敬军人”主题书信活动2200余人，丽水中学1名学生寄给新疆军区某边防团官兵的明信片，被中国人民革命军事博物馆收录展陈。

【国防教育基地建设】 2021年，全市国家国防教育示范基地1处，省级国防教育基地5处，基地全民国防教育作用发挥明显；指导丽水市教育局编写丽水市中小学生示范性综合实践教育基地国防军事课程；牵头为1家国家级国防教育示范基地、3家省级国防教育基地申请到退役武器装备8件；投入1.66万元，用于购置浙西南革命根据地纪念馆讲解员服装，提升国防教育宣传阵地形象。

【纪念“九一八”事变九十周年暨第21个全民国防教育日活动】 2021年9月18日，丽水市纪念“九一八”事变九十周年暨第21个全民国防教育日活动在丽水第二高级中学举行。市委常委、宣传部部长、市国防教育委员会副主任任淑女，市委常委、军分区大校司令员赵存志，市国防教育委员会副主任、军分区大校政治委员徐海宁等出席活动。活动把党史学习教育、爱国主义教育和国防教育有机融合，通过党史青年说、青年合唱、主题签名、诗歌朗诵、党旗传递等形式普及国防教育知识，增强国防意识，在全社会营造爱党爱国爱军氛围，凝聚起实现中国梦、强军梦的强大力量。

【“抗美援朝精神永放光芒，丽水革命军人永争一流”红色观影活动】 2021年10月27日，军分区政治工作处会同丽水市退役军人事务局，邀请4名参加抗美援朝老兵、100名现役军人及退役军人一同观看电影《长津湖》，加强推进党史学习教育，铭记先辈英雄伟绩，弘扬抗美援朝精神，厚植爱国拥军情怀，活动情况在“钱塘兵事”“东海民兵”公众号宣传转发，并在丽水卫视新闻栏目、《处州晚报》报道。　（雷金香）

2021年9月18日，丽水市纪念“九一八”事变90周年暨第21个全民国防教育日活动在丽水第二高级中学举行　（雷金香　提供）

武　警

【概况】 2021年，武警丽水支队（以下简称“支队”）各级围绕为中国共产党成立百年大庆营造安全稳定环境这条主线，聚焦打好“四仗”、争创“四铁”，接力打基础，聚力抓备战，奋力补短板，全力谋发展，部队全面建设呈现稳步发展、稳定推进、稳中提质的良好态势，高标准实现“三个确保”。支队完成“9•30”公祭日、“10•14”缙云轩辕黄帝祭祀庆典等重大临时勤务，担负“两会”期间等联勤武装巡逻勤务，正规化执勤等级评定年终总评获总队第二，实现38年执勤安全无事故。总队预备特战队员集训团体第一、总队三级网专业骨干培训团体第一；总队参谋比武团体第二、半年机要业务考核第二、总队教练员比武机动中队警士张帅获个人综合成绩第二；秋季新兵教育训练结业考核第三；年初总队基础课目教练员集训团体第四、总队参谋业务比武作训股长徐峰个人排名第四；总队年终军事训练考核第五，其中机关全优课目3个；总队创（破）纪录竞赛团体第七。

【思想政治建设】 2021年，支队坚持用习近平强军思想武装头脑，依托党委中心组带机关理论学习、“三学三融”机制和“四小”活动载体，持续学习十九届六中全会、“七一”重要讲话精神，推动党的创新理论走深走实。开展党史学习教育，举办贺信15周年主题纪念活动，抓实“4本必读书目”批注式学习、邀请抗美援朝老兵讲述战斗故事、创先主官分享奋斗历程、开展“四红四共”活动等做法，被央视军事频道和学习强国转载展播。贯彻武警部队思想政治教育推进会精神，创新手机“云课堂”网络教育和“荣誉墙”仪式教育新路子，统筹抓好主题教育、基础教育和经常性思想教育，青田中队政治指导员仝雨晨获评总队“十佳政治教员”。开展反间防谍专项清查，组织保卫委员网上集训和全员心理测查，开展“弘扬优良传统、整顿作风纪律”专项教育整治，密切内部关系做法被总队转发。完成19个单位荣誉墙规范整改，抓好书香军营和“一队一品”特色文化队伍建设，掀起学唱新时代忠诚卫士组歌、学跳军营广场舞热潮，参加总队线上文化艺术节获优秀组织奖。接续投入20万元，用于助力景宁县吴布村打好乡村振兴攻坚仗，赢得群众真诚点赞。

【执勤训练】 2021年，支队聚焦强敌背景强训补短，着眼应对强敌狠抓“八个体系”战备建设，集中研推修订4类、7种方案，投入110万元完成战备库室改造和战储物资补充，从严规范“3+1”战备值班力量体系运行，常态组织战备拉动检查，部队“两个不经”水平提升。推进执勤方式优化改革，召开正规化执勤观摩会3次，推进执勤隐患联查联治4次，投入200万元完成8处目标单位AB门“防误放”系统建设，全年累计完成临时勤务270余起、处置执勤险情8起、整改隐患113处。聚焦打好军事训练“翻身仗”，掀起“三学一进”和“一学四练”热潮，推进首长机关、预提指挥警士和教练员集训，开展“魔鬼周”极限训练、群众性大练兵暨创破纪录竞赛和“龙虎榜”评比，为8名训练典型记功，先进个人嘉奖68人。参加总队预备特战队员集训获团体第一名，参加总队“运筹—2021”参谋业务竞赛获团体第二名，机动中队张帅获总队教练员比武第二名，并被推荐参加武警部队教练员比武。

【抓建基层】 2021年，支队开展“学法规、明职责、理思路”活动，细化制定《按纲服务指导基层计划》《挂钩帮建基层措施》，优化“双争”评比机制，执勤二大队被总队评为“四铁”先进大队，莲都、青田、遂昌中队实现连续创先，龙泉中队跻身先进，景宁、机动中队获2面流动红旗。向“卫国成边英雄群体”和“反恐尖刀中队”学习，组织“五个十佳”先进典型评比表彰。用好安全工作协调督导机制和“四不两直”抓手，推进预防自杀、酒驾醉驾、涉枪涉弹、保密“三清”等重难点问题专项整治，纠治“五多四过”和土政策土规定，专题研究出台《党庆安保任务期间管理教育加强措施》和《在外人员教育管理措施》，部队安全基础持续巩固。莲都、遂昌中队被总队评为安全“六无”先进单位。全年累计给51名困难官兵发放救济补助34.1万元，解决2名干部家属调动和14名子女入学入托问题。

【现代后勤建设】 2021年，支队坚持以服务备战打仗为牵引，落实“五率六量”和编携配装要求，聚焦“五实 ”加强推进岗位练兵活动，开展“一组五队”训练演练，组织后装专业兵考核竞赛，机动、遂昌、缙云中队分获团体前3名。打好后勤领域“五场会战”，推进资产大清查、违规住房清理、车辆枪弹安全整治和评残清查，起底摸清支队42.27万件资产底数，核查36名官兵评残情况。推进机动中队新营房建设，累计投入110万元梯次推进后勤战备库室改造和战储物资补充，调配下发装备器材900余件（套），推进被装精确申领、天然气管道安装和营房修缮，加强精细组伙模式，规范经济民主专栏设置，打好疫情防控阻击战，实现“零输入、零感染”防控目标。

【党风建设】 2021年，支队坚持主动布局狠抓党建，组织党的建设法规学习暨党支部书记网上培训，开展党组织换届选举和规范化建设专项检查，累计选派5批次蹲点帮建工作组帮建支部、帮带干部、帮抓骨干，并开展“两优一先”评比表彰。政治工作处副主任杨俊、松阳中队中队长左玉华分别被总队评为优秀党务工作者和优秀共产党员。支队党委班子在总队考核评定中被评为“好”，班子建设和“两个责任”落实满意度均为100%。贯彻习近平总书记重要指示批示精神，从严推进政治整训，提升政治“三力”。全年推荐干部中级培训2人、调整任用干部58人、发展党员44人、转改警士107人，部队上下认可。支队加强总队纪检监察干部暨基层风气监督员网上培训成果，开展廉政“三进”活动，推动廉政文化进灯箱和“思廉亭”建设，选聘基层风气监督员21人，专题组织履职能力培训，创新推行兵情意见码，畅通民主渠道，执纪问责官兵7人，部队风气持续纯正向好。青田中队风气监督员张吉聪在总队大会上作经验交流。（周　星）

人民防空

【概况】 2021年，丽水市人民防空办公室（简称市人防办）始终坚持党对人民防空的绝对领导，贯彻落实习近平总书记关于人民防空的重要指示批示精神，履行“战时防空、平时服务、应急支援”使命任务，开展党史学习教育，抓好人防工程建设、人防指挥部建设等工作的落实，推进丽水人防建设高质量发展。

【指挥体系组织】 2021年，市人防指挥部履行职责任务，完善和落实计划、报告、会议、培训及考核等制度。召开市人防指挥部成员单位、人防专业队、重要经济目标单位联络员会议和全市人防组织指挥能力提升培训班，完成全市人防专业队的整组，组织按纲施训，开展短波电台、视频会议、空情系统、北斗、指挥车等通信系统的日常训练，增强全市人防工作的组织领导、统筹协调能力和人防队伍实战能力。

【基本指挥所建设】 2021年，市人防办落实基本指挥所规范化建设“三年行动”计划，市本级完成指挥所双回路电力改造，编制年度人民防空指挥工程使用和维护计划并设立资金项目，建立落实维护管理、安全保密和安全保卫等制度。

【人防工程和人防警报检查】 2021年，市人防办开展防空地下室工程和警报设施使用与维护管理大检查，完成市本级防空地下室现场检查，对发现的违规破坏人防设施、部分人防工程长期缺乏维护保养等问题，督促项目建设单位或管理单位进行专项整改，对部分老人防工程资料缺失的内容查漏补缺；梳理和分析全市人防警报建设和使用情况，完成市本级数字化改造，提升城区警报音响覆盖率。

【人防规划编制和修编】 2021年，市人防办按照“应建尽建、应收尽收”“以建为主、提升增量”的原则，促进人防工程建设与城市建设同步规划、同步发展。8月，《丽水市人民防空建设“十四五”规划》发布。在市国土空间规划中纳入人防指标要求，市辖区在土地出让或划拨用地建设条件中均落实人防建设指标要求。

【人防产权制度综合体制改革】 2021年11月，丽水市人防工程产权制度综合改革领导小组成立，调查摸底全市现有人防结建工程，起草《丽水市全面推进人防工程产权制度综合改革的实施意见》，并通过社会风险评估。

【浙江金盾—21演习】 2021年，浙江省暨丽水市人民防空实战化（“浙江金盾—21”）演习在丽水承办，演习分为室内推演和现场实兵2个部分，室内推演按照战时“一部九组”编成，按照时间进程和室内想定作业6步法，以市带县（市、区）、重要经济目标单位，分别完成想定作业和带部分实兵演习；现场实兵在纳爱斯集团有限公司举行，突出数字联控、部门联动、军民联合，重点演练人防专业队伍扩编集结点验、重要经济目标临战防护、泄洪影响区人员防护、防敌“低小慢”目标攻击、国防战略要道桥梁抢修、重要经济目标防护行动和消除空袭后果行动7个方面行动，参演人数600余人。

【人防数字化建设】 2021年，市人防办建成集组织指挥、防护救援、通信警报、工程建管、宣传教育等全业务、多领域、全要素于一体的人防“驾驶舱”和“身边人防”场景应用系统。完成偏远山区应急通信系统科研项目，该系统集有线、无线、4G、微波、卫星5种通信手段于一体，解决偏远山区指挥通信难题，提高山区应急救援能力，打通山区指挥通信和现场信息采集的“最后一公里”。

【人防宣传教育】 2021年，市人防办开展“忆党史、铸坚盾、担使命”系列主题宣传活动。开展第二届“人防故事大王”比赛，全市小学生参加比赛人数1000余人，直播观看20.3万人次，通过大手拉小手的方式，以孩子带动家庭，家庭带动社会的人防意识和安全意识，取得宣传效果。推进社区人防体验点建设，新增佳和社区人防体验点。（郑茹茹）

网络　电信　邮政

电子政务建设

【概况】 2021年，市大数据局坚持以习近平新时代中国特色社会主义思想为指导，贯彻落实市委、市政府关于推进政府数字化改革的方针政策和决策部署，不断夯实底座，提升数据供给、项目统筹、前端集成和信息安全能力，为推进全方位各领域的数字化改革提供有力支撑，在加快跨越式高质量发展推动共同富裕的新征程中，助力数字丽水建设取得新成效。一体化智能化公共数据平台建设初见成效。全市政务云平台承载234个单位715个应用系统，通过基础设施一体化管控平台，初步实现云、网、端的统一运维管理。全面设立首席数据官、网络安全官，配套政策制度、标准规范、组织保障和政务网络安全体系初步建立。数字孪生初步破题，2个省级首批试点场景完成验收。花园云投入运行，城市大脑初见成效，发布场景应用52个以上。平台共提供数据接口调用8.16亿次，批量共享数据15.6亿条，需求满足率98.5%，数据共享平均审批时间提升至3.4个工作日。率先在全省开展政务服务均等化试点，网上可办率100%，跑零次率99.63%，并率先在全省开展浙里办上线应用适老化及无障碍改造。

【基础设施建设】 2021年，市县统一政务云架构，市本级已部署运行197家单位的601个系统；政务外网覆盖全市9个县(市、区)，170余个乡镇街道，1800余家单位，承载交通、社保、农业等10余个业务专网，全市骨干网络带宽达到10G，市本级核心接入能力达到500G。一体化管控平台初具亮点，实现统一管理、统一调度、统一展示、统一监控，通过实时监测CPU、内存、存储利用率和云主机情况，采集云服务运行数据，及时发现高配低效云资源，有效提升云资源使用效率，共节约政务云费用234.2万元。

【数据资源治理】 2021年，市大数据局实现数据全流程管理一体化、目录化，健全分区县权限管理功能。完善基础域能力，开展存量应用编制和数据目录编制，新增数据目录1835个，新增归集数据48.77亿条，累计治理数据15.01亿条，其中优质数据13.59亿余条、过滤重复数据1.31亿余条，扩展问题数据反馈渠道。完善共享域能力，提供数据接口2078个，累计调用7.4亿次，通过批量共享数据14.3亿条，建成专题数据库9个，支撑11个应用运行，省回流数据511项、2.16亿条，基于回流数据打造青田石雕数字化应用等特色应用。完善开放域能力，新增受限开放目录335个，组织2021年浙江数据开放创新应用大赛丽水分赛，推出"生态视窗"特色赛题，探索基于区块链的个人受限数据

2021年10月28日，浙江数据开放创新应用大赛颁奖典礼举行（周嘉盈　提供）

开放应用模式。

【掌上应用】 2021年，市大数据局对标“规范、智能、有温度”，迭代优化“浙里办”作为数字化改革成果服务群众企业的总入口。启动城市频道建设，全市现有注册用户177.8万户，日均活跃用户5.6万户，较2020年年底增长36.6%。市县两级存量应用全部完成改造与迁移，出台应用汇聚管理和同源发布工作机制，已集成便民惠企应用66个，涌现出智慧停车、公交查询等一批本地高频惠民应用。对标“组织在线、沟通在线、业务在线”，全面运行浙政钉2.0作为协同办公总平台。全市99940名政务人员、3081个组织在浙政钉上开展工作，日均活跃率81%，上线移动应用166个。全面完成基于信创环境运行的丽水市新版协同办公系统升级改造，系统新增会议管理系统、办公办文指数监管、公平竞争审查等功能。

【政府数字化】 2021年，市县两级公共数据平台全面建成。出台全国首个核心业务梳理地方标准，市县两级406个部门根据三定职责梳理形成核心业务体系。推进城市大脑建设初见成效，市大数据局谋划建设的“天眼守望”应用场景在全国生态产品价值实现机制试点示范现场会上作交流，省委书记袁家军在全省数字化改革第二次推进会上予以表扬肯定。市大数据局牵头建设的“小流域自然灾害预警协同应用”获省委书记黄建发高度肯定。（杨　威）

电信传输

【概况】 2021年，丽水长途电信传输局（简称传输局）始终将干线保畅通任务作为全局工作的重中之重，强化基础维护管理，采用构建运行顺畅、衔接紧密的工作模式，健全各项规章制度和工作标准，做好干线保畅、本地网主干光缆维护、运营管理支撑、市场化创收、队伍建设等工作，确保丽水境内一、二级国防光缆安全畅通。至年底，丽水传输局负责维护管理的国防光缆线路共16804.64千米，其中干线光缆共1586.32千米（一干光缆860.98千米、二干架空光缆725.34千米），共维护本地网光缆2765条，总长度17162.66千米（中继光缆11245.53千米、主干光缆4311.72千米、集团客户客光缆55.36千米）。干线光缆维持全年零障碍率，本地网障碍率0.018次/月。全年更换本地网光缆64.66千米，更换电杆135根，更换防鼠光缆25.44千米，新增三线交越保护23处。

【缆路整治】 2021年，传输局在路薄弱环节整治和明显化补缺方面，共计整治提升缆路41千米，管道明显化提升63千米，缆路隐患和明显化补缺93千米；干线直埋光缆迁改43千米，干线架空光缆迁改19千米；水泥封沟修补2968米，水泥台阶1774米，油漆宣传牌653块，制作大型上墙标语146平方米，路由砍青3314百米，油漆标石5751块。丽水辖区内共接收维护25家共27条集团客户光缆，全部完成光缆摸底、定位和基础维护资料成册等工作。

【专业化支撑服务】 2021年，传输局在全市范围内开展光网建设质量联合检查验收，注重提升本地网光缆专业维护的集约化、标准化管理能力和专业化管理支撑能力。开展装维质量管控12期，涉及工单1931张，复查工单109张，出具质量分析报告，FTTH装维重点管控环节质量指标中8项明显改善，2项劣化，装维质量得到明显提升。介入资源准确性的管控，全年资源工单核查工作共完成政企2214条，接入3582条，资源准确率呈稳步提升态势。与丽水电信分公司合作共赢，协同发展，全年本地网线路迁改长度113皮长千米，赔补费1180万元，电信管道192孔千米，增加电信管道21孔千米，并配合电信分公司开展“平安丽水，宽带中国”业务专攻发展活动，全力支撑分公司资源、装维、宽带测速等工作，为校园营销做好前期准备，展现传输铁军又红又专的实力。

【干线保畅】 2021年，传输局重点加强基础维护管理，确保维护规程有效落地，加强干线差异化巡回和双休节假日巡检，加大排查整治力度，提升线路明显化，做好小城镇环境综合治理的施工盯防和保畅工作，加强对重型机械的信息采集和动态管控，使缆路处于实时可控状态。率先推进光缆路由智能监控系统管理，监控设备由年中的15套提升至30套，为进一步提升光网维护质量和客户感知，持续加强基础管理和干线防阻断能力，及时发现隐患、处理隐患，动态掌控外力施工对光缆的影响情况起到良好的效果。全年巡检长度22.03万千米，设置防障点21个，新建隐患点64个（处理完成55个），下派“三盯”任务853次，巡回派单11042次（有效完成率99.93%）；全局进行备纤测试2次，线路检查单449次，检查长度1083千米。

【军警民联合护线宣传活动】 2021年，传输局牵头组织开展丽水市2021年“三电”设施保护暨第二十三届军警民联合护线宣传月活动，采取与军方联合巡线的方式，持续开展分层次走访，利用电视、媒体，抖音平台等形式进行宣传，与丽水市护线宣传工作组和各运营商共走访沿线乡镇、人武部、公安、电信及其他相关单位200余个，张贴通告 5000 余张、宣传彩页 2 万份、送护线宣传品 1.5 万份，市电视台新闻报道 1 次、广播电台宣传 30 天。排除违章建筑安全隐患 20 处、制止违章施工 15 处，消除线路隐患 12处。各县级传输分局会同军警民联合护线宣传各成员单位制定护线常态化工作方案，建立与国防光缆沿线的公安机关和乡、镇、村干部相互联系的模式，依靠各级力量，形成多渠道的护线网络，施工造成的线路危害率较 2020 年下降 10%。 （吴夏冰）

电 信

【概况】 2021 年，中国电信丽水分公司（简称丽水电信）发挥数字丽水“主力军”、网络强国“主导者”、网信安全“国家队”的作用，参与和助推丽水数字化改革，为高质量发展建设共同富裕示范区尽责任、办实事、做贡献。发挥云网融合优势，夯实数字化改革云网基础设施底座，大力发展 5G、千兆光纤等现代信息网络，全面推进云网基础设施运营低碳转型，助力丽水经济社会绿色发展。发挥数字丽水“主力军”作用，深入推动 5G、云计算、大数据、物联网等信息化技术在丽水的全面应用，强化数字赋能，在全市范围内承建各类信息化项目，为丽水市数字化改革做出积极贡献。贯彻以人民为中心理念，扎实推动高质量发展建设共同富裕示范区，始终坚持“人民邮电为人民”的初心使命，关注社会民生，把“让人民满意”作为衡量工作的标准，持续提升服务支撑能力，不断增强人民群众的获得感、幸福感、安全感。

【以新基建赋能数字丽水建设】 2021 年，丽水电信落实市委、市政府新基建要求，全面实施上级云改数转战略，按照“网是基础、云为核心、网随云动、云网一体”的云网融合思路，加快云网基础设施建设，为构建一体化智能化公共数据平台提供有力保障。落实 5G 应用“扬帆”计划，围绕信息消费、实体经济、民生服务，丰富应用场景，提升专业运营能力，在深度和广度上实现突破。在“数字政府”方面，以“云砂管”平台建设为牵引，做好大场景小切口的各类平台开发；运营丽水市政务云，为 21 家市级局委办和

2021 年 9 月 14 日，工会户外劳动者服务站点暨爱心翼站揭牌仪式在丽水电信府前营业厅举行 （李永光 提供）

45 家区县级单位提供上云服务；以医卫“黄手环”项目、消防“智慧烟感”项目等民生实事项目为牵引，为全市 2 万余名老人送关怀。在“数字社会”方面，推进智慧停车二期项目建设，完成智慧停车位建设 2105 个；以“中国蓝电信电视”为载体，打造家庭电视智能终端办事服务平台。在“数字法制”方面，建设公安“雪亮工程”人脸项目、交警智慧交管项目等。在 5G 助力智能制造方面，不断加快工业互联网发展，联合纳爱斯集团、艾莱依集团、三田集团等工业龙头企业共同打造 5G+智能制造创新应用，其中“艾莱依 5G+工业互联网平台”获评工信部全国重点行业标杆应用案例。

【“爱心翼站”关爱启动仪式】 2021 年 9 月 14 日，中国电信丽水分公司“爱心翼站”关爱行动启动仪式暨市总工会“爱心翼站暨工会户外劳动者服务站点”揭牌仪式在丽水电信府前营业厅举行。“爱心翼站”为市民提供进厅休息、饮水供给、手机贴膜、手机辅导、餐食加热等爱心服务，为广大老年朋友免费讲授智能手机操作、防诈知识、防疫知识、浙里办应用、手机预约挂号、地图导航等实用技能，助力老年人跨越数字鸿沟，畅享幸福美好的数字生活。在揭牌仪式上，丽水电信党委书记、总经理宋晓强强调：“我们将在市总工会的大力支持下，继续弘扬‘红色电信’精神，牢记‘人民邮电为人民’的初心使命，扎实推进‘爱心翼站’公益服务的各项工作，努力提升电信营业厅各项服务水平，把‘爱心翼站’建设成奉献爱心、传递正能量的纽带，让电信营业厅真正成为

市民温馨的港湾。”

【助力结对村全面振兴】 2021年，丽水电信始终坚持传承红色电信基因，切实发挥自身云改数转优势，助力全市乡村振兴和数字化改革，努力在把丽水建设成为共同富裕美好社会山区样板的进程中展现更大担当、做出更大贡献。2021年，签约数字乡村230个，开通数字乡村云平台109个，点亮村64个，打造标杆村9个。助力缙云县东渡镇雅村村提升自身“造血”能力。通过有效盘活乡村闲置资源，精选优质投资项目，科学培育乡村业态，壮大村集体经济。选派专职驻村干部驻村帮扶指导，结合雅村现状，与缙云县东渡镇政府、雅村村委经多次沟通、商议及实地勘察，利用国道边闲置空地，引入镇强村公司，建设东渡雅村农贸集贸中心，增加村集体经营性收入18.75万元/年。2021年，缙云县东渡镇雅村村被评为省级民主法治村，共建的东渡镇雅村村党群服务中心入选丽水市首批百个市级红色示范阵地。助力青田县季宅乡下庄村书写“村美民富”的美好画卷。找准乡村振兴切入点，选派专职干部驻村帮扶，以集体产业发展为核心，助力下庄村产业及村集体经济发展。2021年，在红花油茶基地分批套种中药材黄精20公顷，预计2024年可每年产生经济效益600万元。青田县陈雄康油茶合作社获2021年度青田好稻米金奖。

【便民服务“暖心线”】 2021年，丽水电信承接市本级“12345”中心话务接听工作，始终坚持以人民为中心，紧跟热点，科学排班，主动担当，24小时在线服务，全年接听量41万余次。2月19日，丽水市委副书记、政法委书记郎文荣深入“12345”热线调研，详细了解热线整合、话务受理、回访核实等工作。6月1日，举行“12345”未成年人保护热线开通仪式。8月19日，省信访局副局长应华君一行到中心调研指导工作。12月，随着省内相继发生新冠肺炎本土疫情及丽水市浙丽保、社保上线，“12345”中心话务量激增，日话务量突破1万次，先后调度“114”“10000号”座席，全力支撑“12345”中心话务接听工作，第一时间解答丽水市民最急难愁盼的问题。（钟郑卉）

移 动

【概况】 2021年，中国移动通信集团浙江有限公司丽水分公司（简称丽水移动）累计通信服务收入超16亿元，增幅近19%，位列全省第二。个人市场通话用户超200万户，日通份额超85%，位列全省第一；流量份额超77%，位列全省第二；手机客户满意度位列全省第一。家庭市场宽带用户超60万户，宽带份额达65%，位列全省第二；宽带客户满意度位列全省第一。政企市场收入份额达52%，位列全省第一，其中DICT收入份额超50%，位列全省第一；专线、物联网、ICT、IDC、云收入等行业份额均保持位列全省前三；政企客户满意度位列全省第一。全年无线网络累计投资超3亿元，新建5G基站1500余个，占全市80%以上，实现重要乡镇以上连续覆盖，所有乡镇有覆盖，行政村覆盖率62%；有线网络累计投资超2亿元，新建端口10万余个，宽带户籍覆盖率147%，行政村覆盖率100%。

丽水移动坚持党建引领，推动企业全面从严治党向纵深发展，持续升级党委“和力量”党建工作品牌内涵，获评2021年丽水市十大“国企党建好品牌”。丽水移动深入开展党史学习教育，精心组织建党百年系列活动，开展习近平总书记“七一”重要讲话精神、国企党建会议贯彻落实精神五周年、《习近平在浙江》、四史等专题学习，开展“六讲六做”大宣讲，深入学习贯彻六中全会精神，各级党组织开展专题党课100余场，红色教育基地现场学习40余场、覆盖516人次，面向党员干部开展教育培训3期、覆盖285人次。深化党建和业务融合，

2021年，缙云移动助力缙云县溪东村“乡村振兴”结对帮扶捐赠仪式举行

（雷林军 提供）

推动“党建和创”“和格行动”主题实践活动升级创效，累计发展“党建和创”联盟单位30家，组建23个生产网格并实现党组织100%覆盖。以“六好党支部”要求为考核基础，以智慧党建系统使用为抓手，强化支部标准化规范化建设，强化“一支部一品牌”建设并做到市级支部品牌对接100%覆盖。以“信息、网络、资金”三要素助推乡村振兴，完成5个县市7个结对村精准帮扶，落实帮扶资金21.8万元，助销帮扶产品21.45万元，同时丽水移动被评为中国移动脱贫攻坚先进集体。丽水移动成立党外代表人士建言献策“李海振工作室”，并发布以“双千兆、5G信息化应用”为主题的社情民意案例。围绕党业融合重点工作，在浙江移动“浙移先锋”及党史简报等平台发布信息200余篇，在学习强国、人民网等省级及以上媒体刊载信息33篇，进一步推进思想文化宣传工作，树立良好社会形象。

【打造“双千兆”网络】 2021年，丽水移动融入党和国家事业发展大局，把握新一轮科技革命和产业变革趋势，不断深化新型网络信息“高速”服务，打造覆盖全市、技术先进、品质优良的“双千兆”网络。打造5G标杆网络，围绕“爱立信区域全国标杆”目标，首创优感知、提速率、强维护、提效能、创新应用等6个维度10项指标评估体系，对标全国10个爱立信主用设备城市，综合排名第一位，5G网络满意度绝对值和改善度均列全省第一位。攻坚宽带品质网络，从高品质建设、高品质装机、高品质维对接护、高品质服务全向发力，全面提升宽带全生命周期网络和服务能力，城域数出口带宽扩容400G、各县市BRAS出口扩容920G，千兆建设达成率超99%，家宽上网质量满意度居丽水区域第一位、全省第二位。

【助力数字化改革】 2021年，丽水移动发挥运营商助力信息通信产业上下游发展的“扁担效应”，推动管理智慧化、精准化，全面赋能基层治理数字化，坚持数字化改革“八个一”攻坚体系，深度参与政府智治、应急保障等方面39个特色场景应用，并承建政府数字化改革门户25个，占比近50%；丽水数字化改革场景应用（第一批）现场路演评比中，移动承建的4个项目获优秀奖，占比30%，规模和份额均在运营商中领先。探索实践5G应用和专网建设，打造全省首个5G+小流域综合治理项目，5G专网和收入全省领先；“公安全域全时空精密智控5G云天网”入选全国标杆赛；5G应急可视化指挥系统项目入选由GSMA与中国信息通信研究院的5G垂直行业应用案例库。

【网络通信保障】 2021年，丽水移动应对梅汛、强对流、台风“烟花”等灾害性天气，开展网络通信保障，共启动市级应急响应5次，单县应急响应11次，全年参与各类应急及活动通信保障工作200余次，出动人员2632人次、车辆1219辆次、油机250台次，为20余万户用户进行网络保障。9月23日，全国农村人居环境整治提升现场会在景宁畲族自治县举行，国务院副总理胡春华、省委书记袁家军等领导出席会议，丽水移动推送5G专网安保服务“5G云天网”，联合丽水公安、景宁县政府在全省首次开展5G专网全程可视化指挥保障，以无人机结合模式实现要员车辆画面实时回传，临时点位监控5分钟完成部署，利用5G对高空全景4K画质回传。10月14日，辛丑（2021）年中国仙都祭祀轩辕黄帝大典首次以省政府名义主办，丽水移动与缙云县政府对接，全程跟进祭祀活动网络业务保障需求，对入住酒店、道路沿线、祭祀活动区域相关通信站点进行扩容及参数调整，开通应急站点和分布系统。各项活动保障期间，保障区域网络平稳，各项指标运行正常，无重大故障、突发事件发生。

【质量管理提升】 2021年，丽水移动开展企业创新和内部管理提升，深化智慧运营项目，助力管理提质增效。全市注册QC小组68个，员工参与率47%，组织开展各类培训3次，累计参训人员200余人次。每季度开展主题创新活动，全年创新提案913件，员工参与率80%以上。推进在岗技术革新，各条线三等奖以上优秀项目达到77个。《降低年轻骨干员工离职率》《提升新拓集团产品渗透率》《研制基于5G的自然灾害预警平台》获2021年度浙江省优秀质量管理小组成果二等奖；《提高单项工程送审及时性》《降低专线不可用时长》获2021年度浙江省优秀质量管理小组成果三等奖；《研制基于5G的自然灾害预警平台》获2021年全国质量创新专业级奖、2021年全国QC发表赛专业级奖、第六届亚洲质量改进与创新案例大赛二等奖。

【反诈宣传教育】 2021年，丽水移动积极开展反诈宣传教育，对内警示教育，对外公益宣传，累计开展“银龄跨越数字鸿沟”科普服务活动68场次，涉及5300余人次；开展反诈专场进社区1298场，反诈宣传服务用户25万人次，发送反诈宣传公益短信280万条；联合市公安局反诈中心开展“反诈知识有奖竞赛”活动，参加人数3万余人，提升公民反诈骗意识。提升全方位反诈能力，联合市公安局反诈中心试行“开卡码”应用，源头防控，斩断涉诈链条，一线通路日均登记700余次，新放号登记率86%；不断迭代涉诈号卡识别大数据模型，优化精准关停策略，累计关停疑似涉诈号码9.6万个。健全无死角反诈体系，做到通路全覆盖、市政网协同、警企协同、前后端一体，建立长效机制。全年向公安机关提供涉案线索8起，配合公安查处涉诈案件74起、信令查询137次，"打猫"案件配合2起，有效打击诈骗链条。（雷林军）

联　通

【概况】 2021年，中国联合网络通信有限公司丽水市分公司（简称丽水联通）坚持稳中求进总基调，以高质量发展为主线，加快全面数字化转型，以打造"五高"（高质量发展、高活力运营、高品质服务、高科技引擎、高效能治理）新优势为目标，全力推动重点工作落地，全年发展势头持续向好，主营收入完成挑战目标，增幅达到17.5%，全省第三位。手机和宽带用户净增增幅高于全省平均水平，其中宽带增幅位居全省第二。市场份额同比提升0.13个百分点。中国联通所倡导的铁脚板精神和浙江联通推行的奋斗者文化在丽水联通落地生根，业绩和结果导向日益明显，公司上下想干事、敢干事，会干事、干成事的干部员工日益增多，涌现一批以季鹏、丁海滨为代表的优秀奋斗者，干事创业的氛围愈加浓厚。做好乡村振兴工作，完成帮扶点数字乡村建设4个。强化正风肃纪，创成浙江联通"清廉浙江"示范点1个、丽水联通"清廉浙江"示范点5个。推动日常监督下沉，完成莲都区分公司、南城区分公司现场"微巡察"。丽水联通获丽水市国资系统"十大党建好品牌"、丽水市经常化创建全国文明城市集体嘉奖等荣誉。"丽水联通青橙社""龙泉乡村振兴"等主题宣传信息广泛传播，进一步提升美誉度。承建丽水市数字经济、数字社会两大门户，"创新领域运营商第一品牌"深入人心，进一步提升行业影响力。深入践行共建共享战略，在全国范围内独创"一县一家网"战略，4G共建共享工作被浙江电信、浙江联通联合授予共建共享"创新团队奖"。《提升投诉客户价值填充率》课题成果获浙江联通全面质量管理QC成果三等奖。

【与青田县祯旺乡政府签订5G战略合作协议】 2021年3月3日，丽水联通与青田县祯旺乡政府举办5G战略合作协议签约仪式。丽水联通政企BG常务副总经理潘永升、祯旺乡党委书记汤晓伟代表双方签约。根据5G战略合作协议，丽水联通将基于自身资源禀赋，发挥5G和云大物等核心技术优势，依托智慧旅游、智慧乡村等信息化应用，助力祯旺乡"乡镇智慧指挥中心"建设，并大力推进祯旺乡政府在产业升级、民生服务、区域管理等领域的融合创新应用和新兴产业培育，助推祯旺乡政府创建5G+创新发展标杆乡镇，助力青田数字经济发展。

【"一县一家网"建设启动会】 2021年3月9日，丽水联通联合丽水电信在庆元县、景宁畲族自治县同步召开2021年"一县一家网"建设启动会。"一县一家网"是丽水电信和丽水联通落实双方集团公司关于2021年4/5G网络共建共享和共维共优全国工作部署会议精神，共同探索、创新推动实施的合作方案。此次启动会的召开，标志着丽水在全国范围内率先布局和启动县域4/5G网络"一县一家网"模式的共建共享。根据部署，丽水电信、丽水联通双方按承建区域（县域）分区负责4/5G网络的规划建设维护和优化，双方共享网络收益，达到节约建设投资、降低运维成本和轻资产运营的目的。

【"红动浙江 联通力量"浙江联通大型红色之旅丽水站活动】 2021年4月16日，丽水联通组织开展"红动浙江 联通力量"浙江联通大型红色之旅丽水站活动。丽水联通领导班子、各党支部书记以及党工团40余位代表在浙西南革命火源地王村口一齐吹响丽水联通高质量发展的挺进号角。活动围绕"八大行动"（一面旗帜传承、一堂红色党课、一幅百米画卷、一个基地参观、一路足迹追寻、一次誓词重温、一期数改专场、一场品牌发布）有序开展。活动宣传信息被"学习强国"报道。

【星享体验官见面会】 2021年5月25日，丽水联通开展星享体验官见面会活动，以5月"客户日"活动为载体，邀请星享体验官、VIP客户、集团客户在内的12名嘉宾参加。丽水联通副总经理朱铁参加见面会活动，总监陈斌致欢迎辞。此次见面会通过介绍5G发展及数字化应用重要成果、参观联通行业应用展厅、座谈交流等方式开展。在座谈交流中，丽水联通客户服务部相关人员为参加见面会的人员详细介绍联通"星享计划"服务内容，各位嘉宾纷纷述说各自对于联通产品、服务、网络等各方面的使用感受，同时对星享计划的服务内容提出自己的想法及建议。活动还邀请客户参加中国联通App"'5·17'摇一摇"及"客户日扫码"活动。

【防汛抗台应急协同演练】 2021年7月20日，丽水联通联合丽水电信组织开展防汛抗台应急协同演练活动，重点针对大面积故障的协同调度、高负载站点的联合抢修、重保站点的分片区排障进行模拟演练。活动模拟机房停电等故障告警，丽水联通和丽水电信双方网管中心立即启动防汛应急预案，通知维护人员前往现场排障，双方维护人员通力配合，在2个小时内快速完成抢通工作。此次联合演练强化提升双方在抢险过程中的应急协同处理能力。

【商企楼宇商铺争霸赛】 2021年7月20日至23日，丽水联通组织全市28名商企客户经理组织开展商企楼宇商铺争霸赛。本次争霸赛采取“1天营销赋能+3天营销实战”的战训方式，邀请来自北京博硕咨询公司的外聘老师和团队授课。在实战环节中，丽水联通选取莲都、南城两地作为“争霸赛区”，将全体参赛人员分成6个小组进行PK，并时时通报比赛结果，以此激发全员斗志。通过为期3天的实战拓展，6个小组新发展手机用户45户，宽带67线，创新业务15单，各项业务共计签约22.89万元。此次商企楼宇商铺争霸赛的开展，有效提升商企客户经理与楼宇物业。 （徐 晓）

邮 政

【概况】 2021年，全市邮政快递业聚焦“服务全领域、激活全要素，打造双高地、畅通双循环”战略目标，科学编制行业发展规划布局，攻坚加速县级邮政监管机构组建，推进“两进一出”（进村、进厂、出海）工程试点，开展快递包装绿色治理，全面加强快递员权益保障，常态做好行业疫情防控和疫苗接种，完成中国共产党成立100周年寄递渠道安全保障任务，为全面建设社会主义现代化新丽水贡献行业力量。全年邮政业务总量5.23亿元，同比增长17.19%；业务收入1.32亿元，同比增长7.55%。全市快递业务量1.79亿件，同比增长16.79%；业务收入10.87亿元，同比增长7.84%。全市邮政普遍服务营业场所196个，民营快递法人企业66家，邮政普遍服务和快递服务满意度保持平稳。丽水市邮政管理局被评为全市“建设清廉关机、创建模范机关”工作先进集体，连续2次获丽水市全国文明城市创建集体三等功，连续4年获评市政府综合考核优秀单位，成功申报全省邮政快递业首个“扫黄打非”先进基层示范点，获评全省“扫黄打非”工作成绩突出集体，中共丽水市邮政管理局党组非公党建品牌入选全国快递物流业党建创新案例，丽水“快递+茶叶”连续2年被国家邮政局授予“快递服务现代农业金牌项目”称号。

【快递业“两进一出”工程试点】 2021年3月16日，市邮政快递业“两进一出”工程首次被纳入《丽水市政府工作报告》、丽水市国民经济和社会发展第十四个五年规划以及二〇三五年远景目标纲要。4月14日，丽水市邮

单位：万件

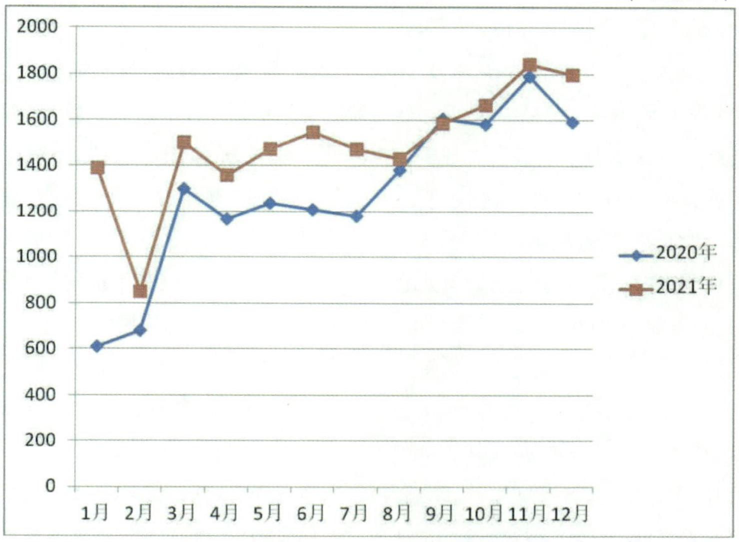

图1 2020年和2021年快递业务量分月图

2021年分县（区）快递业务发展情况表

表3

地区	全年业务量（万件）	同比增长（%）	全年业务收入（万元）	同比增长（%）
莲都区	4072.29	1.49	30717.76	-23.23
龙泉市	2304.09	57.36	16374.88	48.89
青田县	945.33	32.88	9950.11	44.92
云和县	2113.75	-6.75	9294.68	-2.48
庆元县	793.31	31.86	4937.37	39.77
缙云县	5519.51	19.37	23718.69	20.40
遂昌县	698.28	17.37	4737.01	17.91
松阳县	1156.70	46.58	7088.78	61.14
景宁县	303.45	13.08	1921.96	8.05
合　计	17906.71	16.79	108741.24	7.84

说明：同比增长数据为累计业务同比增长

政管理局联合景宁畲族自治县政府举行“邮快合作”“快递进村”工程签约暨首发仪式，创新“全县快递统一分拣，乡分区域派送”模式，实现全市首个县域“快递进村”全覆盖。11月底，全市1889个行政村实现快递进村服务100%全覆盖，提前1个月完成浙江省邮政管理局赋予丽水的既定任务目标。丽水市邮政管理局开展“快递进厂”专题调研，总结快递服务木玩产业、竹产业和茶产业等典型案例，推广订单式定制、螺旋式共建、嵌入式进驻等服务模式，实现全市30个小微企业园快递服务全覆盖。4月，丽水市邮政管理局开展邮政快递企业国际邮件检查暨“快递出海”情况调研，指导落实市邮政分公司设立国际营销中心，选派8名骨干人员到温州国际邮件互换局跟班学习，支持引导从事国际快递业务的企业在丽水设立分支机构，推进中国“丽水”跨境电子商务综合试验区项目，拓宽快递出海服务渠道。“快递出海”构建“采购、仓储、物流和销售”一体化出口全产业链体系，助推青田杨梅远销美国、意大利、西班牙等国家，出口量达35吨。

【编制行业未来发展规划】 2021年12月19日，丽水市邮政管理局联合丽水市发展和改革委员会编制发布《丽水市邮政业发展“十四五”规划》，提出加强基础设施建设、增强综合服务能力、加快产业融合发展、推动行业绿色发展、提升现代治理水平，构建全市“一核三辅多点”发展格局，实现发展规模、服务能力、服务质量和社会效应四个方面显著提升。2025年前基本形成与丽水市经济社会、产业功能相匹配的，便捷高效、集约共享、绿色安全、特色鲜明现代寄递物流体系；2035年前建成设施集约、功能完备、产业集聚、智能高效、安全绿色现代寄递物流体系。

【县级邮政监管机构组建】 2021年，莲都、云和、庆元、遂昌、松阳、景宁6个县（区）邮政管理局经浙江省邮政管理局批复成立。丽水市邮政管理局与相关县（区）机构编制委员会对接，全部批复设立相关县（区）邮政业安全中心。全市实现9个县（市、区）级邮政监管机构全覆盖，标志着丽水市邮政管理体系基本形成。全面加强市域邮政快递业安全监管力量，将对保驾护航寄递渠道安全稳定和全面促进全市邮政快递业高质量发展具有重要意义。

2021年6月19日，丽水市顺丰速运有限公司助推青田杨梅远销海外

（章良勇　提供）

【“扫黄打非”进基层示范点创建】 2021年，丽水市邮政管理局印发《关于开展全市邮政快递业“百日护航”攻坚整治行动的通知》《2021年丽水市邮政快递业“扫黄打非”工作方案》等文件，集中全市78名寄递企业负责人开展邮政快递业“扫黄打非”工作培训会议，规范邮政报刊进货渠道，联合丽水市“扫黄打非”办公室、丽水市文化市场综合执法支队开展邮政快递行业“扫黄打非”专项检查，累计出动寄递渠道“扫黄打非”检查657人次，检查邮政网点61个，快递网点158家，报刊亭11处。9月，丽水市邮政管理局组织丽水市邮政分公司以“四有”（有制度、有公示、有宣传、有台账）标准成功创建全省邮政快递业首个“扫黄打非”进基层示范标兵。

【丽水“快递+茶叶”获评2021年全国快递服务现代农业金牌项目】 2021年，丽水市邮政管理局鼓励全市快递企业通过进驻茶叶生产加工型小微企业园，开通茶叶市场商家“分拨中心优先操作、快递优先派送”绿色服务通道，提供电商企业“上门收件、专车发件”私人定制项目，助力丽水农产品产业结构转型升级，推进“互联网+快递”新业态和新常态发展，为全面加强电子商务和农业农村高质量发展增添新动能。全年全市快递企业服务各类茶叶生产、销售企业和个体工商户300余家，茶叶寄递业务量1250万件，业务收入共计2600万余元，带动农业总产值近6.4亿元。　（章良勇）

农村建设

综　述

【概况】 2021年，丽水市以习近平新时代中国特色社会主义思想为指导，贯彻落实中央、省委、市委关于“三农”工作的重要会议和文件精神，以打造全国领先的品质农业示范区、花园乡村先行地、共同富裕幸福园为目标，推动“十四五”以人的现代化为核心的农业农村现代化山区样板建设开局。召开全市“三农”工作会议，制定印发《中共丽水市委丽水市人民政府关于全面推进乡村振兴战略打造以人的现代化为核心的农业农村现代化山区样板的意见》《丽水市人民政府办公室关于加快农民增收的意见》等重要政策文件，发布实施《丽水市农业农村现代化“十四五”规划》《丽水市乡村产业高质量发展“十四五”规划》《丽水市花园乡村建设“十四五”规划》等系列重要规划，承办全国性会议2个（全国农村人居环境整治提升现场会、全国农办主任会议）。发起成立全球重要农业文化遗产（中国）保护与发展联盟。完成全国首个“名特优新高品质农产品全程质量控制创建试点市”建设任务。全市累计农林牧渔业总产值159.25亿元，同比下降1.3%；农林牧渔业增加值109.12亿元，同比增长2.2%。全市农村常住居民人均可支配收入26386元，同比增长11.6%，增幅连续13年位居全省第一，城乡收入倍差缩小到2.018；全市低收入农户人均可支配收入14389元，同比增长16.1%，增幅连续6年位居全省第一。丽水市农业农村局获评全国巾帼建功先进集体、全省生猪增产保供成绩突出集体、全省扶贫开发工作成绩突出集体。（傅圣杰）

【乡村振兴改革亮点】 2021年，全市围绕“争当全面推进乡村振兴排头兵，打造以人的现代化为核心的农业农村现代化山区样板”的决策部署，推动共同富裕示范区建设。开展乡村振兴专题调研、培训，推动实施乡村振兴十大激活行动，推动民族乡村振兴、红色乡村振兴，推进金融服务乡村振兴，为乡村全面振兴增添动力。9月23日，全国农村人居环境整治提升现场会在丽水召开，展现丽水市作为“生态第一市”的绿水青山底色和人居环境特色，展现全市持续加强“千万工程”、因地制宜开展美丽乡村建设的不同版本和迭代路径。4月30日，省长郑栅洁对丽水“打造区域公用品牌、推进乡村振兴”工作作出批示：好的经验做法要总结形成措施和案例，可系统可专项，关键要抓紧行动。实施农村工作指导员和科技特派员扎根农村行动，全市173个乡镇（街道）全覆盖，丽水市获2019至2020年省农村工作指导员和科技特派员工作成绩突出单位。推动县、乡、村三级电商物流快递体系建设，快递服务丽水茶叶项目被国家邮政局评选为“2021年快递服务现代农业金牌项目”。开通“浙丽供”“浙丽销”“浙丽产”服务，“流动供销致富车”项目获副省长徐文光批示：值得总结，不断迭代升级，形成长效运营模式。丽水市“建设乡村振兴金融服务站创新发展普惠金融基层服务组织”和“农户融资模式”被列入2021年浙江省区域金融改革典型经验，“生态产品价值实现金融支持机制”被列入2021年浙江省区域金融改革标志性成果。组织实施《丽水市乡村振兴示范带建设方案（2020—2022年）》，启动云和最美梯田乡村振兴示范带、松阳县古韵古村乡村振兴示范带、遂昌县红绿融合乡村振兴示范带、庆元县“风情边邑　诗画长廊”乡村振兴示范带、缙云县田园古韵乡村振兴示范带、景宁“大东线农旅融合发展”乡村振兴示范带等10条示范带建设，推动示范带区域内一、二、三产业融合发展、花园乡村建设、乡村优秀传统文化传承和乡村治理等工作，形成打造共同富裕美好社会山区样板的乡村“风景线”。（马加瑞）

【农家乐乡村休闲旅游业】 2021年，丽水市持续把发展农家乐民宿乡村休闲旅游业作为“生态经济化、经济生态化”的重要内容来抓。全市累计创建“丽水山居”农家乐综合体示范项目67家，精品民宿示范项目157家。全市农家乐民宿3507户，全年农家乐(民宿)接待游客2660.92万人次，同比增加20.14%；实现营业总收入24.61亿元，同比增加9.14%。（余爱华）

【脱贫攻坚成果与乡村振兴衔接】 2021年，丽水市坚持巩固拓展脱贫攻坚成果与乡村振兴衔接，坚决守牢不发生规模返贫底线。成立市乡村振兴局，继续实施“四增一减”工程，促进低收入农户增收。实行省、市、县三级与重点帮扶村的结对帮扶制度，实现乡镇(街道)、重点帮促村(经济薄弱村)、低收入农户全覆盖，累计走访帮扶7.5万户，累计帮扶资金9.25亿元。低收入农户人均可支配收入14389元，同比增长16.1%，增幅连续6年保持全省第一。消除家庭人均年收入9000元以下，低收入农户6.2万户、101293人，比上年减少4000余户、7000余人；落实学生资助政策，应助尽助，精准资助，累计资助学生8.1万余人次，资助金额6600万余元；落实困难人员基本医疗保险918873人次；发放来料加工费27.92亿元，增长8.65%，吸纳解决就业23.03万余人，在重点帮促村发放加工费4.7亿元，同比增长6.9%；推进商业保险助推扶贫，实施低收入农户统筹健康保险，全市低收入农户补充医疗保险保费由财政全额补贴2580万元，惠及人数10.6万人。加快低收入农户帮促数字化系统迭代升级，促进政府帮促精准化、社会帮促平台化，推动低收入农户同步基本实现现代化。村级集体经济年经营性总收入6.26亿元，同比增长23.60%。全市854个省定集体经济相对薄弱村实现收入达标，占相对薄弱村总数的93.74%；集体经济年经营性收入50万元以上的行政村212个，占总村数的11.22%。（杜立峰）

【农村工作指导员】 2021年，丽水市有农村工作指导员2565人。其中，省派丽水第十二批农指员25人，市派第十二批农村工作指导员89人；县级农村工作指导员604人；乡镇派农村指导员1847人。农村工作指导员依托派出单位优势，发挥自身特长，在帮助联系村引进项目资金、培育优势产业、制定发展规划、改善基础设施、解决驻地民生、推进基层组织建设等方面做实事好事。据统计，全年省、市、县、乡四级指导员走访农户8.2万户，召开会议6051次，落实经济发展项目306个，落实基础设施项目563个，落实扶贫资金9261万元，捐赠物资价值673万元，调处矛盾纠纷1478起，劝阻上访385次，主讲党课2255次，指导党组织生活2600次，撰写调研报告242篇，支持所驻村发展和低收入农户增收。省委、省政府授予丽水市“2019—2020年省农村工作指导员工作成绩突出单位”称号，全省获该称号的设区市共4个(丽水市、温州市、绍兴市、舟山市)。全市获“2019—2020年省农村工作指导员工作成绩突出个人”称号的农村工作指导员19人，是全省获表彰数量最多的地级市。

【“大搬快聚 富民安居”工程】 2021年，丽水持续推进“大搬快聚富民安居”工程，探索“解危除险”“小县大城”“众创空间”“幸福社区”4个维度的农民异地搬迁县域实践模式。8月，“大搬快聚富民安居”工程作为全省唯一案例入选全国发行的《巩固拓展脱贫攻坚成果典型案例》。至年底，2019年以来安置项目累计投资额92.68亿元，完成搬迁34438户、98053人(其中，2021年度实现30765人的富民安居)，初步实现11个万人的农民未来社区建设及37个幸福里小区(未来社区赋能提升)培育，实现农村宅基地复垦225.07公顷，金融机构给予丽水市大搬快聚工程总授信额度超过200亿元。

【消除集体经济薄弱村】 2021年，丽水各级贯彻落实中央和省、市委工作要求，系统周密谋划，夯实村级集体经济持续增收基础，全市集体经济各项指标持续向好。全市村级集体经济总收入11.90亿元，同比增长15.01%；村级集体经济年经营性总收入6.26亿元(经营收入3.88亿元、发包上交收入0.43亿元、投资收益1.95亿元)，同比增长23.60%。年经营性收入50万元以上的行政村212个，比2020年增加68个，增长47.22%。集体经济造血能力提高，182家强村公司资产总额3.18亿元，是2017年底的70.8倍，全年实现盈利2.25亿元、分红1.47亿元。14个“消薄飞地”项目提质增效，带动1491个行政村增收0.83亿元；集体经济经营性收入比重上升到52.61%，首次突破50%。（苏　明）

【历史文化村落保护利用】 2021年，丽水市按照“立足保护、科学规划、合理开发、永续利用”原则，继续推进“古村复兴”工程建设。至年底，全市启动9批次、559个历史文化村落的保护利用，占全省23.64%，其中重点村79个，一般村480个，分别占全省的20.36%、25.48%。获省补资金7.45亿元，累计获省专项建设用地指标51公顷，列入项目的数量和获补助资金额居全省各市之首。按照

“一年成形、二年成品、三年成景”要求，全市完成前7批、60个重点村和345个一般村历史文化村落保护利用验收工作。其中，12个重点村获评省级历史文化村落保护利用示范村。通过实施“古村复兴”工程，一批破旧损毁的古建筑得到修复，一批濒临失传的历史文化遗产得到挽救，一批历史文化村落经济得到激活。如龙泉市竹垟乡盖竹村把畲族文化融入重点村规划、设计、视觉、色彩和美丽景观等建设中，打造亲水平台、水上梯田、钢琴浮桥等颇具畲族风情的“横溪十景”。并成立竹垟畲韵文化旅游有限公司，组建畲族婚嫁表演团队，进行市场化运营，让村民从乡村文艺爱好者转变成乡村旅游从业者，人均月增收2000元，实现“农忙时干活，农闲时演出，不耽误带娃”的多赢状态。

【花园乡村建设】 2021年，全市高质量推进“花园乡村”建设。制定发布花园乡村“微改造”正负面清单，创成花园乡村208个，其中精品花园乡村50个。龙泉市、遂昌县入选浙江首批大花园示范县，云和县被评为全省美丽乡村示范县。（叶国军）

【农村生活垃圾分类推进】 2021年，全市统筹推进农村生活垃圾分类投放、分类收集、分类运输、分类处理治理体系建设，通过宣传贯彻《浙江省生活垃圾管理条例》、排查整治农村非正规垃圾堆放点与填埋点、建立“红黑榜”通报机制、开展资源化站点技改提升等措施，提升全市农村生活垃圾分类水平，逐步形成政府推动、全民参与、城乡统筹、因地制宜的农村生活垃圾治理格局。全年全市完成巩固提升村477个，累计实施农村生活垃圾分类处理村1814个（总行政村数按1890个计算），全市农村生活垃圾分类处理村覆盖率96%，回收利用率55%，资源化利用率99%。（叶昴成）

【农村公厕服务提升】 2021年，丽水市按照省统一部署，规范化管护，持续巩固农村公厕服务提升工作。围绕农村公厕常态化实现“三有四无”，即“有水、有电、有人管，无味、无垢、无尘、无积水”的规范化管护目标，持续推进农村公厕规范化、常态化管护工作，实现“边摸排、边整改、边提高”。全市登记在册农村公厕5505座，其中，整改提升农村公厕653座，厕均落实管护费用3100元。开展星级评定工作，参照农村公厕设计规格、设施水平、服务机制等因素，评出星级公厕180座。（项宗余）

丽水“山字系”品牌创建

【“丽水山耕”品牌建设】 2021年，丽水市启动实施“丽水山耕”品牌提升五年行动，全年提升改造会员521家，品牌授权产品353个。与省级科研院校合作，成立丽水山耕农业发展研究院，为会员主体提供科研支撑，推动“三农”领域“政产学研用”科研创新。开展首轮“丽水山耕”新产品研发揭榜挂帅活动，集中攻克制约发展的“卡脖子”技术难题，确定18个产品研发项目并进入实施。“丽水山耕”运营商——丽水市农业投资发展有限公司被农业农村部办公厅认定为首批全国农业社会化服务创新试点组织。（廖小丽）

【“丽水山居”品牌建设】 2021年，丽水市持续发展“丽水山居”农家乐民宿，重点开拓长三角区域客户资源，抢滩民宿中高端市场。2020年12月，首届中国乡宿产业发展大会在上海南京路举办，促使“小而美”“小而精”“小而特”的“丽水山居”成为民宿产业的新标杆、实现乡村资源活化利用的新载体。鼓励创建“丽水山居”农家乐综合体和精品民宿示范项目以及钻级民宿，对新培育的“丽水山居”农家乐综合体示范项目，按照评定一类、二类等次分别给予每家60万元、40万元的奖补；对新培育的“丽水山居”精品民宿示范项目，按照评定一类、二类、三类等次分别给予每家30万元、20万元、10万元的奖补。至年底，全市认定“丽水山居”农家乐综合体示范项目67家，精品民宿示范项目157家。“丽水山居”被中国旅游协会评为全国旅游服务十大重点案例。（郑海彪）

2021年，以建设“人与自然和谐共生的美丽愿景地”为目标，开展旅游化的生态产品价值转化机制试点，建立健全生态旅游产品价值核算指标体系、试点建设工作体系、价值转化政策体系、价值实现考评体系，引领旅游民宿转型升级，实现共同富裕为导向的旅游收入和生态系统保护的“两个较快增长”。创建国家级甲级民宿1家、省级金宿5家、银宿17家，文化（非遗）民宿5家。至年底，共有国家级甲级民宿1家；省级等级民宿111家，其中，白金宿5家、金宿21家、银宿85家；省级文化主题民宿3家，非遗主题民宿2家。松阳县四都乡被列为2021年度省级民宿（农家乐）助力乡村振兴改革试点。为应对传统村落“空心化”“无动力”等问题，该乡通过“云上栖居”民宿集聚区的试点改革，实现文化引领、融合发展的乡村振兴。丽水市作为全省旅游业“微改造、精提升”行动试点市（全省仅2个），重点推进民宿领域“微改造精提升”工作，石门隐墅民宿、凡己民宿、绿湾原舍民宿等9家民宿被列入

省、市微改造试点单位。（陈　怡）

【"丽水山景"品牌建设】 2021年，"丽水山景"是丽水乡村旅游特色业态专用品牌，属丽水市地方标准。"丽水山景"面向丽水乡村旅游，《"丽水山景"建设和服务规范》参照旅游景区、产业融合基地等相关标准编制，是面向丽水乡村旅游，参照旅游景区、产业融合基地等标准，11月16日，编制"乡村旅游品牌认定标准"，对"丽水山景"品牌入驻认证实施包含乡村、民俗、特色文化传播以及品牌营销在内的标准化管理。同时，在各乡村旅游的路线规划及安排，文创产品的推出上实施标准化的品牌管理。"丽水山景"的实施，提高乡村旅游企业服务，提升企业服务竞争力；提升旅游行业的整体经营水平；提升丽水乡村旅游业态整体的知名度和美誉度，以及丽水旅游主客共享、主客互动水平。（陈　怡）

【"丽水山泉"品牌建设】 2021年，丽水市委因势利导、创新挖潜，提出写好"水经注"，走好"共富路"，把"丽水山泉"打造成生态产品价值转换的旗帜性项目。面对零基础、时间紧、任务重、要求高的现状，市城投公司超常规推进"丽水山泉"工作，得到中央、省、市领导的肯定。生态赋能，提升"丽水山泉"附加值，科学选址，定位于瓶装水产品价值链顶端的高端天然矿泉水。经科学勘探、严格筛选，优选2处优质水源。青田飞云峰水源为天然自涌泉，偏硅酸每升60毫克，钠离子含量低，龙泉水源地位于国家公园西北角，毗邻长寿之村——仙仁村，偏硅酸每升31—51毫克，富含锌硒锶锂等稀有矿物质，耗氧量仅每升0.33毫克，年出水100万吨。高效率投产扩能，在2020年依托青田基地推出首款350毫升瓶装水基础上，以"3个月项目前期、3个月工程建设"完成龙泉基地建设，先行上马3条国内领先的矿泉水生产线，年产15万吨。品牌赋能，提升"丽水山泉"美誉度。超常规注册商标，国家商标局特事特办，原需6个月的注册前期，仅用55天就完成。高契合品牌代言，邀请"世界围棋第一人"柯洁出任品牌代言人，树立高端、时尚、健康的品牌形象。全媒体联动宣传，先后得到《人民日报》、"学习强国"、《中国青年报》、《浙江日报》、《解放日报》等关注报道。市场赋能，提升"丽水山泉"影响力。精准开发系列产品，细化推出520毫升、1.6升、10升玻璃瓶装水、沏茶水及伴手礼。铺开市场营销，丽水全域代理渠道全部建成，北京、上海及省内杭州、宁波、温州等城市代理商落户。线上完成政采云上架，推出"送水到家"小程序。深度展开战略合作，谋划与中石化、浙江省交通投资集团有限公司、浙江省能源集团有限公司等开展股权合作，与世纪华联等商超达成合作意向。（全海亮）

农业科技服务

【概况】 2021年，丽水市以创建"肥药两制"改革综合试点市为契机，以推进农业高品质绿色科技示范基地建设为抓手，整体构建农业绿色生产方式数字化创新和推广应用平台，促进科技与生产、集成与示范、培训与推广紧密结合，加强农业现代化科技支撑。各地以"农业双强"为抓手，以加快农业科技自主创新技术集成和推广应用为目标，按照"整合提升、分类建设、集聚集成、见形见效"的思路和要求，通过加强服务条件建设、对接科研单位及技术专家、落实技术补助等措施，共建成省级100个，市级29个技术较先进、功能较多元、设施配套较好、带动比较明显、运行较规范的农业高品质绿色科技示范基地。

【"肥药两制"改革】 2021年，丽水市紧跟全省步伐，按照省农业农村厅关于"肥药两制"工作计划要求，持续推进全市农业高质量绿色发展。经省农业农村厅前期综合考评，丽水市被公布为首批整市制创建"肥药两制"改革综合试点市单位。经全年创建培育，莲都区、松阳县、遂昌县被省农业农村厅发文认定为"肥药两制"改革综合试点县。在"肥药两制"改革工作两项核心考核指标上，"肥药两制"改革农资店及"肥药两制"试点主体培育，丽水市均列全省第一位。至年底，全市所有"肥药两制"试点主体及改革农资店均进入"浙农优品"驾驶舱应用，实现线下工作流程线上数据化。

【农业科技推广服务】 2021年，丽水市开展"送科技下乡"服务活动，全市1412名农技人员开展科技入户工作，服务农民53921人次，发放技术资料5.5万份，开展现场培训会500次，培训科技示范户10120人次。组织开展主导品种和主推技术的筛选与集成，筛选出农业主导品种208个，其中，主要的农作物品种168个，畜禽品种30个，渔业品种10个；农业主推技术85项，其中，农业综合技术1项，主要农作物技术67项，畜禽技术12项，渔业主推技术5项。开展产业技术团队建设工作。检查指导8个院地合作项目，在团队建设上，注重省市县与乡土专家相结合，把骨干技术人员纳入地方产业技术团队，根据"肥药两制"改革及防止耕地"非粮化"要求，增加"肥药能源"及"种业"服务团队，形成全覆盖、网络状的农技推广服务体系。经各产业技术创新与推广服务团队申报，专家会审，共立项产业团队项目10个、子项目27个。

【农业科技推广项目实施】 2021年，全市组织实施省、市农业丰收申报评选工作，共评出2020年度市农业丰收奖19项，其中，一等奖3项，二等奖7项，三等奖9项，由市政府发文通报奖励。并申报2020年度省科技项目评选，共申报参与评选省丰收奖9项、技术进步奖1项、推广贡献奖7人。全年省、市丰收奖共计划立项61项，其中，省丰收奖14项，市丰收奖47项。项目涵盖广，包括9个产业及土肥、农机推广、农产品质量安全等项目。

【农业教育培训】 2021年，"农三师"人才培育模式再上台阶，被写入中共浙江省委办公厅 浙江省人民政府办公厅印发《关于高水平推进乡村人才振兴的实施意见》。实施梯队培育计划，至年底，累计培育丽水"农三师"9572人，其中，市级中级"农三师"1170人，高级"农三师"130人。制定出台《丽水"绿谷英才"乡土精英选拔评定管理办法》，打通丽水"农三师"上升通道，每年有15名左右的优秀高级"农三师"评定为E类人才。典型示范带动增收，从全市高级"农三师"选拔出10名授课老师录制授课短视频，短视频通过采取授课老师和电视台主播、网红主播搭档，提高可看性，至年底，前3期上线，点击率破1万人次。选送的《莲田养鸭生态种养》获评全国100个优秀农民教育培训在线学习资源。高级"农三师"陈诗洁的缙云县朱子阁家庭农场获评全国100个优秀农民教育培训田间学校。卜伟绍、陈诗洁获评第一批省级乡村振兴实践指导师。扩大品牌影响能力，12月，丽水首届"农三师"成果展暨"好稻米"品质农业助农展销会在丽水万地广场举办，全市46家中高级"农三师"主体参展，现场销售额86万元，现场订购"好稻米"2.5万公斤，协议订购15万公斤。农训工作备受肯定，3月，丽水市在全省会议作经验交流；11月，市政府主要领导对农业农村局上报的"百万农民大培训"情况汇报作出肯定，批示："很好，把培训做实，让农民专业。"全年全市培训农民63347人次，其中，培训农村实用人才8104人，培训高素质农民1322人，农广校中专学历招生455人。组织参加全省农业技能大赛，全市参赛选手获一等奖3人、二等奖2人、三等奖8人。在全国茶叶职业技能竞赛中，获铜奖1人。

【农业人才培养】 2021年，全市发挥丽水"农三师"乡土人才的辐射带动作用，在疫情影响、不利于人员流动的情况下，通过拍摄短视频、开通微信课堂、就近指导帮扶等方式，推广"土"办法、好经验，带动周边群众增收致富。全年完成"农三师"人才培育1376人次。同时，选拔出第三批高级"农三师"50人，中级"农三师"330人，选拔培育市级乡村振兴优秀导师129人。

【农业水环境治理】 2021年，全市农业农村系统把"五水共治"工作与第二轮中央环保督察化肥农药减量问题整改工作同部署、共落实，各级农业农村部门重视，制订整改方案，分解落实任务。全市"五水共治"所有考核指标全部完成：全市采集检测土样2027个，共计推广配方肥和按方施肥4.2906万吨；统防统治实施面积4.143万公顷；完成氮磷生态拦截沟渠6条。"两化"试点场建设完成53家；渔业健康养殖示范创建，完成15家，全市61家规模以上池塘和设施养殖场基本配套养殖尾水处理设施，并把尾水处理设施作为养殖场建设的标准配置，规模以上水产养殖主体养殖尾水零直排率，完成省考核任务，完成率100%；高效植保机械推广量完成27台；农田高效节水灌溉方面，全市唯一任务县庆元县，任务量93.33余公顷，完成量853.33余公顷；"肥药两制"改革方面，与省厅数字化系统无缝对接，改革农资店及示范主体培育名单均入库。（齐　川）

【数字农业工厂试点示范】 2021年，经县(市、区)申报、市级审核推荐和农业农村厅组织专家评审，缙云县入选第一批数字乡村试点示范县，遂昌县、景宁县入选第二批数字乡村试点示范县，丽水郎奇农家乐农产品专业合作社等6个主体被认定省第一批数字农业工厂，浙江湍峰畜牧有限公司等9个主体被认定省第一批数字牧场，全市完成数字化种养基地改造36个。全市累计建成各类益农信息社1884个，覆盖率100%。累计开展村级信息员培训22647人次，依托村级站提供语音咨询服务累计70.19万人次，发送"12316"短彩信条数累计8015.7万条，受理便民服务累计4049.82万人次，涉及金额25818.22万元。在浙江农业信息网公共模块共上传各类动态信息76条，负责完成农业定期统计报表20期，农情月历统计报表167期，完成全国农业农村信息化能力监测统计，通过农民信箱发送各类农业宣传及供求信息31万余条。

【丽水市"数字乡村·智慧三农"云平台信息化建设项目(二期)】 2021年，市农业农村局以"数字乡村·智慧三农"云平台为基础，实施丽水市"数字乡村·智慧三农"云平台信息化建设项目

（二期）。二期项目完成数据资源的采集、汇聚和治理；完成基础数据、大搬快聚数据、丽水香茶数据的收集和治理；完成易居通应用场景、农品宝应用场景和辅助决策驾驶舱的开发，完成资源环境数据库、经营主体数据库、涉农人员数据库、产业产品数据库、市场营销数据库、经济政策数据库、惠农服务数据库建库工作；打通数据接口，对接省、市相关单位，打通行政村信息、特困在册家庭信息、边缘救助对象基本信息、低保救助信息、残疾人信息、社会保险个人参保信息、省公安厅居民户口簿（个人）、不动产信息、城乡居民财政补助信息、企业基本信息10个数据接口。

【生态农业建设】 2021年，全市加强实施化肥农药减量增效行动，加强农业投入品管控，提高农业废弃物资源化利用和无害化处置水平，为打造全国领先的品质农业示范区夯实基础。完善主要农作物施肥指标体系，配方肥推广应用实施方案，加强政策补助，引导农民改进施肥方式方法，减少不合理施肥，提高测土配方施肥覆盖率，全年主要农作物测土配方施肥4.29万吨，商品有机肥推广应用面积1.95万公顷，减少化肥使用量3915吨。加强统防统治与绿色防控融合推进，创建省级农作物病虫害绿色防控示范区16个，全市农作物病虫害绿色防控应用面积5.17万公顷，减少农药使用量69.1吨。莲都区、龙泉市、庆元县、缙云县、遂昌县被列为省级“农作物病虫害专业化统防统治与绿色防控融合推进示范县”。推进农药废弃包装物回收处置工作，全年回收农药废弃包装物218.6吨，无害化处置率100%。推进养殖废弃物、农作物秸秆综合利用，养殖废弃物利用率98.5%，农作物秸秆综合利用率95.44%。（池永清）

【农业机械化】 2021年，全市农业机械总动力96.67万千瓦。耕作机械35145台、16.81万千瓦，其中，大中型拖拉机96台、4848千瓦，耕整机31368台、125867千瓦；种植机械198台，其中，水稻插秧机149台；收获机械1234台、1.66万千瓦，其中，联合收割机488台、15281千瓦；植保机械22146台、3.32万千瓦，其中，农用无人机97架；排灌机械47223台、8.89万千瓦；茶叶机械97063台、16.55万千瓦；食用菌机械42452台、13.08万千瓦；农副产品加工机械31190台、13.59万千瓦；运输机械1062台、1.88万千瓦，其中，轨道运输机290台、963千瓦、128079米；设施农业设备1653公顷，冷藏保鲜库751套，137529立方米。

2021年，全市机械耕作面积7.76万公顷，机械收获面积2.52万公顷，机械种植面积5781公顷，机械植保面积5.34万公顷，水稻耕种收综合机械化水平64.07%，机械灌溉面积1.89万公顷，机械秸秆还田面积17608公顷，机械加工农产品66.92万吨，水果分级机械作业量29093吨。

全年全市农机化投入1.07亿元，其中，财政投入0.302亿元，农民个人投入0.67亿元。实施农机购置补贴政策，全年落实中央资金1823.029万元、省级资金12.23万元，购置补贴机具12671台套，8566个农业生产经营主体受益。

2021年，全市推进“机械强农”行动，11月1日至2日，全市农业高质量发展暨科技强农机械强农现场推进会在龙泉召开，以提高水稻和主导产业生产机械化水平为重点，推广以小型收割机为代表的丘陵山区适用的微型化、轻便化、多功能农机装备，全市新增小型收割机近200台。缙云县获全国率先基本实现主要农作物生产全程机械化示范县。松阳县和缙云县创成省级特色产业农业“机器换人”高质量发展先行县，丽水市莲都区心连心农机专业合作社等9个单位创成省级农机综合服务中心，丽水市丽农生态农牧有限公司等21个单位创成省级全程机械化应用基地。变型拖拉机退出道路运营，全市共淘汰在册变型拖拉机705台，清退在全市营运的外省籍变型拖拉机535台，解体已注销变型拖拉机400台，消除安全隐患，实现减少碳排放，减少能耗8000吨标准煤。（吴志珍）

生态精品农业

【概况】 2021年以来，丽水市以创建全国领先的“品质农业示范区”“花园乡村先行地”“共同富裕幸福园”为目标，通过品质化升级、组织化发展、数字化赋能，聚焦“品质、花园、富民”三个维度，实现农业高质高效、农村宜居宜业、农民富裕富足，推动全市农民收入持续快速增长，为全市打造“以人的现代化为核心的农业农村现代化山区样板”和“共同富裕美好社会山区样板”增添“三农”风景。全年全市农村常住居民人均可支配收入26386元，同比增长11.6%，增幅排名全省各地市第一，实现农民收入增幅全省“十三连冠”；全市低收入农户人均可支配收入14389元，同比增长16.1%，增幅继续保持全省第一，实现低收入农户增幅全省“六连冠”。

【农业农村宣传】 2021年，丽水市农业农村局组织搭建以一点资讯、今日头条、《浙江日报》、浙江电台交通之声、丽水发布、《丽水日报》、《处州晚报》、丽水电视台、丽水电台、丽水网等媒体为平台的丽水农业农村宣传团队，全方位、多层次宣传报道丽水市乡村振兴工作亮点和成效。其中,国家级媒体报道15篇次、“学习强国”平台宣传11条次,市级新闻媒体累计播出、刊发新闻共计412条、《丽水日报》深度专版共计43版。“乡村振兴头雁先行”微信公众号累计发布政策文件、疫情防控、农业技术等信息宣传264期、886篇。（张 靓）

【参加浙江网上农业博览会】 2021年12月24日至30日,浙江省举办以“强农惠民 共享共富”为主题的2021浙江网上农博会,采用“1+N”形式,以“网上农博”为主平台,汇聚银联云闪付、丰收互联、微博、电信、联通等平台,开展农产品展销、农商对接、品牌农产品宣传推介和社区团购等活动。网上农博会期间,全市累计总成交额5398.6万元,其中网上农博平台成交额5278.6万元(批发采购成交额4936.7万元,零售成交额341.9万元,零售排名全省第三),累计商品销量2.76万单;百个农创集市成交额120万元;丽水馆共开展线上直播51场、秒杀56场,组织发动各地行业专家、农业主体、村播网红等以短视频形式为各类农产品代言推介,在网上农博平台发放消费券。庆元县、遂昌县开展云推介活动,遂昌县销售额155万元,全省县(市、区)排名第三;遂昌羽峰油焖鲜笋、丽水“康玥”轩德皇菊帝之菊礼盒商品分别位列全省销售商品第二、第三。获2021浙江网上农博会金奖产品22个、新产品金奖1个、优质奖产品32个。

【平台助力农产品市场营销】 2021年,全市推进缙云爽面、青田糖糕、遂昌长粽、眉毛酥等“丽水味道”处州特色小吃制作规范标准出台,组织实地走访调研、征求意见、文本修订专家评审等工作,至年底,已发布。多渠道搭建营销平台,持续推进“网上农博”平台建设,累计上线农业主体265余家、在售商品1052个。组织参加浙江省首届乡村美食大会、全省知名品牌农产品云展会、农家特色小吃品鉴推介会、“乡村客厅食味浙江”电视直播访谈、县领导和农业经营主体直播带货、网上农博会、丰收大联动、26个县专区和对口帮扶专区等系列活动,参展主体累计355个/次,共开展直播活动83场(次)。全年全市举办线下农产品品牌推介活动30场、开展农产品包装设计、新媒体直播营销培训班14期、到长三角地区开展交流对接23次,实现农产品网络销售额87.21亿元。在全省首届乡村美食大会中,获金奖4个、优质奖5个;在丰收大联动系列活动中,丽水万锦白莲专业合作社等3家企业参加2021年中国农民丰收节农品集市活动。引入丽水乡土特色载体活动,参与做好“丽水味道”创意大赛工作,开展二十四节气节庆等活动,围绕丽水“山”字系品牌建设,以节气文化搭台,活动产品唱戏,推出节庆活动24场,受到社会各界的关注。（廖小丽）

农业产业化经营

【现代农业园区建设】 2021年,市农业农村局争创省农业“12188”工程,景宁县“600省级现代农业园区”被列入省现代农业园区创建对象,云和县元和云和雪梨特色农业强镇、庆元县竹口镇甜橘柚特色农业强镇2个特色农业强镇完成建设并通过省级验收。累计入选省级现代农业园区创建对象10个(含10个农业可持续发展示范园),4个通过验收认定;入选省级特色农业强镇创建对象9个,8个通过验收认定。新申报庆元县竹口镇国家农业产业强镇培育对象,累计3个国家级强镇。新认定3个省级特色农产品优势区,累计12个。申报2021年度浙南早茶优势产业集群项目,莲都区、缙云县、遂昌县、松阳县和景宁县合计申报项目15个,涉及总投资8210万元,其中申请中央财政资金2740万元,地方配套3060万元,业主自筹2410万元。新申报“浙八味”道地药材优势特色产业集群项目,涉及总投资3425万元,其中,申请中央财政资金1250万元,地方配套170万元,业主自筹2005万元。

【农业企业培育】 2021年,农业农村部认定浙南茶叶市场有限公司为农业产业化国家重点龙头企业,新认定市级重点农业龙头企业30家,全市累计培育国家级农业企业5家、省级48家、市级223家。（黄 昀）

农村经营管理

【概况】 2021年,全市9个县(市、区),1个经济开发区,173个乡镇,1909个村(社区),24040个村民小组、88.51万农户、223.32万农业人口。村集体所有农用地总面积149.78万公顷,其中耕地12.44万公顷、园地4万公顷、林地130.07万公顷、草地0.21万公顷、养殖水面0.56万公顷,其他类型农用地2.49万公顷。户均耕地面积0.14公顷,人均耕地面积0.054公顷。全市农村劳动力140.49万人。其中,从事家庭经营劳动力66.92万人,外出务工劳动力67.44万人,其中常年外出务工劳动力58.60万人(其中,乡外县内27.84万人,县外省内19.77万人,省外10.98人)。至年底,全市1909个村(社区)完成经济合作社股份制改革,确定股东数225.60万人,量化资产17.33亿元,累计分红3.33亿元。（吴玉平）

【农业经营主体】 2021年，丽水市重视新型农业经营主体培育工作，贯彻落实中央、省、市委、市政府的精神，规范全市新型农业经营体系建设。起草《丽水市示范性社会化服务组织评选实施细则（试行）》《丽水市引领性家庭农场（示范性青创农场）评选实施细则（试行）》《丽水市引领性大学生农创客评选实施细则（试行）》，并在全市评定社会化服务组织9家、引领性家庭农场33家、大学生农创客27人，分别给予10万元、5万元、5万元奖励。至年底，全市家庭农场7553家（数据来源：省厅新型农业主体培育数据库系统），省级示范家庭农场261家。龙泉市被省农业农村厅政策改革处列为第二批家庭农场整体提升县；根据市政府工作报告重点工作责任清单要求，引导小农户与农业社会化服务组织建立合作关系。开展“空壳社”专项排查清理“回头看”工作。至年底，全市在农业农村部门登记在册合作社3562家。全市市级示范社186家，省级示范社92家，国家级示范社33家。全年累计培育提升大学生农创客1900人。推进各地做好农创客网红带货宣传报道工作，为农业增效、农民增收、农场和谐奠定基础。发展各类社会化服务组织，累计建立社会化服务组织862家，培育提升社会化、专业化服务组织300个。（瞿存伟）

【村集体经济组织】 2021年，全市实现集体经济总收入11.90亿元，同比增长15.01%；经营性总收入6.26亿元，同比增长23.60%。全市854个省定集体经济相对薄弱村实现收入达标，占任务总数的93.74%；集体经济年经营性收入50万元以上的行政村212个，是全年计划数1.5倍。强村公司资产总额3.18亿元，是2017年底的70.8倍。（周若毅）

【土地承包经营权流转】 2021年，丽水市引导农村土地经营权流转，鼓励发展农业适度规模经营，落实耕地保护制度。规范土地流转行为，合理把握土地流转规模，推进整村整组集中连片流转，促进现代农业规模化、集约化、标准化经营。全年全市累计流转土地3.536万公顷，流转率31.28%；新增发放土地流转经营权证122本，累计颁发土地流转经营权证发证4634本。推进“三权”抵押贷款扩面增量，其中土地承包经营权抵押贷款余额11.15亿元。

【农村产权交易市场建设】 2021年，丽水市完善农村产权交易市场体系。对原有的农村产权交易系统进行竞价升级改造，优化流程，加强功能，并与丽水市公共资源交易中心衔接，在丽水市公共资源交易中心开辟发布丽水市集体产权交易内容。由云和县与互联网巨头——阿里巴巴集团展开合作，设立云和农村产权交易平台。根据线上交易数据统计，至年底，全市农村产权线上交易累计5679宗，交易金额8.9亿元，其中土地承包经营权3696宗，成交金额3.7亿元；林权701宗，成交金额1.04万元；农房使用权583宗，成交金额8406.41万元；村集体物业644宗，成交金额6629.66万元。其中，当年成交宗数520宗，成交金额3098.56万元。（陈武荣）

农业安全生产管理

【农产品质量安全监测】 2021年，全市省级农产品质量安全例行监测抽检农产品1080批次，合格1063批次，合格率98.43%。其中，生产环节抽检农产品855批次，合格851批次，合格率99.53%。市、县两级共计抽检农产品4891批次，合格4859批次，合格率99.3%。全年全市未发生重大农产品质量安全事件，农产品质量安全水平稳定向好。（林 燕）

【农产品质量安全监管】 2021年，全市推行承诺达标合格证制度。把承诺达标合格证与农产品追溯一体化推进，以二维码等形式开具承诺达标合格证，落实由种植养殖者作出承诺、自主开具、规范开具的基本要求。至年底，纳入省级农产品质量安全监管平台主体2279家，实施追溯管理2116家，县级以上示范性三类主体追溯覆盖率100%。国家试行合格证品类的生产主体1367家，全部实施合格证制度，全年开具合格证76.6万张，带证农产品2.8万吨。

组织开展丽水市食用农产品“治违禁控药残促提升”三年行动。联合制定印发《丽水市食用农产品“治违禁 控药残 促提升”三年行动方案》，全市7个部门共出动执法人员2620人次，检查生产经营主体1527家次，发现质量安全问题31起，抽检产品3747批次，不合格样品120批次，行政立案查处17起，移送公安部门1起。组织召开农产品质量安全会商分析会1次，研究全市重点品种主要风险隐患，督促各地落实问题闭环管理。完善市级农业地方标准体系，梳理市级农业地方标准47项，清理后继续有效35项，修订6项，废止6项。组织推荐2021年市级农业地方标准制定项目18项，获立项11项。推进现代农业全产业链标准化工作。开展稻鱼共生标准综合体、铁皮石斛标准综合体编制。组织农产品标准化生产绩效评价，共评价主体67家，其中A级主体1家，B级主体60家，C级主体3家，D级主体3家。（黄 庆）

【绿色优质农产品发展】 2021年，丽水市以地标特色产业为核心，以加快发展绿色食品作为调结构、提水平手段，打造好绿色优质农产品供给平台。全年新增绿色食品92个，续展43个，有效期内263个，年检率为100%，地理标志农产品19个，待公示2个，占全省数量的12.5%，全省排名都为第三；无公害农产品首次或复查换证101个；绿色优质农产品比率58%。开展地标品牌强度评估，“景宁惠明茶”地理标志品牌强度817，品牌价值8.40亿元。落地地标工程2个，配套资金900万元，省级精品绿色农产品基地1个，配套资金100万元，通过项目化发展推进，聚焦“品种培优、品质提升、品牌打造和标准化生产”，推动“传统农耕+现代农业技术”有机结合，发挥地标+绿色的“双轮驱动”作用，助推区域特色产业兴旺、农民持续增收，助力共同富裕。（蒋凯亚 林 燕）

【重大动物疫病防控】 2021年，全市开展以高致病性禽流感、口蹄疫、高致病性猪蓝耳病、猪瘟、小反刍兽疫等为主的重大动物疫病强制免疫工作，实现“应免尽免、不留空档”工作目标，全年未发生区域性重大动物疫情。对1516个场点开展动物疫病监测，累计检测各类样品7.2万份，其中，病原学样品2.5万份，主要动物疫病免疫抗体合格率均为80%以上。全域推行犬只免费免疫制度，设常态化免疫点18个，乡镇免疫点145个，累计免疫犬2.45万只，实现城乡全覆盖。全市对460家养殖场赋“浙农码”养殖码，赋码率100%，确保“码”不离线。7月，市农业农村局、市人力资源和社会保障局、市总工会联合举办全市动物防检疫职业技能竞赛，6人被市总工会授予“金蓝领”称号。9月，丽水市在全省农业技能竞赛防疫、检疫岗位中6人获奖，获“浙江省金蓝领”称号1人。全市累计9家兽医实验室获非洲猪瘟检测能力资质。在全省兽医系统实验室比对中，全市参加的8个实验室结果全部正确，市、县实验室连续4年省级比对结果正确。（张盈盈）

【动物卫生监督管理】 2021年，全市做好动物卫生监督本职能力提升，聚焦机构职能转变衔接，现保留动物卫生监督分所27个，动物产地检疫申报点24个，屠宰检疫工作室10个，省际动物卫生监督检查站1个。累计创成动物卫生监督基层站所规范化场点25个。开展官方兽医资格认定及注销管理工作2次，累计登记在岗官方兽医142人，落实屠宰场驻场检疫员78人，实行人员轮训和全员在线考试管理制度。开展年度执业兽医资格考务工作，累计发放执业兽医师资格证31份，执业助理兽医证24份。围绕养殖、调运、屠宰等重点领域，做好动物精密智控，依托数字化改革契机，推进省数字畜牧云平台的应用，全年产地检疫畜禽733.26万头（只），屠宰检疫生猪35.06万头、牛羊0.67万头、家禽546.66万只，做好检疫信息与浙食链推送工作。实施东部区分区防控调运政策，从严把好跨大区调运生猪备案制度关，开展调运主体信息清理审核112家，畜禽运输车辆备案83辆。全年省外调入动物及其产品备案7930批次，调入活禽68.31万只、活牛羊0.11万头、活猪13.74万头。加快推进病死畜禽无害化处理长效机制建设，出台病死动物无害化处理补助、生猪保险与无害化处理联动等政策，新增县域无害化处理场5个，累计建成7个，配备处理场冷库14个、暂存收集点461个、收集车9辆。（程燕芬）

【重大植物疫情控制】 2021年，丽水市统筹推进植物检疫事业发展，加强农作物重大病虫疫情监测预警、科学防控和应急处置能力，做好重大农业植物疫情监测、普查和防控工作，保障农业“三个安全”（农业生产安全、生态安全和农产品质量安全），促进农民增收、农业增效。丽水市通过对公园、绿化带、苗圃等、学校、废旧塑料堆放及加工场所、防洪堤、建绿化带及农田、草坪等调查监测，全市红火蚁调查面积3591.42公顷，总计发生面积68.48公顷，发现蚁巢数量1795个，铲除率100%，铲除疫点1个，其中，按照发生情况等级划分，1级49.68公顷（最轻级），莲都23.53公顷（处于正常扑杀防控阶段）、景宁42.8公顷（处于扑灭阶段）、松阳2.15公顷（处于根除验收阶段）。全年大田种植发生水稻细条病3.46余公顷，制种水稻无疫情发生，产地检疫覆盖率100%。对亚洲梨火疫病开展调查，调查面积3242.62公顷，发病面积7公顷（景宁），同比下降13.9%。全市柑橘黄龙病监测点16个，调查柑橘种植面积3756.47公顷，发现1648株病株并全部挖除，挖除率100%。通过宣传方式提高公众生物安全意识及对植物检疫工作的关注、理解和支持，营造良好的工作环境和舆论氛围，保护全市农业生产安全、生态安全和农产品贸易安全。（齐 川）

【农作物秸秆综合利用】 2021年，丽水市以机械还田、覆盖还田、腐熟还田、堆沤还田4种模式的秸秆就地还田为主，推进茶园、竹园、果园等园地离田覆盖肥料化利用、青贮加工饲料化利用、以大球盖菇、木耳为主的基料化利用等为补充，推进农作物秸秆综合利用。各地出台补助政策，推进秸秆肥料化、饲料化、基料化、燃料化和原料化“五化”利用。莲都区、缙云县、云和县、遂昌县、松阳县5地因地制宜出台补助政策，对各种利用模式、各利用环节进行补助，全市农作物秸秆综合利用率逐年提高，秸秆综合利用长效机制逐步形成。根据2021年底各县（市、区）调查统计，全市年秸秆总可收集量44.77万吨，总利用量43.10万吨，其中，肥料化37.31万吨，饲料化4.26万吨，基料化0.69万吨，用作其他原料0.08万吨，燃料化0.76万吨，可再生资源利用指数96.21%。扣除农村炊事燃料用量，农作物秸秆“五化”综合利用率95.44%。（池永清）

粮食作物

【概况】 2021年，全市播种面积7.3035万公顷，总产量41.8万吨。其中早稻814.6公顷；单季稻3.365万公顷、总产量26.4万吨；旱杂粮3.816万公顷、总产量14.7万吨。

【粮食绿色高产创建】 2021年，全市创建省级粮食绿色高产高效示范方38个、面积1742.1公顷。其中水稻千亩方25个、面积1539公顷，龙泉市查田镇下堡畈千亩方亩产突破700公斤；玉米、番薯、马铃薯、藜麦、龙爪粟等旱粮示范方13个、面积203公顷；市级农业产业技术团队项目落实粮食类7个。

【新品种新技术引进与示范】 2021年，9个县（市、区）引进30余个（次）水稻高产和优质品种进行试验试种；连片种植示范旱杂粮特色品种龙粟1号；引进水稻机插侧深施肥技术，在莲都区、青田县、庆元县、松阳县四地进行示范；引进水稻钵苗技术，实现钵苗异地供苗面积100公顷；全面开展水稻再生稻种植示范，全市示范面积467公顷；“旱优73”等节水抗旱稻的示范面积扩大到1200公顷。

【优质稻米生产销售服务】 2021年11月11日，“丽水好稻米”评选展示及交流活动在市农业农村局举办，评选出金奖产品10个；12月10日至11日，丽水“农三师”成果展暨“好稻米”品质农业助农展销会在万地广场举办，同期组织全市中小学生“爱粮惜粮”主题手抄报比赛。（刘　波）

经济作物

【蔬菜】 2021年，全市蔬菜播种面积5.15万公顷，产量145.1万吨，产值35.5亿元。水生蔬菜播种面积0.67万公顷，产量17.6万吨，产值7.1亿元；茭白播种面积0.64万公顷，产量16.5万吨。豆类蔬菜播种面积0.85万公顷，产量20.3万吨，产值6.4亿元；四季豆播种面积0.46万公顷，产量9.3万吨；长豇豆播种面积0.33万公顷，产量9.5万吨。设施蔬菜播种面积0.48万公顷，产量17.8万吨。

做好产业谋划应对新形势需要，探索创新种植模式。景宁县开展双季茭白在高山地区种植、单季茭收两茬技术在高山地区应用。缙云县开展探索茭—粮轮作模式，推广茭鸭共育、莲鸭共育等生态种养模式。开展茭白水体改善示范，在茭白田尾部建立人工湿地等，降低去除氮、磷等指标，在茭田与溪之间建立缓冲带。

2021年，丽水好稻米评选活动现场　（蓝珞宁　提供）

做好产业培育促进产业发展，做好蔬菜集约化育苗产业培育，推广高山地区育苗技术和平原地区嫁接育苗技术。做好新老产业替换，如庆元县加强高山西红柿产业培育，建设举水高山西红柿种植基地、百山祖高山西红柿种植基地、岭头高山西红柿种植基地、荷地高山西红柿种植基地。

结合团队项目开展新技术攻关，解决产业发展重点问题。依托省、市级专家团队项目，开展新技术攻关和试验示范。市本级开展黄花菜种质资源调查及新材料筛选工作、黄花菜叶枯病新病害鉴定与药剂筛选工作；缙云县、龙泉县、青田县、云和县和景宁县等地依托省级蔬菜团队项目开展茭白水旱轮间作模式示范推广，山地茄子连作障碍治理试验示范，蔬菜水肥一体化技术示范推广，高山单季茭白种苗繁育及绿色生产技术示范和茄子新优品种筛选及高质高效栽培技术示范等。（张　哲）

【水果】 2021年，丽水气候异常，出现年初低温严寒、梅汛期超早降水和暴雨、秋冬季干旱等灾害性天气，对水果产业造成不利影响。年初低温冻害与干风天气叠加，对果树尤其柑橘、枇杷等产生重大影响，柑橘尤其失管椪柑园不同程度受冻，高海拔、风口、山谷等果树受冻严重，露地栽培枇杷幼果严重受冻，部分果园绝收，全年减产60%以上。上半年雨水偏多，加剧果树病虫害发生，持续阴雨对桃、杨梅等生产有一定影响。下半年高温干旱，造成柑橘果实偏小，也影响果树生长、根系吸收等正常生长发育和翌年产量。据农业部门调查，全年全市水果总面积3.81万公顷，产量43.1万吨，产值21.9亿元，分别同比减少3.2%、减少0.4%、增加5.0%。水果总面积较上年减少0.11万公顷，主要是椪柑、瓯柑和中晚熟温州蜜柑等柑橘品种缩减，原因是年初冻害加上近年大宗柑橘品种效益低下，部分果园失管树势衰弱，低温后冻死冻伤严重。新发展果园中，以“甜橘柚”“红美人”等杂柑及桃、梨、杨梅等为主，面积533.33余公顷、减幅6%，但主导品种突出，建园标准提高。生产销售方面，枇杷、柑橘减产，杨梅、梨、猕猴桃等增产，销售顺畅，整体价格走高，同比增长20%—30%，其中，桃为近5年产销最好的一年，效益增加，产值同比增长6%以上。加快设施建设，设施栽培及特色品种效益显著突出，莲都智能大棚精品白枇杷100—120元/公斤，青田促成栽培大棚杨梅160—200元/公斤，精品“阳光玫瑰”葡萄60—80元/公斤，庆元完熟栽培甜橘柚40元/公斤，精品“云和雪梨”30—40元/公斤，优质优价。疫情影响下，线下消费受阻，果品线上销量持续增加。

针对产业发展瓶颈问题，水果产业创新团队继续推进关键技术试验研究和示范推广工作。2021年，团队实施“金魁”猕猴桃品种引进试验与示范、“甜橘柚”避雨完熟栽培试验示范、“嵊州桃形李”防裂果技术试验与示范、杨梅低产低效园改造技术应用与示范4个项目推进技术创新。“金魁”猕猴桃抗性强，品质优，在遂昌蔡溪果蔬专业合作社完成的1.33公顷新建及低效园改造基地表现良好，“金魁”品种在应用高接换种技术改造低效果园及高海拔山区种植方面具有现实意义。“甜橘柚”完熟栽培全国首次在庆元志东果业有限公司基地实施，通过保温设施、温湿度调控、矮化栽培、疏果控产等综合技术，完熟果实最佳采摘期在1月中下旬至2月初，可溶性固形物13%以上，亩产量2400千克，亩产值9万元，成效显著。“嵊州桃形李”成熟期正值雨季，在龙泉市刘建伟家庭农场基地实施，采用避雨栽培模式，解决果实转色期、成熟期遇雨而大量裂果技术问题，保证产量和品质，延长采收期。青田县继续推广杨梅低产低效园改造，应用土壤深翻、树体矮化、花果管理等综合技术成效明显。全年团队专家还开展其他创新性试验研究并取得初步成果，针对桃产业连作障碍瓶颈问题，在莲都区仙渡乡应用老树彻底挖除再植技术和老树不挖除间作套种再植技术开展试验，至年底，苗木长势良好，效果显现。杨梅、桃等采用枝条粉碎、接种菌剂、覆网发酵等技术进行无害化处理试验，相关方案的成品品质达到生物有机肥质量标准。在莲都区丽白枇杷产销专业合作社基地，开展枇杷树体补光探索试验。全年全市召开果树应对灾害性天气关键技术、果树以草防草暨山地大棚模式、东魁杨梅高大树冠矮化改良技术3次现场观摩活动及枇杷便携式快速无损检测1.0版仪器发布会1场。

2021年度，水果创新团队总结集成水果技术成果，由周晓音推广研究员组织、编撰的《山区特色水果高质高效栽培技术》由中国农业出版社出版，主编为水果团队专家吴建峰、邹秀琴和吴宝玉。由莲都区农业技术推广中心承担的“葡萄提质增效技术应用与推广”项目获2020年度丽水市农业丰收二等奖。遂昌县北洋猕猴桃专业合作社的“徐香”猕猴桃产品、遂昌县红地球水果专业合作社“红阳”产品及遂昌金火家庭农场“华特”猕猴桃产品获第14届中国义乌国际森林产品博览会金奖，遂昌蔡溪果蔬专业合作社的“金艳”产品获浙江省网上农博会金奖。（周晓音　吴宝玉）

【食用菌】 2021年，丽水市食用菌栽培量5.50亿袋（折算），比上年度减少6.86%，产量46.18万吨（鲜品），比上年度减少2.21%，其中，香菇3.26亿袋，比上年度减少6.25%，香菇产量24.52万吨，比上年度减少3.82%；黑木耳1.59亿袋，比上年度减少0.39%，黑木耳产量18.81万吨，比上年度增加2.21%；其他，灰树花1820万袋，杏鲍菇1050万瓶，秀珍菇230万袋，鹿茸菇1080万瓶，灵芝59.67公顷（约17900立方米）。全年食用菌总产值30.34亿元，比上年度减少0.84%。2021年7月5至6日，丽水市食用菌产业技术创新推广服务团队现场观摩活动在龙泉市举办，全市食用菌产业技术创新推广服务团队成员等30余人参加会议。与会人员现场观摩龙泉市锦溪镇下锦村竹荪栽培示范基地、锦溪镇泉灵谷原生态灵芝基地。实施浙江省食用菌产业技术团队项目“香菇工厂化栽培技术示范”，补助资金20万元。实施丽水市食用菌产业技术创新与推广团队项目“茶树枝栽培香菇技术中试示范”，补助资金15万元。龙泉市“南方黑木耳高效栽培技术集成与推广”项目获2020年度市农业丰收一等奖，庆元县“高温香菇栽培技术”项目获2020年度市农业二等奖。庆元县投资1900万元的菌棒工厂化示范项目开工建设，龙泉市引进食用菌菌棒加工项目，建成首家用液体菌种接种的菌棒厂，年可加工800万棒(袋)，促进食用菌提质增效。（吴邦仁）

【茶叶】 2021年，丽水市茶叶生产形势继续表现为量增、价扬、畅销态势。全市茶园面积4.05万公顷，同比增长1.51%；投产茶园面积3.65万公顷；无性系良种茶园面积3.46万公顷，无性系良种率85.3%；茶叶产量4.70万吨，增长9.69%，一产产值52.08亿元，增长12.71%。规模茶叶交易市场交易量9.52万吨、交易额81.73亿元，同比分别增加7.57%、15.15%，其中浙南茶叶市场毛茶交易量8.26万吨，交易额65.68亿元，同比分别增长3.24%和5.79%。松阳县电商平台产生茶叶线上订单2858.76万件，网络零售额25.91亿元，较上年同比增长138.58%。

2021年，制定发布《花香型功夫红茶加工技术规程》《中黄2号茶树栽培技术规程》丽水市地方标准。完成2021年度浙南早茶特色优势产业集群项目申报及实施，争取中央财政资金2800万元，集中在莲都区、缙云县、遂昌县、松阳县、景宁县5个县(区)进行项目实施。莲都区发布《莲都区关于加快茶产业发展的实施方案》，出台茶扶持政策8条，驱动茶产业全链破局发展。松阳县续建基地6533.33公顷，有效期5年；松阳县全年24个基地、156.9公顷茶园进入有机转换。遂昌县投入1.74亿元建设数字茶业创业园，数字化平台链接茶叶生产、加工、检测、物流、销售等全过程，构建数字化产供销产业链；遂昌县建立中国农科院茶叶研究所金寿珍正高级农艺师专家工作站，在茶叶品质动态变化、安全风险状况评估与监测、标准化生产、多品类茶叶加工、品牌化经营等领域进行服务指导。继续在莲都区、缙云县、松阳县、遂昌县、进行茶叶低温气象指数综合保险工作。保茶园面积224.7公顷，保费44.9万元，兑现政策性保险赔偿金8.25万元。

5月21日至25日，第四届中国国际茶叶博览会在杭州国际博览中心举办，丽水市组织9个县(市、区)、43家茶企组团参展。莲都区莲城雾峰茶、龙泉市地垟红牌龙泉红茶、缙云县缙云黄茶、松阳县松阳银猴茶、景宁县金奖惠明茶被评为第四届中国国际茶叶博览会推荐产品，展会期间，举办缙云黄茶专场推介会。10月19至24日，全市组织27家茶企参展青岛茶博会。3月27日至31日，第十四届中国(国际)茶商大会•松阳香茶茶叶节在松阳县举办，首次采取“线上线下”模式，茶园实景开幕、抖音直播全程、主流媒体宣传、新媒体推广、直播带货及论坛、大赛等各类茶事活动。节会由大美茶园采茶大比拼、茶园国风秀、手工茶炒大赛、最美茶艺师展示、头部达人走茶乡等系列子活动组成，期间实现茶叶线上销售2150万元，全网关注度超过20亿人次。莲都区与农业农村部共同举办“国际茶日•大使品茶”“莲城雾峰”第一杯春茶活动。3月，缙云县举办“第六届缙云黄茶文化节”活动。遂昌县举办“2021年遂昌牡丹亭高山名茶问茶节”活动；龙泉市组织开展“茶席茶空间设计评比”，开展“龙泉红”杯第五届斗茶赛活动。

2021年，市本级举办丽水市生态茶园建设及多茶类加工技术提升和功夫红茶技术提升2个培训班，每期培训时长5天，参加培训学员100余人。龙泉市地阳红生态农业有限公司、龙泉阳光农业有限公司选送的“龙泉红”红茶获2021年“浙茶杯”金奖；浙江九曲茶业开发有限公司获2021年“浙茶杯”红茶金奖，景宁畲族自治县香雨有机茶有限公司获2021年“黄山杯”首届全国传统名茶产品质量推选比赛特别金奖，景宁六江源茶业有限公司获第十八届上海国际茶博会“中国好茶叶”绿茶类评比特别金奖；缙云黄茶在2021浙江网上农博会优质产品推选中获金奖产品。浙江剑光生态农业科技开发有限公司“剑光”牌红茶、遂昌县天堂源农产品专业合作“夏鸿”牌红茶(金丛)获2021年“华茗杯”绿茶、红茶产品质量推选活动金奖。

2021年，中国茶叶区域公用品牌价值评估中松阳银猴品牌价值25.93亿元，居全市茶叶品牌价值第一位，全省茶叶品牌价值第七位，全国茶叶品牌价格第四十位；遂昌县龙谷丽人茶品牌价值13.82亿元、缙云仙都笋峰茶品牌价值9.11亿元、缙云黄茶品牌价值4.67亿元，均位列2021年中国茶叶区域公用品牌榜前100。遂昌县浙西南高山名茶市场迁建，全年交易总量实现5376吨，交易总额9亿元，同比分别增长49.33%和109.30%。

浙南茶叶市场被农业农村部、国家发展改革委等七部委认定为第七批农业产业化国家重点龙头企业，浙南茶叶市场被授予“2021年度茶业十强市场”称号。松阳县被中国茶产业联盟、中国农业国际合作促进会授予“2021年度区域特色美丽茶乡”称号，被中国茶叶流通协会授予“2021年度茶旅融合特色县域”(全省唯一)和“2021年度茶业百强县”称号;松阳县新兴镇茶叶“三品一标”基地被农业农村部列入第一批全国种植业“三品一标”基地。景宁县发布《关于促进景宁县惠明茶公共品牌建设及开设惠明茶交易街区直营店、专卖店的扶持细则(2021—2023年)》,发布《景宁惠明茶文化园区概念性规划》,开设安吉白茶城、政和白茶城惠明茶销售窗口,建设完成“数字惠明茶”之惠明茶产业全要素一张图。

丽水市人民政府、中国农业科学院茶叶研究所、松阳县人民政府签订“中国农业科学院茶叶研究所长三角创新中心”合作共建协议,9月,挂牌成立,“创新中心”将建成省部级重点实验室(技术中心)、国家种质杭州茶树圃分圃、全国先进的智慧农业示范样板;9月,浙江省茶树种质资源圃挂牌成立,占地面积14.53公顷,总投资1.1亿元,初步建成集种质资源保护、繁育、鉴定评价、科普培训及休闲观光于一体的综合性种质资源圃;9月,松阳县茶叶研究所在丽水市农林科学研究院茶叶研究所松阳基地挂牌成立,投入运营。 (马军辉)

中药材

【概况】 2021年,全市中药材种植面积2.04万公顷,其中新增种植面积91.27公顷(黄精331.93公顷、华重楼195公顷、处州白莲73.67公顷;栝楼减少313.33公顷、温郁金减少80公顷、元胡减少54.2公顷),同比增加0.45%;总产量2.76万吨,总产值10.6亿元,分别增长0.09%、6.18%。其中,草本药材10455.6公顷(覆盆子1721.6公顷、黄精1434.93公顷、浙贝母490.33公顷、重楼476.4公顷、处州白莲436.67公顷、三叶青416.67公顷、菊米396.67公顷、白及344.53公顷、米仁287公顷、百合207.93公顷、铁皮石斛187.73公顷、元胡136.6公顷、皇菊104.33公顷);木本药材9765.2公顷(厚朴7747.2公顷、红豆杉911.6公顷);菌药193.2公顷(灰树花104.67公顷、灵芝81公顷)。

【丽水中药材产业获2020年度丽水市农业丰收一等奖】 2021年,由市农作物总站主持的《中药材生态高效栽培模式集成与应用》获2020年度丽水市农业丰收奖一等奖。项目从2018年开始到2020年底累计推广面积3802.67公顷,投产面积2136.4公顷,平均亩产量183.38公斤,亩产值17490元,总产量5876.72吨,总产值56048.75万元。项目研创推广高海拔多花黄精稻草覆盖种植、浙贝母——单季稻水旱轮作和毛竹林下套种三叶青等15项生态高效种植模式;创新集成高山根茎类中药材种子种苗繁育、高山大田无遮阴覆盖黄精栽培和无烟草木灰技术等系列生态高效种植技术。获授权国家发明专利1项、实用新型专利4项,制定市地方标准3个,出版《丽水特色中药材生态种植模式》专著1部,发表论文12篇。项目的实施推进全市中药材产业发展,主导产业地位巩固。

【遂昌县、龙泉市等申请“浙八味”道地药材优势特色产业集群项目】 2021年10月21日,《农业农村局 财政部关于公布2021年农业产业融合发展项目创建名单的通知》文件批准创建2021年度国家现代农业产业园50个、优势特色产业集群50个和农业产业强镇298个,其中,浙江浙八味道地药材产业集群在列,遂昌县、龙泉市和市农林科院作为浙中南中药材产业带参与该项目申报和后续实施,具体内容包括建设资源保护繁育基地、购置无烟草木灰炉和推广无烟草木灰生态化种植技术、建立道地药材原生种铁皮石斛智能化育苗中心、建设养生膏方智能化生产线及配套设施以及建立全产业链数字化服务平台等内容,涵盖中药材产业全产业链,项目建设期为2021年至2023年,全市获中央财政扶持资金2635万元,其中,2021年下达资金1250万元。

【“丽润1号”无刺覆盆子获国家植物新品种权】 2021年6月25日,国家林草局公布2021年第一批植物新品种权名单,丽水市“丽润1号”无刺覆盆子入选。传统的野生掌叶覆盆子有较多皮刺,“丽润1号”无刺覆盆子是从缙云县双溪口的掌叶覆盆子野生资源经系统选育而来。“丽润1号”无刺覆盆子茎秆基部无皮刺或少许皮刺,茎秆中部、上部和分枝无皮刺,果大,适合做鲜果采摘或药材栽培。至年底,丽水市本润农业有限公司在莲都区雅溪镇建立无刺“丽润1号”母本园,培育7万株苗。

【市中药材产业技术创新与推广服务团队】 2021年,市农作物总站牵头实施丽水市中药材产业技术创新与推广服务团队任务,任务以中药材良种筛选及生态种植技术与示范为主题,谋划多花黄精优良株系筛选及采种圃建设、板栗林下野生多花黄精种源繁殖利用和林下三叶青立式栽培技术示范3个子任务。任务资金16万元,在庆元县隆宫乡隆宫村建立规范化种植多花黄精优良株系筛选及采种基地1个(1公顷)、缙云县三溪乡三溪山村李公坑建立板栗林下野生多花黄精种源繁殖利用技术示范基地1个(0.67公顷)、龙泉市八都镇高大门村建立林下三叶青立式栽培(引蔓)基地1个(0.33公顷),同时开展黄精种植优良株系筛选、板栗林下野生多花黄精种源繁殖利用技术和三叶青不同引蔓栽培方式方法试验研究。 (吴剑锋)

畜牧业

【概况】 2021年,丽水市厉行“丽水之干”,以“双招双引”为战略先导,以品质化升级、组织化发展、数字化赋能为战略驱动,突出高质高效,守牢安全底线,加快生猪综合生产能力提升,完善动物疫病防控基础设施,加强畜产品质量安全监管,推动全市畜牧业高质量绿色发展。全市畜牧业总产值22.35亿元,同比增长3.4%;肉类总产量6.4万吨,同比增长7.87%。重大动物疫病强制免疫密度100%,省部级畜产品抽检合格率继续保持100%,未发生区域性重大动物疫情和畜产品安全事件。

【生猪增产保供】 2021年,丽水市贯彻落实省委、省政府决策部署,克服猪价剧烈波动带来的影响,按照“六化”要求和既定的时间节点加快新建万头规模猪场的建设进度,发挥增产保供主渠道作用。全年累计建成万头规模猪场9家,新增生猪存栏超7万头,全市实现生猪存栏51.33万头,其中能繁母猪存栏6.22万头,同比分别增长16.32%和21.96%,全市累计出栏生猪55.77万头,同比增长2.69%,生猪自给率稳定在70%以上。

2021年丽水市畜牧业生产情况表

表4

项　目	单 位	数量	比2020年增减(%)
1. 生猪存栏数	万头	51.33	16.32
其中:母猪存栏	万头	6.22	21.96
出栏数	万头	55.77	2.69
2. 牛存栏数	头	18470	11.76
出栏数	头	8719	10.51
3. 羊存栏数	万只	4.79	5.97
出栏数	万只	4.12	5.77
4. 家禽存栏数	万羽	355.06	-12.21
出栏数	万羽	826.39	-3.72
5. 兔存栏数	万只	6.29	-0.16
出栏数	万只	17.4068	-9.76
6. 蜂年末养蜂	箱	150063	4.46

2021年丽水市畜产品产量表

表5

项　目	单 位	畜产品产量	比2020年增减(%)
1. 肉类总产量	吨	64015.1	7.87
其中:猪肉	吨	48425	7.42
牛肉	吨	1250	49.16
羊肉	吨	666	11.56
兔肉	吨	221	16.38
禽肉	吨	13316	6.37
其他	吨	137.1	11.83
2. 禽蛋产量	吨	10884	-9.71
3. 奶产量	吨	92	-42.14
4. 天然蜂蜜产量	吨	1925.2	-20.70

【畜禽养殖场数字化建设】 2021年,丽水市依据现有万头以上规模场的现有基础条件,以实际生产需求为导向,在数字化设施装备配备、数字化管理平台搭建和人员制度建设等方面入手,重点建设养殖场网络、视频监控、环境调控、饲喂系统、粪污及臭气监测、管理平台等,走“机器换人、数字赋能”的新发展之路,实现“三减少三提升”,即大幅减少养殖用工、减少疫病传播风险、减少养殖成本,提升生产管理水平、提升生物安全防护水平、提升畜禽养殖的综合效益。全市共认定省级数字牧场9家。

【畜禽种业振兴】 2021年,全市振兴种业,开展畜禽遗传资源普查工作,完成第一阶段的面上普查、数据录入和审核工作。根据普查系统显示,9个县(市、区)、173个乡镇、2037个行政村,有资源乡镇165个、行政村1143个;已知畜禽资源9个畜种15个品种,群体数量178079头(只),其中能繁母畜7486头(只)、公畜849头(只);已知蜂资源2个,群体数量120474群;新发现资源松阳锦鸡和峰源小黄牛,2个品种群体数量5189头(只)。3个地方畜禽遗传资源缙云麻鸭、碧湖猪、长江三角洲白山羊除保种场外,周边区域少有分布。加快本地畜禽品种改良和供种能力提升,新培育1家年供种能力达5000头以上的一级种猪场丽水惠通种猪有限公司,开展松阳锦鸡新遗传资源鉴定的准备工作,完成鉴定资料的收集整理。

【畜产品安全】 2021年，丽水市开展兽药减量化、饲料环保化（“两化”）行动，组织通过评估验收49家，超过省定目标任务。“两化”行动后，养殖主体兽药抗菌药使用量减少10%以上，饲料粗蛋白含量降低5%以上。做好畜产品质量安全监管，省畜产品安全例行监测380批次全部合格，开展各级畜产品质量风险监测和监督抽检共1000余批次，整体合格率保持99.5%以上；全年屠宰环节瘦肉精监测14.16万批次，养殖和调运监测3.68万批次，合格率100%。加强生鲜乳、兽药饲料投入品监管，做到信息可追溯，1家兽药生产企业通过GMP（良好生产规范）认证。开展美丽牧场创建，全市完成16个牧场的创建工作，并通过县（市）验收。至年底，全市保有省级美丽牧场182家。（罗叶平　李清泉）

【畜禽屠宰】 2021年，全市正常运行生猪定点屠宰企业10家，日屠宰能力0.68万头，全年屠宰生猪33万头；设区市政府认定的家禽定点屠宰企业3家，日屠宰能力9万只以上，全年屠宰家禽101万只。10家生猪屠宰企业均配置PCR设备，并配备技术人员，开展非洲猪瘟自检工作，全年非洲猪瘟自检8830批次，覆盖率100%，组织对屠宰企业留存自检样品抽检，检测样品2974份，未报告有阳性样本。累计建成2家省生猪屠宰标准化厂。（刘子嘉）

渔　业

【概况】 2021年，全市淡水养殖面积9264公顷，水产品总产量2780万千克，同比增长3.97%。其中，养殖产量2337.4万千克，捕捞产量440.1万千克。全市渔业总产值4.74亿元；全市有机动渔船538艘，其中，捕捞渔船344艘，养殖渔船189艘，以及执法船5艘。机动渔船累计1073总吨，总功率6258千瓦。全市有渔业村9个，渔业户4714户，渔业人口25692人（其中传统渔民5548人）。渔业从业人员18131人，其中，专业从业人员5637人，兼职从业人员8396人，临时从业人员4098人。

【渔业水产养殖品种丰富】 丽水渔业立足生态优势和山区特色，推进渔业高质量绿色发展，走出一条山区特色渔业发展道路。水产养殖品种涵盖鱼类、两栖类、甲壳类，以及龟鳖、贝类五大类近30个品种。养殖鱼类，除常规青、草、鲢、鳙、鲤、鲫、鲂外，还有唇䱻、喀氏倒刺鲃、鳜鱼、光唇鱼、马口鱼、鳗鲡、黄颡鱼、泥鳅、香鱼等主养和特色鱼类；两栖类有大鲵和石蛙等；爬行类有鳖、鹰嘴龟、鳄龟等；高山薄壳田螺是丽水市特色养殖软体动物（螺类）。

2021年，全市有水产种苗企业25家，年繁育水产种苗规模超过7.46亿尾，年产值3319万元，品种包括青草鲢鳙等传统“四大家鱼”、唇䱻、光唇鱼、马口鱼、赤眼鳟、泥鳅、龟鳖等，以及青虾、鳗鲡、河蟹、香鱼等自然洄游性水产品种。有大鲵人工繁育单位17家，大鲵种苗年繁育能力超过100万尾，石蛙人工繁育企业69家，石蛙种苗年繁育能力超过200万只。金鱼等观赏鱼苗种年生产能力500万尾。全年全市创成省级健康养殖示范县1个，省级渔业健康养殖示范场15家，省级稻鱼综合种养示范基地3家。1家水产企业申报到GAP（良好农业规范）认证。新认证无公害水产品6个。青田田鱼为地理标志产品。

【生态品质渔业发展】 2021年，丽水渔业坚持走产业生态化、生态经济化的可持续发展道路。主要养殖方式包括大水面洁水养殖、流水式生态养殖、循环水设施养殖、稻田生态种养等。全年丽水有0.87万公顷有机鱼生产基地，包括紧水滩水库0.31万公顷、千峡湖0.5万公顷和乌溪江水库0.06万公顷。利用鲢、鳙鱼等滤食性鱼类的保水洁水功能，开展洁水鱼养殖，发展丽水有机鱼产业。丽水是“中国石蛙之乡”，全市石蛙养殖单位100余家（其中龙泉40余家，遂昌30余家），基地面积26.67公顷，成品蛙年产量154吨，年产值3000万余元。丽水是“中国娃娃鱼之乡”，全市有大鲵办证企业17家，包括“浙江永强”“从都园大鲵产业园”“山鼎大鲵”等规模化养殖企业，年生产能力可达到繁育苗种100万余尾、生产成鲵100万尾（500吨以上），成为华东最大的大鲵产区。发展大鲵加工业，完善大鲵产业链。丽水是“中国生态溪鱼之乡”，年总产量300万余千克（其中捕捞产量150万余千克），至年底，先后开发倒刺鲃、唇䱻、光唇鱼、马口鱼、宽鳍鱲、台湾铲颌鱼6个品种；创成唇䱻苗种生产能力2000万尾以上的规模化繁育基地，在瓯江增殖取得效果；光唇鱼、马口鱼、宽鳍鱲的苗种繁育进入规模化生产，并推广规模化养殖。全市稻渔综合种养面积11000公顷，产量425.3万千克。

【渔旅融合产业发展】 2021年，丽水利用紧水滩、石塘、滩坑等水库及其他生态河道资源，依托丽水大众休闲垂钓氛围，发展休闲垂钓产业，丽水被誉为“中国休闲垂钓之都”。结合农业非物质文化遗产保护项目，挖掘传统“稻鱼共生”理念与田鱼文化内涵，加快一、二、三产业深度融合发展。（姚子亮）

水　利

【概况】 2021年，全市防汛抗旱守住安全底线，水利因灾损失为历年同期最低。完成水利投资43.1亿元，较上年增长14%。民生实事各项指标均超额完成。改革创新取得突出成效，绿色水电继续领跑全国，副市长杨秀清在联合国可再生能源会上作交流发言；水生态产品价值实现改革全国领跑，发布全国首个水经济发展规划；数字化改革向纵深推进，建成瓯江防洪数字化平台、智慧水电数字化平台，受到省水利厅肯定；体制机制改革获重大突破，市水利运行管理公司重新划回水利管理，莲湖水库建设管理中心成立。全年，获全省综合考核第四，松阳县水利局、缙云县水利局、遂昌县水利局、龙泉市水利局4个县级单位获优秀；安全生产获省水利厅、市政府考核双优秀，并排名全省第一；党委信息考核获优秀；河（湖）长制工作亮点突出，被推荐入选国务院督查激励项目。累计获各类先进集体奖95个，先进个人奖126个，获奖数量超过往年。

（刘晓敏　吴根锋）

【绿色水电】 2021年，丽水市持续推进绿色水电创建工作，全年通过认证电站16座，占全国254座的6%，占全省53座的30%。2017—2021年，累计通过绿色小水电示范电站认证总数130座，通过率占全国15%，占全省52%。创建省级生态水电示范区17个，示范区创建数量占全省总数27%。6月，丽水市累计完成765座小水电生态流量监控监测设施安装，并全部接入智慧水电系统，在全省率先实现生态流量在线监管全覆盖，根据市政府数字化工作要求，“智慧水电”系统按要求接入城市大脑（花园云）；9月，完成823座小水电清理整改“回头看”工作。借助国际示范区平台不断提升丽水水电影响力，11月，副市长杨秀清代表丽水参加由联合国南南合作办公室、国际小水电中心主办的国际可再生能源在线交流会议，并作主旨发言。

（沈春玲）

【农村水利工作】 2021年，丽水市倒排计划、狠抓落实，推进农村饮用水工作。全年全市完成投资4.93亿元，受益人口共计10.92万人，农村饮用水水质合格率97.41%，自来水普及率99.72%，城乡规模化供水工程人口覆盖率58.79%。千人以上水厂实时接入210座，并开展城乡供水数管系统数据治理，共上传水质报告40476份；水量实时数据传输126条，人工填报3247条。全市18家供水服务单位完成浙里办“浙水好喝”专区入驻。加强落实县级统管，全年9个县（市、区）水利部门共落实统管经费1亿余元，组成723人的专业管理队伍，并出台针对统管机构的行业监管考核办法；各统管机构均印发年度工作计划，夯实责任，提升供水服务水平。市水利局谋划新一轮农村供水保障行动计划（2022—2024年），12月24日，由市政府发文推进实施，巩固上一轮农村饮用水达标提标三年行动成效，缩小差距补短板。全年完成农业水价综合改革“五个一百”创建71处，累计有47个案例入选全省农业水价综合改革“五个一百”优秀典型案例名单。（项红英　雷天洋）

【水利行业监督】 2021年，丽水市抓住安全生产“一条主线”；突出水利项目建设监督、水利工程运行监督“两个重点”；聚焦河湖、农村饮用水、水资源管理“三个领域”；落实“四项措施”，系统谋划与专项督查相结合，领导督查与专业督查相结合，检查问题与落实整改相结合，日常监管和数字化相结合，做到精准监管、合力监管、闭环监管、智慧监管。至年底，全市开展监督14495人次，共检查出问题4173个，发出监督通报15期，全部完成销号。

（赖心会）

【水利规划】 2021年，丽水市在编规划（含前期课题研究）13项，其中完成评审并印发6项，分别为丽水市城市内河控制性规划修编、丽水市水经济发展规划、丽水市水利发展“十四五”规划、丽水市“十四五”水安全保障规划、丽水市农村饮用水“十四五”规划和丽水市水资源优化配置与水利设施布局专题；新编7项，分别为丽水市水电生态产品价值实现机制和生态信用体系建设研究、丽水市水资源节约保护和开发利用总体规划（2021—2035年）、丽水优质水外输研究、莲湖水库第三方论证研究、丽水市水旅融合规划、丽水市滞洪水库规划、丽水市莲都区（含市本级）水域保护规划。

（徐　彬）

【水利工程建设】 2021年，丽水市完成水利投资43.1亿元，完成省水利厅下达投资计划105.4%，同比增长14%。全年全市向中央、省级争取到资金13.5亿元。丽水市水利重大建设项目16个，其中，云和县龙泉溪治理二期、龙泉市竹垟一级水库及供水工程开工建设，滩坑引水工程、龙泉市梅溪、八都溪、岩樟溪流域综合治理工程、龙泉市瑞垟引水一期工程、青田瓯江治理二期工程、青田县小溪水利枢纽工程、云和县浮云溪流域综合治理工程、庆元兰溪桥扩建工程、庆元松源溪流域综合治理工程、缙云县潜明水库引水工程、缙云县好溪流域综合治理工程、遂昌县清水源工程、松阳县松阴溪干流河流综合治理

2021 年 12 月 25 日，建设中的遂昌县清水源水库工程　　（王　俊　提供）

工程、景宁金村水库及供水工程和景宁县小溪流域综合治理工程，主体工程建设，龙泉市瑞垟引水一期工程、青田瓯江治理二期工程基本完工，大溪治理提升改造工程结转至 2022 年开工。全市水利重大建设项目完成年度投资 21.1 亿元。　　（徐　彬）

【水土流失治理和水土保持监管】 2021 年，全市加强水土流失治理，通过 11 条生态清洁小流域治理完成水土流失综合治理面积 64.27 平方千米，生态林业改造、高标准农田等治理水土流失面积 12.09 平方千米，共完成水土流失治理面积 73.36 平方千米。水土保持率 93.19%。水土流失强度下降，现状以轻度水土流失为主，占比为 87.85%。全年全市完成水土保持方案审批 433 个，其中，水土保持报告书 136 个，报告表 99 个，登记表 198 个；全市水土保持设施验收备案 89 个；在建生产建设项目监督检查 534 个，监督检查 817 次；卫星遥感图斑复核 233 个，发现问题 10 个，查处整改项目 10 个；开展违法违规项目约谈 4 个，列入“重点关注名单”信用监管单位 2 家，挂牌督办项目 1 个。　　（周秀霞）

【莲湖水库建设】 2021 年 10 月 22 日，丽水市成立丽水市莲湖水库建设管理中心，推进莲湖水库工程报批、建设管理、建后库区水资源开发保护利用等工作。该水库处于瓯江大溪支流宣平溪流域，一座以防洪、改善流域水生态环境为主，结合发电等综合利用的水利工程。主要建设内容包括水库、通济堰生态补水、库区综合整治等工程。水库总投资约 78.99 亿元。工程实施后，减轻瓯江干流中下游地区城镇防洪压力，结合松阴溪成屏二级水库防洪能力提升等工程，使丽水市城区防洪能力提高至 50 年一遇；库区开发建设，带动周边乡镇和景区发展，为实现当地少数民族集聚乡镇的共同富裕、市域拓展打下基础。2 月，市水利局委托浙江省水利水电勘测设计院开展莲湖水库工程项目建议书编制工作；8 月，省水利厅组织召开莲湖水库项目建议书阶段规模论证会；11 月，省水利厅组织召开工程项目建议书审查会；12 月，形成项目建议书备案稿。　　（陈　坤　江政儒）

【工程建设管理】 2021 年，丽水市水利局结合全市水利安全生产专项整治三年行动实施方案，对 20 个在建项目施工企业及勘测设计单位进行水利工程建设安全及勘测设计安全专项检查；完成对水利工程施工企业资质、市场行为、体系管理、人员资格等情况的双随机抽查；开展安全生产巡查，共抽查全市在建水利工程 40 个，对 9 个县（市、区）和市本级共 15 个在建水利工程开展质量抽检，全年组织各类质量检查活动 90 余次，参加检查人次近 300 人次。丽水市缙云县潜明水库一期工程获 2021 年度浙江省建设工程“钱江杯”奖（优质工程），庆元县 2018 年度松源溪流域综合治理工程主城区段（周墩桥—洋心桥）等 8 项水利工程被评为丽水市水利建设工程安全文明施工标准化工地示范工程。全市水利工程建设未发生质量事故，在全省水利建设项目质量抽检考核结果排名中，青田县排名第十一位，庆元县排名第十五位。丽水市滩坑引水工程作为水利部对浙江省开展水利建设质量工作考核的项目之一，浙江省获水利部建设质量工作考核 A 级优秀，位列全国第二。　　（蓝姝佳）

【河湖综合治理】 2021 年，丽水市完成河道综合整治 60.6 千米，创建莲都区大顺坑、龙泉市宝溪、青田县瓯江（大溪）、缙云县好溪（潜明水库至长兰堰）、遂昌县金竹溪、庆元县后广溪等 11 条省级“美丽河湖”，创建里程 138.5 千米，创建莲都区黄村乡、龙泉市宝溪乡、青田县高湖镇、云和县浮云街道、庆元县龙溪乡、缙云县前路乡、遂昌县金竹镇、松阳县大东坝镇、景宁县雁溪乡等 24 个水美乡镇。　　（傅张俊）

【河湖运行管理】 2021 年，全市编制完成瓯江干流（丽水段）健康评价，瓯江干流（丽水段）河湖健康综合赋分为80.20分，根据指南分级标准，处于非常健康状态。9个县（市、区）完成重要水域的划定并公布，重要水域实行特别保护。全市388座水库、251段堤防、20座泵闸数据采集完成，被纳入省厅运管系统平台，进行数字化管理。全市国有水利工程管理和保护范围划定全部完成。（程 颖）

【水库山塘安全管理】 2021年度，全市388座水库落实“三个责任人”并予以公示，组织相关责任人登录全国水库信息管理系统进行视频培训和线下培训，组织“三个责任人”到水库现场了解具体情况。“三个责任人”到位率100%；全年度完成病险水库除险加固9座，完成30座中型水库和4座河床式水电站的控制运用计划审批工作，完成48座水库安全鉴定工作，完成水库核查评估工作383座。完成山塘整治54座，美丽山塘创建30座，安全评定977座。（吴庆锋 黄 鹃）

【河（湖）长制】 2021年，丽水市推动河湖长制从“有名有责”到“有能有效”转变，持续巩固提升水环境质量和水生态健康，持续增强人民群众获得感、幸福感、安全感和认同感。推进河（湖）长制组织体系，全市总计河（湖）长2914人，其中，市级河（湖）长10人、县级河（湖）长122人、乡级河（湖）长883人、村级河（湖）长1899人，实现市、县、乡、村四级河（湖）长全覆盖。全年各级河（湖）长巡河总计119649次，巡河率96.6%，发现问题5943个，问题解决率99%；推广全社会治水护水“绿水币”制度，形成河（湖）长认真履职、公众积极参与治水护水新局面。绿水币注册人数10万余人，公众参与巡河26万余次，年度发现问题2000余个；创新依法治水配合机制，建立“河（湖）长+检察长”协作配合机制，统筹河长制成员单位职能作用，破解占用丽阳溪河道开垦菜地种植问题。（常亚静）

【水政事务监管】 2021年，市水利局主推的智能监管场景化应用投入使用，共接入全市水利、公安等有助于河道砂石监管的视频监控1115个。部署“清四乱”工作，联合环保、交通、建设、执法等相关部门的业务协同处理，共同对全市河道“四乱”问题进行全面的排查与整治，共发现问题258个，整改完成255起。全市各级执法部门累计开展日常巡查、联合执法3136次，出动人员7308人次，累计巡查暗访29610千米。全市查处违法采砂案件139起，其中，行政立案136起，刑事立案3起，采取刑事强制措施18人，检察院向行政机关发送检察建议书4份。（任海雄）

【安全生产监管】 2021年，市水利局与9个县（市、区）水利局、7家市本级单位，首次在局内部由局长与各分管领导、各分管领导与各处室（单位）负责人签订并落实安全生产责任制。抓好安全风险分级管控和隐患排查治理双重预防机制建设，开展三年行动、“遏重大”和风险普查等工作，其中，领导带队的检查、督查有4次，发现并整改各类问题隐患796处。全市累计安全执法检查231次，其中，行政处罚4起，分别为2起罚款、1起警告、1起责令停工。组织在丽水城区排水防涝工程开展隧洞洞内坍塌事故模拟实战演练，加强应急管理。完成3批、349人安全生产三类人员新报考审核，公开发布“一把手”谈安全生产文章10余篇，“水安将军”竞赛活动获省水利厅授予的“优秀集体奖”“优秀组织奖”，排名全省第五。举办安全培训班2期，培训190余人。组织学习《生命重于泰山》电视专题片等，结合大禹讲坛举办安全生产“大讲堂”。完成安全生产各项工作任务，年度安全生产工作获省水利厅和市政府考核双优秀，其中，省水利厅考核在11个地市中排名第一。（臧丽娟）

【南明湖景区管理】 2021年，南明湖管理所推进基础设施维修维护、水面保洁、绿化养护、环境卫生、秩序管理等日常工作。加强景区管理数字化基础建设，完成南明湖堤防监控升级改造项目（二期）。持续推进《丽水市南明湖保护管理条例》宣传和落地实施，开展联合执法整治、禁渔禁钓巡查、执法艇采购及安全生产等工作。服务景区经常化文明城市创建和国家卫生城市巩固工作，营造文明旅游氛围。推进“增花添彩”项目，打造滨水景观花园绿道，实施南明湖小水门樱花主题角。配合市文广旅体局做好2021年全国航海模型锦标赛等后勤保障工作。（莫登初）

【水旱灾害防御】 2021年1月20日，丽水市发布水利旱情蓝色预警，3月8日解除。旱情造成损失1500万元，全市投入各类抗旱设施累计解决饮水困难人口14147人。汛期，遭遇5月份破纪录强降雨、梅汛期三轮强降雨、台风“烟花”“灿都”等自然灾害侵袭，水利设施直接经济损失3158.1万元。汛前，市县两级水利部门调整水旱灾害防御领导小组，并开展防汛检查工作，全市累计派出技术人员4947人，检查防御重点部位1821处，发现隐患167处，完成整改销号147处，落实管控措施20处。落实资金5579万元，完成水毁工程修复97处。

储备价值1300万余元防汛物资。汛期，严格执行“24小时”值班制度，发送各类预警短信137万余条，下发调度令共计238次，其中市本级调度125次。5月21日23时，紧水滩水库开闸泄洪1000立方米每秒，5月25日16时停止泄洪。全市水利工程共出现险情10处，大部分为山塘，险情均在初期得到控制。（林超鑫　黄　旌）

“五水共治”工作

【概况】 2021年，丽水市继续遵循习近平总书记“绿水青山就是金山银山，对丽水来说尤为如此”的重要嘱托，落实市委、市政府对高质量建设美丽丽水、高水平推进“五水共治”工作的决策部署，续夺“大禹鼎银鼎”目标不动摇，推进治水各项工作，取得显著成效。

【水环境质量】 2021年，全市17个国控断面水质考核目标要求达标率100%，水环境质量状况位于全国第十，全省第一；县级以上集中式饮用水水源地水质达标率100%；地表水99个水质监测断面水环境功能区达标率99%，Ⅰ—Ⅲ类水质断面有98个，占99%（Ⅰ类断面22个，占22.2%；Ⅱ类断面66个，占66.7%；Ⅲ类断面10个，占10.1%；Ⅴ类断面1个，占1%）。全市16个出境考核交接断面水质功能目标达标率100%，市级交接断面考核结果为优秀。

【治水基础设施建设】 2021年，全市完成“污水零直排区”建设投资额9.5亿元，18个镇（街道）“污水零直排区”建设投资完成率100%，4个工业园区“污水零直排区”和33个生活小区“污水零直排区”均完成验收。完善治水基础设施建设，持续实施城镇污水处理厂清洁排放技术改造、农村生活污水处理设施提升改造和标准化运维、农业面源污染治理、城镇市政污水管网建设改造等治水提升项目。至年底，完成城镇污水处理厂清洁排放技术改造6座，完成率150%，农村生活污水处理设施改造完工（开工）235个，完成率108%，完成污水管网建设改造121.663千米，完成率152%，建设农田氮磷生态拦截沟渠5条，完成率100%。推进水生态修复项目建设，持续推进黄村水库饮用水水源地、松阳堰后断面、庆元西溪（贵南洋电站省界断面）、缙云新建溪（市界交接光瑶断面）和潜明水库库区等一批重点饮用水源地、交接断面以及河湖流域水生态保护及修复工程，完成生态缓冲带建设13.121千米，完成率131%。

【河（湖）长制建设工作】 2021年，美丽河湖建设11条，完成率122%，“水美乡镇”建设12个，完成率120%，中小河流整治60千米，完成率100%，农村池塘整治112个，完成率112%。优化河湖长组织体系，全年全市河（湖）长2914人，其中市级河（湖）长10人、县级河（湖）长122人、乡级河（湖）长883人、村级河（湖）长1899人，实现市、县、乡、村四级河（湖）长全覆盖。各级河（湖）长巡查总计119649次，巡河率96.6%，形成以河（湖）长制为核心的流域联动机制和部门联动机制。

【“找寻查挖”专项行动】 2021年，丽水市重视“找寻查挖”专项行动，并以此作为检验丽水治水工作的试金石。4月7日，召开全市专项行动动员部署会，贯彻落实全省部署会议精神，明确全市各阶段工作重点节奏，分阶段抓好专项行动落实落细。制定实施方案，以发现治水突出问题和薄弱环节为目标，围绕“十查”问题要素，大排查、大整治，开展市、县、乡三级和系统内自查自纠、互帮互查工作。注重真查实改，聚焦社会关注、群众关心的重点、难点、堵点问题。至年底，发现上报问题数5583个，完成整改5561个，整改完成率99.61%，其中，重点问题80个，完成整改70个，完成整改率87.5%。“找寻查挖”解决历年治水的沉疴顽疾，考核居全省第二名。

【全民治水氛围营造】 2021年，市治水办紧抓简报推送、微信文章、治水

2021年，云和县长汀村　（蓝　帅　提供）

专栏等日常动态，省简报录用11篇，位列全省第二；推出治水办主任谈治水专栏10期；发布微信动态200余篇。创建景宁大均村、松阳水文化公园、云和长汀村3个省级“五水共治”实践窗口。举办“寻河湖、找问题、赢奖励”、“我和我的家乡水”抖音大赛、“幸福流淌家乡河”拍摄活动等，相关短视频作品受到社会各界点赞100余万人次，营造全民参与治水的浓厚氛围。（蓝　帅）

气　象

【概况】 2021年，全市气温异常偏高、高温日数偏多但强度偏弱、低温日数偏少较明显但强度偏强，降水偏多较明显、暴雨日数偏多，日照偏少较明显。总体来看，在气候变暖的大背景下，全市的天气气候仍然异常，气象要素变幅大，多个时段的多个气象要素接近或突破历史极值，而且年初低温严寒、冬季干旱、春季强对流、梅汛期超早降水集中期和暴雨、盛夏局地短时强降水、台风“烟花”、初秋强对流、秋末冬初寒潮等灾害性天气造成较明显的不利影响。

气温。全市年平均气温19.2℃，较常年偏高1.3℃，为历年最高。各县（市、区）的年平均气温为18.6℃—20.1℃，遂昌最低，青田最高。与常年相比，偏高1.0℃—1.7℃，莲都和庆元偏高最少，云和偏高最多，其中遂昌、龙泉、缙云、青田和云和均为历年最高，庆元与1998年和2003年持平同为历年第二高。1月，全市平均气温7.4℃，较常年偏高0.7℃。其中，下旬青田的平均气温为历年最高，全市和遂昌、莲都、缙云、云和的平均气温为历年第二高，龙泉和庆元的平均气温为历年第三高。2月，全市平均气温13.2℃，较常年偏高4.5℃，与2009年持平同为历年最高。其中遂昌、莲都、缙云、青田和云和的月平均气温为历年最高，龙泉和庆元的月平均气温为历年第二高，上旬全市和遂昌、莲都、缙云、青田、云和的平均气温为历年最高，上旬龙泉和庆元的平均气温为历年第二高。3月，全市平均气温15.2℃，较常年偏高3.0℃。其中，全市和遂昌、青田、云和的月平均气温为历年最高，莲都、龙泉、缙云和庆元的月平均气温为历年第二高，中旬青田、庆元和云和的平均气温为历年最高，全市和遂昌、莲都、龙泉的平均气温为历年第二高，下旬青田和云和的平均气温为历年第三高。4月，全市平均气温18.7℃，较常年偏高1.0℃。5月，全市平均气温23.0℃，较常年偏高1.0℃。6月，全市平均气温25.9℃，较常年偏高0.8℃。其中中旬庆元的平均气温为历年第二高，龙泉、青田和云和的平均气温为历年第三高。7月，全市平均气温28.7℃，较常年偏高0.3℃。其中，中旬庆元的平均气温为历年第二高，云和的平均气温为历年第三高。8月，全市平均气温27.6℃，较常年偏低0.1℃。9月，全市平均气温27.3℃，较常年偏高3.0℃。其中，全市和遂昌、龙泉、缙云、青田、云和的月平均气温为历年最高，莲都的月平均气温为历年第三高，上旬缙云、青田、云和的平均气温为历年第二高，中旬云和的平均气温为历年第三高，下旬遂昌、缙云、青田的平均气温为历年最高，全市和龙泉、云和的平均气温为历年第二高。10月，全市平均气温20.3℃，较常年偏高0.9℃。其中，上旬全市和遂昌、龙泉、缙云、云和、青田、庆元的平均气温为历年最高，莲都的平均气温为历年第二高。11月，全市平均气温13.7℃，较常年偏低0.2℃。12月，全市平均气温9.1℃，较常年偏高0.8℃。

降水。全市年平均降水量1865.9毫米，较常年偏多16.7%。各县（市、区）的年降水量为1624.4—2090.5毫米，庆元最少，松阳最多。与常年相比，庆元少7.0%，其他各地偏多5.3%—40.2%，龙泉偏多最少，莲都偏多最多，其中莲都和缙云均为历年第三多。1月，全市平均降水量6.7毫米，较常年偏少90.2%。其中遂昌、云和和庆元的月降水量为历年最少，全市月平均降水量和莲都、龙泉、缙云的月降水量为历年第二少。2月，全市平均降水量79.6毫米，较常年偏少11.5%。3月，全市平均降水量130.0毫米，较常年偏少21.5%。4月，全市平均降水量118.2毫米，较常年偏少34.5%。5月，全市平均降水量476.9毫米，较常年偏多144.8%。其中，全市月平均降水量和莲都、龙泉、缙云、庆元的月降水量为历年最多，遂昌、青田和云和的月降水量为历年第二多，中旬全市平均降水量和遂昌、莲都、龙泉、缙云、青田和庆元的降水量为历年最多，下旬庆元的降水量为历年最多，龙泉、青田和云和的降水量为历年第三多。6月，全市平均降水量351.2毫米，较常年偏多21.5%。其中，莲都的月降水量为历年第三多。下旬莲都的降水量为历年第二多。7月，全市平均降水量137.9毫米，较常年偏少11.6%。其中，庆元的月降水量为历年第三少，中旬全市平均降水量为历年最少，下旬缙云的降水量为历年第二多。8月，全市平均降水量256.7毫米，较常年偏多55.8%。其中，中旬遂昌的降水量为历年第二多。9月，全市平均降水量65.5毫米，较常年偏少46.9%。其中，下旬缙云的降水量为历年最少，庆元的降水量为历年第二少。10月，全市平均降水量106.7毫米，较常年偏多81.2%。其中中旬青田的降水量为历年第三多。

2021年全市及各县（市、区）年气象要素值一览表

表6

站名	气 温（℃）			降水量（毫米）			雨 日（天）			日 照（小时）		
	当年	常年	距平	当年	常年	距平	当年	常年	距平	当年	常年	距平
遂昌	18.6	17.1	1.5	1856.5	1579.3	277.2	182	169.4	12.6	1511.2	1575.1	-63.9
莲都	19.4	18.4	1.0	1970.3	1405.8	564.5	175	157.8	17.2	1595.1	1624.5	-29.4
龙泉	19.3	18.0	1.3	1735.8	1649.1	86.7	173	160.4	12.6	1508.9	1621.4	-112.5
缙云	18.7	17.2	1.5	2016.5	1482.2	534.3	177	166.3	10.7	1575.9	1619.6	-43.7
青田	20.1	18.6	1.5	1928.8	1697.6	231.2	168	166.4	1.6	1416.8	1664.0	-247.2
云和	19.5	17.8	1.7	1922.6	1631.5	291.1	177	177.1	-0.1	1483.5	1612.0	-128.5
庆元	19.0	18.0	1.0	1624.4	1746.8	-122.4	161	168.6	-7.6	1538.2	1729.0	-190.8
松阳	19.2	—	—	2090.5	—	—	182	—	—	1470.7	—	—
景宁	18.8	—	—	1647.8	—	—	188	—	—	1456.0	—	—
全市	19.2	17.9	1.3	1865.9	1598.9	267.0	175.9	166.6	9.3	1506.3	1635.1	-128.8

说明：常年资料统计年限为1981—2010年，全市常年平均值和距平值不包含景宁县和松阳县

11月，全市平均降水量98.7毫米，较常年偏多55.7%。12月，全市平均降水量37.9毫米，较常年偏少14.5%。

日照。全市年平均日照时数1506.3小时，较常年偏少128.8小时。各县（市、区）的年日照时数为1416.8—1595.1小时，青田最少，莲都最多。与常年相比，偏少29.4—247.2小时，莲都偏少最少，青田偏少最多，其中青田为历年第三少。1月，全市平均日照时数169.3小时，较常年偏多73.2小时。其中，全市月平均日照时数为历年最多，庆元的月日照时数为历年第二多，莲都、龙泉、缙云和云和的月日照时数为历年第三多。2月，全市平均日照时数108.4小时，较常年偏多24.4小时。3月，全市平均日照时数82.9小时，较常年偏少11.7小时。4月，全市平均日照时数100.4小时，较常年偏少18.4小时。5月，全市平均日照时数91.9小时，较常年偏少46.4小时。6月，全市平均日照时数89.9小时，较常年偏少40.4小时。7月，全市平均日照时数166.2小时，较常年偏少49.4小时。其中青田的月日照时数为历年第三少。8月，全市平均日照时数142.7小时，较常年偏少57.1小时。其中青田的月日照时数为历年最少，庆元的月日照时数为历年第二少。9月，全市平均日照时数227.5小时，较常年偏多75.5小时。其中全市月平均日照时数和缙云、庆元、云和的月日照时数为历年最多，青田的月日照时数为历年第二多。10月，全市平均日照时数93.5小时，较常年偏少54.7小时。其中青田和庆元的月日照时数为历年第二少，全市月平均日照时数和云和的月日照时数为历年第三少。11月，全市平均日照时数99.2小时，较常年偏少26.0小时。12月，全市平均日照时数134.5小时，较常年偏多2.4小时。

【重大天气气候事件】 2021年，全市平均气温19.2℃，较常年（1981—2010年，下同）偏高1.3℃。各县（市、区）的年平均气温为18.6℃—20.1℃（遂昌最低，青田最高），全市以及遂昌、龙泉、缙云、青田、云和均为历年最高。各月来看，除8月和11月略偏低外，其他各月均偏高。其中，2月，全市以及遂昌、莲都、缙云、青田、云和的月平均气温为历年最高；3月，全市和遂昌、青田、云和的月平均气温为历年最高；9月，全市以及遂昌、龙泉、缙云、青田、云和的月平均气温为历年最高。

2021年初，持续少雨天气，干旱持续发展致使各地缺水较严重。1月，全市持续少雨天气（全市平均降水量较常年偏少90.2%，遂昌、云和和庆元的月降水量为历年最少，全市的月平均降水量和莲都、龙泉、缙云的月降水量为历年第二少。全市平均降水日数较常年偏少6.5天，缙云和庆元的月降水日数与历年最少持平），1月8日至21日，出现长时间的连晴天气。受少雨和连晴天气影响，2020年秋季以来的气象干旱加剧，各地缺水较严重。

受2020年末的强寒潮和2021年1月上旬中后期的冷空气持续影响，2021年1月上旬全市气温显著偏低（全市旬平均气温为4.0℃，较常年偏低3.2℃）。其中，1月1日至2日，各地城区的最低气温为-2.9℃（青田）—-7.1℃（缙云），山区-8℃—-11℃；9至10日，各地城区的最低气温-3.2℃（青田）—-7.9℃（缙云），山区-8℃—-15℃。除青田外各地均出现明显的严寒天气。

入春时间为历年最早，冬季时长为历年第二短。2021年1月底开始全市气温异常偏高（2月，全市平均气温较常年偏高4.5℃，与2009年持平同为历年最高，遂昌、莲都、缙云、青田和云和的月平均气温为历年最高）。1月28日，全市即进入气象意义的春天，入春时间较常年提早1个月（常年入春时间为2月28日），为历年最早。冬季时长仅45天，较常年明显偏短（常年平均84天），仅次于2020年的31天，为历年第二少。

春季强对流天气多发，部分时段出现较明显的冰雹天气。春季（3月至5月）强对流天气多发，且短时强降水、雷雨大风、小冰雹齐上阵。比较集中的时段有3月30日至4月2日和5月10日至13日。其中，3月31日，缙云大洋山和青田方山、高湖、黄

垟等地出现小冰雹；4月1日傍晚，青田温溪出现小冰雹；5月10日傍晚到上半夜，青田城区和汤垟、山口、阜山，缙云大洋山，龙泉屏南、兰巨、炉岙，景宁澄照等地出现小冰雹；5月12日傍晚，莲都雨伞岗和缙云东渡隘头出现小冰雹；5月13日下午，青田阜山出现小冰雹。

梅汛期暴雨过程多，出现历年最早的降水集中期。2021年梅汛期（5月至6月）全市出现9次暴雨过程（5月4日、7日、11日至13日、17日至24日、27日和6月4日、10日至13日、18日至21日、27日至30日）。其中，5月17日至24日，为历年最早的降水集中期，累计雨量列历年5月第一位；6月4日，为最大范围的区域性暴雨过程（全市共有372个站日雨量超过50毫米）；6月30日，为强度最强的暴雨过程（全市共有48个站日雨量超过100毫米），丽水国家气象观测站日雨量143.7毫米，与历年最大日雨量持平。

2106号台风“烟花”为有气象记录以来首个两次登陆浙江的台风。受其外围影响，7月22日至26日，缙云大部出现大雨、暴雨、局部大暴雨。7月22日08时至27日08时，全市平均雨量51.8毫米，其中缙云的平均雨量137.0毫米，东部的括苍、岩背、大洋等地累计雨量超过200毫米，最大雨量的括苍村265.0毫米。据评估：“烟花”台风对缙云东部的致灾强度达3级（较重）以上，个别地方达1级（特重）。

盛夏局部暴雨过程多，8月出现较明显的多雨寡照天气。7月末至8月中旬，全市连续出现较大范围的午后雷阵雨天气，局部伴有短时强降雨。7月31日和8月9日、10日、12日、15日、17日局地出现大暴雨。受多局部暴雨影响，8月降水明显偏多，日照明显偏少（全市平均降水量较常年偏多55.8%；全市平均降水日数较常年偏多4.6天，为历年第四多；全市平均日照时数较常年偏少57.1小时，为历年第四少。其中，青田的月日照时数为历年最少，庆元的月日照时数为历年第二少），全市出现较明显的多雨寡照天气。

初秋气温异常偏高，局地强对流天气频发而且强度强。9月，全市气温异常偏高（全市平均气温27.3℃，较常年偏高3.0℃。其中全市和遂昌、龙泉、缙云、青田、云和的月平均气温均为历年最高）。由于多受副高边缘影响，午后局地强对流天气频繁发生。其中，7日至9日连续出现较大范围的短时暴雨和雷暴大风；20日下午到傍晚除遂昌外其他各地自西向东先后出现较大范围的雷暴大风（共有75个站瞬时极大风速达8—11级）。

秋末冬初冷空气活动频繁，强度偏强，多次出现寒潮过程。秋末冬初（11—12月）影响全市的冷空气较频繁，共有4次强冷空气过程，分别出现在11月7日至9日、11月30日至12月2日、12月16日至19日和12月24日至26日。其中，11月7日至9日，遂昌、龙泉、缙云、庆元和松阳出现寒潮，11月30日至12月2日，遂昌、龙泉、缙云和庆元出现寒潮，12月16日至19日，遂昌和缙云出现寒潮，12月24日至26日，除龙泉、庆元和云和外，其他各地均出现寒潮（此次过程中高山区有小雪和雪凇及少量积雪，高山地区最低气温-5℃—-8℃）。

【气象防灾减灾工作】 2021年，全市发布预警信号1605次，多地气象服务获党政领导肯定；叫应制度实现市县分管领导、市县防指负责人、防指办负责人、防指成员单位负责人和属地乡镇全覆盖，对灾害影响乡镇开展“靶向”预警，电话叫应市县领导、部门和乡镇领导96次。实施89轮次人工增雨作业，作业规模历年最大；气象服务驾驶舱和丽水防灾减灾展示平台接入花园云（城市大脑），获市领导肯定；建成气象防灾减灾标准化村341个、省级气象科普教育基地3个、农村文化礼堂气象科普点9个；争取气象灾害综合风险普查配套经费456.14万元，全市调查数据总进度41.67%，遂昌完成试点并在气象防灾减灾中应用；缙云“天气罗盘”完成本地化应用开发并服务；完成第一批2个气象服务“美丽乡村”示范点建设，云和县崇头镇梅竹村和松阳县四都乡西坑村两地入选第二批气象服务“美丽乡村”示范点；完成建党百年、轩辕黄帝大典祭祀等重大活动气象服务保障和网络安全任务。丽水公众气象服务满意度全省第一。

【气象现代化】 2021年，丽水市县两级发布气象“十四五”规划，落实资金13744万元，落实资金占比60.4%。气象灾害监测预警中心基本完工，气象融媒体中心完成初步设计和概算报批。监测预警能力提升工程启动实施，完成新建区域自动气象站96个；生态气象观测系统项目建设基本完成；综合气象监测系统加密工程完成80%；温室气体监测系统建设项目立项，纳入2022年市本级政府投资计划；瓯江流域气象服务系统推进。龙泉完成新一代天气雷达建设开工，缙云X波段雷达完成主体建设，遂昌启动观测站迁建。全省天气预报技能职业竞赛，丽水获个人全能第一名及团体进步奖（团体第四名）。

【生态气象服务】 2021年，国家气象公园试点建设按照政府主导、气象牵头方式节点推进，市政府成立领导小组并召开部署会，编制《国家气象公园试点建设实施方案》，明确建设45个气象景观点和10个气候社区，并与农业农村局合作共同开展节气之旅活动。生态气象服务各类指数预报被纳入“大花园指数”，松阳四都乡开展110期气象景观预报服务，云和县开展云海概率预报和日出日落、观星、摄影指数预报服务；专题研究高山杜鹃、桂花花期及枫叶、萤火虫观赏等9类指数。与中国气象局公共气象服务中心对接，合作深化云海、日出、星空精细化预报业务研究，选取10个点位进行预报。气候资源价值转化备受关注，丽水生态气象实践入选《生态产品价值实现机制丽水实践》案例集，为全国生态产品价值实现机制试点示范现场会重要交流材料；“重视气候产品生态价值转换和实现路径研究”被中国局评为“十四五”规划优秀建言；“政协请你来协商”专题会专题协商“创新引领 深化中国气候养生之乡建设”；丽水成为全国首个“天然氧吧城市”、建设“国家气象公园试点”被写入市党代会报告。

【气象综合管理】 2021年，与莲都区人民政府签订《关于组建莲都区气象局备忘录》，明确共同申请设立莲都区气象局，落实地方编制6个，项目经费和维持经费被列入区财政预算，成立区局筹建组。完成各类审批18件次，“即办率”100%；保险自助查询数据理赔766件；完成公司改革，公司运转规范化；完成全部防雷安全重点单位“一企一档”建设；与综合执法部门对接开展第二批执法事项划转工作；编制地标《气候养生基地建设指南》；修订《养生气候适宜度评价规范》；《山地云海景观分类》被纳入市绿色发展标准化战略重大试点。做好干部选拔及上派下挂工作，提拔2人，职级晋升8人，交流7人次，新招录5人；1人入选浙江省气象部门第三层次研究型业务带头人，1人入选青年英才培养计划；举办丽水市气象部门第三届气排球赛、全市青年PPT大赛；《如此带货》获浙江省首届法治动漫微视频作品大赛一等奖；拍摄《初心见证 气象传承》短视频在市委组织部网站展播；舞台剧《你可别不信》获全省线上文艺会演三等奖。（周国华 李叶萍）

水 文

【概况】 2021年，全市年降水量为1976.2毫米（折合降水总量342.3496亿立方米），比常年平均偏多11.1%，比2020年偏多21.3%。全年全市降水量空间分布差异不大，西北、东北和中部山区稍高，东南和中部平原略低。全市各县（市、区）年降水量在1867.4—2114.0毫米之间，其中，青田、遂昌和缙云较高，年降水量在2000毫米以上，青田瓯江温溪以下飞云江流域年降水2318.5毫米，为全市最大值。庆元和景宁相对较低，年降水量在1900毫米以下。

2021年，全市降水量年内分配不均，非汛期（按1月至3月，11至12月统计）累计降水量394.2毫米，占全年降水量的19.9%，比常年平均同期降水量偏少10.5%；汛期（按4月至10月统计）累计降水量1582.0毫米，占全年降水量的80.1%，比常年平均同期降水量偏多5.7%。其中，5月为降水量最大月，全市平均降水量为493.2毫米；1月为降水量最小月，全市平均降水量为9.6毫米。全市水资源总量为222.8394亿立方米，比常年平均偏多16.6%，比2020年偏多37.7%。产水系数全市平均0.65，产水模数为每平方千米128.6万立方米。人均年拥有水资源量为8864.29立方米（常住人口）。全市有大型水库2座，中型水库29座。紧水滩水库年末蓄水量7.1748亿立方米，比年初增加0.8626亿立方米；滩坑水库年末蓄水量26.5709亿立方米，比年初增加5.0430亿立方米；中型水库29座，年末蓄水总量3.4697亿立方米，比年初增加0.7735亿立方米。

【水资源利用】 2021年，全市总用水量6.8986亿立方米（不包括水电站发电等河道内用水）。其中，农田灌溉用水量3.9357亿立方米，占57.1%；林牧渔畜用水量0.1778亿立方米，占2.6%；两者合计占总用水量的59.7%。工业用水量0.8597亿立方米，占总用水量的12.5%；城乡居民生活用水量1.0919亿立方米，占15.8%；城镇公共用水量0.6164亿立方米，占8.9%；生态环境用水量0.2171亿立方米，占3.1%。人均年综合用水量274.42立方米。其中，城乡居民生活人均用水量43.43立方米，城镇公共人均用水量24.52立方米；万元工业增加值用水量16.88立方米；万元GDP用水量40.39立方米；农田灌溉亩均年用水量315.23立方米。水资源利用率3.1%，较上年提升0.4%。

【汛期水雨情】 2021年5月16日，丽水市进入梅汛前降水集中期，雨期长、雨量多。受切变雨带影响，5月16日至24日，全市迎来第一轮集中降水过程，各地出现大到暴雨，局部大暴雨，雨量分布呈西高东低。16日8时至25日8时，全市面雨量305.4毫米，市县面雨量最大前三名分别为龙泉市430.7毫米、庆元县420.4毫米、云和县346.3毫米，单站雨量最大前三名分别为庆元县班岱后站603.5毫米、龙泉市横溪站596.5毫米、龙泉市凤阳山站589.0毫米。全市主要江河水位明显上涨，其间，龙泉溪南大洋站22日16:05出现洪峰水位，超警戒0.32米；大溪大港头站21日13:15出现洪峰水位，超警戒1.63米；小溪大均站21日13:45出现洪峰水位，超警戒0.66米。5月，全市平均降水量493.2毫米，占全年降水量25.0%，是全市降水量最大月，为1954年以来历史同期第一。

2021年，丽水市梅汛期降水主要呈现特点：梅期略短、梅雨量略少、短历时暴雨雨强大等。梅雨期略短，梅雨总量略少于常年。全市6月10日入梅，与常年一致（常年6月10日），7月2日降水集中期结束，7月5日出梅，稍早于常年（常年7月10日），梅雨期25天，略短。6月10日至7月2日，全市平均过程雨量269.0毫米，比常年梅雨量（344.9毫米）偏少7.0%，比上年梅雨量（466.4毫米）偏少42.3%。市县面雨量最大前三名分别为缙云县309.6毫米、莲都区304.2毫米、松阳县295.2毫米，单站雨量最大前三名分别为莲都区黄村水库498.5毫米、龙泉市湖住溪站473.5毫米、龙泉市青井站471.0毫米。梅汛期间，全市出现三轮强降水过程。

第一轮强降水主要发生在6月10日至12日，降水多发生在午后至上半夜时间，呈现分散性、局地性、极端性。其中6月12日，缙云县出现大范围短历时强降雨天气。6月10日8时至13日8时，全市面雨量56.5毫米，市县面雨量最大前三名分别为缙云县101.4毫米、景宁县64.3毫米、青田县57.2毫米，单站雨量最大前三名分别为缙云县前路站209.5毫米、浣溪水库站199.0毫米、插花墩水库站190.5毫米。强降水期间1小时最大雨量缙云县插花墩水库站102.0毫米，2小时最大雨量缙云县插花墩水库站122.5毫米，3小时最大雨量缙云县插花墩水库站162.5毫米。期间，好溪流域水位明显上涨，秋塘站13日2:35出现洪峰水位，超警戒0.47米。

第二轮强降水主要发生在6月18日至21日，自北而南出现大雨局部暴雨。6月18日8时至22日8时，全市面雨量66.2毫米，市县面雨量最大前三名分别为云和县70.2毫米、庆元县69.8毫米、缙云县69.7毫米，单站雨量最大前三名分别为松阳县后畲站143.5毫米、靖居口站136.0毫米、程路后站134.0毫米。强降水期间1小时最大雨量庆元县上洋站53.0毫米，2小时最大雨量龙泉市张畈站71.5毫米，3小时最大雨量龙泉市张畈站74.5毫米。

第三轮强降水主要发生在6月27日至7月1日，出现入梅以来范围最广、强度最强、持续时间最长的强降雨。6月27日8时至7月2日8时，全市面雨量137.6毫米，市县面雨量最大前三名分别为遂昌县179.8毫米、松阳县172.1毫米、莲都区168.9毫米，单站雨量最大前三名分别为龙泉市青井站372.0毫米、水塔水库站366.0毫米、湖住溪站356.0毫米。强降水期间1小时最大雨量莲都区上显滩站58.5毫米，2小时最大雨量青田县北山站82.5毫米，3小时最大雨量青田县北山站95.0毫米。

2021年，影响全市台风偏少，6号台风“烟花”和14号台风“灿都”影响不明显。

【非汛期水雨情】 2021年，非汛期累计降水量394.2毫米，占全年降水量的19.9%，比多年平均同期降水量偏少10.5%。全市未出现大范围明显暴雨过程，全市主要江河水势平稳，均未出现超警戒洪水。汛前（1月至3月），全市平均降水量245.1毫米，较常年同期平均偏少24.2%。汛后（11月至12月），全市平均降水量149.2毫米，较常年同期平均偏多27.2%。（纪 莹 余莉萍）

2021年丽水市降水量、水资源量一览表

表7

行政分区	计算面积（平方千米）	年降水量（毫米）	年总水资源量（亿立方米）	产水系数	产水模数（万立方米/平方千米）
莲都	1502.0	1936.9	18.9892	0.65	126.4
青田	2493.0	2016.1	33.6245	0.67	134.9
缙云	1494.0	2043.6	20.5330	0.67	137.4
遂昌	2539.0	2114.0	33.9429	0.63	133.7
松阳	1406.0	1993.4	17.5567	0.63	124.9
云和	984.0	1937.5	11.9269	0.63	121.2
庆元	1898.0	1893.6	25.3302	0.70	133.5
景宁	1949.0	1867.4	22.1714	0.61	113.8
龙泉	3059.0	1940.6	38.7646	0.65	126.7
全市	17324.0	1976.2	222.8394	0.65	128.6

林　　业

综　述

【概况】 2021年，全市林业工作践行"绿水青山就是金山银山"理念和"国家公园就是尊重自然"论述，推进林业改革创新、增强林业生态建设、加强森林资源保护、加快富民产业发展，弘扬森林生态文化，打造"绿水青山和共同富裕相得益彰"的诗画大林海。丽水市林业局重新单独设置，成立全国首家森林碳汇管理局——丽水市森林碳汇管理局，并与钱江源—百山祖国家公园百山祖管理局综合设置，合署运行。全面推进林长制改革，搭建市、县、乡、村市级林长体系。百山祖国家公园加入中国生物圈保护区，启动实施《百山祖国家公园全域联动发展规划（2021—2025年）》。全市新增国土绿化面积5561.73公顷，精准提升森林质量1.067万公顷，建成"一村万树"示范村31个；新建美丽林相5.12万公顷；省级以上公益林保持在86.80万公顷。全年新发放林权抵押贷款23.11亿元，累计发放贷款317.87亿元，实现贷款余额69.58亿元，继续保持全国第一位；全市新增林地流转5671公顷，累计流转面积13.86万公顷。林业产业发展稳中向好，全市实现林业总产值523亿元，按同口径比，同比增长5.4%，全省排名第五，增幅全省排名第四。建成开园华东药用植物园，推进白云国家森林公园公建项目等重点林业工程。森林消防三率（森林火灾发生率、森林受害率和控制率）控制在较低水平，松材线虫病疫情态势实现扭转。丽水市林业局、丽水市生态林业发展中心受到省委、省政府"森林浙江"建设工作突出贡献集体表扬。（周　靖）

【林长制推行】 根据中办国办全面推行林长制的意见，2021年11月30日，中共丽水市委办公室、丽水市人民政府办公室共同印发《关于全面推行林长制打造共同富裕和谐新林区的实施意见》（以下简称意见）。意见明确至2021年底，在全市范围内基本建立覆盖市、县、乡、村四级的林长制管理体系，为建设丽水"诗画大林海"提供制度保障。（李雪姿）

【林权抵押贷款】 2021年，全市加强林业金融协作机制，重点推动公益林补偿收益权质押贷款和林地经营权流转证抵押贷款，满足林农小户、林业经营大户、龙头企业等各层级的贷款需求。全年全市新发放林权抵押贷款1.11万笔、23.11亿元，累计发放贷款24.75万笔、317.87亿元，贷款余额3.78万笔、69.58亿元，新发放贷款数（占全省43.3%）和贷款余额（占全省68.84%）继续占全省近一半份额，居全国各地市第一。其中，新发放林地经营权流转证抵押贷款46笔、3009万元，贷款余额357笔、1.19亿元。新发放公益林补偿收益权质押贷款24笔、965万元，贷款余额169笔、4474万元。不良贷款47笔、551万元，不良率0.1%，风险得到控制。

【林业综合改革】 2021年11月，全省林业改革和产业发展现场会在安吉召开，龙泉市"益林富民"数字化改革和庆元县国乡合作林海杨帆两个典型案例视频在全省现场会上播放推广，该会议共播放10个重点县视频交流，丽水入选2例。协同中国人民银行丽水市中心支行研制的《林木所有/使用权、林地使用权抵押登记管理规范》《公益林补偿收益权证明与质押登记管理规范》《林地经营权办证与抵押登记管理规范》三项市级标准在2022年1月14日开始实施。该3项标准是全市金融标准创新省级标准化战略重大试点项目的核心标准，12月，该省级标准化战略重大试点项目通过由省市场监管局领导带队的5名标准化专家验收组的验收，标志丽水市金融改革与标准化创新实现同频共振、融合发展。

【森林保险继续推行】 2021年,全市持续推动特色森林保险创新,在青田、龙泉试行油茶气象指数保险。全年全市森林火灾投保面积84.61万公顷,保费573.10万元,连续13年实现全市公益林火灾保险"全覆盖";以竹林为重点的林木综合保险投保面积5.26万公顷,保费228.72万元。全年森林保险合计面积89.86万公顷,保费801.82万元。2007—2021年,全市森林保险累计面积1668.53万公顷,保费16714.21万元。 (张彦博)

【林业建设资金投入9.4亿元】 2021年,全市林业建设资金投入9.4亿元,其中,到位中央林业建设资金1.4亿元,省级林业建设资金7.5亿元。林业建设资金主要用于生态建设与保护、林业产业发展、林业支撑与保障、林业基础设施建设等。 (杨艺薇)

【林业科技成果】 2021年,全市新增省级以上立项项目33个,其中,中央林业科技推广项目12个,省级林业发展和资源保护项目21个,成果登记14个。制(修)订市、县级地方标准15个。丽水市"多花黄精产业化关键技术研究与推广"获第十二届梁希科技进步奖二等奖;"钩瓣叶蜂属物种多样性和系统进化"等17个成果获浙江省第二十一届科技兴林奖,其中一等奖2个、二等奖5个、三等奖10个。"莲都峰源自然保护区综合科学考察报告"等6个项目获第三届浙江省林业优秀工程咨询成果奖。

【林业人才队伍】 2021年,全市招录基层林技人员定向培养生(本科)17人,累计已招收167人。丽水市生态林业发展中心与丽水职业技术学院联合开办林业专业本(专)科班,全市林业系统非林专业102名职工入学。10月,全市林业工程技术人员任职资格评审会在丽水召开,取得工程师任职资格31人,取得高级工程师任职资格33人、取得正高级工程师任职资格2人。全市推荐2名申报国家林草局林草乡土专家,获评第四批浙江省林业乡土专家14人。获评省"最美林技推广员"2人,获评省"优秀林技推广员"14人。

【林业科技服务】 2021年10月,浙江省第十八届林业科技周丽水分会场活动举行,举办培训33场,送科技下乡100余场次,参与人数1500余人,发放科普资料8500余份。全年组织送科技下乡200余场次,举办培训115场,培训林农12500余人,发放科普资料近28000份。 (黄宇南)

【国有林场建设】 2021年,全市现有国有林场21个,其中,公益一类11个、公益二类10个,经营总面积7.55万公顷,其中,生态公益林面积5.71万公顷,森林蓄积量904万立方米,森林覆盖率95.01%。全年完成人工造林254公顷,其中,速生丰产林114公顷,约占造林面积44.88%;新封山育林115公顷;低产低效林改造201公顷;森林抚育1754公顷;人工更新172公顷。完善国有林场基础设施建设,全市已建林区公路692千米,林道1179千米,防火线1771千米,瞭望台9座,输电线路285千米,通信线路180千米,房屋总面积20.92万平方米。持续推进现代国有林场建设,庆元县永青国有林场创成浙江省现代国有林场。全市新建成省级生态文化基地1个、省林下道地中药材种植基地1个、省级森林康养基地2个、省级森林养吧5个。景宁草鱼塘康养社会实践基地和望东垟科普馆入选丽水市第四批中小学生社会实践基地。景宁县林业总场获"浙江省森林生态保护突出贡献集体"称号。 (兰冬香)

森林生态体系建设

【概况】 2021年,全市林业部门以推进国土绿化美化,助推浙江(丽水)绿色发展综合改革创新区(大花园核心区)建设为主线,实施全市百万亩国土绿化造林行动和美丽林相建设,持续推进丽水国家公园创建,推进美丽林相、生态公益林、森林公园、自然保护区、森林系列创建等重点生态林业工程建设,提升森林生态系统质量和稳定性,构建布局合理、结构优化、功能完备、效益显著的国土绿化体系。全市新增百万亩国土绿化核定完成面积5561.73公顷,完成千万亩森林质量精准提升工程1.067万公顷;全市实际参加义务植树152.1866万人,种植各类苗木531.0058万株,全市尽责率90.7%;建成"一村万树"示范村31个,"浙江省生态文化基地"3个,"省级森林城镇"2个。

【国土绿化行动】 2021年,根据全省新增百万亩国土绿化行动要求,全市统筹实施山地森林、坡地森林、城市森林、乡村森林和通道森林建设,推进新增国土绿化造林。9月,开展2021年度新增百万亩国土绿化建设市级核查工作,经核查,全市计划任务5328公顷,核定完成面积5561.73公顷,计划完成率104.39%。

【美丽林相建设】 2021年,全市落实美丽林相建设资金3.38亿元,实施美丽林相建设面积51200公顷,完成年度计划任务的121.19%,其中,投资5771万元,建设彩色森林7200公顷;投资3060万元,建设健康林7260公顷;投资7389万元,发展珍贵树种

4887公顷(其中新造1180公顷、改培3707万公顷);投资4775万元,培育大径材5233公顷;投资10270万元,培育一般森林抚育26600公顷。2016—2021年,全市累计完成投资21.88亿元,完成美丽林相建设24.7万公顷,完成彩色林建设55753公顷,完成健康林建设65273公顷,发展珍贵树种27320公顷,培育大径材34640公顷,实施一般森林抚育16.4万公顷。

【全民义务植树】 2021年,全市结合全民义务植树活动40周年活动,利用元旦、春节、植树节等关键节点广泛动员开展义务植树活动。全年全市累计组织152.1866万人次参与义务植树,种植各类苗木531万株,全市尽责率90.7%。丽水经济开发区七百秧城市森林公园、丽水职业技术学院被认定为省级"互联网+全民义务植树"基地。

【森林系列创建活动】 2021年,经省关注森林组织委员会认定,龙泉市宝溪乡和缙云县大洋镇创建为2021年度"浙江省森林城镇"。至年底,全市累计建成"国家级森林城市"2个(丽水市、龙泉市),省级森林城市实现全覆盖、全市创建省级森林城市9个,建成省级森林城镇32个,建成省级森林村庄131个,建成市级绿化示范村961个。

【"一村万树"示范行动】 2021年,全市深入实施"一村万树"三年行动,以1个村新植1万株树为载体,发展珍贵树种、乡土树种,持续加快农村绿化步伐,优化农村生态环境,构建覆盖全面、布局合理、结构优化的乡村绿化体系。全市年度完成以珍贵树种或彩色树种为主的"一村万树"示范村31个,经市级随机抽查验收,各示范推进村绿化体量大、层次高,建设质量较好。2018—2021年,全市累计建成"一村万树"示范村164个,推进村1003个。

2021年,丽水市开展全民义务植树节活动　　(吴卓芮　提供)

【生态文化基地创建】 2021年,经浙江省生态文化协会、浙江省林业局认定,青田县石门洞林场、庆元县五大堡乡濛淤村、缙云县河阳文化旅游开发有限公司这3家单位创建成为2021年度"浙江省生态文化基地"。至年底,全市累计建成"全国生态文化村"4家,"国家生态文明教育基地"1家,"浙江省自然教育基地"5家,"浙江省生态文明教育基地"22家,"浙江省生态文化基地"24家。　(潘永柱)

【生态公益林建设】 2021年,全市省级以上公益林总面积保有量86.80万公顷。公益林补偿资金发放公示率100%;应发损失性补偿资金52654.75万元,实发金额51694.43万元,发放率98.18%,惠及乡镇(街道)172个,行政村1755个、自然村5706个,农户28.7895万户。依托公益林资源开办的农家乐户数1814户,助推山区农民增收致富,实现共同富裕。持续完善天然林保护措施,全面停止天然林的商业性采伐,全市天然商品林禁伐落界2.31万公顷,全部签订管护协议书,落实管护责任。安排国有天然商品林停伐管护补助资金1598.23万元,集体和个人天然商品林停伐管护补助资金551.39万元,发放率100%。

【空气负氧离子监测】 2021年,全市持续每周开展空气负氧离子监测工作并上报市养生办,监测数据在电视台养生指数栏目、气象短信、官方微信等媒体公布。丽水白云国家森林公园、处州公园、防洪堤、九龙国家湿地公园和9个县(市、区)共13个空气负氧离子监测点,全年实时监测上报47期、数据611个,平均浓度每立方厘米2743个,清新率100%。国家林业和草原局在丽水城区—近郊—远郊—森林公园、湿地公园、自然保护区4种不同类型,设置监测点(试点)

7个，分别对应丽水生态林业发展中心大院—白云国家森林公园双根桥—白云国家森林公园丽阳坑管护站—莲都区峰源省级自然保护区—龙泉凤阳山国家级自然保护区—庆元国家森林公园巾子峰景区，通过实时监测并统计分析数据，其中龙泉凤阳山国家级自然保护区数据最高，平均值每立方厘米5565个，市林业局大院最低，平均值每立方厘米1002个，其他点位分别为：白云森林公园双根桥每立方厘米3298个、白云森林公园丽阳坑管护站每立方厘米1752个、九龙国家湿地公园每立方厘米1527个、莲都区峰源乡省级自然保护区每立方厘米2096个、庆元县巾子峰国家森林公园每立方厘米3707个。　（刘　伟）

【华东药用植物园建成开园】 2021年，华东药用植物园基本完成工程建设。4月30日，华东药用植物园开园仪式在华东药用植物园南大门举行，市委书记胡海峰宣布开园。华东药用植物园是丽水市和中国医学科学院药用植物研究所共建的华东地区唯一的国家药用植物园体系主体园，规划总面积500公顷，至年底，该园是国内规划面积最大、地形最丰富、功能性最综合的药用植物园。植物园核心区建设用地面积194.06余公顷，总建筑面积5.8万平方米，总投资8.4亿元，被财政部列入首批7个PPP试点项目之一，是省级重点PPP项目。园内建成植物展示游览区、智慧功能区、森林运动游憩区、引种繁育区四大区块，收集各类药用植物2000余种，集合种质资源收集保护、科研科普、生态旅游、休闲养生、文化展示等综合性功能，打造全国一流的药用植物园和药用植物科技创新核心基地。　（泮建红）

【白云森林公园建设】 2021年，丽水白云国家森林公园被浙江省绿化与自然保护地委员会评为“浙江省绿化模范单位”，并入选浙江省林业局联合省发展改革委、省自然资源厅、省文化和旅游厅等部门共同启动的浙江省第二批“名山公园”。丽水白云国家森林公园公建项目稳步推进，完成300米森林康养体验步道的路面开挖7千米，种植迎城坡彩色林改造工程的苗木3540株。完成公建项目二期初步设计方案编制和财政概算审核，完成项目政策处理工作土地现状调查，发布征地补偿安置方案公告。　（陈红壮）

2021年4月30日上午，华东药用植物园举行开园仪式。中国工程院院士肖培根通过视频致贺词　（周　靖　提供）

【开发区绿化工作】 2021年，开发区生态林业发展中心组织开展珍贵树种进村入企活动，向辖区内14个村、企业、学校赠送浙江楠、山乌桕、香椿等珍贵树种苗木4000株。完成七百秧森林公园红枫林扩建，在闲置地块种植以红枫为主的景观林1公顷，总投资25万元。结合开发区实际采用纳入造林方式，完成国土绿化面积28公顷，其中，城市森林13公顷，通道森林15公顷。建成七百秧国际人才林，种植造型五针松20株，总投资30万元。推进建设紫荆花研究院，至年底，开发区与丽水学院达成合作，完成研究团队宣传手册的制作。　（刘克飞）

林业产业体系建设

【概况】 2021年，全市实现林业总产值523亿元，其中，第一产业产值118亿元、第二产业产值200亿元、第三产业产值205亿元，按同口径比，同比增长5.4%，占全省林业行业总产值10%，全省排第五，增幅全省排名第四。

【林业产业结构调整】 2021年，全市林业一、二、三产业比为23:38:39，第一产业比重比上年上升6个百分点，第二产业比重上升12个百分点，第三产业比重下降18个百分点。林业第一产业产值118亿元，同比增长3.5%；林业第二产业产值200亿元，同比增长11%；受新冠肺炎疫情影响，按市旅游局统计口径计算，林业第三产业产值205亿元，同比下降47%。

【林业产业品牌建设】 2021年，丽水市林业产业协会组织150家企业参加第十四届中国义乌国际森林产品博览会，展出展位161个。获第十四届中国义乌国际森林产品博览会优质产品评选金奖41个，优质奖73个；丽水展团连续第14年获中国义乌国际森林产品博览会最佳组织奖。

【木业产业建设】 2021年，市林业局推进木业产业向规模化、产业化和集群化方向发展。全市生产木材27.7万立方米，实现产值2.4亿元，分别同比增长9%和9%。全市木材加工企业584家，从业人员2.5万人，以“一扇木门、一支铅笔、一副玩具、一把太阳伞、一块纤维板”为代表的木材加工业全年实现产值70亿元，同比增长5.3%。

【森林休闲旅游业发展】 2021年，缙云县大洋镇、松阳县安民乡被省林业局认定为省级森林康养名镇，庆元巾子峰森林康养基地、缙云括苍山森林康养基地、遂昌九龙山森林康养基地、龙泉市凤羽休闲山庄森林康养基地被认定为省级森林康养基地。全年全市创成省级森林康养人家10个，森林氧吧13个。全年实现森林旅游总收入199亿元（占第三产业产值的97%）。 （杨艺薇）

【新型林业经营主体培育】 2021年，全市继续探索林业股份合作模式，创建林业股份合作社、省级示范性家庭林场，培育新型林业经营主体，新增浙江省示范性家庭林场10家，累计74家；新增新型林业经营主体87家，其中家庭林场57家，累计培育新型林业经营主体1240家。

【林地规模流转】 2021年，全市继续探索推进集体林地“三权分置”改革，推动各地落实林地流转激励措施，促进林地规模流转，全市新增林地流转5671公顷，累计流转面积13.86万公顷；规模林地流转颁发林地经营权流转证69本，面积1214公顷，累计办证1326本，面积1.91万公顷。 （张彦博）

【“一亩山万元钱”行动】 2021年，全市继续推广香榧、薄壳山核桃、油茶高效生态栽培技术，铁皮石斛仿生栽培技术，林下三叶青、多花黄精复合经营技术，花卉苗木、森林休闲和珍贵树种等“一亩山万元钱”生态高效经营模式，完成新建培育1373.3公顷，辐射推广364公顷，巩固深化7153.3公顷，参与的企业或合作社460余家，参与农户人数近4300人，培训林农2700余人。全市推荐“一亩山万元钱”高质量示范基地16个。 （黄宇南）

【木本油料产业】 2021年，全市新建油茶新品种造林基地1386公顷，新造香榧基地364公顷，抚育油茶基地7453公顷。举办各类木本油料产业技术培训10余次，培训基层林技员和林农1000余人次。全年实现油茶产业产值133920万元。 （倪荣新）

【笋竹产业建设】 2021年，全市竹业总产值66.5亿元，受疫情、竹材初加工链条缺失等综合因素影响，竹材价格恢复缓慢，竹农经营竹林积极性受挫，失管竹林面积增加，竹产业发展面临压力。竹材多功能利用取得进展，竹屑替代木屑生产食用菌项目研究进入产业化阶段。国家林业和草原局公布第二批国家林业产业示范园区名单，庆元竹木产业示范园区、龙泉竹木产业示范园区上榜，至年底，浙江有5家国家林业产业示范园区，其中丽水2家。 （孙　政）

【种苗花卉产业】 2021年，全市现有苗圃293处，其中国有苗圃10处，育苗面积881.57公顷，其中新育76.61公顷，苗木产量5881.32万株，其中容器苗1282.82万株。全市有保障性苗圃7家，其中省级保障性苗圃4家，育苗面积共72.93公顷（其中新育苗面积15.99公顷），苗木产量663.04万株。全市年末实有花卉种植面积1049公顷（其中观赏苗木面积873公顷），全年花卉产业销售额2亿元，花卉市场2个，规模以上花卉企业36个，花卉从业人员期末人数1.05万人。全市开展林木种苗专项执法和种苗质量检查，共检查60个苗木批次，涉及木荷、榉树、红豆树、南方红豆杉、浙江楠、枫香、光皮桦等树种20余个，抽检苗批合格率100%。省检查组抽查青田县、云和县、莲都区的林业保障性苗圃和造林地用苗，抽查苗批均合格。培育乡土树种苗木1306.17万株，突出重点培育楠木类、红豆树、木荷、香樟、青冈（石栎类）、南方红豆杉、榧树等乡土珍贵树种和黄山栾树、枫香、乌桕、千年桐、无患子、山乌桕、山樱花等彩色树种苗木。丽水市开展“珍贵彩色树种赠苗”活动，赠送种植苗木278.05万株。省赠送丽水市种植的珍贵彩色树种145.92万株，其中一类苗49.2万株，二类苗39.4万株，三类苗57.32万株。组织云和县金马工艺品有限公司、丽水市润生苔藓公司参加“第十届中国花博会浙江日”活动，展出百山祖冷杉球果标本、永生苔藓画、苔藓微景观等展品17件。 （兰蒋慧）

【食用林产品质量安全】 2021年，全市开展食用笋(春笋、鞭笋、冬笋)、木本药材(铁皮石斛、黄精、三叶青)、干果(板栗、香榧)、油茶籽等食用林产品例行监测、专项监测和风险监测工作，重点检测汞、砷、铅、镉、铬等重金属含量和对硫磷、乐果、敌敌畏等农药残留指标20项。全年抽检627批次，合格625批次，合格率99.68%。加快推进食用林产品溯源体系建设，全市9个县(市、区)建立追溯点，96家规模生产主体录入浙江省食用林产品追溯平台，96家规模生产主体均实施食用林产品质量安全合格证管理，使用率100%。 (刘 伟)

林业安全管理

【概况】 2021年，全市以保护森林资源为核心，推进平安森林建设，执行森林采伐限额管理制度和征占用林地定额管理制度，加强森林防火和森林病虫害防治，加大野生动植物保护力度，全市森林蓄积量持续增长，森林面积、森林覆盖率保持稳定。全年发证采伐林木蓄积48.504万立方米；审核审批各类征占用林地项目面积1280.28公顷，征收森林植被恢复费28418.67万元。全年发生森林火灾4起、累计过火面积96.27公顷、受害森林面积40.52公顷，森林火灾起数同比下降42.86%、受害森林面积同比下降42.59%，森林火灾受害率0.029‰，未发生重特大森林火灾和人员伤亡事故，全市自然保护地和国有林场未发生森林火灾。林业有害生物成灾率、测报准确率、无公害防治率、种苗产地检疫率均优于省控制指标，松材线虫病疫情得到控制。在全市推行野生动物肇事公众责任保险，9个县(市、区)全覆盖，全年理赔219起，合计理赔金额99.4627万元。 (周 靖)

【林木采伐管理】 2021年，全年发放林木采伐许可证5600份，发证采伐蓄积48.5万立方米，其中，占限额采伐蓄积45.38万立方米，为省下达采伐限额的30.27%。全市各县(市、区)均建立森林采伐限额执行情况检查制度，并定期开展森林采伐限额执行情况检查。

【林地保护管理】 2021年，全市审核审批各类征占用林地项目658个，面积1280.28公顷，其中，长期占用林地项目271个，面积1014.01公顷；临时占用林地项目25个，面积37.83公顷；林业设施占用林地项目362个，面积228.44公顷。全年征收森林植被恢复费28418.67万元。 (梁 毅)

【林业有害生物检疫防治】 2021年，全市林业有害生物发生面积14.36万公顷，发生率9.79%。林业有害生物有效防治作业面积14.33万公顷，其中无公害防治面积14.33万公顷，无公害防治率100%。全年开展各类检疫执法行动256次，共出动执法人员1062人次，检查涉松企业199家、非涉松企业217家、使用松木企业77家；累计查处各类违法案件22起，共处罚款4.91万元，没收、烧毁疫木310.34立方米；全年累计培训执法人员365人次，培训企业相关人员468人次。全市松材线虫病发生面积13.77万公顷，枯死松树69.11万株，投入防治资金2.3亿元。全市累计采购注射注干保护剂128.3万支，预防保护重点区域松树、古松树36万株。

【古树名木保护】 2021年，全市各地继续开展古树名木保护工程，全市保护古树名木107株，建成古树主题公园5个。开展认捐认养古树名木活动，全市各地在政府门户网站上公布可被认捐认养古树名木16株。 (王林伟)

【森林消防建设】 2021年，全市林业系统投入防火装备和基础设施建设资金1666.6万元，其中庆元林场防火林道硬化投标建设350万元，采购高压水泵、风力灭火机、油锯和个人防护服，望远镜，无人机等物资，安装电子警察3个、蓄水桶261只，全市投入以水灭火基础建设116万元，投入森林风险普查资金1516.5万元，其中市本级投入129.5万元(其中有部分资金是列入2022年预算使用的)。 (管 军)

【自然保护地整合优化】 2021年，丽水市按照国家林草局、省林业局的统一部署，推进自然保护地整合优化各阶段工作。至年底，全市有省级(含)以上自然保护地32个，总批复面积130172.85公顷(其中，国家级自然保护地11个，面积77637.32公顷；省级自然保护地21个，面积52535.53公顷)，扣除交叉重叠面积后119682.24公顷，按矢量数据统计为117638.74公顷。根据2月20日全国“生态保护红线评估调整与自然保护地整合优化成果完善工作视频会议”精神和省局下发的关于完善自然保护地整合优化预案成果的通知要求，调整永久基本农田、矿业权、人工商品林、城镇村等，全市涉及调整有8个县(市、区)、18个自然保护地，面积1719.85公顷。其中，永久基本农田1203.96公顷，成片人工集体商品林273.04公顷，村庄72.31公顷，城镇建成区2.12公顷，其他168.41公顷(白云国家森林公园衢丽铁路项目面积64.51公顷，遂昌国家森林公园县界外100.1公顷)。根据上报的整合优化预案，再次调整后保留省级(含)以上自然保护地28个，面积129960.62公顷(占市域面积的 7.52%），比整合优化前增加 10278.38 公顷。

【自然保护地管理】 2021 年，丽水市继续推进国家公园创建，构建以百山祖国家公园为主体的丽水自然保护地体系。依托浙江省自然保护地综合监管与服务平台掌握自然保护地变化监测情况，9 个县（市、区）完成 100 个疑似图斑核查。加强风景名胜区建设活动的审批和监管，对仙都千鹦鸟舍项目设计方案审查并复函，对南明路道路工程涉及南明山景区段选址方案组织论证。会同市生态环境局等部门联合开展“绿盾 2021”自然保护地加强监督行动；按照“双随机”抽查要求，检查 5 个自然保护地、4 个风景名胜区建设活动。继续推进建设自然保护地融合发展示范村 10 个。　（李秀旺）

【野生动植物保护】 2021 年 4 月，丽水市人民政府印发《丽水市野生动植物资源公报》。4 月，全市范围开展“爱鸟护鸟，万物和谐”为主题的野生动植物保护宣传月暨“爱鸟周”活动，据统计，宣传月期间全市参与活动人数 13358 人，发放宣传资料 11900份。8 月，丽水市人民政府办公室印发《丽水市陆生野生动物疫情应急预案》。推动各县（市、区）开展野生动物肇事公众责任保险工作，至年底，实现全市覆盖，据统计，全年全市理赔 219 起，合计理赔金额 99.4627 万元。继续做好陆生野生动物疫源疫病监测防控工作，根据省林业局部署，在重点时段坚持周报、日报工作制度，全年全市未发生陆生野生动物疫情。　（程　瑶）

百山祖国家公园创建

【加入中国生物圈保护区】 2021 年 9 月 29 日，中国生物圈保护区网络新成员申请专家评审会在中国科学院召开，百山祖国家公园在生态保护、联动发展、地役权改革、生态产品价值转换等方面的探索创新得到专家组一致肯定，通过评审，加入中国生物圈保护区网络，为申报加入世界生物圈保护区奠定基础。

【全域联动发展】 2021 年 12 月 8 日，丽水市人民政府办公室发布《百山祖国家公园全域联动发展规划（2021—2025 年）》，根据规划，丽水构建“保护控制区+辐射带动区+联动发展区”全域联动发展空间格局。保护控制区包括百山祖国家公园核心保护区和一般控制区，前者严格保护，后者以适度开发为原则，谋划建设科普教育基地、天文观测基地等八大基地。辐射带动区是百山祖国家公园高质量发展圈的核心地带，重点突出旅游服务、休闲康养、文化创意等功能。联动发展区是整合全市优质资源，如瓯江诗画山水带、省级旅游度假区等，实现相关产业与国家公园的联动发展。通过全域联动、共建共享，加强核心区保护，创新推进国家公园价值转化，引领辐射带动区、联动发展区高质量绿色发展，形成园内保护与园外发展和谐互促的“丽水模式”。

【国家公园发展公司成立】 2021 年 12 月 15 日，注册浙江百山祖公园发展有限公司，注册资金 2000 万元，主要负责百山祖国家公园品牌及周边特色村落的开发、建设、运营、管理等相关事项。　（刘琪诗）

百山祖国家公园的冷杉果　（叶光华　提供）

工业化信息化建设

综　述

【概况】　2021年，全市工业战线贯彻落实全省制造业高质量发展大会和全市生态工业发展推进会精神，聚焦“扩增量、优存量、提变量”三个关键突破口，着力“强基础、补短板、破瓶颈”，各项主要指标全面完成目标任务，有效推动“十四五”生态工业强劲“开门红”。2021年，全市实现规上工业增加值364.2亿元，增长15%，高于GDP增速6.7个百分点，近五年（2017—2021年）年均增长9.8%，高出全省平均1.7个百分点，居全省第四位。全面梳理整合和引用囊括24份市级涉工政策文件，系统集成出台《关于加快生态工业和数字经济高质量发展若干政策的意见》。

【工业投资】　2021年，全市工业投资同比增长13.9%，其中，制造业投资同比增长20.1%，增幅位列全省第六位，高于年度目标5.1个百分点，两年（2020—2021年）平均增长2.8%。项目投资比2020年增长11.0%。工业技术改造投资增长5.9%，高新技术产业投资增长7.4%。全市累计新增工业供地面积189宗，总出让面积434.32公顷，同比增长16.6%。

【县域经济】　2021年，全市各县域规上工业增加值累计增速均实现正增长，其中丽水开发区（23.2%）、缙云县（21.7%）、遂昌县（19.3%）、莲都区属（18.6%）、云和县（15.2%）、景宁畲族自治县（15.2%）高于全市平均，龙泉市、青田县、庆元县、松阳县分别实现增长11.2%、6.5%、6.0%、0.6%。从规模占比情况看，缙云县规上工业增加值总量占全市比重最高，为19.1%，较2020年度提高1.9个百分点；丽水开发区（18.0%）、遂昌县（13.6%）较2020年度都有所提高；青田县（13.8%）、松阳县（8.2%）、龙泉市（2021年，全面梳理整合和引用囊括24份市级涉工政策文件，系统集成出台《关于加快生态工业和数字经济高质量发展若干政策的意见》6.0%）、莲都区属（4.3%）、庆元县（3.0%）、景宁县（1.3%）均较2020年度有所下降；云和县（8.2%）占比保持不变。

【行业发展】　2021年，从细分行业看，35个行业大类中，29个行业累计同比实现正增长，增长面预计82.9%。其中，通用设备制造业（22.5%）贡献最大，拉动规上工业增加值增长1.8个百分点，对规上工业贡献率12.3%；电力、热力生产和供应业（14.7%）、化学原料和化学制品制造业（23.3%）、电气机械和器材制造业（13.3%）分别拉动规上工业增加值增长1.5个、1.3个、1.2个百分点。

【新兴产业】　2021年，全市新兴产业快速增长。全市规上高技术产业增加值、装备制造业增加值、战略性新兴产业增加值、高新技术产业增加值分别增长25.1%、20.7%、23.4%、17.9%，增速均高于面上规模以上工业增速，分别高出10.1个、5.7个、8.4个、2.9个百分点，分别拉动规模以上工业增加值增长1.3个、6.2个、3.6个、7.6个百分点。

【留丽追产】　2021年，丽水市率先出台“九送”政策留员工。推出送红包、送补助、送优惠等“九送”惠企政策包，全市兑现“九送”政策资金5000万余元，有效促进企业留住员工在丽过节加班追产，春节期间持续生产的规上企业占14.4%，明显高于2020年；企业开复工总体早于2020年，大部分企业复工时员工到岗率60%以上。

【“双招双引”】　2021年，市经信局成立“双招双引”工作领导小组，制定“双招双引”实施分工方案，做好数字经济和制造业大项目招引。全市累计招引亿元以上制造业项目129个，同比增长53.6%。联合主办2021丽水（上海）

数字经济专题推介会，丽水市数字经济平台落地项目91个，其中税收500万元以上重大项目2个、储备项目54个；绿谷信息产业园园区入驻率85%，杭州丽水数字大厦入驻率80%。

【省级示范试点】 2021年，省级示范试点取得新突破，浙江天喜厨电股份有限公司、丽水青山特材有限公司、宇恒电池有限公司3家企业入选2021年省级新一代信息技术与制造业融合发展试点示范；丽水开发区甬莲智能制造产业园获批第二批省级数字经济“飞地”示范基地；浙江富冈机床有限公司基于工业物联的圆锯机远程运维云平台入选省级工业互联网创建平台；浙江三辰电器股份有限公司基于物联网的直流电源设备远程运维工业互联网平台入选全省第二批省级工业互联网平台，为丽水市首家。

【传统产业改造提升】 2021年，市经信局制定印发《丽水市深入推进传统制造业改造提升2.0版实施意见（2021—2023年）》，明确近三年传统制造业改造提升的目标、重点和举措。启动新一轮制造业“腾笼换鸟、凤凰涅槃”攻坚行动，制定《丽水市贯彻落实全省新一轮制造业“腾笼换鸟、凤凰涅槃”攻坚行动实施方案（2021—2023年）》《丽水市高耗低效企业整治三年行动方案（2021—2023年）》等，开展典型案例征集和编发宣传，聚焦淘汰整治、招大引强、重大技改3张清单，推进各地全面掌握工业发展底数、全面开展对标整治、全面实施精准化管理，整治销号高耗低效企业244家，腾出用能8.43万吨标准煤，腾出用地114.42公顷。

【“亩均论英雄”改革】 2021年，市经信局完成2020年度企业综合绩效评价，全市工业企业纳入绩效评价范围共2655家。开展2020年生态工业“亩均效益”领跑者评选活动，评选出制造业20强。进一步推进“亩均保”扩面增量，“亩均保”业务合作银行由1家增至4家，业务范围从市区拓展到龙泉市、缙云县、松阳县。2021年，全市“亩均保”在保企业项目33个，担保金额8680万元。推进低效企业整治，全市355家企业完成整治提升。

【企业培育】 2021年，丽水市6家企业获评工信部专精特新“小巨人”，8家企业列入第一批制造业单项冠军省级培育企业名单，23家企业列入放水养鱼行动培育企业，60家企业获评省专精特新中小企业，推荐宇恒电池有限公司、浙江三田汽车空调压缩机有限公司申报省级管理标杆企业。推进小微企业园建设，全年新增省级小微企业园13家，新增认定五星小微企业园1家、四星小微企业园2家。

【绿色制造体系建设】 2021年，中广电器、天喜厨电获评国家级绿色工厂，昶丰新材料2个产品获评国家级工业绿色设计产品，康恩贝等2家企业获评2021年省级绿色低碳工厂，丽水开发区获评省级绿色低碳园区，9家企业获评省节水标杆企业。创建市级绿色低碳工厂21家、绿色低碳园区2个，完成清洁生产审核企业84家。

【企业精准服务】 2021年，全市收集企业诉求2123个，办结率达到95%以上。其中，市本级组成以市直部门主要领导为组长的17个企业集中走访服务组，对市本级248家规上工业企业和数字经济龙头骨干企业进行走访服务，收集企业诉求156条，已全部解决。督促指导企业做好疫情防控和安全生产工作，避免因疫情和安全问题影响正常生产。做好疫情防控物资储备。

【减轻企业负担】 2021年，全市贯彻落实各项减负政策累计为企业减轻各类负担71.55亿元，其中减免企业各类税费56.15亿元，减征失业保险费1.93亿元，减轻企业用电成本4.56亿元，深化贷款市场报价利率为企业让利2.44亿元，创新实施“市县一体化”建设工程不见面开标为投标企业节约成本4461万元。规模以上工业企业每百元营业收入中的费用由一季度的9.60元下降为8.89元。全市1294家规上工业企业实现利润总额121.0亿元，增长17.0%，两年（2020年至2021年）平均增长16.1%。（李建敏）

开发区（工业园区）建设

【概况】 2021年，全市12个省级以上经济开发区（工业园区）累计开发土地104.16平方千米，其中开发工业用地58.199平方千米，全年工业投资116.43亿元；园区共有企业5431家，其中规上企业1108家，新增189家；全年实现规上工业产值1554.14亿元，规上工业增加值267.95亿元，税收收入共计83.79亿元。2021年，全市开发区（工业园区）综合考评结果，丽水经济技术开发区获一等奖，遂昌工业园区、缙云经济开发区、龙泉经济开发区、丽缙智能装备高新技术产业园区、松阳工业园区获二等奖，青田经济开发区、丽水工业园区、庆元工业园区、云和工业园区、丽景民族工业园、景宁经济开发区获三等奖。

【园区亮点工作】 2021年，丽水经济技术开发区累计引进工业项目50个，其中亿元以上项目41个，引进市外内资35.14亿元；实际利用外资5892万美元，同比增长104.65%，出让工业用地138.8公顷。出台《丽水经济技术开发区工业企业2020年度亩均效益综合评价办法》，完成473家企业的评级工作，其中规上企业241家、用地0.2公顷以上规下企业232家；深化低散乱整治工作，对亩均低于3万的宗地企业和审批手续不全工业企业现场发放限期整改通知书，完成改造提升63家；重点企业"腾笼换鸟"15家，盘活土地36.75公顷。建立亿元企业培育库，入库企业30家，定期监测各企业运行情况，及时进行培育库增、退工作，新增亿元企业17家。实施科技助企行动，完成浙江省科技型中小企业认定165家、高新技术企业认定42家。借助山海协作平台，引入宁波高新区孵化器运营商，累计评审项目260余家，落户企业53家；持续抓好工业科技特派员工作，至年底，共引导帮助企业攻克材料、工艺、应用、设计等技术难题130余项，实现专利授权量80余项，转化技术成果

2021年全市经济开发区（工业园区）情况表

表8

开发区（园区）名称	园区主要产业及产业定位	园区规划总面积（平方千米）	园区工业用地规划面积（平方千米）	已开发总面积（公顷）	已开发工业用地面积（公顷）	已投产企业占地面积（公顷）	现存可供工业用地面积（公顷）
丽水经济技术开发区	数字经济、半导体全链条、精密制造、金融业、服务业、会展及科技产业	70.00	16.00	2561.47	1457.73	701.33	65.00
丽水工业园区	装备制造、新型建材、鞋服轻工	13.11	6.01	583.00	442.67	219.05	3.33
龙泉经济开发区	精密制造、健康产业、时尚产业、青瓷宝剑	14.30	5.00	718.87	356.93	259.90	11.53
青田经济开发区	新能源、新材料、高端装备及数字经济产业	19.23	9.63	1057.00	866.33	504.18	26.33
云和工业园区	现代装备制造、木制玩具、医药健康产业	13.00	7.50	590.00	370.53	306.11	11.73
庆元工业园区	生物科技、竹木家居、铅笔	32.48	6.33	417.13	239.83	225.56	10.00
缙云经济开发区	健康医疗、智能家居、新材料加综合、现代装备	19.13	4.83	966.67	370.27	226.60	43.33
丽缙智能装备高新技术产业园区	装备制造、智能家电、健康医疗、节能环保、新一代信息技术	7.00	3.00	660.00	260.00	100.00	129.60
遂昌工业园区	金属制品、化工、高端装备	13.50	6.00	1350.00	596.67	403.33	50.00
松阳工业园区	高端装备制造业、高端不锈钢管、时尚产业、中医药产业	54.00	36.00	1050.00	634.27	265.27	106.67
景宁经济开发区	竹木加工、幼教木玩产业	12.04	3.42	156.33	72.67	16.00	11.33
丽景民族工业园	电工电器（气）	4.00	1.87	305.80	152.00	104.44	34.07

2021年工业产出情况表

表9

开发区（园区）名称	园区企业总数（家）	规上企业数（家）	高新技术企业家数（家）	亿元以上产值企业家数（家）	园区工业总产值（亿元）	规上工业产值（亿元）	规上增加值（亿元）	园区上缴税收（亿元）	外贸出口总额（万美元）
丽水经济技术开发区	1300	296	153	79	330.00	329.00	65.50	10.98	45335.00
丽水工业园区	437	86	43	16	70.15	51.66	8.96	2.94	600.00
龙泉经济开发区	293	100	19	24	132.75	73.75	15.00	3.25	24162.00
青田经济开发区	1082	170	53	41	359.73	269.03	39.01	12.96	34994.00
云和工业园区	852	74	23	17	216.47	181.96	22.43	7.39	28608.00
庆元工业园区	140	55	4	11	59.00	53.68	10.95	1.60	31284.00
缙云经济开发区	561	86	14	24	183.70	146.80	26.90	4.40	88124.00
丽缙智能装备高新技术产业园区	302	42	9	9	70.20	65.00	15.74	3.01	44838.00
遂昌工业园区	230	101	38	35	241.60	233.13	37.28	8.52	9612.63
松阳工业园区	150	74	31	39	134.30	133.20	22.60	4.82	9135.00
景宁经济开发区	44	4	0	1	7.00	6.29	1.35	13.23	7462.70
丽景民族工业园	40	20	5	3	12.10	10.64	2.23	10.69	971.20

2021 年工业投入情况表

表10

开发区(园区)名称	全社会固定资产投资额(亿元)	其中:工业投资额(亿元)	实际利用内资(亿元)	实际利用外资(万美元)	2021年引进亿元以上重大工业投资项目数(家)	规上工业万元增加值综合能耗(吨标煤/万元)
丽水经济技术开发区	70.90	26.68	35.14	5892.00	41.00	0.77
丽水工业园区	12.37	10.83	6.37	600.00	5.00	0.35
龙泉经济开发区	27.20	14.03	15.65	0.00	7.00	0.55
青田经济开发区	43.30	11.58	10.05	0.00	12.00	0.86
云和工业园区	6.68	4.09	5.30	201.01	1.00	1.57
庆元工业园区	8.80	6.40	7.24	1.00	3.00	0.67
缙云经济开发区	9.10	6.20	9.54	126.00	4.00	0.30
丽缙智能装备高新技术产业园区	13.02	9.85	9.85	1476.00	10.00	0.13
遂昌工业园区	10.85	10.88	10.85	0.00	11.00	0.74
松阳工业园区	11.78	10.37	9.91	673.00	16.00	0.89
景宁经济开发区	0.61	0.57	1.68	0.00	1.00	0.40
丽景民族工业园	3.74	2.23	3.94	0.00	4.00	0.64

2021 年土地利用情况表

表11

开发区(园区)名称	投资强度(万元/亩)	亩均产值(万元/亩)	亩均税收(万元/亩)
丽水经济技术开发区	194.79	313.68	10.44
丽水工业园区	321.13	368.74	15.43
龙泉经济开发区	275.73	341.13	8.50
青田经济开发区	344.89	475.66	17.14
云和工业园区	212.30	417.46	16.09
庆元工业园区	258.99	217.98	5.55
缙云经济开发区	291.38	431.90	12.99
丽缙智能装备高新技术产业园区	224.38	505.00	21.65
遂昌工业园区	189.75	515.66	18.18
松阳工业园区	238.60	405.30	11.23
景宁经济开发区	159.62	290.50	10.50
丽景民族工业园	157.00	191.00	73.00

100 项以上。引导帮助企业立项重点研发项目省级 2 项、市级 22 项，辅导企业创建市级众创空间 1 家。

丽水工业园区通过不间断的走访挖潜，持续深入数据分析，不断完善重点企业培育库，全年累计入库企业近 40 家次。2021 年，实现企业培育上规 30 家（新企业上规 10 家，小升规 20 家），为历史最高值，培育库内企业上规率超 80%；培育上规即达到亿元的企业 3 家，上规的 30 家企业平均产值 4090 万元，超 2020 年新上规企业平均产值（15 家企业的平均产值 2460 万元）。聚焦企业服务，建立企业问题交办制度，关注企业诉求解决的完成度和时效性。2021 年，园区网格员累计走访企业 2000 余次，共收集企业反馈的困难或建议 38 个，其中现场解决 34 个，跨部门解决 4 个；线上收到企业诉求 68 条，全部解决或在线流转；建立服务联盟体系，辅导园区 39 家企业获科技资质，52 家企业获 228 项专利，37 家企业获各类经费补助 878 万元；建立“莲都区制造业金融服务站”，开展咨询服务活动 21 次，走访企业 110 家次，解答和解决企业难题 93 个，落实企业融资 37 笔 34264 万元，落实保险项目数 26 个。

龙泉经济开发区以“做大总量，

做优质量”为导向，持续开展优质企业梯度培育工程。完善出台《浙江龙泉经济开发区大企业激励新政》，建立小升规企业培育库，实施“五个一”（一名责任领导、一名联系干部、一企一政策、一月一走访、一月一调整）服务培育机制，以“联系领导+联系干部”的方式动态监测、深入走访、专人跟踪服务30家小升规培育对象企业，全年新上规企业13家。引导企业加强科技创新，全年完成省科技型中小企业申报21家，新增高新技术企业研发中心3家；浙江三田汽车空调压缩机有限公司获评2021年省“未来工厂”试点，成为全市唯一入选企业。抓项目建设和招商引资，2021年，已完成项目签约22个，协议总投资20.65亿元，完成实际利用内资15.67亿元；完成科博乐、双枪、国镜二期等7个大项目签约，其中5亿元以上项目签约2个。成立“一站式企业服务中心”，压缩项目审批时限，完成落地项目21个、投产项目15个。深化“亩均论英雄”改革，实施“腾笼换鸟、凤凰涅槃”，全年完成低效企业整治51家，盘活低效用地61.2公顷。

青田经济开发区建立平台“二次创业”作战部，谋划腊口乌坦山、船寮白岸、温溪小峙—寺下、东源门前山、高湖黄本垟—下济坑、海口高沙等“万亩千亿”工业平台，为“十四五”时期工业经济倍增行动做好平台支撑。实施“双招双引”战略性先导工程，招引上市公司、行业龙头、链主型企业爱玛科技，青田—中关村协同创新合作项目签约。2021年，共引进项目58个，合同引进资金55.31亿元，实际利用市外内资11.95亿元。新一轮制造业“腾笼换鸟、凤凰涅槃”攻坚行动领导小组成立。聚焦攻坚目标，强化部门联动，落实清单责任，实施挂图作战，实行闭环管理。

云和工业园区有在建项目11个，其中续建项目8个，完成木玩产业创业孵化基地项目一期主体工程建设，新增标准厂房近19万平方米。至年底，东拓一期项目开工建设完成基础施工，东拓二期启动土地挂牌出让。工业园区公共服务中心通过主体验收。“污水零直排”管网改造工程、园区健身广场等配套项目均按年度计划完工验收。2021年，园区推进整合设立省级经济开发区工作，申报方案已上报省政府。完成省重点文化产业园区创建。云和县木玩文化产业园被省委宣传部认定为浙江省重点文化产业园区。结合县“用电建筑消防安全整治行动”，成立专项行动领导小组和7个专项组，分阶段对园区内企业、商铺、超市等各类场所进行全面排查，累计对园区内企业开展消防安全巡查3000余次，整改隐患点5000余处，与企业主体签订消防安全责任书800余份，举行消防演习活动80余次。针对入园项目，为企业提供审批、建设、竣工等全方位服务保障，帮忙协调项目前期审批开工建设11家。

庆元工业园区新增入园工业企业10家，新增规上工业企业数8个，新增高新技术企业4个。屏都生物科技产业园两山梦之园20栋14.2万平方米标准厂房全面结顶；4.5万平方米企业服务综合体完成桩基浇筑。2021年，落地项目9个，新引进亿元以上重大工业投资项目3个，挂牌出让工业用地9宗共7.62公顷；引进长兴泛亚智慧照明有限公司年产1000万套LED照明灯具项目，实现庆元县数字经济核心制造业零的突破。争创省级经济开发区、国家庆元竹业产业示范园区，开启园区高质量绿色发展新征程。数字赋能生态美丽园区建设，屏都新区污水预处理站（废水）在线监测系统投入使用，污水排放在线监测，压缩式垃圾中转站投入使用，屏都综合新区通过首批“无废园区”评审。园区通过走访宣传，完成17家企业光伏项目备案，其中15家企业光伏安装并实现并网发电，合计装机容量8944.45千瓦，预计年发电894万千瓦时。梦天一期3400千瓦光伏项目已并网发电。

缙云经济开发区开展“三服务”工作，解决企业遇到的问题和难题，上门服务500余次，协助浙江新楠方环卫设备有限公司、浙江新三都纸业有限公司等4家企业办理完成分割登记后地块转让等工作；缓解企业“用工难”，共举办线上线下招聘会50余次，帮助企业解决用工近2000人。开发区企业新增专利授权639件，同比增长91.3%；入选省科技型中小企业20家，被认定为国家高新技术企业14家；被认定省级研究院1家，省级研发中心2家；涛涛车业获“浙江制造”认证，华洋赛车入选“2021年丽水市人民政府质量奖”。推进数字化改造工作，完成企业数字化改造47家，入选金属制品行业数字化示范企业2家；通过工信部两化融合贯标体系认定2家。2021年，开发区企业完成“小升规”15家，新增亿元企业5家，10亿元企业1家，20亿元企业1家。聚焦运动休闲企业，招引上下游相关配套企业，引进科技型中小微项目5个，落地大项目4个，总投资7.5亿元。驻外招商员共对接项目800余次，接待客商到开发区实地考察80余次，计划总投资35亿元，通过预审项目6个。与富阳经济技术开发区签订开放平台共建合作结对协议。

丽缙智能装备高新技术产业园聚焦靶向招引，全年招引行业领域的头部企业黑蜂智造、医疗行业“隐形独角兽”企业伊普诺康、小米供应链企业华烯电器和智家电器等，储备各类工业项目60余个。2021年，招引总投资5800万美元的肖特药包二期项目，同时肖特医药系统亚洲总部落户园区。优化园区发展空间布局，优化苍山片区控规，完成苍山片区控规控制指标调整1处，调整地块总用地面积近3.52公顷，拟调整苍山区块用地性质和控制指标6处，调整地块总用地面积近43.287公顷；谋划"十四五"期间空间拓展工作，完成空间拓展地块研究工作，确定高铁片区、西山沿片区、南片区3个片区规划总面积786.67公顷。不断优化营商环境，共收集在批项目反映的各项问题20余个，已协调解决问题24个。抓环保整治，开展无废园区创建，全面排摸危废和固废企业情况，指导15家企业完成浙江省固体废物管理系统注册、31家企业优化一般固废收集工作，走访排查35个厂区，重点排查19家园区内涉及VOCs排放企业。

遂昌工业园区充实配强科室人员力量，按区域包干定期走访企业，"一对一"全程跟踪规上企业培育，动态监测企业数据报送，督促已投产企业科学规范统计数据。2021年，全园区新上规企业27家，园区规上企业累计101家，新培育亿元以上企业8家，亿元以上企业累计35家，新培育10亿元企业1家。按照新版《生态工业三十条》政策，加速惠企政策兑现，累计兑现各类政策奖补资金7638万元。树立精准招商、招大引强理念，聚焦智能装备制造、先进新材料等领域，全年引进生态工业项目17个，完成合同引资82.05亿元，其中亿元以上项目11个，10亿元以上项目3个，完成年度任务136.75%。全市首家县级层面专业人力资源产业园建成运行，为企业引才招工和群众就业创业提供"一站式"双向服务。引进各类人才604人，完成全年招才600人工作任务。成立遂昌县生态工业"双招双引"服务中心，实现涉企事项在园区就地办理。拓展工业发展空间，谋划实施龙板山二期、连头矿地开发、东城新区核心区块开发前期工作，开展3个区块的控制性详细规划编制工作，规划面积近5.64平方千米。

松阳工业园区把发展作为第一要务，各项经济指标保持平稳较快增长，并成功创建"浙江松阳经济开发区"。2021年，辖区新增规上企业8家，累计74家。通过实施机器换人、"两化"融合、科技创新等举措，巩固不锈钢产业的主导地位，产值、增加值和效益稳步提升，41家规上不锈钢企业全年实现总产值76.9亿元，同比增长38.7%；预计工业增加值8.7亿元，同比增长8.8%；税收2.0亿元，同比增长32.6%；亩均税收从上一年度的12.8万元/亩增至17万元/亩。全年招引Hape国际控股、AR智能眼镜、城光联链、新鑫供应链等高质量产业项目30个（含恒兆小微园入园项目17个），其中投资亿元以上项目11个；项目每个总用地56公顷，总投资19.72亿元，预计达产后实现产值42.54亿元，税收1.87亿元。松阳—余姚山海协作产业园发展取得重大进展，全年完成基础设施投资15227万元，有在建社会性投资项目23个，完成总投资90373万元，政府投资和社会投资均为历年最高。园内15家规上企业工业总产值33.68亿元，亩均工业增加值121.69万元/亩，税收1.23亿元，亩均税收21.41万元/亩。

景宁经济开发区总部经济发展态势良好。深入开展"双招双引"抢势领航攻坚行动，与中汇税务师事务所签订战略合作协议，不断拓展招商新路径新平台。至年底，共引进总部企业118家。培育主导产业，推进实体工业企业落地投产，实现招引一批、开工一批、投产一批。招引实体企业15家，新增投产企业12家，新增上规企业2家，累计产值2.9亿元。庆隆、产业园A区块等4个项目已开工建设。园区基础设施建设日趋完善。完成土地平整156.33公顷；按照景宁副城区的高标准定位要求，不断完善园区道路管网，启动邻里中心等城市功能配套建设。助企服务实现全覆盖。实行重点项目干部"一对一"联系制度，对企业实行全方位跟踪服务。以"我为企业解难题"为轴，为企业解决工业垃圾堆放、后期商业配套等问题10余件；帮助企业员工完成疫苗接种700余人，接种率95%。

丽景民族工业园推进"双招双引"战略，聚焦电工电器（电气）等精密制造产业，落实"全员招商"，累计接待客商600余人次，外出招商走访企业100余家，招引实体企业9家，其中亿元以上项目4个，总部经济企业120家，其中孚仁、九创等7家总部企业入选2021年招商引资大项目。推进项目建设进度，以"一周一晒""一月一点评"压实责任，巨智科技和网营物联项目入选月度"红旗"项目，全年新开工项目9个，完成竣工验收项目9个，完成投产项目8个。稳步推进平台建设，累计完成政府项目投资5000万余元，平整土地面积9.33公顷。2021年，新引进的丽水巨智（UTG）项目总投资近4.4亿元，其技术填补国内空白，此项目先后在行业内的国际展会上获创新材料银奖、杰出贡献奖。坚持园企联动、培育潜在人才，提升人才层次，新增畲乡英才1人、拔尖新秀2人，入选"浙江工匠"1人。实施"腾笼换鸟、凤凰涅槃"攻坚行动，盘活低效用地4宗9.18公顷。开展园区整治攻坚行动，针对园区渣土乱倾倒现象开展专项整治，共劝返运输渣土车

辆100余辆，处置违规倾倒渣土10余起。（虞四兵）

工业行业

【概况】 2021年，丽水市实现规上工业增加值364.2亿元，增长15.0%，增速居全省第四位。从占比来看，高新技术产业、装备制造业、战略性新兴产业分别占规上工业比重46.4%、32.5%、16.3%，较2020年度提高6.1个、3.1个和-1.0个百分点。从行业结构上看，轻工业、重工业分别增长17.0%、13.8%，大中型企业、小微型企业分别增长9.7%、17.9%；全市规上工业增加值占比居前十位的行业实现增加值260.2亿元，占规上工业增加值比重71.4%，同比增长28.7%。其中，铁路、船舶、航空航天和其他运输设备制造业（32.7%），橡胶和塑料制品业（25.3%），化学原料和化学制品制造业（23.3%），通用设备制造业（22.5%），文教、工美、体育和娱乐用品制造业（18.6%），金属制品业（17.8%），高于规上工业增加值增速。（柳卢飞）

电力工业

【概况】 2021年，丽水全社会用电量135.49亿千瓦时，同比增长14.71%，增速全省第三位。全社会最高负荷256.69万千瓦，同比增长13.22%。全年丽水电业局累计完成固定资产投资14.89亿元；新开工变电容量46.3万千伏安、线路417.59千米，投产变电54万千伏安、线路169.44千米。完成用电量135.5亿千瓦时，同比增长14.72%。至年底，丽水电网共有1000千伏变电站和500千伏变电站各1座，220千伏变电站13座，110千伏变电站46座，110千伏及以上变电容量1795.5万千伏安、输电线路长度3988.8千米。丽水地区并网电站890座，总装机369.1万千瓦。

【创新举措】 2021年，丽水电业局发挥区域资源禀赋优势，锚定全域共富新型电力系统示范目标，打造全域零碳能源互联网综合示范工程，启动缙云水氢生物质近零碳、景宁绿电100%泛微网、小水电抽蓄改造等“一域十县百景”实践项目，全省首创风光水储能源汇集站建设模式；全省首家推动政府成立能源电力产业低碳发展促进联盟，首发《零碳发展专项行动报告》；全省首创小水电“错峰发电”机制，优化小水电峰谷时段，实现本地用电需求的最大化可再生能源供给；全省率先实施市场化需求响应、启动用电权交易、实现“新能源+配套储能”政策市县全覆盖。

【电力数字化改革】 2021年，丽水电业局承担并完成丽水市能源大数据中心建设任务，上线“碳效码”、能源双控和有序用电模块，自主开发数智电眼、乡村振兴、居民低电量指数、清洁能源总览和碳中和全景等特色模块，并纳入政府每日会商应用，有效支撑决策分析，推动社会能效水平提升。启动丽水“数智雷达”监测平台建设，创新开发“e表通”，上线全省首个基于数据中台运行的“‘95598’工单助手”，以数智赋能实现基层减负。与地方政府合作，开发“花园码”“电力民情地图”等数字产品，助推乡村振兴，提升优质服务效能。

【电力供应保障】 2021年，丽水电业局务实推进供电可靠性提升，户均停电时长由5.31小时压降至2.4小时，同期线损由4.25%压降至3.9%，完成线路动态增容7条，提升限额19.1万千瓦，实现四类不停电作业全覆盖，不停电作业次数同比增长30.25%。深化百万级绿色虚拟电厂建设，助力省网零碳调峰5次，最大调峰40万千瓦。构建80万千瓦需求响应资源池，新增秒级、分钟级可中断负荷7万千瓦、13万千瓦。构建“政府主导、电力主动、快速响应”保电服务管理体系，完成庆祝中国共产党成立100周年、祭祀轩辕黄帝大典、景宁全国农居环境整治提升会等重大保电任务。政企合力推进林区输配电设施火灾隐患治理、小区配电房防内涝、电网设施防外力破坏等工作。

【电网转型】 2021年，丽水电业局加快推进电网转型升级，促成市政府与浙江省电力有限公司签订“十四五”战略合作协议、与国网新源达成百亿战略合作，成立低碳发展联盟以及双碳、抽蓄等专班，完成全域光伏、抽蓄资源摸排，制定光伏开发时空分布图，助力8个抽蓄站址纳入国家中长期规划，着力打造华东抽水蓄能基地和绿色能源基地。有序推进500千伏丽西变建设，开工110千伏寿元变等工程10项、投产7项，220千伏金亭变获浙江省“钱江杯”。新建标准网格26个、标准线路165条。推动2035年前主网布局全面纳入国土空间规划，实现电力设施站址廊道“一次划定”。

【营销服务优化】 2021年，丽水电业局实施电力支撑服务共同富裕十项举措、“乡村振兴·电力先行”行动，首发乡村振兴发展电力指数，建成新时代乡村电气化村59个、红船光明驿站10个。深化“阳光业扩一站通”应用，全面落实160千伏安低压接入。开展“获得电力”问题专项治理，景宁畲族自治县、遂昌县、庆元县实现零投诉。全省试点“电 e 金融”服务，助力 205 家中小微企业融资贷款 1.55 亿元。优化营销模式，完成县公司城供中心建设。建成数智化供电所 11 个，完成无人化营业厅改造 32 个。（洪瑜阳）

【电厂夯实安全基础】 2021 年，国网浙江省电力有限公司紧水滩水力发电厂完成发电量 4.56 亿千瓦时。全年未发生八级以上人身、设备及信息系统事故（事件），未发生一般及以上火灾和交通事故，全年累计安全行车 110 万千米。至年底，连续安全生产天数达 6190 天，创历史新高。根据新《安全生产法》，修订全员安全责任清单及厂领导班子“两个清单”，压紧压实各级安全责任。纵深推进安全生产专项整治三年行动，深入开展查思想认识、严明政治规矩，查制度体系、严肃制度执行，查安全管理、严细落实责任，查事故隐患、严抓安全防控等“五查五严”工作。强化隐患排查治理和作业现场风险管控，2021 年，修订应急预案体系，进行应急能力评估，并开展防汛防台、火灾事故、食品中毒等预案演练。完成国网公司 2021 年度水电厂安全性评价工作，参与省公司与国网新源公司安全共建，保障全国“两会”、建党百年等重大活动期间网络安全。抓好疫情防控，确保“双零”成果。

【电厂生产管理】 2021 年，紧水滩大坝被评定为正常坝（A 级），大坝安全管理成效得到国家能源局大坝安全监察中心肯定。完成全年防汛防台和重要保电任务，强降雨期间，机组满发腾库，创造日发电量 801 万千瓦时新纪录；累计拦蓄洪水 4 亿立方米，为下游防洪减灾发挥重要作用。应对“烟花”“灿都”等台风，开展多轮设备设施特巡，科学调度，提前腾库，

2021 年 11 月 25 日，紧水滩 6 号机组转子利吊出　　（陶　萱　提供）

确保水库大坝安全。开启第二轮主设备改造，有序推进紧站 6 号机 A 级检修及转子改造项目。编制 37 个类别的生产管理工作手册，进一步梳理设备主人制职责分工和标准化管理流程。《坝式水电站自适应浮标》项目实现科技成果产值转化，并入选国网浙江省电力公司“首台首套”建设成果。《大数据深度学习技术在大溪流域洪水预报中的应用与研究》项目获 2021 年浙江能源数据创新应用大赛三等奖。《智能碳刷研磨机研制》双创项目通过国网浙江省电力公司验收。

【电厂转型发展】 2021 年，智慧水电综合管理平台启用，并同步在 i 国网 App 上线智慧水电模块，获中国电力设备管理协会“电力行业年度示范智慧电厂”称号。紧水滩混合式抽水蓄能项目被纳入全国《抽水蓄能中长期发展规划（2021—2035 年）》，被列为“十四五”重点实施项目，联合地方政府成立项目工作领导小组，加快推进项目前期工作。选派具备丰富水电建设经验的员工配合省公司开展省内中小型抽蓄规划选点工作。完成珊溪电厂、滩坑电站共 4 台机组 C 级检修技术服务。承揽省内 11 座变电站的防内涝能力提升工程及 14 座变电站的沉降监测项目。与培训中心签订战略合作协议，达成调考竞赛、水电运维、电力消防等方面培训业务合作意向。竣工投用紧水滩消防实训基地，并承办国网浙江省电力有限公司第一期变电运维人员消防实操培训。完成杭州、金华、温州等地区 6 个变电站及相关设备设施的消防维保检测工作。太极湾农场被莲都区农业农村局授予“2021 年优秀农产品质量安全动态监管基地”称号。

【“幸福紧电”建设】 2021 年，国网浙江省电力有限公司紧水滩水力发电厂全面建成企业文化展厅，全年在《人民日报》、学习强国、电网头条等主流媒体平台发稿 24 篇。落实 9 件为职工办实事项目，推进“幸福紧电”建设，举办“我心向党　奋进新征程”群众性主题教育。开展“师带徒”活动、青年人才培养“五个一”（一种心态、一种技能、一篇文章、一场汇报、一次策划）活动，加快青年员工成长成才。与龙泉市新河村开展城乡结

对交流，助力地方乡村振兴。紧水滩水力发电工程被命名为“浙江省党史学习教育基地”。叶伟哲获国网公司“优秀共产党员”称号，叶石云获“全国优秀共青团员”称号，陈孟法获“新时代浙江工匠”称号，胡伟飞获“青年五四奖章”和“浙江省青年工匠”称号，运维党支部获国网浙江省电力有限公司“电网先锋党支部”称号。（陶　萱）

中小企业

【概况】 2021年，市经信局推进“雄鹰行动”企业培育，纳爱斯集团启动生态研究及产业链项目，完成瑞浦科技集团有限公司“一企一策”政策制定。新增规上工业企业198家；新增省隐形冠军企业2家、国家专精特新“小巨人”企业6家（其中，国家重点“小巨人”企业1家、国家重点“小巨人”企业公共服务示范平台1个）、省专精特新企业60家。宇恒电池有限公司被认定为省级管理标杆企业。

【中小企业公共服务体系建设】 2021年，市经信局加快打造“聚焦精准、服务多元、政企互动、三级联动的企业码”一站式企业服务综合平台，整合开发“政策兑现、企业诉求、便企导航、企业资讯、服务券、中介超市、码上担保、码上代办、码上基金、丽企大讲堂”等专区应用30余个，开展线上直播培训活动53场、观看10万余人次，全市累计领码企业52790家，企业领码率135.44%，扫码应用138225次，助企服务员走访企业并报送7501家次。深化精准服务企业“365”专项行动，由市领导联系全市130家重点企业，市直部门联系开发区和绿谷信息产业园159家重点企业。组织对全市1151家规上企业进行走访服务，协调解决企业困难问题，做到“件件有落实、事事有回音”。全年全市收集企业诉求2123个，办结率95%以上。

【企业人才素质提升】 2021年，市经信局组织绿谷精英项目招引，联合市数发公司招引项目17个，完成5个落地项目首批补助资金发放。2021级“丽商菁英”班开班，录取企业家学员61人，成立班级临时党支部，由企业家学员担任支部书记和支部委员。组织各县（市、区）继续开展2021年数字经济领域职业技能培训，任务数2400人次，全市累计完成3077人次。举办第十届“智汇丽水”人才科技峰会子活动“高层次人才与企业家现场对接会”，邀请70余名高层次人才、20余个创业项目代表以及100余名本市企业家参会，完成现场签约项目8个。

【小微企业园区建设管理】 2021年，丽水市新增小微企业园13家，累计建设省级小微企业园49家；评定2021年度五星小微企业园1家、四星小微企业园2家、三星级小微企业园5家、二星级小微企业园5家；格瑞斯小微企业园被评为2021年数字化示范小微企业园。举办全市小微企业园建设管理提升培训班，与市银监局联合推出“一园一行一顾问”金融服务机制，开展小微企业园安全生产和消防安全大检查，全市对小微企业园进行安全培训44次2001人次。（吴　毅）

信息化推进与管理

【数字经济产业情况】 2021年，丽水市数字经济核心产业增加值58.5亿元，可比价增长17.7%，高出全省平均4.4个百分点，增速全省位列第五，占GDP的比重为3.4%。全市数字经济核心制造业增加值17.76亿元，同比增长18.5%，增速全省位列第六；全市规上数字经济核心产业实现营业收入112.31亿元，同比增长27.3%，增速全省位列第六。全市软件和信息技术服务业实现主营业务收入38.08亿元，同比增长23.5%；软件业务收入15.85亿元，同比增长6.8%。2021年，全市新增建成5G基站2092个，累计建成4918个，实现乡镇及以上重点区域连续覆盖，并逐步向农村区域延伸，实现行政村覆盖率50%。数发公司管理的“三园一基地”，累计入驻企业467家，就业人数7000余人。园区企业实现营收65.1亿元，同比增长30%，实现税收1.7亿元，同比增长30.8%。

【数字经济系统建设】 2021年，丽水市数字经济综合应用门户与省门户同步上线并迭代升级到3.0版，门户上线应用46个，实现产业链一键通、科创平台等省级重点应用贯通。上架浙企智造相关应用10个（其中生态合成革产业大脑系统作为市级重点应用）、浙企畅链应用4个、浙企投资应用5个、浙里共富应用1个、浙里贸易应用2个、浙里消费应用4个、浙里要素应用7个、浙企创新应用2个、浙企服务应用5个、丽水特色应用6个，其中，包括遂昌工业一张图、青田石雕数字化应用、龙泉汽配云等区县重点应用集成。各项省级示范试点均实现零的突破。“市县一体化远程不见面开标系统”“生态合成革工业互联网应用平台”2个项目获全省数字经济系统应用场景大赛三等奖被列入省级首批数字经济系统多跨应用场景推广目录。丽水生态合成革产业大脑入选全省第一批行业产业大脑建设试点“揭榜挂帅”项目。丽水合成革产业集群新智造试点入选2021年产业集群(区域)新智造试点名单。浙江三田汽车空调压缩机有限公司入选2021年第一批“未来工厂”试点企业名单。青田石雕产业数字化平台入选全省数字经济系统第一批优秀地方特色应用。“市县一体化”远程不见面开标应用获评市数字化改革最佳应用场景。

【数字产业化发展】 2021年,丽水市经信局印发《丽水市数字经济发展“十四五”规划》,提出2025年实现数字经济总量1000亿元,数字经济核心产业增加值占GDP比重5%的目标。配合经济运行处研究制定出台《丽水市生态工业和数字经济发展专项资金管理办法》等配套政策;牵头起草《丽水市数字经济主题基金组建方案》,并获市基金办批复,基金首期规模6亿元。开发区中欣晶圆项目已经市投决会决策通过,市数字经济主题基金投资4亿元。兑现2021年信息经济发展扶持资金210万元,兑付2021年丽水市数字经济发展平台招商奖励资金1014.63万元。2021年,拨付省级软件新动能培育补助资金575.21万元。以丽水开发区、缙云县、青田县为重点发展数字经济核心制造业,其中重点以丽水开发区为核心打造芯片产业园,引进光珀智能、珏芯微电子、江丰电子、晶睿电子、中科半导体等16个半导体产业项目。2021年,丽水开发区在全国218个国家级经开区中综合排名第80名,比2020年度158名跃升78名,实现“阶跃式”发展。丽水开发区甬莲智能制造产业园获评第二批省级数字经济“飞地”示范基地。2021年,市数发公司管理的“三园一基地”重点发展软件和技术服务业等数字经济核心服务业,落地项目91个,其中税收500万元以上重大项目2个。绿谷信息产业园、杭州丽水数字大厦分获浙江省五星级和四星级小微园;全国专精特新培训基地已落户杭州丽水数字大厦。丽水挖掘“绿水青山就是金山银山”理念价值转化通道,打造“丽水模式”金名片。2021年,全市实现网络零售额591.1亿元,同比增长22.8%,增幅居全省第三位。遂昌县探索发展休闲研发经济,打造“天工之城”等原生态第二创新空间,成功入选省数字经济创新发展试验区创建名单。至年底,引进阿里云、网易、中电海康、字节跳动、晶盛机电、千寻位置等20余家数字类企业并签订合作协议,招引产业链上下游配套企业落户,天工之城累计新增注册市场主体750家,其中数字型企业259家。

【产业数字化发展】 2021年,丽水市经信局继续推进企业智能化改造工作,启动实施企业智能化改造和数字化转型三年行动计划,全市已有595家规模以上企业开展各类智能化改造,占规上企业家数51.7%。引导企业建设数字化车间/智能工厂和“未来工厂”,浙江三田汽车空调压缩机有限公司入选2021年第一批“未来工厂”试点企业名单。市级培育企业73家,累计获评省级智能工厂(数字车间)项目12个,市级企业智能制造和数字化转型试点示范项目25个,推广应用工业机器人444台。推进两化融合。组织开展工业互联网平台创建工作,浙江富冈机床有限公司入选省级工业互联网创建平台;浙江三辰电器股份有限公司入选全省第二批省级工业互联网平台。深入实施企业上云,完成上云企业7856家,省级上云标杆企业6家。缙云晨龙锯床有限公司入选省级制造业云上企业。浙江富冈机床有限公司基于工业物联的圆锯机远程运维云平台入选省级工业互联网创建平台。天喜厨电、青山特材、宇恒电池3家企业入选2021年省级新一代信息技术与制造业融合发展试点示范,累计信息技术(互联网)和制造业融合发展试点示范企业10家;丽水生态合成革产业集群被列入全省2021年产业集群新智造试点;金马逊、三辰电器等6家企业成功申报省级首台(套)产品,累计35家;获评省级企业技术中心9家,累计20家;评定晨龙集团等市级企业技术中心30个,累计254家。

【通信基础设施建设】 2021年末,根据省通管局监测数据显示,全市电信业务总量(按2020年不变单价计)完成24.74亿元,同比增速19.59%。其中,全市电信业务收入22.65亿元,同比增速14.01%;全市固定电话用户数39.22万户,固定互联网宽带接入用户106.74万户;全市移动电话用户284.89万户。2021年,丽水市超额完成5G基站建设年度目标任务。2021年,全市新增建成5G基站2092个(年度目标任务2000个),累计建成4918个,实现乡镇及以上重点区域连续覆盖,并逐步向农村区域延伸,实现行政村覆盖率50%。推进一批历史疑难站点建设。完成山水嘉苑、路湾新村、中山公园、两湖公园等受阻遗留超3年的基站建设开通,解决局部网络覆盖问题,助力5G精品网络覆盖。实现存量公共地下空间网络信号全覆盖。市区主城区(含开发区)存量260个开放在用的公共地下空间,实现3家主要通信运营商通信与网络信号100%覆盖。5G联席办召开部门联席月例会6次,解决群体性纠纷接访3场次,发放交办单16份。 (程俊杰)

经济合作交流

招商引资

【概况】 2021年，市委经济工作会议将“双招双引”确立为战略性先导工程，全年招商工作实现“数量历史最多、质量历史最好”，省长郑栅洁对丽水市招引成效专门作“有志气、有干劲、有办法，就一定有成果”的重要批示。全年新引进项目620个，同比增长81.3%；新引进大项目186个，其中亿元以上制造业项目129个，同比增长53.6%，占引进大项目总数69.4%；新引进上市企业19家、百强企业10家，行业隐形冠军4家；旅游学校项目落地，万达集团入驻南城，树兰国际医学中心、口腔医院、水东医院完成土地摘牌。

【机制创新】 2021年，丽水市创新“赛马比拼”机制，以“项目落地为王、实绩论英雄”为“风向标”，实行“一月一排名、年底定奖惩”晾晒制度。开展招商项目“百日攻坚”行动，加快在谈项目落地速度。建立“揭榜挂帅”机制，市级发布20亿元制造业项目、50亿元重大非工项目招引榜单，落实奖励配套政策。县（市、区）同步设置“榜单”，实行差异化赋分。落实“协同联动”机制，对市直部门分三类考核，构建“产业平台招商单位牵头推进、招商资源单位提供引进牵线、招商服务单位做好项目落地服务”的市区非工项目招商格局。

【模式创新】 2021年，丽水市“打好‘组合拳’，推进招商引资提质增效”入选全省创新招商方式优秀案例。推广基金招商、飞地招商、平台招商，撬动社会资本投资110.8亿元，招引英特药业销售总部、天境生物销售总部等为代表的总部上市企业。在全省首创产业招商云图，通过“一码”知家底，实现“一机在手、一码推送、一目了然”。在全省率先设计开发“招商引资一张图”，打造招商引资大智治场景，实现招商线索、驻外招商人员、在谈项目数字化管理。通过线索数据，引进半导体企业北京融薇科技有限公司落户开发区。指导各地围绕“建链、延链、补链、强链”绘制产业链全景图31张，对标招引，打造全市域产业差异化、互补式发展格局。

【招大引强】 2021年，丽水市累计与央企达成意向合作项目21个，落地项目8个；龙泉市和华润、云和县和国家能源、庆元县和中国铁建、松阳县和三峡、景宁县和中国电建达成“一对一”结对。承办“央企走进浙江山区26个县建设共同富裕示范区系列活动”首站丽水行活动，省委、省政府给予“央企参与面广、层级高，签约项目规模大、质量高，推广内容丰富、效果佳”的高度评价；在第十届“智汇丽水”人才科技峰会上，面向全球发布“双招双引”需求；在上海举办“2021年丽水生命健康专场招商推介会”，深度接轨生物医药最前沿领域。实行市领导联系重大非工项目制度，实施“3+X”（“3”是市招委办、市财政局、市自规局，“X”是招商责任部门、配合服务部门）非工项目推进机制，重点推进树兰国际医学中心、口腔医院等重大非工项目落地。（祝卿甫）

山海协作工程及区域合作交流

【概况】 2021年，丽水市把实施山海协作工程作为提升对外开放水平、加快经济转型升级的重要引擎，全力打造山海协作工程升级版。丽水市获2021年度全省山海协作工程综合考核优秀，为全省唯一获优的受援市，其中，遂昌—诸暨、缙云—富阳产业园分别获全省工业类和文旅类省级山海协作产业园建设发展情况绩效一等评价。重点围绕产业项目合作、平台载体建设、乡村振兴和社会事业合作、消费帮扶等各项工作，进一步拓展深化合作领域，推动“山”“海”高效联动。全年全市新签山海协作产业合作项目 155 个，实现到位资金 233.62 亿元（含续建项目），完成年度省定目标任务的 166.87%；组织开展招商推介、产业项目洽谈和签约会 61 次，完成年度省定目标任务的 321%；全市签订各领域专题合作协议 139 个；培训劳动力 16966 人次，完成年度省定目标任务的 424.15%；实现消费帮扶销售额 3.51 亿元，完成年度省定目标任务的 351%；市县完成高层互访 25 次，完成年度省定目标任务的 131.58%；全市实施群众增收、新农村建设和社会事业合作项目 116 个，到位援建资金 6544 万元；完成省政府民生地图管理系统山海协作项目任务 125 个；10 个省级山海协作产业园完成投资 99.77 亿元；新签约“产业飞地”9 个、“科创飞地”1 个，共建的 17 个“消薄飞地”到位返利资金 1.04 亿元；山海协作产业基金规模扩大到 14.08 亿元，已投项目 8 个。

【山海协作结对关系】 2021 年，根据《浙江省山海协作领导小组办公室印发关于进一步加强山海协作结对帮扶工作指导意见的通知》文件部署，丽水市在省定市、县结对基础上构建横向到边、纵向到底的结对网络。市本级与宁波市、嘉兴市、湖州市结对，丽水 9 个县（市、区）、经开区与省内 7 个市的 24 个经济强县、5 个开发区结对全覆盖。2021 年，新增结对莲都区—嘉兴海宁市，云和县—湖州市吴兴区，缙云县—嘉兴桐乡市，松阳县—湖州市南浔区、湖州市安吉县。

【省级山海协作产业园建设】 2021 年，丽水市持续推进省级山海协作产业园建设，10 个山海协作产业园共完成政府性投资 12.84 亿元、社会性投资 86.93 亿元，全年引进项目 98 个，获 2021 年度省山海协作产业园基础补助和绩效奖励资金 1.37 亿元。以产业发展为主导，持续推进莲都—义乌、龙泉—萧山、遂昌—诸暨、松阳—余姚 4 个山海协作产业园基础设施建设和项目、人才、资本的发展导入，打造成为山区生态工业发展的主平台，全年完成政府性投资 6.56 亿元、社会性投资 47.5 亿元，规上企业税收总额 5.54 亿元，规上工业总产值 115.43 亿元。按照“一园多点、绿色发展”开发模式，将青田—平湖、云和—北仑、庆元—嘉善、缙云—富阳、景宁—温岭、丽水—宁波（九龙湿地）6 个生态旅游文化产业园打造成大花园建设的标志性平台，全年完成政府性投资 6.28 亿元，社会性投资 39.43 亿元，旅游接待总人次 1041 万人。3 月底，完成全省首个市级山海协作产业园丽水—宁波生态旅游文化产业园的首个项目——萤火虫主题公园建设，并举办第一届赏萤季活动，接待旅游人次 116.4 万人。

【高层互访交流活动】 2021 年 11 月 3 日至 5 日，市委副书记、市长吴晓东率丽水市党政代表团到宁波、湖州等结对地开展年度高层互访活动并召开座谈会，会上签订《湖州市人民政府丽水市人民政府山海协作工程合作协议》；11 月 18 日至 19 日，湖州市委书记王纲率党政代表团到丽水考察对接山海协作工作；12 月 21 日，宁波—丽水山海协作“云端会商”视频会议举行，会上签订《宁波市人民政府丽水市人民政府实施新时代山海协作合作协议》，加快构建陆海统筹、山海互济的发展新格局，持续打造甬丽山海协作工程升级版；12 月 22 日，嘉兴—丽水山海协作工作视频会议召开，会上签订《嘉兴市人民政府丽水市人民政府 2021 年山海协作工程合作协议》，促进两地优势互补、共赢发展，推进共同富裕示范区建设。

2021 年，丽水九龙湿地的萤火虫主题公园　　（市发改委　提供）

【“飞地”平台建设】 2021 年，全市有山海协作“飞地”38 个，其中“产业类”12 个、“科创类”9 个、“消薄类”17 个。在大湾区新区、省级高能级平台等相关产业发展平台为山区 26 个县布局以先进制造业为主的不少于 1 平方千米的“产业飞地”。新签义乌—莲都、平湖—青田、富阳—缙云、宁波前湾新区—松阳、萧山—龙泉、北仑—云和、南太湖新区—庆元、桐乡—遂昌、海盐—景宁9个共建“产业飞地”，实现9个县（市、区）“产业飞地”签约全覆盖。新签订梅山—青田山海协作“保税飞仓”特色产业飞地平台1个。进一步完善17个（其中省级认定14个）“消薄飞地”共建协议、返利比例、收益分成等工作。2021年，到位返利资金1.04亿元，有效增加1393个消薄村集体经济收入。丽水市首个“科创飞地”杭州丽水数字大厦全年新引进项目52个，落地丽水39个，引入率75%，累计引进企业107家，入住率80.62%。梅山—青田山海协作“保税飞仓”被列为浙江自贸区建设第七批十大成果之一，甬莲智能制造产业园被评为省第二批数字经济“飞地”示范基地。1月12日，全省投资最大的山海协作“科创飞地”——义乌莲都大厦开工建设（总投资13亿元）；萧山—龙泉飞地产业园（萧龙科创园）主体工程完工；松阳—嘉兴经开区“科创飞地”产业园项目完成竣工验收。

【乡村振兴和社会事业合作】 2021年，全市安排援建项目116个，到位援建资金6544万元，其中市本级援建项目22个，到位援建资金1685万元，县（市、区）援建项目94个，到位援建资金4859万元。全市安排乡村振兴示范点建设项目50个，到位援建资金3954万元，其他公益事业建设项目及促进低收入群众增收建设项目66个，到位援建资金2590万元。市、县两级与结对地民生领域合作不断拓展深化，涉及文化旅游、医疗卫生、学校教育、农业科技、人力资源等各个方面。全年全市签订科技、教育、医疗、文化等各领域专题合作协议139个，其中，市本级36个、县（市、区）103个。举办招商推荐、项目洽谈和签约会61次，其中市本级7次。

【人力资源合作】 2021年，丽水市与结对地继续组织市、县两级开展山海协作培训，全年全市举办培训231期、培训18921人次，其中，干部培训22期、培训1955人次；劳动力就业培训209期、培训16966人次。包括山海协作干部、农村致富带头人、专业技术人员、乡村振兴合作创业带头人等干部培训，以及互联网+创业、电子商务技师、民宿创业职业技能、育婴师、中式烹调师、家政服务等劳务培训。12月1日至3日，与嘉兴市共同举办2021年度山海协作干部培训班，促进双方多层次人才交流，提升两地推进共同富裕示范区建设及山海协作工作干部综合素质。

【干部人才交流】 2021年，对口协作地区选派到丽水挂职干部54人，其中，省派干部36人（杭州市4人、宁波市8人、嘉兴市9人、湖州市4人、绍兴市6人、金华市4人、台州市1人），宁波市派干部18人。为促进丽水市教育卫生事业发展，宁波市选派18名专业技术人才到丽水市各地医院、学校挂职。丽水选派24名干部到对口协作地区挂职。实施结对双方干部人才交流机制，为山海协作搭建起沟通合作的桥梁纽带。（季达杰）

对口支援工作

【概况】 2021年，丽水市投入援疆资金1.26亿元，实施项目30个，完工率100%。丽水市聚焦教育援疆、医疗援疆、柔性援疆“三大领域”素质提升，加快新和专业技术人才培养步伐，不断塑造提升“智汇新和”品牌；紧盯产业就业、招商引资、疆果东送“三大抓手”，更好帮助新和实现稳定增收；开展丽新高层互访、丽新单位走亲、丽新少年牵手、新和人看丽水、丽水人进新和、丽新民族一家亲等活动，打造“文化交流”金名片，推进千年新和文化和千年处州文化的交融共鉴，深入推进文化润疆，对口支援工作取得显著成效。

2021年10月17日，市委副书记郎文荣（右二）率党政代表团到西藏考察对接对口支援工作

（金伟晓　提供）

【教育医疗柔性援疆】 2021年，丽水市援疆实施“红柳绿谷”教育帮带工程、“同步课堂”数字赋能工程、“朗读高手”国语推广工程、“文润百年”校园文化工程，完成新和县6所学校建

成“同步课堂”示范教室，开展同步课堂202次。全县139所中小学、幼儿园共5万余名学生，推出2687期师生国语朗读作品，超过20余万人参与活动，带动新和县近5万个家庭参与国语学习。以“心连新·瓯江情”为平台，以“扬帆”工程为依托，充分发挥传帮带作用，进行多形式、全方位的帮带培训。医疗团队指导诊疗门诊及住院病患4937人次，主刀及指导手术操作近296台次，抢救危重病人287人次，开展各种培训5000余人次，利用现有条件开展新技术新项目20项，多项填补新和医疗领域空白。参与省医疗“大巴扎”义诊活动1次，开展下乡义诊活动13次，受惠群众2452人次。云和师傅为新和农民指导黑木耳种植，带动农户512户，被评为“浙江好人”。选派6名专技人员，分别在城市规划管理、食用菌技术推广、水利建设、美丽乡村建设、水产养殖五方面，充分发挥个人专长，在受援单位任实职，并参加受援单位各项活动。选派丽水融媒体专家柔性挂职新和县，推进新和融媒体建设高质量发展。

【产业援疆成效】 2021年，丽水市援疆“十城百店”工程累计建成线下线上145个；建成“百村千厂”9个，扶持服饰、纺织、制造、加工、林果业等企业15家；建成“万亩亿元”温室大棚18个，大田拱棚320个，改造温室大棚6.13公顷；完成133.33公顷红枣林果示范基地流转，惠及农民3000余人。协助组建6支招商引资小分队开展“驻点招商”，与上海、杭州、乌鲁木齐、丽水、江西等地企业联系，走访洽谈各地商会及企业45家，接待客商40批255人次。2021年，累计在谈项目35个，招引落地项目8个，投资8.6亿元，到位资金3.1亿元。实施“疆果东送”工程，将新和农产品销入多个省直机关食堂。组织新和2021年“农民丰收节”暨“核桃采摘节”、新疆特色果品（阿克苏）交易会、阿克苏地区和兵团一师地产品产销对接云签约等活动，参加各类展销会13次，实施新和县国家级电子商务进农村综合示范项目，进一步提高新和优质农产品的知名度。

【“三交工作”推进】 2021年，丽水市援疆指挥部协助新和县委宣传部组织拍摄新和文旅专题宣传片、招商引资宣传片等，组建网格宣传员队伍，深入挖掘工作亮点。“传统节日同探究、民族团结一家亲”同步课堂、“最美国语，同诵祖国，共庆中秋”等活动先后被国家级媒体宣传报道。丽水援疆微信公众号推送信息374篇，各类宣传稿件发表在地市级媒体406篇、省级300篇、国家级517篇。开展民族团结一家亲活动，47名援疆干部人才结对认亲，每逢重要节日都到结亲户家中慰问走亲。每月组织医疗大巴、送教下乡、结对帮扶等活动。举办“阳春三月　梦回汉唐”、“梨花节”、共过一个节庆等系列文旅活动。两地领导考察互访6批次，部门交流学习10余批次。开展各类大型文旅融合活动10场次60余项，累计28万人参与。借助丽水智慧旅游方面的成功经验，为新和县旅游产业打造“一机游·新和”线上平台项目，将新和县加依村、安西都护府等旅游项目整合上线推广，实现文旅信息互联共享。（金伟晓）

东西部协作

【概况】 2021年，丽水市东西部协作关系从结对原来的四川广元、巴中2市6个县调整为结对四川泸州1市2个县（叙永县和古蔺县）。丽水市贯彻落实党中央、国务院和省委、省政府有关东西部协作工作决策部署，围绕新时期“重要窗口”和共同富裕示范区建设的新目标新定位，立足“帮扶地所需，丽水所能”，创新开展“2+7+25”（莲都和青田2个县为主、其他7个县市为辅、市直25个部门共同参与）组团式对口帮扶模式，超额完成新一轮东西部协作首年33项任务指标。

【巩固脱贫攻坚成果】 2021年，丽水、泸州两地签署劳务协作框架协议，在用工招聘、职业培训、社保服务、劳动保障等方面全方位开展合作。引导农村劳动力到丽水就业3572人（其中脱贫人口445人）。持续发挥浙川协作产业园和扶贫车间带动就业示范效应，吸纳农村劳动力就业1447人（其中脱贫人口269人）。开展家政服务、建筑工匠等技能培训班59期，培训农村劳动力2345人次，接收39名古蔺、叙永职高学生到丽水职业技术学校学习。构建拓宽线上线下助销双通道，打造丽水·泸州东西部协作消费帮扶馆，建立县级电子商务服务中心。组织丽水6家企业与泸州企业签订农产品代销供货协议，动员丽水党员干部职工采购泸州农特产品，开展农特产品进机关、进食堂、进社区活动，鼓励企业“以购代捐”“以买代帮”等形式采购农产品。累计帮助采购、销售农特产品10844万元。开展百名侨胞结对千名乌蒙山区学子活动，倡议华侨帮扶乌蒙山区学子完成学业，捐赠资金1000万元。泸县发生地震灾情，丽水市委、市政府第一时间向泸州市委、市政府发去慰问信，并捐赠300万元抗震救灾资金，纳爱斯集团捐赠价值200万元的消毒除菌产品，丽水帮扶泸州工作队主动参与灾后志愿服务，支援灾区渡过难关、重建家园。发动丽水市社会团体、爱心企业参与社会帮扶，4 家社会组织、22 家企业与 26 个乡村振兴重点帮扶村开展结对；组织爱心人士、爱心企业捐资捐款，金额和物资累计 1308 万余元。

【项目规划建设】 2021 年，丽水市紧扣泸州市两个脱贫县政府发展定位，坚持强优势、抓特色、补短板。古蔺县以国土空间总体规划和乡村振兴专项规划为引领，重点支持以“四渡赤水”为重点的红色文化传承带建设，推动农业特色产业提质提档。叙永县依托红军长征过石厢子红色资源和彝族文化资源，努力把石厢子彝族乡打造成红色文化和少数民族文化相融合的红色乡村旅游目的地。实行项目百日攻坚每周调度、每月督办；严格执行项目建设招投标制度和工程监理制度，明确帮扶资金专账核算、专人管理、专款专用；严格落实奖惩制度，将东西部协作项目建设纳入乡村振兴工作目标责任考核。20 个帮扶项目有序实施。设立酒业、特色农业、旅游等产业发展基金，分类明确基地建设、劳务用工、融资贷款等优惠条件。将“最多跑一次”改革做法移植到受帮扶地，将企业开办时限压缩至 12 小时以内、最快 1 小时办结。组建“招商专班”“驻企服务专班”11 个，开通“绿色服务通道”。助力 12 家企业落地投资对口帮扶地，新增投资总额 23.2 亿元，带动农村劳动力就业 1852 人。

【实现优势资源互补】 2021 年，丽水分享全国生态产品价值实现机制示范区建设、农村电商发展、数字化改革等经验，泸州躬身践行“绿水青山就是金山银山”理念，建设生态产品价值实现示范区，发展电商经济，开展政务服务改革，两地携手并进，共同推进高质量绿色发展。充分发挥丽水专技人才队伍技术优势和桥梁作用，选派 25 名医疗、教育、农业等领域专技人才，推进组团式、造血式、特色化帮扶，与当地 30 余名年轻教师、医生开展师徒结对传帮带，举办各类专技人才讲座、培训 20 期，培训 2013 人次。叙永、古蔺 2 个县选派17 名党政干部 17 名专技人才到丽水相关部门和乡镇挂职交流。两地围绕白酒和进口商品等特色商贸密切合作，组织郎酒、潭酒等企业参与“东西协作情　川酒新启航”川酒全国行浙江站活动，依托侨乡进口商品城、世界红酒中心等对外开放平台展销古蔺酱酒品牌，协调两地洽谈设立侨乡进口商品城泸州（古蔺）直销中心。携手打造双方职工疗养旅游线路，组织开展 100 名丽水劳模泸州行、1000 名干部职工疗休养等活动。　　（金伟晓）

对口合作交流

【交流互访】 2021 年，丽水市组织政府咨询委成员和吉浙合作高端智库专家到梅河口市指导合作，邀请梅河口市政协主席宁红友和山城镇干部到丽水考察对接，为两地深入合作提供智力支持。选派丽水市水利局副局长王礼军挂职梅河口市副市长，梅河口市副市长霍光到丽水市挂职市政府副秘书长，梅河口市还选派 11 名乡科级年轻干部到丽水市相关部门进行为期 3 个月的实践学习。

【产业对接合作】 2021 年，丽水市组织浙江传化物流集团、浙江金成集团、浙江颐高集团、长春杭州商会、浙江赶街网、西奥电梯、丽水山耕运营团队等企业负责人和高管到梅河口市考察交流，以期促进合作。浙江传化物流集团有限公司与梅河口市签订项目投资协议，传化物流集团将在梅河口市投资建设梅河口传化“公路港”物流项目，计划投资 7 亿元，总占地面积 31.07 公顷，设立东北区物流结算中心，年可上缴税金 1 亿元，解决就业 2000 余人。丽水与梅河口市的粮食产销合作深入接续推进，丽水 8 家粮食配送企业和吉林 16 家粮食加工企业建立长期产销合作关系，全年在丽水销售梅河大米 1250 万千克。

【深化重点平台合作】 2021 年，丽梅电商产业园累计孵化企业 78 家，在孵企业 32 家，新入驻企业 7 家，园区企业营业额 9645 万元，成功挂牌吉林省双创示范基地。推出的“梅河臻品冷面和米线”获第二十届中国长春国际农业·食品博览（交易）会产品金奖。丽梅电商产业园作为吉林省非公企业和社会组织党建工作重点任务推进会点位，供与会人员现场观摩，全年开展电商业务培训 13 场，参训学员 698 人。开展政务服务跨省通办合作，复制丽水市政务服务和数字化建设管理模式，为梅河口市搭建异地办事政务服务平台，通过标准统一、异地受理、疑难会商、两地互认等模式，为两地群众和企业搭建全面异地办事服务合作新平台。参照丽水“无差别受理”“一窗通办”服务模式，梅河口市将 22 个市管部门中涉及群众、企业的 320 项行政审批职能进行整合，组建行政服务和数字化建设管理局，实现“一窗受理、集成服务”。　　（金伟晓）

丽水经济技术开发区

综　述

【概况】 2021年，丽水经济开发区贯彻落实市委、市政府决策部署，营造“敢担当、善作为、快发展、大跨越”的浓厚氛围，实施“双招双引发力年、项目推进提速年、扩大税源突破年、数字改革攻坚年、城乡发展提质年”的“五个年活动”，实现新发展新跨越，为“十四五”完成“两强两平台”目标打下基础。全年实现地区生产总值同比增长19.8%；规上工业产值同比增长39.5%；规上工业增加值同比增长23.2%；规上工业企业研发费用同比增长31.1%；省内建筑业同比增长73.3%；固定资产投资同比增长46.5%；工业投资同比增长73.1%；高新技术产业投资同比增长71%；财政总收入同比增长27.3%；一般公共预算收入同比增长27.2%。

产业发展

【概况】 2021年，开发区把握国家支持革命老区振兴发展、长三角一体化、共同富裕示范区建设等国家战略，立足国家级经开区优势，加快构筑以半导体全链条、精密制造、健康医药、时尚产业、数字经济“五大产业集群”为引领的经济社会新增长极，实施“双招双引”战略性先导工程、抓好项目建设、持续开展“腾笼换鸟、凤凰涅槃”低效整治行动、推进深化改革和扩大对外开放，打开跨越式高质量发展的新局面。

【园区招商引资】 2021年，开发区创新基金招商、飞地招商、研究院招商、产业链招商、链主型企业招商等招商模式，其中“基金+飞地”模式获“浙江创新招商方式优秀案例”。全年招引项目220个，同比增长85%；引进工业项目67个，总投资201.6亿元，分别同比增长86.1%和53.4%；引进亿元项目43个，10亿元项目4个，20亿元项目3个；实际利用外资5892万美元，同比增长104.6%。

【园区人才科技】 2021年，开发区制定出台“人才科技新政”2.0版本，引进高校毕业生5377人，其中博士187人、硕士413人；入选“绿谷精英”人才项目32个，项目数量及入选率均为全市第一。创新“才聚浙丽•科创未来”联合行动，落地全市首家诺贝尔奖专家工作站，建成全市首个“双招双引”会客厅、人才社区和青年人才驿站。园区企业获国家级绿色工厂、国家级专精特新“小巨人”、省级科技进步奖、省级重点企业研究院、省级“隐形冠军”等示范试点荣誉48项，创历史新高。商务部公布丽水开发区“省级及以上研发机构数”在218家国家级经开区中位列30强。

【园区项目建设】 2021年，开发区践行“项目为王、落地为王、大干快上”的理念，实施固定资产投资项目217个，同比增长43%，总投资891.5亿

2021年11月17日，浙江丽水中欣晶圆半导体科技有限公司外延项目建设工程开工仪式举行
（吴鹏鹏　提供）

元、同比增长24%。中欣晶圆、中车动力谷、航讯等一批重大产业项目落地建设；丽水国际会展中心、浙西南科创产业园、产业创新服务综合体、人才创业创新基地等一批重大产城融合项目加快推进。102个亿元以上项目超额完成年度建设任务，在全市重大项目百日攻坚大会战“五比五拼”大擂台中始终列第一位。

【园区工业整治】 2021年，开发区深化“亩均论英雄”改革，整治提升低效企业330家，关停淘汰122家，盘活用地165.67公顷，整治企业税收和销售收入分别同比增长64.3%和59%。生态合成革转型升级入选全省“腾笼换鸟、凤凰涅槃”典型案例，获评全国唯一中国水性生态合成革产业基地和全国轻工业先进产业集群。

【园区数字改革】 2021年，开发区围绕建设“数字浙江”持续发力，建成和上线一批具有示范性和典型性意义的重大应用。创建生态合成革产业大脑，获评全省首批省级新智造产业集群、全省首批数字经济系统多跨应用场景、全省首批行业产业大脑建设试点。招商全生命周期管理系统、产业大脑、政策计算器、数字化城市管理4个应用场景被纳入市级重点场景。

【园区对外开放】 2021年，开发区融入长三角一体化发展战略，在上海张江核心区设立“科创飞地”，引进在纳斯达克、香港和科创板上市的企业和研究院12家，形成“研发在上海、生产基地和销售总部在丽水”的模式。争取商务部、工信部、国家药品监督管理局的支持，获批全国第一个地级市“数字经济创新赋能中心”。推进与上海松江国家级经开区、宁波高新区、宁波石化国家级经开区、宁波杭州湾新区的“山海协作”。

【园区营商环境】 2021年，开发区获中国经济营商环境十大创新示范区。推行工业项目“拿地即开工”“拿地即通电”等服务，实行窗口受理职业化改革。全年兑现企业扶持资金9亿元，同比增长57.9%。新增规上企业71家，新增亿元以上企业17家，创成全省首批“双链长制”省级试点，入选“浙江省服务企业最佳实践案例”。

2021年9月27日，第一批行业产业大脑建设试点任务书签订仪式举行

（丽水经济开发区　提供）

南城建设

【城改征迁】 2021年，开发区共完成土地征收226.8公顷，城中村改造、丽水机场等重点项目房屋征收6.2万平方米。推进南城公寓、张村-9、机场公寓等安置房项目，全年安置703户。

【社会治安】 2021年，开发区建成联网监控点位6450路，完成“智安小区”建设29个，兴建城市智慧化管理应用场景5个。获“丽水市全国文明城市创建两连冠工作集体二等功”，“平安护航建党百年”行动总成绩全市第一。

【医疗教育】 2021年，开发区推进医疗保障体系，实现“浙丽保”参保率90.5%。首创疫情防控思维导图和“一户一册”机制，新冠病毒疫苗接种覆盖率128.6%。引进北京师范大学附属丽水学校项目，华东师范大学附属丽水学校在9月1日开学。开办丽水技师学院，推进职业教育发展。

【污染防治】 2021年，开发区深化建设项目进退场土壤环境检测管理和土壤环境红、黄、绿牌警示管理。持续改善环境质量，空气质量优良率99.7%，PM2.5平均浓度每立方米21微克，获评省级绿色低碳工业园区。（江佳佳）

国内贸易

商　业

【概况】 2021年，全市社零总额822.9亿元，同比增长13.1%，增幅高于全省平均水平3.4个百分点，排名全省第一。其中，批发业销售额、住宿业营业额、餐饮业营业额、零售业销售额增幅位居全省第一、第二、第三和第五。全市限上社会消费品零售总额149.9亿元，同比增长11.2%，增幅位居全省第八。

2021年，全市实现网络零售额591.1亿元，同比增长22.8%，增幅位列全省第三，高于全省平均增幅11.2个百分点。居民网络消费额298.9亿元，同比增长8.1%。网络零售顺差292.3亿元，同比增长42.6%。

【首届丽水咖啡文化节】 2021年11月13日至15日，首届丽水咖啡文化节在丽水市区举办，活动由浙江省商务厅、浙江省贸促会、丽水市人民政府共同主办，丽水市商务局承办，以"啡藏丽水·时尚之城"为主题，该活动由中国咖啡冲煮大赛全国总决赛、咖啡市集及"啡藏丽水·西餐绽放"3个部分组成。会场总面积2000平方米，其中，冲煮大赛主会场面积800平方米，咖啡表演及市集1200平方米，参赛选手、评委、嘉宾150余人，咖啡表演及集市企业25家。系列活动接待游客超过18万人次，现场咖啡出杯量1.5万余杯，现场出售咖啡生豆及烘焙豆约450公斤，线上线下观赛人数超过50万人，"满城咖啡香"氛围浓厚。

2021年11月，2021首届中国丽水咖啡文化节在丽水举办　（黄露菲　提供）

【"之江创客"2021全球电子商务创业创新大赛农村电商赛区活动】 2021年9月28日，"之江创客"2021全球电子商务创业创新大赛农村电商赛区在丽水举行，活动由浙江省商

2021年，全球电子商务创业创新大赛在丽水举行　（黄露菲　提供）

2021年社会消费品零售总额分县(市、区)排序(莲都区含开发区)一览表

表12

县(市、区)	同比增速(%)	名次	县(市、区)	绝对额(亿元)	名次
全　市	13.1	—	全　市	822.9	—
云和县	23.7	1	莲都区	226.6	1
遂昌县	21.4	2	缙云县	117.8	2
龙泉市	20.8	3	青田县	116.1	3
庆元县	14.8	3	龙泉市	86.3	4
缙云县	11.7	5	遂昌县	76.6	5
莲都区	11.3	6	松阳县	62.8	6
松阳县	10.6	7	庆元县	52.5	7
青田县	9.4	8	云和县	45.8	8
景宁县	0.2	9	景宁县	38.3	9

2021年网络零售总额分县(市、区)排序一览表

表13

县(市、区)	同比增速(%)	名次	县(市、区)	绝对额(亿元)	名次
全　市	22.8	—	全　市	591.1	—
松阳县	58.0	1	缙云县	164.0	1
莲都区	42.6	2	青田县	91.8	2
缙云县	26.6	3	开发区	68.4	3
青田县	23.9	3	莲都区	56.5	4
龙泉市	20.3	5	松阳县	51.9	5
景宁县	11.5	6	龙泉市	48.4	6
遂昌县	10.0	7	庆元县	40.0	7
云和县	9.7	8	云和县	35.0	8
庆元县	8.8	9	遂昌县	24.8	9
开发区	5.7	10	景宁县	10.3	10

务厅等10个部门主办,浙江省电商促进中心、丽水市商务局承办,活动吸引200余个创业项目报名参赛,晋级赛区决赛的优质项目12个,丽水莲都下南山村的“欢庭•下南山”和舟山的“蟹大人”获一等奖。　(黄露菲)

供销合作商业

【概况】 2021年,丽水市供销社贯彻省供销社理事会八届七次全体会议的决策部署,聚焦综合改革、项目推进、产销体系、重点整治、清廉供销、党史学习教育等重点,做好“十四五”及市供销社新一届理事会班子的“开局之年”工作,完成年度各项目标任务。全年全市系统实现总经营收入40.06亿元,同比上升13.6%,其中,实现总销售规模13.8亿元,同比上升15.4%;全市系统汇总利润6820万元,同比增加18.71%,企业盈利7265万元,同比增长9.46%;所有者权益35491万元,同比增长4.89%;实现社会贡献总额11793万元,同比增长30.92%。

【供销社“三位一体”改革推进】 2021年1月15日,市委、市政府下发《关于新时代进一步深化生产供销信用“三位一体”改革推动农合联服务乡村振兴的实施意见》,出台支持合作经济政策15条。新建庆元县蔬菜产业农合联、缙云县香榧产业农合联,累计建成产业农合联59个,联结农合联会员2911个,新创建省级产业农合联7个。生产、供销、信用服务得到稳步开展,实行联盟抱团,加大培育新型农业主体,打破产业界限、各自为战,建设景宁“600”营销联盟(海拔600米以上)、庆元供销优选、遂昌味道、莲都“山超”等营销联盟(共同体),提供产供销一体化服务,辐射带动农户7万余户。

【生产信用服务】 2021年,全市供销系统完善市、县两级农资储备管理体系,累计完成淡季和应急储备0.2亿千克。推进“双招双引”,建成松阳跨域山海协作,青田县侨乡农产品加工储运园纸箱包装、冰激凌加工等项目4个。提升信贷服务,创新金融赋能平台,发放为农服务贷款4354笔、14.62亿元,其中,丰收农合通信用贷款2390笔、金额10.16亿元,农信担保1762笔、3.95亿元,资金互助202笔、5147万元。启动金融顾问进驻产业农合联工作,选聘24名金融顾问进驻10个重点产业农合联,解决金融问题220余个,金融顾问被产业农合联会员称为“金融医生”。市供销社以考评第一名的成绩获全省为农服务推进共同富裕优秀单位。

【销售终端服务】 2021年,市供销社、市农合联推广数字农合联应用,实现市域全覆盖。创新打造全产业链数字化运行闭环系统,建设“供销e城”蔬菜基地255公顷,直接销售高山蔬菜1500万元。打造产品营销矩阵,举办丽水供销线上农品节,开通“山海快车”农产品专线,落地省内农合联跨域合作项目(协议)15个,设立山海协作农产品专柜46个,打造长三角精品农产品的重要供应基地。松阳县与平湖市首创全省供销系统跨域合作项目。会同海关等单位推动杨梅、茭白

出口海外，在国外设立专柜100个，茭白出口超过50万千克，杨梅出口超过3.5万千克、价值2500万余元，首次实现红糖出口欧洲。

【流动供销致富车】 2021年8月31日，以“一保两促，三车并驱，促进乡村共同富裕”为主的流动供销致富车项目在云和县启动。至年底，在全市边远山区开通“浙丽供”“浙丽销”“浙丽产”服务车119辆，对780个山区村实行“网格化”服务覆盖，破解山区群众“买难、卖难、致富难”问题，打造山区共同富裕供销系统的丽水样板。项目启动以来，流动供销致富车为全市山区群众提供代购、代销、代办服务6.7万件次，服务路程70万余千米，帮助山区群众销售农产品8200万余元，户均增收2350余元。流动供销致富车项目“小切口、大服务”的实践成效，入选中华全国供销总社首批流通服务网络建设六大典型案例之一，得到副省长徐文光及市领导吴晓东、郎文荣、戴平辉、杨秀清等批示肯定，省供销社召开现场推进会并在全省26个山区县推广，把全省近33%的资金扶持丽水进行总结推广提升。《浙江信息》《浙里共富》刊发，中央电视台、浙江卫视、丽水电视台等电视媒体宣传，《浙江日报》2次刊发、安排记者采访整版报道，“学习强国”、人民网、中新社等媒体报道，点击率超1500万人次。

【四季产业服务活动】 2021年，市供销社、市农合联联合市农业农村局、市农林科院、市农业投资发展有限公司等部门和各县（市、区）人民政府，利用农合联公共服务平台，开展四季产业服务活动35个。其中，1月31日，丽水市供销社（农合联）与丽水市广播电视总台共同主办“浙丽供销年货专场”。5月31日，2021年全市农合联春耕支农活动在遂昌县新路湾蕉川乡举行，由丽水市农民合作经济组织联合会、遂昌县人民政府共同主办。7月28日上午，市农合联、浙江省农村信用联社丽水办事处、市金融办联合举办全市农合联产业信用服务工作推进会。10月22日，市供销社（农联合）主办2021年“蜂舞家地·蜜甜畲乡”庆丰收第五届割蜜节。10月27至28日，市供销社组织市茭白产业农合联会员到嘉兴市桐乡市，开展茭白产业市场对接活动。

2021年12月26日，云和县流动供销致富车将年货送到留守老人家中

（刘任和　提供）

【供销社治理能力提升】 2021年，全市供销系统加强开展党史学习教育，在供销系统开展“弘扬‘扁担’精神，争做‘奔跑’供销人”主题活动，流动供销致富车项目被评为全市党史学习教育“我为群众办实事”最佳实践案例、全市机关党建“妙招实招”十佳案例之一。全市供销系统重点整治、巡察整改基本完成，市、县两级供销社巡察反馈问题346个，完成整改326个，正在按照进度整改20个，追回资金191.07万元。市供销社为农服务整改事项被评为全市首届巡察整改“十佳典型案例”之一。　　（刘任和）

粮食业

【概况】 2021年，全市粮食行政管理机构10个，事业单位1个，国有粮食企业10个，在岗粮食行政管理人员41人，国有粮食企事业人员313人。全年全市粮食总供给量10.671亿千克，市、县外购入6.498亿千克；全市总消费10.677亿千克，其中，口粮消费5.416亿千克，种子用粮0.123亿千克，饲料用粮2.26亿千克，工业用粮0.717亿千克，销往县市外2.161亿千克；年末社会粮食库存3.906亿千克。全市储备粮轮换0.84亿千克，新增储备规模0.1亿千克，其中市级轮换0.16亿千克。

【粮食安全责任制考核】 2021年，是国家对粮食安全省长责任制考核的第六年，也是习近平总书记提出粮食安全党政同责的第一年。浙江省委书记袁家军、省长王浩与丽水市委书记胡海峰、市长吴晓东签订《粮食安全责任书》，市委书记胡海峰、市长吴晓东和各县（市、区）党委书记、县（市、区）长签订粮食安全责任书，印发2021年度粮食安全县长责任制考核方案，把粮食安全责任制考核纳入市委、市

政府对各县(市、区)的综合考核。丽水市获2021年度粮食安全市长责任制考核第五名,缙云县、龙泉市、莲都区分别位列市粮食安全县长责任制考核前三名。

【粮食和物资储备发展"十四五"规划】 2021年,丽水市发展和改革委员会(市粮食和物资储备局)印发《丽水市粮食和物资储备发展"十四五"规划》,总结"十三五"时期丽水市发展取得的成果和存在短板,分析丽水市粮食和物资储备行业"十四五"期间的发展形势,规划"十四五"期间丽水市粮食和物资储备发展。

【粮食应急体系】 2021年,市发改委(市粮食物资局)修订《丽水市粮食应急预案》和《丽水市粮食应急预案操作手册》,资格复审应急供应企业(店),统筹规划网点。全市落实粮食应急供应点207个、应急粮食加工企业13家、应急运输企业13家,粮食日加工能力98万千克,应急运输能力153万千克,完成每个县至少一个加工厂,每个乡镇、街道至少一个应急供应网点的全年应急保障任务。

【粮油储备规模】 2021年,全市落实完成省政府下达的地方储备粮规模1.546亿千克,其中晚稻谷0.94万千克;储备成品粮540万千克,全部为晚稻米,均超过省政府规定的30%和85%的考核指标。全市落实小包装食用油50万千克,占总储备比例100%。

【仓储项目建设】 2021年,庆元县、云和县新库建设完成并投入使用,新增仓容0.524亿千克。规范国有粮食仓储物流设施保护管理,做好调入调出备案管理,全年调入国有粮食仓储物流设施2个(庆元县粮食储备库、青田县中心粮库扩建),调出国有粮食仓储物流设施1个(缙云跃进粮库)。全市实现气调储粮仓容2.423亿千克,实现准低温储粮仓容2.243亿千克,光伏发电装机容量1259千瓦,基本满足地方储备粮仓储要求。

【早稻订单收购】 2021年,根据省下达粮食播种任务,丽水市播种早稻800公顷(含200公顷制种)。莲都区、龙泉市、庆元县、缙云县、松阳县、遂昌县重启早稻收购工作,按照省粮食物资局统一部署,执行早稻订单全覆盖,共签订早稻订单250.6万千克,实际订单收购早稻197.4万千克。

【秋粮订单收购】 2021年,全市签订晚稻谷订单1833.4万千克,比上年增加266.3万千克,共发放粮食预购定金23.64万元,设立收购网点22个,准备收购仓容0.2亿千克,配备计量设备、检化验仪器、清理设备、烘干设备、输送设备共256台。实际收购1630.8万千克,订单履约率88.9%,比上年增加收购188.9万千克,订单粮食收购质量提升。收购程序较为规范,保障农户利益,未发生粮农卖粮难、收购"打白条"现象,让粮农卖"明白粮""称心粮""安心粮"。

【粮食产销合作】 2021年,市粮食物资局与梅河口市签订粮食产销合作备忘录。紧密联系福建松溪县、安徽东至县、江西鄱阳县等地,建立省外优质粮源基地,延长粮食省际供应链,弥补全市粮食缺口。松阳县连续4年自江西省鄱阳县定向采购稻谷补充订单收购缺口,全年调入早稻谷26.526万千克。

【粮食产业经济暨"五优联动"试点】 2021年,莲都区通过省级粮食"五优联动"示范县复核,缙云县新获评省级粮食"五优联动"示范县,丽水市粮食"五优联动"示范县创成2家,龙泉市、青田县、松阳县、遂昌县、庆元县开展试点工作。全市收购"五优联动"优质晚稻订单471.7万千克,优选"嘉丰优2号""甬优15"等为主推品种。全年全市粮油工业总产值16.4亿元,同比增长20.6%。

【粮食质量安全】 2021年,市发改委(市粮食物资局)通过询价采购确定市质量检验检测院开展2021年度丽水市粮油质量安全监督检测任务,委托对全市27家粮食经营企业进行质量抽样检测工作,共158批次,合格率96.8%。各县(市、区)粮食物资部门做好收获粮食关口前移监测面,完成收获粮食质量安全(风险)监测样品17个,品质测报样品54个,质量调查样品75个等寄送检验任务。

【粮食交易市场】 2021年,丽水市粮油副食品批发市场全年商品交易金额12.56亿元,比上年减少7.31%。全市地方储备粮出入库拍卖全部实现网上交易,防范各县收储企业粮食轮换风险,杭州国家粮食交易中心丽水分中心年交易量1.428亿千克,交易金额3.79亿元。市粮食物流中心全年粮食经营0.203亿千克,交易额3326.32万元。

【粮食监督检查】 2021年,市发改委(市粮食物资局)组织开展政策性粮油库存检查,按照属地监管、分级负责原则,市、县抽取精干力量,开展自查自纠,市发改委(市粮食物资局)组织开展巡回督导,省粮食和物资储备局组织检查组对遂昌县、缙云县开展交叉抽查,国家粮食和物资储备局执法督查局组织检查组对青田县开展抽查,检查结果显示,全市库存粮食数量真实、质量良好、存储安全。组织开展粮食流通“亮剑 2021”专项执法行动，严查粮食流通中的违法违规行为，维护粮食流通市场秩序，保护种粮农民和消费者合法权益。全市开展各类粮食各类执法督查 230 次，检查企业 351 个次，出动检查 756 人次。

【科普宣传活动】 2021 年，市发改委(市粮食物资局)以科技周、食品安全宣传周、党员活动一条街、世界粮食日为宣传契机，组织开展粮食质量安全科普宣传活动，宣传贯彻《粮食流通管理条例》《浙江省粮食安全保障条例》等法律法规。推动创建粮食安全宣传教育平台，遂昌县新路湾镇蕉川村获评第三批全国粮食安全宣传教育基地，缙云爽面博物馆研学基地获评第三批浙江省粮食安全宣传教育基地，丽水国家粮食储备库“深耕绿色储粮　筑建无形粮田”获评全省第一批节粮减损工作典型案例。

【《浙江省粮食安全保障条例》执行情况检查】 2021 年 4 月至 7 月，丽水市人大常委会开展《浙江省粮食安全保障条例》贯彻执行情况检查。市人大常委会制定执法检查实施方案，成立执法检查组，邀请部分市人大代表参加。分别由市人大常委会主任李锋带领检查组，到云和县中心粮库、粮食生产功能区等地，市人大常委会副主任陈建波带队到丽水市粮食有限责任公司物流中心、莲都区中心粮库、碧湖镇等地，市人大常委会副主任杜光旻带队到松阳县、青田县，走访县粮食储备库、用粮单位、粮食加工企业等地，对《浙江省粮食安全保障条例》贯彻实施情况开展检查。

【粮食购销领域腐败问题专项巡察】 2021 年 10 月 8 日至 11 月 8 日，市委涉粮问题专项巡察组专项巡察丽水市发改委(市粮食和物资储备局)等涉粮单位，9 个县(市、区)相继入驻检查。市发改委(市粮食物资局)组织全市粮食物资系统开展粮食购销领域专项整治自查自纠，系统上下从 9 个环节、36 项重点内容，围绕“人、财、物”等重点对象，紧盯粮食“购、销、存”等关键环节，全面“拉网式”大排查大起底。至年底，全市自查自纠发现问题 74 个，其中，完成整改 56 个，整改中 18 个。

2021 年 9 月 29 日，现代农网建设专项行动启动。图为实体店专项行动现场

（夏浩坚　提供）

【人才兴粮】 2021 年，全市国有粮食收储企业接收浙江农林大学储检专业委培毕业生 4 人，签约定向生 7 人。完成丽水市第五届粮食行业职业技能竞赛，庆元县发改局、缙云县发改局、景宁县发改局、龙泉市发改局、松阳县发改局 5 家单位获优秀组织奖，周燕君、吴亮、王传通分别获个人前三名，并获“丽水市技术能手”和“丽水金蓝领”称号。市发改委(市粮食物资局)组队到杭州参加第六届浙江省粮食行业职业技能竞赛，获团体第六的历史最好成绩，并获“优秀组织奖”。（蓝　皓　潘菁菁）

烟草专卖

【概况】 2021 年，丽水市烟草专卖局(公司)聚焦“数字强基年”主题定位，贯彻数字浙烟生态体系建设，谋划推进“三大任务”“十大工程”，各项工作保持良好态势，“精彩丽烟”实现良好开局。全年实现卷烟批发销售额 46.11 亿元，同比增长 5.19%；单箱销售额 4.51 万元，同比增长 4.73%；实现税利 11.63 亿元，同比增长 5.01%。推进“放管服”和“最多跑一次”改革，全年网上办证率 99.98%。参与社会公益活动。全年，市烟草专卖局(公司)捐赠 165 万元，用于各项社会公益活动，其中投入结对村专项资金 94 万元，用于乡村振兴。

【专卖监管】 2021 年，全市查获涉烟违法案件 1373 起，查获各类违法卷烟 6284 件，其中，专车运假案件 31 起，查获假私烟 4376 余件，协助查获假烟 1521 余件。办理国标网络案 7 起。参与破获“8·23”特大运输假私烟案，查获“5·8”特大运销假烟案，案值超过 1000 万元。（赵慧超）

交　通

综　述

【概况】 2021年，全市完成公路水运投资76.75亿元，占年度目标任务的104%，同比增长12.4%。建成322国道龙泉八都至上垟段等10个总投资30.9亿元的重大项目，开工建设330国道青田温溪至船寮段等6个总投资97.5亿元的重大项目，续建景文高速景宁段等15个总投资225.2亿元的重大项目，完成330国道莲都至缙云段等7个总投资25.2亿元的重大项目竣工验收。322国道龙泉八都至上垟段改建工程被省扩大有效投资重点建设领导小组评为“红旗”项目。总里程75.8千米总投资12.7亿元的瓯江航道整治工程采取重点工作清单制、工作进度日通报等多项举措全力攻坚，实现丽水市内河高等级航道零突破。总里程40.2千米总投资37.3亿元的528国道遂昌段、总里程31.2千米总投资12.8亿元的235国道松阳段分别通过购买、借用等方式解决耕地指标32.87公顷和27.93公顷；总里程5.8千米总投资5.4亿元的庆景青公路庆元万年隧道及接线工程紧抓省交通运输厅结对帮扶时机争取支持先行开工建设；总里程16千米总投资10.7亿元的奉化至庆元公路龙泉段通过整合河道清淤等项目向农发行申请7亿元贷款解决建设资金问题。235国道云和段等14个总投资211亿元的项目采用PPP、EPC模式及申请专项债券等方式强化项目投融资，加快推进项目建设。

2021年，322国道龙泉八都至上垟段　　（章赟璐　提供）

全面推进“平安百年品质工程”建设，高质量高标准推进交通重点项目建设。全年对全市16个市管在建国道、重点水运项目、重点铁路项目共检查191次，整改各类质量安全和管理问题1076个，监督覆盖率100%，反馈率100%。完成13个项目的交(竣)工质量评定，一次评定合格率100%。出台《丽水市交通建设工程分级监督管理意见》，以品质工程、平安工地等建设为载体全面加强项目监管。322国道龙泉八都至上垟段改建工程获评平安工地省级示范工程，景文高速三标等3个施工标段获评平安工地省级示范施工合同段，330国道丽水市塔下至腊口段公路改建工程等2个监理办获评平安工地省级示范监理合同段。总里程12.3千米总、投资12亿元的水阁至腊口公路获评2021年度浙江省建设工程钱江杯(优质工程)。

围绕全域构建接沪融杭连闽通粤的区域综合交通枢纽目标和“一核三区四环八向”总体布局，着眼建设枢纽上的城市，布局打造“四纵三横”高速公路网、“十纵六横”普通国省道网和“一带两核七区”内河水运网，形成市域高速公路"三环线"、"一带三区"普通国道环线、市区公路"三环线"和出海大通道。合肥至温州高速公路缙云段等7个总里程480千米总投资近1200亿元的高速公路项目进入省交通运输厅、省发改委发布的《浙江省高速公路网中长期布局规划》，全市高速公路规划总里程933千米；温岭至常山公路（拟调整为G637台州至上饶，途经丽水市青田县、莲都区、松阳县、遂昌县）、庆景青（拟调整为G638青田至厦门，途经丽水市青田县、景宁县、庆元县）2条470千米的公路纳入交通运输部《普通国道网布局方案》，并已上报国务院待批复，市域普通国道总里程达1100千米；12条省道全长1400千米纳入省交通运输厅、省发改委发布的《普通省道网布局规划》；高速公路、普通国省道均实现由百公里向千公里、条状向网状和环状的跨越。

对标加快跨越式发展要求，咬定"十四五"公路水路"确保翻一番，力争600亿"目标，谋划实施快速交通网、骨干运输网、基础服务网"三大百亿工程"，全市安排"十四五"公路水运项目220个总投资3059亿元，"十四五"计划投资598亿元，较"十三五"分别增长253%和108%。共争取70个总投资达1572亿元的重大项目纳入《浙江省综合交通运输发展"十四五"规划》项目库，较"十三五"增长131%。义龙庆高速遂昌至龙泉段、庆元段及合肥至温州高速缙云段等3个总里程212千米总投资494亿元的项目进入省级主导的主通道项目，项目资本金省出资比例提高到70%。推进39个总投资1035亿元的公路水运重大前期项目，共完成528国道龙泉西街至兰巨段、莲都太平至联城段公路等6个总投资308亿元的项目工可审查。组建专班重点推进丽水市有史以来投资规模最大的交通单体项目义龙庆高速遂昌至龙泉段和庆元段（总里程146千米总投资358亿元），其中义龙庆高速遂昌至龙泉段成为全省首个完成工可编制单位招标的省级主导高速公路项目，并完成全线工可审查。抢抓"三区三线"调整、省交通运输厅结对帮扶等有利时机，突破土地、资金等要素保障难题，为项目实质性落地开工打下坚实基础。切实做好交通规划与国土空间总体规划等重大规划的衔接融合，共完成185个总投资2315亿元的公路水运重大项目用地需求报送，申报总用地面积0.93公顷。

落实中央和省市扩大有效投资决策部署，聚焦公路、水路、综合交通枢纽等重点领域，持之以恒大抓交通、抓大交通，锚定目标任务、层层压实责任，实现交通投资新突破。根据交通强省建设领导小组办公室印发的《关于2021年全省综合交通投资和重大项目推进情况的通报》，丽水市2021年的投资任务完成率、同比增速、完成投资占全省比例、任务增长情况、预警预报情况以及重大项目推进情况综合得分97.7分，位居全省第一。

【交通疫情防控】 2021年，市交通运输局全面落实客运车站、公交站、码头、服务区等交通场所"一码一测一口罩"规定，全市1587辆客车、30艘船舶均按规范实施通风消毒，9个客运站均派驻2名以上执法人员驻站督促落实防控措施，65条县际班线和226条城乡班线严格落实测温亮码等举措。加强乘客和一线职工个人防护，推动驾驶员等一线作业、高风险岗位人员阶段性纳入"应接尽接"范围，全市交通运输从业人员3569人，新冠肺炎疫苗接种率99%。坚决筑牢货运疫情防控堡垒，全市4450辆货车均定期对车辆内外部和驾驶室进行消杀，会同公安、市场监管等部门对辖区内从事冷链食品运输的企业、车辆（含4.5吨及以下车辆）进行摸排和登记备案。出动交通执法人员489人次开展对冷链运输车辆检验检疫证明、核酸检测证明、消毒证明、浙冷链二维码"三证一码"的查验，全方位守好交通运输疫情防控防线。

【农村道路综合治理】 2021年，丽水市完成44.9千米国道公路、456千米农村公路安防工程，基本实现国省道2.5米以上和农村公路4米以上临水、临崖、高落差路段安全设施全覆盖。农村公路路况成绩创历史新高，在省交通运输厅公布的2021年度全省农村公路路况评定结果中，丽水市农村公路技术状况指数（MQI）排名全省第五，为全省名次提升幅度最大的市。在全省86个县（市、区）中，缙云县MQI路况优良中等路率排名全省第一，云和县、青田县MQI路况优良中等路率上升幅度分别排名全省第一、第二。全市农村道路交通事故死亡人数与2020年同期相比减少58人，下降率25.33%；与前三年（2018年至2020年）同期平均数相比减少56人，下降28.1%。

【超限运输整治】 2021年，市交通运输局深入开展"百吨王"专项整治工作，共出动交通执法人员14087人次，现场执法共查获违法超限超载车辆2890辆次，其中超限100%以上的1272辆，"百吨王"217辆，非现场查处1004辆次。完成5个点位14条非现场执法车道建设，完成4家重点货运源头称重和视频监控数据接入省治超监管平台。普通公路超限率从2020年12月的9.73%降至2021年12月的1.97%，高速公路超限率控制在0.01%以内，基本消除"百吨王"，丽水市获2021年度全省治超考核优秀。

【应急保畅保通】 2021年，市交通运输局完成全省五个之一的省级公路应急保障基地（丽水）建设任务。龙泉市港航管理中心建成安福水上救助指挥中心。全力做好行业防汛防台尤其是台风“烟花”等防范，全市派出32个组次、检查人员654人次，组织开展安全度汛拉网式隐患排查，检查交通运输企业97家，公路隐患点270个，交通在建工程51处，发现隐患151处全部完成整改，并开展交通运输行业各类应急抢险演练66次。全年投入抢险人员2834人次，抢险设备660台次，抢通公路261条次，清理塌方22000余立方米，累计转移人员1549人，设置临时安置点99处，转移、加固施工设备设施556台。“6•3”云和境内235国道新海线塌方、“5•20”松阳县尧桥至周岭根公路塌方及“7•26”驰援宁波余姚等应急抢险工作，受到省交通运输厅的充分肯定以及群众的赞扬。市公路港航与运输管理中心道桥抢修抢险专业队在“浙江金盾—21”演习中获评“表现突出单位”。

【交通数字化改革】 2021年，围绕丽水交通数字化改革总体应用架构，聚焦丽水交通重大需求、多跨场景应用、重大改革“三张清单”，推动多跨应用场景谋划和落地，统筹推进“浙运安”“浙里畅行”“阳光监管”等硬核产品在丽水市全面应用。创新打造“绿谷e路”数字管养平台，以全市域路长制管理为基础，探索线上理赔模式，推动实现灾毁“线上报”、理赔“同步走”。推进山区公路应急联动试点，通过打造山区公路应急联动“135”（1个山区公路灾害应急联动平台，3个数据入口，5大系统子模块）架构，谋划山区公路“1+1+1”（1图掌握全局、1键应急预案、1网应急联动）应急联动新模式。构建智慧交通数字平台和交通数字驾驶舱，整合市、县两级35个信息系统，汇聚全市交通运输系统4000余路感知终端，实现日常监管和应急指挥状态下的可视化管理，为基础设施建设、行业治理、出行服务、应急指挥提供数据支持，通过一图统览分类展示交通运输监测数据、视频感知数据等信息，实现交通指标的多向比较、在线监测和智能预警。依托“浙里畅行”出行服务应用，实现丽水市的主城区停车场动态余位、农村客运信息、城市公交信息、公共自行车点位信息等6个应用场景数据省、市贯通，特别是“实时公交查询”服务端应用，月访问量均在5.5万人次以上，在全市同类应用中位列前三，在省数字社会系统应用监测报告中，每万人日均访问量前20名。景宁县开发完成农村公路路长制智能管理系统“畲乡e路通”，遂昌县在农村公路上进行智能交通监控系统、道路气象监测及沿线景观发布等数字化建设，松阳县推出江滨公园无人车、S222龙丽线数字公路、四都乡召寨线“路景产人”共同富裕数字示范路、山区公路易结冰路段数字化监测项目等应用场景，加快实现传统管理向数字监管转变。

【交通运输综合改革】 2021年，市交通运输局开展交通强国试点，农村公路灾毁保险、渡运公交化被列入省交通运输厅支持山区26个县跨越式高质量发展政策中的推广经验做法，农村公路灾毁保险改革被评为省交通强国建设试点项目半年度“擂台赛”优秀试点，总保额254.4亿元，2014年以来累计投入保费1.7亿元，理赔到位金额2.7亿元，赔付率160%。云和、景宁两地率先探索高速公路差异化收费，政策实施后云景高速的引流效果和通行效率都得到明显提升，主线日均流量6462辆次，同比增长13%，往返云和、景宁两地的一类客车日均2584辆次，同比增长107%，让两地百姓实实在在享受高速公路改革红利。结合农村公路管养体制改革，率先完成市域范围内9条高速公路连接线移交，夯实养护管理责任。农村公路长寿命周期养护、农村公路抗灾能力提升等被选定为农村公路管理养护改革省级试点。平稳推进出租车行业改革，会同市发改委完成丽水市区巡游出租车运价调整，有效维护行业健康稳定发展。

【城市交通拥堵治理】 2021年，全市新增更新公交车61辆，完成率217%；新建和改建城市公交站点66个，完成率220%，其中港湾式停靠站12个，完成率240%。城市建成区公交站点500米半径覆盖率100%以上，实现公交线路移动支付功能全覆盖。开通全市首条人才公交专线，共覆盖经济开发区内近100家重点企业，很好地满足人才的通勤需求。开通景宁至云和县际公交专线。采用“双向对开直达”形式，票价3元每人，享受公交减免优惠政策，极大地方便两地居民往来。开通通景公交36条，社区至学校公交专线2条，临时公交专线3条。“赏萤季”公交临时专线、“摄影节专线公交”，为市民出行出游提供更好的公共交通保障。“十三五”规划以来，莲都区实现全区范围内全部208个行政村的农村客运“村村通”。为让更多农村群众享受到经济社会发展的红利，“十四五”期间，莲都区在现有行政村全部实现农村客运“村村通”基础上，构建惠及更多农村群众的城乡公交三级网络，优化升级“村村通”营运模式，将“村村通”延伸至自然村，打通偏远地区群众出行最后一公里。通过不断提升城乡公交一体化水平，减少群众对私家车使用，倡导绿色出行。首批在老竹镇、仙渡乡、太平乡试点新增8条班车线路，覆盖13个自然村，新增客运班车3辆，增加班车运营里程近333千米，执行票价2元/人，70岁以上老人免费乘车。力争到“十四五”末，实现莲都区所有行政村及较大自然村通公交或“村村通”班车。11月4日，《丽水市境内部分高速公路（云景段）ETC小客车差异化收费实施方案（试行）》获省政府批复。云景段高速公路差异化收费政策是市范围内首例，预计覆盖受惠群众30余万人，首年车辆优惠通行次数105万辆次，凡符合减免条件的车辆，通行费从20元减至5元。该优惠政策将对云和景宁两地的交通出行环境起到疏通、引导作用，提升路网整体通行效率。

【春运工作】 2021年1月28日至3月8日，春运40天，受新冠肺炎疫情及留丽过年政策的影响，全市完成旅客运输量299万人次，比2019年（2020年因疫情停运不可比）春运同期下降49%。铁路运输完成客运量49.95万人次（其中，丽水站23.81万人次，青田站10.51万人次，缙云站6.68万人次，衢宁铁路遂昌、松阳、龙泉、庆元站共8.95万人次），比2019年春运同期下降29%；道路运输完成客运量226.26万人次，完成客运周转量6039.43万人千米（含城乡公交与旅游车），与2019春运同期相比，客运量下降49%，客运周转量下降67.5%；水路运输完成旅客运输量22.79万人次（客运量7.03万人次、渡运量15.76万人次），旅客运输量与2019春运同期相比下降33%。丽水辖区各收费站（包括省界）进出口总流量432.01万辆，比2019年同期下降9.96%。

【疫情防控运输保障】 2021年，上海境外入浙人员隔离转运是全省疫情常态化管控新阶段的重要工作内容，根据《省交通运输厅关于做好上海、嘉兴疫情防控运输保障工作的通知》，6月26日，丽水市交通运输部门选派9名干部驰援上海参加为期一个月的疫情防控运输保障工作，为上海境外入浙人员隔离转运工作贡献丽水力量。配合市疫情防控办做好入境人员转运确认工作，逐步理顺转运确认流程，全省疫情精密质控转运排名丽水市从最初的倒数，到现在全省的中上水平。11月1日至29日，入境确认转运人员共1400人。做好疫情防控区域协查管控工作，配合向公安部门提供实时精准全面的公路乘客、水路乘客和车辆ETC数据信息，配合公安部门做好公路和水路查控、人员劝返等工作，严防涉疫风险人员潜入潜出；督促交通运输企业、码头客运场站等严格按照交通运输部《客运场站和交通运输工具新冠肺炎疫情分区分级防控指南（第六版）》的要求落实疫情查验防控措施。

【交通安全生产】 2021年，丽水交通安全生产管理和维稳工作平稳有序，生产事故起数、死亡人数均低于市政府和省交通运输厅下达的控制指标，其中交通在建工程、水上交通零死亡。道路运输和水上交通运输行业。2021年，上报道路运输行业一般事故13起、死亡13人，其中列入考核范围的九座以上客车事故4起、死亡4人，2起次责，2起未认定，水上交通无事故。交通在建工程和养护项目。2021年，丽水市交通建设工程安全受监项目共52个，未发生考核范围指标事故。牵头起草交通运输领域“1+1+7”［交通建设工程遏制重大生产安全事故整治攻坚、全市农村地区道路交通安全综合治理交通运输领域总体工作、路长制、农村公路安全设施整治提升、普通国省道交通安全综合治理、强化交通（公路）应急保障、货车超限超载治理、农村道路客运安全、农村地区道路平交口和路侧开口微改造］9个子方案，对平安交通建设年、丽水农村地区道路交通安全综合治理等方面，做细化的方案，每个方案都明确联系人及项目清单，实行专人化、清单化管理。2021年，据交警部门统计丽水全市农村地区道路交通事故死亡人数与2020年同期相比减少58人，下降率25.33%。

【交通运输领域风险治理】 2021年，市交通运输局查获违法超限超载车辆2890辆次，其中超限100%以上的1272辆，“百吨王”217辆，非法改装车辆305辆，卸载吨位11万吨，路警共处罚款1112万元。打击“黑企业”“黑站点”“黑车”等非法经营行为，共查处黑车、非法站外拉客、未按规定的站点停靠等违法案件313件，共处罚金168万元，“两客”车辆百车违法案件比例降至1.5%以下，月度超速比例降至3%以下。安装卫星定位装置616辆，安装视频监控联网装置656辆。淘汰卧铺营运客车3辆、57座营运客车8辆，取消800千米以上班线2条。减少危货道路运输企业2家，新增高速公路服务区危货车辆专用停车位2个（丽水服务区）。全市出动水上运输执法人员2028人次，检查船舶1037艘次，发现隐患186处，整改174处，滞留33起，处罚金额39.258万元。

【交通运输“三防”工作】 2021年，全市交通运输部门10支应急抢险队伍、185辆应急救援车辆、50艘应急救援船舶，分县按重点风险路段的分布情况提前进行布置。在上级部门的统一领导下，做好“三防”（防台、防汛、防洪）工作，保证公路、水路的畅通。通过浙政钉、短信平台、微信群等发布各类安全信息100余次，督促各交通运输行业人员做好灾害天气下安全防范措施。5月20日，松阳县尧桥至周岭根公路受山体滑坡中断后，先后三批次组织人员到现场查看灾情，指导抢险工作。7月26日，市交通运输局第一时间调动力量，组织应急抢险队伍，携3000型应急排水车1台、应急照明发电车1台、野战宿营车1台及抢险物资赶赴宁波余姚南雷村，开展抢险救灾工作，受到当地政府、省交通运输厅的一致好评。“三防”期间，累计派出检查人员1000余人次，发现隐患200余处，全部完成整改；累计投入抢险人员2117人次，抢险设备602台次，抢通公路245条次，清理塌方19800余立方米；交通在建工程累计停工36处（共51处），设置临时安置点20处，转移人员316人，转移施工机械58台，施工船舶4艘。

【交通法治建设】 2021年，市交通运输局全力抓好全国法治政府示范市创建交通33项重点指标任务落实。组织全市行政执法人员培训、基层站所负责人初任培训、干部（职工）学法用法建档考试等。完成全市执法人员全国统一执法证件换领。开展重大行政决策目录化管理专项行动，及时制定公布市县交通部门2021年度重大行政决策事项目录，严格履行公众参与、合法性审查、集体讨论等法定程序。将公平竞争审查环节纳入公文办理系统，严格履行合法性审核、公平竞争审查、备案审查等程序。“互联网+政务服务”网上办、掌上办、跑零次率100%、承诺时限压缩比97%、即办率91%。推进机动车检测“一件事”改革，实现省内道路运输车辆达标核查电子化率100%。推进从业资格5项高频事项“跨省通办”和“电子证照”推广，货运从业资格证惠民新政策共办理证书1988本。开展2021年全市交通运输行政许可评议考核工作。完成全国社会信用体系建设示范区创建涉交通14项关键指标任务，印发《交通运输领域违法失信专项治理工作实施方案》，对16家“屡禁不止、屡罚不改”严重违法失信运输企业，约谈企业负责人，签订信用承诺书，落实主体责任，经整改全部退出严重违法失信名单。深化“信易行”工作，对生态信用A级以上个人开展优惠乘坐公交等5个场景应用。开展信用交通主题宣传日活动，制作信用宣传微视频3个。全市基本完成交通运输综合执法改革，市交通运输综合行政执法队先后获2020年“全国交通运输系统先进集体”、全国交通运输行业精神文明建设先进集体、2020年“丽水之干”模范集体、经常化创建全国文明城市嘉奖等荣誉。

【平安百年品质工程】 2021年，市交通运输局对全市16个在建国省道、重点水运项目、重点铁路项目共检查191次，整改各类质量安全和管理问题1076个，监督覆盖率100%，反馈率100%；完成13个项目的交（竣）工质量评定，一次评定合格率100%。本年度监督地方铁路项目1个（新建衢州至丽水铁路松阳至丽水段）。水腊公路建设工程获评2021年度浙江省建设工程钱江杯（优质工程）。对新开工的528国道遂昌新路湾至石练段改建工程、衢丽铁路等项目提前介入，加强对接和交流，强化督导和服务，落实平安百年品质工程建设要求，及时帮助解决项目推进过程中前期工作、技术准备等方面的困难和问题，高标准严要求推进重点项目的实施。完善建设单位考评机制，落实建设单位全面管理责任，依托景文高速，按照“因地制宜、各具特色、小而精、精而美、绿色环保”的丽水山区特色的品质工程建设指导思想，组织开展《平安百年品质工程建设暨景文高速公路建设观摩培训》品质工程示范创建现场会。加强勘察设计单位监督指导，开展工程实体和外观质量提升、勘察设计单位专项督查活动，总结和推广设计标准化、质量通病治理、“四大建设”成果，培育班组“工匠精神”。全面排查整治锚具、锚固系统。根据省厅《关于开展全省交通建设工程桥质量安全专项排查治理的紧急通知》的工作部署，对全市范围内在建桥梁进行排查。加强监督指导，强化服务意识，有力推动瓯江航道工程等省市重点项目完成和一大批多年遗留项目的扫尾工作。 （吴锡平）

铁　路

【铁路项目进展】 2021年，丽水市铁路工作委员会办公室在市委、市政府领导下，紧跟全省和国家铁路发展形势，紧抓浙江高质量发展建设共同富裕示范区和国家支持革命老区振兴发展战略机遇，坚定实施交通先行战略，加快推进铁路项目建设，并取得较好成效。6月25日，金台铁路通车运营，项目全长191千米，单线电气化铁路，设计时速160千米/小时，途经缙云县壶镇镇并设站。项目的建成通车进一步提升丽水市北部区域竞争力，对完善区域铁路网结构，提升物流能力，促进省内区域优势互补、均衡发展具有重要的意义。6月29日，衢宁铁路货运功能开通，极大降低沿线企业的物流成本，对浙西南大宗货物的外运和内销产生重要而深远影响。推进衢丽铁路松阳至丽水段项目建设，全线共6个标段，已有4个标段完成招标。11月9日，浙江省人民政府批复衢丽铁路松阳至丽水段全线工程建设项目用地116.8747公顷，完成全线土地征收协议签约99.7%，全线房屋征收协议签约99.5%，项目累计完成年度投资12.015亿元。衢丽铁路衢州至松阳段项目作为全国铁路首个全过程工程咨询试点项目，于7月19日完成招标，并于10月27日完成可研评审。根据评审意见，项目将按新建双线、设计时速200千米预留250千米标准建设，于衢州、龙游等地与在建杭衢、既有沪昆高铁接轨或并行，并同意采用遂昌西站址方案。杭丽铁路义乌至缙云段项目纳入《长江三角洲地区多层次轨道交通规划》和《浙江省综合交通运输发展"十四五"规划》实施类项目，项目已取得上位规划支撑。温武吉铁路项目纳入国铁集团2021年勘察设计计划，4月8日，温武吉铁路项目省筹建办成立，标志着项目前期工作迈上新台阶。9月14日，温武吉铁路建设标准及方案研讨会在北京召开，浙闽赣三省就项目建设标准形成高度共识。丽水市铁路规划研究取得重大进展，8月31日，《新时代丽水市铁路战略和规划研究》发布，明确丽水市未来"两纵两横、四联八向"的铁路网规划布局。开展《丽水市对外铁路通道规划及重点项目实施方案》课题研究，深入谋划丽水市对外铁路通道布局，为后续加快杭丽铁路、丽云宁铁路等项目推进强化技术支撑、打好工作基础。　（张竞艺）

【丽水高铁站】 2021年，丽水高铁站落实国铁集团、上海局集团公司及车务段党政决策部署，深化"强基达标、提质增效"，以改革创新为动力，推进安全生产、疫情防控、运输经营、改革管理、队伍建设、职工生活等各项重点任务，确保车站保持良好的发展局面。2021年，丽水高铁站共有旅客列车66对，其中，动车组列车54.5对，普速旅客列车11.5对。至年底，丽水高铁站实现车站安全8250天，无有责投诉365天，完成旅客发送323.73万人，其中单日(5月1日)最高发送旅客19341人。车站深入贯彻"人民铁路为人民"的服务宗旨，全年收到集团公司表扬工单11个，报道好人好事26件，服务特殊重点旅客955人。　（王方清）

【浙江金温铁道开发有限公司丽水经营部】 2021年，浙江金温铁道开发有限公司货运中心丽水经营部(简称丽水经营部)坚持以习近平新时代中国特色社会主义思想为指导，贯彻落实习近平总书记关于安全生产重要论述精神，守牢安全生产底线，树立安全发展理念，聚焦当好第一平台主力军，全面落实上级党委年度工作会议精神，以坚决打赢新冠肺炎疫情保卫战和确保职工职业安全健康万无一失为核心，以强化运输管理和安全治理体系建设为重点，坚持强基达标、提质增效，以"安全生产综合治理三年行动计划"和安全生产标准化创建为抓手，按照"六个有"(风险有预控、事件有预警、装备有标准、人员有保障、演练有实效、处置有规范)的要求构建人防、物防、技防"三位一体"安全保障体系，依法履行经营部安全主体责任，实现"六杜绝，六实现"("六杜绝"指杜绝发生集聚性疫情、确保员工不成为疫情传播者，杜绝发生铁路交通一般D类及以上和程度相当的其他生产安全责任事故；杜绝责任职工重伤事故；杜绝同责及以上的道路交通死亡事故；杜绝发生较大环境污染事件；杜绝发生较大职业卫生健康事件。"六实现"指3月16日实现安全生产2400天；6月24日实现安全生产2500天；8月18日实现全生产七周年；10月2日实现安全生产2600天；12月31日实现安全生产2690天暨安全年；实现新冠肺炎疫情期间职工安全健康)的安全生产总体目标，以优异成绩庆祝建党100周年。所辖区域有小处、石帆、南岸、祯埠、南岸4个中间站。丽水经营部开办批量零散、超限、超重、集装箱货物混装。2021年，通过门吊起重能力改造，将原有36吨起重能力提升到42吨，成功开办35吨敞顶箱装车新业务，全年到发货物突破100万吨，实现历史新高，其中货物到达66.2万吨、货物发送41.9万吨，完成运输收入5747.6万元，货车平均停留时间20.2小时/车。至年底，实现行车安全7886天，实现第22个行车安全年。　（李　克）

【龙泉火车站】 龙泉市站位于浙江省龙泉市剑池街道茶坦村，隶属上海局集团有限公司金华车务段管辖，是衢宁铁路的三等客货运站，主要办理列车到发、会让、客运等作业，同时负责管理双平、道太、兰巨、查田4个无人会让站。车站行车设备系DS6-60型计算机联锁系统，采用衢宁线CTC区域调度集中组织行车，由松阳中心站集中控制，排列进路信号。2021年，龙泉火车站现有职工23人，车站图定旅客列车10列，其中动车组列车

6列、普速列车4列;货物列车14列。车站暂时不办理行包业务。车站办客站台为2站台和3站台,长度均为550米。至年底,旅客发送32.98万人、日均发送量845人;运输收入1202.26万元,日均运输收入3.29万元。（祝峰军）

【青田火车站】 2021年,金华车务段青田火车站严格落实国铁集团党组、集团公司及金华车务段党政决策部署,推进党史学习教育,深化强基达标、提质增效,节支降耗、改革创新,务实有效抓好各项工作,实现车站安全生产稳定,疫情防控措施有序实施,服务质量持续提升的工作目标。2021年,青田火车站共有旅客列车37对,其中动车组列车30对,普速旅客列车7对。至年底,青田火车站实现安全生产8604天,完成旅客发送114.52万人,完成年度计划的104.5%。青田火车站获“金华车务段先进集体”“金华车务段标杆班组”等称号。（沈　剑）

【庆元火车站】 2021年,庆元火车站不断加强服务质量、业务能力、客运礼仪、设备设施等方面业务培训,致力为旅客打造舒适便捷的乘车体验。车站现有职工22人,旅客列车运行6对,其中,动车组列车3对,普速旅客列车3对。至年底,车站发送旅客12.31万人,日均发送旅客337人次,其中单日最高发送旅客达到1287人次;完成运输收入1006.74万元,日均运输收入27581元。车站实现安全生产460天,无有责任投诉337天。庆元站落实总公司党组、集团公司及车务段决策部署,贯彻“建设命运共同体、奋力作出新贡献”的思想,传承浙西南革命精神,站好上海铁路局首岗。站长张晋诚被评为段年度先进工作者。（张晋诚）

【缙云火车站】 2021年,缙云火车站有在职员工73人,开行旅客列车13.5对,全年旅客发送5.33万人次,货运到发量11.3亿千克,实现车站行车安全8435天,确保安全生产目标“五杜绝,五实现”。车站收到锦旗12面,感谢信35封,工单表扬25起,并获丽水市级文明单位、市巾帼文明岗等称号。车站围绕年度安全经营目标开展相关工作,坚持党建工作,以高质量党建促高质量发展,落实好基层支部建设工作,推动职工思想进步。抓住季节特点和运输关键,主要是开展好各类安全培训、应急演练12次。完善各类管理制度,根据岗位实际修订岗位作业指导书,并监督落实,助力安全生产。结合当地风俗和春耕特点,开展“五进”铁路安全宣传工作,共发放传单1200余份,进一步提高铁路安全治理水平。做好设施设备的管、用、修,共排查安全隐患10余处。完成集装箱作业地面不平整的安全隐患。根据疫情防控形势,配合地方政府做好进、出站旅客的验码、测温和消毒工作,对照疫情防控要求,从严从细落实好各项防控措施。做好网络安全及防诈骗安全教育工作,发放防诈宣传资料300余份,签订承诺书87份。（陈阿慧）

【遂昌火车站】 2021年6月25日,遂昌火车站开通货运业务,属客货运综合车站,隶属于金华车务段管辖。站场规模为2台4线,站房建筑面积3992平方米,其中候车室面积1900平方米,可同时容纳600人进站候车;配备1个货场2条货物线,可满足货1道6个货位、货2道14个货位同时装卸。车站现有职工34人,党员6人。行车岗位设车站值班员2人,助理值班员2人;调车岗位设调车长4人,连结员3人;客运岗位设客运值班员1人,客运小组长1人,客运员5人,售票员2人,安检员5人,实行两班制;设备维保人员4人,保洁人员3人。至年底,共发送旅客10.59万人,日均发送旅客290人,其中单日最高发送旅客838人,完成运输收入715.45万元,日均运输收入533.74万元;货运发送量1.36亿千克,发送车辆2127辆。（姚云俊）

【松阳火车站】 2021年,松阳火车站以新模式、新方法探索创新,实施综控、后台集中管理制度,综控后台集中在松阳站车间管理,设置AB角,提升客运组织管理的安全性、可控性,人员由原先5人减少为3人作业,提高人员利用率;实施“售服合一、验检合一”的新作业制度,在传统的服务台问询基础上,增加售票、公安制证、旅服、站台报警、监控查看等多项功能,做到一岗多能,很好地扩展服务维度,提高工作效率;实施劳务外包人员岗位推优制度,开展安检员、客运员等劳务外包人员“岗位之星”评选,根据个人月度服务质量情况,实行积分制管理,安检岗位人员作为客运岗位人员后备力量,在本站符合条件的择优经培训考试转为客运员,促进车站劳务派遣和外包员工的有序衔接。2021年,车站共发送旅客115235人,日均发送旅客315人,其中单日最高发送旅客达996人。（黄　博）

公路港航与运输

【概况】 2021年,丽水市公路港航与运输管理中心(简称市公航运管理中心)围绕“一带三区”市域发展新格局,践行“交通先行”战略,以“攻坚、突破、提升”为目标，在规划、建设、管养、服务和队伍建设上取得较好成效，努力为助推高质量发展、建设共同富裕示范区当好先行军。自2020年12月25日机构改革以来，立足新起点、扛起新使命，做好“改革后半篇文章”，全面激发交通行业改革后的新体制、新优势、新机制、新动能，通过整合队伍促融合、理顺职责提效能、建章立制抓清单，完成公路水运年度投资15亿元，完成率116%。以党史学习教育为引领强化党建工作，印发《关于开展党史学习教育实施工作方案》。推荐全国最美养护工、全国交通技术能手聂如伟，参加全省交通行业巡回宣讲。10余篇党建视频被学习强国等多家媒体持续报道宣传，其中《25年无名之路》获第八届丽水微电影大赛视频类三等奖。全年被市级以上媒体录用稿件263篇，其中《丽水市探索农村公路财产保险新机制，激发管养新动力》被省府办专报采用，各类宣传稿件先后被《人民日报》、学习强国、交通强国、《中国交通报》等媒体录用。2021年，市公航运管理中心共有12人分别获“2021年度‘浙江工匠’”“浙江交通技术能手”“省春运工作成绩突出个人”等市级以上嘉奖。市直属公路港航管理中心二支部被评为“丽水市先进基层党组织”。聂如伟工作室被评为第十一批浙江省高技能人才（劳模）创新工作室、2021年度优秀市级高技能人才（劳模）创新工作室。丽水代表队在2021年省交通运输行业职业技能大赛中获养护组团体二等奖、收费组团体二等奖。

【公路水运规划研究】 2021年，市公航运管理中心坚持“跨山统筹”，加快贯通“两山”转化通道，促进“一带三区”快速联通，编制《丽水市高水平建设“四好农村公路”对策研究》《海洋强省建设思路研究》《丽水青田港强港建设方案报告》《丽水市公路水路公共基础设施政府会计核算调查报告》《关于丽水山区公路应急救援体系的探索》《丽水市普通国省道公路全寿命周期性养护模式试点调研报告》等20余项研究报告，获省政府调研组和市政府肯定。推进项目前期工作，协助完成义龙庆高速遂昌至龙泉段、社后大桥至塔下公路（环站路）等2个总里程105千米的项目工可审查。其中义龙庆高速遂昌至龙泉段成为全省首个完成工可编制单位招标的省级主导高速公路项目。

【公路水运重点项目建设】 2021年，市公航运管理中心推进公路项目建设。建成42省道缙云县城段改建工程、322国道龙泉八都至上垟段改建工程、322国道龙泉安仁至西街段改建工程3个项目；开工建设仙居至庆元公路龙泉下庄儿至兰头段改建工程、330国道青田温溪至船寮段改建工程、G25长深高速（丽龙段）龙泉东互通改建工程3个重大项目；协助推进528国道遂昌新路湾至石练段公路改建工程、330国道丽水市塔下至腊口段公路改建工程（莲都段）、水东客运枢纽主体工程（B地块）等14个的重大项目续建。322国道龙泉八都至上垟段改建工程被省扩大有效投资重点建设领导小组评为“红旗”项目，水腊公路建设工程获评“2021年度浙江省建设工程钱江杯（优质工程）”。推进水运项目建设。总里程75.8千米总投资13.72亿元的瓯江航道整治工程采取重点工作清单制、工作进度日通报等多项举措全力攻坚，完成主体工程建设并交工验收，实现丽水市内河高等级航道零突破。丽水港青田腊口港区一期工程累计完成投资5780万元，完成工程建设并交工验收。11月12日，青田港温溪港区首次完成集装箱船试航试靠作业，为瓯江航道开发及丽水、青田物流“公转水”提供新发展模式。

【“四好农村路”建设】 2021年，市公航运管理中心超额完成“四好农村路”连心工程。通过专项通报、专班跟踪督导等措施，完成新（改）建农村公路887千米、农村公路养护工程788千米、农村公路安防工程456千米，完成率分别为148%、123%、651%。具备条件200人以上自然村公路通达率100%。全市实现农村公路临水临崖及4米以上高落差路段安防设施全覆盖。在2021年全省农村公路路况评定中，丽水市农村公路技术状况（MQI）排名全省第五位，为全省提升幅度最大的市。在全省率先完成9条高速公路连接线移交管养工作，并在全省作经验交流。纵深推进农村公路灾毁保险机制。在2021年“统一保”的基础上继续深化，全市实现统一理赔标准、统一理赔流程、统一理赔机制。丽水农村公路灾毁保险经验做法被省交通运输厅写入《支持“四好农村路”建设推动山区26县跨越式高质量发展的政策意见》中推广，同时被评为省交通强国建设试点项目“擂台赛”优秀试点项目。2014年至2021年，总保额254.4亿元，累计投入保费1.7亿元，理赔到位金额2.73亿元，赔付率160%。推进农村公路养护体制改革。10月21日，在全省先行出台市级《关于进一步完善农村公路“路长制”的指导意见》，推动市政府出台《深化农村公路管理养护体制改革的实施意见》，丽水市成为全省第3个全域出台农村公路管理养护办法的市，获省公路与运输管理中心肯定。遂昌县成为全省首个使用政府一般债券资金投入农村公路养护工程的地区。龙泉市被省交通运输厅核定为第四批“四好农村路”省级示范县，丽水市（农村公路灾毁保险）、莲都区（推行农村公路长寿命周期养护）、遂昌县（农村公路抗灾能力提升）被选定为农村公路管理养护改革省级试点。全域创建“四好农村路”红色精品示范线。开展“三为”（我为群众办实事、我为企业解难题、我为基层减负担）专题实践活动，以红色景区通景公路、红色村镇农村公路为重点，提升红色村镇配套设施与公共服务，对9个县（市、区）共9条总长近114千米农村公路进行改造提升。

【公路管养】 2021年，市公航运管理中心推进全省七个之一的普通国省道全寿命周期养护松阳试点工作，全面开展普通国省道全寿命周期养护松阳试点工作，并在5月21日全省公路养护工作现场会上作典型发言。推进养护管理持续提升路况水平。完成投资2.76亿元，实施高速公路养护大中修98千米、普通国省道路面大中修104千米，完成率分别为115%、103%。11月2日，丽水市首次在青田县使用“高性能灌入式抗车辙路面”技术，有效解决路面车辙等问题。开展桥隧管养有效提升安全耐久水平。完成国省道维修加固桥梁11座，增设1座隧道健康监测系统。探索公路隧道机电设施日常养护模式，完成《普通公路隧道机电日常养护工作手册（试行）》。支持浙江交投高速公路运营管理有限公司在丽水市设立全省首个高速公路技研中心，加强具有自主知识产权交通机电产品等新技术研发。

【行业安保工作】 2021年，全市公航运系统抗击台风灾害，完成应急抢险工作10余次，受到市政府及百姓肯定。完成对全市3205座公路桥梁及40座渡改桥进行排查及“一桥一策”病危桥整治方案、计划，完成率达278%。市长吴晓东在《关于全市危桥排查和整治情况的汇报》上批示：“落实行动快，值得肯定。下一步强化条块责任，整改到位。”聚焦省委“七张问题清单”，完成全市农村道路交通安全风险问题整治，基本实现临水临崖和国省道2.5米以上落差路段安全设施全覆盖。完成普通国省道一级公路交叉口改造27处、“五个一”微改造整治403处、省级事故多发点段整治19个。全面开展自然灾害综合风险承灾体普查工作，全市累计普查出风险点2444处，为精准防控与处置灾害风险提供坚实的数据支撑。完成全省五个之一的省级公路应急保障基地（丽水）建设任务。结合丽水公路应急抢险工作特点和优势，建立山区公路应急联动平台，以此推进山区公路应急保畅体系建设，受省交通运输厅、省公路与运输管理中心领导肯定和支持。推进山区公路应急联动平台建设项目前期工作，完成《山区公路应急联动平台建设方案（报审稿）》，初步构建“1+9”（1个省级应急保障基地、9个县级应急保障基地）应急指挥保障体系。统筹抓好行业疫情防控，严守“大门”“小门”，选派2名干部参加疫情防控运输保障上海工作组，驰援上海参与为期1个月疫情防控运输保障工作。6月17日，组织开展市公航运管理中心首次大规模水上应急抢险演练，有效提升应急处置能力，为2021年全国皮划艇秋季冠军赛等重要赛事举办保驾护航。直属中心道桥抢修抢险专业队在“浙江金盾—21”演习中获评“表现突出单位”。

【数字化改革创新】 2021年，市公航运管理中心推动丽水特色应用场景落地。研究谋划“瓯江航道梯级船闸统一运行调度”“山区公路应急联动应用”2个应用场景入选省交通运输厅第一批数字化改革应用场景清单。创新打造“绿谷e路”数字管养平台，以全市域路长制管理为基础，探索线上理赔模式，实现灾毁上报、理赔“同步走”。推进交通数字化改革工作。协助市交通运输局编制完成《丽水市交通数字化改革行动方案》，初步搭建全市数字交通总体框架。完成数字政府和“花园云（城市大脑）”数字驾驶舱的实战应用。探索行业数字化管理新模式。在全省率先推广运行内控信息化平台，以中心内控规范、有序、高效运行为目标，实现事前、事中、事后全过程闭环式内控管理体系，纵深推进清廉交通建设。景宁畲族自治县完成开发农村公路路长制智能管理系统“畲乡e路通”App，实现传统管理向数字监管转变。在遂昌县4条近39千米农村公路上，进行安全智能诱导、智能交通监控系统、道路气象监测及沿线景观发布等进行数字化建设。探索实践“两地共检”新模式。完成浙遂车渡001（遂昌）、仙侠湖号（遂昌）、应急辅助（景宁）、浙云和渡0058（云和）船舶建造检验任务。其中，浙遂车渡001（遂昌）作为省委书记袁家军在遂昌调研时确定的项目，投入使用后全面打通黄泥岭村群众“零距离”换乘“最后一公里”。

【出行服务提质】 2021年，市公航运管理中心提前或超额完成全省工程量最重的民生实事建设任务。以问题为导向，建立“清单制+责任制+销号制”的工作推进机制，实施“四好农村路”建设项目1362.5千米，完成率104%，实现具备条件200人以上自

2021年丽水市公路里程一览表

表14　　　　单位：千米

行政区域	公路总里程	按行政等级分									
		国道	国道高速	普通国道	省道	省道高速	普通省道	县道	乡道	专用道路	村道
丽水市合计	15892.884	1005.505	381.698	623.807	547.080	36.915	510.165	3526.354	1382.009	179.031	9252.905
莲都区	1330.179	95.915	68.603	27.312	86.540	—	86.540	318.894	65.028	31.068	732.734
龙泉市	2738.213	217.083	65.484	151.599	73.789	23.192	50.597	618.803	235.892	35.664	1556.982
青田县	2438.192	139.919	67.301	72.618	70.418	—	70.418	409.309	172.778	—	1645.768
云和县	918.281	124.859	43.900	80.959	5.568	—	5.568	143.303	189.849	19.564	435.138
庆元县	1590.518	66.759	21.332	45.427	112.413	—	112.413	415.416	159.082	4.215	832.633
缙云县	1480.556	50.661	21.300	29.361	98.130	13.723	84.407	348.287	69.646	19.939	893.893
遂昌县	1837.329	126.762	28.987	97.775	54.129	—	54.129	636.612	134.333	47.428	838.065
松阳县	1585.122	99.209	52.791	46.418	46.093	—	46.093	265.509	128.223	21.153	1024.935
景宁县	1974.494	84.338	12.000	72.338	—	—	—	370.221	227.178	—	1292.757

然村公路通达率100%；改造公交站点35个，完成率116.67%。探索全市首个差异化收费改革，云景高速公路ETC小客车通行费由20元降至5元，日均流量2961辆次，比政策实施前增长89.2%，覆盖受惠群众30余万人。开展全市乡镇通三级及以上公路和较大人口规模自然村组通硬化路基础数据核实工作，为丽水市高质量建设“四好农村路”提供坚实的数据支撑。完成公路水上精品特色服务区（站）建设20个和渡口提升改造工程6个，其中庆元县坝大综合公路服务站成为丽水市首个普通公路综合公路服务站。建成ETC服务网点5个，新增电子站牌10个、岸电设施4套，完成交通情况调查，新建美丽航道34千米。8月15日，全省首艘全铝合金锂电池游船在云和县投入运营。常态化推进普通国省道公路沿线路域环境整治工作，全年全市累计出动作业人员7.9万人次、机械设备2.71万台（套）、清理垃圾730万千克；完成航道巡查总里程13327千米，管理码头（渡埠）维护7座、航标维护5804座次、清障28处27万千克。（季琳瑜）

城市（乡）公共交通

【概况】 2021年，丽水市公共交通集团有限公司（简称市公交集团）共有公交车600余辆，运营线路76条，线网总长度1506千米，公交站场14个，公交站点（牌）1571个，完成运营里程3098万千米，同比增长20.54%，实际完成运营班次213万次，同比增长9.23%，完成客流量3028万人次，同比增长10.47%；市区公交IC卡发行量17336张，同比增长15.5%，刷卡量2125.48万人次，市区办理公共自行车卡2982张，同比增长3.4%，各县市办理公共自行车卡4653张，同比增长63.9%。全年投入使用自行车服务点近200个，投放运营车辆5600余辆；公共自行车租用量共152.76万人次，其中移动扫码无桩租用量42.59万人次，有桩租用量110.17万人次。2021年，为70周岁以上老年人提供免乘服务721.8万人次；为残疾人和持有献血荣誉证书的提供免乘服务205.3万人次，分别较2020年同比上涨24.2%和21.7%。

【公交便民服务】 2021年，市公交集团为切实提升城市公共交通运营服务品质，满足群众对美好出行的向往，不断增强群众的获得感和幸福感，按照《丽水市综合交通发展“十四五”规划》，实施公交优先发展战略和公交网络全覆盖。新开公交线路1条，优化调整线路14条，其中包括线路延伸3条、延时运营3条；新建站牌亭5处、改造站牌亭50处。仙渡、老竹、太平3个乡镇的部分自然村开通村村通班线，重点引导农村客运公交化发展，探索农村群众出行新模式；不断探索符合丽水实际的多样化出行模式，在经济开发区开设首条“人才专线”，解决片区内企事业单位的个性化出行需求，累计服务群众出行3511人次；帮助解决鲍店自然村、水梦庭院群众出行难问题；协助丽水市疫情防控指挥部完成乡镇居民到市区疫苗接种点6332人次免费接送任务。2021年，开启“微公交”模式，开通线路2条，覆盖住宅区、社区卫生服务中心、小学等重要生活配套区，力求打通社区居民出行“最后一公里”。针对“双减”下诞生的晚托班、晚自习等新进教学活动实际情况，学校途经的公交线路增设延时服务，解决家长接娃难的问题。与莲都区图书馆共同携手在市区内各公交及自行车站点打造具有丽水特色的集公益阅读、图书捐赠、读书分享、文旅融合、信息服务为一体的24小时智能爱心书屋；在近600辆公交车上投放千把爱心伞，满足群众雨天出行的需求。

【公交文明创建】 2021年，市公交集团围绕"一举创成、力争前列"目标，严格按照上级要求，对标对表，开展动员部署，通过强化宣传教育和引导，使经常化全国文明城市创建工作深入人心，形成人人争创的良好氛围。全年召开部署会议9次，强化对公交线路、车辆、场站、驾驶员服务规范等方面的日常管理，通过每天巡查、交叉检查，线上线下督查等方式，检查公交车辆8063车次，公交场站14个，管理人员上路检查788次。强化各环节的整改落实，完成整改落实项目452条，网格化抽查5次，合计抽查站牌115个，确保涉及公交的相关指标符合迎检要求。突显公交文明指数，公交是城市的窗口，尤其在"公交车文明礼让斑马线"、车辆卫生、文明服务等方面，做到公交车文明礼让斑马线率100%，公交车候车亭公益广告覆盖率100%，车容车貌干净整洁，服务质量明显提升，文明指数达标，起到引领示范作用。

【公交绿色出行】 2021年，市公交集团着眼"绿色公交"理念，打造以"常规公交为基础、慢行交通为补充"的现代多元化绿色交通出行体系，增购新能源车28台，实现新能源车占车辆总数的83.95%，全年减少碳排放近1257万千克，日均搭乘公交车出行近8万人次，公共自行车日平均租用量4000余车次，办理各类IC卡2万余张。上线"实时公交"程序和GPS调度系统，提升运行效率并减少乘客不必要的等车时间。广泛听取群众意见和建议，全年受理公交服务热线27360条，办结率100%。 （朱雪晴）

航　　空

【概况】 2021年，丽水机场工程建设指挥部紧盯丽水机场及配套项目目标任务，攻坚克难，统筹推进机场及配套项目建设，组织开展政策处理扫尾和控制性工程攻坚战，各项工作进展顺利。全面完成土地、房屋征收工作，基本消除控制性配套工程对主体工程的影响，项目建设进入新高潮。

【机场及配套项目征收】 2021年1月15日，机场红线内上沙溪村693.33公顷土地清场交地；12月15日，完成村尖坳村征收签约工作，机场及配套项目房屋近7.8万平方米，完成率100%。年初，机场指挥部会同开发区管委会、莲都区政府等单位，将政策处理尾留工作进行任务再分解、责任再落实、措施再强化，实施销号制，连续作战、合力攻坚，完成沙溪沟区块的政策处理扫尾攻坚工作，为机场项目无障碍施工提供坚实有力的保障。

【机场及配套工程建设】 2021年，面对电力迁改、沙溪改道、通村道路工程对机场主体施工进度造成的影响，丽水机场工程建设指挥部会同水利局、开发区、南城公司、电业局等部门开展三大控制性工程攻坚。9月15日，电力迁改工程全面完工，10千伏、35千伏、110千伏新建高压线路全部投入运营，丽水机场范围内6回路高压线全部断电，完成旧线路拆除；12月6日，沙溪改道工程通水，全面消除对机场主体施工进度的制约；12月22日，通村道路外潘田至秀山路段通车。2021年，主体工程全年挖运土石方1162万立方米、回填1629万立方米，累计完成挖运土石方1243万立方米、回填1811万立方米，土石方形象进度36.4%。取土区全年清表139.67公顷，挖运土石方1318万立方米，累计完成清表335.67公顷，挖运土石方2503.39万立方米，总体形象进度62.28%。进场道路路基工程全年挖运土石方19.47万立方米，回填46.17万立方米，累计完成挖运土石方58.48万立方米，回填46.17万立方米，土石方形象进度75.57%，桥梁工程已进场进行桩基施工，总体形象进度17.26%。 （涂敏静）

2021年，丽水机场03标段施工现场 （涂敏静 提供）

金　融

综　述

【概况】 2021年，中国人民银行丽水市中心支行（简称市人行）指导、协调全市金融系统贯彻落实稳健货币政策适度灵活的要求，推进农村金融改革，优化金融服务，促进地方经济高质量绿色发展，实现金融业自身改革发展的新成绩。至年底，全市银行业金融机构本外币各项存款余额3972.16亿元，新增422.39亿元，余额同比增长11.90%，其中，住户存款余额2360.33亿元，同比增长9.95%；非金融企业存款余额895.95亿元，同比增长19.27%；广义政府存款余额602.95亿元，同比增长1.40%。本外币各项贷款余额3291.89亿元，新增518.22亿元，余额同比增长18.68%，其中，住户贷款余额1926.53亿元，同比增长18.05%；企（事）业单位贷款余额1364.45亿元，同比增长19.64%。境外存款余额51.03亿元，新增3.37亿元，余额同比增长7.06%；境外贷款余额0.92亿元，减少0.24亿元，余额同比下降21%。全市金融机构不良贷款率0.54%，比年初下降0.08个百分点。全年投放现金104.77亿元，同比减少62.33亿元，同比下降37.3%；累计回笼现金92.7亿元，同比减少58.32亿元，同比下降38.62%。净投放现金12.07亿元，同比减少4.02亿元，同比下降24.98%。

【货币政策执行】 2021年，市人行发挥稳健货币政策“牵头抓总”作用，推动全市金融总量平稳增长，全市各项贷款增速居全省第三位。运用货币政策工具，支农支小资金高效发放。全年累计发放支农、支小再贷款12.7亿元。加大2项直达货币政策工具实施力度，全市法人金融机构小微主体贷款延期率96.4%，高出全省平均水平6.5个百分点；信用贷款占比45.9%，位居全省第二位，为小微主体节约担保费、资金过桥费等超过1亿元。

【融资畅通工程升级版实施】 2021年，市人行推进首贷户拓展专项行动，编发金融产品数字工具书，推广“贷款码”应用，全年新增“首贷户”2294户，超额完成目标任务。实施金融服务科技型企业、新型农业经营主体等活动，促进银企精准对接。加大对山区共同富裕示范区建设支持力度，出台《金融支持共同富裕示范区建设行动方案》和《关于加强金融服务乡村振兴 助推丽水山区县（市）跨越式高质量发展的实施意见》，推出“携手共富贷”等一批创新信贷产品。全年全市普惠小微、绿色贷款、涉农贷款增速分别高出各项贷款增速5.1个、34.1个和4.9个百分点，制造业贷款新增57.9亿元，增量是2019年的3.2倍，各项指标均超额完成年初预定目标任务。全市一般贷款加权平均利率5.5%，同比下降5个基点；小微企业贷款加权平均利率4.8%，同比下降6个基点。

【惩治治理电信网络诈骗和跨境赌博犯罪】 2021年，市人行加强源头治理，压降账户风险。紧盯新开账户、存量账户风险排查、非柜面业务管控等三大关键环节，建立工作指引3项，指导银行机构提升账户风险防控精准性和有效性。累计排查存量账户1719.7万户，拒绝异常开户392户。指导银行机构通过加强技术反制、试点保护性止付机制、加强警银联动劝阻等举措，守住老百姓“钱袋子”。全市银行机构累计协助拦截电信网络诈骗118起，挽回群众损失978.65万元。加强警银联合，加强宣传教育，开展“网格式”反诈拒赌宣传教育，组建银行机构宣讲团，按月在市直机关巡回宣讲。全年累计组织开展媒体及现场宣传2.52万次，覆盖118万人次。

【金融服务管理】 2021年，市人行提升金融管理和服务水平。推进金融消费权益保护，联合市银保监分局推进“农村金融消费者权益保护工作站”

建设，开发金融知识“码上学”线上宣传平台，全市首个金融知识纳入国民教育体系试点在庆元县开展，在缙云县推出全市首个“云治”线上金融消费纠纷调解平台，建成全市首个省级金融教育示范基地。创新开展老年人金融服务示范点创建，编制发布老年人金融服务规范、《老年人金融服务电子工具书》，创建首批老年人金融服务示范点21家。优化外汇管理与服务，组织开展“外汇服务质量提升年”主题活动，加强企业汇率避险产品宣传和引导，推动外汇衍生产品签约金额同比增长59.4%，套保率15.5%，居全省第三位。加强涉外企业监测和现场核查，加大外汇业务合规性检查力度，全年处罚银行5家，罚没款近170万元。推进个人侨汇结汇便利化，促进外币代兑点、个人外币贷款以及个人侨贸业务规范发展。推动支付服务便利化，落实“移动支付之省”建设要求，全市新增移动支付绑卡用户16.87万户，增速列全省第三位。推动遂昌、青田、龙泉3个县（市）率先上线运行银联直付平台的“银福通”项目，解决公职人员餐补等福利费用发放难题，开辟移动支付应用新场景。持续推进“小面额人民币服务巩固深化工程”，构建残损人民币回收、人民币原封新券投放、提升现金整洁度、优化现金服务长效机制。推动国债下乡常态化，创新“服务站+联络员”农村国债宣传模式，保障农村居民投资国债权益；落实跨省异地缴税服务改革，实现纳税服务“一次都不用跑”。推进征信服务示范点标准化建设，优化征信服务网点布局，新增布放征信自助查询机6台，提升征信服务便利度。

【防范化解金融风险】 2021年，市人行开展全市法人银行流动性及偿付能力压力测试，实时监测法人银行流动性。组织开展“排雷”专项行动，对1家存在扩张性风险的法人银行跟进落实风险化解措施。至年底，全市不良贷款率0.54%，比年初降低0.08个百分点，处于历史低位。创新开展“反洗钱示范单位（点）”创建活动，反洗钱义务机构工作质量提升。创建公安、法院等五部门预防和惩治洗钱犯罪联合工作机制，优化部门情报会商和信息反馈流程，全年累计移送重点可疑交易线索57起，其中立案23起，立案率40.35%，并推动2起案件以《中华人民共和国刑法》“洗钱罪”宣判。落实房地产金融审慎管理，推动房地产贷款合理适度增长，加强商品房预售资金账户监管，配合处置恒大项目风险。

【农村金融改革】 2021年，市人行推进普惠金融服务乡村振兴改革试验区创建。配合人民银行总行对《丽水市普惠金融服务乡村振兴改革试验区总体方案》进行调研论证和修改完善。协调市政府组建试验区创建工作专班，完成起草普惠金融服务乡村振兴改革实施方案和任务清单。完成丽水市农村金融改革试点结项评估，完成上一轮全国农村金融改革试点任务。加强改革成效宣传，组织“区域金改看浙江”媒体采访团“丽水行”活动，金融支持生态产品价值实现的创新机制经验在全国现场会和全国普惠金融论坛上宣传推广，《金融支持生态产品价值实现机制研究》报告得到人民银行总行行长易纲批示，金融服务乡村振兴成效得到《金融时报》《浙江日报》等媒体宣传报道。金融支持生态产品价值实现机制创新、农村信用体系建设、乡村振兴金融服务站3项金融改革工作被列入浙江省区域

2021年全市分机构本外币存贷款统计指标一览表

表15

单位名称	存款		贷款	
	余额（万元）	同比增长（%）	余额（万元）	同比增长（%）
农发银行丽水市分行	210161	5.99	1000219	24.94
工商银行丽水分行	5595200	9.26	3779175	14.44
农业银行丽水分行	5008137	3.42	3870503	14.35
中国银行丽水市分行	4223884	13.77	3729850	16.95
建设银行丽水分行	3724309	7.76	3725471	13.48
交通银行丽水分行	194257	64.96	354736	34.22
中信银行丽水分行	764821	10.09	907401	11.90
浦发银行丽水分行	460711	11.65	351651	19.03
浙商银行丽水分行	422643	-9.25	431596	-11.88
华夏银行丽水分行	194243	56.84	171171	43.12
泰隆银行丽水分行	1363586	8.60	1267416	10.62
稠州银行丽水分行	1081031	18.19	680784	9.17
温州银行丽水分行	506648	40.22	424654	116.31
杭州银行丽水分行	217844	69.56	457724	45.51
民泰银行丽水分行	219952	37.95	164527	76.37
台州银行丽水分行	188303	36.75	315463	48.70
宁波银行丽水分行	612857	71.65	742581	43.94
邮储银行丽水市分行	2855914	13.66	1542739	24.44
农村商业银行	10284677	13.26	8109615	21.34
其中：莲都农商银行	2348790	13.89	1645179	25.35
村镇银行	876486	12.97	891672	15.47

金融改革标志性成果和典型经验。推进绿色金融创新。结合百山祖国家公园建设，制定《金融服务百山祖国家公园产村融合发展工作方案》，开展“国家公园+绿色金融”品牌创新工作，在全国率先推出林地地役权补偿收益质押贷款、林业碳汇质押贷款等产品。创建“百山祖国家公园特色支行”6家，持续推动农村产权融资及“生态贷”“两山贷”“生态区块链贷”“生态主题卡”等业务扩面增量；至年底，全市各类农村产权融资规模超过140亿元，“生态贷”余额235亿元，“两山贷”余额16.03亿元、“生态区块链贷”累计发放1.48亿元，评定出“两山”银行18家，建成“两山”金融服务站650家。持续推进农村金融基础设施和服务优化升级。创新推进“丽水域外‘两小’创业通金融综合服务平台”建设，项目被列入省级数字化改革重点项目和丽水市政府“十四五”规划。在全省率先出台“乡村振兴金融服务站”建设、服务和管理标准。加强农村信用体系建设，优化丽水市信用信息服务平台功能，实现与中国人民银行杭州中心支行及市大数据平台信息的互联互通；推进“四信”建设，助力丽水获评第三批全国社会信用体系建设示范区。完成省级标准化战略试点“金融标准创新”重点项目，并通过评估验收；累计发布重点领域金融标准26项，其中国家级标准1项、省级地方标准2项、省级团体标准6项。建成丽水市金融标准信息库，丽水市金融学会成为全国首个开展金融团体标准化工作的地市金融学会，《林权抵（质）押贷款工作规范》成为浙江省金融学会发布的首批金融团体标准。（陈俊威）

【银行保险监管】 2021年，丽水银保监分局引导银行业保险业服务实体“亮出”高分报表。对接丽水市重大战略部署，出台金融支持“双招双引”战略16条意见，开展高质量服务生态经济提升年活动，推进服务实体经济十件实事，构建小微企业园“一园一行一顾问”金融服务机制，加强小微企业、制造业等领域金融支持。优化政保合作机制，召开农险高质量发展座谈会。全市贷款增速位列全省第三名，制造业贷款连续3年新增超50亿元，小微企业贷款增速高于各项贷款增速，绿色融资增速高于全省平均水平，科技贷款增速创2019—2021年新高，保费收入增速全省第一，并创20年来最好位次，车险综合成本率全省最低，“浙丽保”参保率超过85%，居全国第一。

2021年，丽水银保监分局持续改革创新。建立金融服务共同富裕联合创新实验室，首批推进金融项目63个，形成多个全省乃至全国领先的标志性成果。制定全省首个地市级金融支持碳达峰碳中和行动方案，并在市政府新闻发布会上进行发布。制定申报全国首批气候投资试点城市工作方案，作为全省唯一地市方案上报生态环境部。出台全省首个林业碳汇金融业务操作指引、银行业保险业碳效金融业务操作指引，指导发放全国首笔银保联动林业碳汇金融业务，推进首批金融网点碳中和证书落地丽水。率先出台人才科技支行建设标准，首批评定人才科技支行6家，并在第十届“智汇丽水”人才科技峰会上现场授牌。出台全省首个老年客户金融服务规范。参与政府数字化改革，开发绿色金融、制造业贷款等6个数据专题驾驶舱并接入丽水市城市大脑。

2021年，丽水银保监分局践行“监管精神”，严守区域金融风险底线。加强前瞻研判分析，完善信用风险监测机制，加强房地产行业信贷风险监测分析和压力测试。丽水银保监分局分别与市中级人民法院、市人民检察院签订合作协议，建立“金融+司法”的常态化协作协同机制，推动建立“共享法庭”。丽水银保监分局作为唯一非司法部门在市委法院工作会议上交流发言。加强重点领域监管，持续推进农商行合规建设和治理水平提升三年行动，实施重点风险机构“一行一策”清单式监管。加强联合授信、会商帮扶，加快信用风险出清，全年累计处置不良贷款22.72亿元。至年底，全市银行业不良贷款率0.54%。

2021年10月31日，丽水人才科技银行授牌、授信仪式在第十届“智汇丽水”人才科技峰会上举行

（叶黎昱　提供）

重拳整治市场乱象，召开动员会部署“内控合规管理建设年”活动，出台案防“十必做”要求，自选开展空白合同“清零”、保险理赔人员资金账户排查等4项行动；全年对12家银行保险机构开展现场检查；处罚银行保险机构17家次，处罚责任人7人，罚没近700万元。（叶黎昱）

【中国农业发展银行丽水市分行】2021年，中国农业发展银行丽水市分行（简称市农发行）年末各项贷款余额100.02亿元，比年初增加19.97亿元，增幅24.94%，贷款增幅列全省农发行系统第三位，比全市银行业平均高出6.26个百分点。年末贷款余额首破100亿元，贷款余额实现三年翻一番。年末各项存款余额23.67亿元，比年初增加1.31亿元，增幅5.86%。除财务挂账贷款，年末无不良贷款，资产质量保持优良。2021年，市农发行贯彻落实党中央和上级行部署要求，聚焦学史力行，办好为民实事，业务发展提质增效。支持共富建设，用好、用足农发行总行、省分行出台的支持浙江共富建设的实施意见，在利率、期限、信贷规模等方面予以政策倾斜，推动特惠政策在丽水落地。对接丽水共同富裕行动方案和重大项目清单，创新市场化运作模式，提供全方位的“融资+融智”服务，为义乌—莲都“飞楼”项目、庆元兰溪桥水库扩建工程移民安置楼等项目提供信贷支持。全年获批项目13个、金额61.59亿元，累放支农资金39.87亿元，同比多投7.86亿元。保障粮食安全，落实国家粮油储备调控政策，保障丽水粮食储备调控信贷资金供应。全年累放粮油类贷款2.99亿元，支持收购调入粮油36.85万吨。累放农地类贷款8.41亿元，支持青田垦造耕地等农地业务类项目，加快支持高标准农田建设。推

2021年8月13日，市农发行丽水市分行与缙云县政府签署支持生态产品价值实现机制示范区建设专项合作协议（王舒婷 提供）

动城乡融合，围绕新型城镇化和城乡融合发展重点方向，融入市委、市政府决策部署，加大对水利、公路、改善人居环境、山海协作等领域的信贷支持力度，全年累放基础设施类贷款22.68亿元，支持青田瓯江流域水利工程、遂昌528国道等项目，其中丽水学院松阳校区建设入选教育部金融助力乡村振兴试点项目。践行绿色金融，支持丽水建设国家生态产品价值实现机制示范区，服务丽水绿色低碳循环经济。市农发行与缙云县政府、龙泉市政府签订专项合作框架协议，合作开展金融助推生态产品价值转化。在全省农发行系统率先落地生态价值实现信贷支持模式，向缙云两山公司发放贷款3000万元，助力开展生态产品价值转化先行先试。全年累放绿色贷款2.95亿元，年末绿色贷款余额10.94亿元，增长16.63%。服务实体经济，推进服务优化小微企业提升工程。全年新发放贷款加权平均利率4.59%，相比金融同业低30个基点，让利企业970万余元。16家中小微企业客户享受首年贷款利率再优惠50—100个基点，节省利息成本90万余元。引导企业承担社会责任，参与“万企兴万村”行动，新增贷款企业6家，申报纳入全国工商联“万企兴万村”名单。（王晓桂）

【中国工商银行丽水分行】2021年，中国工商银行丽水分行本外币各项存款余额559.45亿元，比年初增加30.13亿元；本外币各项贷款余额377.91亿元，比年初增加47.68亿元；不良贷款率0.15%，比年初下降0.1个百分点。贯彻全面从严治党从严治行要求，加强党建与经营深度融合，坚持服务地方经济发展不动摇，支持乡村振兴，建设共同富裕美好社会的山区样板。全年重点围绕基础设施建设、保障性住房、小微产业园、扶贫消薄等领域发放项目贷款39.47亿元。对接“双招双引”，加速推进“融资畅通工程”，制造业贷款、普惠贷款增速分别为14.41%、37.48%；满足农户和新型农业主体信贷需求，涉农贷款增长31.02%，发放特色“兴农贷”7800万元，在茶叶、雪梨、电商村等市场上实现突破。夯实信贷管理基础，帮扶困难企业，不良额、不良率、劣变额、劣变率四大风险指标全面下降。提升内控精细化管理水平，创建2021年度丽水市“反洗钱示范单位”，全年实现安全经营。（赵歆宜）

【中国农业银行丽水分行】2021年，中国农业银行丽水分行（简称市农行）围绕市委市政府中心工作，加强党建引领、助力共同富裕、支持实体经

济、服务乡村振兴、引领行业服务，助推地方经济社会高质量发展。至年底，各项存款突破500亿元，各项贷款总量387亿元，居“工、农、中、建”四大国有商业银行(简称四行)第一，不良贷款率0.28%，资产质量保持优良。连续获金融支持地方经济发展一等奖及获评人行综合评价A类行，保持银保监局风险评估同业最高等级。

聚焦党建引领，加强理论武装。开展党委理论学习中心组集中学习23次，学习贯彻习近平新时代中国特色社会主义思想、中共十九届六中全会精神、党史学习教育指定用书。加强政治建设，开展民主生活会和组织生活会，持续增强党组织政治功能；持续发挥纪委监督和政治巡察作用，对辖内4家一级支行开展巡察，对6家单位开展履职监督，发现问题，推进整改督查。落实《国有企业基层组织工作条例(试行)》要求，持续推进基层党组织标准化和规范化，“一行一品牌”建设成果获评农总行优秀党建工作案例，是浙江农行唯一获评案例。推进党史学习教育，各级党组织开展活动230余场(次)，获农总行“两优一先”表彰党员2人，退休干部创立的老李帮忙团服务中心党支部被中共中央授予“全国先进基层党组织”称号。开展“我为群众办实事”实践活动，成立服务乡村振兴党员先锋队8支、“深耕乡村”团队31支、青年志愿服务队24支，发挥党支部战斗堡垒作用和党员先锋模范作用。

聚焦共同富裕，支持项目建设。围绕丽水加快跨越式高质量发展建设共同富裕示范区，率先同业制定支持措施26条，推出共同富裕千亿信贷支持计划，五年内提供不低于1000亿元意向性融资额度，对接以促进共同富裕为导向的全市扩大有效投资“345”战略，保持贷款增量同业领先，助推丽水区域加快发展。围绕丽水“一带三区”规划，出台助推丽水跨山统筹全面加快区域协调发展措施12条，加快县域贷款投放，助力乡镇、农村加快发展。率先同业创新“大搬快聚”生态修复项目融资“农行模式”，至年底，累计为8个县(市、区)的“大搬快聚”审批项目贷款75.90亿元，投放项目贷款12.43亿元，银团份额行社占比超40%，助力复垦土地1003.07余公顷，支持约1852个自然村的14.61万户农户易地搬迁和就业致富。在9个县(市、区)推广“美丽城镇贷”“特色小镇贷”“旧城改造贷”等产品，满足县域项目建设的个性化融资需求。至年底，县域贷款总量263.26亿元、增量48.25亿元，均居当地可比同业第一位。发展普惠金融、民生金融，提高金融服务覆盖率、可得性和满意度，满足人民群众的金融服务需求。成立普惠金融专项服务团队，推进“春蕾计划”“秋实计划”和“百行进万企”等专项活动，推广“小微网贷”“抵押e贷”等专项融资产品，助力各类市场主体成长、壮大。至年底，普惠贷款余额78.2亿元，连续4年保持当地可比同业第一。

聚焦生态工业，帮扶实体经济。制定实施金融支持“双招双引”措施16条，建立“双招双引”专项金融服务团队，对接和支持产业链招商、基金招商、飞地招商、大数据招商等关键性融资需求，为招商引资企业入园到生产提供“一条龙”融资服务。获评丽水银行业首批“人才科技支行”，创新推出“科创贷”、“科创人才贷”、知识产权单独设押等新产品、新模式，为科技企业、科技人才和未来产业提供专业化、全周期服务，助力解决核心技术“卡脖子”问题。推进“融资畅通”工程。出台《农行支持丽水制造业绿色高质量发展十二条措施》，支持“融资畅通工程升级版”，至年底，制造业贷款、战略新兴产业贷款增量分别为12.47亿元、5.80亿元。首贷户新增142户，完成银保监增量计划的236%。推进绿色金融、碳金融。参与“绿色支行”“两山银行”评定，被评为市级“两山”银行(“四行”唯一)，并完成3家“绿色支行”认证。成立绿色金融工作领导小组，制定绿色金融行动方案，遏制“两高一剩”项目，围绕清洁能源、节能环保、碳减排技术等领域，创新推广“绿色高质量制造贷”“生态修复贷”“环境权益质押贷”等一揽子绿色信贷产品，提高绿色信贷投放精准度，支持绿色产业发展。全年绿色信贷增量26.33亿元。

聚焦服务“三农”，助推乡村振兴。出台支持丽水乡村振兴措施19条、金融扶贫和服务“三农”49条工作清单等措施，支持新型城镇化、花园乡村建设、乡村产业发展和农文旅融合发展等。完成市本级、各县(市、区)与当地农业农村局的乡村振兴战略合作签约，全省系统内率先实现“全覆盖”。至年底，“惠农e贷”余额18.92亿元，比年初增加7.07亿元，同比增加4.60亿元，增量为2019以来同期最高，任务完成率101%。涉农贷款增速30.34%，居全省系统内第一，高出各项贷款增速16.75个百分点。

聚焦一流服务，擦亮“百佳”品牌。推动服务升级，发挥全市唯一一家全国“百佳”网点示范引领作用，推进“最多跑一次”“最多签一次”等改革，推进智慧网点创建，实施“服务升温工程”，开展“爱心敬老”“最暖厅堂”品牌示范网创建，推动便民服务、公益服务、特殊服务和智慧服务水平提升，客户满意度和体验感提高。市农行营业部无障碍设施案例登上全国案例金榜，农行青田县侨乡支行获评

2021年度中国农业银行“最暖厅堂”，打造农行金融服务“金名片”。推动数字化转型。推进贷款线上化，运用数字化思维、方法和手段，发挥“首户e贷”“增信e贷”“账户e贷”和供应链融资等线上普惠融资产品优势，加大普惠领域线上贷款投放，至年底，累计为412户小微企业提供线上融资服务，线上客户占比90.61%。推进数字乡村建设。聚焦农村基础金融服务短板，探索“场景+三农”新模式，依托“微村云”数字乡村服务平台，推进“掌银进村入户”工程，累计创建数字乡村、特色农业等“三农”场景23个，创建“惠农通”星级服务点550个，扩大金融覆盖半径。（王思豪）

【中国银行丽水市分行】 2021年，中国银行丽水市分行（简称市中行）本外币时点存款余额423.82亿元，比年初新增35.72亿元，四大行余额占比22.83%，列第三位，比年初提升0.40个百分点，变动四大行排名第二。本外币贷款时点余额372.86亿元，比年初新增53.76亿元，增幅16.85%，四大行市场份额24.67%，比年初提升0.42个百分点，是四大行中唯一一个比年初提升的银行。不良余额1.06亿元，比年初减少167万元，不良率0.28%，比年初下降0.05个百分点。加强银政合作。促成省行与丽水市政府、莲都区政府签订战略合作协议，成为丽水市第一家与市政府单独签约的金融机构。与丽水市委组织部、市金融办联合举办浙江省中行首场“慧政学堂”党政国企领导干部培训班，得到市委、市政府和社会各界的肯定，获市长吴晓东批示肯定。支持当地重大项目建设，作为银团牵头行批复衢丽铁路项目授信30亿元，为未来社区、浙西南科创产业园、青田旧城改造、龙泉江滨两岸、城投臻茂房地产、莲义大厦等25个重点基础设施和民生项目提供127.90亿元授信支持。加大民营企业、制造业、小微支持力度。至年底，民营企业授信余额118.62亿元，新增民营企业贷款14.45亿元，增长13.87%；新增制造业贷款6.92亿元，增长12.27%，增速四大行第二；新增中长期制造业贷款3.52亿元，增长67.28%，增速四大行第一；普惠贷款余额51.80亿元，新增15.79亿元，增长43.85%，高于全部贷款增速26.29个百分点，四大行市场份额21.06%，比年初提升2.07个百分点。发展绿色金融，落地全省系统内首笔“GEP生态价值贷”1000万元，用于支持百山祖国家公园建设。向浙江凯恩特种新材料发放全市首笔碳排放配额抵押贷款。助力丽水“山”字品牌发展，实现中国银行与“丽水山泉”品牌双向赋能，为“丽水山泉”授信1000万元，为市农投“丽水山耕”授信1亿元，为“丽水山景”授信2.6亿元，为“丽水山居”授信1200万元。至年底，市中行绿色信贷余额43.37亿元，新增19.95亿元，增速85.22%，占所有对公授信23.25%，比年初提升9.08个百分点。持续升级松阳茶产业溯源体系，溯源项目在10月举办的浙江省首届绿色金融改革创新大赛中获最佳风采奖。开展党史学习教育和庆祝中国共产党成立100周年活动。组织开展“青年说”党史宣讲大赛、“中行杯”党团知识竞赛、红色经典系列诵读、“追寻红色足迹学党史”等活动，在全行掀起党史学习热潮，推动全行干部员工感悟党的百年奋斗历程，做到学史明理、学史增信、学史崇德、学史力行。（刘　馨）

2021年，中国银行丽水市分行“百年恰风华 奋进新征程”青年说党史宣讲比赛决赛举行。图为参赛人员合影（刘　馨　提供）

【中国建设银行股份有限公司丽水分行】 2021年，中国建设银行股份有限公司丽水分行（简称市建行）本外币存款余额372.42亿元，比上年增长7.77%。各项贷款余额372.55亿元，比上年增长13.48%。全年实现中间业务净收入1.92亿元，比上年增长6.12%。实现拨备前利润7.58亿元，比上年下降0.4%。系统口径不良贷款1.56亿元，比上年增加0.41亿元；不良贷款率0.42%，比上年上升0.07个百分点。

聚集金融资源，支持地方经济建设。发挥优势支持地方基础设施建设，全年累计投放基础设施、地方重点等项目贷款19.39亿元，衢丽铁路丽水—松阳项目授信15亿元，认购丽水市文旅发展公司企业债2.1亿元。

加大小微企业、制造业等领域金融支持，实体经济支持力度，新增普惠金融贷款10.87亿元，新增制造业贷款5.92亿元。做实“六稳”“六保”工作，全年累计为小微企业节约成本支出580万余元，办理无还本续贷贷款本金8.75亿元。上线公租房新框架、存量房资金监管系统和智汇建造等系统，通过平台为政府加强住房租赁市场监管和监测提供技术支持，全年累计入驻房源1.08万套，新增转换客户2011户、个人类贷款户1377户、全面关系客户557户，住房租赁贷款授信5500万元。

服务乡村振兴，推动共同富裕发展。全年投放“大搬快聚”项目贷款7.11亿元。依托“裕农通”平台，以“党建共建”、整村综合授信等形式，完成莲都老竹畲族镇、云和雾溪畲族乡、庆元江根乡等乡镇的整镇合作。推广“浙担贷”“共富贷”“两山惠农贷”等涉农信贷产品，新增涉农贷款13.21亿元。开展“周周惠”“裕农优品”“善融一元购”“裕农通好货”等活动，全年实现交易额246万元，促进农村集体和农户增收。发展绿色金融，助推生态价值实现，重点支持清洁能源、绿色建筑、绿色交通等领域发展，新增绿色信贷15.42亿元，比上年增长39.43%。

依托科技金融，提升金融服务能力。推广“众创空间”平台，优化激励方案，增强创新意识，“大搬快聚”“浙担贷”“裕农通好货”入选建行浙江省分行十大优秀实践案例。加大“网络银行”“手机银行”“微信银行”“校园E银行”等科技手段推广应用，全市网银活跃客户数2.85万户、手机银行活跃客户数19.5万户、微信银行客户数21.21万户。加快“建行生活”“善融商务”“悦生活”“智慧政务”等金融科技平台建设。“建行生活”App生活场景服务平台入驻商户648户，注册用户11.69万户。实现“善融商务”交易额17.99亿元，其中实现“善融扶贫”交易额2441万元。搭建“悦生活”全渠道活跃场景54户。新上线“智慧柜员机”智慧政务服务事项9项。在营业网点设立“银龄跨越数字鸿沟”行动科普志愿服务点，引流老年客户近5900人。推广结算产品场景，全年新签约现金池3个、监管易10户以及银企直联、票据池、惠市宝4户。国际业务增长，全年累计办理跨境融资12.31亿元、福费廷业务3.42亿元，营销“国内证+议付”6.20亿元。线上贸易融资得到突破，首次办理人民币利率期权、线上进口开证、进口海外代付、信托收据贷款等业务，涉及金额10.74亿元。

加强基础管理，完善风险内控体系。做好全面风险管理党委管、全面管、主动管工作，加大重点区域不良处置力度，推广应用RAD智能监测系统，提升风险预警有效性，全年处置不良贷款2.04亿元，其中，现金回收1.23亿元。加强员工行为网格化管理，提升案防管理能力。组织开展惩治治理电信网络诈骗和跨境赌博工作，助力打造平安丽水和平安建行建设。加强反洗钱管理，全年累计报送重点可疑交易报告14份。（王学亮）

【交通银行股份有限公司丽水分行】2021年，丽水交行以建立精品行为目标，坚持四个“必须”工作思路，经营管理工作取得进步。本外币各项存款时点余额194257万元，比年初增长76499万元，增幅64.96%；人民币各项贷款余额354736万元，比年初增长90434万元，增幅34%，业务规模取得增长；净经营收入6235万元，比上年增长2035万元，增幅48.45%；不良余额18.17万元，比年初减少213.62万元，不良率由年初的0.08%下降至0.005%，效绩考核排名系统内全省第三，同时获省分行现金清收优胜集体奖、信息工作先进集体、第七轮安全评估先进集体等称号。

丽水交行支持实体经济发展。除增强对中型企业及政府招商引资企业的支持外，重点加强对小微企业的支持力度，至年底，普惠贷款余额48990万元，比年初净增15175万元，增速45%；普惠客户数317户，比年初净增125户，增速65%。成为首家入驻企业码平台的金融机构，在开通第一周落地首笔普惠贷款。并在该平台进行首场普惠业务产品直播。完善差别化信贷政策，打造交行按揭品牌，做大房贷规模，满足首套房和改善型住房的合理需求，至年底，个贷规模比年初增长71.67%。与丽水市人民医院合作，为丽水市医保参保客户提供“惠民就医医后付”产品，该产品能为暂时困难无力支付医药费的患者提供帮助。开展金融知识普及活动50余次，宣传防电诈等金融知识，提升公众自我保护意识。8月，堵截1笔涉及金额110万元的电信诈骗，得到省级、市级媒体的报道。（罗婷婷）

【丽水农信】2021年，丽水农信服务地方经济发展大局，助力丽水跨越式高质量发展，各项工作取得成效。年初实现各项存款余额1002.26亿元，成为丽水市首家存款总量超过1000亿元银行。至年底，丽水农信各项存款余额1028.47亿元，比年初增长120.39亿元，增幅13.26%；各项贷款余额810.96亿元，比年初增长142.62亿元，增长21.34%，余额及增量均位居全市银行业第一位，存、贷款市场份额分为25.89%、24.64%。发展质效保持平稳，至年底，丽水农信实际不良贷款余额6.77亿元，减少0.88亿元，不良率0.84%，降低0.3个百分点。支农支小领跑全市，至年底，丽水农信涉农贷款余额703.4亿元，比年初增加105.83亿元，占全市金融机构41.58%；小微企业贷款余额348.25亿元，比年初增加73.08亿元，占全市金融机构26.28%，其中，制造业贷款余额104.05亿元，比年初增加20.27亿元，涉农、小微企业及制造业贷款余额及增量均位居全市银行业第一位。纳税贡献持续领先，全年丽水农信纳税额4.46亿元，位居金融机构第一位，2019—2021年合计纳税14.72亿元。省农信联社丽水办事处连续2年获全省农信系统“走千访万”劳动竞赛一等奖，辖内6家农商行获奖；办事处连续4年获市政府“金融支持地方经济发展一等奖”。

加强普惠金融，助力共同富裕。坚持贯彻共同富裕理念，把解决地区差距、城乡差距、收入差距作为主攻方向，持续推动全方位普惠金融做深做实。实现农户小额普惠贷款“全覆盖”。给予全市所有农户3万元及以上纯线上信用贷款（剔除赌博、失信等负面清单人员），推动“户户有授信”，成为普惠金融的一次实践。至年底，授信农户60.69万户，覆盖面100%，用信农户20.38万户，用信余额243.91亿元。实现低收入农户金融服务“全覆盖”。推出下山脱贫、异地搬迁、教育帮扶、创业就业等专项贷款产品，推广运用“政银保”金融扶贫机制，实现低收入农户信用评定覆盖面、合理信贷需求获得率、基础金融服务覆盖面3个100%。实现新型农业主体服务“全覆盖”。按照“可使用、可更新、可共享”的原则开展建档评级，助力农家乐、观光农业、农村民宿等农村业态发展振兴，支持“丽水山耕、山居”品牌发展。至年底，对开户的新型农业主体授信覆盖率100%，用信户数7081户，用信金额23.45亿元；与生态农业协会签订战略合作协议，为生态农业协会授信30亿元；与“山耕梦工场”签订战略协议，为供应链核心体授信10亿元。

聚力小微金融，助力实体经济。围绕政府工作中心大局，落实融资畅通工程，助推全市实体经济高质量发展，稳固共同富裕的基石。聚力服务小微企业。推广“小微速贷”“小微易贷”等小微系列贷款产品，创新“链贷通、订单E融”等产业链金融产品，为小微企业和农业产业链主体提供高效便捷金融服务。针对科创型、供应链型和吸纳就业型小微企业，推广“税银贷”“商标质押贷”“专利质押贷”等信贷产品，拓宽融资渠道。持续加大“双保”应急贷推广力度，累计发放贷款72户，金额1.9亿元。运用省金融综合信息服务平台，加强线上融资对接，至年底，对接业务2711笔，授信43.65亿元，抵押登记线上办件17883个。聚力服务“三位一体”。服务农合联及其成员发展，推广“农合通”平台，把信用嵌入生产、供销等环节，实现产供销及金融支持的结合。至年底，为57个产业农合联、2409个会员授信13.96亿元，贷款余额5.89亿元；累计发放贷款2048笔，金额9.58亿元。聚力服务个体工商户。开展“助商惠企”专项走访行动，对个体工商户进行逐个建档、评级和授信。全省试点开展“助商惠民助力放心消费在浙江建设工作”，至年底，向1722户商户提供信贷支持9.73亿元。

推进绿色金融，助力生态转化。以绿色金融打通“两山”转化新路径。助力生态产品价值实现机制建设，发放全国首笔GEP贷、全国首笔河权贷、全市首笔生态信用贷，成立全市首个“两山转化金融服务站”，打造“两山贷”生态信用贷和“生态贷”生态资产抵（质）押贷两大系列产品，至年底，发放“两山贷”6.64亿元，占全市48.41%；发放“生态贷”81.57亿元，占全市37.67%。丽水农信8家机构（网点）被授予“两山”银行称号，4家支行被授予“两山支行”“绿色支行”称号。5月，全国生态产品价值实现机制试点示范现场会在丽水召开，丽水农信被列为会议唯一金融考察点，工作做法被编写进《浙江省生态产品价值实现案例汇编》《生态产品价值实现机制的丽水实践》。助力大花园核心区建设。围绕丽水百山祖国家公园创建，创新推出林地地役权补偿收益权质押贷款，盘活国家公园森林资源资产，成为丽水农信2007年率先发放全国首笔林权抵押贷款，进而探索林农小额循环、林权直接抵押、林权联保、林权信托质押、公益林补偿收益权质押等多种贷款模式以来的又一创新成果。助力碳达峰、碳中和。发放全国首笔林业碳汇“未来收益权+保险单”质押贷款，签订《丽水市林业碳汇政银保联动战略合作协议》，安排50亿元信贷规模，满足林业碳汇市场主体需求。在龙泉农商行兰巨支行探索创建全市银行业首个“零碳”网点。

发展民生金融，助力社会治理。多跨协同、主动融入社会治理，助力丽水高水平推进市域治理现代化。推动“强村计划”，助力消薄增收。与农业农村局联动推进村级集体经济“强村计划”，探索村级资金入股农商行支持“消薄”开创全国先河，发放贷款4.56亿元，惠及薄弱村968个。推动上线新省版农村“三资”系统，满足农村集体经济数字管理需要，实现全市1890个行政村全覆盖。推广“政务代办”，助力服务协同。与市行政服务中心、市大数据局联动推进“政务服务便利化”项目全省试点，发挥点多面广优势，代办政务事项，实现36项高频政务事项和多项特色政务事项的

2021 年 6 月 10 日，丽水农信推进“政务服务便利化”项目试点，客户经理上门为百姓办理政务服务事项　　（卢　芸　提供）

“就近办、自助办、掌上办、上门办”，成为丽水数字化改革的特色应用场景，乡镇一级政务代办服务实现100%触达，推进公共服务优质共享。至年底，丽水农信代办政务事项 328 项，办件 48043 件，占基层群众总办件量的 47.68%。工作得到新华社、人民网、浙江新闻、《金融时报》等总计 20 余家国家级、省级和行业媒体报道。推进“银法联动”，助力司法治理。与市中院合作开设“共享法庭”27 个，把法庭移到网点，让百姓在家门口就能获得司法服务，至年底，累计开庭案件 175 件，总标的额 4014 万元。出台“诚信履约贷”专项产品，安排 5 亿元信贷规模，帮扶自动履行人。　　（卢　芸）

【中国邮政储蓄银行丽水市分行】

2021 年底，丽水市分行资产总额 313.85 亿元，同比增长 14.56%。全年实现自营收入 4.68 亿元，考核净利润 1.66 亿元，预算目标完成率分别排名系统内全省第七和第四。各项存款余额 285.59 亿元，同比增长 13.66%。其中，自营个人储蓄存款余额 70.52 亿元，年净增 4.44 亿元；公司存款余额 28.54 亿元，年净增 4.15 亿元。各项贷款余额 154.27 亿元，同比增长 25.43%。其中，个人贷款余额 120.28 亿元，年净增 22.37 亿元；小企业贷款余额 19.69 亿元，年净增 4.06 亿元；公司贷款余额 10.06 亿元，年净增 4.40 亿元。成本收入比 53.41%，2017—2021 年逐年下降。不良贷款率 0.29%，比年初下降 0.04 个百分点。

2021 年，丽水市分行坚持围绕党建引领、可持续发展、绩效考核三条主线，完成各项经营管理任务。加强党建引领。开展党史学习教育，举办“读诗词　学党史　弘扬社会主义核心价值观和企业文化”诗词大会、“百年华诞　建功邮我”文艺汇演暨 2020 年度先进模范表彰大会、“奋斗百年路　启航新征程”党史学习教育巡回宣讲；开展“我为群众办实事”活动，提升员工幸福感。服务实体经济，制造业贷款增速 36.93%，科技型企业贷款增速 89.1%；巩固脱贫攻坚与乡村振兴衔接，涉农贷款增速 21.05%；发展绿色金融，绿色贷款增速 86.52%，“金融助推生态产品价值实现”项目获国际金融论坛第二届“IFF 全球绿色金融奖——创新奖”；服务小微企业和民营经济，普惠型小微企业贷款增速 24.87%，民营企业贷款增速 19.06%；加强推进惩治治理电信网络诈骗工作，拦截电信诈骗 14 起，挽回客户损失 83.15 万元。业务发展进一步提质，贷款增量突破 30 亿元；信用卡新客目标完成率系统内全省排名第六，2017 年来首次达成信用卡新客目标。加强风险防控。落实大额分户管理指导机制，累计完成清收不良贷款 3729.46 万元；持续推行“代职支行长”工作机制，实现风险防控前置；成立风险数据分析团队，提升检查质效。提效管理工作。持续优化用工结构，销售人员占比 30%以上；财务管理更加精准，突出绩效导向，加强过程管控，绩效考核得分系统内全省排名第五。夯实队伍建设，完成领导人员提任 5 人、交流调整 5 人，市分行管辖干部提任 11 人、交流调整 17 人；拓宽骨干人员选拔任用渠道，通

2021 年 6 月 20 日，中国邮政储蓄银行丽水市分行召开“百年华诞　建功邮我”庆祝建党 100 周年文艺汇演暨 2020 年度先进模范表彰大会　　（留津津　提供）

过公开竞聘选拔团队负责人 22 人；推进“领航工程—千百”基层人才库建设工作；推行新员工关爱计划。2021 年，获人行丽水市中支 2021 年度金融消费者权益保护工作 A 类金融机构，丽水银保监分局 2021 年服务最优银行机构、2021 年丽水银行业支持制造业先进单位、2021 年丽水银行业保险业支持乡村振兴先进单位、2021 年丽水银行业保险业新闻信息宣传先进单位等称号。 （留津津）

保 险

【概况】 2021 年，丽水市保险行业协会有会员单位 136 家，其中，理事单位 23 家，财产险公司 13 家，人身险公司 10 家。全辖从业人员 10439 人，其中，财产险 3715 人，人身险 6724 人。

【推进行业自律】 2021 年，丽水市保险行业协会持续聚焦行业自律，促进行业依法合规经营，推进行业发展。加强专委会管理，完善自律公约、专委会工作机制。成立丽水保险业绿色金融（两山金融）专业委员会，制定两山金融专委会工作规则。修订完善《丽水市保险行业保险业务投标规范公约》《丽水市保险营销员业内流动管理自律公约》。关注市场情况，发现违反《丽水市保险营销员管理自律公约》案件 2 起，并发文通报批评。全年召开各专委会会议 17 次。开展行业清廉金融文化建设，营造廉洁从业氛围。响应丽水银保监分局清廉金融文化推进年有关工作，相继开展新春清廉金融文化短视频宣传活动、清廉金融文化核心价值观口号征集评选活动；落实“秀山丽水·廉洁金融”清廉金融文化主题作品展；组织参与“浙江保险业合规·清廉知识”推广赛；举办“弘廉洁正气 扬行业清风”专题警示教育培训等一系列清廉主题活动，推动清廉金融文化入脑入心，展示风清气正行业新风尚。加强人身险公司产品说明会管理，做好产品说明会备案工作。全年各人身险公司共预报产品说明会 211 场，实际召开 175 场。

【消费者权益保护】 2021 年，丽水市保险行业协会落实消费者权益保护工作，化解保险消费矛盾纠纷，助力保险业诚信建设。发挥调解功能，完善纠纷解决机制。推进丽水市银行业保险业人民调解委员会入驻县（市、区）矛盾调解中心工作室，实现 9 个县（市、区）全覆盖。全年金融纠纷调解委员会调解保险案件 296 件，调解申请总金额 4450.11 万元，其中，调解成功件数 275 件，调解成功件申请总金额 4062.95 万元，调解成功达成金额 2258.46 万元。开展保险业“内控合规管理建设年”活动。制定“合规 21 浙丽有你”2021 年合规深化行动实施方案，开展行业合规教育、海报征集、口号评选、警示案例学习等系列活动，印发活动倡议书，举办保险业“内控合规管理”培训会，宣导合规经营、合规从业价值理念，让消费环境更加安全、放心。部署落实财产险公司客户服务窗口建设。推动辖内各保险公司客户服务窗口建设申报、复查、验收等工作。全年全市新增标准窗口申报 54 家，加存量标准窗口 33 家，共计 87 家。

【保险服务正能量宣传】 2021 年，丽水市保险行业协会通过媒体开展内外宣传，提升行业正能量。在协会自有媒体“丽水保险”微信公众号发布重要监管信息，坚持正面发声，全年推送信息 54 期、95 篇；征订 2022 年《中国银行保险报》。开展“以人民为中心 增强金融消费者获得感”为主题的“3·15”消费者权益保护教育宣传周活动，举办“7·8”全国保险公众宣传日系列宣传活动，开展“金融知识进千村”、防范非法集资、全民国家安全教育日宣传教育等系列活动，扩大保险公众影响力。通过人身险理赔专委会、财产险理赔专委会建立反保险欺诈信息联动共享机制，并组织各保险机构对内开展防范网络诈骗培训，对外以案说防，提升群众反诈意识。就丽水 4S 店停开理赔增值税发票问题，与市国税局沟通协调，为行业争取全年可抵扣税 2000 万元以上，维护行业利益。对接交警推进“警保联动”再深化。在国庆、春运期间联合市级 14 家财险公司在高速路口设立“警保联动心服务站”，为群众假期出行提供轻微事故快处快赔、旅途救助等便民服务。推行非伤人物损快速处理机制，启用便捷通 App。协会组织选派代表队参加省总工会举办的浙江省车险查勘理赔员职业技能竞赛，并获团体三等奖（第六名）。

【保险监管辅助作用】 2021 年，丽水市保险行业协会关注疫情，做好疫情联防联控。组织人员对市级保险机构开展疫情防控情况排查，向行业发布“同心抗疫不松懈，平安喜乐过春节”倡议书，做好会议、日常防疫提醒，并督导各会员单位落实员工疫苗接种工作。加强与政府职能部门沟通交流。配合莲都区金融发展中心推进区农村小额保险参保工作，开展莲都区农村小额保险工作调研。加强与丽水市公安局、丽水市司法局、丽水仲裁委员会等交流合作，推进保险反欺诈和消费者依法维权事宜。做好保险业自然灾害及重大事件防控协调指导工作。制定《丽水市保险行业协会关于自然灾害及重大事故理赔协作方案的实施细则》，在汛期、梅雨期间，发送预警信息提示各保险机构防汛抗洪工作。开展丽水保险业2020年十大最具影响力赔案评选活动，展现丽水保险业在经济社会生活中的“保驾护航”作用。加强统计工作，确保数据准确性，每月编报行业业务统计报表、政保合作业务报表，为各理事单位开展工作提供数据支持。（徐巧燕）

【人保财险丽水市分公司】 2021年，中国人民财产保险股份有限公司丽水市分公司（简称人保财险丽水市分公司）人保财险丽水市分公司现有县域支公司、区支公司9个，营业部及营销服务部14个，内设业务部5个，职能管理部门13个。至年底，有在职员工543人（另有劳务外包126人）。其中，管理类41人，销售类230人，专业及其他类员工272人。全年人保财险丽水市分公司实现保费收入11.39亿元，同比增长12.61%，增量保费1.27亿元，占全行业增量比重92.8%。公司市场份额50.66%，同比提升2.74个百分点，为2010年来首次突破50%，车险业务增速自2017年来首次超市场（市场是-3.57%）。

2021年，人保财险丽水市分公司围绕“高水平建设和高质量发展重要窗口”的中心大局，统筹新冠肺炎疫情防控和经济社会发展，加快提升共同富裕丽水温度，全国首创“政府+市场”的政府引导型全民健康补充医疗保险（浙丽保）制度，利用原创性医保制度改革“小切口”撬动民生保障和改善领域的“大变革大突破大进展”，破解群众因病致贫返贫问题，获中央全面深化改革委员会办公室和中国共产党浙江省委员会批示肯定，并成为全省共同富裕示范区重大改革项目；着眼现代化生态经济体系建设，推进“生态经济化、经济生态化”，落地全省首笔“林业碳汇质押贷款+保险”金融业务，为全省实现“双碳”目标提供示范样板；解决金融参与社会治理不强问题，实现全域统筹的“农村公路财产保险”总保额238.81亿元，为山区26县“四好农村路”建设提供“丽水经验”。全省率先组建建工安责险共保体和运营中心，累计承担风险金额16.99亿元；巩固脱贫攻坚成果，为全市43.66万户投保政策性农房险，为11.44万户低收入农户投保低收入农户统筹健康保，创新开展“青田油茶低温气象指数保险”“莲都生猪养殖保险”等地方特色险种，全年农险累计赔款8929万元，提高农户风险保障。（周金鑫）

【中国人寿丽水分公司】 中国人寿保险股份有限公司丽水分公司（简称中国人寿丽水分公司）拥有遍及全市的机构网点和服务网络，县（市）支公司8家，营销服务部10个，至年底，有员工240人，销售人员1641人。公司通过个人营销、团体直销、银行代理、网络销售等渠道，为社会大众提供生存、养老、疾病、医疗、身故、残疾等保险保障与服务。全年实现保费收入14.8亿元，市场份额35.77%，继续引领寿险行业发展。公司致力党建统领，夯实发展根基，开展党史学习教育和“我为群众办实事”活动。致力央企担当，融入发展大局，落实落细党中央决策部署，健全完善九大工作机制，明确7项重点任务。支持打造浙江共同富裕示范区山区样板建设，参与多层次医保体系建设，牵头主办在全市实施低收入农户统筹健康保险项目，参与“浙丽保”项目。开展农村小额、两性安康等保险产品服务和结对点帮扶工作，推进乡村振兴。致力转型升级，优化服务品质，发挥科技赋能作用，实现由线下“传统服务”为主向“非接触”式服务转变，开展“五进五服”系列宣传活动和各类公益活动。打造服务政府社会保障体系的“民生品牌”和服务丽水社会发展的“放心品牌”。持续保持省级文明单位，连续11年被丽水市政府授予金融机构支持地方经济发展奖项。被丽水市人行评为“2021年度丽水市反洗钱示范单位”，被丽水银保监分局评为“2021年保险业服务最优保险机构”“2021年丽水保险业推进政保合作项目先进单位”。（王海玲）

【太保寿险丽水中心支公司】 2021年，中国太平洋人寿保险股份有限公司丽水中心支公司（简称太保寿险丽水中心支公司）全年实现保费收入4.84亿元，同比增长8.15%，市场份额占比11.71%，同比1.38%。新保保费收入1.40亿元，受理审核并结案理赔案件31686件，累计赔款给付1.01亿元。公司致力于提供基于客户全生命周期的风险保障解决方案，覆盖人寿保险、年金保险、健康保险、意外伤害保险等。公司探索和实践基于新技术应用的模式创新和流程再造，加快布局企业级移动应用，聚焦客户端，形成以“神行太保”“太平洋寿险”APP、“太平洋寿险”官微及“太慧赔”四大应用平台为主要构成的企业级移动应用体系，推动销售和服务模式在业内率先转型，带给客户便捷贴心的服务体验。公司坚持诚信经营，履行保险责任，保障保险消费者的合法权益。（沈　丹）

【太保产险丽水中心支公司】 2021年，中国太平洋财产保险股份有限公司丽水中心支公司（简称太保产险丽水中心支公司）全年实现保费收入3.47亿元，同比增长0.65%，居全市财险市场第二位。2021年，贯彻党中央“六稳”“六保”决策部署，加强金融支持地方经济恢复，响应丽水市委、市政府关于推进乡村高质量绿色发展，建设共同富裕示范区的工作要求，借助支持山区9个县（市、区）跨越式高质量发展的契机，发挥保险服务实体经济作用，探索拓展农村保险市场的发展。3月，推出遂昌棘胸蛙养殖保险，为当地养殖户提供保障金额603.6万元；5月，推出龙泉灵芝种植保险，提供保障金额184.5万元；7月，推出庆元中药材种植保险，为药材种植户提供超过500万元的风险保障；9月，推出庆元县野生动物肇事责任保险，项目总保额3000万元；11月，遂昌支公司独家承保遂昌县陆生野生动物肇事公众责任保险，为当地的人与陆生野生动物提供3000万元的风险保障，被授予丽水银行业保险业支持乡村振兴先进单位。建筑安责险、绿色建筑性能保险、安全生产与环境污染责任险等方面取得创新，针对全市自然灾害救助保险的安惠保项目和针对青田县户籍的70周岁以上老年人提供的老年人意外险项目均实现突破，对全市打造“平安社会”“生态丽水”、构建“浙江绿谷、养生福地”有重大意义。全年客户服务评价总分99.41分，列太保系统全省第一位；在抗疫防疫、垃圾分类、济困助学等工作上取得成效，获“2021年丽水服务最优保险机构”和“2021年丽水保险业消费者权益保护先进单位”称号。（陈蒙卉）

【平安产险丽水中心支公司】 2021年，中国平安财产保险股份有限公司丽水中心支公司（简称平安产险丽水中心支公司）全年保费收入2.37亿元，保费规模行业第三，共计为13.75万名客户和0.45万户企业客户提供保险服务，获“2021年度丽水保险业服务最优保险机构”“丽水保险业推进政保合作项目先进单位”称号。结合平安产险总部“乡风文明100行动”方案，平安产险丽水中心支公司在9月携手缙云县大源镇庙下村助力乡村振兴，依托“保险+”模式，打造党建基地和致富基地。落实“产业兴旺、生态宜居、乡风文明、治理有效、生活富裕”战略方针服务地方实体经济，持续发挥“数据+科技+服务”优势，深耕农险市场，服务综合治理、基础建设、小微企业，支持企业技术创新，推动经济持续健康发展。贯彻“以客为尊、因客而优”的服务宗旨，以“理赔360管家”的服务模式，确保被保险人在受行业化服务外，体验个性化理赔服务。重视人才梯队队伍建设，开展潜才培训计划；开展员工关怀活动，建设良好的公司氛围，践行社会公益服务，持续开展“高速护航”、停车关爱、高温送清凉等公益活动；开展“3·15”宣传周、金融知识、反洗钱、非法集资宣传活动等；定制专属老年人暖心服务，助力老年人跨越数字鸿沟；参与创建文明城市工作，维护包干路段的城市文明秩序。（吴蓉蓉）

【新华保险丽水中心支公司】 2021年，新华人寿保险股份有限公司丽水中心支公司全年总保费收入5.64亿元，同比增长3.27%，市场份额占比丽水寿险市场第二。公司以“1+2+1”战略为指引，持续坚守回归保障、服务民生的寿险初心，把党史学习教育与公司业务发展融合，凝心聚力推动全年各项事业发展。优化产品供给，提高产业协同。以客户为中心，围绕客户需求，优化完善产品体系，利用公司康养产业资源和财富管理能力，提升健康、养老等重点领域产品供给能力，扩大服务供给范围。培育创新氛围，加强科技支撑。加强业务创新应用，围绕客户投保、服务保障和权益守护三方面，升级推出创新服务8项，包括线上投保、智能双录、微信回访、移动保全、自助理赔等，加强科技工具辅助支持力度，提升公司数字化和智能化经营管理能力，公司发挥保险保障优势，支持经济社会发展和民生福祉，践行社会责任，投身于扶贫、教育、敬老、环境4个领域，逐步形成“保险产品+公益平台+志愿服务”的公益模式，改善民生、建设和谐社会。11月，为丽水市区1925名环卫工人捐赠总保额19.25亿元的人身意外伤害保险，提升丽水市环卫群体的保障水平，服务地方经济社会发展大局。加强风控管理，践行合规经营。贯彻落实以预防为主的风控理念，加大合规宣导检查力度，压实前线风控合规责任，提高风险监测、识别和预警能力，筑牢风控合规底线。（吕伟龙）

证　券

【银河证券】 2021年，银河证券丽水营业部全年新开3857户，新增资产1.5亿元，总资产55亿元。全年交易量1222.71亿元，股基债交易量947.39亿元，实现收入4180万元，净利润1793万元。为国家和地方实现税收468.97万元。至年底，开立融资融券信用账户2696户，日均融资余额4.7亿元。全年期货IB业务合计开户462户。参与北京证券交易所业务，发展融资融券业务；针对风险测评保守型客户推出金自来、水星、天天利系列、金山银河系列等固定收益类理财产品。力推雪球、香草等新型理财工具及财富星智能管家理财服务。重视投资者教育宣传工作。通过走访社区，开办股民学校，举办投资者教育讲座、柜台宣传、发送投教短信等活动，普及理财知识，引导投资者树立理性投资理念。增强社会公众防范非法证券活动的意识，提高识假防骗的能

力。获公司级“2021 年度优秀投教营业部”称号。（甘雨婷）

【浙商证券】 2021 年，浙商证券丽水分公司深化金融服务，助力丽水共同富裕示范区建设。全年纳税总额共计 1406.44 万元。服务居民财富管理，提供多元化理财产品，帮助居民实现财富保值增值，共享资本市场红利。全年全市年证券交易金额 1775.69 亿元（数据来源：浙江证券业协会），占比 31.29%，经纪业务客户突破 11 万户。助推实体经济发展，新发行债券 3 单，发行金额 35.1 亿元。上市培育阶段企业 5 家，服务辖区企业实现股权融资 8 家，融资金额 14.63 亿元。牵头召开新三板改革政策对接解读会，组织 9 个县（市、区）企业开展专场培训，宣导北京证券交易所上市新政，为中小企业上市做好指导和服务。热心社会公益事业，联合莲都区公安分局开展“浙商反诈卫士”志愿宣传活动，营造“人人防骗、全民反诈”的社会氛围。联合金融机构开展金融助学活动，发动员工献爱心，为莲都区仙渡乡仙渡小学和幼儿园捐款购置校服，传递公益大爱。丽水分公司本级党支部、缙云永宁星座党支部分别获评浙江交通投资集团“红旗支部”和浙商证券“红旗支部”。（钟剑佩）

【中信证券】 2021 年，中信证券股份有限公司丽水寿尔福路证券营业部（以下简称“营业部”）以“专业创造价值”为经营理念，以优质服务推动业务开展，各项工作规范运作，业务平稳发展。全年营业部股票交易量 344 亿余元，新增开户数 4837 户，上缴国家和地方税收 658 万余元，为客户提供各类金融产品 6 亿元；与公司总部协同完成各类综合业务，中标青田县国有企业 PPN 项目 15 亿元，发行本地国有企业 PPN 项目 10 亿元，创丽水市不含权 3 年期 PPN 历史最低发行利率。营业部获浙江区域中信银行与中信证券协同优胜机构。营业部注重对投资者的知识宣传和风险教育，通过投资者教育园地持续展示、开展外部专题宣传活动等渠道，引导投资者树立正确的投资理念，增强风险防范意识。（危　欣）

【财通证券】 2021 年，财通证券股份有限公司丽水分公司围绕“省内最强、全国一流”券商的发展目标，聚集数字化改革和财富管理业务发展，明目标、抓落实、争进位，把财富管理转型、拓展综合业务作为贯穿全年的重点工作，推进各项业务发展。丽水分公司全年新开户 6853 户，两融新开户 70 户，两融日均余额 1.36 亿元，北京证券交易所开通 451 户，全年销售金融产品 11.87 亿元，其中，固收类 6.97 亿元，权益类 4.9 亿元（公募约 1.76 亿元，同比增长 123%；私募约 3.14 亿元，同比增长 116%）。推进权益类金融产品销售的同时，让客户资产实现保值增值。所有金融产品持仓 7.57 亿元，盈利 3630 万元，平均收益率 4.8%，其中全部公募持仓 2.22 亿元，盈利 2765 万元，平均收益率 12.5%；权益类公募持仓 1.68 亿元，盈利 1643 万元，平均收益率 9.75%。开展“新阶段　新财富　新消费投资者教育百场公益活动”。丽水分公司各网点联动，对接各类企业协会、政府部门、金融机构和社区，走出去与请进来相结合，全年开展投教活动 61 场，宣传“财通赢家”品牌。丽水分公司推行金融顾问制度，与青田县人民政府签订《助力青田县“十四五”期间深化国企改革及侨乡金融服务之专项业务合作议》，与丽水市莲都区签署协议共同创建金融顾问服务县域经济示范区，助力侨乡国企改革和金融发展，推进综合金融服务。成立丽水市金融顾问工作和青田县金融顾问工作，组建工作专班，深入企业政府平台，对接融资需求；协同总部债券团队在缙云县、青田县、遂昌县、莲都区、龙泉市、云和县等地推进政府平台融资项目，实现从点突破到全面开花，政府债券业务在丽水地区券商排名第一。协同总部股权团队承接龙泉政府财务顾问业务和丽水经济开发区上市公司的财务顾问业务，得到政府、企业的一致好评，财通证券投融资服务品牌和美誉度得到提升。（郑赏艳）

2021 年，浙商证券丽水分公司向仙渡儿童爱心捐款（钟剑佩　提供）

旅　　游

综　述

【概况】 2021年，全市文广旅体系统推动全域旅游创建，编制完成《丽水市文化和旅游发展“十四五”规划》和《丽水瓯江山水诗路文化旅游规划》，出台《〈丽水市人民政府关于推动生态旅游业高质量发展的若干意见〉实施细则（试行）》，莲都区、龙泉市、青田县等8地创成全域旅游省级示范县（市、区），高质量融入长三角地区文旅大市场。全市接待旅游2556.5万人次，恢复到2019年的94.5%；旅游总收入288.4亿元，恢复到2019年的99.3%；共有在建文旅项目282个，完成文旅投资314.28亿元。

旅游市场管理

【旅游市场疫情防控】 2021年，市文广旅体局落实防控措施，做到“两手硬两手赢”。制定《丽水市文化和广电旅游体育局疫情防控应急预案》，运用“互联网+督查”“四不两直”暗访等手段，全面抓好旅游室内场所和旅行社组织旅游团队的疫情防控工作，重点包括封闭式室内景区、星级饭店、演出场所、文化馆（剧院）、博物馆、美术馆，严格接待游客落实不超过75%，落实测温、亮码、佩戴口罩和旅游目的地风险防控等措施，恢复疫情防控周报告、零报告制度。

【“就地过年”惠民助企行动】 2021年2月1日，市文广旅体局推出留丽过年市外员工“暖心游”，2月1日至28日可在全市政府性投资国有A级旅游景区免门票游览。本次“暖心游”适用对象为在丽水市区（含市直、莲都区、丽水开发区）规上制造企业和经行业主管部门认定的大型超市、酒店、建筑、交通、农业等企业留在丽水过年（大年三十、初一、初二必须在丽水过年）的市外员工（非丽水市户籍人员）。印发《丽水市文化和广电旅游体育局关于市区旅游饭店留丽过年、在岗员工惠企政策的通知》，累计发放市区旅游饭店在岗员工贴补111.83万元。

【旅游行业发展】 2021年，全市新获评浙江省品质饭店5家、国家绿色旅游饭店2家、浙江省特色文化主题饭店金鼎级1家；缙云县中维香溢大酒店入选文化和旅游部《星级饭店管理与服务典型案例汇编》。加强文化和旅游行业人才队伍建设，新入围2021年度国家乡村文化和旅游能人2人，新增省级文旅导师工作室2个。举办丽水市第六届金牌导游大赛和“丽水逍遥游”全民导游短视频大赛，新培育终身“金牌导游”2人，短视频大赛共征集到来自7个国家的665件作品，通过线下培训结合线上展示，有力促进导游队伍建设。推进丽水市创建全国社会信用体系建设示范区工作。全面实现文化和旅游系统政务服务“全省通办”，不断优化营商环境。

2021年丽水市旅游饭店一览表

表16

序号	饭店名称	星级	地址	备注
1	丽水东方文廷酒店	5	丽水市莲都区人民街688号	金桂级品质酒店 金树叶级绿色旅游饭店
2	浙江丽水华侨饭店	5	丽水市莲都区丽阳街651号	银桂级品质酒店 金树叶级绿色旅游饭店

续表16

序号	饭 店 名 称	星级	地址	备　注
1	景宁畲乡鸿宾大酒店	4	景宁畲族自治县红星街道团结西路 129 号	金桂级品质酒店 银树叶级绿色旅游饭店
2	缙云县中维香溢大酒店	4	缙云县五云街道仙都路 99 号	银桂级品质酒店 银树叶级绿色旅游饭店
3	松阳天元国际酒店	4	松阳县西屏街道长虹东路 138 号	银树叶级绿色旅游饭店
4	浙江润泽大酒店	4	青田县鹤城街道新大街 8 号	银树叶级绿色旅游饭店
5	云和华威酒店	4	云和县浮云街道仙宫大道 8 号	银树叶级绿色旅游饭店
6	遂昌元立国际饭店	4	遂昌县东街 95 号	银树叶级绿色旅游饭店
1	松阳隐巷艺术酒店	3	松阳县水南街道要津南路 53 号国宇大厦隐巷艺术酒店	银桂级品质酒店
2	龙泉市将军大酒店	3	龙泉市龙渊街道东茶路 668 号将军大酒店	银桂级品质酒店 银树叶级绿色旅游饭店
3	龙泉大酒店	3	龙泉市新华街 83 号	银树叶级绿色旅游饭店
4	龙泉市南国花园酒店	3	龙泉市剑川大道 155 号	银树叶级绿色旅游饭店
5	青田侨乡国际大酒店	3	青田县瓯南街道江南大道 108 号	银树叶级绿色旅游饭店
6	丽水市新世界大酒店	3	丽水市丽青路 219 号	银树叶级绿色旅游饭店
7	金矿黄金大酒店	3	遂昌县濂竹乡花园岭	银树叶级绿色旅游饭店
8	遂昌县红星坪温泉度假村	3	遂昌县湖山乡红星坪村	金鼎级特色文化主题酒店
9	遂昌汤公度假酒店	3	遂昌县君子路与水阁路交叉口	银树叶级绿色旅游饭店
10	遂昌凯恩大酒店	3	遂昌县妙高街道北街 1 号	银树叶级绿色旅游饭店
11	云和县云和大酒店	3	云和县府前路 8 号	银树叶级绿色旅游饭店
12	丽水市莲城宾馆	3	丽水市丽阳街 254 号	银树叶级绿色旅游饭店
13	丽水东方宾馆	3	莲都区中山街 433 号	银树叶级绿色旅游饭店
14	松阳县旭日摄影主题酒店	3	松阳县西屏街道长虹中路 2 号	银树叶级绿色旅游饭店 银鼎级特色文化主题酒店
15	丽水市现代广场大酒店	3	丽水市大洋路 598 号	银树叶级绿色旅游饭店
16	丽水香溢紫荆花大酒店	3	丽水市丽阳街 438 号	银树叶级绿色旅游饭店
17	丽水七星电力有限公司国际大酒店	3	庆元县濛洲街道濛洲街 201 号	银树叶级绿色旅游饭店
1	丽水叁拾伍艺舍酒店	—	莲都区北环路 288 号	金鼎级特色文化主题酒店
2	松泰酒店	—	松阳县水南街道要津南路 56 号	银桂级品质酒店 银树叶级绿色旅游饭店 银鼎级特色文化主题酒店
3	青田侨乡世茂大酒店	—	青田县鹤城街道平演村高湾 1 号–1	银桂级品质酒店 金树叶级绿色旅游饭店
4	龙泉市金沙温泉酒店	—	龙泉市剑池街道青瓷博物馆北面	银桂级品质酒店 银树叶级绿色旅游饭店 银鼎级特色文化主题酒店
5	遂昌县久宿文化酒店	—	遂昌县妙高街道东街 38 号	银桂级品质酒店
6	龙泉市红豆林酒店	—	龙泉市西街街道清风路 2 号	银桂级品质酒店 银树叶级绿色旅游饭店 银鼎级特色文化主题酒店
7	丽水市和隐酒店	—	莲都区学院路36 号 402 室	金树叶级绿色旅游饭店 银鼎级特色文化主题酒店
8	丽水市智选假日酒店	—	莲都区人民路 886 号	银树叶级绿色旅游饭店
9	龙泉国际大酒店	—	龙泉市剑池东路 29 号	银树叶级绿色旅游饭店

旅游资源开发与产品建设

【旅游项目招引建设】 2021年3月30日至4月1日，全省文化和旅游资源开发培训班在丽水举行。全市有在建旅游项目282个，完成旅游投资314.28亿元，同比增长12.79%，超额57.14%完成省文旅厅下达年度任务指标%。全市入选浙江省“四十百千”文化和旅游重大项目66个，总投资近896亿元。入选四条诗路项目38个，总投资近798亿元；百张文旅金名片项目18个，总投资近479亿元；千亿投资项目30个，总投资近511.36亿元。推进花园路精品酒店等地标性旅游项目建设；招引融创未来城、“环飞丽水”吉利环飞观光等项目；启动浙西南革命老区公园、华侨博物馆（暂名）等项目前期工作，落实动态跟踪。推进古堰画乡度假区项目、东堡山华侨文化旅游项目、遂昌“天工之城”、清露乡隐旅游度假区、那云·天空之城等一批重点项目建设。

【“微改造、精提升”行动】 2021年，市文广旅体局编制完成《丽水市旅游业“微改造、精提升”五年行动方案（2021—2025年）》。全市按照“全域覆盖、点面结合、统筹推进、以人为本”原则，全年完成微改造示范点改造200个，其中，瓯江山水诗路沿线微改造试点建设10个，微改造项目总数达941个，计划投资20.27亿元，实际完成投资20.36亿元，投资完成率超额0.5%。推进民宿微改造工作，石门隐墅民宿、凡己民宿、绿湾原舍民宿等9家民宿列入省、市微改造试点单位，创建国家级甲级民宿1家；省级金宿5家、银宿17家；文化（非遗）民宿5家。

【高等级景区（旅游度假区）创建】 2021年，龙泉住龙景区创成国家AAAA级旅游景区；龙泉青瓷小镇景区、松阳茶香小镇景区、云和黄家畲清

丽水市A级旅游景区一览表

表17

市县区	序号	景区名称	等级	景区地址	电话
缙云县	1	仙都景区	AAAAA	缙云县仙都街道鼎湖村	3012861
遂昌县	1	丽水市遂昌金矿国家矿山公园	AAAA	遂昌县濂竹乡花园岭	8146488
遂昌县	2	丽水市遂昌南尖岩景区	AAAA	遂昌县王村口镇石笋头村	8126018
龙泉市	3	丽水市龙泉山旅游区	AAAA	龙泉市龙南乡	7755888
遂昌县	4	丽水市遂昌县神龙飞瀑景区	AAAA	遂昌县安口乡桂洋林场	8366777
景宁县	5	丽水市景宁中国畲乡之窗景区	AAAA	景宁县大均乡大均村	5088567
青田县	6	丽水市青田石雕文化旅游区	AAAA	青田县鹤城街道	6512887
莲都区	7	丽水市东西岩景区	AAAA	莲都区老竹镇东西岩	2186819
缙云县	8	丽水市缙云仙都黄龙风景区	AAAA	缙云县五云镇黄龙景区内	3128333
景宁县	9	丽水景宁云中大漈景区	AAAA	景宁畲族自治县大漈乡	5066110
遂昌县	10	丽水市遂昌千佛山景区	AAAA	遂昌县石练镇黄皮村	8522999
青田县	11	丽水市青田石门洞景区	AAAA	青田县高市乡石门洞林场	6503683
云和县	12	丽水云和梯田景区	AAAA	云和县崇头镇	5156688
云和县	13	丽水市云和湖仙宫景区	AAAA	云和县紧水滩镇	5141173
庆元县	14	丽水市庆元百山祖景区	AAAA	庆元县百山祖镇车坑村	6133333
松阳县	15	丽水市箬寮原始林景区	AAAA	松阳县安民乡李坑村	8095288
莲都区	16	丽水市古堰画乡景区	AAAA	莲都区大港头镇渡南路31号	2577297
龙泉市	17	丽水市中国青瓷小镇·披云青瓷文化园景区	AAAA	龙泉市上垟镇木岱口村	7398253
松阳县	18	松阳大木山茶园景区	AAAA	松阳县新兴镇横溪村	8013788
龙泉市	19	龙泉宝溪景区	AAAA	龙泉市宝溪乡溪头村	7421339
庆元县	20	庆元巾子峰森林公园	AAAA	庆元县屏都镇八都大街18号	6136160
松阳县	21	松阳松阴溪景区	AAAA	松阳县水南街道	—
松阳县	22	松阳双童山景区	AAAA	松阳县水南街道岩下村	8055699
缙云县	23	缙云河阳古民居景区	AAAA	缙云新建镇河阳村	3172808
龙泉市	24	龙泉住龙景区	AAAA	龙泉市住龙镇住溪村	7181306

续表17

市县区	序号	景区名称	等级	景区地址	电话
青田县	1	青田县阜山清真禅寺旅游区	AAA	青田县阜山清真禅寺	6601169
遂昌县	2	遂昌竹炭博物馆	AAA	遂昌县上江工业园区	8185218
遂昌县	3	遂昌红星坪温泉度假村	AAA	遂昌县湖山乡红星坪村	8155158
遂昌县	4	遂昌汤沐园温泉景区	AAA	遂昌县大柘镇大田村	8151978
龙泉市	5	龙泉白云岩景区	AAA	龙泉市西街街道下樟村	7763655
缙云县	6	丽水市缙云大龙门景区	AAA	缙云县壶镇镇大龙门景区	3550303
景宁县	7	丽水市景宁中国畲族博物馆	AAA	景宁县鹤城镇	5096381
遂昌县	8	遂昌长濂村	AAA	遂昌县云峰街道长濂村	8195798
遂昌县	9	遂昌高坪新村	AAA	遂昌县高坪乡高坪新村	13735928717
龙泉市	10	龙泉宝剑厂	AAA	龙泉市大沙工业区	7218369
松阳县	11	松阳象溪一村景区	AAA	松阳县象溪镇象溪一村	—
松阳县	12	松阳李坑村景区	AAA	松阳县安民乡李坑村	8095528
云和县	13	云和小顺景区	AAA	云和县石塘镇小顺村	5520833
莲都区	14	莲都诗画利山景区	AAA	莲都区大港头镇利山村	2278128
莲都区	15	莲都区西城广场	AAA	莲都区学院路 36 号	2183995
遂昌县	16	遂昌独山村	AAA	遂昌县焦滩乡独山村	8451003
庆元县	17	庆元月山村	AAA	庆元县举水乡月山村	6196557
松阳县	18	松阳古驿界首旅游区	AAA	松阳县赤寿乡界首村	649517
缙云县	19	缙云笕川花海景区	AAA	缙云县新建镇笕川村	3173535
龙泉市	20	龙泉青瓷博物馆	AAA	龙泉市剑川大道 258 号	7129071
龙泉市	21	龙泉兰巨现代农业观光园景区	AAA	龙泉市兰巨乡独田村	7761663
龙泉市	22	龙泉市沈广隆铸剑园景区	AAA	龙泉市广通街 88 号	7122257
云和县	23	云和县长汀景区	AAA	云和县石塘镇长汀村	5520833
松阳县	24	松阳县七沐山景区	AAA	松阳县象溪镇南坑口村	8818999
缙云县	25	缙云县仁岸景区	AAA	缙云县舒洪镇仁岸村	3193881
缙云县	26	缙云县岩下石头村景区	AAA	缙云县壶镇镇岩下村	—
龙泉市	27	龙泉市唯珍堂石斛文化园景区	AAA	龙泉市西街街道周村	7311888
庆元县	28	庆元县莲湖村景区	AAA	庆元县隆宫乡莲湖村	6012727
云和县	29	云和县梅湾景区	AAA	云和县元和街道梅湾村	5520833
缙云县	30	缙云县机床小镇	AAA	缙云县壶镇	3312573
松阳县	31	松阳云上平田景区	AAA	松阳县四都乡平田村	15957826452
青田县	32	青田石雕小镇景区	AAA	青田县山口镇永安路 242 号	6861254
云和县	33	玫瑰小镇景区	AAA	云和县赤石乡赤石乡村	15990823399
景宁县	34	红色毛垟景区	AAA	景宁畲族自治县毛垟乡人民政府	15988071017
景宁县	35	封金山景区	AAA	景宁县澄照乡金坵村	13867047658
庆元县	36	庆元香菇小镇景区	AAA	庆元县松源街道电商创业园	18806780565
龙泉市	37	龙泉青瓷小镇景区	AAA	龙泉市上垟镇源底村	15990464036
莲都区	38	莲都绿谷智慧小镇景区	AAA	莲都区城北街 368 号	—
云和县	39	云和黄家畲清凉景区	AAA	云和县崇头镇黄家畲村	13867048588
松阳县	40	松阳茶香小镇景区	AAA	松阳县青云路 208-1 号	15990864590
松阳县	41	松阳上梅畲寨	AAA	松阳县象溪镇上梅村	—
龙泉市	1	龙泉凤羽山庄景区	AA	龙泉市龙南乡西岙	7316888
青田县	2	青田太鹤公园	AA	青田县鹤城镇公园路	6823094

续表17

市县区	序号	景区名称	等级	景区地址	电话
遂昌县	4	神龙谷漂流景区	AA	遂昌县垵口乡	8380008
青田县	5	青田诗画小舟山景区	AA	青田县小舟山乡小舟山村	6500933
莲都区	6	蘑幻菇林	AA	莲都区碧湖镇采桑路808号	18906780511
莲都区	7	鱼跃1919文化产业园	AA	莲都区碧湖镇碧云街862号	18805781919

凉景区、莲都绿谷智慧小镇景区创成国家AAA级旅游景区。缙云县创成省AAAA级景区城;云和县、庆元县创成省AAA级景区城。创成遂昌王村口镇(AAAAA)、莲都大港头镇(AAAA)、龙泉住龙镇(AAAA)等省A级景区镇47家。云和赤石乡赤石村入选第三批全国乡村旅游重点村,创成省A级景区村238家。超额完成年度创建任务。

【红色旅游】 2021年,松阳县安民乡安岱后村入选第五批省级红色旅游教育基地。龙泉住龙景区创成全市首个红色旅游主题AAAA级景区。浙西南革命根据地旧址群入选全国"建党百年红色旅游百条精品线路"。金华陈望道故居—义乌国际商贸城购物旅游区—东阳横店影视城—丽水浙西南革命根据地纪念馆—松阳安岱后浙西南革命根据地—遂昌王村口镇浙西南革命根据地纪念馆的"红色信仰、真理味道"线路入选长"三角红"色旅游精品线路。4月16日,举行"红动浙江 献礼百年"活动首发仪式暨浙西南革命根据地(丽水)红色旅游季启动仪式,打响"红色浙西南,绿色新丽水"区域品牌。10月22日,承办"百年红船路,启航新征程"长三角地区红色文化旅游宣传推广活动在浙江丽水浙西南革命根据地纪念馆广场启动,活动现场进行处州游学品牌及浙西南红色研学线路的发布。

【乡村旅游】 2021年,云和赤石乡赤石村入选第三批全国乡村旅游重点村,设计推出"秀山丽水"十条精品旅游线路,诗路精品旅游线路3条、摄影主题线路5条、"一起跨越最美山城·山区26县"自驾线路2条。遂昌县王村口镇以"红色引擎"驱动"两山"发展入围"美丽浙江绿色发展十佳示范案例"。莲都古堰画乡获评2020年度文旅场景类总榜——2020年度最佳乡村目的地振兴示范区。莲都区古堰画乡美丽乡村夜经济精品线路、龙泉市"不灭窑火、挺进之路"乡村精品线路、青田县农遗探寻线及系列展馆精品线路、云和县云和梯田休闲旅游精品线路、庆元县休闲康养精品线路、缙云县近云之旅——穿越山水文化精品线路、遂昌县"天工绿谷、清凉一夏"精品线路、松阳县田园松阳茶乡精品线路、景宁县畲寨田园精品线路入围2021年休闲农业和乡村旅游精品线路。

2021年10月22日,"长三角"红色文化旅游宣传推广活动在浙西南革命根据地纪念馆广场启动
(王丽芬 提供)

旅游宣传促销

【数字旅游建设】 2021年,市文广旅体局全面推进数字化改革"一号工程"。推出全国首个自驾游公共服务协同应用场景"丽水山路"自驾游公共服务协同应用项目,并入选全省文化和旅游数字化改革试点。推动文旅公共服务领域"民生一卡通",实现市级公共图书馆凭社保卡(含电子社保卡)借阅图书,凭社保卡(含电子社保卡)进博物馆,A级旅游景区(封闭式)入驻浙里好玩平台。完成"一机游丽水"掌上智慧文旅服务平台迭代升级。完成"旅游监测一张图""公共文化场馆访客码""码上入景区""一码so丽水"等场景应用。与浙江华数公司签订《瓯江山水诗路数智文旅战略合作框架协议》。

【长三角系列营销】 2021年,市文广旅体局组织丽水市重点文旅企业到上海开展2021年"中国旅游日"丽水文旅宣传活动,结合"99玩1城"升级版"长三角"惠民市集活动,在上海新世界城举办黄埔—丽水"信游长三角"活动,现场进行丽水特色文旅商品展示和体验推介。丽水作为浙江省的代表城市参加"东进之路""长三角"红色旅游主题活动，通过"上海旅游直播间"进行在线直播，向上海市民游客推介和讲解丽水"红绿融合"的旅游资源产品和线路，预热"长三角""五一"黄金周市场。丽水花车作为国内旅游城市的17辆花车之一在上海旅游节持续时间最长、影响范围最广的节庆盛典花车大巡游亮相，展示丽水市旅游、文化、地标等多重元素，将"秀山丽水　诗画田园　养生福地　长寿之乡"品牌推向"长三角"乃至全世界。开展"丽水号"高铁冠名大编组列车，在上海虹桥站举办"秀山丽水　诗画田园"丽水高铁冠名发车宣传仪式，列车途经北京、天津、济南等多个北方重点城市。推出ETC沪通卡畅游丽水，ETC沪通卡用户享受双童山景区、古堰画乡景区等13个丽水重点景区免费景区首道门票。组织全市旅游行业参加2021上海旅游产业博览会、第17届海峡旅游博览会暨2021中国（厦门）国际休闲旅游博览会、第16届义乌文旅产品交易博览会、2021海丝之路（中国·宁波）文化和旅游博览会线上展、2021中国—东盟博览会旅游展，开展丽水"红+绿"融合宣传，拓展"长三角"、海西等丽水主客源市场。

【山海协作互动和区域旅游营销】 2021年，市文广旅体局携手衢宁沿线旅游联合体到厦门、泉州开展"乘着衢宁高铁游丽水"为主题的联合宣传推介，组织衢宁铁路沿线遂昌、庆元、龙泉、松阳4个县（市）文旅企业与当地重点旅行商签订战略合作协议，结成旅游市场开发战略合作伙伴，打造跨省"山海联动"。与宁波市文化广电旅游局共同举办2021丽甬旅游惠民互游活动，推动山海协作城市文旅交流互动，拉动两地旅游市场经济。

【"红动浙江　献礼百年"丽水文化旅游交流推广系列活动】 2021年4月16日，中共浙江省委宣传部指导，丽水市人民政府、浙江省体育局、浙江日报报业集团主办，丽水市文化和广电旅游体育局承办的"红动浙江　献礼百年"活动首发仪式暨浙西革命根据地（丽水）红色旅游季在丽水开启。启动仪式之后，100余名来自"长三角"的基层支书代表，通过一堂微党课进行一次生动的党史学习，"红动浙江"运动会丽水首发，"长三角"100名采购商走进丽水旅游产品采购大会，江浙沪闽皖五省百车自驾游队伍在丽水展开一段红绿之旅。《人民日报》、新华网、"学习强国"、"今日头条"、"浙江新闻"等40余家全国及长三角媒体报道，网络点击量超110万人次。启动仪式及"长三角"旅行商丽水旅游产品采购大会视频直播超过1010万人次观看。微博热点话题"五省百车自驾游丽水"全网累计阅读量超1000万人次。通过举办一系列红色主题活动和特色旅游产品推介活动，充分展现丽水红色风情和绿色生态，进一步提升"红色浙西南，绿色新丽水"品牌的影响力。

【瓯江山水诗路"非遗购物节·文旅消费季"宣传活动】 2021年10月，丽水处州府城、应星楼、南明湖等区域启动"处州忆夜"——2021瓯江山水诗路"非遗购物节　文旅消费季"系列活动，以现代技术赋能传统文化，将游巷、茶歇、诗会等形式有机结合，推出丽水两大IP形象——"楚楚"和"处士星君"，采用非遗旅游商品展销、非遗直播购物节等多种形式促进文旅消费。其中，非遗购物节线下活动销售额达971.75万元。推出"处州忆夜"星光文旅市集、"长三角"重点旅行商、旅游达人走进丽水采风活动、"丽水味道·百县千碗"美食夜市一条街、"千万旅游优惠券"大派送等系列活动，受到新华社、《人民日报》、"学习强国"等各级媒体及各大门户网站的广泛关注，"处州忆夜"微博话题阅读量超5300万人次。

2021年10月22日，"处州忆夜"——2021瓯江山水诗路"非遗购物节·文旅消费季"启动仪式举行

（王丽芬　提供）

【"丽水在直播"文旅直播季】 2021年，市文广旅体局举办"丽水直播季"，开设"丽水文旅直播"抖音专场，鼓励本地文旅从业者"带货"丽水景区、酒店、民宿、美食等，开启丽水短视频营

销新时代。11月18日，举办“丽水在直播”文旅直播季“丽水逍遥游”全民导游短视频大赛成果发布活动，借助字节跳动等抖音平台面向全网、全球、全民，以“秀山丽水”之“秀”为品牌核心，实现导游新媒体技能、自媒体平台、新传播意识的全面提升与实践，促进丽水导游人才孵化创新，文旅引领媒介、内容、机制融合创新，短视频带动文旅品牌国际化传播创新。

全域旅游

【全域旅游创建】 2021年，市文广旅体局推进全域旅游创建工作，发布《丽水全域旅游发展实践汇编》。莲都区、龙泉市、青田县、景宁畲族自治县获省政府命名创成第二批省级全域旅游示范县（市、区），云和县入选第四批省级全域旅游示范县拟命名单位。至此，丽水市创成全域旅游省级示范县（市、区）有8个，创建数量位居全省第一。

【旅游品牌打造】 2021年，市文广旅体局发布《“丽水山景”建设与服务规范》，累计培育“丽水山景”标准下的度假农庄、运动休闲基地、采摘基地、自驾车（房车）营地、乡村酒店和养生基地等乡村旅游特色业态项目50家。松阳县入围浙江文旅融合高质量发展十佳县（市、区）；缙云仙都景区入围浙江十大数智景区；遂昌县红星坪温泉度假村入围浙江十佳度假型酒店；松阳卓庐若家民宿入围浙江十佳文化遗产民宿；遂昌厨娘•牡丹亭、缙云烧饼总部入围“诗画浙江•百县千碗”特色体验店；景宁畲族自治县畲族博物馆入围浙江十佳影响力博物馆。

【旅游小镇建设和产业融合基地建设】 2021年，全市15地入选全省2021年度美丽城镇建设样板创建名单，其中文旅特色型5个，分别是莲都区老竹镇、龙泉市住龙镇、云和县石塘镇、遂昌县高坪乡、湖山乡。全市获评省级金宿5家，银宿17家，文化主题民宿3家，非遗主题民宿2家。华东药用植物园被评为省级中医药文化养生旅游示范基地；双益菇业有限公司被评为省级工业旅游示范基地；黄龙生态农业特色庄园等7家被评为浙江省采摘旅游体验基地。缙云县黄龙景区入选浙江省运动休闲旅游示范基地，缙云县三溪乡漂流、壶镇镇卡丁车获评省级优秀项目。

【“百县千碗•丽水味道”宣传推广】 2021年，市文广旅体局引导全市重点餐饮企业参与“百县千碗•丽水味道”特色美食体验（示范）店、开展“百县千碗”示范活动创建，共培育“百县千碗”特色美食体验（示范）店29家，评定省级“百县千碗”25家，新培育示范街区1条（云和采真里）。通过开展网络评选、美食大赛等形式，评选出当地的十碗热菜、十碗冷盘、十碗小吃，丰富“百县千碗”菜品，形成“1+1+1”（十碗热菜、十碗冷盘、十碗小吃）的美食体系。加大“百县千碗”丽水特色美食专题宣传，在丽水旅游官方资讯网、一机游丽水等线上平台等开设“百县千碗”专栏，开展系列专题宣传，线下举办“丽水味道”创意大赛•粽暨遂昌县大过端午活动、“诗画浙江•百县千碗”丽水味道美食夜市一条街活动系列专题等20余场。

【“处州游学”品牌建设】 2021年，市文广旅体局启动“处州游学”品牌建设，编制《丽水市研学基地（营地）建设与运营指南》，与市教育局联合认定市级中小学生研学实践教育基地20家、营地1家。推出红色研学线路《烽火浙西南三部曲》，举办第二届丽水市研学旅行产品策划设计赛、丽水市研学实践指导精英训练营等。研学旅行“丽水模式”入选2021全国研学旅行十大案例。（陈怡　何俊华）

2021年，华东药用植物园外景（姜巧珍　提供）

对外经济贸易

对外贸易

【概况】 2021年，全市进出口总值329.3亿元，同比下降4.1%，其中出口287.4亿元，同比下降4.3%，占全省份额1.0%；进口41.9亿元，同比下降2.4%。全市外贸出口结构进一步优化，生产型企业出口继续保持高速增长势头，全市生产型企业出口187.8亿元，同比增长32.8%，占全市出口总额的65.4%，占比较2020年同期增长18.3个百分点。从出口国别看，对荷兰、西班牙、波兰的出口出现快速增长，同比增长53.5%、39.9%和22.3%。对美国出口82.6亿元，同比增长19.8%，占全市出口总额的28.7%。对"一带一路"沿线国家出口84.2亿元，同比下降19.7%，占全市出口总额的29.3%，比2020年同期下降5.6%。从主要出口产品看，农产品、机械用品出口量较大，金额分别同比增长13.6%和5.6%。

【组织参加第四届中国国际进口博览会】 2021年11月5日至10日，第四届中国国际进口博览会在上海举办。丽水市组织226家企业625人报名参展。展会期间，完成意向成交2673.2万美元。龙泉玉德青瓷有限公司、龙泉市南宋哥窑瓷业有限公司、龙泉市蓝义丰青瓷厂参加非遗展示活动，玉德青瓷的"一带一路"瓷盘入选中央广场浙江馆展示，招商对接意向签约5000万美元，进口博览会成为丽水市"开放合作、贸易发展、投资促进"重要平台。

【博览会成效】 2021年11月13日至15日，第四届华侨进口商品博览会暨青田进口葡萄酒交易会（简称侨博会）、第二届国际咖啡博览会（简称咖博会）同步在青田县举行。侨博会（咖博会）展会期间，组织会务活动2个、专业活动10个、配套活动7个，新设中东欧馆，打造欧洲健康生活方式展，开展首届青田杯咖啡大师冠军赛、2021青田县咖啡产业发展论坛、"满城尽飘咖啡香"、海外"云签约"、"青田之心"招商签约等活动，共签订进口品牌授权代理557个，186家国外酒庄、23家咖啡签约入驻。按一年计意向成交金额28.6亿元，其中葡萄酒单笔成交额2000万元，创历届侨博会新高。西班牙火腿"哈蒙"、咖啡交易逆势增长，交易额分别增长356.9%、117.5%。

2021年11月，侨博会展会　　（黄露菲　提供）

利用外资

【概况】 2021年，全市新设外资企业46个，合同外资12.8亿美元，同比增长717.9%；实际使用外资8429万美元，同比增长40.4%，增速位列全省第二。从分布情况看，丽水开发区5892

2021年出口总值分县(市、区)排序(含开发区、不含市本级)一览表

表18

县(市、区)	同比增速(%)	名次	县(市、区)	绝对额(万元)	名次
全市	-4.3	—	全市	287.4	—
缙云县	49.5	1	缙云县	115.2	1
云和县	45.6	2	庆元县	31.4	2
庆元县	35.2	3	开发区	29.3	3
莲都区	2.9	4	青田县	27.3	4
开发区	1.5	5	龙泉市	20.2	5
龙泉市	-0.2	6	云和县	18.5	6
遂昌县	-8.9	7	莲都区	14.6	7
松阳县	-50.1	8	遂昌县	14.4	8
景宁县	-52.8	9	景宁县	7.6	9
青田县	-63.0	10	松阳县	5.9	10

2021年实际使用外资分县(市、区)排序(含开发区)一览表

表19

县(市、区)	年度任务完成比例(%)	名次	县(市、区)	绝对额(万美元)	名次
全市	140.5	—	全市	8429	—
开发区	245.5	1	开发区	5892	1
莲都区	150.0	2	缙云县	1476	2
松阳县	129.5	3	莲都区	600	3
缙云县	123.0	4	松阳县	259	4
云和县	100.5	5	云和县	201	5
庆元县	0.5	6	庆元县	1	6
龙泉市	—	7	龙泉市	—	7
青田县	—	7	青田县	—	7
遂昌县	—	7	遂昌县	—	7
景宁县	—	7	景宁县	—	7

万美元,占总数69.9%,完成245.5%;缙云县1476万美元,占总数17.5%,完成123%;莲都区600万美元,占总数7.1%,完成150%;松阳县259万美元,占总数3.1%,完成129.5%;云和县201万美元,占总数2.4%,完成100.5%;庆元县1万美元,占总数0.01%,完成0.5%。高新技术实际使用外资596万美元,占比7%。

对外经济技术合作

【概况】 2021年,全市新增境外投资备案项目8个(含增资项目1个),境外中方投资备案额2543万美元,同比增长81.4%,增速位列全省第二。从分布情况看,"一带一路"沿线国家项目5个,占比62.5%,全市累计49个项目在"一带一路"沿线国家;在越南投资项目新增2个,实现对越投资零突破。从规模看,国内企业独资项目5个,占比62.5%;境外最大独资项目478.1万美元,较2020年增加334.6%。

【系列助企活动】 2021年,丽水市深入开展"三服务"活动,不断提升服务和指导能力,邀请专业的律师事务所为企业纾困解难。开展RCEP等自贸协定的宣传活动;组织全市境外投资企业参加贸促系统和省商务厅组织的系列培训;一对一发送境外安全和疫情防控温馨提醒,提醒企业备案后的相关手续,履行报表报送义务,规范境外投资经营行为,合法合规经营。开展境外项目安全防范排查,督促企业在防疫、生产、消防、人员等安全防控方面做1次"全身体检",提升自主管理安全生产水平。 (黄露菲)

海　关

【概况】 2021年,丽水市实现外贸进出口总值329.3亿元,同比下降4.1%。其中,出口287.4亿元,同比下降4.3%;进口41.9亿元,同比下降2.4%。监管进出口货值1.9亿美元,同比增长11.5%;征收两税1.4亿元,同比增长68.1%;检验检疫出入境货物16981批、货值30.9亿元,同比分别增长29.5%和32.1%;签发各类原产地证书9179份、货值8.5亿美元,同比分别增长13.1%和98.2%。

【税收征管】 2021年,丽水海关全面推进属地纳税人管理工作,确定试点企业5家,制定"一企一策"纳税服务方案,开展汇总征税、两步申报、电子保函等政策宣讲,指导租赁贸易和特许权使用费申报,强化企业如实申报、依法纳税意识,逐步建立新型关企征纳关系。以高新技术产业为调研对象开展税政调研,上报税政建议5项,其中"新增含硼量≥8%的医用玻璃管(中硼硅玻璃管)进口暂定税率"建议被国务院税则委员会采纳,进口税率由12%降低至7%,为辖区企业每年减税500万余元。

【通关监管】 2021年，丽水海关巩固压缩货物整体通关时长成效，落实"7×24小时"通关、节假日预约通关制度，继续推广提前申报和两步申报改革。加大原产地自助打印和信用签证模式推广力度，实现签证"一次不用跑"，自助打印比例保持在93%以上，签发信用签证模式证书2886份。推进双边和区域自贸协定实施，重点加强《区域全面经济伙伴关系协定》(RCEP)政策宣传贯彻，累计开展线上线下培训20余次。梳理丽水市主要进出口产品"十四五"期间优惠贸易协定项下关税减免情况，编制《丽水市"十四五"主要进出口产品FTA关税减免手册》，累计发放300余册。

【检验检疫】 2021年，丽水海关牢固树立总体国家安全观，加强进口固体废物监管，开展进口固体废物及可再生原料企业专项稽查行动，坚决防止"洋垃圾"入境。落实食品安全"四个最严"(最严谨的标准、最严格的监管、最严厉的处罚、最严肃的问责)要求，检验检疫进出口食品、化妆品3234批，货值8.7亿元，检出进口食品不合格22批。严把进出口商品质量安全关，检验出口危险化学品197批，检出不合格7批；实施危包使用鉴定437批，检出不合格8批；开展目的地查验76批，发现异常25批。筑牢国门生物安全屏障，开展外来有害生物监测，持续加强非洲猪瘟等动物疫情疫病监测防控。加强出入境人员传染病监测和预防接种工作，完成出入境人员健康体检479人次，预防接种134人次，检出传染性疾病5例。

【海关统计分析】 2021年，丽水海关发挥海关统计分析职能作用，围绕国际贸易形势和丽水市外贸动态开展分析调研，报送统计分析专报12篇，推动召开中东欧17国华侨代表人士座谈会共谋丽水—中东欧国家合作发展。持续做好技术性贸易措施分析应对工作，编发《技术性贸易措施动态》12期，累计向出口企业、相关部门、行业协会发放1200余册。报送技贸措施特别关注1起，由海关总署经WTO提交美国FDA进行磋商。

【企管稽查缉私】 2021年，丽水海关持续加强企业信用管理，宣传贯彻新版《海关注册登记和备案企业信用管理办法》，参与丽水市社会信用体系建设，新增海关高级认证企业1家。加强后续监管，推动"互联网+稽核查"运用，专项稽查查发率从57%提升至100%，查处违规案件线索7件，涉及货值2777万元，累计开展各类核查104件，追补税款112万元。深化反走私综合治理，开展"国门利剑2021"、打击野生动物非法贸易"清风行动"等专项行动，累计立案调查违规案件7起，案值2099万元。参加丽水市打击走私"护卫2021"专项行动，与丽水市公安局签订联合打击破坏野生动物资源违法犯罪备忘录。

【海关服务外贸发展】 2021年，丽水海关促进对外开放平台建设，支持丽水综合保税区筹建和丽水跨境电商综合试验区建设，全年跨境电商B2B出口1177批，货值5164万元。持续支持丽水市最大外资项目——肖特玻管(浙江)有限公司发展，累计为该项目办理进口货物通关257批，货值2.3亿元；办理减免税货物110批，减免两税1202万元；指导企业以租赁贸易方式进口高价零部件，每年为企业节约成本近6400万元；助力疫苗瓶首次走出国门，全年出口13批，货值522万元。 (傅 达)

丽水市2021年主要出口商品一览表

表20

出口商品	出口额(亿元)	同比(%)
机电产品	160.8	12.2
劳动密集型产品	69.9	-15.6
钢材	12.7	-25.0
高新技术产品	11.1	29.9
农产品	6.9	13.7

丽水市2021年主要进口商品一览表

表21

进口商品	进口额(亿元)	同比(%)
天然及合成橡胶(包括胶乳)	10.3	-38.3
农产品	5.1	-4.2
初级形状的塑料	3.3	-34.0
钢材	3.1	27056.5
食品	2.9	-24.8

财政　税务

财　政

【概况】 2021年，丽水市实现地区生产总值(GDP)1710.03亿元，增长8.3%。其中，第一产业增加值107.84亿元，第二产业增加值637.27亿元，第三产业增加值964.92亿元，分别增长2.1%、9.2%、8.4%，三次产业结构比为6.3∶37.3∶56.4。按常住人口计算，人均生产总值68101元。社会消费品零售总额822.87亿元，增长13.1%。全市进出口总额329.3亿元，下降4.1%。其中，出口287.40亿元，下降4.3%。全市城镇常住居民人均可支配收入53259元，增长9.7%。农村常住居民人均可支配收入26386元，增长11.6%。全市财政总收入270.91亿元，增长12.8%；一般公共预算收入163.97亿元，增长14.0%，其中税收收入137.85亿元，增长17.2%。全市一般公共预算支出545.69亿元，增长3.5%。全市和市本级财政收支实现平衡。

【组织财政收入】 2021年，全市一般公共预算收入占GDP的比重为9.3%，其中市级14.0%，全年一般公共预算税收收入占一般公共预算收入的比重为84.1%，其中市本级87.8%；一般公共预算收入占财政总收入的比重为60.5%，其中市本级62.0%。加强税收收入管理。落实地方财税收入协调机制议事规则，坚持收入总量和质量并举。规范非税收入管理。全年全市非税收入400.96亿元(含国有土地使用权出让收入331.11亿元)，其中纳入一般公共预算管理的非税收入26.11亿元；市本级非税收入188.22亿元(含国有土地使用权出让收入177.23亿元)，其中纳入一般公共预算管理的非税收入5.4亿元。争取地方政府新增债券162.01亿元，其中市本级60.20亿元。申报瓯江源头区域山水林田湖草沙一体化保护和修复工程项目，获中央财政20亿元补助资金支持。推进百山祖国家公园创建工作，获省财政下达百山祖国家公园专项资金2亿元。

【经济发展扶持】 2021年，全市减负降本减税56.15亿元，兑付涉企类财政扶持资金41.83亿元，在产业扶持、小微培育、复工复产等方面发挥作用。推进“两直”资金支付工作，全年全市直达资金总量67.18亿元，支付进度99.6%，直达资金综合评价工作位列全省各地市榜首。政府性融资担保一体化覆盖市区、龙泉、缙云、松阳、景宁等地，2021年末，在保余额10.20亿元，在保户数604户。组建数字经济、乡村振兴、人才科技等主题基金，宁波—丽水山海协作产业基金协议投资3.20亿元，嘉兴—丽水山海协作产业基金协议投资1.20亿元。发挥基金招商作用，高质量产业基金投资4亿元，引入中欣晶圆项目落地丽水开发区。全市人才科技支出16.22亿元，比2020年增长22.1%(其中市本级支出3.63亿元，比2020年增长21.7%)。助推“招才引智”重大决策实施，兑付高层次人才、高校毕业生津补贴、安家补助、“绿谷精英”等项目奖励资金。

【保障民生重点】 2021年，全市民生支出403.90亿元，增长1.4%，占财政总支出的74.0%，其中市本级支出56.47亿元。全年教育支出87.01亿元，增长3.6%，其中市本级支出14.58亿元，增长7.6%。落实义务教育阶段学生“双减”政策经费保障，幼儿园保育费资助标准提高到每年每人7500元，高校生均基准定额提高到1.25万元，助推丽水学院成功建设硕士学位点。全年社会保障和就业支出67亿元，增长6.4%，其中市本级支出5.65亿元，增长19.1%。稳步提高民生保障水平，最低生活保障从850元提到910元，城乡居民基础养老金标准从180元提到225元。全年卫生健康支出54.85亿元，增长4.0%，其中市本级支出5.41亿元，增长13.3%。保障疫情防控应急能力建设资金，全年全市投入疫情防控资金6.34亿元。全年全市文化旅游体育与传媒支出14.94亿元，增长19.8%。市本级安排文旅融合专项资金3053万元，做好“文明城市创建”“建党100周年系列活动”等重点工作预算资金管理。保障第五届丽水市运动会、百山祖国家公园环丽水全国自行车赛等大型本土特色赛事举办。坚持把农业农村作为财政支出的优先保障领域，实现全市一般公共预算“农林水”支出65.55亿元，同比增长2.42%，其中市本级支出2.63亿元。稳步提高土地出让收入用于农业农村比例，2021年，全市土地出让收入用于农业农村占比4%以上。出台《丽水市本级乡村振兴专项资金管理办法》，进一步规范资金管理。

【深化财政改革】 2021年，丽水市财政局推进数字化改革试点。落实数字化改革“1+5”（“1”是一体化智能化公共数据平台，“5”是党政机关整体智治、数字政府、数字经济、数字社会、数字法治5个综合应用系统）建设要求，形成“1+2+4”（“1”是数字财政综合应用门户，“2”是财政智能化通用数据平台、财政综合办公平台，“4”是集中财力办大事系统、预算管理一体化系统、核心业务事件反馈系统和服务社会应用系统）丽水财政数字化改革总体框架。争取预算管理一体化系统、数字财政综合应用门户、浙里报3个省财政数字化改革试点项目，上线运行丽水市财政局综合办公平台FOA4.0。推进部门整体绩效预算改革试点。进一步强化部门主体责任，选定市水利局作为试点单位，开展绩效预算管理改革，将绩效管理贯穿于部门全过程。推进预算绩效管理改革。承担省“完善重大财政政策绩效评价机制”的改革试点任务并取得实质性成果。推进公益二类事业单位财政保障改革试点。推行公益二类事业单位基本支出按现有管理方式、项目支出按“公益职能保障+政府购买服务”方式的新财政保障模式，选择市质检院开展改革试点。

【财政监管】 2021年，丽水市财政局加强财政监督。整合针对行政事业单位的内部控制建设、政府采购、培训费、劳务费等10个方面内容，对15家行政事业单位开展专项监督检查，发现126个问题并全部完成整改。防范化解债务风险。2021年，地方政府债务风险指标处于绿色区域，地方政府债务风险总体可控。出台《丽水市本级地方政府专项债券暂行管理办法》。持续开展防范化解地方政府隐性债务风险专项行动，全市化解存量隐性债务86.73亿元。强化投资项目审核。全年各种类型政府投资项目审核177项，节约财政性资金8.51亿元。加强支出监管力度。从严从紧编制部门预算，全市财政一般性项目支出压减11.2%，其中市本级压减10%。规范公款存放管理，实施市本级财政专户资金竞争性存放2期，涉及金额27亿元。（应　佳）

税　务

【概况】 2021年，国家税务总局丽水市税务局围绕“抓好党务、干好税务、带好队伍”工作要求，获“全国青年文明号”“全国税务系统文明单位”“全国五四红旗团支部”等5项省部级以上集体荣誉以及“全国税务系统百佳税务所长（书记）”“浙江省文明家庭”等3项个人荣誉。

2021年，丽水市税务系统管辖全市纳税户数32.09万户，其中，单位纳税人6.58万户，增值税一般纳税人1.77万户；缴费企业2.3万户，灵活就业人员36万人，全市缴费人数274万人。全年全市税务系统组织税费收入522.9亿元，同比增长16.9%，其中，税收收入253.4亿元，同比增长14.3%，两年（2020年至2021年）年均增长10.0%；社保费收入125.9亿元，同比增长23.4%；非税收入134.7亿元，同比增长为20.2%。全市入库地方级税收139.8亿元，同比增长17.5%。

2021年，丽水市税费征管秩序、征管效能持续提升。全市增值税入库117.9亿元，同比增长14.7%。推进企业所得税“核转查”，核定面降至11.6%。10项非税收入划转平稳，合计入库126.2亿元。全市超20万人完成2020年度个人所得税综合所得年度汇算申报，汇算清缴净退超4000万元。财产和行为税“十税合一”合并申报工作落地。

【税务中台】 2021年，为深入贯彻落实《关于进一步深化税收征管改革的意见》，选取国家税务总局丽水市莲都区税务局作为试点单位，创新打造市县一体的“税务中台”，推动税收征管改革具体实践在基层落地。试点启动后，税务中台的服务中心、监管中心、执法中心和社会共治体系建设运行取得阶段性成效，税费服务质效得到持续提升。2021年，税务中台提供咨询服务5.4万次，除移至服务中心外的咨询电话接通率提升至98%，疑难问题100%半小时内回复。试点城区范围内乡镇（街道）、村落网格员实现全覆盖，日均提供自主办税辅导112户次，已建成的26个微税厅提供线上“屏对屏”辅导972户次，整体达到节约人力资源25%以上、办事效率提升20%以上的目标，纳税人、缴费人的获得感和满意度明显提升。

【减税降费】 2021年，国家税务总局丽水市税务局落实减税降费各项税收优惠政策，根据纳税人“数据画像”确定不同的政策受惠群体，精准识别符合优惠条件的纳税人，加强政策宣传推送。加强落实情况监督，重点监督支持脱贫攻坚税收优惠、小微企业普惠性减税、增值税留抵退税、研发费用加计扣除、境外投资者再投资递延纳税等优惠政策贯彻落实情况，确保纳税人应享尽享、应享快享。简化退税审批流程，压缩退税时间，全年全市降本减负税收优惠政策累计减税42亿元，办理出口退税28.9亿元；11月至12月，全市享受煤电保供和制造业中小微企业缓缴政策3.89亿元，提振市场主体发展信心。

【税收营商环境】 2021年，国家税务总局丽水市税务局组织开展“暖春暖心”活动，扩大政策宣传覆盖面，通过征纳沟通平台推送政策2280条，宣传辅导107万户次。优化税收营商环境，开展“10+N”(“10”是营商环境便利化的主要指标，按照企业全生命周期分为企业开办、不动产登记、纳税、企业注销等10项内容；“N”是一组动态开放的支撑性指标，具体有惠企政策、办理破产等)便利化行动和“便民办税春风行动”，累计推出23类92项336条便民举措。全市评价各类企业纳税人5.8万户，企业整体纳税信用状况持续向好。发挥涉税中介机构协税护税作用，开展涉税专业服务机构信用评价工作，全市19家机构被评定为TSC 5级。

【税费业务网上办】 2021年，国家税务总局丽水市税务局全面深化“放管服”和“最多跑一次”改革，推广“非接触式”办税，加快网上办从涉税事项向涉费事项拓展。全年全市税务系统网上办业务量占比95.84%，网上综合办税率98.5%。全面推行电子普通发票，开具电子普票占比99.6%；新核定电子专用发票纳税人5651户，累计开具、接收电子专用发票12.3万份。推进不动产交易全流程网上办由丽水市本级向全域辐射，全市周均网办量62.45%，全年可为4万—5万名纳税人提供网办服务。

【涉税风险应对】 2021年，国家税务总局丽水市税务局增值税发票全链条风险快速反应应对12户次，应对机动车发票风险26户次，核查预警企业出口退税风险15户次，累计推送风险应对任务34批次835户，查补入库7500万元。开展成品油消费税、机制砂行业风险排查和专项整治，规范废旧物资回收企业发票使用。发挥税务稽查震慑威慑作用，全市税务系统立案检查案件204户，查补总额1.1亿元，完成积案清理60件，积案清理率91%。联合公安查处浙江省首起无车承运平台虚开发票大案，涉及开票金额100亿元。

【“首违不罚”制度】 2021年，国家税务总局丽水市税务局落实国家税务总局“首违不罚”事项清单和《长江三角洲区域税务轻微违法行为“首违不罚”清单》，对税务轻微违法行为及时准确作出不予处罚决定。推行简易处罚网上办理，对事实清楚、没有争议的处罚事项，纳税人、缴费人在电子税务局自行申请，系统自动判定违法行为是否属于“首违不罚”事项，作出合适的处理决定。全年全市税务系统累计作出“首违不罚”行政决定475户次，有效减轻市场主体办税缴费风险负担。

【土地增值税管理】 2021年，国家税务总局丽水市税务局建立土地增值税管理模式，联合丽水市建设局共同制发《丽水市房地产开发项目土地增值税清算工程造价计税成本参考标准(2012—2020)》，有针对性地解决房地产开发项目工程造价成本涉税审核难的问题。制发《丽水市房地产开发项目土地增值税核定征收操作指引》，规范全市土地增值税清算核定征收工作，加强土地增值税清算精细化管理。在龙泉市、缙云县、青田县探索试行土地增值税预征率“一项目一测算”操作管理办法，使预征率更加接近实际税负水平，减轻清算退补税压力。全年全市完成土地增值税清算项目69个，累计补缴土地增值税7896万元。

【纳税信用管理】 2021年，国家税务总局丽水市税务局完成企业纳税人信用评价，推进个体工商户和其他类型纳税人信用评价，规范落实纳税信用补复评制度，实现纳税信用对各类市场主体的全覆盖。全年全市评价各类企业纳税人58078户，其中，A级纳税人占9.44%、B级纳税人占27.61%、M级纳税人占51.31%。综合评价结果，全市企业纳税信用状况持续向好，税法遵从度稳步提升。深化纳税信用的增值应用，建立税务、金融、银行、企业四方合作机制，在全市搭建税银企直通桥梁。升级“银税互动”项目，将受惠企业范围从纳税信用A级、B级拓展到M级，为更多纳税人提供资金帮扶，全年累计为全市5722户企业新增授信32亿元。 (刘知非)

经济管理

规划管理

【概况】 2021 年，全市地区生产总值1710.03 亿元，同比增长 8.3%。其中，一、二、三产增加值分别增长 2.1%、9.2%和 8.4%。实现财政总收入 270.91 亿元，同比增长 12.8%，其中一般公共预算收入 163.97 亿元，增长 14.0%；一般公共预算税收收入 137.85 亿元，增长 17.2%，占一般公共预算收入比重的 84.0%。全市固定资产投资同比增长 15.1%，增幅排名全省第三。

【规划管理与课题研究】 2021 年，全市加强规划管理，发挥规划战略导向作用，以省级专项规划、全市“十四五”规划和《丽水市国民经济和社会发展第十四个五年规划和二〇三五年远景目标纲要》《丽水市“一带三区”发展规划》和“一带三区”发展规划为主要依据，做好各专项规划立项、评审、发布工作。下达“十四五”专项规划 76 个，全年发布实施《丽水市扩大有效投资“十四五”规划》等专项规划 57个。经 5 轮调整，全年累计下达新编规划 19 个。3 月，《丽水市国民经济和社会发展第十四个五年规划和二〇三五年远景目标纲要》由市政府公开发布，明确未来五年丽水市的指导思想、发展定位，37 项指标体系和 12 项重点工作。配套印发《丽水市国民经济和社会发展第十四个五年规划和二〇三五年远景目标纲要》任务分解，涉及重点指标 37 项、重点任务 144 项、重大改革和政策 52 项、重大平台 19 个和重大工程 45 个。在浙江省规划管理数字化平台上同步完成规划的立项申报、规划发布等工作。公开发展规划、专项规划和区域规划等各类规划信息，做好历史规划的归集整理和信息公开。

【年度计划编制与经济分析】 2021 年，市发改委编制国民经济和社会发展年度计划，完成《关于丽水市 2020 年国民经济和社会发展计划执行情况及 2021 年国民经济和社会发展计划草案的报告》编写。编制 2021 年《市本级政府投资项目计划》《丽水市重点建设（创新区、大花园）项目形象进度计划》《丽水市重大建设（创新区、大花园）项目前期责任目标计划》《市本级建设项目政策处理及供地责任目标计划》等计划。加强经济运行监测、分析及重点企业监测等分析研判，每季度召开全市经济形势分析座谈会，开展重点工业企业网上问卷调查，全年完成经济分析、投资分析等月度、季度和年度分析 50 余个。

【年度计划执行】 2021 年，丽水市国民经济和社会发展 54 项主要预期指标中，有 27 个指标增幅达到预期目标，9 个指标与预期目标有差距，18 个指标暂无数据。其中，农村居民人均可支配收入增长 11.6%、实现“十三连冠”，城乡居民收入比由上年的 2.05:1 缩小为 2.02:1，社会消费品零售总额、固定资产投资等指标增幅居全省前三。

【重点项目建设推进】 2021 年，全市开展百日攻坚、项目审批全链条业务培训、集中开工和项目推进大会等系列活动，建立全时段、全天候、全链条闭环管理推进体系，项目谋划和推进成效显著。316 个市重点建设项目完成投资 604.52 亿元，完成年度计划投资 120.89%，其中 39 个省重点建设项目完成投资 97.22 亿元，完成年度计划投资 121.52%。全年全市计划新开工项目 90 个，实际开工建设95 个，开工率 105.56%。谋划安排省市县长项目 23 个，落地 16 个，落地率 70%。市本级 11 个市人大监督政府投资重大项目实现 100%开工，完成投资 12.57 亿元，完成年度计划投资 100.22%。全年新引进项目 620 个，同比增长 81.3%。其中，大项目 186 个；亿元以上制造业项目 129 个，同比增长 53.6%，占引进大项目总数 69.4%。

新落地央企项目8个、百强民企项目10个、上市企业项目19个、隐形冠军企业项目4个。

【产业转型】 2021年，丽水市产业结构调整步伐加快，全市三次产业结构由2020年的6.8∶36.0∶57.2调整为6.3∶37.3∶56.4，二产占比提高1.3个百分点，一产和三产占比分别下降0.5和0.7个百分点。工业转型加快。全市战略性新兴产业23.4%、装备制造业20.7%、高新技术产业17.9%分别高于面上增速（15.0%）7.4、5.7和2.9个百分点。六大产业中，数字经济核心产业制造业18.5%、高端装备制造业21.9%、节能环保制造业16.2%、健康产品制造业29.1%、文化制造业23.5%，增速均高于面上增速。企业培育成效明显，获评工信部专精特新"小巨人"企业6家，列入第一批制造业单项冠军省级培育企业名单8家，列入放水养鱼行动培育企业23家；新增省级小微企业园13家，新增认定五星小微企业园1个、四星小微企业园2个。电子商务加速发展，全市实现网络零售额591.1亿元，增长22.8%。（余　庆）

应急管理

【概况】 2021年，丽水市应急管理局是市政府工作部门，局内设6个处室和直属机关党委；下属设正科级参公事业单位丽水市应急管理行政执法队、副处级事业单位丽水市城市管理指挥中心、正科级事业单位丽水市安全生产技术服务中心。

【安全生产事故】 2021年，全市发生各类生产安全事故85起、死亡58人，同比分别下降19.05%和12.12%；均比（2021年与前两年平均数相比值）分别下降29.17%和23.68%，未发生较大及以上生产安全事故，安全生产形势平稳有序。其中，工矿商贸、建设施工等领域共发生事故14起、死亡13人，同比分别下降6.67%和7.14%，均比分别下降43.86%和33.33%；道路运输领域发生事故71起、死亡45人，同比分别下降21.11%和13.46%，均比分别下降25.65%和20.35%。未发生生产经营性火灾、水上运输等领域亡人事故。

【自然灾害】 2021年，全市各类自然灾害造成受灾人数27625人，直接经济损失1.734亿元；发生森林火灾火情27起，累计过火面积140.88公顷，受害森林面积47.68公顷，同比分别下降40%、12.97%和66.44%。

【安全生产责任】 2021年，市委把安全生产纳入巡察重要内容，推动落实安全生产"党政同责"，市委、市政府把安全生产纳入共同富裕示范区建设和各县（市、区）、部门综合考核内容，统筹安全和发展。压实安全生产责任体系，制定安全生产综合治理第二轮三年行动年度、季度、月度任务清单，市本级梳理并完成年度任务147项，逐一分解落实到各部门，实行逐月销号。组织开展第二轮安全生产巡查，共检查单位21家，抽查企业156家，发现问题或隐患558个，一对一反馈巡察意见，全市通报巡查发现共性问题。打好督查、通报、挂牌、约谈组合拳，组织16个督查组，开展集中督查5次，发现问题隐患3383个，立案查处43起；每月通报重点工作进度，发布各类通报27期，完成省、市挂牌督办重大事故隐患整改销号55个。加强基层应急管理体系，市委办、市府办出台《关于加强基层应急管理体系建设的实施意见》，细化制定任务清单76项，市应急管理指挥部出台《关于规范基层应急管理员队伍建设工作的指导意见》，指导乡镇（街道）建立应急管理站，村级建立应急指挥工作组，配备应急管理员。12月31日，召开全市基层应急管理体系建设现场会，从责任体系、救援体系、防控体系和保障体系4个方面推进全市基层应急管理体系和能力建设。

【安全生产风险防范】 2021年，市应急管理局组织开展安全风险综合研判，并对风险隐患实施分级分类管控。推进各领域企业安全生产风险普查，提前完成14903家企业普查并录入核验。全市72.8%的加工制造类小微企业完成风险管控体系建设，全市34家危化生产企业和173家危化储存企业、53家在生产矿山、11座在用尾矿库全部完成安全风险分级评估。突出重点行业领域，推进安全整治攻坚，针对道路运输、建设施工、工矿、消防、危化品、特种设备、城市运行、旅游8个重点行业领域重大安全风险，制定风险管控清单8张，细化任务206项，逐一落实整治措施、明确完成时限，实行挂图作战，整改完成率100%。紧盯重大安全问题，消除安全隐患，推进全省"七张问题清单"应用工作，梳理市、县两级安全生产问题标签4215个，完成省级"重大安全生产问题"办结销号4个，督查市级"重大安全生产问题"整改销号17个。加强安全监管执法，加大执法刚性和力度，全年全市应急管理系统检查企业1484家，立案处罚和非事故罚款同比分别上升26%和21%，检查处罚率30%，罚款收缴率100%，办理行刑衔接案件2件。

【防灾减灾能力升级】 2021年，丽水市推进自然灾害综合风险普查各项工作，提前完成236家避灾安置场所规范化建设任务，实现乡镇（街道）全覆盖。创成国家级综合减灾示范社区3个和省级综合减灾示范社区3个。

2021年9月23日，市应急管理局在防洪堤举办丽水市森林扑火业务技能比武竞赛 （翁武建　提供）

督促推动市、县两级预案修编和实战演练，市本级专项应急预案修订率92.6%。组织开展自然灾害和安全生产事故应急演练55次。提升防汛防台综合能力，建立“一通知一函三单”防台模式，建立基层分级精准防御模式，划分乡村风险等级，全市173个乡镇（街道）共排摸高风险乡镇60个、中风险71个、一般风险42个。2006个行政村（社区）共排摸高风险482个、中风险486个、一般风险1038个。强降雨和台风期间，党政全面部署、干部全面下沉、责任人全面到岗、装备全面前置，全市共转移危险区域人员19401人，解救被困人员52人，成功避险2起、100人。提升森林火灾防御能力。出台《丽水市森林防灭火工作规则》和《丽水市加强森林防灭火工作若干意见》，完善5个方面、12条工作机制。压实行业管理和属地管理责任，组织开展为期9个月的野外火源治理和查处违规用火行为专项行动，制止违章用火3308起，行政处罚186起，罚款63140元。建立森林防火工作警示约谈机制，侦破森林火灾案件8起，开展警示教育。举办全市森林防灭火指挥员队伍培训和全市森林扑火业务技能比武竞赛。

【应急管理数字化建设推进】 2021年，市应急管理局建成应急指挥融合通信平台，融合单兵、布控球、无人机、卫星电话等软硬件，通过5G网络和卫星，实现有网和断网情况下可视化应急指挥调度。上线“小切口”子场景应用，开发上线森林火险监测预警、城市内涝应急处置、小流域自然灾害综合预警、窨井盖安全监管4个“小切口”子场景，解决具体工作问题。迭代升级花园云每日会商系统，制定出台《花园云每日会商工作规则2.0版》，上线运行丽水花园云每日会商系统，全年组织每日会商249次，交办事项730项，解决少微山隧道交通安全、窨井盖安全等隐患问题，推进农村道路交通安全、机制砂监管、秸秆焚烧监管、重点信访案件的解决。

【应急治理能力提升】 2021年，市应急管理局加强清廉应急建设，结合党史学习教育，落实机关党建、党风廉政、意识形态主体责任，提供组织保障和政治保证。加强应急救援队伍建设，景宁县、松阳县分别组建1支30人以上满足“全灾种”救援需求的县级综合应急救援队伍，青田县组建区域综合应急救援队3支，18个重点乡镇（街道）组建“一专多能、一队多用”的综合应急救援队伍。成立地面航空应急救援队11支，新培育社会救援队伍3支，完成5个航空救援临时起降点建设。加强基层应急保障能力建设。推进行政村（社区）应急装备标准配备，实现卫星电话、应急发电机、排水泵、手持扩音器等配备率100%。乡、村两级基层防汛责任人头盔、电筒、防雨护具、救生衣“四小件”共配备15970套，配备率100%。全市应急管理部门配备卫星便携站9台、应急指挥车3辆、移动单兵150个、布控球28个、无人机13台，每周组织可视化指挥调度拉练。 （翁武建）

土地管理

【第三次全国国土调查完成】 2021年，丽水市“三调”开展以来，历经初始调查和统一时点更新2个阶段，参与调查人数900余人，经过20余次国家、省级内外业核查及质量检查，累计投入经费5796万元，完成图斑调查任务77.12万个。9月8日至12日，丽水市自然资源和规划局组织专家组对9个县（市、区）的第三次国土调查成果进行预验收，11月18日，通过省级验收，成为首个“三调”成果通过省级验收的地级市。12月23日，发布《丽水市第三次全国国土调查主要数据公报》。

【自然资源统一调查和确权登记】 2021年，丽水市自然资源和规划局开展9个县（市、区）自然资源清单的梳理工作，经修改完善后，6月底，上报省厅确权登记局。根据《浙江省自然资源统一确权登记实施方案》文件精神，7月6日，印发《丽水市自然资源确权登记三年工作计划》，要求9个县（市、区）贯彻执行，至年底，全市完成水流自然资源调查确权128宗、国有森林自然资源调查确权54宗，完成自然资源使用权（经营权）流转37宗。（吴可越）

【全域土地综合整治与生态修复工程推进】 2021年，丽水市自然资源系统申报全域土地综合整治与生态修复项目6个，涉及行政村30个，整治区域面积3.3万公顷，计划投资6.1亿元；已实施项目46个，其中，缙云县舒洪镇昆洪村全域土地综合整治与生态修复工程等5个项目为国家试点工程（缙云县2个，莲都区、松阳县、遂昌县各1个），莲都区碧湖全域项目被列入"11350工程"，遂昌县北界苏村全域项目被评为省级精品工程。继续推进2018—2020年度项目实施，投入资金18.4亿元，完成总投资41.2%，通过工程实施，累计新增耕地面积264.6公顷，建设用地复垦45.0公顷。（李　梅）

【全市争取各类用地指标676.53公顷】 2021年，全市向上争取各类计划新增建设用地指标676.53余公顷（其中国家指标267.2公顷），完成87个城市分批次、单独选址建设项目组件报批7个，报批总面积732.6公顷，其中新增建设用地676.46公顷、农用地666.4公顷，新增建设用地计划执行率99.99%，保障新建衢州至丽水铁路松阳至丽水段、322国道景宁段改建工程、330国道青田温溪至船寮段改建工程等省重大基础设施建设项目用地。（江永丽）

【具体建设项目用地供应面积1575.83公顷】 2021年，全市完成330国道青田温溪至船寮段改建工程等18个标准农田占补（置换、核减）方案审查，涉及标准农田94.7公顷。全市供应具体建设用地1575.83公顷，其中，划拨供地864.02公顷，出让供地711.81公顷。安排农民建房专项指标17.6公顷，做到应保尽保。

（叶茂松　蔡轶群　江永丽）

【新收储市区土地34宗计62公顷】 2021年，市区新收储花园路与丽阳街交叉口东南侧、丽光村社区服务中心、原雅坑溪整治项目剩余土地等34宗计，面积62公顷（含城中村改造移交土地9宗），储备库存土地总量552.53余公顷；市区2021年度出库储备土地有丽阳路与花园路交叉口东南侧地块、教工路与欣苑路交叉口东北侧地块、和平路与怡园路交叉口西北侧地块等35宗计，面积100.33余公顷，其中，商住用地7宗计，面积39公顷，其他挂牌土地5宗，按出让合同约定时间提前净地交付率100%，具备出让条件的储备土地还有东港路与望城岭路交叉口东北侧地块、敏河村南侧地块、丽阳路与中山街交叉口西南侧（丽水饭店）、联城街道办事处东北侧等地块；完成市区和尚岗、水东老村、关下、后甫等38个收储项目地块被征收户临时安置补助费审核发放近6300万元，结算水东老村、古城土地收储、消防支队西北侧、二中南扩及后甫等项目25个，安置房595余套，涉安置房款2.532亿元；以保障"净地"出让为标准，对城中村改造、商住出让、安居房建设及零星收储等56个地块实施各类项目前期开发建设工程130余个，其中，电力及各类杆（管）线迁改工程70个，构筑围墙（挡）15037.54米，平整场地面积43794.73平方米，对城中村改造项目地块拆后建筑垃圾实施防尘网铺设覆盖约32万平方米。（刘军武）

【商业、住宅用地出让208.54公顷】 2021年，丽水市自然资源系统持续完善市区土地供应内部审查机制，加强建设项目审查把关，严格项目准入管理，加强"净地出让"硬性要求，增强土地利用对需求变化的适应性和精准性，减少低效供地和"净地不净"问题发生。推进工业用地"标准地"出让，出让138宗、面积363.51公顷，均实现100%"标准地"供应。全市出让商业、住宅用地208.54公顷，出让金208.73亿元。其中，市区实际出让商住用地11宗、43.8公顷，成交价79.93亿元。

【建设用地279.04公顷盘活存量】 2021年，丽水市自然资源系统以存量撬动增量，出台《关于开展"五未"土地处置专项行动 提升国有土地资源整体管护和精准高效利用水平的实施方案》，推进"批而未供、供而未用、用而未尽、建而未投、投而未达标"等"五未"土地处置专项行动。全市盘活存量建设用地279.04公顷、城乡低效用地再开发137.15公顷、消化处置批而未供土地380.63公顷、处置闲置土地36.84公顷，分别完成上级下达任务数的107.3%、158.3%、104.6%、406.4%。（蔡轶群）

【市区土地二级市场管理加强】 2021年，丽水市区办理房改房、划拨土地、改变土地用途、增加使用年限、超容积率及村集体二、三产业等各类补缴土地出让金业务1345宗，合计收缴土地二级市场出让金19.11亿元。

其中，涉及房改房办理出让 87 宗；划拨土地补办出让 210 宗；划拨土地改变土地用途补办出让 38 宗；出让土地改变土地用途补缴出让金 16 宗；集体土地拆迁改变用途补办 30 宗；二、三产业补缴出让金 17 宗；出让土地超容积率补缴出让金 3 宗；出让土地增加使用年限 16 宗；临时改变用途补缴收益金 1 宗；丽水行政权力运行平台录入 410 宗；首次交易审查 517 宗。（吴淑慧）

【卫片执法检查工作推进】 2021 年，全市收到土地卫片执法监督检查监测图斑 781 个，总监测面积 1240.27 公顷，其中，耕地面积 357.964 公顷，永久基本农田 35.398 公顷。经核实，违法用地图斑 24 个，违法用地面积 14.4 公顷（耕地面积 2.93 余公顷、永久基本农田 1.04 公顷），违法占用耕地面积与新增建设用地占用耕地比例为 1.18%。全市整改到位违法用地图斑 20 个，面积 12.93 余公顷（永久基本农田 0.7 公顷），整改到位率 83.3%。

【自然资源例行督察问题整改】 2021 年自然资源例行督察，下发全市问题 104 个，涉及土地面积 206.54 余公顷，其中，耕地面积 133.13 公顷（永久基本农田 8.892 公顷）。至年底，上报整改完成问题 99 个，涉及面积176.19 公顷，其中，耕地面积 133.13 公顷（永久基本农田 8.892 公顷），整改完成率 95.19%；上报省级核销 94 宗，涉及土地面积 173.86 公顷，其中，耕地面积 132.128 公顷（永久基本农田 7.89 公顷），核销率 90.38%。

【“大棚房回头看”工作开展】 2021 年，丽水市自然资源和规划局根据浙江省“大棚房”问题专项清理整治行动“回头看”协调推进小组办公室的统一部署，全市出动 3962 人次，对全市 2018—2019 年专项行动发现的 311 个点位整改情况开展“回头看”，排查设施农业（大棚房）主体 7787个，农业设施（大棚）3 万余个，面积 1266.67 公顷。新发现“大棚房”问题 27 个，占地面积 0.81 余公顷，至年底，全部完成整改。（徐　成）

【持续深化不动产登记改革】 2021 年，丽水市自然资源和规划局推进不动产登记数字化改革，完成数字化改革门户不动产登记领域 5 个“一件事”应用场景建设，推动不动产登记与纳税、金融信贷+抵押登记、公证+不动产登记等“一件事”迭代升级，实现跨部门协同；推进“总对总”网络查控司法协作和司法处置不动产登记“一件事”改革试点，助推实现全省不动产登记信息查询、查（解）封登记、协助登记“全网办”“无纸化”；聚力推进“互联网+不动产登记”创新服务，实现不动产登记网上缴费，不动产登记电子证书（证明）、存量房交易资金监管市区全覆盖，市本级通过网上缴费的不动产登记业务 1415 件，发放电子证书 6308 份，电子证明 20900 份，不动产交易登记过程中实行资金监管的业务 947 件，涉及金额 11.2 亿元，不动产登记各类业务“网上办”办结比例 85%以上；不动产登记提速增效，完成一般登记 3 个工作日、抵押登记 1 个工作日内办结的目标任务；出台《关于妥善处理市区国有建设用地上不动产登记历史遗留问题的意见（试行）》，解决不动产登记历史遗留问题 100 余件。全市受理各类不动产登记 24.2 万件，发放不动产登记证书 9.3 万本，证明 7.9 万份。市本级受理各类不动产登记 12.5 万件，其中，发放不动产登记证书 2 万本，证明 2.7 万本，接待服务热线咨询 7384 人次。市不动产登记中心被评为全国巾帼文明岗，市不动产登记中心党支部被中共丽水市委授予“丽水市先进基层党组织”称号。（沈　婕　吴可越）

【“天眼守望和数字驾驶舱”应用】 2021 年，12 个驾驶舱的初验和动态效果完成提升工作，“天眼守望”项目已构建“网上管、地上查、天上看”全方位动态监管模式，打造云砂管、云耕保、地质灾害监测、生态保护红线监测、非法采矿监测、违法违规建筑监测六大应用场景。至年底，所有应用场景完成“V”字模型梳理和原型界面设计开发，场景页面接入城市大脑“数字驾驶舱”，8 月 24 日，地质灾害监测场景在全省数字化改革例会中向省委书记袁家军作汇报演示。推动“多跨”业务协同，打造一批专业化数字人才队伍，提升自然资源和规划部门数据应用、分析和管理运用能力。（陈　伟）

物价管理

【概况】 2021 年，丽水价格管理工作围绕服务发展改革中心工作，深化重点领域价格改革、加强垄断行业价格监管、完善公共服务价格机制，发挥价格机制的激励、约束作用，引导资源高效配置。丽水在全省率先优化调整小水电上网峰谷时段，清理规范供水供电供气行业收费行为，落实大工业用电降价政策；延长主城区夜间免费停车时长，优化主城区差别化停车收费政策，调整市区巡游出租车运价标准，健全民办教育和公办幼儿园 3 岁以下婴幼儿照护服务收费政策；加强市场价格监测，提高价格预警能力；加强成本监审调查，健全价格成本约束机制。

【价格指数上涨】 2021年，丽水市区居民消费价格总体平稳，同比上涨1.8%，涨幅较上年同期缩小0.2个百分点。其中，消费品价格上涨1.7%，服务价格上涨1.8%，工业品价格上涨2.6%。八大类商品和服务价格累计同比“6涨2跌”，其中，教育文化娱乐类价格涨幅最大，同比上涨4.7%；食品烟酒、衣着、居住、交通通信、医疗保健类价格同比分别上涨0.8%、1.3%、1.2%、4.2%、2.1%。生活用品及服务、其他用品及服务类价格分别下跌0.3%、3.2%。

【重点领域价格改革推进】 2021年，春节假期期间，市区巡游出租车继续实行附加费调节机制，组织召开市区巡游出租车运价调整听证会，出台市区巡游出租车运价调整政策，推进巡游出租车价格改革。办好2021年全市十方面民生实事“进一步解决停车难”的优化主城区差别化停车收费政策，降低道路停车泊位收费水平，日均减少市区道路泊位停车收费2.08万元。丽水在全省率先优化调整小水电上网峰谷时段，预计每年可减少丽水电网线损电量1600万千瓦时，节约供电成本678万元；增加50万千瓦新能源装机消纳能力，减少电网投资7.2亿元。落实丽水玉溪水电站执行平均上网电价，推行优化生态环境的小水电价格政策。出台丽水市“十四五”（第三轮）初始排污权有偿使用费征收标准，继续加强排污权交易工作。建立清理规范城镇供水供电供气行业收费工作推进机制，落实供水供气企业承担的投资界面延伸到用户建筑区划红线。协同丽水市民政局、丽水市市场监管局等部门开展市区协会商会收费专项检查和全市殡葬业价格秩序、公益性安葬设施建设经营专项整治工作。

【电气减费降本政策落实】 2021年1月1日起，大工业销售电价平均每千瓦时降低5.53分，全年全市减轻大工业用电户成本负担30981万元；全市非采暖季非居民生活用管道天然气最高销售价格每立方米降低0.26元，落实供用气双方价格协商机制，推进非居民用气终端销售价格市场化。

【价格管理日常工作】 2021年，丽水市明确莲城书院、丽水中科技工学校等民办教育收费政策及丽水市欣苑幼儿园（市特殊教育学校融合学前班）收费事项，公布市本级公办幼儿园3岁以下婴幼儿照护服务收费标准。协同市建设局调整2021年度市区公有住房成本价格。完成省发展改革统一部署的机动车检测收费等9个专题调查和书面材料上报。做好价格政策咨询交办件（29件）的答复，回应群众对价格问题的关切。完成价格认定案件37件、价格认定复核案件5件，价格认定金额1005万元，办结率100%，无上诉案件和复核案件。

【市场价格监测】 2021年，丽水市价格监测按照《浙江省重要商品和服务价格监测报表制度》，做好各类监测品种的采价和数据审核上报，全年完成七大类、14个表式的月报、旬报、周报及应急快报888期，采集民生商品价格58544价目。在丽水大花园“城市大脑”每日民生指数驾驶舱平台，每周一公布五大类10个品种全市（县、区）重要民生商品价格信息指数、市区“菜篮子”价格涨前五指数，全年发布52期5980价目录入。在市发改委网站每周一定期公示五大类65种“菜篮子”价格信息，全年发布52期3380价目。每月定期公示全市9个县（市、区）民用液化气价格。加强重要节假日及市场热点巡查，开展《清明商品价格调查》《端午商品价格调查》《夏令商品价格调查》《旅游市场调研》《主要农业生产资料价格调查》《工业生产资料价格监测》《主要化工产品企业情况快速调查》《建材市场及建筑行业情况企业情况快速调查》等市场情况及价格调查。

【成本监审（调查）】 2021年，丽水市依照《浙江省政府定价成本监审规程》，开展成本监审（调查），完成污水处理费成本监审、客运出租汽车营运定价成本调查、丽水外国语实验学校和丽水市文元高级中学2所民办学校2018—2020年的人均教育成本（住宿成本）调查，完成审核额31604.3万元；配合全国义务教育“双减”工作对全市学科类培训成本调查。（林　敏）

审计管理

【概况】 2021年，丽水审计机关完成审计（专项审计调查）项目126个，查出违规金额28733万元、损失浪费金额794万元，审计发现非金额计量问题1559个。审计处理处罚金额45323万元，移送司法机关、纪检监察机关和有关部门处理事项35件、涉及42人。审计促进整改落实有关问题金额35969万元，审计后挽回（避免）损失1059万元，核减投资额1572万元。审计提出建议491条，被采纳197条；促进被审计单位制定、完善规章制度8项；提交审计信息499篇，被批示、采用355篇。向社会公告审计结果9篇。市审计局在浙江省审计工作综合考核中排第三名，获优秀奖。全市获省审计厅优秀项目7个。

【国家重大政策措施贯彻落实跟踪审计】 2021年，市审计局在乡村振兴相关政策和资金审计中，把“两不愁三保障"作为审计的重点，发现高标准农田和土地整治建设、乡村产业发展、村集体"三资"管理、"两不愁三保障"落实情况、以前审计查出问题未整改到位五大方面、60个问题，促进整治优化粮食功能区或高标准农田67.76余公顷，5个农田建设项目完工，90万元补助资金拨付到位。

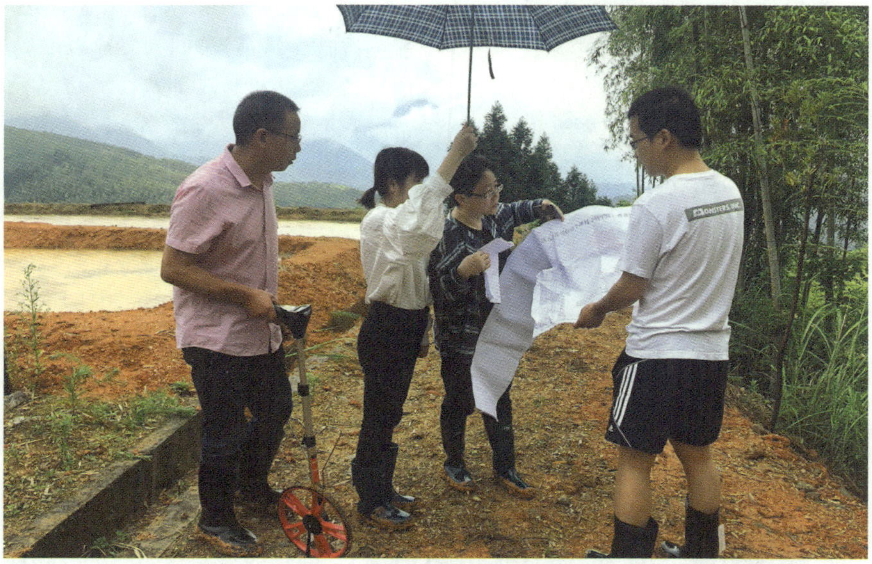

2021年5月12日，审计人员在土地整治开发项目现场丈量相关面积 （朱朝晖　提供）

【财政审计】 2021年，市审计局在市本级预算执行和决算（草案）审计中，发现管理不规范金额43.68亿元，其中，推进上缴资金4.46亿元，调账回收资金2.50亿元，推动拨付落实资金20.02亿元，其他管理不规范资金14.52亿元。通过对市本级92家一级预算单位的财政标准化数据、税务数据、工商数据、公车数据进行分析和比对，发现公职人员在经商办企业、私车公养、公车管理不规范等方面存在大数据审计疑点57个，实现市本级一级财政预算单位审计100%全覆盖。移送案件6起，被领导批示或录用信息22篇，其中被录用上报省政府2篇，促使市政府和各部门出台或废止制度7个，促进收回历史陈欠房租收入217.48万元，解决"老大难"问题。

【经济责任审计和领导干部自然资源资产离任审计】 2021年，市审计局按照党政同责、同责同审的要求，组织开展市管领导干部经济责任审计项目7个，涉及市管领导干部7人，查出管理不规范金额2.58亿元。印发《关于规范市本级经济责任审计结果文书的通知》，创新完善审计结果文书。开展经济责任审计定责试点，总结提炼权责一致、因果相关、果责相当、证据充分4项定责原则，把《党政主要领导干部和国有企事业单位主要领导人员经济责任审计规定》中的11种定责情形细化为8类、20种，明确调查了解十个规定动作，重塑责任链梳理"十步走""四必看"流程，分乡镇、部门、国企三大领域梳理责任链条，形成体系完整、链条清晰的定责全过程、闭环式管理。

【固定资产投资审计】 2021年，市审计局在2020年青田县、缙云县保障性安居工程资金投入及使用绩效情况审计中，促进取消调整不符合保障资格待遇的121户，清退违规分配住房28套，盘活闲置住房13套，整治农村困难家庭C级危房3720户、D级危房553户，出台政策制度5项；促使公交、环卫一线职工被纳入公租房货币补贴保障对象，促进青田县、缙云县22户符合条件的城镇优抚对象取得公租房保障。

【民生资金（项目）审计】 2021年，市审计局在全民医疗保险政策执行情况专项审计调查中，促使免费享受"浙丽保"待遇的低保低边对象3260人；促进追回251家企业违规多享受阶段性减免医疗保险费370.79万元。在丽水市社会保险基金运行风险情况专项审计调查中，促进把1139名应保未保残疾人纳入"两项补贴"。在垃圾治理情况专项审计调查中，促进出台垃圾治理管理办法6项，建成建筑垃圾暂存点40余个，升级改造中转站5座。编制《丽水市扶贫领域风险防范清单》《丽水市涉农和扶贫审计问题清单及定性依据实务指引》《东西部对口协作审计共性问题清单》等7张清单。

【内部审计指导和监督】 2021年，市审计局开展全省课题研究，获省协会论文三等奖1篇、优秀内审经验三等奖2篇；开展案例撰写，获省协会案例二等奖1篇；组织开展内部审计项目评选推荐，获省协会优秀项目4个、表彰项目4个。出台《丽水市内部审计工作积分制管理办法》，全年抽调7人次，参加审计项目5个，抽调1人参加2个单位巡察工作。组织内审培训班4期，全市参加培训500余人。 （张培源）

统计管理

【概况】 2021年，丽水统计系统坚持以习近平新时代中国特色社会主义思想为指导，贯彻落实上级统计工作各项决策部署，秉持“三求”统计精神，打造精细统计、数智统计、法治统计、清廉统计、美好统计“五型统计”品牌，建设变革型组织，争创廉洁机关、模范机关。聚焦“学党史、悟思想、办实事、开新局”总体要求，组织党史专题学习108次，开展“三为”实践服务活动100余次，制定实施《丽水市统计局党史学习教育常态化工作制度（试行）》，加强市委巡察反馈问题整改，梳理完善制度29项。加强统计队伍建设，在全省率先出台《丽水市县（市、区）统计局领导班子干部职务任免管理办法》，规范和加强对辖内县级统计机构的业务领导、班子协管。修订实施《丽水市统计局科级干部选拔任用和职级晋升工作管理办法》《丽水市统计局公务员平时考核工作暂行办法》《丽水市各县（市、区）统计工作综合评价办法》，营造担当作为、争先创优浓厚氛围。参加全国文明城市创建等全市重点工作，在丽水市经常化创建全国文明城市工作中获嘉奖，被评为丽水市“美丽丽水”建设模范集体。

【统计成果】 2021年，丽水市统计局加强统计数据监测分析，市、县形成统计分析材料1119篇、被各级领导批示59篇。其中，市统计局向党委政府上报统计专报28期、统计分析41期、统计信息65期、统计快报12期。开发提炼精品统计成果有《“十三五”时期丽水经济社会发展成就》《“丽水之赞”引领跨越式发展》《中国共产党成立100周年 丽水经济社会发展报告》等分析文章，《数据丽水（2021）》《丽水统计信息》《丽水统计年鉴（2021）》等统计书籍。

【普查调查工作】 2021年，全国人口普查收官。全市高质高效完成职业编码，发布第七次人口普查数据公报。挖掘用好“七人普”成果，全市撰写分析报告77篇，市统计局招标确定重点课题13篇，汇总编制“七人普”数据简要本。争取开展“七人普”双先评选行政奖励，增强普查干部荣誉感。“四经普”（第四次全国经济普查）收官，出版《丽水经济普查年鉴（2018）》。围绕党政重点工作、经济发展、社会民生三大主线，全市组织开展社情民意调查44项。依托“浙江民调在线”平台，首次线上开展丽水市消防安全常识知晓度线上调查，回收答卷7万余份，调查报告获市长批示；多渠道、多方位开展调查结果宣传，丽水市政法队伍教育整顿工作评估调查结果得到国家、省、市媒体关注，浙江卫视、丽水电视台进行专题采访报道，提高民调知名度。

【统计法治工作】 2021年，丽水市统计局迎接和配合国家统计督察。采取召开一次推进会、出台一个责任制、开展一次全面清理等“七个一”措施做好国家统计督察迎检准备。提请市委、市政府出台《丽水市党政领导干部防范和惩治统计造假、弄虚作假责任制实施细则》。学习贯彻中共中央办公厅、国务院办公厅印发《关于更加有效发挥统计监督职能作用的意见》，会同市委巡察办制定《关于建立市委巡察机构与市统计局协作机制的意见》。加大统计执法检查核查力度，全市开展统计专业核查企业（项目）2931家（个），开展统计执法检查单位288家、比上年增长12.9%，全年处罚单位19家，罚款3.2万元。加强统计领域信用建设，认定统计守信企业2家、修复企业信用2家。制定出台《2021年统计法治宣传工作计划》《丽水市统计法治宣传教育第八个五年规划（2021—2025年）》，谋划部署统计法进机关、进企业、进党校。市、县联动开展第十二届“中国统计开放日”宣传“三进”活动。开展“统计法治宣传月”活动，市统计局主要负责人为市委党校2021年秋季中青年干部培训班作题为《坚持依法统计依法治统，为丽水加快跨越式高质量发展建设共同富裕美好社会山区样板提供坚实的统计保障》的统计法治与政策实务专题宣讲，署名文章《坚持依法统计依法治统 强化统计监督服务保障》首次在《丽水日报》刊登，扩大统计法治宣传成效。

2021年12月14日，丽水市统计局党组书记、局长李建军为市委党校2021年秋季中青年干部培训班作《中华人民共和国统计法》专题宣讲　（吴　群　提供）

【统计数字化改革】 2021年，丽水市统计局坚持把数字化改革作为“一把手”工程，成立数字化改革工作领导小组，抽调人员设立“数改办”，实行专班化实体化运行。把数字化改革工作列为局党组会、局长办公会及月度例会固定议题，实行周监测、月点评、季亮晒模式。出台《丽水市统计局系统数字化改革工作规程（试行）》。推进“双碳”智能统计核算项目应用试点，完成全市规上工业企业碳效统计核算分类，在碳金融、碳技改等方面推广应用“碳效码”。在缙云县开展低收入农户统计监测数字化改革试点。为数字政府、数字经济、数字社会等“152”系统提供统计数据协同支撑。

【统计制度方法研究】 2021年，丽水市统计局自2016年开始探索创新开展的农业及有关产业统计核算试点成果被全国推广。1月，农业农村部向丽水市政府发来感谢信，对丽水市统计局、农业农村局推动国家统计局制定发布《农业及相关产业统计分类（2020）》表示感谢；6月，全国农业及相关产业统计核算研讨班在丽水举办，农业农村部和国家统计局主办，市统计局负责人受邀参加业务培训讲座。市统计局推动农业现代化、农民奔小康，被评为浙江省消除集体经济薄弱村工作成绩突出集体。围绕“绿水青山就是金山银山”理念，探索生态产品及有关产业统计方法制度研究，被列入国家试点；围绕省山海协作“飞地”政策，在全省率先开展“飞地”经济统计方法研究，破解“逆向飞地经济”现象。参与共同富裕示范区建设、山区26个县加快跨越式高质量发展、高质量发展综合绩效评价等指标体系的分析和研究，探索GDP和GEP双转化指标研究、乡镇经济统计监测体系研究，为市委、市政府科学决策提供重要统计支撑。 （吴　群）

统计调查

【概况】 2021年，国家统计局丽水调查队（简称调查队）设办公室、综合与法规处（纪检监察室）、农业农村调查处、住户调查处、劳动力（专项）调查处、价格调查处、企业调查处7个处室，全队核定编制28人。推进党史学习教育和庆祝中国共产党成立百年活动，坚持条与块、上与下、学与干、线上与线下“四个联动”，以干促学、以讲促学、以赛促学、以督促学、以研促学“五个学”，压茬贯通推进3个阶段学习教育。创建“唯数惟实 丽调利民”党建品牌，提炼“忠诚统计、崇法唯实、创新挺进、为民调查”的“丽调精神”，创作“丽调之歌”，构建起以“党建品牌”为统领，“丽调精神”为硬核，“丽调之歌”为载体的“丽调文化”体系。健全落实机关党建“十大重点”“十件实事”“双十项目”机制，推进支部建设规范化标准化。建成涵盖党建、纪检、政务等八大板块的党建文化阵地。建立党组成员联系基层党支部制度。修订完善业务规范、数据质量评估办法和有关管理制度44项，用制度管人管事管数。

加强干部队伍建设，建立班子成员“周一工作碰头”“会前交换意见”等机制，选派231人次参加地方和国家统计局浙江调查总队组织的各类业务培训，与市统计局联合举办全市统计调查干部专业能力提升培训班2期；选派11名干部参加国家统计局浙江调查总队巡察、执法监督检查等工作；培养推荐处级领导干部1人，选拔科级领导干部4人，职级晋升7人；全年新录用公务员2人，调出3人，调入2人。建立月度工作例会、月度分析信息采用批示情况通报等制度，开展季度工作晾晒，设置光荣榜，凝聚干事创业精气神；定制“暖心包”，设立“连心箱”，增强干部归属感获得感。

2021年，调查队获全市综合考核优秀单位、乡村振兴优胜单位、经常化创建全国文明城市工作集体三等功、全市政务信息考核二等奖、丽水市第一批节约型机关、市直党政机关生活垃圾分类示范单位以及2021年全省国家调查队系统“党建示范点”。财务管理、专项调查、大数据研究与应用工作获总队年度考核优秀等次，法治、制度方法、住户监测、劳动力调查、生产价格调查、网络安全和信息化、人事教育、纪检监察、党建获良好等次，专业综合排名全省第七，跨入全省市级调查队系统良好行列。

【统计调查服务】 2021年，调查队围绕市委、市政府中心工作，统筹疫情防控和统计调查工作，开展各类价格调查、企业调查，完成战略性新兴企业指数编制，加强房地产市场分析、新设立小微企业和个体经营户生产经营状态动态监测，完成全省营商环境试评价、“我为群众办实事”调查、全面从严治党民意调查、县级城市文明程度指数测评，县级交通分担率和公共交通满意度调查等专项调查工作。发挥“轻骑兵”优势，开展统计调查服务提升行动，全年编发《调查分析》《调查专报》《调查信息》共298期，被总队采用198篇，被国家局采用21篇，被市“两办”采用79篇，省“两办”采用15篇次，其中，被国务院办公厅采用1篇次；被市级以上领导批示37篇次，其中，被国务院领导批示1篇次。1篇课题获丽水市党政系统优秀调研成果一等奖，2篇课题获丽水统计学会统计调研课题评审一等奖。开展共同富裕专题调研，形成《精准监测　助力共富》汇编，调研成果获市领导批示7篇次。深度参与市政府农村劳动力就业综合指数编制课题研究。

【统计调查改革】 2021年，调查队推进统计现代化改革，组织开展生猪抽样试点调查和无人机试点调查，完成农产品价格调查样本轮换并同步开展新老样本填报；抓好住户调查样本轮换后样本评估工作，实现新旧样本数据衔接；推进月度劳动力扩样工作，完成全市36个新增样本点录入，实现新旧样本数据平稳过渡；融入数字化改革，依托"城市大脑"，设计并制作"城乡居民收入"数字驾驶舱专题页面，数字化、场景化方式展示居民收入；探索公共数据在调查业务中的创新应用，形成研究成果11篇，承担并完成总队《浙江数字化改革背景下公共数据在统计调查中的创新应用研究》。推进"辅助调查员管理平台"建设，加强全市辅调员数字化管理。建立季度工作例会和季度梳理反馈督办问题机制，常态化开展走访调研、交叉检查、送课下县活动，夯实统计调查基层基础。开展"先锋调查员"评选活动，全市共评选30人。

【统计调查宣传】 2021年，调查队开展"十三五"成就、中国共产党成立100周年、党史学习教育等主题宣传。"丽水调查"微信公众号挖掘党史数据，创作"党史里'数'的小故事，你一定没听闻"、"数"说党史话"第一"等"数"说百年推文，以"数字化"方式和场景，展示党的百年光辉历程、百年伟大贡献；围绕疫情防控、统计调查业务、统计监督，开展防控知识、业务知识以及普法宣传。加强内外网、微信公众号统计数据分析、发布和解读，加强舆论监测和社会公众统计数据服务。全年微信公众号原创推文、工作信息被国家统计局"统计微讯"采用5篇、"浙江调查"采用13篇、"学习强国"浙江平台采用5篇、《中国信息报》刊登7篇。

【统计调查法治】 2021年，调查队贯彻落实习近平总书记关于统计工作重要讲话指示批示精神和《关于深化统计管理体制改革提高统计数据真实性的意见》《统计违纪违法责任人处分处理建议办法》《防范和惩治统计造假、弄虚作假督察工作规定》精神，专题学习《关于更加有效发挥统计监督职能作用的意见》，落实领导干部违规干预统计工作记录制度，推动市委、市政府把统计造假列入对县(市、区)综合考核"一票否决"事项。加强党政领导干部法治宣传教育，推动"防范和惩治统计造假弄虚作假"专题学习纳入市委理论学习中心组学习计划，统计法律法规纳入2021年全市干部普法考试内容。开展"忠诚统计　与法同行"骑行活动、"调查队请您看电影"统计开放日观影活动、法治宣传有奖竞答活动，投放统计法治宣传广告，构建新媒体"普法+科普"普法新模式。配合总队检查组开展统计执法监督检查并举一反三抓好反馈问题整改。开展"双随机"统计执法检查企业34家，警告2家。（黄应飞）

市场监督管理

【概况】 2021年，全市市场监管系统持续深化商事制度改革，优化营商环境，服务企业发展。至年底，全市有各类市场主体307685户，比上年同期增加4.94%。其中，内资企业64670户，比上年同期增加14.26%；外资企业497户，比上年同期增加4.63%；农民专业合作社4781户，比上年同期下降10.64%；个体工商户237650户，比上年同期增加3.01%；常驻代表机构7个，与上年同期持平。

【商标品牌建设】 2021年，全市新增注册商标17331件，累计达到78854件，其中，新增农产品商标728件，累计8221件；新增地理标志证明商标1件，累计37件，居全省第一；新增集体商标22件，累计54件；全年查处商标侵权案件51件，案值217.9万元，罚没款293.4万元。实施"品牌助力"工程，全年发布"浙江制造"标准20项，出台系列鼓励品牌发展的政策。全市新增"品字标"品牌认证企业20家，组织开展"品字标浙江制造"品牌线上线下培训会5期，培训企业300家次。

【市场建设改造】 2021年，全市有各类市场109个。按市场类型分，实体市场106个(其中消费品市场88个，生产资料市场18个)，网上交易市场3个。全市市场交易受疫情持续影响较大，全市各类市场年成交总额292.32亿元，比2020年的285.50亿元有小幅增加，增幅为2.39%。其中实体市场年成交总额为289.64亿元，比2020年280.56亿元提升3.24%；网上交易市场成交额2.68亿元，比2020年4.94亿元下降45.75%(全省均已不再登记新的网上交易市场)。全市累计创成省放心农贸市场53家，占全市58家农贸市场的91.38%，高出"全省城乡放心农贸市场覆盖率60%"的要求；创成星级市场56家(其中，四星级8家、三星级25家)，覆盖率96.55%；全部22家乡村农贸市场实现星级全覆盖。全市亿元市场40家，比上年减少1家，交易额从2020年的259.90亿元提高到267.02亿元，增长率2.74%，占全市商品市场成交额91.35%。全市10亿元以上市场7家，交易额183.81亿元，占全市市场成交额的62.88%。位于丽水经济技术开发区的4家市场成交额均为1亿元以上，专业各异、业态互补。其中丽水国际车城成交额18.27亿元、丽水市惠民农产品批发市场成交额13亿元、丽水红星美凯龙家居生活广场成交额1.19亿元、丽水市南星石材市场成交额1.25亿元。松阳浙南茶叶市场、庆元香菇城等一批重点市场发展形势良好，交易额分别为75.77亿元和25.69亿元。

【市场秩序规范】 2021年，全市市场监管系统累计查办各类违法案件2934件，大要案件392件，罚没款3100余万元，同比分别增长31.9%、35.6%、23.2%。聚焦"四有环境"营造，专项执法行动形成声势，开展"亮剑2021"消费信息安全、"铁拳2021"知识产权保护、农村食品假冒伪劣等12大领域系统专项行动，入选国家市场监管总局、省市场监管局典型案例11件。全市立案查处农村食品假冒伪劣案件728件，罚没款752.65万元，移送公安机关15件，查扣违法产品20.52吨。立案查处知识产权领域案件67件，罚没款228.07万元，涉案金额201.96万元。消费信息安全领域立案43件。油品走私"拔点"行动，全市立案查处36件，移送司法机关3件，取缔违规储油点32个，查扣流动加油车24辆，没收无合法来源及不合格成品油114.8吨，罚没款65.74万元。继续加强市场监管、生态环境保护、文化市场、交通运输、农业五大领域综合行政执法协作，签订执法协作协议并召开第一次碰头会。建立健全丽水市商务、盐业、市场监管执法合作机制，明确工作职责边界，建立议事协调、规范执法监督、信息通报共享四项机制。制定出台《关于进一步加强市场监管部门与公安部门执法协作机制建设的实施意见》，加强行刑衔接，加强案件信息的互通会商，提升惩治合力。

【食品安全监管】 2021年，食品抽检合格率稳定在98%以上，全年未发生食品安全事故，食品安全公众满意度连续13年位居全省第一，全市食品安全形势持续稳中向好。《丽水市食品安全"十四五"规划》出台，明确"十四五"期间食品安全工作目标任务和实现路径。松阳县、景宁畲族自治县创建省食品安全示范县（市、区）。实施精密智控，筑牢"三道防线"，进口冷链食品应入尽入集中监管仓，省际检查站点保持24小时运转，全市"浙冷链"系统赋码率和扫码率保持在98%以上。全面深化数字化改革，全省率先实现"浙食链"全上链、全激活，开展"浙食链—阳光农场"试点，推动"浙食链"进"商超"先进经验在全省推广，打通"浙食链"与"丽水山耕""松阳茶叶"溯源数据链，实现207家食品生产企业"阳光工厂"硬件建设任务和基本应用。学校食堂智能"阳光厨房"建设全面覆盖，完成168家农村家宴阳光厨房建设。网络阳光厨房建成率、商家使用激活率全省均排名第三。全市465家学校及公办幼儿园食堂、61家农贸批发市场，78家养老机构食堂，259家农村家宴放心厨房投保食品安全责任保险，纳入2021年市民生实事项目。9个县（市、区）创成三星级基层食安办81家、四星级18家，五星级2家，全市受聘食品社会监督员1792人，基层队伍的食品安全履职能力增强。在全省食品安全法律知识竞赛中获二等奖（第2名），在省市场监管局组织的全省基层执法人员食品抽样技能比武中获二等奖。

2021年9月22日至23日，全省开展基层执法人员食品抽样技能比武。图为技能比武获奖合影
（季颖颖　提供）

【药品安全治理】 2021年，药品生产企业飞行检查、跟踪检查、企业不良反应监测检查覆盖率均为100%，药品不良反应监测报告3094份，为每百万人口1234份；组织在产15家药品生产企业、30余名检验人员开展岗位技能大比武；新增药品上市许可持有人（药品生产企业）3家，取得中药创新药产品注册证1个，转入新品种9个，恢复生产品种4个，新增国家第五批药品集中采购品种2个。探索药

品生产企业全生命周期主体责任落实创新试点工作，该项工作入选省药监局2021年度药品安全治理创新“双最佳”，获省药监局局长批示肯定，并在全省现场会作典型经验交流。深化数字化改革，推进药品安全智慧监管“黑匣子”建设应用，辖区在产药品生产企业建成率33.3%，上线运行率20%。其中浙江国镜药业有限公司采集品种、品规等4个指标均位列全省上线运行企业第一，并在全省率先开展“黑匣子”企业端V2.0版中间库升级工作。全市基本药物评价性抽检合格率100%。4月底，全市建成民生药事服务站23家，连续3年在全省率先超额完成民生实事项目建设任务。3月31日，市市场监管局核发全省首张含有省外仓库地址的药品经营许可证，标志着药品批发企业开展跨省委托存储配送药品，在全省实现跨省多仓协同零的突破。帮扶指导联赢医疗科技有限公司成为全市首家进入科创助力板和上交所科创板企业培育中心的医疗器械企业。组织开展医疗器械质量安全风险隐患排查治理、敷贴类医疗器械专项整治、防疫医疗器械专项整治等9项专项检查整治，完成市场主体监督检查1737家、责令改正96家、行政立案48起、移送公安机关案件1起，全市未发生系统性、区域性等风险。全国率先实践化妆品“双随机、一公开”数字化监管工作获得国家局副局长颜江瑛批示肯定，认为该经验可在全国推广。该项工作入选全市党史学习教育优秀实践案例。“化妆品信用监管”和“化妆品经营领域在线监管”2项数字化监管改革工作入选省药监局2021年度药品安全治理创新“双最佳”。指导丽水3个品牌跻身2020年度“浙产美妆”十大品牌和新锐品牌。开展美容美发行业乱象整治等7项专项行动取得成效，检查生产经营户4896家，责令改正和约谈139家，抽检310个批次，立案查处121件，促进全市化妆品产业健康发展。

【质量强市建设】 2021年，丽水市品牌企业和实施“浙江制造”标准企业销售占规上企业销售比例48.85%，比上年增长8.07个百分点。12月，《丽水市质量发展与标准化“十四五”规划》发布实施。2021年品牌创建与质量建设奖励兑现资金66万元。发布实施“浙江制造”标准20项，新增“品字标”企业家74家，新增“品字标浙江农产”发证企业5家，新增参与对标达标企业66家。全市导入卓越绩效管理等先进质量管理方法企业131家。科学设立缺陷产品伤害信息监测点16个，覆盖9个县(市、区)。举办2021年丽水市人民政府质量奖评选工作，新增市政府质量奖及质量创新奖企业6家。

【标准化工作】 2021年，《丽水市地方标准管理办法》完成修订并发布实施。主导或参与制定国际标准3项、国家标准21项、行业标准17项、省级地方标准9项。市级地方标准制定工作成效显著，全年市级地方标准立项数51项，制定发布市级地方标准44项，涉及农业农村、社会管理、电子商务、文化等领域。其中《红色乡村建设指南》等9项市地方标准为全国首次发布，《国家公园生态廊道建设规范》等2项标准为全省首次发布。全市1个国家级标准化试点项目、5个省级标准化试点项目通过验收，完成市级项目验收8个，立项市级试点项目11个。

【知识产权保护】 至2021年，全市专利授权量12860件，比上年同期增长10.8%，其中，发明专利授权量543件，比上年同期增长27.5%；有效发明专利拥有量2722件，比2020年底的1980件增长37.5%；万人有效发明专利拥有量10.86件，比2020年底的8.95件增长22%；《专利合作条约》国际专利申请47件，比上年同期增长持平；全年全市办理专利质押项目45件，质押专利176件，其中，专利质押普惠贷款惠及企业19家，完成专利权质押金额7.34亿元，同比增长150.2%。

【产品质量安全监管】 2021年，市市场监管局建立健全“一库、一单、一机制”，全年开展产品质量监督抽查816批次，合格率95.71%。依法对35家监督抽查不合格企业进行处罚，复查率、整改率为100%。开展块状产业产品质量风险排查、口罩等防疫物资产品质量和市场秩序专项治理行动、塑料污染治理、电商产品专项整治、电动自行车综合治理集成改革等专项行动，严格监管，促进提升，坚守质量安全底线，守卫工业产品安全。

【特种设备安全监管】 2021年，市市场监管局推进特种设备领域安全生产专项整治三年行动，打赢“遏重大”攻坚战，完成“平安护航建党百年”等保障任务。加强“数字化”引领，建设叉车物联智控项目，运用“指纹锁”和“物联智控应用”破解叉车“无证作业”监管难题。在44家特种设备制造单位安装视频监控，实现“阳光工厂”源头升级管控；给15959部电梯加装“NFC”芯片，实现电梯维保全过程信息可查、可管、可控；对1507台设备实现物联场景应用，提升设备本体安全。加强“双预防”建设，指导5612家特种设备使用单位开展

2021 年丽水市成交额万元以上市场情况表

表22

市 场 名 称	市 场 类 型	成交额（万元）	经营户数（户）
丽水市府前菜市场	城市农贸市场	225296	381
丽水市仓前菜市场	城市农贸市场	19486	30
丽水市浙西南农贸城	其他农副产品综合市场	236149	350
莲都区东银苑菜市场	城市农贸市场	64450	54
莲都区天宁菜市场	城市农贸市场	23085	58
丽水国际车城	机动车市场	182726	258
龙泉市利众二手车交易市场	旧机动车市场	12679	5
青田县鹤城中心菜市场	城市农贸市场	45000	60
青田县山口综合市场	农村农贸市场	10300	20
青田县船寮综合市场	农村农贸市场	19500	33
青田县海口综合市场	食品和副食品市场	11300	33
青田县油竹综合市场	农村农贸市场	22800	40
青田县江南菜市场	城市农贸市场	11100	31
云和县菜市场	城市农贸市场	14379.48	135
云和县农贸市场	城市农贸市场	17800	83
庆元县国有资产营运有限公司农贸市场	城市农贸市场	17713	106
庆元香菇市场	其他农副产品专业市场	256900	315
松阳县西屏城东菜市场	城市农贸市场	20967.6	86
松阳浙西南绿色农产品物流中心	其他农副产品综合市场	12034	22
松阳县鸿昌二手车交易市场	旧机动车市场	47526	0
缙云县壶镇蔬菜市场	农村农贸市场	17215	78
缙云县顺昌二手车交易市场	工业生产资料综合市场	11500	1
遂昌县府前中心市场	城市农贸市场	16369.02	178
浙江浙南茶叶市场	茶叶市场	757700	3112
景宁畲族自治县中心菜市场	城市农贸市场	16518	118
丽水市粮油副食品批发市场	粮油市场	131323	247
浙江丽水鸿汇医药物流网上交易市场	网上消费品市场	19495	1
浙闽赣食用菌交易中心	其他农副产品专业市场	10913.8	38
青田县温溪城中菜市场	农村农贸市场	11300	26
青田国石文化城	收藏品(工艺美术品、集邮)市场	12000	16
云和商贸物流城	装修装饰材料市场	12920	114
缙云县茶叶市场	茶叶市场	12650	70
遂昌县龙谷名茶市场	茶叶市场	40000	17
青田县蔬菜批发市场	蔬菜市场	32100	14
龙泉市新城东农贸综合市场	城市农贸市场	100700	162
丽水红星美凯龙家居生活广场	家具市场	11933	89
丽水市惠民农产品批发市场	其他农副产品综合市场	130032	186
丽水市南星石材市场	建筑工程材料市场	12530	64
莲都区灯塔菜市场	城市农贸市场	24062	70
丽水市九里综合市场	城市农贸市场	17742	60

风险自辨自控和隐患自查自改，推动142家重点企业应用重大风险排查、严重隐患报告等3项管理制度，压实使用单位日常管理责任。攻克“遗留性”难题，率先全省实现锅炉水处理全覆盖，并加强工业管道专项整治，完成莲都区16千米、15年老旧燃气管道检验，处置重大安全隐患1起、严重隐患15起和一般隐患91起，全省率先实现燃气公用管道100%检验。全市未发生特种设备安全事故、未发生负面影响事件。特种设备安全工作连续8年获市政府考核“安全生产优秀单位”。

【民生计量监管】 2021年，全市累计投入138.6万余元，新建和改造提升社会公用计量标准13项，完成计量标准复查62项，完成法定计量检定机构考核8家次，全市建有社会公用计量标准237项，授权项目总数481项。发挥技术优势，保障疫情防控和生产需求，完成企业计量培训938家，组织计量技术专家为867家次企业提供计量技术服务9258人次，指导56家企业建立计量体系，利用技术手段解决企业生产中的实际问题522个。全年全市免费检定计量器具252106台，其中，计量标准器具5998台，用于贸易结算216764台，用于医疗卫生10794台，用于安全防护17439台，用于环境监测1111台，为企业减负900万余元。完成重点用能单位能源审查4家，重点污染源排放监控企业环境监测计量器具检定率98%以上，133家省市重点用能单位的能源计量器具配备率90%以上。抽查265批次定量包装商品，检验合格率93.96%。编制《生活领域二氧化碳排放达峰专项行动方案》，开展各类节能减排专项行动5项。对全市的549家的供电公司、集贸市场、医院、加油站等开展

12项专项监督检查，累计出动执法人员1155人次，检查经营户890余家，检查计量器具5405余台，发放责令整改通知书27份，立案3起。

【合格评定监管】 2021年，全市涉及建工、环境、机动车、食品、疾控等领域的检验检测机构108家；首次获实验室计量认证证书15家、扩项35家、到期换证14家。企业获质量管理体系认证证书1598张，食品农产品认证证书405张，强制性产品认证证书401张，服务认证证书75张。新增“丽水山耕”品牌认证企业54家、证书60张；绿色产品认证企业4家、证书6张。12家机动车检测站实现“一件事”集成服务改革。对机动车、食品、环境等73家检验机构，58家获强制性产品认证，27家获质量管理体系认证、6家获有机产品认证，组织5家获3C免予申请证明企业开展“双随机、一公开”监督抽查。对电动自行车生产企业2家、销售企业519家、新能源汽车、电线电缆等的生产和销售企业86家开展专项监督检查，对7个批次不合格产品依法处理。民生安全领域12个项目能力验证技术核查，26家检验机构实施能力验证技术核查。云和木制玩具、龙泉汽车空调2个行业开展质量管理体系认证提升行动试点。

【技术能力提升】 2021年，市质检院新建计量标准8项，新增涉及食品中农兽药残留、茶叶、学生用品、竹木制品、化妆品等19个类别、189个参数，其中新增食品参数107个，按照平安丽水建设，参数覆盖率96%，实现国家抽检细则的参数覆盖率95%及以上的目标；“食用菌质量安全实验室”被列入省市场监管首批重点培育实验室。全年检定校准计量器具57587台件，检测产品质量4769批次。化妆品不良反应监测百万人口报告数和考核指标完成率均为全省第一。科研项目获省市级立项10项，通过验收8项；制定省地方计量技术规范1项，制定地方标准6项、“浙江制造”标准7项；获实用新型专利2项；发表论文30篇，其中7篇获第十五届丽水市自然科学优秀论文奖三等奖，2篇获第十五届丽水市自然科学优秀论文奖二等奖；在全省检验检测技能大比武中，获计量检定项目二等奖、标准化项目三等奖。全年完成特种设备检验28209台，定检率99.95%，监督检验率100%，检验检测及时率100%，未发生特种设备安全责任事故和负面影响事件；发挥技术保障优势，全年考核特种设备作业人员2482余人次，培训作业人员900余人，完成特种设备使用单位分类评价1542家，其中评价结论A级1475家，B级54家，D级13家；科研能力持续提升，完成省局NQI（塔式起重机顶升系统安全性提升检测技术研究）项目1项，发表中文核心期刊4篇，申请发明专利2项，授权实用新型专利3项，软件著作权2项，形成企业标准1项；数字化建设成效逐渐显现。完成特种设备（电梯）应急处置中心建设，建成三级应急救援响应体系，救援范围覆盖全市，该项目入选2021年度丽水市市域社会治理创新项目。（季颖颖）

地质矿产资源管理

【编制“三个”规划】 2021年，丽水市编制《丽水市地质灾害防治“十四五”规划》《丽水市机制砂行业发展规划（2021—2025）》《浙江省丽水市矿产资源规划（2021—2025年）》3个规划。至年底，《丽水市地质灾害防治“十四五”规划》《丽水市机制砂行业发展规划（2021—2025）》发布，《浙江省丽水市矿产资源规划（2021—2025年）由市政府上报省政府。规划的发布为全市“十四五”时期机制砂企业布置、矿业权勘查开发、地质灾害防治等方面提供方向。

【矿产资源综合利用】 2021年，丽水市按照“生态保护、集约节约、保障发展”等原则，加快推进矿地综合利用项目的出让，全年出让浙江省缙云县东方苏宅农业综合开发、青田县石溪中学等公共服务设施2个矿地综合开发利用试点项目，出让资源量分别为1865.58万吨、1104.49万吨，为全市经济发展提供资源保障。

【矿业秩序综合整顿专项行动】 2021年，丽水市出台《关于进一步保护生态规范机制砂行业发展的意见》，市政府建立领导小组和工作专班，对全市机制砂行业开展集中整治，规范全市采砂、制砂秩序；开展全市矿山综合整治专项行动，发现问题86个，整改到位81个；推进绿色矿山建设，累计建成绿色矿山65座。

【完成矿业权有偿出让】 2021年，丽水市完成浙江省缙云县东方苏宅农业综合开发项目普通建筑石料矿（凝灰岩）公开出让工作，收取出让收益2842万元。完成青田县石溪中学等公共服务设施矿地综合开发利用项目建筑用石料（凝灰岩）矿出让工作，收取出让收益15050万元。（廖　鹏）

【地质灾害预警监测】 2021年，丽水市发生地质灾害灾险情32起，直接经济损失223万元。市、县两级发布地质灾害气象风险等级三级以上预警244次，发送各类预警短信24万余条；组织地质灾害巡排查7710组次、

24079人次，全覆盖巡排查全市所有地质灾害隐患点风险防范区及隐患区域，临时撤离转移6654人。建成地质灾害专业监测点152个。（徐向天）

国有资产监督管理

【概况】 2021年，全市国有企业实现营业收入104.82亿元，同比增长14.42%；年末资产总额3028.64亿元、净资产1362.01亿元，同比增长32.14%和34.53%。其中，市国资委监管企业全年营业收入27.07亿元，同比增长32.05%；年末资产总额1010.17亿元、净资产493.80亿元，同比增长18.71%和29.03%。

【国资结对帮扶】 2021年，市属企业帮扶结对村19个，落实项目资金603万元。市农投公司组织农产品进省直机关展销200余场，累计销售额1500万余元，帮助新疆丽耕公司年销售瓜果2000万余元，推出的“水美篮轻”（以国有菜场为实时前置仓的数字化平台，可提供蔬菜水果、肉禽蛋类等商品销售服务）入选丽水市助力四川叙永县、古蔺县消费帮扶平台。市城投公司打造高品质安置房项目18个，获“十三五”浙江保障（安置）房建设功勋企业，全省仅4家。出台加强市属国有企业人才队伍建设意见和市属企业改革创新容错免责办法。创新设立“人才池”，面向社会选聘中层管理人员，全年招聘16批次、232人，超过前3年总和。加强招才引智，首次公开招聘储备人才20人，其中，硕士生16人，世界一流大学毕业生4人，年度QS世界大学排名前100名高校毕业生2人。

【国资双招双引】 2021年，丽水国资国企“双招双引”项目合作签约仪式暨项目推介会在丽水东方文廷大酒店举办，与省属企业、头部企业签订合作项目12个、意向合作项目22个，其中，9个合作项目落地，5个意向合作项目签订合作协议。

【国企改革】 2021年底，市本级完成国企改革三年行动进度83%，超出省里要求的70%目标。完善现代企业制度，推行企业党委书记和董事长“一肩挑”，规范党组织前置研究程序，制定党委会、董事会和经理层权责清单。落实“三重一大”决策机制，健全董事会议事规则，出台专职监事管理和考核评价办法，开展“对标先进、提升质量”行动。加快推进市场化经营，市城投公司打造的“丽水山泉”成为丽水市生态产品价值实现机制的成功案例；市文旅公司完成投资26.21亿元，建设历史街区改造、莲城书院等一批有辨识度的市场化项目；市国资公司实体化运作，参与投资的格派新能源项目估值已翻番。

【国企战略布局】 2021年，全市国有企业完成投资236.79亿元，其中市属企业完成投资124.15亿元，完成融资96.47亿元，投资融资力度加大。市国资公司资信评级AA+，成为丽水市第3家AA+企业。出台市国资国企第一个五年规划，国资运营+城市建设、文化旅游、生态农业、交通运输、数字经济、水务经济的“1+6”国有资本布局结构基本成型。开展低效无效资产处置专项行动，梳理出需重点清理无效低效资产5项，其中，参股股权4项，房产1项。通过补缴土地出让金、资产评估等程序，累计注入企业资产598项，价值34.72亿元。推进产权制度改革，莲都区率先试水国企混改，多元化经营项目利润突破400万元。

【国资监管效能】 2021年，市国资委推进国资监管数字化平台建设，建设出资人监管信息平台项目，在丽水市花园云（城市大脑）数字驾驶舱中设置国资监管专题。加快构建考核评价体系，修订市属企业负责人经营业绩考核和薪酬核定办法。出台市属企业实施企业年金的意见。完善市属企业工资总额预算管理体系，推行工效联动和“增人不增资、减人不减资”的工资决定机制，组织开展对市属企业工资内外收入的专项检查。健全完善问责机制，构建业务监督、综合监督、责任追究“三位一体”的监督工作闭环，发现并处理违规经营事件5起。推动转企改制后的事业单位及其他未脱钩经营性资产逐步纳入统一监管体系，统一监管率99.88%。

【国企党建】 2021年，市国资委组织开展国资国企庆祝中国共产党成立100周年系列活动。出台独立法人企业党支部集体研究把关重大事项意见。常态化开展“短板支部”提升19个。初步建立党委、党支部、党员队伍等多层次品牌建设体系，评出十大“国企党建好品牌”。建立书记联系重点项目、下属企业制度，开展对标赶超大比拼。出台清廉国企建设指标和评价指标，开展国企领域突出问题专项整治，严肃开展监督执纪问责，建立企业监督工作会商制度，全年受到党纪政务处分4人。（郭怡然）

教　育

综　述

【概况】 2021年，全市有各级各类学校(包括幼儿园)743所，其中，小学196所，初中79所，普通高中25所，中等职业教育学校13所，高等院校3所，幼儿园418所，特殊教育学校9所。各级各类学校在校生43.2167万人，其中，小学15.3529万人，初中8.3627万人，普通高中3.8998万人，中等职业教育学校3.0818万人，高等院校4.494万人，幼儿园7.9405万人，特殊教育850人。全市学前三年幼儿入园率98.78%，小学入学率、巩固率分别为100%、100%，初中入学率、巩固率分别为100%、100%，义务教育三类残疾儿童少年入学率100%，全市初升高比例98.64%，高中段招生普职协同发展，少数民族学生初升高比例99.34%，高等教育毛入学率64.6%。

丽水市2021学年各级各类学校情况表

表23

类　别	学校数(所)	毕业生数(人)	招生数(人)	在校生数(人)	班　数(个)	教职工总数(人)	专任教师数(人)
总计	743	111906	117300	432167	10866	37316	29802
学前教育	418	23246	23242	79405	2811	10800	5720
义务教育	275	55167	51425	237156	6317	18136	16990
小学	196	27471	23745	153529	4393	9524	10657
小学	196	23866	19791	129424	3699	9524	10657
九年一贯制学校	—	3464	3886	23452	673	—	—
十二年一贯制学校	—	141	68	653	21	—	—
初中	79	27696	27680	83627	1924	8612	6333
初级中学	49	22451	21298	65195	1481	5217	—
九年一贯制学校	30	4756	6042	17387	418	3395	—
十二年一贯制学校	0	278	340	1045	25	—	—
高中	25	11568	14003	38998	923	4099	3316
高级中学	24	11229	13553	37695	892	3841	—
十二年一贯制学校	1	339	450	1303	31	258	—
特殊教育	9	108	92	850	81	150	112
中等职业学校	13	8623	10232	30818	734	2190	2214
中等技术学校	2	401	261	976	22	153	122
职业高中学校	11	7631	9058	27218	712	2037	1855
附设中职班	3	591	913	2624	—	—	237
丽水学院	1	7415	10816	25084	—	1195	830
丽水职技院	1	2928	3658	9909	—	507	461
丽水电大	1	2851	3832	9947	—	239	159

2021年市直学校基本情况表

表24

学校名称	毕业生数(人)	招生数(人)	班级数(个)	在校学生(人)	毕业班学生数(人)	教职工数(人)	专任教师(人)					学校占地面积(平方米)	校舍建筑面积(平方米)	数字终端(台)	图书藏书(册)
							小计	研究生	本科	专科	高中				
浙江省丽水中学	740	768	54	2275	751	235	211	68	143	0	0	116667	83754	646	79674
丽水学院附属高级中学	586	751	40	1883	572	158	149	18	131	0	0	68670	50672	945	35423
丽水第二高级中学	622	725	48	1982	618	201	174	25	148	1	0	89307	65641	1127	62180
丽水莲城书院	0	123	3	123	0	9	7	0	7	0	0	15000	2520	13	0
丽水市外国语实验学校(高中部)	339	450	31	1303	398	258	89	8	80	1	—	59104	59094.46	413	135730
丽水市外国语实验学校(初中部)	278	340	25	1045	376		69	1	64	4	—				
丽水市外国语实验学校(小学部)	141	68	21	653	141		51		44	7	—				
丽水市文元高级中学	321	447	37	1490	426	136	110	8	97	5	—	33645	18411	110	5600
吉时雨中学	111	27	8	272	114	35	26	1	22	3		5419	3300	61	5450
丽水市经济开发区中学	673	645	46	2133	727	176	174	9	162	3	—	83390	38572	508	84592
丽水市实验学校(初中部)	346	421	25	1101	376	188	83	15	68		—	63757	39407	493	30064
丽水市实验学校(小学部)	327	438	38	1760	217		94	3	87	3	1				
华师大附属丽水学校(初中部)	—	272	6	272	—	39	21	6	15		—	26279.5	25788.4	92	6000
华师大附属丽水学校(小学部)	—	257	6	257	—		15	2	13		—				
丽水市文元中学(初中部)	322	322	24	941	316	186	78		74	4	—	80588.8	62103	383	20000
丽水市文元中学(小学部)	219	149	34	1203	180		107	—	100	7	—				
开发区文尚学校(初中部)	23	94	6	244	72	67	17	1	14	2	—	6755	9568.6	114	16000
开发区文尚学校(小学部)	43	102	17	666	83		31		21	8	2				
丽水市经济开发区第一小学	577	412	58	2621	312	160	152	2	142	8	—	40037	28864.4	222	38680
丽水市经济开发区第二小学	59	68	14	517	72	30	29	—	21	8	—	9221.09	3333.26	97	10748
丽水市秀山小学		269	39	1793	297	91	91	4	86	1	—	35722.12	23628.87	265	47309
丽水市特殊教育学校	26	23	26	238	17	83	51	—	51	—	—	36000	17173.5	—	25565
丽水市特殊教育学校(附设中职)	16	15	6	65	17		23	2	20	1	—				

2021年，市教育局贯彻中央、省、市决策部署，围绕共同富裕示范区建设，科学制定和实施“十四五”规划，推进教育提质决战年行动，实现“十四五”良好开局。

党的领导和党的建设加强。发挥党委教育工作领导小组作用，召开市委教育工作领导小组第三次、第四次全体会议，研究部署教育“十四五”规划、教育评价改革、“双减”工作、教育领域涉稳工作、高考加分政策改革、校园安全专项整顿、考试疫情防控等重大工作。推进党组织领导下的校长负责制试点，探索新的学校领导体制

2021 年 1 月 29 日，丽水市教育局组织省市专家召开丽水市教育“十四五”规划征求意见座谈会
（谷俊豪　提供）

2021年高校基本情况表

表25

学校名称	毕业生数(人)	招生数(人)	在校学生(人)	教职工数(人)	专任教师(人)				学校占地面积(平方米)	校舍建筑面积(平方米)	数字终端(台)	图书藏书(册)
					小计	研究生学历	本科	专科				
丽水学院	7415	10816	25084	1195	830	455	372	3	672033	420749.99	3710	1634918
其中,普通本科	2694	2759	10648	—	—	—	—	—	—	—	—	—
普通专科	1008	961	2679	—	—	—	—	—	—	—	—	—
成人本科	1463	2728	4507	—	—	—	—	—	—	—	—	—
成人专科	2250	4368	7250	—	—	—	—	—	—	—	—	—
丽水职业技术学院	2928	3658	9909	507	461	171	289	1	348174	203231	4434	753700
其中,普通专科	2703	2948	8720	—	—	—	—	—	—	—	—	—
成人专科	225	710	1189	—	—	—	—	—	—	—	—	—
丽水电大	2851	3832	9947	239	159	18	139	2	107902.6	132153.56	1485	107729
其中,网络本科	1190	1831	4427	—	—	—	—	—	—	—	—	—
网络专科	1661	2001	5520	—	—	—	—	—	—	—	—	—

和管理机制。守住意识形态主阵地，落实“教育与宗教相分离”原则，防范和抵御宗教向校园渗透，配合统战、民宗、国安、网信等部门处置相关涉师生的地下非法宗教事件。开展党史学习教育，打造中小学思政课、“中华民族新希望”活动、“三色”德育品牌三个特色教育，在全省率先研究制定《丽水市中小学党史学习教育教学指导意见(历史与思政学科)》，突出小学、中职思政课教师素质提升，建立起符合各学段学生年龄特点的党史教育体系，全市165所学校建立校园宣讲队伍，有小小宣讲员708人，开展各类宣讲活动1500余场，宣讲覆盖青少年学生30万余人次，涌现出丽水市实验学校“党史少年说”、莲都区刘英小学“小红军讲解员”等特色青少年宣讲品牌。学区“一张图”场景应用、师生同菜同质同价助推学校食堂“微改造”2个案例入选丽水市党史学习教育专题实践活动最佳实践案例(全市共34个)。推进学校党组织覆盖，推动民办学校党建工作写入民办学校办学章程，选派中共党员任民办幼儿园党建工作指导员，在全市两新党建“四个百佳”先进典型评选中，被评为市两新支部百佳党组织5个、市两新百佳党组织书记5人、市两新百佳党员5人、两新党建百佳好故事1个。履行全面从严治党主体责任，推进“清廉学校”建设，创建第二批清廉学校示范校223所，培育省级清廉学校标杆校10个，制定《丽水市清廉学校标准化建设指导意见(试行)》。规范教育系统权力运行机制，完善廉政风险防控体系，梳理重大风险隐患点和小微权力清单，市直各中小学(幼儿园)梳理小微权力清单371项，学校办学负面清单392项，绘制流程图410个。

教育现代化建设稳步推进。2020年度全市教育现代化发展水平指数71.79，比上年提高1.47，与全省平均的差距缩小。加强政府履行教育职责督导，省政府对莲都区、缙云县、青田县政府2020年度履行教育职责情况督导评估均为A等次，实现年度政府履职评价市级和9个县(市、区)全部A等的成绩。推进全国义务教育优质均衡县创建，松阳县通过全国义务教育优质均衡县省级评估。推进全国学前教育普及普惠县创建，景宁在全省首批通过全国学前教育普惠县国家级评估。推进省现代化学校创建，获评省现代化学校19所，省现代化学校比例4.59%。教育普及化水平与全省基本同步，学前三年入园率98.78%，十五年教育普及率99.15%，初中毕业生升入高中段比例98.64%，高中段教育毛入学率98.45%，高等教育毛入学率64.6%。教育数字化改革持续推进，全年认定为示范校21所、优质校47所、达标校73所，智慧校园达标率92.2%。建设丽水数字教育E平台，建成教育现代化、学区一张图、教育提质、教育资源供给、教育信息化、中小学身心健康、智慧食堂、校园安全8个数据驾驶舱，其中学区一张图、教育提质、优质资源供给、中小学身心健康、智慧食堂5个接入花园云(城市大脑)。丽信培、校餐通、学区一张图、入园入学一张图4个应用上架浙里办。教学成果研究取得突破，入选2021年浙江省教学成果奖基础教育类一等奖2

项、二等奖4项，职业教育类一等奖1项、二等奖4项，高等教育类一等奖1项、二等奖2项。推进学校教科研工作，在浙江省课堂教学评比中，获省一等奖8人，获省二等奖9人。在浙江省教学论文评比中，共有63篇教学论文获省一、二、三等奖。

实施教育“双百亿”工程。全年完成教育项目投资32.75亿元，完成新建（改扩建）中小学（幼儿园）项目38个，新增学位18460个。其中，完成新建（改扩建）幼儿园项目28个，新增学位5550个；完成新建（改扩建）小学项目6个，新增学位8610个；完成新建（改扩建）初中项目4个，新增学位4300个。“内培外引”取得新进展，上海世外教育托管丽水市实验学校、天宁中学、长岗背小学、华东师范大学附属丽水学校投入使用；浙江新通教育集团托管云和县第二中学、江滨实验小学、城西小学；丽水经济技术开发区和丽水市教育局与北京师范大学，丽水市政府与中国药科大学分别签订合作框架协议。学校食堂改造提升成果显著，把师生同菜同质同价工作纳入市政府民生实事，把学校食堂建设成为“营养食堂、美味食堂、清廉食堂、智慧食堂”。全市完成学校食堂“微改造”208个，所有供餐义务教育公办学校全部实现师生同菜同质同价，该工作得到省长郑栅洁和副省长成岳冲批示肯定。

落实立德树人根本任务。“双减”工作取得阶段成果，全市面向义务教育的学科类校外培训机构293家，压减率、办结率均为100%，在全省率先完成压减率、办结率“双百”任务。其中注销营利性培训机构59家，占比20.14%；转型为营利性非学科类培训机构192家，占比65.53%；转型为非营利性学科类培训机构42家，占比14.33%。学校课后服务实现两个“全覆盖”，全市196所小学、79所初中实现课后服务学校全覆盖、有课后服务需求的学生全覆盖，参加托管的小学生134671人，参与率87.74%；参加课后托管的初中生79960人，参与率98%。加强德育工作，用好上好《习近平新时代中国特色社会主义思想学生读本》，贯彻落实《革命传统进中小学课程教材指南》《中华优秀传统文化进中小学课程教材指南》。在全市中小学开展集体主义精神主题教育，组织评选市级新时代好少年100人并开展学习宣传活动，开展“中华民族新希望”全市中小学庆祝中国共产党成立100周年系列主题教育实践。依托丽水本地特色教育资源，打造丽水红色、绿色、古色“三色德育”品牌，修编《浙江绿谷》地方教材，把浙西南革命精神纳入教材。持续推进文明校园建设，被评为国家级文明校园1所（缙云中学），莲都区刘英小学、缙云县长坑小学等9所学校被评为省级文明校园。推进青少年法治教育，评出依法治校示范校47所。构建学生全面发展体系，开展“绿谷系列”6类（绿谷之春·文艺、绿谷之夏·实践、绿谷之秋·劳动、绿谷之冬·体育、绿谷之光·科技、绿谷之梦·人文）学生素质全面发展展示活动。新增运动技能达标标准6个、艺术特长达标标准9个、技术操作达标标准4个，中小学生运动技能、艺术特长、技术操作达标率分别为90.54%、86.48%、69.36%。实施生命与健康教育创新实践项目，全市试点学校52所。加强青少年近视防控工作，青少年总体近视率由55.71%下降到54.63%，较上年下降1.08%。加强学生体质健康测试工作，全市中小学生体质健康合格率97.66%、优良率56.50%，高校新生体质健康测试及格率89.26%、优良率18.38%。新增国家级校园足球特色校32所、省级33所，新增健康促进学校金牌学校15所、银牌学校28所、铜牌学校25所。新增省级中小学劳动实践基地19个，新评市级研学实践基地20家、营地1家、社会实践基地105家。加强校园安全联联防控，建立丽水市校园安全工作协调机制。制定地方标准《丽水市校园安全管理规范》，修订发布《丽水市校园突发公共事件应急预案》，建立教育系统落实侵害未成年学生案件强制报告制度。加强校车交通安全监管，全市淘汰非专用校车176辆，莲都区持续运维专用校车16辆。市直学校专职保安薪资财政保障从每年每人3万元提高到每年每人5.5万元，解决学校专职保安年龄偏大、待遇偏低、能力偏弱等问题。

提升校长教师整体素质。全市招聘教师644人，其中，研究生以上70人（博士1人），占10.87%；“双一流高校”及浙江师范大学或杭州师范大学以上师范院校毕业生186人，占28.88%。申报教师定向培养计划189人，其中小学全科教师51人，初中紧缺学科教师71人，高中复合型教师67人。推进“绿谷名师名校长”培养工程，培养对象336人，其中，被评为丽水市首届“教学名家”13人，被评为丽水市“教学（德育）名师”50人。开展绿谷名教师全系列评审，新评出首届教学（德育）名家54人、第四届教学（德育）名师186人、学科（德育）带头人405人、教学能手503人、教坛新秀2531人、教坛新苗1759人。被评为省教坛新秀20人，获正高级职称10人、二级岗1人、三级岗3人，获评丽水市教育提质突出贡献个人161人。至年底，全市累计教坛新秀以上的“绿谷名教师”系列教师4991人，占专任教师17.6%。坚持把师德师风作为教师评价的第一标准，开展师德专题教育“三大工程”(师德示范引领工程、师德规范践行工程、师德警示宣教工程),实施师德过关、考核制度,把师德师风专题学习纳入新教师入职培训必修内容,累计培训新入职教师1067人次,开设人均32学时的师德教育必修课,1067名新教师进行入职宣誓。开展在职教师有偿家教和教师违规收受礼品礼金问题专项整治,全市查处通报有偿补课问题案例6个,违规收受礼品礼金问题1个。保障教师待遇机制,全市所有县(市、区)中小学教师平均工资收入达到或超过当地公务员平均工资收入水平,并建立义务教育阶段教师工资收入长效机制,完善“优绩优酬、多劳多得”为导向的分配激励机制。扩大职称改革覆盖面,推动中等职业学校教师职称评聘权限下放,至年底,全市有省级职称自主评聘试点学校33所、市级试点学校81所。

各级各类教育优质均衡发展。学前教育优质普惠发展,编制第四轮学前教育发展行动计划,普惠性幼儿园在园幼儿占比96.8%,公办园在园幼儿占比46.3%,省一、二级幼儿园在园幼儿占比69.9%。推动普惠性幼儿园扩容工程和农村幼儿园补短提升工程,完成农村普惠性幼儿园新建、扩建项目12个,完成乡镇公办园应建尽建项目8个。推广云和木玩游戏教育,新增木玩游戏试点园218所,实现全市幼儿园木玩游戏教育活动全覆盖。加强城镇住宅小区配套幼儿园整治,重新修订《丽水市住宅小区配套幼儿园建设与管理办法》。义务教育优质均衡发展,新增城乡义务教育共同体结对学校(校区)80家,“互联网+义务教育”结对帮扶、城乡教育共同体实现公办学校全覆盖。开展中小学学科素养展示活动,提升学生学科素养。加强实施初中“壮腰”工程,统筹推进初中强校建设,23所初中学校列入省初中提升培优项目。构建学困生帮扶机制,打造初中周末空中课堂“网络公开课”学习平台。加强推进小学阅读工程,学生阅读抽测合格率90%以上。实施义务教育“公民同招”,建立丽水市入学入园报名监管平台,规范招生秩序。推进中考改革,优质高中招生指标分配到区域内初中比例60.2%。完成丽水市实验学校丽阳校区学区划分工作,调整主城区公办义务教育学校学位保障及录取批次政策,落实均衡分班政策。推动普通高中学校分类办学,丽水全市域申报浙江省普通高中分类办学特色发展试点区,22所高中申报试点学校,其中,丽水中学、缙云中学等5所学校申报省级试点学校。实施普通高中新课程方案,完善基于学生选择的“走班选课”制度,探索培养核心素养的教学方式和评价方式。实施普通高中“公民同招”,纠正个别学校违规行为,规范教育生态。加强创新型后备人才培养计划,完成市域创新型后备人才招生221人。实施少数民族高考加分政策调整工作。高考竞争力持续提升,高水平大学录取人数再创新高,高考总录取率96.8%,超过全省的95.19%。一流大学建设高校录取441人,比上年增加47人,录取率排名全省第六。其中,“C9+2”高校(“C9”是指:浙江大学、南京大学、复旦大学、上海交通大学、中国科技大学、西安交通大学、哈尔滨工业大学、北京理工大学、北京师范大学;“2”是指:中国科学院大学、中国人民大学)录取210人,比上年增加39人,录取率排名全省第五,比上年上升2个位次;录取飞行员6人,排名全省第二。职业教育产教融合不断加强,全市4所高水平学校和19个高水平专业建设开展。首创并发布中职学校专业毕业标准10个,规范中职学校的办学行为。成立首个跨县域联盟——“松遂(遂松)”联盟,由松阳县职业中等专业学校、遂昌县职业中等专业学校、丽水市中等专业学校3所学校组成。云和县职业技术学校、松阳职业中等专业学校、庆元县职业高级中学3所中职学校增挂全市性专门化校牌,为地方经济社会发展提供技术支持和人才支撑。推进“百名大师、千名高徒”工程,完成聘请大师52人,结对学徒399人。出台产教融合型企业认定办法,发挥企业在产教协同育人的主体作用。景宁中学和景宁县职业高级中学、丽水二中和丽水市职业高级中学开展普职融通试点。中职学校本科上线222人,中职学校毕业生升入高一级学校比例79.68%。学生在省级及以上各类技能大赛中获奖259人,其中国家级23人。高等教育办学水平持续提升,丽水学院教育、农业、护理3个硕士点获教育部批复,成为硕士学位授予单位。丽水职业技术学院中德合作项目有序进展,完成2021级中德班招生187人,完成中德考证中心建设,开展德国证书中期考证工作,学生考证通过率95.7%。增强特殊教育保障能力。落实《浙江省特殊教育标准化评估细则》,推进特殊教育学校标准化建设。推动特殊教育“向两头”延伸,实施“一人一案”,通过“分类安置、随班就读、卫星班、送教上门”入学形式,持证残疾儿童少年学前、高中段入学率分别为97.04%和90.89%。推进融合教育常态化,创办全市首个听障融合教育幼儿园。终身教育体系加快建立,建成社区学校173所,社区教育村(社区)级教学点1476个,服务触角向村居家庭深度延伸。加强成人文化技术学校内涵建设,社区教育进文化礼堂覆盖率90.69%,文化礼堂平均活动4.03场。100%乡镇建有老年学校，经常性参加教育学习活动的老年人占比21.7%。

【上海世外教育集团托管市区3所学校】 2021年3月11日，丽水市教育局、莲都区教育局分别与上海世外教育集团就丽水市区市实验学校、天宁中学、长岗背小学3所学校托管工作签订协议，明确托管期限为6年(2021至2027年)，并于9月开学启动冠名托管。借助上海世外教育集团优秀管理团队、优质教育资源和先进教育管理理念，提高3所学校在基础教育领域的引领能力，带动提升基础教育整体水平。

【华东师范大学附属丽水学校开学】 2021年9月，华东师范大学附属丽水学校开学，该学校是华东师范大学、丽水市教育局、丽水经济技术开发区共同创办的一所具有先进教育理念、前沿教学思想和丰富课程体系的九年一贯制公办学校。学校占地面积32597平方米，在校生人数530人，教师数37人，其中，初中部教师中研究生比例28.1%。中国科学院院士、华东师范大学教授何鸣元到校开展"院士进校园"活动期间，学校成立"院士工作室"和"院士科普站"，提高学校影响力。

【中医药与健康产业学院】 2021年，丽水市政府与中国药科大学签订合作协议，丽水学院与中国药科大学共建中医药与健康产业学院，院址在丽水学院。目标是建成"一院三基地"，即把中医药与健康产业学院建设成为浙西南区域健康医药产业领域的高端研究院、健康医药产业孵化基地、健康医药领域研究生本科生联合培养基地、健康医药领域技能人才培养基地，把中医药与健康产业学院培育成为国家级产业学院。

【丽水市全域实现区域语言文字规范化】 2021年，龙泉市、云和县、缙云县、遂昌县创建为浙江省区域推进语言文字规范化县(市、区)，至年底，全市9个县(市、区)全部通过浙江省区域推进语言文字规范化县验收。推广普及国家通用语言文字，加强语言文字规范化、标准化、信息化建设，构建和谐健康语言生活，形成说普通话、使用规范汉字的良好风气。

【校外培训机构整治】 2021年，丽水市优化工作流程、创新方式方法，开展营利性学科类校外培训机构转登工作，全市原有293家义务教育学科类校外培训机构中，注销59家、转型为营利性非学科类培训机构192家、转型为非营利性学科类培训机构42家，在全省率先完成压减率、办结率"双百"任务。制定学科类校外培训收费标准，纳入政府指导价规范管理。推进校外培训机构分类管理，至年底，学科类、科技类归口管理已到位。加强校外培训机构智治管理，建成"丽信培"校外培训机构数字化管理平台，实现对培训机构规范办学、培训资金、培训效果评价等方面的数字化监管。　（谷俊豪）

学前教育

【概况】 2021年，全市幼儿园427所，其中，公办园185所，民办园242所。省三级以上幼儿园411所，其中，一级园28所，二级园172所，三级园211所。在园幼儿数79326人，其中公办幼儿园入园幼儿数36709人，占在园幼儿总数的46.3%；学前三年毛入园率98.85%，省三级以上幼儿园覆盖率98.38%。其中，一、二级幼儿园在园幼儿比例69.9%。普惠性幼儿园408所，普惠性幼儿园在园幼儿比例96%，全市幼儿园教师总数5947人，园长340人，专任教师5712人，全市幼儿园教师大专及以上学历100%，专任教师持证率100%。对有放学后托管刚性需求家庭，开展放学后托管服务。全市幼儿园完成幼儿园入(出)园接送扫"花园码"场景应用(市政府民生实事工程)。

【幼儿园提档升级】 2021年，全市新认定丽水市莲都区绿谷庄园幼儿园等40所幼儿园为浙江省二级幼儿园。青田县华侨幼儿园、云和盼盼幼儿园城西幼儿园、缙云新区实验幼儿园教育集团、松阳县哈灵幼儿园、景宁畲族自治县中心幼儿园惠明园区这5所幼儿园认定为浙江省级一级幼儿园。莲都区蓓红幼儿园、青田县油竹幼儿园、景宁畲族自治县实验幼儿园、庆元县中心幼儿园这4所幼儿园获评省教育现代化学校。

【优质学位供给】 2021年，全市新建公办幼儿园开园19所，新增幼儿园学位4890个，其中市本级有丽水市实验幼儿园教育集团天辰幼儿园和丽水南城实验幼儿园碧桂苑托幼一体园区开园。9月1日，全市首个听障幼儿融合教育幼儿园——丽水市欣苑幼儿园开园。

【云和木玩游戏课程改革】 2021年，丽水市教育局制定出台《"云和木玩游戏"实践幼儿园木制玩具配备指南(试行)》，扩大"云和木玩游戏"试点园范围，全年新增第四批木玩优秀试点园218所。由云和县教育局组织实施的《"云和木玩"游戏体系建构及实践范式》获浙江省教学成果奖基础教育一等奖。　（曹志勇　吴慧萍）

义务教育

【概况】 2021年,全市小学196所,比上年减少6所。小学毕业生2.7471万人,比上年减少347人;招生2.3745万人,比上年减少1874人;在校生15.3529万人,比上年减少3023人。学校规模有所增加,校均规模783人,比上年增加8人。6个班及以下学校76所。100人以下的小学48所,其中50人以下的19所。小学教职工9524人,比上年减少18人(其中一贯制学校的小学教职工数计入中学)。其中,专任教师10657人,比上年增加79人。教师学历水平有提高。研究生毕业82人,本科学历教师9114人,比上年增加350人;专科学历教师1425人,比上年减少274人;小学教师学历合格率100%。专科及以上学历教师占99.66%,比上年提高0.09个百分点。从专业技术职务情况看,副高级及以上教师852人,中级教师5266人,两者合计占专任教师总数57.41%。全市有初中79所(初级中学49所,九年一贯制学校30所)。初中毕业生2.7696万人,比上年减少234人;招生数2.768万人,比上年减少411人;在校生数8.3627万人,比上年减少63人。初中规模趋于合理,校均规模从2020年的1073人下降到1059人。初中教职工8612人,专任教师6333人,专任教师学历合格率100%,专任教师本科及以上学历97.65%,初中具有中高级职称的专任教师为4362人,占专任教师总数68.88%。小学入学率100%,巩固率100%,小学升初中比例100%。初中入学率、巩固率分别为100%和100%。初中毕业生升入高中段比例为98.64%,与上年持平。

6月18日,丽水市教育局印发《关于加强全市中小学"五项管理"工作的通知》,加强抓好作业、睡眠、手机、读物、体质"五项管理",促进中小学生健康成长。

【城乡教育共同体建设】 2021年,丽水市完成城乡教育共同体建设任务80所,各教育共同体学校每校开展同步课堂不少于20节、网络研修不少于4次、线下教研不少于4次。

【义务教育阶段课后服务】 2021年,丽水市教育局、丽水市发改委、丽水市公安局等9个部门联合出台《丽水市教育局等九部门关于进一步做好义务教育阶段学校课后服务工作的实施意见》,从2021年秋季学期开始,全市中小学共275所学校开展课后服务工作,参加课后服务中小学生人数217263人,学生参与率94.12%,参与课后托管服务教师人数13938人,教师参与率97.77%。

【健康促进学校创建】 2021年,全市创建健康促进学校313所,覆盖率99.05%。其中,金牌学校54所,占17.25%,银牌学校93所,占29.71%,铜牌学校166所,占53.04%。全年通过浙江省健康促进学校评估16所,通过浙江省近视防控特色学校评估14所。

【法治教育进校园】 2021年9月,丽水市教育局、丽水市司法局联合印发《丽水市普法教育依法治理领导小组办公室关于开展丽水市"依法治校示范校"创建活动的通知》,至年底,创成市级依法治校示范校154所。组织开展第六届全市中小学生"学宪法讲宪法"活动,宪法小卫士活动参与学生28万余人,全市在线参与宪法晨读活动学生30余万人。

【劳动和研学实践教育】 2021年,全市创建省级中小学劳动实践基地12家(累计22家),评出丽水市研学实践基地20家、营地1家、社会实践基地108家。至年底,全市有社会实践基地421家,研学实践基地81家,其中8家为省级基地;研学实践营地11家,其中1家为省级营地。

【校园足球特色校建设】 2021年,全市累计有国家级校园足球特色校(幼儿园)102所,省级95所,校园足球特色县(区)1个。3名女足运动员代表浙江省U18女足获十四届全运会亚军,1名男足运动员代表浙江省U18男足获十四届全运会第六名,入选U17女足国家队队员1人。

【"我教爸爸妈妈学国语"推普活动】 2021年暑假,浙江省丽水市援疆指挥部、丽水市教育局联合新疆阿克苏地区新和县教科局开展新和县第三次"我教爸爸妈妈学国语"亲子朗读全民推广普通话活动,通过新疆新和县的5万余名中小学、幼儿园学生带动当地10万余名少数民族农牧民学习国家通用语言。

(曹志勇 张丽明 江 媛 周 波)

普通高中教育

【概况】 2021年,全市有普通高中25所,其中,高级中学24所,十二年一贯制1所。毕业生数1.1568万人,比上年增加200人;招生数1.4003万人,比上年增加1012人;在校生数3.8998万人,比上年增加2165人。普通高中总体规模有所扩大,校均规模从1535人上升到1560人。教职工4099人,专任教师3316人,专任教师学历合格率99.76%,专任教师研究生及以上学历9.56%,具有中高级职称的专任教师为2351

人，占专任教师总数 70.9%。高中段教育毛入学率 98.45%。

【普高历史和思想政治党史学习指导意见】 2021 年，丽水市教育教学研究院组织专家制定《普高历史和思想政治学科党史学习教育指导意见》，在全市 24 所普通高中学校中开展学生党史学习教育，帮助普通高中学生学习中国共产党的奋斗历程和伟大成就，帮助青少年健康成长为德智体美劳全面发展的社会主义事业的建设者和接班人，全市参与党史学习教育的普通高中学生 36833 人。

【丽水中学出版《高中生涯规划教育100 问》】 2021 年 3 月，由丽水中学生涯规划教育团队编著的“生涯规划教育百科全书”《高中生涯规划教育 100 问》出版发行，该书经过丽水中学 8 年生涯规划教育实践经验与理论研究，适合生涯规划教育从业者、学校管理者、教师、学生和家长使用，了解生涯规划，开展生涯规划，让学生成长为有选择力的主体，让学生和学校适应新课程改革、新高考改革和新时代发展。 （曹志勇　张俊芳）

中等职业教育

【概况】 2021 年，全市中等职业教育学校 13 所（其中，浙江省“高水平学校”4 所，企业参与办学 1 所，不包括技工学校），毕业生数 8013 人，招生数 10735 人，占高中段招生比例 43.14%；在校学生数 28881 人，校均规模 2222 人；教职工 2197 人，专任教师 1951 人，专任教师学历合格率 99.87%，专任教师研究生及以上学历为 11.4%，“双师型”专任教师占比为 89.9%，获第三届浙江省黄炎培职业教育杰出教师奖 3 人；毕业生的初次就业率99.68%，专业对口率 92.4%（包括升入高一级学校继续接受高等教育的学生），平均月薪 3065 元，在规上企业就业人数 1805 人，占比 22.6%。毕业生就业分布产业有地方特色的青瓷、宝剑、石雕产业，第一产业的农林类，第二产业的加工制造类、交通运输类、信息技术类，第三产业的旅游服务类、财经商贸类、教育类、医药卫生类。就业单位对毕业生职业技能满意率为 94.68%，对职业素养满意率为 95.69%。

【省职业教育教学成果奖】 2021 年，青田县职业技术学校的《基于“石雕大师工艺图谱”的非遗传承教学创新实践》获省职业教育教学成果一等奖，云和县中等职业技术学校的《中职校产创教融合培养一专多能“木玩匠人”的探索与实践》、丽水市职业高级中学的《中职学校赋能型心理健康服务体系建设的探究与实践》、松阳县职业中等专业学校的《产教融合　群链耦合　五茶共育——中职区域茶产业高素质专业人才培养模式创新与实践》、龙泉市中等职业学校的《“四术互融、四轮并驱、四桥共筑”：新时代青瓷非遗传承人才体系化培养的创新实践研究》均获省二等奖。

2021 年 11 月 24 日，丽水市中等职业学校“松遂联盟”揭牌仪式举行 （陈海香　提供）

【中职学校十个专业毕业标准发布】 2021 年 11 月 26 日，丽水市教育局发布《丽水市中等职业学校十个专业毕业标准》，即机械加工技术、旅游服务、电子电工、会计、计算机、电子商务、汽车维修、工艺美术、学前教育、烹饪专业毕业标准，规范中职学校的办学行为，明确人才培养方案、专业课程设置及专业统测科目等，完善地方职业教育质量提升的保障体系。

【跨县域中职校联盟组建】 2021 年，由松阳县职业中等专业学校、遂昌职业中专、丽水中等专业学校 3 所学校组成全市首个跨县域中职校联盟——“松遂联盟”。完善机制，加强沟通，加大技能人才共育、师资队伍共享、信息资源共用、社会服务共推、就业渠道共建、招生信息共通，实现联盟校优势互补、合作共赢，构建山区现代职业技能人才培养体系，培养符合区域经济社会发展的高素质技术技能人才，服务丽水市“一带三区”建设新格局。

【全市专门化学校建设】 2021 年，云和县中等职业技术学校增挂“丽水市木玩产业学校”牌子、松阳县职业中等专业学校增挂“丽水市茶产业学校”牌子、庆元县职业高级中学增挂“丽水市食用菌产业学校”牌子，实行“两块牌子、一套班子”运营模式。通过专门化学校建设，提升职业教育专业建设水平，提高全市职业教育跨山统筹能力，更好服务地方经济和产业发展。

【“百师千徒”工程启动】 2021年，市教育局联合市人力社保局、市财政局印发《丽水市中等职业教育“百名大师、千名高徒”结对培养工程实施方案》，并在丽水市第一届技能大赛中举行拜师仪式。完成聘请大师52人，结对学徒399人。现代学徒制试点工作在全市所有中职学校开展，有现代学徒试点专业39个，与322家企业形成合作教学。

【职业教育长三角一体化发展】 2021年，全市中职校参加交流23次，全市管理干部参加交流230人次，教师结对378人次，共同参与开展教育教研、资源开发等师生达4300人。其中，丽水派往上海实地学习185人，上海派往丽水实地指导36人。依托上海资源，完成中德考证中心建设，启动智能制造车间实训室建设，开展德国证书中期考证工作，学生考证通过率95.7%。完成2021级中德班学生的招生工作，招生规模6个班、学生187人。中德班在校班级12个、学生331人。

【产教融合型企业认定办法】 2021年，丽水市教育局、丽水市经信局、丽水市人力资源和社会保障局、丽水市文广旅体局4个部门联合出台规范性文件《丽水市产教融合型企业认定办法》，明确评选范围、条件及相关激励政策，发挥企业在产教协同育人的主体作用。重点认定主动推进制造业转型升级的优质企业，以及新一代信息技术、高端装备制造、绿色低碳、生物医药、数字经济、新材料、时尚产业等重点产业企业，以及旅游、健康、电商等现代服务领域的龙头企业和青瓷、宝剑、石雕、木玩、茶叶、食用菌等传统特色产业企业，力争到2025年认定30家以上的产教融合型企业。

【校企合作和引企入校】 2021年，全市中职学校签订长期合作协议企业361家，其中大中型企业170家。本地中职校牵头的职业教育集团9个，省级校企合作共同体7个，市级校企合作共同体14个。丽水市职业高级中学引进丽水市汽车运输集团股份有限公司共建旅游、汽修校内实训基地，丽汽集团计划2022年一次性投入815万元用于设施设备建设。校企双方将在人才培养、队伍建设、研学培训、生产实训等方面全方位合作，着力让学校旅游、汽修专业与行业产业对接、课程与职业能力标准对接、教学与生产过程对接、实训基地与工作岗位对接、学校教师与企业大师对接，实现校企双元专业共建、教材共编、标准共融、教学共育、基地共享、师资共培，共同打造集“产、学、研、训、创”于一体，互补互利、互动多赢的产教融合联盟平台。

【职业教育办学条件改善】 2021年，全市中职学校实训场所总面积12.02万平方米，仪器设备总值2.97亿元，校内新增实训仪器设备值2328.82万元，生均仪器设备值1.028万元。

【社会培训工作】 2021年，全市中职校开展线上线下培训3.05万人(次)，其中获得技能证书或合格证书的1.73万人次，获证率达56.72%，包括旅游、餐饮、民宿、超市、茶叶等方面人才，为全市区域经济社会发展对技术技能人才的需求提供支持。

【丽水护士学校划归教育部门管理】 2021年2月1日，根据丽水市人民政府《丽水市职工中等卫生学校隶属关系调整专题会议纪要》精神，市教育局接管丽水市护士学校，学校定位为市教育局直属公办中等职业学校，享受与中职学校相同教育政策。学校隶属划转后暂命名为丽水护士学校。（陈海香）

高等教育

【概况】 2021年，全市有高校3所，其中普通本科高校1所(丽水学院)、高职院校1所(丽水职业技术学院)、广播电视大学1所(丽水广播电视大学)。全市高等教育在校(籍)学生25939人，其中，丽水学院13435人，丽水职业技术学院9004人，丽水广播电视大学3500人。教职员工1941人，其中，丽水学院1195人，丽水职业技术学院507人，丽水广播电视大学239人，硕士以上学历占比46%。

10月26日，根据《国务院学位委员会关于下达2020年审核增列的博士、硕士学位授予单位及其学位授权点名单的通知》明确：丽水学院获批硕士学位授予单位，并获教育、农业、护理3个硕士专业学位授权点。

【丽水学院音乐学专业通过教育部认证】 2021年10月14日，根据教育部办公厅发布《关于公布2021年通过普通高等学校师范类专业认证专业名单的通知》，丽水学院音乐学专业通过教育部师范类专业中学教育二级认证，认证结论有效期6年(2021年9月至2027年8月)，这是第3个认证专业(前2个分别是护理学通过教育部医学类专业三级认证、小学教育通过教育部师范类专业二级认证）。

【“生态经济”全球青年学者论坛举办】 2021年11月1日，丽水市第十届“智汇丽水”人才科技峰会“生态经济”全球青年学者论坛在丽水学院举办，参加论坛的省、市领导和专家学者194人，其中外籍学者23人。论坛现场采用同声传译方式，面向全球观众进行在线直播，观看直播人数10915人。专家学者围绕“生态经济”分别向大会作专题报告。丽水学院与7所帮扶高校签订新一轮帮扶合作协议，并与丽水经济技术开发区、特聘教授现场签约。

【县校合作服务地方经济】 2021年7月8日，丽水职业技术学院与松阳县人民政府签订战略合作框架协议，在助推乡村振兴、大花园建设、乡村振兴人才培训等方面建立常态化合作体制机制。在庆元县荷地镇、龙泉市安仁镇开展精准服务，指导谋划荷地镇区域发展规划，成立荷地镇乡村振兴专家咨询委员会；11月，做好百山祖国家公园（北入口龙泉市安仁镇）“两山”转化项目的规划。

【思政课程与课程思政】 2021年，丽水学院《思想政治理论课实践教学》课程获评浙江省首批实践一流课程，获评省级思想政治工作名师工作室2个，省级课程思政示范课程4门。丽水职业技术学院获教育部高校思想政治理论课教师研究专项课题立项1项、国家级课程思政项目1项、省级课程思政示范课2门、教学研究项目4个、示范基层教学组织1个，省级高校课程思政优秀教学微课、案例及征文等14项。“插花艺术”课程团队入选教育部“首批国家级课程思政教学名师团队”。

【丽水广播电视大学招生】 2021年，学历教育招生1796人，其中开放教育1574人，远程教育177人，成人专科单考单招录取45人。开放教育招生万人比保持在全省市级广播电视大学第二，并且获浙江奥鹏远程教育中心授予的2021年招生组织先进单位和2021全省电大系统招生工作先进单位称号。

【直播培训】 2021年，丽水广播电视大学直播学院与丽水市妇联、共青团丽水市委、莲都区农业农村局、共青团青田县委等7家单位合作，开设培训班7个，并孵化百万粉丝抖音账号。由直播学院承办、团市委和字节跳动公司共同主办的丽水·头条学堂预备讲师培训班，培养首批预备讲师47人，入选老师3人；下属主播孵化中心接待来自省内外各家企事业单位2000余人次参观交流。同时，直播学院在2021年申报为教育部第四批1+X证书（网络直播运营）考点单位、中国广告协会网络直播产教融合职教集团主任单位、工信部全国物联网人才培养综合服务平台丽水考试中心。 （陈海香）

成人教育

【概况】 2021年，全市建有社区学校173所，社区教育村（社区）级教学点1476个，创建省现代化社区学校6所。全市各类职业院校（含成人学校、社区学校）完成社会培训57.77万人次，其中，农民工培训5.97万人次、企业职工培训2.92万人次、就业困难人员0.77万人次、老年人智能技术教育培训7.07万人次，72.61万人次培训成果存入学分银行。全市开展社区教育文化礼堂1053个，社区教育进文化礼堂覆盖率90.78%。完成农民“双证制”教育培训2055人。

【成人教育品牌创建】 2021年，松阳县古市中心成技校、遂昌县社区学院北界分校等6所学校被评为浙江省现代化社区学校。缙云县壶镇镇老年学堂、浙江老年开放大学松阳学院古市分校2所老年学校被评为省老年教育优质（示范）学校。遂昌农师学堂获浙江省终身学习品牌，龙泉市安仁镇文化站周观美被评为浙江省百姓学习之星。全年认定丽水市老年教育优质（示范）学校（学堂）13所。确定“在浙学”浙江省市民终身学习体验基地7个。

【社区教育】 2021年11月27日，“庆建党百年华诞 谱终身学习新篇”的全民“终身学习活动周”活动启动仪式在庆元县举行，评选出市级老年人智能技术运用优秀培训案例23个、老年人智能技术运用培训优秀教材17个。培育市级优秀学习型社团52个，选树市级绿谷学习之星100人、优秀社区教育工作者19人。 （陈海香）

民办教育

【概况】 2021年，全市有民办中小学校27所，其中，民办普通高中（独立）6所，民办中等职业学校1所，民办初中（独立）4所，民办小学（独立）3所，九年一贯制学校12所，十二年一贯制学校1所。全市民办学校小学在校生17004人，占全市小学在校生总数11.08%；民办学校初中在校生13750人，占全市初中学校在校生总数16.44%；民办学校普通高中在校生5733人，占全市普通高中在校生总数14.7%；民办中职学校在校生

1964 人，占全市中职学校在校生总数 6.37%。全市民办中小学教职工 3265 人，专任教师 2710 人。至年底，全市学科类校外培训机构 41 家，非学科类校外培训机构 980 家。

【民办学校分类管理】 2021 年，丽水市教育局联合市人力资源和社会保障局、市机构编制委员会办公室、市民政局、市市场监督管理局印发《丽水市民办学校分类登记管理办法的通知》，同时印发《丽水市现有民办学校分（幼儿园）类登记管理工作方案》，按照自愿选择、平稳分类、公益导向、依法依规的原则，明确在 2022 年 12 月 30 日前，完成现有民办学校分类登记工作。12 月，全市完成所有学科类校外培训机构的分类登记，55 家转型为非营利性学科类培训机构，并领取非营利性民办学校办学许可证和民办非企业单位登记证书。

【民办义务教育发展规范】 2021 年，丽水市教育局根据《中共中央办公厅 国务院办公厅印发〈关于规范民办义务教育发展的意见〉的通知》和全省规范民办义务教育发展会议精神，启动全市规范民办义务教育发展工作，要求各县根据“一县一案、一校一策、稳妥有序、规范发展”的原则，科学制定规范民办义务教育发展方案。至年底，各县（市、区）开展规范民办义务教育发展的调研工作达 12 次，归集各方诉求、意见与建议，初步形成方案框架。

【莲城书院设立】 2021 年，丽水市教育局根据《中华人民共和国民办教育促进法》等规定，同意设立莲城书院，缓解市区普通高中教育资源紧张问题，举办者为丽水市大花园教育发展有限公司，学校为非营利性单位，规划建设班级 24 个，提供学位 960 个，至年底，正式教职员工8 人。 （陈海香）

教师队伍

【概况】 2021 年，全市有教职工 37316 人，其中，小学 9524 人，初中 8612人，普通高中 4099 人，中等职业教育学校 2190 人，高等院校 1941 人，幼儿园 10800 人，特殊教育学校 150 人。专任教师 29802 人，其中小学 10657 人，初中 6333 人，普通高中 3316 人，中等职业教育学校 2214 人，高等院校 1450 人，幼儿园 5720 人，特殊教育学校 112 人。丽水市人民政府通报表扬“丽水市教育提质工作突出贡献先进个人”160 人，丽水市人民教育基金会评选丽水市优秀校长 10 人、丽水市优秀教师 84 人、丽水市优秀班主任 47 人、丽水市优秀教育工作者 21 人。修订出台《丽水市“绿谷名教师”评选全员进阶实施办法》，全年评选市教坛（德育）新苗 1759 人、市教坛（德育）新秀 2531 人、市教学（德育）能手 503 人、市学科（德育）带头人 405 人、市教学（德育）名师 186 人、评选市教学（德育）名家 54 人。

【中小学教师职称改革】 2021 年，丽水市扩大职称自主评聘改革试点面，新增职称自主评聘改革省级试点单位 14 所、市级试点单位 4 所。全市公办普通高中和中职学校全部纳入省级职称自主评聘改革试点，自主开展高级及以下职称自主评聘。开展中小学正高级教师二、三级岗位聘任，经考核评审，确定戴和英为二级岗位聘任人选，杨仕威、吕秋萍、陈志强 3 人为三级岗位聘任人选。经推荐报省里评审通过正高级职称教师 10 人，其中陈东晓、朱海英、金松、潘珣、邱荣槐、金晓群、包圣华、柳敏敏、虞博涵 9 人获评正高级教师。全年经市级职称评委会评审通过高级教师 254 人，副研究员 9 人，一级教师 11 人。

【教育东西部扶贫】 2021 年，丽水市选派援疆教师 28 人、援藏教师 2 人、援川教师 6 人，接收受援地挂职干部5 人。全市与四川省泸州市叙永县、古蔺县结对学校 13 所，接收四川省农村学生到丽水就读职业高中 39 人。通过“互联网+”线上线下培训受援地教师 9546 人次。新和县丽水小学与丽水市实验学校、新和县实验中学与丽水中学建立“空中课堂”结对学校，开展活动 12 批次，受益

2021 年，青田县第二中学与四川省泸州市古蔺县东区实验学校签订东西部协作结对帮扶协议。图为签约仪式现场 （蓝淑珍 提供）

教师650余人次，受益学生900余人次。第10批援疆教师胡瑞基带领支教教师在新和县教科局微信公众号上推出“我是朗读高手”专栏，在新疆民族地区推广国家通用语言文字，成为文化品牌，该活动被中国教育电视台、《中国教育报》、“学习强国”等媒体报道。 （吴 鑫）

办学条件

【概况】 2021年，全市各级各类教育学校用地总面积12252298平方米（幼儿园1239602平方米、特殊教育60305平方米、小学3405031平方米、初中3552962平方米、普通高中1837937平方米、中等职业教育1028351平方米、高等教育1128110平方米）。全市各级各类教育学校校舍总面积7196076平方米（幼儿园928076平方米、特殊教育26350平方米、小学1826267平方米、初中1967285平方米、普通高中1065728平方米、中等职业教育626235平方米、高等教育756135平方米）。

2021年，全市教育经费总投入123.79亿元，比上年的115.09亿元，增加8.7亿元，增长7.56%。其中，一般公共预算教育经费投入95.29亿元，占总投入90.94%，比上年增加4.36亿元，增长4.79%；政府性基金预算投入8.89亿元，占总投入8.39%，比上年增加0.5亿元，增长5.97%；校办产业和社会服务收入用于教育0.04亿元，占总投入0.03%；其他属于国家财政性教育经费0.09亿元，占总投入0.08%；民办学校中举办者投入0.19亿元，占总投入0.15%；捐赠收入0.07亿元，占总投入0.06%；事业收入16.46亿元，占总投入13.29%，比上年增加3.68亿元，增长28.83%；其他教育经费2.76亿元，占总投入2.23%。

【教育“双百亿”工程】 2021年，全市实施教育项目“双百亿”工程，全年完成教育项目投资32.75亿元，完成新建（改扩建）幼儿园学位项目28个，新增学位5550个；完成新建（改扩建）小学项目6个，新增学位8610个；完成新建（改扩建）初中项目4个，新增学位4300个。丽水市实验学校丽阳校区、华东师范大学附属丽水学校、上海市外教育集团附属莲都区长岗背小学、莲都区碧湖镇第三小学、青田县温溪镇第五小学、遂昌县第三中学等一批项目投入使用；丽中莲城书院、丽水护士学校（暂定名）迁建工程、丽水旅游学校建设工程、莲都区大洋路小学教育集团城西学校（初中部）等项目有序推进。

【主城区教育资源谋划】 2021年，丽水市教育局以教育基本现代化为基础，教育现代化为目标，推进教育资源统筹配置谋划。根据各县（市、区）情况主城区现状，下达编制当地主城区资源配置方案任务，至2025年完成义务教育学校均用地面积、建筑面积不达标清零任务。至年底，主城区义务教育学校用地面积达标率57.43%，其中小学46.67%，初中78.57%，九年一贯制学校61.54%；建筑面积超规模学校达标率84.16%，其中小学76.67%，初中100%，九年一贯制学校84.62%。

【师生同菜同质同价】 2021年，全市打通师生食堂，义务教育阶段公办学校全面实施师生同菜同价同质，并实现100%供餐。出台义务教育阶段学校食堂劳务成本超过20%部分由财政统一保障政策。注重学生如何吃得营养健康，实施每日人均盐、油和糖的用量公开制。提高食堂对家长的透明度，在浙里办上架“校餐通”应用，构建家校互通良好氛围。

【扶困助学】 2021年，全市落实学生资助政策，符合条件的学生应助尽助，精准资助。全市中小学（幼儿园）资助学生8.1万余人次，资助金额6600万余元；继续实施“学生营养改善提升工程”，城乡义务教育阶段受助学生在享受营养餐的基础上每人每天再免费增加一杯牛奶和一个鸡蛋，全市受益学生29846人，蛋奶补助经费1050.63万余元；继续实施民族教育券资助，全市资助少数民族学生16424万人，资助金额691万余元。

【省对欠发达地区支持】 2021年，全市争取省补助经费7.9049亿元。其中，教育发展专项0.5926亿元；学前教育奖补资金0.2805亿元；中小学扶困助学专项0.8258亿元；义务教育保障机制专项3.8898亿元；基础教育办学条件改善专项资金0.5577亿元；义务教育薄弱学校改造工程补助资金0.618亿元；支持市县民族教育发展专项资金0.5896亿元；中等职业教育专项经费0.1098亿元；高等教育专项经费0.4082亿元；其他专项经费0.0329亿元。 （周 玲 陈长安）

科学技术

自然科学

【概况】 2021年，丽水实施人才科技强市战略，坚持把“创新引领”作为推动丽水高质量绿色发展的第一动力和核心关键，开展人才科技攻坚，主要科技创新指标向上向好，发布《浙西南科创走廊规划》和《浙西南科创中心规划》，建设浙西南科创产业园，推进国家高新技术产业开发区创建。在市外、省外建成杭州丽水数字大厦、上海张江丽水科创中心等7个“人才科创飞地”。吸引德国肖特集团、美国陶氏化学公司、阿里巴巴、网易等一大批头部企业落户丽水，全市创新生态不断优化、创新要素不断集聚、创新平台不断提升，科技创新引领作用逐步凸显，为跨越式高质量发展建设共同富裕示范区提供坚强的科技与人才支撑。全年丽水规上工业企业研发费用52.55亿元，增速31.7%，增速排名全省第七。高新技术产业增加值168.8亿元，增速17.9%，高于规上工业2.9个百分点，全省排名第三。实现全市高层次人才、国家高新技术企业、省级科技型中小企业、省级产业创新服务综合体、省级企业研究院、省级科技企业孵化器、省级众创空间的数量和技术交易总额、高新技术产品出口总额等9个指标“三年翻番”。 （舒　康）

【高新技术】 2021年，丽水认定国家高新技术企业247家，其中，首次认定148家，累计有效家数581家；新认定省级科技型中小企业436家，累计1832家；新认定省级高新技术企业研发中心32家，累计215家；新认定省级企业研究院9家，累计60家；新认定省级重点企业研究院1家，累计5家。新认定省级重点实验室1家，累计6家；新认定省级高新技术企业研发中心32家，累计215家；新认定省级企业研究院9家，累计60家；获批省级众创空间1家，累计16家；新认定市级科技企业孵化器5家，市级众创空间7家。全市发放科技创新券3158.96万元，确认使用1601.94万元。浙江维康药业股份有限公司建设的浙江省现代中药重点企业研究院被认定为省级重点企业研究院；纳爱斯集团有限公司与浙江理工大学联合建设的浙江省绿色清洁技术及洗涤用品重点实验室，被认定为省级重点实验室。完成发明专利产业化54项，全市实现技术合同交易总额21.6亿元。 （何　杰）

【科技合作】 2021年，丽水市融入长三角地区一体化发展，发挥院地合作、院企合作引才效能，借助大院名校人才智力优势，通过资金奖补、技术入股等方式，构建形成“一企一院一特色”人才格局。全年全市联合大院名校建立各类产业研究院、研发中心、服务平台或技术转移中心等13个，与武汉大学、浙江工商大学、浙江万里学院等5所高校签订战略合作协议。诺贝尔化学奖获得者迈克尔•莱维特在丽水开发区建立诺奖工作站，丽水经济开发区与杭州电子科技大学共建研究院、松阳县与中国农科院茶叶研究所共建中茶所长三角创新中心。探索“研发在当地、产业在丽水，工作在当地、贡献给丽水”的创新模式，发布《丽水市“人才科创飞地”建设实施方案》，构建集异地研发孵化、产业技术创新、技术成果转化、驻地招商引智、区域经济协作功能于一体的“人才科创飞地”。至年底，建成杭州丽水数字大厦、上海张江丽水科创中心等7个“人才科创飞地”。

【科技人才】 2021年，丽水实施“双招双引”战略性先导工程，坚持人才科技融合发展导向，通过举办丽水市人才科技峰会、高层次人才创业大赛等创新创业活动吸引创新项目，通过“千招百式”引进创新人才。实施“绿谷精英”、领军型创新创业团队等引进培育计划和国家及省级人才引育计划，全年遴选出“绿谷精英”人才科技项目154个，落地53个，全市财政资助4912万元。浙江青山钢铁有限

2021 年 10 月 31 日，2021 年度第十届丽水市人才科技峰会召开　（舒　康　提供）

公司入选省领军型创新团队，实现零的突破。推动外专人才工作，推动外专业务与出入境合署办公窗口建设，联合市公安局出入境等部门，把外专业务与出入境审批合署办公；疫情期间，畅通外国人才到丽创新创业的绿色通道，外国人到华工作许可采用"告知+承诺"方式，实行业务流程"全零跑"在线办理；建立"快捷通道"方便人才入境，为招录急需外专业人才企业提供快捷通道，方便外国人才在疫情状况下获中国入境许可。全年办理外专业务 129 项，引进外国专家 46 人次。

【农业科技】 2021 年度，丽水在农业科技方面持续加强科技特派员工作，指导 9 个县（市、区）完成第十五批轮省派科技特派员派驻，继续做到全市乡镇（街道）省市科技特派员全覆盖，加强科技特派员服务农业农村工作。丽水被省委、省政府办公厅评为科技特派员工作成绩突出市，至年底，丽水累计 12 次获评省科技特派员工作先进市；全市有 13 人（含 2 名派驻丽水市的科技特派员），获省农业先进科技工作者荣誉。实施农业关键核心技术攻关，市本级新立项农业领域重点研发主动设计项目 7 项，争取省厅"尖兵""领鹰"科技攻关项目 3 项。（舒　康）

【科技服务】 2021 年，市科技局联合大院名校、科技大市场走访企业 1305 家次，征集技术难题 611 项，组织分县分行业技术对接会和成果推介会共 85 场次，直接服务企业 611 家次；组织企业到院校考察 111 家次。大院名校联合企业组建企业技术研发中心、企业研究院、校企产学研合作平台等 13 家，举办技术讲座、学术报告、技能培训等 200 场次。在浙江网上技术市场登记入库技术成果信息 3012 条，达成校企合作技术服务 208项，完成技术合同登记金额 15.5 亿元。8 月，丽水市首届科技成果竞价（拍卖）活动在丽水举办，累计 10 项省内外科技成果受到丽水本地企业竞价（拍卖）追捧，总起拍价 1091 万元，实际成交价 1655 万元，总溢价率 51.7%。11 月，首次线上拍卖会在丽水举办，丽水 4 项科技成果拍卖实际成交价 872 万元。全年丽水成交拍卖总金额 2525 万元，是上一年度成交额的 10 倍。11 月 29 日，承办第六届中国创新挑战赛（浙江）暨 2021 年浙江省技术需求"揭榜挂帅"大赛新材料行业现场赛，征集技术需求 65 项，其中 27 项通过专家评审被列入浙江省百项技术需求发布榜单。（吴庆燕）

【防震减灾】 2021 年，丽水市推进防震减灾工作，完成联城地震台、滩坑水库万阜台、坝顶地震台和坝底地震台 4 个台站的专线改造，结合浙江省地震局台站"标准化"改造工作，升级改造全市现有地震台站基础设施和观测环境。至年底，全市拥有地震监测台 21 个，地震监测能力达到 1.5 级，完成丽水市经济开发区等 7 个省级以上平台区域地震安全性评价。丽水市信息节点在 2020 年度全省观测资料评比中获第一名。开展防震减灾宣传，利用"5•12"防灾减灾日、"7•28"唐山地震纪念日等重点时段加强开展防震减灾宣传，并结合科技活动周、科技下乡、全国科普日活动、党员志愿服务、青年宣讲团进社区等活动开展防震减灾宣传进机关、进企业、进农村、进社区活动 10 场，讲座 8 场，提升公众防震减灾科学素养和应对地震灾害的能力。至年底，全市建有 13 个防震减灾科普教育基地。（舒　康）

农林科学研究

【概况】 丽水市农林科学研究院（简称市农林科院）在编人员 95 人，其中正高职称 13 人，副高职称 30 人，博士、硕士 40 人。其中，享受国务院政府特殊津贴 2 人，省"151"第一层次培养人员 2 人，第二层次培养人员 4 人，第三层次培养人员 8 人，其他省级各类人才 5 人，市"138"人才 25 人。拥有国家级综合试验站（食用菌、茶叶）2 个，科技部国家食用菌工程技术研究中心浙江省安全生产技术示范基地 1个，国家博士后科研工作站 1 个，省茶树种质资源圃 1 个，市级科技创新团队（食用菌、茶叶、中药材、加工）4 个，是省级种质资源保护单位。

【科技创新成果】 2021 年，市农林科院凝聚“科技创新在若干领域国内省内有影响、成果转化为丽水现代生态农业提供重要支撑”的工作目标，申报各类项目 67 项，获评省国际合作技术研发与示范推广项目、中央财政林业推广项目等 28 项，争取项目经费 1254 万元，连续 5 年到位经费超过 1000万元。主持参与获浙江省农业丰收奖、省科技兴林奖等各类科技奖项 5 项。授权发明专利 9 项、实用新型专利 11 项，审（认）定新品种 4 个和植物新品种权 1 个，编制各类标准 8 项，发表学术论文 100 余篇。

【种业创新推进】 2021 年，市农林科院开展茶叶、野菜、特色经济林良种等的种质资源调查，建立各类型种质资源保存及利用基地 6 个，收集种质资源 196 份，保存种质材料 3000 余份，鉴定评价种质 1285 份。豆类、特色红米、黑木耳品种等 5 个新创制种质进入“十四五”品种登记 DUS 测试。“丽猴 3 号”等 3 个品种参加 2021 年浙江省区试。自主选育品种累计推广 1786.67 余公顷，为全市农林产业高质量发展提供种质支撑。

【浙江省茶树种质资源圃】 2021 年，市农林科院合作共建高能级科创中心。以市农林科院松阳农科教旅一体化基地为基底，以建设省部级重点实验室（技术中心）、全国先进的智慧农业示范样板为工作目标，由丽水市人民政府、中国农业科学院茶叶研究所、松阳县人民政府三方合作共建“中国农业科学院茶叶研究所长三角创新中心”，助推丽水茶产业发展。加强浙江省茶树种质资源圃的建设工作。9 月，承建的浙江省茶树种质资源圃建成开园并上线省茶树种质资源查询平台，累计收集保存茶树种质资源 2300 余份，覆盖国内 16 个主要产茶省和日本、印度等东南亚地区。加强合作，发挥平台优势，完成“十四五”国家食用菌、茶叶产业技术体系综合试验站 2021 年相关工作，与广东省农科院合作开展茶叶育苗关键技术研究。开展国家级博士后科研工作站建设，引进合作培养博士后 2 人，利用平台优势合作申报国家级博士后科研基金项目。

2021 年 9 月 13 日，“中国农业科学院茶叶研究所长三角创新中心”合作签约仪式举行 （尹仁福 提供）

【科技助力地方发展】 2021 年，市农林科院通过科技项目合作、科技特派员、农民讲师团、“双百引领计划”、“百名专家连百村”、农作物放心工程等活动载体，加强四季服务两山实践行动。全年合作共建各类示范基地 80 个、469.6 公顷，深入一线对接服务各类主体 81 家，开展“三服务”等科技下乡活动 344 次。组织或参与各类培训 71 场，培训 3712 人次，示范推广各类技术 46 项推广面积 6666.67 余公顷。先后被评选为丽水市生态精品现代农业优胜单位、丽水市新农村建设工作优胜单位，被市委、市政府授予全市实施乡村振兴战略工作突出贡献个人称号。

市农林科院发挥单位职能，推进落实市委、市政府中心工作。协助涉林垦造耕地问题整改，制定《关于涉林垦造耕地问题整改工作技术支持工作方案》，成立院领导小组和专家服务组，3 次组织召开各县（市、区）整改工作座谈交流会。在市专班部署下，牵头组织省市县专家 75 人，完成全市 797 个项目种植利用可行性评估报告，评估耕地面积 3960 公顷，为问题整改规范科学和栽种管护提供技术支撑。开展“双招双引”工作。与莲都区碧湖镇合作建立“雾耕蔬菜”专家工作站，在各县（市、区）建设雾耕样板基地 5 个，引进投资资金超过 8000 万元。共建高能级创新平台——“中国农业科学院茶叶研究所长三角创新中心”。保质超量完成市委、市政府交办的“招才引智”任务，引进高层次人才 6 人，合作培养博士后 2 人。深入调研提供高质量决策参考。提交《丽水市新增百万亩国土绿化美化行动调研报告》《丽水市珍贵树种发展情况调查报告》《我市农业高质量发展建设共同富裕的路径》《涉林垦造耕地问题整改相关情况报告》等 11 份调研报告，得到市委市政府领导的肯定和采纳。 （尹仁福）

文化　广电　体育

综　述

【概况】 2021年，全市文广旅体系统在"外防输入、内防反弹"的防疫大局下，持续深化公共文化服务体系建设，"村晚联盟"项目获第一批浙江省公共文化服务现代化先行县（领航项目）创建资格，建成并启用全国首家"共建共享清廉书室"，辛丑（2021）年中国仙都祭祀轩辕黄帝大典在缙云县举行。推动浙江省首部革命遗址保护类地方性法规《丽水市革命遗址保护条例》立法实施，完成《浙西南革命文物保护利用规划》《处州廊桥保护利用规划》编制，其中《处州廊桥保护利用规划》经省政府批复同意，并发布《丽水市全域传统村落暨老屋保护与发展规划》。（陈　怡　何俊华）

2021年，丽水市国民体质监测合格率93.8%、经常参加体育锻炼人数比例42.1%、人均体育场地面积2.5平方米，全市符合开放条件的公共体育设施和学校体育场地开放率100%。完成省政府民生实事体育类项目举办2021浙江省足球超级联赛开幕式和揭幕战，开幕式展演人员800余人，现场观众6000余人。举办丽水市第五届运动会，8000余人参赛，18人次破市运会纪录。2021年，丽水运动员参加各项省锦标赛（冠军赛）共获金牌45枚、银牌47枚、铜牌46枚。全年体彩销售总额6.15亿元，与福利彩票的市场占比6:4。2021年，完成丽水市体育发展"十四五""1+4+X"系列规划编制；新获评省级运动休闲旅游项目1个，复评示范基地1个，复评优秀项目1个；2项赛事入选2021年浙江省重点培育品牌体育赛事名录库；开展丽水市级体育产业发展资金项目库、第二批市级运动健身示范场馆、运动休闲示范基地等体育产业品牌评定工作。2021年，举办全国航海模型锦标赛、全国皮划艇秋季冠军赛等全国性大型赛事活动。以赛事为平台，打造"水上赛事之城"，提升"秀山丽水、诗画田园、养生福地、长寿之乡"城市品牌的知名度和影响力，助推丽水经济和社会发展。（肖冬丽）

公共文化服务

【公共文化服务体系建设】 2021年，市文广旅体局开展送戏下乡1000场，送书20万册。龙泉市入选第一批浙江省公共文化服务现代化先行县创建名单，"乡村春晚"被写入国家"十四五"公共文化服务体系建设规划，"村晚联盟"项目入选第一批浙江省公共文化服务现代化领航项目创建名单。景宁县英川镇、松阳县玉岩镇入选浙江省文化强镇，龙泉市宝溪乡溪头村、青田县吴坑乡大仁村、松阳县叶村乡河头村、庆元县屏都街道蔡段村入选浙江省文化示范村（社区）。景宁县"文化物流"项目、缙云县"戏剧上山下乡"工程入选省公共文化服务体系示范项目。

【文化标准化体系建设】 2021年，市文广旅体局推进公共文化服务标准化建设，发布《乡村春晚建设规范》《城区公共文化场馆美化建设规范》《数字文化馆建设与服务规范》等市级地方标准，其中《乡村春晚建设规范》成为全国首个乡村春晚建设市级地方标准。

【文化品牌特色建设】 2021年，丽水市评选出乡村文化振兴机制建设创新——乡村春晚、文化志愿者服务机制建设创新——文化圆梦大使、供给侧服务机制创新——文化物流等乡村公共文化服务供给侧创新十大案例。莲都通济堰水韵文化、龙泉青瓷文化、缙云轩辕祭典（黄帝文化）等9个标识入选首批"浙江文化标识"培育项目名单。缙云黄帝文化入选第二批浙江省示范级文化和旅游IP名单。松阳县象溪镇象溪村被评为"千年古村落"地名文化遗产。

【全国乡村春晚“百县万村”区域网络联动】 2021年2月10日，全国乡村春晚“百县万村”区域网络联动优秀节目展播在丽水电视台新闻综合频道推出，并在新华网、人民网、央视频、中新社、浙江在线、《浙江日报》、新蓝网等平台同步推出。节目以“欢乐过大年 迈向新征程”——我们的小康生活为主题，通过乡村春晚代言人“斗”春晚展演形式呈现，展示丽水各地年俗年味、文旅融合成果以及优秀乡村春晚节目，观看总流量突破562万人次。 （陈 怡 何俊华）

2021年6月24日，丽水市开展文化市场“扫黄打非”净网专项行动暨2021年第二次全市网络文化市场专项检查活动 （何俊华 提供）

文化市场管理

【概况】 2021年，市文广旅体局紧扣“建党100周年”等重要时间节点，坚持以习近平新时代中国特色社会主义思想为指导，进一步夯实工作基础，创新工作机制，组织开展元旦、春节、“两会”期间文化市场专项检查、娱乐场所、新闻出版场所专项检查行动和“扫黄打非”等系列专项行动，有力保障文化市场平稳有序运行。全市出动日常巡查10404人次，检查文化经营场所4554家次，受理举报（督查）线索7件，行政处罚立案调查108件，同比上升125%；已办结案件111件，其中含重大案件2件，罚款27.34万元，停业整顿1家次，吊销许可证1家次，没收非法所得9252.66元。

【文化市场行政执法】 2021年，市文广旅体局以“扫黄打非”新风、正道专项行动为抓手，结合开展校园周边“护苗”专项整治、文化市场“净网”“秋风”专项行动、出版物市场和印刷业专项检查和疫情防控检查等行动，清理非法出版物及有害信息，重拳打击各类非法有害出版传播活动，有力净化文化市场和网络空间。建立《丽水市文化市场和交通运输联合执法工作机制》，进一步保障社会用车安全。开展常态化市场执法巡查，通过日常检查和“双随机”抽查，及时查处违法、违规行为，全力保障市场有序。2021年，市执法队出动检查518人次，同比增加22.17%，检查场所229家次，同比下降35.49%；行政处罚立案调查13件（含重大案件1件），同比增加44.44%。警告4家次，罚款22000元，停业整顿1家次，没收非法所得1830元，没收违法物品25个。围绕“互联网+监管”为重点，组织开展“双随机”抽查检查工作，采取联合抽查检查和自行抽查检查结合，1月至11月，共设置抽查任务11次，其中自行抽查4次，联合抽查7次。双随机抽查事项100%覆盖，跨部门监管率63.63%。2021年，事项认领率、入驻率均达100%。

【文化旅游体育领域“最多跑一次”工作】 2021年，市文广旅体局深化“一窗受理、集成服务”改革，实现156个“最多跑一次”事项的网办率、即办率、材料电子化率、承诺期限压缩比等所有指标均达到省定达标数。制定完成告知承诺制证明事项清单，文化、广电、旅游、体育的告知承诺事项已在政务2.0系统正式实行。完成广播电视节目制作经营许可证年检换证工作28件。5月27日至28日，全省行政审批工作会议在丽水市召开，全省120余名审批一线干部参加培训。全年完成行政许可事项310件，其中旅行社新设立13家，体育游泳馆新设立10家，市县级文物保护单位修缮许可1件，广播电视节目制作经营单位延续4件，广播电视节目制作经营单位变更1件，导游证核发281本；备案事项35件，其中旅行社变更27家，旅行社注销5家，非国有博物馆设立备案1件，市县级文物保护单位日常维护保养工程备案1件，国有文物收藏单位之间借用馆藏文物备案1件；行政确认事项208件，其中二级运动员资质审批184人次，一级运动员审核转报24人次。 （陈 怡 何俊华）

文艺精品创作

【文艺精品创作成果】 2021年，全市文艺工作者创作推出原创歌曲30首，原创舞蹈22个，原创戏剧曲艺作品28个。曲艺作品《三担米》获“浙江省第十一届群众曲艺大赛”银奖，戏剧作品《我们》获浙江省第三十二届群众戏剧小品大赛银奖，《乳娘》《大山的脉搏》《神笔马良》获“2021年浙江省中小学生艺术节”一等奖。丽水市在浙江省第九届群众声乐大赛中获金奖3个、银奖1个；在浙江省第七届群星视觉艺术综合大展中美术获金奖1个、银奖1个。现代小戏《网红桥》获“中华颂”第12届全国小戏小品展演小戏类最佳剧目和最佳人气节目。推选的浙江省潘立峰畲族音乐创作导师工作室入选省文旅厅首批文旅导师工作室。

【献礼建党百年作品创作】 2021年，全市创作献礼建党百年文艺精品121项。市文广旅体局举办“再唱山歌给党听”——丽水市庆祝中国共产党成立100周年大型文艺歌会，在表演艺术、视觉艺术、全民阅读、文博四大领域共举办庆祝建党百年系列活动696场。戏曲（松阳高腔）电视剧《红色浙西南》完成首映，并在中央电视台和全国各地100家电视台联播。红色革命婺剧《括苍山下》完成创作排演并成功首演。剧目《畲山黎明》获第六届全国少数民族文艺会演“优秀剧目奖”，剧中4名主演获“艺术表演奖”。（陈 怡 何俊华）

图书馆

【服务体系建设】 2021年，丽水市有公共图书馆10个，共建分馆94个、城市书房28个、阅读吧177个，农家书屋1475个，民宿书吧106个。实现文献资源统一采购和配置，总分馆之间实现通借通还。丽水市图书馆的“清廉书屋”在浙江省图书馆学会组织的特色藏书建设创新案例评比中获全省三等奖。丽水朗读团获第一批浙江

2021年4月，丽水市图书馆“清廉书屋”（梁 子 提供）

省“最美阅读团队”。《浙江省2020年度全民阅读报告》显示，丽水居民对各类阅读设施使用满意率居全省第一，居民参与阅读活动满意率居第二；丽水市图书馆服务品牌“我陪你读——陪伴留守儿童阅读成长公益行”活动获浙江省文化和旅游志愿服务“四个一批”先进典型、丽水市第二届新时代文明实践“小园丁”志愿服务项目大赛银奖、第二届浙江省新时代文明实践志愿服务项目大赛、浙江省文化和旅游系统优秀志愿服务项目演讲大赛二等奖。莲都区图书馆的“爱心书屋”入选2020年度浙江省社科普及创新项目。丽水朗读团和“爱心书屋”入选丽水市文化和广电旅游体育局关于乡村公共文化服务供给侧十大案例。

【基础设施建设】 2021年，丽水市图书馆新馆成为市民网红打卡点。莲都区总投资227.96万元建设32个社区（村）服务中心通借通还项目，已经建成20个，配置馆藏图书2.12万册；总投资260万元建成爱心书屋133个，首创“物联网+图书+媒体”模式，打造“家门口的图书馆”。青田县图书新馆装修工程项目通过前期项目审批，完成初步设计方案，预计2022年实施建设。缙云县图书馆完成总馆外立面改造，建成缙云县图书馆西桥分馆（阳冰书房）城市书房，面积1357平方米。云和县、景宁县、松阳县图书馆加大基础设施建设改造，提升母婴室、视障阅览区等特殊群体的服务场所，为读者提供更加精准有效的标识引导。通过增添新型设备和新技术的应用，自助式智能化管理，“一卡通”通借通还服务，为广大市民提供阅读新体验。

【读者服务】 2021年，全市公共图书馆“信阅”服务再升级，联合浙江图书馆开展“信阅”线下借阅功能，携手新华书店以“信阅书市”的形式将书店快闪进入图书馆，为读者节省购书费用。深入实施“互联网+”行动计划，利用新技术、新媒体升级图书馆服务，让读者享受高科技带来的便捷化服务，实现浙江省内纸质图书全省通借通还，完善身份证和社保卡自主借阅服务功能，实现身份证在浙江，社保卡在长三角地区的图书通借通还服务。新增“虚拟排架”上线和24小时自助借还机。打造网上“读者服务中心”，做好疫情防控的同时，通过微信公众号增设书目检索、图书续借、网上办证、线上数字资源等功能，实现高效快捷的借阅服务，利用“移动图书馆”、微信

公众号、小程序数字资源平台，引入"扫码看书""扫码听书"，为市民提供多样化、多形式阅读方式、人机交互点读服务。依托图书馆的文化资源，深化"文化物流"服务机制，读者通过平台点单进行申报，书房建设、你点我买、图书配送、讲座展览、阅读推广等活动，通过按需设点、点单式服务，实现阅读资源的精准供给。

【阅读推广活动】 2021年是中国共产党成立100周年，是中国历史上的一个重要节点。丽水市各公共图书馆联合各方力量，组织开展形式多样的阅读推广服务，全年举办阅读推广、讲座、展览、培训等各类活动2145场次，参与25.9万人次；各公共馆配合浙江省图书馆做好"全民阅读月""第十七届未成年人读书节""2021年长三角阅读马拉松"等重大活动，其中松阳县图书馆在2021年长三角阅读马拉松活动中组织的队伍获长三角团体总分第一名。巩固阅读推广服务阵地建设，形成以丽水市图书馆为全市中心馆，各县(市、区)图书馆为所在地域中心馆，以建设乡镇(街道)分馆为主要抓手，进行遍及城乡的阅读推广。2021年，丽水市各公共馆围绕中国共产党成立100周年，结合世界读书日、全民读书月以及传统节日和重大节庆，举办各类建党100周年主题系列活动，共同开展"百读忆昔""百名党员为党庆生""丽水朗读团基层送教下乡""丽水区域展览共享"等多项地区性阅读推广活动，在浙江省文化和旅游厅组织的多项活动中取得良好成绩。《浙江省2020年度全民阅读报告》显示，丽水居民对各类阅读设施使用满意率居全省第一位，居民参与阅读活动满意率居浙江省第二位。丽水市图书馆服务品牌"我陪你读"——陪伴留守儿童阅读成长公益行活动入选浙江省未成年人思想道德建设十件实事。丽水市图书馆获2021浙江省公共图书馆全民阅读月优秀组织奖；丽水朗读团被省文旅厅评为"领读浙江　寻路初心"建党百年主题阅读活动优秀领读人。遂昌县图书馆"相圃系列活动"服务品牌在浙江省图书馆学会第三届优秀图书馆服务品牌评选活动中获最佳创意奖。莲都区图书馆的四叶草绘本故事、莲图创意美术工坊等品牌深受读者喜爱。（陈　怡　何俊华）

非物质文化遗产保护

【非遗传承保护】 2021年，市文广旅体局围绕"多彩非遗•美好生活"主题，进一步营造非遗保护氛围，扩大非遗影响力，促进非遗传承的可持续发展。畲族彩带编制技艺、梅源芒种开犁节、缙云烧饼制作技艺入选第五批国家级非遗代表性项目名录。周晓敏、兰炳花、蓝根土等27名人员入选第六批浙江省非遗代表性传承人名单，总数居全省第二位。缙云土面等8个项目入选第三批浙江省优秀非遗旅游商品名单。龙泉青瓷和遂昌黑陶为代表的17个项目入围2021年浙江省薪传奖传统工艺大展，总数居全省第一位。完成丽水市第七批非遗代表性项目名录评审工作，全市新增非遗代表性项目名录52项。王芊之、李函睿、杨欣睿等8名小选手进入第四届"少年非遗说"浙江传说故事大赛决赛并喜获佳绩，缙云县文广旅体局获优秀组织奖。

【非遗展示展演】 2021年，市文广旅体局以线下和线上云端方式开展活动，举办"我们的节日——元宵节"多彩非遗闹元宵活动，(原创谜语)"处州谜语大家猜"活动，组织"百姓非遗小课堂"活动，开展以"人民的非遗 人民共享"为主题的"文化和自然遗产日"暨端午节传统习俗体验系列活动，进行缙云剪纸、松阳古法造纸的网络直播教学，联合淘宝、拼多多、京东、东家、抖音等多家网络直播销售平台，引导非遗企业、非遗传承人入驻平台，拓宽销售渠道。举办以"诗路丽水•惠享生活"为主题，2021瓯江山水诗路"非遗购物节•文旅消费季"大型沉浸式体验活动。组织丽水提线木偶戏、陈十四传说等项目走进养老院幼儿园、第七届全市婺剧戏迷节、处州板龙进校园等一系列展示展演活动。

【非遗宣传交流】 2021年，丽水市"多彩非遗乡村四季行"活动先后在缙云县、庆元县、松阳县举行，共有来自9个县(市、区)及舟山、金华、桐庐、龙游等地的非遗项目参加，1万余名当地群众参与，展示不同特色的非遗风采，彰显非遗魅力。景宁畲族彩带编织技艺、龙泉青瓷烧制技艺参加第三届大运河文化旅游博览会非遗展。第16届中国义乌文化和旅游产品交易博览会上，龙泉青瓷烧制技艺、龙泉宝剑锻制技艺、庆元木拱桥传统营造技艺参加展览，丽水提线木偶戏参加展演。青田石雕国家级传承人张爱光的作品《绿水青山》、龙泉青瓷烧制技艺国家级传承人毛正聪的作品《雍容华贵茶具》参加"文脉咏传"浙江非遗主题展。青田石雕、龙泉青瓷传统烧制技艺、龙泉宝剑锻制技艺、景宁畲族彩带编织技艺4个项目共18件作品参加在上海举办的"百年百艺•薪火相传"中国传统工艺邀请展。畲族彩带编织技艺、青田百鸟灯舞参加在德清县举行的"迎建党百年　享美好生活"浙江省民间音舞大型广场展演展示活动。组织非遗走亲活动，丽水提线木偶戏、缙云烧饼制作技艺、云和木玩

具制作技艺等6个项目参加浙江（桐庐）非遗展。（陈　怡　何俊华）

文物保护和博物馆

【文物安全治理模式创新】 2021年，"丽水市文物局"挂牌成立，文物安全工作纳入市政府常务会议重要议题。落实文物保护安全职责，全面完成94处省级以上文物保护单位、8家国有博物馆文物安全直接责任人公告公示。联动消防、建设、水利等部门开展消防安全、白蚁防治、古井资源普查等联合专项行动。组织全市文物部门开展文物安全大排查大整治大提升行动，全市组成检查工作组258个、出动998人次，检查文物博物馆单位551处，发现文物安全隐患问题115项、督促整改115项。协调推进历史文化名城和城中村改造区块文物保护工作，组织完成丽水饭店区块城墙遗址保护展示方案设计，完成青林村门楼保护迁移工程；配合开展城市有机更新项目，推进历史文化街区中文物建筑"产权置换"，实现21户产权国有征收或回购。出台《遂昌县文物保护建筑修缮管理办法》《全国重点文物保护单位——"河阳村乡土建筑"保护规划》《省级文物保护单位——"大溪滩窑址群"保护规划》等文物保护工程管理制度。云和梅源梯田和松阳邮电局旧址获评"浙江省第三届不可移动文物保护利用优秀案例"。抓好通济堰、浙江大学龙泉分校旧址、处州廊桥之龙济桥、吾际下姚氏宗祠等一批文物保护修缮重点项目建设。以省级文物保护单位处州府城墙为载体，推出"处州忆夜"宋韵文化沉浸式观演体验秀；利用博物馆文物藏品推出"探寻处州宋韵之雅"网络直播活动；龙泉市结合宋韵文化建设大窑龙泉窑遗址博物馆。

2021年11月1日，"处州忆夜"宋韵文化沉浸式观演体验秀　（何俊华　提供）

【浙西南革命文物保护利用】 2021年，市文广旅体局推动浙江省首部革命遗址保护类地方性法规《丽水市革命遗址保护条例》立法，于10月1日施行。编制《浙西南革命文物保护利用规划》，谋划打造九大特色保护利用片区，全市59处革命不可移动文物、56件/套革命可移动文物入选浙江省第一批革命文物名录。评选发布"蔡鸿猷绝笔诗"等馆藏革命文物类金名片10个，丽水中共浙江省机关旧址等革命遗址类金名片12个。实施东方镇红军标语墙、旸村上书房（红十三军第三团第二大队成立地）和浙西工农红军第一大队活动旧址、贤母桥（红十三军第三团攻打壶镇战斗遗址）日常保养维护工程，启动王村口革命纪念建筑群之宏济桥抢险加固工程等。完成省委机关旧址之黄景之律师事务所旧址保护修缮工程、刘英旧居修缮及环境整治提升工程，浙西南革命文物保护利用的"丽水经验"在省级层面推广。

【世界文化遗产申报管理】 2021年，市文广旅体局持续推进海丝申遗工作，大窑龙泉窑遗址入选国家文物局《大遗址保护利用"十四五"专项规划》，大窑龙泉窑国家考古遗址公园建设及考古研究等工作纳入省级文博事业发展、考古研究的"十四五"规划内容，组织15件优秀藏品参展"四海通达——海上丝绸之路（中国段）文物联展"，组织参加2021年度海上丝绸之路保护和联合申遗城市联盟联席线上会议。

【廊桥保护管理】 2021年，市文广旅体局完成《处州廊桥保护利用规划》（简称《规划》）编制，并于11月29日获省人民政府批复同意。处州廊桥为第七批全国重点文物保护单位，由25座廊桥组成，分布在庆元、龙泉、景宁、松阳、青田5个县（市）的多个乡（镇）村。开展全市廊桥隐患调查与治理，共排摸廊桥262座，并推进隐患整改任务，实施国保龙济桥、省保宏济桥、市县保黄洋护龙桥、黄塔廊桥等系列廊桥保护修缮工程。《规划》旨在通过对处州廊桥的保护与利用进行科学、合理地统筹规划，将处州廊桥的保护与生态环境建设、经济发展相结合，使其真实性、完整性得到有效保护与传承，并促进社会效益、生态效益与经济效益的协调统一，谋求文物保护与社会发展的和谐共赢。

【传统村落保护与"老屋"拯救】 2021年，市文广旅体局推进全域传统村落保护与"拯救老屋"行动，编制发布《丽水市全域传统村落暨老屋保护与发展规划》。持续推进松阳"拯救老屋"行动，已完成265幢，其中完成二期项目"老屋"修缮24幢，"老屋"研学基地展示馆展览部分通过初步验收。全国重点文物保护单位河阳村乡土建筑之文翰公祠、圭二公祠、循规映月宅、公济桥、儒林古第修缮工程通过省文物局验收。

2021年，传统村落"拯救老屋"行动　（何俊华　提供）

【博物馆品质提升】 2021年，市文广旅体局完成丽水市博物馆馆藏文物预防性保护项目建设，扩大博物馆公共服务覆盖面。云和梯田博物馆主体工程完工；遂昌县博物馆开工建设，完成基础验收；青田县文物馆陈列布展工程已完成80%。推进市区民办博物馆群建设，海德（国际）音乐艺术收藏馆项目主体工程竣工通过验收；"瓯江文苑"民办博物馆群项目总体策划方案基本完成；华侨博物馆筹建任务前期工作稳步开展。推进博物馆"微改造、精提升"，龙泉市博物馆入选旅游业"微改造、精提升"省级试点名单。推进文博体系数字化改革，全市9家国有博物馆11个场馆全面实现全国居民社保卡"一卡通"和花园码"一码通"功能。丽水市博物馆设立"丽博会客厅"，并于9月13日举办首次文博沙龙，同时在博物馆官网、微信公众号、视频号和抖音、小红书等线上平台推出云展厅、"我们的节日"、音频节目《红色印记》、视频节目《丽博连连看》、"弘扬浙西南革命精神"网络攻关大赛、"探寻宋韵之雅——走进市博物馆"等活动。龙泉市与上海闵行区联合在上海举办"天下龙泉——龙泉青瓷·宝剑传承与创新展"。（陈　怡　何俊华）

广电事业

【广电安全播出】 2021年，市文广旅体局加强日常广电监测工作，累计向省局上报零报告43份，向各监管局、广播电视台、华数公司播发安全播出预警信息共7907人次。重点完成元旦、省"两会"、春节、全国"两会"、清明、"五一"、建党百年、端午、中秋、国庆等重要节点共35天的安全播出特别保障任务。完成中国共产党成立100周年全市广播电视行业安全播出大检查，督促整改问题187个、问题隐患55个。开展中国共产党成立100周年丽水市广播电视安全播出应急演练。开展"黑广播"专项监测工作，实现机器自动监测3153.6万轮次，人工辅助监测1098轮次，人工监听1095轮次，移动监测48次，在龙泉市区利用技术手段查获"黑广播"1处。

【地卫专项治理】 2021年，全市文广旅体系统开展地卫专项整治活动，加大对网络传播境外电视非法行为的整治打击力度。共发出整改通知书237份，宣传相关政策法规7500余次，联合执法274次，出动执法人员3637余人次，立案4起，取缔非法销售点4个，现场整治及拆除855套，用户自行拆除非法境外卫星电视接收设施2982座。

【广电作品创优工作】 2021年，市文广旅体局一手抓管理服务，一手抓创优引导，推动视听精品创作，组织2020年度全市广播电视优秀作品评选工作，全市各级播出机构选送作品47件，经专家评出优秀作品29件，其中，一等奖8件、二等奖9件、三等奖12件。举办丽水市新闻奖（广播电视部分）评选工作，全市各级播出机构选送作品180件，经专家评出优秀作品92件，其中，一等奖20件、二等奖28件、三等奖44件。组织推荐作品参加全省广播电视政府奖，获评全省广播电视政府奖22件、"金潮奖"12件、"金鼎奖"12件。

【智慧广电建设】 2021年，市文广旅体局推进智慧广电建设，推进市级台专业电视频道完成高标清同播、县级台高清化改造工程，其中市广电总台和龙泉台、青田台、庆元台、缙云台、遂昌台、松阳台、景宁台7家县级台均已完成高清化改造。坚持广电惠民，进一步完善农村应急广播体系维护、管理、服务长效机制，对接乡村振兴，借助应急广播平台普及科学知识、传递致富信息、服务“三农”。以《浙江省有线电视网络升级改造技术指南》为指导，指导县市区推进广播电视网络升级改造。（陈　怡　何俊华）

群众体育

【体育现代化创建】 2021 年 3 月 23 日，省政府发文命名 17 个县（市、区）为全省首批体育现代化县，其中青田县入选，是山区 26 个县中的首个。青田县以“四提升四覆盖”全民健身工程建设为抓手，在体育产业、体育文化、体育治理、清廉体育等工作中取得长足进步，人均体育场地面积 2.3平方米以上，国民体质健康合格率 94%，先后获全国群众体育先进集体、浙江省群众体育先进集体、“十三五”浙江省体育场地设施建设突出贡献奖等荣誉。2021 年，全市新增百姓健身房 34 个、社区多功能运动场 29 个、足球场（笼式足球场）5 个、村级全民健身广场 7 个、体育公园（体育设施进公园）4 个、基层体育场地设施 79 个。

【群众体育赛事】 2021 年，市体育发展中心举办 150 人次以上群众体育赛事活动 50 场，举办 2021 浙江省足球超级联赛开幕式和揭幕战，开幕式展演人员 800 余人，现场观众 6000 余人，是 2021 年丽水市举办现场人数最多的大型文体活动。组队参加第四届省体育大会、社区运动会等群众体育赛事活动，第四届省体育大会丽水市参与 28 个大项，共派出 700 余名运动员参加，获第一名 4 个、第二名 9 个、第三名 9 个，获赛事优秀参与奖和体育道德风尚奖。

【科学健身指导】 2021 年，全市建有各类体育社会组织 585 个，超过省定要求 470 个，其中市本级体育协会 41 个，AAA 级以上 21 个，新创成 AAAAA 级 1 个。全年全市开展国民体质监测工作，共监测 13510 人次，覆盖丽水市 3—69 周岁的城乡群众。市级医疗机构和体育部门各有 1 家机构开展运动促进健康“体医融合”服务。（肖冬丽）

竞技体育

【参加省级以上赛事】 2021 年，丽水市参加国家级赛事共获金牌 1 枚、银牌 6 枚、铜牌 5 枚（其中，体操获金牌 1 枚、银牌 2 枚；篮球获银牌 2 枚、铜牌 1 枚；航海模型获银牌 1 枚、铜牌 2 枚；足球获银牌 1 枚；田径获铜牌 1 枚；山地自行车获铜牌 1 枚），蓝梅煜淏获全国少年体操 U 系列锦标赛男子团体冠军。参加省级赛事共获金牌 45 枚、银牌 47 枚、铜牌 46 枚（其中，轮滑获金牌 24 枚、银牌 15 枚、铜牌 10 枚；体操获金牌 8 枚、银牌 16 枚、铜牌 14 枚；航海模型获金牌 8 枚、银牌 7 枚、铜牌 5 枚；田径获金牌 2 枚、银牌 4 枚、铜牌 1 枚；山地自行车获金牌 2 枚、银牌 1 枚、铜牌 1 枚；皮划艇赛艇获金牌 1 枚、银牌 4 枚、铜牌 7 枚；跆拳道获铜牌 6 枚；足球获铜牌 1 枚；篮球获铜牌 1 枚）。

【竞技体育提升工作】 2021 年，市政府印发《关于深化体教融合　加强竞技体育后备人才培养的若干意见》，为丽水市备战第十七届、十八届省运会，“十四五”期间体教融合工作的开展夯实基础。全市在省体育局注册运动员 13648 人，全年有 33 名运动员考入 22 所各类高等院校，其中，浙江大学 1 人、南昌大学 1 人、北京体育大学 1 人。在十四届陕西全运会上，丽水籍运动员共有 23 名体育健儿参加 11 个大项比赛，共获金牌 2 枚、银牌 10 枚、铜牌 2 枚，创历史新高。（肖冬丽）

体育产业

【丽水市体育发展“十四五”“1+4+X”系列规划编制完成】 2021 年，丽水市体育发展“十四五”“1+4+X”系列规划编制完成并对外发布，“1+4+X”系列规划分别为：9 月 13 日，发布《丽水市最美户外运动天堂规划》；12 月 31 日，发布《丽水市体育事业发展“十四五”规划》；8 月 31 日，发布《丽水市体育产业发展“十四五”规划》《丽水市全民健身实施计划（2021—2025）》《丽水市体育训练及后备人才培养“十四五”规划》。编制完成《丽水山路系列•环丽步道系统规划》和《丽水山路系列•丽水市汽车越野线路规划》。

【体育产业项目及平台创评】 2021 年，庆元廊桥国际越野赛、遂昌王村口百里红军古道越野赛入选 2021 年省重点培育品牌体育赛事名录库。缙云三溪漂流项目、缙云壶镇卡丁车项目入选省级运动休闲旅游优秀项目。复评省级运动休闲旅游示范基地 1 个（缙云黄龙景区）。

【市级体育产业示范平台评审】 2021 年，丽水市开展 2021 年度体育产业发展资金项目库、第二批市级运动健身示范场馆、运动休闲示范基地等体育产业品牌评定工作，打造一批具有示范引领作用，辐射性强、带动性强的运动健身场馆及运动休闲项目综合体，形成一批市级体育产业品牌。共评出 2021 年度市级体育产业发展资金项目库项目 1 个（“莲都 100”越野赛），第二批市级运动健身示范场馆 2 个（莲都 9 健身、松阳魏莱健身俱乐部），第二批运动休闲示范基地 2 个（松阳七沐山景区、云和仙宫湖景区）。

【体育彩票销量 6.15 亿元】 2021 年，全市体彩销售总量 6.15 亿元，同比增长 28.9%，高于全省平均水平，与福利彩票的市场占比为 6:4。市体育发展中心组织开展品牌公益活动近 30 场，其中“中国体育彩票送福进万家”活动送出新春福袋 1.7 万余份、“体彩爱心小板凳”活动送出小板凳 3000 张、公益助学活动送出助学物资 1000 余份。（肖冬丽）

品牌赛事

【“丽水·清韵杯”全国业余围棋公开赛】 2021 年 5 月 25 日，“丽水·清韵杯”全国业余围棋公开赛在莲都区举行。赛事由中国围棋协会、丽水市人民政府主办，浙江省围棋协会、莲都区人民政府承办，莲都区文化和广电旅游体育局、莲都区体育总会、丽水市围棋协会、莲都区围棋协会协办。来自全国 24 个省市的 182 名业余围棋选手参加。上海选手胡煜清 8 段最终以 9 胜 1 负的成绩获冠军奖杯，公开组团体前六名分别被上海清一队、杭州围棋学校二队、杭州围棋学校三队、杭州围棋学校四队、杭州围棋学校五队、杭州围棋学校一队夺得。该赛事已经成为中国业余围棋的一项传统赛事，不仅提升丽水在中国业余围棋界的影响力，更成为展示宣传丽水的一个展示平台。

2021 年 5 月 25 日，“丽水·清韵杯”全国业余围棋公开赛在莲都区举行

（肖冬丽 提供）

【金湖佳苑杯 2021 丽水白云国家森林公园山地赛】 2021 年 4 月 11 日，金湖佳苑杯 2021 丽水白云国家森林公园山地赛在丽水白云国家森林公园举行。赛事由丽水市体育总会、莲都区文化和广电旅游体育局指导，恒玖置业·金湖佳苑冠名，丽水市马拉松及路跑协会主办的一场轻奢、专业级越野跑比赛。赛事共 800 余人参加，共设有 13 千米体验组，30 千米轻奢组及 50 千米进阶组，起终点均设在白云国家森林公园大门处，赛道包含景区马路、石板台阶、山间小径、康养步道、碎石路等丰富的户外路面地形，满足不同水平户外爱好者对探索户外的基本需求。叶恺远、张永梅分别获男（女）13 千米体验组冠军；林长青、蓝媛媛分别获男（女）30 千米轻奢组冠军；吴政桦、刘玉燕分别获男（女）50 千米进阶组冠军。

【2021 年中国体育彩票浙江省国际跳棋公开赛（莲都站）暨丽水市第二届国际跳棋等级赛】 2021 年 10 月 16 日，浙江省棋类协会主办，丽水市莲都区体育总会、丽水市国际跳棋协会承办，丽水星球棋院、莲都区国际跳棋协会协办的 2021 年中国体育彩票浙江省国际跳棋公开赛（莲都站）暨丽水市第二届国际跳棋等级赛在丽水万和豪生大酒店举行。来自全市 170 余名国际跳棋小棋手参赛，分为五个组别进行七轮角逐。蓝朱琪、刘陈诺伊、毛晨宇分别获定级一组前三名；卢柯宇、叶昱辰、金逸新分别获定级二组前三名；杜新泽、丁柯硕、雷妍汐分别获十级组前三名；刘基正、张宸睿、蓝泽宇分别获九级组前三名；叶博宇、程麟、朱小栋分别获六级组前三名。

【2021 中国·丽水体育舞蹈（国标舞）公开赛暨丽水市第十届青少年体育舞蹈锦标赛】 2021 年 12 月 4 日，丽水市体育发展服务中心、丽水市体育总会主办的中国·丽水第五届体育舞蹈（国标舞）公开赛和丽水市体育发展服务中心、丽水市教育局主办的丽水市第十届青少年体育舞蹈锦标赛在丽水市体育中心体育馆举行，来自省内及丽水 9 个县（市、区）60 余支代表队参加比赛。承办单位丽水市国际体育舞蹈协会，根据竞赛规程将所有参加公开赛和青少年赛的 162 个不同项目分成 210 个场次，每场次选手总量控制在 50 名以内分 A、B、C 三个场地同时进行。陈宇轩、何新月，张杨林、潘柯婷、郑家豪、叶敏分别获青少年男女双人 A 组（精英组）决赛前三名；韩丝恬、章如意、叶籽璇分别获青少年单人单项 J（精英组）决赛前三名；韩丝恬、朱晏宁、章如意分别获青少年单人单项 C（精英组）决赛前三名；徐巧楠、章如意、何新月分别获青少年单人单项 S（精英组）决赛前三名。（肖冬丽）

媒　体

综　述

【概况】 2021年，全市新闻媒体紧扣庆祝建党百年主题主线，围绕市委、市政府重大决策部署及中心工作，线上线下同频共振、齐声发力，聚焦庆祝中国共产党成立100周年、党史学习教育、共同富裕示范区建设、高水平全面建成小康、弘扬践行浙西南革命精神、生态产品价值实现机制示范区建设、数字化改革、“双招双引”、“红绿融合”发展等主题，统筹开展主题宣传、成就宣传、政策宣传、典型宣传。组织开展“献礼建党百年·寻访丽水百个红色地标”“百年瓯江”“弘扬践行革命精神红色宣传联盟”等大型融媒采访活动，全市各级媒体在头版头条开设“奋斗百年路 启航新征程”专栏，推出报道2.3万余篇，在国家和省级媒体共刊发重点报道2200余篇。其中，莲都沈姐志愿服务党支部的“丽水爱心共享厨房”受人民日报客户端关注，人民网开设微博话题冲上热搜榜，阅读1.3亿人次，点赞数3.3万人次。举办“‘红绿融合’老区振兴 打造‘重要窗口’”等主题系列新闻发布活动15场，紧抓6月22日省政府新闻办在遂昌召开“建党百年主题系列”丽水专场新闻发布会的有利契机，推出以朱宗鹤先进事迹为蓝本的短视频作品《国旗守护者》，全网阅读量突破5900万人次，在网上形成新一轮点赞朱宗鹤老人事迹、弘扬初心使命的宣传高潮。

【媒体融合改革】 2021年，市县各级媒体不断完善体制机制，强化技术支撑，以短视频为主攻方向全面提升全媒生产传播力。与浙报集团建立融媒共享联盟，打造124个共享联盟中心站、县级融媒站和微融站。打造全媒体传播公共品牌“美丽丽水”，荣登“美丽浙江”全省融媒体排名首位。市广电总台获“长三角广播电视媒体融合先导单位”。市本级新闻客户端用户总量平均同比增长85%、县级平均增长75%，推出阅读量超亿新媒体爆款作品9件、千万人次30件、百万人次313件、十万人次650件。

【新闻业务管理】 2021年，丽水市委宣传部进一步加强新闻业务管理，用好浙江省专业技术职务任职资格申报与评审管理服务平台，开展2021年新闻专业职称评审工作，评出记者14人、编辑12人、助理记者5人、助理编辑9人，推荐主任记者6人、主任编辑7人、高级编辑1人。定期召开新闻通气会，完成市级媒体2020年度目标绩效考核工作，制定市级媒体2021年度目标绩效考核办法。开展2021年度“四优三品牌”评选，评选优秀记者5人、优秀编辑5人、优秀主持人2人、优秀网络评论员10人、品牌栏目3个、品牌活动2个、品牌新媒体3个。　（潘蔚畅）

丽水日报报业传媒集团

【概况】 2021年，丽水日报报业传媒集团在市委、市政府领导下，以习近平新时代中国特色社会主义思想为指导，做好十九届六中全会精神的贯彻落实、建党百年、党史学习教育、共同富裕示范区建设、人才科技峰会、“双招双引”、疫情防控等方面的舆论宣传工作。“问政直通车”平台发展进入快车道，用户总量达23万人，全年发帖2030条，答复率100%，阅读量1540.8万人次，日均4.2万人次。6月底，平台完成网络问政政务云资源迁移工作，提升问政平台的安全性能，更好地保障用户信息安全；做好舆论监督报道，组织采写新闻舆论监督内参稿件9篇，刊发6篇，其中4篇获市级领导批示，实现党报智库建设成果量与质的双提升；做好新闻帮扶活动，《处州晚报》全年接热线近400条，及时为市民、读者答疑解惑，排忧解难。联合市关工委、团市委共同推出

"丽水帮帮团公益联盟2021年专项助学行动",帮助9名品学兼优的贫困学子步入大学校园;配合做好市委、市政府重点工作,在各重要时间节点充分利用新媒体优势开展网络宣传,取得良好效果。微信公众号方面,丽水网、处州晚报官方微信的全年总阅读量分别达到2420万人次和2066万人次,"10万+"爆款作品分别达到8条和6条,粉丝量分别为35.2万人和17.7万人。微博方面,处州晚报官方微博全年阅读量4260万人次以上,其中"100万+"作品2条,"10万+"作品98条,共有粉丝15.8万人。丽水网官方微博配合开展话题互动,主持的"红色浙西南绿色新丽水"话题,至12月底,话题阅读量50.3亿人次,讨论数超过56.8万人次;主持的"丽水摄影节"话题,阅读量4.6亿人次,讨论数7.6万人次。短视频方面,丽水日报新媒体抖音号创作"百万+"作品22个,"10万+"作品26个。处州晚报抖音号创作"千万+"作品1个,"百万+"作品14个,"10万+"作品91个。策划制作的"仗剑从戎 强国有我"短视频,累计阅读13.7万次、转发量3000余次,很好地宣扬社会对军人职业的尊崇感、荣誉感,充满正能量,获市委相关领导肯定。同时,开通视频号、抖音号直播功能,其中两湖公园黑天鹅系列直播累计观众总数110万人次;"指尖丽水"APP方面,2021年共刊发稿件2.5万条,用户数从年初的6万人增长至9.1万人,8篇稿件阅读量超过10万人次。11月3日至9日,"指尖丽水"开展"丽水市党史学习教育专题实践活动最佳实践案例请你来点赞"活动,超过10.8万人参与,总点赞数超过153万人次,活动热度达171万人次;2021年,丽报集团编委、副刊部主任金小林获第十四届浙江飘萍奖,14件作品获浙江新闻奖,其中一等奖2个、二等奖4个、三等奖8个。全年向学习强国平台报送稿件1477篇,其中省平台通过621篇,录用总数及录用率位居全市第一。在丽水市全国文明城市创建"两连冠"工作中,丽水日报社被丽水市人民政府授予集体三等功,丽水日报社记者部被授予集体嘉奖。

2021年,丽水日报报业传媒集团全年经营总收入达到1.16亿元,同比增长10.6%。广告方面,深化经营"走转改",全面拓展各领域广告业务,全年广告业务收入2566万元,其中视频业务营收近300万元;《丽水日报》发行量6万余份,《处州晚报》年发行量近3.6万份,年度报款金额3270万余元,物流公司营收1194万元,同比增长31.5%,实现利润226万元;印务公司实现对外销售865万元,同比增长6.3%,并入选2021年第一批浙江省科技型中小企业和2021年丽水市重点文化企业;文化旅游公司完成业务总量496.9万元,同比增长17.5%。文旅公司与市城投携手签约"丽水山泉"战略合作项目,充分发挥省内外融媒联盟等平台资源和多渠道优势,助力"丽水山泉"在省市内外高质量跨越式发展;智汇文化公司及智汇培训公司总营收近391万元;丽报集团与小康杂志社联手出版中国全面建成小康发展报告《乡镇样本·丽水》,并举行新书发布仪式和"乡村振兴·共同富裕"乡镇发展论坛,实现社会效益与经济效益双丰收。

2021年8月12日,"乡村振兴·共同富裕"乡镇发展论坛暨中国全面建成小康发展报告《乡镇样本·丽水》新书发布仪式举行
(陈 炜 提供)

【建党百年、党史学习教育重大主题宣传】 2021年,丽水日报报业传媒集团以小故事展现大变化,以小切口反映大成就,通过丽水的巨大发展变化彰显建党百年的奋斗成就。推出"庆祝中国共产党成立100周年"系列策划、"七一"特刊,开设《奋斗百年路 启航新征程》专栏,下设《学党史 悟思想 办实事 开新局》《同心奔小康》等子栏目,共刊发专版98个、相关稿件800余篇。清明节期间,策划推出"红色浙西南 鲜花祭英烈"网上祭扫活动,23万余名网民通过网络祭祀等方式缅怀英雄,向建党百年献礼。

【十九届六中全会精神贯彻落实报道】 2021年，中共十九届六中全会召开之后，丽水日报报业传媒集团做好各地各部门学习全会精神的报道，全面展示各地将全会精神转化为推进丽水高质量绿色发展以及共同富裕示范区建设等的生动案例和实践典型。开设《贯彻落实六中全会精神》专栏，全面报道全市开展"六讲六做"大宣讲、"丽水之干"大践行活动。深入贯彻六中全会精神，着眼于为群众办实事的新闻实践活动，组织采写新闻舆论监督内参稿件9篇。其中，有关社区消防通道问题、保护古树问题、公墓建设问题的内参报道获市长吴晓东批示，有关"双减"背景下关怀教师问题获市委副书记郎文荣批示。

【优化新闻服务】 2021年，丽水日报报业传媒集团围绕"双招双引"战略性先导工程，集中力量，深入基层采写招引的重大项目，将市委的重点工作部署传递到一线，助力丽水各地掀起招商引资、招才引智新热潮。围绕第十届"智汇丽水"人才科技峰会、丽水摄影节、青田侨博会、缙云黄帝祭祀、龙泉剑瓷文化节等重要节庆活动，做好动态报道。在"丽水山泉"项目合作中，丽水日报记者部副主任钟根清起草"写好'水经注'走好'共富路'——关于以'丽水山泉'高端水产品加快激活水经济的汇报"一文，获省委书记袁家军重要批示，为丽水争取相关政策支持作出重要贡献。

【大型融媒采访活动】 2021年初，丽水日报报业传媒集团启动"献礼建党百年·寻访丽水百个'红色地标'"大型融媒体报道活动，致敬中国共产党百年光辉历程。抽调40余人深入9个县(市、区)重走红色路，寻访全市范围内具有代表性的"红色地标"。用文字、图片、动图、短视频等形式记录下红色地标的"前世今生"，挖掘红色传承、共同富裕的生动故事。所有记者行程加起来超过1万千米，发表作品100余篇，相关"红色地标"报道还被学习强国、新华网、人民网、全国党媒信息公共平台、澎湃新闻等媒体转发，此次活动也被市党史学教办评为全市最佳实践案例。5月初至7月底，作为"全国弘扬践行革命精神红色宣传联盟"发起单位，丽水日报报业传媒集团联合各成员单位举行"寻访百年红色精神　重走红色革命地标"大型融媒采访活动，新华社、"学习强国"学习平台、中新社等中央媒体和《浙江日报》《遵义日报》等15个省市的30家媒体单位共60余名新闻工作者先后前往嘉兴、遵义、临沂等地集中采访。集团重点承办"丽水行"采访活动，参会媒体积极刊发专题专版及新媒体报道，进一步助推"红色浙西南，绿色新丽水"的品牌影响。

2021年1月21日，献礼建党百年·寻访丽水百个"红色地标"大型融媒体报道仪式在丽水举行
(陈　炜　提供)

【文化体制改革】 2021年，丽水日报报业传媒集团有限公司完善顶层设计，优化公司治理结构，强化利润导向，合理配置生产资源，对下属公司业务进行梳理，进一步增强企业竞争力。撤并后勤服务公司和购朋友公司，分流相关人员。对"126公社"相关服务实行公开招标，优化后勤市场化服务方式和内容，增加经济效益。同时修订、制定集团《经营合同签订和管理办法》《丽水日报报业集团应收账款暂行管理办法》《丽报集团财务支出审批制度》等一系列内部制度，切实按照现代企业制度开展经营。

【媒体深度融合发展】 2021年，新媒体中心、《处州晚报》紧抓短视频发展风口，开设丽水网和处州晚报微信视频号、丽水日报新媒体快手号，持续维护好丽水日报新媒体和处州晚报抖音号。为适应日益火热的直播趋势，及时采购一批摄影摄像设备、具备RTMP推流功能的监控摄像头以及配套设备用于慢直播等应用场景，相比此前单纯借用第三方直播设备，观众总数增加近40倍。为稳定有效地利用策、采、编、发、存融媒体一体化平台系统，丽水日报报业传媒集团与浙江日报报业集团签订后续维保合同，保证大数据资源、策划资源等模块以及流畅的授权服务，多次更新改版“指尖丽水”App，用户量大幅增加，同比增长50%。（朱　剑）

广播电视

【概况】 2021年，丽水市广播电视总台（丽水广播电视集团）继续以改革为主线，以绩效为核心，党建、新闻宣传、媒体融合、技术改造、产业经营、队伍建设等各项重点工作扎实推进、捷报频传，为“十四五”全力推进广电事业高质量发展实现良好开局。在2020年度浙江省新闻奖、浙江省广播电视政府奖、浙江省广播电视节目技术质量金鼎奖等评选中，获奖作品31件。其中，《胡海峰邀您游丽水》《山海之恋》《乐享山海湖　云购农家货——台州、湖州、丽水广电全媒体惠农行动（第一季）》3件作品获新闻类一等奖，《基于边缘云计算技术的省市分布式IP备播系统》获金潮奖一等奖，《古堰画乡》获金鼎奖一等奖，《探寻应星楼》获省丹桂奖优秀短纪录片奖。总台媒体融合创新实践得到省委宣传部、省广播电视局肯定，在长三角三省一市媒体融合典型案例评选中，获“长三角广播电视媒体融合先导单位”称号，受到市委宣传部嘉奖。新媒体中心获“浙江省网络视听年度优秀内容创新团队”称号。全年实现广告经营收入9071万元。全年广告信用指数100分，列全省市级广播电视第一名。全年3个电视频道晚间时段平均收视率8.47%、收视份额19.9%；3个广播频率平均收听率3.30%、收听份额74.2%。

【媒体深度融合】 2021年，丽水市广播电视总台发挥全媒体新闻中心宣传主引擎作用，统筹全台宣传资源，实现策采编播一体化、大屏小屏一体化、人员统筹一体化，推进广播、电视、新媒体全方位深度融合，传统媒体品牌栏目影响力进一步提升，正能量爆款作品爆发式增长。全年全台新媒体矩阵总粉丝数达205.2万人次，全网阅读量上亿作品14个、“1000万+”作品35个、“100万+”作品342个、“10万+”作品295个。其中，“诚信奶奶”陈金英的视频全网刷屏，就是多屏融合成效的典型案例。该视频由“金蝉视频”全网首推，仅一天时间，“诚信奶奶”短视频在快手平台浏览量230万余人次，《人民日报》、《浙江日报》、中国蓝新闻、美丽浙江等主流媒体公众号、客户端纷纷转载，央视推出系列报道3篇和新闻评论1篇，时长12分钟。浙江卫视也推出10分钟评论专题。各平台立足自身实际和资源，打造一批定位鲜明、内容精良、矩阵传播的短视频品牌，形成全市域协同、全媒体生产、全渠道传播的格局。以“金蝉视频”“丽水在线”“瞰丽水”“航拍丽水”“动听丽水”为主，打造时政、民生、航拍等资讯类短视频品牌矩阵；以“丽水人居”“丽水名堂精”“丽水医视”“老白谈健康”等为主，打造特色文旅、社区公益等服务类短视频品牌矩阵；上线市域短视频外宣公共品牌——“美丽丽水”。通过布局全网头部平台，拓展一批多层次、全覆盖、有影响的全媒体传播渠道。“魔方奶奶”系列短视频，经人民网发布后全网刷屏，微博话题阅读量1亿余人次，40余家中央、地方主流媒体客户端纷纷转发。

【主题宣传报道】 2021年，丽水市广播电视总台围绕市委、市政府中心工作，做好省“两会”和市“两会”宣传报道，推出《代表心声》《委员心声》《代表手记》《委员手记》等系列报道，播出相关稿件82篇。2021年是中国共产党成立100周年，各新闻栏目充分运用浙西南革命老区的丰富党史素材，推出《奋斗百年路　启航新征程：学党史　悟思想　办实事　开新局》《奋斗百年路　启航新征程：党史学习教育“三为”专题实践》《弘扬践行浙西南革命精神》等专栏。聚焦党史学习教育的进展成效、典型经验、社会反响和感人故事，播出报道近300篇。策划推出“百年瓯江”大型全媒体新闻行动，重点围绕浙西南革命精神、高质量绿色发展、红绿融合发展、瓯江文化等方面进行全方位报道。推出《共同富裕新征程》专栏，挖掘丽水市在乡村振兴、工业发展、农业产业发展、花园乡村建设、电商发展、基层治理、生态产品价值实现机制实践、红绿融合发展等方面的鲜活事例，播出报道140余条。推出《聚力“双招双引”》专栏，聚焦丽水市招商引资、招才引智工作，播出相关报道70余篇。聚焦丽水市各地在全面建成小康社会的典型经验和典型案例，播出相关报道100余篇。丽水市广播电视总台运用全台媒体矩阵资源，通过开设专栏、专题，推出系列报道，深入挖掘高质量发展的“丽水经验”、宣传“丽水之干”先进典型，形成强大的主流舆论宣传声势。庆祝中国共产党成立100周年、党史学习教育、共同富裕新征程、2021丽水摄影节等主题宣传工作受到市委宣传部嘉奖。“百年瓯江”大型全媒体新闻行动获2021年度丽水市宣传思想文化工作创新奖。

【舆论监督】 2021年，丽水市广播电视总台着力构建全媒体建设性舆论监督工作体系，以《每周聚焦》《百姓热线》等品牌栏目为龙头，围绕防范网络诈骗、巩固国卫、经常化文明创建等中心工作开展报道，充分发挥建设性舆论监督作用。全年报送《内部参考》27 篇，其中《清明将至，森林防火不可马虎！》《闲置分时租赁电动汽车存在严重安全隐患》等 5 篇《内部参考》得到市领导批示。

【对外宣传】 2021 年，丽水市广播电视总台充分挖掘丽水特色，让“丽水故事”“丽水声音”频频亮相中央、省级主流媒体。全年在中央媒体播出电视报道 25 条（其中《新闻联播》3 条，包含头条 1 条），广播用稿 4 条；在浙江卫视播出 463 条（其中《浙江新闻联播》头条 8 条）；“学习强国”平台录用 539 条；新蓝网录用信息 344 条；中新网录用信息 39 条；美丽浙江推送 269 条。6 条海外华侨中秋祝福短视频被中国黄河台采用；与长三角地区电台同行合作宣传丽水旅游，与上海长三角之声电台连线《丽水过大年》《春日丽水踏春》《来丽水过端午》等节目。新媒体中心配合中国蓝完成 9 场直播和慢直播，其中《24 小时赏丽水美景》《七天七夜新春慢直播》上线中国蓝新闻客户端，《此时此刻，浙江丽水云和梯田慢直播》入选央视新闻 24 小时常态慢直播。

【媒体产业经营】 2021 年，丽水市广播电视总台继续从单一靠广告的模式向新媒体、活动、产业等多元结构方面转型，全年实现经营收入 9071万元。电视中心通过多点出击拓增量、承办活动抓增量、在短视频里找增量、利用频道融合挖增量、新媒体平台变增量等手段实现大幅增收。广播中心通过定制活动的模式，拓展创收新领域，为客户定制《百名党员话初心》音画展播活动、红歌赛系列短视频，天晟山居工作室与文化活动部联合推出“民宿+音乐节”活动。新媒体中心向县（市、区）拓展业务。各经营部门全年承办市人防办演习项目、线上乡村春晚、国资委系列活动、市总工会演讲比赛、“绿谷之春”文艺会演、国家电网“五月鲜花　红星向党”劳模工匠演说、九龙湿地公园第一届赏萤季、印象十里清风大型主题秀暨建党 100 周年献礼大型活动、“8·19”医师节、世界环境日活动、财富公园孙楠演唱会大型直播、大花园大健康丽水市健康生活方式养成大型活动等近 100 场活动。完成大电影《我们的村庄》制作，11 月开始在松阳、丽水院线放映。研学与夏令营业务倍增，在疫情反复、外地游不乐观的情况下，完成近 2000 人次研学与夏令营活动。艺术中心全年开设小主持人班、小记者班等 55 个，招生近 500 人次。

【丽水广电青年宣讲团】 2021 年，成立“丽水广电青年宣讲团”，组织青年宣讲员围绕“青春心向党·建功新时代”主题，广泛开展党史宣讲“六进”“六讲六做”大宣讲活动。全年党史专题宣讲 62 场次，覆盖 23 万人次。依托短视频、微博、微信等平台开展线上宣讲，推出《红军墙的故事”寻红色旧物，讲党史故事”》《学习六中全会》等短视频，开展“诵经典·守初心——追寻红色足迹主题诵读”活动，在“学习强国”APP、“之江先锋”视频号等多平台传播。“金蝉视频”视频号推出《青春·丽水广电青年说》6 期系列短视频，搭建青年人交流学习“指尖微课堂”。“老白帮忙团”走进市区左渠门、北郭桥社区、永晖社区残疾人之家和三胞树人小学，开展唱红歌、讲党史等活动。丽水市广播电视总台团委联合市委宣传部、市水利局、市文广旅体局等 6 家单位团组织，举办“青春心向党，筑梦新时代”五四主题团日，通过青春团课、歌舞、诵读等节目形式，展现广大青年“不忘初心跟党走”的精神风貌。

【广播电视安全播出和技术保障】 2021 年，丽水市广播电视总台严格执行各项安全播出管理制度，落实各岗位安全播出主体责任，强化安全播出运行维护和日常管理，定期开展各系统巡检维护、应急演练，提升安全播出保障能力，确保广播电视安全优质播出。完成 3 个电视频道、3 个广播频率的制作、播出技术保障任务，完成

2021 年 4 月 25 日，丽水广电青年宣讲团党史宣讲“六进”活动开展
（黄晶晶　提供）

中国之声、浙江之声和2个DTMB电视频道以及本台县(市)调频覆盖网的安全转播发射任务,完成5个安全播出重要保障期共28天的安全播出保障任务,全年无重大安全事故发生。在庆祝中国共产党成立100周年重要保障期间,广播、电视、发射、融媒体技术平台等各技术系统相继开展有针对性的实战化演练,提升应急处置能力。

【广播电视高清化改造】 2021年是丽水市广播电视总台项目建设关键之年。继实现主频道——新闻综合频道的高清播出后,又启动公共频道、文化休闲频道高清化项目建设,实现全台所有电视频道高清化播出。完成630综艺演播室全媒体高清化改造、新闻演播室群全媒体高清化改造、非线性高清精编制作系统、5G+4K全媒体直播车建造、演播室群全媒体高清化改造项目(舞美装修部分)等项目建设,为广播电视节目优质生产、精良制作、安全播出提供强有力的保障。 (黄晶晶)

【丽水广播电视报】 2021年,丽水广播电视报发行50期,每期20版,发布原创内容32篇(版),主要包括人物专访、通信、旅游、养生、美食等内容。报社记者深入农村一线,采访共同富裕路上的"丽水高人",专访碧湖"种粮大户"厉定伟、缙云"茭白大王"李春萌等高质量发展领头人、创业创新高手,收到良好社会反响。围绕社会正能量开展报道,报道"诚信奶奶"陈金英、"共享爱心厨房"沈香娋的先进事迹。加强报纸与新媒体内容深度融合,与"无限丽水"客户端和"丽水名堂精"微信公众号相互引流,形成良性互动,扩大新媒体受众群体。开展"寻红色印记,看人防发展"第五届广电小记者"故事大王"比赛,举办小记者体验和研学等活动。全年刊发公益广告65个整版,内容包括疫情防控、节约粮食、光盘行动、健康生活、尊老爱幼、文明礼仪等,弘扬社会美德,营造积极向上、和谐文明的社会氛围。 (汤 颖)

新闻团体

【概况】 2021年,丽水市新闻工作者协会(简称市记协)组织全市媒体深入学习宣传贯彻中共十九届六中全会精神,以习近平新时代中国特色社会主义思想为指导,深入宣传阐释党的创新理论,积极传播党的声音,不断增强脚力、眼力、脑力、笔力,用心走好新时代群众路线,有力服务党委和政府工作大局。市记协组织全市新闻单位围绕党委、政府中心工作,坚持团结稳定鼓劲、正面宣传为主,重点做好建党百年和党史学习教育,学习贯彻落实中共十九届六中全会精神、共同富裕示范区建设等新闻宣传报道工作。2021年,市记协完成上级单位交办的各项工作。组织开展好建党百年主题特刊、"共同富裕"主题报道两轮新闻互评工作。组织人员参与《当代浙江记者丛书》(第十一辑)征稿工作、全省新闻界庆祝中国共产党建党100周年书画摄影展、省记协举办的"寻红色印记·看美好'窗口'"融媒作品征集暨全省融媒体易地蹲点采访活动。配合做好浙江省新媒体专业委员会组成人员调整增补工作,中国记协向资深新闻工作者颁发荣誉证书和证章的工作。组织人员参加全省记协春季专题读书会、第八届浙江省"好记者讲好故事"比赛活动、省新闻道德建设评议会暨基层联系点挂牌仪式、浙江新闻界庆祝第二十二个中国记者节暨好记者好作品颁奖报告会。市记协组织全市新闻工作者参加中国记协、省记协开展的各类业务交流和培训。组织人员参加中国记协融媒工作室创新运营系列线上直播培训、全省年轻记者"学党史、'强四力'"专题培训班。组织参与省记协主办的"云课堂"线上培训班暨"好作品、好记者报告会"、省记协联合复旦大学新闻学院开办的"首席新闻评论员高级研修班"。

【年度新闻奖评选】 2021年初,市记协做好2020年度浙江新闻奖推荐和报送工作。2020年度丽水市获浙江新闻奖的作品共24件,一等奖2个、二等奖8个、三等奖14个,其中,丽水日报社作品《72年接力守护党旗》获新媒体类作品一等奖、丽水日报社作品《探路记》获副刊类作品一等奖。做好2020年度丽水市新闻奖评选工作。2020年度丽水市新闻奖评奖项目和标准与浙江新闻奖基本一致,报纸、广播电视、新媒体和区域报分类进行评选。产生2020年度市新闻奖的获奖作品报纸作品77件,广播电视作品92件,新媒体作品66件,区域报作品27件。

【全市新闻系统"我眼中的共同富裕"短视频创作大赛】 2021年10月,在第22个中国记者节来临之际,为提升全市新闻工作者宣传共同富裕的能力和水平,同时也是为适应新闻媒体变革,提升全市新闻工作者短视频制作能力和水平,丽水市举办"我眼中的共同富裕"为主题的全市新闻系统短视频创作大赛。活动通知下发后,全市新闻工作者踊跃参与,共收到作品72件。11月5日,经领导和专家评审,评选出一等奖3件,二等奖6件,三等奖7件,优秀奖8件。 (郑亚伟)

人力资源和社会保障

【概况】 2021年，市人力资源和社会保障局围绕共同富裕美好社会山区样板建设目标，以人社数字化改革为引领，统筹推进人才引育、就业创业、社会保障、劳动关系以及风险防范等工作，完成年初确定的各项目标任务，共富工作靶向聚焦，数字化改革多点突破，“双招双引”迭创新高，就业工作再创佳绩，人才培育谋定突破，社保惠民增进福祉，欠薪维权高效有力，党建业务双融双促，实现人社事业“十四五”良好开局为打造“高水平建设和高质量发展重要窗口”提供坚实的社会保障和人力支撑。在市委、市政府综合考核中得分居社会管理类单位第二名，连续11年获市政府综合目标责任制考核优秀。

人　事

【事业单位人事管理】 2021年，市人力资源和社会保障局完善事业单位职业生涯全周期“一件事”协同平台，协调相关部门及时解决 “一件事”平台经办过程中的问题，实现各系统间数据共享，共办结7个“一件事”业务11049件。根据市委深化改革领导小组要求，做好机构改革人员转隶工作，完成市直事业单位4家，共39人转隶入岗审核；完成市教育、卫健、住建、交通、水利等20家主管单位55家下属事业单位岗位设置调整工作。会同市委组织部加大面向世界“一流”大学引才工作力度，引进优秀毕业生50人。完成全市事业单位专业技术二、三级岗位人选评审工作，通过委托省级及外市专家，选拔出示范引领、德才兼备的高层次人才40人，其中二级岗6人、三级岗34人。组织开展2021年度全市中小学教师专业技术二级、三级岗位评审工作，推荐人选4人，其中二级岗1人、三级岗3人；完成事业单位岗位聘用变动（晋升）审核工作，共审核岗位变动400批次。全市招聘事业单位工作人员2118人，其中硕士研究生（含“双一流”本科毕业生）566人、博士生46人。

【工资福利】 2021年，提升事业单位人事工资全周期管理应用“数字工资”场景应用被省人力社保厅确定为人社数字化改革“对标争先”试点项目，并正式上线且向全省推广，系统已覆盖全市所有2757家事业单位，退休业务实现全覆盖，773家单位纳入工资统发，市本级152家全额拨款单位实现工资与财政预算管理一体化。出台《关于明确市直事业单位受处分人员考核及奖金发放有关问题的通知》，明确市直事业单位受处分人员考核及工资待遇有关问题。会同市财政局出台《关于进一步规范市本级机关单位工作人员夜餐费开支管理的通知》，进一步修订完善夜餐费开支管理政策。完成非营利性服务业劳动工资总额半年度和前三季度增幅阶段性目标任务。完成市直事业单位2021年度绩效工资总量核定，核定完成5家公立医院2020年度薪酬总量。根据省人力社保厅要求，调整精减退职困难补助、遗属生活困难补助费等标准。完成市直机关事业单位2020年度综合目标考核奖金发放工作。完成2021年度市、县评比表彰和通报表扬申报项目审核、推荐、上报工作。制定《关于行政奖励申报和审批的操作意见》，对行政奖励的条件、种类、审批权限、程序、受奖比例等作进一步规范。组织开展丽水市全国文明城市创建“两连冠”工作、扫黑除恶专项斗争工作、市区城中村改造工作、见义勇为行政奖励、无信访积案县工作行政奖励和反腐败追逃工作行政奖励6项重点工作的行政奖励审批工作。开展省级以下创建示范活动工作清理，全市拟保留（含合并保留）项目30项，其中，拟保留创建示范活动项目24项，拟合并保留创建示范活动项目6项。

【人事考试】 2021年，市人力资源和社会保障局完成公务员考录（遴选）、事业单位招考（选聘）、人才引进、专业技术资格（水平）等71场考试工作，服务考生11万人次，比2020年同期分别增长10.9%和11.2%。《公务员考录工作规范》地方标准在2021年的丽水市公务员四级联考中进行首次实践，组织全市424个岗位开展招录工作，为21112名考生提供考务服务。各考点尤其是县（市、区）级考点考录工作的规范化、精准度得到提升。协同市委组织部对丽水市面试主考官库进行更新维护，同时综合面试主考官测评工作经验、测评技术掌握、参与业务培训、日常考核管理等情况，实行面试主考官五级评价管理。维护后，丽水市有入库面试产考官422人，其中，拟定二星级面试主考官28人、一星级面试主考官67人，三星级面试主考官118人、二星级面试主考官120人、一星级面试主考官89人。

人　才

【人才开发】 2021年，市人力资源和社会保障局制定《关于加强引进高校毕业生工作的若干意见操作细则》，提出高校毕业生购房补贴、鼓励高校毕业生到丽水应聘、鼓励在校大学生到丽水实习、支持企业外出引才四项政策的操作细则。根据丽水市"绿谷英才"特殊支持计划实施办法，按照"创新引领、贡献导向、靶向支持"原则，研究制定社会建设领军人才选拔管理办法，提出人才选拔管理的总体思路、选拔程序、培养措施、管理举措等。围绕丽水市发展壮大五大现代产业集群，委托丽水学院课题组开展《2021—2022年度丽水市紧缺人才开发导向目录》《丽水市重点产业紧缺人才目录》编制工作，研究提出紧缺人才类别、能力需求、学科专业、学历（学位）等具体要求。根据《关于加强企业骨干人才队伍建设的意见》《丽水市企业骨干人才遴选认定管理办法（试行）》，遴选认定丽水市第二批企业骨干人才400人，其中"绿谷企业英才"100人、"绿谷企业新秀"300人。根据《丽水市"首席专家"选聘与管理办法（试行）》，开展丽水市第二批"首席专家"岗位及人选申报评审工作。王赳等33名入选第二批丽水市"首席专家"名单。根据《中共丽水市委办公室　丽水市人民政府办公室关于加快集聚高层次科技创新创业人才推动高质量绿色发展的意见》和《丽水市人民政府办公室关于加强引进高校毕业生工作的若干意见》，进一步促进高校毕业生在丽水就业创业，推动企业引进和培养高校毕业生，做大人才"蓄水池"，确定纳爱斯集团有限公司等10家企业为"引进高校毕业生示范企业"，丰银平等10人为"最美高校毕业生"，王国嗣等10人获"最美高校毕业生"提名奖。2021年，市"138"人才高级研修班在市委党校举行，全市47名培养管理期内的省"151"人才工程和市"138"人才工程培养人员参加研修。举办丽水市人力资源服务业人才高级研修班、丽水市企业人力资源经理高级研修班。深化党史学习教育"我为企业解难题"实践活动，加强结对企业联系服务。推进人力资源服务业提振工程，加大力度培育人力资源服务企业，引导人力资源服务业向价值链高端延伸，坚持育优扶优引优，被省人力社保厅列入"扶优"企业2家、"育优"企业3家。全市有22家次企业被列入《浙江省人力资源服务业发展白皮书（2021）》榜单。全市新增人力资源服务机构99家，总数达到202家，建立人力资源市场网站27个，设立固定招聘场所67个。组织7家人力资源服务机构负责人参加第一届全国人力资源服务业发展大会，观摩行业发展成果展，展示丽水市优质企业发展成果，开阔眼界，提升境界。

【专业技术和留学人员管理】 2021年，市人力资源和社会保障局制定《丽水市博士后倍增计划实施办法》，开展博士后大调研走访活动，组织到西安、武汉等地对接高校流动站，新设博士后工作站12家，招收博士后23人，入选省级博士后科研项目择优资助一等、二等奖各1项。博士后工作站解决技术难题71个，承担省级以上重大项目35个，申请或取得专利授权183个，获科研成果奖22个，争取各级补助资金4000万余元，带动经济效益4亿余元。组织开展"智聚山海·

2021年10月31日，清华大学创新领军工程博士论坛首次在丽水举行

（吴松平　提供）

助力共富”省级专家服务暨丽水市“双百”人才计划推进会、清华大学创新领军工程博士论坛等人才科技峰会系列子活动，促成“揭榜挂帅”项目合作5个。深入实施“双百”人才计划，新选派73名博士专家到企业、乡镇挂职，连续6年选派323名博士专家到295家企业、24个乡镇挂职服务。加强“双百”人才工作宣传和典型选树工作，考核评定优秀挂职人才15人，相关宣传文章在《中国组织人事报》《浙江日报》等主流媒体刊发。组织开展全国杰出专业技术人才和先进集体推荐申报工作，推荐金爱武申报全国杰出专业技术人才、丽水市中心医院等14人和8家集体分别申报全国专业技术人才先进集体。推荐许丽娟等7人为青年创新人才人选。开展国家级专家服务基地申报、丽水学院省级继续教育基地周期评估等工作。做好省、市级现代服务业和专业技术人员高级研修班申报遴选工作，择优推荐省级高级研修班27个，最终获批11个，其中现代服务业高级研修班省级资助1个、专业技术人才高级研修班省级重点资助1个、一般资助2个、自筹7个；遴选市级高级研修班6个。

【职称制度改革】 2021年，全市取得职称资格12423人，其中，高级1290人、中级4533人、初级6600人。出台《丽水市职称评审管理实施细则（试行）》《丽水市创新创业人才职称“直通车”评审办法（试行）》，进一步加强职称评审管理服务机制。成立丽水市汽车零部件工程技术人员职称中评委，标志着丽水市职称社会化评价迈出重要一步，为丽水市下放中级职称评审权限，扩大行业协会、龙头企业等组建行业职称评审委员会进行积极探索和试点。开展年度职称改革督查复审工作，以单位自查、行业巡查和重点抽查相结合方式，对全市各级评委会进行职称督查复审。规范继续教育学时要求，推进职称证书电子化、评审信息化，进一步规范职称申报程序，稳步推进各系列职称评审工作，推进养老服务领域专业技术人才培育，评定首批养老服务照护师5人、助理照护师10人，并举办发证仪式。

【职业能力建设】 2021年，市人力资源和社会保障局以“稳就业、广扶持、促提升、抓实效”为导向，以“金蓝领”职业技能提升行动为抓手，开展职业培训，培养一支知识型、技能型、创新型技能人才队伍，全年开展职业技能培训64251人次，使用职业技能提升行动专项资金57789万元。探索开展“互联网+职业技能”线上培训工作，3家培训机构的线上培训平台通过备案。2021年，运用备案平台开展1796人次11442课时的职业技能线上培训。深化技能人才评价制度改革，全市新增备案职业技能等级认定试点机构126家，全市职业技能等级证书获证13863人次。举办“技能宝贵 匠心铸魂”第一届丽水技能大赛，通过大赛培育“丽水市首席技师”10人、“绿谷技能大师”50人、“丽水市技术新秀”6人。丽水市选送的选手在全国乡村振兴职业技能大赛浙江省选拔赛中获一等奖1个、二等奖2个、三等奖3个。实施新时代工匠培育工程，2021年，全市2人入选“浙江杰出工匠”，16人入选“浙江工匠”培养项目，54人入选“浙江青年工匠”培养项目。完善“现代制造业+地方特色产业+传统产业”三位一体高技能人才建设项目体系，建成市级技能大师工作室10家。制定《丽水市“绿谷英才”高技能精英选拔管理办法》，打造丽水骨干技能人才梯队。举办第十届人才科技峰会子活动咖啡产业人才高峰论坛。丽水技师学院（筹）于2021年9月开学，丽水市中科技工学校和丽水开放技工学校设立。

【人才引进与服务】 2021年，市人力资源和社会保障局实施“双招双引”战略举措，“智汇丽水·发展同行”招才引智专列驶进西安、武汉、成都、哈尔滨、兰州等20余座人才集聚地城市开展综合系列引才活动。连续11年到武汉引才，连续6年到西安引才，策划以“痴心十年·只为等你”为主题的武汉系列招才引智活动。全省率先推广浙江“引才云”平台，在西安、成都、

2021年4月9日至11日，“痴心十年·只为等你”浙江丽水—湖北武汉大型人才招聘会暨“百博千硕”洽谈会在武汉市举行
（吴松平 提供）

兰州等地成立丽水人才联络站3家，聘请20名丽水籍人才为"引才大使"，聘请249名丽水籍在外高校大学生为"大学生招引联络员"。与湖北大学、兰州资源环境职业技术学院、黑龙江省大学生就业创业指导中心、智联招聘、优蓝网、南非金雅迪等5家高校或人力资源服务机构建立"人才金桥"合作关系。全面推进人才服务"零材料、零申报、零跑腿、零见面、零时段""五个零"改革，为人才提供全链条、全天候、全生命周期"一码汇通，智控专享"的人才服务专属码。承担全省人才创业创新全周期"一件事"改革试点，码上人才认定、虚拟人才认定、人才公寓租住、子女入学、购房补贴、租房补贴、医疗保健等一批"一件事"人才服务功能上线运行。举办全市最大规模毕业生人才招聘会——"好年华·聚丽水"第二届全国大学生双选会，组织全市1000家重点企事业单位参会，推出岗位2万余个，吸引来自全国300所高校的1万余名大学生参会，接洽各类人才19384人次，接收简历7719份(其中硕博748人、硕士以下大学生6971人)，当场达成意向3087人。首次举办人力资源服务业发展大会，邀请30家全球知名人力资源服务机构在丽水市设展对接，与全市150家企业进行面对面的人力资源服务需求对接，达成人力资源招聘、培训、高级人才寻访(猎头)等项目合作意向85个。2021年，全市举办线上线下招聘活动604场次，引进高校毕业生44155人，比2020年增长183%，其中博士650人(柔性278人)、硕士2417人(柔性407人)。

2021年10月16日，第二届全国大学生双选会(丽水)启动仪式在丽水举行

(吴松平 提供)

劳　动

【劳动关系】 2021年，市人力社保局联合市总工会、市工商联印发《关于实施劳动关系"和谐同行"三年行动计划打造和谐劳动关系示范区的通知》，通过企业劳动用工体检、劳动关系协调员培训、劳动关系和谐企业(园区)创建、金牌劳动关系协调组织评选、推广电子劳动合同平台应用等活动全面提升劳动关系工作能力和工作效能，推进丽水市劳动关系治理体系和治理能力建设。为432家企业进行用工体检，培训劳动关系协调员2146人，组织全市52家企业进行电子劳动合同平台使用，录入劳动合同4554份。组织市、区两级8个业务处室单位开展"和谐同行、职企共建，人社政策法规进基层"宣传活动，发放宣传资料1000余份。2021年，调整丽水市最低工资标准，将丽水市最低月工资标准从1660元调整为1840元，非全日制工作的最低小时工资标准从15元调整为18元，拉动各用人单位最低岗位的工资水平，促进低收入劳动者增收；开展薪酬调查，发布《2021年度丽水市人力资源市场工资价位》，指导用人单位与劳动者合理确定工资水平；确定2020年度市管企业负责人平均薪酬上限、发布国企工资指导线、开展市属国有企业内外收入专项检查，推进市管企业负责人薪酬制度和国有企业工资决定机制改革工作；会同市总工会、市工商联联合印发《关于开展以"健全产业工人薪酬激励机制"为主要内容的集体协商要约行动的通知》，引导企业建立完善产业工人成长的薪酬激励机制。2021年，劳动关系处优化劳务派遣许可审批程序，将告知承诺制适用到劳务派遣许可中，本年度共审批许可劳务派遣单位4家，审批特殊工时47件涉及29家企业；通过进企走访调研、用工体检情况回访、召开座谈会、建立微信联系群等方式，为开发区企业、劳务派遣企业、新业态企业提供劳动关系政策咨询解答和对口帮扶。

【劳动保障监察】 2021年，市劳动保障监察支队围绕根治欠薪总目标，以数字化改革为契机，推动实施"丽水安薪"智治工程，持续巩固深化"丽水无欠薪"行动。全市劳动保障监察机构主动巡查用人单位4734户，处置各类欠薪线索、隐患5515件，涉及17717人，清欠金额27863万元，其中国务院欠薪线索659件，涉及1303人，清欠金额1405万元；向公安机关移送拒不支付劳动报酬案件9起；向社会公布重大违法案件11起，纳入黑名单惩戒7起。开展清理整顿人力资源市场秩序专项行动、护航建党百年"浙江安薪"专项行动、女职工产假等权益保护专项行动、贯彻落实职工带薪年休假情况专项行动、重大工程建设项目劳资纠纷专项行动、根治欠薪冬季专项行动等治理行动。联合建设、水利、工会等部门开展《保障农民工工资支付条例》等法律法规宣传"进工地、进企业、进社区"活动，到工程建设项目施工现场、工厂车间等生产一线开展宣传活动，共发放宣传资料5000余份，悬挂固定宣传标语200余条，现场解答咨询8000余人次。推进"浙江安薪"平台应用，实现对建设项目农民工工资发放的全过程监管。2021年，实现制造业和服务业企业进驻平台零突破，入驻企业255家。坚持"以防为主、防治结合"方针，在劳动纠纷频发的工程建筑领域开展专项治理工作，研究制定《丽水市工程建设项目分级管理机制实施方案》，在建工程项目分类定级，加强重点欠薪隐患项目监管针对性。加强部门联动，形成工作合力，组织开展多部门联合执法行动，始终保持对欠薪犯罪行为的高压态势。加强对欠薪问题的协同监管和联合惩戒，各部门间建立欠薪信息通报机制，对情况复杂、处理难度和影响大的欠薪问题，建立由主要成员单位参与的应急处置专班，专人负责、专案处理，提高快速反应和协同作战能力。

【劳动人事争议调解仲裁】 2021年，丽水市劳动人事争议仲裁院对硬件设施设备进行全程数字化和互联网信息化升级改造。丽水提升"智慧仲裁"应用项目作为全省人社系统数字化改革试点工作之一，坚持问题导向、目标导向、效果导向，通过再造劳动人事争议处理机制与流程，打通不同制度程序节点，推动劳动人事争议调解、仲裁、诉讼、强制执行环节无缝衔接，完善线上线下体系融合，实现劳动维权从"最多跑一次"到"一次不用跑"仲裁服务新模式。"智慧仲裁"围绕劳动者高效便捷维权需求，建设调解协议仲裁审查、工资争议速裁、庭审联网监控、浙江智慧仲裁在线四个应用场景，简化仲裁程序，促进劳动者与企业就近处理劳动争议。完成案件地域分布、案件总体情况、指标预警、风险管理、工资速裁、仲裁审查、庭审监控、案件类型、仲裁院案件量排名、仲裁员案件量排名10个专题模块，182项数据指标的实时监测，确保仲裁案件处理质效双重升级。全市立案受理劳动人事争议案件2106件，仲裁结案率99.1%，调解成功率90.8%，结案金额7937.95万元。网络办理劳动人事争议案件1186件，网办率56.3%，案件实时上线率100%。规范劳动人事争议仲裁庭审行为，强化庭审功能，提高仲裁员驾驭庭审的能力，增强仲裁的社会公信力，温州、金华、衢州、丽水4地组织开展相互庭审观摩活动。加强长江三角地区劳动人事争议调解仲裁合作，上海奉贤仲裁联合长三角合作城市江苏常州、浙江丽水、安徽六安、安徽淮南、浙江杭州萧山开展长三角一体化劳动人事争议调解仲裁工作主题实践和业务培训活动。丽水市劳动人事争议仲裁院获全省劳动人事争议仲裁练兵比武团体优胜奖。

就　业

【春节稳岗留工】 2021年春节期间，市人力资源和社会保障局会同有关部门开展稳岗留工专项行动，发布《致在丽务工人员和企业家朋友的倡议书》，参与制定《丽水市新冠肺炎疫情防控指挥部鼓励企业留员工稳生产惠企政策包的意见》，通过向留丽水员工送"留岗礼包"、送春节消费券、送春节旅游卡，向企业送优惠、送培训、送服务等"九送"惠企政策包，鼓励企业留工过年。开展春节"送培训"活动，免费开放线上培训平台，联合阿里巴巴举办新职业线上培训班，提供免费培训和对口岗位推介服务，293名学员获认证证书后纳入阿里巴巴人才库。动态监测春节员工留岗和企业用工情况，将全市1274家规上工业企业和重点外贸企业纳入用工监测范围，有2.69万名外省员工留丽水过年，留岗率44.61%。

【促进就业】 2021年，全市城镇新增就业33065人，完成目标任务165.33%；城镇登记失业率1.56%，控制在3%的目标之内；全市失业保险参保人数33.67万人，较2020年末增长9.8%。促进城乡居民增收，城镇常住居民人均可支配收入53259元，同比增长9.7%，增速居全省第四位。发挥就业创业工作领导小组作用，牵头组织三次领导小组会议，研究部署稳就业保民生工作。围绕人社事业在高质量发展建设共同富裕示范区中的职责定位，大力实施人社助力乡村振兴专项行动，"人才引领、技能支撑、品牌带动、助力乡村振兴"特色做法入选省共同富裕示范区"典型案例清单"，是丽水市本级唯一入选案例。市人力资源和社会保障局联合市财政局出台《2021关于调整失业保险金、失业补助金发放标准的通知》，明确将失业保险金发放标准调整为1472元/月，失业补助金发放标准按是否缴费满12个月，分为736元/月和294.4元/月。市人力资源和社会保障局联合市民政局、市商务局和市农业农村局出台《丽水市区养老、家政服务和现代农业企业创业就业补贴实施细则》，进一步明确养老、家政服务和现代农业企业创业就业补贴申领条件、流程，确保政策落实到位。

【公共就业服务】 2021 年，市人力资源和社会保障局做好失业保险稳岗返还工作，全市兑现失业保险稳岗返还资金 3271.76 万元，惠及企业 1.04 万家、职工 14 万人。继续实施失业保险单位缴费比例下调政策，失业保险单位费率由 1%降为 0.5%，个人费率仍按 0.5%执行，全年全市减征企业失业保险费 1.93 亿元。将服务企业用工摆在突出位置，迭代升级丽水公共招聘网和劳动力调剂服务平台，探索夜市招聘、直播带岗等新途径，共组织各类招聘活动 334 场，发布岗位 14.48 万余个（次），达成意向数 2.26 万人。举办“‘浙丽’就业‘职’等你来”网络直播带岗活动，组织招聘单位 103 家，提供岗位 3000 余个，直播观看量 5.26 万人次，线上线下接收简历 600 余份。以“就业创业码”试点改革成果为基础，成功上线“政策直达”应用，率先推送政策直享短信服务，实现享受待遇“一键”直达。发挥“大数据+网格化”精准优势，推动服务力量、资源要素、办理权限下沉至基层一线，打造“家门口”就业服务圈，相关做法被评为市党史学习教育专题实践活动最佳实践案例。

【重点群体就业】 2021 年，市人力资源和社会保障局把高校毕业生等青年就业作为重中之重，促进高校毕业生多渠道就业。年内共对 3171 名高校毕业生进行帮扶，期末共有 770 个高校毕业生见习基地（单位）3305 个见习岗位，在岗见习 1166 人。推广重点群体帮扶应用，完成市县镇村权限配置 4700 余人次，累计服务 13.15 万人次，综合帮扶指数位列全省第二。持续开展公益性岗位托底安置工作，全市有公益性岗位 1942 个，在岗人员 1487 人。2021 年，全市新认定高质量就业社区（村）144 个，累计建成高质量就业社区（村）779 个；帮扶困难人员再就业 1626 人，完成省目标数 0.12 万人的 135.5%；失业人员再就业累计 5144 人。

【创业服务】 2021 年，市人力资源和社会保障局与市财政局、市金融办、人行丽水市中心支行联合出台《丽水市区创业担保贷款实施细则》，明确创业担保贷款的申报条件、贷款额度、利率和期限、贷款办理程序、贷款担保及管理、财政扶持力度等方面内容，全年新发放创业担保贷款 1.12 亿元，发放贴息补助 477.6 万元。连续 7 年举办“奇思妙想 创赢绿谷”创业创新大赛，全市 140 余个项目参赛，推出的创业创新故事短视频在各平台播放量超 1000 万人次。举办丽水首届创业培训讲师大赛暨第三届马兰花全国创业培训讲师大赛丽水市选拔赛，全市培养创业培训讲师 82 人，认定创业培训定点机构 60 家。推进创业孵化载体建设，丽水•莲都电子商务创业创新综合体、丽水绿谷信息产业园•梦想谷创业孵化基地、青田安特小微企业创业孵化园和缙云县河阳电商四合院创业园获评省级创业孵化示范基地。开展创业服务系列活动 115 场，扶持创业 1848 人，带动就业 5570 人。延伸高校服务触角，在丽高校均成功挂牌高校创业指导站及市本级创业园，连续合作举办 13 届职业生涯规划和创业大赛。举办“丽创荟”创业项目云展示活动，筛选 150 个优秀创业创新视频作品参与展示，受到中国新闻网、《浙江日报》等媒体关注，各平台视频播放量达 110 万人次，进一步提升“丽创荟”创业品牌影响力。提请市政府成立丽水市超市产业转型提升工作领导小组，组织工作专班实体化运作；整体谋划“丽水市商超联合会”行业组织建设，完成会长人选报批、社会团体审批、《章程》编制，同步推进异地超市行业分会建设，已成立异地联合会分会 14 个。发布《丽水市超市业态发展（创业创新）分析报告》，服务辐射全国 6.2 万家丽水籍超市门店，带动 24 万人就业。

2021 年 9 月 16 日，“奇思妙想 创赢绿谷” 丽水市创业创新大赛在丽水举办

（吴松平 提供）

【东西部劳务协作】 2021 年，市人力资源和社会保障局落实新一轮东西部协作工作部署，与泸州市展开劳务

协作对接，签订劳务协作框架协议，累计与7省22个地市建立劳务协作关系，建立劳务合作站20个。持续开展跨省招工，到吉林、贵州、四川等地举办专场招聘会21场，共组织213家用工企业参加招聘，推出就业岗位7600余个，入场求职人员1.1万余人，其中贫困劳动力、大学生4000余人，达成就业意向1100余人，提供职业指导服务、岗位推荐、就业政策咨询等服务1050余人次。至年底，共有3.3万名中西部脱贫人员在丽水就业。

社会保障

【社会保险参保情况】 2021年，市人力资源和社会保障局加大对灵活就业人员、城乡居民等重点人群政策宣传，分类精准施策，促进职工和城乡居民全面持续参保。全市基本养老保险参保人数202.98万人，较2020年末新增4.11万人，参保率99.05%；工伤保险参保人数89.21万人，净增10.82万人；失业保险参保人数33.67万人。

【社会保险政策】 2021年，市人力资源和社会保障局、市财政局、市自然资源和规划局、国家税务总局丽水市税务局联合印发《关于丽水市被征地农民参加基本养老保险工作的补充通知》，对被征地农民参加基本养老保险政策进行完善。12月，市人力资源和社会保障局、市财政局联合印发《关于2021年提高城乡居民基本养老保险基础养老金最低标准的通知》，自2021年1月1日起，全市城乡居民基本养老保险基础养老金最低标准从每人每月180元提高至每人每月225元，65周岁及以上参保城乡老年居民倾斜性养老金最低标准从每人每月5元提高至每人每月10元。同月，市人力资源和社会保障局、市财政局、市住房和城乡建设局、市交通运输局、市水利局、市税务局联合印发《关于做好建设项目工伤保险工作的通知》，在全省首创建设项目"双挂双浮"工伤保险费率确定机制。

【社会保险经办管理服务】 2021年，市人力资源和社会保障局开展2021年度缴费基数申报现场培训和钉钉直播培训，参保单位参加现场培训400余家，钉钉直播观看数561人次。完成全市2021年度机关事业、职工基本养老保险、工伤保险、失业保险缴费基数申报工作，其中涉及全市职工养老保险参保人员近62万人。企业职工养老保险参保扩面。完善全民参保动态监管机制，探索新业态从业人员参保有效途径。开展企业职工基本养老保险中断人员清理工作，全市第一批共84492人次，全市重点清理对象已完成94.73%，清理进度排名全省第一。落实每月到龄中断工作机制，对历史人员及数据开展集中清理。对接信息部门，首次正式建立市区灵活就业人员每月职工养老欠费短信告知服务机制。开展被征地农民参加基本养老保险业务经办。全市2020年12月15日前产生的被征地农民需告知人员35843人全部告知到位，并有序开展被征地农民参加基本养老保险业务经办。完成浙江省首个被征地农民延长期一次性缴费接入省财政非税收入管理平台试点工作，被征地农民可在线上或银行窗口缴纳相关费用，实现"跑零次"或"就近跑一次"。开展临退休人员档案预审服务，主动上门为纳爱斯集团、丽汽集团、市就业局等10个企业和档案存放部门近300名企业参保职工、200余名灵活就业参保人员提供上门预审服务。实现企业职工退休"一件事"，整个流程办理时限由145个工作日压缩到30个工作日，其中养老保险审批环节已实现即办，达到审批手续和办理时限"应减尽减"。退休办理通过2.0申报平台的受理率99.5%，全年市本级办理退休审批2587件，受理养老保险转移接续事项1925件，其中办结转出业务1227件，转入676件，涉及金额3470.9万元。完成退役军人养老保险关系转移接续工作，共涉及养老转移接续退役军人4981人，完成率98%以上。年初，完成2020年度新增的285名机关事业单位退休人员和1631名企业退休人员的待遇预发转计发工作；5月，完成1321名征地领取待遇人员的预发转计发工作；12月，完成2021年度新增的201名机关事业单位退休人员和2020名企业退休人员的预发转计发工作。完成企业职工养老保险待遇项目梳理。将1698个项目归并匹配到省统一的60个待遇项目代码中，删除无效项目6个。全市完成1704个待遇项目的匹配归并被省社保中心审核通过，完成率100%。完成2021年度机关事业单位及企业退休人员基本养老金调整工作，全市惠及机关事业单位和企业退休人员30.97万人，其中企业退休人员人均月增资112元。

【社会保险基金监督】 2021年，市人力资源和社会保障局组织开展全市养老保险基金管理风险排查，亲属参保关系专项检查，待遇资格认证专项检查和省厅下发的季度、专项等疑点信息核查，先后2次组织全市开展企业职工基本养老保险提前退休问题排查和要情摸底排查。在全市开展对企业职工基本养老保险基金和城乡居民基本养老保险基金的安全评估，同步以社保基金监督委员会办公室名义对市本级全险种开展安全评估第三方审计，并对龙泉、云和、松阳3个县（市、区）的企业职工、城乡居民基本养老保险进行安全评估第三方审计机构专业复评。2021年，全市发现新增要情6起，未发现重大要情和涉及社保工作人员要情。制定《丽水市深化社保基金管理问题专项整治开展社保基金安全警示教育工作方案》和《关于开展社保基金安全“警示教育月”活动的通知》，在全市范围内专题开展以“以案为鉴、警钟长鸣”为主题的警示教育月活动。推进全市应用“社保基金安全在线”系统。对中心各处室业务工作开展稽核检查，并督促整改。通过日常内控稽核，促进业务经办制度化、规范化。配合做好2020年全市养老保险基金审计、2021年全市社保基金运行风险专项审计、2021年社会保险基金安全评估第三方审计等工作，对审计报告反映的问题进行全面整改并上报。落实取消社银人工报盘、取消直接收到现金业务、取消手工经办业务的“三个全面取消”工作。完成老农保财务支付系统改造并平稳上线，加强社保基金风险防控。通过成立工作专班、排查梳理风险点、整理行政管理制度、强化警示教育、规范系统权限设置等一系列措施，在全省率先创新实践工伤先行支付案子（企业未缴纳工伤保险）的行政追偿流程，有效保障社保基金安全。

【社银合作】 2021年，市人力资源和社会保障局对接市行政服务中心和莲都农商行，将全市237家农信银行网点纳入社银合作网点，配置工作人员权限，开展业务经办工作。对接中国邮政储蓄银行股份有限公司丽水市分行和中国邮政集团有限公司丽水市分公司，完成《银行办理社保经办业务合作协议》签订47家，下发《关于银行办理社保经办业务的通知》，通过配置设施设备、搭建社保网络、开通经办账号、分配人员权限、梳理业务操作指南、安排岗前培训等方式，落实社银地方标准，实现业务经办。

【人社智慧大厅建设】 2021年，市人力资源和社会保障局减少窗口设置，开辟网办区、自助办区，形成实体经办、网办、掌办和自助办“四位一体”的经办模式，搭建线上线下一体化服务体系。大厅配备导办人员4人，网办电脑8台。4月底，6台全新丽水人社智能机进入中心经办大厅；至12月底，丽水人社智能机可办理社保业务16项，累计办理社保业务20133笔。全年全市完成待遇资格认证57.5万人，认证率99.35%，其中掌上认证率67.07%，共经办入社区登记业务53511人。推进社保政务服务“一网通办”。市本级社保高频事项网办量453734件，网办率88.65%。

【社会保障卡】 2021年，全市社保卡持卡人数284万余人，新增持卡人数6万人，电子社保卡签发人数239万人，新增签发电子社保卡178.5万张；第三代社保卡发行，实体社保卡和电子社保卡实现同步签发；借助一卡通（社会保障卡）和一码通城（电子社保卡），实现在公共服务、民生等领域的推广应用，160项公共服务均可通过社保卡办理、590项财政待遇补贴均可用卡发放；医疗保障方面，接入三级医院4家、二级医院18家、一级以下医疗机构636家，药店468家，提供互联网医保结算、诊间结算、送药上门等线上服务，提供医保、民政、残联、工会、退役军人、低收入农户、商保等一站式结算服务；全市景区、博物馆、图书馆、城市书房均实现卡（码）入馆（园）、办证、购票、图书借阅等功能；全市范围内县（市、区）可凭第三代社保卡乘坐公交车，全国300余个城市中带有“交通联合”标志的公交、地铁等公共交通工具均可刷卡乘车；创新服务模式，以“多卡合一、一卡通用”为目标，打造民生服务新名片，取得阶段性成效。

【信息化建设】 2021年，市人力资源和社会保障局建成“数字工资”和“智慧仲裁”2个省厅数字化改革揭榜挂项目，坚持整体智治和系统重塑，全面梳理核心业务，开展人社数字化改革“对标争先”行动，8月16日，向全省推广应用。打造一批具有丽水特色的“数字化改革”场景应用，提升服务端和管理端的整体智治。建成美好人社动态监测平台，集成人社智能“三服务”应用场景，为全市个人、企业、基层提供各种与人才、就业、惠企等相关资讯、服务，提供人才就业各种动态监测。归集劳动力人口基础信息123万条，重点群体人员5万余人，提供线上服务13万次，政策直达兑现4万余次，求职招聘1.6万余次。实现社会保障市民卡多码融合“一码通城”，提供多场景、协同性、综合性的城市生活服务，构建完善的市民数字化服务体系。跨业务协同集成实现“秒认证”“多方式登录”“语音互动”“视频指引”“小二助手”等数字化创新服务应用，率先实现全省系统办事大厅“减窗行动”。完成“基本养老保险”“就业创业与和谐劳动关系”“人才引育”“每日民生”4个花园云（城市大脑）驾驶舱建设。（吴松平）

城建　城管　环保

【概况】 2021年，丽水市区完成微改造示范点位建设10个，实施城区主要节点“增花添彩”行动。全市已开工改造提升老旧小区21个，海潮河老旧小区改造暨历史街区改造项目各区块收购工作处于扫尾阶段。全市既有住宅加装电梯新增开工建设电梯59部，新增完工电梯201台。龙泉市、青田县、松阳县的城乡风貌整治提升行动方案为全省优秀方案。全市有16个城乡风貌样板区被列入全省首批城乡风貌样板区试点建设名单、13个未来社区项目被列入省级试点和创建名单，实现城乡风貌样板区及未来社区创建市域范围全覆盖。全面启动“城市体检”，初步体检报告已于10月15日提交省建设厅。基本建设投资类项目年度计划投资33.15亿元，全年累计完成投资51.4亿元，完成年度计划155.05%。全市建成桐岭路、关下路、纬五路等城市道路19条，共18.39千米，其中主城区建成9条，共8.93千米，打通“断头路”2条。全市“五个一”(建一座商业综合体、打造一片文化街区、培育一条高品质步行街、建成一个五星级酒店、建设一个未来社区)项目完成年度投资103亿元，自2020年开工以来累计完成投资209亿元。（夏天戈）

2021年11月6日，通车后的桐岭路　（周苗菁　提供）

城市规划

【国土空间总体规划】 2021年，丽水自然资源和规划局推进国土空间总体规划编制，划定过渡期城镇开发边界，获省自然资源厅批复，精准保障“十四五”近期重大产业项目、基础设施和民生项目用地需求；开展“三区三线”(三区指对应的三条线划定的区域，三线指永久基本农田保护线、生态保护红线、城镇开发边界线)划定试点工作，切实贯彻中央、国家和省里部署，落实最严格的耕地保护制度、生态环境保护制度和节约用地制度，完成三轮划定方案，向市委、市政府作汇报，并上报省自然资源厅。围绕“整体集成智治”，推进市级国土空间“一张图”实施监管信息平台建设。至年底，已初步完成平台建设，并开展试运行。充分发挥数据集成共享的乘数效应，推进市域治理能力和治理体系现代化。

【中心城市控制性详细规划、城市设计】 2021年，丽水市自然资源和规划局推进北城总体城市设计和天宁区块概念性规划编制，组织专家、部门审查，并向市政府作汇报，重点对区块内产业功能布局、建筑空间形态、景观风貌等内容提出控制要求和指导建议；开展重要区块控制性详细规划编制，完成中心城区丽阳街与宇雷路东北侧、联城邻里中心、人民银行南侧等11个区块控制性详细规划并获市政府批复实施，做优中心城区存量空间，落实重点项目空间布局，实

现城市建设的空间管控。（纪 颖）

【土地勘测】 2021 年，丽水市国土空间规划测绘研究院以城中村改造、丽水机场、衢丽铁路等省市重点工程建设任务为工作重心，完成执法、土地储备、农民私人建房、土地开发、土地征收等项目的测绘工作，合计测量面积近 3127.46 公顷，出具报告 2680 份，其中配合市土地征收指导中心完成农转用报批测量面积 119.4 公顷，出具报告 317 份。做好土地勘测工作，保障各部门审批、监管、处罚科学化、规范化、制度化，保护国家资源和公民利益。（黄 兴）

【专项规划及村庄规划】 2021 年，丽水市自然资源和规划局会同相关主管部门有序推进专项规划编制。完成北城慢行系统、城市内河控制性、消防等专项规划的编制。配合行业主管部门，组织殡葬、人防等专项规划的审查，推进气象、广告、物流仓储、社区用房等专项规划的进一步修改完善。根据省自然资源厅《关于科学有序推进村庄规划编制工作的通知》要求，指导丽水各县（市、区）完成浙江省首批百个村庄规划编制和实施监督省级试点 10 个村庄的规划评审工作。（张 越）

【规划宣传】 2021 年，丽水市自然资源和规划局强化城市规划宣传职能，充分发挥沟通桥梁作用。围绕宣传自然资源、规划等主题，开展群众社科宣传教育活动 3 场，包括“新春送祝福”线上活动、“认养小树，我与小树共成长”为主题的世界地球日活动及暑期青少年语言培训。推出“解读 2020 丽水政府工作报告”“党史知识宣传”“献礼七一 城市规划发展史展陈”“智绘丽水 测绘先行”4 期户外临展；完成现场项目公示 40 余个。全年接待团队 150 余批，游客 7 万余人次，接待满意度 100%。（汤伟娥）

城市建设

【市本级基础设施建设】 2021 年，全市新增城市道路 53.42 千米。市区着眼南北城组团发展，构建道路框架，新增城市道路 16.98 千米，完成桐岭路、丽阳街延伸段拼宽、纬五路道路工程、关下路（开发路—和平路）、水东公寓北侧支路、徐宅路（城北路—河湾路）、丽阳街（开发路—括苍路）道路改造工程等道路建设；市区完成微改造示范点位建设 10 个，新建改造中山公园、老年公园、城东路口袋公园等一批富有特色并展现丽水生态魅力的新经典。全市完成省级高标准垃圾分类小区 33 个、完成定时定点投放和清运小区 117 个、定时定点投放和清运商业街 45 条，完成新（改、扩）建中转站 17 座，新增和更新分类运输车辆 18 辆，完成 3座垃圾焚烧处理设施并网发电。青田县祯埠绿道和景宁县畲乡绿道获评第四届“浙江最美绿道”。为进一步加强绿道建设管理，市建设局会同市司法局编制出台浙江省首部规范绿道管理的政府规章——《丽水市绿道管理办法》。（吴 越）

2021 年 4 月，丽阳街新貌（夏天戈 提供）

桐岭路 PPP 项目完成建设投资1.38 亿元。（张 扬）

2021 年，全市进入疫情防控常态化，市政公用事业发展逐步进入攻坚期，危机和机遇并存，城建口全体干部职工推进垃圾分类、五水共治、园林绿化、市政设施等各项事业高质量绿色发展，为建设“重要窗口”打下坚实基础。腊口污水处理厂建成正式运行，推进水阁污水处理厂二期建设，市区污水处理能力提升至 17 万吨/日。

【保障性安居工程】 2021 年，保障性安居工程均已完成年度任务。全市完成棚户区改造开工 1447 套，基本建成 5455 套，竣工 1097 套，交付 1329 套。全市 2017 年底前开工建设的棚改安置住房竣工率 100%、交付入住率 93%。全年发放城镇住房保障家庭租赁补贴 2620 户。稳妥推进保障性租赁住房工作。12 月，出台《丽水市人民政府办公室关于丽水市区加快发展保障性租赁住房的实施意见》。明确利用集体经营性建设用地、企事业单位自有闲置土地、产业园区配套用地和非居住存量房屋建设保障性租赁住房的申请条件、流程及工作要求，并成立相应的工作领导小组，落实"十四五"目标及2022年项目计划工作。（钟剑飞）

城乡一体化建设

【美丽乡村建设】 2021年，市建设局遵循"绿水青山就是金山银山"理念，以乡村振兴为抓手，通过美丽宜居示范村试点和传统村落保护发展，示范带动全市美丽乡村建设。全市新增省级美丽宜居示范村试点36个，全市累计有省级美丽宜居示范村试点214个。23个村申报2022年度省级美丽宜居示范村试点，共有23个村被列入，居全省首位。

【农村住房救助】 2021年，丽水市继续把农村危房改造工程质量和安全监管摆到维护农民群众生命和财产安全的高度，将消除住房安全隐患作为改造的核心任务，确保改造一栋、安全一栋，改造一户、安全一户。全市完成农村困难家庭危房改造1172户，共争取上级资金1758万元。至年底，全市完成农村困难家庭危房改造40555户，中央补助资金20891.75万元，省级补助资金13702.5万元。

【农村危旧房治理】 2021年，丽水市推进农村房屋安全隐患大排查工作，全面落实安全发展理念，强化红线意识和底线思维，深刻吸取事故教训，举一反三，落实属地管理责任，坚持边排查、边整治，远近结合、标本兼治，及时消除农村房屋重大安全隐患，于2021年3月31日前完成全面排查。4月底，完成初判存在风险的农房2793户的鉴定工作；6月底，完成237户的农村生产经营性自建房和公共服务非自建房的整治工作；9月底，全市完成2429户农村危房整治工作，并完成26185户四类重点农房复核工作，其中自建房（即所有用作生产经营自建房）16864户，四类重点农房非自建房9321户。按照全省"不落一村、不落一户、不落一人"的要求，遵照发现一户、改造一户的原则，11月，完成新增61户农村危房改造工作。至年底，全市完成农村危房整治改造2490户。做好农村困难家庭危房改造即时救助工作，全年完成农村困难家庭危房改造1172户，包括C级危房1060户、D级危房70户、无房户42户。（蓝振奇）

【五水共治】 2021年，全市完成城镇生活小区"污水零直排区"建设33个，新建改造污水管网121.663千米，新增污水处理能力14.3万吨/日；建成雨水管网53.74千米、清淤排水管网1220.7千米，完成易涝积水点改造12处；完成污水处理厂清洁排放技术改造6座。（夏天戈）

美丽城镇建设

【概况】 2021年是全省美丽城镇建设3年行动的第2年，围绕美丽城镇"五美"（功能便民环境美、共享乐民生活美、兴业富民产业美、魅力亲民人文美、善治为民治理美）建设目标和"十个一"（一条快速便捷的对外交通通道、一条串珠成链的美丽生态绿道、一张健全的雨污分流收集处理网、一张完善的垃圾分类收集处置网、一个功能复合的商贸场所、一个开放共享的文体场所、一个优质均衡的学前教育和义务教育体系、一个覆盖城乡的基本医疗卫生和养老服务体系、一个现代化的基层社会治理体系、一个高品质的镇村生活圈体系）建设要求，丽水市全面掀起创建热潮，美丽城镇建设专项工作取得一定成效，创成省级样板9个、山区县县城省级样板1个、基本达标乡镇38个，超额完成2021年政府工作报告中明确要打造7个省级美丽城镇样板镇的年度目标任务。其中，缙云县、龙泉市和青田县获评2021年度新时代美丽城镇建设优秀县。

【乡村振兴】 2021年，按照"强基础、补短板、促发展"思路，全市实施美丽城镇建设项目1051个，完成项目投资额87.36亿元，为推动全域城乡风貌整治提升打下坚实基础。进一步优化乡镇路网结构，完善城乡污水处置管网和垃圾分类处理体系，实施美化亮化绿化工程，完善城镇数字服务设施，新增城镇道路319千米，停车泊位4670个，公交站点94个，新（改）建公共厕所221个，新增污水管网6365千米，新建污水零直排区198平方千米。围绕公共服务能力体系建设，完善农贸市场、邻里中心、绿道、体育场馆等公共文体设施，全年新建居住小区110万平方米，新建农房集聚区22万平方米，改造城镇老旧小区33个，改扩建医疗设施27个，新增大型图书馆29个，新增灯光球场1.5万平方米，新建设商贸综合体6.5万平方米，新增居家养老服务中心56个，新增邻里中心2万平方米。结合"花园乡村微改造"行动，加强建房规划引导，优化空间布局，全年新建绿道长度1352千米，新建公园75个，新增公园绿地面积11万平方米，新增休闲广场61个；推进老旧小区改造，改造提升老民居、老厂房12.62万平方米，人居环境品质得到全面提升。坚持保护好城镇格局、街巷肌理和建筑风貌，深入推进传统村落保护工作和提升城镇文化内涵，全市新建小镇客厅29个，改造提升历史街区或特色街区54条。松阳县将传统村落保护和有机更新相结合，连续2届承办由联合国人居署、省建设厅等单位主办的“城乡联系国际论坛”。坚持以环境卫生、城镇秩序、乡容镇貌管控为重点，落实城镇环境整治长效管理机制，持续巩固小城镇整治成果；强化社会事务综合治理，全市新增枫桥式基层站所18个，新建智慧管理平台45个。不断提升基层社会治理体系和治理能力。11月，遂昌县基层治理数字化案例“信用乡村数字化应用”得到央视财经频道《经济半小时》栏目报道。（吴　飞）

市政公用事业管理

【概况】 2021年，丽水市本级市政管养道路共98条，总长度166.49千米，总面积近457.65万平方米，其中城市道路93条，长度近132.19千米，面积近358.75万平方米；排水管网长度400.45千米，其中雨水管网长237.07千米，污水管网长163.38千米；排水井盖17339座；委托管养公路5条，长度近34.3千米，总面积近98.9万平方米。桥涵111座、隧道2座，其中城市桥梁89座，Ⅰ类养护城市桥梁1座（紫金大桥），Ⅱ类养护城市桥梁2座（水东大桥和小水门大桥），其余为Ⅲ—Ⅴ类桥梁。委托管养公路桥梁22座、隧道2座，其中特大桥1座（社后特大桥），大桥7座（塔下大桥、联城大桥、敏河大桥、牛岭头栈道、九里立交桥、太平港大桥、白岩大桥），中小桥14座，隧道2座为路湾隧道、塔下隧道。

【市政设施维护管养】 2021年，累计修复人行道27546平方米、侧石361米，沥青修补9121平方米，砼路面1292平方米，疏通管网4853米，更换各类井盖51个，设施维护完好率在99%以上，结案率、及时结案率均为100%。维护管养截污泵站和污水泵站4座（大洋河截污泵站、东银苑截污泵站、教工路1号污水泵站、好溪东路泵站），截污管线3条，其中丽阳坑截污管线长近2.7千米，海潮河截污管线长近1.1千米，贺家坑截污管线长近1.1千米。维护南明大钟1座、市区街道休闲座凳1200张。

【市政设施建设】 2021年，市市政设施管理中心完善市政基础设施建设。完成丽阳街（括苍路—开发路）道路改造工程；完成下水南污水提升泵站新建工程（包括南明山路—泵站DN1500污水管和现状DN800压力管的迁移）；完成丽水市水东大桥修复工程；开展丽水市区部分道路（大洋路—北环路）沥青路面修复改造及人行道改造修复工程项目立项方案设计；开展丽阳街（括苍路—开发路）南侧人行道美化改造及地下自来水主干管（括苍路—大洋路）建设工程，完成供水干管施工，新增慢行系统近1.5千米。

【燃气行业安全监管】 2021年，市市政设施管理中心推动管道燃气行业发展，完善城市燃气管网。至年底，市本级共建设市政燃气管网576.46千米，其中市政中压管网123.64千米，庭院低压管网576.46千米，燃气管网到小区门口覆盖率96%以上，基本形成框架。加快老小区管道天然气普及。市区完成50个老小区、开放式小区天然气管道建设施工，现有用户61041户；规范瓶装燃气行业管理，全面落实瓶装燃气实名制销售管控工作，同时通过专项整治行动进一步提升燃气行业规范化管理和监管水平。

【城市节水管理】 2021年，市市政设施管理中心有效推进城市节水管理。完善节水管理制度，制定出台《丽水市市区非居民用水户定额（计划）用水管理实施细则（试行）》和《丽水市本级节约用水奖励办法》规范性文件。数字化推进计划用水管理和节水信息平台建设上线运行；开展全国城市节水宣传周活动，增强全社会节水意识；完成市本级节水型载体创建8家、累计22家，联合水利、教育、文广旅体部门开展省级节水型单位创建指导交流和培训工作；推进生产经营单位新建、改建、扩建工程项目的安全设施，必须与主体工程同时设计、同时施工、同时投入生产和使用的节水“三同时”管理，陆续在19个项目地块规划设计条件或方案设计审查中增加节水“三同时”和节水设施相关条件要求；完成省级节水型城市复查资料申报。（施力诚）

园林绿化建设管理

【概况】 2021年，丽水市园林绿化工作以打造“浙江大花园最美核心区”和“新时代山水花园城市”为目标，持续发挥“丽水之干”精神，推进10个城市景观微改造、“增花添彩”项目，实现园林绿化事业“十四五”发展良好开局。全年新增城市绿地面积72.58公顷，其中市本级建成区新增城市绿地面积68.69公顷；全市建成区绿化覆盖率42.84%、绿地率38.07%，其中，市本级建成区绿化覆盖率42.83%、绿地率38.79%，公园绿地服务半径覆盖率90.03%，完成园林绿化系统优化（公园覆盖扫盲）任务目标。全市绿化建设工作获2021年度浙江省风景园林学会“优秀园林工程”奖金奖、银奖和铜奖各1个；获评浙江省2021年度“园林式居住区（单位）”11个、“优质综合公园”5个、“绿化美化路”9条、“街容示范街”8条。

【城市园林规划建设】 2021年，市园林管理中心完成城市景观微改造建设导则和2021年城区景观微改造方案的编制，确定10处景观微改造试点项目，包括老年公园景观微改造示范点项目。完成城区公园绿地游乐设施微改造、万象山山体疗愈步道微改造、城区立体花墙微改造（立体绿化—三角梅种植工程）、清远街口袋公园微改造、城区道路“增花添彩”（紫金路等）微改造、老年公园景观微改造、城区景观小品（绿雕）微改造、城东路口袋公园微改造、处州公园“增花添彩”微改造、市区大猷街、北苑路沿线花墙花篱等项目，推进中山公园及地下停车场项目建设。完善城区古树名木保护工作机制，持续深化“树评”机制，完成丽水市城市古树名木资源调查项目，并逐步建立三维模型，将施工范围的古树名木保护列入“智慧工地”管控平台，实现24小时在线监控。

【城市园林绿化管理】 2021年，市园林管理中心巩固经常化创建文明城市成果，依托信息化园林绿化管理平台，细化网格分工，加强城区主次干道、高速出入口和公园绿地的日常管养以及巡查考核，全面排查、整改绿化苗木死缺株、基础设施破损等问题，将市区主次干道150余块失管绿地纳入市场化招标清单，提升城区公园绿地维护管养水平，确保绿化效果良好以及公园绿地基础设施正常运行。 （麻安翊）

建筑业

【概况】 2021年，全市年度建筑业总产值近403.02亿元，同比增长1.1%。完成新开工装配式建筑面积440.86万平方米，其中装配式住宅和公共建筑面积288.49万平方米。完成既有公共建筑节能改造6万平方米。全市建筑施工企业总数664家，同比增长22.16%，全面改革工程建设领域保证金制度，全市建筑业企业缴纳的62.4166亿元保证金中已通过保函释放现金62.2397亿元，保函替代率99.72%。 （高燕 夏天戈）

【建筑业安全生产】 2021年，丽水市持续推进城市建设安全生产综合治理三年行动、“打赢防范较大杜绝重大攻坚战”、“平安护航建党百年”、建筑施工领域事故“回头看”、建筑工地起重机械、脚手架及模板支撑工程安全生产专项整治、违法建设和违法违规审批专项清查行动、“防危大、防高坠、防死角盲区”安全提升工程、建设系统自然灾害普查等专项行动。加强责任落实，年初制定明确的工作计划，开展季度和专项督查，共签订安全生产责任书25份，层层落实监管责任。开展督查5次，全市处罚42起金额156.11万元。提升标准化水平，评出丽水市红绿标杆工地8个，丽水市建筑安全文明施工标准化工地48个，浙江省建筑施工安全生产标准化管理优良工地17个。召开市级“红绿标杆工地”现场观摩会，组织市区在建项目团体观摩2次。提高应急抢险能力，修订应急预案，组织应急演练，完成各项防灾任务。开展“智慧工地”平台建设，构建覆盖“主管部门、企业、项目”三级智慧监管服务体系，至年底，全市实现智慧工地“线上”监管工地754个，覆盖率88.81%。 （武晨静）

房地产业

【概况】 2021年，丽水市房地产市场形势总体保持平稳。全市完成房地产投资331.57亿元，同比增长21.3%，位居全省第三；全市房屋施工面积2063.36万平方米，同比增长7.1%；房屋竣工面积159.49万平方米，同比减少2.7%；销售面积332.06万平方米，同比增长12.2%，位居全省第二；实现销售金额498.35亿元，同比增长24.7%。至年底，全市新建商品住宅库存263万平方米，消化周期10.35个月，其中市本级新建商品住宅库存74.03万平方米，消化周期5.53个月。

【房地产开发企业】 2021年，全市资质有效期内的房地产开发企业234家，其中一级房地产开发企业2家，二级房地产开发企业11家，三级房地产开发企业50家，四级房地产开发企业22家，暂定级房地产开发企业149家。 （徐丽梅）

测绘事业

【基础测绘管理】 2021年，全市基础测绘年度计划和实施经费基本列入国民经济和社会发展计划和财政预算。全市基础测绘经费投入2080万元，其中市区财政投入531万元。丽水各（县、市）全面完成基础测绘“十四五”规划编制和公布工作并开始组织实施。地理信息数据资源覆盖范围不断扩大。全市1:2000比例尺基础地理信息资源更新取得新进展。全市域1.73万平方千米范围实现0.2米分辨率高精度地理信息资源获取更新和实现全覆盖。加强测量标志保护工作。全市完成703个测量标志点核查工作，市区完成62个测量标志点的核查。主要在测量标志核查APP上对省自然资源厅下发的测量标志点进行实地核查和成果建档。全市测量标志维护管理和普查经费支出共10.35万元，市区完成发放43个测量标志点的保管津贴。加强应急测绘预案演练。为提升丽水市测绘队伍应急响应能力，市自然资源和规划局组织丽水市国土勘察测绘规划院代表丽水市在德清开展测绘应急演练比赛取得预期的效果。

【测绘资质与市场监管】 2021年，丽水市自然资源和规划局继续加强地图市场监管。为加强地图市场监管，进一步规范地图市场秩序，切实维护国家主权、安全和利益，根据《浙江省自然资源厅关于开展地图市场专项检查的通知》要求，成立各县（市）地图市场专项检查工作组并开展地图市场专项检查，各县（市）组织有关工作人员分别对高速路口、高铁站、汽车站、旅游景点、疫苗接种点、书城（新华书店）、规划展览馆等公共场所进行地图市场专项检查。加强行业监管，规范市场秩序。通过浙江省行政执法监管（互联网+监管）平台随机抽取全市9家测绘资质单位进行“双随机”检查。检查内容包括测绘项目资质监督检查、测绘活动情况检查、测绘成果质量检查、地图管理监督检查、涉密地理信息保密检查和测绘安全生产管理检查等，抽查结果为9家测绘资质单位均合格，并通过浙江政务服务网进行公示。依法行政，加强测绘资质和成果申领监管。行政许可事项基本实现网上办理，完成庆元县海西林业调查规划设计有限公司新增丙、丁级资质行政许可，浙江佳途设计有限公司业务范围变更；行政许可事项基本实现网上办理，共办理71件，其中成果申领66件、地图审批3件、测绘资质申请2件，配合省自然资源厅完成丽水市测绘资质单位复审换证工作。开展“8•29”测绘法宣传日活动。根据测绘法宣传日“规范使用地图　一点也不能错”主题活动要求，拟订市自然资源和规划局活动方案，开展测绘法宣传进社区、进媒体、进学校活动。测绘法宣传日活动中现场接受咨询人数近2万人次，共发送宣传短信2.5万余条，悬挂测绘法宣传横幅或电子屏幕滚动播放宣传语8条，展示宣传展板15张，向市民免费发放新《中华人民共和国测绘法》宣传册2000余册，发放地图拼图、全国地图、市、县（市）城区图等4000余张，现场提供咨询服务，解答市民关心的测绘法律法规和测绘地理信息新科技等项目问题。8月26日，在白云社区开展测绘法现场咨询活动，活动项目现场设立咨询服务台、向市民发放《中华人民共和国测绘法》、《浙江省测绘与地理信息条例》和丽水市中心城区图等宣传资料。加强测绘成果保障服务。为政府和部门及各行业领域提供高精度性的地理信息数据资源，包括正射影像成果、矢量地图数据，为市政府领导决策分析、国土空间规划编制、自然灾害、气象灾害项目分析、应急演练指挥等工作提供保障服务。提供最新的丽水市域0.5米、0.2米分辨率的高精度地理信息资源成果和领导用图，为政府部门领导调研和区域功能规划等决策提供科学依据和保障服务。

【测绘重大项目建设】 2021年，根据省自然资源厅统一部署，继续推进1:2000线划图更新和航天影像统筹项目建设。全市完成数字正射影像生产更新（DOM）9675平方千米，投入资金近513万元。完成数字线划图更新（DLG）2354平方千米，投入资金近1143万元。市区完成1503平方千米范围天地图1:2000电子地图生产和数据融合，并实现电子地图项目全覆盖，国土空间范围近150平方千米地名地址及POI采集工作，完成南北城主要要素数据采集更新和碧湖镇、大港头镇重大要素的采集更新。通过资源生产更新，保持基础测绘成果的现势性、准确性和可靠性，更好地为辅助政府和部门科学决策及社会各界提供测绘项目保障服务。推进城市地下市政基础设施普查工作。根据省自然资源厅工作部署，丽水市统一谋划，统筹推进，有序开展普查的有关工作，各县（市、区）已全面开展方案制订、招投标等各项工作。莲都区完成地下空间招标，青田、松阳、遂昌、缙云、龙泉、景宁6个县（市）完成地下空间和地下管线招标工作。继续推进“综合测绘”改革。推广使用综合测绘技术服务合同示范文本，全年办理综合测绘项目共209个，其中，137个综合测绘项目使用统一规范的技术服务合同示范文本。巩固天地图地理信息公共服务平台资源建设成果。实现天地图•丽水市级节点资源更新共享。完成448平方千米的1:2000电子地图融合更新、40平方千米的南城北城主要要素数据采集更新、315平方千米的碧湖镇、大港头镇重大要素采集更新，全市在国家地理信息公共服务平台完成上报4个天地图典型应用并通过国家审核，其中2个典型应用支撑自然资源系统，通过项目实施和平台数据资源生产更新，进一步丰富平台数据资源和提高平台资源共享应用能力。继续推进政务资源信息采集更新工作。根据省自然资源厅统一部署，市、县通过浙江省政务资源采集信息系统数据资源进行要素在线更新，完成上报并审核通过925条。（应文宇）

“三改一拆”工作

【概况】 2021年，市“三改一拆”行动领导小组办公室（简称市“三改一拆”办）以“拓空间、促转型、除隐患、优环境、惠民生”为目标，坚持“用数据说话”，坚持“存量违建逐渐销号、新增违建即查即拆”，紧盯“治违除患促安全”专项整治和“两违”信访投诉案件清零两大专项行动，抓实“无违建”创建创先争优、整体智治、迭代创新工作，持续推进拆后土地的高效利用，助力丽水市“打造生态文明建设新典范和新时代山水花园城市”。全年全市“三改”面积167.1万平方米（其中，城中村改造43.13万平方米、旧住宅改造77.29万平方米、旧厂区改造46.69万平方米），完成省里下达任务148.53%；“一拆”（违法建筑处置）面积298.79万平方米，完成省里下达任务199.19%。

【违建数据库重建】 2021年，全市在违法建筑“一户一档”“一楼一档”“一企一档”资料基础上，按照“应排尽排、应报尽报”原则，对辖区范围内的违法建筑进行滚动式再排查，摸清底数，同步上报浙江省违法建筑防控治理应用场景（新违建数据库）。各级“三改一拆”办严查严审严把数据质量关，对上报数据开展自查自纠，有效保证数据真实性，确保全市“一本账”管理。全市摸清违法建筑78545宗，违法占地面积594.74万平方米，违法建筑总面积1042.01万平方米。松阳县违建数据排摸工作的相关做法在全省推广。

【存量违建处置】 2021年，全市坚持分类分步、科学确定整治顺序，依法有序处置存量违建。聚焦人民群众关切问题的整改，有效减少存量违建数量。完成《今日聚焦》曝光件整改。关注浙江卫视《今日聚焦》等新闻媒体曝光点位的整改，1个月内做好督查指导整改工作，并举一反三，借势推进同类型违建消耗工作。全市《今日聚焦》曝光点位4个，现均已整改到位。锁定两个“清零”目标。有序开展治违除患促安全专项整治行动和“两违”信访投诉案件清零行动，做到“两违”涉信访案件清零、有安全隐患的违法建筑清零。全市“两违”信访投诉案件6420件已办结，处置率99.35%，超额完成阶段性目标；全市安全隐患违法建筑排查处置979宗，总违法建筑面积111.50万平方米，均100%处置到位。

【拆改用成效】 2021年，丽水市为有效推动城市革新，以拆改项目为契机发展生态、旅游经济，同时将拆改行动与城市建设、有机更新相结合，全市拆后利用率92.44%。其中，莲都区拆除清理2万平方米违法建筑和脏乱差，升级打造出华东地区唯一的国家药用植物园体系的主体园——“华东药用植物园”；龙泉市以历史街区改造为依托，完成12.3万平方米旧住宅区、旧厂区、城中村的拆改面积，促进宋韵西街涅槃蝶变，绽放新颜；青田县为破除旧厂区改造难题，拆除旧厂房面积3.8万平方米，完成温溪电镀园区改造，每年税收可达1000万元；缙云县拆除面积1.8万平方米，改造面积8.2万平方米，助力“溪滨南路综合改造提升及外立面整治项目”，使缙云县城入选2021年度浙江省AAAA级景区城；景宁县拆除100余处乱搭乱建，改造面积10万平方米，把已废弃的包山铁矿矿区改造成悬崖上旅游景点——“天空之城”；丽水经济技术开发区改造面积3.86万平方米，将闲置废弃的老厂房改建为“丽水职业技术学院绿谷校区”。

【信息宣传成效】 2021年，市“三改一拆”办为在全市全面营造“不敢违不能违不想违”的舆论氛围，加大宣传力度，扩大宣传途径。在丽水网开设专栏，实时报道各地拆违情况；在丽水华数数字电视、公交车框额、道闸的广告位设置“三改一拆”宣传标语、视频；借力考核，全面启动普法宣讲活动，开展“送法下乡”“送戏下乡”。全年全市发放普法宣传资料3.9万份，在市级媒体刊发报道3329条，在省级媒体上共刊发“三改一拆”宣传报道288条。

【防违控违智慧化】 2021年，全市探索“精密智控”机制，综合运用现代科技手段和数字化技术，逐渐形成“天眼、地眼、人眼”立体化、智能化监测网络，对新增违法建筑做到及时发现、精准定位、快速处置，从源头上遏制新增违法建设的发生，守住“零增长”底线，坚定“零容忍”态度，确保新增违法建筑100%处置到位。庆元县打造“天巡地查”违建管控智治模式，实现庆元全域智慧化防违控违；遂昌县开发仙侠湖立体水域智慧化巡检项目，实现水域违建无人机自动巡查、预警。

【“无违建”创建模式调整】 2021年，“无违建”创建进行迭代升级，打破“无违建”创建一创定终身，强化创建工作动态管理，开展年度“无违建县”“创先争优示范县”“十佳单项示范典型项目”“治违控违示范乡镇街道”等创建项目，并首次与土地指标相挂钩，凸显“三改一拆”“无违建”创建工作的持续性和重要性。全市立足本地区实际情况，厉行“丽水之干”奋力书写全面推进无违建创建创先争优工作的崭新篇章，谋划打造一批创先争优的优秀样板，通过实地查看、蹲点指导、对标对表，以高标准落实每个县(市、区)都参与项目评选的目标，扎实做好"无违建"创建创先争优工作。2021年，全市培育崇头镇、汤垟乡、湖山乡等治违控违示范乡镇9个，龙泉西街、松阳椰树、缙云溪滨南路等十佳拆改示范典型项目10个。在线上"无违建"指数赋分排序中，云和、松阳进入全省前25名，景宁、庆元、遂昌、青田、缙云进入全省前50名。（刘莉莉　李佩蓉）

综合行政执法

【概况】 2021年，全市综合行政执法系统高扬"丽水之干"奋斗旗帜，围绕"制度设计更趋完备、制度运行更加有效"目标，自觉扛起建设"重要窗口"的新使命，以优异的综合执法成绩献礼百年、守护百年、铭记百年。全年全市综合执法系统办理一般程序处罚案7968件，简易程序案件8142件，采集违停车辆131445辆(次)，处置数字城管事项77082起，处置信访投诉18130件，处置率100%。

【"大综合一体化"行政执法改革】 2021年，市综合行政执法指导办公室和"大综合一体化"行政执法改革专班合署办公，各县(市、区)统一挂牌综合行政执法指导办公室，建立健全行政执法协调指挥、指导办季度例会、联席会议等机制，推动建立分工合理、职责清晰、协同高效的"综合行政执法+部门专业执法+联合执法"执法体系。全年累计开展工作例会4次，部门间争议协调联席会议8次，解决联合执法难题13个，制定出台行政执法争议协调、案件移送、协作配合等机制8个，组织制定新划转领域执法事项具体办案指引案例15个，较好履行市级监督指挥、组织协调职责。发布《丽水市人民政府关于公布丽水市新增综合行政执法事项统一目录(2021年)的通告》，新增执法事项264项，累计749项，事项占比14.49%，执法领域覆盖率64.7%，监管事项认领率、覆盖率均100%。各县(市、区)人民政府根据"市县统一、同步完成"原则发布通告。制定《丽水市综合行政执法事项（地方扩展目录)》拟划转执法事项318项，经市政府第87次常务会通过上报省政府待批复。印发《丽水市行政执法机构编制调整方案》，明确将市本级12支专业执法队伍精简为8支，形成"1+8"(综合行政执法+市场监管、环境保护、交通运输、农业农村、文化旅游、应急管理、自然资源、卫生健康)的行政执法队伍，调整市区国土资源执法工作，锁定市区8支专业执法队50%编制下沉至莲都区。各县(市、区)8支专业执法队完成机构更名，其他专业执法队均已撤销。全市"1+8"执法队伍力量一线(县乡)下沉率93.5%，乡镇下沉率57.3%。龙泉市八都镇、遂昌县云峰街道、湖山乡和松阳县古市镇4个乡镇(街道)完成赋权实现"一支队伍管执法"。

【综合执法数字化改革】 2021年，市智慧执法平台构建全省首家全市域综合执法城市管理一体化集成应用，被列入省数字法治"一本账"和省市浙里民生"关键小事智能速办"重大应用，并入围市数字化改革优秀场景应用。项目无缝对接省综合执法办案系统，贯通省、市、县、乡四级综合执法部门，形成城市管理事件处置和综合执法案件办理2个智治闭环，建设包含违建防控监管、共享单车治理、地摊经营管理服务、犬类管理服务、法人主体治理5大高频率事项场景化应用，汇集执法行为量化、决策分析2个展示评价模块，推出"一案一码""综合执法宝典"等亮点特色，实现"一网通管、两环智治"城市治理体系。6月至12月，累计处置城市管理事件10.79万件，系统内办理一般程序案件4788件。

【执法规范建设】 2021年，市综合行政执法局落实《丽水市城市市容和环境卫生管理条例》《丽水市城市养犬管理规定》《丽水市文明行为促进条例》《丽水市违法建筑处罚办法》等法规制度执行，深入推进行政执法公示、执法全过程记录、重大执法决定法制审核"三项制度"，推行执法办案"一张光盘"执法全过程记录，通过案审会、联席会议、交叉审核、提级联审、评判分析等载体加强法制审核。印发实施《丽水市综合行政执法行政处罚自由裁量权实施办法》，以条目形式明确自由裁量标准，涵盖15类统一划转目录488项、案由627项和地方立法事项69项、案由69项，并对处罚数额，减轻、从轻、从重情节等细化标准和幅度。深入政策宣讲，推出送法进门、办证上门、困难群众危房重建帮扶、"三为"民生政策宣讲等系列活动，市本级共签订《"门前三包"责任书》4528份，借助媒体助推器持续广泛报道综合执法工作319条(次)，开展"我的城市我管理 我的城市我做主"线上答题活动，点击量3.6万人次，拍摄宣传首部普法宣传MV《市容条例之歌》，开展继光街夜市摊主疫苗接种动员、文明城市巡查、义务献血、"门前三包"共建服务等志愿活动139次，形成共建共享宣传声势，减少群众违法损失。

【城市精细化管理】 2021年，市综合行政执法局优化市区城市管理全员网格体系，划分莲都区网格207个、开发区网格66个，按照“1+1+1+5+X”模式进行配置（每个网格配备1名网格长、1名指导员、1名专职网格员、5名专业网格员、X名选配网格员），明确网格调配单位、岗位职能、专职事项职责班，强化闭环工作、数字集成、工作例会、考核评价、工作保障等运行机制，打造“全要素网格”，提供“组团式服务”，破解城市管理数字化、常态化、精细化、法治化难题。市区完成共享单车“清源、减量、上牌”并探索市场化运作、数字化管控；餐饮油烟监管在在线监测基础上联合市市场监管局增设餐饮登记查询系统实现源头管控；市区户外广告完成摸底、清查、整改，并深入编制户外广告规划，提升城市品位；市区智慧停车收费系统移交丽水市智慧城市发展有限公司并投资建成二期项目新增停车收费泊位2059个，提升城市管理能力，优化国有资产市场方式高效运营。

【违建管控】 2021年，市综合行政执法局突出强化设计审核、基层巡查、投诉举报、违建审核、共建共管、督察考核等机制，明确拆除、罚没、改正等情形，以“三个不得办理”“四个不准”“五个严禁”加大防控力度，提高违法成本，严格制约手段，形成强势威慑。特别是将是否存在违建问题纳入干部提任、两代表一委员、双委候选人提名、评优评先等联合审查内容，凡是存在违法建筑且未整改到位的，一律暂缓提名、提拔和表彰，起到很好的导向作用。全市拆除新发违建1099起6.12万平方米，审查各类评先评优、干部提拔、村两委选举等40603人次。

【行政执法“最多跑一次”改革】 2021年，市综合行政执法局围绕“最多跑一次”改革部署，市本级“最多跑一次”审批和登记服务事项共5项，实现跑零次实现率、即办率、承诺期限压缩比、网上办实现率、掌上办实现率、材料电子化率6项指标均100%。全年“城市大型户外广告设置审批”类办理量26件，城市建筑物、设施上张挂、张贴宣传品审批办理量6件，临时占用城市道路审批类办理量1551件，总办件量1583件。全年办理犬类登记889起，市民浙里办自主填报信息，执法队员“智管通”线上审核，便可获取免疫、登记、领养、找寻“一站式”服务。 （邹　丽）

生态环境保护

【概况】 2021年，市生态环境局通过持续打好污染防治攻坚战，高质量推进美丽丽水建设，丽水生态环境状况指数已连续18年位居全省第一。丽水成为全国唯一一个水、气环境质量均进入全国前十的城市。丽水生态环境质量公众满意度连续14年位居全省前列。市区空气质量在全国168个重点排名城市中居第七位，AQI优良率从2016年的97.3%提升至99.7%；地表水环境质量排名从全国第29名跃升至全国第十名，国考地表水监测断面中Ⅰ—Ⅱ类水质比例从2016年的90.9%提升至100%。

【生态环境治理】 2021年，市生态环境局运用新技术新手段，建立全域立体生态监测网，构建起科学高效智慧的生态治理体系，开展全域生态环境监测感知网络建设，新建一批水站、气站等，基本形成覆盖市、县、乡三级的生态环境监测网络。通过卫星遥感+物联感知+基层治理“四平台”，着力形成“天眼+地眼+人眼”三位一体的生态环境数字监测监管体系。数字化生态地图覆盖全域，涉水涉气污染源监管、秸秆焚烧监管、噪声监管以及大气、水、固废、自然保护地监测预警等场景上线应用，并建立全流程闭环管控机制。深入实施“蓝天、碧水、净土、清废”四大行动，污染防治攻坚战取得阶段性成效，主要污染物减排均超额完成省下达目标任务。完善危险废物综合治理体系，建成并投运小微产废企业固体废物收集点7个，实现县（市、区）覆盖率100%。

【生态环保督察】 2021年，市生态环境局完成中央生态环境保护督察迎检任务，严格落实环保督察问题整改“清单制+责任制+销号制”，不折不扣推动环保督察反馈问题和信访件整改。至年底，第一轮中央环保督察、省级环保督察反馈问题和交办信访件均已完成整改（其中，中央环保督察反馈问题6大项14个子项、交办信访件250件；省级环保督察反馈问题29项、交办信访件392件）。第二轮中央生态环保督察反馈11项问题，已完成整改6项，其他5项均在按时间计划推进整改；211件中央交办信访件，完成整改208件，完成率98.6%。2021年省委生态环保专项督察交办信访件43件，完成整改41件，完成率95.3%。协同推动长江经济带警示片披露问题、省委“七张清单”问题整改，解决一批群众身边的突出生态环境问题。

【应对气候系列】 2021年，市生态环境局谋划开展国家气候投融资试点工作。作为全省唯一气候投融资试点候选城市，编制《浙江省丽水市气候投融资试点工作方案》，探索以碳排放强度指标为依据，规范丽水市投资负面清单，推动气候投融资促进形成减排贡献。启动中国碳中和先行区创建。充分发挥丽水生态优势和低碳发展优势，谋划推进“中国碳中和示范区”创建行动。加快实现温室气体可监测、可计量、可报告、可溯源。丽水市被列入生态环境部全国首批城市温室气体监测试点城市。率先开展碳汇生态产品价值实现试点工作。围绕“域内碳中和、碳汇可交易、内外双循环”要求，制定《碳汇生态产品价值实现三年行动方案》，在全省首个研发森林经营碳汇普惠方法学，完成全省首个市域林业碳汇潜力调查——《丽水市森林经营碳汇潜力调查报告》。推动大型活动实施碳中和与碳汇交易实践，各地相继购买丽水碳汇资源进行大型活动会议碳中和，总计抵消碳排放847.6吨。系统推进低(零)碳试点建设，龙泉市入选全省第一批低碳试点县创建名单。

【生态改革创新】 2021年，市生态环境局构建生态系统保护新模式。致力于打造全国生物多样性保护引领区，在全国率先制定《生物多样性体验地建设与评定导则》，形成较为完善的政策体系和标准体系。在全国率先开展全市域生物多样性本底调查，取得阶段性成果，发现7个全球新物种以及一批国家、省物种新记录，并初步建成龙泉住龙、庆元坑里生物多样性体验地。丽水受邀参加联合国生物多样性大会，并在生态文明论坛分享丽水案例，全市生物多样性保护做法得到国内外广泛认可。构建生态治理体系新模式。推动生态治理从污染物总量控制向环境风险控制转变，丽水市入选第一批全国环境健康风险管理试点，在全国率先发布环境空气质量健康指数AQHI及制定地方标准基础上，发布首个康养指数(HPI)，将保障公众健康理念融入生态环境管理。推动由单个企业环评向区域环评转变，“区域环评+环境标准”改革实现省级以上工业园区和特色小镇全覆盖。丽水还作为全国生态环境系统代表，参加生态文明贵阳国际论坛并作交流发言。

【生态环境执法】 2021年，丽水市办理环境信访举报投诉件893件，信访总量同比下降7.56%，信访事件闭环处置率100%，其中作为线索立案24件。集中开展3次“风雷”系列和1次“绿剑”执法专项行动，精准执法、科学执法、省级环保督察依法执法，有效震慑环境违法行为。全年全市作出行政处罚218件，罚款金额2372万元，办理适用5类配套措施的行政处罚案件48件，其中查封扣押18件、移送行政拘留26件、涉嫌污染犯罪4件。市生态环境局开设“丽水生态环境大学堂”，分行业、分领域开展菜单式培训，共举办培训11期，参训企业919家、1111余人次，编印发放10个重点涉污行业《环保管理应知应会手册》1350册，取得良好的社会反响。

【全民宣传教育】 2021年，市生态环境局承办“6•5”环境日浙江主场活动，介绍浙江省和丽水市生物多样性保护工作成果，公布丽水第一批十佳观鸟点等。召开新闻发布会2场，媒体见面会、记者采风会共3场，吸引中央电视台、新华社、《光明日报》等主流媒体聚焦丽水。围绕丽水发现百山祖角蟾这一新物种，邀请新华社等20余家国内主流媒体到丽水采访，相继推出“中国发现两栖动物新物种”等一系列现象级爆款推文，其中新华社的推文首日突破阅读量150万人次，并进入微博热搜。美丽丽水建设各项工作成果得到《人民日报》、新华社、中央电视台、《中国环境报》、《浙江日报》等主流媒体及新媒体的广泛关注。2021年，累计获国家级媒体宣传报道71次、省级媒体宣传报道130余次。13家开放设施单位吸引6679名群众参观或者网络浏览。创建省级生态文明教育基地2家，分别是遂昌县高坪乡、景宁畲族自治县毛垟村。 （董　浩）

百山祖角蟾 （王　斌　提供）

卫生健康与医疗保障

综　述

【概况】 2021年，全市有医疗卫生机构1694家，其中，医院60家(综合性医院23家、中医医院9家、专科医院27家、护理院1家)，社区卫生服务中心(站)46家，卫生院186家，村卫生室762家，诊所、卫生所、医务室、门诊部599家，疾病预防控制中心10家，妇幼保健院(所、站)9家，采供血机构2家，卫生监督所(中心)10家，计划生育技术服务机构1家，医学在职培训机构1家，其他卫生机构8家。

2021年，全市有病床15321张，拥有卫生人员26610人，卫生技术人员22402人，其中，执业(助理)医师9045人，注册护士9623人，药师(士)1247人，技师(士)(含检验师)1213人，卫生监督员139人，其他(含见习医师)1135人。按常住人口251.4万人，全市每千人床位数、卫生技术人员数、执业(助理)医师数、注册护士数分别为6.09张、8.91人、3.60人、3.83人；按户籍人口269.97万人，全市每千人床位数张、卫生技术人员数、执业(助理)医师数、注册护士数分别为5.68张、8.30人、3.35人、3.56人。

2021年，全市卫生事业收入36.43亿元(其中基本建设资金10.14亿元)，下降11.92%，同期财政支出增长3.53%，卫生事业投入占财政支出比例6.68%，中医事业费占卫生事业费比例3.70%。全年市本级卫生事业投入同比下降10.19%，同期财政支出增长2.23%，卫生事业投入占同级财政支出比例13.41%，市本级中医事业费占卫生事业费比例2.39%。　　(何群英)

【行政审批和政务服务】 2021年，全市办理各类卫生许可事项10246件。市本级办理各类卫生政务服务事项3052件，其中办理公卫类许可491件，办理医疗机构执业许可231件，中医诊所备案5件、注销1件，办理省下放事项1242件(涉水产品生产企业卫生许可23件、消毒产品生产企业卫生许可6件、护士执业注册1184件、医疗广告审批26件、职业病诊断医师许可3件)，办理医师执业许可685件，办理医疗机构使用麻醉药品、第一类精神药品许可13件，办理放射诊疗卫生许可52件，办理放射诊疗建设项目卫生审查18件，可感染人类的高致病性病原微生物菌(毒)种或样本运输审批236件，食品安全企标备案28件，母婴保健专项技术服务许可4件，母婴保健服务人员资格认定26件，职业健康检查机构备案1件，病媒生物预防控制服务单位备案4件，集中式供水单位卫生许可4件，职业卫生技术服务机构资质认可(延续)1件，医疗美容主诊医师专业备案10件。深化卫生健康领域“放管服”改革和“证照分离”改革，持续优化审批方式，落实政务服务2.0升级改造，全部许可事项均可通过2.0系统办理。开展放射诊疗许可、公共场所卫生许可、医疗机构使用麻醉药品第一类精神药品许可、消毒产品生产企业卫生许可等政务服务事项告知承诺制，做好事中监管，强化信用约束机制。开展无证明事项改革工作，做好证明事项清理，通过直接取消、数据查询、部门核验等方式实现“无证明”办理，进一步推进减证便民。

【卫生法治建设】 2021年，市卫生健康委行政执法人员持证率100%。全面执行重大行政执法决定法制审核、行政执法公示和行政执法全过程记录“三项制度”，严格落实重大行政决策程序、合法性审查、公平竞争审查制度，加强行政规范性文件管理，组织开展执法案卷自查及评查工作，进一步推进行政执法规范化建设。丽水市卫生健康委作出重大行政执法决定案件24起、新签订行政机关合同68个。组织开展公共场所卫生普法、《职业病防治法》宣传周、《传染病防治法》宣传、生活饮用水宣传周、宪法宣传周等专项法治宣传活动，组织学习习近平法治思想及《中华人民共和国基本医疗卫生与健康促进法》《浙江省突发公共卫生事件应急办法》《中华人民共和国生物安全法》《中华人民共和国行政处罚法》《中华人民共和国民法典》等法律法规的普法宣传，推进普法责任制落实，开展“以案释法”工作。出台《丽水市绿谷分“信易医”信用就医应用场景实施方案》，市、县两级公立医院全部实现住院患者根据不同信用等级享有免缴住院预交款信用额度。

【“三医联动”“六医统筹”】 2021年，市卫生健康委下发《丽水市“三医联动”“六医统筹”市县任务清单》，指导遂昌县做好深化医药卫生体制改革“三医联动”“六医统筹”集成改革综合试点工作。完善全市公立医院改革重点指标监控和考核办法。2021年度，全市公立医院门诊均次费用和住院均次费用增幅均控制在5%以内。市级医院百元医疗收入的医疗支出104.97元，县级医院百元医疗收入的医疗支出108.76元，市级公立医院医疗服务收入占比上升到34.65%，同比增加2.86个百分点；县级公立医院医疗服务收入占比上升到34.15%，同比增加2.68个百分点。（凌如娟）

【常态化疫情防控】 2021年度，全市无新增确诊病例，丽水市累计报告确诊病例35例（境外输入18例）。市卫生健康委持续完善丽水市集中救治点功能，增加应急手术室和应急分娩室，确定丽水华侨医院为后备市集中救治点，设置救治床位260张。完成市本级方舱医院一期工程的水、电、污水等基础设施建设，设置救治床位500张，10天内完成转换可收治病人。严格落实医疗机构预检分诊和首诊负责制，落实发热门诊预检分诊和首诊负责制，对照“十大症状”加强流行病学史调查，强化监测、预警、报告的“哨点”作用，累计发现发热、咳嗽等新冠肺炎相关症状病例26.06万人、核酸检测26.06万人。组建新冠肺炎疫情防控重点区域感染防控工作专班，每月对定点医院、发热门诊、集中隔离点等重点区域院感开展专项检查，整合派驻纪检监察组，做到“纪检监察”与“行业监管”有机融合。完善大规模核酸筛查组织体系和制度，优化市核酸工作专班，成立综合协调组、组织动员组、技术保障组、后勤保障组、转运保障组、应急处置组、秩序维护组、宣传引导组。进一步加强全市公立医院核酸检测实验室能力建设，加大硬件设施设备改造配备和检验人员招录培养力度，在人员调剂保障的前提下全市核酸检测能力达到12.03万管。扩充核酸采样机动队和核酸检测机动队，市核酸机动队由原来的27人增加至57人，采样机动队增加至1010人。制作大规模核酸筛查流程图和应知应会，完成全市2231个核酸采样点标准化编号，并向社会公示和点对点推送，完成方舱实验室134人轮训。依托浙江省全员新冠病毒核酸检测平台，为全市4024个核酸检测采集点，20410个采集位提供信息化保障，通过快速绑定试管条码和人员信息，动态监控核酸检测“采、送、检、报”各环节，加快核酸采集速度，全年累计采集信息200万人次，累计采集标本45万份。组织全市采样点工作人员线上线下培训，共培训32891人，为打好打赢疫情防控阻击战提供强力支撑。建立驻村（社区）疫情防控指导员制度，开展巡查指导、农村疫情防控督查等工作。推进乡镇卫生院（社区卫生服务中心）发热诊室（传染性疾病专用诊室）的规范化建设，至年底，全市有164家基层发热诊室达到规范建设要求。全年全市开展对医疗机构疫情防控执法检查8579家次，责令停业整顿103家，紧急关停高风险场所667家。对各县（市、区）集中隔离点开展监督检查，其中市本级对县级开展督查77家次，出动卫生监督员168人次。全力保障各项重大活动举办，累计出动卫生执法人员530余人次，监督500余场次。12月19日，第一批5名应急人员驰援上虞开展集中隔离场所疫情防控监督工作。

2021年12月22日，丽水市驰援绍兴上虞的16名流调队员完成任务返回丽水

（潘佳楠　提供）

【健康丽水】 2021年，市本级及9个县（市、区）均获2020年健康浙江考核优秀，市本级位列全省第一。2021年度健康浙江建设公众满意度调查结果，丽水连续4年获全省第一。制定健康丽水28项行动年度工作任务书，将健康丽水纳入市委、市政府年度综合考核和督查计划，建立重点任务清单晾晒机制。在健康丽水微信公众号开设“健康丽水行动”专栏，编写《2020年健康丽水发展报告》和《健康丽水行动2021年典型案例汇编》。召开健康知识普及行动现场会，举办第二届健康生活方式养成暨“60%行动”全民健康活力赛启动仪式。《健康知识精准“扶贫”谱写共同富裕山区样板》成为首批健康浙江行动示范样板。（潘佳楠）

医政医管

【市级医院高质量发展】 2021年，市卫生健康委实施市直公立医院差异化发展战略，聘请浙大千人计划专家吴息凤团队为丽水市作市直医院高质量差异化发展课题研究。以做强两家综合医院、做专两大专科医院、做优一家中医医院为总目标，逐步推进市直公立医院差异化高质量发展。推进医院等级评审，市人民医院通过三甲综合医院复评，市中医院创建三级甲等中医院。2021年，市级综合医院综合诊治能力CMI值1.06，较2020年度提高0.09；三四级手术占比34.01%，较2020年度提高0.22个百分点；平均住院日7.175天，较2020年降低0.255天。全省三级综合医院重点监测病种及术种（68种），市中心医院有60种排名进入前30位，占比88.24%，其中11个排名进入前10位；市人民医院有35个排名进入前30位，占比51.47%，其中4个排名进入前10位。

【县级强院建设】 2021年，市卫生健康委依托省“山海”提升工程，县级医院三大救治中心（卒中、胸痛、创伤）和三大医技共享中心（影像、病理、检验）设置率100%，其中胸痛中心、卒中中心通过国家认证率88%。开展新技术新项目101项，城市医院下派专家开展教学查房1536次，开展手术或操作带教2914例，开展培训讲座894场。制定印发《2021年县域医共体建设重点任务清单及责任部门分工》，省定39项任务全部完成。对全市县域医共体2018—2020年建设和运行情况进行调查分析，形成《丽水市15家县域医共体管理和运行情况分析报告》。制定印发《丽水市城市医疗联合体建设工作方案》，形成市直4家医院和1家区级医院为牵头医院，24家基层医疗机构为成员单位的5个城市医联体网格。协调推动龙泉市人民医院、青田县人民医院、缙云县人民医院启动三乙医院创建。2021年，全市所有二级以上综合医院都纳入国家公立医院绩效考核。

【医疗质量安全】 2021年，市卫生健康委制定发布《丽水市医疗质量控制中心和医疗技术指导中心管理办法》，完成新一轮医疗质量控制中心和医疗技术指导中心核准工作，规范提升市级医疗质量控制中心运行。组织市级11个质控中心专家到县级公立医院开展联合质控检查。开展全市麻醉、放射、呼吸机操作等6个项目职业技能竞赛。部署推进全市“民营医院管理年”活动，提高全市35家民营医院运营管理能力和医疗质量安全水平。

【医师资格考试】 2021年，丽水考点1267人网报参加全国医师资格考试，通过资格审核1154人。参加实践技能考试837人，技能通过578人，合格率69.06%；参加综合考试884人，合格人数550人，合格率62.22%。全市医师资格考试总体合格率47.66%。

2021年6月10日至15日，临床类别国家医师资格实践技能考试

（潘佳楠 提供）

【院前急救体系建设】 2021年，丽水市在全省率先制定以县（市、区）政府组织实施的《丽水市院前医疗急救服务能力建设三年行动计划（2021—2023年）》，并获省医学会资金支持400万元。构建“15家县域医共体牵

头医院+片区医疗中心+智慧流动医院+综合应急联动急救”医疗服务新模式。丽水市医疗急救血液管理中心项目完成项目建议书和可研批复。全市8个县级献血屋建设全覆盖。新增405台AED已经全部安装到位，完成培训师资263人和应急救护员培训5268人次。缙云县“120”急救指挥中心建成运行，云和县、景宁县、龙泉市三地“120”急救指挥中心实现区域急救呼叫统一调度。完成龙泉市人民医院、青田县中医院急救站提升改造项目，全市完成7个急救点建设任务（莲都曳岭、龙泉安仁、景宁沙湾、遂昌黄沙腰、松阳象溪、庆元荷地、安南）。新增院前急救车3辆（莲都区、青田县、云和县各1辆）。全年全市“120”指挥中心急救派车11255次，回车率0.41%，救治病人9465人次。出动负压车1220车次，接送与疫情相关人员1501人次。组织80余人开展全市院前急救医生培训。

【血液供应和安全】 2021年，全市无偿献血38284人次，其中全血34880人次，机采血小板3404人次，献血人次同比上升1.62%；总献血量11011.96升，其中全血献血量10089.39升，机采献血量4612.85单位，献血总量同比上升3.25%。临床用血量10850升，无偿献血量占临床用血量101.5%。丽水市中心血站献血科采血班组获评“全国表现突出采血班组”，连续20年实现临床用血100%来自自愿无偿献血和安全供血“零”事故的目标。丽水市县级献血屋建设实现全覆盖，列全省第二位（除宁波）。 （刘　永）

【医学检查检验共享互认】 2021年，丽水市通过市统建平台实现省、市、县三级医学检查结果互认共享，完成检查检验结果的开单、校验、提醒、调阅、互认、监管的完整闭环流程，确定首批医学检验结果互认项目93项、医学影像检查互认项目180项（占高频检查检验项目80%以上）。至年底，全市累计调阅检查检验结果22万余项次，互认结果1.4万余项次，节省费用60万余元。

【智慧医院建设】 2021年，市卫生健康委推进卫生健康数字化改革“智慧医疗”建设。牵头起草《丽水市卫生健康委员会关于进一步加强全市智慧医院建设工作的通知》文件并下发，从组织体系、电子病历、智慧服务、互联互通、网络安全5个模块分区推进。其中，丽水市第二人民医院率先通过互联互通4甲测评，实现全市医院成熟度测评零的突破。丽水市中心医院电子病历5级通过省级初评，遂昌县人民医院、缙云县人民医院、景宁县人民医院通过电子病历4级。

2021年4月7日，丽水市中心医院举办智慧医院建设发布会暨智慧医院联合创新实验室揭牌仪式 （潘佳楠　提供）

【智慧流动医院】 2021年，市卫生健康委通过数字化手段赋能“流动医院”，打造“巡回诊疗”平台，全市开设46辆巡回诊疗车，覆盖全市758个未设医疗机构的行政村，开展常规巡诊、慢病管理、处方开具、药品发放、远程会诊等，市、县医疗专家下乡累计2.9万人次，为偏远山区群众提供“家门口”医院、“点单式”就诊、“全过程”在线，“便捷化”服务，全力为偏远山区群众做好医疗服务，有效填补基层医疗资源的不足，形成“小病不出村、常见病不出乡、大病不出县”就医新格局，全市基层就诊率连续三年（2018年至2020年）大幅上升，2020年达到52.01%，三年累计增幅12.16%，实现偏远山村覆盖率100%，得到副省长成岳冲批示点赞3次。巡回诊疗车平台成功入选省数字化改革多跨场景重大应用“一本账”之浙里医疗健康服务应用，并入围浙江省党史学习教育“我为群众办实事、我为企业解难题、我为基层减负担”专题实践活动最佳实践案例，获第三届长三角卫生健康治理最佳实践案例卓越奖。

【“救在丽水”应用场景】 2021年，“救在丽水”应用场景是对省卫健委院前急救“一件事”和丽水市“五分钟社会应急救护圈”应用放大升级，以“院前医疗急救一体化”为小切口，通过逐级分解、层层放大，设计“救在丽水”大场景，构架设计“身边救、同步救、精准救、全域救、全程救”5个子场景。“身边救”服务端包含“120”一键呼救、急救资源一张图(517台AED全部上线)、急救知识在线学习、满意度评价等版块内容。依托全市统一的院前急救“120”云平台，“同步救”各项功能上线运行，对全市80余辆救护车进行实时监测、统一调度，实现一键呼救、救护车定位和路线导航、上车即入院，同步与省急救云平台对接实现全省互联互通。此项目辐射景区民宿189个、公共场所400余个。2021年，精准施救3人，其中1人为遂昌金矿景区游客、1人为缙云仙都景区游客、1人为市体育中心跑步的突发心搏骤停男子，项目得到广泛关注和一致好评。

【“花园码(码上医疗服务)”应用场景】 2021年，市卫生健康委打造花园码(码上医疗服务)应用场景，通过个人健康码、疫苗接种、核酸检测等疫情防控信息的归集，市民可通过扫码在线取号候诊、医保电子凭证支付、检查检验报告查询等功能，简化就医流程，减少7万余名患者滞院时间。至年底，全市24家医疗卫生健康单位已全面开展花园码使用，访客登记码已升级为“浙丽通行码”，在全市各大主要场所使用，助力疫情精准防控。此场景应用纳入全省第五批数字社会案例集。（魏　杰）

中医药工作

【中医药事业发展】 2021年，全市中医药事业发展经费13475.55万元，同比增长77.06%；公立医院中医药业务收入7.14亿元，同比增长18.6%；中医门诊人次158.94万人，同比下降10.99%；中药饮片收入2.26亿元，同比下降0.44%；中医非药物治疗收入1.29亿元，同比增长74.32%；中医类别执业(助理)医师1733人，同比增长38.09%；备案新增中医类诊所4家，备案注销诊所1家。组织编制《丽水市中医药事业发展“十四五”规划》，已完成征求意见。

【基层中医药服务】 2021年，莲都区、龙泉市、云和县、庆元县、景宁畲族自治县开展全国基层中医药工作先进单位创建。全市县级医院中医门诊人次66.64万人，同比增长41.46%；中医药业务收入2.32亿元，同比增长78.46%；中药饮片收入1.23亿元，同比增长80.88%。基层医疗机构中医药业务收入1.04亿元，同比降低1.89%；基层中医门诊人次119.71万人，同比增长31.51%。全市100%的社区卫生服务中心和乡镇卫生院能提供中医药服务，90.78%的社区卫生服务站和村卫生室能提供中医药服务。全年全市新建中医馆28家，累计建成中医馆172家。

【中医医疗质量】 2021年，全市县级医院中药饮片帖均费用为28.6元，与2020年同比增长6%；市本级医院中药饮片帖均费用为31.07元，与2020年同比下降7.36%。全市中医医院全年入径总例数16847例，入径例数占出院病例数比例34.06%，较2020年提升31.81个百分点。

【中医药人才科教】 2021年，全市备案传统医学师承人员51人。叶咏菊、潘铨、叶忠伟、吴聪聪4人被列为浙江省中青年临床名中医项目培养对象，吴慧芬、叶秀春等10人被列为浙江省中医护理优秀人才项目培养对象。开展浙江省国医名师传承工作室、岐黄学者、全国中医护理骨干人才、国家级名老中医工作室、第七批全国老中医药专家学术经验继承工作指导老师和继承人、第五批全国中医临床优秀人才研修项目等人才项目的申报工作，开展中医护理优秀人才、中医临床特色技术传承骨干人才培训等项目年度考核工作，完成浙江省名老中医专家传承工作室验收。全市新立项省部级项目6项，市厅级项目34项，县局级项目14项。

【中医药文化宣传】 2021年，全市举办中医药宣讲活动384场，发放宣传资料40444份，受益人次60765人，开展义诊390场，受益人次32798人。丽水市中医院全年参加录制丽水电视台“养生谈”节目26期，举办“绿谷养生大讲堂”44期，利用微信公众号，共推出百草团之畲药科普系列内容26期。丽水华东药用植物园被评为2021年浙江省中医药文化养生旅游示范基地。（吴昀燕）

卫生人才

【卫生人才政策与培养】 2021年，丽水市印发《关于进一步加强卫生健康人才队伍建设的实施意见》，成为市委、市政府人才大政策之后的第一个系统性专项政策，明确21项举措，实现“引、培、留、用、管”全链条管理服务。市卫生健康委、市财政局、市人力社保局共同印发《〈关于进一步加强卫生健康人才队伍建设的实施意见〉操作细则(暂行)》，细化卫生人才政策的具体操作办法。2021年，全市医疗卫生机构招收定向培养生219人，其中本科、专科层级分别招收184人、35人，新增麻醉学和医学影像专业。市直医疗卫生健康单位共招聘各类人才647人，其中博士研究生2人、硕士研究生78人，3人在职取得博士学位、26人在职取得硕士学位。开展基层卫生健康人员培养培训，社区护士岗位培训32人，乡村医生注册培训502人。组织实施医共体模式下基层临床医生能力提升培训项目，组织全市1338名基层医生参加全科医生模块化培训。通过住院医师规范化培训和全科转岗培训培养全科医生59人、助理全科医生55人。至年底，全市注册全科（助理）医生1533人，每万常住人口全科医生数6.11人，位列全省第一。丽水市中心医院涂建飞和丽水市人民医院曹卓被评为"省卫生创新人才"；丽水市中医院叶咏菊等10人被评为"省医坛新秀"；丽水市中医院石明晴等5人入选省中青年临床名中医项目培养对象；丽水市中心医院叶忠伟等4人入选省中青年临床名中医项目培养对象；9人入选第二批"首席专家"岗位人选，占全市总数26.5%（全市34人）；22人次被评为二、三级岗人选，占全市总数的55%（全市40人）。（毛春明）

【卫生职称评审】 2021年，全市参加初中级卫生专业技术资格考试2296人，参加护士执业资格考试595人，初中级专业达国家合格标准人员1416人（其中，初级士80人，初级师599人，中级737人）合格率61.67%，护士执业资格合格人员537人，合格率90.25%。全市参加2021年度卫生高级专业实践能力考试903人。全市自主评聘范围为市属三级医院及牵头医院为二甲（含）以上的县域医共体，共17家实行自主评聘，其中，市直属4家，分别为丽水市中心医院、丽水市人民医院、丽水市中医医院、丽水市第二人民医院；县级13家，分别为龙泉市人民医院医共体、青田县人民医院医共体、青田县中医院医共体、庆元县人民医院医共体、庆元县中医院医共体、缙云县人民医院医共体、缙云县中医院医共体、遂昌县人民医院医共体、遂昌县中医院医共体、松阳县人民医院医共体、松阳县中医院医共体、云和县医疗健康集团、景宁畲族自治县人民医院县域医共体。全市参加自主评聘单位评审对象共630人（其中，正高150人，副高480人），评审通过345人（其中，正高92人，副高253人），评审通过率54.76%，其中，参加市属自主评聘单位评审对象共340人（其中，正高76人，副高264人），评审通过182人（其中，正高41人，副高141人），通过率53.53%；参加县域医共体单位评审对象共290人（其中，正高74人，副高216人），评审通过163人（其中，正高51人，副高112人），通过率56.21%。除自主评聘以外的医疗卫生单位卫生高级资格评审工作，由市卫生高级专业技术职务任职资格评审委员会评审，经个人申报、单位、县级审核推荐、市级资格审查，参加市卫生高评委评审共76人（其中，正高18人，副高58人），评审通过72人（其中，正高16人，副高56人），通过率94.74%。参与疫情防控的一线医务人员参加职称评聘时，可享受优惠政策参评，并在评审时适当倾斜，全市享受优惠政策参评对象共52人（其中，正高16人，副高36人），评审通过39人（其中，正高14人，副高25人）。（刘伟美）

【医教科研】 2021年，全市住院医师规范化培训工作正常开展，全市招录住院医师215人（含助理全科52人），其中，全科、儿科、妇产科、麻醉科、急诊医学、临床病理科6个紧缺专业共招录48人。招录中医住院医师58人，其中，中医全科、中医儿科等紧缺专业18人。全市住院医师规范化培训结业考核合格144人，理论考核合格率98.70%，居全省地市排名第二；中医住院医结业合格25人，合格率96.15%。举办浙江省住培高级师资培训班二期，共352人参加培训。丽水市中心医院介入诊疗中心涂建飞主持的"放射免疫联合射频消融序贯应用在中晚期肝癌中的临床研究"获2020年度浙江省科技进步奖三等奖。丽水市中心医院重点实验室首获省中央引导地方科技发展资金资助300万元，这是丽水市卫生健康系统第一次获此类资助。2021年，获国家自然科学基金项目立项2项，浙江省自然科学基金项目、省公益技术应用研究计划项目等省部级项目立项13项，省医药卫生、中医药科技项目和市本级公益性、自筹类公益性技术应用研究等市局级项目立项152项。10月，《丽水市科学技术局丽水市财政局关于下达2021年第三批科技创新专项资金的通知》，丽水市中心医院的心血管疾病、神经系统疾病、肿瘤诊治、骨科疾病和丽水市中医院的结核病5家研究中心获2021年第三批科技创新专项资金补助734万元。加强继续医学教育项目和学分管理，继续医学教育覆盖率100%。2021年，获国家级继续医学教育项目8项（含备案）、省级继教项目52项（含备案）、市级继教项目审批242项，累计培训2.65万人次；推广"浙卫培训"学习平台，培训8131人次；普及在线学习，完成核酸检测和院内感染防控、《中华人民共和国生物安全法》网络普法、《科研诚信——医学方向》等培训4.78万人次，市本级继续教育项目专项补助经费190万元。初级卫技人员岗位培训合格1862人。（黄　莺）

基层卫生

【基本公共卫生服务项目】 2021年，市卫生健康委促进基本公共卫生服务提质增效。全市城乡居民电子健康档案累计建档人数202万份，电子健康档案建档率91.40%，居民规范化电子健康档案覆盖率73.66%，健康档案动态使用率68.99%，居民电子健康档案开放率78.80%；高血压患者基层规范管理服务率71.91%，管理人群血压控制率73.05%；糖尿病患者基层规范管理服务率71.91%，管理人群血糖控制率60.43%。65岁及以上老年人城乡社区规范健康管理服务率70.27%。

【基层医疗卫生服务能力提升】 2021年，市卫生健康委开展基层片区医疗中心建设，加快构建"15家医共体牵头医院+片区医疗中心+智慧流动医院+综合应急联动急救" 医疗服务丽水模式，提升基层医疗卫生服务能力和医疗技术水平。建成基层片区医疗中心4家，新增村卫生室(社区卫生服务站)100个，继续发挥智慧流动医院(巡回诊疗车)的作用，实现偏远山村医疗卫生健康服务全覆盖。全年全市所有基层医疗机构均开展"优质服务基层行"活动，并确定开展创建基本标准单位145家、创建推荐标准单位21家。

【家庭医生签约服务】 2021年，市卫生健康委加强家庭医生签约服务，全市有省级家庭医生签约服务培训基地2家，示范点18家。巩固并稳步扩大家庭医生签约服务覆盖面，巩固十类重点人群签约覆盖率，提高常住人口签约率，对低收入农户、残疾人、计划生育特殊家庭、退役军人优抚对象等重点人群优先签约、应签尽签，为居民提供灵活多样的签约服务周期，开展在线签约和续约。开展"5·19"世界家庭医生日宣传活动。有序推进"互联网+"家庭医生签约服务，发展在线健康咨询、健康教育、慢性病复诊、长处方药品配送和随访等线上服务。至年底，全市常住人口签约数109.09万人，常住人口签约率49.31%，全市十类重点人群总数93.08万人，十类重点人群规范签约总数79.15万人，重点人群签约率85.03%，其中在管高血压患者签约覆盖93.15%，在管糖尿病患者签约覆盖率93.58%，65岁及以上常住居民签约覆盖率87.82%。

【基层医疗卫生机构补偿机制改革】 2021年，市卫生健康委完善基层医疗机构补偿运行机制。运用绩效评价信息化系统，落实按实际抓取的标化工作当量核拨财政补助资金，全面建立运行新机制，真正体现多劳多得，优劳优酬。基于卫生信息平台和基层补偿机制改革信息系统，完成基层绩效考核信息系统中各基层医疗机构的信息维护和匹配。实行数字化考核评价体系，将基层工作当量精确抓取到个人，实现基层补偿新模式。进一步完善基层医疗机构院内绩效考核系统，通过数字化应用把基层医务人员的工作当量与绩效工资相挂钩，逐步实现基层内部管理精细化、数字化和规范化，充分调动基层医疗卫生机构和医务人员积极性。

【基层卫生队伍建设】 2021年，市卫生健康委完成乡村卫生人员骨干全科医生线下培训。完善村级医疗机构多渠道补偿机制，严格落实村卫生室实施基本药物制度和提供基本公共卫生服务补助资金，不断拓宽乡村医生收入来源，稳定村级卫生人员队伍。举办首届丽水市基层全科医生全科技能竞赛，对获竞赛个人前三名的选手，经市总工会核准后授予"丽水金蓝领"称号。持续开展山海协作帮扶，组织结对基层医疗卫生机构到宁波市开展2021年度基层卫生"山海协作"交流活动，莲都区、青田县和水阁卫生院等10家基层医疗卫生机构与宁波市10家基层医疗卫生机构签订结对帮扶协议，委派4名基层卫生健康管理工作者到宁波市基层医疗卫生机构挂职。

【"两慢病"改革试点工作】 2021年，市卫生健康委推进"两慢病"改革试点工作。指导遂昌县作为全省22个加强高血压糖尿病全周期健康管理推进分级诊疗改革试点县之一先行开展加强高血压糖尿病全周期健康管理，通过建设慢性病一体化门诊、统一慢性病药物目录、实施免费用药政策等一系列改革措施，提高"两慢病"患者治疗的依从性和基层就诊率。9月1日，遂昌县实施60周岁以上"两慢病"患者免费用药保障政策，为全县60周岁以上城乡参保居民在基层医疗机构完成家庭医生签约和慢病备案，且规律服药的"两慢病"患者，提供基本药物(糖尿病5类、高血压11类)免费保障政策。10月21日，丽水市"两慢病"改革试点现场会在遂昌县召开，总结遂昌县试点经验，部署全市推进这项工作。 (叶增日)

疾病控制

【疾病监测与报告】 2021年，全市报告法定传染病17114例，报告发病率682.54/10万，其中，无甲类传染病报告；乙类传染病报告4053例，发病率161.64/10万，比2020年下降5.50%，报告死亡病例37例；丙类传染病报告13061例，发病率520.90/10万，比2020年下降5.31%，无死亡病例报告。全市甲、乙类传染病报告发病数居前5位病种依次为：梅毒（1099例，占甲、乙类传染病发病数27.12%）、乙肝（958例，占甲、乙类传染病发病数23.64%）、肺结核（938例，占甲、乙类传染病发病数23.14%）、淋病（667例，占甲、乙类传染病发病数16.46%）、猩红热（125例，占甲、乙类传染病发病数3.08%）。加强疾病监测数据分析利用，编制《2020年度丽水市公众健康报告》，为健康政策制定提供参考。

【免疫规划】 2021年，全市规范开展麻疹、AFP等免疫针对性疾病监测，全年报告乙脑1例、麻疹3例、15岁以下儿童非脊灰AFP病例11例，疑似预防接种异常反应报告发生率7.77/万剂。开展蚊媒乙脑病毒带毒率监测，全市蚊子乙脑病毒核酸检测阳性率23.00%。全面推进新冠病毒疫苗全民免费接种，至年底，全市累计接种492万剂，共有222万人完成第1剂接种、215万人完成全程接种、51万人完成加强针接种。开展省民生实事“70周岁以上老年人免费接种流感疫苗”及市民生实事“丽水市户籍60周岁以上老年人免费接种1针23价肺炎疫苗并建立长效机制”项目，全市接种流感疫苗69440人、23价肺炎疫苗13.53万人。全市报告狂犬病病例1例（松阳县），报告处置一犬伤多人事件1起（遂昌县）。继续维持疫苗接种率，全市免疫规划疫苗以乡镇为单位单苗单剂次接种率90%以上，其中麻类、脊灰疫苗接种率95%以上。

【重点传染病防治】 2021年，市卫生健康委推进艾滋病扩大检测工作，全市累计检测69.48万人次，达常住人口的27.71%。完成艾滋病抗病毒治疗各项工作，全市现存活病例抗病毒治疗覆盖率95.36%、新确证病例抗病毒治疗覆盖率93.01%。结合农民健康体检，全面开展老年人HIV筛查检测，针对疫情重点区域60岁以上老年人开展新发感染监测。推进非职业人群的艾滋病暴露后预防处置工作，将丽水市人民医院设立为全市首家非职业人群暴露后预防处置机构。印发《关于进一步加强肺结核防治工作的若干意见》，为全市肺结核病人免费治疗提供政策支持。全年全市报告肺结核（含结核性胸膜炎）病例938例，较2020年同期下降9.11%，报告肺结核和疑似肺结核患者的总体到位率99.10%、到位确诊肺结核患者收治率99.75%、肺结核患者管理率98.88%、肺结核患者病原学阳性率68.65%、学校肺结核患者密切接触者筛查率100%、初治菌阳患者耐药筛查率97.15%、耐药高危人群耐药筛查率98.61%、辖区户籍耐药肺结核患者纳入治疗率100%。

2021年3月25日，莲都区方舱接种点　（潘佳楠　提供）

【慢病防控和“六大防办”】 2021年，市卫生健康委进一步加强死因、慢病监测工作，建立卫健、民政、公安三部门数据季度比对机制，积极开展数据收集、质量控制、分析利用，编撰死因和慢性病监测年度报告，为决策提供参考。4月26日，丽水市慢病协同管理平台启用，实现市内死亡、慢病数据落地。开展基本公共卫生服务项目慢性病患者管理工作，加强慢病患者管理工作培训、指导、适宜技术试点。2021年，全市开展慢病防治队伍建设，共培训人员12559人次。完成国家脑卒中高危人群筛查与干预，院内综合干预2003例；完成国家心脑血管病危害因素社区、乡镇人群综合干预4052例、浙江省居民心血管病及其危险因素监测1289例；完成国家项目上消化道机会性筛查9850例、城市癌症4925例，投入经费3万元建立“丽水市癌症筛查信息平台”，提前超额完成市政府民生实事——前列腺癌筛查10.32万例，其中阳性5474例；完成省政府民生实事——重点人群结直肠癌筛查13.91万例及结肠镜检查6628例；组织开展儿童口腔疾病综合干预项目，覆盖学校200余所，检查学生15000人，窝沟封闭学生12000人，封闭牙齿31200颗，开展儿童口腔局部用氟2987人；完成浙江省重点人群口腔健康状况监测500人的流调工作；完成慢性呼吸疾病筛查 6523 例。持续完善浙西区域心理卫生救援基地建设，并开展山体滑坡、防汛心理救援应急演练，推动“益心云服务”平台应用，为市民提供线上心理咨询、心理康复、心理测评、健康科普等服务，将原有“96525”心理热线与政务服务热线“12345”进行合并，并对心理热线系统全面升级，集高危评估、来电随访、统计分析、录音质检功能于一体，全年接听来电 1000 余人次；全市各级医疗卫生单位进学校、社区、单位、企业开展心理健康讲座 100 余场次、义诊 9 场次、发放宣传资料 3000 余份。全市在册严重精神障碍患者12000人，严重精神障碍报告患病率5.42‰；规范管理 11880 人，规范管理率99%；规律服药患者 10828 人，规律服药率 90.23%。

【学生常见病和健康影响因素监测】 2021 年，全市儿童青少年常见病（近视）监测共调查中小学校 47 所和幼儿园 20 所，筛查学生 18526 人，检出近视 10120 人，近视率 54.63%。全市中小学生常见病的患病率顺序依次为：视力不良 59.20%（17.46 万人）、恒牙龋齿 21.65%（63864 人）、肥胖 10.91%（32191 人）、营养不良 8.40%（24777 人）、贫血 6.55%（3398 人）、沙眼 0.18%（524 人）、蛔虫感染 0 人。全市 27 所学校开展教学环境监测，学校饮用水各检测项目均达标准，教学环境监测中黑板尺寸和空气质量合格率均为 100%；合格率低的监测项目为后墙反射比 5.56%、课桌椅分配合格率 12.35%、黑板反射比 40.76%、第一排课桌椅前沿与黑板的距离符合率 41.36%及黑板面平均照度 53.70%。

【食品安全风险检测和评估】 2021 年，全市完成食品污染及有害因素监测样品 2912 份，人口覆盖率 1.23 份/千人。及时通报 5 起食品安全风险隐患，完成食品安全企业标准备案 28 件，有序推进居民营养监测、中小学生剩菜剩饭率调查、中小学生常见病监测与干预等项目。继续开展集中消毒餐饮具大肠杆菌、洗消剂残留和致病菌指标的检测，全市对 10 家消毒餐饮具抽检样品 937 批次，其中合格 930 份，合格率 99%。全市餐饮具消毒企业行政处罚案件 13 起，其中，庆元县 2 起、松阳县 3 起、云和县 2 起、缙云县 2 起，市本级、遂昌县、龙泉市、青田县各 1 起。

【安全生产】 2021 年，市卫生健康委与各县（市、区）卫健局、市直各医疗卫生单位签订年度责任书；市卫生健康委主要领导与分管领导、分管领导与委内各处室签订年度责任书，围绕消防安全、危化品安全、特种设备安全、生物安全等重点，组织飞行检查、交叉检查等，全市检查单位 1917 家，发现问题 1437 项，整改 1347 个。开展“平安护航建党百年”系列行动，开展安全风险普查、消防安全清查、燃气安全专项整治、“安全生产月”和“安全生产万里行”等行动，联合消防“蓝码”平台，对全市 71 家重点社会办医疗机构全面开展风险隐患排查。组织市直各医疗卫生单位和城区社会办医疗机构相关负责人 350 余人分批次参加“消防安全体验活动”。开展安全生产主题宣传教育活动 157 场，受众 5000 余人，专题学习 137 次，受众 11000 余人次。全市开展各类演练 120 余场，进一步提高应急处置能力。（陶熠辉）

卫生应急

【突发公共卫生事件监测与处置】 2021 年，全市未报告突发公共卫生事件，报告突发公共卫生相关信息 17 件，主要涉及诺如病毒感染、手足口病、鹦鹉热、新冠病毒肺炎、狂犬病等，所有事件均得到及时规范有效处置。强化重点场所相关从业人员、物品和环境新冠病毒常态化监测，全年全市累计对 20 余万份样本开展新冠病毒核酸检测，从印度进口冻带鱼、越南进口火龙果中检出新冠病毒核酸阳性。全市高效应对 1 例境外输入无症状感染者和 3 例复阳病例事件、遂昌进口带鱼核酸阳性事件、青田县山口卫生院外环境核酸阳性事件、山东奶枣核酸阳性事件、泰国进口龙眼核酸阳

2021 年 6 月 18 日，丽水市卫生健康委主任吴郁郁带队前往丽水市人民医院开展“平安护航建党百年”安全生产工作（潘佳楠 提供）

性事件、温州境外输入病例密接协查管控等涉疫事件，所有事件均得到科学、及时、规范处置。

【卫生应急体系建设】 2021年，丽水市印发《丽水市突发公共卫生事件应急预案》《丽水市突发急性呼吸道传染病事件应急预案》《丽水市突发公共事件医疗卫生应急救援预案》；市卫生健康委草拟、市委编委会印发《关于健全完善公共卫生应急管理体系的若干意见》，对全市公共卫生应急指挥体系、疾病预防控制体系、监测预警体系、基层公共卫生防控体系、重大疫情防控救治体系、应急物资保障体系等重点领域和关键环节给予全方位的制度保障和政策支撑。青田县疾控中心、莲都区疾控中心、龙泉市公共卫生中心大楼、景宁县公共卫生应急指挥中心等建设项目启动，累计预算3.9亿元。全市累计开展各类卫生应急演练200余场次8000余人次。（陈燕飞）

卫生监督

【概况】 2021年，全市有监督管理对象10376家（市本级2376家），其中，公共场所4207家、医疗机构1679家、放射诊疗单位163家、职业病危害企业3776家、学校350所、餐饮具集中消毒单位10家、消毒产品生产企业14家、职业健康检查机构11家、职业病诊断机构16家、持有有效卫生许可证的集中式供水单位30家、二次供水单位60家、涉水产品生产企业15家、涉水产品经营单位17家、病媒生物预防控制服务单位28家。全市办结各类行政处罚案件2147起，其中，一般程序案件949起，简易程序案件1198起，涉及罚没款5万元以上及吊证等大案要案133起，移送公安案件1起，罚没总额953.74万元。全市受理投诉举报162件，立案查处51件，立案处理率31.48%。全市办理各类卫生政务服务事项9912件。

【医疗卫生执法】 2021年，全市办理国家“双随机”检查任务数956个，省级“双随机”检查任务数331个，任务完成率均为100%。发起并执行任务数270个，应用信用规则率99.25%。开展跨部门抽取任务数111个，跨部门监管率33.53%。“双随机”总检查数2404家，处罚867家，处罚率36.06%。全年全市查处医疗机构违法违规案件132起，罚没款金额116.49万元。查处非法行医案件109起，罚没款金额396.19万元，没收器械物品价值39.4万元。对全市9个县（市、区）开展非法行医暗访检查，发现打击违法行为13起。加强丽水市医疗美容综合执法，开展生活美容负责人警示教育计228人，签订承诺书265份，开展医疗风险防范指南培训8次，共培训181人。全面开展医疗美容行业整治行动，共查处非法开展医疗美容机构16家，查处非医师开展医疗美容人数3人。检查发现违反医疗质量管理核心制度的违法行为8起，罚款4.2万元。推进全市医疗机构多元化监管试点，全市1679家医疗机构按要求全部完成自查，完成率100%。建立依法执业承诺制度，所有医疗机构均签订承诺书。对9个县（市、区）级人民医院的疫情防控措施落实情况和依法执业情况进行全面检查，检查共发现违法线索198条，违规线索64条。

【卫生监督执法】 2021年，市卫生监督所开展集中消毒餐饮具企业监督抽检和综合评价，全年抽检样品937批次，合格率99%，综合评价优秀单位4家，全市餐饮具消毒企业行政处罚案件共8起。开展消毒产品生产企业分类监督综合评价，全市14家消毒产品生产企业全部纳入综合评价，评定优秀级12家，合格级2家。全年开展医疗卫生机构传染防治分类监督综合评价单位412家，完成率100%，评定优秀单位180家、合格单位190家，重点监督单位42家。对全市14家二级以上医疗机构的病原微生物实验室开展依法执业监督检查，组织全市传染病骨干监督员30余人开展病原微生物实验室执法检查培训。开展医疗机构医疗废物管理监督检查，查处违反医疗废物管理125件，罚款总额10.78万元；组织申报制定地方标准《丽水市医疗机构医疗废物收集暂存规范》，已完成公示征求意见。

【公共场所卫生监督执法】 2021年，全市办结公共场所卫生行政处罚案件931起，实施量化分级管理公共场所3887家，量化率91.5%。对全市1144家取得卫生许可证的公共场所经营单位进行全覆盖检查。深入开展“放心游”项目，全市正常开放游泳场馆63家，在“浙江省游泳馆自检互联网公示系统”上线率和自检结果信息公示率均达到100%。全面推进公共场所自查系统使用，全市辖区游泳场所自查61家，使用率96%；住宿场所自查702家，使用率91%。全面推进从业人员健康体检信息管理系统使用，至年底，全市已有39929名体检人员录入系统。利用“卫生管理员培训考试平台”“自查自律管理系统”等平台开展公共场所普法宣传培训，全市累计培训负责人和卫生管理员5300余人次。

【饮用水卫生监督执法】 2021年，市卫生监督所推进集中式供水单位量化分级管理，审核通过集中式供水单位A级6家，B级5家，C级1家。对持有卫生许可证的集中式供水单位每季度开展监督检查，全年累计监督检查124家次，监督率100%。加强供水卫生管理，建档立卡二次供水单位59家，对二次供水、城市及农村集中式供水单位出厂水、水源水、管网末梢水等指标进行监督抽检。开展农村供水卫生安全巡查，监督检查在用小型集中式供水设施的乡镇123个，协管巡查乡镇108个，卫生监督检查供水单位933家，协管巡查供水单位781家。开展涉水产品卫生监督检查，全年出动监督员115人次，监督检查涉水产品经营单位42家、涉水产品生产企业11家。做好水质在线监测和公示，监测用户龙头水水质321份，合格320份，合格率99.7%，监测结果均在当地政府网站上按季度公开，累计公开信息40次。对新办理的涉水产品生产企业签订承诺书，公开承诺不生产和销售无证产品等其他违法经营行为。

【学校卫生监督执法】 2021年，全市开展返学期间新冠肺炎疫情专项执法检查，对学校培训、考试、会议等活动进行保障，共完成14所高考考点学校、51所中考考点学校的保障工作，出具卫生监督意见书41份。全面督促落实春秋季学校卫生隐患自查工作，自查率100%，综合评价率100%。全面实施教学环境监督抽检，开展采光照明专项检查共抽取托幼机构52家，校外培训机构48家。做好校园及其周边环境整治，开展校园周边住宿场所专项检查，立案查处不合格场所10家。开展乡镇学校供水安全层级检查，检查乡(镇)学校203家，出具《卫生监督意见书》47份，责令整改8家，立案查处3家。

【职业和放射卫生监督执法】 2021年，全市依法查处用人单位职业卫生违法案件257起，已结案238起，罚款金额296.25万元。全市职业卫生监管实行“双随机”、市县层级稽查等模式，治理对象涵盖化工、建材、铸造、矿山等行业，全市抽取用人单位498家，至年底，职业病危害项目申报率91.2%、职业健康检查覆盖率100%、工作场所检测完成率88.6%、劳动者职业病防治培训完成率95.6%。接尘工龄不足5年的尘肺病病例逐年下降，本年度接尘工龄不足5年的劳动者新发尘肺病报告数为0例。通过普法宣传科普进企、办班培训、集体约谈、自主承诺等方式加强用人单位“三服务”。加强放射工作人员培训，完成在岗期间培训考试401人。全市执法检查放射诊疗机构94家，出动卫生监督员200余人次，查处放射卫生违法案件29起，已结案26起，罚款4.12万元，出具监督意见书50余份。8月，对全市开展放射卫生监督层级督查，发现并向当地移交违法违规线索20余条。

【卫生许可审批】 2021年，全市办理各类卫生政务服务事项9912件，其中办理公卫类许可2029件，办理医疗机构执业许可1841件，中医诊所备案13件、注销3件，办理省下放事项件3013件(涉水产品生产企业卫生许可23件、消毒产品生产企业卫生许可6件、护士执业注册2948件、医疗广告审批33件、职业病诊断医师许可3件)，办理医师执业许可2092件，办理医疗机构使用麻醉药品、第一类精神药品许可29件，办理放射诊疗卫生许可124件，办理放射诊疗建设项目卫生审查95件(预评价44件、竣工验收51件)，再生育审批323件，可感染人类的高致病性病原微生物菌(毒)种或样本运输审批228件，食品安全企标备案27件，母婴保健专项技术服务许可22件，母婴保健服务人员资格认定47件，集中式供水单位卫生许可17件，职业健康检查机构备案5件，病媒生物预防控制服务单位备案4件。

【卫生法制稽查】 2021年，市卫生监督所出具稽查意见书9份，督促各地整改落实。组织开展年度“十大案件”“办案标兵”等评选活动，评选出“遂昌家家皮肤护理有限公司未取得医疗机构执业许可证擅自开展医疗美容服务案”为2021年度丽水市卫生行政执法“十大案件”，评选出“青田县水务有限公司供应的饮用水不符合国家卫生标准和卫生规范案”为2021年度丽水市卫生行政执法“优秀案件”，评选出林晓蓉等10人为2021年度丽水市卫生行政执法“办案标兵”，评选出何野等10人为2021年度丽水市卫生行政执法“办案能手”，并予以通报表彰。

【卫生监督执法能力建设】 2021年，市卫生监督所继续承办省级公共场所实训基地，举办实训2期共90余名业务骨干参加培训。至年底，累计承办实训9期，受训监督员350余人次，拍摄教学片6部。组织各专业骨干、新进监督员到省培训基地接受培训，聘请省卫生健康委及温州医科大学专家、教授共15人到丽水授课，受训监督员960余人次。举办以职业卫生为主题的丽水市第六届卫生监督应急演练暨技能竞赛，林晓蓉、何野、高丽珠作为技能竞赛个人一等奖被授予“丽水金蓝领”称号。

【卫生监督信息化建设与信息宣传】 2021年，丽水市牵头开发“浙江省游泳场所水质卫生智能监管平台”，并上线运行，实现“水质指标实时监测、管理指标动态监测、游泳者健康申报电子化”三大远程监测功能，全省有543家游泳场馆接入平台（其中丽水市53家），实现智能化监管。开展放心住宿“一件事”集成改革试点，多部门协同推进，推出一码查询、一屏掌控、一站监管的“健康民宿溯源码”——莲宿码，构建山居民宿监督服务新模式。开展住宿场所消毒保洁智能监管试点工作，至年底，全市已接入“浙江省住宿场所消毒保洁智能监管系统”225家，实现全覆盖。消毒餐饮具智慧监管数字化改革系统，全市10家企业均接入系统，接入率100%。继续推广口腔诊疗机构智能监管平台，全市平台上线机构数225家。全年开展主题普法活动6次，发布各类以案释法案例10篇，编制公共场所卫生普法资料，“丽水卫生监督”微信公众号累计推送信息160条。（留艳红）

妇幼保健

【妇幼健康公共卫生项目】 2021年，全市产妇数13705人，系统管理人数13182人，系统管理率96.18%；早孕建册人数13248人，早孕建册率98.15%；产前检查人数13484人，产检率98.39%；产后访视人数13437人，产访率98.04%。全市7岁以下儿童人数147915人，保健覆盖人数144938人，保健覆盖率97.99%；3岁以下儿童人数52081人，系统管理人数50249人，系统管理率96.48%，新生儿访视率99.42%，各项服务指标均达目标要求。全市活产数13705人，较2020年同期（16582人）减少2877人；孕产妇死亡1例，死亡率7.29/10万；5岁以下儿童死亡36例，婴儿死亡25例，死亡率分别为2.63‰、1.82‰，均控制在目标范围内。

【高危孕产妇管理】 2021年，市卫生健康委严格执行高危孕产妇管理，按照五色管理，动态追踪，指导及时就医，确保母婴安全。2021年，在案管理红、橙、紫色孕产妇4857人，其中红色152人，橙色3731人，每例高风险者均规范实行市县联管，加强异常对象的干预随访。举办“孕产妇安全管理”“高危妊娠的规范管理”“产前筛查与诊断技术”等省级、市级培训班7期，基层730名医务人员参加培训。继续实施妇幼健康“三个一”工程项目，对全市200余名助产医护、妇幼保健工作人员进行理论和操作技能培训，通过2年（2020—2021年）轮训，实现助产医护、妇幼保健工作人员培训全覆盖。

【出生缺陷综合防控】 2021年，市卫生健康委推进叶酸免费增补项目，全年发放叶酸14355人，叶酸服用率97.99%，依从率92.12%、知晓率98.87%，有效降低出生缺陷发生率。全市所有孕妇落实免费产前筛查，高风险孕妇给予免费产前诊断。市妇幼保健院产前筛查13098人，产前诊断478人，通过染色体核型分析确诊染色体异常32例，其中21-三体综合征21例，18-三体综合征4例；超声筛查发现异常胎儿329例，引产26例。开展新生儿疾病筛查13682人，筛查率99.83%。规范开展新生儿先天性心脏病筛查项目，筛查先天性心脏病13475人，筛查率90.83%。市政府将“对全市有意愿的孕妇免费开展一次胎儿系统超声检查”项目列入全区十方面民生实事项目之一，全年完成2105名孕妇胎儿系统超声检查，检出侧脑室增宽、脉络丛囊肿、肾盂分离等胎儿异常329例（B超检查阳性），阳性率15.63%。

【3岁以下婴幼儿照护服务】 2021年，全市建有托位数6030个，千人托位数达2.55个，全市有20家托育机构（2021年新备案13家，新增托位746个），其中景宁畲族自治县民生托育园为公立托育机构，由景宁县妇计中心举办。规范开展幼托机构卫生保健管理，全市举办托幼机构保健培训班5期，规范开展托幼机构春季传染病防控指导、新冠疫情防控指导等工作，“六一”儿童体检80422人。全市培育保育员1629人，保健员265人。

【避孕药具服务和健康素养教育】 2021年，全市妇幼保健计划生育中心多渠道宣传避孕知识，全年开设直播课23期，2.53万余名群众在线观看直播，接受提问1470人。全年完成市级避孕药具调拨共计145万元，其中避孕药14.6万元，宫内节育器35.3万元，避孕套95.1万元。举办基本避孕药具服务项目技术培训班、避孕药具服务管理一体化信息平台培训班，提高全市基层药具管理服务人员能力。2021年，全市有避孕药具发放网点3634个，其中发放机服务网点225个，公立医疗机构避孕药具自助发放机均配备到位。（应丽芬）

爱国卫生

【卫生创建】 2021年，丽水市在国家卫生城市复审中取得850.7分，位居全省21个复审城市第一、全国第七，得到全国爱卫会通报表扬。龙泉市和云和县通过国家卫生城市（县城）复审。莲都区碧湖镇、雅溪镇等46个乡镇通过省级卫生乡镇复审，至年底，丽水市142个乡镇，有国家级卫生乡镇60个，省级卫生乡镇和市级卫生乡镇全覆盖。

【病媒生物防制】 2021年,市爱卫办举办全市病媒生物防制技能竞赛,并选送5名优秀骨干参加省级比赛。以县为单位开展除四害消杀工作。青田县、庆元县、缙云县、遂昌县、松阳县、景宁畲族自治县通过病媒生物密度控制水平C级评估。遴选出莲都区联城街道港口村等9个市级除四害样板村。

【健康教育】 2021年,丽水市居民健康素养水平达到34.02%,较2020年度提升近2个百分点。继续实施健康中国行和公众健康素养促进行动,新培育健康生活指导师4333人,新创建健康家庭11019户,总户数达24033户,其中示范家庭户1926户。全市1196家农村文化礼堂开展健康素养的"五进"(健康礼包、健康讲座、健康活动、健康服务、中医药活动进农村文化礼堂)活动,覆盖率100%。开展公众健康科普工作,全年累计发放健康礼包66种36906个,举办健康讲座1743场,健康活动625场,健康服务1220次,中医药活动1145次,累计受益人数36.24万人。常年在丽水广播电台FM94频道《文馨说养生》栏目对《健康素养66条》进行详细解读,发布微信推文近500篇,点击率10万余人次。开展新冠肺炎疫情应急健康教育,视频类6个,原创科普宣传资料8种共24款。开展健康细胞创建工作,全市创成健康促进金牌学校54所、银牌学校93所、铜牌学校166所,健康促进学校覆盖率99.05%,金银牌比例46.5%;健康促进医院覆盖率100%。全面推进健康促进县区建设。推进无烟党政机关创建,实现市本级党政机关全覆盖,各县(市、区)创建率均达到80%以上。开展公众控烟知识宣传,干预效果明显,15岁以上成人吸烟率21.47%。开展第二届"大花园•大健康"丽水市健康生活方式养成暨"60%行动"推进计划全民健康活力赛,全市设置健身打卡点134个,累计吸引团队443个,10350人参加,累计步数达到53亿步。 (王文豪)

人口家庭发展

【出生人口数据和生育政策】 2021年,全市报表上报出生人口17178人,计划生育率98.3%。出生婴儿性别比106.88,继续控制在正常范围。全市人口家庭发展工作平稳有序开展,未发生违法行政而引发的计划生育重大案件、重大计生负面新闻舆情事件和不稳定事件。三孩生育政策平稳有序实施,三孩政策效应未释放,出生人口下降,全年全市报表上报出生17178人,同比减少3174人,同比减幅15.60%。其中,一孩8344人,减少799人,同比减幅8.74%;二孩7461人,减少2022人,同比减幅27.10%;多孩1373人,减少353人,同比减幅21.67%。

【生育服务管理】 2021年,丽水市取消再生育审批,取消社会抚养费,清理和废止相关处罚规定,将入户、入学与入职等个人生育情况全面脱钩。全面落实生育登记制度,全年全市通过线上办理生育登记12835件。推进出生医学证明、儿童预防接种、户口登记、医保参保、社保卡申领等"出生一件事"联办。

【公共场所母婴设施建设】 2021年,全市新建母婴室13家,累计共建母婴室105家,其中四星级母婴室24家、五星级母婴室2家。22家二级以上医疗机构均设立三星级以上母婴室,全市不断提升母婴室服务水平,推广"云上母婴室"服务功能,其中莲都区积极创建母婴室标准化建设县(市、区)。

【计划生育扶助】 2021年,全市新增农村部分计划生育家庭奖励扶助对象3747人,累计奖励扶助总人数20445人;新增计划生育家庭特别扶助对象66人,累计特别扶助总人数1755人。深入开展特殊计划生育家庭三项制度落实工作,覆盖率100%。有效使用市直计划生育公益金,对特殊计划生育家庭实施资助,全年发放公益金3万元共10户家庭。各县(市、区)通过设立计划生育公益金、独生子女意外伤害保险等对计划生育家庭、独生子女和"农村双女户"家庭在遇到特殊困难时予以帮扶、救助。 (徐连红)

计生协会

【概况】 2021年,全市有计划生育协会组织2174个,重新登记会员183567万人;组建志愿者队伍1114支,拥有志愿者人数15463人。市计生协会被市委纳入市第三批群团改革中,改革从2019年4月开始筹备,同年12月走完所有程序并下发改革实施方案。各县(市、区)计生协机构改革与地方机构改革同步进行,至年底,市本级和9个县(市)计生协改革已全面完成。

【计生系列保险】 2021年4月26日至27日,全市计生协工作会议暨计生系列保险工作部署会在缙云县召开。至年底,全市两康总保费2451.89万元,赔付金额1620.25万元,赔付人次1428次,赔付66.08%;其中女性安康赔付金额1220.55万元,赔付人次1093次,赔付率70.32%;男性安康赔付金额399.7万元,赔付人次335次,赔付率55.8%。保险金额和参保人数连续3年位列全省第一。

【计生特殊家庭帮扶】 2021年，市计生协会组建106名心理援助志愿者、骨干团队，开展"线上线下""一对一""多对一"的心理干预援助；助孕服务团队志愿者主动与具备再生育条件的计生特殊家庭结对，开展再生育全程技术指导；将计生特殊家庭的城乡居民基本医疗保险、养老保险纳入财政预算，个人缴费部分全部由地方财政统一支付。全市1157名年龄在49周岁以上的计生特殊家庭父母投保住院护理补贴保险。7月27日，市计生协会联合市人寿公司在景宁县举办"圆梦微心愿"活动，为222个计生困难家庭送去家电、生活用品等价值6.8万元的物资。打造"康乃馨"暖心行动品牌，利用老年活动中心阵地资源，打造"康乃馨"暖心家园，帮扶工作实现全市计生特殊家庭(1320户1995人)全覆盖，得到省计生协会专职副会长潘祖光高度评价。丽水"康乃馨"暖心家园品牌将争创全国先进示范品牌。

【青春健康教育】 2021年，市计生协会在丽水学院组织首次市级师资认证，共聘任市级青春健康师21人，市级青春健康主持人4人，张霞、麻魏巍、叶慧女、杜玉芳4人通过省级师资认证。2021年年初，建立和申报松阳健康教育基地，设立240余平方米的心成长服务指导中心，基地聘请省级青春健康师资1人、县级师资2人、国家二级心理咨询师2人、浙江省学校心理健康教育A证教师1人、B证教师16人。

【计生协生育关怀项目】 2021年，市计生协共制作生育关怀大讲堂用易拉宝展架24个、宣传折页13万份，宣传用纸巾148箱。全市开展生育关怀大讲堂和免费咨询活动，线上和线下讲座共99场，参加听课24259人次，发放宣传资料1万余份。线上直播课程的受众面比较广，不断改善育龄群众生殖健康水平和生活质量，促进人口素质提高和家庭幸福和谐。 (张朝阳)

医疗保障

【概况】 2021年，全市医保参保人数243.46万人，参保率99.72%，实现基本医保参保率"三年连升"，其中职工参保人数53.3万人，较2020年增长5.51%。居民医保参保人数190.12万人，较2020年增长0.08%。全市医保统筹基金总收入46.3亿元，总支出45.46亿元，分别比2020年同期增加10.1%和12.71%，累计结余34.48亿元。完成2020年度医保基金总额清算工作，支付奖励资金1.8亿元；统一制定2021年全市总额预算方案；落实50个差异系数DRG病组应用于结算，探索同病同价付费机制；全面推进门诊按人头付费，全市统一开展总额预算下的门诊按人头付费管理；实施新一轮医疗服务价格改革，要求公立医院腾空间量为提价医疗服务项目增加收入的1.1倍；降低核酸检测和PET-CT检查价格，新增77项医疗服务项目价格，制定中医门诊辨证论治项目收费标准，调整67项医疗服务价格；执行国家、省带量采购药品、耗材10批次，211个品种，全面完成集中带量采购各项采购任务，节约医疗费用4.5亿元。制定出台《丽水市医疗保障事业发展"十四五"规划》。在全省医保系统考核中，遂昌县医疗保障局、松阳县医疗保障局、景宁县医疗保障局、庆元县医疗保障局获先进县(市、区)医疗保障局称号。

【全民健康补充医疗保险(浙丽保)】 2021年，"浙丽保"参保人数204.5万人，参保率85.3%，位居全国第一。全年近45万人次享受"浙丽保"报销待遇，报销总额1.83亿元，单笔最高报销89万元。其中"浙丽保"待遇支付额50万元以上、10万—50万元、5万—10万元的参保人员，综合保障率分别提高41%、34%和25%，政策效应非常明显。完成两轮清单扩面工作，新增28个高值药品及29种自费诊疗项目纳入保障清单。经2次扩面后，将基本医保不予保障的699个自费药品和70个自费诊疗服务项目以及符合相关规定的自费医用材料纳入保障范围。2021年底，出台政策提高待遇，"浙丽保"清单费用增设三档待遇，自5000元开始纳入报销，进一步增强政策普惠性。建立全国首个商保清单目录，健全"浙丽保"待遇清单动态调整机制，指导承保机构探索开展药品准入谈判专家评审工作，让参保群众有更多的治疗用药就医选择。"浙丽保"一经推出，就受到社会各界的广泛关注和高度评价。中国社科院金融研究所、省委办公厅、省委改革办先后将"浙丽保"做法专报中办、中央深改办和省委，认为"浙丽保"对中国构建"防止返贫"长效机制具有重要借鉴意义，有望成为继新农合之后医疗保障制度改革的第二次重大制度创新，建议在全国推广丽水经验。中央深改办常务副主任穆虹、省委书记袁家军、省委副书记黄建发等领导先后对"浙丽保"工作作出肯定批示。省委已确定将"浙丽保"模式作为共同富裕示范区重大改革项目加以推进。"浙丽保"获评"中国改革2021年度案例"。

【"雷锋式"医保服务】 2021年，全市开展"雷锋式"医保服务的医药机构共258家，开设医保服务专窗197个，设立医保医师示范岗224个。推动医保经办服务标准化建设。做好政务服务2.0升级改造工作，全年全市通过浙江政务服务网、“浙里办”APP等线上办理事项40.24万件，约占所有办理事项87.39%。景宁畲族自治县联合县行政服务中心与县工商联对接，构建“域外医保服务云窗”，打造全市域外服务标杆，为域外参保群众提供便捷高效的医保服务。推进医保电子凭证推广应用工作。2021年度，全市医保电子凭证激活率85.79%，电子凭证结算率22.84%，定点医药机构接入率100%。开展“百、千、万”结对帮扶工作。市、县二级医保部门同步开展，为困难群众提供精细化医保服务。全市215名医保领导、干部及1262名医保医师完成结对困难群众2730人。

【医保基金综合监管省级试点工作】 2021年，市医疗保障局成立案件审核委员会，下设行政处罚专委会和协议管理专委会，建立行政处罚和协议管理案件集体讨论制度。出台《进一步规范定点民营医院医保服务行为》《2021年度“双随机、一公开”抽查工作计划》《加快推进医疗保障基金监督检查全覆盖》等制度。启用医保基金综合监管系统，智能审核覆盖所有定点医药机构和医疗费用。全市智能审核系统初审数据2.48亿条，累计审核扣款793.2万元。全市统一委托第三方数据分析公司对辖区内定点医药机构开展全覆盖大数据监管，利用大数据筛查等方式，提高基金监管绩效。将信用监管纳入医保“双随机、一公开”检查范围，将不良信息及时推送互联网+监管平台。全市182家定点医药机构被诚信记分。全市同步开展打击欺诈骗保专项整治行动，共检查定点医药机构1136家次，追回医保基金2338.29万元，处理违规定点医药机构354家，向司法机关移送欺诈骗保案件7件。组织开展集中宣传月活动，共组织现场宣传189场次，发放宣传资料11.5万份；组织专项培训46场，累计培训5083人；组织知识竞答，共有4.74万人参与。

【全面做实基本医保市级统筹】 2021年，市委、市政府出台市级统筹工作制度，重点对基金统收和统支明确政策规定和管理规程，明确自2022年起全面实施。全面清理各地不统一的差异政策，确保待遇降低的同时，进一步理顺政策体系，全面建成市域统一的基本医保政策体系。出台《丽水市基本医疗保险基金市级统筹经办规程》《关于2022年度基本医疗保险市级统筹相关工作的通知》。统一2022年居民医保筹资方案，明确县级财政要按照2021年的财政补助标准安排公共卫生预算，对出现当期收支缺口的地方，要先按2021年财政补助标准补缺口后再实行市、县分担，保障市级统筹的公平性。将大病保险筹资标准提高到80元/人，大病保险起付线降低到1.8万元，报销比例提高到70%，封顶线提高到45万元；困难人员大病保险起付标准降低50%（0.9万元），报销比例提高到80%，取消封顶线。扩大待遇保障范围，将PET-CT检查费用纳入大病保险支付范围，国谈药品纳入“双通道”管理，为参保人员提供更佳治疗选择。

【医保数字化改革】 2021年，市医疗保障局成立数字化改革工作领导小组，建立工作专班，推出创新性应用场景“浙丽保”上线门户移动端（浙里办）及数字社会专区门户PC治理端（浙政钉），“浙丽保”场景应用获2021年度浙江省改革突破奖铜奖、市数字化改革场景应用现场路演优秀奖。

【医疗疫情防控】 2021年，市医疗保障局制定《丽水市医疗保障局新冠肺炎疫情防控工作责任清单》《丽水市疗保障局应急处置预案》《丽水市医疗保障局健康报告制度》《丽水市医疗保障局24小时应急值班值守制度》和防控提示单制度，明确局机关各处室、市医保中心、各县（市、区）医保局工作职责，及时传达局党组关于疫情防控工作部署，局疫情防控办共向县（市、区）医保局和市医保中心下发提示单12张。及时通过微信群、钉钉群或会议等方式，传达上级有关文件精神以及国内中高风险地区划分情况和疫情防控最新要求。加强局机关大楼和医保中心“小门”管理，在局机关和医保中心入口处设置体温检测点，亮码测温后通行。局疫情防控办公室联合局机关党委按照“两不一直”的工作要求开展督查。持续开展人员摸排，督促市本级干部职工和定点零售药店从业人员开展疫苗接种，接种情况完成市防控办的要求。配合市市场监管局开展零售药店“哨点”监测工作，市医保中心通过视频监控、现场巡查等方式对定点零售药店验健康码、行程码、体温监测等疫情防控措施进行检查，对未落实到位的定点零售药店严格按协议处理。累计巡查63次，共计1743家次，其中诚信记分、书面警告17家，暂停医保结算3家。 （支艺霖）

社会生活

民政工作

【概况】 2021年，全市有运营的养老机构96家，其中，民办养老机构36家，公办养老机构60家。机构养老床位数12363张，其中，护理型床位7390张，占比59.8%。新建10个康养联合体和50个乡镇（街道）居家养老服务中心，居家养老服务中心实现乡镇（街道）全覆盖。牵头开展市级界线“金丽线”联检工作，指导县（市、区）开展县级界线“龙云线”“云松线”“云景线”和县级交会点“龙庆景”联检工作。开展优化行政区划布局调研活动，扩大地名文化影响力，开展“追寻地名文化、探究党史故事”实践活动，《红色万山》地名视频获民政部红色地名故事征集活动二等奖，松阳县象溪村入选浙江省第二批千年古村落地名文化遗产名录。加强地名管理，进一步清理整治不规范地名。全年全市火化区内火化遗体17543具，火化率100%；全市办理结婚登记12223对，其中涉外结婚48对，国内结婚12175对；办理离婚登记3665对，其中涉外离婚23对，国内离婚3642对；补发结婚证3570件，补发离婚证517件，登记合格率达100%。全市登记在册社会组织3344家，其中社会团体2068家，民办非企业单位1266家，基金会10家。

【民政兜底保障】 2021年，丽水市城乡低保对象70647人，其中，城镇低保对象2443人，农村低保对象68204人，年度支出低保补助资金5.6亿元，同比增长15.4%。全市实施临时救助5727户次10679人次，累计发放救助金2253.5万元，人均救助2110元。全市有特困人员3242人，全年支出供养资金5015万元。全年全市及时救助生活无着人员1660人次，其中，未成年人16人次，精神智力残疾或心智障碍患者1062人次。完成接护送返乡59人次，其中跨省护送30人次。（吴杭轩）

【福利彩票】 2021年，全市销售福利彩票3.68亿元，其中电脑票2.68亿元、即开票1亿元，筹集国家公益金1.1亿元，其中市、县级公益金3048万元。全市中双色球一等奖3注、二等奖36注，快乐8一等奖1注，刮刮乐一等奖11注。市福利彩票发行中心组织开展“福彩暖万家”系列公益活动，开展“乐做阳光少年•共建书香校园”“百场电影讲党史”“走进麻雀学校”“感恩革命老区”“福彩暖冬行”等系列公益活动，配合省福利彩票发行中心开展“金婚祝福礼”“暖暖的很香甜•公益助农”“乡村公益行”等公益活动，合计开展16个项目公益活动，惠及群众2000余人次。6月18日，举办“绿水青山”即开型福利彩票首发仪式，并在全国范围内发行具有丽水地方特色的“绿水青山”即开型福利彩票，推进丽水福彩文化与生态文明

2021年丽水市城乡低保情况一览表

表26

地区	低保人数（人）	提标前低保标准（元）	提标后低保标准（元）	累计支出低保补助资金（万元）
市本级	525	850	910	451.23
莲都区	9839	850	910	7578.85
青田县	14816	850	910	13410.94
缙云县	10284	850	910	7605.70
遂昌县	5744	850	910	4384.23
松阳县	6062	850	910	4610.52
云和县	3381	850	910	2774.71
庆元县	5986	850	910	4291.24
景宁县	5058	850	910	3839.92
龙泉市	8952	850	910	7083.60
合　计	70647	—	—	56030.94

（应一诺）

的深度融合。（翁婷婷）

【全市第一届社会工作者竞赛举办】 2021年10月19日，市民政局和市人力社保局联合举办第一届社会工作者竞赛。竞赛以“技能宝贵 匠心铸魂”为主题，为全市社会工作人才提供“展示风采、比学赶超、提升技能”交流平台，推进全市社会工作者人才队伍建设。竞赛采取理论知识笔试和操作技能考核相结合的方式，共有市本级和各县（市、区）33名选手参赛，获奖11人，其中，一等奖1人、二等奖5人、三等奖5人。（张 幸）

【全国首个市级养老服务纠纷调解中心成立】 2021年8月18日，全国首个市级养老服务纠纷调解中心——丽水市江泰养老服务纠纷调解中心挂牌成立。调解中心采用“养老保险+第三方调解”模式，发挥第三方调解机构在保险项目中的专业优势，并结合养老保险项目，为养老机构和老年人提供投保、索赔、纠纷处置、风险预防等服务。调解中心试运营期间，共受理纠纷案件15起，调解13起，诉求金额169.5万元，调解达成赔付金额58.1万元。（何良永）

【《丽水市免除殡葬基本服务费用实施办法》出台】 2021年2月9日，丽水市人民政府办公室印发《丽水市免除殡葬基本服务费用实施办法》，在全省率先打破经费结算保障常规，统一全市惠民殡葬政策的免费对象、免费项目和免费标准，并打通县域财政保障屏障，实现群众办理惠民殡葬减免“市域通办”，有效破解异地死亡人员家属办理基本殡葬服务费减免时多次多地奔波的问题。全年17149人享受免除殡葬基本服务费用，共减免1223.93万元。（戴仕海）

退役军人事务工作

【拥军工作】 2021年，全市上下深入学习贯彻习近平强军思想，坚持整合资源，齐抓共管，办好拥军实事，努力让“最可爱的人成为最幸福的人”。在全省率先完成对边防部队官兵的慰问工作，为边海防官兵家庭解决实际困难，组织学生手写明信片为边防官兵送上新春祝福，丽水中学学生寄给新疆军区某边防团官兵的明信片，被中国人民革命军事博物馆收录展陈。“八一”建军节前夕，组织中小学生书写书信寄送给丽水籍现役军人，送去家乡人民的问候和祝福。市委、市政府、军分区在全市推广新兵欢送暨“从戎之剑”赠剑仪式，每年老兵退伍时组织多种形式的迎接退役士兵返乡活动。为驻丽部队新建室内训练场、硬化修缮营区内道路、扩建图书阅览室。将驻丽部队现役军人门诊和住院待遇纳入本地保障范围，增加门诊定额保障，改造医保结算系统并实现实时结算。在处州公园、市区主干道、主要出入口，设置双拥宣传公益广告，营造公共场所拥军氛围。（应文琛 陈丽香）

【退役军人服务保障体系建设】 2021年，丽水市创成全国示范型退役军人服务中心（站）331个，浙江省“新时代枫桥式退役军人服务中心（站）”186个，省级红色退役军人服务站7个。开展亮点工作大比拼、业务技能专题考学等活动，建立崇军讲堂，成立“丽水老兵”丽水市志愿服务队，多渠道提升干部队伍服务能力。成立青田县海外服务站，为海外退役军人提供各项线上服务；建立庆元县同心退役军人服务联盟，为移民搬迁退役军人打造集服务、教育、培训等于一体的综合平台。（吴叶伟）

【退役军人全生命周期管理保障信息系统建设】 2021年，丽水市退役军人全生命周期服务保障系统在缙云县试点基础上已实现市、县全部上线，系统分服务保障、事务管理、作用发挥、双拥共建四大模块80余项功能。开通浙里办和微信端老兵家园，包含学习培训、求职就业、技能培训、创业帮扶、政策解读、党建专区、军人风采、新闻资讯等12个功能专区20余项功能，为退役军人服务提供数字化支撑。（陈忠阳）

【移交安置】 2021年，丽水市完成2021年度军转干部、符合政府安排工作条件退役士兵（退出消防员）和伤病残退休士官接收安置任务。做到军转干部安置到行政（参公）单位100%，符合政府安排工作条件退役士兵（退出消防员）安置到国有企事业单位100%。对随军前已就业的家属进行对等安置，并做好随军家属的招聘、就业创业扶持工作。（应文琛）

【就业创业】 2021年，全市开展退役军人职业技能培训机构确认签约工作，已形成全市退役军人职业技能培训机构目录共31家。全年全市退役军人职业技能提升行动任务211人次，已完成269人次，完成率127.49%。全市开展线上线下专场就业招聘会59场，914家单位提供8314个岗位，求职1710人次。联合丽水职业技术学院成立丽水市退役军人学院，为退役军人就业创业提供一个优质高效的服务平台。（郑 哲）

【优待抚恤】 2021年，全面落实抚恤优待政策，全市享受抚恤优待补助待遇对象1.9万人。严格按政策认定优抚对象，及时、规范发放抚恤、优待、补助、医疗、物价等各项补助，落实优抚对象抚恤优待补助自然增长机制。全年全市办理伤残等级评定9人次，调整残疾等级2人次，伤残关系接收、转移36份。为全市其他优抚对象发放矫形器、矫形鞋、轮椅车、血压仪等优抚辅具108件，配合省社会福利中心开展残疾军人假肢修理255人次。实现办理基本医疗保险、大病保险、优抚补助待遇申请"零次跑"和"一站式"实时结算。

【纪念褒扬】 2021年，全市组织开展烈士祭扫活动35次，参加"9·30"烈士敬献花篮仪式1.1万人次，退役军人到烈士纪念设施祭扫2500人次，烈士遗属前往烈士纪念设施祭扫300人次，企事业单位参与祭扫3000人次，社会各界到烈士纪念设施祭扫5万余人次，开展"9·30"祭英烈宣传报道30余次。落实英烈保护工作联动机制，全面加强英烈保护和褒扬纪念工作。 （应文琛）

2021年11月，丽水市举办首届退役军人运动会(篮球比赛) （陈丽香 提供）

【思想政治和权益维护】 2021年，选树全国"退役军人服务保障先进个人"1人，推荐评选"浙江省第二届最美退役军人"1人，评选宣传优秀"老兵"和"麦香"式优秀军烈属16人。市退役军人事务局等7部门印发《关于加强困难退役军人帮扶援助工作的实施意见》，县(市、区)全部出台实施细则，全市动态排摸各类困难退役军人，落实困难帮扶援助资金261.13万元。春节、"八一"建军节期间广泛开展退役军人走访慰问活动，发放慰问金和慰问品579.4万元，走访抗美援朝出国作战志愿军健在老战士，发放慰问金69.9万元。举办首届退役军人运动会和首届退役军人摄影大赛。 （何建东）

移民工作

【概况】 2021年，丽水市移民工作以习近平总书记对丽水移民工作的重要嘱托为工作遵循，推进和谐构建行动、攻坚破冰行动、增收致富行动、美丽示范行动、联心服务行动"五大行动"落地，为打造"高水平建设和高质量发展重要窗口"提供"丽水移民工作样板"。丽水市移民工作获全省考核第一名，实现"五连冠"(2017—2021年)。

【继承发扬"滩坑经验"】 2021年，在全市移民管理机构开展"学习习近平总书记对水库移民工作重要指示专题活动"，全市开展集中学习250余次。组织全市移民干部共计200余人次，开展滩坑水电站"追忆行"系列活动，沿着习近平总书记的足迹开展现场学习。与省水利水电学院合作开展《牢记习近平同志对水库移民工作重要指示，奋力续写水库移民工作"重要窗口"新篇章》课题研究，推进青田县的滩坑移民党建馆史料整理和建设工作。开展移民村红色地标挖掘、宣传、打造工作，编印《丽水市百个移民村红色地标》，涉及80个移民村、移民8093人。挑选其中15个红色移民村进行精品化打造，项目资金1085万元，探索移民村"红绿"路径转化新通道。

【移民共同富裕】 2021年，丽水市移民服务中心结合移民共同富裕全面探索生产扶持新路径，编制完成全市后期扶持"十四五"规划，形成以"创业贷款"为主要内容的金融扶持模式、以"股权投入"为主要形式的合作共生模式、以"物业经济"为代表的移民村集体经济扶持模式、以"产业扶持"为代表的直接助推模式等做法，呈现"飞地经济"、电子商务、直播经济等一批新的经济增收点，全市生产扶持投入占比移民后扶项目资金达到60.86%，移民人均可支配收入达到当地居民可支配收入的97%。聚焦群众切实利益，完成10万名直补移民的6000万元直补资金发放工作。

在全省第一期共同富裕竞争性项目资金争取中，丽水市所报的9个项目全部入选，是唯一一个所有申报项目都入选的市，争取到移民项目资金共8450万元，占3亿元总资金的28.1%，位居全省第一。全年争取到各类移民资金2.39亿元。全市建成新时代美丽移民村45个、精品村10个。开展2020年度项目实施情况、2021年度项目计划下达执行情况集中检查，对青田县、缙云县、庆元县、莲都区开展2020年度移民资金使用管理情况专项检查，实现年度检查全覆盖。在全省移民后期扶持资金绩效评价中获第一名。

【移民动迁安置】 2021年，缙云抽水蓄能电站工程导截流阶段移民安置终验、缙云潜明水库蓄水阶段移民安置终验、青田三溪口水电站竣工阶段移民安置终验按时完成。兰溪桥水库移民安置签约率97.8%，房屋腾空率91.4%。缙云潜明水库实现下闸蓄水，实现缙云人民半个世纪的夙愿。青田三溪口水电站通过竣工终验，解决民营企业的融资问题。遂昌清水源水库导截流阶段移民安置验收采用简易程序开展，减少现场勘查和有关会议费用100万余元，减轻企业负担。

【平安库区打造】 2021年，全市移民管理系统以打造全省平安库区示范样板为目标，开展"入千访万"活动，实现移民群体无异常访、越级访、群体访。因地制宜有效解决滩坑移民历史遗留问题、新建水库有关问题以及其他老库移民新诉求，切实开展化解销号，推进滩坑水电站资金审计整改工作，推动动迁尾留"清零"。全市436名移民干部走访移民村169个、移民群众2358人，帮扶移民村45个、移民群众3264人。全年没有发生赴省进京上访事件。（蓝　天）

2021年3月30日至31日，缙云潜明水库一期工程通过下闸蓄水阶段移民安置终验
（蓝　天　提供）

民族工作

【概况】 丽水是浙江省民族工作重点市，辖景宁畲族自治县，7个民族乡镇（占全省18个民族乡镇的39%），161个民族村（占全省382个民族村的42%）。2021年，丽水深入贯彻落实中央、省委民族工作会议精神，以铸牢中华民族共同体意识为主线，奋力建设民族地区共同富裕美好社会样板，少数民族农民人均可支配收入达26257元，比2020年（23493元）增长11.8%，与全市农民人均可支配收入（26386元）差距持续缩小。

【民族团结进步创建】 2021年，景宁县人民政府被列为国家民委民族工作法治建设基层联系点，景宁县人民法院获评第八批全国民族团结进步示范单位。11家单位入选第四批省级民族团结进步创建重点培育单位，17家单位获省级民族团结进步工作先进单位，2人获全省民族团结进步成绩突出个人。浙西南革命老区云景畲族"红色高地"教育基地获评浙江省第一批民族团结进步教育基地，丽水学院民族学院获评第一批浙江省铸牢中华民族共同体意识研究基地。举办面向全市民族干部、少数民族实用人才的专题培训2期，培训近100人。

【民族地区共同富裕】 2021年，市委统战部（市民宗局）推进民族乡村振兴工作，共创成省级民族乡村共同富裕示范带1条、省级民族乡村共同富裕示范点5个、省级民族乡村振兴试点1个、省级民族传统体育基地1个。在全国率先编制《民族乡村振兴示范村建设与评价》《畲族手工织带编织技艺规范》地市级地方标准。建立民族乡镇工作例会制度，召开全市首次民族乡镇工作例会。承办中国（义乌）森林产品博览会"民族风物馆"相关展销工作，组织全市31家民族特色农林产品企业参展。浙江省振兴民族乡村推进共同富裕宣传展播活动在遂昌县举办。

【民族文化活动】 2021年，市委统战部（市民宗局）开展"畲乡人民心向党"庆祝建党百年系列活动，代表全国畲族参与民族团结杂志社庆祝中国共产党成立100周年《我们和党旗在一起——56个民族心向党》录制活动，制作《千村万寨心向党》等系列宣传

2021 年 6 月 23 日，丽水统一战线庆祝中国共产党成立 100 周年文艺会演在莲城剧场举行 （洪 艳 提供）

微视频。承办的大型原创民族歌剧《畲山黎明》代表浙江省到北京参加第六届全国少数民族文艺会演，并获“优秀剧目奖”“艺术表演奖”。举办“竹柳新桥”三月三趣味运动会。景宁县举办畲族确认 65 周年文艺晚会。莲都区老竹民族中学获评第三批全国中小学中华优秀传统文化传承学校。 （叶青峰）

宗教工作

【概况】 2021 年，丽水市五大宗教齐全，有佛教、道教、伊斯兰教、天主教、基督教。现有经批准合法登记宗教活动场所 532 个，其中，佛教活动场所 138 个，道教活动场所 54 个，伊斯兰教清真寺 1 个，天主教活动场所 14 个，基督教活动场所 325 个。成立市佛教协会、市道教协会、市基督教三自爱国会和市基督教协会等市级宗教团体 4 个，县级宗教团体 25 个。纳入登记编号管理的民间信仰活动场所 890 处。

2021 年，市委统战部（市民宗局）持续深入开展宗教界红色革命教育和培训，引导各宗教通过讲经讲道对社会主义核心价值观进行深入阐释和宣传，组织开展讲经讲道优秀文稿评选，21 篇优秀文稿汇编成集。组织全市宗教界人士和信教群众收看建党百年庆祝大会直播，指导市道教协会举办庆祝中国共产党成立 100 周年专题学习会，掀起学习贯彻习近平总书记重要讲话精神热潮。12 月 10 日，市委统战部（市民宗局）召开“五教同心互促学”市级宗教团体专题学习会，组织宗教界代表人士重点学习全会通过的《中共中央关于党的百年奋斗重大成就和历史经验的决议》和全国宗教工作会议精神，5 名宗教界代表人士发言。印发《关于在全市民族宗教领域组织开展学习贯彻党的十九届六中全会精神的通知》，组织宗教界代表人士到宗教团体、宗教活动场所深入学习，并以宗教活动为载体，引领广大信教群众学习中共十九届六中全会精神。

【平安宗教】 2021 年，市委统战部（市民宗局）按照管理规范、政治安全、人员安全、活动安全、食品安全、消防安全、建筑安全、网信安全、财务安全、财产安全的“1+9”指标体系，开展平安宗教活动场所创建工作。部署开展“平安护航建党百年”民宗领域安全大检查大整治活动，排查整改 C 级危房 6 处、D 级危房 8 处。做好元旦、春节、“五一”、清明等节假日和佛诞节、开斋节、圣诞节等重要宗教节日以及汛期、台风等节点的安全生产工作，定期开展安全隐患排查和风险化解工作。宗教事务纳入基层治理“四个平台一张网”，网格员依托“掌上宗教”APP 平台，每月开展“1+9”安全巡查，每半年开展消防安全大检查和建筑安全大检查，坚决堵塞安全漏洞，实现巡查全覆盖，确保全市宗教领域安全事故“零发生”。根据疫情防控形势，动态执行“两暂停一严禁”，严格执行“清单履责+审核开放+预约限流+每日巡查+责令整改”闭环机制，全市宗教领域实现“零感染”总目标。在全市开展社会主义核心价值观、国旗国歌、宪法和法律法规、中华优秀传统文化、平安创建、浙西南革命精神进宗教活动场所“六进”活动。

【“美丽宗教”活动场所建设】 2021 年，市委统战部（市民宗局）对照《丽水市美丽宗教活动场所建设方案》，编制负面清单、任务分解方案，从文化塑造、安全锻造、管理再造、场所打造和素食创造 5 个方面，稳步推进美丽场所建设并实现全覆盖。7 月 26 日至 28 日，举办丽水市首期佛道教素食制作培训班，来自全市佛教、道教活动场所相关人员 30 人参加。培训班以提升丽水宗教界人士素食制作技能为主题，结合参训人员实际，精心设计培训课程，邀请 6 名国家级、省级烹饪大师为学员实操授课，现场采取互动教学模式，以“理论+实践”的形式强化学用结合。11 月 19 日，“处茗瓯韵•品质禅（道）茶”丽水市首届禅（道）茶展评活动在景宁县举办。全市有 13 家寺院（道观）的禅（道）茶参与展评，经过宣传片演示、专家品茶、展评等环节，结合茶叶品质、主题主旨、文化内涵、创意创新等评分标准，最终经专家评审确定景宁县惠明寺、松阳县崇觉寺、龙泉市崇仁寺等 8 家获最佳茶韵奖，莲都区白云寺、云和县慧云寺等 6 家获最佳故事奖，龙泉市清修寺、缙云县正觉寺等 6 家获最具文化底蕴奖，青田县方山乡龙渊寺、遂昌县未来寺等 5 家获最佳文创设计奖。11月25日,“素食禅香·至味清欢”丽水市首届佛道教素食制作评比活动在缙云县举办。全市有12家寺院(道观)的48道菜肴(热菜29道、冷菜19道)参与评比,经过现场制作、拼盘展示、专家评审、评委打分等环节,按照口感、质感、观感、刀工、拼摆、形态、营养卫生、佛道教文化内涵等多个维度考量打分,最终评选出全市首届佛道教素食制作评比活动“美丽素食十大碗”“美丽素食十小碟”以及若干“优胜奖”。佛道教素食制作培训班、佛道教素食制作评比活动和禅(道)茶展评活动是丽水市“美丽宗教”活动场所创建工程的重要载体,通过挖掘禅(道)茶故事,弘扬佛道教素食文化,进一步推动佛道教文化和茶文化的深度融合,推进“丽水素味”系列品牌建设,着力提升丽水市佛道教素食品牌力、影响力,打造丽水市“美丽宗教”亮丽品牌。

【宗教普法工作】 2021年,市委统战部(市民宗局)继续深入实施“十百千万”普法工程,创建省级宗教普法示范点1处和省级宗教普法教育基地9处。加强普法宣传,根据“十百千万”普法工程的部署,在全市宗教界开展“法治宣传教育进场所”和宗教中国化“四走”(往实里走、往深里走、往心里走、往基层走)主题教育,共举办政策法规宣讲活动129场次,参与人员8219人;举办宗教中国化“四走”活动66场次,参与人员2247人。

【典型塑造】 2021年,市委统战部(市民宗局)组织选送莲都城关基督教堂、青田县温溪镇真宁净寺、松阳县西屏基督教堂参评全省宗教中国化示范场所,选送龙泉市龙祥观参评首批全省AAAAA级寺院宫观。缙云县壶镇镇九松寺等10处宗教活动场所获评2020年省级平安宗教活动场所,丽水市仁寿寺等10处场所获评宗教活动场所消防安全标准化管理“百优争创”优秀单位。

【宗教领域行政执法】 2021年,市委统战部(市民宗局)发挥统战工作领导小组、宗教工作协调小组优势,创新构建由统战部牵头,民宗、公安、司法、综合行政执法部门为固定力量,事件线索移送和案件涉及单位指定人员协助的宗教领域执法机制。召开市涉宗行政执法协调会,达成行政执法主体资格共识,开出全市首张涉宗行政处罚罚单。贯彻落实综合行政执法改革要求,完成10项行政处罚事项划转移交工作。

【宗教智治】 2021年,市委统战部(市民宗局)落实人财物保障,开展市级“宗教大数据智慧管理中心”建设,部视频会议室投入使用。推进省民宗委数字民宗系统应用工作,重点做好推进宗教中国化指数评价、推进宗教治理现代化指数评价、民族宗教领域风险管控四色预警、浙江“掌上宗教”APP等应用推广工作,做好“浙统云”人物库信息录入工作,实现与省里无缝对接。做好“互联网+政务服务”“互联网+监管”事项认领编制、随机抽查等工作。迭代升级丽水市宗教活动场所预约系统,通过预约限流工作智能化、实效化,有效降低宗教领域疫情防控风险和应急处置难度。 (赵伟胜)

老龄工作

【概况】 2021年,按户籍人口统计,至年底,全市60岁及以上老年人口55.70万人,占总人口的20.63%;老年人口与上年同期相比增长1.09%。老龄化程度最高的为遂昌县,老年人口占总人口比重24.34%;其次是缙云县,老年人口占总人口比重21.88%;再次是云和县,老年人口占总人口比重21.61%。老龄化程度最低的为青田县,老年人口占总人口的比重18.46%。全市65岁及以上老年人口41.92万人,70岁及以上老年人口26.12万人,80岁及以上老年人口9.49万人,90岁及以上老年人口1.44万人,100岁及以上老年人口183人。

2021年,市老龄办推进《丽水市老龄事业“十四五”规划》编制工作,明确未来五年(2021年至2025年)丽水市老龄工作方向和目标,包含规划背景、基本思路、主要任务、保障措施四个主体部分,共提出七方面20项主要任务、26个规划指标、43个重点项目。

【老年健康服务体系建设】 2021年,全市有两证齐全的医养结合机构总数16个,其中公办公营的机构1个(医疗卫生机构开展养老服务),公建民营机构10个(养老机构设立医疗卫生机构7个、医疗卫生机构开展养老服务3个),民办民营机构5个(养老机构设立医疗卫生机构3个、医疗卫生机构开展养老服务2个)。推进基层医疗卫生机构院内开展医养结合试点工作,印发《关于加快推进基层医疗卫生机构院内开展医养结合试点工作的通知》,至年底,全市有10个基层医疗卫生机构以不同形式在院内开展医养结合服务。抓好数字健康“山居医养通”项目(互联网+老年健康)试点工作,借助华数运营平台,做到“老人一键找医生,医生随时找老人”,6月,富岭卫生院启动试点工作。推进制定《丽水市森林康复医院标准》。召开全市老年友善医疗机构建设工作部署培训会，推动老年友善医疗机构建设工作，全年全市建设老年友善医疗卫生机构65个，其中，三级医疗卫生机构4家，二级医疗卫生机构17家，基层医疗卫生机构44家。市中心医院、市人民医院、市中医院、莲都区人民医院、遂昌县人民医院、青田县人民医院规范设置老年医学科，全市二级以上综合医院和二甲以上中医医院规范设置老年医学科比例达到30%以上。继续开展莲都区、青田县、龙泉市3项国家“老年人心理关爱项目”工作。

【老年宜居环境建设】 2021年，丽水市出台《关于推进老年宜居环境建设的实施意见》有关工作被全国老龄办简报刊发交流。丽水市上报莲都区岩泉街道丽阳社区、青田县鹤城街道塔下社区、遂昌县妙高街道叶坦社区、缙云县壶镇镇湖川村、景宁县鹤溪街道百岁社区5个社区（村）获评全国示范性老年友好型社区。第四届“敬老文明号”创建活动启动。

【丽水“中国长寿之乡”品牌建设】 2021年，丽水市履行长寿之乡绿色发展区域合作联盟秘书处职责，利用联盟平台，建设丽水“中国长寿之乡”品牌。5月24日至26日，丽水市举办“长寿之乡绿色发展区域合作联盟二届一次会员代表大会暨‘长寿之乡与高质量绿色发展’高峰论坛”，发布长寿之乡“绿水青山”指数和中国长寿之乡特色服务业示范城市、康养示范基地、乡情体验基地、乡贤人物、养生名优产品认定10项团体标准。丽水市与中华中医药学会签订中医药健康发展战略合作框架协议，联盟与中国环境监测总站、中国科学院地理科学与资源研究所、中国老龄产业协会签订合作框架协议，丽水市与阿里巴巴公司、联合国人口基金启动“数字化助老丽水样本”创新合作，启动编撰《中国长寿之乡发展蓝皮书》。7月27日，丽水市成立长寿之乡绿色发展区域合作联盟企业家委员会丽水分会，18家企业入会。举办2021年丽水市长寿养生村、长寿之乡养生产品获评企业品牌建设能力提升班。市创新办、市卫生健康委联合印发《关于建立丽水长寿之乡建设标准体系的通知》，是全国第一个开展相关标准建立工作的长寿之乡。11月15日至17日，联盟组织各长寿之乡参加第八届中国国际老龄产业博览会，共有17个长寿之乡的60个企业200余种产品参展，丽水在博览会上设置特装馆。开展“2020年度中国长寿之乡品牌建设十大亮点工作”评选活动，丽水市“积极发展森林康养，助推生态产品价值转化”工作入围。开展2020年中国长寿之乡特色服务业示范城市、养生名优产品等品牌认定工作。完成《长寿之乡绿色发展区域合作联盟5年纪实》画册编印。组织举办“2021丽水摄影节·长寿之乡摄影展”，摄影作品90余幅在瓯江文苑展出。2021年，累计发布“中国寿乡联盟”微信公众号信息1219条、联盟网站信息1237条。

【“敬老月”活动】 2021年，市老龄办协同老龄委各成员单位组织开展走访慰问、数字化助老“小棉袄”服务站授牌仪式、市直老年人趣味运动会、丽水市首届老年木玩嘉年华活动、健康讲座等各项活动。丽水各县（市、区）同步组织开展由四套班子有关领导带队的高龄、困难、空巢老人走访慰问活动，全市慰问11190余名高龄、困难、空巢老人，发放慰问金近97万元、慰问品价值近64万元。

【老年活动中心】 2021年度，市老年活动中心年活动量9万人次以上，开展省、市级各类活动30余场；选送优秀节目参与省老年人活动中心的线上文艺演出，获银牌1枚、铜牌1枚；联合市人民医院、市第二人民医院、市中医院、市地书协会等单位举行为老人服务日活动8场，服务老年人1000余人次；联动敬老单位，紧扣主题，开展敬老月庆祝活动营造敬老爱老氛围，分别组织老年人模拟重走红军路，健康讲座等；为庆祝建党百年活动，完成由500余名老年人参加《唱支山歌给党听》的视频录制，并在敬老月等活动上播放；开展老年人智能手机培训4场，与阿里巴巴公司“蓝马甲”合作开展智慧助老公益活动；召开中心会员代表和学员骨干交流培训会。

【老年电视大学】 2021年，全市老年电大开设乡镇、社区、养老机构、村等教学点611个，征订省老年电大教材81920册，全市老年电大分校开展实体化办学，合计办班170余个，招收学员近1.1万人次；在省老年活动中心的指导下，与浙江华数公司合作，在9个县（市、区）老年电大和市本级教学点，设立省老年远程教育学院样板点10个；探索老年活动、老年教育和云和木玩的融合点，在云和开展全市老年木玩嘉年华活动，委托撰编木玩教材，设立老年木玩研学基地等；举办以“凝心聚力 共谋发展”为主题的2021年全市辅导员培训；组织讲师团开展送课和健康讲座活动，邀请省、市专家举办讲座9场；市本级老年电大全年开展实体化办班50个，招收学员2000余人次，并开展开学典礼、优秀学员表彰、研学等教学活动；开展市本级老年电大优秀节目线上评选活动，17个节目

参与评选，评出最佳人气奖3个、优胜奖7个、优秀奖7个。（周星汝）

社会科学事业

【概况】 2021年，市社科联发挥社科研究、社科普及、社科管理职能，强化“大社科”资政功能，聚力“大社科”平台建设，健全“大社科”工作机制，挖掘“大社科”文化内涵。10月13日，市社科联批复，同意成立丽水学院幼儿师范学院社科联，为市社科联团体成员，至此，全市院校社科联组织有3家。同时设立丽水市学前儿童教育重点研究基地。丽水学院社科联、丽水职业技术学院社科联、丽水学院幼儿师范学院社科联联合开展丽水乡村公共文化服务高质量发展专题宣传暨乡村公共文化服务供给侧创新十大案例评选。承办2021浙西南革命精神论坛、2021中国丽水刘基文化学术研讨会；筹备市社科联第二届学术年会暨第七届河阳论坛，受疫情影响，原定10月27日至30日召开的论坛延后举行。与市委宣传部、市文化和广电旅游体育局联合公布丽水乡村公共文化服务供给侧创新案例10个、入围案例9个。市政府对在全国文明城市创建“两连冠”工作中表现突出的111个集体和442名个人给予行政奖励，市社科联杨金花获个人嘉奖。7月4日，在丽水举办的“弘典杯”首届国际硬笔书法大赛公布获奖名单，市社科联杨金花参赛作品入选成人组200件作品。市社科联杨金花作词作曲的丽水原创红色歌曲《红色浙西南，绿色新丽水》相继登上《处州晚报》、无限丽水、指尖丽水、学习强国，歌曲为纪念中国工农红军挺进师入浙作战86周年而作，系弘扬践行浙西南革命精神之文艺成果。

【群团机构改革】 2021年，市社科联根据《中共中央关于深化党和国家机构改革的决定》《丽水市机构改革方案》《丽水市群团改革总体方案》《浙江省社会科学界联合会章程》等精神，制定《丽水市社会科学界联合会深化改革实施方案》。10月22日，市委编委办公室下发《关于丽水市社会科学界联合会机关机构编制有关事项的通知》，明确市社科联机关参公事业编制4人，设主席1人（兼职），专职副主席1人；科级领导职数1人（秘书长），正科长级。增加挂职副主席、挂职副秘书长各1人。9个县（市、区）均已落实群团改革方案，确定“三定”方案，兼挂职人员基本到位。4月23日，浙江社科网全文刊发《丽水市社科联“四个借力”，助推群团改革走深走实》，介绍丽水的群团改革经验。9月22日，市委提议叶俊不再担任市社科联副主席职务，提名邵彬彬为市社科联副主席（挂职）。

【特聘一批“绿水青山就是金山银山理念创新实践”专家】 2021年，推进碳达峰碳中和是推动跨越式高质量发展，建设共同富裕美好社会山区样板的一项重大政治任务，也是丽水推动全国生态产品价值实现机制改革由试点走向示范的一项重大标志性工程。11月2日，由市社科联牵头，王金南、吴丰昌、高世楫、欧阳志云、潘家华、郇庆治、张义丰、蓝虹、杨明森、涂瑞和10名专家被特聘为“绿水青山就是金山银山理念创新实践”专家，由市政府颁发聘书，聘期5年。旨在为丽水打造浙江高水平生态文明建设和高质量绿色发展的重要窗口提供理论支撑和智库服务。专家主要职责：承担课题研究，开展项目合作，搭建合作平台。特聘专家把丽水作为重要的调研点或设立工作室，常态化开展调查研究，为丽水决策落地问诊把脉；依托国家级智库平台，为丽水争取上级政策、项目、资金倾斜，为丽水对外展示高质量绿色发展良好形象提供渠道平台。

【“重要窗口”社科调研基地建设】 2021年8月25日，省社科联公布全省第二批市县建设“重要窗口”社科调研基地，松阳县被设立为11家调研基地之一，研究方向与领域为“缩小城乡差距领域”，建设周期为三年。建设调研基地作为实现基层社科联提质升级的重要举措，推动省、市、县社科联与专家团队签订战略性合作协议，充分发挥“重要窗口”社科调研基地的桥梁纽带作用，转变专家学者研究方式，深入了解丽水经济发展情况，找准发展中的问题和需求，在争创共同富裕县域样板中实现赋能跨越式发展。省社科联牵头负责调研基地建设指导，各业务处室参与，推动市、县社科联与相关高校社科联、智库等联合建立调研基地，组建专家团队，围绕地方特色开展研究。每年给予每个基地一定的经费资助，各地就重点调研课题委托专家组作专项研究的，根据工作量及成果成效给予一定的课题经费。丽水市调研基地产生的研究成果《关于设立浙江龙泉剑瓷历史经典产业融合创新试验区的建议》和《丽水农民收入增幅“十二连冠”的经验与启示》等得到省委常委领导批示肯定。

【丽水纳入省社科普及专业工作委员会框架】 2021年1月8日，省社科联成立常务理事会专业工作委员会，分智库建设、学术交流、学术发展、社科普及等专业委员会，其中社科普及专业工作委员会主任谢利根，副主任干武东、卓越、徐力，委员由丽水市社科联余群勇等7人组成。主要职责：围绕提升公众人文社科素养，创新社科普及方式方法和工作机制，拓展科普平台和科普阵地建设等提出意见建议；围绕科普课题评审、基地考评及有关科普项目审核评议等提出意见建议。秘书处设在省社科联科普处。

【全市社科人才骨干培训班】 2021年5月17日至21日，全市社科人才骨干培训班在宁波大学现场教学点举办，培训内容包括学习贯彻习近平新时代中国特色社会主义思想，听取《习近平科学的思维方法在浙江的探索和实践》《当前中国社会转型与社会治理体系现代化》《如何开展课题研究》等报告，参访余姚横坎头村，学习“红色引领，绿色发展”的基层党建优秀经验，现场教学、分组讨论等。各县（市、区）社科联、市社科新秀、省市级社科普及基地骨干50余人参加培训，宁波大学代表出席开班仪式并讲话。教学期间，主办方安排多场次现场教学，组织学员们参观考察部分省级社科普及基地，增强市、县社科联系统干市社科联、部业务工作能力，提升社科普及工作科学化、规范化、制度化水平。

【全市社科界学习贯彻中共十九届五中全会精神研讨会】 2021年2月1日，全市社科界学习贯彻中共十九届五中全会精神研讨会在丽水召开，市社科联专职副主席余群勇主持。会议传达中共十九届五中全会和市委四届九次全会精神，各县（市、区）社科联专职副主席，各院校社科联（科研处）负责人及社科专家代表近30人参加研讨会。赵月枝、周海忠、陈光炬、李伟红、周爱飞5名社科专家代表作交流发言。其中，清华大学新闻与传播学院卓越访问学者、加拿大皇家学会院士赵月枝作题为《一个具有世界意义的“中国规划”最新版》发言。研讨会上，余群勇指出，全市社科界要进一步发挥专家、智库作用，持续深入抓好学习、阐释、研究中共十九届五中全会精神，着力推动全会精神全面落实在丽水大地上，为打造“高水平建设和高质量发展重要窗口”做出社科界应有贡献。

【“推动山区跨越式发展 打造新增长极研究”调研座谈会】 2021年3月19日，省社科联党组成员、副主席谢利根带领“推动山区跨越式发展，打造新增长极”调研组到丽水调研，并召开“推动山区跨越式发展 打造新增长极研究”调研座谈会，11家市直单位和莲都区就丽水如何打造新发展格局中的增长极及“十四五”重点工作作交流发言。省社科专家表示，丽水是浙江推动山区跨越式发展的主战场，省社科联调研组将持续、深入地开展调研，更先一步、更深一步地领会、提炼政策内涵，为丽水加速补齐山区市经济社会发展短板，推动丽水人民与全省人民同步实现共同富裕提供智力支持。与会专家从不同角度对丽水的发展经验进行总结，并对今后如何进一步发挥区域优势、加快丽水高质量绿色发展提出宝贵的意见和建议，这对推动丽水跨越式发展，打造新增长极，培育更多核心竞争力有重要启示，对丽水更加聚焦高质量绿色发展，明晰加快建设现代化生态经济体系的战略任务，因地制宜推进生态产业化、产业生态化等方面，具有指导意义和实践价值。座谈会前，省社科联调研组考察莲都高溪工业小镇、“丽水山耕”总部和维康药业股份有限公司。

【全市社科理论界学习贯彻习近平总书记“七一”重要讲话精神座谈会】 2021年8月10日，市社科联召开全市社科理论界学习贯彻习近平总书记“七一”重要讲话精神及市委四届十次全会精神座谈会，研究部署全市社科理论界贯彻落实举措。与会人员学习“七一”重要讲话精神及市委四届十次全会精神，梁忆南、汪亚明、叶鑫垚、刘克勤、李伟红5名社科理论专家代表专家围绕习近平总书记在庆祝中国共产党成立100周年大会上重要讲话和市委四届十次全会精神作主旨发言。市直各宣传文化单位负责人，各县（市、区）委宣传部分管理论工作副部长、社科联专职副主席，各院校社科联（科研处）负责人，专家代表参会。会议要求，学习贯彻“七一”重要讲话精神和市委四届十次全会精神，是当前和今后一个时期全市社科理论界的首要政治任务，要以“七一”重要讲话精神赋能，守好红色根脉，加快跨越式高质量发展，为把丽水建成共同富裕美好社会山区样板贡献力量。

【全市社科理论界学习贯彻中共十九届六中全会精神理论研讨会】 2021年12月2日，全市社科理论界学习贯彻中共十九届六中全会精神理论研讨会在丽水召开，市社科联专职副主席余群勇主持会议。来自社科理论界的梁忆南、叶华松、杨云峰、龚志伟、吴地花、赵剑红6名专家作主旨发言。市委宣传部常务副部长李志伟讲话，指出全市社科理论界要认真学习，广泛宣传，带头贯彻，深入研究，切实担负起社科理论工作者的职责使命。要着力在深入学习、凝聚思想共识上下功夫，要着力在深入基层、走进群众宣讲上下功夫，要着力在深入研究、多出理论成果上下功夫。各县（市、区）社科联负责人、各院校科研处处长、社科理论界专家共30人参会。《丽水日报》（理论版）刊登专家发言摘要。

【华东六省一市社科院院长论坛】 2021年10月27日至29日，由省社科院主办、市社科联承办的华东六省一市社科院院长论坛在丽水举行，省社科院院长何显明主持会议，市委常委、宣传部部长任淑女，省社科院党委书记俞世裕，省委宣传部副部长盛世豪先后致辞。该次论坛分别举行社科院院长论坛、社科院科研管理论坛、社科院行政人事管理论坛，来自上海、江苏、安徽、福建、江西、山东、浙江等六省一市的社科院代表70余人参会。会后，与会代表分别前往松阳县新兴镇大木山茶园、松阴溪绿道，莲都区古堰画乡小镇、鱼跃1919文化产业园考察调研。

【"两山"高端论坛暨碳达峰碳中和丽水论坛】 2021年10月30日，市社科联主办的"两山"高端论坛暨碳达峰碳中和丽水论坛在丽水举行，系第十届"智汇丽水"人才科技峰会的子论坛之一。来自中国生态文明研究与促进会、国务院发展研究中心资源与环境政策研究所、中国科学院生态与环境研究中心、中国航天集团中国四维公司、国家林业和草原局竹林碳汇工程技术研究中心、学习时报社、省社科院等130余专家学者参加，吴丰昌、高世楫、汪洋、周国模4名全国顶尖的院士专家、知名学者，围绕"减污降碳协同增效的机遇与挑战""'十四五'期间绿色低碳发展的几个问题""推进碳达峰碳中和的主要路径及保障措施""实现碳中和目标的路径选择"四大主题线上线下联动作主旨发言，从不同角度不同领域进行深入探讨，为丽水创新实践"绿水青山就是金山银山"理念、推进碳达峰碳中和提供更加有力的理论支撑和实践指引。其间，举行签约仪式，由刘青松代表中国生态文明研究与促进会与市政府签订"绿水青山就是金山银山理念创新实践联合研究合作协议"，并授予丽水"绿水青山就是金山银山理念创新实践研究基地"牌子；由中国航天集团中国四维公司与丽水学院签订长江经济带山区城市高质量发展智库联盟协议。《丽水日报》、市广电总台、《处州晚报》、丽水网、指尖丽水、丽水在线6家市级媒体作报道。

2021年10月28日，华东六省一市社科院院长论坛在丽水举行 （杨金花 提供）

【社科赋能山区26个县跨越式高质量发展行动阶段性调研成果研讨会暨工作交流会联办】 2021年11月24日至25日，由省社科联、市社科联、龙泉市社科联三级联合举办的社科赋能山区26个县跨越式高质量发展行动阶段性调研成果研讨会暨工作交流会在龙泉举行。省社科联各处室负责人，浙江山区26个县（区）社科联及11市社科联主要负责人，20余所高校、新型智库、业务主管社会组织、之江青年协会专家学者100余人参加研讨。省社科联党组书记、副主席郭华巍出席并讲话，会上总结龙泉在推进社科赋能山区26个县跨越式高质量发展行动中的"四大成效""四大难题""四大任务"，肯定龙泉市在山区26个县跨越式高质量发展和全省共同富裕示范区建设中所做出的贡献。各地专家学者代表围绕会议主题进行座谈交流。会议梳理总结丽水实践创新案例、理论研究素材和问题对策建议，发挥社科研究的专业优势、平台优势、人才优势，为丽水和兄弟山区县在诸方面的发展中提供前瞻性、战略性、科学性的意见和建议，在更高站位、更宽视野上凝聚共识，走出一条具有鲜明山区特色的共同富裕之路。

【《处州文献集成》编纂学术委员会第二次会议】 2021年1月12日，市社科联召集召开《处州文献集成》编纂学术委员会第二次会议，市委宣传部副部长、市社科联主席张卫英主持，省社科联副主席邵清、浙江大学教授董平出席，赵治中等10名文史专家参会，中标方代表浙江古籍出版社况正兵、李景文、路伟列席。编纂学术委员会副主任杨贤高通报《处州文献集成》编纂工作进展。会议举行聘书颁发仪式，聘请邵清任编纂学术委员会顾问，董平任主任，陈开勇、郑春奎、杨贤高任副主任，委员由赵治中、王正明、朱庆华、刘克勤、吴利明、吴志华、季彤曦7人组成。

【市社科优秀成果获奖及评奖】 2021年2月3日，市政府公布丽水市第26次（2018—2019年度）市社会科学优秀成果获奖项目，100项科研成果分别被评为一、二、三等奖，其中《中国共产党浙江丽水历史第一卷（1927—1949）》《〈计量单位词“日行”“日程”与时长表距离式的发展〉商榷》《从整体搭建到分类发展：城乡教师共同体区域推进策略转换》《旅游发展与畲族村落传统文化变迁及保护研究》《当代中国乡村发展——以浙江省丽水市为例》《以“丽水之干”担纲“丽水之赞”：中国异地搬迁（解危除险安置）县城实践模式》《实用CT诊断手册》《高校青年教师诚信文化生成研究——基于什托姆普卡信任理论的视角》《平台驱动型创业教育：框架结构与机制保障》《融合、共享与发展：传统村落保护发展的“松阳经验”及启示》等10项科研成果获一等奖。9月1日，市社科联组织开展第27次（2019—2020年度）市社会科学优秀成果申报。至10月8日，收到申报成果300余项。10月至11月，对申报成果进行电脑录入、分类汇总，制定评奖细则，组织经济类、文史类两大学科组共10名专家评委参与评审，评奖结果经市委宣传部部务会议讨论确定，最终评出《大数据、知识服务与当代图书馆学》等100项科研成果，获奖名单提交市政府发文公布。

【市院合作课题《忠诚践行“八八战略”，“奋力打造”重要窗口研究（丽水市卷）》】 2021年3月15日，省社科院院长何显明带队到丽水调研，并在丽水召开课题调研座谈会。市社科联与省社科院签订2021年市院合作课题《忠诚践行“八八战略”，“奋力打造”重要窗口研究（丽水市卷）》委托研究协议。该课题旨在全面梳理习近平总书记在浙江工作时对丽水市作出的重要指示批示和在丽水市调研时作的重要讲话，并做好研究阐释；系统而有重点地总结丽水市坚决贯彻习近平总书记重要指示批示精神，落实省委各项重大决策部署，一届接着一届干，推动经济社会发展取得历史性成就的好经验、好做法；做好忠实践行“八八战略”、奋力打造“重要窗口”的思路举措研究。7月1日，市社科联完成课题初稿；12月底，交付出版，最终成果为著作。课题突出习近平总书记在浙江工作期间的重要指示批示精神与中共十八大以来习近平总书记系列重要论述的思想延续性和内在一致性；围绕习近平总书记赋予浙江的“重要窗口”新目标新定位，深入研究丽水市“十四五”时期及至2035年的工作思路和举措，充分运用生动案例来展示丽水的特点、亮点、创新点，部分案例用专栏形式呈现。

【各级社科类课题申报、研究】 2021年，市社科联开展国家、省、市社科类课题申报研究工作，包括国家社科基金项目，省社科规划、办课题，省社科联研究课题、社科普及课题，市社科联常规课题、专项课题、重点课题等。依次公布2021—2022年度市哲学社会科学常规课题各100项，公布市“对策应用类”专项课题7项，公布2021年“浙西南革命精神”研究专项课题80项，成果均已发表；与市政协联合公布市政协理论研究专项课题17项；与市委政法委联合举办“党建引领基层社会治理”研究论文征集，市社科联从中择优立项为专项课题；与丽水学院高等教育研究所联合公布市“高等教育研究”专项课题10项；与丽水学院民族学院（华侨学院）联合公布市“繁荣计划”专项课题8项，作为“浙江省民族宗教事务委员会研究成果后期资助项目”；与丽水学院中国（丽水）两山学院联合公布2022年度丽水市哲学社会科学重点课题16项；与丽水学院幼儿师范学院联合公布2021年度丽水市“儿童教育研究”专项课题10项。9月1日，组织申报2022年度市哲学社会科学常规课题，重点围绕10个方向开展研究：习近平新时代中国特色社会主义思想研究，学习宣传贯彻中共十九届五中全会精神及省委十四届九次全会、市委四届十次全会精神研究，把丽水建设成为共同富裕美好社会山区样板研究，弘扬践行“浙西南革命精神”研究，打造丽水瓯江文化品牌、推进丽水历史文化与特色文化研究，社会治理和党的建设研究，社科赋能山区跨越式高质量发展研究，推进新型智库建设研究，“红绿融合”发展研究，人大制度、政协制度理论和实践研究。至10月8日，收到申报课题近300项。办理77项研究课题（后改为常规课题）结题手续，作好结题建档记录。丽水职技院吴地花完成的2020年省社科规划课题《以治理防疫中失信行为为契机，加强信用浙江建设的建议》研究成果报告，获省委书记袁家军批示。组织院校等单位申报国家、省社科类课题，获立项的

表27

2021年获丽水市立项的国家、省社科类课题一览表

课题编号	课题名称	课题负责人	课题类别	立项时间
21AMZ009	民族地区生态产品价值实现机制创新研究	陈光炬	国家社科基金项目	2021年9月24日
21BMZ039	文旅融合背景下畲族非物质文化遗产系统性保护传承研究	邱云美	国家社科基金项目	2021年9月24日
21BYY030	中国历代禅录日本训释材料数字化整理与研究	王闰吉	国家社科基金项目	2021年9月24日
21GXSZ035YB	大思政工作体系下创新高校"课程思政"育人模式研究	白　臣	省社科规划办课题	2021年4月30日
21GXSZ058YB	"数字赋能"高校思想政治工作提升路径探析	阙敏慧	省社科规划办课题	2021年4月30日
—	乡土记忆+民族风情——龙泉市竹垟畲族乡盖竹村小康建设的经验及启示	余厚洪	省社科规划办课题	2021年4月30日
21JDBN12YB	中国共产党绿色发展思想的理论创新及其实践历程研究	郑海友	省社科规划办课题	2021年9月1日
22NDJC035Z	数字经济驱动生态产品价值实现的机理与路径研究	张银银	省社科规划办课题	2021年9月13日
22NDJC161YB	"文化基因遗传"视角下畲族体育非遗文旅融合发展研究	李晓明	省社科规划办课题	2021年9月13日
22NDJC162YB	浙江民间档案所见畲汉各族交往互动研究	余厚洪	省社科规划办课题	2021年9月13日
22NDJC163YB	中国共产党早期党内政治生活研究	闵　帅	省社科规划办课题	2021年9月13日
22NDJC164YB	人类学视域下的松阳高腔研究	张敏桦	省社科规划办课题	2021年9月13日
22NDJC165YB	浙西南民间戏曲古籍收集、整理与研究	黄丽群	省社科规划办课题	2021年9月13日
22NDQN278YB	图像叙事视野下的畲族祖图艺术研究	蓝　岚	省社科规划办课题	2021年9月13日
22HQZZ42YB	马克思主义文化批判理论视域下的中国传统文化现代意义研究	朱晓虹	省社科规划办课题	2021年9月13日
21WH70023	邵荃麟年谱	李永涛	省社科规划办课题	2021年10月13日

国家社科基金项目3项，市社科联、市社科联、省社科类课题14项。

【省、市社科普及基地创建推进】 2021年4月23日，经省社科联科普处组织专家现场考评和公示，省社科联公布第十批省社科普及基地47家，市社科联推荐申报的莲都区鱼跃1919文化产业园、缙云县剪纸博物馆、遂昌县乡村文明实践中心入选。至年底，全市拥有省级社科普及基地24家。3月23日，市社科联开展第六批市社科普及基地申报。12月16日，市社科联公布丽新畲族乡乡贤馆、丽水市莲都区南乡革命纪念馆、丽阳社区文化家园、龙泉市档案馆、龙泉市青瓷装饰纹样研究所、龙泉市沈广隆铸剑园、黄垟钼都文化展馆、方山乡"展馆之村"、青田县革命历史烈士纪念馆、云和县人防(民防)宣传教育中心、云和抱器轩陶瓷艺术馆、元和街道梅湾村、白柘洋爱国主义教育基地、中共处属特委及中共缙云县委机关旧址、缙云县河阳乡村研究院、丽水市缙云县黄龙景区、中共遂昌支部旧址、中国工农红军挺进师纪念馆、苏村自然灾害警示教育基地、浙西南革命根据地——安岱后、松阳县非物质文化遗产馆、松阳茶叶博物馆、景宁畲族自治县青少年活动实践基地、毛垟红色教育基地、景宁县孔庙25家单位为第六批市社会科学普及基地。市社科普及基地市图书馆被纳入省社科联组建的"浙里•悦读"读书会联盟。

【社科普及基地科普项目】 2021年，市社科联向省社科联报送24家省级社科普及基地2021年度重点项目69项。推荐上报省社科普及周"红色基地联盟"视频6个，分别是浙西南革命根据地纪念馆、龙泉市住龙镇住溪龙浦县苏维埃政府旧址、庆元斋郎"红色基因"党性教育现场教学基地、遂昌中国工农红军挺进师纪念馆、云和小顺爱国主义教育基地、松阳安岱后浙西南革命根据地旧址。市社科联推荐上报的由区社科联、区图书馆实施的"爱心书屋"——科技赋能项目，浙西南革命根据地纪念馆实施的"小红军讲解员"行动项目，景宁县社科联、县文物和非遗保护中心实施的"银杏树下共成长、畲乡红领巾永传承"计划3个项目获省社科联通报表扬。结合党史学习教育，推出莲都区鱼跃社科普及基地开展的邮说党史主题教育系列及青田县社科联开办的华侨"越洋学史"课堂。组织市级社科普及创新项目申报，收到各县(市、区)社科联、各院校社科联(科研处)、各社科普及基地申报项目20余项。4月12日，省社科联成立"1+11+X"(1个省、11个市、若干个县)省市县三级联动的红色科普基地联盟，市社

科联推荐35家省市级红色科普基地加盟。2021年，市社科联组织部分红色科普基地申报2021年度重点科普项目11项，组织红色科普基地主要负责人或骨干参加全省红色科普基地联盟骨干培训会。

【丽水人文大讲堂运作模式创新】 2021年，市社科联举办丽水人文大讲堂现场版3期，邀请郑建民、王炳林、卢朝升、赵月枝等专家，主讲《南宋龙泉青瓷之美》《从党的历史中汲取智慧和力量》《宋韵与处州》等专题。受新冠疫情影响，丽水人文大讲堂削减现场版举办场次，从“线下”移到“线上”。继续与市广电总台合办，录制网络版“大讲堂—云上社科”微视频8期，有《乡村春晚彰显丽水在跨越式发展中的人文优势》《重温革命老区住龙那段烽火连天的革命岁月》《回忆黄垟战斗，重温红色记忆》《云和小顺村：周恩来演讲过的地方》《浙西南第一个党组织的诞生》《中共缙云县一大会址——高潮村》《中国工农红军闽东独立师革命根据地：毛垟乡》《告青帮弟兄书》等主题。开设“云上社科”有声科普节目，结合党史学习教育，为献礼中国共产党成立100周年，推出“瓯江之畔读党史”系列专题，录制31期。其中，龙泉市、遂昌县、云和县3个红色科普基地录制的视频登上“学习强国”红色记忆栏目。“云上社科”通过“无线丽水”“动听丽水”“FM106.9丽水交通音乐频率”“FM88.3丽水新农村广播”及“丽水社科发布”“丽水网”等平台，以图文+音视频形式推出，从而实现传统科普模式变身。

【丽水市社科普及周启动仪式暨广场咨询服务活动举办】 5月14日，2021年社会科学普及周活动启动仪式暨新时代文明实践广场咨询服务活动在景宁畲族自治县畲族文化中心广场举行。旨在全面落实党中央、省委、市委关于在全党开展党史学习教育的部署要求，进一步提升社科普及省、市、县三级联动效应，围绕“传承红色基因，承担历史使命”主题，探索活动形式与载体创新，提高全市社会科学普及水平。现场举行启动仪式、社科知识竞答、非遗展示、文艺表演、医疗诊询等多项活动，受到基层群众的欢迎。各县（市、区）社科联专职副主席、秘书长，各院校社科联（科研处）负责人、科普骨干，景宁县社科类学会（协会、研究会）、社科普及基地代表、志愿者近200人参加。

【“丽水社科发布”、《丽水社科要报》发挥窗口作用】 2021年，“丽水社科发布”微信公众号推送社科信息近400条。增强服务性，做好工作宣传和科普推广，社科普及内容占三分之二。全市社科联工作信息、微信推送内容被省社科联采用总数居全省11个市级社科联第一位。《丽水社科要报》展示全市社科界有前瞻性、全局性的最新研究成果，为市委、市政府决策提供智力支持和服务，全年编发7期。12月16日，市政府副市长楼志坚对《创建“茶咖舞”融合体，打造文创体验新模式，加快助推丽水建设共同富裕“重要窗口”》作出批示。同时，向中央党校《学习时报》推荐文章，刊发《浙西南：南方三年游击战争的重要游击区》《打造数字政府的丽水实践——浙江省丽水市深化提升机关内部“最多跑一次”改革》《将台堡：主力红军在此胜利会师》《那一年——中国百姓营救美国飞行员》《粟裕在浙西南的光辉岁月》《诗人范成大与处州通济堰》理论文章6篇，报道绿水青山就是金山银山创新实践案例、弘扬践行浙西南革命精神研究成果，提升丽水对外知名度和影响力。

【《丽水研究》会刊编辑出版】 2021年，市社科联继续聘请12名专家、学者担任《丽水研究》会刊特约编辑，定期开设“新时代，新思想”“学习‘丽水之赞’”“调查研究”“瓯江文化”“社科探寻”等专栏，适时增设“学习中共十九届六中全会精神”“创建百山祖国家公园研究”“浙西南革命精神研究”“学习贯彻市委四届九次全会精神”等栏目。注重把握舆论导向，突出栏目特色性、针对性及创新性，掌握社科专家学者研究动态，挖掘各类具有决策参考价值的研究成果，全年编辑出版普刊6期、财政会计版4期，发表论文、研究报告等300余篇。每期封面刊登丽水生态风光，封二、封三页面刊登社科工作信息。

【编纂系列文化丛书】 2021年11月，市社科联完成《处州文献集成》第一辑“唐宋文献”出版。第一辑唐宋文献，收录唐代至宋代遗存文献49册，其中，仅唐末五代著名道士杜光庭的著述就收录39册。完成市历代文化名人（重点层）版本资源采集呈缴和收集整理“纪录小康工程”课题研究报告及出版物工作。部署《丽水 瓯江文化丛书》第十辑编撰任务，纳入的编纂书目有《处州孔庙》《处州书院》《处州进士》《处州家训》《处州绘画》《处州武术》，分别由市档案馆周率、市少微书院卢朝升、丽水学院黄巧玲、余厚洪，市司法局吴志华，丽水职技院王德洪等承担写作任务。完成“处州郡守研究工程”系列专著编纂，包括《处州郡守与地方文献研究》、《处州郡守著述研究》、《处州郡守墨迹题刻研究》、《处州郡守传说故事》、《处州郡守与处州名胜古迹》、《处州郡守传略》（隋—宋）、《处州郡守传略》（元—明）、《处州郡守传略》（清代上）、《处州郡守传略》（清代下）著作9本，重新组织专家完成后续的审读、修改，将其纳入“丽水文化研究工程”框架，统一以《丽水 瓯江文化丛书》第九辑“处州郡守研究专辑”冠名，12月底，提交西泠印社出版。

【《浙西南革命精神简明教程》编写提纲论证会】 2021年3月9日，市社科联在丽水召开《浙西南革命精神简明教程》编写提纲论证会，省委党校政治学教研部徐彬及调研组14人，市社科联、市委宣传部、市人大研究室、市政协研究室、市委党史研究室、市委政研室、市发改委、市委党校等9家市直单位负责人、编写组成员参会。编写组介绍《浙西南革命精神简明教程》编写提纲，专家座谈交流，省委党校政治学教研部教授徐彬讲话，市委宣传部常务副部长李志伟主持。《浙西南革命精神简明教程》纳入“浙江文化研究工程”项目之一，由市社科联委托中央党校党史教研部、省委党校共同编纂。成立编委会，由中央党校党史教研部罗平汉、省委党校骆梅英任主任，编委会下设编写组，成员有中央党校党史教研部任伟、省委党校政治学教研部徐彬及市直单位张永忠、周德春、顿德华、朱映归、陆江东。5月，完成《浙西南革命精神简明教程》编写提纲定稿。内容分浙西南革命精神的提炼活动及其深远影响、浙西南革命精神的形成、浙西南革命精神在中国革命精神谱系中的地位、“忠诚使命”是浙西南革命精神最深刻的内核、“求是挺进”是浙西南革命精神最突出的特质、“植根人民”浙西南革命精神最重要的指引、浙西南革命精神的历史价值、浙西南革命精神的现实意义8个章节。

【《浙西南革命精神丛书》编撰】 2021年，《浙西南革命精神丛书》纳入浙江文化研究工程扶持项目，包括《浙西南革命与浙西南革命精神概论》《浙西南革命精神与中国共产党精神谱系》《浙西南革命精神述要》《浙西南革命精神与丽水创新实践“绿水青山就是金山银山”理念》《浙西南革命精神与新时代文化建设》《浙西南革命精神与“丽水之干”》专著6本，按照政治性、思想性、理论性、可读性原则打造精品，使之成为中央党校干部培训的辅导读物、省委党校“红色学府”干部教育培训丛书之一、市委党校主体班次干部培训教材。分别由张永忠、张宏敏、袁顺波、唐玉、谢炳麟、胡丽娟等人承担撰写任务，初稿于9月30日前完成。

【《浙西南革命精神口袋书》编写】 2021年，市社科联组织专家编写《浙西南革命精神口袋书》，被列入全市党员干部学习教材。6月15日，编印500本用于6月19日召开的第三届浙西南革命精神论坛会场发放。该书共2.34万字，对浙西南革命精神进行总结提炼，阐释浙西南革命精神的形成基础、内涵要义、历史地位和时代价值，是贯彻落实省委宣传部“党的创新理论走心”工程的重要举措。书中关于浙西南革命精神的论述，均出自权威文献和代表性文件。作为弘扬和践行浙西南革命精神、丰富读懂“浙”里精神的力量系列丛书之一，纳入省委宣传部“党的创新理论走心工程”。

【浙西南革命精神优秀研究成果征集】 2021年4月9日，市社科联组织开展“浙西南革命精神”优秀研究成果征集活动，征集2019年1月1日至2021年5月31日，丽水开展浙西南革命精神弘扬践行活动以来，已公开出版的著作（含内部发行，有临时书号），在报纸、期刊（含内部资料，有准印证）或是厅级以上党委、政府等部门主办的内部简报上发表的论文及研究报告（未能发表的研究报告，须获市厅级领导批示），内容包括浙西南革命精神的科学内涵与外延、浙西南革命精神与中国革命精神的关系及其比较、浙西南革命精神的文献、浙西南革命精神的历史地位和时代价值、“红绿融合”、红色文化遗产保护等研究成果，收到117项。6月30日，从中择优以“浙西南革命精神”研究专项课题立项70项，作为后期追认课题项目，并汇编成《浙西南革命精神研究优秀论文集》。研究内容涵盖党的建设、军事建设、政权建设、群众工作和军事斗争等领域，确立将浙西南革命精神深度融入社会发展的策略与路径，使其能够真正转化为推动丽水经济社会发展的重要引擎。其中，中央党校《学习时报》刊登7篇。（杨金花）

县(市、区)

莲都区

【概况】 2021年,莲都区辖4个镇、5个乡、5个街道、208个村、34个社区,面积1493平方千米。总人口61.06万人,户籍人口42.39万人,流动人口18.67万人。

全年实现地区生产总值453.53亿元,按可比价计算,增长8.9%。其中,第一产业实现增加值21.18亿元,增长0.3%;第二产业实现增加值142.38亿元,增长11.6%;第三产业实现增加值289.97亿元,增长8.3%。区属财政总收入32亿元,增长5.4%,其中一般公共预算收入19.5亿元,增长8.6。一般公共预算支出54.48亿元,下降0.4%。

区属固定资产投资增长21.3亿元;金融机构本外币存款余额1341.28亿元,增长12.44%;本外币的贷款余额是1384.36亿元,增长16.48%。居民人均可支配收入50417元,比上年增长10.3%,扣除价格因素增长8.3%。按常住地分,城镇常住居民和农村常住居民人均可支配收入分别为56371元和33766元,分别名义增长9.1%和11.2%,扣除价格因素分别增长7.2%和9.2%。

实现农林牧渔总产值30.22亿元,按可比价计算,增速为0.5%;农林牧渔业增加值达21.46亿元,同比增长0.4%。完成全市首批省级全程机械化农机综合服务中心建设,山地轨道运输机安装规模全市第一。蔬菜产业化联合体被评为省级农业产业化联合体,"莲城雾峰"茶叶被评为第四届中国国际茶叶博览会推荐产品,百兴真菌公司入选全国首批农业国际贸易高质量发展基地。

实现工业增加值109.51亿元,按可比价计算增长17.4%。规模以上工业实现增加值96.44亿元,增长19.6%。规模以上工业企业销售产值增长32.5%,其中出口交货值增长44.2%。分行业看,31个行业大类中,26个行业增加值实现增长。实施深化"亩均论英雄"改革及促企业提升"三年行动",开展工业用地高质量利用全周期管理,完成"低散乱"整治20家,规上工业企业突破100家。新增国家高新技术企业15家、省科技型中小企业27家、省级专精特新中小企业5家,均创历史新高。

实现旅游收入46.2亿元,增长0.9%。举办古堰画乡首届全国风景油画双年展、九龙湿地第一届赏萤季。松阴溪(莲都古堰)作为全省首批唯一人文水脉入选省"大花园耀眼明珠"。获评首批"长三角"高铁旅游小城、全省首批数字生活新服务样板县,轻工时尚产业集群入选省产业集群跨境电子商务发展试点。

新认定高新技术企业56家,累计220家,新培育科技型中小企业27家,累计147家。3个应用场景列入省级"揭榜挂帅"项目,数量位居全市第一。"云森防"应用场景得到省政府主要领导批示肯定,在全市推广。放心住宿"一件事"集成改革入选省卫生健康数字化"十佳案例"。

成立温台、金义、"长三角"、"珠三角"等6个招引部及工、农、商贸等10个专班,开展招商引资大会战。新引进项目49个,实际到位资金26亿元。新引进高校毕业生5558人,新增博士后工作站1家,获评"浙江工匠"3人,入选"绿谷精英"项目11个。入选2022年省财政支持民营和小微企业金融服务综合改革试点。全年新设市场主体11695家,其中新设企业2043家,增量全市第一。

推进国有企业市场化、投融资机制、农贸市场运营国有化等改革,开展国有资产(资源)确权发证、划转移交集中攻坚行动。区城投公司主体信用被评为AA级。与金华义乌市、宁波江北区签订"飞地"合作协议,政务服务事项跨地通办获国家市场监管总局肯定。与四川泸州叙永县建立东西部协作关系。

低收入农户人均可支配收入14664元,同比增长15.6%。新增城镇就业

9655人。花都风情苑“大搬快聚”安置房交房,城西三期等征收安置房完成分配16.5万平方米、安置1726户。重启无房户(住房困难户)解困工作。底金弄区级生态公墓开工建设。黄村乡黄泥墩村入选全国民主法治示范村、全国乡村治理示范村、全国村级议事协商创新实验试点。碧湖镇司法所入选全国模范司法所。

完成太平乡自来水管网改造,实现市区供水管网延伸工程建设零的突破。获评全省深化“千万工程”建设新时代美丽乡村(农村人居环境提升)工作优胜区、省农村生活垃圾分类处理工作优胜区,创成新时代美丽城镇建设基本达标乡镇5个。打好污染防治攻坚战,完成丽水工业园区(碧湖区块)、碧湖镇“污水零直排区”创建。推进分布式光伏规模化开发试点。获评“美丽浙江”建设工作考核优秀区,入选省“幸福河湖”建设试点县。

拥有高等学校3所,中等职业学校4所,普通高中6所,普通初中19所,小学20所,幼儿园72所,小学和初中入学率、巩固率均为100%。初中毕业升高中段的比例为98.77%。碧湖三小、长岗背小学及4所幼儿园投入使用,实现义务教育公办学校师生同菜同质同价。落实“双减”政策,完成义务教育阶段学校课后服务全覆盖。

年末有文化馆2个、公共图书馆2个、文化站15个、美术馆1个、博物馆5个。入选省农村文化礼堂建设示范区,区图书馆获评全省首批“满意图书馆”。共有卫生机构50个(不含诊所、村卫生室),其中医院16家、卫生院19家、社区卫生服务中心5个。区疾控中心开工建设,丽云中心卫生院投入使用。大病保险报销比例提升至70%,纳入特困、低保、低边范围的困难人员报销比例提升至80%,“浙丽保”惠及7.2万人次。区残工委获“全国残疾人工作先进单位”称号。

全区参加职工基本医疗保险参保人数19.39万人,比上年同期增加1.02万人;其中生育保险13.73万人,比上年同期增加0.87万人。参加企业职工基本养老保险人数23.92万人,比上年末增加1.36万人。构建疫情防控“平急一体”指挥体系,接种新冠疫苗93.5万剂次。加强食品安全监管,查处“猪肚案”入选全国“铁拳”专项行动典型案例,获《人民日报》专题报道。

市区环境空气质量综合指数为2.67,以全国第七的好成绩通过国家卫生城市复审。保障市、区重点项目建设,完成土地征收172.53公顷、房屋征收13.5万平方米。全市首个专业装修垃圾处理项目——务岭根垃圾填埋场(三期)投入使用。

【国家水稻分子育种中心丽水示范基地投入使用】 2021年1月,由袁隆平院士亲笔题名的“国家水稻分子育种中心丽水示范基地”项目正式破土动工,经过半年多的建设,田间科学实验板块项目全部完工,上线运营,并引进中信农业、华智生物、百度、极飞科技、武汉大学、湖南农业大学、芙蓉云等合作团队,引进博士、硕士10余名。该基地建立5个“节水抗旱稻”核心示范点位,推广种植面积近200公顷。10月15日,举办国家科技进步奖一等奖成果转化、国家技术发明二等奖成果转化暨浙西南节水抗旱稻研究成果发布会,为破解“涉林垦造”土地的种植难题提供实践经验。

【瓯江风情旅游度假区入选景区“微改造”省级试点】 2020年11月16日至17日,时任省长郑栅洁在古堰画乡小镇调研中指示:省文化和旅游厅要指导、支持古堰画乡创建工作。2021年5月25日,浙旅游专班下发《关于公布旅游业“微改造、精提升”行动试点市、县(市、区)和单项试点单位名单的通知》,丽水瓯江风情旅游度假区入选旅游业“微改造、精提升”行动单项试点。同时,2021年古堰画乡景区还入选浙江省千万级核心大景区培育名单,莲都古堰入选浙江省首批8大类16个“耀眼明珠”名单,堰头村获“2021年中国美丽休闲乡村”。

2021年,古堰画乡樱花绿道微改造后效果　　(莲都区农业农村局　提供)

【莲都区3个应用场景被列入省级“揭榜挂帅”项目】 2021年,莲都区残疾人证“跨省通办”、基层小微权力大数据监督平台、浙食链三大应用场景被列入省级“揭榜挂帅”项目。“跨省通办”残疾人证办理,打破医院与残联之间的数据壁垒,完成信息共享,“一站”办结，实现残疾人证“跨省通办”“省内通办”。“基层小微权力大数据监督平台”形成标准统一、数据共享、安全可靠的基础数据支撑体系，擦亮基层监督“慧眼”。“浙食链”整合原有食品安全信息化系统，联通“信息孤岛”，推动食品生产主体进货查验记录全程电子化、食品追溯链条清晰化。

【莲都在全市首创村集体资金竞争性存放机制】 2021年，为提高村级闲置资金的使用效益，莲都区立足实际，率先出台《莲都区村集体资金竞争性存放办法》，明确数额达到50万元且闲置时间超过3个月的村级资金实行定期存放。该区从银行的经营状况、服务水平等指标综合考量，择优确定中标银行，于10月22日完成公开招投标。确定中标银行后，全区208个村级闲置资金纳入统一管理，共盘活闲置资金5.3亿元，增加经营性收入约1000万元。该机制在确保资金安全的前提下，让村级闲置资金最大程度地产生效益。（李倩倩）

龙泉市

【概况】 2021年，龙泉市下辖4个街道、8个镇、7个乡13个社区、236个行政村，总面积3044平方千米，户籍人口28.78万人。

全年实现地区生产总值161.76亿元，同比增长6.9%。其中，一产、二产、三产分别实现增加值16.86亿元、57.24亿元和87.66亿元，分别增长2.8%、6.5%和8.0%。三次产业比重为10.0:35.4:54.2；社会消费品零售总额86.26亿元，增长20.8%；城镇、农村常住居民人均可支配收入达54915元、28380元，分别增长8.8%、11.4%。“绿水青山指数”排名全国第四，在全省26个县发展实绩考核中是唯一的“六连优”，获评全省新时代美丽城镇建设优秀县（市、区）、乡村振兴战略实绩考核优秀县（市）、健康浙江建设考核优秀县（市）、科技进步目标责任制考核优秀。

全年实现农林牧渔业增加值16.99亿元，同比增长2.8%。以全省第一名的成绩创成首批“大花园典型示范县”。创成新时代“美丽乡村”46个、“花园乡村”25个，创成省“四好农村路”示范县、省黑木耳特色农产品优势区、高山蔬菜特色农产品优势区、渔业转型发展先行区。推进“科技强农、机械强农”行动，入选全国电子商务进农村综合示范县创建，成为全省首批农业绿色发展先行市和实施乡村振兴战略优秀县。实施“万人万元”扶贫车间等帮扶项目43个，落实补助资金9254万元，村级集体经济总收入增长16.2%，低收入农户收入增长15.5%，城乡居民收入比首次缩小至全省平均水平以下。“益林富农”入选省高质量发展建设共同富裕示范区典型案例。出台“大搬快聚　富民安居”新政，完成搬迁6102人。

全年实现工业增加值43.3亿元，同比增长10.6%。其中，规模以上工业增加值22.03亿元，同比增长11.2%；高新技术产业、战略性新兴产业、装备制造业增加值分别增长16.9%、17.5%、15.1%。固定资产投资70.72亿元，同比增长16.2%。其中制造业投资增长47.7%，列丽水市第三；高新技术产业投资增长84.1%，列丽水第一。新拓展工业空间86.93公顷，盘活低效闲置用地39.33公顷，完成技改投资4.2亿元，获评省“专精特新”中小企业6家，“小巨人”企业实现零的突破。新增规上企业20家、亿元以上企业9家、5亿元以上企业2家。汽车空调产业列入全省打造百亿规模特色优势产业，列入丽水唯一全省“未来工厂”企业试点，创成全省首批、丽水首个“无废工厂”。汽车空调产业创新服务综合体通过省建设期满考评。首次实施科技项目“揭榜挂帅”机制，遴选技术难题攻关15项，新增国家高新技术企业7家、省科技型中小企业32家，实施省数字化改革试点8项，全社会R&D经费支出占GDP比达2.11%，列丽水第三。推进国企市场化改革，五大国有企业核心公司挂牌成立。

启动实施“天下龙泉”品牌推广计划，承办第四届青瓷大会，举办首届世界香具文化大会，全国首创“从戎之剑”赠剑仪式，得到社会各界高度评价，并在全省推广。谋划剑瓷历史经典产业融合创新试验区，青瓷宝剑商城年销售额突破3亿元，剑瓷产业增加值增长24.4%、税收增长22.3%。旅游收入同比增长14.5%，服务业增长8%。大窑龙泉窑遗址入选国家大遗址保护利用“十四五”规划，“不灭窑火”获评省示范文旅IP，荣获全国县域旅游综合实力百强县，入选省首批公共文化服务现代化先行县创建。

13个重大项目被列入省交通“十四五”规划，数量为全市之最；通用机场完成拟选址，温武吉铁路完成预可研报告，义龙庆高速通过工可评审，入选省物流示范县（市、区）综合改革创新试点。推进“双招双引”，与世界五百强企业华润集团签署山区重点县和央企结对合作协议，与中国品牌五百强企业敏实集团开展共同富裕全域合作。萧山—龙泉科创园实现厂房结顶，奉贤—龙泉科创园启动招商，与萧山签订“产业飞地”合作协议。引进项目42个，其中亿元以上大项目20个，实际利用市外内资23亿元，超额25%完成全年计划。引进硕士及以上人才215人。民间投资增长32.4%，列全市第一。

民生支出占一般公共预算支出75%。创新推出"就业快递,送岗到家"等精准服务模式,实现城镇新增就业3350人,城镇登记失业率1.67%。获省履行教育职责总体评价优秀等次,新增公办幼儿园学位540个,龙泉一中成为浙江大学"新时代人才培养战略伙伴中学",龙泉市中等职业技术学校创成省中职名校、首批现代化中职学校,义务教育阶段学校课后托管服务全覆盖,教育质量在全市排名逐年提升。携手浙大二院开展新一轮战略合作,中医院迁建、公共卫生应急救治中心、公共卫生综合服务中心工程实现结顶。县域就诊率86.2%,人均预期寿命81.44岁,高于全省1.97岁。通过国家卫生城市复审。瑞垟引水一期工程正式通水,沿线16.6万居民饮用水安全保障得到有力提升。浙丽保参保率达95.4%,实现乡镇(街道)居家养老服务中心全覆盖,妇女儿童服务中心投入使用,召开"长三角"残疾人事业一体化发展协作会。

生态产业平台被列入省重大建设项目"十四五"规划和"一县一策"专项扶持。建成火车站站前市政工程一期,升级留槎洲水上公园。升级版九姑山恢复开园,城市文化客厅初具雏形,西街历史文化街区呈现宋韵风采,三江口综合整治主体工程竣工,丽水首个万达广场开业。打赢有史以来面积最大、户数最多、地类最复杂的上下水南区块征迁硬仗,并入选省"未来社区"创建试点。

落实常态化疫情防控措施,压实"四方责任",建立平急一体化市级指挥长制度,组织开展大规模实战演练,累计接种新冠疫苗52万剂次,实现"零确诊、零疑似"。推动数字政府建设,城市共治"四端四办四维度"数字化治理体系获评全市唯一全省数字化"新治理"优秀案例,入选中国数字治理百佳县。常态化开展安全隐患整治行动,各类事故起数、死亡人数分别下降20%和23%,实现省平安县(市、区)"十六连创"。创成省法治政府建设示范县。

【龙泉市承办第四届世界青瓷大会·第十二届龙泉青瓷龙泉宝剑文化旅游节】 2021年10月29日,第四届世界青瓷大会·第十二届龙泉青瓷龙泉宝剑文化旅游节在龙泉开幕,来自各国各界的领导嘉宾齐聚龙泉,共品剑风瓷韵、共谋剑瓷发展、共襄盛事盛会。

丽水市委书记胡海峰宣布大会开幕。省委宣传部副部长、省政府新闻办主任李杲,省经信厅二级巡视员陆铁,省文旅厅副厅长朱海闵,省侨联副主席、秘书长周松一,省应急管理厅副厅长李会光,省博物馆馆长陈水华,丽水市委常委、宣传部部长任淑女,丽水市委常委、统战部部长王小荣,丽水市人大常委会副主任戚永远,丽水市政协副主席汤家友等领导出席。龙泉市委书记吴松平主持开幕式。翁志鸿、叶硋仙、刘赤波、蓝景芬等龙泉市领导参加。

本次大会由中国工艺美术协会、中国陶瓷工业协会、浙江省文化和旅游厅、浙江省经济和信息化厅、丽水市委、丽水市政府共同主办,龙泉市委、龙泉市政府承办,旨在贯彻省委文化工作会议精神,高扬"丽水之干"行动奋斗旗帜,推动剑瓷文化的"深化""物化""转化"工作,加快文化产业高质量发展,为加快建设一座独具匠心的文化名城、聚力开创龙泉复兴新局面汇聚特色动能、注入硬核力量、提供文化支撑,让"好龙泉"焕发新时代的生机活力。

【龙泉市举行丽水市2021年秋季新兵欢送暨"从戎之剑"赠剑仪式主会场活动】 2021年9月17日,丽水市2021年秋季新兵欢送暨"从戎之剑"赠剑仪式主会场活动在龙泉市举行,各县(区)设分会场异地同步举行仪式。丽水市委副书记、市长吴晓东,丽水市委常委、丽水军分区大校司令员赵存志,丽水军分区大校政治委员徐海宁,丽水市人大常委会副主任、党组副书记朱继坤,丽水市政协副主席王顺发,龙泉市党政主要领导等依次向新兵们赠送刻有专属编号的"从戎之剑",希望以剑为媒,把剑之忠诚、剑之正义、剑之威武赋予这些优秀青年,激励他们牢记党史军史,弘扬践行浙西南革命精神,听党指挥,敢于亮剑,为国家安宁保驾,为人民幸福护航。

【龙泉市获评2020年全省实施乡村振兴战略优秀单位】 2021年4月,浙江省乡村振兴领导小组下发《浙江省乡村振兴领导小组关于2020年度全省实施乡村振兴战略实绩考核结果的通报》,龙泉市连续两年获得考核优秀。近年来,龙泉市贯彻落实省委、丽水市委实施乡村振兴战略决策部署,围绕乡村振兴20字总要求,紧盯年度重点工作任务,推进乡村振兴。2020年,实现农林牧渔业总产值25.26亿元,同比增长2.3%;农村居民人均可支配收入25476元,同比增长8.6%,增速排名全市第二;低收入农户人均可支配收入12397元,同比增长16%,位列全市第三,26个县第七。

【龙泉市获"五水共治"(河长制)工作"大禹鼎"银鼎】 2021年5月18日,在全省建设新时代美丽浙江暨中央生态环境保护督察整改工作推进大会上,龙泉市获得美丽浙江建设(生态文明示范创建行动计划)工作考核优秀县(市)和"五水共治"(河长制)工作"大禹鼎"银鼎两项荣誉。近年来,该市推进"五水共治",开展污水零直排区和美丽河湖"两创建",实现水环境质量和污水处理水平“两提升”。龙泉市已连续两年获评美丽浙江建设优秀县（市），也是丽水市第一个获“大禹鼎”银鼎的县（市）。

【龙泉市获全省26个县发展实绩考核“六连优”】 2021年8月，省委、省政府办公厅公布2020年度全省26个县发展实绩考核结果，龙泉市考核结果为优秀档次，位列全省第二、丽水市第一。自2015年省委、省政府实施26个县发展实绩考核评价机制以来，该市贯彻落实省委、省政府各项决策部署，践行“八八战略”、厉行“丽水之干”，以“匠心精神”“浙西南革命精神”落实“丽水之赞”，连续六次获发展实绩考评优秀，成为全省唯一实现“六连优”的县（市、区），为与全省同步全面建成小康社会，蹚出绿色发展的崭新道路，为龙泉复兴奠定基础。

【龙泉市创成全省首批大花园典型示范县】 2021年12月，省发改委会同省级相关部门对全省第一批10家大花园典型示范县建设单位进行审核验收，龙泉市以全省第一名的成绩创成首批大花园典型示范县。自2019年入选第一批全省大花园典型示范县建设单位以来，龙泉市围绕大花园典型示范县创建目标，秉持匠心铸城理念，以“美丽城市+美丽乡村+美丽田园+美丽呵护+美丽园区”为创建载体，通过环境综合整治、河湖风光建设、城市形态营造等形式，聚力打造生态产品价值实现机制全国样板地、瓯江山水诗之路黄金旅游带启航地、具有国际影响力的生态休闲养生福地，“点线面”精准扮靓最美剑瓷大花园亮丽风景。龙泉市十大标志性工程、21个重点项目、5个美丽载体、4项改革创新工作、29项先进性指标基本达到预期。（季莹莹）

青田县

【概况】 2021年，青田县辖10镇18乡4个街道，363个行政村，总面积2477平方千米。2021年末户籍总人口57.05万人。2021年全县实现生产总值273亿元，增长6.9%，一般公共预算收入20.02亿元，增长5.2%。城乡居民人均可支配收入分别达到54651元、30508元，增长9.9%、12.1%。

农业增加值增长2.6%。开工建设高标准农田1333.33公顷，新增粮食播种面积203.33公顷，完成101.33公顷的茶叶基地种植，创建杨梅绿色示范基地724.4公顷，休闲农业观光区3个，打造花样农业基地10个。出台村集体经济巩固提升五年行动计划，创新建立“强村富民”生态产品价值实现资金，争取“三农”竞争性项目18个，到位资金2.3亿元，341个行政村年收入达20万元且经营性收入达10万元。举办第八届全球重要农业文化遗产（中国）工作交流会，成立全球重要农业文化遗产（中国）保护与发展联盟。“农遗探寻线”建成省级新时代美丽乡村风景线，祯埠绿道成为全省最美绿道。参加浙江省首届乡村美食大会，青田县特色菜肴“稻鱼之恋”获金奖。

规上工业增加值增长6.5%。重塑招商引资理念方法，建立全县招商统筹工作机制，创新基金招商、中介招商、产业链招商等新模式，与中关村合作共建创新共富基金，招引爱玛新能源智慧出行产业园项目，新引进大项目25个，实际利用内资34.8亿元，引进总部企业33家。设立百个双招双引全球联盟工作站，搭建杭州未来科技城“科创飞楼”平台，引进各类人才3500人。完成腊口乌坦山、船寮白岸、祯埠小河坑等8个“军令状”地块征迁，全年新拓展工业用地144.47公顷，出让、盘活41.87公顷。开展工业企业综合评价，纳入评价企业475家，其中规上企业182家，规下企业293家。支持企业实施“零地技改”，完成“零土地”技改备案63个，列入制造业重点技改项目25个，实现投资4.5亿元。开展新一轮“腾笼换鸟、凤凰涅槃”行动，新增省专精特新中小企业6家，三辰电器获评国家专精特

2021年，美丽乡村焕新颜。图为龙泉市郊场景（张有钢 提供）

新"小巨人"企业,钢一集团、绿水股份入选省"单项冠军"培育企业。

服务业增加值增长7.7%。把握华侨资源最大优势,集成升级华侨要素回流支持政策,与宁波梅山合作共建"保税飞仓",入选浙江自贸区第七批"十大成果",列入全省首批中国—中东欧国家经贸合作示范区联动区。丽水跨境电商综合试验区青田园区揭牌运营,全市首家抖音电商直播基地落户青田,入围全国电子商务进农村示范县创建名单。实施商品城走出去战略,鼓励商户走出去,通过各类合作形式,在上海、四川、杭州、丽水、西安、温州等地共新开设门店8家。

制定出台《关于〈关于促进科技创新创业的若干意见〉的补充意见》,深挖科技企业创新潜能。落实"双减"政策,建成实验幼儿园一期、山口中心幼儿园,全年新增校舍建筑面积7.66万平方米、义务教育学位2820个、学前教育学位1050个,创成山区26县唯一省级体育现代化县。举办"迎建党百年 展青田风采"迎五一、图书馆之夜、"百年辉煌 党史中的故事"宣讲活动进校园、"百首红色歌曲大家唱"、"百年芳华 红歌献党"青田县庆祝建党100周年合唱音乐会等庆祝建党100周年系列文化活动,举办庆祝刘基诞辰710周年系列活动。抓好疫情常态化防控,累计接种新冠病毒疫苗78.8万剂次。投用县人民医院医技综合楼、油竹卫生院,"浙丽保"参保惠及41万人。参与公济山海联盟,深化与上海市第一人民医院开展合作,柔性引进副主任以上医师专家4名。与上海市东方医院签订合作协议,柔性引进专家15名。

城镇新增就业4303人,帮扶失业人员和困难人员再就业520人。举办"春风送岗"人力资源交流大会,共有30家企事业单位参加,提供1679个岗位,达成就业意向241人。组织网络招聘会9场,共有353家企事业单位参加,提供近1万个岗位。接收国务院欠薪线索核处管理系统的欠薪线索48条,涉及194人、145.26万元,均已处理到位,并通过省级审核。开展电信网络诈骗专项治理行动,帮助群众挽回损失948万元。深化第二轮安全生产综合治理三年行动,组建中部综合应急救援队,安全生产事故起数、死亡人数分别下降21%、8%。

推进农村人居环境高水平提升三年行动,开展垃圾分类指导督查工作,完成19个新垃圾分类村建设,农村生活垃圾分类覆盖面达到100%,农村生活垃圾无害化处理率达到100%。深化畜禽养殖废弃物资源化利用水平,全县畜禽粪污综合利用率达98%。至年底,青田县9个控及以上地表水常规断面及1个集中式饮用水源地水质达标率继续保持100%,水质均达到Ⅱ类及以上标准,其中4个断面水质达到Ⅰ类标准,共有5个断面优于断面目标水质要求。县域空气质量优良率达到99.7%,$PM_{2.5}$浓度19微克/立方米,较上年度下降3微克/立方米,综合指数为2.64。获评全省新时代美丽城镇建设优秀县。

启动老城核心区改造,一期签约率93.8%,完成锦竹苑、石门小区等老旧小区改造,建成四都港二桥、东山路连接线一期,"微改造、精提升"城市景观10处。芝竹社区入选全省第四批"未来社区"创建名单。实施老旧小区改造5个、开工率100%,老旧小区改造初见成效。首次实施春节美化亮化工程,营造浓浓侨乡年味。

坚持以数字化改革为统领,撬动各方面各领域改革,15个场景应用纳入省级试点,5个项目入选全省多跨场景重大应用"一本账"S1版,"石雕产业数字化应用"获评省级优秀,"燃气安全一网智防"在全省推广,"数智侨务"获中国侨联肯定。构建"1+3+3"国企新体系,县属国企资产增加至303亿元,城投公司、交投公司获AA主体信用评级。全省率先建立三级林长制。

【青田抽水蓄能电站项目签署意向协议】 2021年1月20日,青田县与国网新源控股有限公司正式签订合作意向书,就共同合作建设青田抽水蓄能电站项目达成初步意向。该项目初拟装机120万千瓦,委托华东勘测设计研究院对项目进行县域内抽水蓄能电站项目选址报告编制工作。

【青田华侨历史陈列馆开馆】 2021年6月28日,青田华侨历史陈列馆开馆。该项目总投资600万元,位于县文化会展中心11楼,主要分侨史展厅、多功能厅和咖啡厅三大功能区。展陈以青田华侨群体的产生、发展、壮大、融合、回归、大同一系列事态发展为脉络,分闯荡世界、开基拓业、融合共赢、社团兴盛、家国情怀、侨"联"天下六大部分,展示青田华侨的历史,展现青田华侨的爱国爱乡、热衷社会活动等特点。

【青田县举行刘基诞辰710周年纪念大会】 2021年7月22日至24日,刘基诞辰710周年纪念大会暨中国丽水刘基文化学术研讨会在青田县举行,来自中国各地的刘基研究专家、学者代表齐聚青田,与青田海外侨团、异地商会、企业界、刘基后裔代表等开展学术研讨交流,重温先贤刘基"道通天地、德贯古今"的帝师风采。开幕式上,举行世界青田APP"刘基故事馆"上线、《刘基寓言故事》进校园、青田学子诵读刘基景点诗词、刘基文化宣传大使聘请仪式,及瓯江山水诗路伯

2021 年 7 月 22 日至 24 日，青田县举行刘基诞辰 710 周年纪念大会 （陈向宇 提供）

温 e 站项目暨石门洞景区创 5A 启动仪式，并发布青田刘基文化旅游线路。

【青田县开展 10 个项目集中签约】 2021 年 2 月 20 日，青田县召开生态工业暨“双招双引”工作推进会，会上对 10 个项目进行集中签约，计划总投资 29.1 亿元，其中制造业项目 5 个：固泰动力电动车电池研发与制造项目，年产 12000 万个纸箱包装建设项目，年精加工 15000 吨阀门项目，青田新型绿色装配式建材产业园项目，年精加工 5000 吨阀门项目；文旅项目 2 个：温溪镇侨商智造酒店综合体项目，吴坑乡世界原木根雕艺术院——尚仁根雕艺术馆项目；农业项目 2 个：年烘焙 200 吨咖啡豆建设项目，青田高山生态型雾耕蔬果产业基地项目；人才项目 1 个：青田县人民政府—浙江清华长三角研究院杭州分院战略合作协议。

【青田县祯旺乡成为全市首个签订 5G 战略合作协议乡镇】 2021 年 3 月 3 日，青田县祯旺乡与联通公司(丽水市分公司)正式签订“数字赋能乡村振兴战略合作框架协议”，标志着该乡成为全市首个签订 5G 战略协议乡镇。双方将在 5G 网络建设、智慧乡村、智慧旅游、远程医疗、环境监控等领域建立全面战略合作伙伴关系，共同推动 5G 网络、大数据、云计算等新技术在民生服务、区域管理和产业培育升级等领域的融合应用，实现新技术带动新业态、新模式、新服务。

【青田县三溪口河床式水电站完成工程竣工移民安置终验】 2021 年 3 月 15 日至 17 日，省政府委托省移民办组织开展青田县三溪口河床式水电站工程竣工建设征地移民安置终验工作。在经过实地勘查枢纽工程建设区及淹没影响区，检查移民安置点建设、专项设施处理、库底清理等情况，充分听取验收报告，专家交换验收意见等环节基础上，与会专家一致通过终验报告。三溪口水电站于 2009 年 11 月动工建设，累计总投资 14.7 亿元，总装机容量 100 兆瓦，年发电量 2.65 亿千瓦时，移民生产安置人口 1494 人。2013 年通过导截流阶段移民安置验收，2018 年通过蓄水阶段移民安置验收。此次验收通过，标志着三溪口水电站库区移民安置工作画上圆满句号。同时，这也是 2006 年国务院第 471 号令实施以来丽水市首座、全省第三座大中型水电站通过竣工移民安置终验。

【青田与古蔺东西部协作首个项目正式开工】 2021 年 8 月 18 日，浙江青田与四川古蔺东西部协作首个项目——龙山镇农特产品中心项目正式开工，项目总投资 4000 万元。该项目落地标志着两地在共同推进东西部协作、乡村振兴事业的征程上迈出坚实一步。项目运行后，可解决龙山镇农特产品产能问题，推动全镇产业由“粗产出”向“深加工”方向发展，预计带动当地 200 户以上的农户扩大农特产品种养殖发展，带动每户每年增收 5000 余元，壮大村集体经济。

【青田县获评全国农作物病虫害“绿色防控示范县”】 2021 年 3 月 30 日，全国农业技术推广服务中心公布 109 个第二批全国农作物病虫害“绿色防控示范县”创建推评名单，青田县位列名单，成为全市唯一入选县。近年来，该县推进农作物病虫害绿色防控与统防统治，通过加大绿色防控示范区建设资金投入，配套扶持绿色防控集成技术和绿色防控产品推广应用，开展宣传培训、产品追溯以及加强规范管理，共同推动农药使用量减量化行动落实。在杨梅、水稻、柑橘、茶叶、中药材等主导产业上开展绿色防控，创建 6 个示范区，面积达 5333.33 公顷，实现农药减量控害，保障农产品生产和生态环境安全。

【青田县“警侨驿站”新增 5 个海外服务中心】 2021 年 3 月 4 日，青田县公安局召开“警侨驿站”海外服务中心主任座谈交流会暨新增中心授牌仪式，新增里斯本、布拉迪斯拉发、圣地亚哥、敖德萨、达累斯萨拉姆 5 个海外服务中心。"警侨驿站"创建于2018年9月,由青田公安牵头,联合多部门及海外华侨华人力量共同组成一支服务团队,提供出入境、交警、户政、民政涉外婚姻、公证等77项涉侨服务项目,实现出入境、交警、户政等业务"最多跑一次"甚至"跑零次"。至年底,在全球四大洲20个国家26个城市,均建立"警侨驿站"海外服务中心,受办解答涉侨服务事项累计1.83万余件,节约华侨华人办事成本近7900万元。该中心聘请135名侨领、侨团会长担任中心主任、副主任和联络员,搭建由逾1000名海外信息员组成的服务网格,通过优化中心视频互通、平台同联、信息共享等工作机制,实现"零距离"服务。

【青田县出版发行全市首部官方退役军人口述史《致敬老兵》】 2021年2月4日,青田退役军人口述史《致敬老兵》正式出版发行,系全市首部官方出版的退役军人口述史。该书在中共青田县委退役军人事务工作领导小组领导下,由青田县退役军人事务局联合县党史和地方志研究室主办,历时10个月筹备,是自退役军人事务部门成立以来,丽水市首次征集退役军人口述史,也是青田树牢尊崇导向、关爱老兵的创新举措。该书征集范围为新中国成立前参军入伍的45名退役老兵,其中最大年龄101岁,最小年龄84岁,平均年龄91岁,且从军期间参加过抗日战争、解放战争或抗美援朝,是青田退役军人群体的第一批优秀代表。 (陈向宇)

云和县

【概况】 2021年,云和县区域面积989.6平方千米,辖4个街道、3个镇、3个乡,有社区15个、行政村71个。2021年末户籍人口11.33万人,常住人口12.92万人。财政总收入14.17亿元,增长6.5%。一般公共预算收入8.79亿元,增长8.03%。完成固定资产投资37.6亿元、增长12%。城镇居民人均可支配收入51103元,增长9.7%;农村居民人均可支配收入24555元,增长11.5%。

农业增加值5.39亿元,增长1.92%,启动农业"双强"行动,主要农作物机械化率达58%。开展"非农化""非粮化"问题整治,完成垦造耕地问题整改,全年粮食播种面积3600公顷,粮食总产量9250万公斤。创新推出"农家乐民宿成长贷""雪梨贷",成为云和雪梨集成创新省级试点,元和街道创成云和雪梨特色强镇。梯田开犁节、云和雪梨丰收节入选市政府二十四节气活动名单。

规模以上工业总产值192.25亿元,增长38.3%,实施生态工业倍增计划,开展新一轮制造业"腾笼换鸟、凤凰涅槃"攻坚行动,淘汰落后产能企业6家,整治提升"低散乱"企业31家,新增规上企业12家、亿元企业6家、上云企业50家,培育"放水养鱼"企业5家、省专精特新企业3家,兴昌轴承获评国家级专精特新小巨人企业。

服务业增加值44.6亿元,增长11.2%,加快全域旅游发展,引进总投资超50亿元的云和湖生态康养小镇项目,完成梯田一级游客接待中心、云和东旅游集散中心主体工程,投入运营观云索道。创成石塘、安溪AAAA级景区乡(镇)和黄家畲AAA级景区,在全省首批实现"百千万"工程全覆盖,获评省全域旅游示范县。

全县有普通高中1所,职业高中1所,初中3所,小学10所,九年一贯制学校1所,特殊教育学校1所,幼儿园14所。全县在校中小学生15118人(其中普高1507人、职高1826人、初中3856人、小学7889人,特殊教育40人),在园幼儿4345人。小学入学率、巩固率和升学率均为100%。推进教育提质行动。课程研究成果《"云和木玩"游戏体系建构及实践范式》获2021年浙江省教学成果基础教育类一等奖。实行"引智办学"托管机制,落地落实"双减"政策,推进"县中崛起"行动,提升学校办学水平,各学段教育质量企稳回升。

全县有医疗卫生机构88个,医疗床位551张,卫技人员1093人,每千人拥有床位4.26张,每千人拥有执业(助理)医师3.59人,注册护士3.37人。实施人民医院病房扩建、中医院迁建工程,完成新一轮合作办医签约,通过第五轮国家卫生县城复审,创成"中国长寿之乡敬老养老服务示范城市(县)"。

开展城市改造行动,实施鲤鱼山小区改造,完工城东南路、大坪路、南山路,建成童话云和展示馆,小徐社区列入全省第三批未来社区试点。推进乡村"微改造、精提升"行动,建成3个省特色精品村、5个花园乡村、24个A级景区村,"最美梯田"风景线获评省美丽乡村风景线,石塘镇创成省美丽城镇样板,崇头镇创成全国乡村治理示范乡镇。完成全国农村人居环境整治提升现场会考察任务,荣获全省深化"千万工程"建设新时代美丽乡村工作优胜县。打好污染防治攻坚战,开工城市污水处理厂清洁排放技术改造项目,建成工业危废贮存转运中心,新增环境质量自动监测站15个,改建城市污水管网5.47千米,实现城镇生活垃圾分类处理全覆盖。

深化"一户一策一干部"结对帮扶,流动供销致富车模式在全省推广,低收入农户人均可支配收入增长14.4%。新增城镇就业2035人,帮扶困难人员就业535人。“浙丽保”参保率达92.91%。建成残疾人托养康复中心。创新推出长者益智幸福坊、敬老餐、邻里互助长等山区特色养老模式。开展平安建设“百日攻坚”、扫黑除恶等专项行动，加强生产安全、食药安全监管，推进用电建筑、“三合一”场所消防安全整治。抓好常态化疫情防控，累计接种新冠病毒疫苗27.57万剂次，巩固疫情“零发生”态势。

组织开展“小县大城”发展战略实施20周年系列活动，承办全国山区县域新型城镇化发展论坛。实施数字化改革，谋划建设多跨场景应用23个，入选数字化改革省级试点10个，全县依申请政务服务事项“一网通办”率达99.2%。推进政务服务2.0建设，实现企业投资低风险小型项目审批“最多15个工作日”。创新生态产品价值实现机制改革，推出“数字生态贷”惠农金融产品，发放贷款1596万元。加快国企市场化改革，国资公司获评AA等级。深化农村产权制度改革，创新实行农村集体财务收支预决算管理，在全国首创农村产权抵(质)押融资免担保模式。推进云景特色风情聚落区建设，实行云景高速公路差异化收费，开通云和至景宁县际公交。

组建5个驻外招商局和6个重点招引专班，承办“央企走进山区26县建设共同富裕示范区”、知名浙商助力丽水跨越式发展大会等系列招商活动，全年引进大项目5个、一般项目25个，实际利用市外内资12.02亿元、外资201万美元。实施“筑巢引凤”优质工程，建成杭州、宁波驻外青年人才服务中心，成立高校人才联络站11个，争取到“绿谷精英”人才项目6个。实施新一轮“山海协作”工程，推进生态旅游文化产业园项目，云北飞创现代产业园成为全省“产业飞地”建设样板。

【中共云和县委获全国脱贫攻坚先进集体称号】 2021年2月25日，全国脱贫攻坚总结表彰大会在北京人民大会堂举行。大会对全国脱贫攻坚先进个人、先进集体进行表彰，中共云和县委获全国脱贫攻坚先进集体称号。近年来，该县深化扶贫改革，强化产业帮扶，完善救助帮扶，推进各项脱贫攻坚工作。

【全国山区县域新型城镇化发展论坛在云和召开】 2021年10月22日，由国家发展改革委城市和小城镇改革发展中心主办、云和县人民政府承办的全国山区县域新型城镇化发展论坛在云和开幕。来自全国各地的与会嘉宾，围绕“山区县域新型城镇化高质量发展、实现共同富裕”主题，开展主题考察、主题论坛、主题调研等系列活动，共庆云和“小县大城”发展战略实施20周年，共商山区县域新型城镇化发展之策。

2021年10月22日，全国山区县域新型城镇化发展论坛在云和县开幕
（吕周亮　提供）

【“梅源芒种开犁节”被列入国家级非物质文化遗产代表性项目名录】 2021年5月24日，国务院公布第五批国家级非物质文化遗产代表性项目名录，云和县“梅源芒种开犁节”被列入民俗类国家级非物质文化遗产代表性项目名录扩展项目名录，填补二十四节气在国遗目录中的最后空白。“梅源芒种开犁节”主要流传于云和县梅源山区，形成于明末清初，与当地多山及梯田垦殖密切相关。该开犁节活动以祭神田、犒牛、开犁仪式为中心，内容包括设“纽”迎神、巡游祈福、芒种开犁等。

【云和县获评2021年度全省深化“千万工程”建设新时代美丽乡村(农村人居环境提升)工作优胜县】 2021年12月15日，浙江省“千村示范、万村整治”工作协调小组办公室公布2021年度全省深化“千万工程”建设新时代美丽乡村(农村人居环境提升)工作优胜县(市、区)，云和县位列名单。近年来，该县深化“千万工程”，打造“点上出彩、线上美丽、面上洁净”的美丽乡村建设新格局，逐步实现点线处处美、全域一片美。先后创成省级美丽乡村示范乡镇7个、省级美丽乡村特色精品村18个，AAA级景区村8个；完成“十里云河”等7条美丽乡村风景线创建，实现美丽乡村风景线全域覆盖。

【云和县老李帮忙团服务中心党支部获“全国先进基层党组织”称号】 2021年6月28日下午，全国“两优一先”表彰大会在北京人民大会堂举行，云和县老李帮忙团服务中心党支部被授予“全国先进基层党组织”称号。老李帮忙团服务中心党支部成立于2012年，现有正式党员22人。至年底，该服务中心已成为拥有15个社区党员志愿服务站点、103支党员志愿服务分队、4400余名党员志愿者、服务群众达12万人次的专业党员志愿服务组织，构建出党员群众共同参与、共同发力，具有组织化、制度化、系统化、规范化的志愿服务格局。（詹恩怀）

庆 元 县

【概况】 2021年，庆元县下辖3个街道、6个镇、10个乡，11个社区、192个行政村，总面积1898平方千米。年末全县户籍总人口20.11万人。全县地区生产总值85.16亿元，增长4.6%；固定资产投资同比下降1.7%；财政总收入8亿元，其中一般公共预算收入5.36亿元；城镇、农村居民人均可支配收入分别为47034元和22563元，增长10.3%和10.8%。

农林牧渔业增加值7.57亿元，下降1.1%。香菇、甜橘柚、灰树花、黄精入选全国首批名特优新产品，创成国家级食用菌全产业链典型县。新增中药材237公顷、甜橘柚134公顷，建改高标准农田333公顷，完成耕地“非粮化”抛荒整治933公顷。竹口被列入全市首个国家级农业产业强镇创建单位，黄坛蝉联全国特色产业亿元村。建成新时代美丽乡村达标村49个、红色示范乡镇3个，创成省级美丽城镇4个，黄田获评省级样板镇，“大搬快聚”新搬迁4003人。

实现规上工业增加值10.95亿元，增长6%。工业企业数增长至818家，其中规上企业72家、超亿元企业13家，累计新增省“隐形冠军”企业2家、股份制企业1家。省级经济开发区正式命名，屏都综合新区三期启动建设，双枪隆宫小微园开园。发布全省首个县级生物科技产业发展规划，争取到“一县一策”超常规扶持。双枪科技、梦天家居成为从庆元走出的上市企业，鸿星文具荣膺市政府质量奖。

实现服务业增加值47.93亿元，增长6.5%。实施旅游业“微改造、精提升”项目47个，主城区创成AAA级景区城，黄田、安南创成AAAA级景区镇，入选省级先进制造业和现代服务业融合发展区域试点县。《网红桥》获评全国小戏类最佳剧目和最佳人气节目，月山春晚圆梦央视入选丽水乡村公共文化服务供给侧创新十大案例。实现社会消费品零售总额52.50亿元，增长14.8%。

固定资产投资下降1.7%。7个项目被列入省“六个千亿”产业投资计划，23个省市重点项目投资完成率119%，7个政府专项债项目投资完成率100%。庆景青公路万年隧道工程开工，银屏山隧道贯通，推进兰溪桥水库扩建及相关子项目建设。梦天区块完成拆除，仓山路区块100%签约腾空，庆元大桥开工建设。东环路全线贯通，府后街道路改造基本完成，城区干道地下管网工程完工，“一溪两岸”滨水绿道实现闭合。新改建电力线路130千米，新建燃气管网6.5千米。推进半湾休闲养生文化园、智慧汽车产业园，庆元香菇小镇入选省级特色小镇。

与中铁建、杭钢、旺旺、天能等建立战略合作关系。实施“山海协作”项目15个，嘉善—庆元—九寨沟“飞地”产业园一二期完工，产生“消薄”资金2840万元。争取到省级数字化改革试点12个，屏都和黄坛上榜全省第一批低碳试点街道、试点村，贤良卖出22.7吨会议类森林碳汇指标，成功申报林业碳汇先行基地，国乡合作经营试点万亩商品林收储计划“落地上图”。整县屋顶分布式光伏开发入选全国首批试点，同心社区列入省级未来社区创建名单。竹木产业创新服务综合体通过中期核查，建成全省首个食用菌种质资源库，李玉院士科技部食用菌创制研究中心专家工作

庆元香菇　　（姚　卡　提供）

站落户庆元。

全县有各级各类学校62所，其中幼儿园28所（公办园12所）、小学17所、初中8所（九年一贯制学校4所）、普通高中2所、职业高中1所、特殊教育学校1所、成职（技）校4所、成人农民高中1所；全县在校学生22183人，其中幼儿园4331人、小学8424人、初中5021人、普高2421人、职高1970人、特教16人，小学入学率、巩固率和升学率都达到100%。高考成绩十连增，教育现代化发展监测跃升至全省第43位。“双减”政策落地见效，创成两所教育质量发展“五星级学校”。屏都小学、后田幼儿园、江滨幼儿园投入使用，实验小学南门洋校区开工建设。

全县医疗卫生机构147家，其中医院3家，卫生院17家，社区卫生服务中心（站）8家，村卫生室79家，门诊部1家，诊所（医务室）35家，疾病预防控制中心1家，妇幼保健机构1家，卫生监督所1家，其他卫生机构1家。医疗卫生机构编制床位数660张，实有床位数641张，全县卫生技术人员数1221人，其中执业（助理）医师571人，注册护士452人。推进人民医院迁建，9家基层卫生院完成规范化改造。新建儿童之家6家、乡镇级居家养老服务中心9个，发放残疾人补贴1959万元。低收入农户人均可支配收入增长17.1%，新增城镇就业1812人，浙丽保参保率达97.51%。

开展“护航大庆安保年”行动，化解信访积案121起，电信诈骗发案量降幅全市第一，实现省级平安县“十六连冠”。省市县民生实事完成率100%，办理代表建议153件、委员提案213件，满意、基本满意率达100%。推进数字政府、法治政府建设，“十台合一”智治中心建设获省委、省政府主要领导批示肯定，行政诉讼发案量同比下降52%，实现行政复议零纠错、行政诉讼零败诉，获全省依法治理创建活动先进单位。

以91.57分夺得长寿之乡“绿水青山指数”全国第一，获2021浙江县域高质量发展地图绿色发展第一名，县城空气质量优良率达100%。“污水零直排县”创建通过功能性验收，获全省实行最严格水资源管理制度成绩突出集体。完成涉林垦造耕地项目和第二轮省委环保专项督察信访问题整改，新增国土绿化666.67余公顷。推进百山祖国家公园创建，加入中国生物圈保护区网络，发现近蓝紫丝膜菌等3种全球大型真菌新物种，百山祖冷杉和角蟾亮相联合国生物多样性大会。

【庆景青公路万年隧道工程开工】 2021年11月2日，庆元县举行“交通服务共同富裕”启动仪式暨庆景青公路万年隧道工程开工典礼。庆景青公路是连接庆元、景宁、青田三县的一条交通干线，全长约67千米，万年隧道工程是该项目的控制性工程，隧道起点位于五大堡乡万年桥，终点位于贤良镇接现溪杉线，隧道长约4.2千米，路线全长约5.76千米，是全省共同富裕示范性项目。该隧道建成后县城到贤良的距离将从原来的36千米缩短至16千米。

【庆元黄坛蝉联全国特色产业亿元村】 2021年，黄坛村再次蝉联全国特色产业亿元村。2001年，浙江连片面积最大的367公顷省级现代水干果园区落户竹口黄坛，开启竹口现代农业的新篇章。近年来，该村通过狠抓主导产业，培育特色产业，壮大农业产业，形成水干果、食用菌为主导的农业产业，发展花卉、楠木等产业。该村冬无严寒，夏无酷暑，无霜期短，昼夜温差大，最宜于柑橘类生长。水干果园区坐落在龙庆高速公路庆元出口旁，交通便利，总面积达367公顷，其中甜橘柚260余公顷，锥栗30余公顷。

【庆元建成全省首个食用菌种质资源库】 2021年，庆元县建成浙江省首个省级食用菌种质资源库并通过验收。资源库建成野生菌种质资源“一区一馆三库”保育体系，关注调查菌物资源、收集与保藏种质资源、研究与繁育优质食药用菌品种，对食药用菌种质资源保护和利用具有重大意义。“一区”是种质资源保育区，包括野生香菇、黄靛牛肝菌、灰树花的保育区60公顷，剁花法保育区80公顷；智能化动态检测点两个，可实时采集气象因子，监测记录其生境、分布情况、生物量等生态学和生物学指标。“一馆”指菌物标本馆，包括科普馆和科研馆，共收集标本800余份，展示我省菌物资源多样性。“三库”分别为种质资源库、活体组织库和综合信息库，种质资源库目前已收集种质资源1200余份，活体组织库收集活体组织500余份，综合信息库则对种质资源的地理信息、生态信息形成数字化档案。庆元县食用菌全产业链典型县列入全国农业全产业链典型县建设名单，依托食用菌科研中心的食用菌生物科技浙江省工程研究中心被认定为2021年度全市唯一、庆元首个省级工程研究中心。

【庆元香菇小镇入选省级特色小镇】 2021年11月19日，省人民政府公布浙江省特色小镇第五批验收命名特色小镇名单，庆元香菇小镇位列名单，是全市继古堰画乡之后第二个成功命名的省级特色小镇。庆元香菇小镇是助推庆元食用菌产业转型升级、加快实现“两个高水平”的生力军,也是庆元实现跨越式高质量发展的重要抓手,小镇以香菇市场为中心,规划区面积约3.57平方千米,核心区面积约1.0平方千米,聚集企业154家,拥有2家国家级龙头企业、11家省级龙头企业、8家高新技术企业、33家科技型中小企业和5家大师工作室,小镇企业涵盖从种植、研发、加工、品牌到第三产业,拥有完善的食用菌全产业链。(吴慧珍)

缙云县

【概况】 2021年,缙云县辖7个镇、8个乡、3个街道,253个行政村,总面积1503平方千米。年末,全县户籍总人口46.79万人,比上年下降3.6‰。其中,男性人口24.05万人,女性人口22.74万人,分别占总人口的51.4%和48.6%。全年出生人口3184人,出生率为6.8‰;死亡人口3522人,死亡率为7.5‰;全年人口自然减少338人,自然增长率为-0.7‰。

全年实现地区生产总值(GDP)273.93亿元,按可比价格计算,比上年增长9.9%。分产业看:第一产业增加值12.56亿元、第二产业增加值125.67亿元、第三产业增加值135.69亿元,比上年分别增长3.1%、12.5%和8.3%,三次产业结构为4.6:45.9:49.5。人均地区生产总值为67553元(按年平均汇率折算为10471美元),比上年增长9.2%。

实现财政总收入32.21亿元,比上年增长16.7%,其中,一般公共预算收入20.00亿元,增长15.9%。一般公共预算支出66.80亿元,增长1.7%。全年新增城镇就业4865人,失业人员再就业633人,年末城镇登记失业率为1.25%,比上年低0.01个百分点。

全年粮食播种面积8836公顷,比上年增长0.4%。实现粮食总产量49683吨,比上年增长12.6%。新建省级粮食高产高效示范片2个、94公顷。新建高标准农田533.33公顷、累计建成13960公顷,全县灾毁农田修复326.67公顷,实施高标田改造提升项目,建设进度达70%。省级缙云黄茶特色农业科技园区启用中试车间。培育科技示范户823户,新建高品质绿色科技示范基地3个、累计37个。新增市级乡村振兴实训基地4家、累计12家。在两家万头猪场建设数字试点,实现手机实时管理养殖场。农村全域洁净向长效发展。新增省级高标准农村生活垃圾分类示范村2个、累计8个,提升垃圾分类薄弱村64个;实现全县农村生活垃圾分类处理建制村全覆盖,农村生活垃圾回收利用率60%、资源化利用率99%、无害化处理率100%,农村生活垃圾总量“零增长”。全县总收入20万元且经营性收入10万元以上村达241个,占行政村总数的95.3%。东方、壶镇强村公司营收利润超百万。低收入农户人均可支配收入增长17.5%,高于全县农民收入增速4.9个百分点、居26个县第一。入选全省农业农村领域高质量发展推进共同富裕第一批实践试点。全年开展农民培训7153人,培训各类实用人才684人、高素质农民150人。“浙江缙云茭白—麻鸭共生系统”成功跻身第六批中国重要农业文化遗产新增名录,成为本次全省两个入选项目之一,系全市唯一。成为全国第六批率先基本实现主要农作物生产全程机械化示范县(市、区),系全市首个。

2021年,缙云县获评全国率先基本实现主要农作物生产全程机械化示范县
(陈扬宁 提供)

全年实现全部工业增加值102.59亿元,比上年增长15.3%,其中规上工业增加值69.46亿元,比上年增长21.7%。规模以上工业企业销售产值381.14亿元,增长35.5%;其中出口交货值103.39亿元,增长39.4%。高新技术产业、装备制造业、战略性新兴产业增加值分别增长27.9%、24.1%、40.1%。十七大重点传统制造业增加值增长15.7%。27个行业大类中,22个行业增加值比上年增长,增长面达81.5%。规模以上工业企业新产品产值比上年增长45.1%,新产品产值率比上年提升2.7个百分点。全年完成建筑业增加值23.11亿元,占GDP的比重为8.4%。

固定资产投资比上年增长16.4%，其中国有投资比上年增长7.9%、占39.8%，非国有投资比上年增长22.8%、占60.2%。生态环保城市更新和水利设施投资、民间投资分别比上年增长108.8%和27.6%，高新技术产业投资和交通投资分别比上年下降11.1%和48.3%。全年房地产开发投资比上年增长16.0%，拉动投资增长5.0个百分点。

全年实现社会消费品零售总额117.78亿元，比上年增长11.7%。限额以上社会消费品零售总额16.03亿元，比上年增长14.1%。年末已登记商品交易实体市场12个，交易额为8.4亿元，其中亿元级市场2个。完成进出口总额117.29亿元，比上年增长44.4%，其中出口总额115.21亿元，增长49.5%。实际利用外资1476万美元，实际利用内资31.4亿元。

交通运输、仓储和邮政业实现增加值6.99亿元，比上年增长3.5%。实现公路货运量724万吨，货物周转量112086万吨千米；公路客运量81万人，旅客周转量5881万人千米；铁路旅客运输量82.80万人、增长17.5%。全年邮电业务总量4.30亿元，比上年增长15.5%。全年实现旅游总收入41.6亿元，按同口径计算，比上年增长53.9%。

年末金融机构本外币各项存贷款余额分别为445.82亿元和410.90亿元，分别比上年增长10.2%和22.9%。金融机构人民币存款余额439.14亿元，比上年增长10.3%；人民币贷款余额405.81亿元，比上年增长22.2%。不良贷款率下降至0.42%，比上年末减少0.15个百分点。保险业实现保费收入9.09亿元，比上年增长3.6%。

全县共有普通中学15所，在校学生23437人；职业高中2所，在校学生6203人；小学41所，在校学生27328人；特殊教育学校1所，在校学生81人；幼儿园71所，在园幼儿14186人。缙云中学清北录取5人，浙大录取63人，C9+2高校录取84人，985院校录取125人，均创历史新高。仙都中学浙大录取1人，双一流高校录取2人，实现C9高校录取零的突破。壶镇中学省重点建设高校录取人数增长23%，2人被国家“2011计划”院校录取。职高学校单考单招上线人数480人，上线率达到100%。

全年新认定高新技术企业35家，累计112家。新培育科技型中小企业57家，累计192家。全年专利授权数2894件，其中发明100件、实用新型1781件、外观设计1013件。财政一般公共预算支出中科技支出1.64亿元，增长15.4%。全年实现R&D经费6.58亿元，R&D经费投入强度占GDP比重为2.7%，在全市率先超过全国平均水平，县域创新指数居全省第40、26个县第二、全市第一。高新技术企业和科技型中小企业考核指标得分列26个县考核第二，全市第一。获批省企业研究院3家、省高新技术研发中心8家，均列26个县第一。2021年，缙云县获2020年度市县党政领导科技进步目标责任制考核优秀县，是全市唯一一个在“十三五”期间开展的3次市县党政领导科技进步目标责任制考核中均获优秀的县(市、区)。

年末，全县有县级艺术表演团体1个，文化馆1个，乡镇文化站18个，公共图书馆1个，博物馆1个，剧场、影剧院3个，文化馆分馆2个、图书分馆13个。举办献礼建党100周年乡乡一台戏全县文艺会演等大中型文化活动17场，开展送戏下乡演出活动170场次、文化走亲活动27场次，举办各类展览展示活动78场次。图书馆全年接待读者69.44万人次，移动图书馆访问139.05万人次，送书下乡3.42万册次。广播人口覆盖率为100%，电视节目综合人口覆盖率为98%。

年末全县卫生机构301家，其中医院11家，乡镇卫生院15家、社区卫生服务中心3家，村卫生室172家，诊所(医务室)93家。实有卫生机构床位数2229张，卫生技术人员数3015人，其中医师1166人、注册护士1254人、其他医技人员595人。

常住居民人均可支配收入39927元，比上年增长11.9%。其中，城镇常住居民人均可支配收入52264元，增长9.4%，农村常住居民人均可支配收入26422元，增长12.6%。城乡居民人均可支配收入比值为1.98，比上年缩小0.06。全县居民人均生活消费支出30446元，比上年增长17.6%。城镇常住居民和农村常住居民人均生活消费支出为38121元和22045元，分别增长15.2%和18.5%。

全年全县用电总量25.13亿千瓦时，比上年增长14.1%。全年规模以上工业企业能源消费比上年上升13.0%，单位工业增加值能耗下降7.15%。全年新增百万亩国土绿化造林356.33公顷，美丽林相建设4500公顷，中央财政森林抚育面积700公顷；完成千万亩森林质量精准提升任务8366.67公顷。义务植树达78.84万株，参与20.34万人次。森林覆盖率79.41%。

全年平均气温为18.7℃，比上年高1.1℃。降水量2016.5毫米，比上年增加了21.2毫米。日照总量为1575.9小时，比上年增加了6.9小时。水资源总量20.53亿立方米，比上年增长了46.3%。总用水量9716万立方米，比上年增长1.4%，其中，生活用水2188万立方米、农业用水6106万立方米、工业用水1204万立方米，分别比上年增长11.9%、下降1.0%、下降9.0%。

【肖特医药系统亚洲总部落户缙云】 2021年12月7日，肖特医药系统亚洲总部成立仪式在丽缙高新区举行，标志着肖特医药系统亚洲总部正式落户缙云。肖特集团是一家专业从事特种玻璃研发与制造的跨国高科技集团公司，总部位于德国，自2011年与缙云县结缘以来，先后在缙云县投资建设肖特医药系统浙江工厂一期、二期项目以及肖特玻管中国缙云工厂一期、二期项目，总投资达18.2亿元。该总部落户缙云是肖特集团在中国投资战略的又一里程碑，为缙云打造全球最大的疫苗瓶及材料制造中心迈出重要一步。

【浙江缙云抽水蓄能电站进场道路建成通车】 2021年6月29日，浙江缙云抽水蓄能电站进场道路举行通车仪式。本次通车项目是浙江缙云抽水蓄能电站的先行工程，分为42省道缙云县城段改建工程和缙云县金谷至方溪道路以及上、下库连接公路三个项目，线路全长约25千米，总投资9.86亿元。进场道路的通车及连接线的贯通，是百亿级投资项目抽水蓄能电站的一个重要里程碑，更是全县经济社会发展的一件大事，将为调节全县能源结构、服务省市电力网乃至碳达峰碳中和大局作出缙云贡献。

12月13日至14日，浙江省发展和改革委员会(浙江省能源局)组织开展浙江缙云抽水蓄能电站工程截流验收工作，经过专家组现场踏勘、查阅档案资料并听取工作报告，验收委员会形成一致意见，同意通过工程截流验收。

【潜明水库建成蓄水获“钱江杯”】 2021年9月26日，潜明水库一期工程正式下闸蓄水，工程质量零隐患、安全零事故，并于10月获浙江省建设工程质量最高奖“钱江杯”(优质工程)，是丽水水利史上首次获该奖项，为全市水利工程质量、安全、进度管理创下“标杆”工程。该项目在建设过程中，实现水库大坝提前封顶、移民安置房地基提前到户的“两个提前”，并探索总结出安置分配的“缙云模式”、文物搬迁的“缙云方案”、汛期围堰的“缙云经验”、导截流验收的“缙云探索”，为全省大中型水库建设总结注入丽水元素。潜明水库一期工程投入使用，不仅完善缙云县水利基础设施、减轻好溪沿线乡镇防洪压力、保障全县人民饮用水安全，还改善县域投资环境，对区域土地开发和产业升级具有重要意义。

2021年6月29日，缙云抽水蓄能电站进场道路通车暨上下库连接公路全线贯通仪式举行　　(陈扬宁　提供)

【金台铁路缙云段建成通车】 2021年6月25日，金台铁路缙云段举行通车仪式，正式运营。金台铁路是浙江省第一条以省为主建设的铁路，项目从金温铁路扩能改造工程永康南站引出，自西向东经武义、永康、缙云、磐安、仙居、临海、椒江、黄岩、路桥共9个区县，客货线分别接入甬台温铁路台州站与台州南站。全线长224.5千米，总投资161.45亿元，建设等级为国铁1级电气化铁路，设计时速160千米/小时。其中缙云段全线长12.03千米，总投资9.12亿元，在壶镇镇北山村建设壶镇站及机修站，站场具备客货两运功能，壶镇站主体建筑面积4000平方米，最大客容量1000人。

金台铁路缙云段红线用地面积29.45公顷，涉及房屋拆迁面积1.97万平方米。项目于2016年6月30日开工，至2021年6月25日通车，建设总工期历时5年。项目建成通车后，凸显缙云地理区位优势，扩大发展空间，对融入浙中城市群和长三角经济圈，加快社会经济发展，提升人民群众福祉具有现实意义。

【缙云入选“十四五”革命老区重点县城发展名单】 2021年11月22日，国家发展改革委等部门下发《关于印发〈“十四五”支持革命老区巩固拓展脱贫攻坚成果衔接推进乡村振兴实施方案〉的通知》，把浙江缙云县列入“十四五”革命老区重点县城发展名单(全省唯一)，明确支持浙江缙云县等10个全国县城建设示范地区建设。缙云县是革命老区，至缙云解放全县拥有党支部(小组)188个、党员

3300余人，占当时丽水党员总数的四分之一。近年来，缙云原革命老区村因行政村规模调整、下山脱贫等原因，变化较大，全县120个行政村被认定为革命老区村，占行政村总数47.43%；涉及五云街道等16个乡镇（街道），占全县乡镇（街道）总数88.89%。

【缙云县“幸福清单”在全省推广应用】 2021年，缙云县推进1.0版“小康码”向2.0版“幸福清单”迭代升级，打造管理端、服务端、治理端“多端协同”的多跨场景应用，并上升为浙江省系统，在全省推广应用，入选全国2021数字农业农村新技术新产品新模式优秀案例、全省数字政府系统2021年度最佳应用。该应用构建帮促“一张图”，归集农业农村、民政等20个部门、四大类60项帮促政策、220余万条相关数据，实现农户数量、分布、年龄等信息可视化，实现人群精准识别，信息融合“一个系统”；系统智能抓取农户享受的补助资金明细，自动生成一户一单的“幸福清单”，全年累计落实教育、医疗等到户帮促资金0.95亿元，实现政策综合集成，补助明细“一张清单”；完善建立“红黄绿”三色管理制，累计解除预警2112次，风险事件化解率达100%，实现情况动态监测，智慧管理“一键预警”；增量开发“我有需求”“我要贷款”等子场景，全年累计扶持“菜单式”产业发展项目4293个、473万元，惠及低收入农户2485户，小额信贷在线授信1257户、授信金额达2882万元，实现帮扶直达到位，解困增收“一码通办”。

【“缙情帮”入选全省“数字社会十佳应用”】 2021年7月，医保防贫“缙情帮”应用在浙里办、浙政钉双端上线，是一款用于防范化解因病致贫、返贫难题的应用，获评“省数字社会十佳应用”，入选省医保系统“一地创新、全省共享”应用项目试点和推动共同富裕示范点。该应用以“数据赋能”实现医保与民政、卫健、残联、红十字会、乡镇街道、各医疗机构及社会慈善机构等43个单位的多跨协同和场景集成，通过医保防贫精准识别系统和“部门救助+商保+慈善医疗救助”一站式救助系统，实现排查化解数据化，对因病困难人员进行精准识别、精准化解。该应用全年累计排查出4464名高额自付医疗费人员，募集社会资金368万元，对1.5万名困难人员主动标识，困难人员医保目录内用药达到95%以上，年度个人自付医疗费用降低1400万元，降幅达12%。相关做法被《中国经济时报》《浙江日报》等媒体报道。（陈扬宁）

遂昌县

【概况】 2021年，遂昌县区域总面积2539平方千米，辖2个街道7个镇11个乡、201个行政村、9个城市社区。2021年末户籍人口总户数8.48万户，户籍人口22.77万人，常住人口19.51万人，人口自然增长率为-2.04‰。少数民族33个，少数民族人口1.71万人，其中畲族1.54万人，占遂昌县总人口6.76%。

2021年，实现地区生产总值153亿元，比上年增长12%。其中，第一产业增加值13.3亿元，增长4.4%；第二产业增加值58.8亿元，增长14.6%；第三产业增加值80.9亿元，增长11.6%。三次产业结构为8.7:38.4:52.9。人均生产总值78663元，按年均汇率折算为1.22万美元，增长11.8%。

财政总收入21.84亿元，增长17.5%，其中，一般公共预算收入13.04亿元，增长14.1%。社会消费品零售总额76.64亿元，增长21.4%；城乡常住居民人均可支配收入分别达到55720元、25091元，分别增长10.5%和12.7%。

农林牧渔业增加值13.4亿元，增长4.5%。基本建成农创研育所、数字茶业创业园一期、浙南箬叶市场和花园数字乡村公共服务中心。提升茶叶标准化社会化服务水平，茶产业产量、产值分别增长17.1%、25.2%。坚守粮食安全底线，建成高标准农田920公顷。创成省级渔业健康养殖示范县，入选全市唯一省“肥药两制”改革试点项目县、良种繁育基地县。打造3个未来乡村试点，蕉川村“数字乡村”登上央视《新闻联播》。创成全市首批生态产品价值实现示范乡镇2个、“红绿融合”乡村振兴示范带1条、新时代美丽乡村51个、花园乡村23个。综合整治农村环境，管控村庄风貌，入选全省首批县域风貌样板区试点名单1个，创成省级高标准垃圾分类示范村3个。获评中国最美乡村百佳县、省数字乡村建设试点县和新时代美丽乡村建设优胜县。

工业增加值47.94亿元，增长15%，其中：规上工业增加值增长19.3%。修订完善“生态工业三十条”，推动制造业高质量发展。工业投资增长61.1%，出让工业用地40.53公顷，新增规上企业29家、亿元企业8家；落实减税降费举措，累计为企业减负6.6亿元；宇恒电池入选全市唯一国家级重点支持专精特新“小巨人”企业，凯恩特材入选省创新型领军企业培育名单；完成制造业企业智能化改造11家，整治“低散乱”企业32家，淘汰落后产能企业5家。创成省级经济开发区，完成东城核心区城市设计，启动智慧园区建设，实现东城新区5G信号全覆盖。完成小金线、连直线一期和二期、龙板山等道路景观提升工程。全市首家县级人力资源服务产业园、渡客公寓一期投入使用,航天科工3D增材制造浙南中心、金属制品检测中心、衢宁铁路遂昌货场投入运营,建成全省首个金属制品行业工业互联网平台。在全市率先成立生态工业“双招双引”服务中心,全年招引项目32个,落地项目22个。元立高速棒材、壹佰科新能源电动自行车等10个重大产业项目开工。建筑施工总承包一级资质企业实现从0到6的飞跃,新设博士后工作站2家,引进各类人才4590人。大桥科创小微园入选省第七批小微企业园名单,山海协作产业园企业孵化中心获评全市唯一省四星级生产制造类小微园。建成仙侠湖会展中心、湖山污水处理厂、环湖绿道、三归生态湿地等项目,推进西山驿、湖山汇、牌坊门市政设施等项目。网易联合创新中心和阿里云创新中心入驻企业47家。新增各类市场主体1015家,其中数字类企业296家。高新技术投资增长52.4%,高新技术产业增加值增长28%;新增国家高新技术企业12家、省级科技型中小企业21家、省级高企研发中心4家。举办天池大赛、诸神之战等高端赛事。实施省市科技特派员项目22个、县校合作项目25个,新增“绿谷精英”项目11个,与武汉大学合作建成金属制品研发中心。

服务业增加值80.9亿元,增长11.6%,服务业占GDP比重52.9%。升级文旅体产业政策,旅游总人数、总收入分别增长58%、61%。举办仙侠湖首届半程马拉松、2021中国户外山地越野公开赛等赛事,引进仙侠湖水上运动中心、开元芳草地酒店、诗莉莉高端民宿等项目,推进王村口AAAAA级景区镇提升、温泉养生岛、地心温泉等项目。九龙山入选省名山公园,新增AAAA级景区镇3个、AAA级景区村3个、金宿级民宿1家,创成长三角红色旅游精品线路1条。

固定资产投资增长43.1%,其中:民间投资增长27.2%。大桥至洋浩公路、新客运中心投入使用,528国道、遂江公路等项目加速推进,入选省“共同富裕”集中开工项目6个。衢丽铁路、义龙庆高速、抽水蓄能等项目前期取得突破。争取到上级各类补助和债券资金37.87亿元,新增建设用地计划指标82公顷,完成建设用地复垦24.6公顷,盘活存量建设用地32.85公顷。入选国家整县推进屋顶分布式光伏开发试点县。

城市建设投入资金37.2亿元,增长64%。推进源口社区中心、殡仪馆和公墓迁建、公共安全保障中心等项目,完成后江立体停车场、三溪口滨江公园等项目,未来公园建成开放。吴突头、老茶厂区块城市更新完成签约,推进叶坦、南门、青云等6个区块老旧小区改造,完成北门至月亮湾道路拓宽、县城亲水游步道改造、二都街大桥等项目,新建城市联网道路9.6千米、停车位1130个,新增天然气管道16千米、用户1435户。实施溪边路和新车站区块微改造、鼓山公园景观提升、完成环城北路环境提升、未来都市区亮化等工程;整治城区道路交通秩序,元立大道、君子路等主干道实现机非分离,启用智慧停车系统。

空气环境质量指数(AQI)优良率为99.7%,空气质量综合指数在全省第六,$PM_{2.5}$均值下降至19微克/立方米,生态环境状况指数、生态环境质量公众满意度领跑全省。国考交界断面Ⅰ—Ⅲ类水比例、跨行政区域河流交界断面出境水质达标率、县级集中饮用水源地水质达标率均达100%,交接断面水质连续9年考核优秀。完成毛田、洋浩、龙板山3个工业集聚区和青云小区等10个生活小区“污水零直排区”建设,污水处理厂提标改造、垃圾焚烧发电一体化项目投入使用,工业固体废物利用处置率达100%;在全市率先推行城乡“两定四分”生活垃圾分类模式,实现城镇垃圾分类全覆盖,“桶长制”做法在全市推广。

全县有学校62所,其中幼儿园32所、小学21所、初中4所、普高2所、职高1所、九年一贯制学校1所、特殊教育学校1所,学生总数26268人。高考总录取率、普通高考录取率、单考单招录取率均超过全省、全市平均水平;义务教育段质量监测成绩居全市前列,其中初中段七八年级总分平均分、优秀率、关注率六项指标全部位居全市第一。教育项目建设完成投资2亿元,完成率117%,完成遂昌三中和实验小学迁建,平昌华府幼儿园和吴乐幼儿园投入使用。

全县医疗机构有158家,其中,二级甲等综合性医院1家,二级甲等中医医院1家,直属医疗卫生单位5个,精神专科医院1家,乡镇(社区)卫生院(卫生服务中心)21家,卫生服务站15个,诊所、医务室、卫生室111家,民营医疗机构3家。共有卫生专业技术人员1342人,每千人医生数4.35人,每千人护士数3.08人。医疗机构实际开放床位数985张,千人床位数5.12张。完成妙高社区卫生服务中心新建和黄沙腰卫生院迁建项目,推进4项健康浙江省级示范试点专项行动和公共政策健康影响因素评价省级试点工作。实施“山海”提升工程,挂牌成立浙西南精准医学基因研究中心，中医院与浙大邵逸夫医院开展合作共建，县域和基层就诊率实现“双提升”。

全县共有银行业机构12家、保险机构17家、证券机构2家，年末金融机构本外币各项存贷款分别为301.89亿元和238.98亿元，分别比上年增长23.60%和28.61%，不良贷款率下降至0.3%，全年保险业实现保费收入4.26亿元，比上年增长8.57%。

连续两次入选省数字政府系统领跑榜，“项目协同管理”入选全省市县特色应用，“和合乡村”“美丽河湖面治理一件事”入选全省数字法治系统重大应用清单，干部实绩数字化考评应用入选中国数字政府特色评选五十强创新案例。攻坚“大搬快聚富民安居”工程，搬迁903户3200人。巩固脱贫攻坚成果，低收入农户人均可支配收入增长15.8%；壮大村集体经济，201个行政村全部完成“20+10”收入目标。完成16个单村饮用水工程提升改造，新建乡镇级居家养老服务中心4家、儿童之家6家；发放各类残疾人补贴2093万元，各类社会救助资金5363万元。

【遂昌入选全省首批数字经济创新发展试验区】 2021年，遂昌县推进“天工之城·数字绿谷”建设，Holovis、晶盛机电等多家头部型企业落户遂昌，网易联合创新中心、阿里云创新中心投入运营，举办全国数字生态创新大赛总决赛等重要活动，为山区数字化生态化融合发展进行探索。入选省首批数字经济创新发展试验区，成为金丽衢地区和山区26个县中唯一“黑马”，打破区域科技创新体系的“县域魔咒”，迸发创新创造活力，新增各类市场主体1015家，其中数字类企业296家。

【528国道遂昌段、遂江公路项目全线开工】 2021年，遂昌县用2个月完成征迁、2个月完成土地审批、2个月出工程形象，项目推进速度最快、成本最低、问题最少，实现528国道遂昌段及遂江公路项目全线开工，创造重大交通项目建设新的“遂昌速度”。其中，528国道遂昌段概算总投资37.324亿元，建设期3年，遂江公路概算总投资15.51亿元，建设期4年。全年固定资产投资增长43.1%，衢丽铁路（衢松段）、义龙庆高速等重大前期项目取得突破性进展，Holovis数字文创中心等6个项目入选省“共同富裕”集中开工项目，连续两个季度获2021年全省投资“赛马”激励奖。

2021年，遂昌县遂江公路项目全线开工　（张伟俊　提供）

【“班春劝农”仪式首次升格】 2021年4月，丽水市委研究决定，将“班春劝农”仪式改为以市委、市政府名义举办，这是延续400多年的“班春劝农”仪式的首次升格。“班春劝农”是遂昌的传统迎春文化形式。明代著名文学家汤显祖于万历二十一年（1593）任遂昌知县，以勤政爱民、兴教化、励农桑著称。立春前一日，遵制率僚属迎春于青郊，祭春神、鞭土牛、向士民赠“春鞭”，以鞭春礼仪，向邑人颁布“春耕令”。2004年，时任浙江省委书记习近平到遂昌县调研，要求遂昌“注意挖掘和弘扬汤显祖文化”。遂昌迅速行动，制定汤显祖文化发展规划，挖掘汤显祖“班春劝农”等传统文化，2009年，遂昌恢复“班春劝农”典礼仪式，重现明代农耕盛典，由此开启遂昌农耕文化长河的源头活水。2011年6月，“班春劝农”被列入第三批国家级非物质文化遗产保护项目名录。2016年11月30日，“二十四节气”被正式列入联合国教科文组织人类非物质文化遗产代表作名录，遂昌“班春劝农”作为立春节气民俗活动代表被列入其中。

【遂昌创成全省首批大花园示范县】 2021年12月，省发改委等部门公布全省第一批大花园示范县名单。创建工作开展以来，遂昌县围绕省、市战略部署，以高标准建成大花园示范县为目标要求，以探索实践生态产品价值实现为主抓手，聚焦系统闭环管理，在打开格局、完善体系、优化平台、筑牢基底等方面发力，推进县域大花园建设提质增效。推动美丽生态串珠成链，整治县域环境顽疾，创成美丽乡村、美丽田园、美丽河湖、美丽城市等一批示范样板,推动生态迭代更新的同时,提高百姓的生活质量。遂昌"休闲度假示范基地"国字号金名片也被进一步擦亮。

【浙江遂昌经济开发区获批】 2021年12月,省政府办公厅批复设立浙江遂昌经济开发区。该开发区以打造制造与服务融合发展的现代生态工业体系为目标,以智能装备、新材料为主导,紧盯新技术、新产业和新业态,招引以生命健康、新材料、智能装备制造等领域的创新型企业。规划面积13.50平方千米,分两个区块:城东区块规划面积13.03平方千米,四至范围为东至龙板山工业园区环一路、南至溧宁高速公路、西至妙高街道牡丹亭路、北至617县道;城西区块规划面积0.47平方千米,四至范围为东至成屏溪、南至妙高中心敬老院北侧、西至规划环城西路、北至源古路。

【项目协同管理应用入选全省市县特色应用】 为破解长期以来项目建设存在的多头管理、协同不畅、推诿扯皮等难题,遂昌县创新推出项目协同管理(PCM)应用,实现了政府、企业、社会和个体"四侧协同",推动项目流程再造、多跨协同、以数字赋能推动项目建设提速增效。自该应用2020年4月上线以来,项目提速增效明显,2021年,遂昌县实现地区生产总值增长12%,位列全省山区26个县第一;固定资产投资增长43.1%,连续10个月全市排名第一,从全市"跟跑"变山区26个县"领跑"。该应用获省长郑栅洁、常务副省长陈金彪批示肯定,入选省数字政府系统市县特色应用省发改委投资最佳实践、丽水市第一批最佳应用、地市优秀应用案例汇编,入围浙江省数字化改革成果展。 (张伟俊)

松阳县

【概况】 2021年,松阳县县域面积1401平方千米,位于丽水市西区。户籍人口23.9万人,常住人口20.5万人,下辖3个街道、5个镇、11个乡,203个行政村。全年地区生产总值129.08亿元,增长5.4%;一般公共预算收入8.93亿元,增长9%;社会消费品零售总额62.84亿元,增长10.6%;城镇居民人均可支配收入47041元,增长10.7%;农村居民人均可支配收入23405元,增长12.5%,完成固定资产投资57.44亿元,增长12.1%。

茶叶、香榧、油茶三大农业主导产业种植面积分别达10213.33公顷、5833.33公顷、7240公顷。推进"中国有机茶乡"建设,建成有机茶基地71.27公顷,新增有机茶认证转换基地156.87公顷。举办第十四届中国茶商大会·松阳香茶茶叶节,获评茶旅融合发展示范县,成为全省特色产业农业"机器换人"高质量发展先行县,浙南茶叶市场成为国家农业产业化龙头企业。新研发"崇觉罗汉茶",举办"云林茶会·松阳茶韵"专场活动。松古盆地省级现代农业园区通过验收。抓好粮食生猪稳产保供,新建高标准农田926.67公顷,粮食产量3.6万吨,茶香牧业生猪标准化养殖场建成投产。

浙江松阳经济开发区获批设立。引进工业项目50个,其中制造业大项目18个,工业投资、制造业投资、技改投资分别增长88.9%、134.1%、69.1%,均居全市第一。规上企业税收5.4亿元,增长44%。启动工业产业数字化改造,发布松阳不锈钢管工业互联网平台应用场景,新上规企业12家,盘活低效工业用地17公顷。出台扶持建筑业发展新政,新增建筑工程施工总承包一级企业1家。

新增省级景区镇3个、景区村56个,存量活化利用的松阳实践成为全省首批"文旅助力共富"最佳实践案例,革命老区安岱后被评为第五批省级红色旅游教育基地,入选全国建党百年红色旅游百条精品线路。举办首届中国乡宿产业发展大会,四都乡获评全省首批民宿(农家乐)助力乡村振兴改革试点。绿茶商贸中心成为首批省级现代服务业创新发展区,"松阳香茶"类目进入主流电商平台,成为抖音平台农村网红和农产品直播带货活跃度最高县域。

新增省级数字化改革试点15项,梳理场景应用35个。入选全省共同富裕示范区建设缩小城乡差距首批试点单位,松阳"幸福小港"入围全国农村综合性改革试点。与湖州南浔区、安吉县、绍兴新昌县新建立结对关系,高端智能汽车物流箱项目落户余姚中意宁波生态园"产业飞地"。启动国企二轮改革,新组建乡村振兴服务集团。国投集团获主体信用AA评级,5.8亿公司债正式获批。加强市场主体及品牌建设,新增小微企业613家、注册商标980件。

江南社区入围省未来社区创建名单,古市古城入选全省耀眼明珠培育对象和首批千年古城复兴试点名单,老城印象、水墨小港成为全省首批城乡风貌样板区试点。编制国家传统村落公园五年建设方案,成为全省首批传统村落数字化服务平台建设试点。新增省级未来乡村试点1个、"古韵古村"乡村振兴示范带1条、市级花园乡村精品村6个。提升改造不锈钢废水处理中心3家,完成工业园区"污水零直排区"建设。工业污泥处置项目建成投用,处置危废5万余吨。创成省级高标准生活垃圾分类示范小区2个。成为全省山区水利现代化先行县试点及首批省级幸福河湖试点，松阴溪获评全省唯一人文水脉类大花园耀眼明珠。$PM_{2.5}$浓度20微克/立方米，空气质量优良率99.7%。

低收入农户人均可支配收入增长15.2%。村集体经济平均收入83.3万元，其中经营性收入37.5万元。2家省级康养联合体和县残疾人康复托养中心建成运营，全国首个无障碍家居领域省级地方标准获批发布，乡村共享无障碍设施建设项目成为省级标准化试点。全县一体化供水受益率达79.6%，居全市首位。

举办科技创新大会暨第二届"才聚松阳"人才科技周活动。新增国家高新技术企业6家、省科技型中小企业29家。全社会R&D经费支出占GDP比重为1.36%，规上企业研发活动覆盖率85%，高新技术产业投资2.4亿元。百度交通生态办公中心、省交职院公路应用技术分中心、农科院茶叶研究所长三角创新中心等创新平台落户松阳。教育"双减"政策落地见效，中考优秀率居全市第三，高考新一段线录取超500人。育英小学开工建设，汇文中小学完成搬迁，"空调进寝室"在全市率先实现全覆盖。实现疫情防控常态化，累计接种新冠疫苗41.37万剂次。深化省县合作办医，成立教授(团队)工作室6个。推进县域医供体改革，建成全市首个公立医院医养中心，推进中医院迁建、人民医院改扩建，获评健康浙江建设先进县，入围省级中医药综合改革先行示范县创建名单。"浙丽保"补充医疗保险参保率达95.6%。文里•三庙文化交流中心获联合国教科文组织亚太遗产奖，县文化馆被评为国家一级文化馆，松阳高腔电视戏曲短剧《红色浙西南》公映，完成重点文化基因解码20个。举办全国业余围棋公开赛、全国气排球邀请赛等品牌赛事。

推进县乡矛盾纠纷调解中心建设，电诈案件发案数、案损值实现"双下降"。推进基层应急管理体制改革，全年未发生较大及以上安全生产事故。省级规模民兵训练基地建成使用，被省政府、省军区评为征兵先进单位。退役军人服务保障体系基本建成，14个乡镇(街道)创成全国示范型退役军人服务站。

开展政府系统党史学习教育。接受人大监督、政协民主监督，办理113件人大代表建议、121件政协委员提案。推进数字政府建设，基本建成"掌上办公之县""掌上办事之县"。推行"四张清单"制度，加强作风建设，"三公"经费持续下降。

【松阳入选全省高质量发展建设共同富裕示范区缩小城乡差距领域首批试点】 2021年7月23日，浙江省高质量发展建设共同富裕示范区领导小组办公室印发《关于发布高质量发展建设共同富裕示范区首批试点名单的通知》，松阳县入选缩小城乡差距领域共同富裕示范区首批试点名单，系全市9个县(市、区)唯一。

【浙江松阳经济开发区获批设立】 2021年5月13日，浙江省人民政府办公厅正式印发浙江省开发区(园区)名单(2021年版)，全省共134个，丽水市11个。其中，松阳经济开发区(筹)(浙江松阳工业园区)成功入选，标志着松阳县工业园区成功创成省级开发区。

松阳县工业园区全景图　　(徐尉斌　提供)

【松阳获评茶旅融合特色县域、茶业百强县】 2021年10月27日，由中国茶叶流通协会、广西壮族自治区农业农村厅、广西壮族自治区供销合作联社、柳州市人民政府主办的第十七届中国茶业经济年会在广西壮族自治区三江侗族自治县举行，会上，由中国茶叶流通协会授予松阳县"2021年度茶旅融合特色县域""2021年度茶业百强县"两个"国字号"称号，其中"2021年度茶旅融合特色县域"是全省唯一。

【古市古城入选全省首批千年古城复兴试点】 2021年2月22日，浙江省发展和改革委员会公布第一批千年古城复兴试点建设名单，全省共11个试点，松阳县古市镇榜上有名。松阳县古市镇是全国重点镇、省级中心镇、省级历史文化名镇、国家级茶叶特色农业产业强镇,先后获“省级文明城镇”“省级教育强镇”“省级文化强镇”“省级卫生乡镇”等荣誉称号。至年底,古市镇有县级文保单位2处、文保点5处、历史文化建筑54处;非物质文化遗产19个项目,其中省级3个项目。历史文化街区保存完整,历史遗迹众多。 (徐尉斌)

景宁畲族自治县

【概况】 2021年,景宁畲族自治县辖2个街道、4个镇、15个乡、136个行政村,面积1950平方千米。年末常住人口11.11万,户籍人口16.83万,其中畲族人口1.85万,占11%。地区生产总值80.67亿元,增长5.5%,三次产业结构调整为8.6:22.6:68.8。一般公共预算收入13.69亿元,增长52.8%;全社会固定资产投资下降5.9%;实现全社会消费品零售总额38.32亿元,增长0.2%;城乡常住居民人均可支配收入分别为45574元和24069元,分别增长9.2%和11.3%,城乡收入比缩至1.89:1。

完成“景宁600”产业富民工程三年行动计划,新建提升生态示范基地666.67公顷,获批全县首个省级现代农业园区,以惠明茶为主导的精品农产品体系基本成形,品牌销售额7.12亿元。全县新发展惠明茶基地100公顷,茶园总面积4873.3公顷。推进“非粮化”“非农化”整治,全年完成粮食播种面积6406.30公顷,粮食总产量3.65万吨,粮食总产值11213万元,建成省级粮食绿色高产高效千亩示范片3个、百亩示范方1个,建成高标准农田536.66公顷。全县生猪存栏2.13万头,年出栏3.43万头,生猪实现自供有余,守牢粮食生猪安全底线。深化“肥药双控”,新增“三品一标”认证面积79.93公顷,农产品质量安全省级以上抽检连续9年合格率100%。

电工电器(气)、幼教木玩两大主导工业产业链基本成型。新增规上企业7家,累计规上企业37家,新增国家高新技术企业4家。丽景民族工业园新开工项目9个,完成竣工验收项目9个,完成投产项目8个,园区产值从2016年的2.2亿元增至12.1亿元,税收从2016年的1909万元增至11.4亿元。景宁民族创业园招引实体企业16家,投产13家,上规2家,在建7家,累计工业产值2.5亿元,同比增长95%;安置下山移民4300余人,实现就业岗位1000余个,形成全县最大的产业工人集中就业区。幼教木玩产业链被浙江省商务厅评为产业链“链长制”试点示范单位。

全年完成涉旅投资25.6亿元,新增A级景区镇5个、A级景区村庄12个(其中AAA级景区村4个)。畲寨田园精品线路入选“2021年浙江省休闲农业和乡村旅游精品线路”,景宁畲乡之窗入选“2021诗画浙江十大旅游精品线路”。那云温泉度假村•悬崖上的天空之城主体完工。“如隐•小佐居”获评全国首批甲级旅游民宿,全省仅2家。

创成全国学前教育普及普惠县,入选全省幼小科学衔接实验区,22所学校获评丽水市智慧校园。浙江建设技师学院景宁民族分院揭牌招生,摇篮幼儿园投入使用,红星小学教育数据中心启动建设。完成民族中学、民族小学等5所学校食堂“微改造”并投入使用,实现师生同菜同质同价。景宁中学高考一段上线470人,上线率90%,职业高中高考上线率99.5%。养老保险、基本医疗保险、“浙丽保”参保率分别达99.36%、99.72%、96.6%。推进扫黑除恶专项斗争常态化,县公安局获评全省扫黑除恶专项斗争先进集体。

实施“低收入农户创业联盟”“一户一策一干部”系列助农举措,帮扶群众增收。通过发展订单式农业带动975户农户实现增收3000元以上,深化“政银保”“脱贫保”“防贫保”,共发放扶贫小额贴息信贷167笔,贷款总额7068.8万元,提供医疗救助、助学帮扶共计92.5万元受益困难群众155人次。推进“大搬快聚富民安居”工程,完成搬迁973户3077人。全县低收入农户人均可支配收入14811元,增长15.2%。

推进生态环境保护,打好蓝天、碧水、净土、清废攻坚战,8个市控及以上断面、1个县级集中式饮用水源地水质达标率均为100%,断面水质全部为Ⅰ、Ⅱ类,其中沙湾上、外舍、出境交接断面(岭根断面)水质达到Ⅰ类。县城空气优良率100%,省市排名并列第一,$PM_{2.5}$均值19微克/立方米。实施绿化造林885.33公顷、美丽林相建设4120公顷。建成大均乡泉坑村、郑坑乡吴布村两个省级“一村万树”示范村。设立钱江源—百山祖国家公园景宁保护中心。天然林保护修复实施方案列入省级试点。大漈乡创成全市首批零碳乡镇。大均乡创成首批省级“五水共治”实践窗口。

完成红星街道、鹤溪街道2个镇(街)“污水零直排区”建设,以及20个生活小区“污水零直排”改造。农村生活垃圾行政村分类覆盖率96%,实现20吨以上农村生活污水标准化运维、行政村公厕全覆盖。全国水系连通及水美乡村建设试点县项目主体基本完工,完成农村饮用水达标提标工程。获评全省深化“千万工程”建设新时代美丽乡村(农村人居环境提升)优秀县、全省农村生活垃圾分类处理工作考核优秀县、浙江省新时代美丽乡村示范县。澄照乡金坵村、梧桐乡梧桐村创成省级高标准农村生活垃圾分类示范村。完成第7批历史文化村落保护与利用建设项目。代表浙江承办全国农村人居环境整治提升现场会。

渤海镇、秋炉乡入围省级民族团结进步创建示范单位重点培育名单。《畲山黎明》斩获第六届全国少数民族文艺会演剧目"优秀剧目奖""艺术表演奖"两项国家级奖项；获得浙江省第七届少数民族传统体育运动会承办资格。环敕木山"城乡融合•和美畲家"示范带入围省级民族乡村共同富裕示范带，澄照乡入围省级民族乡村振兴试点，东坑镇桃源村入围省级民族乡村共同富裕示范点。畲族彩带编织技艺入选第五批国家级非遗项目；新增6位省级非遗代表性传承人、4项市级非遗代表性项目；英川镇入选"第二批浙江省戏曲之乡"；非遗衍生品畲绣香囊挂饰入选第三批浙江省优秀非遗旅游商品名单。

实施"双招双引"战略性先导工程，全年新引进项目29个，其中大项目15个，完成内资到位资金10.89亿元。打造山海协作工程升级版，争取到山海协作援建资金1670万元，落实援建项目25个，山海协作"飞柜"经济模式入选"浙里小康——庆祝中国共产党成立100周年特展"，经验做法被央视《新闻联播》头条报道。

【景宁畲族自治县获评2021年度全省深化"千万工程"建设新时代美丽乡村(农村人居环境提升)工作优胜县】 2021年12月15日，浙江省"千村示范、万村整治"工作协调小组办公室公布2021年度全省深化"千万工程"建设新时代美丽乡村(农村人居环境提升)工作优胜县(市、区)、2021年度浙江省美丽乡村示范乡镇等名单，其中，景宁县获评2021年度全省深化"千万工程"建设新时代美丽乡村(农村人居环境提升)工作优胜县(市、区)，景南乡、梅岐乡获评浙江省美丽乡村示范乡镇，东景高山避暑风景线获评浙江省美丽乡村风景线，红星街道杨绿湖村、渤海镇渤海村、大均乡新庄村获评浙江省美丽乡村特色精品村，大均乡大均村获评浙江省历史文化(传统)村落保护利用示范村。近年来，该县践行"绿水青山就是金山银山"的发展理念，围绕"诗画畲乡•和美景宁"的县域定位，实施新时代美丽乡村建设，全县农村生态环境、人居环境、发展环境发生翻天覆地的变化。

【景宁县与海盐县签订2021年度山海协作工程战略框架合作协议】 2021年4月24日，景宁县与海盐县签订2021年度山海协作工程战略框架合作协议。根据协议，双方将按照"政府主导、市场运作，优势互补、利益共享"的原则，共建"山海协作高层联席会议制度""'1+X'专题合作机制""重大经贸合作互动机制"三大机制，围绕"开展产业合作、拓展合作领域、开展结对帮扶"三大内容进行深度合作，具体包括组织企业到景宁开展实质性对接洽谈会或项目签约会1次以上、助力景宁共建乡村振兴示范点不少于1个、海盐安排财政援建资金不少于192万元等。

【景宁彩带编制技艺被列入第五批国家级非物质文化遗产代表性项目名录】 2021年5月24日，国务院发文公布第五批国家级非物质文化遗产代表性项目名录，景宁畲族彩带编织技艺(畲族彩带编制技艺)榜上有名。该编制技艺是畲族妇女长期生产、生活实践的精华，既具有裤带、腰带、刀鞘等实用价值，还承载着远古时代畲族先民的祈祷讯号，是一种活着的文物，成为畲族古代历史文化研究的重要见证，具有较高的研究价值。

【景宁县农业农村局获评全国乡村振兴(扶贫)系统先进集体】 2021年6月8日，全国乡村振兴(扶贫)系统先进集体先进个人表彰大会在北京举行，景宁畲族自治县农业农村局(景宁畲族自治县扶贫开发领导小组办公室)获评全国乡村振兴(扶贫)系统先进集体。近年来，该县打造产业发展平台、创新金融扶贫平台、培育技术服务平台、重构生活生产平台，探索建立生态产品价值实现机制和"景宁600"产品体系，创新推出"脱贫保、防贫保"兜底性保险项目，实施"大搬快治""大搬快聚"等富民安居工程，巩固拓展脱贫攻坚成果，推进县域乡村振兴发展。至年底，该县"景宁600"产品累计销售额达21.24亿元。

【全国农村人居环境整治提升现场会在景宁县召开】 2021年9月23日，2021全国农村人居环境整治提升现场会在景宁县召开。近年来，该县牢记习近平总书记"走生态绿色可持续发展道路""跟上时代步伐""志不求易、事不避难"等重要嘱托，在深化实施"千万工程"中改善农村生态、生产、生活"三生"环境，通过建立党政引领多方协同的联动、循序渐进地推进、城乡一体的统筹、以民为本的发展等四大机制，实现农村人居环境从"政府主导"到"全民共建"、"一时美"到"持久美"、"一处美"到"全域美"、"外在美"到"内在美"的四大转变，打造全省"大花园"中的最美风情特色园，努力绘就乡村振兴共同富裕美丽画卷。该县先后荣获国家级生态县、国家重点生态功能区、省级生态文明示范县、省级美丽乡村创建先进县、省级全域旅游示范县、省级乡村振兴优秀县和全省首批AAAA级景区城等称号。

【《畲山黎明》获第六届全国少数民族文艺会演优秀剧目奖】 2021年9月24日，第六届全国少数民族文艺会演圆梦奖颁奖仪式暨闭幕式文艺晚会在北京民族剧院举行，景宁县委托浙江演艺集团(浙江歌舞剧院)创排的大型原创民族歌剧《畲山黎明》获第六届全国少数民族文艺会演“优秀剧目奖”，剧中郑培钦、薛雷、陈盼盼、满添4名主要演员获“艺术表演奖”。该歌剧由国家一级导演杨小青担任艺术总监，国家一级编剧刘鹏春为文学顾问，蒋新光导演，陈晶、麻益兵编剧，著名作曲家吴小平作曲及音乐设计，女高音歌唱家郑培钦领衔主演，青年指挥家陈瑱璇指挥，并以红五星贯穿全剧，从小处着眼，讲述第二次国内革命战争时期，以“畲药婆”钟银钗为代表的普通畲族群众，不顾反动派残酷镇压，英勇救治红军的故事。该歌剧取得的成绩是浙江省迄今为止在全国少数民族文艺汇演中最好的。

【景宁县飞科电器丽景园产业基地项目(一期)投产】 2021年10月9日，由浙江飞科电器有限公司投资的飞科电器丽景园产业基地项目(一期)投产。浙江飞科电器有限公司是景宁县引入的第一家上市工业企业、丽水市是目前最大的制造业企业，产业基地计划总投资15.2亿元，分两期建设，其中，一期投资7.5亿元，用地面积约161万平方米，总建筑面积约20.7万平方米，新建生产车间3栋、配套用房3栋、辅助用房1栋及其他用房。达产后，可达到年产1500万件剃须刀和750万件电吹风的生产能力，预计年销售收入约15亿元，上缴税金约1.5亿元。

2021年10月9日，景宁县飞科电器丽景园产业基地项目(一期)投产

(雷淑君　提供)

【景宁县获评第二批浙江省全域旅游示范县】 2021年10月29日，浙江省人民政府发文公布第二批浙江省全域旅游示范县(市、区)名单，景宁县榜上有名。近年来，该县把全域旅游列为第一战略支柱产业，围绕“诗画畲乡·和美景宁”的县域定位，立足“民族”和“生态”两张金名片，按照“古老风情的奇妙体验”形象定位，推进旅游大项目和品牌建设，通过完善体制机制、配套扶持政策、完善基础设施、深化产业融合等举措，推进全域旅游提质升级，逐步形成“产城融合、人城融合、景城融合、村景融合”的全域化旅游发展格局。全县旅游总收入已从2016年的42.23亿元增加到2020年的67.46亿元，增长1.6倍，年均增幅达12.42%。

【沙湾抽水蓄能电站项目投资建设合作意向协议】 2021年12月1日，景宁县与中国电力建设股份有限公司签订沙湾抽水蓄能电站项目投资建设合作意向协议。根据协议，双方按照国家及浙江省新一轮抽水蓄能中长期规划，共同科学、有序开发建设沙湾抽水蓄能电站项目，把地方抽水蓄能资源优势转化为经济发展优势，助力高质量发展建设共同富裕示范区。该项目计划总投资约75亿元，电站规划装机规模约120万千瓦，为日调节纯抽水蓄能电站，计划于2024年10月前开工建设。建成后主要承担浙江电网调峰、填谷、调频、调相及紧急事故备用等任务，对于支持华东电网调峰需求，提高电网运行安全性、稳定性和经济性，促进节能减排，构建以新能源为主体的新型电力系统有重大意义。　(毛陈宇　郑言东)

人物　名录

新任市领导

【李　锋】 男，汉族，1963年4月生，籍贯浙江江山，出生地浙江江山，1980年10月参加工作，1987年2月加入中国共产党，省委党校经济学专业毕业，研究生学历。历任衢州市委常委、市委副书记、政法委书记，丽水市委副书记、政法委书记等职务。2021年2月，任丽水市人大常委会党组书记。2021年2月，在丽水市第四届人民代表大会第六次会议上当选为丽水市人大常委会主任。

【吴舜泽】 男，汉族，1970年10月生，籍贯湖北潜江，出生地湖北云梦，1992年7月参加工作，2007年12月加入中国共产党，哈尔滨建筑大学市政环境学院环境工程专业毕业，研究生学历，工学博士。历任生态环境部环境与经济政策研究中心主任、党委书记，衢州市委副书记（保留正厅长级）、政法委书记等职务。2021年12月，任丽水市委副书记，市政府代市长、党组书记。

【任淑女】 女，汉族，1965年10月生，籍贯浙江磐安，出生地浙江磐安，1985年8月参加工作，1995年9月加入中国共产党，省委党校马克思主义哲学（社会发展方向）专业毕业，研究生学历。历任丽水市政府副市长、党组成员，丽水市委常委、统战部部长、市社会主义学院院长、宣传部部长等职务。2021年12月，任丽水市政协主席候选人、党组书记。

【郎文荣】 男，汉族，1970年9月生，籍贯浙江杭州，出生地浙江杭州，1988年7月参加工作，1995年5月加入中国共产党，省委党校马克思主义基本原理专业毕业，省委党校研究生学历。历任杭州市纪委副书记，金华市委常委、纪委书记、市监委主任等职务。2021年1月，任丽水市委副书记。2021年2月，任丽水市委政法委书记、市法学会会长。十四届省纪委委员。

【戴平辉】 男，汉族，1978年11月生，籍贯浙江宁波，出生地浙江宁波，2004年7月参加工作，1999年11月加入中国共产党，北京大学国际关系学院国际关系专业毕业，研究生学历，法学硕士。历任省委组织部干部五处处长、干部一处处长、一级调研员等职务。2021年6月，任丽水市委常委、组织部部长、市委直属机关工作委员会书记、市委党校校长。

【傅智超】 男，汉族，籍贯浙江浦江，出生地浙江浦江，1970年2月生，1992年7月参加工作，1991年5月加入中国共产党，北京大学经济法专业毕业，大学学历，法学硕士。历任省农业农村厅党组成员、派驻纪检监察组组长。2021年12月，任丽水市委常委、纪委书记，市监委代主任。

【吕　献】 男，汉族，1970年10月生，籍贯浙江永康，出生地浙江永康，1992年7月参加工作，1991年1月加入中国共产党，浙江大学法学院法律硕士专业毕业，大学学历，法律硕士。历任省人民检察院检察委员会委员、第二检察部主任、三级高级检察官、第一检察部主任等职务。2021年3月，任丽水市人民检察院党组书记、三级高级检察官。2021年4月，任中共丽水市委政法委委员。2021年5月，任丽水市人民检察院代检察长。

【张军斌】 男，汉族，1976年11月生，籍贯浙江浦江，出生地浙江浦江，1999年8月参加工作，1999年5月加入中国共产党，中国人民大学法学院民商法学专业毕业，研究生学历，法学硕士。历任省高级人民法院立案第一庭庭长、审判员、信访办公室主任（兼）、三级高级法官，宁波市镇海区人民法院院长、党组书记、三级高级法官等职务。2021年6月，任丽水市中级人民法院党组书记、院长候选人、三级高级法官。2021 年 7 月，任丽水市中级人民法院代院长。2021 年 11 月，任丽水市委政法委委员。

【何卫宁】 男，汉族，1965 年 7 月生，籍贯浙江景宁，出生地浙江景宁，1985 年 8 月参加工作，1990 年 1 月加入中国共产党，省委党校在职研究生班政治经济学专业毕业，研究生学历。历任遂昌县委副书记、县长，丽水市教育局局长、党委书记、市红十字会副会长(兼)，丽水市委组织部常务副部长、一级调研员等职务。2021 年 2 月，在中国人民政治协商会议第四届丽水市委员会第五次会议上当选为丽水市政协副主席。三届、四届市委委员，四届市人大常委会委员，二届市政协常委。

【郑利剑】 男，汉族，1966 年 2 月生，籍贯浙江缙云，出生地浙江缙云，1984 年 8 月参加工作，1986 年 12 月加入中国共产党，浙江财经学院经济管理专业毕业，在职大学学历。历任丽水市卫生局局长、党组书记，市委副秘书长、办公室主任，市政协秘书长、党组成员，办公室党组书记，市政协机关党组书记、一级调研员等职务。2021 年 2 月，在中国人民政治协商会议第四届丽水市委员会第五次会议上当选为丽水市政协副主席。三届市委候补委员、四届市委委员。

【饶鸿来】 男，汉族，1962 年 3 月生，籍贯浙江青田，出生地浙江青田，1984 年 7 月参加工作，1983 年 11 月加入中国共产党，浙江财经学院理财学(经济管理方向)专业毕业，大学学历。历任丽水市政府副秘书长（正处级)，丽水市水利局局长、党组书记，丽水市政府党组成员，市发展和改革委员会主任、党组书记、一级调研员等职务。2021 年 2 月，在中国人民政治协商会议第四届丽水市委员会第五次会议上当选为丽水市政协副主席。四届市委委员。 （商梅宏）

2021年市和县(市、区)机构及负责人名录

【中国共产党丽水市委员会】

书　记：胡海峰

副书记：吴晓东(至 2021 年 12 月)
　　　　吴舜泽(2021 年 12 月始)
　　　　李　锋(至 2021 年 1 月)
　　　　郎文荣(2021 年 1 月始)

常　委：任淑女(女，至 2021 年 12 月)
　　　　方文军(至 2021 年 12 月)
　　　　傅智超(2021 年 12 月始)
　　　　方健忠(至 2021 年 6 月)
　　　　杜兴林　王小荣
　　　　陈　重(至 2021 年 8 月)
　　　　赵存志(至 2021 年 12 月)
　　　　徐光文
　　　　戴平辉(2021 年 6 月始)
　　　　徐海宁(2021 年 12 月始)

副秘书长：刘云华　李世超
　　　　李忠伟(至 2021 年 4 月)
　　　　郑家彪(至 2021 年 11 月)
　　　　陈志斌　叶建利　邱文锋
　　　　蓝伶俐(女，2021 年 11 月始)
　　　　叶伯军(2021 年 11 月始)
　　　　李汉勤(2021 年 11 月始)
　　　　李一波(女，2021 年 11 月始)
　　　　吴松平(2021年11月至12月)
　　　　周和平(2021 年 11 月始)

【丽水市人民代表大会常务委员会】

主　任：虞红鸣(至 2021 年 2 月)
　　　　李　锋(2021 年 2 月始)

副主任：陈建波　朱继坤　戚永远
　　　　沈根花(女)　杜光旻
　　　　邹培书　郑力平

党组书记：虞红鸣(至 2021 年 2 月)
　　　　李　锋(2021 年 2 月始)

党组副书记：陈建波　朱继坤

秘书长：吴小平(至 2021 年 2 月)
　　　　上官国明(2021 年 2 月始)

副秘书长：张金禄　颜小云　吴一平
　　　　蔡培新　郑永清

人大常委会办公室

主　任：张金禄

副主任：任正东

人大常委会机关党组

党组书记：上官国明(2021 年 1 月始)

党组副书记：张金禄

人大常委会研究室

主　任：吴一平

副主任：潘利军

人大常委会代表与选举任免工作委员会

主　任：叶加荣

副主任：张延福

人大常委会法制工作委员会

主　任：张云高

副主任：陈仰勇
　　　　刘文斌(至 2021 年 12 月)

人大常委会监察和司法工作委员会

主　任：胡振文(至 2021 年 2 月)
　　　　夏国海(2021 年 2 月始)

副主任：蓝益平(2021 年 2 月始)

人大常委会财政经济工作委员会

主　任：谢志伟

副主任：陈吉英(女)

人大常委会农业与农村工作委员会

主　任：许　浩

副主任：陈逸龄

人大常委会城乡建设与环境资源工作委员会

主　任：沈明温

副主任：徐晓峰

人大常委会教科文卫工作委员会

主　任：李炀德(至 2021 年 2 月)
　　　　任韩高(2021 年 2 月始)

人大常委会民族宗教华侨外事工作委员会

主　任：姚朝阳

人大常委会社会建设工作委员会

主　任：张少荣

【丽水市人民政府】

市　长：吴晓东（至2021年12月）

市长候选人：吴舜泽（2021年12月始）

副市长：杜兴林　卢彩柳（女）

杨秀清　毛建国　戴邦和

楼志坚

秘书长：沈世山

副秘书长：周劲松　刘海明

叶祖平（至2021年6月）

曹永跃（至2021年12月）

朱仰钢（至2021年3月）

叶建光

周瑞琛（至2021年12月）

胡献如（2021年12月始）

饶钦英（女，2021年12月始）

张民杰（2021年3月始）

霍　光（2021年6月始）

王　凡（女，2021年6月始）

【中国人民政治协商会议丽水市委员会】

主　席：陈瑞商

副主席：韦铁民　金爱武

丁绍雄（至2021年3月）

朱山华（至2021年3月）

邝平正（至2021年3月）

汤家友　丁岳清

高　波（女）　王顺发

郑利剑（2021年2月始）

何卫宁（2021年2月始）

饶鸿来（2021年2月始）

秘书长：郑利剑

副秘书长：王亚民　聂陈杰

蓝宁虹（女）（至2021年2月）

徐兼明（女）（2021年4月始）

周智飞（2021年5月始）

俞豪锋（女）（兼）

邱旭平（兼）

卢汝兰（女，至2021年9月）

张德勇（兼）

肖　荣（兼）（至2021年11月）

毛伟华（兼）（2021年9月始）

政协办公室

主　任：王亚民

副主任：谢小燕（女）

奚慧平（2021年11月始）

政协机关党组

党组书记：郑利剑

党组副书记：王亚民

政协研究室

主　任：聂陈杰

政协提案委员会

主　任：熊佩飞（至2021年11月）

副主任：陈祖军　南林玲（女）

王　奕（女）　吴　敏

俞豪锋（女）　邱旭平

卢汝兰（女，至2021年9月）

张德勇

毛伟华（2021年9月始）

政协委员工作委员会

主　任：林宇清（2021年4月始）

副主任：吴　燕

王提操（2021年2月始）

李邦生　徐丽勇

政协经济委员会

主　任：姚志强

副主任：罗江军

肖　荣（至2021年11月）

蓝先分（女）

政协农业和农村委员会

主　任：姜　波（至2021年1月）

李伟立（2021年1月始）

副主任：孙福仁（至2021年5月）

徐国跃　胡晓红（女）

政协人口资源环境委员会

主　任：吴洵麒

副主任：吴　康

政协教育科技卫生体育委员会

主　任：李伟立（至2021年1月）

蓝宁虹（2021年2月始）

副主任：杨　薇（女）

林　莉（女）

政协社会法制和民族宗教委员会

主　任：蓝跃慧

副主任：雷金松　朱小刚　吴守成

政协港澳台侨和外事委员会

主　任：项云芳（女）

副主任：邢长勇

郭海光（至2021年11月）

单　炜

邹浙清（2021年11月始）

政协文化文史和学习委员会

主　任：朱玉康

副主任：雷华英（女）　洪锦木

蓝财兴

【中国共产党丽水市纪律检查委员会、丽水市监察委员会】

纪律检查委员会

书　记：方文军（至2021年12月）

傅智超（2021年12月始）

常务副书记：柳向阳

副书记：程巧琴（女）

钟海燕（女，2021年11月始）

常　委：郑绍周　黄梯王　尚文勇

刘云刚

周　龙（2021年11月始）

监察委员会

主　任：方文军（至2021年12月）

傅智超（代主任，2021年12月始）

副主任：傅智超（2021年12月始）

柳向阳　程巧琴（女）

钟海燕（2021年12月始）

委　员：黄梯王　尚文勇　陈永军

佘晓君（至2021年12月）

叶龙标（2021年12月始）

派驻纪检组

派驻市委办纪检监察组

组　长：李建荣（至2021年1月）

宋珍花（女，2021年1月始）

副组长：华志和（至2021年11月）

派驻市人大常委会机关纪检监察组

组　长：叶云妹（女）

副组长：陈丽伟
派驻市府办纪检监察组
组　长：雷春梅（女）
副组长：吴筱珺（女）
派驻市政协机关纪检监察组
组　长：朱超模（至 2021 年 11 月）
副组长：孙文喜
派驻市委组织部纪检监察组
组　长：李　萌（女）
副组长：杜军民（至 2021 年 11 月）
管雪伟（2021 年 11 月始）
派驻市委宣传部纪检监察
组　长：朱峻峰
副组长：姚建峰
派驻市委统战部纪检监察组
组　长：楼新英（女，至 2021 年 1 月）
陈银龙（2021 年 1 月始）
副组长：管君友
派驻市法院纪检监察组
组　长：阙建平
派驻市检察院纪检监察组
组　长：章志林
派驻市公安局纪检监察组
组　长：付勇斐（至 2021 年 11 月）
副组长：徐东平
派驻市发改委纪检监察组
组　长：刘君龙
派驻市经信局纪检监察组
组　长：张树芳
派驻市教育局纪检监察组
组　长：严金华（女，至 2021 年 11 月）
派驻市财政局纪检监察组
组　长：季云飞
派驻市自然资源局纪检监察组
组　长：罗高阅
派驻市生态环境局纪检监察组
组　长：陆咸玲（女）
派驻市交通运输局纪检监察组
组　长：季巧峰
派驻市农业农村局纪检监察组
组　长：周　杰
派驻市卫生健康委纪检监察组
组　长：童晓彬
派驻市国资委纪检监察组
组　长：管焕新
派驻丽水生态产业集聚区（丽水经济技术开发区）管委会纪检监察组
组　长：刘道华（至 2021 年 1 月）
李家正（2021 年 1 月始）
市委直属机关纪检监察工委书记：
孙丽芬

【市委工作部门】

办公室
主　任：刘云华
副主任：吴新伟　王振军　王志平

组织部
部　长：方健忠（至 2021 年 6 月）
戴平辉（2021 年 6 月始）
常务副部长：何卫宁
副部长：陈科强　徐丽勇　刘新民
尚勇庆　潘晓泉　吴守成
部务会议成员、两新工委专职副书记：
潘林珠

两新工委
书　记：陈科强
副书记：潘林珠（女）　王　炜
蓝小明（至 2021 年 1 月）
何乐君
刘先林（至 2021 年 11 月）

宣传部
部　长：任淑女（女，至 2021 年 12 月）
常务副部长：任韩高（至 2021 年 1 月）
李志伟（2021 年 1 月始）
副部长：张卫英（女）　王培权
蓝　海

社会主义精神文明办公室
主　任：陈昱龙

统战部
部　长：王小荣
常务副部长：李邦生（至 2021 年 11 月）
副部长：金晓伟（至 2021 年 11 月）
金伟庆　王松龙　王　炜
杨伟业（2021 年 11 月始）

政法委员会
书　记：李　锋（至 2021 年 2 月）
郎文荣（2021 年 2 月始）
副书记：毛建国　陈志斌　罗　明
翁卫芬（女，至 2021 年 11 月）
关勇刚
政治部主任：胡太顺（至 2021 年 9 月）
毛伟林（2021 年 11 月始）

政策研究室
主　任：刘云华
副主任：叶鑫垚　徐来来　徐林周

全面深化改革委员会办公室（丽水市最多跑一次改革办公室）
常务副主任：王国锋（至 2021 年 4 月）
叶祖平（2021 年 5 月始）
副主任：陈茂荣（至 2021 年 11 月）
王　剑　陈晓珍（女）

中共丽水市委网络安全和信息化委员会办公室
主　任：蓝　海
副主任：魏荣坤
吴泽华（2021 年 4 月始）

市委编制机构委员会办公室
主　任：尚勇庆
副主任：李建龙（至 2021 年 11 月）
饶　胜　周晓林
赵　华（2021 年 11 月始）

台湾工作办公室
主　任：沈丽珺（女）
副主任：潜春红（2021 年 11 月始）
单　炜
叶绍飞（至 2021 年 11 月）

市委直属机关工作委员会
书　记：方健忠（至 2021 年 6 月）
戴平辉（2021 年 6 月始）
常务副书记：廖宝云（女，至 2021 年 2 月）
朱芝贵（2021 年 4 月始）
副书记：刘先林（至 2021 年 11 月）
施东胜　雷徐东
杨　杰（2021 年 11 月始）

巡察工作领导小组办公室
主　任：郑绍周

副主任：黄绍刚　张雪红（女）

巡察组

第一巡察组

组　长：叶锦伟

副组长：蓝　雄

第二巡察组

副组长：宋珍花（女，至 2021 年 1 月）

　　郑建青（2021 年 1 月始）

　　程鹰飞

第三巡察组

组　长：陈锡星

副组长：王伟进

第四巡察组

组　长：陈银龙（至 2021 年 1 月）

　　潘仲珏（2021 年 1 月始）

副组长：张夏菁

第五巡察组

组　长：鲍福平

副组长：金海波

市委、市政府信访局

局　长：叶建利

副局长：徐　雄　褚志坚　瞿茂贤

　　陈　丰

信访督查专员：舒利军

党组书记：叶建利（至 2021 年 9 月）

老干部局（关工委机关）

局　长：潘晓泉

副局长：黄永伟

　　雷月伟（至 2021 年 11 月）

【群众团体】

总工会

主　席：郑力平

副主席：叶　青　何　灵（女）

　　王金淼　程浙军　梅振伟

党组书记：叶　青

中国共产主义青年团丽水市委员会

书　记：张　妍（女，至 2021 年 4 月）

副书记：徐菊珍（女）

　　孔金峰（至 2021 年 4 月）

　　斯　科（至 2021 年 8 月）

　　吴韵洁　林　伟　吴祥柱

　　刘思威

　　孔雀屏（女，2021 年 1 月始）

　　麻伟强（2021 年 9 月始）

妇女联合会

主　席：管伟春（女）

副主席：陈霞斌（女）

　　陈建敏（女，至 2021 年 9 月）

　　林曼群（女）　纪旭红（女）

　　杨丽佳（女）

　　章燕虹（女，2021 年 11 月始）

党组书记：管伟春（女）

科学技术协会

主　席：潘志强

副主席：叶旭彪　徐　瑛（女）

　　王善刚　戴一仁　徐象华

　　张向东　陈荣昌　林伟明

党组书记：潘志强

社会科学界联合会

主　席：张卫英（女）

副主席：余群勇　汪亚明　周显荣

　　刘建荣　叶鑫垚

　　叶　俊（至 2021 年 9 月）

　　邵彬彬（2021 年 9 月始）

文学艺术界联合会

主　席：程定飞

副主席：吴积云　洪勇华　许卫东

　　潘力峰　蔡志蔚　尹晓泉

党组书记：程定飞

残疾人联合会

理事长：胡晓红（女，至 2021 年 1 月）

　　雷　超（2021 年 1 月至 8 月）

副理事长：吴锦华　王国军　陈旭亮

　　吕建军　刘杰伟

党组书记：蔡通友（至 2021 年 1 月）

　　雷　超（2021 年 1 月至 8 月）

归国华侨联合会

主　席：郭海光（至 2021 年 11 月）

　　邹浙清（2021 年 12 月始）

副主席：傅旭蓉（女）　王　俊

　　方湛鑫　叶先平

　　叶　芬（女）　叶建毅

　　叶毅青（女）　吕　侃

　　孙雄标　纪建松　李　丰

　　何晓娟（女）　邹建兵

　　陈海华　项建福　施海平

　　章利民

　　傅旭敏（至 2021 年 1 月）

　　周　勇（2021 年 1 月始）

党组书记：郭海光（至 2021 年 11 月）

　　邹浙清（2021 年 12 月始）

关心下一代工作委员会

名誉主任：方健忠（至 2021 年 9 月）

　　戴平辉（2021 年 9 月始）

　　卢彩柳（女）

主　任：吴炳全

专职副主任：留丽萍（女）

副主任：戚永远（至 2021 年 9 月）

　　计勇强（至 2021 年 9 月）

　　张春法　陈翠仙（女）

　　蔡　昉（至 2021 年 9 月）

　　吴郁郁

　　罗　明（至 2021 年 9 月）

　　南林玲（女）（至 2021 年 9 月）

　　叶晓华（至 2021 年 9 月）

　　张　妍（女）（至 2021 年 9 月）

　　蒋璟璟（女）（至 2021 年 9 月）

　　项芳云（女）（至 2021 年 9 月）

　　胡晓红（女）（至 2021 年 9 月）

　　王　平（至 2021 年 9 月）

　　张少荣（至 2021 年 9 月）

　　叶锦伟（至 2021 年 9 月）

　　周一红（女）（至 2021 年 9 月）

　　邢长勇（至 2021 年 9 月）

　　李志伟（至 2021 年 9 月）

　　赵正发（至 2021 年 9 月）

　　邵国平（至 2021 年 9 月）

　　刘云华（2021 年 9 月始）

　　王　凡（2021 年 9 月始）

　　潘晓泉（2021 年 9 月始）

　　陈昱龙（2021 年 9 月始）

　　郭海光（2021 年 9 月始）

　　徐青清（2021 年 9 月始）

　　胡　飞（2021 年 9 月始）

　　王国荣（2021 年 9 月始）

徐建新(2021 年 9 月始)
邹春平(2021 年 9 月始)
童少锋(2021 年 9 月始)
吴泽民(2021 年 9 月始)
方向荣(2021 年 9 月始)
林成高(2021 年 9 月始)
孔建民(2021 年 9 月始)
雷木森(2021 年 9 月始)

计划生育协会

会　长:戚永远
常务副会长:吴郁郁
副会长:王　峰

红十字会

会　长:卢彩柳(女)
副会长:王提操(至 2021 年 1 月)
蓝金水(2021 年 1 月始)
王　平
叶水源(至 2021 年 1 月)
潘建青　吴郁郁　王世强
张　妍(女)　郑丽华(女)
陈旭东
党组书记:王提操(至 2021 年 1 月)
蓝金水(2021 年 1 月始)

体育总会

主　席:潘智慧

老龄工作委员会

主　任:卢彩柳(女)
副主任:吴郁郁　何卫宁　任韩高
陈立新　潘晓泉　叶水源
周一红(女)
办公室主任:周一红(女)

法学会

会　长:李　锋(至 2021 年 2 月)
郎文荣(2021 年 2 月始)
常务副会长:陈志斌
专职副会长:胡太顺
副会长:丁文伟　叶华松　李光耀
陈江风　陈仰勇　柳启东
赵延光　徐荷生　蓝跃慧
秘书长:程建枝

工商业联合会(总商会)

主　席(会长):
张　敏(至 2021 年 12 月)
陈　频(女,2021 年 12 月始)
副主席(副会长):
肖　荣(至 2021 年 12 月)
张　奇
吕志充(2021 年 12 月始)
党组书记:罗叶中

市人民对外友好协会

会　长:戴邦和
常务副会长:刘崇民　陈　频
陈乃科
副会长:刘光利　徐文杰　应　鹏
刘建云　施永平　季永灵
秘书长:吴娜妮(女)

【丽水市中级人民法院】

院　长:蒋卫宇(至 2021 年 7 月)
代院长:张军斌(2021 年 7 月始)
副院长:柳启东
张军斌(2021 年 7 月始)
李载标(至 2021 年 12 月)
吴林雄
叶晓生(至 2021 年 12 月)
罗　沛(2021 年 12 月始)
徐蓓姿(女,2021 年 12 月始)
政治部主任:冯宏伟(至 2021 年 1 月)
罗　沛(2021年1月至11月)
陈雪平(女,2021年11月始)

【丽水市人民检察院】

代检察长:吕　献(2021 年 5 月始)
检察长:过孟超(至 2021 年 5 月)
副检察长:叶珍华(2021 年 5 月始)
周科庆
吕　献(2021 年 5 月始)
揭　萍(女)
李栽标(2021 年 12 月始)
吴剑锋(2021 年 12 月始)
徐荷生(至 2021 年 5 月)
赵　平(至 2021 年 12 月)
葛朝华(女,至2021年12月)
党组书记:吕　献(2021 年 4 月始)
过孟超(至 2021 年 4 月)
党组副书记:叶珍华(2021 年 11 月始)
徐荷生(至 2021 年 1 月)
政治部主任:孙苏平

【市级民主党派】

中国国民党革命委员会丽水市委员会

主　委:戚永远
副主委:胡　兵(女)　王　奕(女)
刘新青　虞海雄
叶伟兰(女)　潘碧武(女)
张如一

中国民主同盟丽水市委员会

主　委:汤家友
副主委:周贤华　吴　敏
廖旭青(女,2021 年 9 月始)
范庆伟(2021 年 9 月始)

中国民主建国会丽水市委员会

主　委:高　波(女)
副主委:任文红(女)　李　浩(女)
俞豪锋(女)
刘　坤(2021 年 9 月始)
秘书长:俞豪锋(女)

中国民主促进会丽水市委员会

主　委:卢彩柳(女)
副主委:邱旭平　胡晓红(女)
叶春晓(女)　郑丽丹(女)

中国农工民主党丽水市委员会

主　委:丁岳清
副主委:卢汝兰(女,至 2021 年 9 月)
毛伟华　徐兼明(女)
郭巧燕(女)
季巧英(女,2021 年 9 月始)

九三学社丽水市委员会

主　委:韦铁民(至 2021 年 9 月)
张颖洁(2021 年 9 月始)
副主委:张向东
张颖洁(女,至 2021 年 1 月)
何登伟
张德勇(至 2021 年 9 月)
张向东　何登伟　张德勇
徐礼琼(女,2021 年 9 月始)

【市人民政府工作部门】

办公室

主　任:周劲松

副主任:吴志林　吴成钢

　　刘　骅(至 2021 年 12 月)

党组书记:沈世山

党组副书记:周劲松

发展和改革委员会

主　任:饶鸿来

副主任:张春根(2021 年 6 月始)

　　朱仰钢(至 2021 年 3 月)

　　沈利文(至 2021 年 2 月)

　　麻卫平(至 2021 年 6 月)

　　赵丽群(女)

　　董王军

　　周立军(至 2021 年 12 月)

　　厉亚萍(女,至 2021 年 12 月)

　　张民杰(2021 年 3 月始)

党组书记:饶鸿来

党组副书记:张春根(2021 年 5 月始)

经济和信息化局

局　长:翁伟荣

副局长:刘　坤(2021 年 6 月始)

　　李建军(至 2021 年 6 月)

　　周再荣　舒杨胤

党组书记:翁伟荣

教育局

局　长:王　平

副局长:陈战耕(2021 年 10 月始)

　　王伟平(女)　桑文勇

党委书记:王　平

党委副书记:叶伟勇

副总督学:马佩华(女)

科学技术局

局　长:蔡　昉(至 2021 年 12 月)

副局长:廖旭青(女,2021 年 6 月始)

　　吕璞琪(女,至 2021 年 6 月)

　　陈忠兵(2021 年 1 月至 12 月)

　　邝时忠　杜永明

党组书记:蔡　昉(至 2021 年 11 月)

公安局

局　长:毛建国

常务副局长:丁文伟

副局长:诸葛俭(至 2021 年 12 月)

　　金　珍(女,至 2021 年 12 月)

　　朱荣华(至 2021 年 10 月)

　　颜华荣

　　林　锋(2021 年 10 月始)

　　邹海亮(2021 年 12 月始)

　　陈积林(2021 年 12 月始)

　　吴新志(2021 年 12 月始)

政治部主任:李继仁

党委书记:毛建国

党委副书记:丁文伟

民政局

局　长:叶水源(至 2021 年 2 月)

　　胡晓红(2021 年 2 月始)

副局长:蓝小明(至 2021 年 2 月)

　　陈冬生

　　蒋仲胜(至 2021 年 2 月)

　　洪中勇

党组书记:叶水源(至 2021 年 1 月)

　　蓝小明(2021 年 1 月始)

司法局

局　长:蒋世懿

副局长:夏逸敏　李　浩(女)

　　陈江风

　　蓝益平(至 2021 年 2 月)

　　邓伦透

党组书记:蒋世懿

党组副书记:陈江风

政治部主任:杨必松

财政局

局　长:潘建青

副局长:魏叶华(女)　叶芳儿

　　张　栋

　　阮美莲(女,2021 年 12 月始)

　　易远明(至 2021 年 3 月)

总会计师:阮美莲(女,至 2021 年 12 月)

　　孙海敏(2021 年 12 月始)

党组书记:潘建青

人力资源和社会保障局

局　长:吴守成

副局长:章　旭(至 2021 年 12 月)

　　王旭彪

　　雷剑锋(2021 年 12 月始)

党组书记:吴守成

自然资源和规划局

局　长:张颖洁(女)

副局长:廖永平(至 2021 年 12 月)

　　丁丽惠(至 2021 年 12 月)

　　周乐均　丁勇方

　　黄文松(至 2021 年 12 月)

　　洪勇杰　陈喜民

总规划师:徐礼琼(女)

党委书记:邢志行

党委副书记:廖永平(至 2021 年 12 月)

生态环境局

局　长:雷金松

副局长:虞伟鉉　周国伟　何小仁

　　陈　雨

总工程师:陈灵敏

党委书记:雷金松

党委副书记:虞伟鉉

生态环境保护综合行政执法队

队　长:雷金松

副队长:蓝木申

住房和城乡建设局

局　长:钟小松

副局长:叶荣林

　　季高峰(至 2021 年 6 月)

　　林开武(至 2021 年 2 月)

　　顾华洛(2021 年 6 月始)

　　吴新立

总工程师:顾华洛(至 2021 年 6 月)

　　潘雪珍(女,2021 年 6 月始)

党组书记:钟小松

交通运输局

局　长:叶旭勇

副局长:高向东　陈晓敏

　　刘　军

　　夏国章(2021 年 12 月始)

　　龚启贤(至 2021 年 2 月)

　　朱伟强(2021 年 10 月始)

总工程师:叶青华

党委书记:叶旭勇

丽水市交通运输综合行政执法队（2021年12月更名为"丽水市交通运输行政执法队"）
队　长：叶旭勇
党委书记、专职副队长：龚启贤
水利局
局　长：林宇清（至2021年4月）
李见阳（2021年4月始）
副局长：王礼军　卓观园　张映辉
　　封　亮
总工程师：赵友敏（至2021年3月）
　　占勇民（2021年10月始）
党组书记：林宇清（至2021年4月）
　　李见阳（2021年4月始）
副书记：王礼军（2021年1月始）
农业农村局
局　长：黄力量
副局长：吕晓东　郑建强
　　张晓红（女，至2021年2月）
　　沈元东　王永伟　何子儋
总农艺师：胡丽红（女）
党组书记：黄力量
农业综合行政执法队
队　长：黄力量
专职副队长：金　立
商务局
局　长：孙俐珑（至2021年7月）
　　潘娅红（女，2021年7月始）
副局长：张志军　常晶静（女）
　　熊勇军（至2021年12月）
党组书记：孙俐珑（至2021年5月）
　　潘娅红（女，2021年5月始）
总经济师：伏勇（2021年10月始）
文化和广电旅游体育局
局　长：徐兼明（女，至2021年4月）
　　吴飞飞（女，2021年4月始）
副局长：胡其岳　樊甫敏　周益敏
　　吴立华　许卫东　王　峰
党组书记：陈子民（至2021年4月）
　　吴飞飞（女，2021年4月始）
文化市场行政执法队
队　长：徐兼明（女，至2021年5月）
　　吴飞飞（女，2021年5月始）
副队长：魏秀慧（女）
卫生和健康委员会
主　任：吴郁郁
副主任：朱雪飞（至2021年12月）
　　陈国微　季长友
　　王　峰（兼）
党委书记：吴郁郁
党委副书记：林　莉（女）
退役军人事务局
局　长：蒋正鸿
副局长：黄建新（至2021年2月）
　　毛伟林（至2021年12月）
　　蓝先芬（女，2021年2月始）
　　吴端钱（2021年12月始）
党组书记：蒋正鸿
应急管理局
局　长：王世强（至2021年11月）
　　杨金跃（2021年11月始）
副局长：徐　晖（至2021年2月）
　　李雄平　严伟平
　　周大春（2021年12月始）
　　潘新雄
党组书记：王世强（至2021年9月）
　　杨金跃（2021年9月始）
总工程师：陈叶长（2021年12月始）
审计局
局　长：邹向阳
副局长：邱学明　阎家骥
　　颜登亮（至2021年12月）
　　方伟英（女，2021年12月始）
总审计师：刘松文（至2021年12月）
　　朱　姝（女，2021年12月始）
党组书记：邹向阳
外事办公室
主　任：刘崇民
副主任：刘光利
　　蓝跃军（2021年12月始）
　　徐文杰（至2021年12月）
党组书记：刘崇民
国有资产监督管理委员会
主　任：杨　雷
副主任：叶时扬（2021年12月始）
　　蒋仲胜（2021年2月始）
　　高天河
党委书记：杨　雷
党委副书记：陈　巍
市场监督管理局
局　长：夏海国（至2021年2月）
副局长：王立武（至2021年12月）
　　周仓俊　胡雪强　宋小军
　　李和达　李泉清
　　潜晓辉（至2021年2月）
　　周纪荣　何乐君
党组书记：夏海国（至2021年1月）
党组副书记：王立武（至2021年11月）
市场监管综合执法队
队　长：夏海国（至2021年2月）
副队长：赵伟杰
市政府金融工作办公室
主　任：潘碧武（女）
副主任：金雄鸥　李　斐
党组书记：陆亚东
统计局
局　长：周智飞（至2021年7月）
　　李建军（2021年7月始）
副局长：陈建斌　谢永平
总统计师：朱国强（至2021年12月）
党组书记：周智飞（至2021年5月）
　　李建军（2021年5月始）
社会经济调查队
队　长：朱卫莉（女）
医疗保障局
局　长：吴筱琳（女）
副局长：毛时薛　张如一（女）
　　周建雄　盛奎华
党组书记：吴筱琳（女）
人民防空办公室
主　任：詹百松
副主任：魏安龙（至2021年12月）
　　徐明福　朱建伟
　　程晓东（2021年12月始）
总工程师：朱建伟
党组书记：詹百松

民防局
局　长：詹百松
副局长：魏安龙（至 2021 年 12 月）
徐明福
综合行政执法局
局　长：周光洪
副局长：何鲜飞（至 2021 年 10 月）
杨晓春　郑丽君（女）
饶伟贞（2021 年 12 月始）
程　军
党组书记：周光洪
大数据发展管理局
局　长：陈建广（至 2021 年 12 月）
副局长：吴雄飞　杜　战
朱国群（女）
党组书记：陈建广（至 2021 年 11 月）
林业局（2021 年 11 月成立）
局　长：廖永平（2021 年 12 月始）
副局长：黄文松（2021 年 12 月始）
胡　敏（2021 年 12 月始）
林业局、钱江源——百山祖国家公园百山祖管理局
党组书记：廖永平（2021 年 11 月始）
生态产业集聚区（经济开发区）管理委员会
主　任：刘志伟
常务副主任：潘惠健
副主任：郑兰富　朱剑成
张尚军（至 2021 年 12 月）
陈　磊
周　伟（2021 年 2 月始）
总工程师：陈志勇
党工委书记：刘志伟
党工委副书记：蓝金水（至 2021 年 1 月）
潘惠健
许积标（2021 年 4 月至 2021 年 11 月）
供销社
主　任：应勇军（至 2021 年 6 月）
汤碧荣（2021 年 6 月始）
副主任：练永嘉（至 2021 年 11 月）
吴积雷
吴利平（2021 年 11 月始）
党委书记：应勇军（至 2021 年 5 月）
汤碧荣（2021 年 5 月始）

【市属事业单位】
党　校
校　长：方健忠（至 2021 年 6 月）
戴平辉（2021 年 6 月始）
常务副校长：周显荣
副校长：叶国勇　陈建伟　罗桂方
教育长：柳一珍
党委书记：周显荣（至 2021 年 9 月）
行政学院
院　长：杜兴林
常务副院长：周显荣
副院长：叶国勇（2021 年 10 月始）
陈建伟
章　旭（至 2021 年 12 月始）
罗桂方（2021 年 10 月始）
社会主义学院
院　长：王小荣
常务副院长：周显荣
副院长：叶国勇　陈建伟
吴　敏（2021 年 1 月始）
罗桂方（2021 年 9 月始）
党史研究室（地方志研究室）
主　任：雷华英（女）
副主任：邱理平
项　啸（女，2021 年 4 月始）
档案馆
馆　长：邱文锋
副馆长：汪羽中　朱悦华
丽水日报报业传媒集团（丽水日报社）
社　长：李志伟（至 2021 年 1 月）
副社长：胡　飞　胡建金
总编辑：胡　飞
副总编辑：施龙有　王文勇
党委书记：李志伟（至 2021 年 1 月）
党委副书记：胡　飞
丽水日报报业传媒集团
董事长：李志伟（至 2021 年 2 月）
总经理：李志伟（至 2021 年 2 月）
副总经理：柳　华
市政府驻北京联络处
主　任：罗叶中（至 2021 年 10 月）
副主任：陈　丰
胡春江（2021 年 10 月始）
李　璞（女，2021 年 10 月始）
市政府驻上海办事处
主　任：瞿懋平（至 2021 年 12 月）
王井泉（2021 年 12 月始）
副主任：王绍金（2021 年 12 月始）
市政府驻杭州办事处
主　任：褚志坚
副主任：郑　翀（2021 年 12 月始）
行政服务中心
主　任：叶群力（至 2021 年 12 月）
陈茂荣（2021 年 12 月始）
副主任：蓝先芬（女，至 2021 年 2 月）
饶连祥　蓝叶培
沈利文（2021 年 2 月始）
麻岳勇（2021 年 12 月始）
党组书记：叶群力（至 2021 年 11 月）
陈茂荣（2021 年 11 月始）
广播电视总台（丽水广播电视集团）
台　长（总裁）：徐青清
副台长（副总裁）：
谢雅贞（女，2021 年 12 月始）
叶　筠（2021 年 10 月始）
王　凡（至 2021 年 6 月）
总工程师：宋欣欣
副总编辑：赵　刚（2020 年 7 月始）
党委书记：徐青清
党委副书记：王　凡（至 2021 年 5 月）
谢雅贞（女，2021 年 11 月始）
机关事务服务中心
主　任：王　栋
副主任：叶菽茂
胡建仁（至 2021 年 12 月）
杨起恳　占国伟
党组书记：王　栋
大花园建设发展中心
主　任：周海忠（2021 年 2 月始）
副主任：李瑞华　余后荣　雷绍丽（女）

党组副书记：周海忠（2021年1月始）

生态林业发展中心（2021年11月撤销党组）

主　任：廖永平（至2021年12月）
　　叶胜红（女，2021年12月始）

副主任：胡　敏（至2021年12月）
　　叶胜红（女，至2021年12月）

总工程师：何小勇（至2021年12月）

党组书记：廖永平（至2021年11月）

全域旅游发展中心

副主任：胡慧红（女，至2021年2月）
　　徐　晖（2021年2月始）
　　叶祥深　叶光炳

总工程师：蔡　伟

体育发展中心

主　任：洪勇华

副主任：潘智慧　徐晨虹（女）
　　管志华

党组书记：洪勇华

市政府土地和房屋征收研究指导中心

主　任：江少伟（至2021年2月）

党组书记：江少伟（至2021年1月）

副主任：张晓红（主持工作）
　　（女，2021年2月始）
　　叶　东
　　叶仪俊（2021年12月始）

农林科学研究院

院　长：金爱武

副院长：程文亮　徐象华　王立新

党组书记：林　远

移民服务中心

主　任：留　洁（女）

副主任：徐云飞　吴建国

党组书记：留　洁（女）

住房公积金管理中心

主　任：黄金明（至2021年2月）
　　林开武（2021年2月始）

党组书记：黄金明（至2021年1月）
　　林开武（2021年1月始）

丽水市教育教学研究院

院　长：戴一仁

党支部书记：戴一仁

养老保险服务中心

主　任：吕志充（至2021年12月）
　　练少芳（女，2021年12月始）

党支部书记：吕志充（至2021年11月）
　　练少芳（女，2021年11月始）

就业服务中心

主　任：金丽芬（女）

党支部书记：金丽芬（女）

公路港航与运输管理中心

主　任：蒋华春

党委书记：蒋华春

畜牧发展中心

主　任：程苏亮

疾病预防控制中心

主　任：季巧英（女）

城市管理监督指挥中心

主　任：林仲远

党支部书记：林仲远

公共资源交易中心

主　任：蓝叶培

高铁站综合管理中心

主　任：陈江涛（2021年2月始）

党组书记：陈江涛（2021年1月始）

千峡湖青田县保护与开发管理中心

主　任：尹爱华

党组书记：尹爱华

千峡湖景宁县保护与开发管理中心

主　任：林　敏（至2021年12月）
　　刘爱忠（2021年11月始）

党组书记：林　敏（至2021年12月）
　　刘爱忠（2021年11月始）

【学校、医院】

丽水学院

院　长：李俊杰

副院长：蒋黎红　汪亚明
　　周一红（女）　彭　兵

党委书记：王利琳

党委副书记：郭献进　叶华松

纪委书记：鲁剑伟

丽水职业技术学院

院　长：梁伟样

副院长：潘洪峰　张　奇　汤书福

党委书记：梁忆南

党委副书记：梁伟样　刘建荣

纪委书记：李升阳（至2021年11月）
　　张继南（2021年11月始）

丽水广播电视大学

校　长：杨云峰

副校长：洪耀辉　陈继理

党委书记：杨云峰

丽水中等专业学校（丽水艺术学校）

校　长：胡锋吉

副校长：舒福才　杨　英（女）
　　池积善

党委书记：胡锋吉

党委副书记：舒福才

纪委书记：吴王文（2021年11月始）

丽水中学

校　长：范寿仁

党总支书记：范寿仁

丽水第二高级中学

校　长：陈仕恩（至2021年10月）

党总支书记：陈仕恩

丽水市职业高级中学

校　长：李立金

党总支书记：李立金

丽水学院附属高级中学

校　长：丁闽方（至2021年10月）
　　应之宁（2021年10月始）

党总支书记：丁闽方（至2021年9月）
　　应之宁（2021年12月始）

中心医院

院　长：韦铁民

副院长：郑荣宗　涂韶松　曾春来
　　黄亦良　纪建松
　　陈美芬（女）

党委书记：邵初晓

党委副书记：纪建松

纪委书记：陈一军（2021年5月始）

人民医院

院　长：黄　刚

副院长：楼天正　江银华
　　方国美（女）　梅映台（女）

党委书记：王　军
党委副书记：黄　刚　楼天正
纪委书记：陈一军（至2021年5月）
　　施海勇（2021年7月始）

中医院
院　长：邱文伟
副院长：陈礼平
党委书记：邹新花（女）
党委副书记：邱文伟

第二人民医院
党委书记：吴绍长
院　长：叶世伟
党委副书记：叶世伟
　　梁　涌（2021年10月始）

丽水市妇幼保健院
院　长：张向东
党委书记：雷　强

【市属企业】

丽水市城市建设投资有限责任公司
董事长：吴小华
总经理：罗叶中（2021年10月始）
副总经理：施　波
　　任小松（至2021年12月）
　　金　萍（女）
总经济师：王爱华（女）
党委书记：吴小华
党委副书记：罗叶中（2021年9月始）
纪委书记：陈向阳

丽水旅游投资发展有限公司
副总经理：何炯伟（至2021年2月）
纪委书记：叶于明（至2021年1月）

丽水文化旅游投资发展有限公司（2021年1月机构更名）
副董事长：何炯伟（2021年2月始）
副总经理：何炯伟（2021年2月始）
　　季泉泉（2021年2月始）
　　王　荷（女，2021年2月始）
纪委书记：叶于明（2021年1月始）

丽水农业投资发展有限公司
董事长：王井泉（至2021年12月）
总经理：郭巧燕（女）
副总经理：刘志龙（至2021年5月）
　　范庆伟　杨文海
　　赵建勇（2021年6月始）
党委书记：王井泉（至2021年11月）
纪委书记：周启荣

丽水交通投资发展有限公司
董事长：陶军友（2021年2月始）
　　叶郑献（至2021年2月）
副总经理：陈妙根　卢利森
　　吴伟东（至2021年5月止）
总工程师：苏　欣（2021年5月始）
党委书记：陶军友（2021年1月始）
　　叶郑献（至2021年1月）
纪委书记：周建平

丽水经济技术开发区实业发展集团有限公司
副董事长：叶　茂（主持）　刘高深
副总经理：刘高深（主持）　鲍玖青
　　季晓立（至2021年12月）
纪委书记：卢　健（女）

丽水数字经济发展有限公司
副董事长：陈　杰
总经理：陈　明
副总经理：黄志民　钦红杰
　　林一玲（女，2021年12月始）
纪委书记：刘　捷

丽水市金融投资控股有限责任公司
董事长：吴小波
总经理：吴小波

丽水政策性融资担保公司
董事长：胡荣炎
总经理：胡荣炎

丽水汽车运输集团
董事长：黄伟君
总经理：黄伟君

【莲都区】

中国共产党莲都区委员会
书　记：徐光文（至2021年11月）
　　张壮雄（2021年11月始）
副书记：陈　豪（至2021年2月）
　　王忠宝（2021年2月始，至2021年11月）
　　张　妍（女，2021年11月始）
　　胡伟华（至2021年3月）
　　王国锋（2021年4月始）
常　委：翁伟标（至2021年12月）
　　雷　成（2021年4月始）
　　曹永跃（2021年11月始）
　　王　成（2021年8月始）
　　任万户（至2021年9月）
　　林　峰（至2021年12月）
　　郭云强（至2021年2月）
　　杨金跃（至2021年9月）
　　陈永超　蔡　昱（女）
　　江　山（2021年11月始）
　　陶旭峰
　　骆美祥（2021年9月始）
　　王东华（2021年12月始）

莲都区人民代表大会常务委员会
主　任：陈元龙
副主任：张继芳
　　雷勇军　陈鲁军　卢　进
　　周贤华

莲都区人民政府
区　长：陈　豪（至2021年2月）
　　王忠宝（2021年3月至11月）
代区长：王忠宝（2021年2月至3月）
　　张　妍（女，2021年11月始）
副区长：王忠宝（2021年2月至3月）
　　张　妍（女，2021年11月始）
　　杨金跃（至2021年11月）
　　曹永跃（2021年12月始）
　　俞丽威（至2021年12月）
　　雷　成（至2021年6月）
　　谢雅贞（女，至2021年12月）
　　蔡毓良　管兴标　陈　勇
　　龚淑娟（女）
　　张小平（2021年12月始）
　　孙　苗（女，2021年12月始）

中国人民政治协商会议莲都区委员会
主　席：陈立新
副主席：叶晓东　任文红（女）
　　沈建祖

陈岳波(2021 年 3 月始)
虞海雄

中国共产党莲都区纪律检查委员会、莲都区监察委员会

纪委书记:蔡　昱(女)
监委主任:蔡　昱(女)

莲都区人民法院

院　长:李美顺(至 2021 年 11 月)
代院长:黄玉香(女,2021 年 11 月始)

莲都区人民检察院

检察长:蔡建彧

【龙泉市】

中国共产党龙泉市委员会

书　记:吴松平(至 2021 年 11 月)
王忠宝(2021 年 11 月始)
副书记:翁志鸿
蓝景芬(女,至 2021 年 11 月)
李　舜(2021 年 11 月始)
常　委:李　舜
诸葛春杰(至 2021 年 11 月)
徐达伟(至 2021 年 11 月)
黄国勇(2021 年 12 月始终)
雷　蕾(女)　廖卫民
郑建青(至 2021 年 1 月)
刘道华(2021 年 1 月始)
徐锡宏(2021 年 8 月始)
孔金峰(2021 年 12 月始)
厉亚萍(女,2021 年 11 月始)
雷　超(至 2021 年 1 月)
傅雅涛(2021 年 1 月至 11 月)
潘光明(2021 年 11 月始)
邹海亮(至 2021 年 11 月)

龙泉市人民代表大会常务委员会

主　任:叶礅仙
副主任:叶学明　陈有南
张长山(2021 年 3 月始)
叶伟玲　何登新

龙泉市人民政府

市　长:翁志鸿
常务副市长:李　舜(至 2021 年 12 月)
厉亚萍(女,2021 年 12 月始)
副市长:张长山(至 2021 年 3 月)
黄国勇(至 2021 年 12 月)
杨洪斌(至 2021 年 12 月)
徐怀坤(至 2021 年 5 月)
杨洪斌(至 2021 年 12 月)
廖旭青(女,至 2021 年 6 月)
占雅静(女,至 2021 年 5 月)
孔金峰(2021 年 5 月始)
余华明　杨摄智
余盛全(2021 年 3 月始)
金伟君(2021 年 12 月始)
王晓燕(女,2021 年 12 月始)
全开林(2021 年 12 月始)
陈思锋(2021 年 5 月至 12 月)

中国人民政治协商会议龙泉市委员会

主　席:刘赤波
副主席:曹新民(至 2021 年 3 月)
雷丽亚(女)
童巧隽　卢士俊　徐东华
付建伟(2021 年 3 月始)

中国共产党龙泉市纪律检查委员会、龙泉市监察委员会

书　记:郑建青(至 2021 年 1 月)
刘道华(2021 年 1 月始)
监委主任:郑建青(至 2021 年 3 月)
刘道华(2021 年 3 月始)

龙泉市人民法院

院　长:叶爱英(女,2021 年 3 月始)
罗　沛(至 2021 年 1 月)
代院长:叶爱英(女,2021 年 1 月至 3 月)

龙泉市人民检察院

检察长:周　翔

【青田县】

中国共产党青田县委员会

书　记:周和平(至 2021 年 11 月)
林　霞(女,2021 年 11 月始)
副书记:潘　伟
陈　铭(至 2021 年 11 月)
许积标(2021 年 11 月始)
常　委:潘娅红(女,至 2021 年 5 月)
陈海民
吴飞飞(女,至 2021 年 4 月)
陶军友(至 2021 年 1 月)
邹浙清(至 2021 年 11 月)
周　雄
周　龙(至 2021 年 11 月)
金志红(女)　陈　兵
季高峰(2021 年 5 月始)
童森军(2021 年 4 月始)
周立军(2021 年 11 月始)
王　峰(2021 年 11 月始)
刘　骅(2021 年 11 月始)
陆　翔(2021 年 11 月始)
占雅静(女,2021 年 4 月至 11 月)

青田县人民代表大会常务委员会

主　任:季力华
副主任:邹春平　钟秋毫
叶选君(女,至 2021 年 2 月)
徐新平　高金华　杨炳甫
赖军政(2021 年 2 月始)

青田县人民政府

县　长:周和平(至 2021 年 1 月)
潘　伟(2021 年 3 月始)
代县长:潘　伟(2021 年 1 月至 3 月)
副县长:陶军友(至 2021 年 3 月)
周立军(2021 年 12 月始)
朱秀雄(至 2021 年 12 月)
尹世锋(至 2021 年 12 月)
童森军(至 2021 年 4 月)
吴胜军(至 2021 年 12 月)
李巧勇　洪飞云　李剑光
杨军伟(2021 年 4 月始)
叶宇飞(女,2021 年 9 月始)
占雅静(女,2021 年 4 月至 12 月)
胡涌杰(2021 年 12 月始)

中国人民政治协商会议青田县委员会

主　席:李飞林
副主席:张晓军　徐永丽(女)
赵玉鸣　詹文亮　刘新青
徐啸放

中国共产党青田县纪律检查委员会、青田县监察委员会

纪委书记:周　龙(至 2021 年 11 月)

陆　翔(2021年11月始)
监委代主任:周　龙(至2021年11月)
监委主任:陆　翔(2021年11月始)

青田县人民法院

院　长:徐蓓姿(女,至2021年11月)
代院长:周小兰(女,2021年11月始)

青田县人民检察院

代检察长:曹莉芳(女,至2021年3月)
检察长:曹莉芳(女,2021年3月始)

【云和县】

中国共产党云和县委员会

书　记:叶伯军(至2021年11月)
李忠伟(2021年11月始)
副书记:上官国明(至2021年4月)
李忠伟(2021年4月至11月)
周鸿飞(2021年11月始)
蒋璟璟(女,至2021年8月)
陈　卿(2021年11月始)
常　委:杨伟业(至2021年11月)
饶钦英(女,至2021年11月)
徐志雄(至2021年12月)
林建文(至2021年12月)
胡　坚
周　坚(2021年12月始)
黄伟杰
李　巍(至2021年11月)
叶建辉(至2021年11月)
孙开用
傅雅涛(2021年11月始)
许文金(2021年11月始)
赖小文(2021年11月始)
舒坚阳(2021年11月始)
梅　华(2021年11月始)

云和县人民代表大会常务委员会

主　任:叶晓勇
副主任:黄文伟　柳春华　谢云生
彭招平　叶晓伟　魏启勤

云和县人民政府

县　长:上官国明(至2021年4月)
李忠伟(2021年4月始,
至2021年11月)
代县长:周鸿飞(2021年11月始)
副县长:饶钦英(女,至2021年12月)
傅雅涛(2021年12月始)
孙开用　周　坚
叶时扬(至2021年12月)
陈伟忠(至2021年12月)
吴新志(至2021年12月)
缪磊磊
潘吉文(2021年5月始,
至2021年12月)
颜　韬(2021年9月始)
江　静(女,2021年12月始)
蓝利明(2021年12月始)

中国人民政治协商会议云和县委员会

主　席:王新荣
副主席:王沿伟　陈　岑　叶长火
刘伟玲(女)

中国共产党云和县纪律检查委员会、云和县监察委员会

纪委书记:胡　坚(至2021年11月)
舒坚阳(2021年11月始)
监委主任:胡　坚(至2021年11月)
监委代主任:舒坚阳(2021年12月始)

云和县人民法院

院　长:叶爱英(女,至2021年3月)
郭　俊(2021年4月始)

云和县人民检察院

检察长:吴剑锋(至2021年11月)
代检察长:陈　乐(女,2021年11月始)

【庆元县】

中国共产党庆元县委员会

书　记:蓝伶俐(女,至2021年11月)
蔡　昉(2021年11月始)
副书记:胡献如(至2021年11月)
李见阳(至2021年4月)
张　妍(女,2021年4月始,
至2021年11月)
田健晖(2021年11月始)
佘晓君(2021年11月始)
常　委:吴灌红(女,至2021年12月)
阎昌远(至2021年12月)
章作飞(至2021年11月)
申建军(至2021年3月)
黄立飞(至2021年12月)
陈帅锋(至2021年11月)
胡显平(2021年12月始)
王　鹏
李　鹏(2021年12月始)
吴秋标(2021年12月始)
金　业
周立飞(2021年3月始)
黄丽芬(女,2021年12月始)
叶伟林(2021年12月始)

庆元县人民代表大会常务委员会

主　任:吴青松
副主任:王林生　吴建华　刘义平
叶　武　林高平

庆元县人民政府

县　长:胡献如(至2021年11月)
代县长:田健晖(2021年11月始)
副县长:章作飞(至2021年12月)
吴小军(至2021年12月)
胡显平(至2021年12月)
潜伟峰(至2021年12月)
吴秋标　李　鹏　黄卫剑
朱惠汉
张延洪(2021年12月始)
李　颖(女,2021年12月始)
熊　焕(2021年12月始)
王伟啸(2021年12月始)

中国人民政治协商会议庆元县委员会

主　席:洪起平
副主席:林昌富　吴先武　夏家天
吴新清
项邦宝(2021年3月始)
罗　艳(女,候选人,
2021年12月始)
叶华伟(候选人,
2021年12月始)

中国共产党庆元县纪律检查委员会、庆元县监察委员会

纪委书记:王　鹏
监委主任:王　鹏

庆元县人民法院
院　长：黄　明（2021 年 3 月始）
庆元县人民检察院
检察长：叶仪俊（至 2021 年 11 月）
代检察长：丁　丰（2021 年 11 月始）

【缙云县】
中国共产党缙云县委员会
书　记：李一波（女，至 2021 年 11 月）
　　王正飞（2021 年 11 月始）
副书记：王正飞（至 2021 年 11 月）
　　赵建铭（至 2021 年 11 月）
　　郑伟坚（2021 年 11 月始）
　　王　益（2021 年 11 月始）
常　委：潜春红（至 2021 年 11 月）
　　朱芝贵（至 2021 年 4 月）
　　郑伟坚（2021 年 5 月始，至 2021 年 11 月）
　　周瑞琛（2021 年 11 月始）
　　张继南（至 2021 年 11 月）
　　陈银根（至 2021 年 12 月）
　　潘巧玲（女，2021 年 12 月始）
　　李汝东（至 2021 年 12 月）
　　田健晖（至 2021 年 11 月）
　　陈帅锋（2021 年 11 月始）
　　潘铭军
　　闵　柯（2021 年 8 月始）
　　李　宣（2021 年 11 月始）
　　黄浩峰
　　张爱明（2021 年 12 月始）
缙云县人民代表大会常务委员会
主　任：周保龙（至 2021 年 8 月）
主任候选人：赵建铭（2021 年 11 月始）
副主任：吕唐镇　李潘良　胡伟忠
　　陈庆源　楼锦游
　　柯国华（2021 年 3 月始）
缙云县人民政府
县　长：王正飞（至 2021 年 11 月）
代县长：王　益（2021 年 11 月始）
副县长：王　益（2021 年 11 月始）
　　朱芝贵（至 2021 年 6 月）
　　刘洁阳
　　郑伟坚（2021 年 6 月始，至 2021 年 12 月）
　　周瑞琛（2021 年 12 月始）
　　汤碧荣（至 2021 年 6 月）
　　梁洪明（至 2021 年 9 月）
　　潘巧玲（女）
　　陈　卿（至 2021 年 12 月）
　　楼伟明
　　何海龙（2021 年 12 月始）
　　邱　琳（女，2021 年 12 月始）
　　张宗渭（2021 年 12 月始）
　　陈伟健　杨国志
中国人民政治协商会议缙云县委员会
主　席：刘旭标
主席候选人：付勇斐（2021 年 11 月始）
副主席：陈湘钟　胡锦伟
　　钭旭彬（女）　蒋根阳
　　姚月林　柯建伟
副主席候选人：
　　李汝东（2021 年 11 月始）
　　陈珏丽（女，2021 年 11 月始）
　　卢永钢（2021 年 11 月始）
中国共产党缙云县纪律检查委员会、缙云县监察委员会
纪委书记：潘铭军
监委主任：潘铭军
缙云县人民法院
院　长：黄玉香（女，至 2021 年 11 月）
代院长：林　伟（2021 年 11 月始）
缙云县人民检察院
检察长：高德清
浙江丽缙五金科技产业园区管理委员会（2021 年 11 月更名为：丽缙智能装备高新技术产业园区管理委员会）
主　任：田健晖（至 2021 年 11 月）
　　王　益（2021 年 11 月始）
常务副主任：李　宣（2021 年 11 月始）
副主任：陈新贤　李祖荣　潘祝平
　　赵　昳　杨长青
党工委书记：王正飞（至 2021 年 11 月）
　　王　益（2021 年 11 月始）
党工委副书记：田健晖（至 2021 年 11 月）
　　李　宣（2021 年 11 月始）
浙江丽缙五金科技产业开发有限公司总经理：虞晓雄（2021 年 6 月始）

【遂昌县】
中国共产党遂昌县委员会
书　记：张壮雄（至 2021 年 11 月）
　　胡　刚（2021 年 11 月始）
副书记：胡　刚（至 2021 年 11 月）
　　李　锋（2021 年 11 月始）
　　罗运乾（至 2021 年 11 月）
　　顾奕滨（2021 年 11 月始）
常　委：周立民（至 2021 年 12 月）
　　许积标（至 2021 年 4 月）
　　顾奕滨（至 2021 年 12 月）
　　孙培莲（女）
　　谭国庆（2021 年 12 月始）
　　梁　成
　　苏中山（2021 年 8 月始）
　　练如库
　　郭劲松（至 2021 年 12 月）
　　李　宣（至 2021 年 11 月）
　　季晓立（2021 年 11 月始）
　　潘吉文（2021 年 11 月始）
　　徐　清（2021 年 11 月始）
遂昌县人民代表大会常务委员会
主　任：尹建中
副主任：鲁子钗（女）　蓝献民
　　赵文明　张少啸　张仪辉
遂昌县人民政府
县　长：胡　刚（至 2021 年 11 月）
代县长：李　锋（2021 年 11 月始）
副县长：许积标（至 2021 年 5 月）
　　谭国庆
　　张春根（至 2021 年 5 月）
　　李建霞（女，至 2021 年 12 月）
　　陈积林（至 2021 年 12 月）
　　杨朝晖（至 2021 年 12 月）
　　季晓立（2021 年 11 月始，候选人）
　　王向荣
　　王　庆（2021 年 12 月始）

李军杰（2021年11月始，候选人）
叶祥根（2021年12月始）
瞿宗囡（女，2021年12月始）

中国人民政治协商会议遂昌县委员会

主　席：华治武
副主席：林成高　马翔华　姜雄伟
潘堂根　周黎平

中国共产党遂昌县纪律检查委员会、遂昌县监察委员会

纪委书记：练如库
监委主任：练如库

遂昌县人民法院

院　长：陈裕琨

遂昌县人民检察院

检察长：叶珍华（至2021年1月）
易远明（2021年3月始，2021年1月至3月代检察长）

【松阳县】

中国共产党松阳县委员会

书　记：李汉勤（至2021年11月）
莫　靓（2021年11月始）
副书记：周鸿飞（至2021年11月）
梁海刚（2021年11月始）
陈建广（2021年11月始）
莫　靓（2021年2月至11月）
常　委：潘仲珏（至2021年1月）
张尚军（2021年11月始）
黄德慧（至2021年12月）
潘力平（至2021年12月）
雷剑锋（至2021年11月）
练　斌（2021年11月始）
郑伟坚（至2021年5月）
叶海霞（女，2021年1月始）
江　山（至2021年11月）
张继森
刘斯华（至2021年6月）
诸跃波
潘永水（2021年12月始）
李　巍（2021年11月始）
徐文杰（2021年11月始）
刘坚强（2021年11月始）

松阳县人民代表大会常务委员会

主　任：徐为民
副主任：毛胜法
孔建民（至2021年3月）
杨水文
黄德慧（2021年12月始）
阙晓明（2021年3月始）
刘金理（2021年3月始）

松阳县人民政府

县　长：李汉勤（至2021年2月）
莫　靓
（2021年2月至3月代县长，2021年3月至11月县长）
代县长：梁海刚（2021年11月始）
副县长：郑伟坚（至2021年8月）
刘　坤（至2021年6月）
彭　敏（女）　潘永水
温小运　卢丁方　涂　扬
诸跃波　梅显云

中国人民政治协商会议松阳县委员会

主　席：毛建南（至2021年2月）
廖宝云（2021年3月始，2021年2月至3月政协主席人选）
副主席：周永龙
单国亮（至2021年3月）
叶向东　廖卫民
叶伟兰（女）

中国共产党松阳县纪律检查委员会、松阳县监察委员会

纪委书记：潘仲珏（至2021年1月）
叶海霞（女，2021年1月始）
监委主任：潘仲珏（至2021年1月）
叶海霞（女，2021年3月始）
监委代主任：叶海霞
（女，2021年1月至3月）

松阳县人民法院

院　长：林　伟（至2021年11月）
代院长：陈伟平（2021年11月始）

松阳县人民检察院

检察长：汪　兴

【景宁畲族自治县】

中国共产党景宁畲族自治县委员会

书　记：王世强（2021年8月始）
陈　重（至2021年8月）
副书记：蓝景芬（女，2021年11月始）
熊勇军（2021年11月始）
钟海燕（女，至2021年11月）
王　益（2021年1月至2021年11月）
常　委：王　乐　吴建明
仲建锋
傅春霞（女，2021年1月始）
张纪恩（2021年9月始）
任小松（2021年11月始）
毛华庆（2021年12月始）
马　盈（女，2021年12月始）
夏雪松（2021年12月始）
季建标（至2021年12月）
雷应江（至2021年12月）
蓝跃军（至2021年11月）
叶龙标（至2021年11月）
夏国章（至2021年3月）
孔德泉（至2021年11月）

景宁畲族自治县人民代表大会常务委员会

主　任：严轶华
副主任：夏培玲（女）　吴昌亮
杨唐珠（女）　余晓军
叶玉琪　钟利海

景宁畲族自治县人民政府

代县长：蓝景芬（女，2021年11月始）
县　长：钟海燕（女，至2021年11月）
副县长：毛华庆　马　盈（女）
吴海东　仲建锋
王　乐（2021年1月始）
张　濂（2021年12月始）
曹刚毅（2021年12月始）
柏　彬（女，2021年12月始）
王　益（至2021年1月）
孔德泉（至2021年11月）
严伟华（至2021年12月）
饶伟贞（至2021年12月）

中国人民政治协商会议景宁畲族自治县委员会

主　席：张　峰

副主席：叶金堂　尤建平

沈秀慧（女）　刘德灵

中国共产党景宁畲族自治县纪律检查委员会、景宁县畲族自治县监察委员会

纪委书记：吴建明（2021 年 11 月始）

叶龙标（至 2021 年 11 月）

监委代主任：吴建明（2021 年 11 月始）

叶龙标（至 2021 年 11 月）

景宁畲族自治县人民法院

代院长：刘文斌（2021 年 11 月始）

院　长：陈雪平（女，至 2021 年 11 月）

景宁畲族自治县人民检察院

代检察长：林　巍（2021 年 11 月始）

检察长：瞿承健（至 2021 年 11 月）

（施晶晶）

全国“五一”劳动奖章获得者 浙江省劳动模范

【李跃亮】 男，1966 年 1 月出生，汉族，浙江松阳人，中共党员，大学本科学历，1984 年 8 月参加工作，丽水职业技术学院教授。2012 年至 2016 年，李跃亮兼任沿坑岭头村农村工作指导员。他用绘画作品宣传岩坑岭头村，带领村民建美术馆、画亭、接待中心，改造民宿 13 家。设计农产品包装，提升农产品价值。推广制鼓工艺，手工鼓订单数量翻倍。联系国内外画家和高校艺术生到村写生创作，举办采风创作活动、展览，出版画册，每年吸引画家、艺术生、游客 3 万人次，村民年增收 300 万余元。2020 年 12 月 29 日，在浙江省文联第九次代表大会上，时任浙江省委书记袁家军点赞李跃亮将沿坑岭头村打造成远近闻名的画家村，用艺术点亮农民的致富之路。2021 年 4 月，获全国“五一”劳动奖章，同时被授予“浙江省劳动模范”称号。

【邢伟勇】 男，1975 年 9 月出生，汉族，浙江缙云人，中共党员，大专学历，1992 年 2 月参加工作，浙江鼎立实业有限公司精益生产办公室主任。2002 年加入浙江鼎立实业有限公司，从冲压机操作工开始，逐步成为公司的技术骨干和创新能手。累计完成工装设备的自动化创新 30 余项。负责实施的“防盗指静脉锁”“具有三维可调暗置式合页的铸铝门”的研发项目通过省级工业新产品（新技术）鉴定。每年提出和实施的创新项目，为企业的技术改造做出贡献，被评为公司先进工作（生产）者、技术创新能手。2015 年 12 月，被评为全国优秀农民工。2018 年 4 月，获浙江省“五一”劳动奖章。2021 年 4 月，获全国“五一”劳动奖章，同时被授予“浙江省劳动模范”称号。

【刘晓峰】 男，1990 年 2 月出生，汉族，浙江青田人，中共党员，大学本科学历，2013 年 9 月参加工作，青田县畜牧兽医发展中心防疫科副科长。从业 8 年踏遍全县乡镇，为养殖户解决动物繁殖、难产问题。全年不定期组织开展养殖场生产、动物疫病防控技术培训班，累计培训人员 1500 余人次。创新动物疫病防控、采样、监测技术，累计检测各类动物血清近 4 万份，指导养殖户科学饲养、疫病防控，规避疫病传播风险。2018 年代表浙江队参加全国农业行业职业技能大赛，获全国个人第二名，被授予“全国技术能手”。刘晓峰发挥技能“传帮带”作用，指导选手参加省、市动物疫病防治员职业技能竞赛取得优异成绩。2021 年 4 月，获全国“五一”劳动奖章，同时被授予“浙江省劳动模范”称号。

（梁梦茜）

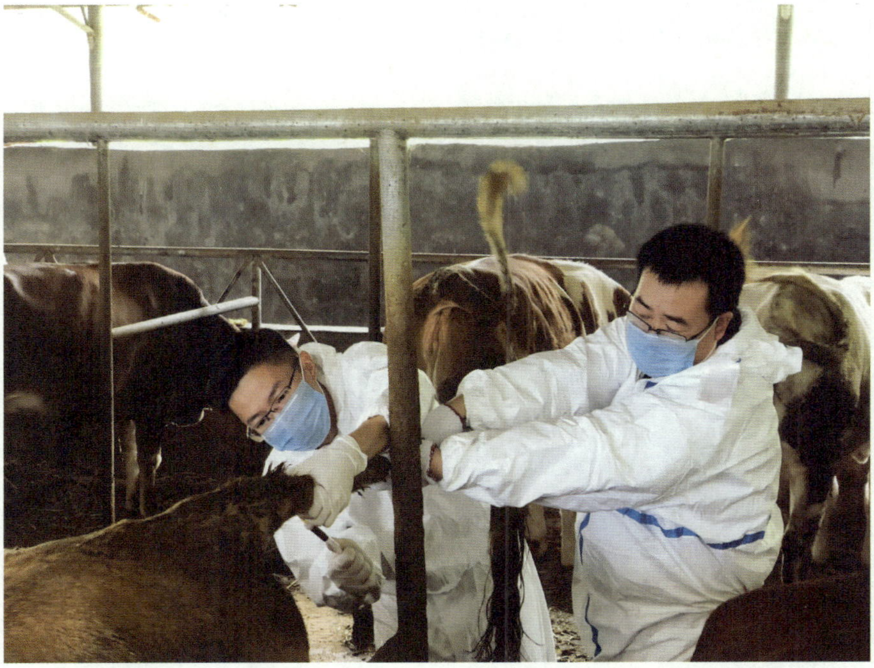

动物检疫场景　　（梁梦茜　提供）

2021年度获正高级专业技术资格人员一览表

表28

序号	姓名	性别	出生年月	工作单位	取得资格时间	正高级专业技术资格名称
1	林昌礼	男	1963年8月	云和县生态林业发展中心（云和梯田国家湿地公园管理中心）	2021年12月6日	正高级工程师
2	严邦祥	男	1965年8月	景宁畲族自治县生态林业发展中心（望东垟高山湿地自然保护区管理服务中心大仰湖湿地群自然保护区管理服务中心林业总场）	2021年12月6日	正高级工程师
3	吴剑卿	女	1977年3月	丽水市人民医院	2021年9月29日	正高级会计师
4	宋武龙	男	1965年7月	浙江丽水莲都农村商业银行股份有限公司	2021年12月31日	正高级经济师
5	梁忆南	男	1964年10月	丽水职业技术学院	2021年12月25日	研究员
6	吕群丹	女	1981年6月	丽水市农林科学研究院	2021年12月26日	研究员
7	吴　宾	男	1975年4月	丽水市文化馆（挂丽水大剧院管理中心、丽水市非物质文化遗产保护中心、丽水市美术馆牌子）	2021年12月23日	研究馆员
8	董　枫	女	1970年9月	丽水市广电总台	2021年12月31日	高级编辑
9	虞博涵	女	1979年1月	缙云县工艺美术学校	2021年12月31日	正高级讲师
10	朱海英	女	1971年5月	浙江省丽水中学	2021年12月31日	正高级教师
11	包圣华	男	1974年9月	丽水市莲都区人民路小学	2021年12月31日	正高级教师
12	潘　珣	女	1976年3月	浙江省缙云中学	2021年12月31日	正高级教师
13	金晓群	男	1974年6月	青田县第二中学	2021年12月31日	正高级教师
14	邱荣槐	男	1967年6月	遂昌县民族中学	2021年12月31日	正高级教师
15	蓝仙宝	男	1968年5月	遂昌育才小学	2021年12月31日	正高级教师
16	柳敏敏	女	1970年4月	景宁畲族自治县教育研究培训中心	2021年12月31日	正高级教师
17	陈东晓	男	1963年7月	丽水市教育教学研究院	2021年12月31日	正高级教师
18	金　松	男	1970年3月	丽水第二高级中学	2021年12月31日	正高级教师
19	陈兵红	男	1974年9月	丽水职业技术学院	2021年12月25日	教授
20	周伟华	女	1969年2月	丽水职业技术学院	2021年12月25日	教授
21	石雷山	男	1976年1月	丽水学院	2021年12月27日	教授
22	朱强根	男	1975年11月	丽水学院	2021年12月27日	教授
23	朱　莉	女	1976年1月	丽水学院	2021年12月27日	教授
24	卫　哲	女	1981年3月	丽水学院	2021年12月27日	教授
25	方相成	男	1965年1月	丽水学院	2021年12月27日	教授
26	沈　洋	男	1975年2月	丽水学院	2021年12月27日	教授
27	林云峰	男	1973年3月	丽水学院	2021年12月27日	教授
28	陈旭堂	男	1972年12月	丽水学院	2021年12月27日	教授
29	何登伟	男	1971年2月	丽水市中心医院	2021年12月27日	教授
30	邵初晓	男	1965年4月	丽水市中心医院	2021年12月27日	教授
31	曾春来	男	1972年1月	丽水市中心医院	2021年12月27日	教授
32	王华强	男	1980年6月	丽水市中医院	2021年12月24日	主任中医师
33	楼喜强	男	1974年1月	丽水市中医院	2021年12月24日	主任中医师
34	陈海勇	男	1978年3月	丽水市莲都区人民医院	2021年12月25日	主任中医师
35	徐晓刚	男	1969年8月	云和县中医医院	2021年12月18日	主任中医师
36	朱之升	男	1968年1月	缙云县人民医院	2021年12月19日	主任中医师

续表28

序号	姓名	性别	出生年月	工作单位	取得资格时间	正高级专业技术资格名称
37	叶权祖	男	1971年8月	龙泉市中医医院(龙泉市中医院医共体)	2021年12月25日	主任中医师
38	周卓平	男	1969年3月	庆元县中医院	2021年12月27日	主任中医师
39	林　娜	女	1975年8月	丽水市中医院	2021年12月24日	主任中药师
40	潘秋花	女	1972年11月	松阳县人民医院医共体西屏分院	2021年12月25日	主任中药师
41	黎　媛	女	1973年9月	丽水市中心医院	2021年12月22日	主任医师
42	练庆武	男	1981年1月	丽水市中心医院	2021年12月22日	主任医师
43	何银辉	男	1982年9月	丽水市中心医院	2021年12月22日	主任医师
44	孙　建	男	1980年1月	丽水市中心医院	2021年12月22日	主任医师
45	丁培志	女	1976年9月	丽水市中心医院	2021年12月22日	主任医师
46	王永辉	男	1978年2月	丽水市中心医院	2021年12月22日	主任医师
47	吴敏华	男	1980年11月	丽水市中心医院	2021年12月22日	主任医师
48	程　枫	男	1982年6月	丽水市中心医院	2021年12月22日	主任医师
49	赵　纯	男	1979年2月	丽水市中心医院	2021年12月22日	主任医师
50	陈　丹	女	1980年1月	丽水市中心医院	2021年12月22日	主任医师
51	孙旭鸯	女	1973年4月	丽水市中心医院	2021年12月22日	主任医师
52	宋　欣	女	1976年8月	丽水市中心医院	2021年12月22日	主任医师
53	杨伟斌	男	1980年3月	丽水市中心医院	2021年12月22日	主任医师
54	徐　民	男	1981年12月	丽水市中心医院	2021年12月22日	主任医师
55	蔡晓平	男	1981年1月	丽水市人民医院	2021年12月24日	主任医师
56	曾誌復	男	1977年9月	丽水市人民医院	2021年12月24日	主任医师
57	丁振华	男	1977年8月	丽水市人民医院	2021年12月24日	主任医师
58	付剑芬	女	1976年5月	丽水市人民医院	2021年12月24日	主任医师
59	李家新	男	1974年1月	丽水市人民医院	2021年12月24日	主任医师
60	李　俊	男	1979年1月	丽水市人民医院	2021年12月24日	主任医师
61	刘林平	男	1980年4月	丽水市人民医院	2021年12月24日	主任医师
62	彭丛兄	男	1974年1月	丽水市人民医院	2021年12月24日	主任医师
63	朱薛锋	男	1976年9月	丽水市人民医院	2021年12月24日	主任医师
64	朱　艳	女	1974年6月	丽水市人民医院	2021年12月24日	主任医师
65	赖根祥	男	1965年7月	丽水市第二人民医院	2021年12月23日	主任医师
66	王　静	女	1977年1月1	丽水市第二人民医院	2021年12月23日	主任医师
67	吴小山	男	1969年1月	丽水市第二人民医院	2021年12月23日	主任医师
68	闫凤武	男	1969年12月	丽水市第二人民医院	2021年12月23日	主任医师
69	张向东	男	1971年5月	丽水市妇幼保健院(丽水市计划生育技术服务指导中心、莲都区妇幼健康服务中心)	2021年12月25日	主任医师
70	陈春来	男	1968年2月	丽水市妇幼保健院(丽水市计划生育技术服务指导中心、莲都区妇幼健康服务中心)	2021年12月25日	主任医师
71	王　姝	女	1975年7月	丽水市妇幼保健院(丽水市计划生育技术服务指导中心、莲都区妇幼健康服务中心)	2021年12月25日	主任医师
72	梁伟健	男	1978年1月	丽水市残联康复医院(丽水市残疾人康复指导中心、丽水市幼儿特教中心)	2021年12月25日	主任医师

续表28

序号	姓名	性别	出生年月	工作单位	取得资格时间	正高级专业技术资格名称
73	李　晔	男	1981年5月	丽水市疾病预防控制中心	2021年12月25日	主任医师
74	刘美凤	女	1973年12月	龙泉市人民医院	2021年12月27日	主任医师
75	陈静风	女	1976年3月	龙泉市人民医院	2021年12月27日	主任医师
76	刘云书	男	1977年9月	龙泉市人民医院	2021年12月27日	主任医师
77	蒋良炎	男	1975年4月	龙泉市人民医院	2021年12月27日	主任医师
78	蔡人权	男	1976年9月	龙泉市人民医院	2021年12月27日	主任医师
79	何伟兰	女	1974年12月	龙泉市人民医院	2021年12月27日	主任医师
80	季建平	男	1980年2月	龙泉市人民医院	2021年12月27日	主任医师
81	李子军	男	1974年4月	龙泉市人民医院	2021年12月27日	主任医师
82	郑世辉	男	1969年9月	庆元县人民医院	2021年12月24日	主任医师
83	余小君	男	1971年1月	庆元县人民医院	2021年12月24日	主任医师
84	胡　伟	男	1985年9月	庆元县人民医院	2021年12月24日	主任医师
85	刘伟祺	男	1978年12月	松阳县人民医院医共体总院	2021年12月25日	主任医师
86	刘威姿	女	1974年11月	松阳县人民医院医共体总院	2021年12月25日	主任医师
87	李国伟	男	1976年8月	松阳县人民医院医共体总院	2021年12月25日	主任医师
88	李金红	女	1974年2月	松阳县中医医院	2021年12月25日	主任医师
89	曾文洲	男	1976年3月	遂昌县人民医院	2021年12月30日	主任医师
90	黄伟强	男	1976年4月	遂昌县人民医院	2021年12月30日	主任医师
91	邱建胜	男	1976年2月	遂昌县中医院	2021年12月31日	主任医师
92	陈丽秋	女	1972年1月	缙云县中医医院	2021年12月18日	主任医师
93	陈晓剑	男	1972年3月	缙云县人民医院	2021年12月19日	主任医师
94	王恩洁	女	1974年12月	缙云县人民医院	2021年12月19日	主任医师
95	樊　骏	男	1976年1月	缙云县人民医院	2021年12月19日	主任医师
96	陈泽富	男	1966年1月	缙云县人民医院	2021年12月19日	主任医师
97	陈葛慧	女	1978年11月	缙云县人民医院	2021年12月19日	主任医师
98	陈志伟	男	1979年5月	缙云县人民医院	2021年12月19日	主任医师
99	吕晓鸿	女	1975年8月	缙云县人民医院	2021年12月19日	主任医师
100	吴小兰	女	1969年11月	庆元县妇幼保健计划生育服务中心	2021年12月25日	主任医师
101	黄小伟	男	1972年11月	松阳县妇幼保健服务中心	2021年12月25日	主任医师
102	钭伟峰	男	1975年5月	缙云县第二人民医院(缙云县第二人民医院医共体管理中心)	2021年12月25日	主任医师
103	郑君青	男	1966年6月	缙云县第二人民医院(缙云县第二人民医院医共体管理中心)	2021年12月25日	主任医师
104	蔡爱红	女	1976年9月	青田县疾病预防控制中心	2021年12月25日	主任医师
105	朱海博	男	1980年1月	青田县疾病预防控制中心	2021年12月25日	主任医师
106	翁永法	男	1968年6月	遂昌县人民医院医共体	2021年12月30日	主任医师
107	郑言丰	男	1980年11月	景宁畲族自治县人民医院	2021年12月31日	主任医师
108	兰卫明	男	1978年3月	景宁畲族自治县人民医院	2021年12月31日	主任医师
109	修志坚	男	1966年1月	松阳县人民医院医共体总院	2021年12月25日	主任药师
110	苏　敏	男	1976年9月	遂昌县人民医院	2021年12月30日	主任药师

续表28

序号	姓名	性别	出生年月	工作单位	取得资格时间	正高级专业技术资格名称
111	胡祥华	男	1972年6月	丽水市中心医院	2021年12月22日	主任技师
112	李巧平	女	1976年6月	丽水市中心医院	2021年12月22日	主任护师
113	吴件姿	女	1980年3月	丽水市中心医院	2021年12月22日	主任护师
114	孙伟燕	女	1979年7月	丽水市中心医院	2021年12月22日	主任护师
115	章月照	女	1972年6月	丽水市中心医院	2021年12月22日	主任护师
116	曲春生	男	1984年2月	丽水市人民医院	2021年12月24日	主任技师
117	胡丽娅	女	1979年1月	丽水市人民医院	2021年12月24日	主任护师
118	吴月瑛	女	1977年1月	丽水市人民医院	2021年12月24日	主任护师
119	孟水云	女	1974年7月	丽水市第二人民医院	2021年12月23日	主任护师
120	梁丽萍	女	1971年2月	丽水市第二人民医院	2021年12月23日	主任护师
121	王晓光	男	1979年5月	丽水市疾病预防控制中心	2021年12月25日	主任技师
122	杨月毅	女	1975年6月	丽水市残联康复医院(丽水市残疾人康复指导中心、丽水市幼儿特教中心)	2021年12月25日	主任护师
123	吴廷芳	女	1975年12月	云和县人民医院	2021年12月18日	主任技师
124	刘丽萍	女	1983年2月	云和县人民医院	2021年12月18日	主任护师
125	周红玉	女	1978年11月	遂昌县中医院	2021年12月31日	主任护师
126	吴红丽	女	1976年11月	庆元县人民医院	2021年12月24日	主任护师
127	许卫娟	女	1973年9月	景宁畲族自治县人民医院	2021年12月31日	主任护师
128	洪　梅	女	1978年7月	缙云县中医医院	2021年12月18日	主任护师
129	丁雪珍	女	1974年2月	缙云县人民医院	2021年12月19日	主任护师
130	施丽琴	女	1966年3月	缙云县人民医院	2021年12月19日	主任护师
131	赵淑赛	女	1972年11月	缙云县第二人民医院(缙云县第二人民医院医共体管理中心)	2021年12月25日	主任护师
132	林伟芳	女	1981年8月	城北社区卫生服务中心	2021年12月18日	主任护师

（江　涛）

烈　士

【季子光】 男，汉族，1907年出生，原龙泉县查川镇人（现龙泉市查田镇东皇村人）。生前曾任国民革命军第五十八师三四三团四连中士班长，父季有义、母邱氏，妻王氏，子通、超2人，于1938年5月（民国27年5月）在河南兰封（现河南兰考）对日作战阵亡，晋上士。有国民政府28年9月16日吕字第一零七七八号行政院令故兵员张仲辅等三五五名请恤调查表、中华民国36年初编的中华民国忠烈将士姓名录（抗日部分）、季子光之父季有义于民国32年7月领取恤金80元收据、龙泉县查川镇关于季子光之父季有义领取恤金的相关文书（民国32年7月）、“龙泉县忠烈祠现供烈士牌位表”名单（民国37年4月）、政协龙泉市文史委员会、龙泉市档案局2008年12月编的龙泉文史资料第二十二辑龙泉——浙江抗战大后方一书230页记载的龙泉抗战阵亡将士名录、1994年出版的龙泉县志一书第728页记载的龙泉抗战阵亡将士名录、2010年7月中国档案出版社出版的龙泉民国档案辑要一书298页记载的龙泉抗战阵亡将士名录为凭。经其儿子季一通申请，县、市、省政府审核，2021年7月29日，浙江省人民政府批准，追认季子光为烈士，《烈士通知书》（2021浙烈字第000004号）。（应文琛）

文　选

中共丽水市委
关于全面推进生态产品价值实现机制示范区建设的决定

（2021 年 7 月 30 日中国共产党丽水市第四届委员会第十次全体会议审议通过）

中国共产党丽水市第四届委员会第十次全体会议，为深入贯彻习近平生态文明思想，创新实践“绿水青山就是金山银山”理念，全面落实《中共中央办公厅国务院办公厅关于建立健全生态产品价值实现机制的意见》，就率先推动生态产品价值实现机制改革从先行试点迈向先验示范，加快创建全国生态产品价值实现机制示范区，作出如下决定。

一、总体要求

1. 重要意义。建立健全生态产品价值实现机制，是贯彻落实习近平生态文明思想的重要举措，是践行“绿水青山就是金山银山”理念的关键路径，是从源头上推动生态环境领域国家治理体系和治理能力现代化的必然要求，对推动经济社会发展全面绿色转型具有重要意义。丽水是“绿水青山就是金山银山”理念的重要萌发地和先行实践地、“丽水之赞”光荣赋予地，也是全国首个生态产品价值实现机制试点市，通过三年来锐意改革实践、大胆探索创新，圆满完成了国家改革试点任务。站在迈向高水平全面建设社会主义现代化新征程的重要历史关口，接续推进生态产品价值实现机制示范区建设，是丽水贯彻落实党中央最新部署的使命担当，是全面推进高水平生态文明建设、高质量绿色发展的重要载体和关键抓手，必将有力地促进丽水进一步扩大生态比较优势、全面拓宽“绿水青山就是金山银山”转化通道，率先走出加快跨越式高质量发展扎实推动共同富裕的新路子。

2. 指导思想。以习近平新时代中国特色社会主义思想为指导，全面贯彻党的十九大和十九届二中、三中、四中、五中全会精神，深入贯彻习近平生态文明思想，坚定不移走创新实践“绿水青山就是金山银山”理念的发展道路，以浙西南革命精神铸魂赋能立根，以厉行“丽水之干”系统推进体制机制改革创新，加快构建推动 GDP 和 GEP“两个较快增长”的制度体系，着力建设以“生态经济化、经济生态化”为显著特征的现代化生态经济体系，不断拓宽政府主导、企业和社会各界参与、市场化运作、可持续的生态产品价值实现路径，为全面开辟高质量绿色发展新路、加快跨越式高质量发展建设共同富裕美好社会提供有力支撑，为推动形成具有中国特色的生态文明建设新模式提供丽水示范。

3. 工作原则

——保护优先、合理利用。坚持尊重自然、顺应自然、保护自然，坚决守住自然生态安全边界，彻底摒弃以牺牲生态环境换取经济增长的做法,高标准推进自然生态系统原真性完整性系统性保护,增值自然资本,厚植生态产品价值。

——政府主导、市场运作。坚持有为政府和有效市场相结合,充分考虑不同生态产品价值实现路径,进一步强化政府主导作用,更加充分发挥市场在资源配置中的决定性作用,积极培育有竞争力市场经营主体,促进生态产品价值持续增长和高效转化。

——整体推进、特色示范。坚持系统观念,加强统筹协调,因地制宜、分类施策推进全域示范创建和改革全面深化,加强改革成果系统集成和特色提升,形成具有鲜明丽水特色的创新性、引领性、示范性的生态产品价值实现机制重大改革成果。

——支持创新、鼓励探索。聚焦生态产品价值实现重点领域、关键环节及现行制度框架体系下深层次瓶颈制约,开展政策制度创新试验和深化改革攻坚,允许试错、宽容失败,以点带面推动改革实现纵深突破、全面深化、集成提升。

4. *主要目标*。到 2025 年,形成系统有效的生态产品价值实现制度体系,建成全国生态产品价值实现机制示范区。生态产品价值核算评估体系、自然资源资产产权制度等基础性制度全面建立,生态产品开发经营、市场交易等主体性制度创新完善,绿色金融、生态信用、考核评价等保障性制度总体成型,生态系统生产总值(GEP)达到 5000 亿元,生态产品"难度量、难抵押、难交易、难变现"等问题得到实质性解决,生态产品价值实现路径全面拓宽,生态优势转化为经济优势的能力显著增强,形成一批具有示范引领作用的标志性改革成果。到 2035 年,生态产品价值实现机制全面创新提升、更加完备高效,高质量绿色发展取得更大成就,成为具有中国特色的生态文明建设新模式的典范样板。

二、建设全国领先的生态产品调查监测体系

5. *推进自然资源确权登记*。总结推广"河权到户"、集体林地地役权改革等产权制度改革成果和经验,进一步健全自然资源确权登记制度规范,全面有序推进统一确权登记,清晰界定自然资源资产产权主体,划清所有权和使用权边界。丰富自然资源资产使用权类型,合理界定出让、转让、出租、抵押、入股等权责归属,依托自然资源统一确权登记明确生态产品权责归属。将自然资源确权登记信息纳入不动产登记信息管理基础平台,实现与不动产登记、国土调查、专项调查等信息统一管理、实时互联。

6. *加强生态产品信息调查*。基于现有自然资源和生态环境监测体系,丰富网格化监测手段,全域推进生态产品基础信息调查,摸清各类生态产品数量、质量等底数,建立生态产品目录清单。加快建设"天眼守望"卫星遥感、"花园云"数字化生态环境监测应用体系,健全生态产品动态监测制度,及时跟踪掌握生态产品数量分布、质量等级、功能特点、权益归属、保护和开发利用情况等信息,建立开放共享的生态产品信息云平台。科学辨识生态产品空间分布特征,编制功能分区规划方案,明确不同分区差异化开发保护策略,研究制定产业准入正负面清单。

三、建立标准引领的生态产品价值核算规范

7. *健全生态产品价值评价体系*。完善行政区域单元生态产品总值和特定地域单元生态产品价值评价体系,全面开展市县乡三级行政区域单元生态产品总值核算评价,以及百山祖国家公园等特定地域单元生态产品价值评价工作。总结提升"生态地"、民宿"生态价"等模式,建立反映生态产品保护和开发成本的价值核算方法,探索体现市场供需关系的生态产品价格形成机制。

8. *推进生态产品价值核算标准化*。修正完善以生态产品实物量为重点的生态产品价值核算办法,优化升级市域生态产品总值核算地方标准,建立核算标准实施监督反馈机制和效果监测体系,着力打造可复制可推广的核算规范。建立生态产品总值核算统计报表制度,将生态产品总值核算基础数据纳入国民经济核算体系,构建市县乡三级行政区域单元生态产品总值核算数据标准化收集体系。探索开展项目层级生态产品价值核算工作。

9. *推动生态产品价值核算结果应用*。加强生态产品价值核算结果在政府决策和绩效考核评价中的充分应用,全面推动生态产品总值进规划、进决策、进项目、进交易、进监测、进考核。推动生态产品价值核算成果在国土空间管控、重大生态保护修复、生态环境损害赔偿、开发经营融资、生态资源权益交易等领域广泛应用。探索工程项目建设区域的生态产品价值影响评价,结合生态产品实物量和价值核算结果采取必要的补偿措施,确保生态产品保值增值。探索基于生态产品总值核算的生态产品政府采购机制,扩大公共生态产品政府供给。建立生态产品总值核算结果发布制度,适时评估各地生态保护成效和生态产品价值。

四、开拓多元高效的生态产品价值实现路径

10. *深入推进生态产品供需精准对接*。依托华东林业产权交易所,争创国家级生态产品交易中心。定期举办生态产品推介博览会，扩大“山耕精品发布会”“山耕集市”“山耕家宴”等推介活动矩阵，形成常态化推介模式。通过新闻媒体和互联网等渠道，加大生态产品宣传推介力度。建设中国（丽水）跨境电商综合试验区，提升农村电商服务，优化“两山邮政”服务网络，推广生态产品线上云交易、云招商，构建形成服务线上线下两个方面、国内国际两大市场的生态产品供需对接体系。

11. 全面拓展生态产品价值实现模式。在严格保护生态环境前提下，创新多样化模式和路径，科学合理推动生态产品价值实现。依托不同自然禀赋，积极推广人放天养、自繁自养等原生态种养模式，因地制宜发展茶叶、食用菌、高山蔬菜、中药材等特色生态精品农业。大力推进林业振兴，促进竹木制品、森林食品等产业精深发展、迭代升级，培育发展森林旅游、森林康养、气候养生等新兴经济，持续提升森林经济价值和释放增收能力。全面激活水经济，深化优质水、精品水研究，制定“高端水”标准，建设华东优质水经济产业园，开发高附加值特色涉水产品。发展壮大生态产品精深加工业，推进生态产品多元化开发、多层次利用、多环节增值；积极培育和引进数字经济、健康医药等生态利用型、生态赋能型、生态影响型产业。以瓯江山水诗路为纽带，依托优美自然风光、历史文化遗存，场景化打造“瓯江行旅图”“处州风华录”“江南秘境乡”“印象山哈”等经典文旅产品，发展康养度假、艺术文创、乡愁体验、户外运动等特色文旅产业，创新文化、旅游与康养休闲融合发展的生态旅游开发模式。推广“拯救老屋”模式，实施“古村复兴”“畲寨复兴”计划，盘活传统村落资源，激活乡村旅游开发价值。

12. 促进生态产品价值持续增值。体系化推进“丽水山耕”“丽水山居”“丽水山景”“丽水山泉”“丽水山路”等“山”字系品牌建设，以品牌赋能促进生态产品增值溢价。推进浙江省绿色发展标准化重大战略试点，筹建生态产品价值实现标准化技术委员会，构建涵盖生态环境资源、生态产业发展、生态产品价值实现等领域的高质量绿色发展标准体系，以标准化建设提升生态产品价值。建立“丽水生态产品”认证标准评价体系，建设生态产品质量追溯平台，运用数字化手段构建生产、加工、仓储、运输、销售全过程监督体系，推动生态产品认证市际、省际、国际互认。探索以特定区域自然资源、历史文化资源等为基础，建立生态产品价值实现项目策划、潜在价值评估、开发经营权交易机制，推动资源变资产、资产变资本。实施农民持股计划，探索农村集体资产股权流转、抵押等实现形式，引导农民自愿以土地经营权、林权等入股企业，保障参与生态产品开发经营的村民利益。

13. 培育壮大生态产品价值实现市场主体。巩固和强化“生态强村公司”作为生态产品供给主体、交易主体的功能定位，完善公司经营制度、收益分配机制，打造生态资源资产化、资产资本化实施主体。深化“两山银行”运营机制，强化对分散、零碎的生态资源资产进行集中收储、管理，健全价值评估和交易机制，打造全国领先的生态资源资产开发经营服务平台和交易平台。大力培育生态产品市场开发经营主体，开展生态保护修复的产权激励机制试点，对开展生态环境综合整治的社会主体，在保障生态效益和依法依规前提下，允许利用一定比例的土地发展生态农业、生态旅游获取收益。

14. 积极推动生态资源权益交易。通过政府管控或设定限额，积极推进生态产品价值责任指标交易，探索开展绿化增量责任指标、清水增量责任指标等交易。制定实施碳达峰碳中和总体方案，开展碳达峰碳中和路径研究，创建中国碳中和先行区。积极融入全国碳排放权交易市场，争取建设服务全省的区域性碳排放权交易市场。深化森林经营碳汇项目方法学研究，开展碳汇潜力调查，制定出台林业碳汇开发及交易管理办法。健全排污权有偿使用制度、用能权交易机制，探索建立生态产品与用水权、用能权、排污权、碳排放权等环境权益的兑换机制。

15. 大力推进绿色金融创新。创建全国普惠金融服务乡村振兴改革试验区，积极探索金融服务生态产品价值实现的有效模式。深化以生态资产产权、收益权和碳汇权益等为抵押物的“生态贷”模式，探索“生态资产权益抵押+项目贷”模式，支持生态环境提升及绿色产业发展。健全“生态信用”评价管理制度，推广“两山信用贷”模式。开展碳排放权质押、碳汇质押、碳账户、碳期货、碳期权等碳金融创新，争创气候投融资试点。实施数字普惠金融创新工程，运用大数据、区块链等技术，创新交易结算数据、存货、仓单和订单融资等绿色信贷产品。推动保险、投资理财等现代金融服务向农村下沉，实现普惠型乡村金融服务站行政村全覆盖。完善农村保险服务体系，扩大政策性农业保险覆盖面。

五、健全科学务实的生态产品保护补偿制度

16. 创新生态产品保护补偿方式。完善纵向、横向生态保护补偿制度，落实生态环境损害赔偿制度。探索创新百山祖国家公园各类保护主体的生态补偿方式，通过增设生态管护员、巡护员等生态公益岗位，提高各类保护主体生态补偿效益。探索“亩均+”的生态公益林补偿机制，促进生态补偿与生态产品贡献度相适应。构建瓯江流域横向生态补偿机制，探索资金补偿、产业扶持、技术援助、人才支持等多元化市场化补偿方式。开展水资源费收费标准提升和分成比例改革，探索按取水口以上流域面积、水质、水量等要素确定水资源费分成比例的模式。探索建立基于生态产品价值核算的生态占补平衡机制，将开发建设活动的生态负外部性纳入开发经营成本，明确损害赔偿范围、责任主体、解决途径，推进生态环境损害成本内部化。

六、完善协同有力的生态产品价值实现推进机制

17. *强化组织领导*。市委、市政府成立生态产品价值实现机制示范区建设工作领导小组，及时研究落实示范区建设重大事项、协调解决各类难题。市发改委要牵头负责，会同有关部门研究制定示范区建设实施方案，细化工作目标、任务和分工。各地各有关部门要把建立健全生态产品价值实现机制作为推进新时代生态文明建设的重要任务，采取有力措施，推动各项工作落实落细。

18. *强化考核督促*。建立健全监督考核机制，制定出台专项考评办法，考评结果作为党政领导班子和领导干部综合评价、干部奖惩任免的重要参考。建立健全督查督办机制，市发改委要会同有关部门定期对示范区建设各项任务落实情况进行监督检查和跟踪推进，及时推广成功经验、解决存在的问题。

19. *强化智力支撑*。依托高等学校和科研机构，强化基础理论研究、路径创新和人才培养。支持两山学院加快发展，建设生态产品价值实现领域对外交流合作平台和跨领域跨学科的高端智库。深化与长三角、长江经济带等地区交流合作，开展经常性研讨交流，共同推进生态产品价值实现机制改革实现新突破。

20. *强化舆论引导*。加大生态产品价值实现机制宣传力度，及时宣传示范区建设的重大进展、工作成效和成功经验，定期推出生态产品价值实现最佳实践案例。发挥主流媒体宣传主阵地作用，建设公众参与平台，畅通社会力量参与渠道，让广大群众成为生态产品价值实现的参与者和受益者。

鸟瞰市区　　　　（市委办　提供）

中共丽水市委 丽水市人民政府 关于印发《丽水加快跨越式高质量发展建设共同富裕示范区行动方案(2021—2025年)》的通知

(2021年8月23日)

为全面贯彻《中共中央国务院关于支持浙江高质量发展建设共同富裕示范区的意见》(中发〔2021〕24号)精神,认真落实省委十四届九次全会决策部署,按照《浙江高质量发展建设共同富裕示范区实施方案(2021—2025年)》(浙委发〔2021〕17号)的要求,结合丽水实际,制定我市"十四五"时期行动方案。

一、目标要求

以习近平新时代中国特色社会主义思想为指导,深入贯彻党的十九大和十九届二中、三中、四中、五中全会精神及省委十四届九次全会决策部署,高扬"丽水之干"行动奋斗旗帜,以浙西南革命精神铸魂赋能立根,紧扣推动共同富裕和促进人的全面发展,以满足人民日益增长的美好生活需要为根本目的,以改革创新为根本动力,以解决地区差距、城乡差距、收入差距问题为主攻方向,更加注重破解发展不平衡不充分问题,更加注重发挥生态比较优势,更加注重向农村、基层和困难群众倾斜,全面落实"八个坚持"基本要求,全面拓宽高质量绿色发展新路,以加快跨越式高质量发展扎实推动共同富裕。到2025年,解决发展不平衡不充分问题取得明显实质性进展,成为全省新发展格局中的新增长极;具有鲜明山区特点的共同富裕体制机制基本成型,成为共同富裕美好社会山区样板。

——*形成加快跨越式高质量发展的丽水路径*。全力推动经济在高质量发展前提下实现必要适度的高速度增长,地区生产总值(GDP)和生态系统生产总值(GEP)实现规模总量协同较快增长、相互之间转化效率持续较快增长。其中,GDP增速、人均GDP增速处于全省第一方阵,GDP规模总量突破2250亿元,GEP达到5000亿元;各县(市、区)在全省山区26县分类考核中均居前列。以"生态经济化、经济生态化"为显著特征的现代化生态经济体系建设取得突破性进展,生态工业实现高质量倍增发展。以人的现代化为核心的新型城镇化加快推进,常住人口城镇化率达到68%以上。"一带三区"发展新格局基本确立,"双招双引"战略性先导工程、浙西南区域创新体系、浙西南区域中心城市、现代综合立体交通体系、数字化改革、制度型对内对外开放体系等工作取得重大进展,发展活力、发展动力、发展能力系统性增强。

——*成为绿色发展生态惠民的丽水示范*。生态功能持续增强,主要生态指标率先迈向国际先进水平。基本建成诗画浙江大花园最美核心区,创成百山祖国家公园,建成瓯江山水诗路,花园城市、花园乡村成为独具丽水韵味的靓丽风景、人民品质生活的宜居家园,成为"美丽中国愿景地"。生态产品价值实现机制改革从先行试点走向先验示范,成为全国生态产品价值实现机制示范区、中国碳中和先行区,在更大范围更深层次推动绿水青山蕴含的生态产品价值在实现环节和供给侧端取得重大突破,更加充分转化为经济价值、社会效益，更好服务于人民高品质美好生活。

——形成以共同富裕为导向持续增收的丽水经验。居民收入增长持续快于经济增长，收入增速保持全省前列，居民人均可支配收入达到5.7万元，劳动报酬占GDP比重超过50%，中等收入群体规模不断扩大、结构持续优化、生活品质不断提升，家庭年可支配收入10万—50万元的群体比例达到70%。城乡区域发展差距、城乡居民收入和生活水平差距显著缩小，城乡居民收入倍差缩小到1.95，地区人均GDP、人均可支配收入最高最低倍差均缩小到1.5。建立以开发式扶持为主解决相对贫困的有效机制，低收入农户人均可支配收入年均增长15%，增收能力、生活品质和社会福利水平明显提升。

——提升民生福祉普惠共享的丽水温度。更高水平推进幼有所育、学有所教、劳有所得、病有所医、老有所养、住有所居、弱有所扶，基本实现人的全生命周期公共服务优质共享。婴幼儿照护服务体系更加完善，普惠性幼儿园在园幼儿占比达到95%以上，建成覆盖城乡的学前教育公共服务体系。教育发展显著提质，高质量普及学前至高中段15年教育，高等教育毛入学率达到70%以上，技能人才占从业人员比例提高到35%。健康丽水基本建成，人群主要健康指标达到高收入国家水平，人均预期寿命81.5岁。社会保障和养老服务体系更加完善。城镇住房保障受益覆盖率达到23%。新时代社会救助体系全面建立，低保标准增幅不低于人均可支配收入增幅。

——构筑精神自信自强的丽水高地。弘扬践行浙西南革命精神不断走深走实，“红绿”融合全面深度发展，革命老区振兴发展走在前列，建设全国红色文化融合绿色发展示范区。社会主义核心价值观深入人心，新时代文化丽水工程深入实施，基本建成具有鲜明精神气质、深厚人文内涵、蓬勃生机活力的文化强市。新时代文明实践深入开展，市民素质和社会文明程度达到新高度，文化自信不断增强。城乡一体的现代文化服务体系全面建成，“15分钟文明实践服务圈”“15分钟品质文化生活圈”全面覆盖，市县乡三级文化设施覆盖达标率100%。文化及相关产业增加值年均增速16%以上，占GDP比重达到8%。

——打造社会和谐和睦的丽水样板。党建统领的整体智治体系基本建成，法治丽水、平安丽水建设迈向更高水平，清廉丽水建设纵深推进，全面从严治党成效进一步彰显，社会主义民主法治更加健全，社会公平正义充分彰显，基本实现“制度设计更趋完备、制度运行更加有效”的市域治理现代化。生产安全事故死亡率、万人犯罪率、万人成讼率逐年下降，网络空间更加清朗，防范化解重大风险能力、突发公共事件应急能力、防灾减灾救灾能力显著增强。高水平创建平安浙江示范区，创成全国法治政府建设示范市、全国市域社会治理现代化试点合格城市，夺得全国综治最高荣誉“长安杯”，群众获得感幸福感安全感满意度稳步提升。

二、实施生态富民惠民推进行动

1. 建设诗画浙江大花园最美核心区。充分发挥国家公园示范带动作用，高品质建设瓯江山水诗路，建设国家生态文化公园、国家气象公园。深入实施大花园核心区“1+3+N”工程，全域推进“国家公园”+“美丽城市、美丽城镇、美丽乡村”+“美丽河湖、美丽林相、美丽田园等”创建行动，加快建设“丽水山居图”等旗帜性工程，五年累计完成投资2000亿元以上。全域开展美丽生态提升行动，高标准推进“蓝天、碧水、净土、清废”行动，实施植树造林、“增花添彩”等工程，建设珍贵彩色健康森林，提高大花园景观价值。以古城名镇名村、高等级景区、遗址公园、人文水脉、森林古道等为重点，精雕细琢打造20个以上大花园“耀眼明珠”，串珠成链建设一批“多彩廊道”，实现大花园示范县全覆盖。全方位推进“生态+”“农耕+”“文旅+”，大力培育“丽水山耕”“丽水山居”“丽水山景”“丽水山泉”“丽水山路”等美丽业态，让美丽生态更好服务于人民美好生活。（市发改委、市生态环境局、市农业农村局、市自然资源局、市建设局、市文广旅体局、市水利局、市交通运输局、市生态林业中心等）

2. 实施生态修复和生物多样性保护。全面落实“三线一单”生态环境分区管控方案。实施瓯江源头区域山水林田湖草沙一体化保护和修复工程，开展生物多样性本底调查，建成生物多样性数据库和监管平台，重点生物物种种数保护率达到95%以上，成为全国生物多样性保护引领区，申报联合国教科文组织世界生物圈保护区。高质量推进乡村全域土地综合整治，联动开展抛荒耕地专项整治，推进复垦复耕复种，坚决遏制抛荒弃耕，促进耕地数量保护和质量提升。建立污染源数字化监控体系，基本建成市县乡三级生态环境监测网络和天眼守望卫星遥感生态环境应用系统，实现县级以上城市清新空气示范区全覆盖，全面建成城镇“污水零直排区”。（市自然资源局、市生态环境局、市生态林业中心、市农业农村局、市大数据局等）

3. 创建生态产品价值实现机制示范区。完善生态产品价值核算标准体系，积极参与国家标准制定，探索

GEP核算统计报表制度，构建形成完备的标准化核算数据监测收集体系和常态化核算评估机制，推进GEP应用场景开发和全方位多层次应用实践，成为全国标准制定者、应用引领者。建立国家级生态产品交易中心，建立健全生态产品与用水权、用能权、排污权、碳排放权等环境权益的兑换机制，率先形成可复制可推广的生态资源权益交易经验。建立生态产品价值实现机制创新平台，拓宽各类市场主体参与渠道，培育发展“两山银行”“生态强村公司”等市场主体，发展壮大生态利用型、生态赋能型、生态影响型产业，全力推动生态资源产业化、市场化，生态产业高效化、品牌化。加强“两山智库”建设，开展生态产品价值实现国际交流合作。（市发改委、市生态环境局、市自然资源局、市金融办等）

4. 创建中国碳中和先行区。制定实施碳达峰碳中和总体方案，积极开展碳达峰碳中和路径研究。分步减少化石能源使用，推进光伏、水电、生物质能等清洁能源规模化开发，非化石能源消费比重达50%以上。大力开发林业碳汇、湿地碳汇等项目，建设一批碳汇基地，争取新增3个零碳示范县、10个零碳示范乡镇、100个零碳示范乡村（社区）。建立低碳高效产业体系，在农产品、竹木制品等行业率先推行碳足迹、碳标签制度。开展气候投融资试点，实施一批零碳（低碳）试点示范项目。探索重点行业领域碳排放评价纳入环境影响评价体系，发挥环评对“高能耗、高排放”项目源头控制作用，推动碳排放末端治理与利用技术的应用。开展碳中和信息化平台试点，努力建成生态系统碳汇数据库，基本实现碳中和数字化管理。（市发改委、市生态环境局、市自然资源局、市生态林业中心、市经信局等）

5. 全面推进林业振兴。实行最严格的林地管理制度，全面落实林长制，加快宜林地造林和迹地更新，新增国土绿化10万亩，提升森林质量200万亩，建设美丽林相300万亩。构建生态赋值和品牌赋能的高质量林业产业体系，实施“国家公园+”、竹木产业振兴、森林康养培育、林下经济发展、木本粮油保供五大行动，提升高效竹林、木本油料、珍贵树种和大径材三个百万亩基地，把林业产业重新打造成为富民强市的重要支柱产业，实现林业行业总产值900亿元。深化集体林地地役权、林权等各项改革，新增林地流转40万亩、新型林业经营主体100家。率先开展森林碳增汇、碳金融、碳交易，持续扩大森林经济价值和释放增收能力。培育森林生态文化，开发高端森林产品，建设一批科普教育、天文观测、森林康养、气候养生、户外运动等基地。（市自然资源局、市生态林业中心等）

6. 创建全国普惠金融服务乡村振兴改革试验区。推进金融支持生态产品价值实现机制创新，推广“生态主题卡”“生态区块链贷”等绿色金融模式，“生态贷”“两山贷”余额分别达到310亿元、35亿元。实施数字普惠金融创新工程，建设基于区块链的小超市、小宾馆“两小”金融服务平台，基本形成普惠型均等化数字金融服务全覆盖。健全农村产权确权颁证、价值评估、交易流转、处置变现等配套机制，拓宽农村抵押融资渠道。创新开发“信易贷”产品和服务，农户信用贷款年均增速高于15%。推动保险、投资理财等现代金融服务向农村下沉，实现普惠型乡村振兴金融服务站行政村全覆盖。完善农村保险服务体系，扩大政策性保险覆盖面。（人行丽水市中心支行、市金融办、市财政局、市农业农村局、市自然资源局、丽水银保监分局等）

7. 全面推进生产生活方式绿色转型。推动能源、工业、交通、农业等重点领域绿色低碳发展，形成高效、清洁、循环、低碳的新型生产方式。开展绿色生活行动，创建节约型机关、绿色家庭、绿色学校、绿色社区，扩大绿色产品服务，形成简约适度、绿色低碳、文明健康的生活方式。加强生态文明宣教阵地建设，打造一批基层宣传宣讲载体，新增10家省级生态文明教育基地。全域建设“无废城市”，全面推动能源资源节约集约利用，加快构建废旧物资循环利用体系，实现城镇生活垃圾分类全覆盖，60%以上的县（市、区）建成“无废城市”。（市生态环境局、市发改委、市建设局、市经信局、市教育局、市妇联等）

三、实施创新引领产业振兴行动

8. 实施“双招双引”战略性先导工程。实施人才先行战略，加大对新兴产业以及重点领域、企业急需紧缺人才招引力度，引进青年人才20万人以上，新增博士2000人、硕士1万人，引进“绿谷精英”人才项目400个以上，基本建成人才管理改革试验区，打造全国“绿水青山就是金山银山”发展人才高地。全力招引重大战略项目，每年滚动谋划3—5个百亿级重点招商项目集中攻坚，力争引进10个以上重大产业项目。大力加强与央企、大型国企、500强企业和行业领军企业合作，促成20家以上央企来丽投资，力争实现投资总额1000亿元。发挥“世界丽水人大会”平台优势，充分激发丽商侨商潜能。深耕细分产业领域，开展传统优势产业补链强链延链招商，推进智能装备、生命健康等产业差异化布局、协同化招商，推动全产业链发展。大胆发力未来产业，加快在第三代半导体、大数据、金属新材料等领域培育形成产业链。

（市发改委、市委组织部、市委统战部、市人力社保局、市经信局、市科技局、丽水开发区管委会等）

9. 构建浙西南区域创新体系。推动人才科技融合发展，全面实施浙西南科创中心发展规划，加快打造国际化双创人才特区，建设浙西南科创产业园、富岭科技城、七百秧科创服务核等科创集聚平台，创建国家高新技术产业开发区，实现国家级科技企业孵化器零突破。市县联动布局建设一批“科创+特色产业”区域性科创基地，实现省级众创空间、科技孵化器县级全覆盖。实施新一轮高新技术企业和科技型中小企业“双倍增”行动计划，高新技术企业和科技型中小企业分别达到900家和2800家。积极与国内外大院名校开展合作，争取设立3所以上实体化研究生分院和研究院。支持本土高校、科研院所、企业科研力量提高科研能力和科技成果孵化转化效率，形成“众创空间—孵化器—加速器—产业园”全链条孵化体系。建立多元化科技投融资体系，健全财政科技投入稳定增长机制，确保全市各级财政科技投入年均增长不低于15%，全社会R&D经费支出占GDP比重达到3.0%。（市科技局、市发改委、市财政局、市教育局、市金融办、丽水开发区管委会等）

10. 全力主攻生态工业高质量发展。实施生态工业高质量发展倍增行动，稳步提高制造业比重，实现规上工业产值2800亿元、工业增加值占GDP比重35%以上。深入推进平台“二次创业”，实施新一轮土地空间开发计划，新增开发工业用地3万亩以上；丽水开发区实施“东扩西进”战略，率先建成千亿级规模高能级战略平台，跻身国家级经开区50强；打造形成3个500亿级高质量骨干平台、7个特色化发展基础平台。实施现代产业集群培育升级工程，发展壮大半导体全链条、精密制造、健康医药、时尚产业、数字经济五大主导产业集群，力争总产值超2000亿元。联动推进战略性新兴产业发展和传统制造业改造提升，深入实施“凤凰行动”“雄鹰行动”“雏鹰行动”，促进中小微企业“专精特新”发展，实现上市企业累计16家、省级“雄鹰行动”培育企业5家、规上工业企业1800家以上。（市经信局、市发改委、市自然资源局、市金融办、丽水开发区管委会等）

11. 建设数字绿谷。实施数字经济五年倍增计划，实现数字经济总量1000亿元，数字经济核心产业增加值占GDP比重达到5%。实施“数字产业化”突破工程，建设丽水数字经济产业园，布局一批数字经济“飞地”，打造“产业大脑+未来工厂”为核心的数字经济系统，加快形成集成电路标志性产业链，发展光电子前沿、绿色数据中心等数字经济核心制造业。实施“产业数字化”赋能工程，支持企业建设数字经济研究院，打造高能级工业互联网平台，推动园区数字化转型和企业“上云用数赋智”。实施数字基础支撑工程，打造“双千兆”网络示范城市，实现乡镇、3A级以上景区5G全覆盖。建设数字社会，开展数字生活新服务行动，提升数字技术普惠功能。（市经信局、市委网信办、市发改委、市大数据局、丽水开发区管委会等）

12. 推动农业高质高效发展。实施“科技强农”核心战略，落实农业科技创新行动计划，在良种良法良技上开展关键技术攻关和科技成果转化，引育一批高能级农林科创平台，谋划建设4个现代育种基地，力争在新一代生物育种技术上实现引领性原创成果重大突破。集中力量打造3个国家级优势特色产业集群，创建5个中国特色农产品优势区，发展康养农业、休闲农业、创意农业、非遗农业等新业态。推动国家公园品牌与“山”字系品牌融合发展，开发推出15个以上具有市场影响力和鲜明地域特色的“丽水山耕”拳头产品。实施“三品一标”提升行动，开展“对标欧盟•肥药双控”新三年行动，打造生态农产品直供出口基地。实施新型农业经营主体提升工程，新增5家国家级农业龙头企业、20家省级农业龙头企业，加快发展农业社会化服务组织。开展农产品市场体系建设专项行动，打造3个区域性农产品骨干市场，建设综合型农产品加工物流园区和冷链物流设施。（市农业农村局、市科技局、市市场监管局、市发改委、市商务局等）

13. 打造旅游业加快发展升级版。以瓯江山水诗路为引领，推动旅游业向全域型、内涵型、开放型、创新型、体验型发展升级，新创成3个以上高等级旅游景区，实现国家级旅游度假区零的突破，打造10个具有引爆效应的旗舰型旅游项目，旅游产业增加值占GDP比重达到10%以上，达到国家全域旅游示范市标准。场景化打造“瓯江行旅图”“处州风华录”“江南秘境乡”“印象山哈”等经典文旅产品，推出10张文旅金名片和10个有影响力的文旅融合品牌。打造乡村旅游、艺术创作、民宿经济等特色产业集群，培育研学旅行、低空旅游、水上运动等新业态，打造1000个旅游业微改造示范点。构建“快进慢游”旅游交通体系，实施数字旅游新基建工程，4A级以上旅游景区、省级以上旅游度假区实现智慧化转型升级。（市文广旅体局、市委统战部、市交通运输局、市农业农村局、市全域旅游中心等）

14. 全面激活水经济。统筹推进六江源综合保护和生态价值高效转化工程，推进瓯江流域水生态保护修复和康养项目建设，打造千峡湖、南明湖、通济堰等高品质水旅融合集聚区，加快建设“幸福瓯江”。建设浙西南水库群，加快缙云抽水蓄能项目建设，谋划建设一批抽水蓄能电站，打造华东抽水蓄能基地。构建全域水资源联库联调网，实施跨区域输配水工程，推进水资源与长三角地区重要城市远程共享，打造华东天然水塔。建立市水务集团，设立水产业发展专项基金，建设华东优质水经济产业园，大力发展涉水产业，开发高端饮用水、医用针剂、美容护肤、生物萃取、健康日化、酒水软饮料等领域高附加值涉水产品。（市发改委、市水利局、市国资委、市财政局等）

15. 扩大居民消费和有效投资。高水平建设一批商业综合体、高品质步行街、特色消费品市场，重点打造4个省级智慧商圈、5个省级绿色商场、5个时尚消费集聚区，培育特色餐饮、红酒咖啡、画室书吧、茶舍陶艺等时尚业态。提升电商丽水模式，实现网络零售总额1000亿元。健全城乡配送服务体系，争创省级供应链试点，建立一站式供应链综合服务云平台，打造城乡“5分钟便利店+10分钟农贸市场+15分钟超市”生活服务圈。实施新一轮扩大有效投资行动，实施省市县长项目工程，开展新型基础设施、综合交通、生态工业、公共服务四个千亿投资计划，推进新型基础设施、新型城镇化、交通水利等重大工程攻坚，累计完成投资5000亿元以上。深化投融资体制改革，规范推广政府和社会资本合作模式，探索不动产投资信托基金等方式盘活变现存量资产，拓展重大项目融资渠道。（市商务局、市发改委、市财政局、市市场监管局等）

16. 打造活力高效的创业创新生态。开展优化营商环境五年行动，实施“信用丽水”提质升级工程，丰富“生态信用”应用场景，打造市场化法治化国际化的一流营商环境。深化国资国企改革，优化国资布局结构，完善国资监管体系，实施“等级、资产、投资”跃升行动和上市培育计划，强化国有资本推动共同富裕战略功能，促进国有企业发展成果全民共享。实行统一的市场准入负面清单制度，支持民营企业做大做强做优，在促进共同富裕上发挥更大作用。深入实施市场主体升级工程，完善促进中小微企业和个体工商户发展的法律环境和政策体系。实施高标准市场体系建设行动，健全统一开放的要素市场。持续推进商事制度改革，深化“证照分离”改革，提升准入和退出便利度。（市发改委、市经信局、市市场监管局、市国资委、市工商联等）

四、实施统筹区域协调发展行动

17. 加快形成“一带三区”发展格局。建立完备有效的市域一体化发展新机制，基本实现空间统揽统筹、产业集群集聚、创新协同协作、交通互联互通、生态联保联治、公共服务共建共享。推进南城生态工业、碧湖新城等五大示范性平台建设，实施“万亩千亿”新产业平台建设等八大标志性工程，“一带”地区基本实现同城化，“三区”协作互动特色发展。加快构建高速公路“三环线”、中心城区“三环线”，促进“一带三区”快速联通。推进“跨山统筹”市域一体化发展试点，推动国土空间、财政资金等要素资源统筹，市县联动编制国土空间总体规划，推动政府财政项目资金跨区域跨部门统筹使用，发挥高质量绿色发展产业基金市县联动作用，推进政府性融资担保体系市县一体化建设。（市发改委、市财政局、市交通运输局、市自然资源局、市经信局、市生态环境局等）

18. 建设现代化基础设施体系。统筹交通、水利、能源、信息等重大基础设施一体化布局，推动资源优化配置。构建互联畅达、高效便捷的现代交通网，高水平打造浙西南综合交通枢纽，基本形成通达上海2小时、省域1小时、市域1小时“211交通圈”，全力争取国家和区域交通干线连结丽水，开工建设杭丽高铁、温武吉铁路、义龙庆高速公路等项目，建成丽水机场、衢丽铁路、景文高速公路等项目，全面提升国省道和“四好农村路”，深化农村公路灾毁保险改革，推进农村渡运公交化改造，实现85%乡镇通三级以上公路，农村公路优良中等路率达到85%以上。构建安全美丽的水利设施网，实施水安全、水资源、水生态三大百亿工程，县级以上城市“一源一备”和规模化供水工程覆盖率分别达到100%和72%以上，农业“两区”供水保障率达到90%以上，城乡基本普及15分钟亲水圈。构建绿色清洁的能源设施网，建设500千伏“双核驱动”等项目，实施天然气入县进镇工程，谋划“风光水储一体化”项目，打造华东绿色能源基地。构建现代化信息基础设施网，加快5G、工业互联网、大数据中心、人工智能和下一代互联网规模部署和应用，迭代升级“城市大脑”，建立开放共享的大花园物联网架构体系。（市发改委、市交通运输局、市建设局、市水利局、市大数据局、市铁委办等）

19. 深入推进山海协作工程升级版。推进莲都—义乌等4个山海协作工业类产业园数字化智能化升级，打造百亿级生态工业发展平台，高标准建设丽水—宁波等6个山海协作生态旅游文化产业园。加强域外投资引进、承接沿海产业转移，力争新增产业合作项目300个，实现到位资金500亿元。深化“飞地互飞”等合作模式，强化新技术新产品研发、高质量项目孵化、高端人才引进等功能，建成宁波杭州湾新区丽水工业园等5个以上“科创飞地”，力争各县（市、区）“产业飞地”全覆盖，提升14个“消薄飞地”建设水平，打造30个山海协作乡村振兴产业示范点，联结带动1200个村增收致富。（市发改委、市科技局、市经信局、市农业农村局、市财政局、丽水开发区管委会等）

20. 打造山海融通共赢的沪丽发展共同体。构建全方位高质量接轨上海工作机制，深入推进生态共建共享、基础设施互联互通、生态产业集聚攀高、科技创新承接、开放对接市场一体、公共服务异地同城六大行动，推进人才、科技、项目、金融、生态等各领域深度接轨。深化长三角产业创新城市联盟战略合作，参与长三角科技创新共同体建设。推动各县（市、区）与上海各区紧密合作，承接上海高端要素资源，联动发展“飞地”经济，打造高能级发展平台。积极引进上海等地的优质教育、文化、医疗卫生资源，推动公共服务领域一体化合作。（市发改委、市经信局、市文广旅体局、市科技局、市教育局、市卫生健康委等）

21. 积极参与“一带一路”建设。实施新时代华侨要素回流工程，争创国家华侨经济双循环试验区，高标准建设华侨经济文化合作试验区、华侨产业城，办好华侨进口商品博览会。建设华侨创业创新服务中心、华侨总部大楼、丽水侨谷新天地等标志性项目，健全华侨回乡投资兴业安居服务体系，组建华侨创业基金，形成具有开放大气特质、双循环特征的华侨经济新格局。建设浙江自贸区丽水联动创新区、综合保税区，打造空港货运物流园、综合型现代物流基地。加快中国（丽水）跨境电商综合试验区建设，争创2个省级跨境电商产业集聚区，建设4个跨境电商产业园区，跨境电子商务进出口额年均增长15%。（市发改委、市商务局、市委统战部等）

五、实施花园城市乡村建设行动

22. 高品质建设新时代山水花园城市。开展中心城市赋能扩容升级行动，优化行政区划设置，实施“东扩、西进、北展、南拓”战略，基本形成“一脉三城”城市发展格局，增强人口和高端要素、高端产业、高端功能集聚能力。系统推进城市微改造，完善城市微循环、构筑城市微生态，建设海绵城市、韧性城市。实施城市有机更新行动，推进城市低效用地再开发和地下空间开发利用，建设中央公园、城市花园中心等标杆性项目，推进海潮河区块等老旧小区改造和3个历史街区改造。实施未来社区“三化九场景”推进行动，谋划建设8个花园邻里中心，打造全国领先的未来社区、花园邻里中心样板。（市发改委、市建设局等）

23. 探索山区新型城镇化发展路径。坚持以人的现代化为核心，推进以县城为重要载体的城镇化建设，实施“小县大城、产城融合、组团发展”战略，开展县城品质提升“五个一”工程项目45个，提升产业集聚和人口承载能力，加快县城向中小城市转变。开展县城城镇化补短板强弱项工作，推进缙云国家新型城镇化示范县建设。分类推进小城镇特色发展，实施小城市培育三年行动计划，推进城乡基础设施建管一体化、基本公共服务均等化，构建舒适便捷、全域覆盖、层级叠加的镇村生活圈体系，促进农民就地就近城镇化。大力推进农业转移人口市民化集成改革，放开城镇地区落户限制，完善城市租赁房屋落户政策，促进有能力在城镇稳定就业和生活的常住人口有序实现市民化。深化新型居住证制度，强化基本公共服务与居住证挂钩，实现基本公共服务向常住人口全覆盖。（市发改委、市建设局、市公安局等）

24. 高水平打造花园乡村。开展花园乡村建设行动，深化“千村示范、万村整治”工程，建设600个花园乡村，打造150个精品花园乡村，示范推动全市花园乡村达标创建。开展乡村振兴十大激活行动，拓宽多元化市场力量参与乡村建设通道，推动乡村平台设计、业态植入和战略经营。开展省级数字乡村试点，迭代升级未来邻里、现代产业、公共服务、乡村文化、特色风貌、绿色低碳、乡村善治等场景，创成80个省级未来乡村。全面推进传统村落保护利用，实施“拯救老屋”行动和“古村复兴”“畲寨复兴”计划，系统保护古镇古街、古村古宅、古道古树、梯田景观、农耕文化，建设国家传统村落公园。全面推进民族地区乡村振兴，支持景宁全国民族地区城乡融合发展试点。（市农业农村局、市委改革办、市大数据局、市文广旅体局、市建设局、市委统战部等）

25. 探索以土地为重点的乡村集成改革。落实第二轮土地承包到期后再延长30年政策，完善承包地“三权分置”制度，探索宅基地“三权分置”有效实现形式。积极稳妥探索农房财产权更丰富的权能实现形式。鼓励农村集体经济组织及其成员通过自营、出租、入股、合作等方式，盘活农村闲置宅基地和闲置农房，发展乡村产业。审慎稳妥推进集体经营性建设用地入市，探索村集体在农民自愿前提下，依法合规地把有偿收回的闲置宅基地、废弃的集体公益性建设用地，转变为集体经营性建设用地入市。深化“三位一体”农合联改革，争取建成65个产业农合联、20个省级农业产业化联合体，促进小农户与现代农业有效衔接。实施农民持股计划，探索农村集体资产股权流转、抵押等实现形式，引导农民自愿以土地经营权、林权等入股企业，完善市域一体的农村产权交易体系。支持各县（市、区）争创省级乡村集成改革试点。（市农业农村局、市委改革办、市自然资源局、市供销社等）

六、实施富民增收机制创新行动

26. 实施中等收入群体倍增计划。健全扶持中等收入群体政策体系，加大人力资本投入，让更多普通劳动者通过自身努力进入中等收入群体。大力引进各类人才来丽就业创业。多措并举减轻中等收入家庭在教育、医疗、养老、育幼、住房等方面的支出压力，稳定中等收入群体，优化中等收入社会结构。实施居民收入十年倍增行动，健全工资合理增长机制，完善最低工资标准与经济增长、社会平均工资增长联动机制，规范事业单位人事管理，建立健全以岗位和绩效定薪酬的机制。完善减税降费工作机制，促进小微企业和个体工商户等群体收入稳步增长。加快发展财富管理行业，丰富金融理财产品，全面拓宽城乡居民财产性收入渠道。（市人力社保局、市发改委、市税务局、市农业农村局等）

27. 实施村集体经济收入和农民收入“双增”工程。健全村级集体经济收入增长机制，实施“百村示范、千村联动”强村计划，开展村级集体经济巩固提升五年行动，各县（市、区）每年安排不少于当年新增建设用地计划指标的3%用于发展集体经济。发展壮大强村公司，完善“飞地”抱团机制，实现集体经济年收入20万元以上且经营性收入10万元以上的行政村全覆盖，年收入100万元以上且经营性收入50万元以上的行政村达到300个。强化村集体经济富民惠民功能，发挥村集体经济支持带动低收入农户增收和推动公共服务普及普惠的作用。实施农民增收提速攻坚五年行动计划，推进产业强农、就业富农、改革促农、消费助农、金融支农工程，打造“八个万元”助农增收升级版，培育“乡村工匠”队伍，大力振兴乡村富民产业，促进农民收入持续增长。深入实施“大搬快聚富民安居”工程，五年累计搬迁15万人。健全“两进两回”长效机制，实施新乡贤带富工程和大学生返乡创业计划，推动人才、科技、资金、项目等要素集聚乡村、服务乡村，增强村庄发展活力，形成村强民富互促共进的生动局面。支持松阳开展以“两进两回”为抓手促进城乡融合助推共同富裕试点。（市农业农村局、市委组织部等）

28. 加快建立解决相对贫困的体制机制。实现巩固拓展脱贫攻坚成果同乡村振兴有效衔接，健全“两不愁三保障”长效机制，落实落细低保、救助、健康扶贫保险等综合保障措施，促进低收入农户增收减支，防止规模性返贫。实施低收入群体同步基本实现现代化行动，拓宽先富带后富、先富帮后富的有效路径，建立先富带后富的帮促政策制度。建立开发式帮扶机制，创新产业扶持、旅游扶持、科技扶持、金融扶持、社会扶持、消费扶持等举措，建立基层劳动就业社会保障公共服务平台，为有劳动能力的低收入农户创造更多就业机会，提升群众自我发展能力。推进数字化帮扶，建立标准化清单化帮促制度和县乡村户一体帮促机制，建立分类改善城乡低收入群体生活的精准政策体系。派强第一书记、农村工作指导员、科技特派员和驻村工作组，开展“百个侨团、千家企业、万名乡贤”助农帮扶，健全社会资本、公益组织共同帮促的激励机制。（市农业农村局、市委组织部、市委改革办、市人力社保局、市科技局等）

29. 推动实现更加充分更高质量就业。强化就业优先政策，扩大就业容量，提升就业质量，力争城镇新增就业10万人，城镇登记失业率控制在3.5%以内。实施千名高校毕业生到街道（乡镇）、社区（村）工作项目，持续面向世界一流大学引进优秀毕业生。加强就业困难人员职业培训、托底安置和就业帮扶，支持企业开发爱心岗位，确保零就业家庭动态清零。提升“丽创荟”创业服务功能，促进创业带动就业、多渠道灵活就业。健全统筹城乡的就业公共服务体系，制定发布农村劳动力就业综合指数。健全面向劳动者的终身职业技能培训制度，发展技工教育，实施新时代绿谷工匠培育工程和“金蓝领”职业技能提升行动，建设“技能丽水”，培育一支“十百千万”新时代工匠骨干队伍和“绿谷英才”高技能领军人才队伍，高技能人才占比力争达到全省平均水平。创造公平就业环境，规范劳务派遣用工行为，推进“丽水无欠薪”行动。（市人力社保局、市发改委、市教育局等）

30. 完善创新要素参与分配机制。探索知识、技术、管理、数据等要素价值的实现形式。开展科研经费包干试点机制，赋予科研机构和高校更大的科研经费使用和收入分配自主权，赋予科研人员更大技术路线决定权和经费使用权，以及科研人员职务成果所有权和不低于10年的长期使用权，提高科研人员科技成果转化收益分享比例。培育技术经纪人队伍，完善科技成果拍卖、技术成果交易制度，力争技术合同交易额达到24亿元。探索数据要素参与分配机制，推进公共数据共享开放。加强知识产权保护，推进知识产权全链条集成改革，争创国家知识产权快速维权中心，实现知识产权运用效益最大化。积极发展科技金融，推动知识产权质押融资等方式促进科技成果资本化。（市科技局、市财政局、市大数据局、市市场监管局等）

七、实施精神文明全民共创行动

31. 推动弘扬践行浙西南革命精神不断走深走实。实施研究成果集成工程，建立国家级浙西南革命精神研究基地，加强浙西南红色文化理论研究，推出《浙西南革命精神丛书》《浙西南革命精神简明教程》等一批标志性研究成果，争取纳入“中国共产党革命精神系列读本”。实施红色教育提升工程，建设挺进师纪念公园、新四军驻浙江办事处纪念馆等一批党性教育、爱国主义教育、党史教育、国防教育、廉政教育基地，建成一批红色研学实践教育基地，开设浙西南革命精神网络学院，推出《浙西南革命人物》等一批红色读物，将浙西南革命精神纳入学校教育。实施“红色基因代代传”工程，开展“追寻红色足迹、传承红色基因”教育实践活动，开展系列主题宣传宣讲和文艺创作。实施交流合作深化工程，举办浙西南革命精神论坛，联合主办“红军长征论坛”，增进与全国革命老区的交流合作，打响“红色浙西南、绿色新丽水”区域品牌。（市委宣传部、市委党史研究室、市委党校、市教育局、市文广旅体局等）

32. 推进红色资源系统性保护和创造性转化。颁布施行《丽水市革命遗址保护条例》，实施浙西南革命文物保护利用规划，系统挖掘整理红色资源，加强革命文物分级分类成片保护利用。开展“十镇百村”红色乡村建设，重点打造龙泉住龙、庆元斋郎、遂昌王村口、松阳安民—枫坪4个红色小镇，建设100个红色美丽村庄，持续放大红色资源的富民增收效应。创成2个以上4A级红色文化主题旅游景区，推出13条红色旅游精品线路，创新情景化展现方式，开发沉浸式体验产品，推进红色旅游与生态游憩、古村落体验、民族风情等融合发展。（市委宣传部、市文广旅体局、市农业农村局等）

33. 建设新时代文明实践高地。实施“固本培元铸忠诚”工程，深入开展习近平新时代中国特色社会主义思想学习、研究、宣讲活动，打造一批研究基地和理论发声平台，建设学习传播实践重要阵地。深入弘扬践行社会主义核心价值观，擦亮“丽水好人”品牌。实施全域文明创建行动，完善经常化创建全国文明城市长效机制，广泛开展群众性精神文明创建活动，建设文明创建数字平台，实施百个新时代文明实践所（站）2.0版提升工程，实现城市社区实践站、省级以上文明单位实践点全覆盖。实施处州有礼养成工程，开展人文素养提升行动，弘扬诚信文化，加强家庭家教家风建设，打响“丽水小园丁”志愿服务品牌。开展以劳动创造幸福为主题的宣传教育，厚植勤劳致富、共同富裕的文化氛围。（市委宣传部、市委党校、市社科联、市总工会、团市委、市妇联等）

34. 传承弘扬优秀传统文化。实施文化基因解码工程，建设丽水文化基因库，编纂出版《处州文献集成》，绘制丽水文化数字地图。加强重大文化遗产保护，实施“千年古城”复兴计划，推动“龙泉窑大窑—金村遗址”、处州廊桥申报世界文化遗产。实施文化品牌工程，打造处州十大历史文化地标和十大地域特色文化品牌，办好仙都祭祀轩辕黄帝大典、中国畲乡三月三、世界剑瓷大会、国际茶商大会、青田石雕文化节、庆元香菇文化节等重大节会，打响“汤显祖文化节”“侨乡中国年”等活动品牌。实施文化海外传播工程，构建海外侨团、华文媒体、友好城市等海外传播生态圈，提升国际传播能力，建设海外文化传播示范区。（市委宣传部、市委统战部、市文广旅体局、市社科联等）

35. 完善现代公共文化服务体系。优化城乡公共文化资源布局，实施文化设施补短工程，实现“市有五馆一院一厅、县有四馆一院、区有三馆、乡镇（街道）有综合文化站、村有文化礼堂”。深化“乡村春晚”国家公共文化服务体系示范项目建设，全域推动“乡村春晚”走向“乡村村晚”，实施200个以上艺术助推乡村振兴项目。加强公共文化产品和服务供给，构建公共文化场馆总分馆模式，推进公共文化数字化建设，建设共享课堂、网上书房、数字展厅，打造“书香丽水”。实施文艺精品工程，健全全周期文艺精品服务机制、文艺精品创作引导和扶持机制，推出一批讲述丽水故事、传播丽水声音的精品力作。（市委宣传部、市文广旅体局、市文联等）

36. 加快文化产业高质量发展。实施文化产业倍增计划，建设一批文化产业园区、文化创意街区，打造数字影像、剑瓷、石雕、木玩、文体用品五大百亿产业集群，培育5家以上产值超10亿元文化龙头企业、50家以上省级成长型文化企业和重点企业、300家以上规上（限上）文化企业。积极培育文化产业新业态，建设国际数码影像中心、影像数字中心，提升丽水摄影节，举办世界摄影大会，打造国际摄影名城；建设丽水国际会展中心、数字时光小镇、真山真水影视基地、瓯江山水诗路沉浸式演艺等旗帜性平台。建设系列民族文化载体，开展系列民族文化活动，创作一批反映民族历史文化特色的文艺作品，打造全国畲族文化高地。（市委宣传部、市委统战部、市文广旅体局、市发改委等）

八、实施公共服务优质共享行动

37. 构建育儿友好型社会。建立生育成本共担机制，加强生育妇女就业、工资待遇等权利保障，多渠道降低生育、养育、教育成本。健全3岁以下婴幼儿照护服务工作体系，发展普惠托育服务，就近托育服务覆盖城镇小区，乡镇(街道)婴幼儿照护服务机构基本覆盖，支持幼儿园发展托幼一体化服务，积极推进母婴室建设。实施第四轮学前教育三年行动计划，推动公办幼儿园扩容提质，公办幼儿园在园幼儿比例达到60%以上，省一二级幼儿园在园幼儿比例达到80%以上，所有县(市、区)创成全国学前教育普及普惠县(市、区)。(市卫生健康委、市教育局、市人力社保局、市妇联等)

38. 全面推进教育提质发展。实施教育项目“双百亿”工程，推进优质学校内培外引，优质教育资源覆盖面达到80%以上。深化“绿谷名师、名校长”培养工程，建立教师全员培训新机制。深化集团化办学和城乡教育共同体建设，60%以上县(市、区)创成全国义务教育优质均衡发展县(市、区)。建设“教育大脑+智慧学校”，构建基于大数据、人工智能的教育智治体系。深化职业教育产教融合、校企合作，推进职业教育“双高”建设，中职毕业生升入高一级学校比例达到50%以上。加快提升高等教育办学水平，支持丽水学院建设服务高质量绿色发展的高水平应用型大学，推进丽水职业技术学院“双高”建设。实施青少年身心健康教育和干预计划。完善特殊教育、专门教育保障机制。支持和规范民办教育发展，规范校外培训机构。构建全民终身学习体系，建设学习型社会。(市教育局、市残联等)

39. 加快建设健康丽水。全面实施健康丽水专项行动，开展健康促进县(市、区)建设。发展智慧医疗，加快卫生健康数字化转型。深化“三医联动”“六医统筹”改革，推进市级公立医院高质量差异化发展，加强县级强院建设，深化县域医共体和城市医联体建设，开展院前医疗急救服务能力建设三年行动，构建“县域医共体牵头医院+片区医疗中心+智慧流动医院+综合应急联动急救”服务模式，基本实现常见病、多发病诊治不出县，急病、大病诊治不出市。推进疾病预防控制机构标准化建设，加强公共卫生人才队伍建设，提升公共卫生防控救治能力。推进中医药传承创新发展，发展现代中医药产业，加强省级标准化基层中医馆建设，实现全国基层中医药先进单位县级全覆盖。完善精神卫生和心理健康服务体系，实施高血压、糖尿病等重点慢性病干预计划，加快家庭医生签约服务扩面提质，重点人群家庭医生签约覆盖率80%以上。统筹建设全民健身场地设施，基本形成全覆盖、均等化的全民健身公共服务体系。(市卫生健康委、市体育发展中心等)

40. 构建幸福养老服务体系。构建居家社区机构相协调、医养康养相结合的养老服务体系，加强社区嵌入式养老护理机构和农村敬老院建设，大力发展农村互助式养老和普惠型养老服务，全市养老机构护理型床位占比达到58%以上，所有农村敬老院达到国家养老院二级以上标准，每万老年人口拥有持证养老护理员数提高到25人以上。丰富老年人精神文化活动，建设一批孝文化教育基地和主题公园。打响“中国长寿之乡”品牌，开展国家积极应对人口老龄化重点联系城市建设。发展老年体育、智慧养老、康养联合体等新业态新模式，建成智慧养老院20家。(市民政局、市发改委、市卫生健康委、市人力社保局、市建设局、市文广旅体局等)

41. 健全社会保障体系。完善社会保障制度，加快实现法定人员全覆盖。健全养老保险体系，大力发展企业年金、职业年金、个人储蓄型养老保险和商业养老保险。规范执行失业保险、工伤保险省级统筹，健全灵活就业人员社保制度。规范基本医疗保障基金市级统收统支管理，发展“浙丽保”等商业补充医疗保险，完善医疗救助制度。建立县级救助服务联合体，推进分层分类精准救助，确保老弱病残等特殊群体有基本保障、低保对象应保尽保。大力发展社会慈善事业，畅通社会各方面参与慈善和社会救助的渠道。健全困难职工帮扶机制。深入开展“双拥”活动，加强困难退役军人帮扶援助。扩大保障性住房覆盖面。探索建立农村低收入人群基本住房安全保障机制，落实好农村困难家庭危房改造即时救助制度，做到动态清零。(市人力社保局、市民政局、市医保局、市农业农村局、市建设局、市退役军人事务局等)

42. 推进公共服务社会化改革。完善社会力量办社会事业政策制度，鼓励国有企事业单位、民营企业、社会组织等投资兴办教育、医疗、养老、托育、文化、体育等事业，更好满足群众多层次多样化需求。引进优质社会资源，推进垃圾、污水处理和公共交通、供水等市场化经营。创新政府多渠道支持公共服务供给方式，鼓励通过公建民营、民建公助、委托代理服务等模式，提高公共服务专业化水平。加强非营利性公共服务机构监管体制建设，健全准入、评价、激励、退出等机制，促进公办民办机构公平竞争、规范运营、协调发展。(市发改委、市财政局等)

九、实施社会和谐共建共治行动

43. 健全党组织领导的“四治融合”城乡基层治理体系。加强党对基层治理的统筹领导，做实街道“大工委”、社区“大党委”制，完善“一肩挑”后村社治理体系，落实村级小微权力清单制度，深化党群服务中心（村级组织活动场所）建设提升行动。坚持和发展新时代“枫桥经验”，迭代完善“一中心四平台一网格”县域社会治理体系，加强县级矛调中心建设，增强“基层治理四平台”服务功能，规范提升“全科网格”。完善领导干部接访下访制度，县级以下信访问题和矛盾纠纷就地化解率达到90%以上。推进“县乡一体、条抓块统”县域整体智治改革，推动审批服务和执法力量下沉，提升乡镇（街道）管理社会和服务群众能力。推进社会治理共同体建设，完善基层民主协商制度，创新社区与社会组织、社会工作者、社区志愿者、社会慈善资源的联动机制。实施万村善治工程，省级善治社区（村）占比达到50%以上。（市委政法委、市委组织部、市纪委市监委机关、市委改革办、市民政局、市农业农村局、市信访局等）

44. 加快打造法治浙江示范区。充分发挥立法的引领和推动作用，积极构建促进共同富裕的地方法规规章政策体系。建设全覆盖的政府监管体系和全闭环的行政执法体系，全面推进基层“一支队伍管执法”和跨部门跨领域综合执法，实施行政执法类公务员分类管理制度。深化司法体制改革，完善监察权、审判权、检察权运行和监督制约机制，加强数字法院、数字检察等建设。加快构建依法治网体系，实施网络生态“瞭望哨”工程。构建适应山区实际的公共法律服务体系，实施公民法治素养提升行动计划，推动尊法学法守法用法，建设法治社会。（市委依法治市办、市委政法委、市司法局、市检察院、市法院、市人大常委会法工委、市委网信办等）

45. 建设更高水平的平安丽水。把保护人民生命财产安全摆在首位，完善“监测、预警、处置、反馈”风险闭环管控大平安机制，有效防范化解重大风险挑战。建立消防、道路交通、危险化学品、食品、药品、生态环境和金融等全链条精准化的行业监管体系，坚决遏制重特大生产安全事故。健全社会治安防控体系，常态化开展扫黑除恶。强化资源、能源、粮食安全保障，坚决守住不发生区域性经济金融风险的底线。加快构建“大安全、大应急、大减灾”体系，完善自然灾害防治体系，提升气象监测预警能力，加强地质灾害风险管理与防控，完成全市155个以上避灾安置场所规范化建设，加强应急处置能力建设，发展社会救助力量，推广巨灾保险。（市委政法委、市公安局、市应急管理局、市自然资源局等）

十、保障措施和推进机制

46. 坚持和加强党的全面领导。坚持把党的政治建设摆在首位，切实增强“四个意识”、坚定“四个自信”、做到“两个维护”。健全总揽全局、协调各方的党的领导制度体系，落实“十张清单”晾晒整改工作机制，把党的领导贯穿推动共同富裕的全过程各领域各环节。加强党的组织建设，深入实施“十县争创、百乡晋位、千村过硬”工程，探索市域层面抓城市基层党建新机制，开展两新党组织“强引领、优服务、争先进”行动，充分发挥基层党组织战斗堡垒作用和党员先锋模范作用。打造忠诚干净担当的高素质专业化干部队伍，建设变革型组织，提升领导推进现代化建设和共同富裕的新能力。全面推进清廉丽水建设，努力营造风清气正的政治生态、干事创业的浓厚氛围，保障各项惠民富民、促进共同富裕政策措施有效落实。（市委办、市委组织部、市纪委市监委机关等）

47. 全面深化数字化改革。以数字化驱动制度革新，加快构建以发展型政策为根本、兜底救助型政策为保障的共同富裕政策制度框架。聚焦推动共同富裕和改革需求清单，围绕大花园建设、生态产品价值实现、乡村振兴、低收入群众增收等重点任务，着力开发一批富有丽水特色的重大应用，加强教育、医疗、养老、育幼、文化等公共服务领域多跨应用场景开发。推进政务服务“一网通办”“全省通办”“跨省通办”，畅通各类政务信息数据资源，提升城乡政务服务均等化水平。（市委改革办、市行政服务中心、市大数据局等）

48. 建立上下联动、高效协同的抓落实机制。市委、市政府成立加快跨越式高质量发展建设共同富裕示范区领导小组，领导小组办公室设在市发改委。建立清单化推进机制，制定重点任务、突破性抓手、重大改革、最佳实践“四张清单”，明确任务责任，实行闭环管理。建立争先创优机制和最佳实践总结推广机制，以点带面推进整体突破。加强监测分析、定期督查和动态调整，探索建立符合丽水实际的共同富裕评价考核体系，将有关目标要求纳入市委、市政府年度综合考核。各地各部门要坚决扛起使命担当，压实工作责任，完善工作机制，形成系统集成、精准施策、一抓到底的工作体系。（市委办、市府办、市发改委等）

49. 强化政策制度创新。按照共同富裕导向，推动各领域各方面政策制度系统性变革。聚焦重点领域，积极配合中央和省级有关部门制定出台若干专项领域的政策文件，研究出台市级相关政策，集成化、精准化推进有利于共同富裕的产业发展、公共服务、社会保障、土地、财政、金融等各方面政策制度创新。主动承担国家级、省级重大改革试点，努力在革命老区振兴发展、生态产品价值实现机制等方面率先形成创新性、示范性制度成果。鼓励支持有条件的县（市、区）和市直单位就推动共同富裕的重大政策、重大改革开展集成创新和专项试点。（市委政研室、市发改委、市委改革办、市财政局等）

50. 凝聚全社会共同奋斗共同富裕的强大力量。坚持群众主体，旗帜鲜明鼓励勤劳致富、率先致富，鼓励先富带后富、先富帮后富，激发实现共同富裕的内生动力。充分发挥人大、政协以及各民主党派、工商联、无党派人士的积极作用，强化工会、共青团、妇联等人民团体动员联系服务群众功能，激发全体人民实现共同富裕的积极性主动性创造性，让人人都成为共同富裕的直接参与者、积极贡献者、共同受益者，依靠全体人民共同奋斗，奋力迈向共同富裕美好社会。（市委宣传部、市委统战部、市人大办、市政协办、市总工会、团市委、市妇联等）

附件

丽水加快跨越式高质量发展建设共同富裕示范区目标指标

类别	序号	指 标	2022年	2025年	指标属性
生态富民惠民	1	人均地区生产总值（万元）	7.27	9.24	评价指标
	2	居民人均可支配收入（元）	44400	57000	评价指标
	3	农村居民人均可支配收入（元）	28600	38000	特色指标
	4	生态系统生产总值（亿元）	4800	5000	特色指标
	5	“两山贷”余额（亿元）	13	35	特色指标
	6	“生态贷”余额（亿元）	230	310	特色指标
创新引领产业振兴	7	全员劳动生产率（万元/人）	12.1	14.7	评价指标
	8	工业增加值占GDP比重（%）	30.4	35	特色指标
	9	规上工业亩均税收（万元）	19.8	27	评价指标
	10	R&D经费支出占GDP比重（%）	2.4	3.0	评价指标
	11	高技术制造业增加值占规上工业比重（%）	5.9	8.5	评价指标
	12	数字经济增加值占GDP比重（%）	——	50	评价指标
		其中：数字经济核心产业增加值占GDP比重（%）	3.5	5	评价指标
	13	单位GDP建设用地使用面积（平方米/万元）	32.66	28.38	评价指标
	14	旅游产业增加值占GDP比重（%）	9.3	10	特色指标
	15	农家乐民宿经营收入增速（%）	10	10	特色指标
	16	居民人均消费支出（元）	31380	39530	评价指标
统筹区域协调发展	17	城乡居民收入倍差	≤2.0	≤1.95	评价指标
	18	地区人均GDP最高最低倍差	1.5	≤1.5	评价指标
	19	地区人均可支配收入最高最低倍差	1.5	≤1.5	评价指标
	20	居民人均可支配收入与全省平均之比	0.74	0.76	评价指标
	21	跨境电子商务进出口额（亿人民币）	12.9	18.5	特色指标
	22	3个“1小时交通圈”人口覆盖率（%）	93	97	评价指标
	23	城乡公交一体化率（%）	70	85	评价指标
花园城市乡村建设	24	常住人口城镇化率（%）	≥64	≥68	评价指标
	25	A级景区村庄数量（个）	1120	1500	特色指标
	26	设区城市PM2.5平均浓度（微克/立方米）	23	23	评价指标
	27	地表水达到或优于Ⅲ类水质比例（%）	100	100	评价指标
	28	生活垃圾分类覆盖面（%）	100	100	评价指标

类别	序号	指 标	2022年	2025年	指标属性
花园城市乡村建设	29	县级以上城市公园绿地服务半径覆盖率(%)	87.9	90	评价指标
	30	单位GDP能耗(吨标准煤/万元)	根据省定目标	根据省定目标	评价指标
	31	单位GDP碳排放(吨/万元)	根据省定目标	根据省定目标	评价指标
富民增收机制创新	32	劳动报酬占GDP比重(%)	50.7	51	评价指标
	33	居民人均可支配收入与人均GDP之比	0.611	0.617	评价指标
	34	家庭可支配收入(按三口之家计算) 10—50万元群体比例(%)	58	70	评价指标
		家庭可支配收入(按三口之家计算) 20—60万元群体比例(%)	13.4	20	评价指标
	35	低收入农户人均可支配收入(元)	16400	25000	特色指标
	36	恩格尔系数	稳步下降	稳步下降	观察指标
	37	基尼系数	维持在合理区间	维持在合理区间	观察指标
	38	城镇调查失业率(%)[城镇登记失业率(%)]	≤5.5(3.5以内)	≤5.5(3.5以内)	评价指标
	39	最低生活保障标准(元)	11400	13000	评价指标
	40	技能人才占从业人员比重(%)	28	35	评价指标
精神文明全民共创	41	每万人拥有公共文化设施面积(平方米)	4320	4720	评价指标
	42	居民综合阅读率(%)	91	92.5	评价指标
	43	文明好习惯养成实现率(%)	84	91	评价指标
	44	社会诚信度(%)	95.9	97	评价指标
	45	人均文化娱乐消费支出占比(%)	9.3	15	评价指标
	46	人均体育场地面积(平方米)	2.6	2.8	评价指标
	47	国民体质合格率(%)	94	≥94.5	评价指标
	48	文化及相关产业增加值占GDP比重(%)	7.1	8	特色指标
公共服务优质共享	49	每千人口拥有婴幼儿照护设施托位数(个)	3	4.5	评价指标
	50	普惠性幼儿园在园幼儿占比(%)	>95	>95	评价指标
	51	儿童平均预期受教育年限(年)	15	15.5	评价指标
	52	高等教育毛入学率(%)	65.5	≥70	评价指标
	53	人均预期寿命(岁)	81.15	81.5	评价指标
	54	每千人口拥有执业(助理)医师数(人)	3.7	4.3	评价指标
	55	每万老年人口拥有持证养老护理员数(人)	20	25	评价指标
	56	城镇住房保障受益覆盖率(%)	19.5	23	评价指标
	57	公众食品和药品安全满意度(%)	保持在全省前列	保持在全省前列	观察指标
	58	个人卫生支出占卫生总费用比例(%)	逐步下降	逐步下降	观察指标
	59	民生支出占一般公共预算支出比例(%)	三分之二以上	三分之二以上	观察指标
	60	房价与居民人均可支配收入之比	逐步下降	逐步下降	观察指标
	61	高峰时段公共汽电车平均运营时速(公里/小时)	≥18	≥20	观察指标
社会和谐共建共治	62	全面从严治党成效度(%)	≥97.5	≥97.5	评价指标
	63	亿元生产总值生产安全事故死亡率(人/亿元)	≤0.029	≤0.02	评价指标
	64	万人成讼率(件/万人)	≤90	≤80	评价指标
	65	律师万人比(人/万人)	2.9	3.6	评价指标
	66	群众获得感幸福感安全感满意度(%)	稳步提升	稳步提升	评价指标
	67	整体智治实现率(%)	稳步提升	稳步提升	观察指标

说明:人均地区生产总值、地区人均GDP最高最低倍差、居民人均可支配收入与人均GDP之比、常住人口城镇化率等指标根据第七次人口普查数据测算制订。

深入学习贯彻党的十九届六中全会精神 满怀信心踏上全面建设社会主义现代化的奋斗征程

——在中共丽水市委四届十二次全体（扩大）会议上的报告

（2021年12月30日）

中共丽水市委书记　胡海峰

这次会议的主要任务是：坚持以习近平新时代中国特色社会主义思想为指导，深入学习贯彻党的十九届六中全会以及省委十四届十次全会精神，听取市委常委会工作报告，进一步动员全市上下从党的百年奋斗历程中汲取智慧和力量，满怀信心踏上全面建设社会主义现代化的崭新时代征程。

一、市委四届九次全会以来的主要工作

市委四届九次全会以来，面对“两个一百年”奋斗目标交汇转换的历史关口和开局“十四五”、启航新征程的重大任务，市委常委会团结带领全市广大党员干部群众，认真贯彻中央和省委决策部署，统筹新冠肺炎疫情防控和经济社会发展，以“丽水之干”扎实推动高质量绿色发展，高水平全面建成了小康社会，实现了“十四五”发展良好开局。

一年来，市委常委会在全面推进各项工作的同时，重点抓了5件大事。

一是隆重庆祝中国共产党成立100周年。按照中央和省委统一部署，我们精心组织建党百年主题展览、“党员在身边、温暖千万家”为民办实事、“永远跟党走”群众性主题宣教等系列活动。组织全市干部职工收看中央庆祝大会，认真学习贯彻“七一”重要讲话精神，向11286名老党员颁发“光荣在党50年”纪念章，隆重表彰“两优一先”。这些活动，极大振奋了全市党员干部群众爱党爱国热情，凝聚了同心向党、奋斗实干的磅礴力量。

二是开展党史学习教育。按照“学党史、悟思想、办实事、开新局”的要求，市委常委会带头加强党史学习，进行专题研讨，集体赴大陈岛、刘英烈士陵园开展现场学习，以上率下扎实推动党史学习教育。开展“追寻红色浙西南足迹学党史”“我为群众办实事、我为企业解难题、我为基层减负担”等系列活动，有力推动了全体党员学史明理、学史增信、学史崇德、学史力行，激励了人民群众更加信心满怀听党话、跟党走。

三是谋划打造共同富裕美好社会山区样板。我们认真贯彻省委高质量发展建设共同富裕示范区的重大部署，召开市委四届十次全会进行研究部署，审议通过丽水加快跨越式高质量发展建设共同富裕示范区行动方案（2021—2025年）。市委成立工作领导小组，组建市委社会建设委员会，建立工作例会、清单化推进、民情通达、改革试点、专班推进、绩效考评六项机制和重点任务、重大改革、突破性抓手、典型案例四张清单，制定“扩中提低”专项方案，聚焦重点领域开展2个省级试点和14个市级试点，45个共同富裕集中开工项目全部开工。通过一段时间努力，初步构建了符合丽水实际、具有山区特点的共同富裕行动路线图。

四是扎实推动浙西南革命老区振兴发展。今年2月，浙西南革命老

区同赣南等原中央苏区和陕甘宁、左右江、大别山、川陕等革命老区一道被列入12个全国重点革命老区，纳入国家政策支持范畴。这是我们弘扬践行浙西南革命精神所取得的重大成果，是对我市多年来守护红色根脉、赓续红色基因的最好肯定，为丽水实现跨越赶超提供了前所未有的政策机遇。我们倍感振奋、备受鼓舞，一方面积极争取省委、省政府第一时间出台支持浙西南革命老区振兴发展政策，另一方面从发展生态产业、完善基础设施、推进生态修复、传承红色文化等方面谋划实施76个标志性项目，开展红色乡村振兴、红色旅游发展两大行动，启动创建全国红色文化融合绿色发展示范区。目前，国家公园大道、莲湖水库等项目已纳入国家"十四五"革命老区基础设施建设规划，缙云县入选国家革命老区重点县城发展名单，遂昌县乡村振兴示范区项目获中央专项资金支持。同时，我们召开首届浙西南革命老区振兴发展研讨会，举办全国知名高校、科研院所助力革命老区振兴发展丽水行活动，为革命老区振兴发展汇聚了更多智慧和力量。

五是启动建设生态产品价值实现机制示范区。我们圆满完成首个生态产品价值实现机制改革国家试点，成果和经验在中央深改委第十八次会议上得到全面肯定，被中办、国办《关于建立健全生态产品价值实现机制的意见》充分吸收，国家发改委在我市召开全国试点示范现场会。市委四届十次全会根据形势和任务的变化及时作出进一步全面推进生态产品价值实现机制示范区建设的决定，推动改革从先行试点走向先验示范。目前，已编制国内首个地级市生态产品价值实现"十四五"规划，重点聚焦健全生态产品价值产业化、市场化实现机制，出台生态产品政府采购和市场交易管理办法、林业碳汇开发及交易管理暂行办法，加快建设国家级生态产品交易中心。生态产品价值实现机制改革已经成为丽水改革的头号金名片。

一年来，市委常委会统筹改革发展稳定各项工作，奋发有为推进全面展示浙江高水平生态文明建设和高质量绿色发展两方面成果和经验的重要窗口建设，主要做了以下工作。

(一)坚持突出重点，积极推动山区跨越式高质量发展。市委常委会认为，发展阶段不可逾越，发展阶梯可以跨越。必须牢固树立"没有实现加快发展也是一种风险，没有追求实现加快跨越式发展的意识、决心和胆略更是极端危险"的理念，以"拼尽全力跳起来摘桃子"的意志，推动丽水整体发展方式高质量跨越式重塑。

我们按照"接续递进、求是跨越，战略聚焦、谋定突破，自立自强、乘势而进"的原则，推动编制实施"十四五"规划和2035年远景目标纲要，指导各地各部门编制系列专项规划，统筹有所为有所不为，坚持轻重缓急各有侧重，在重大布局、重大平台、重大产业、重大项目、重大改革、重大政策等方面作出战略安排，为实现超常规非一般的跨越式高质量发展明确了工作重点和行动方案。

我们召开市委经济工作会议，深入揭示丽水发展面临主要矛盾的历史性变化，作出"经济增长动能严重不足的瓶颈制约与要求加快跨越式高质量发展之间形成的矛盾，已成为丽水当前和未来发展所面临的主要矛盾"的崭新事实性论断，突出强调要把"双招双引"毫不动摇地确立为战略性先导工程，必须以非一般力度加以推进。成立全市一盘棋的最高领导小组，高规格组建"一部四中心"，全新构建重大项目"揭榜挂帅"、专班盯引、比拼赛马机制和招引工作市县协同、业绩亮晒、分类考核等一整套工作体系。开发上线"产业招商云图"，在重点城市举行11场专场招引活动，成功举办"央企走进山区26县建设共同富裕示范区系列活动"首站丽水行活动，"双招双引"工作形成高开之势。1—11月，全市新引进大项目173个、同比增长74.7%，其中，新签约落地央企项目8个，新引进百强民企项目10个、上市公司项目19个；新引进"绿谷精英"高端人才154人、同比增长52%，优秀高校毕业生42776人、其中博士598人，分别是去年全年的1.8倍、5.2倍。丽水经济技术开发区在2021中国经济高峰论坛暨第十九届中国经济人物年会上与北京经济技术开发区、上海张江高新技术产业开发区等一道被评为"2021中国经济营商环境十大创新示范区"。

我们深入推进跨山统筹、创新引领、问海借力三把"金钥匙"的创新实践与灵活运用。开展"跨山统筹"市域一体化发展试点，积极稳妥推进国土空间、产业招商、财政金融、干部调配以及教育、人才科技资源市域统筹；加快推进市本级开发区(园区)整合提升、大通道畅联、水资源联库联网联调等标志性工程。深入实施创新引领行动计划，发布浙西南科创中心发展规划，布局"七子连珠"重大科创平台，启动建设浙西南科创产业园；成立丽水人才科技公司，新增国家高新技术企业148家、省级科技型中小企业437家，实现众创空间、科技企业孵化器县级全覆盖。第十届"智汇丽水"人才科技峰会成功举办，人才科技项目签约数量再创新高。全社会研发经费投入等7项主要创新指标自2018年以来实现"三年翻番"。坚持以问海借力构建高水平对内对外开放体系，以接轨上海、山海协作为抓手，推进以产业引育为重点的全方位合作，积极融入长三角一体化发展。1—11月，全市10个山海协作产业合作园区完成投资98亿元；新建张江科创中心等飞地16个；新引进产业合作项目130个，到位资金225亿元。出台鼓励华侨回归创业创新政策30条，在7个国家设立"双招双引"驿站，成功举办第四届侨博会。浙江自贸区丽水联动创新区获省政府正式授牌。

我们坚定实施交通先行战略，持续发力推进丽水交通从全省末梢向区域交通枢纽跨越。金台铁路建成通车。完成瓯江航道整治工程，实现高等级航道零突破。丽水机场、衢丽铁路、景文高速公路、水东客运枢纽等项目建设取得重要进展，杭丽铁路、温武吉铁路、义龙庆高速公路等项目纳入省综合交通"十四五"规划。

(二)聚力产业振兴，加快建设现代化生态经济体系。市委常委会认为，建设现代化生态经济体系是高质量绿色发展的重大战略任务。必须坚持"生态经济化、经济生态化"发展方向，全力推动经济在高质量发展前提下实现必要适度的高速度增长。

我们推出生态工业和数字经济高质量发展新政37条，编制实施生态工业发展"十四五"规划，工业经济质量效益稳步提高。1—11月全市制造业投资同比增长18.4%，规上工业增加值同比增长16.7%。实施传统制造业改造提升2.0版，推进583家规上企业数字化智能化改造，整治高耗低效企业244家。以链长制推动五大主导产业集群化发展，半导体全链条产业组链成群，滚动功能部件、特色工业机器人等产业链入选省链长制试点，新增6家专精特新"小巨人"企业、8家单项冠军企业和2家上市企业。以建设"产业大脑+未来工厂"推动数字经济高质量发展，与商务部合作建立数字经济创新赋能中心丽水分中心，建成生态合成革"产业大脑"，实施"未来工厂"创建项目73个。1—11月"三园一基地"数字经济主平台营收同比增长21.3%。

我们深刻把握党的"三农"工作重心由脱贫攻坚转向全面推进乡村振兴新的历史方位，召开市委"三农"工作会议，确立"争当全面推进乡村振兴排头兵，打造以人的现代化为核心的农业农村现代化山区样板"的目标定位，部署实施品质化升级、组织化发展、数字化赋能"三化"战略，推进农业全面升级、农村全面进步、农民全面发展。设立市乡村振兴局，启动"科技强农、机械强农"和乡村产业振兴"六业千亿"计划，成立全球重要农业文化遗产保护与发展联盟，进一步做强"山"字系区域公用品牌。全市新增30家市级农业龙头企业，浙南茶叶市场成为国家级农业龙头企业，庆元香菇小镇入选省级特色小镇。全国农村人居环境整治提升现场会在我市召开。

我们坚持把现代服务业作为扩大内需、推动经济增长的重要领域，大力发展生产性服务业，新创成1个省级现代服务业创新发展区，3家企业入选省服务业重点行业亩产效益领跑者名单；加快发展健康养老、现代商贸、体育休闲等生活性服务业，红酒咖啡、特色餐饮等时尚消费新业态不断涌现。注重把疫情阶段转化为旅游业练好内功、蓄势待发的重要时机，出台推动生态旅游业高质量发展的若干意见，发布瓯江山水诗路文化旅游规划，推进缙云仙都、云和梯田、古堰画乡千万级核心大景区培育工作，全面深化全域旅游示范创建。旅游产业整体实现恢复性增长。

我们积极推动根植于生态优势的新兴产业蓬勃发展。发布国内首个水经济发展专项规划，华东优质水经济产业园成为省级重大产业类前期项目。1—11月新落地10个水经济项目，"丽水山泉"成功推向市场。成立市林业局(森林碳汇管理局)，出台全面推行林长制打造共同富裕和谐新林区的意见，推进林业振兴发展，提升三大百万亩高效林业产业基地，新建成2万亩示范基地，景宁成为全国全域森林康养试点建设县。打造华东绿色能源基地，8座抽水蓄能站点进入国家抽水蓄能中长期发展规划，9个县(市、区)均成为国家整县推进屋顶分布式光伏开发试点县。

(三)厚植生态优势，深化生态文明建设创新实践。市委常委会认为，坚守生态底线是丽水一切工作的基本前提。必须坚持"发展服从于保护，保护服务于发展"，坚决打好生态环境巩固提升持久战，以锲而不舍、久久为功的韧劲深化生态文明建设。

我们召开高水平推进美丽丽水建设大会，系统部署打造"五美"丽水、建设全域"无废城市"，创建美丽中国先行示范区。出台加快推进生态环境治理体系和治理能力现代化的实施意见，深入打好污染防治攻坚战，基本完成第二轮中央环保督察反馈问题整改任务。成功争取瓯江源头区域山水林田湖草沙一体化保护和修复工程，在全省率先开展生物多样性调查，加入中国生物圈保护区。成立碳达峰碳中和工作领导小组，开展多层级低碳(零碳)试点示范。全市生态环境状况指数连续18年位居全省第一。

我们高标准推进大花园核心区建设。成立百山祖国家公园管理局，圆满完成国家公园创建阶段工作。统筹花园城市、花园乡村建设，启动城乡风貌整治提升工程，加强历史文化街区保护和未来社区、花园邻里中心建设，市区城中村改造三年行动圆满收官，拆改面积274万平方米；建设208个花园乡村，打造50个精品花园乡村，编制实施全域传统村落暨老屋保护与发展规划。开展瓯江绿道建设提升三年行动。建设美丽林相62万亩，白云山、九龙山入选省级“名山公园”，华东药用植物园正式开园。创建美丽河湖138公里，松阴溪成为全省首批大花园“耀眼明珠”。龙泉、遂昌创成首批省级大花园示范县。

（四）全面深化改革，促进市域发展活力充分迸发。市委常委会认为，改革是推进高质量绿色发展的关键一招。必须增强改革定力、坚定改革方向、注重战略统筹，更加精准谋划推动改革。

我们坚持把数字化改革作为推进系统性制度重塑、赋能产业创新发展的战略抓手，成立数字化改革领导小组，制定出台总体方案，召开市委常委会会议、市委深改委会议，系统研究和有序推进改革实践。目前，已集成开发“花园码”“农道安”“缙情帮”等114项彰显丽水辨识度的重大场景应用，“天眼守望”助力“两山”转化综合智治应用入选全省第一批最佳应用。

我们编制实施全面深化改革“十四五”规划，统筹推进山区共同富裕体制机制、中心城市赋能扩容升级、普惠金融服务乡村振兴、碳中和先行区等一批特色重大改革，新争取生态环境导向的开发（EOD）模式等省部级以上试点7个。深入实施国企改革三年行动计划，组建市水务集团，3家国企完成AA+信用等级评级。我市成功获批国家第三批社会信用体系建设示范区，城市信用状况监测排名在全国261个地级市中位列第9。全民健康补充医疗保险“浙丽保”成为全省建设共同富裕示范区重大改革项目，得到中央深改办和省委充分肯定。

（五）加强民主法治，巩固发展团结和谐的社会大局。市委常委会认为，发扬民主、厉行法治，是以制度建设现代化推进市域治理现代化的内在要求。必须大力加强社会主义民主法治建设，发展全过程人民民主，把制度优势充分转化为治理效能。

召开市四届人大六次会议。认真贯彻落实中央人大工作会议精神，支持人大及其常委会依法履职，推进革命遗址保护、居家养老服务、扬尘污染防治等地方立法工作。围绕粮食安全保障、民营企业发展等重大民生关切事项开展法律监督和工作监督。完成规范化人大代表联络站建设三年行动计划，建成代表履职数字化服务平台。认真组织做好县乡两级人大换届选举工作。

召开市政协四届五次会议。支持市政协制定加强和促进人民政协凝聚共识工作的实施意见，加强“请你来协商”“委员会客厅”“民生议事堂”等平台载体和数字政协建设。推动市政协就乡村振兴补短板、壮大产业集群等重点提案开展专题协商，就生态产品价值实现机制改革国家试点、创建美丽中国先行示范区等重大事项开展专项监督。

我们深化法治丽水建设，召开市委全面依法治市委员会会议、市委法院工作会议和市委加强新时代检察机关法律监督工作会议。编制法治丽水建设规划（2021—2025年），推进重大行政决策规范化、行政执法“三项制度”质效提升等八个专项行动。编制“八五”普法规划。开展法治丽水建设十五周年系列活动。成功创建全省首批法治浙江（法治政府）建设示范市。

我们积极创建全国市域社会治理现代化试点合格城市，圆满完成平安护航建党100周年安保维稳任务，推进常态化扫黑除恶专项斗争，严厉打击治理电信网络违法犯罪，加强基层应急管理体系建设，连续16年创成省级平安市，成为“平安中国建设示范市”。坚持正面教育与反面警示相结合，抓好政法队伍教育整顿，选树了一批政法先进集体和先进典型，整改六大顽瘴痼疾问题304个，靶向建立207项制度成果。

（六）着力改善民生，不断满足人民美好生活新期待。市委常委会认为，发展的根本目的是让人民过上好日子。必须顺应人民对美好生活的新期待，加快跨越式高质量发展扎实推动共同富裕，让发展成果更多更公平地惠及全体人民。

我们把富民增收作为最大民生工程，积极构建以共同富裕为导向的持续增收机制。实施就业创业提质工程，1—11月城镇新增就业3.05万人，城镇登记失业率控制在1.61%，零就业家庭实现动态清零。实施村级集体经济收入和农民收入“双增”工程，村级集体经济年收入20万元以上且年经营性收入10万元以上的行政村占比达到83%，农村居民和低收入农户人均可支配收入增幅保持全省前列。为边远山区群众量身定制实施流动供销致富车项目，开通119辆服务车。“大搬快聚富民安居”工程入选全国脱贫攻坚成果典型案例。

我们认真贯彻落实“双减”政策，扎实推进教育提质行动。完成中小学（幼儿园）新建（改扩建）项目30个，新增学位19180个。华东师范大学附属学校、丽水技师学院顺利开学，北京师范大学附属学校签约落地，引进上海世外教育集团等优质资源托管办学，开放合作办学取得明显成效。高考总录取率超过全省平均水平，向双一流高校输送优秀人才能力达到全省中等位次。丽水学院成功成为硕士学位授予单位。

我们推动弘扬践行浙西南革命精神工作全面走深走实，践行社会主义核心价值观，努力建设新时代文化丽水。广泛开展新时代文明实践活动，经常化创建全国文明城市，选树第七届道德模范。传承发展优秀传统文化，新增3个国家非遗项目，缙云仙都祭祀轩辕黄帝大典成为近年来全国唯一一个实现升格并由省人民政府主办的庆典活动。开展公共文化服务提升活动，创成2个省级公共文化服务体系示范项目。实施文化产业倍增计划。成功举办第四届国际摄影研讨会暨2021丽水摄影节。

我们扎实推进健康丽水建设。深化医药卫生体制改革，构建符合山区特点的医疗服务丽水模式，建成智慧流动医院，实现公立医院医学检查检验结果省市县互认共享。健全公共卫生应急管理体系，全力抓好新冠肺炎疫情防控，实现本土病例零发生。促进中医药传承创新发展，支持丽水学院与中国药科大学共建中医药与健康产业学院。以全省第一的成绩通过国家卫生城市复评。丽水市中心医院荣获首届浙江省十佳医院。我市在健康浙江考核中获全省第一。

我们统筹抓好社保、养老、育幼、助残等各领域民生工作，用心用情办好十方面民生实事。实施全民参保计划，基本实现户籍人口全覆盖。启动长寿之乡标准体系建设，出台推进老年宜居环境建设意见，新建成康养联合体10家、乡镇（街道）居家养老服务中心50个。落实三孩生育政策，建设育儿友好型社会。全域推进无障碍环境建设。市工人文化宫建成投用。

（七）从严管党治党，不断提高党的执政能力和水平。市委常委会认为，丽水要加快发展、实现跨越赶超，关键在党。必须坚定不移推进全面从严治党，做到管党有方、治党有力、建党有效。

我们始终把党的政治建设摆在首位，深入学习贯彻习近平新时代中国特色社会主义思想，抓好党的十九届五中、六中全会精神学习培训，推动全体党员增强“四个意识”、坚定“四个自信”、做到“两个维护”。加强意识形态阵地建设，召开市委网络安全和信息化委员会第三次全体会议，制定实施加强网络安全整体能力建设方案。深化干部政治体检，严明党的政治纪律和政治规矩。

2021年10月14日，辛丑(2021)年中国仙都祭祀轩辕黄帝大典　（潘浩川　提供）

我们充分发挥党总揽全局、协调各方的领导作用。专题听取市人大常委会党组、市政府党组、市政协党组、市法院党组、市检察院党组工作汇报。重视发挥新时代统一战线的重要法宝作用，召开民营经济统战工作会议，出台加强新时代丽水民营经济统战工作的若干意见。积极推动新型政党制度在丽水的生动实践，指导6个民主党派市委会和1个民主党派市总支顺利完成换届。召开市委党的群团工作会议。贯彻中央、省委民族工作会议精神，民族团结进步事业取得新进展。召开市委财经委、市委编委、市委审计委、市委国安委、市委对台工作领导小组、全市关心下一代工作、党管武装工作等会议，把党的领导落实到各领域各方面。

我们严肃换届纪律，圆满完成县（市、区）班子换届人事调整和新一届乡镇党委换届，县乡班子结构明显优化。创新公务员考录工作标准化机制，加强年轻干部队伍建设，开展组团赛马攻坚，选树“丽水之干”模范集体和先锋人物，有效激发干部队伍活力。实施组织力提升工程，探索多类型基层党建联盟，推进两新党建“三年创优”工程，出台市直机关党组织落实机关党建责任制意见，促进了基层党建全领域建强、全区域提升。

我们召开市纪委四届六次全会，深化清廉丽水建设。开展正风肃纪“月亮”行动，持续整治形式主义官僚主义问题，开展夜餐费发放、餐饮浪费、违规吃喝等问题专项检查。建立加强对“一把手”和领导班子监督“五张责任清单”，用好监督执纪“四种形态”。在全省首批完成中央巡视反馈问题整改任务，实现市委巡察全覆盖。坚决查处腐败案件，开展漠视侵害群众利益、国企领域腐败等问题专项治理，巩固拓展了反腐败斗争压倒性胜利。

市委常委会高度重视加强自身建设。带头坚持民主集中制；带头加强党的政治建设，坚决维护党中央权威和集中统一领导，全面贯彻中央和省委重大决策部署；带头弘扬践行浙西南革命精神，坚定厉行“丽水之干”；带头执行中央八项规定精神和廉洁自律准则；带头开展批评与自我批评，为全市党员干部作好表率。

以上报告了市委四届九次全会以来市委常委会的主要工作。这些成绩的取得，是省委正确领导的结果，是全市党员干部群众共同奋斗的结果。在此，我代表市委常委会向同志们表示由衷感谢！也请同志们对市委常委会工作提出批评意见。

二、以党的十九届六中全会精神领航新的奋斗征程

党的十九届六中全会是我们党在“两个一百年”奋斗目标交汇转换的历史关头，召开的一次具有里程碑意义的会议。全会审议通过的《中共中央关于党的百年奋斗重大成就和历史经验的决议》，是一篇马克思主义的纲领性文献，标志着我们党对共产党执政规律、社会主义建设规律和人类社会发展规律的认识达到历史新高度。

省委十四届十次全会就深入学习贯彻党的十九届六中全会精神进行专题研究、作出重要决议，号召全省坚定不移做“两个确立”忠诚拥护者、“两个维护”示范引领者，全面放大浙江干在实处、走在前列、勇立潮头的十二方面新优势。这些部署要求，为我们抓好学习贯彻工作提供了重要遵循。

深入学习贯彻党的十九届六中全会精神，不仅是一项重大政治责任，也是一项重大实践任务。我们必须从讲政治的高度深刻认识六中全会重大而深远的意义，以高度的政治自觉认真抓好学习贯彻，切实把六中全会精神转化为强烈的政治担当；同时要深刻认识到，任何一个重大政治命题都蕴含着鲜明实践逻辑，讲政治从来都不是虚空的，而是具体的实践的、知行合一的，必须把政治逻辑和实践逻辑贯通起来，把政治要求和实践要求统一起来。我们学习贯彻党的十九届六中全会精神，最为重要的就是深刻把握“以史为鉴、开创未来”的政治规律和实践要求，切实把“两个确立”转化为“两个维护”的自觉行动，把党的历史经验转化为继往开来的实践指引，做到以政治担当推进实践创造，以实践创造体现政治担当，在新时代新征程上，团结带领全市人民坚毅笃行“丽水之干”，永做奋力推进跨越式高质量发展的“挺进师”，努力开创丽水全面建设社会主义现代化新局面，打造共同富裕美好社会山区样板。

（一）坚定历史自信，在深入学习党的百年奋斗历史中汲取奋进实干新力量。党的历史是最好的教科书和营养剂。我们党领导人民经过百年奋斗，历经千难万险，创造了彪炳史册的伟大成就，其中凝结着无数共产党人的生命和鲜血、奋斗和牺牲、拼搏和奉献，蕴含着坚定信仰伟力、伟大精神动力和强大制度张力。

回顾党在丽水的奋斗历程，我们党领导人民在艰苦卓绝的革命斗争中缔造了伟大的浙西南革命精神，在长期建设改革实践中推动丽水发生了辉煌巨变。特别是撤地设市以来，我们牢记习近平总书记“尤为如此”重要嘱托，深入践行“绿水青山就是金山银山”理念，成功开辟高质量绿色发展新路，构建形成了“八个坚持”这一指导丽水未来大踏步前进、大跨越发展重要战略的四梁八柱，推动丽水实现了从总体小康向全面小康的跃变。党在丽水的奋斗历程，就是党百年奋斗历史的生动缩影。我们要把二者紧密结合起来一体学习，从而更好地把握党的历史发展的主题主线、本源本质，以更加坚定的历史自信增添迈进新征程的强大动力。

一要汲取理想信念的力量。要健全党史学习教育长效机制，引导党员干部认真修好党史这门必修课，从党的百年奋斗中感悟信仰的力量，把学习成果转化为不可撼动的理想信念。尤其要深入学习在党的百年奋斗中不断创新飞跃的最新理论成果，坚持不懈用新思想武装头脑、锤炼党性、涵养定力、炼就慧眼，做到学思用贯通、知信行统一，真正把理想信念建立在对科学真理的深刻理解之上，建立在对历史规律的深刻把握之上。

二要汲取伟大精神的力量。百年来，我们党在生死斗争和艰苦奋斗中锤炼了不畏强敌、不惧风险、敢于斗争、勇于胜利的风骨和品质，形成了以伟大建党精神为源头的精神谱系。我们要以弘扬践行浙西南革命精神为动力，推进“红色基因代代传”工程，构建红色根脉守护体系，引导党员干部群众从党的历史中汲取精神滋养和前行力量，为“丽水之干”注入更加强大的精神动能。

三要汲取制度优势的力量。要通过学习党史，进一步加深对中国特色社会主义制度形成的历史必然性、伟大独创性、巨大优越性的理解和把握，更加坚定制度自信，在市域层面坚持和发展好国家制度和治理体系。尤其要聚焦制度建设这个根本，深入推进市域治理创新实践，推动制度设计更趋完备、制度运行更加有效，使中国特色社会主义在丽水的实践更加

生动精彩。

（二）勇扛时代重任，在深刻把握党的宝贵历史经验中打开山区现代化建设新局面。党的十九届六中全会总结了党在百年奋斗中积累的“十个坚持”宝贵历史经验。这是我们党在不断推进实践基础上对理论创新的规律性总结，是我们把握历史主动、正确判断形势、科学预见未来的重要思想武器。我们必须深刻学习领悟党的百年历史经验所蕴含“过去我们为什么能够成功，未来我们怎样才能继续成功”的基因密码，以此引领并与时俱进推动更多创造性实践，不走寻常路、敢于超常规，更好地推进丽水现代化建设。

一要把跨越式高质量发展作为根本要求。一切从实际出发，探索符合自身实际的发展道路，这是党百年奋斗的重要历史经验。对于我们来讲，就是要立足“生态是最大优势，发展是最重任务”的基本市情和最大实际谋发展，立足“经济增长动能严重不足的瓶颈制约已经成为丽水当前和未来发展所面临矛盾的主要方面”的历史性变化作决策。要牢固树立加快跨越式高质量发展的成果自信、战略自信、主体自信、机遇自信，坚决按照“在高质量发展前提下实现必要适度的高速度增长”的要求，以“不干则已、干则必成”的决心推动发展规模速度有力攀升、质量效益显著提升、路径模式根本跃升，实现由量变到质变跨越。

二要把创新引领作为核心关键。党的历史经验昭示我们，创新是一个国家和民族发展的不竭动力。这几年，我们把创新摆在突出的核心战略位置，从实施人才科技新政破题，灵活运用三把“金钥匙”，推动发展格局、产业体系、平台体系、交通体系、开放体系等各方面深度重塑和系统变革，在许多方面实现了变不可能为可能。这些实践，生动诠释了“山区也能搞创新，加快发展更须搞创新”的科学判断，深刻揭示了创新是丽水变道超车、跨越赶超的制胜之道。我们要继续坚持敢为人先，始终做到脚踏实地，以更大力度推进以科技创新引领的各领域各方面全面创新，努力走出前人没有走出的新路，创造更多令人刮目相看的成绩。

三要把新型城镇化和乡村振兴作为重大任务。要坚持以人的现代化为核心，坚持城乡融合发展方向，构建形成工农互促、城乡互补、全面融合、共同繁荣的新型城乡关系。突出城乡是人民生活家园的基本属性，着力建设新时代山水花园城市和花园乡村，打造人民美好生活的品质家园。突出城乡是经济发展平台的功能属性，实施产城融合发展战略，提升中心城区能级，联动推进小县大城建设、中心镇发展和小城镇培育，进而以城带乡、城乡互动，促进乡村闪亮蝶变、全面振兴。

（三）坚持求是挺进，在创新运用党的最新理论成果中开辟高质量绿色发展新境界。党的十九届六中全会用“十个明确”对习近平新时代中国特色社会主义思想的核心内容进行了最新概括，从十三个方面总结党在十八大以来的原创性思想、变革性实践、突破性进展和标志性成果。我们要深入学习党在新的实践中形成的理论创新成果，善于用新的理论指导新的实践，不断拓宽高质量绿色发展新路，打造“高水平建设和高质量发展重要窗口”。

一要推动最优生态向最美花园跨越。要深刻认识“生态是最大优势”即意味着“生态风险是最大风险”，以更高标准推进污染防治攻坚，深入实施瓯江源头区域山水林田湖草沙一体化保护和修复工程，创建全国生物多样性保护引领区。坚持良好生态是最普惠的民生福祉，高标准建设诗画浙江大花园最美核心区，打造百山祖国家公园、瓯江山水诗路等旗舰型典范产品，全域开展大花园示范县创建，促进生态环境从“绿”到“美”转变。

二要推动生态颜值向经济价值跨越。坚持生态就是经济、经济必须生态，深入推进“生态经济化、经济生态化”的创新实践，推动现代化生态经济体系从“初见成型”向“全面构建”迈进。特别要坚定生态工业高质量发展的主攻方向，深刻认识工业化是实现一个地区现代化的核心关键，今天的丽水没有现代化的工业就没有经济的现代化，大力推进平台“二次创业”，培育壮大五大主导产业集群，实现工业经济“从有到好、从好到优、从优到强”的高阶跨越。

三要推动产品直供向模式输出跨越。以率先建设生态产品价值实现机制示范区为推动，全面贯彻党的生态文明建设新理念新要求，做到加强顶层设计与鼓励基层创新并重，深入推进生态文明建设各领域改革，在机制创新、功能拓展、路径开发、标准创设等各方面先行先试，使丽水不仅能够提供更多优质生态产品，更能创造和输出更多新时代生态文明建设的“丽水模式”。

（四）坚持为民宗旨，在忠实践行党的永恒初心使命中创造人民共同富裕新生活。我们党在实现全面建成小康社会奋斗目标的同时，与时俱进决策部署了推动实现共同富裕这一新的使命任务。我们要从丽水实际出发，把扎实推动共同富裕作为不忘初心、牢记使命的重大实践而不懈努力。

一要坚持“做大蛋糕”和“分好蛋糕”并重。既要聚焦加快发展和富民增收，以全力“做大蛋糕”彰显发展效率夯实“分好蛋糕”的基础；又要聚焦解决地区、城乡、收入三大差距问题，以合理“分好蛋糕”增进社会公平激发“做大蛋糕”的动力，推动经济社会向更高质量、更加均衡、更可持续的高阶形态迈进。特别要统筹“扩中”“提低”，持续优化促进就业、支持创业政策，使更多普通劳动者能够通过自身努力进入中等收入群体，也能够更好地以开发扶持的方式帮助贫困群众实现自我发展、增收致富。

二要促进物质生活和精神生活双富裕。坚持物质富裕和精神富足的辩证统一，尽力而为、量力而行，在发展中保障和改善民生。围绕教育、医疗、社保、养老、育幼、住房等方面，扎实做好普惠性、基础性、兜底性民生工程，解决好群众急难愁盼问题，促进人的全生命周期公共服务优质共享。实施新时代文化丽水工程，加强社会主义精神文明建设，大力发展文化事业、文化产业，不断满足群众多样化、多层次、多方面精神文化需求。

三要以共同奋斗推进共同富裕。旗帜鲜明鼓励勤劳致富、率先致富、先富帮后富，提高人民群众的自我发展能力、奋斗致富意愿和互帮互助精神。积极创设群众、企业、社会组织参与共同富裕的平台载体，广泛调动不同社会主体的主动性和创造性，引导形成万众一心投身共同富裕事业的大好局面。

（五）加强党的建设，在勇于自我革命中推进新时代党的建设新的伟大工程。自我革命是我们党历经百年沧桑更富生机活力的秘诀。我们要发扬自我革命精神，以正视问题的勇气和刀刃向内的自觉，把各级党组织和党员队伍建设得更加坚强有力。

一要驰而不息正风肃纪反腐。以清廉丽水建设为抓手，严格执行中央八项规定精神，锲而不舍加强作风建设，严肃整治群众身边的不正之风，以优良党风促政风带民风。深化运用监督执纪“四种形态”，加强权力运行制约、监督和问责。坚定不移将反腐败斗争进行到底，持续深化不敢腐、不能腐、不想腐一体推进，不断取得更多制度性成果和治理成效。

二要着力建设变革型组织。深入贯彻新时代党的组织路线，从更大场景、更深层次谋划推动组织体系系统重塑、功能整体优化，一体推进组织体系的理念创新、制度创新、模式创新，推动各级党组织严格要求、严格教育、严格管理、严格监督。实施“红色根脉强基”工程，推动党的基层组织全面进步、全面过硬。

三要提升干部队伍推进现代化建设能力。实施干部全领域能力提升行动，创新干部教育培训模式，推动党员干部加强党性锻炼和政治历练，增强专业能力、专业精神，锤炼塑造变革能力。强化“年轻干部到一线去、优秀干部从一线来”的培养路径，健全争先创优、比学赶超的赛马机制，引导党员干部在打硬仗、扛重活、攻难关中练就真功夫、增强硬本领。

同志们，全面建设社会主义现代化的新征程已经扬帆起航，实现共同富裕美好生活的目标需要不懈奋斗。让我们在深入学习领悟党的百年奋斗重大成就和历史经验中更加坚定砥砺前行的脚步、提振奋进实干的精神，以更加优异的成绩，迎接党的二十大和省第十五次党代会胜利召开。

丽水市人民代表大会常务委员会工作报告

2022年4月11日
在丽水市第五届人民代表大会第一次会议上

丽水市人大常委会主任 李 锋

过去一年主要工作

过去一年，在中共丽水市委的坚强领导下，市人大常委会以习近平新时代中国特色社会主义思想为指导，坚持党的领导、人民当家作主、依法治国有机统一，围绕中心、服务大局、履职尽责，全面完成市四届人大六次会议确定的目标任务。主要做了以下工作。

坚决贯彻党的决策部署。扎实开展党史学习教育，形成了学党史、新中国史、改革开放史、社会主义发展史、人民代表大会制度史“五史并学”新格局。全年组织开展党史学习教育53场次。精心组织庆祝建党百年活动，通过举行全市人大主题党日、悦读人大“讲好党史故事 悟透理论道理”演说、“光荣在党50年”纪念章颁发等系列活动，推动党史学习教育走深走实。认真贯彻中央人大工作会议精神，第一时间召开党组会议进行研究、作出部署，推动会议和文件精神在丽水落地落实。坚持党管干部和人大依法任免有机统一，任免国家机关工作人员131人次。坚持重大问题、重大事项、重大活动向市委请示报告，全年请示报告25次。

推进重点领域立法。出台全省首部革命遗址保护地方性法规《丽水市革命遗址保护条例》，制定《丽水市扬尘污染防治规定》。加强立法协商，组织代表分专业有重点参与立法，初审《丽水市居家养老服务条例》。出台地方性法规立法后评估办法，建立法规动态维护机制，对《丽水市饮用水水源保护条例》开展立法后评估。拓展规范性文件审查范围，首次对市法院、市检察院规范性文件进行备案审查，全年共审查报送备案的规范性文件38件。开展地方性法规配套制度制定情况专项督查，督促建立配套制度12件。加强立法理论研究，国家公园立法、完善基层立法联系点和立法辩论机制等研究成果获省、市优秀论文表彰；开展立法宣传，举行《丽水市革命遗址保护条例》颁布实施新闻发布会，以高质量立法成果赓续红色基因经验做法在省人大刊物刊登交流，充分展现了人大制度在丽水的生动实践。

推动法治丽水建设。大力弘扬宪法精神，开展国家宪法日活动，落实宪法宣誓制度，推动法治公园开园，组织全市人大产生的地方国家工作人员宪法宣誓2458人次。紧扣法治建设，听取和审议“七五”普法情况报告，作出“八五”普法决议。听取和审议2020年法治政府建设情况报告、全市公益诉讼检察工作情况报告。紧扣社会治理，开展《浙江省劳动保障监察条例》执法检查，首次听取和审议市监委关于开展整治群众身边不正之风和腐败问题的专项工作报告，开展宗教团体管理情况、社区建设情况、综合行政执法规范化情况专题调研。紧扣任后监督，听取和审议市人大常委会任命的市生态环境局局长等7名市政府工作部门主要负责人依法履职情况的报告，并开展满意度测评。

助推“十四五”开局。对“十四五”规划和二〇三五年远景目标纲要草案、2021年国民经济和社会发展计划草案组织审查，并开展执行监督，听取丽水市国土空间总体规划（2020—2035年）编制进展情况报告。开展预决算审查和债务管理监督，重点审查了市发改委、公安局、人防办及丽水开发区2020年决算，听取和审议全市和市本级国有资产管理情况、审计工作情况、审计查出问题整改情况、重大投资项目建设情况等报告，及时作出预算调整、财政决算等决议决定。组织各级代表走访服务选民，开展助推高水平创新型省份建设和“双招双引”战略性先导工程代表主题活动。积极开展为群众、为企业、为基层服务专题实践活动，主任会议成员走访联系村、调研联系重点项目、结对帮扶企业52次，解决问题50余件，推动“十四五”实现良好开局。

助推绿色发展见效。聚焦大花园最美核心区建设，落实环境状况和环境保护目标完成情况报告制度，对松材线虫病防治执法检查审议意见办理落实情况开展“回头看”。聚焦加快建设现代化产业体系，开展《浙江省民营企业发展促进条例》执法检查，开展农业龙头企业发展、全域旅游示范县创建、华侨创业创新平台建设情况专题调研，听取和审议浙西南科创体系建设情况的报告，组织代表视察中医药发展情况，推动我市经济持续健康发展。

助推民生福祉改善。聚焦提升人民群众满意度，听取和审议2021年全市十方面民生实事项目征集初选工作情况、实施进展情况和完成情况的报告，并就完成情况进行满意度测评。聚焦群众关切，听取和审议我市“大搬快聚富民安居”工程实施情况专项报告。组织代表视察滩坑引水工程建设、畲族文化保护与传承等情况。开展《浙江省粮食安全保障条例》《浙江省生活垃圾管理条例》《浙江省学前教育条例》执法检查，持续监督学前教育审议意见落实情况，并开展专题询问。受理群众来信来访148件次，推动为民办实事解难事更加精准有效。

加强县乡人大换届指导。深入贯彻新修正的选举法，认真落实中央及省委、市委换届选举工作部署，成立县乡人大换届选举工作联席会议，加强对换届选举的工作指导，做好换届选举试点及经验推广，完善代表资格审查机制，优化代表比例结构，严明换届选举纪律，严把代表“入口关”，推动换届选举风清气正。全市211.6万选民充分行使民主权利，直接选举产生9317名县乡人大代表，选举产生338名市人大代表，确保新一届代表素质优良、结构合理、群众公认。

保障代表依法履职。邀请代表列席常委会会议，组织代表参与常委会立法和监督活动。认真执行代表向原选举单位述职制度，10名省人大代表向市人大常委会述职。推动各承办单位落实代表建议办理“一把手责任制”，市四届人大六次会议282件代表建议全部得到办理。完善代表服务管理机制，健全市人大代表履职登记通报、“一府一委两院”情况通报制度，落实主任会议成员和常委会委员直接联系代表、专工委对口联系代表制度。全面完成规范化代表联络站建设三年行动计划，全市173个代表联络站实现“门常开、人常在、话常听、事常办”目标。深化以乡镇为重点的民生实事项目票决制工作，2021年各县（市、区）乡镇街道共安排专项资金7500万元，用于解决群众身边的“关键小事”，受到基层群众好评。

大力推进数字化改革。贯彻省委、省人大、市委数字化改革部署，将数字化作为提升人大干部塑造变革能力的新载体。坚持“平台、区域、服务、力量、责任”五大统筹一体化全方位推进，与党政机关整体智治精准对接，选民登记数字化应用等系统全面使用，公共数据平台构建完成。市人大人事任免系统、遂昌人大重大项目监督系统、松阳人大松智汇系统在省人大数字化改革工作推进会上作典型介绍。

切实加强自身建设。以党建为统领，加强常委会及机关政治建设，落实全面从严治党主体责任，把意识形态工作、党风廉政建设、推动巡察整改与人大工作同研究、同部署、同落实。在全省人大党建工作座谈会上，我市人大党建工作得到省人大主要领导的充分肯定。推进媒体融合宣传，做好微信公众号推送，办好《丽水人大》《人大关注》《人大聚焦》专刊专栏。对标对表省人大办文办会办事规程，修订党组会议、常委会会议、主任会议议事规则，提升办会规范化水平。举行“学习先进树典型·实干奋进开新局”全市人大工作会议，总结五年工作、交流履职经验、宣传实干典型，引导人大干部以人大作为践行“丽水之干”。厚植敬重岗位、尊重同事的团队文化，营造讲政治、讲担当、讲情义、讲情怀的干事氛围。

过去五年工作回顾与体会

过去五年，市人大常委会紧紧依靠全体代表和全市人民，忠诚为党分忧、忠实为民履职，坚定不移落实党对人大工作的全面领导、锲而不舍推进法治丽水建设、持续不断打好人大监督“组合拳”、持之以恒发挥代表主体作用、坚持不懈提高工作质效，在推动绿色发展、加强法治建设、促进民生改善等方面充分发挥制度优势和职能作用。

在讨论决定重大事项方面：坚持抓大事、议大事、定大事，依法作出重大事项决定决议42项，及时把党的主张转化为人民意志，有力推动市委决策部署的贯彻落实。在立法工作方面：党委领导、人大主导、政府依托、各方参与的立法工作格局基本形成，制定出台10部地方性法规，为我市高质量绿色发展和市域治理现代化提供了法治保障。在监督工作方面：加强法律法规实施的监督和对“一府一委两院”的工作监督，听取和审议专项工作报告94项，开展审议视察评议108次，备案审查规范性文件184件，监督刚性和监督质效明显增强。在任免工作方面：按照党管干部和依法任免相结合的原则，改进任免工作，加强任后监督，共任免地方国家机关工作人员428人次，切实增强了人大任命干部的人民意识和法治观念。在代表工作方面：全力支持和保障代表依法履职，累计办理代表建议1539件，规范提升代表联络站173个，代表主体作用得到有效发挥。

五年的履职实践，积累了一些经验，得到了一些启示，需要在今后的工作中坚持、传承和发扬。我们深切感悟到，有效履行宪法和法律赋予的职责，做好新形势下的地方人大工作，必须牢牢把握好以下五个方面：

要持续强化理论武装，旗帜鲜明以习近平新时代中国特色社会主义思想统领工作

五年来，常委会始终把理论武装作为必修课，坚持以习近平新时代中国特色社会主义思想为指导，深入学习领会习近平法治思想、习近平总书记关于坚持和完善人民代表大会制度的重要思想，认真学习贯彻党的十九大及十九届历次全会精神、中央人大工作会议精神，在知行合一、学以致用上下功夫。按照中央和省委、市委的统一部署，扎实开展“两学一做”学习教育、“不忘初心、牢记使命”主题教育、党史学习教育以及浙西南革命精神弘扬践行活动，精心组织集中学习、交流研讨、“初心之行”、“使命之行”等活动，以理论学习滋养初心、引领使命，切实推进人大工作高质量发展。

五年来的实践充分证明，人大工作只有强化思想引领、大兴学习之风、筑牢思想根基，才能不断提升履职水平、把准履职方向，才能肩负起新时代新征程赋予人大的新使命。

要把牢正确政治方向，旗帜鲜明将坚持党的领导贯穿人大工作的全过程和各方面

五年来，常委会始终把坚持党的领导作为立身之本、履职之要，自觉把党的领导贯穿于人大工作全过程各方面。发挥常委会党组的领导核心作用，严格执行请示报告制度，先后就开展代表主题活动、推进乡镇实施民生实事项目代表票决、加强党领导立法工作制度建设、建立国有资产管理情况报告制度、市委人大工作会议筹备等数十项重大事项向市委请示。落实市委指示要求，及时作出大力弘扬践行浙西南革命精神的决议、依法全力做好当前新型冠状病毒疫情防控工作的决定，保证中央和省委、市委的决策部署在人大得到全面落实，党委的人事安排意图经过法定程序得到圆满实现。

五年来的实践充分证明，人大工作只有始终坚持党的领导、旗帜鲜明讲政治，才能确保政治方向不偏离、精准履职有成效，才能取得党和人民满意的效果。

要自觉融入服务大局，旗帜鲜明对事关改革发展稳定的大事要事主动对接主动推进

五年来，常委会始终把推进高质量绿色发展作为履职尽责的重点，找准依法行权的切入点和着力点，紧紧围绕市委中心工作和阶段性重点任务主动融入、主动作为。作出推进浙江（丽水）绿色发展综合改革创新区建设的决议、批准丽水国家级生态文明建设示范市规划的决议、推进生态产品价值实现机制改革的决定，制定饮用水水源保护条例、南明湖保护管理条例、传统村落保护条例、大窑龙泉窑遗址保护条例等地方性法规。连续五年推进政府重大投资项目建设，持续三年监督推动民营经济高质量发展，连续三年监督松材线虫病防治，上下联动开展固体废物污染环境防治“一法一条例”执法检查，举行市区城镇生活垃圾分类推进情况专题询问会，全力推进生态环境保护，努力推动生态优势转化为发展胜势、后发优势转化为赶超态势。

五年来的实践充分证明，人大工作只有紧紧围绕全市中心大局，善于在全局中谋划、在合力中推进，才能更好发挥职能作用，才能更好体现工作成效。

要践行人民至上理念，旗帜鲜明实现好维护好发展好广大人民群众的根本利益

五年来，常委会坚持以人民为中心，始终把对人民负责作为人大工作的最高标准，推动解决人民群众最关心最直接最现实的利益问题。出台文明行为促进条例、物业管理条例、城市养犬管理条例、烟花爆竹经营燃放管理规定等民生领域法规。持续五年跟踪监督市区征收安置工作、农村饮用水安全情况，连续三年对浙江省学前教育条例实施情况开展执法检查和跟踪检查，开展公共文化服务保障"一法一条例"执行情况检查，先后开展了浙江省食品小作坊小餐饮店小食杂店和食品摊贩管理规定、浙江省华侨权益保护条例执法检查。对公共卫生服务体系建设、地质灾害防治、留守儿童关爱等民生关切问题开展专题调研。对市县乡票决出的3500个民生实事项目实施开展监督和评估，切实保障人民更有幸福感、获得感。

五年来的实践充分证明，人大工作只有围绕民生幸福不懈努力，瞄准民生短板持续攻坚，才能更好体现民意、反映民愿，才能得到人民群众的支持和认可。

要坚持守正创新，旗帜鲜明在与时俱进中丰富人大工作的实践特色和时代特色

五年来，常委会始终将与时俱进、守正创新作为改进人大工作的目标与追求，不断创新履职方式，有效提升履职效果，形成了许多特色亮点。水阁污水处理厂未达标排放问题质询案、"探索开发区人大监督新模式"项目，分别获得第一届和第二届浙江人大工作与时俱进优秀奖。建立审计查出问题整改报告制度，完善预决算全过程审查监督机制，推动财政保障经济社会发展。深入实施代表联络站规范化建设三年行动计划，打造联络站升级版，使联络站真正成为代表的学习之家、履职之所、服务之地。出台加强新时代检察机关法律监督工作的决定，创新作出法律监督年度报告制度。推动出台市人大代表建议办理工作"一把手责任制"，不断强化建议办理。

五年来的实践充分证明，人大工作只有通过不断推进理念更新、实践创新，才能肩负起宪法和人民赋予的使命，才能使人大工作不断迸发新的生机和活力。

各位代表，市四届人大常委会各项工作任务已圆满完成，为我市与全省同步高水平全面建成小康社会、成功开辟高质量绿色发展新路作出了人大贡献。这是中共丽水市委坚强领导的结果，是常委会组成人员和全体代表共同努力的结果，是市人民政府、市监察委员会、市中级人民法院、市人民检察院和各级人大同心协力的结果，也是市政协委员、各民主党派、无党派人士、各人民团体、社会各界和全市人民大力支持的结果。在此，我谨代表市四届人大常委会，向所有关心、支持人大工作的同志们、朋友们表示衷心的感谢！

在看到成绩的同时，我们也清醒认识到存在的问题和不足，比如，服务中心大局的力度还需进一步加大，立法还需更加精准管用，监督还需更加有力有效，同人大代表、人民群众的联系还需更加紧密，自身建设还需进一步加强，等等。我们必须高度重视，切实加以改进。

今后五年及2022年工作建议

市第五次党代会为丽水未来发展描绘了宏伟蓝图，吹响了"奋力加快跨越式高质量发展，全面建设社会主义现代化新丽水"的奋进号角，也为新一届人大工作指明了方向。

市五届人大及其常委会要在中共丽水市委的坚强领导下，高举中国特色社会主义伟大旗帜，以习近平新时代中国特色社会主义思想为指导，认真贯彻落实中央和省委、市委的决策部署，大力弘扬践行浙西南革命精神，坚毅笃行"丽水之干"，全面系统落实"八个必须坚持"，充分发挥人民代表大会制度优势，积极践行全过程人民民主，凝聚最广泛力量，提供最坚强保障，为全面建设绿水青山与共同富裕相得益彰的社会主义现代化新丽水作出人大贡献。

一、高站位把握"两个确立"，努力在坚决做到"两个维护"上展现新担当

各位代表，旗帜鲜明讲政治，是做好人大工作的根本保证。"两个确立"是中国共产党百年奋斗历程最宝贵的历史经验、最重大的历史结论。全市各级人大和全体人大代表必须把坚决拥护"两个确立"、坚决做到"两个维护"作为根本政治原则和重大政治责任，以实际行动做"两个确立"忠诚拥护者、"两个维护"示范引领者。

丽水市第五届人民代表大会第一次会议会场　　（姚　嫣　提供）

把强化思想引领作为第一课题。学懂弄通做实习近平总书记关于坚持和完善人民代表大会制度的重要思想，深入学习贯彻中央人大工作会议精神，加强对新修正地方组织法的学习运用，努力做到学思用贯通、知信行统一。深化人大工作理论研究，统筹运用传统媒体和新兴媒体，守好用好人大刊物、门户网站、微信公众号等意识形态阵地，宣传人大制度、讲好人大故事。

把坚持党的领导作为第一原则。坚持把党的全面领导贯穿人大工作的全过程各方面，坚决贯彻市委决策部署，及时请示报告重大事项。坚持党管干部原则，依法履行任免职责，深化任后监督，加强政府工作部门主要负责人履职评议工作。做到与市委同心、与大局同向、与发展同行，确保人大工作契合市委意图、切合发展实际、符合人民期望。

把凝聚奋进力量作为第一要务。习近平总书记赋予浙江高质量发展建设共同富裕示范区的历史重任，市第五次党代会发出了全面建设绿水青山与共同富裕相得益彰的社会主义现代化新丽水的动员令。我们要充分认识肩负的历史使命，运用好系统观念系统方法，践行好统筹整合联动理念，积极放大制度优势、职能优势和密切联系群众优势，适时作出决定决议，号召全市上下坚毅笃行“丽水之干”、展现人大担当作为，做到市委工作重心在哪里，人大工作就跟进到哪里，力量就汇聚到哪里，作用就发挥到哪里，最广泛凝聚起加快跨越式高质量发展、全面建设社会主义现代化新丽水的磅礴力量。

二、高效能服务中心大局，努力在推动社会主义现代化新丽水建设上呈现新作为

各位代表，围绕中心大局履职是人大工作的鲜明主题。要聚焦市委所向、发展所需、群众所盼，找准人大助推中心工作的切入点。树立“钉钉子”精神，一锤接着一锤敲，一年接着一年干，在重点议题上持续发力、一督到底。贯通各类监督，综合叠加运用决定决议和专项审议、专题询问、质询、满意度测评等法定方式以及网络直播、公民旁听、第三方评估等创新方式，打好精准监督、支持监督、合力监督组合拳，全力推动市委决策部署落地落实。

聚焦大花园核心区建设。重点关注政策承接和项目落地，围绕“美丽生态、美丽城乡、美丽经济”开展有效监督，推动生态文明建设从先行示范向典型引领全面跨越。2022年，围绕林业产业发展、环境报告制度实施情况开展专题调研，听取和审议民族乡村振兴、花园乡村建设情况的报告，专题调研疫情背景下的旅游产业发展情况。省市县联动开展节约能源法和浙江省实施办法执法检查，增强全社会节能意识，推动高质量绿色发展。

聚焦浙西南中心城市建设。重点关注区域增长极的火车头锻造，围绕建设浙西南中心城市的目标，找准人大工作与做强中心城市、强化创新引领、壮大生态工业、完善基础设施、推进开放发展的结合点，做到依法履职从大处着眼、开展监督为发展助力、组织活动为转型服务。2022年，听取和审议全市招引标志性大好高项目情况的报告，组织代表视察丽水机场、衢丽铁路、浙西南重大科创平台、开发区半导体产业园等重点项目，听取和审议丽水市国土空间总体规划、计划执行、预算执行、审计工作、国有资产管理、审计查出问题整改、市本级政府性重大投资项目建设等情况报告，作出加强国有资产管理情况监督的决定，审查批准决算，加强政府债务管理监督，发挥预算联网监督平台作用。

聚焦共同富裕山区样板建设。重点关注增收富民、以文化民、服务惠民、治理安民情况，持续跟进督办民生实事票决项目，加强项目实施全过程监督，推动民生实事项目更好惠及群众。2022年，组织各级人大代表开展“六保六促推动高质量发展建设共同富裕示范区”等主题活动。专题调研退役军人事务管理、3岁以下婴幼儿照护服务体系建设、“三位一体”农合联改革、家庭农场发展、《浙江省华侨捐赠条例》实施等情况，对物业管理条例实施情况、“双减”背景下全市中小学校教师队伍建设情况开展专题询问。

三、高质量开展地方立法，努力在强化市域治理制度供给上作出新贡献

各位代表，强化制度供给是推进市域治理现代化的基础工程。要按照“制度设计更趋完备、制度运行更加有效”的目标要求，坚持服务发展、对接改革，紧扣提升立法质量这个关键，立符合实际的法、有效管用的法、百姓拥护的法，打造一批具有丽水辨识度的法规成果。

编制五年立法规划。围绕改革发展所需编制立法项目库，增强立法工作的全局性、前瞻性和科学性，注重具有丽水辨识度的创制性立法，创新运用“小、快、灵”立法模式，按照急需先立、成熟先立、好中选优的原则，严格把握立项标准，科学编制五年立法规划和年度立法计划。

落实年度立法计划。2022年，继续审议《丽水市居家养老服务条例》，做好《丽水市社会矛盾纠纷多元化解条例》立法预备工作，开展百山祖国家公园管理规定、城乡网格化服务管理条例、人才发展和科技创新促进条

例等立法调研。做好代表有重点分专业参与立法工作，充分发挥基层立法联系点收集反映民意的作用，着力构建立法决策、法规制定、法规实施与效果反馈的闭环管理机制。

推动法规有效实施。加强对已出台地方性法规实施情况的检查，引入第三方开展立法后评估，开展执法检查三年行动计划，实现地方法规执法检查三年全覆盖，确保制定出台的法规件件能落地、条条出成效。2022年，开展文明行为促进条例、物业管理条例、南明湖保护管理条例执法检查。省市县联动开展《中华人民共和国就业促进法》执法检查。听取和审议法治政府建设情况、市政府防范和打击电信网络诈骗工作情况、市法院司法公正感受度提升工程开展情况、市检察院控告申诉检察工作情况的报告。推进“八五”普法，深化备案审查工作，将监察规范性文件纳入备案审查。

四、高水平发挥代表作用，努力在践行全过程人民民主上开创新局面

各位代表，习近平总书记提出了发展全过程人民民主的重大历史命题。人民代表大会制度是实现我国全过程人民民主的重要制度载体，代表是践行全过程人民民主的主力军。贯彻落实好习近平总书记的重要讲话精神，为打造践行全过程人民民主省域典范作出丽水贡献，就是要坚持人民主体地位，保障代表依法履职，实现“民有所呼、我有所应”。

打造民情民意直通车。强化代表的数字化思维和数字化认知，鼓励代表利用数字化平台收集民情、反映民意。全面运用市人大代表直通平台，推广“浙里人大代表履职综合应用”，重塑代表建议办理机制，有效拓展代表履职的渠道和方式。加强与人民法院等数字化平台的互联互通和数据共享，以提升司法公正感受度为小切口，探索创新代表建议与监督互动的场景应用新模式。

打造平台融合升级版。适应城镇人口不断集聚的新趋势和省域基层治理“县乡一体、条抓块统”改革的新要求，谋划推进市级、县级代表联络总站建设，更好发挥其枢纽作用。推进联络站与基层治理“四个平台”数据互连、信息互通、功能共享和平台融合，推动代表联络站迭代升级，使其真正成为代表履职尽责的“加油站”、化解矛盾的“防洪坝”、社情民意的“信息台”、凝心聚力的“连心桥”。

打造履职服务新品牌。丰富闭会期间代表履职活动，服务代表更多了解并参与常委会、专委会工作。邀请代表列席常委会会议，参加立法调研、执法检查、视察活动，定期向代表通报全市经济社会发展情况。加强新任代表履职培训，落实代表建议办理“一把手责任制”，完善代表建议多层次督办机制，提升建议内容和办理质量。开展优秀市人大代表、优秀议案建议评选，以更优质的服务激发代表履职热情。

五、高标准加强自身建设，努力在提升人大干部塑造变革能力上实现新突破

各位代表，事业成败的关键在人。要按照“政治机关、国家权力机关、工作机关、代表机关”的目标定位，建设变革型组织、提高塑造变革能力，着力打造一支政治坚定、尊崇法治、勤勉尽责、服务人民的人大干部队伍。

推进政治建设强党建。切实发挥常委会党组把方向、管大局、保落实作用，落实全面从严治党主体责任，落实意识形态工作责任制，严肃党内政治生活，完善人大常委会党组工作制度与议事规则，着力加强机关党的建设，充分发挥党组织的战斗堡垒和党员的先锋模范作用。

推进队伍建设树形象。严格执行中央八项规定及其实施细则精神，扎实推进党风廉政建设，支持驻人大常委会机关纪检监察组开展工作。坚持唯实惟先、争先创优的实干导向，倡导用心做事、用情履职的干事文化，切实改进作风，严格制度执行，努力展现人大干部的良好形象。

推进能力建设提效能。强化数字赋能，推动流程再造，倒逼制度重塑，提升履职行权的精准化、智治化水平。加强干部培训，强化工作统筹，提升工作规范，加强上下联动，增强全市人大工作的整体合力。

各位代表，新征程呼唤新担当，新作为谱写新篇章。让我们更加紧密地团结在以习近平同志为核心的党中央周围，在中共丽水市委的坚强领导下，履职尽责、担当进取，奋力开创新时代丽水人大工作新局面，为全面建设绿水青山与共同富裕相得益彰的社会主义现代化新丽水贡献人大智慧和力量，以优异成绩迎接党的二十大胜利召开！

政府工作报告

2022年4月10日
在丽水市第五届人民代表大会第一次会议上

丽水市人民政府代市长　吴舜泽

一、过去五年及2021年工作回顾

市四届人大一次会议以来的五年，特别是全市“两山”发展大会以来，是丽水发展谱写新篇章、迈上新台阶的重要时期。全市上下深入学习贯彻习近平新时代中国特色社会主义思想，坚持以“丽水之赞”为引领和动力，坚定厉行“丽水之干”，大力弘扬践行浙西南革命精神，在创新实践“绿水青山就是金山银山”理念的成功探索中开辟了高质量绿色发展新路。

我们在省委、省政府和市委坚强领导下，求是挺进、砥砺奋进，面对诸多挑战压力不犹豫、不退缩、不止步，经受住新冠肺炎疫情大战大考，与全省同步高水平全面建成小康社会，干成了一批事关丽水长远发展的大事要事：生态产品价值实现机制改革走在全国前列，多项改革经验被中办、国办印发的《关于建立健全生态产品价值实现机制的意见》充分吸收；浙西南革命老区获得认定并被列入全国12个重点革命老区；百山祖国家公园进入国家公园设立候选序列；高水平创成全国文明城市、平安中国建设示范市。

——区域综合竞争力在跨越赶超中明显增强。生产总值从2016年的1134亿元增加到1710亿元，年均增长7%，高于全国1个百分点，高于全省0.3个百分点。一般公共预算收入达到2016年的1.6倍、年均增长10.1%，规上工业增加值年均增长9.8%，固定资产投资、社会消费品零售总额等多项主要经济指标增幅明显高于全省平均水平。“七普”新增常住人口39万、常住人口城镇化率达到62.5%，青年人才实现净流入、引进人才年均增长36.2%。招商引资到位资金602亿元，净增市场主体11.8万户，引进金融机构11家、存贷款余额突破7000亿元。城市信用监测排名全国第9，机关内部“最多跑一次”改革成为中国改革年度十佳案例。丽水经济技术开发区综合发展水平从全国158位跃升至80位，中国（丽水）跨境电商综合试验区、浙江自贸区丽水联动创新区获批，侨博会成为浙江重点进口展贸平台，与上海“区—县”结对合作实现全覆盖。丽水机场开工建设，龙泉、庆元、遂昌、松阳迎来铁路时代，新增高等级公路237公里，改建提升“四好农村路”1.3万公里。

——现代化生态经济体系在提质增效中加快成型。产业发展逐步转入生态经济化、经济生态化和创新驱动新轨道。研发投入强度初步测算达2%，每万人发明专利拥有量从4.7件提高到9件，国家高新技术企业数增长2.3倍，省级科技型中小企业数增长2.7倍，高新技术产业增加值占比提高18.7个百分点，战略性新兴产业、装备制造业增加值年均分别增长14%、14.2%，规上工业企业全员劳动生产率达到22.6万元/人。五大主导产业增加值增长80.4%，占全市规上工业比重达到63.7%，半导体全链条产业组链成群，数字经济核心产业增加值年均增长9.3%，合成革、滚动功能部件等传统产业改造提升行动成为省级样板，7条产业链列入省级链长制试点。新增上市企业7家、雄鹰企业2家、隐形冠军企业11家、专精特新“小巨人”企业8家，新增省级经济开发区3个。“山”字系品牌走向全国，“丽水山耕”名列全国区域农业形象品牌榜前列，“丽水山居”累计实现营业收入153.7亿元，“丽水山泉”集体商标注册成功。创成全国首个名特优新高品质农产品全程质量控制试点市，农药化肥区域管控初步达到欧盟标准，新增农产品地理标志14个，地理标志证明商标拥有量全省第一。缙云仙都创成全市首个AAAAA级景区，松阳创成国家全域旅游示范区，遂昌、缙云、龙泉入选全国旅游综合实力百强县。

——大花园最美核心区在持续发力中形象彰显。生态环境状况指数连续18年领跑全省，龙泉、遂昌创成首批省大花园示范县，松阴溪成为首批省大花园“耀眼明珠”，创成景区镇108个、景区村866个、小城镇环境综合整治样板乡镇61个、美丽城镇样板19个。建设改造污水管网626.7公里、新增污水日处理能力20.3万吨，省级以上工业园区“污水零直排区”全覆盖，“五水共治”五夺“大禹鼎”。市区空气PM2.5浓度比2016年下降32.3%，成为首个“中国天然氧吧城市”。实现生活垃圾“零填埋、零增长”。“一带三区”发展规划落地实施，中心城区“一脉三城”发展格局加快构筑。市区建成区面积扩展到44.7平方公里，完成市区城中村改造274万平方米、置换发展空间1.2万亩。实施南城产城融合项目38个、总投资303亿元。“拯救老屋行动”列入国家乡村振兴战略规划，连续2年成为全省乡村振兴优秀市，中国传统村落数量华东地区第一、全国第三。瓯江源头区域山水林田湖草沙一体化保护和修复工程列入国家试点，市域瓯江流域上下游横向生态保护补偿机制实现全覆盖，森林覆盖率高出全省20个百分点，高标准建成瓯江绿道网4034公里，发现全球新物种7个、中国新记录物种64种，成为全省唯一生物多样性保护试点市，加入中国生物圈保护区。

——人民群众获得感在共建共享中不断提高。财政民生支出实现翻番，累计达1860亿元。城乡居民收入年均增幅分别达到8.2%、9.9%，倍差从2.19缩小到2.02，农村居民收入增幅连续13年全省第一，低收入农户收入增幅连续6年全省第一。脱贫攻坚动态实现“四个清零”，最低工资实行全市统一提标，最低生活保障年标准首次突破万元。“大搬快聚富民安居”入选全国脱贫攻坚成果典型案例，12.4万群众搬出大山、融入城镇。云和获得全国脱贫攻坚组织创新奖。景宁获评全国民族团结进步模范集体。城镇新增就业14.3万人，无欠薪县(市、区)实现全覆盖。实现民生事项“全域一证通办”、天然气“县县通”、行政村客车“村村通”，实现5G信号城乡全覆盖、快递服务乡镇全覆盖、邮政快递行政村全覆盖，基本实现城乡同质饮水。高考总录取率超过全省平均水平，向“双一流”高校输送人才能力达到全省中等位次，县县创成省教育基本现代化县。健康浙江考核“三连升”“县县优”，成为全国健康城市建设样板市。人均体育场地面积增长28.1%。“乡村春晚”成为国家公共文化服务体系示范项目，实现文化馆、图书馆、博物馆县级全覆盖，建成市图书馆新馆。缙云仙都祭祀轩辕黄帝大典升格为省政府主办，龙泉成为国家历史文化名城，新增国保单位5处、国家非遗3项。改造老旧小区61个，有住房需求的低保、低边家庭全部纳入住房保障。居家养老服务中心、示范型儿童之家乡镇(街道)全覆盖，莲都创成全国首批无障碍示范区。工会、妇女儿童、青少年、老年人、慈善、残疾人、红十字等事业取得新进步，民族宗教、外事侨务、史志档案、人防气象、援藏援疆援青和东西部协作等工作取得新成效。全市较大及以上生产安全事故“零发生”。实现全国双拥模范城“三连冠”。

2021年既是“十四五”开局起跑之年，也是本届政府收官之年。我们以“丽水之干”扎实推进高质量绿色发展，顺利开展全省首批高质量发展建设共同富裕示范区试点，顺畅实现全国首个生态产品价值实现机制改革试点到示范的迭代升级，首次成为全国唯一水、气环境质量排名同时进入前十的地级市，年初提出的预期发展目标均达到或超额完成，十方面民生实事全面完成。我们重点抓了以下工作：

(一)“双招双引”蓄势赋能。新引进大项目186个，到位资金210亿元、增长9.2%，其中亿元以上制造业项目占69.4%，制造业投资增长20.1%，德国肖特集团医药系统亚洲总部落户缙云。成功举办央企走进浙江山区26县首站丽水行活动，签约央企百亿级项目6个。丽水经济技术开发区获评中国经济营商环境十大创新示范区，新落地央企、500强、上市公司项目16个，以18亿元产业基金撬动了228亿元金融资本跟投。浙西南科创中心核心平台落子布局，遂昌“天工之城”引进数字经济头部企业20家，国家级科技企业孵化器、诺贝尔奖得主专家工作站实现“零突破”。启动新一轮科技企业“双倍增”行动，新增国家高新技术企业148家、省级科技型中小企业436家。人才科技峰会签约项目再创新高，新引进高校毕业生4.4万人。

（二）产业发展扩能提级。深化精准服务企业“365”专项行动，企业诉求办结率达95%，为企业减负72亿元，民营经济、普惠型小微企业、制造业中长期贷款分别增长16.1%、28.2%、39%，新设企业增速全省第二。同创超高纯钽、晶睿电子、航天科工3D增材制造浙南中心等项目投产投运，航迅直升机、中车动力谷、普崎数码打印产业园等项目开工，未来建筑总部大楼启用。争创国家级、省级工业和信息化领域示范试点114项，入选省级重点技术改造示范项目34个。合成革产业集群成为首批省级新智造产业集群、入选省首批产业大脑，龙泉三田公司率先试点“未来工厂”。累计落地水经济项目40个、完成投资97亿元。发起成立全球重要农业文化遗产（中国）保护与发展联盟。成为全省旅游业“微改造、精提升”行动试点市，新增省级全域旅游示范县4个，莲都入选首批长三角高铁旅游小城。

（三）改革开放走实走深。国家发改委在我市召开全国生态产品价值实现机制试点示范现场会，改革成果获全省改革突破奖银奖。天眼守望助力“两山”转化成为全省数字化改革首批最佳应用，16项特色应用入选数字化改革成果展。在全国率先挂牌成立森林碳汇管理局，成为国家碳监测评估试点基础城市。一举创成全国社会信用体系示范区。实施山海协作产业项目155个、到位资金234亿元。成立华侨创业创新服务中心，出台鼓励华侨回归创业创新30条。持续推进大通道互联，瓯江航道整治工程完工，金台铁路建成通车，温武吉铁路完成预可研编制，义龙庆高速公路遂昌至龙泉段列入省级主导实施类项目、庆元段启动前期。

（四）美丽城乡协调共进。加快花园城市建设，桐岭路通车缓解了南北城交通压力，腊口污水处理厂投入运行，城市中央公园二期、花园中心、邻里中心、“活水进城”等项目开工，城市立体花墙等10个微改造示范项目完工，“城市体检”工作初步完成。实施县（市）城市品质提升“五个一”工程项目20个、完成投资103亿元，入选省级创建试点城乡风貌样板区16个、未来社区项目8个。建成花园乡村208个，莲都堰头村、遂昌红星坪村入选中国美丽休闲乡村，云和赤石村创成全国乡村旅游重点村，松阳象溪村获评省“千年古村落”地名文化遗产。成功承办全国农村人居环境整治提升现场会。

（五）民生保障提质增效。“浙丽保”成为全省共同富裕重大改革项目，报销额在10万元、50万元以上的重大疾病综合保障率分别提高34%、41%。年家庭人均收入9000元以下现象全面消除。集体经济年经营性收入15万元以上行政村新增399个，50万元以上行政村新增68个。“双减”政策落地见效。建成投用学校30所，新增中小学、幼儿园学位1.85万个。287所供餐义务教育公办学校全部实现师生同菜同质同价。丽水学院成为硕士学位授予单位。二级以上公立医院医学检查检验结果实现省市县互认共享，市中心医院获评首批省十佳医院，市中医院创成省三甲中医院。新冠肺炎疫情防控成果持续巩固，疫苗全程接种覆盖率超过94%。完成生活困难老人家庭适老化改造1376户。发放公租房租赁补贴2177户，棚改开工1455套、交付500套。

各位代表，上述成绩的取得，是党中央、国务院关心支持的结果，是省委、省政府正确领导的结果，是市委团结带领全市广大干部群众奋力拼搏的结果。270万丽水人民都是这段光荣历程的亲历者、参与者、推动者和见证者。在此，我代表市人民政府，向全市人民，向各位人大代表、政协委员，各民主党派、各人民团体和各界人士，向驻丽部队、武警官兵、省部属驻丽各单位，以及所有为丽水发展作出贡献的同志们、朋友们，表示衷心的感谢和崇高的敬意！

我们也清醒看到，发展中还存在不少短板和问题。全市综合实力、产业竞争力、创新要素凝聚力等方面与发达地区差距仍然十分明显，经济增长动能不足已经成为跨越式高质量发展的主要瓶颈；绿水青山向金山银山转化通道有待拓宽，有效投资后劲不够足，新兴产业起势但未成势；城市能级不够强，基础设施还有不少短板，统筹发展和安全基础还不稳固；“三大差距”部分指标低于全省平均，公共服务普及普惠程度还不能充分满足群众需求；个别部门对解决企业和群众身边“关键小事”用心用力不够，有的政府工作人员担当精神和工作作风需要改进提升。我们一定高度重视这些问题，采取更加有力举措，认真加以解决。

二、今后五年奋斗目标和主要任务

市第五次党代会科学描绘了丽水未来五年乃至更长时期发展的宏伟蓝图，号召全市上下永做跨越式高质量发展道路上奋勇向前的新时代“挺进师”。我们要拉高标杆谋跨越、抢抓机遇促赶超，跑出发展加速度、加快建设新丽水。

今后五年，政府工作总体要求是：高举中国特色社会主义伟大旗帜，坚持以习近平新时代中国特色社会主义思想为指导，认真贯彻中央、省委省政府决策部署和市第五次党代会精神，大力弘扬践行浙西南革命精神，坚毅笃行“丽水之干”，全面系统落实“八个必须坚持”，奋力加快跨越式高质量发展，为全面建设绿水青山与共同富裕相得益彰的社会主义现代化新丽水奠定坚实基础。

今后五年的奋斗目标是：社会主义现代化新丽水建设取得重大进展，基本建成诗画浙江大花园最美核心区，成为全省新发展格局中的新增长极，成为共同富裕美好社会山区样板。围绕建设发展活力澎湃、城乡品质一流、精神自信自强、人民共同富裕、治理规范高效的社会主义现代化新丽水，在全面完成“十四五”规划、GDP增速处于全省第一方阵、主要生态指标达到国际先进水平的基础上，到2026年要努力实现：“两个较快增长”，GDP和GEP规模总量协同较快增长、相互之间转化效率持续较快增长，GDP总量达到2500亿元、人均GDP达到10万元，建成全国生态产品价值实现机制示范市；“三个高质量倍增”，规上工业增加值倍增、突破730亿元，数字经济核心产业增加值倍增、突破120亿元，文化产业增加值倍增、突破190亿元；“三个能级显著跃升”，创新能级实现主要创新指标“十翻番十突破”、研发投入强度达到3%、基本建成浙西南科创中心，产业能级实现丽水经济技术开发区挺进国家级经开区50强、基本建成高能级产业战略平台，城市能级实现常住人口城镇化率68.5%、建成新时代山水花园城市；“三个倍差缩小”，人均GDP、人均可支配收入与全省设区市最高倍差分别缩小到2.1、1.55以内，县域间人均GDP、人均可支配收入最高最低倍差分别缩小到1.5、1.48以内，全市城乡居民收入倍差缩小到1.93以内；“两个保持前列”，城乡居民收入增速保持全省前列，革命老区振兴发展走在全国前列。

今后五年的重点任务是：

——建设具有中国气派、展现浙江风采、彰显丽水特质的诗画浙江大花园最美核心区，打造新时代生态文明建设典范。在建设美丽生态、打造万物和谐的自然花园上下功夫，力争水、气质量排名稳定在全国前10，确保生态环境状况指数保持全省首位。建设百山祖国家公园保护发展带、华东生物种质资源基地，构建林分结构合理、多样性丰富的生态系统，确保瓯江、钱塘江等水系源头地区维持原生态，水土保持率达93.5%以上。建成全域“污水零直排区”、全域“无废城市”。在升级美丽城乡、打造宜居宜业的品质花园上下功夫，精致建设新时代山水花园城市，精品打造新时代花园乡村，精心规划大花园美丽景观。市区创成AAAAA级景区城，实现大花园示范县全覆盖。匠心打造“丽水山居图”，开展“十带风情、百镇景区、千村花园”示范创建，重点培育大花园“耀眼明珠”20个以上，创成省级未来乡村80个以上，统筹抓好“增花添彩”三年行动及美丽林相、美丽河湖、美丽田园全域建设。在培育美丽经济、打造绿色发展的活力花园上下功夫，争创国家级生态资产和生态产品交易中心，创建中国碳中和先行区、全国生态环境健康管理创新区。培育一批农业现代化示范区和千万级核心大景区，布局一批高品质步行街、时尚网红打卡地、夜间经济地标区和特色消费集聚区。积极打造具有引爆效应的旗舰型旅游项目。着力把水经济培育成为新的经济增长点，以再造富民强市支柱产业为目标振兴林业产业。

——建设浙西南中心城市，打造全省新发展格局中具有澎湃活力和鲜明特色的新增长极。在做强中心城市、建造区域增长极的火车头上下功夫，树立建设百万级人口现代化城市的长远目标追求，实施中心城市扩能升级行动，加快迈向“一脉三城”时代。功能迭代提升活力北城，推进老城有机更新，建设高铁新城，完善城东、联城片区功能。大气开放建设智创南城，打造“万亩千亿”高能级产业战略平台。未来眼光开发碧湖新城，探索创新社区与美丽田园融合共生的开发模式。辐射带动“小县大城”建设、中心镇培育、小城镇发展，积极推动各县（市、区）围绕“一带三区”跨山统筹、组团发展。在强化创新引领、打造区域增长极的强引擎上下功夫，实施人才科技强市战略，构建“产业链-创新链-人才链”深度融合新格局，高标准建设国际化双创人才特区、浙西南科创产业园等重大科创平台。实现国家级高新区、科技奖项“零突破”，省级科技企业孵化器、众创空间、各县（市、区）北上广深科创飞地全覆盖，实体化建设研究院和研究生分院3所以上。建立“人才有感”的人才科技服务十件实事机制，以最优服务集聚高端科创资源，以最优生态打造高水平创新矩阵。在壮大生态工业、增强区域增长极的主动力上下功夫，坚定“工业强市”方向不动摇，以“链长制”为牵引统筹建设高能级平台、高端研发机构、大好高项目，以“产业大脑+未来工厂”再造传统产业基础、提升产业链，以“双招双引”全力引育重塑产业格局的重大战略项目，打造1个千亿级、3个五百亿级、15个以上百亿级产业集群，力争五大主导产业总产值超2500亿元、高新技术企业突破1000家、规上工业亩均税收突破30万元，上市公司县（市、区）全覆盖。在完善基础设施、构筑区域增长极的硬支撑上下功夫，一体化构建交通、能源、水利、信息等现代化基础设施体系，狠抓新一轮扩大有效投资行动，固定资产投资年均增长13%。坚定实施交通先行战略，加快构建“国内3小时、省内1小时、市内1小时”交通圈，实现丽水交通从全省末梢向区域枢纽跨越。打造华东抽水蓄能基地，实施光伏倍增工程。创建浙江水网先行示范市，各县（市、区）城市防洪闭合圈达到20—50年一遇标准。打造“双千兆”网络示范城市，实现5G、工业互联网、大数据中心和人工智能规模部署、充分应用。在推进开放发展、激发区域增长极的活力源上下功夫，深度融入长三角一体化发展，积极参与“一带一路”建设。深化山海协作，全面接轨上海。统筹建设中国—中东欧国家经贸合作示范区联动区、中国（丽水）跨境电商综合试验区、浙江自贸区丽水联动创新区，加快建设综合保税区、空港园区。抓好“华侨产业城”系列项目，办好世界丽水人大会、侨博会，打造“东海岸时尚浪漫侨乡”。鼓励支持国企搏击大市场、勇攀新高峰。完善青年发展型城市中长期规划和政策服务体系，建设拥抱青年的城市。

——把跨越式高质量发展同满足人民美好生活需要紧密结合起来，打造共同富裕美好社会山区样板。在致力增收富民、促进生活富裕富足上下功夫，实施中等收入群体倍增计划、新一轮低收入群体收入倍增计划、村级集体经济和农民收入双增计划，家庭年可支配收入10—50万元群体比例超过70%，低收入农户人均可支配收入年均增长15%。加快建设乡村产业富民“一县一平台”，开展十万技能人才共富能力提升行动，以农村产权制度改革为重点持续释放农民财产性收入增长潜力。深化“大搬快聚富民安居”工程，促进更多高山远山深山地区农民下山进城、彻底改变命运。在致力以文化民、促进精神自信自强上下功夫，以“红色基因代代传”工程为抓手建设全国红色文化融合绿色发展示范区，以推动千年古城复兴为抓手建设优秀传统文化保护传承示范区。实施公共文化服务提升工程、文化产业倍增工程，实现“15分钟品质文化生活圈”全覆盖，打造国际摄影名城，建设丽水音乐厅，补缺升级县“四馆一院”，培育剑瓷、石雕、木玩等百亿文化产业集群。在致力服务惠民、促进公共服务普及普惠上下功夫，坚持教育优先发展，以更大力度推进教育提质行动，全国学前教育普及普惠县实现全覆盖、义务教育优质均衡县达60%以上，教育发展主要指标全面达到全省中等位次以上，教育现代化发展指数达80以上，与全省同步总体实现教育现代化。建设高品质健康丽水，构建具有山区特色的医疗服务模式，建设区域医疗高地，推进中医药传承创新发展，打造“浙丽畲医药”特色品牌，全面提升基本公共卫生服务均等化水平，全方位全周期保障人民健康，人均预期寿命达到81.6岁。加快创建体育现代化县，体育“一场两馆”县级覆盖率达80%以上。完善多层次社会保障体系，减缓群众住房、教育、育幼、养老、婚嫁等方面焦虑感。在致力善治安民、促进社会和谐和睦上下功夫，以共同体理念构建党建统领的“一核多元、合作共治”社会治理体系，系统构建风险闭环管控的大平安机制，奋力夺取全国平安建设最高荣誉“长安杯”。以数字化改革为牵引迈向数字文明新时代，整体推动市域治理能力的质量、效率、动力变革。

三、2022年主要工作安排

今年将迎来党的二十大和省第十五次党代会，也是新一届政府开局之年。综合考虑各方面因素，建议今年我市经济社会发展主要预期目标为：生产总值增长7.5%以上，规上工业增加值增长13%，研发投入强度达到2.2%；城乡居民收入增幅保持全省前列、倍差缩小到2以内，一般公共预算收入增长与经济增长基本同步；居民消费价格指数涨幅3%左右；城镇新增就业、节能减排降碳完成省定任务。

做好今年工作，必须完整、准确、全面贯彻新发展理念，牢牢把握跨越式高质量发展和稳进提质、除险保安、塑造变革要求，夯实“稳”的基础、培育“进”的动能、提升“变”的能力，必须统筹疫情防控和经济社会发展，统筹发展和安全，扎实做好“六稳”“六保”工作，奋力夺取全年发展高分报表。重点做到七个聚力：

（一）聚力稳进提质优环境

以政策的“实”和“效”促进发展的“稳”和“进”。强化政策对接、工作衔接、项目承接，叠加释放国家支持浙江共同富裕示范区建设、革命老区振兴发展等政策优势，用好山区26县跨越式高质量发展“一县一策”政策工具箱，抓好省“5+4”稳进提质政策条条精准落地，制定实施好服务业领域困难行业恢复发展等地方性政策包。全力争取中央预算内资金、政府专项债、企业债券，新增地方政府债券资金180亿元以上。实施扩投资、优结构十大行动，固定资产投资增长13%。联动推进新一轮制造业“腾笼换鸟、凤凰涅槃”攻坚行动、亩均效益领跑者行动、全域土地综合整治行动，全面抓好亩均税收3万元以下低效企业整治提升，新增工业供地、盘活存量用地各5000亩以上。落实全要素精准直达最优项目机制，确保项目能批、土地能供、资金能保。强化项目全过程统筹推进，以财务支出法为主，对重点项目推进定目标、定任务、定时限、定责任，实行月跟踪、季晾晒、年评价，确保新建重大项目开工率上半年达60%以上、三季度达85%以上。越是困难我们越要坚定信心，把应对准备工作做得更充分一些，以自身工作的有效性应对外部环境的不确定性。

让营商环境成为丽水发展的金字招牌。政府、企业、个人三方共建“信用丽水”，确保国家城市信用状况监测排名稳定在“第一梯队”。“真金白银”推动涉企政策直达快享，力争为市场主体减负70亿元以上，新增制造业贷款70亿元、小微企业首贷户1500户。推动企业“准入即准营”、一般投资项目“拿地即开工”，积极推行涉企鉴定评估“最多评一次”、涉企执法检查“综合查一次”。迭代优化“浙里营商”丽水服务专区建设，提升“企业码”一站式服务功能，分行业或产业链组建专属服务团队，建立重点企业服务员队伍，构建便捷畅通的涉企信息直达渠道，建立企业诉求“135”限时办结制度，在解决企业困难的同时促进企业与丽水同成长、共壮大。一个地区的发展近期靠项目、中期靠政策、长期靠环境，我们将以政府更加有为促进市场更加有效，让尊重、爱护、支持企业蔚然成风。

(二)聚力“双招双引”增动能

举全市之力推进招商引资大会战。持续抓好“一把手”五亲招商，各级政府主要领导1/3以上精力、园区平台主要负责人1/2以上精力用于招引标志性大好高项目，全年引进10亿元以上项目10个、20亿元以上项目3个、50亿元以上项目1个，力争百亿级产业项目“零突破”。市县联动做优做强招商引资“一部四中心”，充分发挥商会组织、丽水企业在外分支机构作用，强化链式招商、以商引商、基金招商、专业招商。紧盯五大主导产业、新兴产业、未来产业，细分赛道抓招商。迭代升级招商推进考评机制，以实绩论英雄，对重大战略性项目招引实行“一票评优”机制。建立重大招商项目市领导直通车制度，推进重点资源跨部门、跨县域整合，最大力度强化要素保障。深入实施“央地合作十百千”和省市县长项目工程，新落地央地合作项目5个以上，省市县长项目落地率60%以上。

打造创新“第一发展引擎”。以产业链为中心做好人才科技文章，编制产业发展人才科技支撑规划，完善人才科技政策，办好第十一届人才科技峰会，探索设立“人才认定直通车”，推广使用人才科技服务券，实现“产业—科技—人才—政策—服务”一体推进。“绿谷精英”落地项目增长20%、引进高校毕业生5万人以上。产教融合壮大产业工匠人才队伍，深化新时代“绿谷工匠”工程，建设半导体产业学院、工匠学院，建成投用滚动功能部件和生态合成革产业创新服务综合体。力争丽水国家高新技术产业开发区创建纳入国家高新区考察名单，加快建设浙西南科创产业园，开工建设市科技馆。培育更有活力、创造力的市场主体，争取国家级众创空间、省级科技小巨人“零突破”，新增国家高新技术企业60家、省级科技型中小企业210家、省级专精特新企业30家、省级单项冠军培育企业5家，滚动培育重点拟上市企业19家。我们将视创新如生命，久久为功让创新成为丽水高质量发展的源头活水。

(三)聚力产业升级强支撑

集群强链提升生态工业核心竞争力。着力打造制造业绿色发展标杆地，实施产业基础再造和产业链提升工程，引育行业领军企业和“链主型”企业，五大主导产业、战略性新兴产业增加值增速均要高于规上工业。建立“链长+链主”协同推进机制，抓好丽水经济技术开发区和缙云、青田、云和等省级经济开发区产业链“双链长制”试点，重点培育特色标志性产业链10条以上、产业链上下游企业共同体5家，实施产业链协同创新项目8个、市级以上补链延链强链项目20个以上，积极培育省“新星”产业群。全面完成开发区(园区)平台整合，实现省级经济开发区县域全覆盖。完成国企改革三年行动，新增国有上市培育企业2家。开工建设未来建筑科技产业园，培育壮大建筑产业。开工建设中欣晶圆、广芯微、正帆特气等半导体产业链项目，以及纳爱斯生态综合园、天喜厨电产业园、爱玛新能源智慧出行、宇恒储能电池等一批重大制造业项目，力争制造业重点投产项目达200个以上，确保制造业投资增长15%、技改投资增长10%以上。

推动数字经济和实体经济融合发展。实施数字产业化和产业数字化示范试点项目10个以上，大力发展生产性服务业，确保数字经济核心产业增加值增长15%、力争增长20%以上。以“产业大脑+未来工厂”建设引领智变升级，提升合成革产业大脑，启动建设不锈钢、金属制品等工业互联网平台，力争建成“未来工厂”1家、滚动推进“未来工厂”市级培育企业10家以上，规上工业企业实施智能化技术改造覆盖面达60%以上。

农旅融合做大“山”字系品牌。全

面提高"丽水山耕"标准化供给能力，新建订单基地10个，培育单条产值超10亿元的农业全产业链3条。争创全国"肥药两制"综合试点区，建成庆元食用菌、松阳茶树现代种质资源库。围绕让游客"多留一夜"，联动打造"丽水山景""丽水山居""丽水山路"，推出"丽水山景"特色旅游线路12条，培育"丽水山居"钻级民宿100个，筹办"丽水山路"山区露营大会。建成旅游业"微改造、精提升"示范点200个，加快创建古堰画乡国家级旅游度假区，发展千峡湖峡湾经济，力争创成云和梯田AAAAA级景区。谋划建设华东优质水经济产业园，力争"丽水山泉"早日进入全国矿泉水市场第一梯队。我们要以品牌品质品位为方向，创新发展路径，壮大生态经济，让绿水青山价值实现与跨越发展有机结合，让生态惠民生态立市与共同富裕有机结合。

（四）聚力改革开放添活力

推进数字化改革与生态产品价值实现机制改革"双跨融合"。全面承接数字化改革"1612"体系构架，打造一批管用实用好用的多跨场景特色应用。把生态产品价值实现作为数字化改革重大需求，迭代升级天眼守望助力"两山"转化，抓好GEP辅助决策"一地创新、全省共享"应用。以华东林交所为载体打造区域性生态产品交易中心，率先开展生态资源权益交易试点，探索贯通生态保护、增值、变现全过程的有效机制，进一步提升碳排放权、用能权、水权、林权、碳汇交易等市场交易的活跃度。争创全国气候投融资试点，争取国家生态导向开发模式试点项目。

扎实推动"跨山统筹"新突破。着眼共同富裕示范区缩小地区差距先行先试，市县联动编制国土空间总体规划，结合建立全市域重大项目库，实质性落地"一带三区"发展格局。谋划设立"市级主导、市县共担"空间及建设用地指标池、重点项目融资对接平台，重点支持跨区域重大战略性项目。加快打造云和全国山区新型城镇化县域共富样板，深化景宁民族地区城乡融合发展国家试点，抓好松阳缩小城乡差距省级试点。承办全国革命老区振兴发展现场会，启动创建全国革命老区共同富裕示范区，加快建设"十镇百村"红色乡村，培育壮大红色旅游经典景区，促进红绿融合发展。

构建高水平对外开放新体系。华侨是丽水发展最宝贵的财富，要继续研究深化华侨有感的涉侨政策，着力引导华侨要素投入实体经济。加快创建华侨经济双循环发展试验区，加快推进欧洲华侨创业城等项目，成立华侨创业基金，加快中欧工业园招商，重视华侨新生代"培根"工程。制定实施外贸市场主体培育计划，更深层次、更广领域培育壮大开放型经济。加快建设"世界超市"，抓好青田港建设，力争走出泛海洋产业发展新路子。新实施山海协作产业项目100个以上，到位资金100亿元以上。建设上海G60丽水科创中心，推进长三角区域科技创新券政策"互认互通"。建成景文高速，开工衢丽铁路衢松段，加快丽水机场、衢丽铁路松丽段建设，加快杭丽铁路前期，力争温武吉铁路完成可研审查、丽云宁铁路纳入国家中长期铁路网规划，深化义龙庆高速、庆景青公路、国家公园大道等项目前期，以"大通道"建设助力大开放、促进大发展。

（五）聚力城乡统筹促融合

加快建设新时代山水花园城市。着力打造智慧城市、韧性城市、海绵城市，精心打磨优化城市天际线、建筑外立面。实施一批"丽水山居图"重点项目，开工建设水东高铁新城、南明湖岸线改造等项目。"一街一品"推进道路"增花添彩"，加快改造刘祠堂背等历史街区，建设"最丽水"处州府城非遗街区。打造南城产城融合创新发展新标杆，加快推进国际会展中心、第四代万达商圈、第一人民医院、南城运动综合体等项目。开工建设大溪治理提升改造工程，加快解决市区部分节点容易内涝问题。推动"小县大城"向名县美城转型，加快建设缙云全国新型城镇化示范县城，力争将壶镇、温溪等省级小城市试点打造成为共同富裕城镇发展样板，扎实推进碧湖、古市千年古城复兴试点。创建风貌样板区5个，开工改造提升老旧小区39个，新增省级未来社区项目6个。集成布局打造一批"文旅共富驿站"和"百县千碗、丽水味道"特色美食体验店，培育好咖啡、红酒业态，发展夜间经济、"首店经济"，加快"网上菜场"等六个网上建设，建设城市"15分钟便民生活圈"，让城市街巷更有烟火味。

促进乡村加快蝶变、全面振兴。统筹抓好"红耀绿谷、强基共富"、农业"双强"、乡村振兴"十大激活"行动，培育"六业千亿"乡村产业，乡村产业总产值达到1000亿元。加快创建国家普惠金融服务乡村振兴改革试验区。打好"强村富民"乡村集成改革四套组合拳，做实强村公司，实施农民持股共富计划，全市域创建非遗助力共同富裕省级试点，打造流动供销致富车品牌，全面消除集体经济年总收入20万元以下且经营性收入10万元以下行政村。继续推进"大搬快聚富民安居"工程，在莲青缙地区试点推进下山农民跨区域自由安置。健全"两进两回"长效机制，新培育农创客1900名、招引新乡贤1500名，启动"百万农民大培训"，探索建立团队科技特派员制度。坚决遏制耕地“非农化”、防止耕地“非粮化”，确保粮食播种面积稳定在109.8万亩以上。推动农村规模化供水比例达到60%，既有农村生活污水处理设施标准化运维实现全覆盖。500人以上行政村农村文化礼堂实现全覆盖，省级善治村达40%以上。建设松阳国家传统村落公园，加快创建品质化花园乡村、未来乡村，打造留得住记忆和乡愁的“浙丽”乡村。

（六）聚力生态提标亮底色

推动生态治理高位提质。以“无废城市”“污水零直排区”建设为抓手加快补齐环境基础设施短板，力争60%的县（市、区）达到“无废城市”标准，与全省同步成为全国生活垃圾治理先行区，龙泉、缙云创成全域“污水零直排区”，完成全市污水处理厂清洁排放改造。加快实施瓯江源头区域山水林田湖草沙一体化保护和修复工程，着力打造瓯江幸福河样板。实施全域禁渔制度。系统抓好全域禁止河道采砂、秸秆焚烧、明火上山、许可范围外燃放烟花爆竹及松材线虫病防治，实现废弃矿山生态修复任务“清零”。深入推进清新空气行动，确保市区PM2.5平均浓度低于22微克/立方米，空气质量优良天数比例达97%以上。巩固拓展应用环境健康风险管理、地下水污染防治、气候适应型城市建设等国家级试点成果，努力形成可示范、可复制、可推广试点经验。

按照“国家公园就是尊重自然”理念抓保护。迭代建设百山祖国家公园数字化“一张图”，建设国家级生物多样性综合观测站，启动申报世界生物圈保护区，整体保护国家公园重要生态区域。实体化运营百山祖国家公园发展公司，制定实施国家公园整体风貌控制及重点区域设计建设导则、国家公园园区及周边特色村落提升专项规划。创成大花园典型示范县1个以上，建设美丽林相65万亩，全面提升生态系统碳汇。

推进绿色低碳循环发展。把碳达峰碳中和作为转变发展方式、增强竞争优势的重要契机，坚持降碳、减污、扩绿、增长协同推进，防止“两高”项目盲目发展。建立能源平衡表工作体系，先立后破推进能源低碳转型，防止“一刀切”、运动式“减碳”，引育更多“含绿量”产业项目。加快零碳低碳技术招引、研发和推广应用，组织实施重点节能减碳技改项目68个。加快建设缙云抽水蓄能电站，力争完成核准2座。力争丽西500千伏输变电工程建成投运，加快推进整县屋顶分布式光伏开发试点项目。建设市本级、缙云、青田、龙泉、遂昌等5个省级资源循环利用示范城市（基地）。

（七）聚力美好生活惠民生

提高民生保障水平。牢记让人民生活幸福美好是“国之大者”，做到民生投入只增不减、惠民力度只强不弱。把高质量就业作为高质量发展的基础导向，打通需求侧与供给侧，增强制造业对青年人的吸引力，统筹解决社会就业难与企业用工难，城镇新增就业2万人，登记失业率控制在3%以内，实现零就业家庭动态清零。大力发展保障性住房，促进房地产业良性循环和健康发展。积极推进扩中提低，加快建设“全面覆盖+精准画像”基础数据库，聚焦高校毕业生、技术工人、个体工商户、进城农民工等“扩中”重点群体，制定实施针对性激励政策，力争家庭年可支配收入10—50万元群体占比提高3个百分点。做好企业职工基本养老金全国统筹实施工作，强化基本医疗保险、大病保险与医疗救助三重保障功能，抓好“浙丽保”扩面提质增效。完善帮扶残疾人、孤儿等社会群体制度，关爱环卫工人、快递小哥、空巢老人、留守儿童等特殊群体，动态做到困难群众应保尽保、应助尽助。

提高公共服务水平。着力实施新时代文化丽水工程。打造“德润处州”市域品牌，启动全国文明典范城市创建。建设跨山统筹文化共同体，全域推动“乡村春晚”走向“乡村村晚”。抓好瓯江山水诗路文化带建设，办好缙云仙都祭祀轩辕黄帝大典、首届全球重要农业文化遗产保护与发展大会、世界青瓷大会、世界摄影大会，推动庆元林—菇共育系统申报全球重要农业文化遗产，实施“天下龙泉”——宋韵文化传世工程，打造畲族文化总部。切实加强文物保护利用和文化遗产保护传承，让历史文化活起来。着力抓好教育提质。“一县一策”推进“县中崛起”。巩固扩大“双减”成果，平稳有序推进民办义务教育规范发展。深入实施教育“双百亿”工程，新增学位1.14万个。实现全市中小学城乡教育共同体乡村学校全覆盖，开工建设北京师范大学丽水实验学校。加快丽水学院与中国药科大学合作共建中医药与健康产业学院，推进丽水职业技术学院建设省高水平高职院校。出台教育人才政策，让教师成为全社会最受尊重的职业，让教育成为丽水人安居乐业最有保障的要素。着力建设高品质健康丽水。实行城乡居民免费健康体检同质同标，推进县级医院医疗质量管理同质化。实施新时代县级强院工程，深化县域医共体和城市医联体建设，积极争取国家公立医院改革与高质量发展示范项目，落地丽水国际医学中心、水东医院。全面建设健康促进县（区），强化全民健身，持续打造中国最美户外运动天堂。着力打造全龄友好“幸福家园”。建设育儿友好型社会，完善生育、养育、教育配套政策与服务，大力发展普惠托育服务，每千人拥有婴幼儿托位数达到3个。建设老年友好型社会，完善养老服务网络，加强家庭适老化改造，推进二级以上综合医院、二甲及以上中医院规范设置老年医学科，建成康养联合体20家，确保所有敬老院均达到国家养老院二级以上标准，联动推进中国长寿之乡、“浙里长寿”品牌建设。围绕建设青年发展型城市，营造青年群体与城市共生共长、愿来愿留、乐活乐享、创业创新的良好环境。

提高市域社会治理现代化水平。坚持“动态清零”和“外防输入、内防反弹”，从严从紧从实抓好常态化疫情防控。强化平战结合，深化市县两级防控办实体化运作，完善疫情防控机制，加强免疫接种，落实“人物同防”，努力以最小的代价实现最大的防控效果。发布实施突发事件总体应急预案，推进基层应急管理体系建设。完成地质灾害“整体智治”三年行动。深化“遏重大”“控较大”攻坚战，实现企业安全风险管控体系建设全覆盖。切实防范经济金融领域风险。完善食品药品安全风险监测预警机制。用好河长制、林长制、田长制等，推进系统治理综合治理。深入实施网络安全整体能力提升行动。常态化推进扫黑除恶专项斗争，严厉打击电信网络诈骗等违法犯罪，持续提升人民群众安全感。进一步做好信访工作。加强退役军人和“双拥”工作。创成全国首批市域社会治理现代化试点合格城市，奋力夺取二星平安金鼎，扎实做好党的二十大、亚运会等重大活动安保维稳工作。

四、倾力打造高效实干的服务型政府

面对新征程新使命新要求，我们必须坚持把党的政治建设摆在首位，自觉用习近平新时代中国特色社会主义思想武装头脑、指导实践、推动工作，忠诚拥护“两个确立”、坚决做到“两个维护”，强化为民、整体、务实、清廉导向，建设高效实干的服务型政府。

以建设为民政府换来群众有感。牢记政府前面“人民”二字，以民生所望为施政所向，对群众急难愁盼的事“零懈怠”，对群众深恶痛绝的事“零容忍”，让政府工作更有民生温度，让市民笑容成为最美市容。进一步完善民生实事清单化攻坚突破机制，新一年十方面民生实事经本次人代会讨论确定后，我们将用心用情用力把实事办好、让群众说好。坚持党政机关过“紧日子”、勤俭办一切事业，严格控制和压减一般性支出，把宝贵的资金更多用于为发展增后劲、为民生增福祉。

以建设整体政府实现高效协同。强化战略思维，树立整体政府理念，对施政理念、机制、工具、手段进行系统性、重塑性变革，促进群众和企业办事从“找部门”转变为“找政府”。以“一件事”集成整合全生命周期事项办理，打破条线、分管、层级、地域思维，不扯皮不推诿，确保问题解决、高效办理。纵深推进“县乡一体、条抓块统”，深化“大综合一体化”改革，推动跨部门数据共享、流程再造和业务协同，努力实现政府系统整体智治、闭环管控。

以建设务实政府促进担当有为。把实干担当作为政府工作生命线，以钉钉子精神具体抓抓具体，实打实服务市场主体，实打实发展实体经济，实打实破解发展难题。完善目标、工作、政策、评价“四个体系”，突出贡献度导向，动态考评、鼓励快跑，引导政府工作人员走出舒适区。在“双招双引”前线、项目建设一线、攻坚克难火线锻炼识别干部，推动市级部门专业抓、深入抓、一线抓，鼓励各县（市、区）政府跳出丽水、跳出26县谋发展求跨越。坚持“立说立行”“马上就办”，倡导早干快干大干，以工作提速换取发展提效。

以建设清廉政府推动干净干事。像爱护眼睛一样爱护风清气正的政府形象，严格落实中央八项规定及其实施细则精神，力戒形式主义、官僚主义，驰而不息纠“四风”、树新风，以严的主基调纵深推进政府系统全面从严治党。坚守“亲”“清”二字，建立新型政商关系。坚持“为政者须率先奉法”，力争创成全国法治政府建设示范市。依法接受人大监督，自觉接受政协民主监督，主动接受监察监督、群众监督、舆论监督，加强审计监督、司法监督、统计监督，让权力在阳光下运行。

各位代表！没有等出来的精彩，只有干出来的辉煌。让我们更加紧密地团结在以习近平同志为核心的党中央周围，在省委省政府、市委坚强领导下，埋头苦干、勇毅前行，坚定不移向着全面建设绿水青山与共同富裕相得益彰的社会主义现代化新丽水宏伟目标奋勇前进，以优异成绩迎接党的二十大和省第十五次党代会胜利召开！

中国人民政治协商会议
第四届丽水市委员会常务委员会工作报告

（2022 年 4 月 9 日在政协第五届丽水市委员会第一次会议上）

政协丽水市委员会主席　陈瑞商

一、过去五年主要工作回顾

过去的五年，是我市发展史上具有里程碑意义的五年。中共丽水市委团结带领全市人民，以“丽水之赞”为引领和动力，创新实践“绿水青山就是金山银山”理念，科学构建丽水加快跨越式高质量发展的“四梁八柱”，与全省同步高水平全面建成小康社会，丽水大地发生了重大而深远的历史性变化。市政协常委会团结动员全体委员，以忠诚使命的坚定信仰、求是挺进的奋斗姿态、植根人民的崇高情怀，深入落实全市“两山”发展大会战略部署，奋勇投身“丽水之干”。市政协四届一次会议以来，共组织常委会协商、请你来协商、全会界别协商等重大协商监督活动 187 场次，以建议案、协商纪要、提案等形式提出意见建议 3400 多件次，委员参与履职 31000 多人次，市级以上新闻媒体宣传报道政协履职成果 2700 多篇次，在我市打造“高水平建设和高质量发展重要窗口”中展现了政协风采。

——五年来，我们淬炼忠诚品格，筑强党的领导主心骨。把牢正确方向坚定政治忠诚。全面落实党的十九大和十九届历次全会精神，增强“四个意识”、坚定“四个自信”、做到“两个维护”。始终坚持市委对政协工作的全面领导，完善政协党组向市委的请示报告制度，五年来共向市委请示报告重大事项 67 次。切实发挥政协党组在政协工作中把方向、管大局、保落实的重要作用，共召开党组会议 93 次。赓续红色血脉铸就信仰忠诚。精心组织“不忘初心、牢记使命”主题教育，重点对照“18 个是否”检视问题找差距，高质量召开民主生活会，党员委员受到一次深刻的政治教育、思想洗礼。认真抓好党史学习教育，落实“学史明理、学史增信、学史崇德、学史力行”总要求，搭建“百名主席进百厅讲党史”“同心向党讲心得”等学习载体，举办“庆祝建党百年”系列文化活动，广大委员增强了爱党之情、报国之志。扎实开展“树立新时代人民政协新样子”大讨论活动，突出弘扬践行浙西南革命精神，聚焦“五个如何”，组织委员重走红军路、参加专题调研、开展座谈交流、撰写体会文章，全体委员焕发了“丽水之干”的昂扬风貌。加强理论武装凝聚思想忠诚。学懂弄通习近平新时代中国特色社会主义思想，共组织党组理论学习 78 次、常委会学习 22 次、机关理论学习 73 次，举办政协委员培训班 15 期。学深悟透习近平总书记建党百年讲话，全市政协委员在“括苍学堂·书香政协”发表心得 7500 多条次。学而笃行全市“两山”发展大会精神，组织全体委员开展“大学习大调研大抓落实”活动，广泛凝聚创新运用三把“金钥匙”、推动 GDP 和 GEP“两个较快增长”的思想共识。完善组织建设落实行动忠诚。协助市委出台《加强新时代人民政协党的建设工作的实施意见》。健全政协机关四级党组织网络，机关党建工作年年受到市委表彰。建立政协党组、专委会党小组两级委员党建工作体系，以专委会党小组为依托开展党的活动，实现政协党建工作“两个全覆盖”。松阳县政协“同心向党•三味政协”、云和县政协“5+X”党建工作法，探寻委员党建工作新路径。

——**五年来，我们胸怀战略全局，勇当改革发展助推器**。为生态价值高水平转化出力。着眼于国家级生态产品价值实现机制改革试点，协同参与“国内首个山区市生态产品价值核算地方标准”研究，开展常委会专题协商，督办民革市委会的“推进生态农产品价值转化”重点提案，提出的完善流域横向生态补偿机制等建议，被相关部门采纳。市政协《生态产品价值实现机制的丽水实践》调研报告，在全国政协双周协商会上作典型推荐。着眼于实现“生态经济化”和“经济生态化”双向贯通，组织“丽水高质量绿色发展实现程度分析”“加快生态休闲旅游业发展”等17场协商议政活动，市政府常务会议就政协建议案进行专题研究落实。为工业经济高质量发展献计。紧扣“十四五”规划和平台“二次创业”，举办“壮大产业集群”请你来协商，组织“打造半导体全链条”等调研视察，提出聚势赋能、加强产业大脑建设、落实“链长制”等49条对策建议。遂昌县政协举办“打赢工业复兴战”请你来协商，共话“天工之城”建设。紧扣打造营商环境最优市，组织“工业企业减负降成本”主席会议民主监督，开展“民营经济高质量发展”“台侨资企业发展状况”等课题调研，深度剖析“玻璃门”“弹簧门”个案，提出优化惠企政策57条监督意见。为“双招双引”高层次集聚搭桥。高度重视人才引进与产业链相匹配问题，组织“科技•人才新政落地”视察，举办“促进创新链与产业链融合发展”请你来协商，为疏通人才科技政策堵点睿智建言。发挥政协联系广泛优势，用心用情用力做好“三服务”，主动为重大项目引进牵线搭桥，积极向丽水经开区推荐高校研究机构和优秀企业。工商联界别开展“异地商会家乡行”活动，引导浙商、丽商回归。景宁畲族自治县政协主动接轨上海，引进静安寺和百寺基金合作开发“惠明禅茶”产业园。为重点工程高效能推进尽责。市、县两级政协领导共联系重点工程135项。其中衢宁铁路开通、衢丽铁路开工、大窑龙泉窑国家考古遗址公园开园，丽水机场、缙云抽水蓄能电站建设加快推进。支持政协委员参与城中村改造攻坚，组织政协委员开展“未来社区建设”“大搬快聚”调研视察。

——**五年来，我们坚持人民至上，下足履职为民真功夫**。聚焦乡村振兴当帮手。举办“乡村振兴补短板，推进共同富裕”等9场协商议政，开展“促进农旅融合发展”“深化美丽乡村建设”等4场全会界别协商，组织“金融支持乡村振兴”“丽水山耕”品牌建设等14项监督视察，相关建议被市委、市政府以督办单形式进行交办落实。民盟市委会撰写的“扎实推进山区26县共同富裕”提案由省委主要领导领办。聚焦公共服务谋民利。关注“养生福地”建设，连续五年围绕养老问题，举办“社区嵌入式养老护理机构建设”系列协商，催生《养老人才职称评定办法》等8个文件，丽水创新养老政策做法赢得全国业内人士好评。关注“健康丽水”建设，组织“加快推进县域医共体建设”等6场专题议政，提出的构建5分钟社会应急救护圈、智慧流动医院等建议，转化为政府民生实事。关注教育事业发展，开展“市区义务教育基础设施建设”“消除大班额”等8项调研视察，促进教育提质行动计划的深入实施。聚焦社会热点建真言。发挥社情民意“直通车”作用，积极为民代言，共报送社情民意信息1100多篇，播出委员视点127期，实行城乡特困人员供养标准一体化、涉外婚姻登记权下放等160多条建议，被国家部委和省、市相关部门吸收采纳。反映社情民意信息和政协宣传工作连续五年荣膺省级先进单位，涌现出农工党市委会“草心社”、景宁畲族自治县政协“民情速递”等一批创新做法。聚焦全面小康重实干。组织“高水平全面小康路上一个都不落下”系列履职活动。针对考评指标，连续五年开展“全面小康社会补短板”常委会专项监督，市政府对政协民主监督意见书提出的7项突出短板问题，专门制定《补短板“三张清单”》进行交办落实。针对难点问题，连续三年开展“民族乡村扶贫攻坚”主席会议专题议政，所提建议为我市编制全国首个《民族乡村振兴专项规划》提供了依据。针对弱势群体，开展“把更多关爱献给残疾人”调研视察，组织“双千行动”“五下乡”活动，努力为困难群众解决实际问题。

——**五年来，我们锚定社会治理，强化民主监督钉钉子**。助力生态提升持久战。立足擦亮生态底色，扎实开展“跨山统筹提升固废处置能力”“无废城市建设”等协商监督，认真开展“百山祖国家公园创建”“优化国土空间规划”等视察监督，深入开展环保督查反馈问题整改的专项监督，连续组织“五水共治”“城乡生活垃圾分类处理”省、市、县三级政协联动监督。《森林资源质量与大花园核心区建设》《加强失管毛竹林的生态治理》调研报告，转化为省委省政府领导领办的重点提案。助力平安丽水夺金战。以夺取“平安金鼎”为目标，组织

“平安丽水建设”常委会协商、“食品安全示范市建设”全会界别协商、“最多跑一地改革”民主监督，听取市中级人民法院、市人民检察院工作通报，参与立法协商和法律宣传，支持相关部门严厉打击电信网络诈骗。举办“数字化改革推进市域治理现代化”常委会协商，围绕加快城市大脑建设、让城市会思考提出5方面18条建议。庆元县政协《建设“十台合一”智治中心》调研报告，得到省委省政府主要领导批示肯定。助力文明城市大会战。举办“创建全国文明城市”全会界别协商，围绕打造“最整洁城市”“斑马线最礼让城市”开展民主监督，组织政协委员和机关干部积极参与志愿服务。发挥政协文史作用，以文化力量涵养城市精神、滋养城市文明。组织“处州社稷坛、刘祠堂背的保护与利用”委员视察，民进市委会开展“浓墨重彩绘就瓯江山水诗路”专题调研。出版《亲历丽水撤地设市》《丽水援建西部纪实》等6部丽水文史丛书，支持《处州文献集成》编纂工程，《精准提案议国是》《石雕邮票铸丰碑》等40余篇文史资料被全国政协、省政协收录。助力疫情防控阻击战。2020年新冠疫情发生后，全市政协组织闻令而动，全员参战。政协领导班子率先垂范，第一时间深入重点区域进行抗疫督导。医药卫生界委员白衣执甲、不畏艰险，坚固筑牢疫情防控阵线。港澳华侨委员和港澳台侨代表人士危难关头凸显血肉亲情、家国情怀，在海外筹集口罩、防护服等紧缺防疫物资，价值2100余万元。企业家委员坚决落实统筹推进疫情防控和经济社会发展工作部署，带头有序推进复工复产。九三学社市委会撰写的“紧急制定核酸检测试剂国家标准”“搭建空中医院”等社情民意信息，被联防联控机制采纳。

政协五届一次会议第十三组讨论会场　　（郭琳璐　提供）

——五年来，我们推动实践创新，打好协商议政组合拳。厚植协商文化丰富丽水元素。在市委主要领导领办的“厚植社会主义协商民主文化”提案推动下，多项工作有了新提升。政协理论研究更加扎实，39篇论文在省以上获奖，缙云县政协在全国政协党组举办的理论研讨会上作交流发言，民建市委会获民建中央重点课题二等奖。政协理论宣讲团更加深入，共组织“五进”宣讲活动900多场次。模拟提案活动更加活跃，全市共有106个青少年团队参与，“十佳模拟提案”转化为正式提案，引起《学习强国》等新闻媒体关注。“有事好商量、遇事多商量”在基层呈现蓬勃态势，庆元县“民生议事堂”、莲都区“协治会”演绎了全过程人民民主的生动实践。完善提案办理机制提供丽水经验。健全提案办理“一把手”责任制和党政领导领办重点提案制度，书记、市长带头，每位党政领导每年至少领办1件重点提案。贯彻“数量适度、质量为先”理念，拉高立案标杆，不搞凡提必立，加大并案力度，立案率为87%。推行重点提案公开办理、清单式办理和“双向民主评议”办法，促进成果转化，提案办理满意率达99.8%。推进公共外交探索丽水模式。与党委宣传、统战等多部门联动，以“侨乡中国年”“侨乡委员会客厅”为载体和平台，开展“党的十九届六中全会精神进侨团”“越洋同唱中国心”等活动，积极传播中国好声音，讲述丽水好故事。组织港澳台同胞和侨胞开展“伟大祖国·中国之治”考察，参加政协“清明·民祭轩辕黄帝典礼”。青田县政协公共外交协会“问海借力”做法被省政协评为创新案例。迭代大会发言打造丽水样板。将大会发言调整到全会开幕会上进行，让所有出席开幕会的领导都能听到委员心声，形成富有丽水特色的“抢麦式”民主氛围。五年来共发表大会发言171篇，党政领导批示232条，批示率达135%。《大会发言的丽水样板》被全国政协培训材料收录。

——五年来，我们适应时代要求，夯实自身建设强根基。协商平台构建体系化。协助市委出台《请你来协商平台建设的实施意见》，完善“123+6+X”政协协商工作体系。市、县两级政协共开展请你来协商287场次，遂昌县“政协论坛”受到广泛好评，龙泉市政协“文旅兴市”、青田县政协“养老服务业发展”等请你来协商成为推介案例。创建省政协委员会客厅10个、市政协委员工作室32个，开展各类活动232场次。致公党丽水市总支通过丽水山耕委员会客厅提出“推进农产品高质量发展”的建议，得到省政府主要领导批示落实。对各民主党派以本党派名义在政协发表意见、提出建议作出机制性安排，五年来各民主党派、工商联、无党派人士优秀重点提案占71%、优秀大会发言占79%、优秀信息员占73%。履职手段拥抱数字化。制定《数字政协建设总体方案》，市政协“五云工程”做法在省政协作经验介绍。组织开展“千名委员话共富讲担当”等7场网络主题议政，委员参与4000多人次。市政协与海外华人华侨“云端议政”、云和县政协同北仑区政协“云际协商”等做法，开启了政协数字化协商新形式。“莲都区政协随手拍”“政协＠松阳”等方法，打开了公民有序政治参与的数字化通道。委员管理迈向精细化。对委员履职情况进行量化考评，考评结果作为委员评先评优和换届时留任的重要依据。五年来，14名委员荣获省部级以上表彰，12名委员被评为“丽水之干”先锋人物，49名委员被评为省、市“最美政协人”。重视维护委员民主权利，为委员有效履职提供保障。深化落实“三必访”制度，让广大委员感受到“政协娘家”的温暖。机关建设形成制度化。根据《政协章程（修正案）》，及时修订《政协常委会会议工作规则》《加强对县（市、区）政协工作联系指导的意见》等48项制度，一体推进政协机关建设。坚持把纪律和规矩挺在前，严实党风廉政建设“一岗双责”，支持派驻市政协机关纪检监察组依法履职，高标准抓好市委对政协机关巡察反馈问题的整改，研究出台《政协委员廉洁自律若干规定》等文件，扎紧“不能腐”的制度笼子。

各位委员，同志们，五年春华秋实，硕果累累。以上成绩的取得，是省政协正确指导和市委坚强领导，市人大常委会、市政府大力支持，各有关部门和县（市、区）党委、政府以及社会各界热情帮助，各位老领导、老同志关心关爱的结果，也是市政协各参加单位、县（市、区）政协、广大委员和政协机关干部团结协作、共同奋斗的结果。

在这里，我代表四届市政协常委会，向所有关心支持政协工作的同志们、朋友们，致以崇高的敬意和衷心的感谢！

市政协四届一次会议以来，我们深入学习贯彻习近平总书记关于加强和改进人民政协工作的重要思想，在实践中对做好基层政协工作形成了一些新感悟、积累了一些新经验，值得今后加以继承和发扬。

第一，必须坚持党的领导不动摇。党的领导是做好政协工作的根本保证。五年来，我们始终坚持党对政协工作的全面领导。市委高度重视政协工作，召开市委政协工作会议，研究部署新时代加强和改进我市政协工作的具体举措；厚植社会主义协商民主文化，推动和发展全过程人民民主；三次组织工作督查，着实解决市、县政协“两个薄弱”问题；市委常委会定期听取政协工作汇报，市委主要领导带头参加各类协商活动，有力推动了我市政协事业高质量发展。市政协党组切实发挥在政协工作中的领导核心作用，完善党组工作规则，把党的领导和常委会依章履职相统一，牢牢把握正确的政治方向。实践证明，只有加强党的全面领导，政协制度优势才能得到充分展现。

第二，必须坚持围绕中心发好力。党委政府的中心工作就是政协的中心工作。五年来，我们始终坚持与党委政府想在一起、干在一处，同频共振、同向共行，全面落实全市“两山”发展大会精神，积极助推“在高质量发展前提下实现必要适度的高速度增长”，在打造新增长极中建新功、立新业。实践证明，只有在全市大局中找准定位，躬身“丽水之干”，政协工作才能有为有位。

第三，必须坚持务实建言说对话。政协是协商民主的重要平台，但绝不是自由论坛。五年来，我们始终坚持说“合政策”的话，把一言一行必须有利于加强党的领导作为政治规矩；坚持说“摆事实”的话，加强和改进调研工作，详尽掌握一手资料；坚持说“能落地”的话，拒绝“空话套话”，反对“雷人雷语”。实践证明，只有说得对、说得准、说得好，政协话语权才能有更强的影响力。

第四，必须坚持创新引领强动能。创新是政协事业发展的第一引擎。五年来，我们始终坚持创新引领，拓展协商内容、丰富协商形式、优化协商流程，培育“人无我有”式创新；弘扬工匠精神，努力把提质增效做到更好，推进“人有我优”式创新；加强基层创新案例的总结提炼，把经验上升为制度，实现“人优我特”式创新。实践证明，政协的框架是顶层设计的，但履职的方式方法是可以创新的。只有用好创新引领的“金钥匙”，专门协商机构才能专出水平、专出质量、专出特色。

第五，必须坚持人民政协为人民。人民性是政协的根本属性。五年来，我们始终坚持把全心全意为人民服务作为一切工作的出发点和落脚点，做到民呼我应、民盼我为，紧扣重大民生工程建真言、干实事，使委员履职的过程成为政协为民造福的历程。实践证明，只有把人民放在心中最高位置，一切为了人民，紧紧依靠人民，政协事业才能彰显初心和使命。

在肯定成绩的同时，我们也清醒认识到，四届市政协的工作与新时代新要求相比，还有一定差距，主要有：在健全政协党的组织架构基础上，还需研究“发挥组织功能作用”的更好抓手；在坚持“双向发力”上，还需研究“加强思想政治引领”的更多载体；在推动政协工作提质增效上，还需研究“促进协商成果转化”的更实举措，等等。这些问题有待于今后进一步加以解决。

二、关于今后五年工作建议

今天的丽水，正信心满怀开启第二个百年奋斗目标新征程。中共丽水市第五次代表大会，科学擘画“全面建设社会主义现代化新丽水”宏伟蓝图，下达了永做新时代“挺进师”的动员令，吹响了跨越式高质量发展的进军号。今天的丽水政协，再次集合了一群丽水各界的优秀人才。全体委员要牢记，我们参与国是，责任重如泰山，事关丽水的明耀和辉煌，承载人民的光荣和梦想。大家务必要倍加珍惜难得的人生际遇，永远珍爱自己的委员身份，立志成为敢为人先、矢志前行的开拓者，只争朝夕、埋头苦干的实干家，以人民政协的历史主动精神和新赶考路上的“高分答卷”，回应组织重托、不负人民期望、无愧时代使命。

建议市政协今后五年工作的指导思想是：高举中国特色社会主义伟大旗帜，坚持以习近平新时代中国特色社会主义思想为指导，在中共丽水市委的坚强领导下，按照市第五次党代会战略部署，大力弘扬践行浙西南革命精神，坚毅笃行“丽水之干”，全面系统落实“八个必须坚持”，推动和发展全过程人民民主，充分发挥社会主义协商民主重要渠道和专门协商机构作用，为全面建设绿水青山与共同富裕相得益彰的社会主义现代化新丽水贡献智慧和力量。

政协丽水市五届一次会议会场　　（郭琳璐　提供）

（一）要以更严要求把牢思想政治方向盘。人民政协是庄严的政治组织，做好政协工作首要的是讲政治。要抓好思想政治工作，发挥政协“三个重要”作用，团结引领各党派团体、各族各界人士坚定落实《中共中央关于党的百年奋斗重大成就和历史经验的决议》，把拥护“两个确立”转化为做到“两个维护”的高度政治自觉；充分运用政协主席读书会、“括苍学堂·书香政协”委员学习平台，精心抓好党的二十大精神学习宣传，把党的大政方针贯彻落实到政协履职全过程。要抓好党史学习教育的常态长效机制建设，弘扬伟大建党精神，坚持用浙西南革命精神铸魂赋能立根，永葆对党忠诚的政治本色。要抓好政协党的建设，以培育“同心向党”党建品牌为总抓手，健全党建工作责任制，研究发挥专委会党小组功能、党员委员先锋模范作用的制度机制。要抓好意识形态工作，落实政协党组意识形态工作责任制，牢牢掌握政协意识形态工作主动权。

（二）要以更强担当投身跨越发展主战场。推进跨越式高质量发展是丽水新发展阶段的鲜明特征和使命要求，也是人民政协履职的目标取向。要围绕“实现从生态保护到价值转化的跃迁”，聚焦“建设诗画浙江大花园最美核心区”重点工作，紧盯自然保护地内实施最顶格的生态保护、拓宽大花园生态价值转化通道等党政重大决策的落地见效，发挥政协民主监督钉钉子抓落实的重要一锤作用，为打造新时代生态文明建设典范履职尽责。要围绕“实现从要素驱动到创新驱动的跃迁”，锚定“建设百万级人口现代化城市”的长远目标，就壮大生态工业、实施人才科技强市战略和“双招双引”战略性先导工程、推进开放发展等问题积极协商议政，组织重大基础设施建设委员视察，为打造全省新发展格局中的新增长极献计出力。要围绕"实现全面小康到共同富裕的跃迁"，立足发展不平衡不充分的最大短板，着眼于缩小"三大差距"，辩证处理"做大蛋糕"与"分好蛋糕"的关系，综合运用调研视察、提案、大会发言、反映社情民意信息等方式方法，协同做好增收富民、以文化民、服务惠民、善治安民的文章，为打造共同富裕美好社会山区样板多干实事。

（三）要以更实举措汇聚社会各界正能量。要立足丽水区域特色，发挥政协比较优势，努力为改革发展画好最大"同心圆"。要发挥专门协商机构优势，以协商聚共识、以共识固团结。要发挥政协委员的影响力优势，努力实现"一人影响一众人"的乘数效应。要发挥民族地区优势，铸牢中华民族共同体意识，努力助推畲乡振兴。要发挥丽水侨乡优势，大力推进政协公共外交，引导海外华人华侨报效桑梓，在促进祖国完全统一上发挥更大作为。要发挥政协组织团结联系宗教界别的独特优势，坚持我国宗教中国化方向，积极引导宗教与社会主义社会相适应。要发挥黄帝文化优势，办好政协"清明•民祭轩辕黄帝典礼"，将其打造成为增强中华民族向心力、凝聚力的重要平台。要发挥政协文化文史优势，加强瓯江山水诗路、宋韵等特色文化研究，建成丽水文史馆，用优秀传统文化润民心、聚人心。要发挥政协之友社、政协诗书画社、企业家之友社、摄影之友活动组等社团组织优势，加强与党外知识分子、非公有制经济人士、新的社会阶层人士联系。要发挥政协理论宣讲团优势，向各党派团体和界别群众大力宣讲党的创新理论、"八个必须坚持"，汇聚丽水大踏步前进、大跨越发展的磅礴伟力。

（四）要以更高站位争当协商民主排头兵。人民政协作为专门协商机构，是发展全过程人民民主的重要制度安排。要进一步厚植社会主义协商民主文化，为发展全过程人民民主提供更多的丽水元素。要在增强思想自觉上下功夫，提升政协理论研究的组织化程度，深化青少年模拟政协提案活动，探索协商文化的物化载体。要在搭建平台上下功夫，完善"123+6+X"协商平台的运行规则，丰富委员会客厅、委员工作室、界别活动组活动，准确把握新型政党制度的优越性，压实政协参加单位的履职责任，为各民主党派、工商联、无党派人士和有关人民团体，在政协有效履职创造更好条件。要在推进"数字政协"建设上下功夫，系统集成"五云政协"一屏掌控、全景视窗的多跨应用体系，打造"指尖上的协商民主"。要在提高机关服务水平上下功夫，深化解决基层政协"两个薄弱"问题，着力加强"两支队伍"建设，制定进一步加强和改进提案工作的意见。要在发挥典型示范上下功夫，以"民生议事堂""协治会"等形式，扎实推进政协协商与基层协商的有效衔接，努力打造发展全过程人民民主的基层实践高地。

各位委员，同志们！力量生于团结，幸福源自奋斗。让我们更加紧密地团结在以习近平同志为核心的党中央周围，在中共丽水市委的坚强领导下，不断砥砺忠诚使命、求是挺进、植根人民的精神意志，永做跨越式高质量发展道路上奋勇向前的新时代"挺进师"，为全面建设绿水青山与共同富裕相得益彰的社会主义现代化新丽水而勇毅奋斗，以优异成绩迎接中共二十大和中共浙江省第十五次代表大会的胜利召开！

文件目录选编

2021年中共丽水市委文件目录

表29

丽委发文号	发文日期	标　　题
1	2021年8月16日	中共丽水市委　丽水市人民政府关于全面推进乡村振兴战略打造以人的现代化为核心的农业农村现代化山区样板的意见
2	2021年1月14日	中共丽水市委　丽水市人民政府关于表彰丽水市抗击新冠肺炎疫情先进集体和先进个人的决定
3	2021年1月14日	关于表彰丽水市先进基层党组织和丽水市优秀共产党员的决定
4	2021年1月14日	中共丽水市委　丽水市人民政府关于表彰“丽水之干”模范集体和先锋人物的决定
5	2021年2月2日	关于制定丽水市国民经济和社会发展第十四个五年规划和二〇三五年远景目标的建议
7	2021年2月9日	关于建立丽水市第四届人民代表大会第六次会议中国人民政治协商会议第四届丽水市委员会第五次会议临时党委和临时党组的通知
8	2021年3月3日	关于2020年度综合考核结果的通报
12	2021年4月7日	关于印发《新时代高水平建设美丽丽水规划纲要(2020—2035年)》的通知
13	2021年4月23日	关于印发《丽水市本级开发区(园区)整合提升实施方案》的通知
14	2021年5月20日	关于命名丽水市第七届道德模范的决定
15	2021年6月15日	关于印发《2021年度县(市、区)综合考核办法》等三个考核办法的通知
16	2021年7月7日	关于表彰丽水市优秀共产党员、丽水市优秀党务工作者和丽水市先进基层党组织的决定
19	2021年8月13日	关于聘任第二届市委法律顾问的通知
20	2021年8月19日	关于全面推进生态产品价值实现机制示范区建设的决定(2021年7月30日市委四届十次全会审议通过)
21	2021年8月23日	中共丽水市委　丽水市人民政府关于印发《丽水加快跨越式高质量发展建设共同富裕示范区行动方案(2021—2025年)》的通知
22	2021年9月28日	关于印发《丽水市贯彻落实第二轮中央生态环境保护督察报告整改方案》的通知
25	2021年11月18日	中共丽水市委　丽水市人民政府关于加快跨越式高质量发展建设共同富裕示范区工作自查情况的函
28	2021年12月13日	关于印发《丽水市跨越式高质量发展五年行动计划(2021—2025年)》的通知
29	2021年12月28日	转发《中共丽水市人大常委会党组关于做好市人大换届选举工作的意见》的通知
30	2021年12月28日	转发《市委组织部市委统战部市政协党组关于做好第五届丽水市政协换届人事安排工作的意见》的通知

2021年丽水市人大常委会文件目录

表30

丽人大常文号	发文日期	标　　题
2	2021年1月5日	丽水市人民代表大会常务委员会关于市金融办主任潘碧武履职工作情况的评议意见
3	2021年1月18日	丽水市人民代表大会常务委员会关于召开丽水市第四届人民代表大会第六次会议的决定
6	2021年3月19日	丽水市人民代表大会常务委员会关于市本级政府重大投资项目2020年计划执行情况及2021年计划草案报告的审议意见
7	2021年3月29日	丽水市人大常委会2021年工作要点
8	2021年4月1日	丽水市人大常委会关于丽水市第四届人大常委会主任会议成员工作分工调整的通知

续30

丽人大常文号	发文日期	标题
9	2021年6月2日	丽水市人大常委会关于贯彻落实省人大相关会议精神情况的报告
10	2021年6月4日	丽水市人大常委会关于报请批准《丽水市革命遗址保护条例》的报告
11	2021年6月18日	丽水市人民代表大会常务委员会关于浙西南区域科创体系建设情况报告的审议意见
12	2021年6月18日	丽水市人民代表大会常务委员会关于公益诉讼检察工作情况报告的审议意见
13	2021年6月21日	丽水市人民代表大会常务委员会关于检查《浙江省民营企业发展促进条例》实施情况报告的审议意见
14	2021年6月22日	丽水市人民代表大会常务委员会关于检查《浙江省劳动保障监察条例》实施情况报告的审议意见
15	2021年7月29日	丽水市人民代表大会常务委员会关于批准丽水市2020年度市本级财政决算的决议
16	2021年8月20日	丽水市人民代表大会常务委员会关于2021年上半年预算执行情况报告的审议意见
17	2021年8月20日	丽水市人民代表大会常务委员会关于2020年度市本级预算执行和全市其他财政收支审计工作报告的审议意见
18	2021年8月20日	丽水市人民代表大会常务委员会关于2021年上半年全市经济社会发展和下半年政府工作报告的审议意见
19	2021年8月23日	丽水市人民代表大会常务委员会关于市监委开展整治群众身边不正之风和腐败问题工作情况报告的审议意见
20	2021年10月18日	丽水市人民代表大会常务委员会关于开展第八个五年法治宣传教育的决议
21	2021年10月19日	丽水市人民代表大会常务委员会关于2020年度全市和市本级国有资产管理情况综合报告的审议意见
22	2021年10月19日	丽水市人民代表大会常务委员会关于市大数据发展管理局局长陈建广履职工作情况的评议意见
23	2021年10月19日	丽水市人民代表大会常务委员会关于市医疗保障局局长吴筱琳履职工作情况的评议意见
24	2021年10月19日	丽水市人民代表大会常务委员会关于全市“七五”普法工作情况报告的审议意见
25	2021年10月21日	丽水市人民代表大会常务委员会关于市生态环境局局长雷金松履职工作情况的评议意见
26	2021年10月21日	丽水市人民代表大会常务委员会关于我市实施松材线虫病防治条例执法检查审议意见办理落实情况报告的审议意见
27	2021年10月22日	丽水市人民代表大会常务委员会关于我市“大搬快聚富民安居”工程实施情况报告的审议意见
28	2021年10月22日	丽水市人民代表大会常务委员会关于市农业农村局局长黄力量履职工作情况的评议意见
29	2021年10月22日	丽水市人民代表大会常务委员会关于市科技局局长蔡昉履职工作情况的评议意见
31	2021年11月29日	丽水市人民代表大会常务委员会关于批准丽水市2021年市本级新增地方政府债务预算调整方案的决议
32	2021年12月2日	丽水市人民代表大会常务委员会关于报请批准《丽水市扬尘污染防治规定》的报告
33	2021年12月20日	丽水市人民代表大会常务委员会关于跟踪检查《浙江省学前教育条例》执行情况的审议意见
34	2021年12月20日	丽水市人民代表大会常务委员会关于《丽水市饮用水水源保护条例》立法后评估报告的审议意见
35	2021年12月21日	丽水市人民代表大会常务委员会关于2020年度市本级预算执行和其他财政收支审计查出问题整改情况报告的审议意见
36	2021年12月22日	丽水市人民代表大会常务委员会关于补选一名省十三届人大代表的请示

2021年丽水市人民政府文件目录

表31

丽政发文号	发文日期	标题
1	2021年1月4日	丽水市人民政府关于给予缙云仙都景区创AAAAA工作表现突出的集体和个人行政奖励的决定
2	2021年1月19日	丽水市人民政府关于推动生态旅游业高质量发展的若干意见
4	2021年2月4日	丽水市人民政府关于公布丽水市2018—2019年度社会科学优秀成果获奖名单的通知
6	2021年3月2日	丽水市人民政府关于公布第五届瓯江文化奖获奖名单的通知
7	2021年3月3日	丽水市人民政府关于增聘汪建云为第四届咨询委员会委员的通知
8	2021年3月15日	丽水市人民政府关于公布丽水市第十五届自然科学优秀论文评选结果的通知
9	2021年3月17日	丽水市人民政府关于印发丽水市国民经济和社会发展第十四个五年规划和二〇三五年远景目标纲要的通知

续表31

丽政发文号	发文日期	标　　题
10	2021年3月19日	丽水市人民政府关于下达2021年丽水市国民经济和社会发展计划的通知
12	2021年4月22日	丽水市人民政府关于加快生态工业和数字经济高质量发展若干政策的意见
14	2021年5月24日	丽水市人民政府关于给予在全国文明城市创建“两连冠”工作中表现突出集体和个人行政奖励的决定
15	2021年6月2日	丽水市人民政府关于给予在丽水市扫黑除恶专项斗争工作中表现突出集体和个人行政奖励的决定
17	2021年6月25日	丽水市人民政府关于给予2020年度丽水市区城中村改造工作表现突出的集体和个人行政奖励的决定
18	2021年7月29日	丽水市人民政府关于给予陈海港等6位见义勇为先进人物记功奖励的决定
19	2021年8月19日	丽水市人民政府关于推进乡村产业高质量绿色发展的实施意见
20	2021年9月9日	丽水市人民政府关于修改《丽水市人民政府关于加快生态工业和数字经济高质量发展若干政策的意见》的通知
21	2021年9月26日	丽水市人民政府关于调整全市最低工资标准的通知
22	2021年9月30日	丽水市人民政府关于印发丽水市人民政府2021-2025年规章立法规划的通知
24	2021年11月15日	丽水市人民政府关于公布第七批市级非物质文化遗产代表性项目名录的通知
25	2021年11月17日	丽水市人民政府关于加快推进分布式光伏规模化开发的实施意见
26	2021年11月18日	丽水市人民政府关于调整全市最低生活保障标准的通知
29	2021年12月10日	丽水市人民政府关于印发丽水市妇女发展“十四五”规划和丽水市儿童发展“十四五”规划的通知
30	2021年12月17日	丽水市人民政府关于印发丽水市贯彻落实全省新一轮制造业“腾笼换鸟、凤凰涅槃”攻坚行动实施方案（2021—2023年）的通知
31	2021年12月23日	丽水市人民政府关于高水平推进爱国卫生运动的实施意见
32	2021年12月27日	丽水市人民政府关于印发《丽水市市区征收集体所有土地房屋补偿管理办法》的通知

2021年政协丽水市委员会文件目录

表32

丽政协文号	发文日期	标　　题
1	2021年1月21日	关于召开中国人民政治协商会议第四届丽水市委员会第五次会议的决定
2	2021年2月4日	政协第四届丽水市委员会关于调整李伟立委员所在界别的决定
3	2021年2月5日	政协第四届丽水市委员会关于李伟立等同志职务任免的决定
4	2021年2月5日	政协第四届丽水市委员会委员增补名单
5	2021年2月5日	关于同意姜波同志辞去政协第四届丽水市委员会常务委员职务的决定
6	2021年2月5日	关于同意姜波等同志辞去政协第四届丽水市委员会委员职务的决定
7	2021年2月5日	关于表彰2019—2020年度市政协先进委员小组及优秀委员的决定
8	2021年2月7日	关于表彰全市政协系统2020年度优秀理论文章和调研成果的决定
9	2021年2月9日	关于表彰2020年度全市政协反映社情民意信息工作先进单位和个人的决定
10	2021年3月3日	关于表彰政协第四届丽水市委员会第五次会议优秀大会发言的决定
11	2021年2月25日	中国人民政治协商会议第四届丽水市委员会第五次会议公告
12	2021年3月1日	中国人民政治协商会议第四届丽水市委员会第五次会议公告
13	2021年3月4日	关于同意丁绍雄、朱山华、邝平正同志辞去政协第四届丽水市委员会副主席职务的决定
14	2021年3月15日	关于调整市政协主席会议成员分工的通知
15	2021年4月21日	2021年市政协常委会工作报告重点工作责任分工方案
16	2021年5月13日	政协第四届丽水市委员会关于调整金伟庆等委员所在界别的决定
17	2021年5月31日	关于同意吕璞琪同志辞去政协第四届丽水市委员会常务委员职务的决定

续表32

丽政协文号	发文日期	标题
18	2021年5月31日	政协第四届丽水市委员会关于周智飞等同志职务任免的决定
19	2021年5月31日	政协第四届丽水市委员会委员增补名单
20	2021年6月7日	关于印发《政协丽水市委员会关于加强和促进人民政协凝聚共识工作的实施意见》的通知
21	2021年7月30日	关于“引入保险机制 提高风险化解能力”的建议案
22	2021年9月14日	丽水市政协2021年意识形态工作组织领导与责任分工
23	2021年11月19日	中国人民政治协商会议丽水市委员会秘书长会议工作规则
24	2021年12月10日	关于奚慧平同志任职的决定
25	2021年12月13日	政协丽水市委员会关于表彰四届五次会议以来优秀提案的决定
26	2021年12月21日	关于同意卢汝兰等同志辞去政协第四届丽水市委员会常务委员职务的决定
27	2021年12月21日	关于同意卢汝兰等同志辞去政协第四届丽水市委员会委员职务的决定
28	2021年12月21日	关于授权政协第四届丽水市委员会主席会议审议政协第五届丽水市委员会第一次会议有关事宜的决定
29	2021年12月21日	政协第四届丽水市委员会关于毛伟华等同志职务任免的决定
30	2021年12月23日	关于印发《中国人民政治协商会议丽水市委员会协商工作规则》的通知
31	2021年12月24日	关于公布四届丽水市政协“十佳系列”评选结果的通知

统计资料

丽水市社会经济主要指标

表33

	单位	2013年	2014年	2015年	2016年	2017年	2018年	2019年	2020年	2021年
一、年末总人口(户籍)	万人	263.92	265.65	266.38	268.03	269.27	270.19	270.77	270.74	269.97
#城镇人口	万人	45.21	45.49	84.37	85.2	80.11	82.45	85.06	88.11	89.92
乡村人口	万人	218.71	220.16	182	182.83	189.17	187.74	185.70	182.63	180.05
二、生产总值(当年价格)	亿元	936.50	1000.12	1038.63	1134.13	1215.42	1354.22	1480.96	1527.75	1710.03
第一产业	亿元	80.34	83.93	86.01	89.44	92.53	93.85	99.97	104.61	107.84
第二产业	亿元	428.07	452.97	443.62	470.40	474.18	529.44	565.34	550.17	637.27
第三产业	亿元	428.09	463.23	509.00	574.30	648.71	730.93	815.66	872.97	964.92
人均生产总值(常住)	元	42223	44263	45138	48364	50939	55867	60214	61318	68101
三、农业										
主要农产品产量										
粮食	吨	393277	384905	361388	337843	340341	358478	361992	374977	417699
油料	吨	17800	18326	18674	5757	6247	6676	7542	9037	9455
#油菜籽	吨	5179	4573	4073	3379	3779	4180	4552	5006	5534
茶叶	吨	27586	29913	30553	31619	33836	35273	35807	37004	40196
蔬菜	万吨	117.99	121.76	123.39	124.8	127.33	124.12	120.82	120.48	115.23
水果	吨	403199	422318	415677	331971	349320	342483	332653	338092	335524
#柑桔	吨	180027	185901	178162	103313	107085	99797	86484	84609	87547
畜禽肉	吨	79036	73079	66275	65342	66545	67786	46643	59033	63657

续表33

	单位	2013年	2014年	2015年	2016年	2017年	2018年	2019年	2020年	2021年
禽蛋	吨	11134	12319	10664	11772	12902	13883	14141	12054	10884
水产品	吨	18414	18639	20146	21086	21900	24661	25411	26715	27775
生猪年末存栏数	万头	43.27	42.09	38.55	35.85	35.46	36.86	32.83	44.13	51.33
四、旅客运输量	万人	5877	4629	4183	3831	3652	3306	3611	2322	1900
旅客周转量	万人公里	251092	222432	210319	149826	122800	107201	107578	65045	57183
货物运输量	万吨	4742	5248	5325	5205	5409	5411	5733	5793	6389
货物周转量	万吨公里	718554	722225	726575	744559	784433	824618	826355	835488	917215
邮电业务收入	万元	208958	236485	247319	272336	284706	308379	333648	359865	285058
五、固定资产投资增速	%	20.9	16.6	13.0	12.0	11.5	3.0	11.5	6.7	15.1
#制造业投资增速	%	8.2	-3.2	5.4	2.7	8.6	42.7	17.5	-12.0	20.1
#房地产开发投资增速	%	39.9	32.6	0.4	5.9	13.6	6.2	6.5	26.8	21.3
六、内外贸易										
社会消费品零售总额	亿元	404.64	454.88	494.33	544.88	605.61	673.61	730.29	727.48	772.87
出口总额	万美元、亿元	237302	263696	314419	208.73	205.00	225.91	267.37	300.71	287.37
实际利用外资额	万美元	12784	17838	21886	22130	21665	10691	12079	6005	8429
七、财政总收入	亿元	124.22	135.02	151.60	164.87	180.46	211.18	228.13	240.15	270.91
#一般公共预算收入	亿元	73.70	80.96	94.51	103.57	112.91	130.01	139.83	143.86	163.97
一般公共预算支出	亿元	195.38	217.27	279.33	341.67	378.64	432.02	526.50	527.10	545.69
八、全社会就业人员	万人	133.67	133.14	133.85	135.93	135.69	135.11	137.86	140.58	142.02
#第一产业	万元	40.33	36.77	33.21	29.35	25.62	21.67	18.12	14.47	14.47
第二产业	万元	40.36	41.78	43.45	44.99	46.77	48.31	49.88	50.61	50.92
第三产业	元	52.98	54.59	57.19	61.59	63.3	65.13	69.86	75.5	76.63
九、商品零售价格总指数(市区)	—	102.5	100.8	99.4	100.9	101.7	102.5	102.8	100.9	102.3
居民消费价格总指数(市区)	—	102.9	102.6	101.2	101.7	101.5	102.5	103.6	102.0	101.8
十、城乡居民收入										
城镇常住居民人均可支配收入	元	29045	30413	32875	35968	38996	42557	46437	48532	53259
农村常住居民人均可支配收入	元	10024	13635	15000	16459	18072	19922	21931	23637	26386
十一、在校学生数										
高等学校	人	39750	39738	37614	36724	37359	39908	36887	39369	44940
普通中学	人	111940	109958	106802	108057	111968	116919	118927	120523	122625
职业中学	人	31975	29885	29898	29964	29305	28060	28404	29913	30818
小学	人	163528	166329	169261	166534	162436	160734	158298	156552	153529
十二、卫生机构数(不含诊所)	个	332	342	344	333	322	326	332	331	333
#医院、卫生院	个	234	238	239	243	241	244	242	245	246
床位数	张	10197	10999	11957	12754	13256	13472	14314	14290	15321
#医院、卫生院	张	9863	10724	11635	12383	12905	13181	14000	13960	14873
卫生技术人员	人	15163	16086	17237	18401	19104	19679	20475	21345	22402
#医生	人	5840	6200	6815	7271	7914	8032	8318	8569	9045

说明:1. 2014年及以前,户籍人口口径为非农业人口和农业人口;2015年开始口径调整为城镇人口和乡村人口

2. 出口总额指标2016年起使用人民币为计量单位

服务指南

丽水市政府驻外联络(办事)处名录

表34

名　称	地　址	电　话	邮　编
驻北京办事处	北京市朝阳区安贞街道浙江大厦912室	(010)64423821　传真64423821	100029
驻上海联络处	上海市长宁区临新路268号扬子江国际企业广场17号楼502室 上海市虹口区中山北一路1250号沪办大厦3号楼1806室	(021)65447821　传真55510430	200437
驻杭州办事处	杭州市下城区皇亲苑小区9幢101室	(0571)86918141 传真85154060	310006

丽水市司法鉴定所名录

表35

名　称	地　址	电　话
丽水市第二人民医院司法鉴定所	浙江省丽水市环北路69号	0578-2298810
丽水市人民医院司法鉴定所	浙江省丽水市大众街15号	0578-2780189
丽水市天平司法鉴定所	浙江省丽水市括苍路288号	0578-2631068
丽水市天平司法鉴定所缙云分所	浙江省缙云县五云镇紫薇北路65-67号	0578-3018369

丽水市律师事务所名录

表36

名　称	地　址	电　话
浙江晟耀律师事务所	浙江省丽水市莲都区括苍路163号四楼	0578-2622720/13757805005
浙江万申佳律师事务所	浙江省丽水市莲都区人民街401号四至六楼	0578-2153038/13967077109
浙江博翔律师事务所	浙江省丽水市莲都区北苑路198号财富大厦A幢12楼	0578-2128500/13567638468
浙江法和律师事务所	浙江省丽水市莲都区城北街368号山山梦想城A座6楼	0578-2183628/13732558020
浙江南明律师事务所	浙江省丽水市中东路557号3楼	0578-2111863/13666560702
浙江丽阳律师事务所	浙江省丽水市莲都区城北街368号绿谷信息产业园南区5幢5楼	0578-2275004/13305787677
浙江汇时律师事务所	浙江省丽水市莲都区体育中心东门左侧	0578-2626306/13666559668
浙江丽大律师事务所	浙江省丽水市莲都区括苍路163号三楼	0578-2554461/15967293729
浙江天干律师事务所	浙江省丽水市莲都区灯塔三村 150号二楼	0578 2183017/13905886018
浙江泽厚(丽水)律师事务所	浙江省丽水市莲都区城北街368号瓯微大厦12楼1203-1206室	0578-2277659/13957076335
浙江三见律师事务所	浙江省丽水市莲都区开发路819号3楼	0578-2161010/13957071010
浙江翰志俊律师事务所	浙江省丽水市莲都区人民路546号	0578-2124898/13905886655
浙江多顺律师事务所	浙江省丽水市莲都区丽阳街544号	0578-2128585/15925710588
浙江泽大(丽水)律师事务所	浙江省莲都区人民街615号商会大厦22楼	18906787799/15268760050?
浙江元新律师事务所	浙江省丽水市莲都区花园路68号三联文体广场3号楼3楼	0578-2116969
北京盈科(丽水)律师事务所	浙江省丽水市莲都区绿谷信息产业园山山梦想城西面6层	0578-2350535
浙江五洲律师事务所	浙江省丽水市青田县龙东路92号上1号	0578-6822075
浙江捷频律师事务所	浙江省丽水市青田县临江东路 155号	0578-6805851/13867079178

续表36

名 称	地 址	电 话
浙江潘源律师事务所	浙江省丽水市青田鹤城街道临江东路法院西侧和丰苑1-202室	0578-6512285/13867082575
浙江博翔（青田）律师事务所	浙江省青田县鹤城街道鹤东小区25幢1号	0578-6805002/13506822755
浙江万申佳（龙泉）律师事务所	浙江省龙泉市龙翔路翔宇楼403室	0578-7123833/15990465318
浙江金言律师事务所	浙江省龙泉市龙渊街道后甸路西路口1号	0578-7121258/13906885608
浙江剑瓷律师事务所	浙江省 丽水市 龙泉市 环城东路锦相苑34-36号	0578-7763335/13957064099
浙江金铿律师事务所	浙江省龙泉市龙翔路翔宇楼四楼401室	0578-7121494/13600600954
浙江博翔（缙云）律师事务所	浙江省缙云县五云街道黄龙路486号二楼	0578-3181399
浙江民晖律师事务所	浙江省缙云县五云镇黄龙路647号301室	0578-3122481/18905881970
浙江仙之都律师事务所	浙江省丽水市缙云县五云街道翠竹园巷5号	0578-3133789/15805781058
浙江丽阳（缙云）律师事务所	浙江省缙云县五云街道黄龙路122号	0578-3121283/18806883688
浙江万申佳（景宁）律师事务所	浙江省丽水市景宁畲族自治县鹤溪街道环城南路29号三楼	0578-5082270/13666572223
浙江五豪律师事务所	浙江省景宁畲族自治县红星街道鹤溪北路168号	0578-5091234/13957051373
浙江炉西律师事务所	浙江省景宁县红星街道人民北路105号南三楼	0578-5091248
浙江五楼律师事务所	浙江省丽水市云和县城东路70号二楼	0578-5121681/13967041975
浙江指路人律师事务所	浙江省丽水市云和县浮云街道中山路 23号二楼	0578-5133058/15057853847
浙江君豪律师事务所	浙江省丽水市遂昌县平昌路16弄一支弄8号2楼	0578-8180712/13575362477
浙江开弘律师事务所	浙江省遂昌县妙高街道君子路7弄一号202室	0578-8131400/13884366465
浙江浩平律师事务所	浙江省遂昌县妙高街道平昌路16弄1支弄6号 3楼	0578 8180658/13857040276
浙江庭俊律师事务所	浙江省遂昌县平昌路144号3楼	15024677579
浙江统业律师事务所	浙江省遂昌县妙高街道青云小区12#楼D2-02、D2-03	0578-8128346
浙江松州律师事务所	浙江省丽水市松阳县人民大街16号	0578-8067775/13735921950
浙江绿谷律师事务所	浙江省丽水市松阳县西屏镇环城西路江南豪园1幢9号	0578-8060800/13735933536
浙江君问律师事务所	浙江省丽水市松阳县长虹东路151号二楼	0578-8062031/13906787119
浙江百山祖律师事务所	浙江省庆元县濛洲街道银泰丽晶城40号	0578-6113567/13884372737
浙江天贝律师事务所	浙江省庆元县横城南路 29号	0578-6211148/15967277562
浙江菇乡律师事务所	浙江省丽水市庆元县濛洲街191号（二楼）	0578-6120005/15990476512

丽水市公证处名录

表37

名 称	地 址	电 话
丽水市莲城公证处	丽水市莲都区卢镗街新建二区	0578-2106065
青田县公证处	青田县临江东路93号	0578-6821061
龙泉市公证处	龙泉市剑池西路92号	0578-7113715
缙云县公证处	缙云县五云街道寺后路10号	0578-3123667
松阳县公证处	松阳县西屏街道府前街5号	0578-8065813
遂昌县公证处	遂昌县妙高街道平昌路95号	0578-5131662
景宁畲族自治县公证处	景宁县府前西路2号	0578-5080456
庆元县公证处	庆元县濛洲街222号七楼	0578-6380230
云和县公证处	云和县城南路1号	0578-5122089

索 引

说 明：

一、本类目设主题索引、图片索引、图表索引3个分目。采用主题分析的方法，按标引词首字汉语拼音（同音字按声调）升序排列；同声同调按笔划顺序排列；首字相同，按第二音序排列，依次类推。数字开头的标引词则按0—9数字排序。

二、标引词后的阿拉伯数字表示内容所在页码。数字后的拉丁字母a、b、c分别表示页从左至右第一、二、三栏。标引词后有多个号码的，表示参见内容在这些页码中均出现。

三、图片索引、图表索引及类目标引词仅标注所在页码，不标注分栏。

四、本年鉴的"特载""大事记""文选""附录"未作主题索引。

主题索引

0—9

A

B

C

D

E

F

H

K

L

M

N

O

P

Q

R

S

X

Y

Z

图片索引

0—9

A

B

C

D

F

G

H

J

L

图表索引